U0929674

江苏信息化年鉴

（2015）

江苏省发展和改革委员会　编

江苏人民出版社

图书在版编目（CIP）数据

江苏信息化年鉴 / 江苏省发展和改革委员会编. - 南京：江苏人民出版社，2016.4
ISBN 978-7-214-17527-4

Ⅰ.①江… Ⅱ.①江… Ⅲ.①信息工作 - 江苏省 - 2015 - 年鉴 Ⅳ.①G203-54

中国版本图书馆CIP数据核字（2016）第054305号

江苏信息化年鉴（2015）

编　　者　江苏省发展和改革委员会
责任编辑　戴亦梁　范渊凯
责任校对　毛在平
责任监制　蔡荣治

出版发行　凤凰出版传媒股份有限公司
　　　　　江苏人民出版社
地　　址　南京市湖南路1号A楼　　邮政编码　210009
出版社网址　http://www.book-wind.com
　　　　　http://www.jsrmcbs.tmqll.com
装帧设计　南京东汉文化传播有限公司
印　　者　南京文博印刷厂

开　　本　889毫米×1194毫米　1/16开
印　　张　47.25
插　　页　8
字　　数　1063千字
版　　次　2016年4月第1版
印　　次　2016年4月第1次印刷

书　　号　ISBN 978-7-214-17527-4
定　　价　420.00元（精）

《江苏信息化年鉴》编委会

《江苏信息化年鉴》编辑组

主　　　编： 周荣华

副　主　编： 陈　俊　张建华　季　鸣　张瑞丽

浦　俊　忻　超

执行副主编： 姚　敏　张　娟

编 校 人 员： 水家耀　滕宏虹　郭红飞　南　磊　曹银美

《江苏信息化年鉴》理事单位和专家理事

（以姓氏笔画为序）

省各委、部、局

万　力　江苏省司法厅副厅长
于国民　江苏省粮食局副局长
王志光　江苏省体育局副局长
王　越　江苏省食品药品监督管理局食品药品安全总监
方标军　江苏省文化厅副厅长
苏少林　江苏省通信管理局局长
苏春梅　江苏省教育厅副厅长
李　闽　江苏省国土资源厅副厅长
李少冬　江苏省卫生和计划生育委员会副巡视员
狄志海　江苏省保密局副局长
沈　毅　江苏省海洋与渔业局副局长
沈建国　江苏省新闻出版广电局副局长
张　奎　中国人民银行南京分行副行长
张姬雯　江苏省档案局副局长
陆桂华　江苏省水利厅巡视员
金　凌　江苏省交通运输厅副厅长
赵　光　江苏省财政厅副厅长
赵利复　江苏省安全生产监督管理局副局长
相伯伟　江苏省人力资源和社会保障厅副厅长
祝井贵　江苏省物价局副局长
秦景安　江苏省旅游局局长
顾华丰　江苏出入境检验检疫局副局长
倪岳伟　江苏省地震局副局长
倪静石　江苏省地方税务局副局长
徐慧中　江苏省农业委员会副主任
戚锡生　江苏省民政厅副厅长
笪家祥　江苏省商务厅副厅长
葛笑天　江苏省审计厅副厅长
蒋　洪　江苏省科学技术厅副厅长

省辖市、县级市、企业

王宏燕　徐州市发展和改革委员会副主任
卞艳艳　中国（南京）软件谷管委会副主任
吉　勇　江苏省泰兴经济开发区管委会主任
朱品武　睢宁县公共信息服务中心主任
李永祥　淮安市经济和信息化委员会副主任
李炳良　泰兴虹桥工业园区管委会主任
李霞明　镇江市经济和信息化委员会副调研员
邱爱军　南通市经济和信息化委员会中小企业局副局长
何　军　南京市信息中心主任
沃恒光　宿迁市发展和改革委员会纪检组长
张近东　苏宁云商集团股份有限公司董事长
陈淑丽　苏州市发展和改革委员会副主任
周怡安　南京市信息化投资控股有限公司总经理
经　军　句容市发展改革和经济信息化委员会副主任
夏卫军　海安县发展和改革委员会主任
顾鹏程　江苏黄桥经济开发区管委会主任
高永康　泰州市发展和改革委员会副主任
陶延风　无锡市信息中心主任
董作村　连云港市发展和改革委员会副主任
韩义森　扬州市政府信息资源管理中心副主任
樊　荣　太仓市经济和信息化委员会副主任

《江苏信息化年鉴》特约审稿

（以姓氏笔画为序）

省各委、部、局

王　艳　江苏省新闻出版广电局采编部主任
王进萍　江苏省保密局科技处处长
王绍坤　江苏省交通运输厅科技处处长
王煜晶　江苏省商务厅办公室副主任
白学任　江苏省通信管理局办公室主任
朱钟斌　江苏省民政信息中心主任
刘晓强　江苏省卫生统计信息中心副主任
杜　鹤　江苏省国土资源厅办公室副主任
李曙光　江苏省地震局发展与财务处处长
杨利平　江苏省物价局行政审批处主任科员
杨国勤　江苏省审计厅审计处处长
吴建强　江苏省农业信息中心主任
吴胜东　江苏省教育管理信息中心主任
辛　丽　江苏省体育信息中心主任
张　昕　江苏省安全生产监督管理局规划科技处处长
张斌峰　江苏省人力资源和社会劳动保障信息中心主任
陆　诚　江苏省食品药品监督信息中心主任
陈　辉　江苏省财政信息中心主任
邵　峰　江苏省地方税务局征管科技处处长
罗　扬　江苏省科学技术厅办公室主任
周晓平　江苏省旅游局信息中心主任
法　勇　江苏出入境检验检疫局信息化处副处长
赵　明　江苏省公安厅科技信息化处处长
施红怡　江苏省水利厅科技处处长
姚　军　江苏省档案局科技处处长
高　巍　江苏省粮油信息中心主任
郭　兵　江苏省 12348 协调指挥中心处长
唐　清　中国人民银行南京分行科技处处长
龚越新　江苏省地理信息测绘局办公室主任
谢伟军　江苏省海洋与渔业信息中心主任
蔡雨亭　江苏省建设信息中心主任
黎　刚　江苏省生态环境监控中心副主任
潘志刚　江苏省质量技术监督信息中心主任
濮　琦　江苏省文化厅信息中心副主任

省辖市、县级市

孙　晗　句容市发展改革和经济信息化委员会发展规划科副科长
李霞明　镇江市经济和信息化委员会副调研员
佘路彤　徐州市信息中心副主任
沈　骏　苏州市发展和改革委员会处长
张　海　宿迁市信息中心主任
袁堂中　连云港市经济和信息化委员会处长
殷　强　无锡市信息中心副主任
黄卫民　扬州市政府信息资源管理中心办公室主任助理
黄寿鹏　泰州市信息中心科长
葛　雷　南通市经济和信息化委员会信息化推进处处长
程卫东　睢宁县公共信息服务中心副主任
蔡紫阳　淮安市经济和信息化委员会信息化推进处主任科员
樊　荣　太仓市经济和信息化委员会副主任

《江苏信息化年鉴》特约撰稿

（以姓氏笔画为序）

省各委、部、局

甘宝霞 江苏省地震局
朱婧婧 江苏省通信管理局
乔连玉 江苏省保密局科技处
仵　越 江苏省商务厅信息中心
关　春 江苏省食品药品监督信息中心
江　伟 江苏省旅游局信息中心
汤　莹 江苏省地理信息测绘局办公室
许　婷 中国人民银行南京分行科技处
孙王奇 江苏省建设信息中心
杜东辉 江苏省财政厅财政信息管理中心
李　锋 江苏省国土资源信息中心
李永超 江苏省审计厅计算机审计处
杨晨曦 江苏省教育管理信息中心
吴　杰 江苏省安全生产监督管理局规划科技处
吴　迪 江苏省物价局行政审批处
吴　晓 江苏省档案局科技处
陆　飞 江苏省公安厅科技信息化处
陆　明 江苏省水利厅科技处
陆　毅 江苏省交通厅科技处
陈俊池 江苏省文化厅信息中心
经焕娟 江苏省体育信息中心
赵　敏 中国民用航空江苏安全监督管理办公室
赵　霞 江苏省农业信息中心
胡洪志 江苏省 12348 协调指挥中心
姚润琪 江苏省新闻出版广电局信息中心
倪亚晖 江苏省质量技术监督信息中心
唐　凡 江苏省民政信息中心
唐　凯 江苏省卫生统计信息中心
黄　华 江苏省生态环境监控中心
黄　坚 江苏省科技厅办公室
崔丹丹 江苏省海洋与渔业信息中心
鲁牧融 江苏出入境检验检疫局信息化处
蔡　越 江苏省人力资源和社会保障信息中心
樊立亮 江苏省地方税务局
潘　迪 江苏省粮油信息中心

省辖市、县级市

艾学松 句容市发展改革和经济信息化委员会
朱端军 睢宁县公共信息服务中心
李　兵 苏州市发展和改革委员会
李　蕴 镇江市经济和信息化委员会
杨　波 连云港市经济和信息化委员会
陈　铭 南京市信息中心
陈日进 南通市经济和信息化委员会
陈景芹 无锡市信息中心
秦光华 江阴市信息化办公室
钱　军 泰州市信息中心
蒋一鸣 淮安市经济和信息化委员会
蒋海斌 太仓市经济和信息化委员会
韩　坤 宿迁市信息中心
程海翔 扬州市政府信息资源管理中心数据资源管理部
谭　睿 徐州市信息中心

编辑说明

一、《江苏信息化年鉴》是全面记载一年一度江苏省信息化建设与发展历程的综合性资料年刊，由江苏省发展和改革委员会主持编纂，江苏省信息中心负责编辑工作。《江苏信息化年鉴》通过全省各领域、各地区、各行业的翔实资料以及有关领导和学者的分析评论，全面反映江苏省信息产业发展、信息技术应用、信息化重大工程建设和信息化推广的新成就、新情况与新趋势。

二、《江苏信息化年鉴》自2001年起，每年编印一卷，内容重点记载上一年与当年江苏省信息化建设发展的新情况。《江苏信息化年鉴（2015）》为第15卷，收录了2014年全年和2015年的有关资料，共分为七个部分：政策文献篇；战略规划篇；综述篇；行业应用篇；地区发展篇；工程建设篇；基础数据篇。

三、《江苏信息化年鉴（2015）》中有关信息化相关指标统计数据来自各地统计局以及经信委、广电、电信等部门，部分数据由于统计口径和来源不同存在一些差异。

四、《江苏信息化年鉴（2015）》在编撰过程中，得到全省各级领导、各部门、各有关单位的大力支持，各资料提供单位和撰稿人付出了艰辛的努力，在此谨致以诚挚的感谢。

五、《江苏信息化年鉴（2015)》截稿时间为2015年8月底。

《江苏信息化年鉴》编辑部

二〇一五年十一月

CONTENTS
目录

第一部分 政策文献篇

国务院关于促进云计算创新发展培育信息产业新业态的意见……………………3
国务院关于印发落实“三互”推进大通关建设改革方案的通知………………7
国务院关于实施银行卡清算机构准入管理的决定……………………………11
国务院关于大力发展电子商务加快培育经济新动力的意见…………………13
国务院关于印发《中国制造 2025》的通知 ……………………………………20
国务院关于积极推进“互联网 +”行动的指导意见 …………………………36
国务院关于推进国内贸易流通现代化建设法治化营商环境的意见…………49
国务院关于印发促进大数据发展行动纲要的通知……………………………56
国务院关于加快构建大众创业万众创新支撑平台的指导意见………………67
中华人民共和国国务院令第 654 号《企业信息公示暂行条例》 ……………73
国务院办公厅关于加强城市地下管线建设管理的指导意见…………………76
国务院办公厅关于加强和规范政府信息公开情况统计报送工作的通知………80
国务院办公厅关于加强政府网站信息内容建设的意见………………………87
国务院办公厅关于促进电子政务协调发展的指导意见………………………91
国务院办公厅关于开展第一次全国政府网站普查的通知……………………97
国务院办公厅关于印发 2015 年政府信息公开工作要点的通知 ……………99
国务院办公厅关于加快高速宽带网络建设推进网络提速降费的指导意见………103
国务院办公厅关于促进跨境电子商务健康快速发展的指导意见……………106
国务院办公厅关于加快推进“三证合一”登记制度改革的意见……………108
国务院办公厅关于运用大数据加强对市场主体服务和监管的若干意见…………110
国务院办公厅关于印发生态环境监测网络建设方案的通知…………………119
国务院办公厅关于印发整合建立统一的公共资源交易平台工作方案的通知……122
国务院办公厅关于印发三网融合推广方案的通知……………………………126
国务院办公厅关于推进线上线下互动加快商贸流通创新发展转型升级的意见…131

工商总局 工业和信息化部关于加强境内网络交易网站监管工作协作积极促进电子商务发展的意见……135
关于印发促进智慧城市健康发展的指导意见的通知……137
工业和信息化部关于加强电信和互联网行业网络安全工作的指导意见……142
关于开展养老服务和社区服务信息惠民工程试点工作的通知……145
工业和信息化部关于加强城市地下通信管线建设管理工作的通知……149
关于加强党政部门云计算服务网络安全管理的意见……151
交通运输部质检总局关于提升交通运输行业卫星导航产品及服务质量的意见……153
文化部关于贯彻落实《国务院关于推进文化创意和设计服务与相关产业融合发展的若干意见》的实施意见……155
关于推动传统出版和新兴出版融合发展的指导意见……160
关于加强公共安全视频监控建设联网应用工作的若干意见……163
工信部发布关于实施“宽带中国”2015专项行动的意见……167
中国人民银行 工业和信息化部 公安部 财政部 工商总局 法制办 银监会 证监会 保监会 国家互联网信息办公室关于促进互联网金融健康发展的指导意见……170
网络交易管理办法……175
国家卫生计生委关于印发《人口健康信息管理办法（试行）》的通知……181
电信服务质量监督管理暂行办法……183
电信设备进网管理办法……185
电信网码号资源管理办法……189
公用电信网间互联管理规定……196
信息化和工业化融合管理体系评定管理办法（试行）……202
网络零售第三方平台交易规则制定程序规定（试行）……209
互联网用户账号名称管理规定……212
中华人民共和国工业和信息化部令第31号《通信短信息服务管理规定》……213
工业和信息化部办公厅 国家发展和改革委员会办公厅关于全面推进IPv6在LTE网络中部署应用的实施意见……217
关于开展创建“宽带中国”示范城市（城市群）工作的通知……219
国家发展改革委办公厅关于做好制定“互联网+”行动计划有关工作的通知……222
商务部办公厅关于印发“互联网+流通”行动计划的通知……224
中共江苏省委江苏省人民政府关于加快发展互联网经济的意见……228
省政府关于推进智慧江苏建设的实施意见……233
省政府关于加快提升文化创意和设计服务产业发展水平的意见……240

省政府关于加快互联网平台经济发展的指导意见……248
省政府关于加快全省集成电路产业发展的意见……254
江苏省政府关于进一步推进信息基础设施建设的意见……257
江苏省人民政府令第102号《江苏省电信设施建设与保护办法》……260
省政府办公厅关于促进地理信息产业发展的实施意见……264
省政府办公厅关于加强城市地下管线建设管理的实施意见……268
省政府办公厅关于做好政府部门企业信用信息公示及共享工作的通知……273
省政府办公厅关于推进智慧教育的实施意见……276
省政府办公厅关于推动内贸流通健康发展促进消费的实施意见……280
省政府办公厅关于做好投资项目在线审批监管平台建设工作的通知……285
省政府办公厅关于加快推进"三证合一、一照一码"登记制度改革的实施意见……288
省科技厅关于印发《关于加强全省科技信用体系建设工作的实施办法》的通知……291
关于印发《江苏省文明委关于推进诚信建设制度化的实施意见》的通知……294
省发展改革委关于推进分布式光伏发电健康发展的意见……299
关于支持农村电子商务创业就业工作的意见……303
江苏跨境电子商务检验检疫监督管理办法（试行）……305
省政府办公厅关于印发江苏省严重失信黑名单社会公示管理办法（试行）的通知……308
江苏省省级工业和信息产业转型升级专项资金管理办法……310
江苏省省级商务发展专项资金管理办法……314
省政府办公厅关于印发江苏省电话用户真实身份信息登记管理规定的通知……318

第二部分 战略规划篇

"宽带中国"战略及实施方案……323
社会信用体系建设规划纲要（2014–2020年）……333
物流业发展中长期规划（2014–2020年）……346
江苏交通运输现代化规划纲要（2014–2020年）……355
江苏省社会信用体系建设规划纲要（2015–2020年）……384
智慧江苏建设行动方案（2014–2016年）……394

江苏省战略性新兴产业重大工程实施方案……406

第三部分 综述篇

江苏省信息化发展概况（2014）……419
江苏省地区信息化发展水平报告（2014）……424
江苏省信息社会发展报告（2015）……429
江苏省两化融合发展水平报告（2014）……438
江苏省通信业发展概况（2014）……448
江苏省邮政业发展概况（2014）……455
江苏省网络与信息安全发展概况（2014）……457
江苏省政府信息公开工作报告（2014）……460

第四部分 行业应用篇

江苏省教育信息化发展概况……471
江苏省科技信息化发展概况……474
江苏省公安信息化发展概况……477
江苏省民政厅信息化发展概况……480
江苏省司法信息化发展概况……483
江苏省财政信息化发展概况……489
江苏省人力资源和社会保障信息化发展概况……492
江苏省国土资源信息化发展概况……497
江苏省住房城乡建设信息化发展概况……509
江苏省交通运输信息化发展概况……512
江苏省水利信息化发展概况……516
江苏省农业信息化发展概况……519
江苏省商务信息化发展概况……522
江苏省文化信息化发展概况……529
江苏省人口卫生信息化发展概况……532
江苏省审计信息化发展概况……537

江苏省环保信息化发展概况……542
江苏地税信息化发展概况……547
江苏省新闻出版信息化发展概况……549
江苏省质量技术监督信息化发展概况……554
江苏省食品药品监督管理信息化发展概况……557
江苏省体育信息化发展概况……562
江苏省安全生产信息化发展概况……564
江苏省旅游信息化发展概况……566
江苏省粮食信息化发展概况……568
江苏省海洋与渔业信息化发展概况……572
江苏省价格管理信息化发展概况……577
江苏省金融业信息化发展概况……580
江苏省出入境检验检疫信息化发展概况……586
江苏省信息安全保密发展概况……589
江苏省档案信息化发展概况……593
江苏省测绘地理信息化发展概况……597
江苏省地震信息化发展概况……601
江苏省民航信息化发展概况……605
江苏省电力信息化发展概况……608

第五部分 地区发展篇

南京市信息化建设特色……613
无锡市信息化发展概况……618
无锡物联网产业步入转型期……623
徐州市信息化发展概况……626
常州高新区信息化发展概况……633
苏州市信息化发展概况……636
完善信用体系　整合数据资源……644
扎实稳步推进苏州市商务局信息化建设工作……646
南通市信息化发展概况……648
加强交通运输信息化建设　加快交通运输现代化进程……654

高位谋划　应用驱动　加快推动智慧教育创新发展…………658
连云港市信息化发展概况…………660
淮安市信息化发展概况…………667
盐城市信息化发展概况…………672
扬州市信息化发展概况和建设特色…………674
镇江市信息化发展概况…………684
镇江市信息化建设特色…………692
泰州市信息化发展概况…………696
宿迁市信息化发展概况…………700
睢宁县信息化发展概况…………705
太仓市信息化发展概况…………708
江阴市信息化建设概况…………711
句容市信息化发展概况…………715
泰兴虹桥工业园区信息化发展概况…………718

第六部分　工程建设篇

人民银行南京分行金融 IC 卡工程建设概况…………723
江苏省金审工程建设概况…………725
苏宁云商信息化发展概况…………728
中国（南京）软件谷概况…………729
南京市信息化投资控股有限公司概况…………738

第七部分　基础数据篇

江苏省信息化发展基础数据…………743
无锡市信息化相关指标统计报表…………745
南通市信息化相关指标统计数据…………747

第一部分

政策文献篇

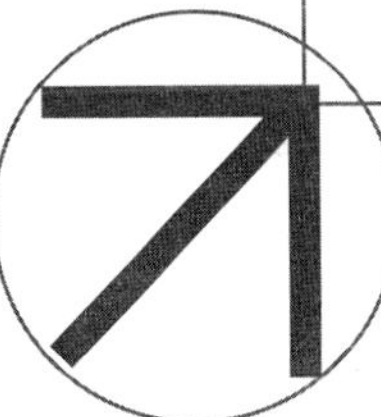

国务院关于促进云计算创新发展培育信息产业新业态的意见

国发〔2015〕5号

各省、自治区、直辖市人民政府，国务院各部委、各直属机构：

云计算是推动信息技术能力实现按需供给、促进信息技术和数据资源充分利用的全新业态，是信息化发展的重大变革和必然趋势。发展云计算，有利于分享信息知识和创新资源，降低全社会创业成本，培育形成新产业和新消费热点，对稳增长、调结构、惠民生和建设创新型国家具有重要意义。当前，全球云计算处于发展初期，我国面临难得的机遇，但也存在服务能力较薄弱、核心技术差距较大、信息资源开放共享不够、信息安全挑战突出等问题，重建设轻应用、数据中心无序发展苗头初步显现。为促进我国云计算创新发展，积极培育信息产业新业态，现提出以下意见。

一、指导思想、基本原则和发展目标

（一）指导思想

适应推进新型工业化、信息化、城镇化、农业现代化和国家治理能力现代化的需要，以全面深化改革为动力，以提升能力、深化应用为主线，完善发展环境，培育骨干企业，创新服务模式，扩展应用领域，强化技术支撑，保障信息安全，优化设施布局，促进云计算创新发展，培育信息产业新业态，使信息资源得到高效利用，为促进创业兴业、释放创新活力提供有力支持，为经济社会持续健康发展注入新的动力。

（二）基本原则

市场主导。发挥市场在资源配置中的决定性作用，完善市场准入制度，减少行政干预，鼓励企业根据市场需求丰富服务种类，提升服务能力，对接应用市场。建立公平开放透明的市场规则，完善监管政策，维护良好市场秩序。

统筹协调。以需求为牵引，加强分类指导，推进重点领域的应用、服务和产品协同发展。引导地方根据实际需求合理确定云计算发展定位，避免政府资金盲目投资建设数据中心和相关园区。加强信息技术资源整合，避免行业信息化系统成为信息孤岛。优化云计算基础设施布局，促进区域协调发展。

创新驱动。以企业为主体，加强产学研用合作，强化云计算关键技术和服务模式创新，提升自主创新能力。积极探索加强国际合作，推动云计算开放式创新和国际化发展。加强管理创新，鼓励新业态发展。

保障安全。在现有信息安全保障体系基础上，结合云计算特点完善相关信息安全制度，强化安全管理和数据隐私保护，增强安全技术支撑和服务能力，建立健全安全防护体系，切实保障云计算信息安全。充分运用云计算的大数据处理能力，带动相关安全技术和服务发展。

（三）发展目标

到2017年，云计算在重点领域的应用得到深化，产业链条基本健全，初步形成安全保障有力，服务创新、技术创新和管理创新协同推进的云计算发展格局，带动相关产业快速发展。

服务能力大幅提升。形成若干具有较强创新能力的公共云计算骨干服务企业。面向中小微企业和个人的云计算服务种类丰富，实现规模化运营。云计算系统集成能力显著提升。

创新能力明显增强。增强原始创新和基础创新能力，突破云计算平台软件、艾字节（EB，约为260字节）级云存储系统、大数据挖掘分析等一批关键技术与产品，云计算技术接近国际先进水平，云计算标准体系基本建立。服务创新对技术创新的带动作用显著增强，产学研用协同发展水平大幅提高。

应用示范成效显著。在社会效益明显、产业带动性强、示范作用突出的若干重点领域推动公共数据开放、信息技术资源整合和政府采购服务改革，充分利用公共云计算服务资源开展百项云计算和大数据应用示范工程，在降低创业门槛、服务民生、培育新业态、探索电子政务建设新模式等方面取得积极成效，政府自建数据中心数量减少5%以上。

基础设施不断优化。云计算数据中心区域布局初步优化，新建大型云计算数据中心能源利用效率（PUE）值优于1.5。宽带发展政策环境逐步完善，初步建成满足云计算发展需求的宽带网络基础设施。

安全保障基本健全。初步建立适应云计算发展需求的信息安全监管制度和标准规范体系，云计算安全关键技术产品的产业化水平和网络安全防护能力明显提升，云计算发展环境更加安全可靠。

到2020年，云计算应用基本普及，云计算服务能力达到国际先进水平，掌握云计算关键技术，形成若干具有较强国际竞争力的云计算骨干企业。云计算信息安全监管体系和法规体系健全。大数据挖掘分析能力显著提升。云计算成为我国信息化重要形态和建设网络强国的重要支撑，推动经济社会各领域信息化水平大幅提高。

二、主要任务

（一）增强云计算服务能力

大力发展公共云计算服务，实施云计算工程，支持信息技术企业加快向云计算产品和服务提供商转型。大力发展计算、存储资源租用和应用软件开发部署平台服务，以及企业经营管理、研发设计等在线应用服务，降低企业信息化门槛和创新成本，支持中小微企业发展和创业活动。积极发展基于云计算的个人信息存储、在线工具、学习娱乐等服务，培育信息消费。发展安全可信的云计算外包服务，推动政府业务外包。支持云计算与物联网、移动互联网、互联网金融、电子商务等技术和服务的融合发展与创新应用，积极培育新业态、新模式。鼓励大企业开放平台资源，打造协作共赢的云计算服务生态环境。引导专有云有序发展，鼓励企业创新信息化建设思路，在充分利用公共云计算服务资源的基础上，立足自身需求，利用安全可靠的专有云解决方案，整合信息资源，优化业务流程，提升经营管理水平。大力发展面向云计算的信息系统规划咨询、方案设计、系统集成和测试评估等服务。

（二）提升云计算自主创新能力

加强云计算相关基础研究、应用研究、技术研发、市场培育和产业政策的紧密衔接与统筹协调。发挥企业创新主体作用，以服务创新带动技术创新，增强原始创新能力，着力突破云计算平台大规模资源管理与调度、运行监控与安全保障、艾字节级数据存储与处理、大数据挖掘分析等关键技术，提高相关软硬件产品研发及产业化水平。加强核心电子器件、高端通用芯片及基础软件产品等科技专项成果与云计算产业需求对接，积极推动安全可靠的云计算产品和解决方案在各领域的应用。充分整合利用国内外创新资源，加强云计算相关技术研发实验室、工程中心和企业技术中心建设。建立产业创新联盟，发挥骨干企业的引领作用，培育一批特色鲜明的创新型中小企业，健全产业生态系统。完善云计算公共支撑体系，加强知识产权保护利用、标准制定和相关评估测评等工作，促进协同创新。

（三）探索电子政务云计算发展新模式

鼓励应用云计算技术整合改造现有电子政务信息系统，实现各领域政务信息系统整体部署和共建共用，大幅减少政府自建数据中心的数量。新建电子政务系统须经严格论证并按程序进行审批。政府部门要加大采购云计算服务的力度，积极开展试点示范，探索基于云计算的政务信息化建设运行新机制，推动政务信息资源共享和业务协同，促进简政放权，加强事中事后监管，为云计算创造更大市场空间，带动云计算产业快速发展。

（四）加强大数据开发与利用

充分发挥云计算对数据资源的集聚作用，实现数据资源的融合共享，推动大数据挖掘、分析、应用和服务。开展公共数据开放利用改革试点，出台政府机构数据开放管理规定，在保障信息安全和个人隐私的前提下，积极探索地理、人口、知识产权及其他有关管理机构数据资源向社会开放，推动政府部门间数据共享，提升社会管理和公共服务能力。重点在公共安全、疾病防治、灾害预防、就业和社会保障、交通物流、教育科研、电子商务等领域，开展基于云计算的大数据应用示范，支持政府机构和企业创新大数据服务模式。充分发挥云计算、大数据在智慧城市建设中的服务支撑作用，加强推广应用，挖掘市场潜力，服务城市经济社会发展。

（五）统筹布局云计算基础设施

加强全国数据中心建设的统筹规划，引导大型云计算数据中心优先在能源充足、气候适宜、自然灾害较少的地区部署，以实时应用为主的中小型数据中心在靠近用户所在地、电力保障稳定的地区灵活部署。地方政府和有关企业要合理确定云计算发展定位，杜绝盲目建设数据中心和相关园区。加快推进实施“宽带中国”战略，结合云计算发展布局优化网络结构，加快网络基础设施建设升级，优化互联网网间互联架构，提升互联互通质量，降低带宽租费水平。支持采用可再生能源和节能减排技术建设绿色云计算中心。

（六）提升安全保障能力

研究完善云计算和大数据环境下个人和企业信息保护、网络信息安全相关法规与制度，制定信息收集、存储、转移、删除、跨境流动等管理规则，加快信息安全立法进程。加强云计算服务网络安全防护管理，加大云计算服务安全评估力度，建立完善党政机关云计算服务安全管理制度。落实国家信息安全等级保护制度，开展定级备案和测评等工作。完善云计算安全态势感知、安全事件预警预防及应急处置机制，加强对党政机关和金融、交通、能源等重要信息系统的安全评估和监测。支持云计算安全软硬件技术产品的研发生产、试点示范和推广应用，加快云计算安全专业化服务队伍建设。

三、保障措施

（一）完善市场环境

修订电信业务分类目录，完善云计算服务市场准入制度，支持符合条件的云计算服务企业申请相关业务经营资质。研究支持大规模云计算服务的网络政策。支持第三方机构开展云计算服务质量、可信度和网络安全等评估测评工作。引导云计算服务企业加强内部管理，提升服务质量和诚信水平，逐步建立云计算信任体系。加强互联网骨干网互联互通监管和技术支撑手段建设，调整网间互联结算政策，保障网间互联高效畅通。对符合布局原则和能耗标准的云计算数据中心，支持其参加直供电试点，满足大工业用电条件的可执行大工业电价，并在网络、市政配套等方面给予保障，优先安排用地。引导国有企业运用云计算技术提升经营管理水平，推广应用安全可靠的云计算产品和解决方案。

（二）建立健全相关法规制度

落实《全国人民代表大会常务委员会关于加强网络信息保护的决定》和《中华人民共和国政府信息公开条例》，完善互联网信息服务管理办法，加快制定信息网络安全、个人信息保护等法律法规，出台政府和重要行业采购使用云计算服务相关规定，明确相关管理部门和云计算服务企业的安全管理责任，规范云计算服务商与用户的责权利关系。

（三）加大财税政策扶持力度

按照深化中央财政科技计划（专项、基金等）管理改革的要求，充分发挥国家科技计划、科技重大专项的作用，采取无偿资助、后补助等多种方式加大政府资金支持力度，引导社会投资，支持云计算关键技术研发及产业化。支持实施云计算工程，继续推进云计算服务创新试点示范工作，及时总结推广试点经验。创新政府信息系统建设和运营经费管理方式，完善政府采购云计算服务的配套政策，发展基于云计算的政府信息技术服务外包业务。将云计算企业纳入软件企业、国家规划布局内重点软件企业、高新技术企业和技术先进型服务企业的认定范畴，符合条件的按规定享受相关税收优惠政策。

（四）完善投融资政策

引导设立一批云计算创业投资基金。加快建立包括财政出资和社会资金投入在内的多层次担保体系，加大对云计算企业的融资担保支持力度。推动金融机构对技术先进、带动支撑作用强的重大云计算项目给予信贷支持。积极支持符合条件的云计算企业在资本市场直接融资。

（五）建立健全标准规范体系

按照“急用先行、成熟先上、重点突破”原则，加快推进云计算标准体系建设，制定云计算服务质量、安全、计量、互操作、应用迁移，云计算数据中心建设与评估，以及虚拟化、数据存储和管理、弹性计算、平台接口等方面标准，研究制定基于云计算平台的业务和数据安全、涉密信息系统保密技术防护和管理、违法信息技术管控等标准。

（六）加强人才队伍建设

鼓励普通高校、职业院校、科研院所与企业联合培养云计算相关人才，加强学校教育与产业发展的有效衔接，为云计算发展提供高水平智力支持。完善激励机制，造就一批云计算领军人才和技术带头人。充分利用现有人才引进计划，引进国际云计算领域高端人才。对作出突出贡献的云计算人才，可按国家有关规定给予表彰奖励，在职称评定、落户政策等方面予以优先安排。支持企业和教育机构开展云计算应用人才培训。

（七）积极开展国际合作

支持云计算企业通过海外并购、联合经营、在境外部署云计算数据中心和设立研发机构等方式，积极开拓国际市场，促进基于云计算的服务贸易发展。加强国内外企业的研发合作，引导外商按有关规定投资我国云计算相关产业。鼓励国内企业和行业组织参与制定云计算国际标准。

各地区、各部门要高度重视云计算发展工作，按照本意见提出的要求和任务，认真抓好贯彻落实，出台配套政策措施，突出抓手，重点突破，着力加强政府云计算应用的统筹推进等工作。国务院有关部门要加强协调配合，建立完善工作机制，做好与国家网络安全和信息化发展战略及相关政策的衔接，加强组织实施，形成推进合力。发展改革委、工业和信息化部、科技部、财政部、网信办要会同有关部门，加强对云计算发展的跟踪分析，推动各项任务分工的细化落实。

国务院

2015年1月6日

国务院关于印发落实“三互”推进大通关建设改革方案的通知

国发〔2014〕68号

各省、自治区、直辖市人民政府，国务院各部委、各直属机构：

现将《落实“三互”推进大通关建设改革方案》印发给你们，请认真贯彻执行。

国务院

2014年12月26日

落实“三互”推进大通关建设改革方案

按照《中共中央关于全面深化改革若干重大问题的决定》精神和国务院决策部署，为落实“推动内陆同沿海沿边通关协作，实现口岸管理相关部门信息互换、监管互认、执法互助”的重大举措，制定本改革方案。

一、总体要求

（一）指导思想

以邓小平理论、“三个代表”重要思想、科学发展观为指导，深入贯彻党的十八大和十八届二中、三中、四中全会精神，全面落实党中央、国务院的各项决策部署，围绕“五位一体”总布局和服务构建开放型经济新体制，坚持依法行政，维护公平正义，坚持安全便利并重，优化口岸管理机制，转变职能实现方式，推进口岸综合治理体系和治理能力现代化。

（二）改革目标

立足更加积极主动的对外开放战略，强化跨部门、跨区域的内陆沿海沿边通关协作，完善口岸工作机制，实现口岸管理相关部门信息互换、监管互认、执法互助（以下简称“三互”），提高通关效率，确保国门安全，力争到2020年，形成既符合中国国情又具有国际竞争力的大通关管理体制机制。

（三）基本原则

遵循法治。运用法治思维和法治方式，凝聚改革共识、破解改革难题，坚持严格规范公正文明执法，提升口岸管理的制度化、规范化、科学化水平。

安全便利。通过加强口岸管理相关部门监管协作，优化作业流程，提高通关效率，切实做到管住管好又高效便利。

集约高效。加强部门间资源共享共用和集中统筹，充分发挥监管资源的集聚效应，推进综合执法，形成管理合力，提高管理效能。

协同治理。充分发挥口岸管理相关部门现有职能作用，更加注重沟通、协作和构建伙伴关系，实现单向管理向多元治理的转变。

二、强化大通关协作机制，实现“三互”

（四）推进“单一窗口”建设

建立国务院口岸工作部际联席会议，统一承担全国及各地方电子口岸建设业务指导和综合协调职责，将电子口岸建设成为共同的口岸管理共享平台，简化和统一单证格式与数据标准，实现申报人通过“单一窗口”向口岸管理相关部门一次性申报，口岸管理相关部门通过电子口岸平台共享信息数据、实施职能管理，执法结果通过“单一窗口”反馈申报人。中央层面通过国务院口岸工作部际联席会议统筹推进全国“单一窗口”建设，地方层面由各省（区、市）人民政府牵头形成“单一窗口”建设协调推进机制，负责推动相关工作的具体落实。

（五）全面推进“一站式作业”

推行“联合查验、一次放行”等通关新模式。海关、检验检疫、边检、交通运输（陆路）、海事（水路）需要对同一运输工具进行检查时，实施联合登临检查；需要对同一进出口货物查验时，实施联合查验；在旅检、邮递和快件监管等环节全面推行关检“一机两屏”。

（六）建立健全信息共享共用机制

建立信息全面交换和数据使用管理办法。依托电子口岸平台，以共享共用为原则，推动口岸管理相关部门各作业系统的横向互联，实现口岸管理相关部门对进出境运输工具、货物、物品（如外币现钞）、人员等申报信息、物流监控信息、查验信息、放行信息、企业资信信息等全面共享。对有保密要求的信息实行有条件共享。

（七）整合监管设施资源

现有口岸查验场地，应由口岸所在地市级人民政府协调，尽量统筹使用。新设口岸的查验场地要统一规划建设、共享共用。加强口岸基础设施改造，在人员通关为主的口岸，要为出境入境人员提供充足的候检场地。根据口岸管理相关部门相近的监管要求和标准，共同研发视频监控、X光机等监管查验设备，并以口岸为单元统一配备。运输工具、货物和行李物品通行的同一通道只配备一套同类别查验装备，各查验部门共同使用。

（八）推动一体化通关管理

强化跨部门、跨地区通关协作，加快推进内陆沿海沿边一体化通关管理，实现在货物进出口岸或申报人所在地海关和检验检疫机构均可以办理全部报关报检手续。除特定商品管理需求外，逐步取消许可证件指定报关口岸的管理方式，实现申报人自主选择通关口岸。

（九）打造更加高效的口岸通关模式

口岸管理相关部门在口岸通关现场仅保留必要的查验、检验检疫等执法作业环节，通过属地管理、前置服务、后续核查等方式将口岸通关现场非必要的执法作业前推后移，把口岸通关现场执法内容减到最低限度。广泛实施口岸通关无纸化和许可证件联网核查核销。加快旅客通关信息化建设，积极推进旅客自助通道建设，提高旅客自助通关人员比例。

（十）建立口岸安全联合防控机制

立足口岸安全防控，保卫国家安全，建立常态化的联合工作机制，相关部门联合开展情报收集和风险分析研判，定期发布口岸安全运行报告，在条件成熟的情况下，研究建立口岸风险布控中心，各口岸管理相关部门可根据各自职能特点，适时视情选择参加。加大口岸安防设施设备等硬件的投入。完善口岸监管执法互助机制，强化口岸管理相关部门在防控暴恐、应对突发事件、打击走私、打击骗退税、查处逃避检验检疫、反偷渡和制止不安全产品及假冒伪劣商品进出境等方面的全方位合作。

三、完善大通关管理体制

（十一）优化口岸执法资源

深化口岸体制改革，改进口岸管理模式，合理配置海关、检验检疫、边检、交通运输（陆路）、海事（水路）等部门执法力量，其中职责任务相近、执法对象相同的，在条件成熟的情况下，研究探索行政执法权相对集中行使和跨部门联合执法。

（十二）开展查验机制创新和综合执法试点

在珠海与澳门间的拱北、横琴、湾仔和珠澳跨境工业区口岸等开展查验机制创新试点。在有条件的口岸开展“前台共同查验、后台分别处置”综合执法试点，口岸管理相关部门按职责分工，除针对废物、危险货物等带有特殊专业技术性要求的执法作业外，对进出口岸运输工具、货物、物品、人员的查验合并进行，发现违法行为依职权分别处置。根据试点情况适时总结评估，稳步实施。

四、改善大通关整体环境

（十三）完善口岸开放布局

加大内陆和沿边地区口岸开放力度。制定口岸开放准入标准，简化口岸开放的申报和审批环节、验收程序以及口岸临时开放的审批手续。制定口岸退出、整合管理办法，对开放后长期无通关业务和业务量小、社会效益差的口岸进行整合或关闭。按照水陆空铁、内陆沿海沿边、货物人员通行类别等区分不同口岸功能和作用，在硬件设施、机构设置、人力资源及查验装备配置、通关模式等方面探索实行口岸差别化管理。

（十四）加快自由贸易园（港）区和海关特殊监管区域监管制度创新与复制推广

加快完善与新时期自由贸易园（港）区和海关特殊监管区域发展相适应的政策与监管模式。对试点成熟的制度创新措施，根据相关条件满足程度，建立“自由贸易园（港）区—海关特殊监管区域—区外”的分级复制推广机制，推动全方位扩大开放。

（十五）畅通国际物流大通道，助推“一带一路”等建设

建立与“一带一路”和长江经济带发展战略相适应的通关管理机制。在水运、空运、铁路、公路等交通枢纽建设多式联运物流监管中心，通过多方联网获取多式联运物流全程信息，除需在口岸实施检疫和检验的商品、运输工具、包装容器外，实现多式联运一次申报、指运地（出境地）一次查验，对换装地不改变施封状态的予以直接放行。扩大内外贸同船运输、国轮捎带、国际航班国内段货物运输适用范围，提升运力资源综合效能。根据政策沟通、设施联通、贸易畅通、资金融通、民心相通五大领域齐头并进的要求，加强与“一带一路”沿线国家口岸执法机构的机制化合作，推进“三互”的海关合作，以及检验检疫、认证认可、标准计量、统计信息等方面的多双边合作，推进跨境共同监管设施的建设与共享，加强跨境监管工作日和工作时间、程序和手续的协调，探索联合监管，推广旅客在同一地点办理出入境手续的“一地两检”查验模式等，落实世界贸易组织《贸易便利化协定》，推动签订口岸基础设施互联互通协议，完善国际执法互助，降低人员、商品、资金、信息跨境流动的时间和成本。

（十六）推进通关诚信体系建设

按照国家社会信用体系建设总体部署，加快推进进出口企业综合资信库、口岸管理政策法规资讯库等建设和应用。及时公布进出境活动管理相对人违法行为信息，并与其他部门实

现互联互通、共享交换。根据守信激励、失信惩戒原则，实现差别化通关管理，对诚信守法者予以支持和激励，对失信违法者实行相应的限制和禁止。

（十七）完善通关法治体系建设

坚持立改废释并举，增强法律法规的及时性、系统性、针对性、有效性。推动口岸管理相关部门共同简政放权、放管结合，逐步取消和下放前置审批等项目，完善事中事后监管。制定口岸工作条例，完善口岸管理相关法律法规。建立口岸管理相关部门执法的权力清单和责任清单，依法公开行政审批、行政执法的依据、流程和结果，提高执法透明度和公信力。加强政务公开机制和平台建设，提供规范高效的公共服务。

（十八）拓展和规范通关服务

结合各口岸进出境物流、客流实际，因地制宜、动态调整口岸开闭关时间，拓展24小时通关服务。建立进出口货物口岸放行时间评价体系，统一评测、公布全国口岸平均通关效率。公布全国口岸收费项目、标准和依据。优化出口退税服务。建立健全与跨境贸易电子商务、外贸综合服务发展相适应的通关管理机制，完善与服务贸易特点相适应的通关管理模式。充分发挥口岸相关行业协会的作用，促进口岸通关中介服务市场健康发展。

五、加强大通关组织领导

（十九）明确重要领域和关键环节改革推进步骤

——近期（2014～2015年）：出台口岸工作条例和国家电子口岸建设协调指导委员会成员单位数据共享和使用管理办法。完善电子口岸平台功能，健全信息交换和共享共用机制。在沿海各口岸建成“单一窗口”。在全面实施关检合作“三个一”（一次申报、一次查验、一次放行）的基础上，加快推进京津冀、长江经济带、广东地区等经济联系密切区域通关一体化改革和检验检疫一体化改革，2015年覆盖到全国。在珠海开展口岸查验机制创新试点。

——中期（2016～2017年）：修订完善口岸管理相关法律法规。口岸管理相关部门执法互助机制有效建立。在全国各个口岸建成“单一窗口”。新建及现有口岸查验设备、科技装备和场所设施实现共享共用。口岸作业环节前推后移，新型通关模式有效建立。推进“一站式作业”改革。建立健全常态化的口岸安全联合防控机制。

——远期（2018～2020年）：跨部门、跨区域的内陆沿海沿边大通关协作机制有效建立，信息共享共用，同一部门内部统一监管标准、不同部门之间配合监管执法，互认监管结果，优化通关流程，形成既符合中国国情又具有国际竞争力的管理体制机制。

（二十）加强方案的组织落实

发挥国务院口岸工作部际联席会议的协调作用，明确各项改革的推进步骤和完成时限，协调解决改革实施中跨部门的重大问题。对改革所涉及的法律法规立改废释及试点工作所需要的法律授权问题，各部门要加强与立法机关的联系衔接，确保各项改革措施于法有据。各部门要通力合作，全力推进相关改革措施的落实，适时组织阶段性评估，总结经验并形成可复制可推广的制度体系。各级人民政府要建立健全大通关建设的协调和保障机制，落实和强化工作责任。各部门、各地区要加强对本改革方案落实工作的监督检查，推动大通关体制机制建设。要适应改革发展需要，提升口岸管理相关部门执法队伍素质能力，强化改革保障。要充分发挥市场主体的作用，形成良好氛围，共同推进大通关建设。

国务院关于实施银行卡清算机构准入管理的决定

国发〔2015〕22号

各省、自治区、直辖市人民政府，国务院各部委、各直属机构：

为完善我国银行卡清算服务的市场化机制，防范清算风险，维护支付体系稳定，保护持卡人合法权益，进一步促进银行卡清算市场有序竞争和健康发展，现作出如下决定：

一、对银行卡清算机构实施准入管理

在中华人民共和国境内从事银行卡清算业务，应当向中国人民银行提出申请，经中国人民银行征求中国银行业监督管理委员会同意后予以批准，依法取得银行卡清算业务许可证，成为专门从事银行卡清算业务的机构（以下简称银行卡清算机构）。未依法取得银行卡清算业务许可证的，不得从事银行卡清算业务，本决定另有规定的除外。

本决定所称银行卡清算业务，是指通过制定银行卡清算标准和规则，运营银行卡清算业务系统，授权发行和受理本银行卡清算机构品牌的银行卡，并为发卡机构和收单机构提供其品牌银行卡的机构间交易处理服务，协助完成资金结算的活动。

根据本决定，中国人民银行会同中国银行业监督管理委员会制定行政许可条件、程序的实施细则，以及相关审慎性监督管理措施，依法向符合条件的申请人颁发银行卡清算业务许可证，并按照分工实施监督管理，共同防范银行卡清算业务系统性风险。

二、申请成为银行卡清算机构应当符合的条件和程序

（一）申请成为银行卡清算机构的，应当为依据《中华人民共和国公司法》设立的企业法人，并符合以下条件：

1. 具有不低于10亿元人民币的注册资本。

2. 至少具有符合规定条件的持股20%以上的单一主要出资人，或者符合规定条件的合计持股25%以上的多个主要出资人，前述主要出资人申请前一年总资产不低于20亿元人民币或者净资产不低于5亿元人民币，且提出申请前应当连续从事银行、支付或者清算等业务5年以上，连续盈利3年以上，最近3年无重大违法违规记录；其他单一持股比例超过10%的出资人净资产不低于2亿元人民币，具有持续盈利能力、信誉良好，最近3年无重大违法违规记录。

3. 有符合国家标准、行业标准的银行卡清算标准体系。

4. 在中华人民共和国境内具备符合规定要求、能够独立完成银行卡清算业务的基础设施和异地灾备系统。

5. 董事和高级管理人员应当取得中国人民

银行征求中国银行业监督管理委员会同意后核准的任职资格。

6. 具备符合规定的内部控制、风险防范、信息安全保障和反洗钱措施等其他审慎性条件。

银行业金融机构申请发起设立或者投资于银行卡清算机构的，应当依法报经中国银行业监督管理委员会批准。

（二）申请成为银行卡清算机构的，应当按规定向中国人民银行提出筹备申请，中国人民银行在征求中国银行业监督管理委员会同意后，自受理之日起90日内作出批准或者不予批准筹备的决定。申请人应当自获准筹备之日起1年内完成筹备工作，筹备期间不得从事银行卡清算业务。

筹备工作完成后，申请人具备许可条件的，可以向中国人民银行提出开业申请。中国人民银行在征求中国银行业监督管理委员会同意后，自受理之日起90日内作出批准或者不予批准开业的决定。决定批准的，中国人民银行在征求中国银行业监督管理委员会同意后，颁发银行卡清算业务许可证。

申请人应当在取得银行卡清算业务许可证之日起6个月内，正式开办银行卡清算业务。

（三）银行卡清算机构设立分支机构、分立或者合并，变更名称、注册资本、单一持股比例超过10%的出资人、银行卡清算品牌，更换董事和高级管理人员，终止部分或者全部银行卡清算业务及解散的，应当向中国人民银行提出申请。中国人民银行在征求中国银行业监督管理委员会同意后，自受理之日起90日内作出批准或者不予批准的决定。

三、对银行卡清算机构的业务管理要求

（一）银行卡清算机构开展银行卡清算业务，应当使用其自有的或者出资人所有的银行卡清算品牌。

（二）银行卡清算机构不得限制发卡机构和收单机构与其他银行卡清算机构开展合作。

（三）银行卡清算机构应当确保银行卡清算业务基础设施安全、高效和稳定，确保交易数据完整、真实；应当通过境内银行卡清算业务基础设施处理与境内发卡机构或者收单机构之间的业务，并在境内完成资金结算。

（四）银行卡清算机构应当对从银行卡清算业务中获取的信息予以保密，除法律法规另有规定外，未经当事人授权不得对外提供。在中国境内收集的有关个人金融信息的储存、处理和分析应当在中国境内进行，为处理银行卡跨境交易且经当事人授权的除外。

四、对外资银行卡清算机构的管理规定

（一）境外机构为中华人民共和国境内主体提供银行卡清算服务的，应当依法在中华人民共和国境内设立外商投资企业，并根据本决定规定的条件和程序取得银行卡清算业务许可证；仅为跨境交易提供外币的银行卡清算服务的，原则上无需在境内设立银行卡清算机构，但应当就业务开展情况向中国人民银行和中国银行业监督管理委员会报告，并遵循相关业务管理要求。

（二）外国投资者并购银行卡清算机构的，应当按照相关规定进行外资并购安全审查。

五、其他规定

本决定施行前已经在中华人民共和国境内从事银行卡清算业务的机构，应当自本决定施行之日起1年内，依照本决定的规定申请银行卡清算业务许可证或者向中国人民银行和中国银行业监督管理委员会报告业务开展情况。逾期未申请银行卡清算业务许可证的，不得继续从事银行卡清算业务；逾期未报告业务开展情况的，由中国人民银行责令限期改正。

本决定自2015年6月1日起施行。

国务院

2015年4月9日

国务院关于大力发展电子商务加快培育经济新动力的意见

国发〔2015〕24号

各省、自治区、直辖市人民政府，国务院各部委、各直属机构：

近年来我国电子商务发展迅猛，不仅创造了新的消费需求，引发了新的投资热潮，开辟了就业增收新渠道，为大众创业、万众创新提供了新空间，而且电子商务正加速与制造业融合，推动服务业转型升级，催生新兴业态，成为提供公共产品、公共服务的新力量，成为经济发展新的原动力。与此同时，电子商务发展面临管理方式不适应、诚信体系不健全、市场秩序不规范等问题，亟需采取措施予以解决。当前，我国已进入全面建成小康社会的决定性阶段，为减少束缚电子商务发展的机制体制障碍，进一步发挥电子商务在培育经济新动力，打造“双引擎”、实现“双目标”等方面的重要作用，现提出以下意见：

一、指导思想、基本原则和主要目标

（一）指导思想

全面贯彻党的十八大和十八届二中、三中、四中全会精神，按照党中央、国务院决策部署，坚持依靠改革推动科学发展，主动适应和引领经济发展新常态，着力解决电子商务发展中的深层次矛盾和重大问题，大力推进政策创新、管理创新和服务创新，加快建立开放、规范、诚信、安全的电子商务发展环境，进一步激发电子商务创新动力、创造潜力、创业活力，加速推动经济结构战略性调整，实现经济提质增效升级。

（二）基本原则

一是积极推动。主动作为、支持发展。积极协调解决电子商务发展中的各种矛盾与问题。在政府资源开放、网络安全保障、投融资支持、基础设施和诚信体系建设等方面加大服务力度。推进电子商务企业税费合理化，减轻企业负担。进一步释放电子商务发展潜力，提升电子商务创新发展水平。二是逐步规范。简政放权、放管结合。法无禁止的市场主体即可为，法未授权的政府部门不能为，最大限度减少对电子商务市场的行政干预。在放宽市场准入的同时，要在发展中逐步规范市场秩序，营造公平竞争的创业发展环境，进一步激发社会创业活力，拓宽电子商务创新发展领域。三是加强引导。把握趋势、因势利导。加强对电子商务发展中前瞻性、苗头性、倾向性问题的研究，及时在商业模式创新、关键技术研发、国际市场开拓等方面加大对企业的支持引导力度，引领电子商务向打造“双引擎”、实现“双目标”发展，进一步增强企业的创新动力，加速电子商务创新发展步伐。

（三）主要目标

到2020年，统一开放、竞争有序、诚信守法、安全可靠的电子商务大市场基本建成。电子商务与其他产业深度融合，成为促进创业、稳定就业、改善民生服务的重要平台，对工业化、信息化、城镇化、农业现代化同步发展起到关键性作用。

二、营造宽松发展环境

（一）降低准入门槛

全面清理电子商务领域现有前置审批事项，无法律法规依据的一律取消，严禁违法设定行政许可、增加行政许可条件和程序。（国务院审改办，有关部门按职责分工分别负责）进一步简化注册资本登记，深入推进电子商务领域由“先证后照”改为“先照后证”改革。（工商总局、中央编办）落实《注册资本登记制度改革方案》，放宽电子商务市场主体住所（经营场所）登记条件，完善相关管理措施。（省级人民政府）推进对快递企业设立非法人快递末端网点实施备案制管理。（邮政局）简化境内电子商务企业海外上市审批流程，鼓励电子商务领域的跨境人民币直接投资。（发展改革委、商务部、外汇局、证监会、人民银行）放开外商投资电子商务业务的外方持股比例限制。（工业和信息化部、发展改革委、商务部）探索建立能源、铁路、公共事业等行业电子商务服务的市场化机制。（有关部门按职责分工分别负责）

（二）合理降税减负

从事电子商务活动的企业，经认定为高新技术企业的，依法享受高新技术企业相关优惠政策，小微企业依法享受税收优惠政策。（科技部、财政部、税务总局）加快推进“营改增”，逐步将旅游电子商务、生活服务类电子商务等相关行业纳入“营改增”范围。（财政部、税务总局）

（三）加大金融服务支持

建立健全适应电子商务发展的多元化、多渠道投融资机制。（有关部门按职责分工分别负责）研究鼓励符合条件的互联网企业在境内上市等相关政策。（证监会）支持商业银行、担保存货管理机构及电子商务企业开展无形资产、动产质押等多种形式的融资服务。鼓励商业银行、商业保理机构、电子商务企业开展供应链金融、商业保理服务，进一步拓展电子商务企业融资渠道。（人民银行、商务部）引导和推动创业投资基金，加大对电子商务初创企业的支持。（发展改革委）

（四）维护公平竞争

规范电子商务市场竞争行为，促进建立开放、公平、健康的电子商务市场竞争秩序。研究制定电子商务产品质量监督管理办法，探索建立风险监测、网上抽查、源头追溯、属地查处的电子商务产品质量监督机制，完善部门间、区域间监管信息共享和职能衔接机制。依法打击网络虚假宣传、生产销售假冒伪劣产品、违反国家出口管制法规政策跨境销售两用品和技术、不正当竞争等违法行为，组织开展电子商务产品质量提升行动，促进合法、诚信经营。（工商总局、质检总局、公安部、商务部按职责分工分别负责）重点查处达成垄断协议和滥用市场支配地位的问题，通过经营者集中反垄断审查，防止排除、限制市场竞争的行为。（发展改革委、工商总局、商务部）加强电子商务领域知识产权保护，研究进一步加大网络商业方法领域发明专利保护力度。（工业和信息化部、商务部、海关总署、工商总局、新闻出版广电总局、知识产权局等部门按职责分工分别负责）进一步加大政府利用电子商务平台进行采购的力度。（财政部）各级政府部门不得通过行政命令指定为电子商务提供公共服务的供应商，不得滥用行政权力排除、限制电子商务的竞争。（有关部门按职责分工分别负责）

三、促进就业创业

（一）鼓励电子商务领域就业创业

把发展电子商务促进就业纳入各地就业发展规划和电子商务发展整体规划。建立电子商务就业和社会保障指标统计制度。经工商登记注册的网络商户从业人员，同等享受各项就业创业扶持政策。未进行工商登记注册的网络商户从业人员，可认定为灵活就业人员，享受灵活就业人员扶持政策，其中在网络平台实名注册、稳定经营且信誉良好的网络商户创业者，可按规定享受小额担保贷款及贴息政策。支持中小微企业应用电子商务、拓展业务领域，鼓励有条件的地区建设电子商务创业园区，指导各类创业孵化基地为电子商务创业人员提供场地支持和创业孵化服务。加强电子商务企业用工服务，完善电子商务人才供求信息对接机制。（人力资源社会保障部、工业和信息化部、商务部、统计局，地方各级人民政府）

（二）加强人才培养培训

支持学校、企业及社会组织合作办学，探索实训式电子商务人才培养与培训机制。推进国家电子商务专业技术人才知识更新工程，指导各类培训机构增加电子商务技能培训项目，支持电子商务企业开展岗前培训、技能提升培训和高技能人才培训，加快培养电子商务领域的高素质专门人才和技术技能人才。参加职业培训和职业技能鉴定的人员，以及组织职工培训的电子商务企业，可按规定享受职业培训补贴和职业技能鉴定补贴政策。鼓励有条件的职业院校、社会培训机构和电子商务企业开展网络创业培训。（人力资源社会保障部、商务部、教育部、财政部）

（三）保障从业人员劳动权益

规范电子商务企业特别是网络商户劳动用工，经工商登记注册取得营业执照的，应与招用的劳动者依法签订劳动合同；未进行工商登记注册的，也可参照劳动合同法相关规定与劳动者签订民事协议，明确双方的权利、责任和义务。按规定将网络从业人员纳入各项社会保险，对未进行工商登记注册的网络商户，其从业人员可按灵活就业人员参保缴费办法参加社会保险。符合条件的就业困难人员和高校毕业生，可享受灵活就业人员社会保险补贴政策。长期雇用5人及以上的网络商户，可在工商注册地进行社会保险登记，参加企业职工的各项社会保险。满足统筹地区社会保险优惠政策条件的网络商户，可享受社会保险优惠政策。（人力资源社会保障部）

四、推动转型升级

（一）创新服务民生方式

积极拓展信息消费新渠道，创新移动电子商务应用，支持面向城乡居民社区提供日常消费、家政服务、远程缴费、健康医疗等商业和综合服务的电子商务平台发展。加快推动传统媒体与新兴媒体深度融合，提升文化企业网络服务能力，支持文化产品电子商务平台发展，规范网络文化市场。支持教育、会展、咨询、广告、餐饮、娱乐等服务企业深化电子商务应用。（有关部门按职责分工分别负责）鼓励支持旅游景点、酒店等开展线上营销，规范发展在线旅游预订市场，推动旅游在线服务模式创新。（旅游局、工商总局）加快建立全国12315互联网平台，完善网上交易在线投诉及售后维权机制，研究制定7天无理由退货实施细则，促进网络购物消费健康快速发展。（工商总局）

（二）推动传统商贸流通企业发展电子商务

鼓励有条件的大型零售企业开办网上商城，积极利用移动互联网、地理位置服务、大数据等信息技术提升流通效率和服务质量。支持中小零售企业与电子商务平台优势互补，加强服务资源整合，促进线上交易与线下交易融合互动。（商务部）推动各类专业市场建设网上市场，通过线上线下融合，加速向网络化市场转型，研究完善能源、化工、钢铁、林业等行业电子商务平台规范发展的相关措施。（有关部门按职责分工分别负责）制定完善互联网食品药品经营监督管理办法，规范食品、保健食品、药品、化妆品、医疗器械网络经营行为，加强互联网食品药品市场监测监管体系建设，推动医药电子商务发展。（食品药品监管总局、卫生计生委、商务部）

（三）积极发展农村电子商务

加强互联网与农业农村融合发展，引入产业链、价值链、供应链等现代管理理念和方式，研究制定促进农村电子商务发展的意见，出台支持政策措施。（商务部、农业部）加强鲜活农产品标准体系、动植物检疫体系、安全追溯体系、质量保障与安全监管体系建设，大力发展农产品冷链基础设施。（质检总局、发展改革委、商务部、农业部、食品药品监管总局）开展电子商务进农村综合示范，推动信息进村入户，利用“万村千乡”市场网络改善农村地区电子商务服务环境。（商务部、农业部）建设地理标志产品技术标准体系和产品质量保证体系，支持利用电子商务平台宣传和销售地理标志产品，鼓励电子商务平台服务“一村一品”，促进品牌农产品走出去。鼓励农业生产资料企业发展电子商务。（农业部、质检总局、工商总局）支持林业电子商务发展，逐步建立林产品交易诚信体系、林产品和林权交易服务体系。（林业局）

（四）创新工业生产组织方式

支持生产制造企业深化物联网、云计算、大数据、三维（3D）设计及打印等信息技术在生产制造各环节的应用，建立与客户电子商务系统对接的网络制造管理系统，提高加工订单的响应速度及柔性制造能力；面向网络消费者个性化需求，建立网络化经营管理模式，发展“以销定产”及“个性化定制”生产方式。（工业和信息化部、科技部、商务部）鼓励电子商务企业大力开展品牌经营，优化配置研发、设计、生产、物流等优势资源，满足网络消费者需求。（商务部、工商总局、质检总局）鼓励创意服务，探索建立生产性创新服务平台，面向初创企业及创意群体提供设计、测试、生产、融资、运营等创新创业服务。（工业和信息化部、科技部）

（五）推广金融服务新工具

建设完善移动金融安全可信公共服务平台，制定相关应用服务的政策措施，推动金融机构、电信运营商、银行卡清算机构、支付机构、电子商务企业等加强合作，实现移动金融在电子商务领域的规模化应用；推广应用具有硬件数字证书、采用国家密码行政主管部门规定算法的移动智能终端，保障移动电子商务交易的安全性和真实性；制定在线支付标准规范和制度，提升电子商务在线支付的安全性，满足电子商务交易及公共服务领域金融服务需求；鼓励商业银行与电子商务企业开展多元化金融服务合作，提升电子商务服务质量和效率。（人民银行、密码局、国家标准委）

（六）规范网络化金融服务新产品

鼓励证券、保险、公募基金等企业和机构依法进行网络化创新，完善互联网保险产品审核和信息披露制度，探索建立适应互联网证券、保险、公募基金产品销售等互联网金融活动的新型监管方式。（人民银行、证监会、保监会）规范保险业电子商务平台建设，研究制定电子商务涉及的信用保证保险的相关扶持政策，鼓励发展小微企业信贷信用保险、个人消费履约保证保险等新业务，扩大信用保险保单融资范围。完善在线旅游服务企业投保办法。（保监会、银监会、旅游局按职责分工分别负责）

五、完善物流基础设施

（一）支持物流配送终端及智慧物流平台建设

推动跨地区跨行业的智慧物流信息平台建设，鼓励在法律规定范围内发展共同配送等物流配送组织新模式。（交通运输部、商务部、邮政局、发展改革委）支持物流（快递）配送站、智能快件箱等物流设施建设，鼓励社区物业、村级信息服务站（点）、便利店等提供快件派送服务。支持快递服务网络向农村地区延伸。（地方各级人民政府，商务部、邮政局、农业部按职责分工分别负责）推进电子商务与物流快递协同发展。（财政部、商务部、邮政局）鼓励学校、快递企业、第三方主体因地制宜加强合作，通过设置智能快件箱或快件收发室、委托校园邮政局所代为投递、建立共同配送站点等方式，促进快递进校园。（地方各级人民政府，邮政局、商务部、教育部）根据执法需求，研究推动被监管人员生活物资电子商务和智能配送。（司法部）有条件的城市应将配套建设物流（快递）配送站、智能终端设施纳入城市社区发展规划，鼓励电子商务企业和物流（快递）企业对网络购物商品包装物进行回收和循环利用。（有关部门按职责分工分别负责）

（二）规范物流配送车辆管理

各地区要按照有关规定，推动城市配送车辆的标准化、专业化发展；制定并实施城市配送用汽车、电动三轮车等车辆管理办法，强化城市配送运力需求管理，保障配送车辆的便利通行；鼓励采用清洁能源车辆开展物流（快递）配送业务，支持充电、加气等设施建设；合理规划物流（快递）配送车辆通行路线和货物装卸搬运地点。对物流（快递）配送车辆采取通行证管理的城市，应明确管理部门、公开准入条件、引入社会监督。（地方各级人民政府）

（三）合理布局物流仓储设施

完善仓储建设标准体系，鼓励现代化仓储设施建设，加强偏远地区仓储设施建设。（住房城乡建设部、公安部、发展改革委、商务部、林业局）各地区要在城乡规划中合理规划布局物流仓储用地，在土地利用总体规划和年度供地计划中合理安排仓储建设用地，引导社会资本进行仓储设施投资建设或再利用，严禁擅自改变物流仓储用地性质。（地方各级人民政府）鼓励物流（快递）企业发展“仓配一体化”服务。（商务部、邮政局）

六、提升对外开放水平

（一）加强电子商务国际合作

积极发起或参与多双边或区域关于电子商务规则的谈判和交流合作，研究建立我国与国际认可组织的互认机制，依托我国认证认可制度和体系，完善电子商务企业和商品的合格评定机制，提升国际组织和机构对我国电子商务企业和商品认证结果的认可程度，力争国际电子商务规制制定的主动权和跨境电子商务发展的话语权。（商务部、质检总局）

（二）提升跨境电子商务通关效率

积极推进跨境电子商务通关、检验检疫、结汇、缴进口税等关键环节“单一窗口”综合服务体系建设，简化与完善跨境电子商务货物返修与退运通关流程，提高通关效率。（海关总署、财政部、税务总局、质检总局、外汇局）探索建立跨境电子商务货物负面清单、风险监测制度，完善跨境电子商务货物通关与检验检疫监管模式，建立跨境电子商务及相关物流企业诚信分类管理制度，防止疫病疫情传入、外来有害生物入侵和物种资源流失。（海关总署、质检总局按职责分工分别负责）大力支持中国（杭州）跨境电子商务综合试验区先行先试，尽快形成可复制、可推广的经验，加快在全国范围推广。（商务部、发展改革委）

（三）推动电子商务走出去

抓紧研究制定促进跨境电子商务发展的指导意见。（商务部、发展改革委、海关总署、工业和信息化部、财政部、人民银行、税务总局、工商总局、质检总局、外汇局）鼓励国家政策性银行在业务范围内加大对电子商务企业境外投资并购的贷款支持，研究制定针对电子商务企业境外上市的规范管理政策。（人民银行、证监会、商务部、发展改革委、工业和信息化部）简化电子商务企业境外直接投资外汇登记手续，拓宽其境外直接投资外汇登记及变更登记业务办理渠道。（外汇局）支持电子商务企业建立海外营销渠道，创立自有品牌。各驻外机构应加大对电子商务企业走出去的服务力度。进一步开放面向港澳台地区的电子商务市场，推动设立海峡两岸电子商务经济合作实验区。鼓励发展面向“一带一路”沿线国家的电子商务合作，扩大跨境电子商务综合试点，建立政府、企业、专家等各个层面的对话机制，发起和主导电子商务多边合作。（有关部门按职责分工分别负责）

七、构筑安全保障防线

（一）保障电子商务网络安全

电子商务企业要按照国家信息安全等级保护管理规范和技术标准相关要求，采用安全可控的信息设备和网络安全产品，建设完善网络安全防护体系、数据资源安全管理体系和网络安全应急处置体系，鼓励电子商务企业获得信息安全管理体系认证，提高自身信息安全管理水平。鼓励电子商务企业加强与网络安全专业服务机构、相关管理部门的合作，共享网络安全威胁预警信息，消除网络安全隐患，共同防范网络攻击破坏、窃取公民个人信息等违法犯罪活动。（公安部、国家认监委、工业和信息化部、密码局）

（二）确保电子商务交易安全

研究制定电子商务交易安全管理制度，明确电子商务交易各方的安全责任和义务。（工商总局、工业和信息化部、公安部）建立电子认证信任体系，促进电子认证机构数字证书交叉互认和数字证书应用的互联互通，推广数字证书在电子商务交易领域的应用。建立电子合同等电子交易凭证的规范管理机制，确保网络交易各方的合法权益。加强电子商务交易各方信息保护，保障电子商务消费者个人信息安全。（工业和信息化部、工商总局、密码局等有关部门按职责分工分别负责）

（三）预防和打击电子商务领域违法犯罪

电子商务企业要切实履行违禁品信息巡查清理、交易记录及日志留存、违法犯罪线索报告等责任和义务，加强对销售管制商品网络商户的资格审查和对异常交易、非法交易的监控，防范电子商务在线支付给违法犯罪活动提供洗钱等便利，并为打击网络违法犯罪提供技术支持。加强电子商务企业与相关管理部门的协作配合，建立跨机构合作机制，加大对制售假冒伪劣商品、网络盗窃、网络诈骗、网上非法交易等违法犯罪活动的打击力度。（公安部、工商总局、人民银行、银监会、工业和信息化部、商务部等有关部门按职责分工分别负责）

八、健全支撑体系

（一）健全法规标准体系

加快推进电子商务法立法进程，研究制定或适时修订相关法规，明确电子票据、电子合同、电子检验检疫报告和证书、各类电子交易凭证等的法律效力，作为处理相关业务的合法凭证。（有关部门按职责分工分别负责）制定适合电子商务特点的投诉管理制度，制定基于统一产品编码的电子商务交易产品质量信息发布规范，建立电子商务纠纷解决和产品质量担保责任机制。（工商总局、质检总局等部门按职责分工分别负责）逐步推行电子发票和电子会计档案，完善相关技术标准和规章制度。（税务总局、财政部、档案局、国家标准委）建立完善电子商务统计制度，扩大电子商务统计的覆盖面，增强统计的及时性、真实性。（统计局、商务部）统一线上线下的商品编码标识，完善电子商务标准规范体系，研究电子商务基础性关键标准，积极主导和参与制定电子商务国际标准。（国家标准委、商务部）

（二）加强信用体系建设

建立健全电子商务信用信息管理制度，推动电子商务企业信用信息公开。推进人口、法人、商标和产品质量等信息资源向电子商务企业和信用服务机构开放，逐步降低查询及利用成本。（工商总局、商务部、公安部、质检总局等部门按职责分工分别负责）促进电子商务信用信息与社会其他领域相关信息的交换共享，推动电子商务信用评价，建立健全电子商务领域失信行为联合惩戒机制。（发展改革委、人民银行、工商总局、质检总局、商务部）推动电子商务领域应用网络身份证，完善网店实名制，鼓励发展社会化的电子商务网站可信认证服务。（公安部、工商总局、质检总局）发展电子商务可信交易保障公共服务，完善电子商务信用服务保障制度，推动信用调查、信用评估、信用担保等第三方信用服务和产品在电子商务中的推广应用。（工商总局、质检总局）

（三）强化科技与教育支撑

开展电子商务基础理论、发展规律研究。加强电子商务领域云计算、大数据、物联网、智能交易等核心关键技术研究开发。实施网络定制服务、网络平台服务、网络交易服务、网络贸易服务、网络交易保障服务技术研发与应用示范工程。强化产学研结合的企业技术中心、工程技术中心、重点实验室建设。鼓励企业组建产学研协同创新联盟。探索建立电子商务学科体系，引导高等院校加强电子商务学科建设和人才培养，为电子商务发展提供更多的高层次复合型专门人才。（科技部、教育部、发展改革委、商务部）建立预防网络诈骗、保障交易安全、保护个人信息等相关知识的宣传与服务机制。（公安部、工商总局、质检总局）

（二十九）协调推动区域电子商务发展

各地区要把电子商务列入经济与社会发展规划，按照国家有关区域发展规划和对外经贸合作战略，立足城市产业发展特点和优势，引导各类电子商务业态和功能聚集，推动电子商务产业统筹协调、错位发展。推动国家电子商务示范城市、示范基地建设。（有关地方人民政府）依托国家电子商务示范城市，加快开展电子商务法规政策创新和试点示范工作，为国家制定电子商务相关法规和政策提供实践依据。加强对中西部和东北地区电子商务示范城市的支持与指导。（发展改革委、财政部、商务部、人民银行、海关总署、税务总局、工商总局、质检总局等部门按照职责分工分别负责）

各地区、各部门要认真落实本意见提出的各项任务，于2015年底前研究出台具体政策。发展改革委、中央网信办、商务部、工业和信息化部、财政部、人力资源社会保障部、人民银行、海关总署、税务总局、工商总局、质检总局等部门要完善电子商务跨部门协调工作机制，研究重大问题，加强指导和服务。有关社会机构要充分发挥自身监督作用，推动行业自律和服务创新。相关部门、社团组织及企业要解放思想，转变观念，密切协作，开拓创新，共同推动建立规范有序、社会共治、辐射全球的电子商务大市场，促进经济平稳健康发展。

国务院

2015年5月4日

国务院关于印发《中国制造2025》的通知

国发〔2015〕28号

各省、自治区、直辖市人民政府，国务院各部委、各直属机构：

现将《中国制造2025》印发给你们，请认真贯彻执行。

国务院

2015年5月8日

中国制造2025

制造业是国民经济的主体，是立国之本、兴国之器、强国之基。十八世纪中叶开启工业文明以来，世界强国的兴衰史和中华民族的奋斗史一再证明，没有强大的制造业，就没有国家和民族的强盛。打造具有国际竞争力的制造业，是我国提升综合国力、保障国家安全、建设世界强国的必由之路。

新中国成立尤其是改革开放以来，我国制造业持续快速发展，建成了门类齐全、独立完整的产业体系，有力推动工业化和现代化进程，显著增强综合国力，支撑我世界大国地位。然而，与世界先进水平相比，我国制造业仍然大而不强，在自主创新能力、资源利用效率、产业结构水平、信息化程度、质量效益等方面差距明显，转型升级和跨越发展的任务紧迫而艰巨。

当前，新一轮科技革命和产业变革与我国加快转变经济发展方式形成历史性交汇，国际产业分工格局正在重塑。必须紧紧抓住这一重大历史机遇，按照“四个全面”战略布局要求，实施制造强国战略，加强统筹规划和前瞻部署，力争通过三个十年的努力，到新中国成立一百年时，把我国建设成为引领世界制造业发展的制造强国，为实现中华民族伟大复兴的中国梦打下坚实基础。

《中国制造2025》，是我国实施制造强国战略第一个十年的行动纲领。

一、发展形势和环境

（一）全球制造业格局面临重大调整

新一代信息技术与制造业深度融合，正

在引发影响深远的产业变革，形成新的生产方式、产业形态、商业模式和经济增长点。各国都在加大科技创新力度，推动三维（3D）打印、移动互联网、云计算、大数据、生物工程、新能源、新材料等领域取得新突破。基于信息物理系统的智能装备、智能工厂等智能制造正在引领制造方式变革；网络众包、协同设计、大规模个性化定制、精准供应链管理、全生命周期管理、电子商务等正在重塑产业价值链体系；可穿戴智能产品、智能家电、智能汽车等智能终端产品不断拓展制造业新领域。我国制造业转型升级、创新发展迎来重大机遇。

全球产业竞争格局正在发生重大调整，我国在新一轮发展中面临巨大挑战。国际金融危机发生后，发达国家纷纷实施“再工业化”战略，重塑制造业竞争新优势，加速推进新一轮全球贸易投资新格局。一些发展中国家也在加快谋划和布局，积极参与全球产业再分工，承接产业及资本转移，拓展国际市场空间。我国制造业面临发达国家和其他发展中国家“双向挤压”的严峻挑战，必须放眼全球，加紧战略部署，着眼建设制造强国，固本培元，化挑战为机遇，抢占制造业新一轮竞争制高点。

（二）我国经济发展环境发生重大变化

随着新型工业化、信息化、城镇化、农业现代化同步推进，超大规模内需潜力不断释放，为我国制造业发展提供了广阔空间。各行业新的装备需求、人民群众新的消费需求、社会管理和公共服务新的民生需求、国防建设新的安全需求，都要求制造业在重大技术装备创新、消费品质量和安全、公共服务设施设备供给和国防装备保障等方面迅速提升水平和能力。全面深化改革和进一步扩大开放，将不断激发制造业发展活力和创造力，促进制造业转型升级。

我国经济发展进入新常态，制造业发展面临新挑战。资源和环境约束不断强化，劳动力等生产要素成本不断上升，投资和出口增速明显放缓，主要依靠资源要素投入、规模扩张的粗放发展模式难以为继，调整结构、转型升级、提质增效刻不容缓。形成经济增长新动力，塑造国际竞争新优势，重点在制造业，难点在制造业，出路也在制造业。

（三）建设制造强国任务艰巨而紧迫

经过几十年的快速发展，我国制造业规模跃居世界第一位，建立起门类齐全、独立完整的制造体系，成为支撑我国经济社会发展的重要基石和促进世界经济发展的重要力量。持续的技术创新，大大提高了我国制造业的综合竞争力。载人航天、载人深潜、大型飞机、北斗卫星导航、超级计算机、高铁装备、百万千瓦级发电装备、万米深海石油钻探设备等一批重大技术装备取得突破，形成了若干具有国际竞争力的优势产业和骨干企业，我国已具备了建设工业强国的基础和条件。

但我国仍处于工业化进程中，与先进国家相比还有较大差距。制造业大而不强，自主创新能力弱，关键核心技术与高端装备对外依存度高，以企业为主体的制造业创新体系不完善；产品档次不高，缺乏世界知名品牌；资源能源利用效率低，环境污染问题较为突出；产业结构不合理，高端装备制造业和生产性服务业发展滞后；信息化水平不高，与工业化融合深度不够；产业国际化程度不高，企业全球化经营能力不足。推进制造强国建设，必须着力解决以上问题。

建设制造强国，必须紧紧抓住当前难得的战略机遇，积极应对挑战，加强统筹规划，突出创新驱动，制定特殊政策，发挥制度优势，动员全社会力量奋力拼搏，更多依靠中国装备、依托中国品牌，实现中国制造向中国创造的转变，中国速度向中国质量的转变，中国产品向中国品牌的转变，完成中国制造由大变强的战略任务。

二、战略方针和目标

（一）指导思想

全面贯彻党的十八大和十八届二中、三中、四中全会精神，坚持走中国特色新型工业化道路，以促进制造业创新发展为主题，以提质增效为中心，以加快新一代信息技术与制造业深度融合为主线，以推进智能制造为主攻方向，以满足经济社会发展和国防建设对重大技术装备的需求为目标，强化工业基础能力，提高综合集成水平，完善多层次多类型人才培养体系，促进产业转型升级，培育有中国特色的制造文化，实现制造业由大变强的历史跨越。基本方针是：

——创新驱动。坚持把创新摆在制造业发展全局的核心位置，完善有利于创新的制度环境，推动跨领域跨行业协同创新，突破一批重点领域关键共性技术，促进制造业数字化网络化智能化，走创新驱动的发展道路。

——质量为先。坚持把质量作为建设制造强国的生命线，强化企业质量主体责任，加强质量技术攻关、自主品牌培育。建设法规标准体系、质量监管体系、先进质量文化，营造诚信经营的市场环境，走以质取胜的发展道路。

——绿色发展。坚持把可持续发展作为建设制造强国的重要着力点，加强节能环保技术、工艺、装备推广应用，全面推行清洁生产。发展循环经济，提高资源回收利用效率，构建绿色制造体系，走生态文明的发展道路。

——结构优化。坚持把结构调整作为建设制造强国的关键环节，大力发展先进制造业，改造提升传统产业，推动生产型制造向服务型制造转变。优化产业空间布局，培育一批具有核心竞争力的产业集群和企业群体，走提质增效的发展道路。

——人才为本。坚持把人才作为建设制造强国的根本，建立健全科学合理的选人、用人、育人机制，加快培养制造业发展急需的专业技术人才、经营管理人才、技能人才。营造大众创业、万众创新的氛围，建设一支素质优良、结构合理的制造业人才队伍，走人才引领的发展道路。

（二）基本原则

市场主导，政府引导。全面深化改革，充分发挥市场在资源配置中的决定性作用，强化企业主体地位，激发企业活力和创造力。积极转变政府职能，加强战略研究和规划引导，完善相关支持政策，为企业发展创造良好环境。

立足当前，着眼长远。针对制约制造业发展的瓶颈和薄弱环节，加快转型升级和提质增效，切实提高制造业的核心竞争力和可持续发展能力。准确把握新一轮科技革命和产业变革趋势，加强战略谋划和前瞻部署，扎扎实实打基础，在未来竞争中占据制高点。

整体推进，重点突破。坚持制造业发展全国一盘棋和分类指导相结合，统筹规划，合理布局，明确创新发展方向，促进军民融合深度发展，加快推动制造业整体水平提升。围绕经济社会发展和国家安全重大需求，整合资源，突出重点，实施若干重大工程，实现率先突破。

自主发展，开放合作。在关系国计民生和产业安全的基础性、战略性、全局性领域，着力掌握关键核心技术，完善产业链条，形成自主发展能力。继续扩大开放，积极利用全球资源和市场，加强产业全球布局和国际交流合作，形成新的比较优势，提升制造业开放发展水平。

（三）战略目标

立足国情，立足现实，力争通过“三步走”实现制造强国的战略目标。

第一步：力争用十年时间，迈入制造强国行列。

到2020年，基本实现工业化，制造业大国地位进一步巩固，制造业信息化水平大幅提升。掌握一批重点领域关键核心技术，优势领域竞争力进一步增强，产品质量有较大提高。

制造业数字化、网络化、智能化取得明显进展。重点行业单位工业增加值能耗、物耗及污染物排放明显下降。

到2025年，制造业整体素质大幅提升，创新能力显著增强，全员劳动生产率明显提高，两化（工业化和信息化）融合迈上新台阶。重点行业单位工业增加值能耗、物耗及污染物排放达到世界先进水平。形成一批具有较强国际竞争力的跨国公司和产业集群，在全球产业分工和价值链中的地位明显提升。

第二步：到2035年，我国制造业整体达到世界制造强国阵营中等水平。创新能力大幅提升，重点领域发展取得重大突破，整体竞争力明显增强，优势行业形成全球创新引领能力，全面实现工业化。

第三步：新中国成立一百年时，制造业大国地位更加巩固，综合实力进入世界制造强国前列。制造业主要领域具有创新引领能力和明显竞争优势，建成全球领先的技术体系和产业体系。

2020年和2025年制造业主要指标

类别	指标	2013年	2015年	2020年	2025年
创新能力	规模以上制造业研发经费内部支出占主营业务收入比重（%）	0.88	0.95	1.26	1.68
	规模以上制造业每亿元主营业务收入有效发明专利数[1]（件）	0.36	0.44	0.70	1.10
质量效益	制造业质量竞争力指数[2]	83.1	83.5	84.5	85.5
	制造业增加值率提高	–	–	比2015年提高2个百分点	比2015年提高4个百分点
	制造业全员劳动生产率增速（%）	–	–	7.5左右（“十三五”期间年均增速）	6.5左右（“十四五”期间年均增速）
两化融合	宽带普及率[3]（%）	37	50	70	82
	数字化研发设计工具普及率[4]（%）	52	58	72	84
	关键工序数控化率[5]（%）	27	33	50	64
绿色发展	规模以上单位工业增加值能耗下降幅度	–	–	比2015年下降18%	比2015年下降34%
	单位工业增加值二氧化碳排放量下降幅度	–	–	比2015年下降22%	比2015年下降40%
	单位工业增加值用水量下降幅度	–	–	比2015年下降23%	比2015年下降41%
	工业固体废物综合利用率（%）	62	65	73	79

1. 规模以上制造业每亿元主营业务收入有效发明专利数=规模以上制造企业有效发明专利数/规模以上制造企业主营业务收入。

2. 制造业质量竞争力指数是反映我国制造业质量整体水平的经济技术综合指标，由质量水平和发展能力两个方面共计12项具体指标计算得出。

3. 宽带普及率用固定宽带家庭普及率代表，固定宽带家庭普及率=固定宽带家庭用户数/家庭户数。

4. 数字化研发设计工具普及率=应用数字化研发设计工具的规模以上企业数量/规模以上企业总数量（相关数据来源于3万家样本企业，下同）。

5. 关键工序数控化率为规模以上工业企业关键工序数控化率的平均值。

三、战略任务和重点

实现制造强国的战略目标，必须坚持问题导向，统筹谋划，突出重点；必须凝聚全社会共识，加快制造业转型升级，全面提高发展质量和核心竞争力。

（一）提高国家制造业创新能力

完善以企业为主体、市场为导向、政产学研用相结合的制造业创新体系。围绕产业链部署创新链，围绕创新链配置资源链，加强关键核心技术攻关，加速科技成果产业化，提高关键环节和重点领域的创新能力。

加强关键核心技术研发。强化企业技术创新主体地位，支持企业提升创新能力，推进国家技术创新示范企业和企业技术中心建设，充分吸纳企业参与国家科技计划的决策和实施。瞄准国家重大战略需求和未来产业发展制高点，定期研究制定发布制造业重点领域技术创新路线图。继续抓紧实施国家科技重大专项，通过国家科技计划（专项、基金等）支持关键核心技术研发。发挥行业骨干企业的主导作用和高等院校、科研院所的基础作用，建立一批产业创新联盟，开展政产学研用协同创新，攻克一批对产业竞争力整体提升具有全局性影响、带动性强的关键共性技术，加快成果转化。

提高创新设计能力。在传统制造业、战略性新兴产业、现代服务业等重点领域开展创新设计示范，全面推广应用以绿色、智能、协同为特征的先进设计技术。加强设计领域共性关键技术研发，攻克信息化设计、过程集成设计、复杂过程和系统设计等共性技术，开发一批具有自主知识产权的关键设计工具软件，建设完善创新设计生态系统。建设若干具有世界影响力的创新设计集群，培育一批专业化、开放型的工业设计企业，鼓励代工企业建立研究设计中心，向代设计和出口自主品牌产品转变。发展各类创新设计教育，设立国家工业设计奖，激发全社会创新设计的积极性和主动性。

推进科技成果产业化。完善科技成果转化运行机制，研究制定促进科技成果转化和产业化的指导意见，建立完善科技成果信息发布和共享平台，健全以技术交易市场为核心的技术转移和产业化服务体系。完善科技成果转化激励机制，推动事业单位科技成果使用、处置和收益管理改革，健全科技成果科学评估和市场定价机制。完善科技成果转化协同推进机制，引导政产学研用按照市场规律和创新规律加强合作，鼓励企业和社会资本建立一批从事技术集成、熟化和工程化的中试基地。加快国防科技成果转化和产业化进程，推进军民技术双向转移转化。

完善国家制造业创新体系。加强顶层设计，加快建立以创新中心为核心载体、以公共服务平台和工程数据中心为重要支撑的制造业创新网络，建立市场化的创新方向选择机制和鼓励创新的风险分担、利益共享机制。充分利用现有科技资源，围绕制造业重大共性需求，采取政府与社会合作、政产学研用产业创新战略联盟等新机制新模式，形成一批制造业创新中心（工业技术研究基地），开展关键共性重大技术研究和产业化应用示范。建设一批促进制造业协同创新的公共服务平台，规范服务标准，开展技术研发、检验检测、技术评价、技术交易、质量认证、人才培训等专业化服务，促进科技成果转化和推广应用。建设重点领域制造业工程数据中心，为企业提供创新知识和工程数据的开放共享服务。面向制造业关键共性技术，建设一批重大科学研究和实验设施，提高核心企业系统集成能力，促进向价值链高端延伸。

专栏1　制造业创新中心（工业技术研究基地）建设工程

围绕重点行业转型升级和新一代信息技术、智能制造、增材制造、新材料、生物医药等领域创新发展的重大共性需求，形成一批制造业创新中心（工业技术研究基地），重点开展行业基础和共性关键技术研发、成果产业化、人才培训等工作。制定完善制造业创新中心遴选、考核、管理的标准和程序。

到2020年，重点形成15家左右制造业创新中心（工业技术研究基地），力争到2025年形成40家左右制造业创新中心（工业技术研究基地）。

加强标准体系建设。改革标准体系和标准化管理体制，组织实施制造业标准化提升计划，在智能制造等重点领域开展综合标准化工作。发挥企业在标准制定中的重要作用，支持组建重点领域标准推进联盟，建设标准创新研究基地，协同推进产品研发与标准制定。制定满足市场和创新需要的团体标准，建立企业产品和服务标准自我声明公开和监督制度。鼓励和支持企业、科研院所、行业组织等参与国际标准制定，加快我国标准国际化进程。大力推动国防装备采用先进的民用标准，推动军用技术标准向民用领域的转化和应用。做好标准的宣传贯彻，大力推动标准实施。

强化知识产权运用。加强制造业重点领域关键核心技术知识产权储备，构建产业化导向的专利组合和战略布局。鼓励和支持企业运用知识产权参与市场竞争，培育一批具备知识产权综合实力的优势企业，支持组建知识产权联盟，推动市场主体开展知识产权协同运用。稳妥推进国防知识产权解密和市场化应用。建立健全知识产权评议机制，鼓励和支持行业骨干企业与专业机构在重点领域合作开展专利评估、收购、运营、风险预警与应对。构建知识产权综合运用公共服务平台。鼓励开展跨国知识产权许可。研究制定降低中小企业知识产权申请、保护及维权成本的政策措施。

（二）推进信息化与工业化深度融合

加快推动新一代信息技术与制造技术融合发展，把智能制造作为两化深度融合的主攻方向；着力发展智能装备和智能产品，推进生产过程智能化，培育新型生产方式，全面提升企业研发、生产、管理和服务的智能化水平。

研究制定智能制造发展战略。编制智能制造发展规划，明确发展目标、重点任务和重大布局。加快制定智能制造技术标准，建立完善智能制造和两化融合管理标准体系。强化应用牵引，建立智能制造产业联盟，协同推动智能装备和产品研发、系统集成创新与产业化。促进工业互联网、云计算、大数据在企业研发设计、生产制造、经营管理、销售服务等全流程和全产业链的综合集成应用。加强智能制造工业控制系统网络安全保障能力建设，健全综合保障体系。

加快发展智能制造装备和产品。组织研发具有深度感知、智慧决策、自动执行功能的高档数控机床、工业机器人、增材制造装备等智能制造装备以及智能化生产线，突破新型传感器、智能测量仪表、工业控制系统、伺服电机及驱动器和减速器等智能核心装置，推进工程化和产业化。加快机械、航空、船舶、汽车、轻工、纺织、食品、电子等行业生产设备的智能化改造，提高精准制造、敏捷制造能力。统筹布局和推动智能交通工具、智能工程机械、服务机器人、智能家电、智能照明电器、可穿戴设备等产品研发和产业化。

推进制造过程智能化。在重点领域试点建设智能工厂/数字化车间，加快人机智能交互、工业机器人、智能物流管理、增材制造等技术和装备在生产过程中的应用，促进制造工艺的仿真优化、数字化控制、状态信息实时监测和自适应控制。加快产品全生命周期管理、客户关系管理、供应链管理系统的推广应用，促进集团管控、设计与制造、产供销一体、业务和财务衔接等关键环节集成，实现智能管控。加快民用爆炸物品、危险化学品、食品、印染、稀土、农药等重点行业智能检测监管体系建设，提高智能化水平。

深化互联网在制造领域的应用。制定互联网与制造业融合发展的路线图，明确发展方向、目标和路径。发展基于互联网的个性化定制、众包设计、云制造等新型制造模式，推动形成基于消费需求动态感知的研发、制造和产业组织方式。建立优势互补、合作共赢的开放型产业生态体系。加快开展物联网技术研发和应用示范，培育智能监测、远程诊断管理、全产业链追溯等工业互联网新应用。实施工业云及工业大数据创新应用试点，建设一批高质量的工业云服务和工业大数据平台，推动软件与服务、设计与制造资源、关键技术与标准的开放共享。

加强互联网基础设施建设。加强工业互联网基础设施建设规划与布局，建设低时延、高可靠、广覆盖的工业互联网。加快制造业集聚区光纤网、移动通信网和无线局域网的部署和建设，实现信息网络宽带升级，提高企业宽带接入能力。针对信息物理系统网络研发及应用需求，组织开发智能控制系统、工业应用软件、故障诊断软件和相关工具、传感和通信系统协议，实现人、设备与产品的实时联通、精确识别、有效交互与智能控制。

专栏2　智能制造工程

紧密围绕重点制造领域关键环节，开展新一代信息技术与制造装备融合的集成创新和工程应用。支持政产学研用联合攻关，开发智能产品和自主可控的智能装置并实现产业化。依托优势企业，紧扣关键工序智能化、关键岗位机器人替代、生产过程智能优化控制、供应链优化，建设重点领域智能工厂/数字化车间。在基础条件好、需求迫切的重点地区、行业和企业中，分类实施流程制造、离散制造、智能装备和产品、新业态新模式、智能化管理、智能化服务等试点示范及应用推广。建立智能制造标准体系和信息安全保障系统，搭建智能制造网络系统平台。

到2020年，制造业重点领域智能化水平显著提升，试点示范项目运营成本降低30%，产品生产周期缩短30%，不良品率降低30%。到2025年，制造业重点领域全面实现智能化，试点示范项目运营成本降低50%，产品生产周期缩短50%，不良品率降低50%。

（三）强化工业基础能力

核心基础零部件（元器件）、先进基础工艺、关键基础材料和产业技术基础（以下统称“四基”）等工业基础能力薄弱，是制约我国制造业创新发展和质量提升的症结所在。要坚持问题导向、产需结合、协同创新、重点突破的原则，着力破解制约重点产业发展的瓶颈。

统筹推进“四基”发展。制定工业强基实施方案，明确重点方向、主要目标和实施路径。制定工业“四基”发展指导目录，发布工业强基发展报告，组织实施工业强基工程。统筹军民两方面资源，开展军民两用技术联合攻关，支持军民技术相互有效利用，促进基础领域融合发展。强化基础领域标准、计量体系建设，加快实施对标达标，提升基础产品的质量、可靠性和寿命。建立多部门协调推进机制，引导各类要素向基础领域集聚。

加强“四基”创新能力建设。强化前瞻性基础研究，着力解决影响核心基础零部件（元器件）产品性能和稳定性的关键共性技术。建立基础工艺创新体系，利用现有资源建立关键共性基础工艺研究机构，开展先进成型、加工等关键制造工艺联合攻关；支持企业开展工艺创新，培养工艺专业人才。加大基础专用材料研发力度，提高专用材料自给保障能力和制备技术水平。建立国家工业基础数据库，加强企业试验检测数据和计量数据的采集、管理、应用和积累。加大对“四基”领域技术研发的支持力度，引导产业投资基金和创业投资基金投向“四基”领域重点项目。

推动整机企业和“四基”企业协同发展。注重需求侧激励，产用结合，协同攻关。依托国家科技计划（专项、基金等）和相关工程等，在数控机床、轨道交通装备、航空航天、发电设备等重点领域，引导整机企业和“四基”企业、高校、科研院所产需对接，建立产业联盟，形成协同创新、产用结合、以市场促基础产业发展的新模式，提升重大装备自主可控水平。开展工业强基示范应用，完善首台（套）、首批次政策，支持核心基础零部件（元器件）、先进基础工艺、关键基础材料推广应用。

专栏3　工业强基工程

开展示范应用，建立奖励和风险补偿机制，支持核心基础零部件（元器件）、先进基础工艺、关键基础材料的首批次或跨领域应用。组织重点突破，针对重大工程和重点装备的关键技术和产品急需，支持优势企业开展政产学研用联合攻关，突破关键基础材料、核心基础零部件的工程化、产业化瓶颈。强化平台支撑，布局和组建一批"四基"研究中心，创建一批公共服务平台，完善重点产业技术基础体系。

到2020年，40%的核心基础零部件、关键基础材料实现自主保障，受制于人的局面逐步缓解，航天装备、通信装备、发电与输变电设备、工程机械、轨道交通装备、家用电器等产业急需的核心基础零部件（元器件）和关键基础材料的先进制造工艺得到推广应用。到2025年，70%的核心基础零部件、关键基础材料实现自主保障，80种标志性先进工艺得到推广应用，部分达到国际领先水平，建成较为完善的产业技术基础服务体系，逐步形成整机牵引和基础支撑协调互动的产业创新发展格局。

（四）加强质量品牌建设

提升质量控制技术，完善质量管理机制，夯实质量发展基础，优化质量发展环境，努力实现制造业质量大幅提升。鼓励企业追求卓越品质，形成具有自主知识产权的名牌产品，不断提升企业品牌价值和中国制造整体形象。

推广先进质量管理技术和方法。建设重点产品标准符合性认定平台，推动重点产品技术、安全标准全面达到国际先进水平。开展质量标杆和领先企业示范活动，普及卓越绩效、六西格玛、精益生产、质量诊断、质量持续改进等先进生产管理模式和方法。支持企业提高质量在线监测、在线控制和产品全生命周期质量追溯能力。组织开展重点行业工艺优化行动，提升关键工艺过程控制水平。开展质量管理小组、现场改进等群众性质量管理活动示范推广。加强中小企业质量管理，开展质量安全培训、诊断和辅导活动。

加快提升产品质量。实施工业产品质量提升行动计划，针对汽车、高档数控机床、轨道交通装备、大型成套技术装备、工程机械、特种设备、关键原材料、基础零部件、电子元器件等重点行业，组织攻克一批长期困扰产品质量提升的关键共性质量技术，加强可靠性设计、试验与验证技术开发应用，推广采用先进成型和加工方法、在线检测装置、智能化生产和物流系统及检测设备等，使重点实物产品的性能稳定性、质量可靠性、环境适应性、使用寿命等指标达到国际同类产品先进水平。在食品、药品、婴童用品、家电等领域实施覆盖产品全生命周期的质量管理、质量自我声明和质量追溯制度，保障重点消费品质量安全。大力提高国防装备质量可靠性，增强国防装备实战能力。

完善质量监管体系。健全产品质量标准体系、政策规划体系和质量管理法律法规。加强关系民生和安全等重点领域的行业准入与市场退出管理。建立消费品生产经营企业产品事故强制报告制度，健全质量信用信息收集和发布制度，强化企业质量主体责任。将质量违法违规记录作为企业诚信评级的重要内容，建立质量黑名单制度，加大对质量违法和假冒品牌行为的打击和惩处力度。建立区域和行业质量安全预警制度，防范化解产品质量安全风险。严格实施产品“三包”、产品召回等制度。强化监管检查和责任追究，切实保护消费者权益。

夯实质量发展基础。制定和实施与国际先进水平接轨的制造业质量、安全、卫生、环保及节能标准。加强计量科技基础及前沿技术研究，建立一批制造业发展急需的高准确度、高稳定性计量基标准，提升与制造业相关的国家量传溯源能力。加强国家产业计量测试中心建设，构建国家计量科技创新体系。完善检验检测技术保障体系，建设一批高水平的工业产品质量控制和技术评价实验室、产品质量监督检验中心，鼓励建立专业检测技术联盟。完善认证认可管理模式，提高强制性产品认证的有效性，推动自愿性产品认证健康发展，提升管理体系认证水平，稳步推进国际互认。支持行业组织发布自律规范或公约，开展质量信誉承诺活动。

推进制造业品牌建设。引导企业制定品牌管理体系，围绕研发创新、生产制造、质量管理和营销服务全过程，提升内在素质，夯实品牌发展基础。扶持一批品牌培育和运营专业服务机构，开展品牌管理咨询、市场推广等服务。健全集体商标、证明商标注册管理制度。打造一批特色鲜明、竞争力强、市场信誉好的产业集群区域品牌。建设品牌文化，引导企业增强以质量和信誉为核心的品牌意识，树立品牌消费理念，提升品牌附加值和软实力。加速我国品牌价值评价国际化进程，充分发挥各类媒体作用，加大中国品牌宣传推广力度，树立中国制造品牌良好形象。

（五）全面推行绿色制造

加大先进节能环保技术、工艺和装备的研发力度，加快制造业绿色改造升级；积极推行低碳化、循环化和集约化，提高制造业资源利用效率；强化产品全生命周期绿色管理，努力构建高效、清洁、低碳、循环的绿色制造体系。

加快制造业绿色改造升级。全面推进钢铁、有色、化工、建材、轻工、印染等传统制造业绿色改造，大力研发推广余热余压回收、水循环利用、重金属污染减量化、有毒有害原料替代、废渣资源化、脱硫脱硝除尘等绿色工艺技术装备，加快应用清洁高效铸造、锻压、焊接、表面处理、切削等加工工艺，实现绿色生产。加强绿色产品研发应用，推广轻量化、低功耗、易回收等技术工艺，持续提升电机、锅炉、内燃机及电器等终端用能产品能效水平，加快淘汰落后机电产品和技术。积极引领新兴产业高起点绿色发展，大幅降低电子信息产品生产、使用能耗及限用物质含量，建设绿色数据中心和绿色基站，大力促进新材料、新能源、高端装备、生物产业绿色低碳发展。

推进资源高效循环利用。支持企业强化技术创新和管理，增强绿色精益制造能力，大幅降低能耗、物耗和水耗水平。持续提高绿色低碳能源使用比率，开展工业园区和企业分布式绿色智能微电网建设，控制和削减化石能源消费量。全面推行循环生产方式，促进企业、园区、行业间链接共生、原料互供、资源共享。推进资源再生利用产业规范化、规模化发展，强化技术装备支撑，提高大宗工业固体废弃物、废旧金属、废弃电器电子产品等综合利用水平。大力发展再制造产业，实施高端再制造、智能再制造、在役再制造，推进产品认定，促进再制造产业持续健康发展。

积极构建绿色制造体系。支持企业开发绿色产品，推行生态设计，显著提升产品节能环保低碳水平，引导绿色生产和绿色消费。建设绿色工厂，实现厂房集约化、原料无害化、生产洁净化、废物资源化、能源低碳化。发展绿色园区，推进工业园区产业耦合，实现近零排放。打造绿色供应链，加快建立以资源节约、环境友好为导向的采购、生产、营销、回收及物流体系，落实生产者责任延伸制度。壮大绿色企业，支持企业实施绿色战略、绿色标准、绿色管理和绿色生产。强化绿色监管，健全节能环保法规、标准体系，加强节能环保监察，推行企业社会责任报告制度，开展绿色评价。

专栏4　绿色制造工程

组织实施传统制造业能效提升、清洁生产、节水治污、循环利用等专项技术改造。开展重大节能环保、资源综合利用、再制造、低碳技术产业化示范。实施重点区域、流域、行业清洁生产水平提升计划，扎实推进大气、水、土壤污染源头防治专项。制定绿色产品、绿色工厂、绿色园区、绿色企业标准体系，开展绿色评价。

到2020年，建成千家绿色示范工厂和百家绿色示范园区，部分重化工行业能源资源消耗出现拐点，重点行业主要污染物排放强度下降20%。到2025年，制造业绿色发展和主要产品单耗达到世界先进水平，绿色制造体系基本建立。

（六）大力推动重点领域突破发展

瞄准新一代信息技术、高端装备、新材料、生物医药等战略重点，引导社会各类资源集聚，推动优势和战略产业快速发展。

1. 新一代信息技术产业。

集成电路及专用装备。着力提升集成电路设计水平，不断丰富知识产权（IP）核和设计工具，突破关系国家信息与网络安全及电子整机产业发展的核心通用芯片，提升国产芯片的应用适配能力。掌握高密度封装及三维（3D）微组装技术，提升封装产业和测试的自主发展能力。形成关键制造装备供货能力。

信息通信设备。掌握新型计算、高速互联、先进存储、体系化安全保障等核心技术，全面突破第五代移动通信（5G）技术、核心路由交换技术、超高速大容量智能光传输技术、“未来网络”核心技术和体系架构，积极推动量子计算、神经网络等发展。研发高端服务器、大容量存储、新型路由交换、新型智能终端、新一代基站、网络安全等设备，推动核心信息通信设备体系化发展与规模化应用。

操作系统及工业软件。开发安全领域操作系统等工业基础软件。突破智能设计与仿真及其工具、制造物联与服务、工业大数据处理等高端工业软件核心技术，开发自主可控的高端工业平台软件和重点领域应用软件，建立完善工业软件集成标准与安全测评体系。推进自主工业软件体系化发展和产业化应用。

2. 高档数控机床和机器人。

高档数控机床。开发一批精密、高速、高效、柔性数控机床与基础制造装备及集成制造系统。加快高档数控机床、增材制造等前沿技术和装备的研发。以提升可靠性、精度保持性为重点，开发高档数控系统、伺服电机、轴承、光栅等主要功能部件及关键应用软件，加快实现产业化。加强用户工艺验证能力建设。

机器人。围绕汽车、机械、电子、危险品制造、国防军工、化工、轻工等工业机器人、特种机器人，以及医疗健康、家庭服务、教育娱乐等服务机器人应用需求，积极研发新产品，促进机器人标准化、模块化发展，扩大市场应用。突破机器人本体、减速器、伺服电机、控制器、传感器与驱动器等关键零部件及系统集成设计制造等技术瓶颈。

3. 航空航天装备。

航空装备。加快大型飞机研制，适时启动宽体客机研制，鼓励国际合作研制重型直升机；推进干支线飞机、直升机、无人机和通用飞机产业化。突破高推重比、先进涡桨（轴）发动机及大涵道比涡扇发动机技术，建立发动机自主发展工业体系。开发先进机载设备及系统，形成自主完整的航空产业链。

航天装备。发展新一代运载火箭、重型运载器，提升进入空间能力。加快推进国家民用空间基础设施建设，发展新型卫星等空间平台与有效载荷、空天地宽带互联网系统，形成长期持续稳定的卫星遥感、通信、导航等空间信息服务能力。推动载人航天、月球探测工程，适度发展深空探测。推进航天技术转化与空间技术应用。

4. 海洋工程装备及高技术船舶。大力发展深海探测、资源开发利用、海上作业保障装备及其关键系统和专用设备。推动深海空间站、大型浮式结构物的开发和工程化。形成海洋工程装备综合试验、检测与鉴定能力，提高海洋开发利用水平。突破豪华邮轮设计建造技术，全面提升液化天然气船等高技术船舶国际竞争力，掌握重点配套设备集成化、智能化、模块化设计制造核心技术。

5. 先进轨道交通装备。加快新材料、新技术和新工艺的应用，重点突破体系化安全保障、节能环保、数字化智能化网络化技术，研制先进可靠适用的产品和轻量化、模块化、谱系化产品。研发新一代绿色智能、高速重载轨道交通装备系统，围绕系统全寿命周期，向用户提供整体解决方案，建立世界领先的现代轨道交通产业体系。

6. 节能与新能源汽车。继续支持电动汽车、燃料电池汽车发展，掌握汽车低碳化、信息化、智能化核心技术，提升动力电池、驱动电机、高效内燃机、先进变速器、轻量化材料、智能控制等核心技术的工程化和产业化能力，形成从关键零部件到整车的完整工业体系和创新体系，推动自主品牌节能与新能源汽车同国际先进水平接轨。

7. 电力装备。推动大型高效超净排放煤电机组产业化和示范应用，进一步提高超大容量水电机组、核电机组、重型燃气轮机制造水平。推进新能源和可再生能源装备、先进储能装置、智能电网用输变电及用户端设备发展。突破大功率电力电子器件、高温超导材料等关键元器件和材料的制造及应用技术，形成产业化能力。

8. 农机装备。重点发展粮、棉、油、糖等大宗粮食和战略性经济作物育、耕、种、管、收、运、贮等主要生产过程使用的先进农机装备，加快发展大型拖拉机及其复式作业机具、大型高效联合收割机等高端农业装备及关键核心零部件。提高农机装备信息收集、智能决策和精准作业能力，推进形成面向农业生产的信息化整体解决方案。

9. 新材料。以特种金属功能材料、高性能结构材料、功能性高分子材料、特种无机非金属材料和先进复合材料为发展重点，加快研发先进熔炼、凝固成型、气相沉积、型材加工、高效合成等新材料制备关键技术和装备，加强基础研究和体系建设，突破产业化制备瓶颈。积极发展军民共用特种新材料，加快技术双向转移转化，促进新材料产业军民融合发展。高度关注颠覆性新材料对传统材料的影响，做好超导材料、纳米材料、石墨烯、生物基材料等战略前沿材料提前布局和研制。加快基础材料升级换代。

10. 生物医药及高性能医疗器械。发展针对重大疾病的化学药、中药、生物技术药物新产品，重点包括新机制和新靶点化学药、抗体药物、抗体偶联药物、全新结构蛋白及多肽药物、新型疫苗、临床优势突出的创新中药及个性化治疗药物。提高医疗器械的创新能力和产业化水平，重点发展影像设备、医用机器人等高性能诊疗设备，全降解血管支架等高值医用耗材，可穿戴、远程诊疗等移动医疗产品。实现生物3D打印、诱导多能干细胞等新技术的突破和应用。

专栏5 高端装备创新工程

组织实施大型飞机、航空发动机及燃气轮机、民用航天、智能绿色列车、节能与新能源汽车、海洋工程装备及高技术船舶、智能电网成套装备、高档数控机床、核电装备、高端诊疗设备等一批创新和产业化专项、重大工程。开发一批标志性、带动性强的重点产品和重大装备，提升自主设计水平和系统集成能力，突破共性关键技术与工程化、产业化瓶颈，组织开展应用试点和示范，提高创新发展能力和国际竞争力，抢占竞争制高点。

到2020年，上述领域实现自主研制及应用。到2025年，自主知识产权高端装备市场占有率大幅提升，核心技术对外依存度明显下降，基础配套能力显著增强，重要领域装备达到国际领先水平。

（七）深入推进制造业结构调整

推动传统产业向中高端迈进，逐步化解过剩产能，促进大企业与中小企业协调发展，进一步优化制造业布局。

持续推进企业技术改造。明确支持战略性重大项目和高端装备实施技术改造的政策方向，稳定中央技术改造引导资金规模，通过贴息等方式，建立支持企业技术改造的长效机制。推动技术改造相关立法，强化激励约束机制，完善促进企业技术改造的政策体系。支持重点行业、高端产品、关键环节进行技术改造，引导企业采用先进适用技术，优化产品结构，全面提升设计、制造、工艺、管理水平，促进钢铁、石化、工程机械、轻工、纺织等产业向价值链高端发展。研究制定重点产业技术改造投资指南和重点项目导向计划，吸引社会资金参与，优化工业投资结构。围绕两化融合、节能降耗、质量提升、安全生产等传统领域改造，推广应用新技术、新工艺、新装备、新材料，提高企业生产技术水平和效益。

稳步化解产能过剩矛盾。加强和改善宏观调控，按照"消化一批、转移一批、整合一批、淘汰一批"的原则，分业分类施策，有效化解产能过剩矛盾。加强行业规范和准入管理，推动企业提升技术装备水平，优化存量产能。加强对产能严重过剩行业的动态监测分析，建立完善预警机制，引导企业主动退出过剩行业。切实发挥市场机制作用，综合运用法律、经济、技术及必要的行政手段，加快淘汰落后产能。

促进大中小企业协调发展。强化企业市场主体地位，支持企业间战略合作和跨行业、跨区域兼并重组，提高规模化、集约化经营水平，培育一批核心竞争力强的企业集团。激发中小企业创业创新活力，发展一批主营业务突出、竞争力强、成长性好、专注于细分市场的专业化"小巨人"企业。发挥中外中小企业合作园区示范作用，利用双边、多边中小企业合作机制，支持中小企业走出去和引进来。引导大企业与中小企业通过专业分工、服务外包、订单生产等多种方式，建立协同创新、合作共赢的协作关系。推动建设一批高水平的中小企业集群。

优化制造业发展布局。落实国家区域发展总体战略和主体功能区规划，综合考虑资源能源、环境容量、市场空间等因素，制定和实施重点行业布局规划，调整优化重大生产力布局。完善产业转移指导目录，建设国家产业转移信息服务平台，创建一批承接产业转移示范园区，引导产业合理有序转移，推动东中西部制造业协调发展。积极推动京津冀和长江经济带产业协同发展。按照新型工业化的要求，改造提升现有制造业集聚区，推动产业集聚向产业集群转型升级。建设一批特色和优势突出、产业链协同高效、核心竞争力强、公共服务体系健全的新型工业化示范基地。

（八）积极发展服务型制造和生产性服务业

加快制造与服务的协同发展，推动商业模式创新和业态创新，促进生产型制造向服务型制造转变。大力发展与制造业紧密相关的生产性服务业，推动服务功能区和服务平台建设。

推动发展服务型制造。研究制定促进服务型制造发展的指导意见，实施服务型制造行动计划。开展试点示范，引导和支持制造业企业延伸服务链条，从主要提供产品制造向提供产品和服务转变。鼓励制造业企业增加服务环节投入，发展个性化定制服务、全生命周期管理、网络精准营销和在线支持服务等。支持有条件的企业由提供设备向提供系统集成总承包服务转变，由提供产品向提供整体解决方案转变。鼓励优势制造业企业“裂变”专业优势，通过业务流程再造，面向行业提供社会化、专业化服务。支持符合条件的制造业企业建立企业财务公司、金融租赁公司等金融机构，推广大型制造设备、生产线等融资租赁服务。

加快生产性服务业发展。大力发展面向制造业的信息技术服务，提高重点行业信息应用系统的方案设计、开发、综合集成能力。鼓励互联网等企业发展移动电子商务、在线定制、线上到线下等创新模式，积极发展对产品、市场的动态监控和预测预警等业务，实现与制造业企业的无缝对接，创新业务协作流程和价值创造模式。加快发展研发设计、技术转移、创业孵化、知识产权、科技咨询等科技服务业，发展壮大第三方物流、节能环保、检验检测认证、电子商务、服务外包、融资租赁、人力资源服务、售后服务、品牌建设等生产性服务业，提高对制造业转型升级的支撑能力。

强化服务功能区和公共服务平台建设。建设和提升生产性服务业功能区，重点发展研发设计、信息、物流、商务、金融等现代服务业，增强辐射能力。依托制造业集聚区，建设一批生产性服务业公共服务平台。鼓励东部地区企业加快制造业服务化转型，建立生产服务基地。支持中西部地区发展具有特色和竞争力的生产性服务业，加快产业转移承接地服务配套设施和能力建设，实现制造业和服务业协同发展。

（九）提高制造业国际化发展水平

统筹利用两种资源、两个市场，实行更加积极的开放战略，将引进来与走出去更好结合，拓展新的开放领域和空间，提升国际合作的水平和层次，推动重点产业国际化布局，引导企业提高国际竞争力。

提高利用外资与国际合作水平。进一步放开一般制造业，优化开放结构，提高开放水平。引导外资投向新一代信息技术、高端装备、新材料、生物医药等高端制造领域，鼓励境外企业和科研机构在我国设立全球研发机构。支持符合条件的企业在境外发行股票、债券，鼓励与境外企业开展多种形式的技术合作。

提升跨国经营能力和国际竞争力。支持发展一批跨国公司，通过全球资源利用、业务流程再造、产业链整合、资本市场运作等方式，加快提升核心竞争力。支持企业在境外开展并购和股权投资、创业投资，建立研发中心、实验基地和全球营销及服务体系；依托互联网开展网络协同设计、精准营销、增值服务创新、媒体品牌推广等，建立全球产业链体系，提高国际化经营能力和服务水平。鼓励优势企业加快发展国际总承包、总集成。引导企业融入当地文化，增强社会责任意识，加强投资和经营风险管理，提高企业境外本土化能力。

深化产业国际合作，加快企业走出去。加强顶层设计，制定制造业走出去发展总体战略，建立完善统筹协调机制。积极参与和推动国际产业合作，贯彻落实丝绸之路经济带和21世纪海上丝绸之路等重大战略部署，加快推进与周边国家互联互通基础设施建设，深化产业合作。发挥沿边开放优势，在有条件的国家和地区建设一批境外制造业合作园区。坚持政府推动、企业主导，创新商业模式，鼓励高端装备、先进技术、优势产能向境外转移。加强政策引导，推动产业合作由加工制造环节为主向合作研发、联合设计、市场营销、品牌培育等高端环节延伸，提高国际合作水平。创新加工贸易模式，延长加工贸易国内增值链条，推动加工贸易转型升级。

四、战略支撑与保障

建设制造强国，必须发挥制度优势，动员各方面力量，进一步深化改革，完善政策措施，建立灵活高效的实施机制，营造良好环境；必须培育创新文化和中国特色制造文化，推动制造业由大变强。

（一）深化体制机制改革

全面推进依法行政，加快转变政府职能，创新政府管理方式，加强制造业发展战略、规划、政策、标准等制定和实施，强化行业自律和公共服务能力建设，提高产业治理水平。简政放权，深化行政审批制度改革，规范审批事项，简化程序，明确时限；适时修订政府核准的投资项目目录，落实企业投资主体地位。完善政产学研用协同创新机制，改革技术创新管理体制机制和项目经费分配、成果评价和转化机制，促进科技成果资本化、产业化，激发制造业创新活力。加快生产要素价格市场化改革，完善主要由市场决定价格的机制，合理配置公共资源；推行节能量、碳排放权、排污权、水权交易制度改革，加快资源税从价计征，推动环境保护费改税。深化国有企业改革，完善公司治理结构，有序发展混合所有制经济，进一步破除各种形式的行业垄断，取消对非公有制经济的不合理限制。稳步推进国防科技工业改革，推动军民融合深度发展。健全产业安全审查机制和法规体系，加强关系国民经济命脉和国家安全的制造业重要领域投融资、并购重组、招标采购等方面的安全审查。

（二）营造公平竞争市场环境

深化市场准入制度改革，实施负面清单管理，加强事中事后监管，全面清理和废止不利于全国统一市场建设的政策措施。实施科学规范的行业准入制度，制定和完善制造业节能节地节水、环保、技术、安全等准入标准，加强对国家强制性标准实施的监督检查，统一执法，以市场化手段引导企业进行结构调整和转型升级。切实加强监管，打击制售假冒伪劣行为，严厉惩处市场垄断和不正当竞争行为，为企业创造良好生产经营环境。加快发展技术市场，健全知识产权创造、运用、管理、保护机制。完善淘汰落后产能工作涉及的职工安置、债务清偿、企业转产等政策措施，健全市场退出机制。进一步减轻企业负担，实施涉企收费清单制度，建立全国涉企收费项目库，取缔各种不合理收费和摊派，加强监督检查和问责。推进制造业企业信用体系建设，建设中国制造信用数据库，建立健全企业信用动态评价、守信激励和失信惩戒机制。强化企业社会责任建设，推行企业产品标准、质量、安全自我声明和监督制度。

（三）完善金融扶持政策

深化金融领域改革，拓宽制造业融资渠道，降低融资成本。积极发挥政策性金融、开发性金融和商业金融的优势，加大对新一代信息技术、高端装备、新材料等重点领域的支持力度。支持中国进出口银行在业务范围内加大对制造业走出去的服务力度，鼓励国家开发银行增加对制造业企业的贷款投放，引导金融机构创新符合制造业企业特点的产品和业务。健全多层次资本市场，推动区域性股权市场规范发展，支持符合条件的制造业企业在境内外上市融资、发行各类债务融资工具。引导风险投资、私募股权投资等支持制造业企业创新发展。鼓励符合条件的制造业贷款和租赁资产开展证券化试点。支持重点领域大型制造业企业集团开展产融结合试点，通过融资租赁方式促进制造业转型升级。探索开发适合制造业发展的保险产品和服务，鼓励发展贷款保证保险和信用保险业务。在风险可控和商业可持续的前提下，通过内保外贷、外汇及人民币贷款、债权融资、股权融资等方式，加大对制造业企业在境外开展资源勘探开发、设立研发中心和高技术企业以及收购兼并等的支持力度。

（四）加大财税政策支持力度

充分利用现有渠道，加强财政资金对制造业的支持，重点投向智能制造、“四基”发展、高端装备等制造业转型升级的关键领域，为制造业发展创造良好政策环境。运用政府和社会资本合作（PPP）模式，引导社会资本参与制造业重大项目建设、企业技术改造和关键基础设施建设。创新财政资金支持方式，逐步从“补建设”向“补运营”转变，提高财政资金使用效益。深化科技计划（专项、基金等）管理改革，支持制造业重点领域科技研发和示范应用，促进制造业技术创新、转型升级和结构布局调整。完善和落实支持创新的政府采购政策，推动制造业创新产品的研发和规模化应用。落实和完善使用首台（套）重大技术装备等鼓励政策，健全研制、使用单位在产品创新、增值服务和示范应用等环节的激励约束机制。实施有利于制造业转型升级的税收政策，推进增值税改革，完善企业研发费用计核方法，切实减轻制造业企业税收负担。

（五）健全多层次人才培养体系

加强制造业人才发展统筹规划和分类指导，组织实施制造业人才培养计划，加大专业技术人才、经营管理人才和技能人才的培养力度，完善从研发、转化、生产到管理的人才培养体系。以提高现代经营管理水平和企业竞争力为核心，实施企业经营管理人才素质提升工程和国家中小企业银河培训工程，培养造就一批优秀企业家和高水平经营管理人才。以高层次、急需紧缺专业技术人才和创新型人才为重点，实施专业技术人才知识更新工程和先进制造卓越工程师培养计划，在高等学校建设一批工程创新训练中心，打造高素质专业技术人才队伍。强化职业教育和技能培训，引导一批普通本科高等学校向应用技术类高等学校转型，建立一批实训基地，开展现代学徒制试点示范，形成一支门类齐全、技艺精湛的技术技能人才队伍。鼓励企业与学校合作，培养制造业急需的科研人员、技术技能人才与复合型人才，深化相关领域工程博士、硕士专业学位研究生招生和培养模式改革，积极推进产学研结合。加强产业人才需求预测，完善各类人才信息库，构建产业人才水平评价制度和信息发布平台。建立人才激励机制，加大对优秀人才的表彰和奖励力度。建立完善制造业人才服务机构，健全人才流动和使用的体制机制。采取多种形式选拔各类优秀人才重点是专业技术人才到国外学习培训，探索建立国际培训基地。加大制造业引智力度，引进领军人才和紧缺人才。

（六）完善中小微企业政策

落实和完善支持小微企业发展的财税优惠政策，优化中小企业发展专项资金使用重点和方式。发挥财政资金杠杆撬动作用，吸引社会资本，加快设立国家中小企业发展基金。支持符合条件的民营资本依法设立中小型银行等金融机构，鼓励商业银行加大小微企业金融服务专营机构建设力度，建立完善小微企业融资担保体系，创新产品和服务。加快构建中小微企业征信体系，积极发展面向小微企业的融资租赁、知识产权质押贷款、信用保险保单质押贷款等。建设完善中小企业创业基地，引导各类创业投资基金投资小微企业。鼓励大学、科研院所、工程中心等对中小企业开放共享各种实（试）验设施。加强中小微企业综合服务体系建设，完善中小微企业公共服务平台网络，建立信息互联互通机制，为中小微企业提供创业、创新、融资、咨询、培训、人才等专业化服务。

（七）进一步扩大制造业对外开放

深化外商投资管理体制改革，建立外商投资准入前国民待遇加负面清单管理机制，落实备案为主、核准为辅的管理模式，营造稳定、透明、可预期的营商环境。全面深化外汇管理、海关监管、检验检疫管理改革，提高贸易投资便利化水平。进一步放宽市场准入，修订钢铁、化工、船舶等产业政策，支持制造业企业通过委托开发、专利授权、众包众创等方式引进先进技术和高端人才，推动利用外资由重点引进技术、资金、设备向合资合作开发、对外并购及引进领军人才转变。加强对外投资立法，强化制造业企业走出去法律保障，规范企业境外经营行为，维护企业合法权益。探索利用产业基金、国有资本收益等渠道支持高铁、电力装备、汽车、工程施工等装备和优势产能走出去，实施海外投资并购。加快制造业走出去支撑服务机构建设和水平提升，建立制造业对外投资公共服务平台和出口产品技术性贸易服务平台，完善应对贸易摩擦和境外投资重大事项预警协调机制。

（八）健全组织实施机制

成立国家制造强国建设领导小组，由国务院领导同志担任组长，成员由国务院相关部门和单位负责同志担任。领导小组主要职责是：统筹协调制造强国建设全局性工作，审议重大规划、重大政策、重大工程专项、重大问题和重要工作安排，加强战略谋划，指导部门、地方开展工作。领导小组办公室设在工业和信息化部，承担领导小组日常工作。设立制造强国建设战略咨询委员会，研究制造业发展的前瞻性、战略性重大问题，对制造业重大决策提供咨询评估。支持包括社会智库、企业智库在内的多层次、多领域、多形态的中国特色新型智库建设，为制造强国建设提供强大智力支持。建立《中国制造2025》任务落实情况督促检查和第三方评价机制，完善统计监测、绩效评估、动态调整和监督考核机制。建立《中国制造2025》中期评估机制，适时对目标任务进行必要调整。

各地区、各部门要充分认识建设制造强国的重大意义，加强组织领导，健全工作机制，强化部门协同和上下联动。各地区要结合当地实际，研究制定具体实施方案，细化政策措施，确保各项任务落实到位。工业和信息化部要会同相关部门加强跟踪分析和督促指导，重大事项及时向国务院报告。

国务院关于积极推进“互联网+”行动的指导意见

国发〔2015〕40号

各省、自治区、直辖市人民政府，国务院各部委、各直属机构：

“互联网+”是把互联网的创新成果与经济社会各领域深度融合，推动技术进步、效率提升和组织变革，提升实体经济创新力和生产力，形成更广泛的以互联网为基础设施和创新要素的经济社会发展新形态。在全球新一轮科技革命和产业变革中，互联网与各领域的融合发展具有广阔前景和无限潜力，已成为不可阻挡的时代潮流，正对各国经济社会发展产生着战略性和全局性的影响。积极发挥我国互联网已经形成的比较优势，把握机遇，增强信心，加快推进“互联网+”发展，有利于重塑创新体系、激发创新活力、培育新兴业态和创新公共服务模式，对打造大众创业、万众创新和增加公共产品、公共服务“双引擎”，主动适应和引领经济发展新常态，形成经济发展新动能，实现中国经济提质增效升级具有重要意义。

近年来，我国在互联网技术、产业、应用以及跨界融合等方面取得了积极进展，已具备加快推进“互联网+”发展的坚实基础，但也存在传统企业运用互联网的意识和能力不足、互联网企业对传统产业理解不够深入、新业态发展面临体制机制障碍、跨界融合型人才严重匮乏等问题，亟待加以解决。为加快推动互联网与各领域深入融合和创新发展，充分发挥“互联网+”对稳增长、促改革、调结构、惠民生、防风险的重要作用，现就积极推进“互联网+”行动提出以下意见。

一、行动要求

（一）总体思路

顺应世界“互联网+”发展趋势，充分发挥我国互联网的规模优势和应用优势，推动互联网由消费领域向生产领域拓展，加速提升产业发展水平，增强各行业创新能力，构筑经济社会发展新优势和新动能。坚持改革创新和市场需求导向，突出企业的主体作用，大力拓展互联网与经济社会各领域融合的广度和深度。着力深化体制机制改革，释放发展潜力和活力；着力做优存量，推动经济提质增效和转型升级；着力做大增量，培育新兴业态，打造新的增长点；着力创新政府服务模式，夯实网络发展基础，营造安全网络环境，提升公共服务水平。

（二）基本原则

坚持开放共享。营造开放包容的发展环境，将互联网作为生产生活要素共享的重要平台，最大限度优化资源配置，加快形成以开放、共享为特征的经济社会运行新模式。

坚持融合创新。鼓励传统产业树立互联网

思维，积极与“互联网+”相结合。推动互联网向经济社会各领域加速渗透，以融合促创新，最大程度汇聚各类市场要素的创新力量，推动融合性新兴产业成为经济发展新动力和新支柱。

坚持变革转型。充分发挥互联网在促进产业升级以及信息化和工业化深度融合中的平台作用，引导要素资源向实体经济集聚，推动生产方式和发展模式变革。创新网络化公共服务模式，大幅提升公共服务能力。

坚持引领跨越。巩固提升我国互联网发展优势，加强重点领域前瞻性布局，以互联网融合创新为突破口，培育壮大新兴产业，引领新一轮科技革命和产业变革，实现跨越式发展。

坚持安全有序。完善互联网融合标准规范和法律法规，增强安全意识，强化安全管理和防护，保障网络安全。建立科学有效的市场监管方式，促进市场有序发展，保护公平竞争，防止形成行业垄断和市场壁垒。

（三）发展目标

到2018年，互联网与经济社会各领域的融合发展进一步深化，基于互联网的新业态成为新的经济增长动力，互联网支撑大众创业、万众创新的作用进一步增强，互联网成为提供公共服务的重要手段，网络经济与实体经济协同互动的发展格局基本形成。

——经济发展进一步提质增效。互联网在促进制造业、农业、能源、环保等产业转型升级方面取得积极成效，劳动生产率进一步提高。基于互联网的新兴业态不断涌现，电子商务、互联网金融快速发展，对经济提质增效的促进作用更加凸显。

——社会服务进一步便捷普惠。健康医疗、教育、交通等民生领域互联网应用更加丰富，公共服务更加多元，线上线下结合更加紧密。社会服务资源配置不断优化，公众享受到更加公平、高效、优质、便捷的服务。

——基础支撑进一步夯实提升。网络设施和产业基础得到有效巩固加强，应用支撑和安全保障能力明显增强。固定宽带网络、新一代移动通信网和下一代互联网加快发展，物联网、云计算等新型基础设施更加完备。人工智能等技术及其产业化能力显著增强。

——发展环境进一步开放包容。全社会对互联网融合创新的认识不断深入，互联网融合发展面临的体制机制障碍有效破除，公共数据资源开放取得实质性进展，相关标准规范、信用体系和法律法规逐步完善。

到2025年，网络化、智能化、服务化、协同化的“互联网+”产业生态体系基本完善，“互联网+”新经济形态初步形成，“互联网+”成为经济社会创新发展的重要驱动力量。

二、重点行动

（一）“互联网+”创业创新

充分发挥互联网的创新驱动作用，以促进创业创新为重点，推动各类要素资源聚集、开放和共享，大力发展众创空间、开放式创新等，引导和推动全社会形成大众创业、万众创新的浓厚氛围，打造经济发展新引擎。（发展改革委、科技部、工业和信息化部、人力资源社会保障部、商务部等负责，列第一位者为牵头部门，下同）

1. 强化创业创新支撑。鼓励大型互联网企业和基础电信企业利用技术优势和产业整合能力，向小微企业和创业团队开放平台入口、数据信息、计算能力等资源，提供研发工具、经营管理和市场营销等方面的支持和服务，提高小微企业信息化应用水平，培育和孵化具有良好商业模式的创业企业。充分利用互联网基础条件，完善小微企业公共服务平台网络，集聚创业创新资源，为小微企业提供找得着、用得起、有保障的服务。

2. 积极发展众创空间。充分发挥互联网开放创新优势，调动全社会力量，支持创新工场、创客空间、社会实验室、智慧小企业创业基地等新型众创空间发展。充分利用国家自主创新示范区、科技企业孵化器、大学科技园、商贸企业集聚区、小微企业创业示范基地等现有条件，通过市场化方式构建一批创新与创业相结合、线上与线下相结合、孵化与投资相结合的众创空间，为创业者提供低成本、便利化、全要素的工作空间、网络空间、社交空间和资源共享空间。实施新兴产业“双创”行动，建立一批新兴产业“双创”示范基地，加快发展“互联网+”创业网络体系。

3. 发展开放式创新。鼓励各类创新主体充分利用互联网，把握市场需求导向，加强创新资源共享与合作，促进前沿技术和创新成果及时转化，构建开放式创新体系。推动各类创业创新扶持政策与互联网开放平台联动协作，为创业团队和个人开发者提供绿色通道服务。加快发展创业服务业，积极推广众包、用户参与设计、云设计等新型研发组织模式，引导建立社会各界交流合作的平台，推动跨区域、跨领域的技术成果转移和协同创新。

（二）“互联网+”协同制造

推动互联网与制造业融合，提升制造业数字化、网络化、智能化水平，加强产业链协作，发展基于互联网的协同制造新模式。在重点领域推进智能制造、大规模个性化定制、网络化协同制造和服务型制造，打造一批网络化协同制造公共服务平台，加快形成制造业网络化产业生态体系。（工业和信息化部、发展改革委、科技部共同牵头）

1. 大力发展智能制造。以智能工厂为发展方向，开展智能制造试点示范，加快推动云计算、物联网、智能工业机器人、增材制造等技术在生产过程中的应用，推进生产装备智能化升级、工艺流程改造和基础数据共享。着力在工控系统、智能感知元器件、工业云平台、操作系统和工业软件等核心环节取得突破，加强工业大数据的开发与利用，有效支撑制造业智能化转型，构建开放、共享、协作的智能制造产业生态。

2. 发展大规模个性化定制。支持企业利用互联网采集并对接用户个性化需求，推进设计研发、生产制造和供应链管理等关键环节的柔性化改造，开展基于个性化产品的服务模式和商业模式创新。鼓励互联网企业整合市场信息，挖掘细分市场需求与发展趋势，为制造企业开展个性化定制提供决策支撑。

3. 提升网络化协同制造水平。鼓励制造业骨干企业通过互联网与产业链各环节紧密协同，促进生产、质量控制和运营管理系统全面互联，推行众包设计研发和网络化制造等新模式。鼓励有实力的互联网企业构建网络化协同制造公共服务平台，面向细分行业提供云制造服务，促进创新资源、生产能力、市场需求的集聚与对接，提升服务中小微企业能力，加快全社会多元化制造资源的有效协同，提高产业链资源整合能力。

4. 加速制造业服务化转型。鼓励制造企业利用物联网、云计算、大数据等技术，整合产品全生命周期数据，形成面向生产组织全过程的决策服务信息，为产品优化升级提供数据支撑。鼓励企业基于互联网开展故障预警、远程维护、质量诊断、远程过程优化等在线增值服务，拓展产品价值空间，实现从制造向“制造+服务”的转型升级。

（三）“互联网+”现代农业

利用互联网提升农业生产、经营、管理和服务水平，培育一批网络化、智能化、精细化的现代“种养加”生态农业新模式，形成示范带动效应，加快完善新型农业生产经营体系，培育多样化农业互联网管理服务模式，逐步建立农副产品、农资质量安全追溯体系，促进农业现代化水平明显提升。（农业部、发展改革委、科技部、商务部、质检总局、食品药品监

管总局、林业局等负责）

1. 构建新型农业生产经营体系。鼓励互联网企业建立农业服务平台，支撑专业大户、家庭农场、农民合作社、农业产业化龙头企业等新型农业生产经营主体，加强产销衔接，实现农业生产由生产导向向消费导向转变。提高农业生产经营的科技化、组织化和精细化水平，推进农业生产流通销售方式变革和农业发展方式转变，提升农业生产效率和增值空间。规范用好农村土地流转公共服务平台，提升土地流转透明度，保障农民权益。

2. 发展精准化生产方式。推广成熟可复制的农业物联网应用模式。在基础较好的领域和地区，普及基于环境感知、实时监测、自动控制的网络化农业环境监测系统。在大宗农产品规模生产区域，构建天地一体的农业物联网测控体系，实施智能节水灌溉、测土配方施肥、农机定位耕种等精准化作业。在畜禽标准化规模养殖基地和水产健康养殖示范基地，推动饲料精准投放、疾病自动诊断、废弃物自动回收等智能设备的应用普及和互联互通。

3. 提升网络化服务水平。深入推进信息进村入户试点，鼓励通过移动互联网为农民提供政策、市场、科技、保险等生产生活信息服务。支持互联网企业与农业生产经营主体合作，综合利用大数据、云计算等技术，建立农业信息监测体系，为灾害预警、耕地质量监测、重大动植物疫情防控、市场波动预测、经营科学决策等提供服务。

4. 完善农副产品质量安全追溯体系。充分利用现有互联网资源，构建农副产品质量安全追溯公共服务平台，推进制度标准建设，建立产地准出与市场准入衔接机制。支持新型农业生产经营主体利用互联网技术，对生产经营过程进行精细化信息化管理，加快推动移动互联网、物联网、二维码、无线射频识别等信息技术在生产加工和流通销售各环节的推广应用，强化上下游追溯体系对接和信息互通共享，不断扩大追溯体系覆盖面，实现农副产品“从农田到餐桌”全过程可追溯，保障“舌尖上的安全”。

（四）“互联网+”智慧能源

通过互联网促进能源系统扁平化，推进能源生产与消费模式革命，提高能源利用效率，推动节能减排。加强分布式能源网络建设，提高可再生能源占比，促进能源利用结构优化。加快发电设施、用电设施和电网智能化改造，提高电力系统的安全性、稳定性和可靠性。（能源局、发展改革委、工业和信息化部等负责）

1. 推进能源生产智能化。建立能源生产运行的监测、管理和调度信息公共服务网络，加强能源产业链上下游企业的信息对接和生产消费智能化，支撑电厂和电网协调运行，促进非化石能源与化石能源协同发电。鼓励能源企业运用大数据技术对设备状态、电能负载等数据进行分析挖掘与预测，开展精准调度、故障判断和预测性维护，提高能源利用效率和安全稳定运行水平。

2. 建设分布式能源网络。建设以太阳能、风能等可再生能源为主体的多能源协调互补的能源互联网。突破分布式发电、储能、智能微网、主动配电网等关键技术，构建智能化电力运行监测、管理技术平台，使电力设备和用电终端基于互联网进行双向通信和智能调控，实现分布式电源的及时有效接入，逐步建成开放共享的能源网络。

3. 探索能源消费新模式。开展绿色电力交易服务区域试点，推进以智能电网为配送平台，以电子商务为交易平台，融合储能设施、物联网、智能用电设施等硬件以及碳交易、互联网金融等衍生服务于一体的绿色能源网络发展，实现绿色电力的点到点交易及实时配送和补贴结算。进一步加强能源生产和消费协调匹配，推进电动汽车、港口岸电等电能替代技术的应用，推广电力需求侧管理，提高能源利用效率。基于分布式能源网络，发展用户端智能化用能、能源共享经济和能源自由交易，促进能源消费生态体系建设。

4. 发展基于电网的通信设施和新型业务。推进电力光纤到户工程，完善能源互联网信息通信系统。统筹部署电网和通信网深度融合的网络基础设施，实现同缆传输、共建共享，避免重复建设。鼓励依托智能电网发展家庭能效管理等新型业务。

（五）“互联网+”普惠金融

促进互联网金融健康发展，全面提升互联网金融服务能力和普惠水平，鼓励互联网与银行、证券、保险、基金的融合创新，为大众提供丰富、安全、便捷的金融产品和服务，更好满足不同层次实体经济的投融资需求，培育一批具有行业影响力的互联网金融创新型企业。（人民银行、银监会、证监会、保监会、发展改革委、工业和信息化部、网信办等负责）

1. 探索推进互联网金融云服务平台建设。探索互联网企业构建互联网金融云服务平台。在保证技术成熟和业务安全的基础上，支持金融企业与云计算技术提供商合作开展金融公共云服务，提供多样化、个性化、精准化的金融产品。支持银行、证券、保险企业稳妥实施系统架构转型，鼓励探索利用云服务平台开展金融核心业务，提供基于金融云服务平台的信用、认证、接口等公共服务。

2. 鼓励金融机构利用互联网拓宽服务覆盖面。鼓励各金融机构利用云计算、移动互联网、大数据等技术手段，加快金融产品和服务创新，在更广泛地区提供便利的存贷款、支付结算、信用中介平台等金融服务，拓宽普惠金融服务范围，为实体经济发展提供有效支撑。支持金融机构和互联网企业依法合规开展网络借贷、网络证券、网络保险、互联网基金销售等业务。扩大专业互联网保险公司试点，充分发挥保险业在防范互联网金融风险中的作用。推动金融集成电路卡（IC卡）全面应用，提升电子现金的使用率和便捷性。发挥移动金融安全可信公共服务平台（MTPS）的作用，积极推动商业银行开展移动金融创新应用，促进移动金融在电子商务、公共服务等领域的规模应用。支持银行业金融机构借助互联网技术发展消费信贷业务，支持金融租赁公司利用互联网技术开展金融租赁业务。

3. 积极拓展互联网金融服务创新的深度和广度。鼓励互联网企业依法合规提供创新金融产品和服务，更好满足中小微企业、创新型企业和个人的投融资需求。规范发展网络借贷和互联网消费信贷业务，探索互联网金融服务创新。积极引导风险投资基金、私募股权投资基金和产业投资基金投资于互联网金融企业。利用大数据发展市场化个人征信业务，加快网络征信和信用评价体系建设。加强互联网金融消费权益保护和投资者保护，建立多元化金融消费纠纷解决机制。改进和完善互联网金融监管，提高金融服务安全性，有效防范互联网金融风险及其外溢效应。

（六）“互联网+”益民服务

充分发挥互联网的高效、便捷优势，提高资源利用效率，降低服务消费成本。大力发展以互联网为载体、线上线下互动的新兴消费，加快发展基于互联网的医疗、健康、养老、教育、旅游、社会保障等新兴服务，创新政府服务模式，提升政府科学决策能力和管理水平。（发展改革委、教育部、工业和信息化部、民政部、人力资源社会保障部、商务部、卫生计生委、质检总局、食品药品监管总局、林业局、旅游局、网信办、信访局等负责）

1. 创新政府网络化管理和服务。加快互联网与政府公共服务体系的深度融合，推动公共数据资源开放，促进公共服务创新供给和服务资源整合，构建面向公众的一体化在线公共服务体系。积极探索公众参与的网络化社会管理服务新模式，充分利用互联网、移动互联网应用平台等，加快推进政务新媒体发展建设，加强政府与公众的沟通交流，提高政府公共管理、公共服务和公共政策制定的响应速度，提升政府科学决策能力和社会治理水平，促进政府职能转变和简政放权。深入推进网上信访，提高信访工作质量、效率和公信力。鼓励政府和互联网企业合作建立信用信息共享平台，探索开展一批社会治理互联网应用试点，打通政府部门、企事业单位之间的数据壁垒，利用大数据分析手段，提升各级政府的社会治理能力。加强对“互联网+”行动的宣传，提高公众参与度。

2. 发展便民服务新业态。发展体验经济，支持实体零售商综合利用网上商店、移动支付、智能试衣等新技术，打造体验式购物模式。发展社区经济，在餐饮、娱乐、家政等领域培育线上线下结合的社区服务新模式。发展共享经济，规范发展网络约租车，积极推广在线租房等新业态，着力破除准入门槛高、服务规范难、个人征信缺失等瓶颈制约。发展基于互联网的文化、媒体和旅游等服务，培育形式多样的新型业态。积极推广基于移动互联网入口的城市服务，开展网上社保办理、个人社保权益查询、跨地区医保结算等互联网应用，让老百姓足不出户享受便捷高效的服务。

3. 推广在线医疗卫生新模式。发展基于互联网的医疗卫生服务，支持第三方机构构建医学影像、健康档案、检验报告、电子病历等医疗信息共享服务平台，逐步建立跨医院的医疗数据共享交换标准体系。积极利用移动互联网提供在线预约诊疗、候诊提醒、划价缴费、诊疗报告查询、药品配送等便捷服务。引导医疗机构面向中小城市和农村地区开展基层检查、上级诊断等远程医疗服务。鼓励互联网企业与医疗机构合作建立医疗网络信息平台，加强区域医疗卫生服务资源整合，充分利用互联网、大数据等手段，提高重大疾病和突发公共卫生事件防控能力。积极探索互联网延伸医嘱、电子处方等网络医疗健康服务应用。鼓励有资质的医学检验机构、医疗服务机构联合互联网企业，发展基因检测、疾病预防等健康服务模式。

4. 促进智慧健康养老产业发展。支持智能健康产品创新和应用，推广全面量化健康生活新方式。鼓励健康服务机构利用云计算、大数据等技术搭建公共信息平台，提供长期跟踪、预测预警的个性化健康管理服务。发展第三方在线健康市场调查、咨询评价、预防管理等应用服务，提升规范化和专业化运营水平。依托现有互联网资源和社会力量，以社区为基础，搭建养老信息服务网络平台，提供护理看护、健康管理、康复照料等居家养老服务。鼓励养老服务机构应用基于移动互联网的便携式体检、紧急呼叫监控等设备，提高养老服务水平。

5. 探索新型教育服务供给方式。鼓励互联网企业与社会教育机构根据市场需求开发数字教育资源，提供网络化教育服务。鼓励学校利用数字教育资源及教育服务平台，逐步探索网络化教育新模式，扩大优质教育资源覆盖面，促进教育公平。鼓励学校通过与互联网企业合作等方式，对接线上线下教育资源，探索基础教育、职业教育等教育公共服务提供新方式。推动开展学历教育在线课程资源共享，推广大规模在线开放课程等网络学习模式，探索建立网络学习学分认定与学分转换等制度，加快推动高等教育服务模式变革。

（七）“互联网+”高效物流

加快建设跨行业、跨区域的物流信息服务平台，提高物流供需信息对接和使用效率。鼓励大数据、云计算在物流领域的应用，建设智能仓储体系，优化物流运作流程，提升物流仓储的自动化、智能化水平和运转效率，降低物流成本。（发展改革委、商务部、交通运输部、网信办等负责）

1. 构建物流信息共享互通体系。发挥互联网信息集聚优势，聚合各类物流信息资源，鼓励骨干物流企业和第三方机构搭建面向社会的物流信息服务平台，整合仓储、运输和配送信息，开展物流全程监测、预警，提高物流安全、环保和诚信水平，统筹优化社会物流资源配置。构建互通省际、下达市县、兼顾乡村的物流信息互联网络，建立各类可开放数据的对接机制，加快完善物流信息交换开放标准体系，在更广范围促进物流信息充分共享与互联互通。

2. 建设深度感知智能仓储系统。在各级仓储单元积极推广应用二维码、无线射频识别等物联网感知技术和大数据技术，实现仓储设施与货物的实时跟踪、网络化管理以及库存信息的高度共享，提高货物调度效率。鼓励应用智能化物流装备提升仓储、运输、分拣、包装等作业效率，提高各类复杂订单的出货处理能力，缓解货物囤积停滞瓶颈制约，提升仓储运管水平和效率。

3. 完善智能物流配送调配体系。加快推进货运车联网与物流园区、仓储设施、配送网点等信息互联，促进人员、货源、车源等信息高效匹配，有效降低货车空驶率，提高配送效率。鼓励发展社区自提柜、冷链储藏柜、代收服务点等新型社区化配送模式，结合构建物流信息互联网络，加快推进县到村的物流配送网络和村级配送网点建设，解决物流配送“最后一公里”问题。

（八）“互联网+”电子商务

巩固和增强我国电子商务发展领先优势，大力发展农村电商、行业电商和跨境电商，进一步扩大电子商务发展空间。电子商务与其他产业的融合不断深化，网络化生产、流通、消费更加普及，标准规范、公共服务等支撑环境基本完善。（发展改革委、商务部、工业和信息化部、交通运输部、农业部、海关总署、税务总局、质检总局、网信办等负责）

1. 积极发展农村电子商务。开展电子商务进农村综合示范，支持新型农业经营主体和农产品、农资批发市场对接电商平台，积极发展以销定产模式。完善农村电子商务配送及综合服务网络，着力解决农副产品标准化、物流标准化、冷链仓储建设等关键问题，发展农产品个性化定制服务。开展生鲜农产品和农业生产资料电子商务试点，促进农业大宗商品电子商务发展。

2. 大力发展行业电子商务。鼓励能源、化工、钢铁、电子、轻纺、医药等行业企业，积极利用电子商务平台优化采购、分销体系，提升企业经营效率。推动各类专业市场线上转型，引导传统商贸流通企业与电子商务企业整合资源，积极向供应链协同平台转型。鼓励生产制造企业面向个性化、定制化消费需求深化电子商务应用，支持设备制造企业利用电子商务平台开展融资租赁服务，鼓励中小微企业扩大电子商务应用。按照市场化、专业化方向，大力推广电子招标投标。

3. 推动电子商务应用创新。鼓励企业利用电子商务平台的大数据资源，提升企业精准营销能力，激发市场消费需求。建立电子商务产品质量追溯机制，建设电子商务售后服务质量检测云平台，完善互联网质量信息公共服务体系，解决消费者维权难、退货难、产品责任追溯难等问题。加强互联网食品药品市场监测监管体系建设，积极探索处方药电子商务销售和监管模式创新。鼓励企业利用移动社交、新媒体等新渠道，发展社交电商、“粉丝”经济等网络营销新模式。

4. 加强电子商务国际合作。鼓励各类跨境电子商务服务商发展，完善跨境物流体系，拓展全球经贸合作。推进跨境电子商务通关、检验检疫、结汇等关键环节单一窗口综合服务体系建设。创新跨境权益保障机制，利用合格评定手段，推进国际互认。创新跨境电子商务管理，促进信息网络畅通、跨境物流便捷、支付及结汇无障碍、税收规范便利、市场及贸易规则互认互通。

（九）“互联网+”便捷交通

加快互联网与交通运输领域的深度融合，通过基础设施、运输工具、运行信息等互联网化，推进基于互联网平台的便捷化交通运输服务发展，显著提高交通运输资源利用效率和管理精细化水平，全面提升交通运输行业服务品质和科学治理能力。（发展改革委、交通运输部共同牵头）

1. 提升交通运输服务品质。推动交通运输主管部门和企业将服务性数据资源向社会开放，鼓励互联网平台为社会公众提供实时交通运行状态查询、出行路线规划、网上购票、智能停车等服务，推进基于互联网平台的多种出行方式信息服务对接和一站式服务。加快完善汽车健康档案、维修诊断和服务质量信息服务平台建设。

2. 推进交通运输资源在线集成。利用物联网、移动互联网等技术，进一步加强对公路、铁路、民航、港口等交通运输网络关键设施运行状态与通行信息的采集。推动跨地域、跨类型交通运输信息互联互通，推广船联网、车联网等智能化技术应用，形成更加完善的交通运输感知体系，提高基础设施、运输工具、运行信息等要素资源的在线化水平，全面支撑故障预警、运行维护以及调度智能化。

3. 增强交通运输科学治理能力。强化交通运输信息共享，利用大数据平台挖掘分析人口迁徙规律、公众出行需求、枢纽客流规模、车辆船舶行驶特征等，为优化交通运输设施规划与建设、安全运行控制、交通运输管理决策提供支撑。利用互联网加强对交通运输违章违规行为的智能化监管，不断提高交通运输治理能力。

（十）“互联网+”绿色生态

推动互联网与生态文明建设深度融合，完善污染物监测及信息发布系统，形成覆盖主要生态要素的资源环境承载能力动态监测网络，实现生态环境数据互联互通和开放共享。充分发挥互联网在逆向物流回收体系中的平台作用，促进再生资源交易利用便捷化、互动化、透明化，促进生产生活方式绿色化（发展改革委、环境保护部、商务部、林业局等负责）

1. 加强资源环境动态监测。针对能源、矿产资源、水、大气、森林、草原、湿地、海洋等各类生态要素，充分利用多维地理信息系统、智慧地图等技术，结合互联网大数据分析，优化监测站点布局，扩大动态监控范围，构建资源环境承载能力立体监控系统。依托现有互联网、云计算平台，逐步实现各级政府资源环境动态监测信息互联共享。加强重点用能单位能耗在线监测和大数据分析。

2. 大力发展智慧环保。利用智能监测设备和移动互联网，完善污染物排放在线监测系统，增加监测污染物种类，扩大监测范围，形成全天候、多层次的智能多源感知体系。建立环境信息数据共享机制，统一数据交换标准，推进区域污染物排放、空气环境质量、水环境质量等信息公开，通过互联网实现面向公众的在线查询和定制推送。加强对企业环保信用数据的采集整理，将企业环保信用记录纳入全国统一的信用信息共享交换平台。完善环境预警和风险监测信息网络，提升重金属、危险废物、危险化学品等重点风险防范水平和应急处理能力。

3. 完善废旧资源回收利用体系。利用物联网、大数据开展信息采集、数据分析、流向监测，优化逆向物流网点布局。支持利用电子标签、二维码等物联网技术跟踪电子废物流向，鼓励互联网企业参与搭建城市废弃物回收平台，创新再生资源回收模式。加快推进汽车保险信息系统、“以旧换再”管理系统和报废车管理系统的标准化、规范化和互联互通，加强废旧汽车及零部件的回收利用信息管理，为互联网企业开展业务创新和便民服务提供数据支撑。

4. 建立废弃物在线交易系统。鼓励互联网企业积极参与各类产业园区废弃物信息平台建设，推动现有骨干再生资源交易市场向线上线下结合转型升级，逐步形成行业性、区域性、全国性的产业废弃物和再生资源在线交易系统，完善线上信用评价和供应链融资体系，开展在线竞价，发布价格交易指数，提高稳定供给能力，增强主要再生资源品种的定价权。

（十一）“互联网+”人工智能

依托互联网平台提供人工智能公共创新服务，加快人工智能核心技术突破，促进人工智能在智能家居、智能终端、智能汽车、机器人等领域的推广应用，培育若干引领全球人工智能发展的骨干企业和创新团队，形成创新活跃、开放合作、协同发展的产业生态。（发展改革委、科技部、工业和信息化部、网信办等负责）

1. 培育发展人工智能新兴产业。建设支撑超大规模深度学习的新型计算集群，构建包括语音、图像、视频、地图等数据的海量训练资源库，加强人工智能基础资源和公共服务等创新平台建设。进一步推进计算机视觉、智能语音处理、生物特征识别、自然语言理解、智能决策控制以及新型人机交互等关键技术的研发和产业化，推动人工智能在智能产品、工业制造等领域规模商用，为产业智能化升级夯实基础。

2. 推进重点领域智能产品创新。鼓励传统家居企业与互联网企业开展集成创新，不断提升家居产品的智能化水平和服务能力，创造新的消费市场空间。推动汽车企业与互联网企业设立跨界交叉的创新平台，加快智能辅助驾驶、复杂环境感知、车载智能设备等技术产品的研发与应用。支持安防企业与互联网企业开展合作，发展和推广图像精准识别等大数据分析技术，提升安防产品的智能化服务水平。

3. 提升终端产品智能化水平。着力做大高端移动智能终端产品和服务的市场规模，提高移动智能终端核心技术研发及产业化能力。鼓励企业积极开展差异化细分市场需求分析，大力丰富可穿戴设备的应用服务，提升用户体验。推动互联网技术以及智能感知、模式识别、智能分析、智能控制等智能技术在机器人领域的深入应用，大力提升机器人产品在传感、交互、控制等方面的性能和智能化水平，提高核心竞争力。

三、保障支撑

（一）夯实发展基础

1. 巩固网络基础。加快实施“宽带中国”战略，组织实施国家新一代信息基础设施建设工程，推进宽带网络光纤化改造，加快提升移动通信网络服务能力，促进网间互联互通，大幅提高网络访问速率，有效降低网络资费，完善电信普遍服务补偿机制，支持农村及偏远地区宽带建设和运行维护，使互联网下沉为各行业、各领域、各区域都能使用，人、机、物泛在互联的基础设施。增强北斗卫星全球服务能力，构建天地一体化互联网络。加快下一代互联网商用部署，加强互联网协议第6版（IPv6）地址管理、标识管理与解析，构建未来网络创新试验平台。研究工业互联网网络架构体系，构建开放式国家创新试验验证平台。（发展改革委、工业和信息化部、财政部、国资委、网信办等负责）

2. 强化应用基础。适应重点行业融合创新发展需求，完善无线传感网、行业云及大数据平台等新型应用基础设施。实施云计算工程，大力提升公共云服务能力，引导行业信息化应用向云计算平台迁移，加快内容分发网络建设，优化数据中心布局。加强物联网网络架构研究，组织开展国家物联网重大应用示范，鼓励具备条件的企业建设跨行业物联网运营和支撑平台。（发展改革委、工业和信息化部等负责）

3. 做实产业基础。着力突破核心芯片、高端服务器、高端存储设备、数据库和中间件等产业薄弱环节的技术瓶颈，加快推进云操作系统、工业控制实时操作系统、智能终端操作系统的研发和应用。大力发展云计算、大数据等解决方案以及高端传感器、工控系统、人机交互等软硬件基础产品。运用互联网理念，构建以骨干企业为核心、产学研用高效整合的技术产业集群，打造国际先进、自主可控的产业体系。（工业和信息化部、发展改革委、科技部、网信办等负责）

4. 保障安全基础。制定国家信息领域核心技术设备发展时间表和路线图，提升互联网安全管理、态势感知和风险防范能力，加强信息网络基础设施安全防护和用户个人信息保护。实施国家信息安全专项，开展网络安全应用示范，提高“互联网+”安全核心技术和产品水平。按照信息安全等级保护等制度和网络安全国家标准的要求，加强“互联网+”关键领域重要信息系统的安全保障。建设完善网络安全监测评估、监督管理、标准认证和创新能力体系。重视融合带来的安全风险，完善网络数据共享、利用等的安全管理和技术措施，探索建立以行政评议和第三方评估为基础的数据安全流动认证体系，完善数据跨境流动管理制度，确保数据安全。（网信办、发展改革委、科技部、工业和信息化部、公安部、安全部、质检总局等负责）

（二）强化创新驱动

1. 加强创新能力建设。鼓励构建以企业为主导，产学研用合作的“互联网+”产业创新网络或产业技术创新联盟。支持以龙头企业为主体，建设跨界交叉领域的创新平台，并逐步形成创新网络。鼓励国家创新平台向企业特别是中小企业在线开放，加大国家重大科研基础设施和大型科研仪器等网络化开放力度。（发展改革委、科技部、工业和信息化部、网信办等负责）

2. 加快制定融合标准。按照共性先立、急用先行的原则，引导工业互联网、智能电网、智慧城市等领域基础共性标准、关键技术标准的研制及推广。加快与互联网融合应用的工控系统、智能专用装备、智能仪表、智能家居、车联网等细分领域的标准化工作。不断完善“互联网+”融合标准体系，同步推进国际国内标准化工作，增强在国际标准化组织（ISO）、国际电工委员会（IEC）和国际电信联盟（ITU）等国际组织中的话语权。（质检总局、工业和信息化部、网信办、能源局等负责）

3. 强化知识产权战略。加强融合领域关键环节专利导航，引导企业加强知识产权战略储备与布局。加快推进专利基础信息资源开放共享，支持在线知识产权服务平台建设，鼓励服务模式创新，提升知识产权服务附加值，支持中小微企业知识产权创造和运用。加强网络知识产权和专利执法维权工作，严厉打击各种网络侵权假冒行为。增强全社会对网络知识产权的保护意识，推动建立“互联网+”知识产权保护联盟，加大对新业态、新模式等创新成果的保护力度。（知识产权局牵头）

4. 大力发展开源社区。鼓励企业自主研发和国家科技计划（专项、基金等）支持形成的软件成果通过互联网向社会开源。引导教育机构、社会团体、企业或个人发起开源项目，积极参加国际开源项目，支持组建开源社区和开源基金会。鼓励企业依托互联网开源模式构建新型生态，促进互联网开源社区与标准规范、知识产权等机构的对接与合作。（科技部、工业和信息化部、质检总局、知识产权局等负责）

（三）营造宽松环境

1. 构建开放包容环境。贯彻落实《中共中央国务院关于深化体制机制改革加快实施创新驱动发展战略的若干意见》，放宽融合性产品和服务的市场准入限制，制定实施各行业互联网准入负面清单，允许各类主体依法平等进入未纳入负面清单管理的领域。破除行业壁垒，推动各行业、各领域在技术、标准、监管等方面充分对接，最大限度减少事前准入限制，加强事中事后监管。继续深化电信体制改革，有序开放电信市场，加快民营资本进入基础电信业务。加快深化商事制度改革，推进投资贸易便利化。（发展改革委、网信办、教育部、科技部、工业和信息化部、民政部、商务部、卫生计生委、工商总局、质检总局等负责）

2. 完善信用支撑体系。加快社会征信体系建设，推进各类信用信息平台无缝对接，打破信息孤岛。加强信用记录、风险预警、违法失信行为等信息资源在线披露和共享，为经营者提供信用信息查询、企业网上身份认证等服务。充分利用互联网积累的信用数据，对现有征信体系和评测体系进行补充和完善，为经济调节、市场监管、社会管理和公共服务提供有力支撑。（发展改革委、人民银行、工商总局、质检总局、网信办等负责）

3. 推动数据资源开放。研究出台国家大数据战略，显著提升国家大数据掌控能力。建立国家政府信息开放统一平台和基础数据资源库，开展公共数据开放利用改革试点，出台政府机构数据开放管理规定。按照重要性和敏感程度分级分类，推进政府和公共信息资源开放共享，支持公众和小微企业充分挖掘信息资源的商业价值，促进互联网应用创新。（发展改革委、工业和信息化部、国务院办公厅、网信办等负责）

4. 加强法律法规建设。针对互联网与各行业融合发展的新特点，加快“互联网+”相关立法工作，研究调整完善不适应“互联网+”发展和管理的现行法规及政策规定。落实加强网络信息保护和信息公开有关规定，加快推动制定网络安全、电子商务、个人信息保护、互联网信息服务管理等法律法规。完善反垄断法配套规则，进一步加大反垄断法执行力度，严格查处信息领域企业垄断行为，营造互联网公平竞争环境。（法制办、网信办、发展改革委、工业和信息化部、公安部、安全部、商务部、工商总局等负责）

（四）拓展海外合作

1. 鼓励企业抱团出海。结合“一带一路”等国家重大战略，支持和鼓励具有竞争优势的互联网企业联合制造、金融、信息通信等领域企业率先走出去，通过海外并购、联合经营、设立分支机构等方式，相互借力，共同开拓国际市场，推进国际产能合作，构建跨境产业链体系，增强全球竞争力。（发展改革委、外交部、工业和信息化部、商务部、网信办等负责）

2. 发展全球市场应用。鼓励“互联网+”企业整合国内外资源，面向全球提供工业云、供应链管理、大数据分析等网络服务，培育具有全球影响力的“互联网+”应用平台。鼓励互联网企业积极拓展海外用户，推出适合不同市场文化的产品和服务。（商务部、发展改革委、工业和信息化部、网信办等负责）

3. 增强走出去服务能力。充分发挥政府、产业联盟、行业协会及相关中介机构作用，形成支持“互联网+”企业走出去的合力。鼓励中介机构为企业拓展海外市场提供信息咨询、法律援助、税务中介等服务。支持行业协会、产业联盟与企业共同推广中国技术和中国标准，以技术标准走出去带动产品和服务在海外推广应用。（商务部、外交部、发展改革委、工业和信息化部、税务总局、质检总局、网信办等负责）

（五）加强智力建设

1. 加强应用能力培训。鼓励地方各级政府采用购买服务的方式，向社会提供互联网知识技能培训，支持相关研究机构和专家开展“互联网+”基础知识和应用培训。鼓励传统企业与互联网企业建立信息咨询、人才交流等合作机制，促进双方深入交流合作。加强制造业、农业等领域人才特别是企业高层管理人员的互联网技能培训，鼓励互联网人才与传统行业人才双向流动。（科技部、工业和信息化部、人力资源社会保障部、网信办等负责）

2. 加快复合型人才培养。面向“互联网+”融合发展需求，鼓励高校根据发展需要和学校办学能力设置相关专业，注重将国内外前沿研究成果尽快引入相关专业教学中。鼓励各类学校聘请互联网领域高级人才作为兼职教师，加强“互联网+”领域实验教学。（教育部、发展改革委、科技部、工业和信息化部、人力资源社会保障部、网信办等负责）

3. 鼓励联合培养培训。实施产学合作专业综合改革项目，鼓励校企、院企合作办学，推进“互联网+”专业技术人才培训。深化互联网领域产教融合，依托高校、科研机构、企业的智力资源和研究平台，建立一批联合实训基地。建立企业技术中心和院校对接机制，鼓励企业在院校建立“互联网+”研发机构和实验中心。（教育部、发展改革委、科技部、工业和信息化部、人力资源社会保障部、网信办等负责）

4. 利用全球智力资源。充分利用现有人才引进计划和鼓励企业设立海外研发中心等多种方式，引进和培养一批“互联网+”领域高端人才。完善移民、签证等制度，形成有利于吸引人才的分配、激励和保障机制，为引进海外人才提供有利条件。支持通过任务外包、产业合作、学术交流等方式，充分利用全球互联网人才资源。吸引互联网领域领军人才、特殊人才、紧缺人才在我国创业创新和从事教学科研等活动。（人力资源社会保障部、发展改革委、教育部、科技部、网信办等负责）

（六）加强引导支持

1. 实施重大工程包。选择重点领域，加大中央预算内资金投入力度，引导更多社会资本进入，分步骤组织实施“互联网+”重大工程，重点促进以移动互联网、云计算、大数据、物联网为代表的新一代信息技术与制造、能源、服务、农业等领域的融合创新，发展壮大新兴业态，打造新的产业增长点。（发展改革委牵头）

2. 加大财税支持。充分发挥国家科技计划作用，积极投向符合条件的“互联网+”融合创新关键技术研发及应用示范。统筹利用现有财政专项资金，支持“互联网+”相关平台建设和应用示范等。加大政府部门采购云计算服务的力度，探索基于云计算的政务信息化建设运营新机制。鼓励地方政府创新风险补偿机制，探索“互联网+”发展的新模式。（财政部、税务总局、发展改革委、科技部、网信办等负责）

3. 完善融资服务。积极发挥天使投资、风险投资基金等对“互联网+”的投资引领作用。开展股权众筹等互联网金融创新试点，支持小微企业发展。支持国家出资设立的有关基金投向“互联网+”，鼓励社会资本加大对相关创新型企业的投资。积极发展知识产权质押融资、信用保险保单融资增信等服务，鼓励通过债券融资方式支持“互联网+”发展，支持符合条件的“互联网+”企业发行公司债券。开展产融结合创新试点，探索股权和债权相结合的融资服务。降低创新型、成长型互联网企业的上市准入门槛，结合证券法修订和股票发行注册制改革，支持处于特定成长阶段、发展前景好但尚未盈利的互联网企业在创业板上市。推动银行业金融机构创新信贷产品与金融服务，加大贷款投放力度。鼓励开发性金融机构为“互联网+”重点项目建设提供有效融资支持。（人民银行、发展改革委、银监会、证监会、保监会、网信办、开发银行等负责）

（七）做好组织实施

1. 加强组织领导。建立“互联网+”行动实施部际联席会议制度，统筹协调解决重大问题，切实推动行动的贯彻落实。联席会议设办公室，负责具体工作的组织推进。建立跨领域、跨行业的“互联网+”行动专家咨询委员会，为政府决策提供重要支撑。（发展改革委牵头）

2. 开展试点示范。鼓励开展“互联网+”试点示范，推进“互联网+”区域化、链条化发展。支持全面创新改革试验区、中关村等国家自主创新示范区、国家现代农业示范区先行先试，积极开展“互联网+”创新政策试点，破除新兴产业行业准入、数据开放、市场监管等方面政策障碍，研究适应新兴业态特点的税收、保险政策，打造“互联网+”生态体系。（各部门、各地方政府负责）

3. 有序推进实施。各地区、各部门要主动作为，完善服务，加强引导，以动态发展的眼光看待“互联网+”，在实践中大胆探索拓展，相互借鉴“互联网+”融合应用成功经验，促进“互联网+”新业态、新经济发展。有关部门要加强统筹规划，提高服务和管理能力。各地区要结合实际，研究制定适合本地的“互联网+”行动落实方案，因地制宜，合理定位，科学组织实施，杜绝盲目建设和重复投资，务实有序推进“互联网+”行动。（各部门、各地方政府负责）

国务院

2015年7月1日

国务院关于推进国内贸易流通现代化建设法治化营商环境的意见

国发〔2015〕49号

各省、自治区、直辖市人民政府，国务院各部委、各直属机构：

国内贸易流通（以下简称内贸流通）是我国改革开放最早、市场化程度最高的领域之一，目前已初步形成主体多元、方式多样、开放竞争的格局，对国民经济的基础性支撑作用和先导性引领作用日益增强。做强现代流通业这个国民经济大产业，可以对接生产和消费，促进结构优化和发展方式转变。党中央、国务院高度重视内贸流通工作，对深化改革、开展内贸流通体制改革发展综合试点工作作了部署。为深入贯彻落实党中央、国务院的决策部署，现就推进内贸流通现代化、建设法治化营商环境提出以下意见。

一、总体要求

（一）指导思想

全面贯彻党的十八大和十八届二中、三中、四中全会精神，按照国务院部署要求，主动适应和引领经济发展新常态，坚持问题导向与超前谋划相结合、顶层设计与基层探索相结合、整体推进与重点突破相结合，加快法治建设，推动体制机制创新，优化发展环境，完善治理体系，促进内贸流通发展方式转变，推动我国从流通大国向流通强国转变，更好地服务经济社会发展。

（二）基本原则

坚持以市场化改革为方向。充分发挥市场配置资源的决定性作用，打破地区封锁和行业垄断，促进流通主体公平竞争，促进商流、物流、资金流、信息流自由高效流动，提高流通效率，降低流通成本。

坚持以转变政府职能为核心。进一步简政放权，加强事中事后监管，推进放管结合、优化服务，做好规划引导，完善促进政策，增强调控能力，增加公共产品和公共服务供给，推进信息公开和共享。

坚持以创新转型为引领。顺应“互联网+”的发展趋势，加快现代信息技术应用，完善促进创新的体制机制，推动内贸流通内涵式发展、可持续发展。

坚持以建设法治化营商环境为主线。健全内贸流通法律法规、标准、信用等制度体系，提升监管执法效能，依法规范市场主体行为，加快建设法治市场。

（三）主要目标

到2020年，基本形成规则健全、统一开放、竞争有序、监管有力、畅通高效的内贸流通体系和比较完善的法治化营商环境，内贸流通统一开放、创新驱动、稳定运行、规范有序、协调高效的体制机制更加完善，使内贸流通成为经济转型发展的新引擎、优化资源配置的新动力，为推进内贸流通现代化夯实基础。

二、健全内贸流通统一开放的发展体系

（一）加强全国统一市场建设，降低社会流通总成本

消除市场分割。清理和废除妨碍全国统一市场、公平竞争的各种规定及做法。禁止在市场经济活动中实行地区封锁，禁止行政机关滥用行政权力限制、排除竞争的行为。推动建立区域合作协调机制，鼓励各地就跨区域合作事项加强沟通协商，探索建立区域合作利益分享机制。

打破行业垄断。完善反垄断执法机制，依法查处垄断协议、滥用市场支配地位行为，加强经营者集中反垄断审查。禁止利用市场优势地位收取不合理费用或强制设置不合理的交易条件，规范零售商供应商交易关系。

（二）统筹规划全国流通网络建设，推动区域、城乡协调发展

推进大流通网络建设。提升环渤海、长三角、珠三角三大流通产业集聚区和沈阳—长春—哈尔滨、郑州—武汉—长沙、成都—重庆、西安—兰州—乌鲁木齐四大流通产业集聚带的消费集聚、产业服务、民生保障功能，打造一批连接国内国际市场、发展潜力较大的重要支点城市，形成畅通高效的全国骨干流通网络。

推进区域市场一体化。推进京津冀流通产业协同发展，统筹规划建设三地流通设施，促进共建共享。依托长江经济带综合立体交通走廊，建设沿江物流主干道，推动形成若干区域性商贸物流中心，打造长江商贸走廊。将流通发展所需的相关设施和用地纳入城乡规划，实施全国流通节点城市布局规划，加强区域衔接。

推进城乡流通网络一体化。统筹规划城乡商业网点的功能和布局，提高流通设施利用效率和商业服务便利化水平。整合商务、供销、邮政等各方面资源，加强农村地区商业网点建设。加强对贫困地区、民族地区、边疆地区和革命老区市场建设的支持，保障居民基本商业服务需要。

创新流通规划编制实施机制。县级以上地方人民政府要将内贸流通纳入同级国民经济和社会发展规划编制内容，做好流通规划与当地土地利用总体规划和城乡规划的衔接，确保依法依规推进流通设施项目建设，各地制修订相关规划时应充分征求本行政区域流通主管部门的意见。探索建立跨区域流通设施规划编制协调机制和相关部门之间规划衔接机制，推动规划对接、政策联动和资源共享。

（三）构建开放融合的流通体系，提高利用国际国内两个市场、两种资源的能力

实施流通“走出去”战略。加大对流通企业境外投资的支持，统筹规划商贸物流型境外经济贸易合作区建设，支持企业建设境外营销、支付结算和仓储物流网络，推动国内流通渠道向境外延伸，打造全球供应链体系。鼓励流通企业与制造企业集群式“走出去”，促进国际产能和装备制造合作。鼓励电子商务企业“走出去”，提升互联网信息服务国际化水平。

创建内外贸融合发展平台。服务“一带一路”战略，促进国内外市场互联互通，打造内外贸融合发展的流通网络。培育一批经营模式、交易模式与国际接轨的商品交易市场。打造一批内外贸结合、具有较强国际影响力的大型会展平台。发展一批连接国际国内市场、运行规范有序的跨境贸易电子商务综合服务平台。

进一步提高内贸流通领域对外开放水平。放开商贸物流等领域外资准入限制，鼓励外资投向共同配送、连锁配送以及鲜活农产品配送等现代物流服务领域。更加注重引进国外先进

技术、管理经验、商业模式和知名品牌，鼓励跨国公司在华设立采购、营销等功能性区域中心。

（四）完善流通设施建设管理体系，加强流通领域重大基础设施建设

创新基础性流通设施建设模式。对于公益性农产品批发市场建设，通过多种形式建立投资保障、运营和监督管理新模式，增强应对突发事件和市场异常波动的功能。

完善微利经营的流通设施建设保障制度。落实新建社区商业和综合服务设施面积占社区总建筑面积的比例不得低于10%的政策，优先保障农贸市场、社区菜市场和家政、养老、再生资源回收等设施用地需求。加强大型物流节点和公共物流配送设施系统性布局、协同性建设，提升物流配送的集约化水平。

改进市场化商业设施建设引导方式。支持有条件的城市开展城市商业面积监测预警，定期发布大型商业设施供给信息，合理引导市场预期。统筹大型实体和网络商品交易市场建设，避免盲目重复建设。

三、提升内贸流通创新驱动水平

（一）强化内贸流通创新的市场导向

推动新兴流通方式创新。积极推进“互联网+”流通行动，加快流通网络化、数字化、智能化建设。引导电子商务企业拓展服务领域和功能，鼓励发展生活消费品、生产资料、生活服务等各类专业电子商务平台，带动共享、协同、融合、集约等新兴模式发展。促进农产品电子商务发展，引导更多农业从业者和涉农企业参与农产品电子商务，支持各地打造各具特色的农产品电子商务产业链，开辟农产品流通新渠道。推广拍卖、电子交易等农产品交易方式。大力推进电子商务进农村，推广农村商务信息服务，培育多元化的农村电子商务市场主体，完善农村电子商务配送服务网络。促进电子商务进社区，鼓励电子商务企业整合社区现有便民服务设施，开展电子商务相关配套服务。

推动传统流通企业转型模式创新。鼓励零售企业改变引厂进店、出租柜台等经营模式，实行深度联营，通过集中采购、买断经营、开发自有品牌等方式，提高自营比例。鼓励流通企业通过兼并、特许经营等方式，扩大连锁经营规模，提高经营管理水平。鼓励流通企业发挥线下实体店的物流、服务、体验等优势，与线上商流、资金流、信息流融合，形成优势互补。支持流通企业利用电子商务平台创新服务模式，提供网订店取、网订店送、上门服务、社区配送等各类便民服务。引导各类批发市场自建网络交易平台或利用第三方电子商务平台开展网上经营，推动实体市场与网络市场协同发展。推动流通企业利用信息技术加强供应链管理，鼓励向设计、研发、生产环节延伸，促进产业链上下游加强协同，满足个性化、多样化的消费需求。大力发展第三方物流和智慧物流，鼓励物联网等技术在仓储系统中的应用，支持建设物流信息服务平台，促进车源、货源和物流服务等信息高效匹配，支持农产品冷链物流体系建设，提高物流社会化、标准化、信息化、专业化水平。

推动绿色循环低碳发展模式创新。鼓励绿色商品消费，引导流通企业扩大绿色商品采购和销售，推行绿色包装和绿色物流，推行绿色供应链环境管理，推动完善绿色商品认证制度和标准体系。鼓励旧货市场规范发展，促进二手商品流通。研究建立废弃商品回收的生产者、销售者、消费者责任机制，加快推进再生资源回收与垃圾清运处理网络体系融合，促进商贸流通网络与逆向物流体系（即商品废弃后，经消费端回到供应端的活动及过程，包括废物回收、再制造再加工、报废处理等）共享。制订内贸流通领域节能节水和环保技术、产品、设备推广目录，引导流通企业加快设施

设备的节能环保改造。

推动文化培育传播形式创新。弘扬诚信文化，加强以诚信兴商为主的商业文化建设。加强对内贸流通领域传统技艺的保护，支持中华老字号创新发展，促进民族特色商品流通。鼓励商品创意设计创新，支持消费类产品提升新产品设计和研发能力，以创意设计增加消费品附加值。提升商业设施的文化内涵，引导流通企业在商品陈列、商场装饰、环境营造等方面突出创意特色，增加商业设施和商业街区的文化底蕴，推动现代商业与传统文化融合创新。建立健全品牌发展公共服务体系。促进传统节庆、民俗文化消费，培育健康文明的消费文化。

（二）增强内贸流通创新的支撑能力

完善财政金融支持政策。加快设立国家中小企业发展基金，加大对包括流通领域在内的各领域初创期成长型中小企业创新创业的支持。支持发展创业投资基金、天使投资群体，引导社会资金和金融资本加大对流通创新领域的投资。完善流通企业融资模式，推广知识产权质押融资，依法合规开展股权众筹融资试点，支持创业担保贷款积极扶持符合条件的中小流通企业。

健全支撑服务体系。推动现代物流、在线支付等电子商务服务体系建设，鼓励各类创业孵化基地为电子商务创业人员提供场地支持和孵化服务，支持发展校企合作、商学结合等人才培养模式。支持专业化创新服务机构发展，创新产学研合作模式。完善创新成果交易机制，积极发展各类商贸服务交易平台。研究建立流通创新示范基地，鼓励创业创新基地提高对中小流通企业的公共服务能力和水平。

推动流通企业改革创新。加快发展内贸流通领域混合所有制经济，鼓励非公有资本和国有资本交叉持股、相互融合。鼓励流通企业通过兼并重组整合创新资源，提高创新能力。各地可根据实际情况，依法完善相关政策，按照主体自愿的原则，引导有条件的个体工商户转为企业。

（三）加大内贸流通创新的保护力度

加强知识产权保护。严厉打击制售侵权假冒商品行为，加大对反复侵权、恶意侵权等行为的处罚力度。研究商业模式等新形态创新成果的知识产权保护办法。完善知识产权保护制度，健全知识产权维权援助体系，合理划分权利人举证责任，缩短确权审查、侵权处理周期。

引导电子商务平台健康发展。推动电子商务平台企业健全交易规则、管理制度、信用体系和服务标准，构建良好的电子商务生态圈。加强区域间统筹协调，引导各地有序建设电子商务交易平台。

四、增强内贸流通稳定运行的保障能力

（一）完善信息服务体系

强化大数据在政府内贸流通信息服务中的应用。利用大数据加强对市场运行的监测分析和预测预警，提高市场调控和公共信息服务的预见性、针对性、有效性。推进部门间信息共享和信息资源开放，建立政府与社会紧密互动的大数据采集机制，形成高效率的内贸流通综合数据平台。夯实内贸流通统计基层基础，完善行业统计监测制度，建立完善电子商务、服务消费等统计调查制度，完善综合统计与部门统计协作机制，强化统计监测制度执行刚性。

推动内贸流通行业中介组织开展大数据的推广应用。利用政府采购、服务外包等方式，鼓励行业中介组织深入挖掘和研发大数据公共服务产品，加强对大数据技术应用的宣传和推广，服务流通企业创新转型和大数据产业发展需要。

鼓励流通企业开展大数据的创新应用。引导流通企业利用大数据技术推进市场拓展、精准营销和优化服务，带动商业模式创新。建立社会化、市场化的数据应用机制，推动第三方电子商务平台等企业开放数据资源，引导建立数据交换交易的规范与标准，规范数据交易行为。

（二）创新市场应急调控机制

完善市场应急调控管理体系。按照统一协调、分级负责、快速响应的原则，健全市场应急供应管理制度和协调机制。应对全国范围和跨区域市场异常波动由国务院有关部门负责，应对区域性市场异常波动主要由当地人民政府负责。

健全突发事件市场应急保供预案。细化自然灾害、事故灾难、公共卫生事件、社会安全事件等各类突发事件情况下市场应急保供预案和措施。根据突发事件对市场影响的范围和程度，综合运用信息引导、企业采购、跨区域调运、储备投放、进口组织、限量供应、依法征用等方式，建立基本生活必需品应急供应保障机制。

完善商品应急储备体系。建立中央储备与地方储备、政府储备与商业储备相结合的商品应急储备体系。建立储备商品定期检查检验制度，确保储备安全。推广商业储备模式，推进商业储备市场化运作和储备主体多元化。

增强市场应急保供能力。建设应急商品数据库，及时掌握相关应急商品产销和库存情况，保障信息传导畅通和组织调度科学有序。实施应急保供重点联系企业动态管理，保持合理库存水平，增强投放力量，合理规划设置应急商品集散地和投放网点。探索利用商业保险稳定生活必需品供应机制，推动重要生活必需品生产流通保险产品创新。

（三）构建重要商品追溯体系

建设重要商品追溯体系。坚持政府引导与市场化运作相结合，以食用农产品、食品、药品以及其他对消费者生命健康有较大影响的商品为重点，利用物联网等信息技术建设来源可追、去向可查、责任可究的信息链条，逐步增加可追溯商品品种。

完善重要商品追溯体系的管理体制。坚持统一规划、统一标准、分级建设、属地管理的原则，整合现有资源，建设统一的重要商品追溯信息服务体系，形成全国上下一体、协同运作的重要商品追溯体系管理体制。推进跨部门、跨地区追溯体系对接和信息互通共享。地方各级人民政府要建立商品追溯体系持续有效运行的保障机制。

扩大重要商品追溯体系应用范围。完善重要商品追溯大数据分析与智能化应用机制，加大商品追溯信息在事中事后监管、行业发展促进、信用体系建设等方面的应用力度，提升追溯体系综合服务功能。

五、健全内贸流通规范有序的规制体系

（一）加快推进流通立法

完善流通法律制度。加快推进商品流通法立法进程，确立流通设施建设、商品流通保障、流通秩序维护、流通行业发展以及市场监管等基本制度。推动完善知识产权和商业秘密保护、网络信息安全、电子商务促进等法律制度。

健全流通法规规章。完善反垄断、反不正当竞争法律的配套法规制度，强化对市场竞争行为和监管执法行为的规范。加快制订内贸流通各行业领域的行政法规和规章，规范相关参与方行为，推动建立公平、透明的行业规则。对内贸流通领域与经济社会发展需要不相适应的现行法规、规章及规范性文件，及时予以修订或废止。

推进流通领域地方立法。坚持中央立法与地方立法相结合，鼓励地方在立法权限范围内先行先试。

（二）提升监管执法效能

加强流通领域执法。创新管理机制，加强执法队伍建设，合理配置执法力量，严格落实执法人员持证上岗和资格管理制度。健全举报投诉服务网络，完善受理、办理、转办和督办机制。开展商务综合行政执法体制改革试点。

推进行政执法与刑事司法衔接。建立信息共享、案情通报和案件移送制度，完善案件移送标准和程序，相关工作纳入中央、省、市、县四级人民政府统一建设的行政执法与刑事司法衔接信息共享平台。

创新市场监管方式。加强事中事后监管，坚持日常监管与专项治理相结合。加强大数据等现代信息技术在监管执法中的应用，推进行政处罚案件信息公开和流通企业信息公示，加强市场监管部门与行业协会商会、专业机构的合作，引入社会监督力量。创新企业产品质量执法检查方式，推行企业产品质量承诺制度。创新电子商务监管模式，健全消费者维权和交易争端解决机制。

（三）加强流通标准化建设

健全流通标准体系。加快构建国家标准、行业标准、团体标准、地方标准和企业标准相互配套、相互补充的内贸流通标准体系。扩大标准覆盖面、增强适用性，加强商贸物流、电子商务、农产品流通、居民生活服务等重点领域标准的制修订工作。

强化流通标准实施应用。建立政府支持引导、社会中介组织推动、骨干企业示范应用的内贸流通标准实施应用机制。推动建立经营场所服务标准公开公示制度，倡导流通企业以标准为依据规范服务、交易和管理行为。

完善流通标准管理。加快内贸流通标准管理信息化建设，简化行业标准制修订程序、缩短制修订周期。选择具备条件的社会团体开展团体标准试点。建立重点标准实施监督和评价制度，加强标准在认证认可、检验检测、市场准入、执法监督等行政管理中的使用。

（四）加快流通信用体系建设

推动建立行政管理信息共享机制。以统一社会信用代码为基础，推动各地建设流通企业信用信息系统并纳入全国统一的信用信息共享交换平台，实现信息互通共享。建立健全企业经营异常名录、失信企业“黑名单”制度及跨部门联合惩戒机制，依法向社会提供信用信息查询服务。在行政管理中依法使用流通企业信用记录和信用报告，对企业实施信用分类管理。

引导建立市场化综合信用评价机制。在商品零售、居民服务等行业推动建立以交易信息为基础的企业信用评价机制。引导商品交易市场、物流园区以及第三方电子商务平台等建立入驻商户信用评价机制，鼓励按照信用级别向入驻商户提供差别化的信用服务。

支持建立第三方信用评价机制。支持信用调查、信用评估、信用保险、商业保理等信用服务行业加快发展，创新信用产品和服务。鼓励行业协会商会建立会员企业信用档案，推动具有上下游产业关系的行业协会商会建立信用信息共享机制。

六、健全内贸流通协调高效的管理体制

（一）处理好政府与市场的关系

明确政府职责。加强内贸流通领域发展战略、规划、法规、规章、政策、标准的制订和实施，整顿和规范市场经济秩序，推动信用建设，提供信息等公共服务，做好生活必需品市场供应应急调控，依法管理特殊流通行业。深化行政审批制度改革，依法界定内贸流通领域经营活动审批、资格许可和认定等管理事项，加快推广行政审批“一个窗口”受理，规范行政许可流程，取消涉及内贸流通的非行政许可审批。结合市场准入制度改革，推行内贸流通领域负面清单制度。

严格依法履职。建立健全内贸流通行政管理权力清单、部门责任清单等制度，公开涉及内贸流通的行政管理和资金支持事项。

（二）合理划分中央与地方政府权责

发挥中央政府宏观指导作用。国务院有关部门要研究制订内贸流通领域全国性法律法规、战略、规划、政策和标准，加强跨区域整顿和规范市场经济秩序、信用建设、公共服务、生活必需品市场供应应急调控，按国务院有关规定对特殊流通行业进行监督管理。

强化地方人民政府行政管理职责。地方各级人民政府要加强内贸流通领域全国性法律法规、战略、规划、政策和标准的贯彻实施，结合当地特点，制订本地区的规划、政策和标准，着力加强本行政区域整顿和规范市场秩序、信用建设、公共服务、应急保供等职责。

（三）完善部门间协作机制

进一步理顺部门职责分工。商务主管部门要履行好内贸流通工作综合统筹职责，加强与有关部门的沟通协调，完善工作机制，形成合力。探索建立内贸流通领域管理制度制定、执行与监督既相互制约又相互协调的行政运行机制。

探索建立大流通工作机制。鼓励有条件的地方整合和优化内贸流通管理职责，加强对电子商务、商贸物流、农产品市场建设等重点领域规划和政策的统筹协调。

（四）充分发挥行业协会商会作用

推进行业协会商会改革。积极稳妥推进内贸流通领域行业协会商会与行政机关脱钩，厘清行业协会商会与行政机关的职能边界，创新行业协会商会管理体制和运行机制，推动建立政府与行业协会商会的新型合作关系。

支持行业协会商会加快发展。制订支持和鼓励内贸流通领域行业协会商会发展的政策措施，提升行业服务和管理水平，发挥其在加强行业自律、服务行业发展、反映行业诉求等方面的作用。

各地区、各部门要充分认识推进内贸流通现代化、建设法治化营商环境的重要意义，切实抓好各项政策措施的落实，重要的改革要先行试点，及时总结和推广试点经验。各地区要结合本地实际，因地制宜制订实施方案，出台有针对性的具体措施，认真组织实施。各部门要明确分工，落实责任，加强协调，形成合力。商务部会同有关部门负责对本意见落实工作的统筹协调、跟踪了解、督促检查，确保各项任务措施落实到位。

国务院

2015年8月26日

国务院关于印发促进大数据发展行动纲要的通知

国发〔2015〕50号

各省、自治区、直辖市人民政府，国务院各部委、各直属机构：

现将《促进大数据发展行动纲要》印发给你们，请认真贯彻落实。

国务院

2015年8月31日

促进大数据发展行动纲要

大数据是以容量大、类型多、存取速度快、应用价值高为主要特征的数据集合，正快速发展为对数量巨大、来源分散、格式多样的数据进行采集、存储和关联分析，从中发现新知识、创造新价值、提升新能力的新一代信息技术和服务业态。

信息技术与经济社会的交汇融合引发了数据迅猛增长，数据已成为国家基础性战略资源，大数据正日益对全球生产、流通、分配、消费活动以及经济运行机制、社会生活方式和国家治理能力产生重要影响。目前，我国在大数据发展和应用方面已具备一定基础，拥有市场优势和发展潜力，但也存在政府数据开放共享不足、产业基础薄弱、缺乏顶层设计和统筹规划、法律法规建设滞后、创新应用领域不广等问题，亟待解决。为贯彻落实党中央、国务院决策部署，全面推进我国大数据发展和应用，加快建设数据强国，特制定本行动纲要。

一、发展形势和重要意义

全球范围内，运用大数据推动经济发展、完善社会治理、提升政府服务和监管能力正成为趋势，有关发达国家相继制定实施大数据战略性文件，大力推动大数据发展和应用。目前，我国互联网、移动互联网用户规模居全球第一，拥有丰富的数据资源和应用市场优势，大数据部分关键技术研发取得突破，涌现出一批互联网创新企业和创新应用，一些地方政府已启动大数据相关工作。坚持创新驱动发展，加快大数据部署，深化大数据应用，已成为稳增长、促改革、调结构、惠民生和推动政府治理能力现代化的内在需要和必然选择。

（一）大数据成为推动经济转型发展的新

动力

以数据流引领技术流、物质流、资金流、人才流，将深刻影响社会分工协作的组织模式，促进生产组织方式的集约和创新。大数据推动社会生产要素的网络化共享、集约化整合、协作化开发和高效化利用，改变了传统的生产方式和经济运行机制，可显著提升经济运行水平和效率。大数据持续激发商业模式创新，不断催生新业态，已成为互联网等新兴领域促进业务创新增值、提升企业核心价值的重要驱动力。大数据产业正在成为新的经济增长点，将对未来信息产业格局产生重要影响。

（二）大数据成为重塑国家竞争优势的新机遇

在全球信息化快速发展的大背景下，大数据已成为国家重要的基础性战略资源，正引领新一轮科技创新。充分利用我国的数据规模优势，实现数据规模、质量和应用水平同步提升，发掘和释放数据资源的潜在价值，有利于更好发挥数据资源的战略作用，增强网络空间数据主权保护能力，维护国家安全，有效提升国家竞争力。

（三）大数据成为提升政府治理能力的新途径

大数据应用能够揭示传统技术方式难以展现的关联关系，推动政府数据开放共享，促进社会事业数据融合和资源整合，将极大提升政府整体数据分析能力，为有效处理复杂社会问题提供新的手段。建立“用数据说话、用数据决策、用数据管理、用数据创新”的管理机制，实现基于数据的科学决策，将推动政府管理理念和社会治理模式进步，加快建设与社会主义市场经济体制和中国特色社会主义事业发展相适应的法治政府、创新政府、廉洁政府和服务型政府，逐步实现政府治理能力现代化。

二、指导思想和总体目标

（一）指导思想

深入贯彻党的十八大和十八届二中、三中、四中全会精神，按照党中央、国务院决策部署，发挥市场在资源配置中的决定性作用，加强顶层设计和统筹协调，大力推动政府信息系统和公共数据互联开放共享，加快政府信息平台整合，消除信息孤岛，推进数据资源向社会开放，增强政府公信力，引导社会发展，服务公众企业；以企业为主体，营造宽松公平环境，加大大数据关键技术研发、产业发展和人才培养力度，着力推进数据汇集和发掘，深化大数据在各行业创新应用，促进大数据产业健康发展；完善法规制度和标准体系，科学规范利用大数据，切实保障数据安全。通过促进大数据发展，加快建设数据强国，释放技术红利、制度红利和创新红利，提升政府治理能力，推动经济转型升级。

（二）总体目标

立足我国国情和现实需要，推动大数据发展和应用在未来5–10年逐步实现以下目标：

打造精准治理、多方协作的社会治理新模式。将大数据作为提升政府治理能力的重要手段，通过高效采集、有效整合、深化应用政府数据和社会数据，提升政府决策和风险防范水平，提高社会治理的精准性和有效性，增强乡村社会治理能力；助力简政放权，支持从事前审批向事中事后监管转变，推动商事制度改革；促进政府监管和社会监督有机结合，有效调动社会力量参与社会治理的积极性。2017年底前形成跨部门数据资源共享共用格局。

建立运行平稳、安全高效的经济运行新机制。充分运用大数据，不断提升信用、财政、金融、税收、农业、统计、进出口、资源环境、产品质量、企业登记监管等领域数据资源的获取和利用能力，丰富经济统计数据来源，实现对经济运行更为准确的监测、分析、预测、预警，提高决策的针对性、科学性和时效性，提升宏观调控以及产业发展、信用体系、市场监管等方面管理效能，保障供需平衡，促进经济平稳运行。

构建以人为本、惠及全民的民生服务新体系。围绕服务型政府建设，在公用事业、市政管理、城乡环境、农村生活、健康医疗、减灾救灾、社会救助、养老服务、劳动就业、社会保障、文化教育、交通旅游、质量安全、消费维权、社区服务等领域全面推广大数据应用，利用大数据洞察民生需求，优化资源配置，丰富服务内容，拓展服务渠道，扩大服务范围，提高服务质量，提升城市辐射能力，推动公共服务向基层延伸，缩小城乡、区域差距，促进形成公平普惠、便捷高效的民生服务体系，不断满足人民群众日益增长的个性化、多样化需求。

开启大众创业、万众创新的创新驱动新格局。形成公共数据资源合理适度开放共享的法规制度和政策体系，2018年底前建成国家政府数据统一开放平台，率先在信用、交通、医疗、卫生、就业、社保、地理、文化、教育、科技、资源、农业、环境、安监、金融、质量、统计、气象、海洋、企业登记监管等重要领域实现公共数据资源合理适度向社会开放，带动社会公众开展大数据增值性、公益性开发和创新应用，充分释放数据红利，激发大众创业、万众创新活力。

培育高端智能、新兴繁荣的产业发展新生态。推动大数据与云计算、物联网、移动互联网等新一代信息技术融合发展，探索大数据与传统产业协同发展的新业态、新模式，促进传统产业转型升级和新兴产业发展，培育新的经济增长点。形成一批满足大数据重大应用需求的产品、系统和解决方案，建立安全可信的大数据技术体系，大数据产品和服务达到国际先进水平，国内市场占有率显著提高。培育一批面向全球的骨干企业和特色鲜明的创新型中小企业。构建形成政产学研用多方联动、协调发展的大数据产业生态体系。

三、主要任务

（一）加快政府数据开放共享，推动资源整合，提升治理能力

1．大力推动政府部门数据共享。加强顶层设计和统筹规划，明确各部门数据共享的范围边界和使用方式，厘清各部门数据管理及共享的义务和权利，依托政府数据统一共享交换平台，大力推进国家人口基础信息库、法人单位信息资源库、自然资源和空间地理基础信息库等国家基础数据资源，以及金税、金关、金财、金审、金盾、金宏、金保、金土、金农、金水、金质等信息系统跨部门、跨区域共享。加快各地区、各部门、各有关企事业单位及社会组织信用信息系统的互联互通和信息共享，丰富面向公众的信用信息服务，提高政府服务和监管水平。结合信息惠民工程实施和智慧城市建设，推动中央部门与地方政府条块结合、联合试点，实现公共服务的多方数据共享、制度对接和协同配合。

2．稳步推动公共数据资源开放。在依法加强安全保障和隐私保护的前提下，稳步推动公共数据资源开放。推动建立政府部门和事业单位等公共机构数据资源清单，按照“增量先行”的方式，加强对政府部门数据的国家统筹管理，加快建设国家政府数据统一开放平台。制定公共机构数据开放计划，落实数据开放和维护责任，推进公共机构数据资源统一汇聚和集中向社会开放，提升政府数据开放共享标准化程度，优先推动信用、交通、医疗、卫生、就业、社保、地理、文化、教育、科技、资源、农业、环境、安监、金融、质量、统计、气象、海洋、企业登记监管等民生保障服务相关领域的政府数据集向社会开放。建立政府和社会互动的大数据采集形成机制，制定政府数据共享开放目录。通过政务数据公开共享，引导企业、行业协会、科研机构、社会组织等主动采集并开放数据。

专栏1 政府数据资源共享开放工程

推动政府数据资源共享。制定政府数据资源共享管理办法，整合政府部门公共数据资源，促进互联互通，提高共享能力，提升政府数据的一致性和准确性。2017年底前，明确各部门数据共享的范围边界和使用方式，跨部门数据资源共享共用格局基本形成。

形成政府数据统一共享交换平台。充分利用统一的国家电子政务网络，构建跨部门的政府数据统一共享交换平台，到2018年，中央政府层面实现数据统一共享交换平台的全覆盖，实现金税、金关、金财、金审、金盾、金宏、金保、金土、金农、金水、金质等信息系统通过统一平台进行数据共享和交换。

形成国家政府数据统一开放平台。建立政府部门和事业单位等公共机构数据资源清单，制定实施政府数据开放共享标准，制定数据开放计划。2018年底前，建成国家政府数据统一开放平台。2020年底前，逐步实现信用、交通、医疗、卫生、就业、社保、地理、文化、教育、科技、资源、农业、环境、安监、金融、质量、统计、气象、海洋、企业登记监管等民生保障服务相关领域的政府数据集向社会开放。

3. 统筹规划大数据基础设施建设。结合国家政务信息化工程建设规划，统筹政务数据资源和社会数据资源，布局国家大数据平台、数据中心等基础设施。加快完善国家人口基础信息库、法人单位信息资源库、自然资源和空间地理基础信息库等基础信息资源和健康、就业、社保、能源、信用、统计、质量、国土、农业、城乡建设、企业登记监管等重要领域信息资源，加强与社会大数据的汇聚整合和关联分析。推动国民经济动员大数据应用。加强军民信息资源共享。充分利用现有企业、政府等数据资源和平台设施，注重对现有数据中心及服务器资源的改造和利用，建设绿色环保、低成本、高效率、基于云计算的大数据基础设施和区域性、行业性数据汇聚平台，避免盲目建设和重复投资。加强对互联网重要数据资源的备份及保护。

专栏2 国家大数据资源统筹发展工程

整合各类政府信息平台和信息系统。严格控制新建平台，依托现有平台资源，在地市级以上（含地市级）政府集中构建统一的互联网政务数据服务平台和信息惠民服务平台，在基层街道、社区统一应用，并逐步向农村特别是农村社区延伸。除国务院另有规定外，原则上不再审批有关部门、地市级以下（不含地市级）政府新建孤立的信息平台和信息系统。到2018年，中央层面构建形成统一的互联网政务数据服务平台；国家信息惠民试点城市实现基础信息集中采集、多方利用，实现公共服务和社会信息服务的全人群覆盖、全天候受理和“一站式”办理。

整合分散的数据中心资源。充分利用现有政府和社会数据中心资源，运用云计算技术，整合规模小、效率低、能耗高的分散数据中心，构建形成布局合理、规模适度、保障有力、绿色集约的政务数据中心体系。统筹发挥各部门已建数据中心的作用，严格控制部门新建数据中心。开展区域试点，推进贵州等大数据综合试验区建设，促进区域性大数据基础设施的整合和数据资源的汇聚应用。

加快完善国家基础信息资源体系。加快建设完善国家人口基础信息库、法人单位信息资源库、自然资源和空间地理基础信息库等基础信息资源。依托现有相关信息系统，逐步完善健康、社保、就业、能源、信用、统计、质量、国土、农业、城乡建设、企业登记监管等重要领域信息资源。到2018年，跨部门共享校核的国家人口基础信息库、法人单位信息资源库、自然资源和空间地理基础信息库等国家基础信息资源体系基本建成，实现与各领域信息资源的汇聚整合和关联应用。

加强互联网信息采集利用。加强顶层设计，树立国际视野，充分利用已有资源，加强互联网信息采集、保存和分析能力建设，制定完善互联网信息保存相关法律法规，构建互联网信息保存和信息服务体系。

4. 支持宏观调控科学化。建立国家宏观调控数据体系，及时发布有关统计指标和数据，强化互联网数据资源利用和信息服务，加强与政务数据资源的关联分析和融合利用，为政府开展金融、税收、审计、统计、农业、规划、消费、投资、进出口、城乡建设、劳动就业、收入分配、电力及产业运行、质量安全、节能减排等领域运行动态监测、产业安全预测预警以及转变发展方式分析决策提供信息支持，提高宏观调控的科学性、预见性和有效性。

5. 推动政府治理精准化。在企业监管、质量安全、节能降耗、环境保护、食品安全、安全生产、信用体系建设、旅游服务等领域，推动有关政府部门和企事业单位将市场监管、检验检测、违法失信、企业生产经营、销售物流、投诉举报、消费维权等数据进行汇聚整合和关联分析，统一公示企业信用信息，预警企业不正当行为，提升政府决策和风险防范能力，支持加强事中事后监管和服务，提高监管和服务的针对性、有效性。推动改进政府管理和公共治理方式，借助大数据实现政府负面清单、权力清单和责任清单的透明化管理，完善大数据监督和技术反腐体系，促进政府简政放权、依法行政。

6. 推进商事服务便捷化。加快建立公民、法人和其他组织统一社会信用代码制度，依托全国统一的信用信息共享交换平台，建设企业信用信息公示系统和“信用中国”网站，共享整合各地区、各领域信用信息，为社会公众提供查询注册登记、行政许可、行政处罚等各类信用信息的一站式服务。在全面实行工商营业执照、组织机构代码证和税务登记证“三证合一”、“一照一码”登记制度改革中，积极运用大数据手段，简化办理程序。建立项目并联审批平台，形成网上审批大数据资源库，实现跨部门、跨层级项目审批、核准、备案的统一受理、同步审查、信息共享、透明公开。鼓励政府部门高效采集、有效整合并充分运用政府数据和社会数据，掌握企业需求，推动行政管理流程优化再造，在注册登记、市场准入等商事服务中提供更加便捷有效、更有针对性的服务。利用大数据等手段，密切跟踪中小微企业特别是新设小微企业运行情况，为完善相关政策提供支持。

7. 促进安全保障高效化。加强有关执法部门间的数据流通，在法律许可和确保安全的前提下，加强对社会治理相关领域数据的归集、发掘及关联分析，强化对妥善应对和处理重大突发公共事件的数据支持，提高公共安全保障能力，推动构建智能防控、综合治理的公共安全体系，维护国家安全和社会安定。

专栏3　政府治理大数据工程

推动宏观调控决策支持、风险预警和执行监督大数据应用。统筹利用政府和社会数据资源，探索建立国家宏观调控决策支持、风险预警和执行监督大数据应用体系。到2018年，开展政府和社会合作开发利用大数据试点，完善金融、税收、审计、统计、农业、规划、消费、投资、进出口、城乡建设、劳动就业、收入分配、电力及产业运行、质量安全、节能减排等领域国民经济相关数据的采集和利用机制，推进各级政府按照统一体系开展数据采集和综合利用，加强对宏观调控决策的支撑。

推动信用信息共享机制和信用信息系统建设。加快建立统一社会信用代码制度，建立信用信息共享交换机制。充分利用社会各方面信息资源，推动公共信用数据与互联网、移动互联网、电子商务等数据的汇聚整合，鼓励互联网企业运用大数据技术建立市场化的第三方信用信息共享平台，使政府主导征信体系的权威性和互联网大数据征信平台的规模效应得到充分发挥，依托全国统一的信用信息共享交换平台，建设企业信用信息公示系统，实现覆盖各级政府、各类别信用主体的基础信用信息共享，初步建成社会信用体系，为经济高效运行提供全面准确的基础信用信息服务。

专栏3 政府治理大数据工程

建设社会治理大数据应用体系。到2018年，围绕实施区域协调发展、新型城镇化等重大战略和主体功能区规划，在企业监管、质量安全、质量诚信、节能降耗、环境保护、食品安全、安全生产、信用体系建设、旅游服务等领域探索开展一批应用试点，打通政府部门、企事业单位之间的数据壁垒，实现合作开发和综合利用。实时采集并汇总分析政府部门和企事业单位的市场监管、检验检测、违法失信、企业生产经营、销售物流、投诉举报、消费维权等数据，有效促进各级政府社会治理能力提升。

8. 加快民生服务普惠化。结合新型城镇化发展、信息惠民工程实施和智慧城市建设，以优化提升民生服务、激发社会活力、促进大数据应用市场化服务为重点，引导鼓励企业和社会机构开展创新应用研究，深入发掘公共服务数据，在城乡建设、人居环境、健康医疗、社会救助、养老服务、劳动就业、社会保障、质量安全、文化教育、交通旅游、消费维权、城乡服务等领域开展大数据应用示范，推动传统公共服务数据与互联网、移动互联网、可穿戴设备等数据的汇聚整合，开发各类便民应用，优化公共资源配置，提升公共服务水平。

专栏4 公共服务大数据工程

医疗健康服务大数据。构建电子健康档案、电子病历数据库，建设覆盖公共卫生、医疗服务、医疗保障、药品供应、计划生育和综合管理业务的医疗健康管理和服务大数据应用体系。探索预约挂号、分级诊疗、远程医疗、检查检验结果共享、防治结合、医养结合、健康咨询等服务，优化形成规范、共享、互信的诊疗流程。鼓励和规范有关企事业单位开展医疗健康大数据创新应用研究，构建综合健康服务应用。

社会保障服务大数据。建设由城市延伸到农村的统一社会救助、社会福利、社会保障大数据平台，加强与相关部门的数据对接和信息共享，支撑大数据在劳动用工和社保基金监管、医疗保险对医疗服务行为监控、劳动保障监察、内控稽核以及人力资源社会保障相关政策制定和执行效果跟踪评价等方面的应用。利用大数据创新服务模式，为社会公众提供更为个性化、更具针对性的服务。

教育文化大数据。完善教育管理公共服务平台，推动教育基础数据的伴随式收集和全国互通共享。建立各阶段适龄入学人口基础数据库、学生基础数据库和终身电子学籍档案，实现学生学籍档案在不同教育阶段的纵向贯通。推动形成覆盖全国、协同服务、全网互通的教育资源云服务体系。探索发挥大数据对变革教育方式、促进教育公平、提升教育质量的支撑作用。加强数字图书馆、档案馆、博物馆、美术馆和文化馆等公益设施建设，构建文化传播大数据综合服务平台，传播中国文化，为社会提供文化服务。

交通旅游服务大数据。探索开展交通、公安、气象、安监、地震、测绘等跨部门、跨地域数据融合和协同创新。建立综合交通服务大数据平台，共同利用大数据提升协同管理和公共服务能力，积极吸引社会优质资源，利用交通大数据开展出行信息服务、交通诱导等增值服务。建立旅游投诉及评价全媒体交互中心，实现对旅游城市、重点景区游客流量的监控、预警和及时分流疏导，为规范市场秩序、方便游客出行、提升旅游服务水平、促进旅游消费和旅游产业转型升级提供有力支撑。

（二）推动产业创新发展，培育新兴业态，助力经济转型

1. 发展工业大数据。推动大数据在工业研发设计、生产制造、经营管理、市场营销、售后服务等产品全生命周期、产业链全流程各环节的应用，分析感知用户需求，提升产品附加价值，打造智能工厂。建立面向不同行业、不同环节的工业大数据资源聚合和分析应用平台。抓住互联网跨界融合机遇，促进大数据、物联网、云计算和三维（3D）打印技术、个性

化定制等在制造业全产业链集成运用，推动制造模式变革和工业转型升级。

2. 发展新兴产业大数据。大力培育互联网金融、数据服务、数据探矿、数据化学、数据材料、数据制药等新业态，提升相关产业大数据资源的采集获取和分析利用能力，充分发掘数据资源支撑创新的潜力，带动技术研发体系创新、管理方式变革、商业模式创新和产业价值链体系重构，推动跨领域、跨行业的数据融合和协同创新，促进战略性新兴产业发展、服务业创新发展和信息消费扩大，探索形成协同发展的新业态、新模式，培育新的经济增长点。

专栏5 工业和新兴产业大数据工程

工业大数据应用。利用大数据推动信息化和工业化深度融合，研究推动大数据在研发设计、生产制造、经营管理、市场营销、售后服务等产业链各环节的应用，研发面向不同行业、不同环节的大数据分析应用平台，选择典型企业、重点行业、重点地区开展工业企业大数据应用项目试点，积极推动制造业网络化和智能化。

服务业大数据应用。利用大数据支持品牌建立、产品定位、精准营销、认证认可、质量诚信提升和定制服务等，研发面向服务业的大数据解决方案，扩大服务范围，增强服务能力，提升服务质量，鼓励创新商业模式、服务内容和服务形式。

培育数据应用新业态。积极推动不同行业大数据的聚合、大数据与其他行业的融合，大力培育互联网金融、数据服务、数据处理分析、数据影视、数据探矿、数据化学、数据材料、数据制药等新业态。

电子商务大数据应用。推动大数据在电子商务中的应用，充分利用电子商务中形成的大数据资源为政府实施市场监管和调控服务，电子商务企业应依法向政府部门报送数据。

3. 发展农业农村大数据。构建面向农业农村的综合信息服务体系，为农民生产生活提供综合、高效、便捷的信息服务，缩小城乡数字鸿沟，促进城乡发展一体化。加强农业农村经济大数据建设，完善村、县相关数据采集、传输、共享基础设施，建立农业农村数据采集、运算、应用、服务体系，强化农村生态环境治理，增强乡村社会治理能力。统筹国内国际农业数据资源，强化农业资源要素数据的集聚利用，提升预测预警能力。整合构建国家涉农大数据中心，推进各地区、各行业、各领域涉农数据资源的共享开放，加强数据资源发掘运用。加快农业大数据关键技术研发，加大示范力度，提升生产智能化、经营网络化、管理高效化、服务便捷化能力和水平。

专栏6 现代农业大数据工程

农业农村信息综合服务。充分利用现有数据资源，完善相关数据采集共享功能，完善信息进村入户村级站的数据采集和信息发布功能，建设农产品全球生产、消费、库存、进出口、价格、成本等数据调查分析系统工程，构建面向农业农村的综合信息服务平台，涵盖农业生产、经营、管理、服务和农村环境整治等环节，集合公益服务、便民服务、电子商务和网络服务，为农业农村农民生产生活提供综合、高效、便捷的信息服务，加强全球农业调查分析，引导国内农产品生产和消费，完善农产品价格形成机制，缩小城乡数字鸿沟，促进城乡发展一体化。

农业资源要素数据共享。利用物联网、云计算、卫星遥感等技术，建立我国农业耕地、草原、林地、水利设施、水资源、农业设施设备、新型经营主体、农业劳动力、金融资本等资源要素数据监测体系，促进农业环境、气象、生态等信息共享，构建农业资源要素数据共享平台，为各级政府、企业、农户提供农业资源数据查询服务，鼓励各类市场主体充分发掘平台数据，开发测土配方施肥、统防统治、农业保险等服务。

专栏6 现代农业大数据工程

农产品质量安全信息服务。建立农产品生产的生态环境、生产资料、生产过程、市场流通、加工储藏、检验检测等数据共享机制，推进数据实现自动化采集、网络化传输、标准化处理和可视化运用，提高数据的真实性、准确性、及时性和关联性，与农产品电子商务等交易平台互联共享，实现各环节信息可查询、来源可追溯、去向可跟踪、责任可追究，推进实现种子、农药、化肥等重要生产资料信息可追溯，为生产者、消费者、监管者提供农产品质量安全信息服务，促进农产品消费安全。

4. 发展万众创新大数据。适应国家创新驱动发展战略，实施大数据创新行动计划，鼓励企业和公众发掘利用开放数据资源，激发创新创业活力，促进创新链和产业链深度融合，推动大数据发展与科研创新有机结合，形成大数据驱动型的科研创新模式，打通科技创新和经济社会发展之间的通道，推动万众创新、开放创新和联动创新。

专栏7 万众创新大数据工程

大数据创新应用。通过应用创新开发竞赛、服务外包、社会众包、助推计划、补助奖励、应用培训等方式，鼓励企业和公众发掘利用开放数据资源，激发创新创业活力。

大数据创新服务。面向经济社会发展需求，研发一批大数据公共服务产品，实现不同行业、领域大数据的融合，扩大服务范围、提高服务能力。

发展科学大数据。积极推动由国家公共财政支持的公益性科研活动获取和产生的科学数据逐步开放共享，构建科学大数据国家重大基础设施，实现对国家重要科技数据的权威汇集、长期保存、集成管理和全面共享。面向经济社会发展需求，发展科学大数据应用服务中心，支持解决经济社会发展和国家安全重大问题。

知识服务大数据应用。利用大数据、云计算等技术，对各领域知识进行大规模整合，搭建层次清晰、覆盖全面、内容准确的知识资源库群，建立国家知识服务平台与知识资源服务中心，形成以国家平台为枢纽、行业平台为支撑，覆盖国民经济主要领域，分布合理、互联互通的国家知识服务体系，为生产生活提供精准、高水平的知识服务。提高我国知识资源的生产与供给能力。

5. 推进基础研究和核心技术攻关。围绕数据科学理论体系、大数据计算系统与分析理论、大数据驱动的颠覆性应用模型探索等重大基础研究进行前瞻布局，开展数据科学研究，引导和鼓励在大数据理论、方法及关键应用技术等方面展开探索。采取政产学研用相结合的协同创新模式和基于开源社区的开放创新模式，加强海量数据存储、数据清洗、数据分析发掘、数据可视化、信息安全与隐私保护等领域关键技术攻关，形成安全可靠的大数据技术体系。支持自然语言理解、机器学习、深度学习等人工智能技术创新，提升数据分析处理能力、知识发现能力和辅助决策能力。

6. 形成大数据产品体系。围绕数据采集、整理、分析、发掘、展现、应用等环节，支持大型通用海量数据存储与管理软件、大数据分析发掘软件、数据可视化软件等软件产品和海量数据存储设备、大数据一体机等硬件产品发展，带动芯片、操作系统等信息技术核心基础产品发展，打造较为健全的大数据产品体系。大力发展与重点行业领域业务流程及数据应用需求深度融合的大数据解决方案。

专栏8　大数据关键技术及产品研发与产业化工程

通过优化整合后的国家科技计划（专项、基金等），支持符合条件的大数据关键技术研发。

加强大数据基础研究。融合数理科学、计算机科学、社会科学及其他应用学科，以研究相关性和复杂网络为主，探讨建立数据科学的学科体系；研究面向大数据计算的新体系和大数据分析理论，突破大数据认知与处理的技术瓶颈；面向网络、安全、金融、生物组学、健康医疗等重点需求，探索建立数据科学驱动行业应用的模型。

大数据技术产品研发。加大投入力度，加强数据存储、整理、分析处理、可视化、信息安全与隐私保护等领域技术产品的研发，突破关键环节技术瓶颈。到2020年，形成一批具有国际竞争力的大数据处理、分析、可视化软件和硬件支撑平台等产品。

提升大数据技术服务能力。促进大数据与各行业应用的深度融合，形成一批代表性应用案例，以应用带动大数据技术和产品研发，形成面向各行业的成熟的大数据解决方案。

7. 完善大数据产业链。支持企业开展基于大数据的第三方数据分析发掘服务、技术外包服务和知识流程外包服务。鼓励企业根据数据资源基础和业务特色，积极发展互联网金融和移动金融等新业态。推动大数据与移动互联网、物联网、云计算的深度融合，深化大数据在各行业的创新应用，积极探索创新协作共赢的应用模式和商业模式。加强大数据应用创新能力建设，建立政产学研用联动、大中小企业协调发展的大数据产业体系。建立和完善大数据产业公共服务支撑体系，组建大数据开源社区和产业联盟，促进协同创新，加快计量、标准化、检验检测和认证认可等大数据产业质量技术基础建设，加速大数据应用普及。

专栏9　大数据产业支撑能力提升工程

培育骨干企业。完善政策体系，着力营造服务环境优、要素成本低的良好氛围，加速培育大数据龙头骨干企业。充分发挥骨干企业的带动作用，形成大中小企业相互支撑、协同合作的大数据产业生态体系。到2020年，培育10家国际领先的大数据核心龙头企业，500家大数据应用、服务和产品制造企业。

大数据产业公共服务。整合优质公共服务资源，汇聚海量数据资源，形成面向大数据相关领域的公共服务平台，为企业和用户提供研发设计、技术产业化、人力资源、市场推广、评估评价、认证认可、检验检测、宣传展示、应用推广、行业咨询、投融资、教育培训等公共服务。

中小微企业公共服务大数据。整合现有中小微企业公共服务系统与数据资源，链接各省（区、市）建成的中小微企业公共服务线上管理系统，形成全国统一的中小微企业公共服务大数据平台，为中小微企业提供科技服务、综合服务、商贸服务等各类公共服务。

（三）强化安全保障，提高管理水平，促进健康发展

1. 健全大数据安全保障体系。加强大数据环境下的网络安全问题研究和基于大数据的网络安全技术研究，落实信息安全等级保护、风险评估等网络安全制度，建立健全大数据安全保障体系。建立大数据安全评估体系。切实加强关键信息基础设施安全防护，做好大数据平台及服务商的可靠性及安全性评测、应用安全评测、监测预警和风险评估。明确数据采集、传输、存储、使用、开放等各环节保障网络安全的范围边界、责任主体和具体要求，切实加强对涉及国家利益、公共安全、商业秘密、个人隐私、军工科研生产等信息的保护。妥善处

理发展创新与保障安全的关系，审慎监管，保护创新，探索完善安全保密管理规范措施，切实保障数据安全。

2. 强化安全支撑。采用安全可信产品和服务，提升基础设施关键设备安全可靠水平。建设国家网络安全信息汇聚共享和关联分析平台，促进网络安全相关数据融合和资源合理分配，提升重大网络安全事件应急处理能力；深化网络安全防护体系和态势感知能力建设，增强网络空间安全防护和安全事件识别能力。开展安全监测和预警通报工作，加强大数据环境下防攻击、防泄露、防窃取的监测、预警、控制和应急处置能力建设。

专栏10网络和大数据安全保障工程

网络和大数据安全支撑体系建设。在涉及国家安全稳定的领域采用安全可靠的产品和服务，到2020年，实现关键部门的关键设备安全可靠。完善网络安全保密防护体系。

大数据安全保障体系建设。明确数据采集、传输、存储、使用、开放等各环节保障网络安全的范围边界、责任主体和具体要求，建设完善金融、能源、交通、电信、统计、广电、公共安全、公共事业等重要数据资源和信息系统的安全保密防护体系。

网络安全信息共享和重大风险识别大数据支撑体系建设。通过对网络安全威胁特征、方法、模式的追踪、分析，实现对网络安全威胁新技术、新方法的及时识别与有效防护。强化资源整合与信息共享，建立网络安全信息共享机制，推动政府、行业、企业间的网络风险信息共享，通过大数据分析，对网络安全重大事件进行预警、研判和应对指挥。

专栏10　网络和大数据安全保障工程

网络和大数据安全支撑体系建设。在涉及国家安全稳定的领域采用安全可靠的产品和服务，到2020年，实现关键部门的关键设备安全可靠。完善网络安全保密防护体系。

大数据安全保障体系建设。明确数据采集、传输、存储、使用、开放等各环节保障网络安全的范围边界、责任主体和具体要求，建设完善金融、能源、交通、电信、统计、广电、公共安全、公共事业等重要数据资源和信息系统的安全保密防护体系。

网络安全信息共享和重大风险识别大数据支撑体系建设。通过对网络安全威胁特征、方法、模式的追踪、分析，实现对网络安全威胁新技术、新方法的及时识别与有效防护。强化资源整合与信息共享，建立网络安全信息共享机制，推动政府、行业、企业间的网络风险信息共享，通过大数据分析，对网络安全重大事件进行预警、研判和应对指挥。

四、政策机制

（一）完善组织实施机制

建立国家大数据发展和应用统筹协调机制，推动形成职责明晰、协同推进的工作格局。加强大数据重大问题研究，加快制定出台配套政策，强化国家数据资源统筹管理。加强大数据与物联网、智慧城市、云计算等相关政策、规划的协同。加强中央与地方协调，引导地方各级政府结合自身条件合理定位、科学谋划，将大数据发展纳入本地区经济社会和城镇化发展规划，制定出台促进大数据产业发展的政策措施，突出区域特色和分工，抓好措施落实，实现科学有序发展。设立大数据专家咨询委员会，为大数据发展应用及相关工程实施提供决策咨询。各有关部门要进一步统一思想，认真落实本行动纲要提出的各项任务，共同推动形成公共信息资源共享共用和大数据产业健康安全发展的良好格局。

（二）加快法规制度建设

修订政府信息公开条例。积极研究数据开

放、保护等方面制度，实现对数据资源采集、传输、存储、利用、开放的规范管理，促进政府数据在风险可控原则下最大程度开放，明确政府统筹利用市场主体大数据的权限及范围。制定政府信息资源管理办法，建立政府部门数据资源统筹管理和共享复用制度。研究推动网上个人信息保护立法工作，界定个人信息采集应用的范围和方式，明确相关主体的权利、责任和义务，加强对数据滥用、侵犯个人隐私等行为的管理和惩戒。推动出台相关法律法规，加强对基础信息网络和关键行业领域重要信息系统的安全保护，保障网络数据安全。研究推动数据资源权益相关立法工作。

（三）健全市场发展机制

建立市场化的数据应用机制，在保障公平竞争的前提下，支持社会资本参与公共服务建设。鼓励政府与企业、社会机构开展合作，通过政府采购、服务外包、社会众包等多种方式，依托专业企业开展政府大数据应用，降低社会管理成本。引导培育大数据交易市场，开展面向应用的数据交易市场试点，探索开展大数据衍生产品交易，鼓励产业链各环节市场主体进行数据交换和交易，促进数据资源流通，建立健全数据资源交易机制和定价机制，规范交易行为。

（四）建立标准规范体系

推进大数据产业标准体系建设，加快建立政府部门、事业单位等公共机构的数据标准和统计标准体系，推进数据采集、政府数据开放、指标口径、分类目录、交换接口、访问接口、数据质量、数据交易、技术产品、安全保密等关键共性标准的制定和实施。加快建立大数据市场交易标准体系。开展标准验证和应用试点示范，建立标准符合性评估体系，充分发挥标准在培育服务市场、提升服务能力、支撑行业管理等方面的作用。积极参与相关国际标准制定工作。

（五）加大财政金融支持

强化中央财政资金引导，集中力量支持大数据核心关键技术攻关、产业链构建、重大应用示范和公共服务平台建设等。利用现有资金渠道，推动建设一批国际领先的重大示范工程。完善政府采购大数据服务的配套政策，加大对政府部门和企业合作开发大数据的支持力度。鼓励金融机构加强和改进金融服务，加大对大数据企业的支持力度。鼓励大数据企业进入资本市场融资，努力为企业重组并购创造更加宽松的金融政策环境。引导创业投资基金投向大数据产业，鼓励设立一批投资于大数据产业领域的创业投资基金。

（六）加强专业人才培养

创新人才培养模式，建立健全多层次、多类型的大数据人才培养体系。鼓励高校设立数据科学和数据工程相关专业，重点培养专业化数据工程师等大数据专业人才。鼓励采取跨校联合培养等方式开展跨学科大数据综合型人才培养，大力培养具有统计分析、计算机技术、经济管理等多学科知识的跨界复合型人才。鼓励高等院校、职业院校和企业合作，加强职业技能人才实践培养，积极培育大数据技术和应用创新型人才。依托社会化教育资源，开展大数据知识普及和教育培训，提高社会整体认知和应用水平。

（七）促进国际交流合作

坚持平等合作、互利共赢的原则，建立完善国际合作机制，积极推进大数据技术交流与合作，充分利用国际创新资源，促进大数据相关技术发展。结合大数据应用创新需要，积极引进大数据高层次人才和领军人才，完善配套措施，鼓励海外高端人才回国就业创业。引导国内企业与国际优势企业加强大数据关键技术、产品的研发合作，支持国内企业参与全球市场竞争，积极开拓国际市场，形成若干具有国际竞争力的大数据企业和产品。

国务院关于加快构建大众创业万众创新支撑平台的指导意见

国发〔2015〕53号

各省、自治区、直辖市人民政府，国务院各部委、各直属机构：

当前，全球分享经济快速增长，基于互联网等方式的创业创新蓬勃兴起，众创、众包、众扶、众筹（以下统称四众）等大众创业万众创新支撑平台快速发展，新模式、新业态不断涌现，线上线下加快融合，对生产方式、生活方式、治理方式产生广泛而深刻的影响，动力强劲，潜力巨大。同时，在四众发展过程中也面临行业准入、信用环境、监管机制等方面的问题。为落实党中央、国务院关于大力推进大众创业万众创新和推动实施“互联网+”行动的有关部署，现就加快构建大众创业万众创新支撑平台、推进四众持续健康发展提出以下意见。

一、把握发展机遇，汇聚经济社会发展新动能

四众有效拓展了创业创新与市场资源、社会需求的对接通道，搭建了多方参与的高效协同机制，丰富了创业创新组织形态，优化了劳动、信息、知识、技术、管理、资本等资源的配置方式，为社会大众广泛平等参与创业创新、共同分享改革红利和发展成果提供了更多元的途径和更广阔的空间。

众创，汇众智搞创新，通过创业创新服务平台聚集全社会各类创新资源，大幅降低创业创新成本，使每一个具有科学思维和创新能力的人都可参与创新，形成大众创造、释放众智的新局面。

众包，汇众力增就业，借助互联网等手段，将传统由特定企业和机构完成的任务向自愿参与的所有企业和个人进行分工，最大限度利用大众力量，以更高的效率、更低的成本满足生产及生活服务需求，促进生产方式变革，开拓集智创新、便捷创业、灵活就业的新途径。

众扶，汇众能助创业，通过政府和公益机构支持、企业帮扶援助、个人互助互扶等多种方式，共助小微企业和创业者成长，构建创业创新发展的良好生态。

众筹，汇众资促发展，通过互联网平台向社会募集资金，更灵活高效满足产品开发、企业成长和个人创业的融资需求，有效增加传统金融体系服务小微企业和创业者的新功能，拓展创业创新投融资新渠道。

当前我国正处于发展动力转换的关键时期，加快发展四众具有极为重要的现实意义和战略意义，有利于激发蕴藏在人民群众之中的无穷智慧和创造力，将我国的人力资源优势迅速转化为人力资本优势，促进科技创新，拓展就业空间，汇聚发展新动能；有利于加快网络经济和实体经济融合，充分利用国内国际创新资源，提高生产效率，助推“中国制造2025”，加快转型升级，壮大分享经济，培育新的经济增长点；有利于促进政府加快完善与新经济形态相适应的体制机制，创新管理方式，提升服务能力，释放改革红利；有利于实现机会公平、权利公平、人人参与又人人受益的包容性增长，探索一条中国特色的众人创富、劳动致富之路。

二、创新发展理念，着力打造创业创新新格局

全面贯彻党的十八大和十八届二中、三中、四中全会精神，按照党中央、国务院决策部署，加快实施创新驱动发展战略，不断深化改革，顺应“互联网+”时代大融合、大变革趋势，充分发挥我国互联网应用创新的综合优势，充分激发广大人民群众和市场主体的创业创新活力，推动线上与线下相结合、传统与新兴相结合、引导与规范相结合，按照“坚持市场主导、包容创业创新、公平有序发展、优化治理方式、深化开放合作”的基本原则，营造四众发展的良好环境，推动各类要素资源集聚、开放、共享，提高资源配置效率，加快四众广泛应用，在更大范围、更高层次、更深程度上推进大众创业、万众创新，打造新引擎，壮大新经济。

——坚持市场主导。充分发挥市场在资源配置中的决定性作用，强化企业和劳动者的主体地位，尊重市场选择，积极发展有利于提高资源利用效率、激发大众智慧、满足人民群众需求、创造经济增长新动力的新模式、新业态。

——包容创业创新。以更包容的态度、更积极的政策营造四众发展的宽松环境，激发人民群众的创业创新热情，鼓励各类主体充分利用互联网带来的新机遇，积极探索四众的新平台、新形式、新应用，开拓创业创新发展新空间。

——公平有序发展。坚持公平进入、公平竞争、公平监管，破除限制新模式新业态发展的不合理约束和制度瓶颈，营造传统与新兴、线上与线下主体之间公平发展的良好环境，维护各类主体合法权益，引导各方规范有序发展。

——优化治理方式。转变政府职能，进一步简政放权，强化事中事后监管，优化提升公共服务，加强协同，创新手段，发挥四众平台企业内部治理和第三方治理作用，健全政府、行业、企业、社会共同参与的治理机制，推动四众持续健康发展。

——深化开放合作。“引进来”与“走出去”相结合，充分利用四众平台，优化配置国际创新资源，借鉴国际管理经验，积极融入全球创新网络。鼓励采用四众模式搭建对外开放新平台，面向国际市场拓展服务领域，深化创业创新国际合作。

三、全面推进众创，释放创业创新能量

（一）大力发展专业空间众创

鼓励各类科技园、孵化器、创业基地、农民工返乡创业园等加快与互联网融合创新，打造线上线下相结合的大众创业万众创新载体。鼓励各类线上虚拟众创空间发展，为创业创新者提供跨行业、跨学科、跨地域的线上交流和资源链接服务。鼓励创客空间、创业咖啡、创新工场等新型众创空间发展，推动基于“互联网+”的创业创新活动加速发展。

（二）鼓励推进网络平台众创

鼓励大型互联网企业、行业领军企业通过网络平台向各类创业创新主体开放技术、开发、营销、推广等资源，鼓励各类电子商务平台为小微企业和创业者提供支撑，降低创业门槛，加强创业创新资源共享与合作，促进创新成果及时转化，构建开放式创业创新体系。

（三）培育壮大企业内部众创

通过企业内部资源平台化，积极培育内部创客文化，激发员工创造力；鼓励大中型企业通过投资员工创业开拓新的业务领域、开发创新产品，提升市场适应能力和创新能力；鼓励企业建立健全股权激励机制，突破成长中的管理瓶颈，形成持续的创新动力。

四、积极推广众包，激发创业创新活力

（四）广泛应用研发创意众包

鼓励企业与研发机构等通过网络平台将部分设计、研发任务分发和交付，促进成本降低和提质增效，推动产品技术的跨学科融合创新。鼓励企业通过网络社区等形式广泛征集用户创意，促进产品规划与市场需求无缝对接，实现万众创新与企业发展相互促动。鼓励中国服务外包示范城市、技术先进型服务企业和服务外包重点联系企业积极应用众包模式。

（五）大力实施制造运维众包

支持有能力的大中型制造企业通过互联网众包平台聚集跨区域标准化产能，满足大规模标准化产品订单的制造需求。结合深化国有企业改革，鼓励采用众包模式促进生产方式变革。鼓励中小制造企业通过众包模式构筑产品服务运维体系，提升用户体验，降低运维成本。

（六）加快推广知识内容众包

支持百科、视频等开放式平台积极通过众包实现知识内容的创造、更新和汇集，引导有能力、有条件的个人和企业积极参与，形成大众智慧集聚共享新模式。

（七）鼓励发展生活服务众包

推动交通出行、无车承运物流、快件投递、旅游、医疗、教育等领域生活服务众包，利用互联网技术高效对接供需信息，优化传统生活服务行业的组织运营模式。推动整合利用分散闲置社会资源的分享经济新型服务模式，打造人民群众广泛参与、互助互利的服务生态圈。发展以社区生活服务业为核心的电子商务服务平台，拓展服务性网络消费领域。

五、立体实施众扶，集聚创业创新合力

（八）积极推动社会公共众扶

加快公共科技资源和信息资源开放共享，提高各类公益事业机构、创新平台和基地的服务能力，推动高校和科研院所向小微企业和创业者开放科研设施，降低大众创业、万众创新的成本。鼓励行业协会、产业联盟等行业组织和第三方服务机构加强对小微企业和创业者的支持。

（九）鼓励倡导企业分享众扶

鼓励大中型企业通过生产协作、开放平台、共享资源、开放标准等方式，带动上下游小微企业和创业者发展。鼓励有条件的企业依法合规发起或参与设立公益性创业基金，开展创业培训和指导，履行企业社会责任。鼓励技术领先企业向标准化组织、产业联盟等贡献基础性专利或技术资源，推动产业链协同创新。

（十）大力支持公众互助众扶

支持开源社区、开发者社群、资源共享平台、捐赠平台、创业沙龙等各类互助平台发展。鼓励成功企业家以天使投资、慈善、指导帮扶等方式支持创业者创业。鼓励通过网络平台、线下社区、公益组织等途径扶助大众创业就业，促进互助互扶，营造深入人心、氛围浓厚的众扶文化。

六、稳健发展众筹，拓展创业创新融资

（十一）积极开展实物众筹

鼓励消费电子、智能家居、健康设备、特色农产品等创新产品开展实物众筹，支持艺术、出版、影视等创意项目在加强内容管理的同时，依法开展实物众筹。积极发挥实物众筹的资金筹集、创意展示、价值发现、市场接受度检验等功能，帮助将创新创意付诸实践，提供快速、便捷、普惠化服务。

（十二）稳步推进股权众筹

充分发挥股权众筹作为传统股权融资方式有益补充的作用，增强金融服务小微企业和创业创新者的能力。稳步推进股权众筹融资试点，鼓励小微企业和创业者通过股权众筹融资方式募集早期股本。对投资者实行分类管理，切实保护投资者合法权益，防范金融风险。

（十三）规范发展网络借贷

鼓励互联网企业依法合规设立网络借贷平台，为投融资双方提供借贷信息交互、撮合、资信评估等服务。积极运用互联网技术优势构建风险控制体系，缓解信息不对称，防范风险。

七、推进放管结合，营造宽松发展空间

（十四）完善市场准入制度

积极探索交通出行、无车承运物流、快递、金融、医疗、教育等领域的准入制度创新，通过分类管理、试点示范等方式，依法为众包、众筹等新模式新业态的发展营造政策环境。针对众包资产轻、平台化、受众广、跨地域等特点，放宽市场准入条件，降低行业准入门槛。（交通运输部、邮政局、人民银行、证监会、银监会、卫生计生委、教育部等负责）

（十五）建立健全监管制度

适应新业态发展要求，建立健全行业标准规范和规章制度，明确四众平台企业在质量管理、信息内容管理、知识产权、申报纳税、社会保障、网络安全等方面的责任、权利和义务。（质检总局、新闻出版广电总局、知识产权局、税务总局、人力资源社会保障部、网信办、工业和信息化部等负责）因业施策，加快研究制定重点领域促进四众发展的相关意见。（交通运输部、邮政局、人民银行、证监会、银监会、卫生计生委、教育部等负责）

（十六）创新行业监管方式

建立以信用为核心的新型市场监管机制，加强跨部门、跨地区协同监管。建立健全事中事后监管体系，充分发挥全国统一的信用信息共享交换平台、企业信用信息公示系统等的作用，利用大数据、随机抽查、信用评价等手段加强监督检查和对违法违规行为的处置。（发展改革委、工业和信息化部、工商总局、相关行业主管部门负责）

（十七）优化提升公共服务

加快商事制度改革，支持各地结合实际放宽新注册企业场所登记条件限制，推动“一址多照”、集群注册等住所登记改革，为创业创新提供便利的工商登记服务。简化和完善注销流程，开展个体工商户、未开业企业、无债权债务企业简易注销登记试点。推进全程电子化登记和电子营业执照应用，简化行政审批程序，为企业发展提供便利。加强行业监管、企业登记等相关部门与四众平台企业的信息互联共享，推进公共数据资源开放，加快推行电子签名、电子认证，推动电子签名国际互认，为四众发展提供支撑。进一步清理和取消职业资格许可认定，研究建立国家职业资格目录清单管理制度，加强对新设职业资格的管理。（工商总局、发展改革委、科技部、工业和信息化部、人力资源社会保障部、相关行业主管部门负责）

（十八）促进开放合作发展

有序引导外资参与四众发展，培育一批国际化四众平台企业。鼓励四众平台企业利用全球创新资源，面向国际市场拓展服务。加强国际合作，鼓励小微企业和创业者承接国际业务。（商务部、发展改革委牵头负责）

八、完善市场环境，夯实健康发展基础

（十九）加快信用体系建设

引导四众平台企业建立实名认证制度和信用评价机制，健全相关主体信用记录，鼓励发展第三方信用评价服务。建立四众平台企业的信用评价机制，公开评价结果，保障用户的知情权。建立完善信用标准化体系，制定四众发展信用环境相关的关键信用标准，规范信用信息采集、处理、评价、应用、交换、共享和服务。依法合理利用网络交易行为等在互联网上积累的信用数据，对现有征信体系和评测体系进行补充和完善。推进全国统一的信用信息共享交换平台、企业信用信息公示系统等与四众平台企业信用体系互联互通，实现资源共享。（发展改革委、人民银行、工商总局、质检总局牵头负责）

（二十）深化信用信息应用

鼓励发展信用咨询、信用评估、信用担保和信用保险等信用服务业。建立健全守信激励机制和失信联合惩戒机制，加大对守信行为的表彰和宣传力度，在市场监管和公共服务过程中，对诚实守信者实行优先办理、简化程序等"绿色通道"支持激励政策，对违法失信者依法予以限制或禁入。（发展改革委、人民银行牵头负责）

（二十一）完善知识产权环境

加大网络知识产权执法力度，促进在线创意、研发成果申请知识产权保护，研究制定四众领域的知识产权保护政策。运用技术手段加强在线创意、研发成果的知识产权执法，切实维护创业创新者权益。加强知识产权相关法律法规、典型案例的宣传和培训，增强中小微企业知识产权意识和管理能力。（知识产权局牵头负责）

九、强化内部治理，塑造自律发展机制

（二十二）提升平台治理能力

鼓励四众平台企业结合自身商业模式，积极利用信息化手段加强内部制度建设和管理规范，提高风险防控能力、信息内容管理能力和网络安全水平。引导四众平台企业履行管理责任，建立用户权益保障机制。（网信办、工业和信息化部、工商总局等负责）

（二十三）加强行业自律规范

强化行业自律，规范四众从业机构市场行为，保护行业合法权益。推动行业组织制定各类产品和服务标准，促进企业之间的业务交流和信息共享。完善行业纠纷协调和解决机制，鼓励第三方以及用户参与平台治理。构建在线争议解决、现场接待受理、监管部门受理投诉、第三方调解以及仲裁、诉讼等多元化纠纷解决机制。（相关行业主管部门、行政执法部门负责）

（二十四）保障网络信息安全

四众平台企业应当切实提升技术安全水平，及时发现和有效应对各类网络安全事件，确保网络平台安全稳定运行。妥善保管各类用户资料和交易信息，不得买卖、泄露用户信息，保障信息安全。强化守法、诚信、自律意识，营造诚信规范发展的良好氛围。（网信办、工业和信息化部牵头负责）

十、优化政策扶持，构建持续发展环境

（二十五）落实财政支持政策

创新财政科技专项资金支持方式，支持符合条件的企业通过众创、众包等方式开展相关科技活动。充分发挥国家新兴产业创业投资引导基金、国家中小企业发展基金等政策性基金作用，引导社会资源支持四众加快发展。降低对实体营业场所、固定资产投入等硬性指标要求，将对线下实体众创空间的财政扶持政策惠及网络众创空间。加大中小企业专项资金对小微企业创业基地建设的支持力度。大力推进小微企业公共服务平台和创业基地建设，加大政府购买服务力度，为采用四众模式的小微企业免费提供管理指导、技能培训、市场开拓、标准咨询、检验检测认证等服务。（财政部、发展改革委、工业和信息化部、科技部、商务部、质检总局等负责）

（二十六）实行适用税收政策

加快推广使用电子发票，支持四众平台企业和采用众包模式的中小微企业及个体经营者按规定开具电子发票，并允许将电子发票作为报销凭证。对于业务规模较小、处于初创期的

从业机构符合现行小微企业税收优惠政策条件的，可按规定享受税收优惠政策。（财政部、税务总局牵头负责）

（二十七）创新金融服务模式

引导天使投资、创业投资基金等支持四众平台企业发展，支持符合条件的企业在创业板、新三板等上市挂牌。鼓励金融机构在风险可控和商业可持续的前提下，基于四众特点开展金融产品和服务创新，积极发展知识产权质押融资。大力发展政府支持的融资担保机构，加强政府引导和银担合作，综合运用资本投入、代偿补偿等方式，加大财政支持力度，引导和促进融资担保机构和银行业金融机构为符合条件的四众平台企业提供快捷、低成本的融资服务。（人民银行、证监会、银监会、保监会、发展改革委、工业和信息化部、财政部、科技部、商务部、人力资源社会保障部、知识产权局、质检总局等负责）

（二十八）深化科技体制改革

全面落实下放科技成果使用、处置和收益权，鼓励科研人员双向流动等改革部署，激励更多科研人员投身创业创新。加大科研基础设施、大型科研仪器向社会开放的力度，为更多小微企业和创业者提供支撑。（科技部牵头负责）

（二十九）繁荣创业创新文化

设立“全国大众创业万众创新活动周”，加强政策宣传，展示创业成果，促进投资对接和互动交流，为创业创新提供展示平台。继续办好中国创新创业大赛、中国农业科技创新创业大赛等赛事活动。引导各类媒体加大对四众的宣传力度，普及四众知识，发掘典型案例，推广成功经验，培育尊重知识、崇尚创造、追求卓越的创新文化。（发展改革委、科技部、工业和信息化部、中央宣传部、中国科协等负责）

（三十）鼓励地方探索先行

充分尊重和发挥基层首创精神，因地制宜，突出特色。支持各地探索适应新模式新业态发展特点的管理模式，及时总结形成可复制、可推广的经验。支持全面创新改革试验区、自由贸易试验区、国家自主创新示范区、战略性新兴产业集聚区、国家级经济技术开发区、跨境电子商务综合试验区等加大改革力度，强化对创业创新公共服务平台的扶持，充分发挥四众发展的示范带动作用。（发展改革委、科技部、商务部、相关地方省级人民政府等负责）

各地区、各部门应加大对众创、众包、众扶、众筹等创业创新活动的引导和支持力度，加强统筹协调，探索制度创新，完善政府服务，科学组织实施，鼓励先行先试，不断开创大众创业、万众创新的新局面。

国务院

2015年9月23日

中华人民共和国国务院令

第 654 号

《企业信息公示暂行条例》已经2014年7月23日国务院第57次常务会议通过，现予公布，自2014年10月1日起施行。

总理　李克强

2014年8月7日

企业信息公示暂行条例

第一条　为了保障公平竞争，促进企业诚信自律，规范企业信息公示，强化企业信用约束，维护交易安全，提高政府监管效能，扩大社会监督，制定本条例。

第二条　本条例所称企业信息，是指在工商行政管理部门登记的企业从事生产经营活动过程中形成的信息，以及政府部门在履行职责过程中产生的能够反映企业状况的信息。

第三条　企业信息公示应当真实、及时。公示的企业信息涉及国家秘密、国家安全或者社会公共利益的，应当报请主管的保密行政管理部门或者国家安全机关批准。县级以上地方人民政府有关部门公示的企业信息涉及企业商业秘密或者个人隐私的，应当报请上级主管部门批准。

第四条　省、自治区、直辖市人民政府领导本行政区域的企业信息公示工作，按照国家社会信用信息平台建设的总体要求，推动本行政区域企业信用信息公示系统的建设。

第五条　国务院工商行政管理部门推进、监督企业信息公示工作，组织企业信用信息公示系统的建设。国务院其他有关部门依照本条例规定做好企业信息公示相关工作。

县级以上地方人民政府有关部门依照本条例规定做好企业信息公示工作。

第六条　工商行政管理部门应当通过企业信用信息公示系统，公示其在履行职责过程中产生的下列企业信息：

（一）注册登记、备案信息；

（二）动产抵押登记信息；

（三）股权出质登记信息；

（四）行政处罚信息；

（五）其他依法应当公示的信息。

前款规定的企业信息应当自产生之日起20个工作日内予以公示。

第七条　工商行政管理部门以外的其他政府部门（以下简称其他政府部门）应当公示其

在履行职责过程中产生的下列企业信息：

（一）行政许可准予、变更、延续信息；

（二）行政处罚信息；

（三）其他依法应当公示的信息。

其他政府部门可以通过企业信用信息公示系统，也可以通过其他系统公示前款规定的企业信息。工商行政管理部门和其他政府部门应当按照国家社会信用信息平台建设的总体要求，实现企业信息的互联共享。

第八条　企业应当于每年1月1日至6月30日，通过企业信用信息公示系统向工商行政管理部门报送上一年度年度报告，并向社会公示。

当年设立登记的企业，自下一年起报送并公示年度报告。

第九条　企业年度报告内容包括：

（一）企业通信地址、邮政编码、联系电话、电子邮箱等信息；

（二）企业开业、歇业、清算等存续状态信息；

（三）企业投资设立企业、购买股权信息；

（四）企业为有限责任公司或者股份有限公司的，其股东或者发起人认缴和实缴的出资额、出资时间、出资方式等信息；

（五）有限责任公司股东股权转让等股权变更信息；

（六）企业网站以及从事网络经营的网店的名称、网址等信息；

（七）企业从业人数、资产总额、负债总额、对外提供保证担保、所有者权益合计、营业总收入、主营业务收入、利润总额、净利润、纳税总额信息。

前款第一项至第六项规定的信息应当向社会公示，第七项规定的信息由企业选择是否向社会公示。

经企业同意，公民、法人或者其他组织可以查询企业选择不公示的信息。

第十条　企业应当自下列信息形成之日起20个工作日内通过企业信用信息公示系统向社会公示：

（一）有限责任公司股东或者股份有限公司发起人认缴和实缴的出资额、出资时间、出资方式等信息；

（二）有限责任公司股东股权转让等股权变更信息；

（三）行政许可取得、变更、延续信息；

（四）知识产权出质登记信息；

（五）受到行政处罚的信息；

（六）其他依法应当公示的信息。

工商行政管理部门发现企业未依照前款规定履行公示义务的，应当责令其限期履行。

第十一条　政府部门和企业分别对其公示信息的真实性、及时性负责。

第十二条　政府部门发现其公示的信息不准确的，应当及时更正。公民、法人或者其他组织有证据证明政府部门公示的信息不准确的，有权要求该政府部门予以更正。

企业发现其公示的信息不准确的，应当及时更正；但是，企业年度报告公示信息的更正应当在每年6月30日之前完成。更正前后的信息应当同时公示。

第十三条　公民、法人或者其他组织发现企业公示的信息虚假的，可以向工商行政管理部门举报，接到举报的工商行政管理部门应当自接到举报材料之日起20个工作日内进行核查，予以处理，并将处理情况书面告知举报人。

公民、法人或者其他组织对依照本条例规定公示的企业信息有疑问的，可以向政府部门申请查询，收到查询申请的政府部门应当自收到申请之日起20个工作日内书面答复申请人。

第十四条　国务院工商行政管理部门和省、自治区、直辖市人民政府工商行政管理部门应当按照公平规范的要求，根据企业注册号等随机摇号，确定抽查的企业，组织对企业公示信息的情况进行检查。

工商行政管理部门抽查企业公示的信息，可以采取书面检查、实地核查、网络监测等方式。工商行政管理部门抽查企业公示的信息，可以委托会计师事务所、税务师事务所、律师事务所等专业机构开展相关工作，并依法利用其他政府部门作出的检查、核查结果或者专业机构作出的专业结论。

抽查结果由工商行政管理部门通过企业信用信息公示系统向社会公布。

第十五条　工商行政管理部门对企业公示的信息依法开展抽查或者根据举报进行核查，企业应当配合，接受询问调查，如实反映情况，提供相关材料。

对不予配合情节严重的企业，工商行政管理部门应当通过企业信用信息公示系统公示。

第十六条　任何公民、法人或者其他组织不得非法修改公示的企业信息，不得非法获取企业信息。

第十七条　有下列情形之一的，由县级以上工商行政管理部门列入经营异常名录，通过企业信用信息公示系统向社会公示，提醒其履行公示义务；情节严重的，由有关主管部门依照有关法律、行政法规规定给予行政处罚；造成他人损失的，依法承担赔偿责任；构成犯罪的，依法追究刑事责任：

（一）企业未按照本条例规定的期限公示年度报告或者未按照工商行政管理部门责令的期限公示有关企业信息的；

（二）企业公示信息隐瞒真实情况、弄虚作假的。

被列入经营异常名录的企业依照本条例规定履行公示义务的，由县级以上工商行政管理部门移出经营异常名录；满3年未依照本条例规定履行公示义务的，由国务院工商行政管理部门或者省、自治区、直辖市人民政府工商行政管理部门列入严重违法企业名单，并通过企业信用信息公示系统向社会公示。被列入严重违法企业名单的企业的法定代表人、负责人，3年内不得担任其他企业的法定代表人、负责人。

企业自被列入严重违法企业名单之日起满5年未再发生第一款规定情形的，由国务院工商行政管理部门或者省、自治区、直辖市人民政府工商行政管理部门移出严重违法企业名单。

第十八条　县级以上地方人民政府及其有关部门应当建立健全信用约束机制，在政府采购、工程招投标、国有土地出让、授予荣誉称号等工作中，将企业信息作为重要考量因素，对被列入经营异常名录或者严重违法企业名单的企业依法予以限制或者禁入。

第十九条　政府部门未依照本条例规定履行职责的，由监察机关、上一级政府部门责令改正；情节严重的，对负有责任的主管人员和其他直接责任人员依法给予处分；构成犯罪的，依法追究刑事责任。

第二十条　非法修改公示的企业信息，或者非法获取企业信息的，依照有关法律、行政法规规定追究法律责任。

第二十一条　公民、法人或者其他组织认为政府部门在企业信息公示工作中的具体行政行为侵犯其合法权益的，可以依法申请行政复议或者提起行政诉讼。

第二十二条　企业依照本条例规定公示信息，不免除其依照其他有关法律、行政法规规定公示信息的义务。

第二十三条　法律、法规授权的具有管理公共事务职能的组织公示企业信息适用本条例关于政府部门公示企业信息的规定。

第二十四条　国务院工商行政管理部门负责制定企业信用信息公示系统的技术规范。

个体工商户、农民专业合作社信息公示的具体办法由国务院工商行政管理部门另行制定。

第二十五条　本条例自2014年10月1日起施行。

国务院办公厅关于加强城市地下管线建设管理的指导意见

国办发〔2014〕27号

各省、自治区、直辖市人民政府，国务院各部委、各直属机构：

城市地下管线是指城市范围内供水、排水、燃气、热力、电力、通信、广播电视、工业等管线及其附属设施，是保障城市运行的重要基础设施和“生命线”。近年来，随着城市快速发展，地下管线建设规模不足、管理水平不高等问题凸显，一些城市相继发生大雨内涝、管线泄漏爆炸、路面塌陷等事件，严重影响了人民群众生命财产安全和城市运行秩序。为切实加强城市地下管线建设管理，保障城市安全运行，提高城市综合承载能力和城镇化发展质量，经国务院同意，现提出以下意见：

一、总体工作要求

（一）指导思想

深入学习领会党的十八大和十八届二中、三中全会精神，认真贯彻落实党中央和国务院的各项决策部署，适应中国特色新型城镇化需要，把加强城市地下管线建设管理作为履行政府职能的重要内容，统筹地下管线规划建设、管理维护、应急防灾等全过程，综合运用各项政策措施，提高创新能力，全面加强城市地下管线建设管理。

（二）基本原则

规划引领，统筹建设。坚持先地下、后地上，先规划、后建设，科学编制城市地下管线等规划，合理安排建设时序，提高城市基础设施建设的整体性、系统性。

强化管理，消除隐患。加强城市地下管线维修、养护和改造，提高管理水平，及时发现、消除事故隐患，切实保障地下管线安全运行。

因地制宜，创新机制。按照国家统一要求，结合不同地区实际，科学确定城市地下管线的技术标准、发展模式。稳步推进地下综合管廊建设，加强科学技术和体制机制创新。

落实责任，加强领导。强化城市人民政府对地下管线建设管理的责任，明确有关部门和单位的职责，加强联动协调，形成高效有力的工作机制。

（三）目标任务

2015年底前，完成城市地下管线普查，建立综合管理信息系统，编制完成地下管线综合规划。力争用5年时间，完成城市地下老旧管网改造，将管网漏失率控制在国家标准以内，显著降低管网事故率，避免重大事故发生。用10年左右时间，建成较为完善的城市地下管线体系，使地下管线建设管理水平能够适应经济社会发展需要，应急防灾能力大幅提升。

二、加强规划统筹，严格规划管理

（四）加强城市地下管线的规划统筹

开展地下空间资源调查与评估，制定城市地下空间开发利用规划，统筹地下各类设施、管线布局，原则上不允许在中心城区规划新建生产经营性危险化学品输送管线，其他地区新建的危险化学品输送管线，不得在穿越其他管线等地下设施时形成密闭空间，且距离应满足标准规范要求。各城市要依据城市总体规划组织编制地下管线综合规划，对各类专业管线进行综合，结合城市未来发展需要，统筹考虑军队管线建设需求，合理确定管线设施的空间位置、规模、走向等，包括驻军单位、中央直属企业在内的行业主管部门和管线单位都要积极配合。编制城市地下管线综合规划，应加强与地下空间、道路交通、人防建设、地铁建设等规划的衔接和协调，并作为控制性详细规划和地下管线建设规划的基本依据。

（五）严格实施城市地下管线规划管理

按照先规划、后建设的原则，依据经批准的城市地下管线综合规划和控制性详细规划，对城市地下管线实施统一的规划管理。地下管线工程开工建设前要依据城乡规划法等法律法规取得建设工程规划许可证。要严格执行地下管线工程的规划核实制度，未经核实或者经核实不符合规划要求的，不得组织竣工验收。要加强对规划实施情况的监督检查，对各类违反规划的行为及时查处，依法严肃处理。

三、统筹工程建设，提高建设水平

（六）统筹城市地下管线工程建设

按照先地下、后地上的原则，合理安排地下管线和道路的建设时序。各城市在制定道路年度建设计划时，应提前告知相关行业主管部门和管线单位。各行业主管部门应指导管线单位，根据城市道路年度建设计划和地下管线综合规划，制定各专业管线年度建设计划，并与城市道路年度建设计划同步实施。要统筹安排各专业管线工程建设，力争一次敷设到位，并适当预留管线位置。要建立施工掘路总量控制制度，严格控制道路挖掘，杜绝“马路拉链”现象。

（七）稳步推进城市地下综合管廊建设

在36个大中城市开展地下综合管廊试点工程，探索投融资、建设维护、定价收费、运营管理等模式，提高综合管廊建设管理水平。通过试点示范效应，带动具备条件的城市结合新区建设、旧城改造、道路新（改、扩）建，在重要地段和管线密集区建设综合管廊。城市地下综合管廊应统一规划、建设和管理，满足管线单位的使用和运行维护要求，同步配套消防、供电、照明、监控与报警、通风、排水、标识等设施。鼓励管线单位入股组成股份制公司，联合投资建设综合管廊，或在城市人民政府指导下组成地下综合管廊业主委员会，招标选择建设、运营管理单位。建成综合管廊的区域，凡已在管廊中预留管线位置的，不得再另行安排管廊以外的管线位置。要统筹考虑综合管廊建设运行费用、投资回报和管线单位的使用成本，合理确定管廊租售价格标准。有关部门要及时总结试点经验，加强对各地综合管廊建设的指导。

（八）严格规范建设行为

城市地下管线工程建设项目应履行基本建设程序，严格落实施工图设计文件审查、施工许可、工程质量安全监督与监理、竣工测量以及档案移交等制度。要落实施工安全管理制度，明确相关责任人，确保施工作业安全。对于可能损害地下管线的建设工程，管线单位要与建设单位签订保护协议，辨识危险因素，提出保护措施。对于可能涉及危险化学品管道的施工作业，建设单位施工前要召集有关单位，制定施工方案，明确安全责任，严格按照安全施工要求作业，严禁在情况不明时盲目进行地面开挖作业。对违规建设施工造成管线破坏的行为要依法追究责任。工程覆土前，建设单位应按照有关规定进行竣工测量，及时将测量成果报送城建档案管理部门，并对测量数据和测量图的真实、准确性负责。

四、加强改造维护，消除安全隐患

（九）加大老旧管线改造力度

改造使用年限超过50年、材质落后和漏损严重的供排水管网。推进雨污分流管网改造和建设，暂不具备改造条件的，要建设截流干管，适当加大截流倍数。对存在事故隐患的供热、燃气、电力、通信等地下管线进行维修、更换和升级改造。对存在塌陷、火灾、水淹等重大安全隐患的电力电缆通道进行专项治理改造，推进城市电网、通信网架空线入地改造工程。实施城市宽带通信网络和有线广播电视网络光纤入户改造，加快有线广播电视网络数字化改造。

（十）加强维修养护

各城市要督促行业主管部门和管线单位，建立地下管线巡护和隐患排查制度，严格执行安全技术规程，配备专门人员对管线进行日常巡护，定期进行检测维修，强化监控预警，发现危害管线安全的行为或隐患应及时处理。对地下管线安全风险较大的区段和场所要进行重点监控；对已建成的危险化学品输送管线，要按照相关法律法规和标准规范严格管理。开展地下管线作业时，要严格遵守相关规定，配备必要的设施设备，按照先检测后监护再进入的原则进行作业，严禁违规违章作业，确保人员安全。针对城市地下管线可能发生或造成的泄漏、燃爆、坍塌等突发事故，要根据输送介质的危险特性及管道情况，制定应急防灾综合预案和有针对性的专项应急预案、现场处置方案，并定期组织演练；要加强应急队伍建设，提高人员专业素质，配套完善安全检测及应急装备；维修养护时一旦发生意外，要对风险进行辨识和评估，杜绝盲目施救，造成次生事故；要根据事故现场情况及救援需要及时划定警戒区域，疏散周边人员，维持现场秩序，确保应急工作安全有序。切实提高事故防范、灾害防治和应急处置能力。

（十一）消除安全隐患

各城市要定期排查地下管线存在的隐患，制定工作计划，限期消除隐患。加大力度清理拆除占压地下管线的违法建（构）筑物。清查、登记废弃和“无主”管线，明确责任单位，对于存在安全隐患的废弃管线要及时处置，消灭危险源，其余废弃管线应在道路新（改、扩）建时予以拆除。加强城市窨井盖管理，落实维护和管理责任，采用防坠落、防位移、防盗窃等技术手段，避免窨井伤人等事故发生。要按照有关规定完善地下管线配套安全设施，做到与建设项目同步设计、施工、交付使用。

五、开展普查工作，完善信息系统

（十二）开展城市地下管线普查

城市地下管线普查实行属地负责制，由城市人民政府统一组织实施。各城市要明确责任部门，制定总体方案，建立工作机制和相关规范，组织好普查成果验收和归档移交工作。普查工作包括地下管线基础信息普查和隐患排查。基础信息普查应按照相关技术规程进行探测、补测，重点掌握地下管线的规模大小、位置关系、功能属性、产权归属、运行年限等基本情况；隐患排查应全面了解地下管线的运行状况，摸清地下管线存在的结构性隐患和危险源。驻军单位、中央直属企业要按照当地政府的统一部署，积极配合做好所属地下管线的普查工作。普查成果要按规定集中统一管理，其中军队管线普查成果按军事设施保护法有关规定和军队保密要求提供和管理，由军队有关业务主管部门另行明确配套办法。

（十三）建立和完善综合管理信息系统

各城市要在普查的基础上，建立地下管线综合管理信息系统，满足城市规划、建设、运行和应急等工作需要。包括驻军单位、中央直属企业在内的行业主管部门和管线单位要建立完善专业管线信息系统，满足日常运营维护管理需要，驻军单位按照军队有关业务主管部门统一要求组织实施。综合管理信息系统和专业管线信息系统应按照统一的数据标准，实现信息的即时交换、共建共享、动态更新。推进综合管理信息系统与数字化城市管理系统、智慧城市融合。充分利用信息资源，做好工程规划、施工建设、运营维护、应急防灾、公共服务等工作，建设工程规划和施工许可管理必须以综合管理信息系统为依据。涉及国家秘密的地下管线信息，要严格按照有关保密法律法规和标准进行管理。

六、完善法规标准，加大政策支持

（十四）完善法规标准

研究制订地下空间管理、地下管线综合管理等方面法规，健全地下管线规划建设、运行维护、应急防灾等方面的配套规章。开展各类地下管线标准规范的梳理和制（修）订工作，建立完善地下管线标准体系。根据城市发展实际需要，适当提高地下管线建设和抗震防灾等技术标准，重要地区要按相关标准规范的上限执行。按照国防和人防建设要求，研究促进城市地下管线军民融合发展的措施，优先为军队提供管线资源。

（十五）加大政策支持

中央继续通过现有渠道予以支持。地方政府和管线单位要落实资金，加快城市地下管网建设改造。要加快城市建设投融资体制改革，分清政府与企业边界，确需政府举债的，应通过发行政府一般债券或专项债券融资。开展城市基础设施和综合管廊建设等政府和社会资本合作机制（PPP）试点。以政府和社会资本合作方式参与城市基础设施和综合管廊建设的企业，可以探索通过发行企业债券、中期票据、项目收益债券等市场化方式融资。积极推进政府购买服务，完善特许经营制度，研究探索政府购买服务协议、特许经营权、收费权等作为银行质押品的政策，鼓励社会资本参与城市基础设施投资和运营。支持银行业金融机构在有效控制风险的基础上，加大信贷投放力度，支持城市基础设施建设。鼓励外资和民营资本发起设立以投资城市基础设施为主的产业投资基金。各级政府部门要优化地下管线建设改造相关行政许可手续办理流程，提高办理效率。

（十六）提高科技创新能力

加大城市地下管线科技研发和创新力度，鼓励在地下管线规划建设、运行维护及应急防灾等工作中，广泛应用精确测控、示踪标识、无损探测与修复、非开挖、物联网监测和隐患事故预警等先进技术。积极推广新工艺、新材料和新设备，推进新型建筑工业化，支持发展装配式建筑，推广应用管道预构件产品，提高预制装配化率。

七、落实地方责任，加强组织领导

（十七）落实地方责任

各地要牢固树立正确的政绩观，纠正“重地上轻地下”、“重建设轻管理”、“重使用轻维护”等错误观念，加强对城市地下管线建设管理工作的组织领导。省级人民政府要把城市地下空间和管线建设管理纳入重要议事日程，加大监督、指导和协调力度，督促各城市结合实际抓好相关工作。城市人民政府作为责任主体，要切实履行职责，统筹城市地上地下设施建设，做好地下空间和管线管理各项具体工作。住房城乡建设部要会同有关部门，加强对地下管线建设管理工作的指导和监督检查。对地下管线建设管理工作不力、造成重大事故的，要依法追究责任。

（十八）健全工作机制

各地要建立城市地下管线综合管理协调机制，明确牵头部门，组织有关部门和单位，加强联动协调，共同研究加强地下管线建设管理的政策措施，及时解决跨地区、跨部门及跨军队和地方的重大问题和突发事故。住房城乡建设部门会同有关部门负责城市地下管线综合管理，发展改革部门要将城市地下管线建设改造纳入经济社会发展规划，财政、通信、广播电视、安全监管、能源、保密等部门要各司其职、密切配合，形成分工明确、高效有力的工作机制。

（十九）积极引导社会参与

充分发挥行业组织的积极作用。各城市应设立统一的地下管线服务专线。充分运用多种媒体和宣传形式，加强城市地下管线安全和应急防灾知识的普及教育，开展“管线挖掘安全月”主题宣传活动，增强公众保护地下管线的意识。建立举报奖励制度，鼓励群众举报危害管线安全的行为。

国务院办公厅

2014年6月3日

国务院办公厅关于加强和规范政府信息公开情况统计报送工作的通知

国办发〔2014〕32号

各省、自治区、直辖市人民政府，国务院各部委、各直属机构：

《中华人民共和国政府信息公开条例》（以下简称《条例》）施行以来，各地区、各部门在政府信息公开情况统计方面做了大量工作，较好地发挥了统计对促进政府信息公开和做好该项工作年度报告的基础性作用。为进一步加强和规范政府信息公开情况统计报送工作，建立指标统一、项目规范、口径一致、数据准确的政府信息公开情况统计报送制度，现就有关事项通知如下：

一、统计范围和内容

统计范围：具有法定行政职能，依《条例》承担政府信息公开义务的国务院部门，地方各级人民政府及县（市）级以上地方人民政府部门，法律、法规授权的具有管理公共事务职能的组织。

统计内容：主动公开、依申请公开、政策解读、回应社会关切、行政复议、行政诉讼、举报投诉、机构建设和政府信息公开相关培训等情况。

二、组织领导和实施

（一）地方各级人民政府办公厅（室）负责组织实施本行政区域的政府信息公开情况统计工作，确定统计范围内的单位名单，布置统计工作任务，汇总统计数据，逐级向上一级政府信息公开主管部门报送汇总统计情况。

（二）各省（自治区、直辖市）人民政府办公厅负责组织实施本级政府及其部门的政府信息公开统计工作，推动本行政区域内各级人民政府做好政府信息公开统计工作，填写《政府信息公开情况统计表》，向国务院办公厅政府信息公开办公室报送省（自治区、直辖市）本级政府信息公开统计情况（包括本级政府及其部门数据）和本行政区域政府信息公开汇总统计情况。

（三）国务院各部门办公厅（室）负责组织实施本部门政府信息公开统计工作，分解落实统计工作任务，汇总本部门、本系统统计数据，填写《政府信息公开情况统计表》，向国务院办公厅政府信息公开办公室报送统计情况。垂直管理部门的全系统统计数据，由有关国务院主管部门办公厅（室）汇总报送，不列入地方政府统计范围。实行双重管理部门的统计数据，由同级人民政府办公厅（室）汇总报送。国务院各部门办公厅（室）报送本部门数据，其中垂直管理部门办公厅（室）应分别报送本部门数据和本系统的汇总数据。

三、统计和报送要求

（一）各省（自治区、直辖市）人民政

府、国务院各部门要高度重视政府信息公开统计工作，将其作为编制政府信息公开年度报告、总结和推进政府信息公开工作的重要内容，认真组织实施。政府信息公开工作机构要切实履行职责，制定能够确保统计工作落实的工作机制和办法，保障统计工作持续开展。

（二）各省（自治区、直辖市）人民政府、国务院各部门办公厅（室）应于每年3月底前，将上一年度全年统计数据报送国务院办公厅政府信息公开办公室。《政府信息公开情况统计表》采用纸质文件和电子文件两种形式报送，电子文件采用Excel格式，刻成光盘随纸质文件一并报送。政府信息公开统计报送信息系统建成后，对报送时间及相关工作的要求另行通知。

（三）各地区、各部门办公厅（室）要采取逐级审查、抽查等方式，加强统计数据审核工作，确保填报的数据真实、准确、完整。统计行政复议、行政诉讼、举报投诉等情况，应与本级法制、监察部门及法院沟通确认，确保统计数据准确一致。国务院办公厅如发现报送的统计数据有误，将责成有关地方和部门予以纠正；对于因工作不负责任导致报送情况出现严重失实的，将予以通报。

附件：

1. 政府信息公开情况统计表（样表）
2. 政府信息公开情况统计指标填报说明

国务院办公厅

2014年6月23日

附件1：

政府信息公开情况统计表（样表）

（　　年度）

填报单位（盖章）：

统 计 指 标	单位	统计数
一、主动公开情况	——	
（一）主动公开政府信息数（不同渠道和方式公开相同信息计1条）	条	
其中：主动公开规范性文件数	条	
制发规范性文件总数	件	
（二）通过不同渠道和方式公开政府信息的情况	——	
1. 政府公报公开政府信息数	条	
2. 政府网站公开政府信息数	条	
3. 政务微博公开政府信息数	条	
4. 政务微信公开政府信息数	条	
5. 其他方式公开政府信息数	条	
二、回应解读情况	——	
（一）回应公众关注热点或重大舆情数（不同方式回应同一热点或舆情计1次）	次	
（二）通过不同渠道和方式回应解读的情况	——	
1. 参加或举办新闻发布会总次数	次	
其中：主要负责同志参加新闻发布会次数	次	
2. 政府网站在线访谈次数	次	
其中：主要负责同志参加政府网站在线访谈次数	次	
3. 政策解读稿件发布数	篇	
4. 微博微信回应事件数	次	
5. 其他方式回应事件数	次	
三、依申请公开情况	——	
（一）收到申请数	件	
1. 当面申请数	件	
2. 传真申请数	件	
3. 网络申请数	件	
4. 信函申请数	件	
（二）申请办结数	件	
1. 按时办结数	件	
2. 延期办结数	件	

统 计 指 标	单位	统计数
（三）申请答复数	件	
1. 属于已主动公开范围数	件	
2. 同意公开答复数	件	
3. 同意部分公开答复数	件	
4. 不同意公开答复数	件	
其中：涉及国家秘密	件	
涉及商业秘密	件	
涉及个人隐私	件	
危及国家安全、公共安全、经济安全和社会稳定	件	
不是《条例》所指政府信息	件	
法律法规规定的其他情形	件	
5. 不属于本行政机关公开数	件	
6. 申请信息不存在数	件	
7. 告知作出更改补充数	件	
8. 告知通过其他途径办理数	件	
四、行政复议数量	件	
（一）维持具体行政行为数	件	
（二）被依法纠错数	件	
（三）其他情形数	件	
五、行政诉讼数量	件	
（一）维持具体行政行为或者驳回原告诉讼请求数	件	
（二）被依法纠错数	件	
（三）其他情形数	件	
六、举报投诉数量	件	
七、依申请公开信息收取的费用	万元	
八、机构建设和保障经费情况	——	
（一）政府信息公开工作专门机构数	个	
（二）设置政府信息公开查阅点数	个	
（三）从事政府信息公开工作人员数	人	
1. 专职人员数（不包括政府公报及政府网站工作人员数）	人	
2. 兼职人员数	人	
（四）政府信息公开专项经费（不包括用于政府公报编辑管理及政府网站建设维护等方面的经费）	万元	
九、政府信息公开会议和培训情况	——	
（一）召开政府信息公开工作会议或专题会议数	次	
（二）举办各类培训班数	次	
（三）接受培训人员数	人次	

附件2：

政府信息公开情况统计指标填报说明

一、主动公开情况

1. 主动公开政府信息数：指按照《条例》规定，统计年度内主动公开的政府信息总条数。

主动公开政府信息数按条计算。凡公文类政府信息，1件公文计为1条，部分内容公开的公文也计为1条。其他政府信息，1份完整的信息（或其中部分公开的信息）计为1条。

主动公开政府信息数不重复计算。通过不同渠道和方式公开的同一条政府信息计为1条信息；部门联合发布的信息以牵头制作该信息的部门为填报单位；各单位转载、转发的信息不计入本单位统计数量。

2. 主动公开规范性文件数：指主动公开的规范性文件总条数。

3. 制发规范性文件总数：指制发规范性文件总件数，应为主动公开数和未主动公开数的合计数。

4. 政府公报公开政府信息数：指通过政府公报主动公开的政府信息总条数。

5. 政府网站公开政府信息数：指通过各级政府网站主动公开的政府信息总条数。

6. 政务微博公开政府信息数：指通过官方政务微博主动公开的政府信息总条数。

7. 政务微信公开政府信息数：指通过官方政务微信主动公开的政府信息总条数。

8. 其他方式公开政府信息数：指通过报刊、广播、电视等其他方式主动公开的政府信息总条数。

二、回应解读情况

9. 回应公众关注热点或重大舆情数：指回应涉及本单位职责的公众关注热点或重大舆情的次数。

回应公众关注热点或重大舆情数不重复计算。以多种形式回应同一热点或舆情的计为1次回应；联合发布的回应情况以回应该热点或舆情的牵头负责单位为填报单位；各单位转载、转发的回应情况不计入本单位统计数量。

10. 参加或举办新闻发布会总次数：指为解读政策、回应社会关切、引导舆论而参加或举办的新闻发布会、媒体通气会等的总次数。

11. 主要负责同志参加新闻发布会次数：指本单位主要负责同志为解读政策、回应社会关切、引导舆论而参加各类新闻发布会、媒体通气会等的总次数。

12. 政府网站在线访谈次数：指本单位有关负责同志或新闻发言人为解读政策、回应社会关切、引导舆论在政府网站接受在线访谈的总次数。

13. 主要负责同志参加政府网站在线访谈次数：指本单位主要负责同志为解读政策、回应社会关切、引导舆论在政府网站接受在线访谈的总次数。

14. 政策解读稿件发布数：指通过政府网站、新闻发布会、媒体通气会以及报刊、广播、电视等方式发布政策解读稿件的总篇数。

15. 微博微信回应事件数：指通过官方政务微博、微信回应的热点事件总次数（同一事件多次回应计为1次）。

16. 其他方式回应事件数：指通过广播、电视、报刊等其他方式回应的热点事件总次数（同一事件多次回应计为1次）。

三、依申请公开情况

17. 收到申请数：指收到的政府信息公开申请总件数，申请应为书面形式或数据电文形式（应等于当面申请数、传真申请数、网络申请数、信函申请数4项之和）。

18. 当面申请数：指公民、法人或其他组织到承担政府信息公开事务的受理点提出申请的件数。

19. 传真申请数：指公民、法人或其他组织通过传真方式提出申请的件数。

20. 网络申请数：指公民、法人或其他组织通过网上提交申请方式提出申请的件数。

21. 信函申请数：指公民、法人或其他组织通过信函邮寄方式提出申请的件数。

22. 申请办结数：指对公民、法人或其他组织所提申请办结的总件数（应等于按时办结数和延期办结数2项之和）。

23. 按时办结数：指根据《条例》规定，自收到申请之日起15个工作日内予以答复的件数。

24. 延期办结数：指根据《条例》规定，在延长的15个工作日内予以答复的件数。

25. 申请答复数：指对公民、法人或其他组织所提申请的答复的总件数（应等于属于已主动公开范围数、同意公开答复数、同意部分公开答复数、不同意公开答复数、不属于本行政机关公开数、申请信息不存在数、告知作出更改补充数、告知通过其他途径办理数8项之和）。

26. 属于已主动公开范围数：指对公民、法人或其他组织申请公开的政府信息，属于已主动公开范围的，告知其获取该政府信息方式和途径的答复件数。

27. 同意公开答复数：指对公民、法人或其他组织申请公开的政府信息，作出同意公开的答复件数。

28. 同意部分公开答复数：指对公民、法人或其他组织申请公开的政府信息，作出同意部分公开的答复件数。

29. 不同意公开答复数：指对公民、法人或其他组织申请公开的政府信息，作出不同意公开的答复件数。

30. 涉及国家秘密：指对公民、法人或其他组织申请公开的政府信息，因涉及国家秘密而不同意公开的答复件数。

31. 涉及商业秘密：指对公民、法人或其他组织申请公开的政府信息，因涉及商业秘密而不同意公开的答复件数。

32. 涉及个人隐私：指对公民、法人或其他组织申请公开的政府信息，因涉及个人隐私而不同意公开的答复件数。

33. 危及国家安全、公共安全、经济安全和社会稳定：指对公民、法人或其他组织申请公开的政府信息，因危及国家安全、公共安全、经济安全和社会稳定而不同意公开的答复件数。

34. 不是《条例》所指政府信息：指对公民、法人或其他组织申请公开的政府信息，告知其不是《条例》所指政府信息的答复件数。

35. 法律法规规定的其他情形：指对公民、法人或其他组织申请公开的政府信息，因属于法律法规规定的其他情形而不同意公开的答复件数。

36. 不属于本行政机关公开数：指对公民、法人或其他组织申请公开的政府信息，告知其不属于本行政机关公开的答复件数。

37. 申请信息不存在数：指对公民、法人或其他组织申请公开的政府信息，告知其该政府信息不存在的答复件数。

38. 告知作出更改补充数：指对公民、法人或其他组织申请公开的政府信息，因申请内容不明确，告知其作出更改、补充的答复件数。

39. 告知通过其他途径办理数：指对公民、法人或其他组织申请公开的政府信息，告知其应通过咨询、信访、举报等其他途径办理的答复件数。

四、行政复议情况

40. 行政复议数量：指公民、法人或其

他组织认为本单位在政府信息公开工作中的具体行政行为侵犯其合法权益，依法申请行政复议且被复议机关受理的件数（应为维持具体行政行为数、被依法纠错数、其他情形数3项之和）。

41. 维持具体行政行为数：指已办结的行政复议申请中维持原具体行政行为的件数。

42. 被依法纠错数：指已办结的行政复议申请中撤销、变更具体行政行为或确认具体行政行为违法、责令重新作出具体行政行为的件数。

43. 其他情形数：指行政复议申请中除已办结的维持具体行政行为数和被依法纠错数以外情形的件数。

五、行政诉讼情况

44. 行政诉讼数量：指公民、法人或其他组织认为本单位在政府信息公开工作中的具体行政行为侵犯其合法权益，依法提起行政诉讼且被法院受理的件数（应为维持具体行政行为或者驳回原告诉讼请求数、被依法纠错数、其他情形数3项之和）。

45. 维持具体行政行为或者驳回原告诉讼请求数：指法院判决维持原具体行政行为或者驳回原告诉讼请求的件数。

46. 被依法纠错数：指法院判决或裁定撤销、变更具体行政行为或确认具体行政行为违法、责令重新作出具体行政行为的件数。

47. 其他情形数：指除维持具体行政行为或者驳回原告诉讼请求数和被依法纠错数以外情形的件数。

六、举报投诉情况

48. 举报投诉数量：指本地区、本部门、本单位收到公民、法人或其他组织提出政府信息公开相关举报或投诉，且予以受理的件数。

七、依申请公开信息收取的费用

49. 依申请公开信息收取的费用：指依申请提供政府信息，收取的检索、复制、邮寄等费用总金额。

八、机构建设和保障经费情况

50. 政府信息公开工作专门机构数：指按照《条例》规定确定承担政府信息公开日常工作的专门机构个数。

51. 设置政府信息公开查阅点数：指按照《条例》要求设置的为公民、法人或其他组织提供政府信息公开查阅的场所总个数。

52. 从事政府信息公开工作人员数：指具体承担政府信息公开工作人员人数（应为专职人员数和兼职人员数2项之和）。

53. 专职人员数：指专门承担政府信息公开工作的工作人员人数（不包括政府公报及政府网站工作人员数）。

54. 兼职人员数：指在承担其他工作的同时承担政府信息公开工作的工作人员人数。

55. 政府信息公开专项经费：指行政机关为处理政府信息公开事务而纳入财政预算的专项经费（不包括用于政府公报编辑管理及政府网站建设维护等方面的经费）。

九、政府信息公开会议和培训情况

56. 召开政府信息公开工作会议或专题会议数：指召开涉及政府信息公开方面的工作会议或专题会议的次数。

57. 举办各类培训班数：指围绕政府信息公开业务举办的各类短期、中期、长期培训班次数。

58. 接受培训人员数：指到政府信息公开业务培训班接受培训的工作人员人次数。

除特别说明外，报表中如没有需填报的数据，则填“0”；涉及费用或经费的数据按“四舍五入”原则保留两位小数。

国务院办公厅关于加强政府网站信息内容建设的意见

国办发〔2014〕57号

各省、自治区、直辖市人民政府，国务院各部委、各直属机构：

政府网站是信息化条件下政府密切联系人民群众的重要桥梁，也是网络时代政府履行职责的重要平台。近年来，各级政府积极适应信息技术发展、传播方式变革，运用互联网转变政府职能、创新管理服务、提升治理能力，使政府网站成为信息公开、回应关切、提供服务的重要载体。但一些政府网站也存在内容更新不及时、信息发布不准确、意见建议不回应等问题，严重影响政府公信力。建好管好政府网站是各级政府及其部门的重要职责，为进一步做好政府网站信息内容建设工作，经国务院同意，现提出以下意见：

一、总体要求

（一）指导思想

深入贯彻落实党中央、国务院的决策部署，围绕建设法治政府、创新政府、廉洁政府的目标，把握新形势下政务工作信息化、网络化的新趋势，加强政府网站信息内容建设管理，提升政府网站发布信息、解读政策、回应关切、引导舆论的能力和水平，将政府网站打造成更加及时、准确、有效的政府信息发布、互动交流和公共服务平台，为转变政府职能、提高管理和服务效能，推进国家治理体系和治理能力现代化发挥积极作用。

（二）基本原则

——围绕中心，服务大局。紧密结合政府工作主要目标和重点任务，充分反映重要会议、活动和决策内容，解读重大政策，使公众理解和支持政府工作。

——以人为本，心系群众。坚持执政为民，把满足社会公众对政府信息的需求作为出发点和落脚点，密切政府同人民群众的关系，增强政府的公信力和凝聚力。

——公开透明，加强互动。及时准确发布政府信息，开展交流互动，倾听公众意见，回应社会关切，接受社会监督，使政府网站成为公众获取政府信息的第一来源、互动交流的重要渠道。

——改革创新，注重实效。把握互联网传播规律，适应公众需求，理顺管理体制，完善协调机制，创新表现形式，提高保障能力，加强协同联动，打造传播主流声音的政府网站集群。

二、加强政府网站信息发布工作

（三）强化信息发布更新

各地区、各部门要将政府网站作为政府信息公开的第一平台，建立完善信息发布机制，第一时间发布政府重要会议、重要活动、重大政策信息。依法公开政府信息，做到决策公开、执行公开、管理公开、服务公开、结果公开。健全政府网站信息内容更新的保障机制，提高发布时效，对本地区、本部门政府网站内容更新情况进行监测，对于内容更新没有保障的栏目要及时归并或关闭。

（四）加大政策解读力度

政府研究制定重大政策时，要同步做好网络政策解读方案。涉及经济发展和社会民生等政策出台时，在政府网站同步推出由政策制定参与者、专业机构、专家学者撰写的解读评论文章或开展的访谈等，深入浅出、通俗易懂地解读政策。要提供相关背景、案例、数据等，还可通过数字化、图表图解、音频、视频等方式予以展现，增强网站的吸引力亲和力。

（五）做好社会热点回应

涉及本地区、本部门的重大突发事件、应急事件，要依法按程序在第一时间通过政府网站发布信息，公布客观事实，并根据事件发展和工作进展及时发布动态信息，表明政府态度。围绕社会关注的热点问题，相关部门和单位要通过政府网站作出积极回应，阐明政策，解疑释惑，化解矛盾，理顺情绪。

（六）加强互动交流

各地区、各部门要通过政府网站开展在线访谈、意见征集、网上调查等，加强与公众的互动交流，广泛倾听公众意见建议，接受社会的批评监督，搭建政府与公众交流的“直通车”。进一步完善公众意见的收集、处理、反馈机制，了解民情，回答问题。开办互动栏目的，要配备相应的后台服务团队和受理系统。收到网民意见建议后，要进行综合研判，对其中有价值、有意义的应在7个工作日内反馈处理意见，情况复杂的可延长至15个工作日，无法办理的应予以解释说明。

三、提升政府网站传播能力

（七）拓宽网站传播渠道

通过开展技术优化、增强内容吸引力，提升政府网站页面在搜索引擎中的收录比例和搜索效果。政府网站要提供面向主要社交媒体的信息分享服务，加强手机、平板电脑等移动终端应用服务，积极利用微博、微信等新技术新应用传播政府网站内容，方便公众及时获取政府信息。有条件的政府网站可发挥优势，开展研讨交流、推广政府网站品牌等活动。

（八）建立完善联动工作机制

各级政府面向公众公开举办重要会议、新闻发布、经贸活动、旅游推广等活动时，政府网站要积极参与，做好传播工作。各级政府网站之间要加强协同联动，发挥政府网站集群效应。国务院发布对全局工作有指导意义、需要社会广泛知晓的政策信息时，各级政府网站应及时转载、链接；发布某个行业或地区的政策信息时，涉及到的部门和地方政府网站应及时转载、链接。

（九）加强与新闻媒体协作

加强政府网站与报刊、杂志、广播、电视等媒体的合作，增进政府网站同新闻网站以及有新闻资质的商业网站等的协同，最大限度地提高政府信息的影响力，将政府声音及时准确传递给公众。同时，政府网站也可选用传统媒体和其他网站的重要信息、观点，丰富网站内容。

（十）规范外语版网站内容

开设外语版网站要有专业、合格的支撑能力，用专业外语队伍保障内容更新，确保语言规范准确，尊重外国受众文化和接受习惯。精心组织设置外语版网站栏目，加快信息更新频率，核心信息尽量与中文版网站基本同步。加强与中央和省（区、市）外宣媒体的合作，解决语言翻译问题。没有相应条件的可暂不开设外语版。

四、完善信息内容支撑体系

（十一）建立信息协调机制

由各地区、各部门办公厅（室）牵头，相关职能部门参加，建立主管主办政府网站的信息内容建设协调机制，统筹业务部门、所属单位和相关方面向政府网站提供信息，分解政策解读、互动回应、舆情处置等任务。各地区、各部门办公厅（室）要根据实际需要，确定一位负责人主持协调机制，每周定期研究政府网站信息内容建设工作，按照“谁主管谁负责”、“谁发布谁负责”，根据职责分工，向有关方面安排落实信息提供任务。办公厅（室）政府信息公开或其他专门工作机构承担日常具体协调工作。

（十二）规范信息发布流程

职能部门要根据不同内容性质分级分类处理，选择信息发布途径和方式，把握好信息内容的基调、倾向、角度，突出重点，放大亮点，谨慎掌握敏感问题的分寸。要明确信息内容提供的责任，严格采集、审核、报送、复制、传递等环节程序，做好信息公开前的保密审查工作，防止失泄密问题。按照政府网站信息内容的格式、方式、发布时限，做好原创性信息的编制和加工，保证所提供的信息内容合法、完整、准确、及时。网站运行管理团队要明确编辑把关环节的责任，做好信息内容接收、筛选、加工、发布等，对时效性要求高的信息随时编辑、上网。杜绝政治错误、内容差错、技术故障。

（十三）加强网上网下融合

业务部门要切实做好网上信息提供、政策解读、互动回应、舆情处置等线下工作，使线上业务与线下业务同步考虑、同步推进。建立政府网站信息员、联络员制度，在负责提供信息内容的职能部门中聘请若干信息员、联络员，负责网站信息收集、撰写、报送及联络等工作。

（十四）理顺外包服务关系

各地区、各部门要组建网站的专业运行管理团队，负责重要信息内容的发布和把关。对于外包的业务和事项，严格审查服务单位的业务资质、服务能力、人员素质，核实管理制度、响应速度、应急预案，确保服务人员技术水平能够满足网站运行要求。签订合作协议，应划清自主运行和外包服务的关系，明确网站运行管理团队、技术运维团队、信息和服务保障团队的职责与关系，细化外包服务人员、服务内容、服务质量等要求，既加强沟通交流，又做好监督管理，确保人员到位、服务到位。

五、加强组织保障

（十五）完善政府网站内容管理体系

按照属地管理和主管主办的原则，全国政府网站内容管理体系分为中央和地方两个层级：国务院办公厅负责推进全国政府网站信息内容建设，指导省（区、市）和国务院各部门政府网站信息内容建设；省（区、市）政府办公厅负责推进、指导本地区各级各类政府网站信息内容建设。各部门由其办公厅（室）等机构负责推进本部门政府网站信息内容建设，中央垂直管理或以行业管理为主的部门由其办公厅（室）负责管理本系统政府网站信息内容建设。

（十六）推进集约化建设

完善政府网站体系，优化结构布局，在确保安全的前提下，各省（区、市）要建设本地区统一的政府网站技术平台，计划单列市、副省级城市和有条件的地级市可单独建立技术平台。为保障技术安全，加强信息资源整合，避免重复投资，市、县两级政府要充分利用上级政府网站技术平台开办政府网站，已建成的网站可在3–5年内迁移到上级政府网站技术平台。县级政府各部门、乡镇政府（街道办事处）不再单独建设政府网站，要利用上级政府网站技术平台开设子站、栏目、频道等，主要提供信息内容，编辑集成、技术安全、运维保障等由上级政府网站承担。国务院各部门要整合所属部门的网站，建设统一的政府网站技术平台。

（十七）建立网站信息内容建设管理规范

国务院办公厅牵头组织编制政府网站发展指引，明确政府网站内容建设、功能要求等。各地区、各部门办公厅（室）要结合本地区、本部门的实际情况和工作特点，制定政府网站内容更新、信息发布、政策解答、协同联动等工作规程，完善政府网站设计、内容搜索、数据库建设、无障碍服务、页面链接等技术规范。加强标准规范宣传与应用推广。

（十八）加强人员和经费等保障

各地区、各部门要在人员、经费、设备等方面为政府网站提供有力保障。要明确具体负责协调推进政府网站内容建设的工作机构和专门人员，建设专业化、高素质网站运行管理队伍，保障网站健康运行、不断发展。各级财政要把政府网站内容保障和运行维护等经费列入预算，并保证逐步有所增加。政府网站经费中要安排相应的部分，用于信息采编、政策解读、互动交流、回应关切等工作，向聘用的信息员、联络员等支付劳动报酬或稿费。

（十九）完善考核评价机制

把政府网站建设管理作为主管主办单位目标考核和绩效考核的内容之一，建立政府网站信息内容建设年度考核评估和督查机制，分级分类进行考核评估，使之制度化、常态化。对考核评估合格且社会评价优秀的政府网站，给予相关单位和人员表扬，推广先进经验。对于不合格的，通报相关主管主办部门和单位，要求限期整改，对分管负责人和工作人员进行问责和约谈。完善专业机构、媒体、公众相结合的社会评价机制，对政府网站开展社会评价和监督，评价过程和结果向社会公开。

（二十）加强业务培训

各地区、各部门要把知网、懂网、用网作为领导干部能力建设的重要内容，引导各级政府领导干部通过政府网站解读重大政策，回应社会关切。国务院办公厅和各省（区、市）政府办公厅每年要举办培训班或交流研讨会，对政府网站分管负责人和工作人员进行培训，切实提高政府办网和管网水平。

各地区、各部门要根据本意见要求制定具体落实措施，并将贯彻落实情况报送国务院办公厅。

国务院办公厅

2014年11月17日

国务院办公厅关于促进电子政务协调发展的指导意见

国办发〔2014〕66号

各省、自治区、直辖市人民政府，国务院各部委、各直属机构：

为进一步推动政府系统电子政务科学、可持续发展，逐步建立与政府履职相适应的电子政务体系，有效服务于创新政府、廉洁政府、法治政府建设，不断提升信息化条件下政府治理能力，经国务院同意，现提出以下指导意见。

一、发展现状

经过多年发展，电子政务已经深入到我国经济社会发展的各个领域，成为各级政府平稳运转和高效履职不可或缺的手段。随着信息化的深入发展，电子政务正在由业务办公的支撑工具，逐步成为促进重大改革措施贯彻实施、支撑重大问题决策研判、推动重点工作督查落实、提高服务人民群众水平的有效抓手，是提升政府治理能力必不可少的创新手段。

但是，电子政务工作也存在一些突出矛盾和问题。一是顶层设计不够完善。统一规范的国家电子政务网络尚未形成，各类政务网络不能有效联通，信息孤岛大量存在，网络信息安全形势严峻，法律法规和标准规范滞后，造成了互联互通难、信息共享难、业务协同难，严重制约了电子政务作用的有效发挥。二是应用潜力没有充分发挥。应用的深度和广度不足，特别是对政府管理创新的支撑作用较弱，对科学决策的支持水平有限，对社会公众的服务能力较低，与领导同志的期望和人民群众的需求相比，还存在较大差距。三是保障措施不够健全。绩效评估开展不到位，国产软硬件和新技术的应用不足、创新发展不够，人才队伍现状不能适应电子政务发展需要，管理体制机制有待进一步理顺。

二、目标和原则

（一）主要目标

利用5年左右时间，统一规范的国家电子政务网络全面建成；网络信息安全保障能力显著增强；信息共享、业务协同和数据开放水平大幅提升；服务政府决策和管理的信息化能力明显提高；政府公共服务网上运行全面普及；电子政务协调发展环境更加优化。经过努力，电子政务在国家治理体系和治理能力现代化建设中发挥重要作用。

（二）基本原则

坚持需求导向，围绕政府履职需求和服务人民群众需要，引导电子政务的发展方向和重点，不断提高电子政务的支撑作用和应用效能；坚持统筹整合，以提高现有电子政务基础设施利用效率、推动信息资源开放共享为主要手段，促进电子政务集约化发展；坚持创新驱动，准确把握信息化发展趋势，不断创新理念，探索电子政务创新发展的新思路、新应用、新模式；坚持安全可控，围绕国家信息网络设施安全可控战略，加强监督检查、落实安全责任，确保重要网络、应用和数据安全，确保国家秘密安全；坚持协调发展，加强统筹规划，理顺体制机制，建立完善各级政府横向协同、纵向联动，政府主导、社会参与的电子政务协调发展机制，推动统一网络平台、统一安全体系、统一运维管理的一体化建设和业务应用协调发展。

三、加强顶层设计，统筹电子政务协调发展

电子政务是复杂的系统工程，需要从推动网络整合、促进信息共享、强化安全保密、健全法律法规、完善标准规范等方面加强顶层设计和统筹协调，为电子政务健康发展创造良好条件。

（一）加快国家电子政务内网建设

按照国家统一规划和部署，2015年底前完成中央和省（区、市）两级电子政务内网网络平台和安全体系建设；加快推进网络安全保密测评审批，实现各地区各部门电子政务内网全面接入；加强网络整体化运维管理和运维队伍的专业化能力建设，确保跨地区跨部门业务应用稳定可靠运行。

（二）加强国家电子政务外网建设和管理

进一步理顺国家电子政务外网建设和管理工作机制；充分利用各地区现有电子政务基础网络资源，加强电子政务外网网络平台和安全体系建设，加快推动地方部门接入网络平台，实现外网横向纵向联通；重点加强外网应用建设，促进外网信息资源整合利用和数据共享。

（三）积极推动各地区各部门业务专网应用迁移和网络对接

各地区各部门对现有业务专网应用进行合理分类，分别向国家电子政务内网或外网迁移；国务院各部门同步整合内部业务专网和向下延伸的业务应用；各地区各部门现有业务专网要理清边界，逐步实现与统一国家电子政务网络的网络对接和业务融合，推动数据交换和共享安全可控。

（四）强化国家基础信息资源开发利用

进一步加快人口、法人单位、空间地理、宏观经济等国家基础信息资源库共建共享；推动基础信息资源库分别在国家电子政务内网、外网平台上部署；围绕重点应用领域，开展基础信息资源应用试点，不断总结经验，积极创造条件，逐步扩大应用范围。

（五）推进信息资源共享共用和数据开放利用

促进各地区各部门可开放的信息资源分别在国家电子政务内网、外网平台上普遍共享；研究建设国家公共信息资源开放平台，有序推进政府数据开放和社会化利用；对于涉及国家安全、商业秘密、个人隐私等不宜开放的业务信息，政府部门按照职责分工，梳理履职所需信息共享需求，明确共享信息的有效需求和提供方式，逐步建立信息共享监督检查、考核通报、安全和保密审查等制度，推动部门信息资源按需共享。

（六）切实加强安全保密

加强对分级保护和等级保护工作的指导，确保相关管理规范、技术要求、实施策略、测评标准在不同地区的一致性；建立安全保密持续监管和运维系统，提升信息安全管控和运维管理水平；加强网络安全监测和通报预警，及时处置重大网络安全事故；强化安全保密意识，加强日常安全管理，进一步落实涉密信息系统分级保护和非涉密信息系统等级保护相关主体责任。

（七）完善法律法规和标准规范

研究制定政府信息资源管理办法，及时总结经验，建立信息共享制度，为持续稳步推进信息共享提供制度保障；研究制定政务活动中使用电子签名的具体办法，积极推动电子证照、电子文件、电子印章、电子档案等在政务工作中的应用；加强现有成熟标准规范在电子政务中的运用，研究制定网络、安全、应用、信息资源等方面的技术和业务标准规范，促进电子政务健康持续发展。

四、深化应用，提升支撑保障政府决策和管理的水平

电子政务的成效在于应用，各地区各部门要把提高应用成效摆在突出位置。国务院各部门要围绕国务院中心工作，带头推进应用深化，重点提升电子政务对政府决策和管理的信息化支撑保障水平。各地方政府要结合实际，因地制宜推动电子政务在重点领域的应用，着力提升社会管理和公共服务水平。

（一）提高决策信息服务水平

围绕国务院决策需要，以建设决策支持信息系统为抓手，充分整合各地区各部门现有办公应用和业务系统信息资源，采集利用有关行业、企业、研究机构的重要信息数据，逐步建立支撑领导决策研判的决策信息资源库，提供更加及时高效的信息获取方式，丰富展现形式，为政府决策提供全面准确便捷的信息服务。充分利用职能部门各类专业系统和智能分析模型，开展统计分析、预测预警和评估研判，使国务院领导同志能够及时掌握经济运行与社会发展的实际状况和发展趋势，不断提升信息保障和辅助决策能力。

（二）为深入推进国务院重点工作提供有力支撑

围绕经济社会重大问题和政府工作目标，在社会保障、公共安全、社会信用、市场监管、食品药品安全、医疗卫生、国民教育、劳动就业、养老服务等方面，促进职能部门在业务创新的基础上，深入开展跨地区跨部门协同应用；围绕简政放权，梳理权力清单，强化权力全流程网上运行，有效规范和监督行使权力的主体、依据、程序，明确责任，切实提高行政效能和依法行政水平；围绕服务型政府建设，逐步形成网上服务与实体大厅服务、线上服务与线下服务相结合的一体化新型政府服务模式，不断提升政府网上公共服务水平。

（三）提升国务院重点工作督查落实的信息化水平

加强国务院重点工作督查督办，通过对重点工作的任务分解、进展过程、完成情况的网络化信息化管理，实现工作落实全过程动态跟踪、实时督查、及时反馈、绩效考核，形成事前事中事后管理机制，切实提高督查督办水平。

（四）为应对突发事件的决策指挥等工作提供技术支撑

按照国家突发事件应急体系建设规划要求，进一步健全以国务院应急平台为中心、以省级和部门应急平台为节点的国家应急平台体系，完善日常监测与风险识别、信息收集与灾情统计、趋势分析与综合研判、指挥调度与辅助决策、场景模拟与总结评估等功能，满足应急管理工作需要；推进基层和企业应急信息管理系统建设，提高突发事件现场图像采集和应急通信保障能力；健全应急平台标准规范和运行机制，加强各级应急平台之间的互联互通和资源共享，充分利用物联网等新技术，推进风险隐患、防护目标、救援队伍、物资装备等信息数据库建设。

（五）完善办公业务应用

围绕优化再造政务流程、提高行政效能，进一步拓展深化网上办公，运用电子印章、电子签名、电子文件密级标志等技术，实现公文、信息、简报等电子文件的上传下达和横向传递，以及公文办理、信息采编、会议组织、值班管理等日常工作的信息化；积极开展视频会议、移动办公等应用。

五、保障措施和实施落实

（一）开展电子政务绩效评估

切实发挥绩效评估的导向作用，引导电子政务健康发展。推动建立考核评价体系，由发展改革、财政、审计等部门对相关电子政务项目进行专项评估，并与现有项目管理手段相衔接，作为系统运维和后期建设投资的重要参考，避免重复建设和盲目投资；各地区各部门从成本效益、应用效果、协同共享、安全保密、创新服务等方面提出评估指南，开展电子政务绩效自我评估；探索开展第三方评估。

（二）加强新技术和安全可靠产品应用

制定促进云计算、大数据在电子政务应用服务中的发展规划和政策制度；研究制定云计算、大数据、物联网、移动互联网等在电子政务应用中的技术规范，积极推进新技术在行政办公、辅助决策、社会治理、公共服务等方面的应用；加强安全可靠技术产品的研发和推广应用，国家电子政务网络及关键业务系统优先采用国产软硬件产品，推动试点推广。

（三）加强人才队伍建设

强化政府工作人员信息化意识，提高其信息技术运用能力；培养和建设一支业务熟、技术精、素质高的专业化电子政务管理和服务队伍；加强培训交流，建立政府系统电子政务培训机制，将信息化能力纳入公务员培训体系。

（四）做好工程配套

国务院有关部门在研究编制“十三五”国家政务信息化工程建设规划时，要充分做好与本意见的衔接，加强顶层设计，加大统筹力度，对各项任务进行专题研究和具体部署，着力推动各类信息平台和信息系统整合，强化信息资源共享利用，确保任务落地。

（五）强化实施落实

各地区各部门要从战略高度充分认识加快推进电子政务的现实意义和深远影响，切实增强紧迫感和责任感。国务院有关部门要按照分工，制定政策措施和标准规做好本意见与国家有关信息化规划的衔接。各省（区、市）要照本意见要求，结合实际提出落实方案，充分发挥政府办公厅筹协调优势，探索理顺本地区管理体制和工作机制，切实推动子政务协调发展。国务院办公厅负责对本意见落实工作的统筹调、跟踪了解、督促检查。各地区各部门要加强领导，切实负责任，确保各项任务和措施落实到位。

附件：重点任务分工

中华人民共和国国务院办公厅

2014年11月26日

序号	工　作　任　务	负责单位
1	政府系统中央和省（区、市）两级电子政务内网网络平台和安全体系建设	国务院办公厅牵头
2	理顺国家电子政务外网建设和管理工作机制；加强电子政务外网网络平台和安全体系建设，加快推动地方部门接入网络平台；重点加强外网应用建设，促进外网信息资源整合利用和数据共享	国家电子政务外网管理中心牵头
3	加快人口、法人单位、空间地理、宏观经济等国家基础信息资源库共建共享；推动基础信息资源库分别在国家电子政务内网、外网平台上部署；开展基础信息资源应用试点	发展改革委、公安部、工商总局、测绘地信局等按照职责分工负责
4	促进各地区各部门可开放的信息资源分别在国家电子政务内网、外网平台上普遍共享	国务院办公厅牵头
5	研究建设国家公共信息资源开放平台，有序推进政府数据开放和社会化利用	发展改革委、工业和信息化部按照职责分工负责
6	梳理政府部门履职所需信息共享需求，明确共享信息的有效需求和提供方式，建立信息共享监督检查、考核通报、安全和保密审查等制度，推动部门业务信息资源按需共享	国务院办公厅牵头
7	加强对分级保护和等级保护工作的指导；加强网络安全监测和通报预警；进一步落实涉密信息系统分级保护和非涉密信息系统等级保护相关主体责任	公安部、保密局、密码局按照职责分工负责
8	研究制定政府信息资源管理办法，建立信息共享制度；研究制定政务活动中使用电子签名的具体办法	国务院办公厅牵头，发展改革委、工业和信息化部、法制办、密码局按照职责分工负责
9	采集利用有关行业、企业、研究机构的重要信息数据，逐步建立决策信息资源库，开展统计分析、预测预警和评估研判，为政府决策提供全面准确便捷的信息服务	国务院办公厅牵头
10	围绕国务院重点工作，开展社会保障、公共安全、社会信用、市场监管、食品药品安全、医疗卫生、国民教育、劳动就业、养老服务等方面的跨地区部门协同应用	发展改革委、公安部、教育部、民政部、人力资源社会保障部、人民银行、工商总局、质检总局、食品药品监管总局等按照职责分工负责

序号	工　作　任　务	负责单位
11	围绕简政放权，梳理权力清单，强化权力全流程网上运行；提升政府网上公共服务水平，逐步形成网上服务与实体大厅服务、线上服务与线下服务相结合的一体化新型政府服务模式	国务院办公厅牵头
12	提升国务院重点工作督查落实的信息化水平	国务院办公厅牵头
13	进一步健全国家应急平台体系，为应对突发事件的决策指挥等工作提供技术支撑	国务院办公厅牵头
14	围绕优化再造政务流程、提高行政效能，完善办公业务应用	国务院办公厅牵头
15	推动建立考核评价体系，开展电子政务绩效评估	发展改革委、财政部、审计署按照职责分工负责
16	制定促进云计算、大数据在电子政务应用服务中的发展规划和政策制度	发展改革委、工业和信息化部、国家电子政务外网管理中心按照职责分工负责
17	研究制定云计算、大数据、物联网、移动互联网等在电子政务应用中的技术规范	工业和信息化部、公安部、保密局、国家电子政务外网管理中心按照职责分工负责
18	加强安全可靠技术产品的研发和推广应用	发展改革委、工业和信息化部、公安部、保密局、密码局按照职责分工负责
19	做好编制“十三五”国家政务信息化工程建设规划与本意见的衔接	发展改革委牵头

国务院办公厅关于开展第一次全国政府网站普查的通知

国办发〔2015〕15号

各省、自治区、直辖市人民政府，国务院各部委、各直属机构：

为推进全国政府网站信息内容建设有关工作，提高政府网站信息发布、互动交流、便民服务水平，全面提升各级政府网站的权威性和影响力，维护政府公信力，经国务院同意，定于2015年开展第一次全国政府网站普查。现就有关事项通知如下：

一、目的和范围

（一）普查目的

摸清全国政府网站基本情况，有效解决一些政府网站存在的群众反映强烈的“不及时、不准确、不回应、不实用”等问题。对普查中发现存在问题的网站，督促其整改，问题严重的坚决予以关停，切实消除政府网站“僵尸”、“睡眠”等现象。

（二）普查范围

地方各级人民政府网站，县级以上（含县级）地方人民政府各部门及下属参照公务员法管理的事业单位网站；国务院各部门（含国务院部委管理的国家局，下同）及其内设机构网站，国务院各部门下属参照公务员法管理的事业单位网站。

二、方式和内容

（一）普查方式

各地区、各部门办公厅（室）组织对本地区、本部门政府网站进行检查、自查；国务院办公厅通过系统扫描和人工复核等方式对全国政府网站进行抽查、核查。

（二）普查内容

按照《全国政府网站普查评分表》检查各政府网站的可用性、信息更新情况、互动回应情况和服务实用情况等。

三、时间和进度

普查从2015年3月开始，到2015年12月结束，分四个阶段实施。

（一）统计摸底阶段（3～4月）

各地区、各部门组织本地区、本部门的政府网站开展基本情况调查摸底和有关信息填报工作。各级政府网站要于4月25日前通过全国政府网站信息报送系统完成《政府网站基本信息表》、《政府网站栏目（系统）基本信息表》填报工作。

（二）检查整改阶段（4～8月）

各地区、各部门组织对本地区、本部门政府网站开展检查整改，并于8月31日前向国务院办公厅报送检查整改情况，同时通过全国政府网站信息报送系统填报《全国政府网站普查评分表》。

（三）抽查核查阶段（6～10月）

国务院办公厅根据各地区、各部门报送的政府网站有关信息，通过系统扫描和人工复核等方式开展抽查核查，同时在中国政府网建立全国政府网站基本信息数据库，设立面向社会的政府网站普查邮箱，方便公众通过数据库查找、使用和监督政府网站，并将使用中发现的问题通过邮箱进行反映。

（四）通报总结阶段（11～12月）

国务院办公厅组织召开全国政府网站信息内容建设工作交流会及区域性片会，通报普查情况，交流工作经验。

四、组织和实施

（一）县级以上人民政府办公厅（室）要组织做好本级政府及部门政府网站的统计摸底和检查整改工作，填报《政府网站基本信息表》、《政府网站栏目（系统）基本信息表》和《全国政府网站普查评分表》，逐级上报有关情况。

（二）各省（区、市）人民政府办公厅负责组织推进本地区各级政府网站的统计摸底和检查整改工作，并向国务院办公厅报送有关情况。

（三）国务院各部门办公厅（室）负责组织本部门政府网站的统计摸底和检查整改工作，向国务院办公厅报送有关情况。实行全系统垂直管理部门的数据信息，由有关国务院部门负责汇总报送，不列入地方同级政府报送范围。实行双重管理部门的数据信息，由有关地方政府汇总报送。

（四）各地区、各部门要采取逐级核查等方式，加强对所填报数据信息的审核工作，确保数据信息真实、准确、完整。如发现有关数据信息存在严重缺失或严重错误等问题，国务院办公厅将责成有关地区和部门及时更正并在适当范围内予以通报。

国务院办公厅

2015年3月11日

国务院办公厅关于印发
2015年政府信息公开工作要点的通知

国办发〔2015〕22号

各省、自治区、直辖市人民政府，国务院各部委、各直属机构：

《2015年政府信息公开工作要点》已经国务院同意，现印发给你们，请结合实际认真贯彻落实。

国务院办公厅

2015年4月3日

2015年政府信息公开工作要点

2015年是全面深化改革的关键之年，是全面推进依法治国的开局之年。做好今年政府信息公开工作的总体要求是：深入贯彻党的十八大和十八届二中、三中、四中全会精神，认真落实《中华人民共和国政府信息公开条例》（以下简称《条例》），紧紧围绕党和政府中心工作以及公众关切，推进重点领域信息公开，加强信息发布、解读和回应工作，强化制度机制和平台建设，不断增强政府信息公开实效，进一步提高政府公信力，使政府信息公开工作更好地服务于经济社会发展，促进法治政府、创新政府、廉洁政府和服务型政府建设。

一、推进重点领域信息公开

继续做好安全生产、就业、财政审计、科技管理和项目经费、价格和收费、信用等领域信息公开，进一步扩大公开范围，细化公开内容。同时，推进以下领域信息公开工作：

（一）推进行政权力清单公开

进一步推进国务院部门行政审批项目取消、下放以及非行政许可审批事项清理等信息的公开。推行地方各级政府工作部门权力清单制度，依法向社会公开政府部门的行政职权及其法律依据、实施主体、运行流程、监督方式等信息。对于承担的行政审批事项，均要发布服务指南，列明设定依据、申请条件、申请材料、基本流程、审批时限、收费依据及标准、审批决定证件、年检要求、注意事项等内容。除涉及国家秘密、商业秘密或个人隐私外，所有行政审批事项的受理、进展情况、结果等信息均应公开。（国务院审改办牵头落实）

（二）推进财政资金信息公开

及时公开经批准的预算、预算调整、决算、预算执行情况报告及报表，并对财政转移支付安排、执行情况以及举借债务情况等重要事项作出说明。做好中央和地方部门预决算公开，积极推进预算绩效信息和国有资产占用情况公开。细化预决算公开内容，各级政府及部门预决算在公开到支出功能分类项级科目的基础上，一般公共预算基本支出逐步公开到经济分类款级科目，对下专项转移支付预决算公开到具体项目，并公开分地区的税收返还、一般性转移支付和专项转移支付情况。“三公”经费决算公开应细化说明因公出国（境）团组数及人数，公务用车购置数及保有量，国内公务接待的批次、人数，以及“三公”经费增减变化原因等信息。及时完整公开政府采购项目信息、采购文件、中标或成交结果、采购合同、投诉处理结果等。按照地方政府债券发行有关规定，及时准确披露相关信息。（财政部牵头落实）

（三）推进公共资源配置信息公开

一是做好城镇保障性安居工程特别是棚户区改造建设项目信息、保障性住房分配信息公开工作。定期公开住房公积金管理运行情况，及时公开推进工程质量治理行动的进展情况。（住房城乡建设部牵头落实）二是做好土地供应计划、出让公告、成交公示和供应结果公开工作，重点公开棚户区改造用地年度供应计划、供地时序、宗地规划条件和土地使用要求。推进全国范围的征地信息公开平台建设，及时公开征地政策和征地信息。（国土资源部牵头落实）三是全面做好国有土地上房屋征收决定、补助奖励政策和标准、初步评估结果、补偿方案、补偿标准、补偿结果等公开工作。（住房城乡建设部牵头落实）

（四）推进重大建设项目信息公开

重点围绕铁路、城市基础设施、节能环保、农林水、土地整治等涉及公共利益和民生领域的政府投资项目，推进审批、核准、备案等项目信息的公开，做好项目基本信息和招投标、重大设计变更、施工管理、合同履约、质量安全检查、资金管理、验收等项目实施信息的公开工作。（国务院相关部门分别落实）

（五）推进公共服务信息公开

一是做好社会保险信息公开。定期向社会公开各项社会保险参保情况、待遇支付情况和水平，社会保险基金收支、结余和收益情况等信息。及时发布基本医疗保险、工伤保险和生育保险药品目录，以及基本医疗保险、工伤保险诊疗项目范围、辅助器具目录等信息。（人力资源社会保障部、卫生计生委分别落实）二是推进社会救助信息公开。重点做好城乡低保、特困人员供养、医疗救助、临时救助等信息公开工作；实行救助实施过程公开，加大救助对象人数、救助标准、补助水平和资金支出等信息公开力度。（民政部牵头落实）三是推进教育领域信息公开。全面实施高校招生“阳光工程”，推动高校重点做好录取程序、咨询及申诉渠道、重大事件违规处理结果、录取新生复查结果等信息公开工作，及时公开高校自主招生办法、考核程序和录取结果，全面实行考试加分考生资格公示工作。推动高校制定财务公开制度，加大高校财务公开力度。（教育部牵头落实）四是深化医疗卫生领域信息公开。做好法定传染病和重大突发公共卫生事件的信息公开，推动各类医疗机构健全信息公开目录，全面公开医疗服务、价格、收费等信息。（卫生计生委牵头落实）

（六）推进国有企业信息公开

做好国有企业主要财务指标、整体运行情况、业绩考核结果等信息公开工作，加大国有资产保值增值、改革重组、负责人职务变动及招聘等信息公开力度。参照有关监督机构及上市公司监事会信息披露的做法，公开监事会对中央企业监督检查情况。研究制定国有企业财务信息公开指导意见，明确公开范围、内容、程序、工作要求等，进一步推动国有企业公开财务信息，推动各级履行出资人职责机构公开国有企业财务汇总信息。研究制定推进中央企业信息公开工作指导意见。（国资委牵头落实）

（七）推进环境保护信息公开

进一步推进空气质量、水环境质量、污染物排放、污染源、建设项目环评等信息公开，做好环境重点监管对象名录和区域环境质量状况公开工作。加大环境执法检查依据、内容、标准、程序和结果公开力度。公开群众举报投诉重点环境问题处理情况，违法违规单位及其法定代表人名单和处理、整改情况。加强突发环境事件信息公开，及时公布应对情况及调查结果。推进核与辐射安全信息公开，重点公开核电厂核与辐射安全审批信息和辐射环境质量信息。（环境保护部牵头落实）

（八）推进食品药品安全信息公开

做好食品药品重大监管政策信息、产生重大影响的食品药品典型案件，以及食品安全监督抽检、药品监督抽验信息公开工作。及时发布网上非法售药整治等专项行动信息和保健食品消费警示信息。（食品药品监管总局牵头落实）

（九）推进社会组织、中介机构信息公开

加大社会组织成立、变更、注销、评估、年检结果、查处结果等信息公开力度。制定社会团体和民办非企业单位信息公开管理办法，推动服务、收费等事项公开。建立行政审批前置服务项目信息公开制度，公开提供服务的社会组织和中介机构名称、经营地址、资质状况等基本信息，以及实行政府定价或政府指导价的收费标准，方便企业和公众选择。推动慈善组织信息公开。（民政部、国务院其他有关部门分别落实）

二、全面加强主动公开工作

（一）进一步拓展主动公开内容

对于行政决策、执行、管理、服务、结果方面的信息，坚持以公开为常态、不公开为例外原则，依法依规做好公开工作。要对本地区本部门政府信息进行梳理，进一步细化主动公开范围和公开目录，并动态更新。对制作形成或在履行职责中获取的政府信息，严格落实公开属性源头认定机制，依法依规明确公开属性，确定为依申请公开或不予公开的，应当说明理由。涉及公民、法人或其他组织权利和义务的规范性文件，都要按《条例》规定全面、准确、及时做好公开工作。积极稳妥推进政府数据公开，鼓励和推动企业、第三方机构、个人等对公共数据进行深入分析和应用。

（二）加大政策解读回应力度

对涉及面广、社会关注度高或专业性较强的重要政策法规，要同步制定解读方案，加强议题设置，通过发布权威解读稿件、组织专家撰写解读文章等多种方式，及时做好科学解读，有效开展舆论引导。适应网络传播特点，更多运用图片、图表、图解、视频等可视化方式，增强政策解读效果。健全政务舆情收集、研判和回应机制，对涉及本地区本部门的重要政务舆情、重大突发事件等热点问题，要依法按程序第一时间通过网上发布信息、召开新闻发布会、接受媒体采访等方式予以回应，并根据工作进展持续发布动态信息。回应力求表达准确、亲切、自然，为群众提供客观、可感、可信的信息，发挥正面引导作用。

（三）发挥各类信息公开平台和渠道作用

统筹运用新闻发言人、政府网站、政府

公报、政务微博微信发布信息，充分发挥广播电视、报刊、新闻网站、商业网站和政务服务中心的作用，扩大发布信息的受众面、提高影响力。特别要适应传播对象化分众化趋势以及新兴媒体平等交流、互动传播的特点，更好地运用新技术、新手段，注重用户体验和信息需求，扩大政府信息传播范围，提高信息到达率。加强不同平台和渠道发布信息的衔接协调，确保公开内容准确、一致。

三、强化依申请公开管理和服务

建立健全政府信息公开申请接收、登记、办理、审核、答复、归档等环节的制度规范。进一步拓展依申请公开受理渠道，更好地发挥互联网和各级政务服务中心的作用，为申请人提供便捷服务。强化政府信息公开场所的管理和服务，明确工作标准，做好现场解疑释惑工作。严格按照法定时限履行答复程序，制定统一规范的答复格式，推行申请答复文书的标准化文本，依法依规做好答复工作。探索建立依申请公开促进依法行政的机制，及时总结依申请公开工作中发现的依法行政方面的问题，加强跟踪调研，提出工作建议。及时梳理本单位本系统信息公开申请情况，按照申请内容、答复情况等进行分类管理，加强研究分析，促进工作水平不断提升。

四、建立健全制度机制

完善政府信息公开指南，各级行政机关年内要对本行政机关的公开指南进行复查，内容缺失或者更新不及时的，及时完善相关内容。做好信息公开统计工作，加强统计数据分析和运用。加强信息公开年度报告编制和发布工作，在《条例》规定基础上，进一步充实重点领域信息公开、政策解读回应、依申请公开工作详细情况、政府信息公开统计数据、建议提案办理结果公开等内容，并采用公众喜闻乐见的形式予以展现。加强信息公开保密审查制度建设，对拟公开的政府信息，要依法依规做好保密审查。建立健全政府信息公开工作考核评议制度，强化问责制度，定期开展社会调查评议，了解社情民意，不断改进公开工作。建立政府信息公开举报办理工作制度，强化信息公开工作主管部门的监督职责，对经举报查实的有关问题，要严格依据《条例》规定进行处理。地方和部门可根据工作需要在信息公开领域建立政府法律顾问制度，发挥法律顾问专业优势，提高信息公开专业化、法制化水平。

五、加强组织领导和机构队伍建设

各地区各部门要把政府信息公开工作纳入重要议事日程，与经济社会管理工作紧密结合，同步研究、同步部署、同步推进，主要负责同志要主动听取公开工作情况汇报，研究解决突出问题，同时明确一位负责同志分管公开工作。要理顺工作关系，减少职能交叉，加强专门机构建设和人员配备，统筹做好信息公开、政策解读、舆情处置、政府网站、政务微博微信和政府公报等工作，并在经费、设备等方面提供必要保障。把信息公开列入公务员培训科目，加大各级政府尤其是市、县级政府相关工作人员培训力度，不断提升工作能力和水平。

各地区各部门要制定本工作要点分解细化方案，明确分工，加强督导，确保各项任务落实到位。落实情况要纳入政府信息公开工作年度报告并向社会公布，接受公众监督。国务院办公厅适时对本工作要点落实情况进行督查，并组织开展第三方评估。

国务院办公厅关于加快高速宽带网络建设推进网络提速降费的指导意见

国办发〔2015〕41号

各省、自治区、直辖市人民政府，国务院各部委、各直属机构：

宽带网络是国家战略性公共基础设施，建设高速畅通、覆盖城乡、质优价廉、服务便捷的宽带网络基础设施和服务体系一举多得，既有利于壮大信息消费、拉动有效投资，促进新型工业化、信息化、城镇化和农业现代化同步发展，又可以降低创业成本，为打造大众创业、万众创新和增加公共产品、公共服务“双引擎”，推动“互联网+”发展提供有力支撑，对于稳增长、促改革、调结构、惠民生具有重要意义。近年来，随着“宽带中国”战略的启动实施和持续推进，我国宽带发展水平有了显著提升，但仍与人民群众的需求和用户期望差距较大，网络速率相对国际先进水平仍然较低，人均网费支出占收入的比重仍然较高，城乡区域发展不平衡，服务质量有待改善。党中央、国务院对此高度重视，要求加快推进宽带网络基础设施建设，进一步提速降费，提升服务水平。经国务院同意，现就有关工作提出以下意见：

一、加快基础设施建设，大幅提高网络速率

（一）加快高速宽带网络建设

加快推进全光纤网络城市和第四代移动通信（4G）网络建设，2015年网络建设投资超过4300亿元，2016～2017年累计投资不低于7000亿元。推进光纤到户进程，2015年完成4.5万个铜缆接入小区的光纤化改造，新建光纤到户家庭超过8000万户。完善电信普遍服务，开展宽带乡村工程，加大农村和中西部地区宽带网络建设力度，2015年新增1.4万个行政村通宽带，在1万个行政村实施光纤到村建设，着力缩小“数字鸿沟”。扩大移动通信覆盖范围，鼓励移动用户向4G迁移，提升移动宽带速率。

到2015年底，全国设区市城区和部分有条件的非设区市城区80%以上家庭具备100Mbps（兆比特每秒）光纤接入能力，50%以上设区市城区实现全光纤网络覆盖；直辖市、省会城市等主要城市宽带用户平均接入速率达到20Mbps，其他设区市城区和非设区市城区宽带用户平均接入速率达到10Mbps，鼓励有条件的地区推广50Mbps、100Mbps等高带宽接入服务；95%以上的行政村通固定或移动宽带。建成4G基站超过130万个，实现乡镇以上地区网络深度覆盖，4G用户超过3亿户。

到2017年底，全国所有设区市城区和大部分非设区市城区家庭具备100Mbps光纤接入能力，直辖市、省会城市等主要城市宽带用户平均接入速率超过30Mbps，基本达到2015年发达国家平均水平，其他设区市城区和非设区市城区宽带用户平均接入速率达到20Mbps；80%以上的行政村实现光纤到村，农村宽带家庭普及率大幅提升；4G网络全面覆盖城市和农村，移动宽带人口普及率接近中等发达国家水平。

（二）提升骨干网络容量和网间互通能力

适度超前建设高速大容量光通信传输系统，持续提升骨干传输网络容量。优化互联网骨干网络结构，大幅增加网间互联带宽，2015年扩容600Gbps（吉比特每秒）。加大中央预算内投资，加快互联网国际出入口带宽扩容，全面提升国际互联带宽和流量转接能力。

（三）加强应用基础设施建设

加快推动内容分发网络向大容量、广覆盖、智能化演进，不断增强网络流量承载和分发能力。加大支持力度，促进向下一代互联网演进升级。提升网站服务能力，增加主要业务应用带宽配置，实现互联网信源高速接入、网络流量高效疏通，促进应用基础设施与骨干网络协同发展，持续改善用户上网体验。

（四）深入推进电信基础设施共建共享

创新电信基础设施建设管理方式，加快推进集中统一建设和专业化运营，全力保障4G网络建设进度，促进铁塔等电信基础设施资源整合共享，提高效率和效益，避免重复建设。全面推进“三网融合”，2015年底前将实施范围扩大到全国。

二、有效降低网络资费，持续提升服务水平

（五）推动电信企业降低网费

电信企业要增强服务能力，多措并举，实现网络资费合理下降。鼓励电信企业积极承担社会责任，在网费明显偏高的城市开展宽带免费提速和降价活动，将具备网络条件的4Mbps以下铜缆用户接入速率免费提升到4Mbps-8Mbps，下调百兆光纤接入网费，更多让利于民。引导和推动电信企业通过定向流量优惠、闲时流量赠送等多种方式降低流量资费水平，提升性价比。鼓励电信企业推出流量不清零、流量转赠、套餐匹配等服务，指导电信企业完善流量提醒服务，让广大用户用得安心、实惠。鼓励电信企业向社会发布网络提速降费方案计划，并进一步完善具体办法。

（六）提高电信企业运营效率

建立健全电信企业与互联网企业、广电企业、信息内容供应商等市场主体间的合作和公平竞争机制，促进专业化分工合作，探索产业链互利共赢发展模式。推动电信企业加大管理机制创新力度，深化改革、强化管理、加快转型、增强活力，抓住“互联网+”、云计算、物联网、大数据等发展机遇，积极开展技术创新、产品创新和商业模式创新，丰富业务品种，提高服务质量，加快培育新的利润增长点。

（七）有序开放电信市场

充分发挥民间资本的创新活力，推动形成多种主体相互竞争、优势互补、共同发展的市场格局，通过有序竞争持续促进提升宽带服务质量和降低资费水平。宽带接入业务开放试点企业2015年底前超过100家，带动民间资本投资超过100亿元，试点城市由16个增加到30个以上，2017年试点城市范围扩大到全国各地区。继续推进移动通信转售业务开放试点，2016年实现全面开放。充分发挥通信网和有线电视网信息基础设施的作用，加快全国有线电视网整合，推动基础信息网络平等互联，尽快提升网络能力，为消费者提供高速优质服务。

（八）加强电信市场监管

加强电信监管队伍建设，进一步维护好宽带市场竞争秩序。加强资费行为监管和宽带接入服务监管，严厉打击价格违法行为以及虚假宣传、非法网站和应用程序窃取用户流量等损害消费者合法权益的违法违规行为，规范市场秩序。加强互联网骨干网通信质量监管，保障网间互联畅通。加大网络数据和用户信息保护力度，加快网络信息安全配套工程建设。加快建设对木马和僵尸病毒、移动互联网恶意程序的监测和处置等技术手段，建立完善移动互联网应用程序安全管理机制，营造安全可靠的网络运行环境。

（九）提升公共服务水平

深入推进实施信息惠民等工程，建立公共信息服务平台，推进教育、医疗优质资源共享，普及应用居民健康卡，加快就业等信息实现全国联网，充分发挥宽带网络提速降费提升公共服务水平与扩大应用推动网络建设发展的

相互促进作用。

三、完善配套支持政策，强化组织落实

（十）推进简政放权

对通信建设资质资格审批等已经取消或下放的相关行政许可事项和非行政许可审批事项，各有关部门要加强督促检查，确保落实到位。要进一步改进行政审批工作，简化申报材料要求，努力为企业经营活动创造便利条件。要坚持放管结合，强化事中事后监管，积极推进电子政务和政务公开，加快实现网上申请、受理、审核流转、公示审批结果等，着力提升工作效率，不断提高服务能力和管理水平，切实减轻企业负担，充分激发市场活力。

（十一）完善配套支持政策

工业和信息化部、发展改革委、财政部等要加快完善以宽带为重点内容的电信普遍服务补偿机制，加快农村宽带基础设施建设。结合无线电频率占用费统筹使用，发挥中央财政资金引导作用，持续支持农村及偏远地区宽带网络建设和运行维护，推进电信普遍服务工作。利用中央预算内投资，结合新型城镇化、“一带一路”、长江经济带等国家战略，支持基础薄弱区域宽带基础设施升级改造。金融部门要加大融资支持，对重大项目投资给予有效贷款支持。国资委要统筹考虑宽带网络作为战略性公共基础设施的定位，优化完善基础电信企业经营业绩考核体系。环保部门要进一步优化通信基站环境监管机制，加快环评进度。各地要对基础电信企业在融资、用电、选址、征地、小区进入等各方面给予支持并加强对政策落实情况的考核。鼓励有条件的地方对众创空间的宽带网络给予适当补贴。

（十二）完善宽带网络标准

工业和信息化部要抓紧完善网络速率监测标准、电信服务质量标准等并抓好组织实施，加快建设“宽带中国”地图及网速监测平台，发布各地、各企业宽带速率权威信息，促进企业有序竞争，接受用户监督。住房城乡建设部、工业和信息化部要加大对光纤到户国家标准的组织实施和监督检查力度，确保执行到位。

（十三）全面保障宽带网络建设通行

各地要在经济社会发展规划、城乡规划、土地利用总体规划、城市地下综合管廊建设规划等综合性和专项规划中，同步安排通信光缆、管道、基站、机房等宽带网络设施建设内容。市政设施和政府机关、企事业单位、公共机构等所属公共设施，应向宽带网络设施建设开放，并提供通行便利，保障公平进入，禁止巧立名目收取进场费、协调费、分摊费等不合理费用。积极探索通过推动地方性法规建设，进一步明确宽带网络的战略性公共基础设施属性，切实保障宽带网络基础设施的建设通行权。

（十四）规范通信建设行为

各地要进一步完善新建住宅小区和住宅建筑内光纤到户通信设施规划建设和验收备案等工作机制，严格执行光纤到户国家标准规范，落实小区红线内通信管道等配套设施建设。支持现有住宅小区光纤改造，禁止任何机构和个人无故阻碍通信设施建设或收取不合理费用，切实保障用户的公平选择权。对因征地拆迁、城乡建设等造成的宽带网络设施迁移或毁损，严格按照有关标准予以补偿。

各地区、各有关部门要充分认识加快宽带网络提速降费工作的重要意义，把思想和行动统一到党中央、国务院决策部署上来，按照本意见要求，加强组织领导，明确工作责任，切实落实好各项任务措施。充分发挥“宽带中国”战略实施部际协调小组作用，各有关部门要按照职责分工，加强协调配合，形成工作合力，共同推进宽带网络提速降费，积极制定实施财税、土地、建设、环评、企业经营业绩考核等方面支持政策。工业和信息化部要加强与相关部门的协调，做好统筹推动和督促检查，每年向社会公布全国和各地区实施情况，接受社会监督，重大情况及时报国务院。

国务院办公厅

2015年5月16日

国务院办公厅关于促进跨境电子商务健康快速发展的指导意见

国办发〔2015〕46号

各省、自治区、直辖市人民政府，国务院各部委、各直属机构：

近年来，我国跨境电子商务快速发展，已经形成了一定的产业集群和交易规模。支持跨境电子商务发展，有利于用“互联网+外贸”实现优进优出，发挥我国制造业大国优势，扩大海外营销渠道，合理增加进口，扩大国内消费，促进企业和外贸转型升级；有利于增加就业，推进大众创业、万众创新，打造新的经济增长点；有利于加快实施共建“一带一路”等国家战略，推动开放型经济发展升级。为促进我国跨境电子商务健康快速发展，经国务院批准，现提出以下意见：

一、支持国内企业更好地利用电子商务开展对外贸易

加快建立适应跨境电子商务特点的政策体系和监管体系，提高贸易各环节便利化水平。鼓励企业间贸易尽快实现全程在线交易，不断扩大可交易商品范围。支持跨境电子商务零售出口企业加强与境外企业合作，通过规范的“海外仓”、体验店和配送网店等模式，融入境外零售体系，逐步实现经营规范化、管理专业化、物流生产集约化和监管科学化。通过跨境电子商务，合理增加消费品进口。

二、鼓励有实力的企业做大做强

培育一批影响力较大的公共平台，为更多国内外企业沟通、洽谈提供优质服务；培育一批竞争力较强的外贸综合服务企业，为跨境电子商务企业提供全面配套支持；培育一批知名度较高的自建平台，鼓励企业利用自建平台加快品牌培育，拓展营销渠道。鼓励国内企业与境外电子商务企业强强联合。

三、优化配套的海关监管措施

在总结前期试点工作基础上，进一步完善跨境电子商务进出境货物、物品管理模式，优化跨境电子商务海关进出口通关作业流程。研究跨境电子商务出口商品简化归类的可行性，完善跨境电子商务统计制度。

四、完善检验检疫监管政策措施

对跨境电子商务进出口商品实施集中申报、集中查验、集中放行等便利措施。加强跨境电子商务质量安全监管，对跨境电子商务经营主体及商品实施备案管理制度，突出经营企业质量安全主体责任，开展商品质量安全风险监管。进境商品应当符合我国法律法规和标准要求，对违反生物安全和其他相关规定的行为要依法查处。

五、明确规范进出口税收政策

继续落实现行跨境电子商务零售出口货物增值税、消费税退税或免税政策。关于跨境电子商务零售进口税收政策，由财政部按照有利于拉动国内消费、公平竞争、促进发展和加强进口税收管理的原则，会同海关总署、税务总局另行制订。

六、完善电子商务支付结算管理

稳妥推进支付机构跨境外汇支付业务试点。鼓励境内银行、支付机构依法合规开展跨境电子支付业务，满足境内外企业及个人跨境电子支付需要。推动跨境电子商务活动中使用人民币计价结算。支持境内银行卡清算机构拓展境外业务。加强对电子商务大额在线交易的监测，防范金融风险。加强跨境支付国内与国际监管合作，推动建立合作监管机制和信息共享机制。

七、提供积极财政金融支持

鼓励传统制造和商贸流通企业利用跨境电子商务平台开拓国际市场。利用现有财政政策，对符合条件的跨境电子商务企业走出去重点项目给予必要的资金支持。为跨境电子商务提供适合的信用保险服务。向跨境电子商务外贸综合服务企业提供有效的融资、保险支持。

八、建设综合服务体系

支持各地创新发展跨境电子商务，引导本地跨境电子商务产业向规模化、标准化、集群化、规范化方向发展。鼓励外贸综合服务企业为跨境电子商务企业提供通关、物流、仓储、融资等全方位服务。支持企业建立全球物流供应链和境外物流服务体系。充分发挥各驻外经商机构作用，为企业开展跨境电子商务提供信息服务和必要的协助。

九、规范跨境电子商务经营行为

加强诚信体系建设，完善信用评估机制，实现各监管部门信息互换、监管互认、执法互助，构建跨境电子商务交易保障体系。推动建立针对跨境电子商务交易的风险防范和预警机制，健全消费者权益保护和售后服务制度。引导跨境电子商务主体规范经营行为，承担质量安全主体责任，营造公平竞争的市场环境。加强执法监管，加大知识产权保护力度，坚决打击跨境电子商务中出现的各种违法侵权行为。通过有效措施，努力实现跨境电子商务在发展中逐步规范、在规范中健康发展。

十、充分发挥行业组织作用

推动建立全国性跨境电子商务行业组织，指导各地行业组织有效开展相关工作。发挥行业组织在政府与企业间的桥梁作用，引导企业公平竞争、守法经营。加强与国内外相关行业组织交流合作，支持跨境电子商务企业与相关产业集群、专业商会在境外举办实体展会，建立营销网络。联合高校和职业教育机构开展跨境电子商务人才培养培训。

十一、加强多双边国际合作

加强与“一带一路”沿线国家和地区的电子商务合作，提升合作水平，共同打造若干畅通安全高效的电子商务大通道。通过多双边对话，与各经济体建立互利共赢的合作机制，及时化解跨境电子商务进出口引发的贸易摩擦和纠纷。

十二、加强组织实施

国务院有关部门要制订和完善配套措施，做好跨境电子商务的中长期总体发展规划，定期开展总结评估，支持和推动各地监管部门出台相关措施。同时，对有条件、有发展意愿的地区，就本意见的组织实施做好协调和服务等相关工作。依托现有工作机制，加强部门间沟通协作和相关政策衔接，全力推动中国（杭州）跨境电子商务综合试验区和海峡两岸电子商务经济合作实验区建设，及时总结经验，适时扩大试点。在此基础上，逐步建立适应跨境电子商务发展特点的政策体系和监管体系。

地方各级人民政府要按照本意见要求，结合实际情况，制订完善发展跨境电子商务的工作方案，切实履行指导、督查和监管责任。组建高效、便利、统一的公共服务平台，构建可追溯、可比对的数据链条，既符合监管要求，又简化企业申报办理流程。加大对重点企业的支持力度，主动与相关部门沟通，及时协调解决组织实施工作中遇到的困难和问题。

国务院办公厅
2015年6月16日

国务院办公厅关于加快推进“三证合一”登记制度改革的意见

国办发〔2015〕50号

各省、自治区、直辖市人民政府，国务院各部委、各直属机构：

为加快推进“三证合一”登记制度改革，经国务院同意，现提出如下意见。

一、充分认识推行“三证合一”登记制度改革的重要意义

“三证合一”登记制度是指将企业登记时依次申请，分别由工商行政管理部门核发工商营业执照、质量技术监督部门核发组织机构代码证、税务部门核发税务登记证，改为一次申请、由工商行政管理部门核发一个营业执照的登记制度。全面推行“三证合一”登记制度改革，是贯彻党的十八大和十八届二中、三中、四中全会精神，落实国务院决策部署，深化商事登记制度改革的重要举措。加快推进这一改革，可以进一步便利企业注册，持续推动形成大众创业、万众创新热潮。这是维护交易安全、消除监管盲区的有效途径，是推进简政放权、建设服务型政府的必然选择，对于提高国家治理体系和治理能力现代化水平，使市场在资源配置中起决定性作用和更好发挥政府作用，具有十分重要的意义。各地区、各部门要站在全局高度充分认识这一改革的重要意义，提高思想认识，加强协调配合，确保这一利国利民的改革举措顺利实施。

二、改革目标和基本原则

（一）改革目标

通过“一窗受理、互联互通、信息共享”，将由工商行政管理、质量技术监督、税务三个部门分别核发不同证照，改为由工商行政管理部门核发一个加载法人和其他组织统一社会信用代码的营业执照，即“一照一码”登记模式。

（二）基本原则

1. 便捷高效。要按照程序简便、办照高效的要求，优化审批流程，创新服务方式，提高登记效率，方便企业准入。

2. 规范统一。要按照优化、整合、一体化的原则，科学制定“三证合一”登记流程，实行统一的“三证合一”登记程序和登记要求，规范登记条件、登记材料。

3. 统筹推进。大力推行一窗受理、一站式服务工作机制，将“三证合一”登记制度改革与全程电子化登记管理、企业法人国家信息资源库建设、企业信用信息公示系统建设、政务信息共享平台建设、统一社会信用代码制度建设等工作统筹考虑、协同推进。

三、改革步骤和基本要求

（一）改革步骤

现阶段，已试行“一窗受理、并联审批、三证统发”登记模式改革和“一窗受理、并联审批、核发一照、一照三号”登记模式改革的省、自治区、直辖市可继续试点；支持上海、广东、天津、福建自贸试验区率先推行“一照一码”登记模式改革试点。各地区要积极推进“三证合一”登记制度改革各项工作，做好实施“一照一码”登记模式改革各项准备工作，待统一社会信用代码实施后，2015年底前在全国全面推行“一照一码”登记模式。

（二）基本要求

1. 统一申请条件和文书规范。要以方便企业办事、简化登记手续、降低行政成本为出发点，按照企业不重复填报登记申请文书内容和不重复提交登记材料的原则，依法梳理申请事项，统一明确申请条件，整合简化文书规范，实行“一套材料”和“一表登记”申请，并在“一窗受理”窗口公示申请条件和示范文本。

2. 规范申请登记审批流程。按照“三证合一”登记制度改革的新要求，整合优化申请、受理、审查、核准、公示、发照等程序，缩短登记审批时限。“一个窗口”统一受理企业申请并审核后，申请材料和审核信息在部门间共享，实现数据交换、档案互认。电子登记档案与纸质登记档案具有同等法律效力。各地区要结合本地区实际，制定简明易懂的“三证合一”登记办事指南，明确企业设立（开业）登记、变更登记、注销登记等各个环节的操作流程。

3. 优化登记管理服务方式。适应实行“三证合一”登记制度改革的需要，加快推进“一个窗口”对外统一受理模式，方便申请人办理。要坚持公开办理、限时办理、透明办理，坚持条件公开、流程公开、结果公开。除涉及国家秘密、商业秘密或个人隐私外，要及时公开登记企业的基础信息。各相关部门要切实履行对申请人的告知义务，及时提供咨询服务，强化内部督查和社会监督，提高登记审批效率。

4. 建立跨部门信息传递与数据共享的保障机制。要加大信息化投入，按照统一规范和标准，改造升级各相关业务信息管理系统，实现互联互通、信息共享。充分利用统一的信用信息共享交换平台，推动企业基础信息和相关信用信息在政府部门间广泛共享和有效应用。积极推进“三证合一”申请、受理、审查、核准、公示、发照等全程电子化登记管理，最终实现“三证合一”网上办理。

5. 实现改革成果共享应用。实行“三证合一”登记制度改革后，企业的组织机构代码证和税务登记证不再发放。企业原需要使用组织机构代码证、税务登记证办理相关事务的，一律改为使用“三证合一”后的营业执照办理。实行更多证照合一的，只要与本意见的原则和要求相一致，都可以先行先试。各地区、各部门、各单位都要予以认可和应用。

四、保障措施

（一）加强组织领导

县级以上地方各级人民政府要建立“三证合一”登记制度改革领导机制，切实加强组织领导和协调，落实工作责任，为顺利实施“三证合一”登记制度改革提供必要的人员、场所、设施和经费保障。要加强对“三证合一”登记制度改革的跟踪了解和检查指导，加大统筹和督查力度，及时协调解决改革中出现的重大问题。

（二）加强协同推进

“三证合一”登记制度改革涉及工商行政管理、质量技术监督、税务及其他相关职能部门，各地区、各部门要建立协同推进工作机制，加强信息化保障，形成工作合力。有序做好已登记企业（包括已试点“三证合一”登记制度改革的企业）原发证照换发工作，与统一社会信用代码的过渡期相衔接，变更换证不能收费。过渡期内，原发证照（包括各地探索试点的“一照三号”营业执照、“一照一号”营业执照）继续有效，过渡期结束后一律使用加载统一社会信用代码的营业执照，原发证照不再有效。强化法制保障，认真梳理“三证合一”登记制度改革涉及营业执照、组织机构代码证、税务登记证的法律、法规、规章及规范性文件，及时进行修订和完善，努力使“三证合一”涉及的各个环节衔接顺畅，保证“三证合一”登记制度改革顺利实施。

（三）加强宣传引导

要充分利用各种新闻媒介，加大对“三证合一”登记制度改革的宣传解读力度，及时解答和回应社会关注的热点问题，在全社会形成关心改革、支持改革、参与改革的良好氛围。

国务院办公厅

2015年6月23日

国务院办公厅关于运用大数据加强对市场主体服务和监管的若干意见

国办发〔2015〕51号

各省、自治区、直辖市人民政府，国务院各部委、各直属机构：

为充分运用大数据先进理念、技术和资源，加强对市场主体的服务和监管，推进简政放权和政府职能转变，提高政府治理能力，经国务院同意，现提出以下意见。

一、充分认识运用大数据加强对市场主体服务和监管的重要性

简政放权和工商登记制度改革措施的稳步推进，降低了市场准入门槛，简化了登记手续，激发了市场主体活力，有力带动和促进了就业。为确保改革措施顺利推进、取得实效，一方面要切实加强和改进政府服务，充分保护创业者的积极性，使其留得下、守得住、做得强；另一方面要切实加强和改进市场监管，在宽进的同时实行严管，维护市场正常秩序，促进市场公平竞争。

当前，市场主体数量快速增长，市场活跃度不断提升，全社会信息量爆炸式增长，数量巨大、来源分散、格式多样的大数据对政府服务和监管能力提出了新的挑战，也带来了新的机遇。既要高度重视信息公开和信息流动带来的安全问题，也要充分认识推进信息公开、整合信息资源、加强大数据运用对维护国家统一、提升国家治理能力、提高经济社会运行效率的重大意义。充分运用大数据的先进理念、技术和资源，是提升国家竞争力的战略选择，是提高政府服务和监管能力的必然要求，有利于政府充分获取和运用信息，更加准确地了解市场主体需求，提高服务和监管的针对性、有效性；有利于顺利推进简政放权，实现放管结合，切实转变政府职能；有利于加强社会监督，发挥公众对规范市场主体行为的积极作用；有利于高效利用现代信息技术、社会数据资源和社会化的信息服务，降低行政监管成本。国务院有关部门和地方各级人民政府要结合工作实际，在公共服务和市场监管中积极稳妥、充分有效、安全可靠地运用大数据等现代信息技术，不断提升政府治理能力。

二、总体要求

（一）指导思想

全面贯彻落实党的十八大和十八届二中、三中、四中全会精神，按照党中央、国务院决策部署，围绕使市场在资源配置中起决定性作用和更好发挥政府作用，推进简政放权和政府职能转变，以社会信用体系建设和政府信息公开、数据开放为抓手，充分运用大数据、云计算等现代信息技术，提高政府服务水平，加强事中事后监管，维护市场正常秩序，促进市场公平竞争，释放市场主体活力，进一步优化发展环境。

（二）主要目标

提高大数据运用能力，增强政府服务和监管的有效性。高效采集、有效整合、充分运用政府数据和社会数据，健全政府运用大数据的工作机制，将运用大数据作为提高政府治理能力的重要手段，不断提高政府服务和监管的针对性、有效性。

推动简政放权和政府职能转变，促进市场主体依法诚信经营。运用大数据提高政府公共服务能力，加强对市场主体的事中事后监管，为推进简政放权和政府职能转变提供基础支撑。以国家统一的信用信息共享交换平台为基础，运用大数据推动社会信用体系建设，建立跨地区、多部门的信用联动奖惩机制，构建公平诚信的市场环境。

提高政府服务水平和监管效率，降低服务和监管成本。充分运用大数据的理念、技术和资源，完善对市场主体的全方位服务，加强对市场主体的全生命周期监管。根据服务和监管需要，有序推进政府购买服务，不断降低政府运行成本。

政府监管和社会监督有机结合，构建全方位的市场监管体系。通过政府信息公开和数据开放、社会信息资源开放共享，提高市场主体生产经营活动的透明度。有效调动社会力量监督市场主体的积极性，形成全社会广泛参与的市场监管格局。

三、运用大数据提高为市场主体服务水平

（三）运用大数据创新政府服务理念和服务方式

充分运用大数据技术，积极掌握不同地区、不同行业、不同类型企业的共性、个性化需求，在注册登记、市场准入、政府采购、政府购买服务、项目投资、政策动态、招标投标、检验检测、认证认可、融资担保、税收征缴、进出口、市场拓展、技术改造、上下游协作配套、产业联盟、兼并重组、培训咨询、成果转化、人力资源、法律服务、知识产权等方面主动提供更具针对性的服务，推动企业可持续发展。

（四）提高注册登记和行政审批效率

加快建立公民、法人和其他组织统一社会信用代码制度。全面实行工商营业执照、组织机构代码证和税务登记证“三证合一”、“一照一码”登记制度改革，以简化办理程序、方便市场主体、减轻社会负担为出发点，做好制度设计。鼓励建立多部门网上项目并联审批平台，实现跨部门、跨层级项目审批、核准、备案的“统一受理、同步审查、信息共享、透明公开”。运用大数据推动行政管理流程优化再造。

（五）提高信息服务水平

鼓励政府部门利用网站和微博、微信等新兴媒体，紧密结合企业需求，整合相关信息为企业提供服务，组织开展企业与金融机构融资对接、上下游企业合作对接等活动。充分发挥公共信用服务机构作用，为司法和行政机关、社会信用服务机构、社会公众提供基础性、公共性信用记录查询服务。

（六）建立健全守信激励机制

在市场监管和公共服务过程中，同等条件下，对诚实守信者实行优先办理、简化程序等“绿色通道”支持激励政策。在财政资金补助、政府采购、政府购买服务、政府投资工程建设招投标过程中，应查询市场主体信用记录或要求其提供由具备资质的信用服务机构出具的信用报告，优先选择信用状况较好的市场主体。

（七）加强统计监测和数据加工服务

创新统计调查信息采集和挖掘分析技术。加强跨部门数据关联比对分析等加工服务，充分挖掘政府数据价值。根据宏观经济数据、产业发展动态、市场供需状况、质量管理状况等信息，充分运用大数据技术，改进经济运行监测预测和风险预警，并及时向社会发布相关信息，合理引导市场预期。

（八）引导专业机构和行业组织运用大数据完善服务

发挥政府组织协调作用，在依法有序开放政府信息资源的基础上，制定切实有效的政策措施，支持银行、证券、信托、融资租赁、担保、保险等专业服务机构和行业协会、商会运用大数据更加便捷高效地为企业提供服务，支持企业发展。支持和推动金融信息服务企业积极运用大数据技术开发新产品，切实维护国家金融信息安全。

（九）运用大数据评估政府服务绩效

综合利用政府和社会信息资源，委托第三方机构对政府面向市场主体开展公共服务的绩效进行综合评估，或者对具体服务政策和措施进行专项评估，并根据评估结果及时调整和优化，提高各级政府及其部门施政和服务的有效性。

四、运用大数据加强和改进市场监管

（十）健全事中事后监管机制

创新市场经营交易行为监管方式，在企业监管、环境治理、食品药品安全、消费安全、安全生产、信用体系建设等领域，推动汇总整合并及时向社会公开有关市场监管数据、法定检验监测数据、违法失信数据、投诉举报数据和企业依法依规应公开的数据，鼓励和引导企业自愿公示更多生产经营数据、销售物流数据等，构建大数据监管模型，进行关联分析，及时掌握市场主体经营行为、规律与特征，主动发现违法违规现象，提高政府科学决策和风险预判能力，加强对市场主体的事中事后监管。对企业的商业轨迹进行整理和分析，全面、客观地评估企业经营状况和信用等级，实现有效监管。建立行政执法与司法、金融等信息共享平台，增强联合执法能力。

（十一）建立健全信用承诺制度

全面建立市场主体准入前信用承诺制度，要求市场主体以规范格式向社会作出公开承诺，违法失信经营后将自愿接受约束和惩戒。信用承诺纳入市场主体信用记录，接受社会监督，并作为事中事后监管的参考。

（十二）加快建立统一的信用信息共享交换平台

以社会信用信息系统先导工程为基础，充分发挥国家人口基础信息库、法人单位信息资源库的基础作用和企业信用信息公示系统的依托作用，建立国家统一的信用信息共享交换平台，整合金融、工商登记、税收缴纳、社保缴费、交通违法、安全生产、质量监管、统计调查等领域信用信息，实现各地区、各部门信用信息共建共享。具有市场监管职责的部门在履职过程中应准确采集市场主体信用记录，建立部门和行业信用信息系统，按要求纳入国家统一的信用信息共享交换平台。

（十三）建立健全失信联合惩戒机制

各级人民政府应将使用信用信息和信用报告嵌入行政管理和公共服务的各领域、各环节，作为必要条件或重要参考依据。充分发挥行政、司法、金融、社会等领域的综合监管效能，在市场准入、行政审批、资质认定、享受财政补贴和税收优惠政策、企业法定代表人和负责人任职资格审查、政府采购、政府购买服务、银行信贷、招标投标、国有土地出让、企业上市、货物通关、税收征缴、社保缴费、外汇管理、劳动用工、价格制定、电子商务、产品质量、食品药品安全、消费品安全、知识产权、环境保护、治安管理、人口管理、出入境管理、授予荣誉称号等方面，建立跨部门联动响应和失信约束机制，对违法失信主体依法予以限制或禁入。建立各行业“黑名单”制度和市场退出机制。推动将申请人良好的信用状况作为各类行政许可的必备条件。

（十四）建立产品信息溯源制度

对食品、药品、农产品、日用消费品、特种设备、地理标志保护产品等关系人民群众生命财产安全的重要产品加强监督管理，利用物联网、射频识别等信息技术，建立产品质量追溯体系，形成来源可查、去向可追、责任可究的信息链条，方便监管部门监管和社会公众查询。

（十五）加强对电子商务领域的市场监管

明确电子商务平台责任，加强对交易行为的监督管理，推行网络经营者身份标识制度，完善网店实名制和交易信用评价制度，加强网上支付安全保障，严厉打击电子商务领域违法失信行为。加强对电子商务平台的监督管理，加强电子商务信息采集和分析，指导开展电子商务网站可信认证服务，推广应用网站可信标识，推进电子商务可信交易环境建设。健全权益保护和争议调处机制。

（十六）运用大数据科学制定和调整监管制度和政策

在研究制定市场监管制度和政策过程中，应充分运用大数据，建立科学合理的仿真模型，对监管对象、市场和社会反应进行预测，并就可能出现的风险提出处置预案。跟踪监测有关制度和政策的实施效果，定期评估并根据需要及时调整。

（十七）推动形成全社会共同参与监管的环境和机制

通过政府信息公开和数据开放、社会信息资源开放共享，提高市场主体生产经营活动的透明度，为新闻媒体、行业组织、利益相关主体和消费者共同参与对市场主体的监督创造条件。引导有关方面对违法失信者进行市场性、行业性、社会性约束和惩戒，形成全社会广泛参与的监管格局。

五、推进政府和社会信息资源开放共享

（十八）进一步加大政府信息公开和数据开放力度

除法律法规另有规定外，应将行政许可、行政处罚等信息自作出行政决定之日起7个工作日内上网公开，提高行政管理透明度和政府公信力。提高政府数据开放意识，有序开放政府数据，方便全社会开发利用。

（十九）大力推进市场主体信息公示

严格执行《企业信息公示暂行条例》，加快实施经营异常名录制度和严重违法失信企业名单制度。建设国家企业信用信息公示系统，依法对企业注册登记、行政许可、行政处罚等基本信用信息以及企业年度报告、经营异常名录和严重违法失信企业名单进行公示，提高市场透明度，并与国家统一的信用信息共享交换平台实现有机对接和信息共享。支持探索开展社会化的信用信息公示服务。建设“信用中国”网站，归集整合各地区、各部门掌握的应向社会公开的信用信息，实现信用信息一站式查询，方便社会了解市场主体信用状况。各级政府及其部门网站要与“信用中国”网站连接，并将本单位政务公开信息和相关市场主体违法违规信息在“信用中国”网站公开。

（二十）积极推进政府内部信息交换共享

打破信息的地区封锁和部门分割，着力推动信息共享和整合。各地区、各部门已建、在建信息系统要实现互联互通和信息交换共享。除法律法规明确规定外，对申请立项新建的部门信息系统，凡未明确部门间信息共享需求的，一概不予审批；对在建的部门信息系统，凡不能与其他部门互联共享信息的，一概不得通过验收；凡不支持地方信息共享平台建设、不向地方信息共享平台提供信息的部门信息系统，一概不予审批或验收。

（二十一）有序推进全社会信息资源开放共享

支持征信机构依法采集市场交易和社会交往中的信用信息，支持互联网企业、行业组织、新闻媒体、科研机构等社会力量依法采集相关信息。引导各类社会机构整合和开放数据，构建政府和社会互动的信息采集、共享和应用机制，形成政府信息与社会信息交互融合的大数据资源。

六、提高政府运用大数据的能力

（二十二）加强电子政务建设

健全国家电子政务网络，整合网络资源，实现互联互通，为各级政府及其部门履行职能提供服务。加快推进国家政务信息化工程建设，统筹建立人口、法人单位、自然资源和空间地理、宏观经济等国家信息资源库，加快建设完善国家重要信息系统，提高政务信息化水平。

（二十三）加强和规范政府数据采集

建立健全政府大数据采集制度，明确信息采集责任。各部门在履职过程中，要依法及时、准确、规范、完整地记录和采集相关信息，妥善保存并及时更新。加强对市场主体相关信息的记录，形成信用档案，对严重违法失信的市场主体，按照有关规定列入“黑名单”并公开曝光。

（二十四）建立政府信息资源管理体系

全面推行政府信息电子化、系统化管理。探索建立政府信息资源目录。在战略规划、管理方式、技术手段、保障措施等方面加大创新力度，增强政府信息资源管理能力，充分挖掘政府信息资源价值。鼓励地方因地制宜统一政府信息资源管理力量，统筹推进政府信息资源的建设、管理和开发利用。

（二十五）加强政府信息标准化建设和分类管理

建立健全政府信息化建设和政府信息资源管理标准体系。严格区分涉密信息和非涉密信息，依法推进政府信息在采集、共享、使用等环节的分类管理，合理设定政府信息公开范围。

（二十六）推动政府向社会力量购买大数据资源和技术服务

各地区、各部门要按照有利于转变政府职能、有利于降低行政成本、有利于提升服务质量水平和财政资金效益的原则，充分发挥市场机构在信息基础设施建设、信息技术、信息资源整合开发和服务等方面的优势，通过政府购买服务、协议约定、依法提供等方式，加强政府与企业合作，为政府科学决策、依法监管和高效服务提供支撑保障。按照规范、安全、经济的要求，建立健全政府向社会力量购买信息产品和信息技术服务的机制，加强采购需求管理和绩效评价。加强对所购买信息资源准确性、可靠性的评估。

七、积极培育和发展社会化征信服务

（二十七）推动征信机构建立市场主体信用记录

支持征信机构与政府部门、企事业单位、社会组织等深入合作，依法开展征信业务，建立以自然人、法人和其他组织为对象的征信系统，依法采集、整理、加工和保存在市场交易和社会交往活动中形成的信用信息，采取合理措施保障信用信息的准确性，建立起全面覆盖经济社会各领域、各环节的市场主体信用记录。

（二十八）鼓励征信机构开展专业化征信服务

引导征信机构根据市场需求，大力加强信用服务产品创新，提供专业化的征信服务。建立健全并严格执行内部风险防范、避免利益冲突和保障信息安全的规章制度，依法向客户提供便捷高效的征信服务。进一步扩大信用报告在行政管理和公共服务及银行、证券、保险等领域的应用。

（二十九）大力培育发展信用服务业

鼓励发展信用咨询、信用评估、信用担保和信用保险等信用服务业。对符合条件的信用服务机构，按有关规定享受国家和地方关于现代服务业和高新技术产业的各项优惠政策。加强信用服务市场监管，进一步提高信用服务行业的市场公信力和社会影响力。支持鼓励国内有实力的信用服务机构参与国际合作，拓展国际市场，为我国企业实施海外并购、国际招投标等提供服务。

八、健全保障措施，加强组织领导

（三十）提升产业支撑能力

进一步健全创新体系，鼓励相关企业、高校和科研机构开展产学研合作，推进大数据协同融合创新，加快突破大规模数据仓库、非关系型数据库、数据挖掘、数据智能分析、数据可视化等大数据关键共性技术，支持高性能计算机、存储设备、网络设备、智能终端和大型通用数据库软件等产品创新。支持企事业单位开展大数据公共技术服务平台建设。鼓励具有自主知识产权和技术创新能力的大数据企业做强做大。推动各领域大数据创新应用，提升社会治理、公共服务和科学决策水平，培育新的增长点。落实和完善支持大数据产业发展的财税、金融、产业、人才等政策，推动大数据产业加快发展。

（三十一）建立完善管理制度

处理好大数据发展、服务、应用与安全的关系。加快研究完善规范电子政务，监管信息跨境流动，保护国家经济安全、信息安全，以及保护企业商业秘密、个人隐私方面的管理制度，加快制定出台相关法律法规。建立统一社会信用代码制度。建立健全各部门政府信息记录和采集制度。建立政府信息资源管理制度，加强知识产权保护。加快出台关于推进公共信息资源开放共享的政策意见。制定政务信用信息公开共享办法和信息目录。推动出台相关法规，对政府部门在行政管理、公共服务中使用信用信息和信用报告作出规定，为联合惩戒市场主体违法失信行为提供依据。

（三十二）完善标准规范

建立大数据标准体系，研究制定有关大数据的基础标准、技术标准、应用标准和管理标准等。加快建立政府信息采集、存储、公开、共享、使用、质量保障和安全管理的技术标准。引导建立企业间信息共享交换的标准规范，促进信息资源开发利用。

（三十三）加强网络和信息安全保护

落实国家信息安全等级保护制度要求，加强对涉及国家安全重要数据的管理，加强对大数据相关技术、设备和服务提供商的风险评估和安全管理。加大网络和信息安全技术研发和资金投入，建立健全信息安全保障体系。采取必要的管理和技术手段，切实保护国家信息安全以及公民、法人和其他组织信息安全。

（三十四）加强人才队伍建设

鼓励高校、人力资源服务机构和企业重点培养跨界复合型、应用创新型大数据专业人才，完善大数据技术、管理和服务人才培养体系。加强政府工作人员培训，增强运用大数据能力。

（三十五）加强领导，明确分工

各地区、各部门要切实加强对大数据运用工作的组织领导，按照职责分工，研究出台具体方案和实施办法，做好本地区、本部门的大数据运用工作，不断提高服务和监管能力。

（三十六）联系实际，突出重点

紧密结合各地区、各部门实际，整合数据资源为社会、政府、企业提供服务。在工商登记、统计调查、质量监管、竞争执法、消费维权等领域率先开展大数据示范应用工程，实现大数据汇聚整合。在宏观管理、税收征缴、资源利用与环境保护、食品药品安全、安全生产、信用体系建设、健康医疗、劳动保障、教育文化、交通旅游、金融服务、中小企业服务、工业制造、现代农业、商贸物流、社会综合治理、收入分配调节等领域实施大数据示范应用工程。

各地区、各部门要加强对本意见落实工作的监督检查，推动在服务和监管过程中广泛深入运用大数据。发展改革委负责对本意见落实工作的统筹协调、跟踪了解、督促检查，确保各项任务和措施落实到位。

附件：重点任务分工及进度安排表

国务院办公厅

2015年6月24日

附件：

重点任务分工及进度安排表

序号	工作任务	负责单位	时间进度
1	加快建立公民、法人和其他组织统一社会信用代码制度。	发展改革委、中央编办、公安部、民政部、人民银行、税务总局、工商总局、质检总局	2015年12月底前出台并实施
2	全面实行工商营业执照、组织机构代码证和税务登记证“三证合一”、“一照一码”登记制度改革。	工商总局、中央编办、发展改革委、质检总局、税务总局	2015年12月底前实施
3	建立多部门网上项目并联审批平台，实现跨部门、跨层级项目审批、核准、备案的“统一受理、同步审查、信息共享、透明公开”。	发展改革委会同有关部门	2015年12月底前完成
4	推动政府部门整合相关信息，紧密结合企业需求，利用网站和微博、微信等新兴媒体为企业提供服务。	网信办、工业和信息化部	持续实施
5	研究制定在财政资金补助、政府采购、政府购买服务、政府投资工程建设招投标过程中使用信用信息和信用报告的政策措施。	财政部、发展改革委	2015年12月底前出台并实施
6	充分运用大数据技术，改进经济运行监测预测和风险预警，并及时向社会发布相关信息，合理引导市场预期。	发展改革委、统计局	持续实施
7	支持银行、证券、信托、融资租赁、担保、保险等专业服务机构和行业协会、商会运用大数据为企业提供服务。	人民银行、银监会、证监会、保监会、民政部	持续实施
8	健全事中事后监管机制，汇总整合和关联分析有关数据，构建大数据监管模型，提升政府科学决策和风险预判能力。	各市场监管部门	2015年12月底前取得阶段性成果
9	在办理行政许可等环节全面建立市场主体准入前信用承诺制度。信用承诺向社会公开，并纳入市场主体信用记录。	各行业主管部门	2015年广泛开展试点，2017年12月底前完成
10	加快建设地方信用信息共享交换平台、部门和行业信用信息系统，通过国家统一的信用信息共享交换平台实现互联共享。	各省级人民政府，各有关部门	2016年12月底前完成
11	建立健全失信联合惩戒机制，将使用信用信息和信用报告嵌入行政管理和公共服务的各领域、各环节，作为必要条件或重要参考依据。在各领域建立跨部门联动响应和失信约束机制。建立各行业“黑名单”制度和市场退出机制。推动将申请人良好的信用状况作为各类行政许可的必备条件。	各有关部门，各省级人民政府	2015年12月底前取得阶段性成果

续表

序号	工　作　任　务	负责单位	时间进度
12	建立产品信息溯源制度，加强对食品、药品、农产品、日用消费品、特种设备、地理标志保护产品等重要产品的监督管理，利用物联网、射频识别等信息技术，建立产品质量追溯体系，形成来源可查、去向可追、责任可究的信息链条。	商务部、网信办会同食品药品监管总局、农业部、质检总局、工业和信息化部	2015 年 12 月底前出台并实施
13	加强对电子商务平台的监督管理，加强电子商务信息采集和分析，指导开展电子商务网站可信认证服务，推广应用网站可信标识，推进电子商务可信交易环境建设。健全权益保护和争议调处机制。	工商总局、商务部、网信办、工业和信息化部	持续实施
14	进一步加大政府信息公开和数据开放力度。除法律法规另有规定外，将行政许可、行政处罚等信息自作出行政决定之日起 7 个工作日内上网公开。	各有关部门，各省级人民政府	持续实施
15	加快实施经营异常名录制度和严重违法失信企业名单制度。建设国家企业信用信息公示系统，依法对企业注册登记、行政许可、行政处罚等基本信用信息以及企业年度报告、经营异常名录和严重违法失信企业名单进行公示，并与国家统一的信用信息共享交换平台实现有机对接和信息共享。	工商总局、其他有关部门，各省级人民政府	持续实施
16	支持探索开展社会化的信用信息公示服务。建设“信用中国”网站，归集整合各地区、各部门掌握的应向社会公开的信用信息，实现信用信息一站式查询，方便社会了解市场主体信用状况。各级政府及其部门网站要与“信用中国”网站连接，并将本单位政务公开信息和相关市场主体违法违规信息在“信用中国”网站公开。	发展改革委、人民银行、其他有关部门，地方各级人民政府	2015 年 12 月底前完成
17	推动各地区、各部门已建、在建信息系统互联互通和信息交换共享。在部门信息系统项目审批和验收环节，进一步强化对信息共享的要求。	发展改革委、其他有关部门	持续实施
18	健全国家电子政务网络，加快推进国家政务信息化工程建设，统筹建立人口、法人单位、自然资源和空间地理、宏观经济等国家信息资源库，加快建设完善国家重要信息系统。	发展改革委、其他有关部门	分年度推进实施，2020年前基本建成
19	加强对市场主体相关信息的记录，形成信用档案。对严重违法失信的市场主体，按照有关规定列入“黑名单”，并将相关信息纳入企业信用信息公示系统和国家统一的信用信息共享交换平台。	各有关部门	2015 年 12 月底前实施
20	探索建立政府信息资源目录。	各有关部门	2016 年 12 月底前出台目录编制指南
21	引导征信机构根据市场需求，大力加强信用服务产品创新，进一步扩大信用报告在行政管理和公共服务及银行、证券、保险等领域的应用。	发展改革委、人民银行、银监会、证监会、保监会	2017 年 12 月底前取得阶段性成果

续表

序号	工　作　任　务	负责单位	时间进度
22	落实和完善支持大数据产业发展的财税、金融、产业、人才等政策，推动大数据产业加快发展。	发展改革委、工业和信息化部、财政部、人力资源社会保障部、人民银行、网信办、银监会、证监会、保监会	2017年12月底前取得阶段性成果
23	加快研究完善规范电子政务，监管信息跨境流动，保护国家经济安全、信息安全，以及保护企业商业秘密、个人隐私方面的管理制度，加快制定出台相关法律法规。	网信办、公安部、工商总局、工业和信息化部、发展改革委等部门会同法制办	2017年12月底前出台（涉及法律、行政法规的，按照立法程序推进）
24	推动出台相关法规，对政府部门在行政管理、公共服务中使用信用信息和信用报告作出规定，为联合惩戒市场主体违法失信行为提供依据。	发展改革委、人民银行、法制办	2017年12月底前出台（涉及法律、行政法规的，按照立法程序推进）
25	建立大数据标准体系，研究制定有关大数据的基础标准、技术标准、应用标准和管理标准等。加快建立政府信息采集、存储、公开、共享、使用、质量保障和安全管理的技术标准。引导建立企业间信息共享交换的标准规范。	工业和信息化部、国家标准委、发展改革委、质检总局、网信办、统计局	2020年前分步出台并实施
26	推动实施大数据示范应用工程，在工商登记、统计调查、质量监管、竞争执法、消费维权等领域率先开展示范应用工程，实现大数据汇聚整合。在宏观管理、税收征缴、资源利用与环境保护、食品药品安全、安全生产、信用体系建设、健康医疗、劳动保障、教育文化、交通旅游、金融服务、中小企业服务、工业制造、现代农业、商贸物流、社会综合治理、收入分配调节等领域实施大数据示范应用工程。	发展改革委、工业和信息化部、网信办会同有关部门	

国务院办公厅关于印发生态环境监测网络建设方案的通知

国办发〔2015〕56号

各省、自治区、直辖市人民政府，国务院各部委、各直属机构：

《生态环境监测网络建设方案》已经党中央、国务院同意，现印发给你们，请认真贯彻执行。

国务院办公厅

2015年7月26日

生态环境监测网络建设方案

生态环境监测是生态环境保护的基础，是生态文明建设的重要支撑。目前，我国生态环境监测网络存在范围和要素覆盖不全，建设规划、标准规范与信息发布不统一，信息化水平和共享程度不高，监测与监管结合不紧密，监测数据质量有待提高等突出问题，难以满足生态文明建设需要，影响了监测的科学性、权威性和政府公信力，必须加快推进生态环境监测网络建设。

一、总体要求

（一）指导思想

全面贯彻落实党的十八大和十八届二中、三中、四中全会精神，按照党中央、国务院决策部署，落实《中华人民共和国环境保护法》和《中共中央 国务院关于加快推进生态文明建设的意见》要求，坚持全面设点、全国联网、自动预警、依法追责，形成政府主导、部门协同、社会参与、公众监督的生态环境监测新格局，为加快推进生态文明建设提供有力保障。

（二）基本原则

明晰事权、落实责任。依法明确各方生态环境监测事权，推进部门分工合作，强化监测质量监管，落实政府、企业、社会责任和权利。

健全制度、统筹规划。健全生态环境监测法律法规、标准和技术规范体系，统一规划布局监测网络。

科学监测、创新驱动。依靠科技创新与技术进步，加强监测科研和综合分析，强化卫星遥感等高新技术、先进装备与系统的应用，提高生态环境监测立体化、自动化、智能化水平。

综合集成、测管协同。推进全国生态环境监测数据联网和共享，开展监测大数据分析，实现生态环境监测与监管有效联动。

（三）主要目标

到2020年，全国生态环境监测网络基本实现环境质量、重点污染源、生态状况监测全覆盖，各级各类监测数据系统互联共享，监测预报预警、信息化能力和保障水平明显提升，监测与监管协同联动，初步建成陆海统筹、天地一体、上下协同、信息共享的生态环境监测网络，使生态环境监测能力与生态文明建设要求相适应。

二、全面设点，完善生态环境监测网络

（一）建立统一的环境质量监测网络

环境保护部会同有关部门统一规划、整合优化环境质量监测点位，建设涵盖大气、水、土壤、噪声、辐射等要素，布局合理、功能完善的全国环境质量监测网络，按照统一的标准规范开展监测和评价，客观、准确反映环境质量状况。

（二）健全重点污染源监测制度

各级环境保护部门确定的重点排污单位必须落实污染物排放自行监测及信息公开的法定责任，严格执行排放标准和相关法律法规的监测要求。国家重点监控排污单位要建设稳定运行的污染物排放在线监测系统。各级环境保护部门要依法开展监督性监测，组织开展面源、移动源等监测与统计工作。

（三）加强生态监测系统建设

建立天地一体化的生态遥感监测系统，研制、发射系列化的大气环境监测卫星和环境卫星后续星并组网运行；加强无人机遥感监测和地面生态监测，实现对重要生态功能区、自然保护区等大范围、全天候监测。

三、全国联网，实现生态环境监测信息集成共享

(一)建立生态环境监测数据集成共享机制

各级环境保护部门以及国土资源、住房城乡建设、交通运输、水利、农业、卫生、林业、气象、海洋等部门和单位获取的环境质量、污染源、生态状况监测数据要实现有效集成、互联共享。国家和地方建立重点污染源监测数据共享与发布机制，重点排污单位要按照环境保护部门要求将自行监测结果及时上传。

（二）构建生态环境监测大数据平台

加快生态环境监测信息传输网络与大数据平台建设，加强生态环境监测数据资源开发与应用，开展大数据关联分析，为生态环境保护决策、管理和执法提供数据支持。

（三）统一发布生态环境监测信息

依法建立统一的生态环境监测信息发布机制，规范发布内容、流程、权限、渠道等，及时准确发布全国环境质量、重点污染源及生态状况监测信息，提高政府环境信息发布的权威性和公信力，保障公众知情权。

四、自动预警，科学引导环境管理与风险防范

（一）加强环境质量监测预报预警

提高空气质量预报和污染预警水平，强化污染源追踪与解析。加强重要水体、水源地、源头区、水源涵养区等水质监测与预报预警。加强土壤中持久性、生物富集性和对人体健康危害大的污染物监测。提高辐射自动监测预警能力。

（二）严密监控企业污染排放

完善重点排污单位污染排放自动监测与异常报警机制，提高污染物超标排放、在线监测设备运行和重要核设施流出物异常等信息追踪、捕获与报警能力以及企业排污状况智能化监控水平。增强工业园区环境风险预警与处置能力。

(三)提升生态环境风险监测评估与预警能力

定期开展全国生态状况调查与评估，建立生态保护红线监管平台，对重要生态功能区人类干扰、生态破坏等活动进行监测、评估与预警。开展化学品、持久性有机污染物、新型特征污染物及危险废物等环境健康危害因素监测，提高环境风险防控和突发事件应急监测能力。

五、依法追责，建立生态环境监测与监管联动机制

（一）为考核问责提供技术支撑

完善生态环境质量监测与评估指标体系，利用监测与评价结果，为考核问责地方政府落实本行政区域环境质量改善、污染防治、主要污染物排放总量控制、生态保护、核与辐射安全监管等职责任务提供科学依据和技术支撑。

（二）实现生态环境监测与执法同步

各级环境保护部门依法履行对排污单位的环境监管职责，依托污染源监测开展监管执法，建立监测与监管执法联动快速响应机制，根据污染物排放和自动报警信息，实施现场同步监测与执法。

（三）加强生态环境监测机构监管

各级相关部门所属生态环境监测机构、环境监测设备运营维护机构、社会环境监测机构及其负责人要严格按照法律法规要求和技术规范开展监测，健全并落实监测数据质量控制与管理制度，对监测数据的真实性和准确性负责。环境保护部依法建立健全对不同类型生态环境监测机构及环境监测设备运营维护机构的监管制度，制定环境监测数据弄虚作假行为处理办法等规定。各级环境保护部门要加大监测质量核查巡查力度，严肃查处故意违反环境监测技术规范，篡改、伪造监测数据的行为。党政领导干部指使篡改、伪造监测数据的，按照《党政领导干部生态环境损害责任追究办法（试行）》等有关规定严肃处理。

六、健全生态环境监测制度与保障体系

（一）健全生态环境监测法律法规及标准规范体系

研究制定环境监测条例、生态环境质量监测网络管理办法、生态环境监测信息发布管理规定等法规、规章。统一大气、地表水、地下水、土壤、海洋、生态、污染源、噪声、振动、辐射等监测布点、监测和评价技术标准规范，并根据工作需要及时修订完善。增强各部门生态环境监测数据的可比性，确保排污单位、各类监测机构的监测活动执行统一的技术标准规范。

（二）明确生态环境监测事权

各级环境保护部门主要承担生态环境质量监测、重点污染源监督性监测、环境执法监测、环境应急监测与预报预警等职能。环境保护部适度上收生态环境质量监测事权，准确掌握、客观评价全国生态环境质量总体状况。重点污染源监督性监测和监管重心下移，加强对地方重点污染源监督性监测的管理。地方各级环境保护部门相应上收生态环境质量监测事权，逐级承担重点污染源监督性监测及环境应急监测等职能。

（三）积极培育生态环境监测市场

开放服务性监测市场，鼓励社会环境监测机构参与排污单位污染源自行监测、污染源自动监测设施运行维护、生态环境损害评估监测、环境影响评价现状监测、清洁生产审核、企事业单位自主调查等环境监测活动。在基础公益性监测领域积极推进政府购买服务，包括环境质量自动监测站运行维护等。环境保护部要制定相关政策和办法，有序推进环境监测服务社会化、制度化、规范化。

（四）强化监测科技创新能力

推进环境监测新技术和新方法研究，健全生态环境监测技术体系，促进和鼓励高科技产品与技术手段在环境监测领域的推广应用。鼓励国内科研部门和相关企业研发具有自主知识产权的环境监测仪器设备，推进监测仪器设备国产化；在满足需求的条件下优先使用国产设备，促进国产监测仪器产业发展。积极开展国际合作，借鉴监测科技先进经验，提升我国技术创新能力。

（五）提升生态环境监测综合能力

研究制定环境监测机构编制标准，加强环境监测队伍建设。加快实施生态环境保护人才发展相关规划，不断提高监测人员综合素质和能力水平。完善与生态环境监测网络发展需求相适应的财政保障机制，重点加强生态环境质量监测、监测数据质量控制、卫星和无人机遥感监测、环境应急监测、核与辐射监测等能力建设，提高样品采集、实验室测试分析及现场快速分析测试能力。完善环境保护监测岗位津贴政策。根据生态环境监测事权，将所需经费纳入各级财政预算重点保障。

地方各级人民政府要加强对生态环境监测网络建设的组织领导，制定具体工作方案，明确职责分工，落实各项任务。

国务院办公厅关于印发整合建立统一的公共资源交易平台工作方案的通知

国办发〔2015〕63号

各省、自治区、直辖市人民政府，国务院各部委、各直属机构：

《整合建立统一的公共资源交易平台工作方案》已经国务院同意，现印发给你们，请认真贯彻执行。

国务院办公厅

2015年8月10日

整合建立统一的公共资源交易平台工作方案

为深入贯彻党的十八大和十八届二中、三中、四中全会精神，落实《国务院机构改革和职能转变方案》部署，现就整合建立统一的公共资源交易平台制定以下工作方案。

一、充分认识整合建立统一的公共资源交易平台的重要性

近年来，地方各级政府积极推进工程建设项目招标投标、土地使用权和矿业权出让、国有产权交易、政府采购等公共资源交易市场建设，对于促进和规范公共资源交易活动，加强反腐倡廉建设发挥了积极作用。但由于公共资源交易市场总体上仍处于发展初期，各地在建设运行和监督管理中暴露出不少突出问题：各类交易市场分散设立、重复建设，市场资源不共享；有些交易市场职能定位不准，运行不规范，公开性和透明度不够，违法干预交易主体自主权；有些交易市场存在乱收费现象，市场主体负担较重；公共资源交易服务、管理和监督职责不清，监管缺位、越位和错位现象不同程度存在。这些问题严重制约了公共资源交易市场的健康有序发展，加剧了地方保护和市场分割，不利于激发市场活力，亟需通过创新体制机制加以解决。

整合工程建设项目招标投标、土地使用权和矿业权出让、国有产权交易、政府采购等交易市场，建立统一的公共资源交易平台，有利于防止公共资源交易碎片化，加快形成统一开放、竞争有序的现代市场体系；有利于推动政府职能转变，提高行政监管和公共服务水平；有利于促进公共资源交易阳光操作，强化对行政权力的监督制约，推进预防和惩治腐败体系建设。

二、指导思想和基本原则

（一）指导思想

全面贯彻党的十八大和十八届二中、三中、四中全会精神，按照党中央、国务院决策部署，发挥市场在资源配置中的决定性作用和更好发挥政府作用，以整合共享资源、统一制度规则、创新体制机制为重点，以信息化建设为支撑，加快构筑统一的公共资源交易平台体系，着力推进公共资源交易法制化、规范化、透明化，提高公共资源配置的效率和效益。

（二）基本原则

坚持政府推动、社会参与。政府要统筹推进公共资源交易平台整合，完善管理规则，优化市场环境，促进公平竞争。鼓励通过政府购买服务等方式，引导社会力量参与平台服务供给，提高服务质量和效率。

坚持公共服务、资源共享。立足公共资源交易平台的公共服务职能定位，整合公共资源交易信息、专家和场所等资源，加快推进交易全过程电子化，实现交易全流程公开透明和资源共享。

坚持转变职能、创新监管。按照管办分离、依法监管的要求，进一步减少政府对交易活动的行政干预，强化事中事后监管和信用管理，创新电子化监管手段，健全行政监督和社会监督相结合的监督机制。

坚持统筹推进、分类指导。充分考虑行业特点和地区差异，统筹推进各项工作，加强分类指导，增强政策措施的系统性、针对性和有效性。

三、整合范围和整合目标

（一）整合范围

整合分散设立的工程建设项目招标投标、土地使用权和矿业权出让、国有产权交易、政府采购等交易平台，在统一的平台体系上实现信息和资源共享，依法推进公共资源交易高效规范运行。积极有序推进其他公共资源交易纳入统一平台体系。民间投资的不属于依法必须招标的项目，由建设单位自主决定是否进入统一平台。

统一的公共资源交易平台由政府推动建立，坚持公共服务职能定位，实施统一的制度规则、共享的信息系统、规范透明的运行机制，为市场主体、社会公众、行政监管部门等提供综合服务。

（二）整合目标

2016年6月底前，地方各级政府基本完成公共资源交易平台整合工作。2017年6月底前，在全国范围内形成规则统一、公开透明、服务高效、监督规范的公共资源交易平台体系，基本实现公共资源交易全过程电子化。在此基础上，逐步推动其他公共资源进入统一平台进行交易，实现公共资源交易平台从依托有形场所向以电子化平台为主转变。

四、有序整合资源

（一）整合平台层级

各省级政府应根据经济发展水平和公共资源交易市场发育状况，合理布局本地区公共资源交易平台。设区的市级以上地方政府应整合建立本地区统一的公共资源交易平台。县级政府不再新设公共资源交易平台，已经设立的应整合为市级公共资源交易平台的分支机构；个别需保留的，由省级政府根据县域面积和公共资源交易总量等实际情况，按照便民高效原则确定，并向社会公告。法律法规要求在县级层面开展交易的公共资源，当地尚未设立公共资源交易平台的，原交易市场可予以保留。鼓励整合建立跨行政区域的公共资源交易平台。各省级政府应积极创造条件，通过加强区域合作、引入竞争机制、优化平台结构等手段，在坚持依法监督前提下探索推进交易主体跨行政区域自主选择公共资源交易平台。

（二）整合信息系统

制定国家电子交易公共服务系统技术标准和数据规范，为全国公共资源交易信息的集中交换和共享提供制度和技术保障。各省级政府应整合本地区分散的信息系统，依据国家统一标准建立全行政区域统一、终端覆盖市县的电子交易公共服务系统。鼓励电子交易系统市场化竞争，各地不得限制和排斥市场主体依法建设运营的电子交易系统与电子交易公共服务系统对接。各级公共资源交易平台应充分发挥电子交易公共服务系统枢纽作用，通过连接电子交易和监管系统，整合共享市场信息和监管信息等。加快实现国家级、省级、市级电子交易公共服务系统互联互通。中央管理企业有关电子招标采购交易系统应与国家电子交易公共服务系统连接并按规定交换信息，纳入公共资源交易平台体系。

（三）整合场所资源

各级公共资源交易平台整合应充分利用现有政务服务中心、公共资源交易中心、建设工程交易中心、政府集中采购中心或其他交易场所，满足交易评标（评审）活动、交易验证以及有关现场业务办理需要。整合过程中要避免重复建设，严禁假借场所整合之名新建楼堂馆所。在统一场所设施标准和服务标准条件下，公共资源交易平台不限于一个场所。对于社会力量建设并符合标准要求的场所，地方各级政府可以探索通过购买服务等方式加以利用。

（四）整合专家资源

进一步完善公共资源评标专家和评审专家分类标准，各省级政府应按照全国统一的专业分类标准，整合本地区专家资源。推动实现专家资源及专家信用信息全国范围内互联共享，有条件的地方要积极推广专家远程异地评标、评审。评标或评审时，专家应采取随机方式确定，任何单位和个人不得以明示、暗示等任何方式指定或者变相指定专家。

五、统一规则体系

（一）完善管理规则

发展改革委要会同国务院有关部门制定全国统一的公共资源交易平台管理办法，规范平台运行、管理和监督。国务院有关部门要根据工程建设项目招标投标、土地使用权和矿业权出让、国有产权交易、政府采购等法律法规和交易特点，制定实施全国分类统一的平台交易规则和技术标准。各省级政府要根据全国统一的规则和办法，结合本地区实际，制定平台服务管理细则，完善服务流程和标准。

（二）开展规则清理

各省级政府要对本地区各级政府和有关部门发布的公共资源交易规则进行清理。对违法设置审批事项、以备案名义变相实施审批、干预交易主体自主权以及与法律法规相冲突的内容，要坚决予以纠正。清理过程和结果应在省级公共资源交易平台进行公告，接受社会监督。

六、完善运行机制

（一）推进信息公开共享

建立健全公共资源交易信息和信用信息公开共享制度。各级公共资源交易平台应加大信息公开力度，依法公开交易公告、资格审查结果、成交信息、履约信息以及有关变更信息等。加快建立市场信息共享数据库和验证互认机制。对市场主体通过公共资源交易平台电子交易公共服务系统实现登记注册共享的信息，相应行政区域内有关行政监督部门和其他公共资源交易平台不得要求企业重复登记、备案和验证，逐步推进全国范围内共享互认。各级行政监管部门要履行好信息公开职能，公开有关公共资源交易项目审核、市场主体和中介机构资质资格、行政处罚等监管信息。公共资源交易平台应依托统一的社会信用代码，建立公共资源交易市场主体信用信息库，并将相关信息纳入国家统一的信用信息平台，实现市场主体信用信息交换共享。加强公共资源交易数据统计分析、综合利用和风险监测预警，为市场主体、社会公众和行政监管部门提供信息服务。

（二）强化服务功能

按照简政放权、放管结合、优化服务的改革方向，简化交易环节，提高工作效率，完善公共资源交易平台服务功能，公开服务流程、工作规范和监督渠道，整治各种乱收费行为，切实降低市场主体交易成本、减轻相关负担。建立市场主体以及第三方参与的社会评价机制，对平台提供公共服务情况进行考核评价。各级公共资源交易平台不得取代依法设立的政府集中采购机构的法人地位、法定代理权以及依法设立的其他交易机构和代理机构从事的相关服务，不得违法从事或强制指定招标、拍卖等中介服务，不得行使行政审批、备案等管理职能，不得强制非公共资源交易项目在平台交易，不得通过设置注册登记、设立分支机构、资质验证、投标（竞买）许可、强制担保等限制性条件阻碍或者排斥其他地区市场主体进入本地区公共资源交易市场。凡是采取审核招标及拍卖文件、出让方案等实施行政审批，或者以备案名义变相实施行政审批的，一律限期取消。公共资源交易平台应与依法设立的相关专业服务机构加强业务衔接，保证法定职能正常履行。

七、创新监管体制

（一）完善监管体制机制

按照决策权、执行权、监督权既相互制约又相互协调的要求，深化公共资源交易管理体制改革，推进公共资源交易服务、管理与监督职能相互分离，完善监管机制，防止权力滥用。发展改革部门会同有关部门要加强对公共资源交易平台工作的指导和协调。各级招标投标行政监督、财政、国土资源、国有资产监督管理等部门要按照职责分工，加强对公共资源交易活动的监督执法，依法查处公共资源交易活动中的违法违规行为。健全行政监督部门与监察、审计部门协作配合机制，严肃查处领导干部利用职权违规干预和插手公共资源交易活动的腐败案件。审计部门要加强对公共资源交易及平台运行的审计监督。

（二）转变监督方式

各级行政主管部门要运用大数据等手段，实施电子化行政监督，强化对交易活动的动态监督和预警。将市场主体信用信息和公共资源交易活动信息作为实施监管的重要依据，健全守信激励和失信惩戒机制。对诚实守信主体参与公共资源交易活动要依法给予奖励，对失信主体参与公共资源交易活动要依法予以限制，对严重违法失信主体实行市场禁入。健全专家选聘与退出机制，建立专家黑名单制度，强化专家责任追究。加强社会监督，完善投诉处理机制，公布投诉举报电话，及时处理平台服务机构违法违规行为。发挥行业组织作用，建立公共资源交易平台服务机构和人员自律机制。

八、强化实施保障

（一）加强组织领导

各地区、各部门要充分认识整合建立统一的公共资源交易平台的重要性，加强领导，周密部署，有序推进整合工作。建立由发展改革委牵头，工业和信息化部、财政部、国土资源部、环境保护部、住房城乡建设部、交通运输部、水利部、商务部、卫生计生委、国资委、税务总局、林业局、国管局、铁路局、民航局等部门参加的部际联席会议制度，统筹指导和协调全国公共资源交易平台整合工作，适时开展试点示范。各省级政府要根据本方案要求，建立相应工作机制，对行政区域内已有的各类公共资源交易平台进行清理，限期提出具体实施方案。在公共资源交易平台清理整合工作完成前，要保障原交易市场正常履行职能，实现平稳过渡。

（二）严格督促落实

地方各级政府要将公共资源交易平台整合工作纳入目标管理考核，定期对本地区工作落实情况进行检查并通报有关情况。发展改革委要会同国务院有关部门加强对本方案执行情况的督促检查，协调解决工作中遇到的问题，确保各项任务措施落实到位。

国务院办公厅关于
印发三网融合推广方案的通知

国办发〔2015〕65号

各省、自治区、直辖市人民政府，国务院各部委、各直属机构：

《三网融合推广方案》已经国务院同意，现印发给你们，请认真贯彻落实。

推进三网融合是党中央、国务院作出的一项重大决策。近年来，各地区、各有关部门认真贯彻落实国务院关于推进三网融合总体方案和试点方案有关工作部署，试点阶段各项任务已基本完成。在总结试点经验的基础上，加快在全国全面推进三网融合，推动信息网络基础设施互联互通和资源共享，有利于促进消费升级、产业转型和民生改善。各地区、各有关部门要充分认识全面推进三网融合的重要意义，切实加强组织领导，落实工作责任，完善工作机制，扎实开展工作，确保完成推广阶段各项目标任务。国务院三网融合工作协调小组办公室要会同有关部门加强指导协调和跟踪督促，不断完善有关政策，及时解决推广工作中遇到的问题。各有关部门要进一步加强协调配合，形成合力，共同推进各项工作。

国务院办公厅

2015年8月25日

三网融合推广方案

按照国务院关于推进三网融合有关部署，现就三网融合推广阶段工作提出如下方案：

一、工作目标

（一）三网融合全面推进

总结推广试点经验，将广电、电信业务双向进入扩大到全国范围，并实质性开展工作。

（二）网络承载和技术创新能力进一步提升

宽带通信网、下一代广播电视网和下一代互联网建设加快推进，自主创新技术研发和产业化取得突破性进展，掌握一批核心技术，产品和业务的创新能力明显增强。

（三）融合业务和网络产业加快发展

融合业务应用更加普及，网络信息资源、文化内容产品得到充分开发利用，适度竞争的网络产业格局基本形成。

（四）科学有效的监管体制机制基本建立

适应三网融合发展的有关法律法规基本健全，职责清晰、协调顺畅、决策科学、管理高效的新型监管体系基本形成。

（五）安全保障能力显著提高

在中央网络安全和信息化领导小组的领导下，网络信息安全和文化安全管理体系更加健全，技术管理能力显著提升，国家安全意识进一步增强。

（六）信息消费快速增长

丰富信息消费内容、产品和服务，活跃信息消费市场，拓展信息消费渠道，推动信息消费持续稳定增长。

二、主要任务

（一）在全国范围推动广电、电信业务双向进入

1. 确定开展双向进入业务的地区。广电、电信业务双向进入分期分批扩大至全国。各省（区、市）三网融合工作协调小组（以下称省级协调小组）结合当地实际确定本省（区、市）开展双向进入业务的地区，报国务院三网融合工作协调小组办公室备案。（工业和信息化部、新闻出版广电总局负责）

2. 开展双向进入业务许可审批。在全面做好试点地区双向进入工作的基础上，按照“成熟一个、许可一个”的原则，开展双向进入许可申报和审批工作。广电企业在符合电信监管有关规定并满足相关安全条件的前提下，可经营增值电信业务、比照增值电信业务管理的基础电信业务、基于有线电视网的互联网接入业务、互联网数据传送增值业务、国内网络电话（IP电话）业务，中国广播电视网络有限公司还可基于全国有线电视网络开展固定网的基础电信业务和增值电信业务。符合条件的电信企业在有关部门的监管下，可从事除时政类节目之外的广播电视节目生产制作、互联网视听节目信号传输、转播时政类新闻视听节目服务、除广播电台电视台形态以外的公共互联网视听节目服务、交互式网络电视（IPTV）传输、手机电视分发服务。国家和省级电信、广电行业主管部门按照相关政策要求和业务审批权限，受理广电、电信企业的申请，同步向符合条件的企业颁发经营许可证。企业取得许可证后，即可依法开展相关业务。（工业和信息化部、新闻出版广电总局负责）

3. 加快推动IPTV集成播控平台与IPTV传输系统对接。在宣传部门的指导下，广播电视播出机构要切实加强和完善IPTV、手机电视集成播控平台建设和管理，负责节目的统一集成和播出监控以及电子节目指南（EPG）、用户端、计费、版权等的管理，其中用户端、计费管理由合作方协商确定，可采取合作方“双认证、双计费”的管理方式。IPTV全部内容由广播电视播出机构IPTV集成播控平台集成后，经一个接口统一提供给电信企业的IPTV传输系统。电信企业可提供节目和EPG条目，经广播电视播出机构审查后统一纳入集成播控平台的节目源和EPG。电信企业与广播电视播出机构应积极配合、平等协商，做好IPTV传输系统与IPTV集成播控平台的对接，对接双方应明确责任，保证节目内容的正常提供和传输。在确保播出安全的前提下，广播电视播出机构与电信企业可探索多种合资合作经营模式。（工业和信息化部、新闻出版广电总局等负责）

4. 加强行业监管。电信、广电行业主管部门要按照公开透明、公平公正的原则，加强对广电、电信企业的监督管理，规范企业经营行为，维护良好行业秩序。电信行业主管部门应按照电信监管有关政策法规要求，加强对经营电信业务企业的网络互联互通、服务质量、普遍服务、设备入网、网络信息安全等管理；广

电行业主管部门应按照广播电视管理有关政策法规要求，加强对从事广播电视业务企业的业务规划、业务准入、运营监管、内容安全、节目播放、服务质量、公共服务、设备入网、互联互通等管理。工业和信息化部、新闻出版广电总局要督促已获得许可的地区全面落实双向进入，推动相关企业实际进入和正常经营，丰富播出内容，提高服务水平。电信和广电企业要相互合作，优势互补，推动双向进入业务快速发展。（工业和信息化部、新闻出版广电总局负责）

（二）加快宽带网络建设改造和统筹规划

1. 加快下一代广播电视网建设。加快推动地面数字电视覆盖网和高清交互式电视网络设施建设，加快广播电视模数转换进程。采用超高速智能光纤传输交换和同轴电缆传输技术，加快下一代广播电视网建设。建设下一代广播电视宽带接入网，充分利用广播电视网海量下行宽带、室内多信息点分布的优势，满足不同用户接入带宽的需要。加快建设宽带网络骨干节点和数据中心，提升网络流量疏通能力，全面支持互联网协议第6版（IPv6）。加快建设融合业务平台，提高支持三网融合业务的能力。中国广播电视网络有限公司要加快全国有线电视网络互联互通平台建设，尽快实现全国一张网，带动各地有线电视网络技术水平和服务能力全面提升，引导有线电视网络走规模化、集约化、专业化发展道路。充分发挥有线电视网络的国家信息基础设施作用，促进有线电视三网融合业务创新，全面提升有线电视网络的服务品质和终端用户体验。（新闻出版广电总局牵头，中央宣传部、发展改革委、工业和信息化部、财政部等参加）

2. 加快推动电信宽带网络建设。实施“宽带中国”工程，加快光纤网络建设，全面提高网络技术水平和业务承载能力。城市新建区域以光纤到户模式为主建设光纤接入网，已建区域可采用多种方式加快“光进铜退”改造。扩大农村地区宽带网络覆盖范围，提高行政村通宽带、通光纤比例。加快互联网骨干节点升级，提升网络流量疏通能力，骨干网全面支持IPv6。加快业务应用平台建设，提高支持三网融合业务的能力。（工业和信息化部牵头，发展改革委、财政部、国资委等参加）

3. 加强网络统筹规划和共建共享。继续做好电信传输网和广播电视传输网建设升级改造的统筹规划，充分利用现有信息基础设施，创新共建共享合作模式，促进资源节约，推动实现网络资源的高效利用。加强农村地区网络资源共建共享，努力缩小“数字鸿沟”。（工业和信息化部、新闻出版广电总局牵头，发展改革委、财政部、国资委等参加）

（三）强化网络信息安全和文化安全监管

1. 完善网络信息安全和文化安全管理体系。结合文化改革发展重大工程的实施，推进国家新媒体集成播控平台建设，探索三网融合下党管媒体的有效途径，健全相关管理体制和工作机制，确保播出内容和传输安全。完善互联网信息服务管理，重点加强对时政类新闻信息的管理，严格规范互联网信息内容采编播发管理，构筑清朗网络空间。（中央宣传部、网信办、新闻出版广电总局、公安部等负责）

按照属地化管理和谁主管谁负责、谁经营谁负责、谁审批谁监管、谁办网谁管网的原则，健全网络信息安全和文化安全保障工作协调机制。企业要按照国家信息安全等级保护制度和行业网络安全相关政策要求，完善网络信息安全防护管理制度和技术措施，建立工作机制，落实安全责任，制定应急预案，定期开展安全评测、风险评估和应急演练。建立事前防范、事中阻断、事后追溯的信息安全技术保障体系，落实接入（含互联网网站、手机、有线电视）用户实名登记、域名信息登记、内外网地址对应关系留存管理制度，为有关部门依法履行职责提供技术支持，增强三网融合下防黑客攻击、防信息篡改、防节目插播、防网络瘫痪等能力。加强三网融合新技术、新应用上线前的安全评估，及时消除重大安全隐患。（工业和信息化部、公安部、安全部、国资委、新闻出版广电总局、网信办等负责）

2. 加强技术管理系统建设。完善国家网络信息安全基础设施，提高隐患发现、监测预警和突发事件处置能力。按照同步规划、同步建设、同步运行的要求，统筹规划建设网络信息安全、文化安全技术管理系统，加快提升现有国家网络信息安全技术管理平台、广电信息网络视听节目监管系统、三网融合新闻信息监测管理系统的技术能力。加快地方网络信息安全技术管理平台建设，积极研究适应三网融合新技术、新业务的安全技术管理手段，加强相关技术研究，提高安全技术管理能力。（发展改革委、科技部、工业和信息化部、公安部、安全部、财政部、新闻出版广电总局、网信办等负责）

广电信息网络视听节目监管系统要进一步提高搜索发现能力，在节目集成播控、传输分发、用户接收等环节部署数据采集和监测系统，及时监测各类传输网络中视听节目播出情况，及时发现和查处违规视听节目和违法信息。（新闻出版广电总局牵头，工业和信息化部、公安部、安全部等参加）

3. 加强动态管理。强化日常监控，确保及时发现安全方面存在的新情况、新问题，采取措施妥善应对处理，及时、客观、准确报告网络安全重大事件。充分发挥国家三网融合安全评估小组的作用，对重大安全问题进行论证并协调解决。省级协调小组办公室下要成立安全评估小组，定期开展安全评估，协调解决安全问题。（中央宣传部、科技部、工业和信息化部、公安部、安全部、新闻出版广电总局、网信办等负责）

（四）切实推动相关产业发展

1. 加快推进新兴业务发展。进一步探索把握新型业务的发展方向。鼓励广电、电信企业及其他内容服务、增值服务企业充分利用三网融合的有利条件，以宽带网络建设、内容业务创新推广、用户普及应用为重点，通过发展移动多媒体广播电视、IPTV、手机电视、有线电视网宽带服务以及其他融合性业务，带动关键设备、软件、系统的产业化，推动三网融合与相关行业应用相结合，催生新的经济增长点。（发展改革委、科技部、工业和信息化部、国资委、新闻出版广电总局、网信办等负责）

大力发展数字出版、互动新媒体、移动多媒体等新兴文化产业，促进动漫游戏、数字音乐、网络艺术品等数字文化内容的消费。加强数字文化内容产品和服务开发，建设数字内容生产、转换、加工、投送平台，鼓励各类网络文化企业生产提供弘扬主旋律、激发正能量、宣传社会主义核心价值观的信息内容产品。（中央宣传部、工业和信息化部、国资委、新闻出版广电总局、网信办等负责）

2. 促进三网融合关键信息技术产品研发制造。围绕光传输和光接入、下一代互联网、下一代广播电视网等重点领域，支持高端光电器件、基于有线电视网的接入技术和关键设备、IPTV和数字电视智能机顶盒、互联网电视及配套应用、操作系统、多屏互动技术、内容传送系统、信息安全系统等的研发和产业化。（发展改革委、科技部、工业和信息化部、公安部、安全部、国资委、新闻出版广电总局等负责）

加快更高速光纤接入、超高速大容量光传输和组网、新一代万维网等关键技术的研发创新，加强三网融合安全技术、产品及管控手段研究，加强自主知识产权布局和标准制定工作。支持电信、广电运营单位与相关产品制造企业通过定制、集中采购等方式开展合作，带动智能终端产品竞争力提升。（发展改革委、科技部、工业和信息化部、公安部、安全部、国资委、质检总局、新闻出版广电总局等负责）

3. 营造健康有序的市场环境。建立基础电信运营企业与广电企业、互联网企业、信息内容供应商等的合作竞争机制，规范企业经营行为和价格收费行为，加强资费监管，维护公平健康的市场环境。鼓励电信、广电企业及其他内容服务、增值服务企业加强协作配合，创新产业形态和市场推广模式，鼓励创建三网融合相关产业联盟，凝聚相关产业及上下游资源共同推动产业链成熟与发展，促进创新成果快速实现产业化。（发展改革委、工业和信息化部、国资委、新闻出版广电总局等负责）

4. 建立适应三网融合的标准体系。围绕三网融合产业发展和行业监管的需要，按照“急用先行、基础先立”的原则，加快制定适应三网融合要求的网络、业务、信息服务相关标准，优先制定网络信息安全和文化安全相关标准，尽快形成由国家标准、行业标准和企业标准组成的三网融合标准体系。企业开展相关业务应遵循统一标准，充分发挥标准在规范行业发展、保障市场秩序等方面的作用。（质检总局牵头，工业和信息化部、公安部、新闻出版广电总局、网信办等参加）

三、保障措施

（一）建立健全法律法规

推动制定完善电信、广电行业管理法律法规，积极推进电信法、广播电视传输保障法立法工作，清理或修订相关政策规定，为广电、电信业务双向进入提供法律保障。（工业和信息化部、新闻出版广电总局等负责）

（二）落实相关扶持政策

利用国家科技计划（专项、基金等）及相关产业发展专项等，支持三网融合共性关键技术、产品的研发和产业化，推动业态创新。将三网融合业务应用纳入现代服务业范畴，大力开发信息资源，积极创新内容产品和业务形态。完善电信普遍服务补偿机制，形成支持农村和中西部地区宽带网络发展的长效机制。对三网融合相关产品开发、网络建设、业务应用及在农村地区的推广给予政策支持。（中央宣传部、发展改革委、科技部、工业和信息化部、财政部、新闻出版广电总局、网信办等负责）

（三）提高信息网络基础设施建设保障水平

城乡规划建设应为电信网、广播电视网预留所需的管线通道及场地、机房、电力设施等，各类市政基础设施和公共服务场所应向电信网、广播电视网开放，并为网络的建设维护提供通行便利。（各地政府，发展改革委、工业和信息化部、新闻出版广电总局、住房城乡建设部、交通运输部等负责）

（四）完善安全保障体系

研究加大资金落实等政策支持力度，加强工作能力建设，完善三网融合网络信息安全和文化安全保障体系。提高各省（区、市）有关行业主管部门安全管理能力，加快建立健全监管平台，有效维护网络信息安全和文化安全。（工业和信息化部、公安部、安全部、财政部、新闻出版广电总局、网信办等负责）

国务院办公厅关于推进线上线下互动加快商贸流通创新发展转型升级的意见

国办发〔2015〕72号

各省、自治区、直辖市人民政府，国务院各部委、各直属机构：

近年来，移动互联网等新一代信息技术加速发展，技术驱动下的商业模式创新层出不穷，线上线下互动成为最具活力的经济形态之一，成为促进消费的新途径和商贸流通创新发展的新亮点。大力发展线上线下互动，对推动实体店转型，促进商业模式创新，增强经济发展新动力，服务大众创业、万众创新具有重要意义。为落实国务院决策部署，推进线上线下互动，加快商贸流通创新发展和转型升级，经国务院同意，现提出以下意见：

一、鼓励线上线下互动创新

（一）支持商业模式创新

包容和鼓励商业模式创新，释放商贸流通市场活力。支持实体店通过互联网展示、销售商品和服务，提升线下体验、配送和售后等服务，加强线上线下互动，促进线上线下融合，不断优化消费路径、打破场景限制、提高服务水平。鼓励实体店通过互联网与消费者建立全渠道、全天候互动，增强体验功能，发展体验消费。鼓励消费者通过互联网建立直接联系，开展合作消费，提高闲置资源配置和使用效率。鼓励实体商贸流通企业通过互联网强化各行业内、行业间分工合作，提升社会化协作水平。（商务部、网信办、发展改革委、工业和信息化部、地方各级人民政府）

（二）鼓励技术应用创新

加快移动互联网、大数据、物联网、云计算、北斗导航、地理位置服务、生物识别等现代信息技术在认证、交易、支付、物流等商务环节的应用推广。鼓励建设商务公共服务云平台，为中小微企业提供商业基础技术应用服务。鼓励开展商品流通全流程追溯和查询服务。支持大数据技术在商务领域深入应用，利用商务大数据开展事中事后监管和服务方式创新。支持商业网络信息系统提高安全防范技术水平，将用户个人信息保护纳入网络安全防护体系。（商务部、工业和信息化部、发展改革委、地方各级人民政府）

（三）促进产品服务创新

鼓励企业利用互联网逆向整合各类生产要素资源，按照消费需求打造个性化产品。深度开发线上线下互动的可穿戴、智能化商品市场。鼓励第三方电子商务平台与制造企业合作，利用电子商务优化供应链和服务链体系，发展基于互联网的装备远程监控、运行维护、技术支持等服务市场。支持发展面向企业和创业者的平台开发、网店建设、代运营、网络推广、信息处理、数据分析、信用认证、管理咨询、在线培训等第三方服务，为线上线下互动创新发展提供专业化的支撑保障。鼓励企业通过虚拟社区等多种途径获取、转化和培育稳定的客户群体。（商务部、工业和信息化部、网信办、地方各级人民政府）

二、激发实体商业发展活力

（四）推进零售业改革发展

鼓励零售企业转变经营方式，支持受线上模式冲击的实体店调整重组，提高自营商品比例，加大自主品牌、定制化商品比重，深入发展连锁经营。鼓励零售企业利用互联网技术推进实体店铺数字化改造，增强店面场景化、立体化、智能化展示功能，开展全渠道营销。鼓励大型实体店不断丰富消费体验，向智能化、多样化商业服务综合体转型，增加餐饮、休闲、娱乐、文化等设施，由商品销售为主转向“商品+服务”并重。鼓励中小实体店发挥靠近消费者优势，完善便利服务体系，增加快餐、缴费、网订店取、社区配送等附加便民服务功能。鼓励互联网企业加强与实体店合作，推动线上交流互动、引客聚客、精准营销等优势和线下真实体验、品牌信誉、物流配送等优势相融合，促进组织管理扁平化、设施设备智能化、商业主体在线化、商业客体数据化和服务作业标准化。（商务部、发展改革委）支持新型农业经营主体对接电子商务平台，有效衔接产需信息，推动农产品线上营销与线下流通融合发展。鼓励农业生产资料经销企业发展电子商务，促进农业生产资料网络营销。（农业部、发展改革委）支持零售企业线上线下结合，开拓国际市场，发展跨境网络零售。（商务部）

（五）加快批发业转型升级

鼓励传统商品交易市场利用互联网做强交易撮合、商品集散、价格发现和信息交互等传统功能，增强物流配送、质量标准、金融服务、研发设计、展览展示、咨询服务等新型功能。鼓励传统批发企业应用互联网技术建设供应链协同平台，向生产、零售环节延伸，实现由商品批发向供应链管理服务的转变。支持发展品牌联盟或建设品牌联合采购平台，集聚品牌资源，降低采购成本。深化电子商务应用，引导商品交易市场向电子商务园区、物流园区转型。以电子商务和现代物流为核心，推动大宗商品交易市场优化资源配置、提高流通效率。鼓励线上行业信息服务平台向综合交易服务平台转型，围绕客户需求组织线下展示会、洽谈会、交易会，为行业发展提供全方位垂直纵深服务。（商务部、工业和信息化部、发展改革委）

（六）转变物流业发展方式

运用互联网技术大力推进物流标准化，重点推进快递包裹、托盘、技术接口、运输车辆标准化，推进信息共享和互联互通，促进多式联运发展。大力发展智慧物流，运用北斗导航、大数据、物联网等技术，构建智能化物流通道网络，建设智能化仓储体系、配送系统。发挥互联网平台实时、高效、精准的优势，对线下运输车辆、仓储等资源进行合理调配、整合利用，提高物流资源使用效率，实现运输工具和货物的实时跟踪和在线化、可视化管理，鼓励依托互联网平台的“无车承运人”发展。推广城市共同配送模式，支持物流综合信息服务平台建设。鼓励企业在出口重点国家建设海外仓，推进跨境电子商务发展。（发展改革委、商务部、交通运输部、邮政局、国家标准委）

（七）推进生活服务业便利化

大力推动吃住行及旅游、娱乐等生活服务业在线化，促进线上交易和线下服务相结合，提供个性化、便利化服务。鼓励餐饮企业发展在线订餐、团购、外卖配送等服务。支持住宿企业开展在线订房服务。鼓励交通客运企业、旅游景点及文化演艺单位开展在线订票、在线订座、门票配送等服务。支持家政、洗染、维修、美发等行业开展网上预约、上门服务等业务。鼓励互联网平台企业汇聚线下实体的闲置

资源，发展民宿、代购、合乘出行等合作消费服务。（商务部、旅游局、文化部、交通运输部）

（八）加快商务服务业创新发展

鼓励展览企业建设网上展示交易平台，鼓励线上企业服务实体展会，打造常态化交流对接平台，提高会展服务智能化、精细化水平。支持举办中国国际电子商务博览会，发现创新、引导创新、推广创新。提升商务咨询服务网络化水平。（商务部）提升知识产权维权服务水平。（知识产权局）积极探索基于互联网的新型服务贸易发展方式，培育服务新业态，推动服务贸易便利化，提升商务服务业国际化水平。（商务部）

三、健全现代市场体系

（九）推进城市商业智能化

深入推进智慧城市建设，鼓励具备条件的城市探索构建线上线下互动的体验式智慧商圈，支持商圈无线网络基础设施建设，完善智能交通引导、客流疏导、信息推送、移动支付、消费互动、物流配送等功能，健全商圈消费体验评价、信息安全保护、商家诚信积累和消费者权益保障体系。实施特色商业街区示范建设工程，鼓励各地基于互联网技术培育一批具有产业特色、经营特色、文化特色的多功能、多业态商业街区。（商务部、发展改革委、科技部、工业和信息化部、人民银行、工商总局、地方各级人民政府）

（十）推进农村市场现代化

开展电子商务进农村综合示范，推动电子商务企业开拓农村市场，构建农产品进城、工业品下乡的双向流通体系。（商务部、财政部）引导电子商务企业与农村邮政、快递、供销、“万村千乡市场工程”、交通运输等既有网络和优势资源对接合作，对农村传统商业网点升级改造，健全县、乡、村三级农村物流服务网络。加快全国农产品商务信息服务公共平台建设。（商务部、交通运输部、邮政局、供销合作总社、发展改革委）大力发展农产品电子商务，引导特色农产品主产区县市在第三方电子商务平台开设地方特色馆。（商务部、地方各级人民政府）推进农产品“生产基地+社区直配”示范，带动订单农业发展，提高农产品标准化水平。加快信息进村入户步伐，加强村级信息服务站建设，强化线下体验功能，提高新型农业经营主体电子商务应用能力。（农业部）

（十一）推进国内外市场一体化

鼓励应用互联网技术实现国内国外两个市场无缝对接，推进国内资本、技术、设备、产能与国际资源、需求合理适配，重点围绕“一带一路”战略及开展国际产能和装备制造合作，构建国内外一体化市场。（商务部、发展改革委、网信办）深化京津冀、长江经济带、“一带一路”、东北地区和泛珠三角四省区（福建、广东、广西、海南）区域通关一体化改革，推进全国一体化通关管理。（海关总署）建立健全适应跨境电子商务的监管服务体系，提高贸易便利化水平。（商务部、海关总署、财政部、税务总局、质检总局、外汇局）

四、完善政策措施

（十二）推进简政放权

除法律、行政法规和国务院决定外，各地方、各部门一律不得增设线上线下互动企业市场准入行政审批事项。根据线上线下互动特点，调整完善市场准入资质条件，加快公共服务领域资源开放和信息共享。（有关部门按职能分工分别负责）简化市场主体住所（经营场所）登记手续，推进一照多址、一址多照、集群注册等住所登记制度改革，为连锁企业、网络零售企业和快递企业提供便利的登记注册服务。（工商总局）

（十三）创新管理服务

坚持促进发展、规范秩序和保护权益并举，坚持在发展中逐步规范、在规范中更好发展。注意规范方式，防止措施失当导致新兴业态丧失发展环境。创新管理理念、管理体制和管理方式，建立与电子商务发展需要相适应的管理体制和服务机制，促进线上线下互动，充分发挥流通在经济发展中的基础性和先导性作用。开展商务大数据建设和应用，服务监管创新，支持电子商务产品品牌推广。（商务部、工商总局、质检总局）在不改变用地主体、规划条件的前提下，各类市场主体利用存量房产、土地资源发展线上线下互动业务的，可在5年内保持土地原用途、权利类型不变，5年期满后确需办理变更手续的，按有关规定办理。（国土资源部）

（十四）加大财税支持力度

充分发挥市场在资源配置中的决定性作用，突出社会资本推动线上线下融合发展的主体地位。同时发挥财政资金的引导作用，促进电子商务进农村。（财政部、商务部）营造线上线下企业公平竞争的税收环境。（财政部、税务总局）线上线下互动发展企业符合高新技术企业或技术先进型服务企业认定条件的，可按现行税收政策规定享受有关税收优惠。（财政部、科技部、税务总局）积极推广网上办税服务和电子发票应用。（税务总局、财政部、发展改革委、商务部）

（十五）加大金融支持力度

支持线上线下互动企业引入天使投资、创业投资、私募股权投资，发行企业债券、公司债券、资产支持证券，支持不同发展阶段和特点的线上线下互动企业上市融资。支持金融机构和互联网企业依法合规创新金融产品和服务，加快发展互联网支付、移动支付、跨境支付、股权众筹融资、供应链金融等互联网金融业务。完善支付服务市场法律制度，建立非银行支付机构常态化退出机制，促进优胜劣汰和资源整合。健全互联网金融征信体系。（人民银行、发展改革委、银监会、证监会）

（十六）规范市场秩序

创建公平竞争的创业创新环境和规范诚信的市场环境，加强知识产权和消费者权益保护，防止不正当竞争和排除、限制竞争的垄断行为。推进社会诚信体系建设，强化经营主体信息公开披露，推动行政许可、行政处罚信息7个工作日内上网公开。建立健全电子商务信用记录，纳入“信用中国”网站和统一的信用信息共享交换平台，完善电子商务信用管理和信息共享机制。切实加强线上线下一体化监管和事中事后监管，健全部门联动防范机制，严厉打击网络领域制售假冒伪劣商品、侵犯知识产权、传销、诈骗等违法犯罪行为。（商务部、发展改革委、工业和信息化部、公安部、工商总局、质检总局、食品药品监管总局、知识产权局）

（十七）加强人才培养

鼓励各类企业、培训机构、大专院校、行业协会培养综合掌握商业经营管理和信息化应用知识的高端紧缺人才。支持有条件的地区建设电子商务人才继续教育基地，开展实用型电子商务人才培训。支持开展线上线下互动创新相关培训，引进高端复合型电子商务人才，为线上线下互动企业创新发展提供服务。（商务部、人力资源社会保障部、地方各级人民政府）

（十八）培育行业组织

支持行业协会组织根据本领域行业特点和发展需求制订行业服务标准和服务规范，倡导建立良性商业规则，促进行业自律发展。发挥第三方检验检测认证机构作用，保障商品和服务质量，监督企业遵守服务承诺，维护消费者、企业及个体创业者的正当权益。（商务部、工商总局、质检总局）

各地区、各部门要加强组织领导和统筹协调，结合本地区、本部门实际制订具体实施方案，明确工作分工，落实工作责任。商务部要会同有关部门做好业务指导和督促检查工作，重大情况及时报告国务院。

国务院办公厅

2015年9月18日

工商总局 工业和信息化部 关于加强境内网络交易网站监管工作协作积极促进电子商务发展的意见

各省、自治区、直辖市及计划单列市工商行政管理局、市场监督管理部门、通信管理局：

为进一步形成监管合力，加强境内网络交易网站管理，有力打击境内网络交易网站违法经营行为，着力营造公平竞争的网络交易市场环境，切实维护消费者、经营者的合法权益，积极促进电子商务健康有序发展，依据《电信条例》、《互联网信息服务管理办法》、《网络交易管理办法》有关规定，工商总局、工业和信息化部就加强境内网络交易网站监管工作协作，积极促进电子商务发展提出以下意见。

一、加强工作协作的意义

近年来，随着电子商务的快速创新发展，网络交易呈现爆发态势，对推动经济社会发展作用显著。同时，一些实体经济中的不良现象也延伸至网络空间，网上伪造或冒用合法市场主体名义设立网站、侵犯知识产权和销售假冒伪劣商品、恶意欺诈、不正当竞争、虚假宣传等问题时有发生，既破坏网络交易市场秩序，严重侵害消费者和经营者的合法权益，又在一定程度上影响了人们对电子商务发展的信心。

工商行政管理部门承担网络交易市场监管职责，电信主管部门承担互联网行业管理职责，通过充分发挥各自的职能优势，加强网络交易网站监管工作协作，强化对网络经营主体和载体的管理，有利于及时发现和快速解决网络交易市场中的不良现象，有效遏制网络交易市场违法违规行为，营造透明有序、公平正义的市场环境，推动网络交易市场诚信机制的形成，促进我国电子商务实现又好又快发展。

二、加强工作协作的原则与目标

工商行政管理部门应充分利用自身在市场管理、机构设置方面的优势，积极配合电信主管部门强化对互联网行业的监管，在涉网市场主体工商登记注册信息、网站主办者主体信息真实性核验等方面配合电信主管部门开展工作。电信主管部门应发挥在互联网行业管理方面的职能和技术优势，在网站备案信息核查、网络接入服务信息核查等方面积极配合工商行政管理部门开展工作。

要建立健全简便高效的网络交易管理工作协作机制，及时准确定位载有违法信息的网站及服务器相关信息，实现对网络交易违法行为及时、有效、务实、强力打击的工作目标。

三、加强工作协作主要措施

（一）建立部门协调配合工作机制

工商总局与工业和信息化部建立部际工作协作机制，设立常规工作沟通渠道和流程。支持各地工商行政管理部门与电信主管部门积极探索工作协作方法和机制，紧密结合注册资本登记制度改革相关要求，进一步转变职能，选择部分省市研究开展工作协作试点工作。各级工商行政管理部门、电信主管部门要进一步加强网络交易管理工作协调配合，省、自治区、直辖市等省级建制单位中要确定互相协调配合的机构，共同签署协作备忘录，定期召开协调工作会议，研究部署联合管理工作，建立常规的交流沟通和查处违法行为的工作机制。

（二）加强信息共享与工作协作

各级工商行政管理部门、电信主管部门应通过有效方式实现市场主体的工商登记注册信息和网站备案信息等数据共享，对相互提出的涉网经营主体信息、网站主办者主体信息的查询、比对、核实等予以配合，从多方面保障网络经营主体、物理经营地址、网络接入信息真实有效。

各级工商行政管理部门、电信主管部门要充分发挥职能作用，加强对网络交易及电信业务经营行为的日常监督管理，对检查发现的违法线索或收到的投诉举报，属本部门管辖的依据有关法律法规予以处理；超越本部门职责管辖范围、属对方部门管辖范围的，应依法及时办理抄告、移交手续，并做好协查协办工作。

（三）处理各类违法网络交易网站的工作协作方式

各级工商行政管理部门在查处网络交易违法行为工作中，应按照《互联网信息服务管理办法》、《非经营性互联网信息服务备案管理办法》、《关于建立境内违法互联网站黑名单管理制度的通知》的要求，对境内违法网络交易网站（以下简称违法网站）提请电信主管部门处理时，按照不同情况依法采取以下方式：

1. 对未履行备案手续的违法网站的处理。网站接入地在本省（含自治区、直辖市，下同）的，由当地省级工商行政管理部门将违法网站名单送交省级电信主管部门进行核实并依法处理；网站接入地在省外的，由当地省级工商行政管理部门将违法网站名单报送工商总局，由工商总局转送工业和信息化部依法处理。

2. 对已履行备案手续的违法网站的处理。对已在本省履行备案手续的违法网站，由当地省级工商行政管理部门向当地省级电信主管部门通报查处情况；对已在省外履行备案手续的违法网站，由当地省级工商行政管理部门转请网站备案地省级工商行政管理部门向备案地省级电信主管部门通报查处情况。省级电信主管部门根据工商行政管理部门的通报情况对违法网站依法进行处理。

3. 其他有关事项。各级工商行政管理部门查处违法网站经营者过程中，遇到危及国家安全、社会公共安全和人民财产安全等重大且紧急的特殊案件时，为及时制止违法网站的违法行为，可以先行函请电信主管部门依法对违法网站采取停止互联网接入服务的紧急处置措施。案件查处结束后，对违法行为情节严重需要关闭网站的，应将《行政处罚决定书》、《行政建议函》等函件一并提交电信主管部门，由电信主管部门根据相关法律法规对违法网站采取进一步处置措施，主要包括：注销违法网站主办者的经营许可或备案，并通知相关接入服务商停止接入服务，相关域名服务提供商停止域名解析服务，纳入网站黑名单管理。函请文书格式参照《关于建立境内违法互联网站黑名单管理制度的通知》（工信部联电管〔2009〕371号）执行。对于违法主体及涉及网站的查处信息，应在网上网下查处完成后，录入在工商行政管理部门、电信主管部门的数据库，并互相备份。

四、加强工作协作要求

（一）坚持依法行政

各级工商行政管理部门、电信主管部门在网络交易违法行为查处工作的各个环节中，要各司其职，坚持依法行政，严格依照法定程序开展工作，做到不错位、不缺位、不越位。

（二）加强调查研究

各级工商行政管理部门、电信主管部门要注意在实际工作中总结经验，充分研究目前网络交易违法行为查处工作在法律适用、职责分工、监管技术、监管机制等方面存在的主要问题，共同推动网络交易监管法律体系与监管技术的建设进程，实现监管信息互通、监管资源共享和监管行动协同。

（三）增强监管合力

各级工商行政管理部门、电信主管部门要进一步加强配合，适应信息技术、信息网络快速发展的趋势，不断提高网络管理、信息处理等技术能力，增强有效监管电子商务活动的能力。

工商总局工业和信息化部

2014年9月29日

关于印发促进智慧城市健康发展的指导意见的通知

发改高技〔2014〕1770号

各省、自治区、直辖市人民政府，国务院各部委、各直属机构：

经国务院同意，现将《关于促进智慧城市健康发展的指导意见》印发给你们，请认真贯彻落实。各地区、各有关部门要充分认识促进智慧城市健康发展的重要意义，切实加强组织领导，采取有力措施，扎实推进各项工作，认真落实本指导意见提出的各项任务，确保智慧城市建设健康有序推进。

附件：关于促进智慧城市健康发展的指导意见

国家发展改革委
工业和信息化部
科学技术部
公安部
财政部
国土资源部
住房和城乡建设部
交通运输部
2014年8月27日

附件：

关于促进智慧城市健康发展的指导意见

智慧城市是运用物联网、云计算、大数据、空间地理信息集成等新一代信息技术，促进城市规划、建设、管理和服务智慧化的新理念和新模式。建设智慧城市，对加快工业化、信息化、城镇化、农业现代化融合，提升城市可持续发展能力具有重要意义。近年来，我国智慧城市建设取得了积极进展，但也暴露出缺乏顶层设计和统筹规划、体制机制创新滞后、网络安全隐患和风险突出等问题，一些地方出现思路不清、盲目建设的苗头，亟待加强引导。为贯彻落实《中共中央国务院关于印发〈国家新型城镇化规划（2014～2020年）〉的通知》（中发〔2014〕4号）和《国务院关于促进信息消费扩大内需的若干意见》（国发〔2013〕32号）有关要求，促进智慧城市健康发展，经国务院同意，现提出以下意见。

一、指导思想、基本原则和主要目标

（一）指导思想

按照走集约、智能、绿色、低碳的新型城镇化道路的总体要求，发挥市场在资源配置中的决定性作用，加强和完善政府引导，统筹物质、信息和智力资源，推动新一代信息技术创新应用，加强城市管理和服务体系智能化建设，积极发展民生服务智慧应用，强化网络安全保障，有效提高城市综合承载能力和居民幸福感受，促进城镇化发展质量和水平全面提升。

（二）基本原则

以人为本，务实推进。智慧城市建设要突出为民、便民、惠民，推动创新城市管理和公共服务方式，向城市居民提供广覆盖、多层次、差异化、高质量的公共服务，避免重建设、轻实效，使公众分享智慧城市建设成果。

因地制宜，科学有序。以城市发展需求为导向，根据城市地理区位、历史文化、资源禀赋、产业特色、信息化基础等，应用先进适用技术科学推进智慧城市建设。在综合条件较好的区域或重点领域先行先试，有序推动智慧城市发展，避免贪大求全、重复建设。

市场为主，协同创新。积极探索智慧城市的发展路径、管理方式、推进模式和保障机制。鼓励建设和运营模式创新，注重激发市场活力，建立可持续发展机制。鼓励社会资本参与建设投资和运营，杜绝政府大包大揽和不必要的行政干预。

可管可控，确保安全。落实国家信息安全等级保护制度，强化网络和信息安全管理，落实责任机制，健全网络和信息安全标准体系，加大依法管理网络和保护个人信息的力度，加强要害信息系统和信息基础设施安全保障，确保安全可控。

（三）主要目标

到2020年，建成一批特色鲜明的智慧城市，聚集和辐射带动作用大幅增强，综合竞争优势明显提高，在保障和改善民生服务、创新社会管理、维护网络安全等方面取得显著成效。

公共服务便捷化。在教育文化、医疗卫生、计划生育、劳动就业、社会保障、住房保障、环境保护、交通出行、防灾减灾、检验检测等公共服务领域，基本建成覆盖城乡居民、农民工及其随迁家属的信息服务体系，公众获取基本公共服务更加方便、及时、高效。

城市管理精细化。市政管理、人口管理、交通管理、公共安全、应急管理、社会诚信、市场监管、检验检疫、食品药品安全、饮用水安全等社会管理领域的信息化体系基本形成，统筹数字化城市管理信息系统、城市地理空间信息及建（构）筑物数据库等资源，实现城市规划和城市基础设施管理的数字化、精准化水平大幅提升，推动政府行政效能和城市管理水平大幅提升。

生活环境宜居化。居民生活数字化水平显著提高，水、大气、噪声、土壤和自然植被环境智能监测体系和污染物排放、能源消耗在线防控体系基本建成，促进城市人居环境得到改善。

基础设施智能化。宽带、融合、安全、泛在的下一代信息基础设施基本建成。电力、燃气、交通、水务、物流等公用基础设施的智能化水平大幅提升，运行管理实现精准化、协同化、一体化。工业化与信息化深度融合，信息服务业加快发展。

网络安全长效化。城市网络安全保障体系和管理制度基本建立，基础网络和要害信息系统安全可控，重要信息资源安全得到切实保障，居民、企业和政府的信息得到有效保护。

二、科学制定智慧城市建设顶层设计

（一）加强顶层设计

城市人民政府要从城市发展的战略全局出发研究制定智慧城市建设方案。方案要突出为人服务，深化重点领域智慧化应用，提供更加便捷、高效、低成本的社会服务；要明确推进信息资源共享和社会化开发利用、强化信息安全、保障信息准确可靠以及同步加强信用环境建设、完善法规标准等的具体措施；要加强与国民经济和社会发展总体规划、主体功能区规划、相关行业发展规划、区域规划、城乡规划以及有关专项规划的衔接，做好统筹城乡发展布局。

（二）推动构建普惠化公共服务体系

加快实施信息惠民工程。推进智慧医院、远程医疗建设，普及应用电子病历和健康档案，促进优质医疗资源纵向流动。建设具有随时看护、远程关爱等功能的养老信息化服务体系。建立公共就业信息服务平台，加快推进就业信息全国联网。加快社会保障经办信息化体系建设，推进医保费用跨市即时结算。推进社会保障卡、金融IC卡、市民服务卡、居民健康卡、交通卡等公共服务卡的应用集成和跨市一卡通用。围绕促进教育公平、提高教育质量和满足市民终身学习需求，建设完善教育信息化基础设施，构建利用信息化手段扩大优质教育资源覆盖面的有效机制，推进优质教育资源共享与服务。加强数字图书馆、数字档案馆、数字博物馆等公益设施建设。鼓励发展基于移动互联网的旅游服务系统和旅游管理信息平台。

（三）支撑建立精细化社会管理体系

建立全面设防、一体运作、精确定位、有效管控的社会治安防控体系。整合各类视频图像信息资源，推进公共安全视频联网应用。完善社会化、网络化、网格化的城乡公共安全保障体系，构建反应及时、恢复迅速、支援有力的应急保障体系。在食品药品、消费品安全、检验检疫等领域，建设完善具有溯源追查、社会监督等功能的市场监管信息服务体系，推进药品阳光采购。整合信贷、纳税、履约、产品质量、参保缴费和违法违纪等信用信息记录，加快征信信息系统建设。完善群众诉求表达和受理信访的网络平台，推进政府办事网上公开。

（四）促进宜居化生活环境建设

建立环境信息智能分析系统、预警应急系统和环境质量管理公共服务系统，对重点地区、重点企业和污染源实施智能化远程监测。依托城市统一公共服务信息平台建设社区公共服务信息系统，拓展社会管理和服务功能，发展面向家政、养老、社区照料和病患陪护的信息服务体系，为社区居民提供便捷的综合信息服务。推广智慧家庭，鼓励将医疗、教育、安防、政务等社会公共服务设施和服务资源接入家庭，提升家庭信息化服务水平。

（五）建立现代化产业发展体系

运用现代信息化手段，加快建立城市物流配送体系和城市消费需求与农产品供给紧密衔接的新型农业生产经营体系。加速工业化与信息化深度融合，推进大型工业企业深化信息技术的综合集成应用，建设完善中小企业公共信息服务平台，积极培育发展工业互联网等新兴业态。加快发展信息服务业，鼓励信息系统服务外包。建设完善电子商务基础设施，积极培育电子商务服务业，促进电子商务向旅游、餐饮、文化娱乐、家庭服务、养老服务、社区服务以及工业设计、文化创意等领域发展。

（六）加快建设智能化基础设施

加快构建城乡一体的宽带网络，推进下一代互联网和广播电视网建设，全面推广三网融合。推动城市公用设施、建筑等智能化改造，完善建筑数据库、房屋管理等信息系统和服务平台。加快智能电网建设。健全防灾减灾预报预警信息平台，建设全过程智能水务管理系统和饮用水安全电子监控系统。建设交通诱导、出行信息服务、公共交通、综合客运枢纽、综合运行协调指挥等智能系统，推进北斗导航卫星地基增强系统建设，发展差异化交通信息增值服务。建设智能物流信息平台和仓储式物流平台枢纽，加强港口、航运、陆运等物流信息的开发共享和社会化应用。

三、切实加大信息资源开发共享力度

（一）加快推进信息资源共享与更新

统筹城市地理空间信息及建（构）筑物数据库等资源，加快智慧城市公共信息平台和应用体系建设。建立促进信息共享的跨部门协调机制，完善信息更新机制，进一步加强政务部门信息共享和信息更新管理。各政务部门应根据职能分工，将本部门建设管理的信息资源授权有需要的部门无偿使用，共享部门应按授权范围合理使用信息资源。以城市统一的地理空间框架和人口、法人等信息资源为基础，叠加各部门、各行业相关业务信息，加快促进跨部门协同应用。整合已建政务信息系统，统筹新建系统，建设信息资源共享设施，实现基础信息资源和业务信息资源的集约化采集、网络化汇聚和统一化管理。

（二）深化重点领域信息资源开发利用

城市人民政府要将提高信息资源开发利用水平作为提升城市综合竞争力的重要手段，大力推动政府部门将企业信用、产品质量、食品药品安全、综合交通、公用设施、环境质量等信息资源向社会开放，鼓励市政公用企事业单位、公共服务事业单位等机构将教育、医疗、就业、旅游、生活等信息资源向社会开放。支持社会力量应用信息资源发展便民、惠民、实用的新型信息服务。鼓励发展以信息知识加工和创新为主的数据挖掘、商业分析等新型服务，加速信息知识向产品、资产及效益转化。

四、积极运用新技术新业态

（一）加快重点领域物联网应用

支持物联网在高耗能行业的应用，促进生产制造、经营管理和能源利用智能化。鼓励物联网在农产品生产流通等领域应用。加快物联网在城市管理、交通运输、节能减排、食品药品安全、社会保障、医疗卫生、民生服务、公共安全、产品质量等领域的推广应用，提高城市管理精细化水平，逐步形成全面感知、广泛互联的城市智能管理和服务体系。

（二）促进云计算和大数据健康发展

鼓励电子政务系统向云计算模式迁移。在教育、医疗卫生、劳动就业、社会保障等重点民生领域，推广低成本、高质量、广覆盖的云服务，支持各类企业充分利用公共云计算服务资源。加强基于云计算的大数据开发与利用，在电子商务、工业设计、科学研究、交通运输等领域，创新大数据商业模式，服务城市经济社会发展。

（三）推动信息技术集成应用

面向公众实际需要，重点在交通运输联程联运、城市共同配送、灾害防范与应急处置、家居智能管理、居家看护与健康管理、集中养老与远程医疗、智能建筑与智慧社区、室内外统一位置服务、旅游娱乐消费等领域，加强移动互联网、遥感遥测、北斗导航、地理信息等技术的集成应用，创新服务模式，为城市居民提供方便、实用的新型服务。

五、着力加强网络信息安全管理和能力建设

（一）严格全流程网络安全管理

城市人民政府在推进智慧城市建设中要同步加强网络安全保障工作。在重要信息系统设计阶段，要合理确定安全保护等级，同步设计安全防护方案；在实施阶段，要加强对技术、设备和服务提供商的安全审查，同步建设安全防护手段；在运行阶段，要加强管理，定期开展检查、等级评测和风险评估，认真排查安全风险隐患，增强日常监测和应急响应处置恢复能力。

（二）加强要害信息设施和信息资源安全防护

加大对党政军、金融、能源、交通、电信、公共安全、公用事业等重要信息系统和涉密信息系统的安全防护，确保安全可控。完善网络安全设施，重点提高网络管理、态势预警、应急处理和信任服务能力。统筹建设容灾备份体系，推行联合灾备和异地灾备。建立重要信息使用管理和安全评价机制。严格落实国家有关法律法规及标准，加强行业和企业自律，切实加强个人信息保护。

（三）强化安全责任和安全意识

建立网络安全责任制，明确城市人民政府及有关部门负责人、要害信息系统运营单位负责人的网络信息安全责任，建立责任追究机制。加大宣传教育力度，提高智慧城市规划、建设、管理、维护等各环节工作人员的网络信息安全风险意识、责任意识、工作技能和管理水平。鼓励发展专业化、社会化的信息安全认证服务，为保障智慧城市网络信息安全提供支持。

六、完善组织管理和制度建设

（一）完善管理制度

国务院有关部门要加快研究制定智慧城市建设的标准体系、评价体系和审计监督体系，推行智慧城市重点工程项目风险和效益评估机制，定期公布智慧城市建设重点任务完成进展情况。城市人民政府要健全智慧城市建设重大项目监督听证制度和问责机制，将智慧城市建设成效纳入政府绩效考核体系；建立激励约束机制，推动电子政务和公益性信息服务外包和利用社会力量开发利用信息资源、发展便民信息服务。

（二）完善投融资机制

在国务院批准发行的地方政府债券额度内，各省级人民政府要统筹安排部分资金用于智慧城市建设。城市人民政府要建立规范的投融资机制，通过特许经营、购买服务等多种形式，引导社会资金参与智慧城市建设，鼓励符合条件的企业发行企业债募集资金开展智慧城市建设，严禁以建设智慧城市名义变相推行土地财政和不切实际的举债融资。城市有关财政资金要重点投向基础性、公益性领域，优先支持涉及民生的智慧应用，鼓励市政公用企事业单位对市政设施进行智能化改造。

各地区、各有关部门要充分认识促进智慧城市健康发展的重要意义，切实加强组织领导，认真落实本指导意见提出的各项任务。发展改革委、工业和信息化部、科技部、公安部、财政部、国土资源部、环境保护部、住房城乡建设部、交通运输部等要建立部际协调机制，协调解决智慧城市建设中的重大问题，加强对各地区的指导和监督，研究出台促进智慧城市健康发展以及信息化促进城镇化发展的相关政策。各省级人民政府要切实加强对本地区智慧城市建设的领导，采取有力措施，抓好全过程监督管理。城市人民政府是智慧城市建设的责任主体，要加强组织，细化措施，扎实推进各项工作，主动接受社会监督，确保智慧城市建设健康有序推进。

工业和信息化部关于加强电信和互联网行业网络安全工作的指导意见

工信部保〔2014〕368号

各省、自治区、直辖市通信管理局，中国电信集团公司、中国移动通信集团公司、中国联合网络通信集团有限公司，国家计算机网络应急技术处理协调中心，工业和信息化部电信研究院、通信行业职业技能鉴定指导中心，中国通信企业协会、中国互联网协会，各互联网域名注册管理机构，有关单位：

近年来，各单位认真贯彻落实党中央、国务院决策部署及工业和信息化部的工作要求，在加强网络基础设施建设、促进网络经济快速发展的同时，不断强化网络安全工作，网络安全保障能力明显提高。但也要看到，当前网络安全形势十分严峻复杂，境内外网络攻击活动日趋频繁，网络攻击的手法更加复杂隐蔽，新技术新业务带来的网络安全问题逐渐凸显。新形势下电信和互联网行业网络安全工作存在的问题突出表现在：重发展、轻安全思想普遍存在，网络安全工作体制机制不健全，网络安全技术能力和手段不足，关键软硬件安全可控程度低等。为有效应对日益严峻复杂的网络安全威胁和挑战，切实加强和改进网络安全工作，进一步提高电信和互联网行业网络安全保障能力和水平，提出以下意见。

一、总体要求

认真贯彻落实党的十八大、十八届三中全会以及中央网络安全和信息化领导小组第一次会议关于维护网络安全的有关精神，坚持以安全保发展、以发展促安全，坚持安全与发展工作统一谋划、统一部署、统一推进、统一实施，坚持法律法规、行政监管、行业自律、技术保障、公众监督、社会教育相结合，坚持立足行业、服务全局，以提升网络安全保障能力为主线，以完善网络安全保障体系为目标，着力提高网络基础设施和业务系统安全防护水平，增强网络安全技术能力，强化网络数据和用户信息保护，推进安全可控关键软硬件应用，为维护国家安全、促进经济发展、保护人民群众利益和建设网络强国发挥积极作用。

二、工作重点

（一）深化网络基础设施和业务系统安全防护

认真落实《通信网络安全防护管理办法》（工业和信息化部令第11号）和通信网络安全防护系列标准，做好定级备案，严格落实防护措施，定期开展符合性评测和风险评估，及时消除安全隐患。加强网络和信息资产管理，全面梳理关键设备列表，明确每个网络、系统和关键设备的网络安全责任部门和责任人。合理划分网络和系统的安全域，理清网络边界，加强边界防护。加强网站安全防护和企业办公、维护终端的安全管理。完善域名系统安全防护措施，优化系统架构，增强带宽保障。加强公共递归域名解析系统的域名数据应急备份。加强网络和系统上线前的风险评估。加强软硬件版本管理和补丁管理，强化漏洞信息的跟踪、验证和风险研判及通报，及时采取有效补救措施。

（二）提升突发网络安全事件应急响应能力

认真落实工业和信息化部《公共互联网网络安全应急预案》，制定和完善本单位网络安全应急预案。健全大规模拒绝服务攻击、重要域名系统故障、大规模用户信息泄露等突发网络安全事件的应急协同配合机制。加强应急预案演练，定期评估和修订应急预案，确保应急预案的科学性、实用性、可操作性。提高突发网络安全事件监测预警能力，加强预警信息发布和预警处置，对可能造成全局性影响的要及时报通信主管部门。严格落实突发网络安全事件报告制度。建设网络安全应急指挥调度系统，提高应急响应效率。根据有关部门的需求，做好重大活动和特殊时期对其他行业重要信息系统、政府网站和重点新闻网站等的网络安全支援保障。

（三）维护公共互联网网络安全环境

认真落实工业和信息化部《木马和僵尸网络监测与处置机制》、《移动互联网恶意程序监测与处置机制》，建立健全钓鱼网站监测与处置机制。在与用户签订的业务服务合同中明确用户维护网络安全环境的责任和义务。加强木马病毒样本库、移动恶意程序样本库、漏洞库、恶意网址库等建设，促进行业内网络安全威胁信息共享。加强对黑客地下产业利益链条的深入分析和源头治理，积极配合相关执法部门打击网络违法犯罪。基础电信企业在业务推广和用户办理业务时，要加强对用户网络安全知识和技能的宣传辅导，积极拓展面向用户的网络安全增值服务。

（四）推进安全可控关键软硬件应用

推动建立国家网络安全审查制度，落实电信和互联网行业网络安全审查工作要求。根据《通信工程建设项目招标投标管理办法》（工业和信息化部令第27号）的有关要求，在关键软硬件采购招标时统筹考虑网络安全需要，在招标文件中明确对关键软硬件的网络安全要求。加强关键软硬件采购前的网络安全检测评估，通过合同明确供应商的网络安全责任和义务，要求供应商签署网络安全承诺书。加大重要业务应用系统的自主研发力度，开展业务应用程序源代码安全检测。

（五）强化网络数据和用户个人信息保护

认真落实《电信和互联网用户个人信息保护规定》（工业和信息化部令第24号），严格规范用户个人信息的收集、存储、使用和销毁等行为，落实各个环节的安全责任，完善相关管理制度和技术手段。落实数据安全和用户个人信息安全防护标准要求，完善网络数据和用户信息的防窃密、防篡改和数据备份等安全防护措施。强化对内部人员、合作伙伴的授权管理和审计，加大违规行为惩罚力度。发生大规模用户个人信息泄露事件后要立即向通信主管部门报告，并及时采取有效补救措施。

（六）加强移动应用商店和应用程序安全管理

加强移动应用商店、移动应用程序的安全管理，督促应用商店建立健全移动应用程序开发者真实身份信息验证、应用程序安全检测、恶意程序下架、恶意程序黑名单、用户监督举报等制度。建立健全移动应用程序第三方安全检测机制。推动建立移动应用程序开发者第三方数字证书签名和应用商店、智能终端的签名验证和用户提示机制。完善移动恶意程序举报受理和黑名单共享机制。加强社会宣传，引导用户从正规应用商店下载安装移动应用程序、安装终端安全防护软件。

（七）加强新技术新业务网络安全管理

加强对云计算、大数据、物联网、移动互联网、下一代互联网等新技术新业务网络安全问题的跟踪研究，对涉及提供公共电信和互联网服务的基础设施和业务系统要纳入通信网络安全防护管理体系，加快推进相关网络安全防护标准研制，完善和落实相应的网络安全防护措施。积极开展新技术新业务网络安全防护技术的试点示范。加强新业务网络安全风险评估和网络安全防护检查。

（八）强化网络安全技术能力和手段建设

深入开展网络安全监测预警、漏洞挖掘、恶意代码分析、检测评估和溯源取证技术研究，加强高级可持续攻击应对技术研究。建立和完善入侵检测与防御、防病毒、防拒绝服务攻击、异常流量监测、网页防篡改、域名安全、漏洞扫描、集中账号管理、数据加密、安全审计等网络安全防护技术手段。健全基于网络侧的木马病毒、移动恶意程序等监测与处置手段。积极研究利用云计算、大数据等新技术提高网络安全监测预警能力。促进企业技术手段与通信主管部门技术手段对接，制定接口标准规范，实现监测数据共享。加强与网络安全服务企业的合作，防范服务过程中的风险，在依托安全服务单位开展网络安全集成建设和风险评估等工作时，应当选用通过有关行业组织网络安全服务能力评定的单位。

三、保障措施

（一）加强网络安全监管

通信主管部门要切实履行电信和互联网行业网络安全监管职责，不断健全网络安全监管体系，积极推动关键信息基础设施保护、网络数据保护等网络安全相关立法，进一步完善网络安全防护标准和有关工作机制；要加大对基础电信企业的网络安全监督检查和考核力度，加强对互联网域名注册管理和服务机构以及增值电信企业的网络安全监管，推动建立电信和互联网行业网络安全认证体系。国家计算机网络应急技术处理协调中心和工业和信息化部电信研究院等要加大网络安全技术、资金和人员投入，大力提升对通信主管部门网络安全监管的支撑能力。

（二）充分发挥行业组织和专业机构的作用

充分发挥行业组织支撑政府、服务行业的桥梁纽带作用，大力开展电信和互联网行业网络安全自律工作。支持相关行业组织和专业机构开展面向行业的网络安全法规、政策、标准宣贯和知识技能培训、竞赛，促进网络安全管理和技术交流；开展网络安全服务能力评定，促进和规范网络安全服务市场健康发展；建立健全网络安全社会监督举报机制，发动全社会力量参与维护公共互联网网络安全环境；开展面向社会公众的网络安全宣传教育活动，提高用户的网络安全风险意识和自我保护能力。

（三）落实企业主体责任

相关企业要从维护国家安全、促进经济社会发展、保障用户利益的高度，充分认识做好网络安全工作的重要性、紧迫性，切实加强组织领导，落实安全责任，健全网络安全管理体系。基础电信企业主要领导要对网络安全工作负总责，明确一名主管领导具体负责、统一协调企业内部网络安全各项工作；要加强集团公司、省级公司网络安全管理专职部门建设，加强专职人员配备，强化专职部门的网络安全管理职能，切实加大企业内部网络安全工作的统筹协调、监督检查、责任考核和责任追究力度。互联网域名注册管理和服务机构、增值电信企业要结合实际健全内部网络安全管理体系，配备网络安全管理专职部门和人员，保证网络安全责任落实到位。

（四）加大资金保障力度

基础电信企业要制定本企业网络安全专项规划，在加大网络和业务发展投入的同时，同步加大网络安全保障资金投入，并将网络安全经费纳入企业年度预算。互联网域名注册管理和服务机构、增值电信企业要结合实际加大网络安全资金投入力度。

（五）加强人才队伍建设

基础电信企业要积极开展网络安全专业岗位职业技能鉴定工作，建立健全网络安全专业岗位持证上岗制度；加强网络安全培训，把相关培训纳入员工培训计划；积极组织和参与网络安全知识技能竞赛，形成培养、选拔、吸引和使用网络安全人才的良性机制。

2014年8月28日

关于开展养老服务和社区服务信息惠民工程试点工作的通知

民函〔2014〕325号

各省、自治区、直辖市民政厅（局）、发展改革委、工业和信息化主管部门、财政厅（局）、公安厅（局）、卫生计生委（卫生厅局、人口计生委），新疆生产建设兵团民政局、发展改革委、工业和信息化委员会、财务局、公安局、卫生局：

根据发展改革委、中央编办、工业和信息化部、财政部、教育部、公安部、民政部、人力资源社会保障部、卫生计生委、审计署、食品药品监管总局、国家标准委《关于加快实施信息惠民工程有关工作的通知》（发改高技〔2014〕46号）部署，民政部、发展改革委、工业和信息化部、财政部、公安部、卫生计生委决定组织开展养老服务和社区服务信息惠民工程试点工作。现将有关事项通知如下：

一、试点工作总体要求

（一）试点原则

1. 政府引导、社会参与。发挥政府在规划建设、运行管理和经费保障方面的引导作用，鼓励社会组织和企业参与建设。

2. 创新发展、扩大消费。鼓励和支持体制机制、政策制度、服务方式和运营模式创新，提升养老服务、社区服务信息化水平，挖掘和释放社区居民尤其是老年人的信息消费能力。

3. 统筹规划、资源整合。整合政府部门公共服务功能和资源，完善养老、社区公共服务建设布局，统筹利用现有电子政务公共平台和部门业务应用系统，实现养老、社区公共服务信息化的集约发展。

4. 服务为本、均等覆盖。以更好地满足社区居民尤其是老年人服务需求、基层社会管理和公共服务需求为导向，优先发展与老年人、社区居民切身利益密切相关的服务项目，推进基本公共服务均等化。

（二）试点目标

推进互联网、物联网等信息技术在养老服务和社区服务领域的广泛应用，更好地满足养老服务和社区服务需求，释放信息消费潜力。以养老服务为切入点，优先支持居家和社区养老服务项目，吸纳社区志愿服务和商业服务资源，建设一体化社区信息服务站。推进社区服务信息化建设，创新基层社会管理方式，增强社区服务群众能力，扩大社会力量参与，完善社区信息消费环境。通过开展试点工作，推动200个养老机构实现养老信息化管理服务，450个社区实现以居家社区养老服务为重点的社区信息一体化服务，总结试点经验，使养老信息服务水平大幅提升，社区养老服务能力显著增强，“资源共享、协同服务、便民利民、安全可控”的社区服务信息化发展格局更加完善，社区公共服务、志愿服务和便民利民服务衔接配套的社区服务信息化体系更加健全。

二、试点工作实施内容

（一）创新养老服务和社区服务信息共享应用的管理机制和政策环境

以改革创新为工作导向，围绕解决养老服务和社区服务领域存在的问题和制约因素，改变以往技术导向、项目驱动的建设模式，把创新社会管理和公共服务的工作机制和政策环境作为试点工作的首要任务，促进养老服务、社区服务和其他公共服务的协同合作、资源共享和制度对接。

1. 创新协作机制。建立职责明确、分工协作的养老服务和社区服务协调推进机制，统筹解决推进工作中的难点问题，加大资金投入和政策引导支持力度。

2. 整合服务资源。对各种养老和社区服务资源进行统一管理和有效利用，实现居家、社区和机构养老服务的有效衔接，加强与政府公共服务信息平台对接，使广大社区居民享受便利化的社区服务。

3. 推进政策创制。研究制定政府向社会力量购买养老和社区服务、引导社会力量参与、促进医疗卫生与养老服务相结合、加强社区建设等方面的政策措施。

4. 完善技术标准。研究制定养老服务数据采集、传输和交换、老年人健康档案、社区公共服务综合信息平台建设、智慧社区建设等标准规范。

（二）建立养老机构示范服务信息网络

在全国选取200个养老机构，依据自身护理服务、运营管理等方面的实际需求，从为老人提供更加专业贴心的服务、提高工作效率出发，利用互联网、物联网等信息技术，融合多种智能化系统，形成各具特色的信息化养老机构综合管理服务系统，更好地依托养老机构为周边居家和社区老年人提供服务。

1. 提升养老机构信息化服务水平。升级改造养老机构现有管理信息系统，实现对机构内老年人的无线定位求助、跌倒监测、夜间监测、老人行为智能分析、痴呆老人防走失、视频智能联动、门禁系统联动、LBS定位服务、消费娱乐等服务。

2. 推进医疗卫生服务与机构养老服务融合发展。依托电子健康档案、电子病历和区域卫生信息平台等，建立机构内老年人健康评估、健康监测、医疗救护、康复护理、临终关怀等系统，建设养老机构与卫生医疗服务机构相互支持的信息管理系统，实现养老机构与社区诊疗一卡通、医疗卫生机构的无缝对接，充分使用优质医疗卫生服务，有效提高养老机构的健康服务水平。充分发挥养老机构的辐射带动作用，利用物联网、远程健康监测等手段，逐步实现向周边居家和社区老年人开放康复设施、提供营养配餐、培训交流、专业护理等，实现养老机构与周边社区居民的养老资源共享，拓展养老机构专业化服务惠及面。

（三）深化社区服务信息化建设应用

开展200个社区公共服务综合信息平台建设试点、200个居家和社区养老服务信息网络建设试点和50个智慧社区建设试点，实现以居家社区养老服务为重点的社区信息一体化服务，尽快建设社区公共服务、志愿服务和便民利民服务衔接配套的社区服务信息化体系。

1. 加快社区服务信息化建设。依托城市统一政府公共服务信息平台，整合社区公共服务信息资源，在市（地、州、盟）层级集中建设直接面向社区的社区公共服务综合信息系统，推动不同层级、不同部门各类分散孤立、功能单一的信息系统向社区公共服务综合信息系统集成、迁移，逐步实现社区公共服务基础信息资源集中采集、多方利用，实现社区公共服务事项的一站式受理、全人群覆盖、全口径集成和全区域通办，切实改善社区信息技术装备条件，提高社区管理运行效率，增强部门协同服务能力，提升居民群众使用率和满意度。以社区老年人基本信息数据库和养老服务信息数据库为基础，建立居家社区养老服务接入受理和服务资源管理服务功能，实现对居家和社区养老的老年人全覆盖。建立居民、家庭、社会组织、社区活动电子档案，实现社区服务队伍、服务人员、服务对象信息数字化，完善社区服务设施技术网络环境，形成互联互通共享的信息服务系统。加强一体化社区信息服务站、社区信息亭、社区信息服务自助终端等公益性信息服务设施建设。支持社区服务信息化建设运营机制改革，通过政府购买社会力量服务、政府和社会资本合作模式（PPP）等方式，积极引导企业、社会组织等参与社区服务信息系统开发建设，形成公共资源、社会资源和企业资源合作协力、互惠共赢的良好局面。

2. 完善社区服务信息化功能应用。坚持有偿、低偿、无偿相结合原则，依托社区公共服务综合信息服务平台，整合社区服务站、社区照料中心、社区卫生服务站、家政服务中心、养老服务公益组织等提供的各类社会养老服务资源，通过信息化手段，为居家和社区养老的老年人提供紧急呼叫、家政预约、健康咨询、物品代购、服务缴费等适合老年人的服务项目，并逐步实现市场化、社会化运营。鼓励开发和推广养老信息化相关的智能终端产品，利用移动信息技术，开展远程医疗、健康监测及居家护理等工作。积极开发网上咨询办理、服务热线呼叫、现场自助查询等服务功能，为居民群众提供网络、电话和窗口服务关联组合的一体化社区公共服务。大力发展社区电子商务，率先实现社区养老、社区医疗、社区物业设备设施的智能化改造升级，完善“家庭眼”监护系统和“一键通”紧急求助系统等个人信息终端功能。有序推进智慧社区建设，逐步实现社区公共服务、志愿服务、便民利民服务等社区服务信息资源集成，推动形成新型社区管理和服务模式。

三、试点工作组织和申报

（一）试点工作组织

由民政部、发展改革委、工业和信息化部、财政部、公安部、卫生计生委共同组织，民政部负责试点工作的总体管理和协调，推动试点省份民政部门按时完成各项具体任务。民政部、发展改革委等部门适时组织跟踪评价，指导督促试点工作。试点地区要设立由政府相关领导同志牵头的试点工作领导小组，协调、决策试点工作中的重大事项，落实试点资金。地方民政部门会同发展改革、工业和信息化、财政、公安、卫生计生等相关部门，推动试点工作，协调研制相关政策，联合编制试点工作方案。为做好试点项目的选择实施工作，民政部将牵头成立专家组，为各地实施信息惠民试点项目及有关工作提供咨询和指导，协助检查试点任务落实情况。

（二）试点进度安排

本试点工作整体实施周期为三年，于2014年第3季度启动，根据各地申报情况确定试点总体方案，有序组织、滚动实施。

（三）试点申报条件

申报试点的养老机构或社区应具备以下基本条件：

1. 建有信息化服务系统，具备开展信息化服务基础；

2. 具有项目实施方案和筹资方案；

3. 具备开展必要信息化服务的设施和能力；

4. 具有相适应的技术人员和保障条件。

其中：申请试点的养老机构除应当依法经民政部门许可设立的养老机构（公办、民办均可）外，还应具备以下条件：建设规模不少于100张养老床位，且以收住失能、半失能老人为主；具有对周边社会老人开展社会化服务能力和条件；具备开展必要医疗康复服务的设施和能力。

申请居家和社区养老服务信息网络试点的街道（社区）服务人口需达5000人以上，服务区域内常住老年人口比例要高（60岁及以上人口达到15%以上），养老服务需求迫切。

社区公共服务综合信息平台项目在城市或城区层级启动建设试点。试点城市或城区须依托城市统一政府公共服务信息平台在城市或城区层级统一建设社区公共服务综合信息系统，在街道（乡镇）层级统一应用。智慧社区项目须在街道（乡镇）层级统一建设应用。

（四）试点申报流程

1. 拟申报的试点单位根据现有工作基础编制《试点实施方案》（要求达到可行性研究报告深度，编制要点见附件1）。《试点实施方案》应包含以下附件：试点工作牵头单位及参与单位基本情况、自有资金证明、项目招标方案等相关文件。

2. 各省级民政部门根据本通知要求，会同发展改革、工业和信息化、财政、公安、卫生计生等相关部门，确定试点申请单位，汇总填报《试点工作申报表》（见附件2），并负责编制本地区《试点工作方案》（申报稿，内容参照附件1要求），经省级发展改革部门按程序审批后，由省级民政部门、发展改革部门联合上报民政部、发展改革委。

3. 民政部将会同有关部门，根据各地申报材料，从工作基础、试点方案、地方建设资金和条件、组织管理等方面进行初步评审，初步确定试点项目，在此基础上形成试点工作整体实施方案草案。

4. 发展改革委、民政部、工业和信息化部、财政部、卫生计生委组织有关专家对试点整体实施方案草案进行完善性论证。

5. 各省级民政部门根据论证意见，进一步优化完善本地区《试点工作方案》，经省级发展改革部门按程序审批后，由省级发展改革部门报发展改革委，并抄送民政部。

6. 发展改革委按程序下达试点任务，民政部会同有关部门共同组织实施。

（五）试点申报要求

1. 试点项目要优先选择在信息惠民国家试点城市、养老服务业综合改革试点地区、全国社区治理和服务创新实验区开展。

2. 试点工作资金主要由试点地区自筹解决。各省（自治区、直辖市）和新疆生产建设兵团原则上可申报6个养老机构、6个居家和社区养老服务信息网络试点、6个社区公共服务综合信息平台试点和2个智慧社区试点。5000万以上的人口省份可适当多申报1–2个。

3. 试点申报截止日期为2015年1月30日。涉及养老机构项目、居家和社区养老服务信息网络项目的，报民政部社会福利和慈善事业促进司；涉及社区公共服务综合信息平台项目、智慧社区项目的，报民政部基层政权和社区建设司。所有材料都要同时报送发展改革委高技术产业司（一式三份、附电子版光盘）。

民政部　国家发展改革委　工业和信息化部
财政部　公安部　国家卫生计生委
2014年10月30日

工业和信息化部关于加强城市地下通信管线建设管理工作的通知

工信部通〔2014〕476号

各省、自治区、直辖市通信管理局，中国电信集团公司、中国移动通信集团公司、中国联合网络通信集团有限公司，中国铁塔股份有限公司，相关单位：

为深入贯彻《国务院关于加强城市基础设施建设的意见》（国发〔2013〕36号）和《国务院办公厅关于加强城市地下管线建设管理的指导意见》（国办发〔2014〕27号），落实国务院重点任务分工，现就切实加强城市地下通信管道和线路（以下简称城市通信管线）建设管理工作通知如下：

一、充分认识加强城市通信管线建设管理的重要性

城市通信管线作为通信基础设施的重要组成部分，是实现"宽带中国"战略、构建下一代国家信息基础设施的关键要素，是经济社会发展的战略性公共基础设施。加快城市通信管线建设对推动宽带网络升级改造，提高信息网络安全保障能力，推进工业化和信息化深度融合，促进信息消费，提升城市信息化水平具有重要的战略意义。

近年来，我国城市通信管线建设取得了长足进步，基础电信企业的投资力度不断加大，工程建设质量稳步提高，通信网络安全保障能力进一步提升。但是，城市通信管线建设仍然难以满足通信网络发展的需要，建设难、选址难、总量不足等问题没有得到有效解决。全行业必须充分认识加强城市通信管线建设的必要性和紧迫性，发挥政府引领、企业主体的作用，提高科技创新能力，以落实《国务院关于加强城市基础设施建设的意见》为契机，密切协调配合，着力解决城市通信管线建设中的难题，消除安全隐患，有效提升通信基础设施建设质量和管理水平。

二、总体要求及重点任务

（一）总体要求

2015年年底前，完成城市通信管线信息普查，建立城市通信管线管理信息系统，编制完成城市通信管线专项规划。力争用5年时间，完成城市通信管线安全隐患排查和改造，建立城市通信管线保护机制。用10年左右时间，建成较为完善的城市通信管线体系，使城市通信管线管理水平能够适应通信发展需要，安全和应急保障能力大幅提升。

（二）重点任务

各省、自治区、直辖市通信管理局（以下简称各通信管理局）作为行业主管部门，要组织做好本行政区内的城市通信管线建设管理工作，各基础电信企业要积极主动完成各项任务。

1. 编制专项规划。按照《城市通信工程规划规范》（GB/T50853-2013）编制城市通信管线专项规划，并配合地方政府做好城市地下管线综合规划编制以及地下空间资源调查和评估工作。城市通信管线专项规划作为城市总体规划的重要组成部分，应贯彻集约建设、共建共享原则，综合考虑各基础电信企业的需求，按照联合建设、共享资源的方式，统筹规划、合理确定通信管线的布局、空间位置、规模、用地范围等，并做好与土地利用总体规划、地下空间、道路交通、人防及地铁等建设的衔接和协调。

2. 规范建设行为。一是落实同步建设原则。根据城市道路年度建设计划和地下管线综合规划，合理制定城市通信管线年度建设计划，并与城市道路年度建设计划同步实施，力争一次敷设到位；二是严格履行基本建设程序。城市通信管线建设项目应落实施工图设计文件审查、工程质量安全监督与监理、竣工测量以及档案移交等制度；要落实施工安全管理制度，明确相关责任人，确保施工作业安全。

3. 加强改造维护。一是积极推进城市通信架空线入地改造，加大通信网络光纤入户改造力度，进一步提升宽带家庭普及率和光纤接入能力。二是开展通信管道安全隐患排查和改造升级，建立城市通信管线巡护和隐患排查制度，强化日常运行及维护监测监控，定期对城市通信管线进行检测、维修，加强通信管道人孔井盖管理，采用防坠落、防位移、防盗窃等技术手段，彻底消除安全隐患。

4. 积极推进管廊建设。积极参与地方政府组织的城市地下综合管廊（以下简称综合管廊）试点工程，配合做好综合管廊投融资、建设、运营维护等相关政策、标准的研究，探索资源开放共享、合理定价机制，推动综合管廊建设与通信管网的衔接，更好地适应通信建设发展需要，进一步提高通信基础设施建设的集约化水平。

5. 开展资源普查。按照地方政府城市地下管线普查工作的统一部署，做好城市通信管线的普查工作。普查工作包括基础信息普查和隐患排查。基础信息普查应按照相关技术规程进行探测、补测，重点掌握城市通信管线的规模大小、位置关系、功能属性、产权归属、运行年限等基本情况；隐患排查主要是全面了解城市通信管线的运行状况，摸清存在的结构性隐患和危险源。

6. 建立信息系统。在普查工作的基础上，基础电信企业要建立城市通信管线信息系统，同时做好与城市地下管线综合管理信息系统（以下简称综合管理系统）的对接。城市通信管线信息系统要按照统一的数据标准，实现与综合管理系统信息的即时交换、共建共享、动态更新，满足日常运营维护等工作需要。同时，要充分利用城市通信管线信息系统，做好通信工程规划、施工建设、运营维护、应急防灾、公共服务等工作，提升通信基础设施的信息化管理水平。

三、保障措施

（一）加强行业指导

工业和信息化部将加强对城市通信管线建设管理相关工作的研究，着力做好建设标准、政策的制定，积极与相关部门沟通协调，及时解决遇到的问题，有序推进城市通信管线建设管理工作，确保各项重点任务的顺利完成。

（二）健全工作机制

各通信管理局要加强对城市通信管线建设管理工作的组织领导，建立工作协调机制，加强与规划、建设等地方政府相关部门的沟通配合，会同城乡规划部门组织编制城市通信管线专项规划，统筹制定城市通信管线年度计划，督促指导基础电信企业开展城市通信管线信息普查、建立信息系统、加强改造维护等工作，配合地方政府开展综合管廊试点工作。

（三）落实企业责任

基础电信企业作为城市通信管线建设的主体，要坚持资源节约、共建共享原则，按照工业和信息化部和各通信管理局的统一部署，积极采取有效措施，紧紧围绕城市通信管线建设工作的总体要求，完成好各项重点任务。

（四）强化监督检查

各通信管理局要定期组织开展城市通信管线建设情况的检查，督促基础电信企业对城市通信管线安全风险较大的区段和场所进行重点监控，强化城市通信管线工程质量和安全生产的监督检查，切实保障通信基础设施运行安全稳定。

2014年11月6日

关于加强党政部门云计算服务网络安全管理的意见

中网办发文〔2014〕14号

各省、自治区、直辖市党委网络安全和信息化领导小组办公室，中央和国家机关各部委、各人民团体网络安全和信息化相关工作机构：

为加强党政部门云计算服务网络安全管理，维护国家网络安全，现就党政部门云计算服务网络安全管理提出以下意见。

一、充分认识加强党政部门云计算服务网络安全管理的必要性

云计算服务是以云计算技术与模式为主要特征的信息技术服务，包括SaaS（软件即服务）、PaaS（平台即服务）、IaaS（基础设施即服务）等。党政部门采购云计算服务，有利于提高资源利用率和为民服务效率与水平，同时，安全风险也很突出：用户对数据、系统的控制管理能力减弱；安全责任不明确，一些单位可能由于数据和业务的外包而放松安全管理；云计算平台更加复杂，风险和隐患增多，控制和监管手段不足；云计算平台间的互操作和移植比较困难，用户数据和业务迁移到云计算平台后容易形成对云计算服务提供者（以下称服务商）的过度依赖。对此，各级党政部门务必高度重视，增强风险意识、责任意识，切实加强采购和使用云计算服务过程中的网络安全管理。

二、进一步明确党政部门云计算服务网络安全管理的基本要求

党政部门在采购使用云计算服务过程中应遵守，并通过合同等手段要求为党政部门提供云计算服务的服务商遵守以下要求：

——*安全管理责任不变*。网络安全管理责任不随服务外包而外包，无论党政部门数据和业务是位于内部信息系统还是服务商云计算平台上，党政部门始终是网络安全的最终责任人，应加强安全管理，通过签订合同、持续监督等方式要求服务商严格履行安全责任和义务，确保党政部门数据和业务的机密性、完整性、可用性，以及互操作性、可移植性。

——*数据归属关系不变*。党政部门提供给服务商的数据、设备等资源，以及云计算平台上党政业务系统运行过程中收集、产生、存储的数据和文档等资源属党政部门所有。服务商应保障党政部门对这些资源的访问、利用、支配，未经党政部门授权，不得访问、修改、披露、利用、转让、销毁党政部门数据；在服务合同终止时，应按要求做好数据、文档等资源的移交和清除工作。

——*安全管理标准不变*。承载党政部门数据和业务的云计算平台要参照党政信息系统进行网络安全管理，服务商应遵守党政信息系统的网络安全政策规定、信息安全等级保护要求、技术标准，落实安全管理和防护措施，接受党政部门和网络安全主管部门的网络安全监管。

——敏感信息不出境。为党政部门提供服务的云计算服务平台、数据中心等要设在境内。敏感信息未经批准不得在境外传输、处理、存储。

三、合理确定采用云计算服务的数据和业务范围

党政部门要参照《信息安全技术云计算服务安全指南》等国家标准，对数据的敏感程度、业务的重要性进行分类，全面分析、综合平衡采用云计算服务后的安全风险和效益，科学规划和确定采用云计算服务的数据、业务范围和进度安排。对于涉及国家秘密、工作秘密的业务，不得采用社会化云计算服务。对于包含大量敏感信息和公民隐私信息、直接影响党政机关运转和公众生活工作的关键业务，应在确保安全的前提下再考虑向云计算平台迁移。对于保护等级四级以上的信息系统，以及一旦出现问题可能造成重大经济损失，甚至危害国家安全的业务不宜采用社会化云计算服务。

四、统一组织党政部门云计算服务网络安全审查

中央网信办会同有关部门建立云计算服务安全审查机制，对为党政部门提供云计算服务的服务商，参照有关网络安全国家标准，组织第三方机构进行网络安全审查，重点审查云计算服务的安全性、可控性。党政部门采购云计算服务时，应逐步通过采购文件或合同等手段，明确要求服务商应通过安全审查。鼓励重点行业优先采购和使用通过安全审查的服务商提供的云计算服务。

五、加强云计算服务过程的持续指导和监督

党政部门应按照合同管理等有关要求，参考相关技术标准和指南，同服务商签订服务合同、协议。合同和协议要充分体现网络安全管理要求，明确合同双方的网络安全责任义务。直接参与党政业务系统运行管理的服务商人员应签订安全保密协议，必要时要对其进行背景调查。

党政部门要认真履行合同规定的责任义务，监督服务商加强安全防护管理，要求服务商在发生网络安全案件或重大事件时，及时向有关部门报告，配合开展调查工作。要组织对云计算服务的安全监测，加强安全检查，及时发现和通报安全隐患。

六、强化保密审查和安全意识培养

党政部门应建立健全云计算服务保密审查制度，指定机构和人员负责对迁移到云计算平台上的数据、业务进行保密审查，确保数据和业务不涉及国家秘密。综合分析数据关联性，防止因数据汇聚涉及国家秘密，不得使用非涉密网络中的云计算平台处理涉及国家秘密的信息。党政部门在使用云计算服务前，要集中组织开展机关工作人员网络安全和保密教育培训，明示使用云计算服务面临的安全保密风险；要求服务商加强对员工的安全和保密教育，自觉维护党政部门云计算服务安全。

中央网络安全和信息化
领导小组办公室
2014年12月30日

交通运输部质检总局关于提升交通运输行业卫星导航产品及服务质量的意见

交科技发〔2015〕27号

各省、自治区、直辖市、新疆生产建设兵团交通运输厅（局、委）、质量技术监督局：

交通运输行业是卫星导航系统应用的重要领域。为进一步规范交通运输行业卫星导航产品市场秩序，提升产品及服务质量，提出以下意见。

一、总体思路

深入贯彻党的十八大和十八届三中、四中全会精神和国务院决策部署，聚焦交通运输行业卫星导航产品及服务质量存在的突出问题，强化企业主体责任，加强政府监管，转变政府职能，创新监管方式，建立健全产品及服务质量控制体系和质量监管体系，促进北斗卫星导航系统在交通运输行业健康有序发展。

二、建立健全产品及服务质量控制体系

（一）提升产品质量

加大对卫星导航产业的支持力度，健全企业技术创新激励机制及市场导向机制，不断提高卫星定位模块等核心部件产品的技术成熟度，增强产品的核心竞争力。卫星定位模块、终端等产品生产企业承担质量主体责任，切实履行产品质量的法律责任和社会义务，提升自主研发能力，建立健全企业内部质量控制体系，加强出厂检测，严格按照相关标准进行产品的生产、销售、安装和服务。

（二）提升应用系统平台服务质量

道路运输车辆卫星定位系统平台（简称“系统平台”）运营商等服务企业应认真履行系统平台建设和运维的主体责任，严格按照“道路运输车辆卫星定位系统”系列标准和《道路运输车辆动态监督管理办法》（交通运输部公安部国家安全生产监督管理总局2014年第5号令）（简称“第5号部令”）的要求建设、管理和维护系统平台，做好系统平台与终端产品的衔接，并进一步提高数据管理和应用服务水平，提高终端接入数据的质量。

（三）推动卫星导航终端成为营运车辆标准配置

推动旅游客车、包车客车、三类以上班线客车、危险货物运输车辆、重型载货汽车和半挂牵引车在出厂前安装符合标准的卫星定位装置（简称“前装”），加快制定执行方案，加大第5号部令等政策法规及标准规范的宣传力度，切实推动车辆生产企业落实前装政策，提高车载终端同营运车辆的环境兼容性，增强安装使用可靠度。

（四）完善标准规范

完善交通运输行业卫星导航应用产品及服务标准体系。加快标准的制修订工作，明确卫星定位模块、系统平台等功能要求，加快制定

车载终端前装技术标准，规范前装检测认证流程，制定终端产品和系统平台检测技术及管理规范。

三、建立健全产品及服务质量监管体系

（五）完善产品及服务质量监管机制

建立涵盖卫星定位模块、终端及系统平台等重点产品的多部门联合抽查机制，加强检用一致性检查，在生产、流通、安装、使用、服务环节加强产品及服务质量监督，构建“全链条”监管长效机制，严厉打击“以次充好”。进一步建立健全产品及服务质量信用评价体系，建立质量失信退出机制和黑名单制度。完善系统平台数据质量考核监督及评价办法，加强对车辆前装政策执行情况的评估与监督。

（六）规范产品检测认证体系

进一步规范卫星导航车载终端及系统平台标准符合性技术审查流程，完善产品标准符合性技术审查办法。明确系统平台备案有关要求，避免对通过标准符合性技术审查的产品进行二次筛选。积极推进卫星导航车载终端及系统平台认证工作，鼓励选用获证产品。建立检测认证机构竞争性选择机制，加强监督检查。建立健全检测认证机构技术能力及服务水平评价体系，科学合理地设定检测流程和收费标准，增强检测认证机构服务意识。

（七）创造公平有序的市场环境

消除各类市场壁垒，减少政府行政干预，营造统一开放、竞争有序的市场环境。公布监督投诉电话，畅通申诉渠道，接受社会公众和新闻媒体对产品与服务质量，以及检测与抽查工作的监督。加大信息公开力度，提高政策措施透明度，积极宣传改进和加强产品及服务质量监管的做法和成效，加大对不诚信行为的曝光力度。

四、保障措施

（八）加强组织领导

充分发挥各级政府的领导协调作用，发挥各级交通运输、质检等部门的行业指导作用，密切沟通协作，构建涵盖生产、流通、安装、使用、服务的“全链条”监管长效机制，进一步强化监管效力，为提升交通运输行业卫星导航产品及服务质量提供组织保障。

（九）落实工作经费

积极争取各级政府财政支持，落实标准制修订、质量监督抽查、企业信用评价体系建设，以及检测机构服务监督等方面财政经费，确保专款专用，保障质量监督工作长期有效进行。

（十）强化队伍建设

加强对产品研发、生产、服务，以及检测、监督抽查、信用评价等各方面从业人员的教育、培训与管理，加强检测机构能力建设，切实提高从业人员的专业素质和能力水平。

中华人民共和国交通运输部

中华人民共和国国家质量监督检验检疫总局

2015年2月17日

文化部关于贯彻落实《国务院关于推进文化创意和设计服务与相关产业融合发展的若干意见》的实施意见

各省、自治区、直辖市文化厅（局），新疆生产建设兵团文化广播电视局，各计划单列市文化局：

为深入贯彻落实《国务院关于推进文化创意和设计服务与相关产业融合发展的若干意见》（国发〔2014〕10号，以下简称《若干意见》），提高文化产业创意水平和整体实力，推动文化创意和设计服务与相关产业深度融合，制定本实施意见。

一、深刻领会、准确把握推进文化创意和设计服务与相关产业融合发展的重大意义和工作思路

《若干意见》的发布，体现了中央在新形势下对文化产业战略地位和重大作用的准确把握，标志着文化创意和设计服务与相关产业融合发展已经成为国家战略，对促进经济结构调整和发展方式转变、提升产业竞争力、满足多样化消费需求、提高人民生活质量具有重要意义，对提升全民文化素质、增强文化整体实力和竞争力、提高国家文化软实力有着重要的促进作用。各级文化行政部门要主动把文化产业融入经济社会发展全局，认真研判、准确把握产业融合发展新趋势，打破部门行业区域藩篱，创新理念方式手段，抓好政策措施落实，在切实提升文化产业的创意水平和整体实力的基础上，更加积极主动地发挥文化创意和设计服务对相关产业发展的支持作用，以文化提升相关产业产品和服务的附加值，以融合发展拓展文化产业发展空间，实现文化产业与相关产业相互促进、共同发展。

二、提升文化产业的创意水平和整体实力

（一）创意设计业

坚持注重创意创新、淡化行业界限、强调交互融合的大设计理念，不断提高创意设计能力，充分发挥创意设计对实体经济相关领域的促进作用。推动民族文化元素与现代设计有机结合，形成有中国文化特色的创意设计发展路径。促进创意设计与现代生产生活和消费需求对接，拓展大众消费市场，探索个性化定制服务。支持建设数个有国际影响力的“设计之都”。优化提升北京国际设计周、中国苏州文化创意设计产业交易博览会等专业会展，为创意设计推广、交易和交流合作提供平台。

（二）动漫、游戏业

扶持内容健康向上、富有创意的优秀原创动漫产品的创作、生产、传播和消费。组织评选好中国文化艺术政府奖动漫奖，继续实施国家动漫品牌建设和保护计划，加大对优秀动漫创意人才的扶持力度。推广手机（移动终端）动漫行业标准，鼓励面向新媒体渠道的动漫游戏创作。提高游戏产品的文化内涵，培育国产游戏知名品牌，增强游戏产业核心竞争力和国际影响力。加强网络游戏规范管理，积极引导行业和企业自律。办好中国国际动漫游戏博览会，建设最具影响力的专业化、国际化动漫游戏会展交易平台。

（三）演艺、娱乐业

通过政府购买服务、原创剧目补贴、以奖代补等方式，扶持演艺企业创作生产，增强面向市场服务群众的能力。加强舞美设计、舞台布景创意和舞台技术装备创新，丰富舞台艺术表现形式。鼓励演艺企业创作开发体现中华优秀文化、面向国际市场的演艺精品。加快演艺基础设施建设改造和文艺演出院线建设。支持开发具有民族文化特色、健康向上的原创娱乐产品和新兴娱乐方式，促进娱乐业与休闲产业结合。鼓励娱乐企业连锁经营，促进娱乐产品传播消费。

（四）艺术品业

支持多种艺术形式、艺术风格、艺术流派创新发展，鼓励创作更多思想性艺术性观赏性俱佳的艺术品。加强艺术品市场需求和消费趋势预测研究，促进艺术创作与市场需求对接、与生活结合。推动画廊业健康发展，扶持经纪代理制画廊等市场主体，引导、培育和建设艺术品一级市场。鼓励原创新媒体艺术发展。鼓励开发艺术衍生品和艺术授权产品，培育艺术品市场新增长点。鼓励有实力的艺术家积极开拓境外市场。加强对优秀青年艺术家的培育、宣传、推广服务。办好中国（北京）艺术品产业博览会，搭建全国性、专业化、品牌化的艺术品产业交易交流平台。

（五）工艺美术业

坚持保护传承和创新发展相结合，发掘民族文化元素，突出地域特色，在保护多样性和独特性的基础上，促进工艺美术业全面健康发展。保护传承传统技艺，推动传统工艺美术产品融入现当代生活。在保护传承的基础上，支持开发新技术、新工艺、新产品，增加艺术含量和科技含量，提高产品附加值。强化品牌意识，培育一批有较高知名度的工艺美术品牌。

三、充分发挥文化创意和设计服务对相关产业发展的支持作用

（六）加强文化创意和设计服务与装备制造业、消费品工业对接

提升文化创意和设计服务企业服务装备制造的能力，支持基于新技术、新工艺、新设备、新材料的应用设计和文化内涵开发，进一步提升实用功能和审美性。推动在生活消费品制造中引入创意设计元素，提高附加值，引导消费升级。鼓励文化企业与制造企业深度合作，通过形象授权、限量复制、加盟制造、委托代理等形式开发文化衍生产品，推动文化创意和设计服务渗透到制造业产品生产、销售流通、宣传推广全过程。

（七）注重文化建设与人居环境相协调

鼓励文化创意和设计服务单位参与新型城镇化和新农村建设，强化创意设计理念，丰富文化元素，提升村镇规划和农村住宅、居民点建设水平，提升城乡居民宜居水平。强化文化传承创新，有效保护历史文化街区和历史建筑，提高城市公共空间和公共艺术的规划水平和设计品质，合理发展各类艺术园区，完善图书馆、文化馆、美术馆、博物馆等公共文化设施功能，提高展陈水平，努力使城市成为历史底蕴厚重、时代特色鲜明的人文空间。推进文化生态保护区建设，保持乡村原始风貌、文化特色和自然生态，保护有历史、艺术价值的传统村落和民居，建设各具特色的美丽乡村。鼓励装饰设计创新，突出文化内涵，创造舒适优美的个性化家居环境。

（八）加快文化与科技融合

促进文化与科技双向深度融合，依托高新技术增强文化产品的表现力、感染力、传播力，强化文化对信息产业的内容支撑和创意提

升。通过国家文化科技提升计划和文化科技创新项目，研发一批具有自主知识产权的核心技术，推广一批高新技术成果，提升文化行业技术与装备水平。推动高新技术成果向文化领域的转化应用，加强对传统文化产业的技术改造，培育新兴文化业态。鼓励对舞台剧目、音乐、美术、文化遗产的数字化转化，支持开发适宜互联网、移动终端的数字文化产品。加强多媒体、动漫游戏软件开发，推动动漫游戏与虚拟仿真技术在相关产业中的集成应用。

（九）促进文化旅游融合发展

鼓励文化创意和设计服务进入旅游业，提升文化旅游产品开发和服务设计水平，促进发展特色文化旅游，促进发展参与式、体验式等新型业态。鼓励文化创意、演艺、工艺美术与旅游资源整合，开发具有地域特色和民族风情的旅游演艺精品和旅游商品。支持建设富有文化特色与内涵的休闲街区、特色村镇、旅游度假区，加快培育文化旅游精品。

（十）推动文化与特色农业有机结合

充分发挥文化在服务“三农”中的作用，鼓励文化创意和设计服务企业及个人工作室为乡村集体经济组织、专业合作社、农户开展多种形式的创意设计，提升农产品文化附加值，提高农业品牌的知名度。加强休闲农业与乡村旅游经营场所的创意设计，支持建设集农耕体验、田园观光、教育展示、文化创意于一体的休闲农业创意园。促进农业文化遗产的保护。

（十一）促进文化与体育产业融合发展

鼓励文化企业向体育领域拓展，支持发展体育竞赛表演、电子竞技、体育动漫等新业态。加强创意设计，提升体育用品及衍生产品附加值。丰富传统节庆活动内容，支持各地依托自然人文资源举办特色体育活动。

四、实施重要文化产业促进计划与工程

（十二）文化产业创业创意人才扶持计划

适应创业创意人才成果转化、市场推广的需要，通过加大资金投入、提供展示机会、扩大品牌影响，鼓励各类文化人才大胆创意、创造和创新，促进融合发展。制订人才选拔条件，5年内重点扶持5000名青年创业创意人才，建设创业创意人才库。以文化会展、画廊、竞技比赛等为平台，通过提供展示交易机会、奖励、补助等形式对创意人才予以支持。依托文化产业园区基地和各类支持平台，建设文化产业创业创意人才扶持计划实践基地。

（十三）成长型小微文化企业扶持计划

落实国家关于扶持小微企业发展的政策措施，引导和帮助各类小微文化企业增强盈利能力和发展后劲。发挥文化产业园区基地的孵化、服务功能，培育具有地方特色的小微文化企业和个人工作室，支持文化创意和设计服务企业向专、精、特、新发展，重点培育一批具有较强创意创新能力和发展潜力的中小微文化企业。

（十四）特色文化产业发展工程

以特色文化资源保护和合理利用为基础，鼓励各地不断推出特色鲜明的文化产品和服务，引导特色文化产业与建筑、园林、农业、体育、餐饮、服装、生活日用品等领域融合发展。合理规划、引导实施一批特色文化产业项目，支持建设一批文化特色鲜明、产业优势突出的特色文化产业示范区。建设有历史记忆、地域特色、民族特点的特色文化城镇和乡村。持续推进藏羌彝文化产业走廊建设，突出民族文化特色，推进文化与生态、旅游的融合发展，建成国际知名的文化旅游目的地和有示范效应的特色文化产业带。

（十五）数字文化产业发展工程

强化创新驱动，积极支持科研机构和企业加强数字文化产业关键技术研发、产业融合、商业模式创新和品牌培育。推动建立高技术服务业专项支持数字内容动漫游戏领域项目的长效机制。支持建立数字内容生产、转换、加工、投送平台，加强网络文化信息内容建设。加强数字文化产业人才培养和趋势研究工作。

（十六）文化产业投融资体系推进工程

发挥文化产业、金融、财政政策协同作用，深化文化金融合作，引导金融资本支持文化创意和设计服务发展。根据文化创意和设计服务企业特点和资产特性，创新文化金融服务体制机制，创新文化金融产品和服务。加大文化金融人才培训力度，提升文化创意和设计服务企业的投融资能力。推进文化金融合作改革试点工作，探索创建文化金融合作试验区。实施“文化金融扶持计划”，发挥财政对文化金融合作的引导带动作用。

（十七）文化产业园区基地提升工程

支持文化产业园区基地更好地发挥促进创意孵化、加强人才培养、推进产业融合、建设服务平台、培育文化品牌等功能，促其转型升级。依托国家级新区、现代服务业合作区、综合实验区、自由贸易区等，推进资源整合，支持建设数个高起点、规模化、代表国家水准和未来发展方向的文化产业园区。推进动态管理，完善退出机制，严格控制园区基地数量，提高发展水平。

五、落实支持政策和保障措施

（十八）落实相关经济政策

加快推进文化创意和设计服务企业认定标准制定和认定试点工作，确定企业创意设计费用税前扣除范围和标准，将《若干意见》提出的税收、土地、价格等优惠政策落到实处。经认定的文化创意和设计服务企业减按15%税率征收企业所得税，发生的职工教育经费支出不超过工资薪金总额8%的部分，准予在计算应纳税所得额时扣除。企业发生的符合条件的创意和设计费用执行税前加计扣除政策。推动落实文化创意和设计服务出口营业税免税政策。推动营业税改增值税试点有关政策在文化创意和设计服务领域落实。支持以划拨方式取得土地的单位利用存量房产、原有土地兴办文化创意和设计服务，并享受相关政策。推动落实文化创意和设计服务企业用水、用电、用气、用热与工业同价。推动落实对非物质文化遗产项目经营实行税收优惠政策。用好各类文化产业发展专项资金、投资基金，发挥财政资金杠杆作用，吸引社会资本广泛参与，促进文化创意和设计服务蓬勃发展。将文化创意和设计服务与相关产业融合纳入文化部文化金融合作工作框架、文化产业投融资服务体系的重点支持与服务范围。推动建立完善文化创意和设计服务企业无形资产评估体系，提高文化保险产品开发力度和服务水平。

（十九）营造创意创新环境

加强文化类知识产权运用和保护，促进知识产权转化和合理有效流通，加大对侵权行为的打击力度，健全创新创意激励保障机制。营造鼓励创新、宽容失败的文化创造环境，支持企业和个人加强产品研发和内容原创，推动文化内容、形式、手段创新。提高政府公共文化服务水平，发挥各类公共文化机构功能，培育公众文化创新创造意识。搭建各类文化交流平台，为文艺创作者、创意设计人才深入生活提供条件。积极推动创意社区建设。

（二十）加大人才培养力度

发挥高校院所、文化企业、园区基地、创业创意孵化器等各自优势，推进产学研用合作培养人才。实施重点文化设施经营管理人才培养计划，有效提升剧院、图书馆、博物馆、文化产业园区基地等各类文化设施经营管理水平。办好国家数字文化产业高级研修班、国家原创动漫高级研修班、西部文化产业经营管理人才培训班、文化产业投融资实务系列研修班，组织全国演艺企业经营管理人才进行分批次系统化轮训。鼓励依托工作室、文化名人、艺术大师，培养具有较强创意创新能力和国际视野的文化创意和设计服务人才。推动将非物质文化遗产传承人培养纳入职业教育体系，推动将学艺者纳入免费中等职业教育范畴，并提供资金补助、免费培训等扶持。规范和鼓励举办国际化、专业化的创意和设计竞赛活动，促进创意和设计人才创新成果展示交易。

（二十一）扩大市场需求

加强全民文化艺术教育，提高人文素养，提升文化消费水平。积极推进与相关部门对文化消费现状和发展规律研究，发布文化消费指数，引导文化消费。鼓励实施文化消费补贴制度，开展文化惠民活动，培育文化消费需求，扩大文化消费规模。结合公共文化服务体系建设，继续扩大各类文化产品和服务的政府采购。支持有条件的地区建设有特色、专业化的文化创意产品和设计服务的交易市场。鼓励文化创意和设计服务企业利用电子商务平台开展网络销售。

（二十二）加强公共服务

加强对文化创意和设计服务与相关产业融合发展的支撑，提高公共技术、资源信息、投资融资、交易展示、人才培养、交流合作等服务能力。完善创意创业服务体系，支持各类创意创业孵化器发展，促进创意成果转化和创业团队孵化。建设一批布局合理、功能完善、运营高效的文化产业技术服务平台。引导各类文化产业展会转型升级，提升其市场化、专业化、国际化水平。

（二十三）鼓励开拓境外市场

综合运用多种政策手段，对文化服务出口、境外投资、营销渠道建设、市场开拓、公共服务平台建设、文化贸易人才培养等方面给予支持。减少对文化出口的行政审批事项，简化手续，缩短时限。支持有条件的企业通过海外并购、联合经营、设立分支机构等方式开拓境外市场。加强对外文化贸易公共信息服务，及时发布国际文化市场动态和国际文化产业政策信息。在重点出口地区建立和完善创意设计产品出口服务平台，推动中国原创设计产品走入国际市场。支持文化创意和设计服务企业参加国际知名展会和文化活动。鼓励发展设计服务外包。鼓励文化创意和设计服务企业通过文化交流、项目合作等方式，积极参与国际交流合作。

六、加强组织实施

各级文化行政部门要认真学习、深刻认识《若干意见》的重大意义，领会精神实质，按照本实施意见要求，在党委、政府的领导下，统一思想，提高认识，把文化创意和设计服务与相关产业融合发展列入重要议事日程，结合本地区实际制定配套政策措施，创造性地抓好组织实施。要主动加强与发展改革、财政、教育、科技、土地、税务、金融等部门的沟通协调，把各项政策措施落到实处。推进文化产业促进立法进程。充分发挥各级各类文化产业协（学、商）会、中介组织、研究机构等在提供政策咨询、加强行业自律、促进行业发展、维护企业合法权益、制定行业标准等方面的重要作用。

文化部

2014年3月20日

关于推动传统出版和新兴出版融合发展的指导意见

新广发〔2015〕32号

各省、自治区、直辖市新闻出版广电局、财政厅（局），新疆生产建设兵团新闻出版局、财务局，解放军总政治部宣传部新闻出版局：

推动传统出版和新兴出版融合发展，把传统出版的影响力向网络空间延伸，是出版业巩固壮大宣传思想文化阵地的迫切需要，是履行文化职责的迫切需要，是自身生存发展的迫切需要。根据中共中央办公厅、国务院办公厅印发的《关于推动传统媒体和新兴媒体融合发展的指导意见》，结合出版业实际情况，现就推动传统出版和新兴出版融合发展，提出如下指导意见：

一、总体要求

1. 指导思想

以邓小平理论、“三个代表”重要思想、科学发展观为指导，深入贯彻落实习近平总书记系列重要讲话精神，贯彻落实中央关于全面深化改革的重大战略部署，坚持以先进技术为支撑、内容建设为根本，充分运用新技术，创新出版方式、提高出版效能，进一步掌握网络空间话语权，进一步提高出版业的影响力传播力和竞争实力，推动出版业更好更快发展。

2. 基本原则

必须始终坚持党管出版，把坚持正确政治方向和出版导向贯穿到出版融合发展的各环节、全过程，自觉体现社会主义核心价值观，始终坚持把社会效益放在首位，努力实现社会效益和经济效益有机统一；坚持正确处理传统出版和新兴出版关系，以传统出版为根基实现并行并重、优势互补、此长彼长；坚持强化互联网思维，积极推进理念观念、管理体制、经营机制、生产方式创新；坚持一体化发展，推动传统出版和新兴出版实现出版资源、生产要素的有效整合；坚持内容为本技术为用、内容为体技术为翼，运用先进技术传播先进文化；坚持重点突破和整体推进相结合，因地制宜、积极探索、差异化发展。

3. 工作目标

按照积极推进、科学发展、规范管理、确保导向的要求，立足传统出版，发挥内容优势，运用先进技术，走向网络空间，切实推动传统出版和新兴出版在内容、渠道、平台、经营、管理等方面深度融合，实现出版内容、技术应用、平台终端、人才队伍的共享融通，形成一体化的组织结构、传播体系和管理机制。力争用3-5年的时间，研发和应用一批新技术新产品新业态，确立一批示范单位、示范项目、示范基地（园区），打造一批形态多样、手段先进、市场竞争力强的新型出版机构，建设若干家具有强大实力和传播力公信力影响力的新型出版传媒集团。

二、重点任务

4. 创新内容生产和服务

始终坚持贴近需求、质量第一，严格把关、深耕细作，将传统出版的专业采编优势、内容资源优势延伸到新兴出版，更好发挥舆论引导、思想传播和文化传承作用。探索和推进出版业务流程数字化改造，建立选题策划、协同编辑、结构化加工、全媒体资源管理等一体化内容生产平台，推动内容生产向实时生产、数据化生产、用户参与生产转变，实现内容生产模式的升级和创新。顺应互联网传播移动化、社交化、视频化、互动化趋势，综合运用多媒体表现形式，生产满足用户多样化、个性化需求和多终端传播的出版产品。强化用户理念和体验至上的服务意识，既做到按需提供服务、精准推送产品，又做到在互动中服务、在服务中引导，不断增强用户的参与度、关注度和满意度。

5. 加强重点平台建设

整合、集约优质内容资源，推动建立国家级出版内容发布投送平台、国家学术论文数字化发布平台、出版产品信息交换平台、国家数字出版服务云平台、版权在线交易平台等聚合精品、覆盖广泛、服务便捷、交易规范的平台及出版资源数据库，推进内容、营销、支付、客服、物流等平台化发展。鼓励平台间开放接口，通过市场化的方式，实现出版内容和行业数据跨平台互通共享。

6. 扩展内容传播渠道

各出版发行单位要探索适合自身融合发展的道路，创新传统发行渠道，大力发展电子商务，整合延伸产业链，构建线上线下一体化发展的内容传播体系。进一步加强实体书店建设，努力将实体书店建设成为集阅读学习、展示交流、聚会休闲、创意生活等功能于一体的复合式文化消费场所。支持实体书店与电子商务合作，在区域配送发挥各自优势。探索以用户为中心的全渠道服务模式。进一步开拓农村等出版产品消费市场。利用社交网络平台，建立出版网络社区等传播载体，打通传统出版读者群和新兴出版用户群，着力增强粘性，广泛吸引用户。借力商业网站的微博微信微店等渠道，不断扩大出版产品的用户规模，进一步扩大覆盖面。

7. 拓展新技术新业态

运用大数据、云计算、移动互联网、物联网等技术，加强出版内容、产品、用户数据库建设，提高数据采集、存储、管理、分析和运用能力。积极通过多种方式吸收借鉴、善加利用先进的传播技术和渠道，借力推动出版融合发展。充分利用新一代网络的技术优势，加快发展移动阅读、在线教育、知识服务、按需印刷、电子商务等新业态。加强出版大数据分析、结构化加工制作、资源知识化管理、数字版权保护、数字印刷、发布服务以及产品优化工具、跨终端呈现工具等关键性技术的研发和应用实践，着力解决出版融合发展面临的技术短板。建立和完善用户需求、生产需求、技术需求有机衔接的生产技术体系，不断以新技术引领出版融合发展，驱动转型升级。有计划地组织相关标准的制修订工作，完善标准化成果推广机制，加快国际标准关联标识符（ISLI）、中国出版物在线信息交换（CNONIX）等标准的推广和应用。

8. 完善经营管理机制

积极适应出版融合发展要求，主动探索出版单位内部组织结构的重构再造，逐步建立顺畅高效、适应市场竞争和一体化发展的内部运行机制。变革和融合传统出版和新兴出版生产经营模式，建立健全一个内容多种创意、一个创意多次开发、一次开发多种产品、一种产品多个形态、一次销售多条渠道、一次投入多次产出、一次产出多次增值的生产经营运行方式，激发出版融合发展的活力和创造力。探索建立首席信息官制度，加强版权、商标、品牌等的保护和多元化、社会化运营，构建融合发展状态下的经营管理模式。

9. 发挥市场机制作用

坚持行政推动和发挥市场作用相结合，探索以资本为纽带的出版融合发展之路，支持传统出版单位控股或参股互联网企业、科技企业，支持出版企业尤其是出版传媒集团跨地区、跨行业、跨媒体、跨所有制兼并重组。在网络出版以及对外专项出版领域，探索实行管理股试点。引导社会力量参与融合项目的技术研发和市场开拓，鼓励支持符合条件的出版企业上市融资，促进金融资本、社会资本与出版资源有效对接。增强传统出版单位的市场竞争意识和能力，健全技术创新激励机制和容错、纠错机制，探索建立股权激励机制。

三、政策措施

10. 加强相关法律法规修制工作

推动修订《中华人民共和国著作权法》，加快修订出台《网络出版服务管理规定》和《出版物市场管理规定》。制定新闻出版许可证管理办法、新闻采编人员职业资格制度暂行规定和网络连续出版物管理规定等。制定网络出版等新兴出版主体资格和准入条件，制定加强信息网络传播权行政保护指导意见，推动网络使用作品依法依规进行。通过逐步建立以法律法规为主体，以部门规章为配套，以规范性文件为补充的法律法规体系，规范、保障、推动出版融合发展。

11. 加大财政政策支持力度

充分发挥财政引导示范和带动作用，着力改善传统出版和新兴出版融合发展环境。加大中央文化产业发展专项资金支持力度，完善和落实项目补助、贷款贴息、保费补贴、绩效奖励等措施，更好地与新闻出版改革发展项目库等进行衔接，实现财政政策、产业政策与企业需求的有机衔接。支持出版企业在项目实施中更多运用金融资本、社会资本，符合条件的可通过“文化金融扶持计划”给予支持。加大国家出版基金对涉及出版融合发展的出版项目支持力度。继续实施新闻出版业转型升级重大项目，探索将传统出版和新兴出版融合发展纳入重大项目支持范围，突出重点、分步实施、逐年推进。

12. 优化出版行政管理

坚持和完善新闻出版主管主办制度，坚持出版特许经营，严格许可证管理。对网上网下、不同出版业态进行科学管理、有效管理，建立统一的导向要求和内容标准，建立出版单位社会效益评价机制。严厉打击各类非法出版物、网上淫秽色情信息，严厉打击出版领域的侵权盗版行为尤其是网上侵权盗版行为，创造良好的版权保护环境。加强质量管理，建立不良产品和企业退出机制。鼓励有条件的地区和出版单位率先发展，支持有先发优势的产业带、产业基地（园区）依托资源条件和产业优势，建设出版融合发展聚集区，扶持创业孵化，培育新的经济增长点。建立国家级出版融合发展研究基地（中心），对融合发展重大项目实施集智攻关。支持行业组织在出版融合发展研究、标准制定、自律维权等方面发挥积极作用。

13. 实施项目带动战略

充分发挥全民阅读、国家古籍整理出版、农家书屋、民文出版、出版发行网络建设、绿色印刷、“丝路书香”、国家数字复合出版、数字版权保护技术研发等项目的带动作用，支持提升出版融合发展的质量和水平。

14. 强化人才队伍建设

制定出版融合发展人才培养规划，支持出版单位与高校、研究机构和创新型企业联合开展出版融合发展人才培养，加大新兴出版内容生产人才、技术研发人才、资本运作人才和经营管理人才培养引进力度，进一步优化人才结构。建立出版融合发展人才资源库。鼓励出版传媒集团设立人才基金，鼓励出版单位加强领军人才和复合型人才队伍建设。建立健全绩效考核体系，创新项目用人机制，探索出版融合发展条件下吸引人才、留住人才、用好人才的有效途径。

四、组织实施

15. 统筹推进任务措施落实

各出版行政主管部门、出版单位要将出版融合发展列入行业和单位“十三五”规划等重大产业发展规划，制定实施方案，明确时间表、路线图、任务书，合理设计和规划实施项目，重大项目要按程序报批备案。制定精细化的项目指标，加强跟踪测评和效果评估。建立责任考核机制，一层抓一层，层层抓落实，将出版融合发展任务、重点项目落到实处。

16. 进一步加强组织领导

各级出版行政主管部门主要负责同志亲自抓、负总责，会同财政部门结合本地区（部门）实际，切实加强对出版融合发展的组织领导。要形成统一高效的议事决策和协调推动机制，整合各方资源，加强外部协作，强化内部协调，为推动出版融合发展提供有力保障。

国家新闻出版广电总局　财政部

2015年3月31日

关于加强公共安全视频监控建设联网应用工作的若干意见

发改高技〔2015〕996号

国务院有关部门、直属机构，各省、自治区、直辖市发展改革委、综治办、公安厅（局）、科技厅（委）、经济和信息化委员会（工业和信息化委员会、工业和信息化厅、经委、经贸委）、通信管理局、财政厅（局）、人力资源社会保障厅（局）、住房和城乡建设厅（委）、交通运输厅（局、委）：

公共安全视频监控建设联网应用，是新形势下维护国家安全和社会稳定、预防和打击暴力恐怖犯罪的重要手段，对于提升城乡管理水平、创新社会治理体制具有重要意义。近年来，各地大力推进视频监控系统建设，在打击犯罪、治安防范、社会管理、服务民生等方面发挥了积极作用。但随着视频监控建设应用不断深入，现有法律法规不完善、统筹规划不到位、联网共享不规范、管理机制不健全等问题日益突出，严重制约了立体化社会治安防控体系建设发展。为贯彻党中央、国务院关于加强社会治安防控工作的有关要求，落实中央关于深化社会体制改革的部署，推进平安中国建设，现就加强公共安全视频监控建设联网应用工作提出以下意见：

一、指导思想、基本原则和主要目标

（一）指导思想

以邓小平理论、“三个代表”重要思想、科学发展观为指导，认真贯彻党的十八大和十八届三中、四中全会精神，围绕建设平安中国、法治中国的总目标，坚持机制创新、管理创新和技术创新，结合智慧城市和网格化服务管理系统建设，推动公共安全视频监控建设集约化、联网规范化、应用智能化，为进一步推进立体化社会治安防控体系建设，提升社会治理能力现代化水平，保障人民安居乐业，维护国家安全和社会安定有序提供有力支撑。

（二）基本原则

坚持依规建设、按需联网、整合资源、规范应用、分级保障、安全可控。各地区、各部门要依据国家相关法律、法规、政策和技术标准，应用安全可控的技术和产品，统筹公共安全视频监控系统建设，避免重复投资；按照维护国家安全、社会公共安全的实际需要，推动公共安全视频监控系统联网，整合各类视频图像资源；规范管理、确保安全，推进和保障各地区、各部门对视频图像资源的共享应用；权责一致、分级分类投入、社会参与，加强公共安全视频监控建设联网应用工作的保障。

（三）主要目标

到2020年，基本实现“全域覆盖、全网共享、全时可用、全程可控”的公共安全视频监控建设联网应用，在加强治安防控、优化交通出行、服务城市管理、创新社会治理等方面取得显著成效。

——全域覆盖。重点公共区域视频监控覆盖率达到100%，新建、改建高清摄像机比例达到100%；重点行业、领域的重要部位视频监控覆盖率达到100%，逐步增加高清摄像机的新建、改建数量。

——全网共享。重点公共区域视频监控联网率达到100%；重点行业、领域涉及公共区域的视频图像资源联网率达到100%。

——全时可用。重点公共区域安装的视频监控摄像机完好率达到98%，重点行业、领域安装的涉及公共区域的视频监控摄像机完好率达到95%，实现视频图像信息的全天候应用。

——全程可控。公共安全视频监控系统联网应用的分层安全体系基本建成，实现重要视频图像信息不失控，敏感视频图像信息不泄露。

二、加强顶层设计，推动重点领域建设

（一）注重统筹规划

各地应将公共安全视频监控建设联网应用工作纳入本地区经济社会发展和城乡规划统筹考虑，结合经济社会发展实际，制定公共安全视频监控建设联网应用工作实施方案，服务纵向贯通、横向集成、分级应用的社会治安综合治理信息系统建设。2015年9月底前，各省（自治区、直辖市）、兵团、计划单列市应编制完成公共安全视频监控建设联网应用工作实施方案。

（二）推进重点建设

各部门应按照职能分工，根据公共安全领域的有关标准规范，划分不同区域、部位的社会治安风险等级，明确安全防护级别和视频图像信息属性类别，指导推进本行业、领域内重要部位视频监控系统建设。各地区按照城镇道路交叉口无死角，主要道路关键节点无盲区，人员密集区域无遗漏，以及要害部位、重要涉外场所、案件高发区域、治安复杂场所主要出入口全覆盖的要求，有重点、有步骤地推进公共安全视频监控建设联网应用工作，提高重点公共区域视频监控系统覆盖密度和建设质量，实现重点公共区域全覆盖。

（三）指导分类建设

公安机关要加强对治安保卫重点单位公共安全视频监控系统建设的指导与监督，完善视频监控建设联网应用标准体系，加快关键标准制修订，有效规范视频监控建设联网应用；要积极指导一般企事业单位、商户根据自身安全防范需求开展视频监控建设，加大城乡接合部、农村公共区域、重点林区、风景名胜区、自然遗产保护区以及省、县级行政区域重点界线界桩、界线重点地段等的视频监控系统建设力度，组织开展试点建设，逐步实现城乡视频监控一体化。公安部、民政部、住房城乡建设部、中央综治办、国家发展改革委、工业和信息化部会同有关部门制定政策，推进城乡社区、住宅小区、地下管廊在新建、改建、扩建过程中开展视频监控系统建设，完善已建成的视频监控系统，进一步织密视频监控网络。

三、加强资源整合，推动联网共享应用

（一）强化系统联网

依托现有的视频图像传输网络等基础网络设施，以公安机关视频图像共享平台为核心，以既有的政府信息管理系统为基础，以城乡网格化建设为抓手，分级有效整合各类视频图像资源，促进点位互补、网络互联、平台互通，逐步对接基层综合服务管理平台，最大限度实现公共区域视频图像资源的联网共享。各部门要指导推动本行业、领域涉及公共区域的视频监控系统的升级改造，实现与公安机关视频图像共享平台联网对接。

（二）健全共享机制

按照统筹需求、分级管理原则，建立健全跨地区、跨部门视频图像信息共享应用机制、安全使用审核制度和技术标准体系，加强部门协作和业务协同。各级政府职能部门应当依照法律规定使用处理有关视频图像资源，根据业务需求，可以采取无偿实时调取、离线采集等多种方式。

（三）拓宽应用领域

按照依法授权使用、分级分类监管的原则，探索公共安全视频图像信息新的应用领域，研究视频图像信息资源的社会化开发管理模式，鼓励有条件的地方依托公安机关视频图像共享平台，在严格依法、严格审批、安全可控的前提下，逐步开展视频图像信息在城乡社会治理、智能交通、服务民生、生态建设与保护等领域的应用，为社会和群众提供更多更好的服务。

四、加强机制创新，促进长效规范发展

（一）完善法律法规及政策

加快推进视频图像信息安全、数据保护、个人隐私保护等方面的立法工作。抓紧制定出台行政法规《安全技术防范管理条例》，完善政策措施，规范重点公共区域和重点行业、领域公共安全视频监控系统的建设、联网和信息使用。加强地方配套立法和政策支持，加快研究制定视频图像信息在安全使用、保护隐私等方面的具体办法和措施。

（二）创新管理方式

建立重点公共区域和重点行业、领域视频监控系统的备案监管制度和日常管理机制，完善公共安全视频监控系统项目的方案论证、安全评价、检测验收、效能评估等机制，发挥监理、检测、认证等第三方专业机构的作用，创新专业运维服务机制。各地要把重点公共区域视频监控系统纳入城市公共基础设施进行管理，建立健全日常监督检查机制。各部门要严格落实重点行业、领域视频监控系统的属地管理职责，支持公共安全视频监控联网共享，谁建设、谁管理、谁维护。

（三）加强人才队伍建设管理

建立职业化的公共安全视频监控系统管理和监看队伍，推进职业培训和评价工作，着重培养具有视频图像信息专业化分析处理研判技能的应用人才，制定监督管理工作规范，提高业务素质和职业道德素质。建立健全人才引进、培养、激励机制，完善科学合理的绩效管理制度。

五、加强科技创新，提升技术支撑能力

（一）推动集成应用

运用数据挖掘、人像比对、车牌识别、智能预警、无线射频、地理信息、北斗导航等现代技术，在充分考虑技术成熟度的基础上，加大在公共安全视频监控系统中的集成应用力度，提高视频图像信息的综合应用水平。逐步建立国家级和省级公共安全视频图像数据处理分析中心，深化视频图像信息预测预警、实时监控、轨迹追踪、快速检索等应用。推动视频监控系统与综治视联网系统对接。

（二）突破技术瓶颈

加强视频图像领域的关键技术攻关，实现核心芯片、关键算法等技术瓶颈的突破，为公共安全视频监控联网应用提供技术支撑。在视频图像领域建立和完善视频图像大数据分析挖掘应用等若干创新平台，以国家科技发展战略为指导，以全面发展视频图像综合应用技术为目标，解决重大关键技术及应用难题，深化科技储备、集成创新和产业化能力，提升公共安全领域的技术支撑能力。

（三）严密安全措施

按照国家相关规定，加强网络安全传输、系统安全保障、重要信息安全管理等技术手段建设，提升公共安全视频监控系统安全防护能力。严格公共视频图像信息的使用管理，完善安全技术措施，确保安全共享、规范使用。在涉及国家安全、国家秘密的特殊领域开展公共安全视频监控建设应用工作，要严格安全准入机制，选用安全可控的产品设备和符合要求的专业服务队伍。

六、加强组织领导，完善综合保障体系

（一）建立协调机制

中央综治办、国家发展改革委、中央综治办会同教育部、科技部、工业和信息化部、公安部、国家安全部、民政部、司法部、财政部、人力资源和社会保障部、环境保护部、住房城乡建设部、交通运输部、水利部、文化部、国家卫生计生委、中国人民银行、国务院国资委、质检总局、新闻出版广电总局、安全监管总局、食品药品监管总局、国家林业局、国家旅游局、国家宗教局、国务院法制办、中国银监会、中国证监会、中国保监会、国家能源局、国家国防科工局、国家铁路局、中国民用航空局、国家文物局等部门，建立跨部门工作机制，研究解决重大问题，加强对各地区的指导和监督，协调各有关部门出台推动公共安全视频监控建设联网应用的配套措施。

（二）明确职责任务

各级地方党委和人民政府应加强对公共安全视频监控建设联网应用工作的总体协调，建立党政领导、综治牵头、公安负责、部门配合、社会参与的工作格局，制定具体实施方案，扎实推进各项工作任务的落实，按期完成本地区的公共安全视频监控建设联网应用工作。各地应将重点公共区域的视频监控系统建设、联网和维护经费列入本级政府财政预算，建立与经济社会发展相适应的经费保障机制，根据实际工作需要，确保对系统建设、运行维护予以支持；相关部门应指导本行业、领域依法依规履行安全责任，确保资金投入；要充分发挥市场作用、引导社会力量参与，拓宽多元化投资途径，鼓励和支持有条件的企事业单位履行社会职责，承担本单位周边公共区域的视频监控系统建设任务。

（三）严格考核奖惩

各级地方党委和人民政府应把公共安全视频监控建设联网应用工作纳入综治工作（平安建设）考评体系，对开展工作情况进行经常性检查和定期考核，使各项措施落到实处，严格实行公共安全视频监控建设联网应用工作领导责任制。省级人民政府可以按照国家有关规定对先进单位和个人进行表彰奖励。

国家发展改革委
中央综治办
科技部
工业和信息化部
公安部
财政部
人力资源社会保障部
住房城乡建设部
交通运输部
2015年5月6日

工信部发布关于实施“宽带中国”2015专项行动的意见

为贯彻落实《“宽带中国”战略及实施方案》（国发〔2013〕31号），大力促进信息消费，加快推进两化深度融合和四化同步发展，全面建设网络强国和支撑制造业强国建设，现就实施“宽带中国”2015专项行动提出以下意见：

一、指导思想

以党的十八大和十八届三中、四中全会精神为指导，主动适应经济发展新常态，积极把握新一轮科技革命和产业变革新趋势，按照党中央、国务院关于建设网络强国、促进信息消费的总体要求，以加快信息基础设施建设、大幅提升宽带网络速率和支撑智能制造发展为工作重点，深化改革、加强创新，进一步调动各地、各企业积极性，优化发展环境、提高网络能力、促进普及应用、提升用户体验、服务智能制造，不断夯实宽带的战略性公共基础设施地位，持续增强宽带在促进“稳增长、调结构、促改革、惠民生”方面的基础支撑和引导带动作用。

二、主要原则

（一）城市提速升级与农村普遍服务同步推进

在城市不断推进宽带普及提速，带动我国宽带整体水平不断提升的同时，逐步加大公共财政对农村地区宽带发展支持力度，努力推动缩小城乡“数字鸿沟”。

（二）固定宽带提速与无线宽带升级统筹实施

在加快提升固定宽带网络能力的同时，不断完善4G网络覆盖，加强电信基础设施共建共享，让广大用户享受“固网更宽、无线更快”的综合信息通信服务。

（三）消费领域深耕与生产领域开拓齐头并进

在大力提升公众消费领域的宽带创新能力和服务水平的同时，全面加强宽带对工业企业和生产性服务企业的服务和支撑，努力开拓促进智能制造发展的蓝海。

（四）网络扩容升级与高速应用推广协同发展

在加快网络建设、促进网络升级的同时，加大IPTV、双向数字电视等高速宽带应用产品的研发和推广力度，不断拓展宽带行业应用领域，构建“以建促用、以用带建”的可持续发展模式。

（五）宽带网络发展与网络安全保障“两翼”并重

在加快宽带建设发展的同时，高度重视保障网络与信息安全，切实加强通信网络安全防护和网络安全环境治理，营造安全可信的网络空间。

三、引导目标

2015年主要引导目标是：宽带网络能力实现跃升。新增光纤到户覆盖家庭8000万户，推动一批城市率先成为“全光网城市”；新建4G基站超过60万个，4G网络覆盖县城和发达乡镇；新增1.4万个行政村通宽带。普及规模和宽带网速持续提升。新增光纤到户宽带用户4000万户，新增4G用户超过2亿户，使用8Mbps及以上接入速率的宽带用户占比达到55%，鼓励有条件的地区推广50Mbps、100Mbps等高带宽接入服务，促进用户上网体验持续提升。积极支撑和服务智能制造。支撑100家规模以上工业企业积极探索智能工厂、智能装备和智能服务的新模式、新业态，支撑1000家工业及生产性服务企业的高带宽专线服务，新增M2M（机器通信）终端1000万个，促进工业互联网发展。

四、工作任务

（一）加快光纤到户建设，推进打造“全光网城市”

完成4.5万个以上的老旧小区光纤改造，深入推进贯彻落实光纤到户国家标准，进一步完善光纤到户验收备案工作机制，不断提升城市宽带基础设施服务能力。引导基础电信企业在具备一定经济基础和网络条件的农村加大投资改造力度，逐步推进光纤到村。继续创建“宽带中国”示范城市（城市群），引导推进一批城市率先成为光纤网络全面覆盖的“全光网城市”。实施下一代广播电视网工程（NGB），加大有线电视网络升级改造力度，不断优化网络性能。

（二）完善4G网络覆盖，推进4G加快发展

指导基础电信企业加快4G发展，进一步推进城市地区4G网络深度覆盖，实现城市、县城和乡镇的连续覆盖以及农村热点区域的有效覆盖。引导基础电信企业加大4G市场推广力度，支持移动通信转售企业经营和发展，促进2G用户向3G、4G网络迁移。

（三）建立完善补偿机制，推进电信普遍服务

完善电信普遍服务补偿机制，加大公共财政支持力度，调动地方和企业积极性，支持促进农村及偏远地区加快宽带发展。积极探索农村宽带建设和应用协调发展模式，推动农村信息进村入户，加快农村电子商务、现代农牧业以及教育、医疗等信息化应用发展，促进宽带服务助力农村经济社会发展。

（四）支撑智能制造发展，服务两化深度融合

实施“百千万行动”，积极引导基础电信企业、广播电视网络企业和互联网企业加强业务技术创新，推出信息化解决方案，支撑100家规模以上工业企业的智能工厂、智能装备、智能服务应用，大力促进“两个IT”（工业技术和信息技术）融合和倍增发展。推动基础电信企业不断提升对工业园区、大型工矿企业、中小企业以及“众创空间”的宽带接入服务水平，实现1000家工业及生产性服务企业的高带宽专线服务。推动车联网、工业互联网发展，新增M2M（机器通信）终端1000万个。引导促进数据中心合理布局，推动物联网、移动互联网、移动多媒体广播网的发展和应用，支持工业云服务平台建设和大数据技术应用发展。

（五）推广高速宽带应用，大力促进信息消费

推动基础电信企业、广播电视网络企业和互联网企业加大高速宽带应用产品的研发和推广力度。全面推进三网融合，支持IPTV、双向数字电视等业务发展，新增IPTV用户500万户。积极推动宽带在农业、教育、医疗、养老、交通出行、社会管理等领域的创新应用，推动建设智慧城市，大力促进信息消费。

（六）优化宽带网络性能，提高宽带网络速率

通过示范项目等多种措施引导基础电信企业和互联网企业贴近用户部署应用设施，进一步加大CDN（内容分发网络）等应用基础设施建设投资，推动优化网站设计、增加接入带宽、扩容服务能力。充分发挥各互联网骨干直联点的流量疏导作用，完善网间互联结算长效机制，深入推进互联网网络架构优化，实现互联网网间互联带宽扩容新增600G。组织实施“中国LTEv6工程”，推动IPv6加快在LTE网络中部署和应用，促进下一代互联网演进升级，引导业务应用使用IPv6通道，逐步分流IPv4网络流量。

（七）持续深化共建共享，促进绿色集约发展

充分发挥中国铁塔公司体制机制创新优势，全力保障4G网络建设进度，切实提高共建共享水平。进一步加强住宅小区宽带接入设施共建共享，促进行业绿色集约发展。

（八）加强核心技术研发，实施创新驱动战略

加强高性能宽带技术、产品与系统研发，推动突破宽带网络关键核心技术。进一步推动产业链分工协作，提升产业整体创新力和竞争力。

（九）强化安全风险管控，营造安全网络环境

指导督促基础电信企业落实网络与信息安全“三同步”要求，同步建设网络与信息安全技术保障手段，定期开展自查整改和风险评估，提升网络和信息安全保障能力。加快木马和僵尸网络、移动互联网恶意程序监测和处置等技术手段建设，研究制定移动互联网应用程序安全管理机制，推动营造安全可靠的上网环境。

五、保障措施

（一）各地、各单位进一步加强组织领导、完善工作机制、细化责任分工，不断优化宽带发展制度环境，切实推动宽带发展。

（二）工业和信息化部切实做好宽带接入网开放试点和移动通信转售业务试点等相关工作，引导和支持民营企业进一步进入电信业，促进提升宽带市场的竞争层次和服务水平；不断优化宽带网速监测平台，进一步完善宽带发展评价指标体系，加快建设“宽带中国”地图；会同发展改革委、财政部完善电信普遍服务补偿机制，支持农村和中西部地区加快宽带发展；会同国资委进一步完善共建共享管理机制，指导相关企业不断深化共建共享。

（三）住房城乡建设部会同工业和信息化部积极推进加强宽带基础设施规划建设管理。环境保护部会同工业和信息化部完善新形势下的移动通信基站环境监管机制。

（四）发展改革委、科技部、财政部、国土资源部、住房城乡建设部、环境保护部、税务总局、新闻出版广电总局等进一步研究落实支持宽带发展的有关支持政策。教育部、交通运输部、农业部、卫生计生委等会同工业和信息化部，积极推广宽带在教育、交通、农业、卫生等领域的普及应用。

（五）各地电信监管部门加强对本地区宽带发展工作的总体协调，进一步加强市场监管，优化互联网互联互通，保障用户合法权益；加强网络与信息安全监督和管理，切实保障网络与信息安全。

（六）各地电信监管、工业和信息化部门以及发展改革、财政等相关部门积极研究制定举措，进一步优化本地区宽带发展政策环境，加快落实本地区宽带发展战略或规划。

（七）各地国土资源部门将宽带网络建设纳入土地利用总体规划统筹安排。各地住房城乡建设、电信监管部门将宽带基础设施建设纳入城乡规划，积极推进光纤到户国家标准的贯彻落实，进一步规范通信建设秩序。各地环境保护部门切实加快移动通信基站电磁环评行政审批进度。

（八）各地工业和信息化、电信监管部门加强对本地工业园区、大型工矿企业和中小企业信息化建设发展的支持力度，引导企业使用云计算、物联网、大数据等信息技术提升工业制造能力和企业运营水平，促进工业全产业链、全价值链信息交互和智能协作。

（九）各地教育、交通运输、农业、卫生计生部门联合当地电信监管部门，积极探索多种举措带动本地区各领域信息化应用水平提升，充分发挥宽带对各行业发展的支撑服务作用。

（十）各地发展改革、科技、工业和信息化部门综合利用本地各项支持政策，研究加大对高性能宽带技术、产品、系统研发及产业化的支持，推动宽带相关产品的产业化和应用。

（十一）各相关企业切实发挥信息化主力军作用，进一步加强宽带网络建设和网站升级改造，切实履行网络与信息安全责任，加强移动通信基站的公众沟通和科普宣传，加大宽带应用产品开发和推广力度，支撑工业互联网发展，服务地区经济发展和社会民生。

（十二）各研究机构、协会、学会、联盟等社会组织充分发挥决策建议、沟通协调、行业自律等作用，促进宽带健康发展。

（十三）各地电信监管部门和相关企业及时跟踪专项行动工作进展，及时发现存在问题，定期向工业和信息化部报送专项行动重要进展情况。

中国人民银行　工业和信息化部　公安部　财政部　工商总局　法制办　银监会　证监会　保监会　国家互联网信息办公室　关于促进互联网金融健康发展的指导意见

银发〔2015〕221号

近年来，互联网技术、信息通信技术不断取得突破，推动互联网与金融快速融合，促进了金融创新，提高了金融资源配置效率，但也存在一些问题和风险隐患。为全面贯彻落实党的十八大和十八届二中、三中、四中全会精神，按照党中央、国务院决策部署，遵循“鼓励创新、防范风险、趋利避害、健康发展”的总体要求，从金融业健康发展全局出发，进一步推进金融改革创新和对外开放，促进互联网金融健康发展，经党中央、国务院同意，现提出以下意见。

一、鼓励创新，支持互联网金融稳步发展

互联网金融是传统金融机构与互联网企业（以下统称从业机构）利用互联网技术和信息通信技术实现资金融通、支付、投资和信息中介服务的新型金融业务模式。互联网与金融深度融合是大势所趋，将对金融产品、业务、组织和服务等方面产生更加深刻的影响。互联网金融对促进小微企业发展和扩大就业发挥了现有金融机构难以替代的积极作用，为大众创业、万众创新打开了大门。促进互联网金融健康发展，有利于提升金融服务质量和效率，深化金融改革，促进金融创新发展，扩大金融业对内对外开放，构建多层次金融体系。作为新生事物，互联网金融既需要市场驱动，鼓励创新，也需要政策助力，促进发展。

（一）积极鼓励互联网金融平台、产品和服务创新，激发市场活力

鼓励银行、证券、保险、基金、信托和消费金融等金融机构依托互联网技术，实现传统金融业务与服务转型升级，积极开发基于互联网技术的新产品和新服务。支持有条件的金融机构建设创新型互联网平台开展网络银行、网络证券、网络保险、网络基金销售和网络消费金融等业务。支持互联网企业依法合规设立互联网支付机构、网络借贷平台、股权众筹融资平台、网络金融产品销售平台，建立服务实体经济的多层次金融服务体系，更好地满足中小微企业和个人投融资需求，进一步拓展普惠金融的广度和深度。鼓励电子商务企业在符合金融法律法规规定的条件下自建和完善线上金融服务体系，有效拓展电商供应链业务。鼓励从业机构积极开展产品、服务、技术和管理创新，提升从业机构核心竞争力。

（二）鼓励从业机构相互合作，实现优势互补

支持各类金融机构与互联网企业开展合作，建立良好的互联网金融生态环境和产业链。鼓励银行业金融机构开展业务创新，为第三方支付机构和网络贷款平台等提供资金存管、支付清算等配套服务。支持小微金融服务机构与互联网企业开展业务合作，实现商业模式创新。支持证券、基金、信托、消费金融、期货机构与互联网企业开展合作，拓宽金融产品销售渠道，创新财富管理模式。鼓励保险公司与互联网企业合作，提升互联网金融企业风险抵御能力。

（三）拓宽从业机构融资渠道，改善融资环境

支持社会资本发起设立互联网金融产业投资基金，推动从业机构与创业投资机构、产业投资基金深度合作。鼓励符合条件的优质从业机构在主板、创业板等境内资本市场上市融资。鼓励银行业金融机构按照支持小微企业发展的各项金融政策，对处于初创期的从业机构予以支持。针对互联网企业特点，创新金融产品和服务。

（四）坚持简政放权，提供优质服务

各金融监管部门要积极支持金融机构开展互联网金融业务。按照法律法规规定，对符合条件的互联网企业开展相关金融业务实施高效管理。工商行政管理部门要支持互联网企业依法办理工商注册登记。电信主管部门、国家互联网信息管理部门要积极支持互联网金融业务，电信主管部门对互联网金融业务涉及的电信业务进行监管，国家互联网信息管理部门负责对金融信息服务、互联网信息内容等业务进行监管。积极开展互联网金融领域立法研究，适时出台相关管理规章，营造有利于互联网金融发展的良好制度环境。加大对从业机构专利、商标等知识产权的保护力度。鼓励省级人民政府加大对互联网金融的政策支持。支持设立专业化互联网金融研究机构，鼓励建设互联网金融信息交流平台，积极开展互联网金融研究。

（五）落实和完善有关财税政策

按照税收公平原则，对于业务规模较小、处于初创期的从业机构，符合我国现行对中小企业特别是小微企业税收政策条件的，可按规定享受税收优惠政策。结合金融业营业税改征增值税改革，统筹完善互联网金融税收政策。落实从业机构新技术、新产品研发费用税前加计扣除政策。

（六）推动信用基础设施建设，培育互联网金融配套服务体系

支持大数据存储、网络与信息安全维护等技术领域基础设施建设。鼓励从业机构依法建立信用信息共享平台。推动符合条件的相关从业机构接入金融信用信息基础数据库。允许有条件的从业机构依法申请征信业务许可。支持具备资质的信用中介组织开展互联网企业信用评级，增强市场信息透明度。鼓励会计、审计、法律、咨询等中介服务机构为互联网企业提供相关专业服务。

二、分类指导，明确互联网金融监管责任

互联网金融本质仍属于金融，没有改变金融风险隐蔽性、传染性、广泛性和突发性的特点。加强互联网金融监管，是促进互联网金融健康发展的内在要求。同时，互联网金融是新生事物和新兴业态，要制定适度宽松的监管政策，为互联网金融创新留有余地和空间。通过鼓励创新和加强监管相互支撑，促进互联网金融健康发展，更好地服务实体经济。互联网金融监管应遵循“依法监管、适度监管、分类监管、协同监管、创新监管”的原则，科学合理界定各业态的业务边界及准入条件，落实监管责任，明确风险底线，保护合法经营，坚决打击违法和违规行为。

（一）互联网支付

互联网支付是指通过计算机、手机等设备，依托互联网发起支付指令、转移货币资金的服务。互联网支付应始终坚持服务电子商务发展和为社会提供小额、快捷、便民小微支付服务的宗旨。银行业金融机构和第三方支付机构从事互联网支付，应遵守现行法律法规和监管规定。第三方支付机构与其他机构开展合作的，应清晰界定各方的权利义务关系，建立有效的风险隔离机制和客户权益保障机制。要向客户充分披露服务信息，清晰地提示业务风险，不得夸大支付服务中介的性质和职能。互联网支付业务由人民银行负责监管。

（二）网络借贷

网络借贷包括个体网络借贷（即P2P网络借贷）和网络小额贷款。个体网络借贷是指个体和个体之间通过互联网平台实现的直接借贷。在个体网络借贷平台上发生的直接借贷行为属于民间借贷范畴，受合同法、民法通则等法律法规以及最高人民法院相关司法解释规范。个体网络借贷要坚持平台功能，为投资方和融资方提供信息交互、撮合、资信评估等中介服务。个体网络借贷机构要明确信息中介性质，主要为借贷双方的直接借贷提供信息服务，不得提供增信服务，不得非法集资。网络小额贷款是指互联网企业通过其控制的小额贷款公司，利用互联网向客户提供的小额贷款。网络小额贷款应遵守现有小额贷款公司监管规定，发挥网络贷款优势，努力降低客户融资成本。网络借贷业务由银监会负责监管。

（三）股权众筹融资

股权众筹融资主要是指通过互联网形式进行公开小额股权融资的活动。股权众筹融资必须通过股权众筹融资中介机构平台（互联网网站或其他类似的电子媒介）进行。股权众筹融资中介机构可以在符合法律法规规定前提下，对业务模式进行创新探索，发挥股权众筹融资作为多层次资本市场有机组成部分的作用，更好服务创新创业企业。股权众筹融资方应为小微企业，应通过股权众筹融资中介机构向投资人如实披露企业的商业模式、经营管理、财务、资金使用等关键信息，不得误导或欺诈投资者。投资者应当充分了解股权众筹融资活动风险，具备相应风险承受能力，进行小额投资。股权众筹融资业务由证监会负责监管。

（四）互联网基金销售

基金销售机构与其他机构通过互联网合作销售基金等理财产品的，要切实履行风险披露义务，不得通过违规承诺收益方式吸引客户；基金管理人应当采取有效措施防范资产配置中的期限错配和流动性风险；基金销售机构及其合作机构通过其他活动为投资人提供收益的，应当对收益构成、先决条件、适用情形等进行全面、真实、准确表述和列示，不得与基金产品收益混同。第三方支付机构在开展基金互联网销售支付服务过程中，应当遵守人民银行、证监会关于客户备付金及基金销售结算资金的相关监管要求。第三方支付机构的客户备付金只能用于办理客户委托的支付业务，不得用于垫付基金和其他理财产品的资金赎回。互联网基金销售业务由证监会负责监管。

（五）互联网保险

保险公司开展互联网保险业务，应遵循安全性、保密性和稳定性原则，加强风险管理，完善内控系统，确保交易安全、信息安全和资金安全。专业互联网保险公司应当坚持服务互联网经济活动的基本定位，提供有针对性的保险服务。保险公司应建立对所属电子商务公司等非保险类子公司的管理制度，建立必要的防火墙。保险公司通过互联网销售保险产品，不得进行不实陈述、片面或夸大宣传过往业绩、违规承诺收益或者承担损失等误导性描述。互联网保险业务由保监会负责监管。

（六）互联网信托和互联网消费金融

信托公司、消费金融公司通过互联网开展业务的，要严格遵循监管规定，加强风险管理，确保交易合法合规，并保守客户信息。信托公司通过互联网进行产品销售及开展其他信托业务的，要遵守合格投资者等监管规定，审慎甄别客户身份和评估客户风险承受能力，不能将产品销售给与风险承受能力不相匹配的客户。信托公司与消费金融公司要制定完善产品文件签署制度，保证交易过程合法合规，安全规范。互联网信托业务、互联网消费金融业务由银监会负责监管。

三、健全制度，规范互联网金融市场秩序

发展互联网金融要以市场为导向，遵循服务实体经济、服从宏观调控和维护金融稳定的总体目标，切实保障消费者合法权益，维护公平竞争的市场秩序。要细化管理制度，为互联网金融健康发展营造良好环境。

（一）互联网行业管理

任何组织和个人开设网站从事互联网金融业务的，除应按规定履行相关金融监管程序外，还应依法向电信主管部门履行网站备案手续，否则不得开展互联网金融业务。工业和信息化部负责对互联网金融业务涉及的电信业务进行监管，国家互联网信息办公室负责对金融信息服务、互联网信息内容等业务进行监管，两部门按职责制定相关监管细则。

（二）客户资金第三方存管制度

除另有规定外，从业机构应当选择符合条件的银行业金融机构作为资金存管机构，对客户资金进行管理和监督，实现客户资金与从业机构自身资金分账管理。客户资金存管账户应接受独立审计并向客户公开审计结果。人民银行会同金融监管部门按照职责分工实施监管，并制定相关监管细则。

（三）信息披露、风险提示和合格投资者制度

从业机构应当对客户进行充分的信息披露，及时向投资者公布其经营活动和财务状况的相关信息，以便投资者充分了解从业机构运作状况，促使从业机构稳健经营和控制风险。从业机构应当向各参与方详细说明交易模式、参与方的权利和义务，并进行充分的风险提示。要研究建立互联网金融的合格投资者制度，提升投资者保护水平。有关部门按照职责分工负责监管。

（四）消费者权益保护

研究制定互联网金融消费者教育规划，及时发布维权提示。加强互联网金融产品合同内容、免责条款规定等与消费者利益相关的信息披露工作，依法监督处理经营者利用合同格式条款侵害消费者合法权益的违法、违规行为。构建在线争议解决、现场接待受理、监管部门受理投诉、第三方调解以及仲裁、诉讼等多元化纠纷解决机制。细化完善互联网金融个人信息保护的原则、标准和操作流程。严禁网络销售金融产品过程中的不实宣传、强制捆绑销售。人民银行、银监会、证监会、保监会会同有关行政执法部门，根据职责分工依法开展互联网金融领域消费者和投资者权益保护工作。

（五）网络与信息安全

从业机构应当切实提升技术安全水平，妥善保管客户资料和交易信息，不得非法买卖、泄露客户个人信息。人民银行、银监会、证监会、保监会、工业和信息化部、公安部、国家互联网信息办公室分别负责对相关从业机构的网络与信息安全保障进行监管，并制定相关监管细则和技术安全标准。

（六）反洗钱和防范金融犯罪

从业机构应当采取有效措施识别客户身份，主动监测并报告可疑交易，妥善保存客户资料和交易记录。从业机构有义务按照有关规定，建立健全有关协助查询、冻结的规章制度，协助公安机关和司法机关依法、及时查询、冻结涉案财产，配合公安机关和司法机关

做好取证和执行工作。坚决打击涉及非法集资等互联网金融犯罪，防范金融风险，维护金融秩序。金融机构在和互联网企业开展合作、代理时应根据有关法律和规定签订包括反洗钱和防范金融犯罪要求的合作、代理协议，并确保不因合作、代理关系而降低反洗钱和金融犯罪执行标准。人民银行牵头负责对从业机构履行反洗钱义务进行监管，并制定相关监管细则。打击互联网金融犯罪工作由公安部牵头负责。

（七）加强互联网金融行业自律

充分发挥行业自律机制在规范从业机构市场行为和保护行业合法权益等方面的积极作用。人民银行会同有关部门，组建中国互联网金融协会。协会要按业务类型，制订经营管理规则和行业标准，推动机构之间的业务交流和信息共享。协会要明确自律惩戒机制，提高行业规则和标准的约束力。强化守法、诚信、自律意识，树立从业机构服务经济社会发展的正面形象，营造诚信规范发展的良好氛围。

（八）监管协调与数据统计监测

各监管部门要相互协作、形成合力，充分发挥金融监管协调部际联席会议制度的作用。人民银行、银监会、证监会、保监会应当密切关注互联网金融业务发展及相关风险，对监管政策进行跟踪评估，适时提出调整建议，不断总结监管经验。财政部负责互联网金融从业机构财务监管政策。人民银行会同有关部门，负责建立和完善互联网金融数据统计监测体系，相关部门按照监管职责分工负责相关互联网金融数据统计和监测工作，并实现统计数据和信息共享。

2015年7月18日

网络交易管理办法

（2014 年 1 月 26 日国家工商行政管理总局令第 60 号公布）

第一章 总 则

第一条 为规范网络商品交易及有关服务，保护消费者和经营者的合法权益，促进网络经济持续健康发展，依据《消费者权益保护法》、《产品质量法》、《反不正当竞争法》、《合同法》、《商标法》、《广告法》、《侵权责任法》和《电子签名法》等法律、法规，制定本办法。

第二条 在中华人民共和国境内从事网络商品交易及有关服务，应当遵守中华人民共和国法律、法规和本办法的规定。

第三条 本办法所称网络商品交易，是指通过互联网（含移动互联网）销售商品或者提供服务的经营活动。

本办法所称有关服务，是指为网络商品交易提供第三方交易平台、宣传推广、信用评价、支付结算、物流、快递、网络接入、服务器托管、虚拟空间租用、网站网页设计制作等营利性服务。

第四条 从事网络商品交易及有关服务应当遵循自愿、公平、诚实信用的原则，遵守商业道德和公序良俗。

第五条 鼓励支持网络商品经营者、有关服务经营者创新经营模式，提升服务水平，推动网络经济发展。

第六条 鼓励支持网络商品经营者、有关服务经营者成立行业组织，建立行业公约，推动行业信用建设，加强行业自律，促进行业规范发展。

第二章 网络商品经营者和有关服务经营者的义务

第一节 一般性规定

第七条 从事网络商品交易及有关服务的经营者，应当依法办理工商登记。

从事网络商品交易的自然人，应当通过第三方交易平台开展经营活动，并向第三方交易平台提交其姓名、地址、有效身份证明、有效联系方式等真实身份信息。具备登记注册条件的，依法办理工商登记。

从事网络商品交易及有关服务的经营者销售的商品或者提供的服务属于法律、行政法规或者国务院决定规定应当取得行政许可的，应当依法取得有关许可。

第八条 已经工商行政管理部门登记注册并领取营业执照的法人、其他经济组织或者个体工商户，从事网络商品交易及有关服务的，应当在其网站首页或者从事经营活动的主页面醒目位置公开营业执照登载的信息或者其营业执照的电子链接标识。

第九条 网上交易的商品或者服务应当符合法律、法规、规章的规定。法律、法规禁止交易的商品或者服务，经营者不得在网上进行交易。

第十条　网络商品经营者向消费者销售商品或者提供服务，应当遵守《消费者权益保护法》和《产品质量法》等法律、法规、规章的规定，不得损害消费者合法权益。

第十一条　网络商品经营者向消费者销售商品或者提供服务，应当向消费者提供经营地址、联系方式、商品或者服务的数量和质量、价款或者费用、履行期限和方式、支付形式、退换货方式、安全注意事项和风险警示、售后服务、民事责任等信息，采取安全保障措施确保交易安全可靠，并按照承诺提供商品或者服务。

第十二条　网络商品经营者销售商品或者提供服务，应当保证商品或者服务的完整性，不得将商品或者服务不合理拆分出售，不得确定最低消费标准或者另行收取不合理的费用。

第十三条　网络商品经营者销售商品或者提供服务，应当按照国家有关规定或者商业惯例向消费者出具发票等购货凭证或者服务单据；征得消费者同意的，可以以电子化形式出具。电子化的购货凭证或者服务单据，可以作为处理消费投诉的依据。

消费者索要发票等购货凭证或者服务单据的，网络商品经营者必须出具。

第十四条　网络商品经营者、有关服务经营者提供的商品或者服务信息应当真实准确，不得作虚假宣传和虚假表示。

第十五条　网络商品经营者、有关服务经营者销售商品或者提供服务，应当遵守《商标法》、《企业名称登记管理规定》等法律、法规、规章的规定，不得侵犯他人的注册商标专用权、企业名称权等权利。

第十六条　网络商品经营者销售商品，消费者有权自收到商品之日起七日内退货，且无需说明理由，但下列商品除外：

（一）消费者定作的；

（二）鲜活易腐的；

（三）在线下载或者消费者拆封的音像制品、计算机软件等数字化商品；

（四）交付的报纸、期刊。

除前款所列商品外，其他根据商品性质并经消费者在购买时确认不宜退货的商品，不适用无理由退货。

消费者退货的商品应当完好。网络商品经营者应当自收到退回商品之日起七日内返还消费者支付的商品价款。退回商品的运费由消费者承担；网络商品经营者和消费者另有约定的，按照约定。

第十七条　网络商品经营者、有关服务经营者在经营活动中使用合同格式条款的，应当符合法律、法规、规章的规定，按照公平原则确定交易双方的权利与义务，采用显著的方式提请消费者注意与消费者有重大利害关系的条款，并按照消费者的要求予以说明。

网络商品经营者、有关服务经营者不得以合同格式条款等方式作出排除或者限制消费者权利、减轻或者免除经营者责任、加重消费者责任等对消费者不公平、不合理的规定，不得利用合同格式条款并借助技术手段强制交易。

第十八条　网络商品经营者、有关服务经营者在经营活动中收集、使用消费者或者经营者信息，应当遵循合法、正当、必要的原则，明示收集、使用信息的目的、方式和范围，并经被收集者同意。网络商品经营者、有关服务经营者收集、使用消费者或者经营者信息，应当公开其收集、使用规则，不得违反法律、法规的规定和双方的约定收集、使用信息。

网络商品经营者、有关服务经营者及其工作人员对收集的消费者个人信息或者经营者商业秘密的数据信息必须严格保密，不得泄露、出售或者非法向他人提供。网络商品经营者、有关服务经营者应当采取技术措施和其他必要措施，确保信息安全，防止信息泄露、丢失。在发生或者可能发生信息泄露、丢失的情况时，应当立即采取补救措施。

网络商品经营者、有关服务经营者未经消费者同意或者请求，或者消费者明确表示拒绝的，不得向其发送商业性电子信息。

第十九条 网络商品经营者、有关服务经营者销售商品或者服务，应当遵守《反不正当竞争法》等法律的规定，不得以不正当竞争方式损害其他经营者的合法权益、扰乱社会经济秩序。同时，不得利用网络技术手段或者载体等方式，从事下列不正当竞争行为：

（一）擅自使用知名网站特有的域名、名称、标识或者使用与知名网站近似的域名、名称、标识，与他人知名网站相混淆，造成消费者误认；

（二）擅自使用、伪造政府部门或者社会团体电子标识，进行引人误解的虚假宣传；

（三）以虚拟物品为奖品进行抽奖式的有奖销售，虚拟物品在网络市场约定金额超过法律法规允许的限额；

（四）以虚构交易、删除不利评价等形式，为自己或他人提升商业信誉；

（五）以交易达成后违背事实的恶意评价损害竞争对手的商业信誉；

（六）法律、法规规定的其他不正当竞争行为。

第二十条 网络商品经营者、有关服务经营者不得对竞争对手的网站或者网页进行非法技术攻击，造成竞争对手无法正常经营。

第二十一条 网络商品经营者、有关服务经营者应当按照国家工商行政管理总局的规定向所在地工商行政管理部门报送经营统计资料。

第二节 第三方交易平台经营者的特别规定

第二十二条 第三方交易平台经营者应当是经工商行政管理部门登记注册并领取营业执照的企业法人。

前款所称第三方交易平台，是指在网络商品交易活动中为交易双方或者多方提供网页空间、虚拟经营场所、交易规则、交易撮合、信息发布等服务，供交易双方或者多方独立开展交易活动的信息网络系统。

第二十三条 第三方交易平台经营者应当对申请进入平台销售商品或者提供服务的法人、其他经济组织或者个体工商户的经营主体身份进行审查和登记，建立登记档案并定期核实更新，在其从事经营活动的主页面醒目位置公开营业执照登载的信息或者其营业执照的电子链接标识。

第三方交易平台经营者应当对尚不具备工商登记注册条件、申请进入平台销售商品或者提供服务的自然人的真实身份信息进行审查和登记，建立登记档案并定期核实更新，核发证明个人身份信息真实合法的标记，加载在其从事经营活动的主页面醒目位置。

第三方交易平台经营者在审查和登记时，应当使对方知悉并同意登记协议，提请对方注意义务和责任条款。

第二十四条 第三方交易平台经营者应当与申请进入平台销售商品或者提供服务的经营者订立协议，明确双方在平台进入和退出、商品和服务质量安全保障、消费者权益保护等方面的权利、义务和责任。

第三方交易平台经营者修改其与平台内经营者的协议、交易规则，应当遵循公开、连续、合理的原则，修改内容应当至少提前七日予以公示并通知相关经营者。平台内经营者不接受协议或者规则修改内容、申请退出平台的，第三方交易平台经营者应当允许其退出，并根据原协议或者交易规则承担相关责任。

第二十五条 第三方交易平台经营者应当建立平台内交易规则、交易安全保障、消费者权益保护、不良信息处理等管理制度。各项管理制度应当在其网站显示，并从技术上保证用户能够便利、完整地阅览和保存。

第三方交易平台经营者应当采取必要的技术手段和管理措施保证平台的正常运行，提供必要、可靠的交易环境和交易服务，维护网络交易秩序。

第二十六条　第三方交易平台经营者应当对通过平台销售商品或者提供服务的经营者及其发布的商品和服务信息建立检查监控制度，发现有违反工商行政管理法律、法规、规章的行为的，应当向平台经营者所在地工商行政管理部门报告，并及时采取措施制止，必要时可以停止对其提供第三方交易平台服务。

工商行政管理部门发现平台内有违反工商行政管理法律、法规、规章的行为，依法要求第三方交易平台经营者采取措施制止的，第三方交易平台经营者应当予以配合。

第二十七条　第三方交易平台经营者应当采取必要手段保护注册商标专用权、企业名称权等权利，对权利人有证据证明平台内的经营者实施侵犯其注册商标专用权、企业名称权等权利的行为或者实施损害其合法权益的其他不正当竞争行为的，应当依照《侵权责任法》采取必要措施。

第二十八条　第三方交易平台经营者应当建立消费纠纷和解和消费维权自律制度。消费者在平台内购买商品或者接受服务，发生消费纠纷或者其合法权益受到损害时，消费者要求平台调解的，平台应当调解；消费者通过其他渠道维权的，平台应当向消费者提供经营者的真实的网站登记信息，积极协助消费者维护自身合法权益。

第二十九条　第三方交易平台经营者在平台上开展商品或者服务自营业务的，应当以显著方式对自营部分和平台内其他经营者经营部分进行区分和标记，避免消费者产生误解。

第三十条　第三方交易平台经营者应当审查、记录、保存在其平台上发布的商品和服务信息内容及其发布时间。平台内经营者的营业执照或者个人真实身份信息记录保存时间从经营者在平台的登记注销之日起不少于两年，交易记录等其他信息记录备份保存时间从交易完成之日起不少于两年。

第三方交易平台经营者应当采取电子签名、数据备份、故障恢复等技术手段确保网络交易数据和资料的完整性和安全性，并应当保证原始数据的真实性。

第三十一条　第三方交易平台经营者拟终止提供第三方交易平台服务的，应当至少提前三个月在其网站主页面醒目位置予以公示并通知相关经营者和消费者，采取必要措施保障相关经营者和消费者的合法权益。

第三十二条　鼓励第三方交易平台经营者为交易当事人提供公平、公正的信用评价服务，对经营者的信用情况客观、公正地进行采集与记录，建立信用评价体系、信用披露制度以警示交易风险。

第三十三条　鼓励第三方交易平台经营者设立消费者权益保证金。消费者权益保证金应当用于对消费者权益的保障，不得挪作他用，使用情况应当定期公开。

第三方交易平台经营者与平台内的经营者协议设立消费者权益保证金的，双方应当就消费者权益保证金提取数额、管理、使用和退还办法等作出明确约定。

第三十四条　第三方交易平台经营者应当积极协助工商行政管理部门查处网上违法经营行为，提供在其平台内涉嫌违法经营的经营者的登记信息、交易数据等资料，不得隐瞒真实情况。

第三节　其他有关服务经营者的特别规定

第三十五条　为网络商品交易提供网络接入、服务器托管、虚拟空间租用、网站网页设计制作等服务的有关服务经营者，应当要求申请者提供经营资格证明和个人真实身份信息，签订服务合同，依法记录其上网信息。申请者营业执照或者个人真实身份信息等信息记录备份保存时间自服务合同终止或者履行完毕之日起不少于两年。

第三十六条　为网络商品交易提供信用评价服务的有关服务经营者，应当通过合法途径采集信用信息，坚持中立、公正、客观原则，不得任意调整用户的信用级别或者相关信息，不得将收集的信用信息用于任何非法用途。

第三十七条　为网络商品交易提供宣传推广服务应当符合相关法律、法规、规章的规定。

通过博客、微博等网络社交载体提供宣传推广服务、评论商品或者服务并因此取得酬劳的，应当如实披露其性质，避免消费者产生误解。

第三十八条　为网络商品交易提供网络接入、支付结算、物流、快递等服务的有关服务经营者，应当积极协助工商行政管理部门查处网络商品交易相关违法行为，提供涉嫌违法经营的网络商品经营者的登记信息、联系方式、地址等相关数据资料，不得隐瞒真实情况。

第三章　网络商品交易及有关服务监督管理

第三十九条　网络商品交易及有关服务的监督管理由县级以上工商行政管理部门负责。

第四十条　县级以上工商行政管理部门应当建立网络商品交易及有关服务信用档案，记录日常监督检查结果、违法行为查处等情况。根据信用档案的记录，对网络商品经营者、有关服务经营者实施信用分类监管。

第四十一条　网络商品交易及有关服务违法行为由发生违法行为的经营者住所所在地县级以上工商行政管理部门管辖。对于其中通过第三方交易平台开展经营活动的经营者，其违法行为由第三方交易平台经营者住所所在地县级以上工商行政管理部门管辖。第三方交易平台经营者住所所在地县级以上工商行政管理部门管辖异地违法行为人有困难的，可以将违法行为人的违法情况移交违法行为人所在地县级以上工商行政管理部门处理。

两个以上工商行政管理部门因网络商品交易及有关服务违法行为的管辖权发生争议的，应当报请共同的上一级工商行政管理部门指定管辖。

对于全国范围内有重大影响、严重侵害消费者权益、引发群体投诉或者案情复杂的网络商品交易及有关服务违法行为，由国家工商行政管理总局负责查处或者指定省级工商行政管理局负责查处。

第四十二条　网络商品交易及有关服务活动中的消费者向工商行政管理部门投诉的，依照《工商行政管理部门处理消费者投诉办法》处理。

第四十三条　县级以上工商行政管理部门对涉嫌违法的网络商品交易及有关服务行为进行查处时，可以行使下列职权：

（一）询问有关当事人，调查其涉嫌从事违法网络商品交易及有关服务行为的相关情况；

（二）查阅、复制当事人的交易数据、合同、票据、账簿以及其他相关数据资料；

（三）依照法律、法规的规定，查封、扣押用于从事违法网络商品交易及有关服务行为的商品、工具、设备等物品，查封用于从事违法网络商品交易及有关服务行为的经营场所；

（四）法律、法规规定可以采取的其他措施。

工商行政管理部门依法行使前款规定的职权时，当事人应当予以协助、配合，不得拒绝、阻挠。

第四十四条　工商行政管理部门对网络商品交易及有关服务活动的技术监测记录资料，可以作为对违法的网络商品经营者、有关服务经营者实施行政处罚或者采取行政措施的电子数据证据。

第四十五条　在网络商品交易及有关服务活动中违反工商行政管理法律法规规定，情节严重，需要采取措施制止违法网站继续从事违法活动的，工商行政管理部门可以依照有关规定，提请网站许可或者备案地通信管理部门依法责令暂时屏蔽或者停止该违法网站接入服务。

第四十六条　工商行政管理部门对网站违法行为作出行政处罚后，需要关闭该违法网站的，可以依照有关规定，提请网站许可或者备案地通信管理部门依法关闭该违法网站。

第四十七条　工商行政管理部门在对网络商品交易及有关服务活动的监督管理中发现应当由其他部门查处的违法行为的，应当依法移交相关部门。

第四十八条　县级以上工商行政管理部门应当建立网络商品交易及有关服务监管工作责任制度，依法履行职责。

第四章　法律责任

第四十九条　对于违反本办法的行为，法律、法规另有规定的，从其规定。

第五十条　违反本办法第七条第二款、第二十三条、第二十五条、第二十六条第二款、第二十九条、第三十条、第三十四条、第三十五条、第三十六条、第三十八条规定的，予以警告，责令改正，拒不改正的，处以一万元以上三万元以下的罚款。

第五十一条　违反本办法第八条、第二十一条规定的，予以警告，责令改正，拒不改正的，处以一万元以下的罚款。

第五十二条　违反本办法第十七条规定的，按照《合同违法行为监督处理办法》的有关规定处罚。

第五十三条　违反本办法第十九条第（一）项规定的，按照《反不正当竞争法》第二十一条的规定处罚；违反本办法第十九条第（二）项、第（四）项规定的，按照《反不正当竞争法》第二十四条的规定处罚；违反本办法第十九条第（三）项规定的，按照《反不正当竞争法》第二十六条的规定处罚；违反本办法第十九条第（五）项规定的，予以警告，责令改正，并处一万元以上三万元以下的罚款。

第五十四条　违反本办法第二十条规定的，予以警告，责令改正，并处一万元以上三万元以下的罚款。

第五章　附　则

第五十五条　通过第三方交易平台发布商品或者营利性服务信息、但交易过程不直接通过平台完成的经营活动，参照适用本办法关于网络商品交易的管理规定。

第五十六条　本办法由国家工商行政管理总局负责解释。

第五十七条　省级工商行政管理部门可以依据本办法的规定制定网络商品交易及有关服务监管实施指导意见。

第五十八条　本办法自2014年3月15日起施行。国家工商行政管理总局2010年5月31日发布的《网络商品交易及有关服务行为管理暂行办法》同时废止。

国家卫生计生委关于印发《人口健康信息管理办法（试行）》的通知

国卫规划发〔2014〕24号

各省、自治区、直辖市卫生计生委（卫生厅局、人口计生委），新疆生产建设兵团卫生局、人口计生委，委机关各司局，委直属和联系单位：

为规范人口健康信息的管理工作，促进人口健康信息的互联互通和共享利用，推动卫生计生事业科学发展，我委按照相关法律法规，研究制定了《人口健康信息管理办法（试行）》。现印发你们，请遵照执行。

国家卫生计生委

2014年5月5日

第一条　为规范人口健康信息的管理工作，促进人口健康信息的互联互通和共享利用，推动卫生计生事业科学发展，制定本办法。

第二条　本办法适用于各级各类医疗卫生计生服务机构所涉及的人口健康信息的采集、管理、利用、安全和隐私保护工作。

第三条　本办法所称人口健康信息，是指依据国家法律法规和工作职责，各级各类医疗卫生计生服务机构在服务和管理过程中产生的人口基本信息、医疗卫生服务信息等人口健康信息。

符合《中华人民共和国电子签名法》等有关法律法规规定的人口健康电子信息，与纸质文本具有同等法律效力。

第四条　人口健康信息管理工作应当统筹规划、统一标准，属地管理、责权一致，保障安全、便民高效。

第五条　县级以上人民政府卫生计生行政部门（含中医药行政部门，下同）是人口健康信息主管部门。国家卫生计生委负责制订全国人口健康信息发展规划和管理规范，统筹指导全国人口健康信息管理工作；县级以上地方人民政府卫生计生行政部门负责推进、指导、监督本行政区域人口健康信息管理工作。

各级各类医疗卫生计生服务机构（含中医药服务机构，下同）负责人口健康信息的采集、利用、管理、安全和隐私保护，是人口健康信息管理中的责任单位。

第六条　责任单位采集、利用、管理人口健康信息应当按照法律法规的规定，遵循医学伦理原则，保证信息安全，保护个人隐私。

第七条　责任单位应当根据本单位人口健康信息采集、利用和管理的情况，设立相应的人口健康信息管理部门和岗位职责，建立完善的人口健康信息质量控制管理制度，建立或利用相应的信息系统。严格执行相关标准和程序，做到标准统一、术语规范、内容准确。

第八条　责任单位应当按照“一数一源、最少够用”的原则采集人口健康信息，所采集的信息应当符合业务应用和管理要求，保证服务和管理对象在本单位信息系统中身份标识的唯一性，基本数据项的一致性，所采集的信息应当严格实行信息复核程序，避免重复采集、多头采集。

第九条　人口健康信息实行分级存储。责任单位按照国家统一规划，负责存储、管理工作中产生的人口健康信息，应当具备符合国家有关规定要求的数据存储、容灾备份和管理条件，建立可靠的人口健康信息容灾备份工作机制，定期进行备份和恢复检测，确保数据能够及时、完整、准确恢复，实现长期保存和历史数据的归档管理。

第十条　责任单位应当结合服务和管理工作需要，及时更新与维护人口健康信息，确保信息处于最新、连续、有效状态。

不得将人口健康信息在境外的服务器中存储，不得托管、租赁在境外的服务器。

第十一条　委托其他机构存储、运维人口健康信息的，委托单位承担人口健康信息的管理和安全责任。

受委托的存储、运维机构应当严格按照委托协议做好人口健康信息管理的技术支持，禁止超权限采集、开发和利用人口健康信息。

第十二条　责任单位发生变更时，应当将所管理的人口健康信息完整、安全地移交给主管部门或承接延续其职能的机构管理，不得造成人口健康信息的损毁、丢失。

第十三条　人口健康信息的利用实行分类管理，逐步实现互联共享。

人口健康信息的利用应当以提高医学研究、科学决策和便民服务水平为目的。

依法应当向社会公开的信息应当及时主动公开；涉及保密信息和个人隐私信息，不得对外提供。

第十四条　责任单位应当建立人口健康信息综合利用工作制度，授权利用有关信息。

利用单位或者个人不得超出授权范围利用和发布人口健康信息。

第十五条　责任单位应当为服务和管理对象提供其人口健康个案信息的查询和复制服务，并提供安全的信息查询和复制渠道。

第十六条　责任单位应当做好人口健康信息安全和隐私保护工作，按照国家信息安全等级保护制度要求，加强建设人口健康信息相关系统安全保障体系，制定安全管理制度、操作规程和技术规范，保障人口健康信息安全。

利用单位和个人应当按照授权要求，做好所涉及的人口健康信息安全和隐私保护工作。

第十七条　涉及国家秘密的人口健康信息系统应当按照国家涉密信息管理的要求进行分级保护，杜绝泄密。

第十八条　责任单位应当建立痕迹管理制度，任何建立、修改和访问人口健康信息的用户，都应当通过严格的实名身份鉴别和授权控制，做到其行为可管理、可控制、可追溯。

第十九条　人口健康信息相关系统的信息技术产品和服务提供者应当遵守国家有关信息安全审查制度，不得中断或者以其他方式中断合理的技术支持与服务，并应当为人口健康信息在不同系统间的迁移、交互、共享提供安全与便利条件。

第二十条　卫生计生行政部门应当加强对本行政区域内各责任单位人口健康信息管理工作的日常监督检查，对本行政区域内各责任单位人口健康信息综合利用工作的指导监督，提高精细化人口健康服务和管理能力。

第二十一条　卫生计生行政部门建立通报制度。相关单位和个人在人口健康信息利用、人口健康信息系统建设维护和技术支持等过程中，违反本办法规定造成不良后果的，主管部门或责任单位应当对其予以通报；情节严重、违反国家法律法规的，依照国家有关法律法规追究其法律责任。

第二十二条　卫生计生行政部门建立人口健康信息管理工作责任追究制度。对于违反本办法规定的主管部门和责任单位，上级主管部门应当视情节轻重予以督导整改、通报批评、提出给予行政处分的建议；构成犯罪的，依法追究刑事责任。

第二十三条　本办法自印发之日起施行。

电信服务质量监督管理暂行办法

（2001年1月11日中华人民共和国信息产业部令第6号公布。根据2014年9月23日中华人民共和国工业和信息化部令第28号公布的《工业和信息化部关于废止和修改部分规章的决定》修正）

第一条　为了促进我国电信事业健康、有序、快速地发展，维护电信用户的合法权益，加强对电信业务经营者服务质量的监督管理，根据《中华人民共和国电信条例》及有关法律、行政法规的规定，制定本办法。

第二条　本办法适用于中华人民共和国境内所有获得经营许可的电信业务经营者。

第三条　工业和信息化部根据国家有关法律、行政法规对电信业务经营者提供的电信服务质量进行监督管理。

省、自治区、直辖市通信管理局负责对电信业务经营者在本行政区域提供的电信服务质量进行监督管理。（工业和信息化部，省、自治区、直辖市通信管理局以下统称电信管理机构）

第四条　电信服务质量监督管理工作遵循公平、公正、公开的原则，实行政府监管、企业自律、社会监督相结合的机制。

第五条　电信服务质量监督管理的任务是对电信业务经营者提供的电信服务质量实施管理和监督检查；监督电信服务标准的执行情况；依法对侵犯用户合法利益的行为进行处罚；总结和推广先进、科学的电信服务质量管理经验。

第六条　电信管理机构服务质量监督的职责是：

（一）制定颁布电信服务质量有关标准、管理办法并监督实施；

（二）组织用户对电信服务质量进行评价，实时掌握服务动态；

（三）纠正和查处电信服务中的质量问题，并对处理决定的执行情况进行监督，实施对违规电信业务经营者的处罚，对重大的质量事故进行调查、了解，并向社会公布重大服务质量事件的处理过程和结果；

（四）表彰和鼓励电信服务工作中用户满意的先进典型；

（五）对电信业务经营者执行资费政策标准情况、格式条款内容进行监督；

（六）负责组织对有关服务质量事件的调查和争议的调解。

第七条　电信管理机构工作人员在监督检查服务质量和处理用户申诉案件时，可以行使下列职权：

（一）询问被检查的单位及相关人员，并要求提供相关材料；

（二）有权进入被检查的工作场所，查询、复印有关单据、文件、记录和其他资料，暂时封存有关原始记录。

电信管理机构工作人员实施监督检查过程中，应出示有效证件，并由两名或两名以上工作人员共同进行。

第八条　电信管理机构不定期组织对电信业务经营者的服务质量进行抽查，并向社会公布有关抽查结果。

第九条　电信管理机构将用户满意度指数作为对电信业务经营者服务质量评价的核心指标，组织进行电信服务质量的用户满意度评价活动。鼓励电信业务经营者建立科学的用户满意度评价体系。

第十条　电信管理机构定期向社会公布电信服务质量状况和用户满意度指数。

第十一条　电信管理机构可以依靠全国电信用户委员会以及社会舆论等，沟通与广大用户的联系，听取用户的意见与建议，充分发挥用户的监督作用。

电信用户申诉受理中心应当定期通报受理用户申诉和统计分析情况。

第十二条　电信用户有对电信业务经营者的服务质量及保护用户权益工作进行监督的权利，有权向电信业务经营者及电信管理机构提出改善电信服务的意见和建议，有权检举、控告损害用户权益的行为及有关工作人员在监督检查工作中的违法失职行为。

第十三条　电信管理机构有权要求并督促电信业务经营者采取有效措施，保证所提供的服务质量得以持续改进。

第十四条　电信业务经营者应当按规定向电信用户申诉受理中心交纳服务质量保证金。

第十五条　电信业务经营者制定和使用格式条款应当符合国家有关法律、行政法规的规定，全面、准确地界定经营者与用户间的权利和义务，并采取合理的方式提请用户注意免除或限制电信业务经营者责任的条款，按照对方的要求，对该条款予以说明。根据业务发展情况，应及时规范和调整格式条款的有关内容。

第十六条　电信业务经营者应对外公布投诉电话，配备受理用户投诉的人员；对用户投诉应在规定的时限内予以答复，不得互相推诿；对电信管理机构督办的事宜，应在规定的时限内将处理结果或处理过程向其报告；对用户提出的改善电信服务的意见和建议要认真研究，主动沟通。

第十七条　用户要求查询通信费用时，在计费原始数据保存期限内，电信业务经营者应提供查询方便，做好解释工作。在与用户发生争议、尚未解决的情况下，电信业务经营者应负责保存相关原始资料。计费原始数据保存期限为5个月。

第十八条　电信业务经营者应定期对照电信服务标准进行自查。跨省经营的电信业务经营者将自查情况每半年向工业和信息化部报告，其分支经营单位及取得省内经营电信业务许可证的经营者将自查情况每半年向本省（自治区、直辖市）通信管理局报告。

第十九条　代办电信业务单位（或个人）的服务质量，由委托的电信业务经营者负责，并负责管理和监督检查。

第二十条　电信业务经营者必须配合电信管理机构的检查或调查工作，如实提供有关资料和情况，不得干扰检查或调查活动。

第二十一条　对电信业务经营者违反电信服务标准，并损害用户合法权益的行为，由电信管理机构发出限期整改书；对逾期不改者，视情节轻重给予警告或者处以500元以上、10000元以下罚款。

第二十二条　电信业务经营者妨碍电信管理机构进行监督检查和调查工作或提供虚假资料的，责令改正并予以警告，逾期不改的，处以10000元以下罚款。

第二十三条　电信业务经营者不能按期、如实向电信管理机构报告服务质量自查情况的，给予警告。

第二十四条　电信业务经营者对行政处罚决定不服的，可以向其上一级机关申请复议，对复议决定不服的，可以向人民法院提起诉讼；也可以直接向人民法院提起诉讼。

第二十五条　电信管理机构工作人员对调查所得资料中涉及当事人隐私、商业秘密等事项有保密义务。

第二十六条　电信管理机构工作人员滥用职权、玩忽职守或包庇电信业务经营者侵害用户合法权益的，由其所在部门或上级机关给予行政处分；情节严重，构成犯罪的，依法追究刑事责任。

第二十七条　本办法自发布之日起施行。

电信设备进网管理办法

（2001年5月10日中华人民共和国信息产业部令第11号公布。根据2014年9月23日中华人民共和国工业和信息化部令第28号公布的《工业和信息化部关于废止和修改部分规章的决定》修正）

第一章 总 则

第一条 为了保证公用电信网的安全畅通，加强电信设备进网管理，维护电信用户和电信业务经营者的合法权益，根据《中华人民共和国电信条例》，制定本办法。

第二条 本办法所称电信设备是指电信终端设备、无线电通信设备和涉及网间互联的设备。

电信终端设备是指连接在公用电信网末端，为用户提供发送和接收信息功能的电信设备。

无线电通信设备是指连接在公用电信网上，以无线电为通信手段的电信设备。

涉及网间互联的设备是指涉及不同电信业务经营者的网络之间或者不同电信业务的网络之间互联互通的电信设备。

第三条 国家对接入公用电信网的电信终端设备、无线电通信设备和涉及网间互联的电信设备实行进网许可制度。

实行进网许可制度的电信设备必须获得工业和信息化部颁发的进网许可证；未获得进网许可证的，不得接入公用电信网使用和在国内销售。

第四条 实行进网许可制度的电信设备目录由工业和信息化部会同国务院产品质量监督部门制定和公布。

第五条 电信设备生产企业（以下简称生产企业）申请电信设备进网许可必须符合国家法律、法规和政策规定。申请进网许可的电信设备必须符合国家标准、通信行业标准以及工业和信息化部的规定。电信设备生产企业应当具有完善的质量保证体系和售后服务措施。

第六条 生产企业申请电信设备进网许可，应当附送国务院产品质量监督部门认可的电信设备检测机构出具的检测报告或者认证机构出具的产品认证证书。

检测机构对申请进网许可的电信设备进行检测的依据、检测规程和出具的检测报告应当符合国家或工业和信息化部的规定。

第七条 工业和信息化部电信管理局具体负责全国电信设备进网管理和监督检查工作。

省、自治区、直辖市通信管理局负责本行政区域内电信设备进网管理和监督检查工作。

经工业和信息化部授权的受理机构承担电信设备进网许可申请的具体受理事宜。

第二章 进网许可程序

第八条 生产企业申请电信设备进网许可，应当向工业和信息化部授权的受理机构提交下列申请材料：

（一）电信设备进网许可申请表（由工业和信息化部提供格式文本）。申请表应当由生产企业法定代表人或其授权人签字并加盖公章。境外生产企业应当委托中国境内的代理机构提交申请表，并出具委托书；

（二）企业法人营业执照。境内生产企业应当提供企业法人营业执照。受境外生产企业委托代理申请电信设备进网许可的代理机构，应当提供代理机构有效执照；

（三）企业情况介绍。包括企业概况、生产条件、仪表配备、质量保证体系和售后服务措施等内容。对国家规定包修、包换和包退的产品，还应提供履行有关责任的文件；

（四）质量体系认证证书或审核报告。通过质量体系认证的，提供认证证书；未通过质量体系认证的，提供满足相关要求的质量体系审核机构出具的质量体系审核报告；

（五）电信设备介绍。包括设备功能、性能指标、原理框图、内外观照片和使用说明等内容；

（六）检测报告或产品认证证书。应当是国务院产品质量监督部门认可的电信设备检测机构出具的检测报告或者认证机构出具的产品认证证书。

申请进网许可的无线电发射设备，应当提供工业和信息化部颁发的“无线电发射设备型号核准证”。

无线电通信设备、涉及网间互联的设备或新产品应当提供总体技术方案和试验报告。

前列申请材料中证书、执照类材料应当提供原件和一份复印件，或者盖有发证机构证明印章的复印件；其它材料必须使用中文。

第九条　自受理机构收到完备的申请材料之日起60日内，工业和信息化部电信管理局对生产企业提交的申请材料进行审查，经审查符合条件的，颁发进网许可证并核发进网许可标志；不符合条件的，书面答复生产企业。

第十条　生产企业通过质量体系认证的，其提供检测机构检测的样品由生产企业按规定数量自行选取。

生产企业未通过质量体系认证的，其提供检测机构检测的样品由省、自治区、直辖市通信管理局按工业和信息化部规定的抽样办法执行。

第十一条　申请进网许可的无线电通信设备、涉及网间互联的设备或者新产品，应当在中国境内的电信网上或者工业和信息化部指定的模拟实验网上进行至少三个月的试验，并由试验单位出具试验报告。

工业和信息化部电信管理局组织专家对前款电信设备总体技术方案、试验报告、检测报告等进行评审，根据专家评审意见，经审查符合条件的，颁发进网许可证。

第十二条　生产企业对获得进网许可证的电信设备进行技术、外型改动的，须进行检测或重新办理进网许可证。

对获得进网许可证的电信设备外型改动较小，生产企业要求减免测试项目的，可以将改动前后的照片、电路原理图、改动说明和改动后的样品等交检测机构进行审核。检测机构向工业和信息化部电信管理局出具审核意见，检测机构审核认为可以减免测试项目的，经工业和信息化部电信管理局同意，可以减免测试项目。

第十三条　实行进网许可制度但尚无国家标准、行业标准的电信新设备，由生产企业自行将样品送到检测机构，检测机构根据国际标准或者企业标准进行检测，并出具检测报告。

工业和信息化部电信管理局对检测报告和有关材料进行审查，在符合国家产业政策和不影响网络安全畅通的条件下，批准进网试验，待国家标准、行业标准颁布后再按程序办理进网许可证。

第十四条　我国与其它国家或地区政府间签署电信设备检测实验室和检测报告相互认可协议的，按协议规定执行。

第三章　进网许可证和进网许可标志

第十五条　生产企业应当在其获得进网许

可的电信设备上粘贴进网许可标志。进网许可标志由工业和信息化部统一印制和核发。进网许可标志属于质量标志。

未获得进网许可和进网许可证失效的电信设备上不得加贴进网许可标志。

第十六条　进网许可证和进网许可标志不得转让、涂改、伪造和冒用。

第十七条　进网许可证的有效期为3年。

生产企业需要继续生产和销售已获得进网许可的电信设备的，在进网许可证有效期届满前三个月，应当重新申请办理进网许可证，并附送一年内的送样检测报告或产品质量监督抽查报告，原证交回。

第十八条　电信设备进网许可证中规定的内容发生变化的，生产企业应当重新办理进网许可证。

第十九条　获得进网许可证的生产企业应当向其经销商以及需要进网许可证复印件的用户提供复印件，复印件应当由生产企业负责人签字并加盖公章。生产企业应当对复印件编号登记。

第二十条　生产企业应当在获得进网许可的电信设备包装上和刊登的广告中标明进网许可证编号。

第四章　监督管理

第二十一条　工业和信息化部定期向社会公布获得进网许可证的电信设备和生产企业。

获得进网许可证的生产企业应当接受所在的省、自治区、直辖市通信管理局的监督管理。

任何单位不得对已获得进网许可证的电信设备进行重复检测、发证。

第二十二条　省、自治区、直辖市通信管理局应当于每年12月31日前，对本行政区域内获得进网许可的电信设备和生产企业进行年度检查，并于第二年1月31日前，将年度检查情况汇总报工业和信息化部电信管理局。

第二十三条　获得电信设备进网许可证的生产企业应当保证电信设备获得进网许可证前后的一致性，保证产品质量稳定、可靠，不得降低产品质量和性能。

工业和信息化部组织对电信设备获得进网许可证前后的一致性进行监督检查；配合国务院产品质量监督部门对获得进网许可证的电信设备进行质量跟踪和监督抽查，并向社会公布抽查结果。

第二十四条　获得进网许可的电信设备及其外包装必须标有国家规定的中文标识；产品必须附有中文说明书和保修卡；对国家规定包修、包换和包退的产品，还应有相应的凭证。

第二十五条　实行进网许可制度的电信设备未获得进网许可的，电信业务经营者不得使用。

第二十六条　用户有权自主选择电信终端设备，电信业务经营者不得拒绝用户使用自备的已经取得进网许可的电信终端设备。

第二十七条　电信设备检测机构或产品质量认证机构必须执行国家标准、行业标准和工业和信息化部规定。检测机构或产品质量认证机构及其工作人员不得弄虚作假，不得利用职务之便剽窃或泄露生产企业的技术秘密。

第五章　罚　则

第二十八条　违反本办法规定，销售未获得进网许可的电信终端设备的，由省、自治区、直辖市通信管理局责令改正，并处1万元以上10万元以下罚款。

第二十九条　违反本办法规定，伪造、冒用、转让进网许可证，编造进网许可证编号或粘贴伪造的进网许可标志的，由工业和信息化部或者省、自治区、直辖市通信管理局没收违法所得，并处违法所得3倍以上5倍以下罚款；没有违法所得或者违法所得不足1万元的，处1万元以上10万元以下罚款。

第三十条　违反本办法规定，生产企业获得进网许可证后降低产品质量和性能的，由产品质量监督部门依照有关法律法规予以处罚。

第三十一条　违反本办法规定，生产企业未在获得进网许可的设备外包装和刊登的广告中注明进网许可证编号的，由工业和信息化部或者省、自治区、直辖市通信管理局责令改正，并给予警告。

第三十二条　违反本办法规定，生产企业有下列行为之一的，由工业和信息化部或者省、自治区、直辖市通信管理局责令限期改正；情节严重的，给予警告：

（一）申请进网许可时提供不真实申请材料的；

（二）不能保证电信设备获得进网许可证前后的一致性的；

（三）售后服务不落实，对国家规定包修、包换和包退的产品不履行相应义务的；

（四）不按规定参加年检或者年检结果不合格的；

（五）不接受工业和信息化部对电信设备获得进网许可证前后的一致性组织进行的监督检查或者检查结果不合格的。

违反前款第一项规定，尚未取得进网许可证的，工业和信息化部不予受理或者不予许可，生产企业在一年内不得再次申请进网许可；已取得进网许可证的，工业和信息化部撤销进网许可证，生产企业在三年内不得再次申请进网许可。

第三十三条　违反本办法规定，电信业务经营者拒绝用户自备的获得进网许可的电信终端设备进网的，由省、自治区、直辖市通信管理局责令改正，并向电信用户赔礼道歉，赔偿电信用户损失；拒不改正并赔礼道歉、赔偿损失的，处以警告，并处1万元以上10万元以下的罚款；情节严重的，责令停业整顿。

第三十四条　违反本办法规定，对已获得进网许可证的电信设备进行重复检测、发证的，由工业和信息化部责令改正。

第三十五条　违反本办法规定，检测机构、产品质量认证机构有下列行为之一的，工业和信息化部对其出具的检测报告或认证证书不予承认：

（一）弄虚作假，有作弊行为的；

（二）不按规定标准进行检测或认证的；

（三）不按工业和信息化部规定出具检测报告或认证证书的。

第三十六条　从事电信设备进网许可申请受理、检测、审批及有关工作的人员滥用职权、徇私舞弊或者利用职务之便剽窃、泄露生产企业技术秘密的，依法给予行政处分。构成犯罪的，依法追究刑事责任。

第六章　附　则

第三十七条　对进入公用电信网的电信设备抗震性能的管理办法，工业和信息化部另行制定。

第三十八条　未实行进网许可制度的电信设备可以由生产企业自愿向国务院产品质量监督部门认可的电信设备进网认证机构申请产品认证。

第三十九条　本办法自发布之日起施行。1998年12月31日信息产业部发布的《电信设备进网审批管理办法》同时废止。

电信网码号资源管理办法

（2003年1月29日中华人民共和国信息产业部令第28号公布。根据2014年9月23日中华人民共和国工业和信息化部令第28号公布的《工业和信息化部关于废止和修改部分规章的决定》修正）

第一章 总 则

第一条 为有效利用电信网码号资源，保障公平竞争，促进电信事业的健康发展，依据《中华人民共和国电信条例》，制定本办法。

第二条 在中华人民共和国境内管理和使用电信网码号资源（以下简称码号资源），应当遵守本办法。

本办法所称码号资源，是指由数字、符号组成的用于实现电信功能的用户编号和网络编号。

第三条 码号资源属于国家所有。国家对码号资源实行有偿使用制度，具体收费标准和收费办法另行制定。

第四条 工业和信息化部负责全国码号资源的统一管理工作。

省、自治区、直辖市通信管理局在工业和信息化部授权范围内，依照本办法的规定，对本行政区域内的码号资源实施管理。

第五条 国家对码号资源的使用实行审批制度。

未经工业和信息化部和省、自治区、直辖市通信管理局（以下合称“电信主管部门”）批准，任何单位或者个人不得擅自启用码号资源。

第六条 码号资源管理应当遵循公开、公平、公正的原则，统一规划，集中管理，合理分配，有效利用。

第七条 电信主管部门管理的码号资源范围包括：

（一）固定电话网码号

1. 长途区号、网号、过网号和国际来话路由码；

2. 国际、国内长途字冠；

3. 本地网号码中的短号码、接入码、局号等；

4. 智能网业务等新业务号码。

（二）移动通信网码号

1. 数字蜂窝移动通信网的网号、归属位置识别码、短号码、接入码等；

2. 卫星移动通信网网号、归属位置识别码、短号码；

3. 标识不同运营者的代码。

（三）数据通信网码号

1. 数据网网号；

2. 网内紧急业务号码、网间互通号码；

3. 国际、国内呼叫前缀。

（四）信令点编码

1. 国际No.7信令点编码；

2. 国内No.7信令点编码。

工业和信息化部根据电信技术、业务和市场的发展需要，可以对码号资源的管理范围进行调整。

第八条 电信主管部门分配管理的码号资源范围、各种码号的结构、位长、含义和管理要求见本办法所附的《电信网码号资源分类管理目录》（以下简称目录）。

工业和信息化部根据实际情况，可以对该目录作局部调整，重新公布。

第九条　工业和信息化部代表国家向国际电信组织或其它有关机构申请码号资源，提出国际码号资源修改、分配建议。

工业和信息化部授权的机构向国际电信组织或其它有关机构申请码号资源，或提出国际码号资源修改、分配建议，应当向工业和信息化部备案。

第十条　工业和信息化部根据国际电信组织的相关建议，以及电信网网络、技术、业务发展和码号资源使用情况，组织编制全国码号资源规划。各省、自治区、直辖市通信管理局依据工业和信息化部制定的码号资源总体规划，组织编制授权管理的行政区域内码号资源使用规划。

第二章　码号资源的申请与分配

第十一条　申请跨省、自治区、直辖市行政区域范围使用的码号，应当向工业和信息化部提出申请。

申请在省、自治区、直辖市行政区域范围内使用的码号，应当向当地省、自治区、直辖市通信管理局提出申请。

电信主管部门可以委托码号资源咨询受理机构承担码号资源申请的受理工作。

第十二条　码号申请人的资格条件以及可提出使用申请的码号资源范围，参见本办法所附目录。

码号申请人提出码号资源使用申请，应当提交本办法所附目录中要求的申请材料。

第十三条　有下述情形之一的，电信主管部门不受理码号申请：

1. 码号申请人不具备本办法所附目录规定的申请人资格的；

2. 码号申请人提出的码号资源超出本办法所附目录规定范围的；

3. 提交的申请材料不完备的；

4. 申请人违反本办法受到电信主管部门的行政处罚，申请人无法定事由拒不履行行政处罚决定的；

5. 申请人欠缴码号资源占用费的。

第十四条　电信业务经营者违反本办法，一年内受到工业和信息化部行政处罚1次的，自行政处罚做出之日起一年内，工业和信息化部不受理其码号申请；超过1次的，自第2次行政处罚做出之日起两年内，工业和信息化部不受理其码号申请。

电信业务经营者各省子公司、分公司或其他分支机构违反本办法，一年内受到省、自治区、直辖市通信管理局行政处罚3次的，自第3次行政处罚做出之日起一年内，当地省、自治区、直辖市通信管理局不受理其码号申请，且其不得在当地省、自治区、直辖市行政区域内使用工业和信息化部在此期间分配的码号资源；所受行政处罚超过3次的，自第4次行政处罚做出之日起两年内，当地省、自治区、直辖市通信管理局不受理其码号申请，且其不得在当地省、自治区、直辖市行政区域内使用工业和信息化部在此期间分配的码号资源。

第十五条　电信主管部门应当根据码号资源规划、申请码号的用途和申请人的预期服务能力审批码号。

前款所称预期服务能力，是指申请人申请码号时提出的、表明其在一定时间内服务应当达到的覆盖范围和用户容量等。

第十六条　工业和信息化部应当自收到申请人的申请材料之日起10个工作日内，发出是否受理的通知。自发出受理通知之日起50个工作日内，完成对申请材料的审查，作出批准或不予批准的决定。予以批准的，发给申请人正式批准文件，并抄送相关省、自治区、直辖市通信管理局和相关基础电信业务经营者；不予批准的，书面通知申请人并说明理由。

省、自治区、直辖市通信管理局应当自收到申请人的申请材料之日起10个工作日内，发出是否受理的通知。自发出受理通知之日起30个工作日内，完成对申请材料的审查，作出批准或不予批准的决定。予以批准的，发给申请人正式批准文件，并报工业和信息化部备案；不予批准的，书面通知申请人并说明理由。

第十七条　专用电信网单位应根据网内用户情况申请码号资源，需要使用本地网局号资源的，应向当地省、自治区、直辖市通信管理局提出申请。当地省、自治区、直辖市通信管理局根据本办法第十六条第二款的规定予以办理。

专用电信网单位需要使用千层号、百层号码号资源的，可与当地基础电信业务经营者协商，基础电信业务经营者无正当理由不得拒绝。基础电信业务经营者与专用电信网单位就码号资源的使用达成一致的，应将有关情况向当地省、自治区、直辖市通信管理局备案。

自基础电信业务经营者收到专用电信网单位的协商要求之日起30个工作日内，双方未能达成一致的，任何一方均可以申请当地省、自治区、直辖市通信管理局协调。省、自治区、直辖市通信管理局应当自收到书面申请之日起10个工作日内完成协调，经协调仍不能达成一致的，省、自治区、直辖市通信管理局组织专家公开论证，并作出是否允许专用电信网单位使用千层号、百层号码号资源的决定。

第十八条　码号申请人获准使用码号资源后，电信主管部门可以采用指配、随机选择和拍卖等方式分配码号。

码号资源拍卖管理办法由工业和信息化部另行制定。

电信业务经营者取得码号使用权后，不得向用户收取选号费或占用费。

第三章　码号资源的使用

第十九条　电信业务经营者使用码号资源的期限和范围，应当与电信业务经营许可证或相关批准文件的期限和使用范围相一致。其它码号使用者的使用期限为5年，使用范围由工业和信息化部或省、自治区、直辖市通信管理局根据具体情况确定。

码号使用期限届满或因业务发生变化停用的，码号使用者应自届满或停用之日起10个工作日内上报原码号分配机关。码号使用者需要延长码号使用期、扩大使用范围和改变码号用途的，应当向原码号分配机关办理有关手续。

本办法所称码号使用者，是指获准使用码号资源的电信业务经营者、专用电信网单位、政府部门、社会团体和其它企事业单位等。

第二十条　码号使用者应当在规定的时限内启用所分配的码号。有最低使用规模要求的，应达到规定的最低使用规模；无最低使用规模要求的，应达到预期的服务能力。

前款所称码号最低使用规模，是指码号使用者在规定的时限内利用码号开展业务时应当达到的最低业务覆盖范围和服务能力。

各类码号启用时限和最低使用规模参见本办法所附目录。

第二十一条　码号使用者应当严格按照电信主管部门审批时规定的码号结构、位长、用途、用户拨号方式和使用范围使用码号。

码号使用者不得转让或出租码号，不得超范围或跨本地网使用码号，不得将码号作为商标进行注册；未经工业和信息化部或省、自治区、直辖市通信管理局批准，码号使用者不得擅自改变码号用途。

第二十二条　专用电信网单位使用本地网码号资源实行属地管理。对跨本地网的专用电信网，应根据所跨本地网的服务范围，分别使用所属本地网的码号资源；本地网内的专用电信网应使用所属本地网码号资源。

第二十三条　码号使用者从工业和信息化部获得码号使用权后，应与相关基础电信业务经营者总公司协商签署码号开通协议。相关基础电信业务经营者总公司应自协议签署之日起10个工作日内，通知码号使用范围内所有子公司或者其他分支机构，配合码号使用者开通码号。

码号使用者对规定范围内码号开通的前期工作准备就绪后，应持工业和信息化部的批准文件和备案材料（包括码号启用技术方案、码号启用前期准备情况、码号启用实施进度安排和联系方式）向当地省、自治区、直辖市通信管理局备案。省、自治区、直辖市通信管理局应当自收齐上述材料之日起10个工作日内，向本地相关电信业务经营者和专用电信网单位发出备案通知。

各本地网内相关电信业务经营者或专用电信网单位应自码号使用者提出开通码号的书面要求和当地省、自治区、直辖市通信管理局备案通知收齐之日起10个工作日内，配合码号使用者完成局数据制作，开通码号，并在码号开通后5个工作日内将开通情况报当地省、自治区、直辖市通信管理局。

第二十四条　码号使用者从省、自治区、直辖市通信管理局获得码号使用权后，应当与省、自治区、直辖市内相关基础电信业务经营者协商签署码号开通协议。相关基础电信业务经营者应自协议签署之日起10个工作日内，通知码号使用范围内所有子公司或者其他分支机构，配合码号使用者开通码号，并在码号开通后5个工作日内将开通情况报当地省、自治区、直辖市通信管理局。

各本地网内相关电信业务经营者或专用电信网单位应自码号使用者提出开通码号的书面要求和当地省、自治区、直辖市通信管理局的批准文件收齐之日起10个工作日内，配合码号使用者完成局数据制作，开通码号。

第二十五条　码号使用者应当有效使用码号资源。电信业务经营者和专用电信网单位应于每年3月底前向原码号分配机关报告上年度码号资源使用情况和本年度码号资源使用需求。上报工业和信息化部的报告应同时抄报当地通信管理局。

报告的内容应当包括：

（一）码号启用时间、范围或数量；

（二）业务种类和服务能力；

（三）本企业（或单位）本年度电信网络、业务发展对码号资源的需求。

第二十六条　电信主管部门应当向社会公布码号资源分配和使用情况，并对使用情况实施监督检查。

码号使用者改变地址或联系方式的，应在变更后10个工作日内通知原码号分配机关。

第四章　码号资源的调整

第二十七条　电信主管部门对本地网用户电话号码升位实行计划管理，对局部用户号码调整实行备案管理，对长途编号区调整和短号码位长拓展实行审批管理。

未经工业和信息化部批准，任何单位和个人不得擅自调整长途编号区。具体长途编号区调整管理办法另行制定。

第二十八条　达到下列条件之一的，当地主导的电信业务经营者应当向其总公司提出本地网用户电话号码7位升8位计划，并同时报当地通信管理局：

（一）在7位编号本地网中，交换机容量达到120万门，局号利用率达到35%的；

（二）根据未来10年城市发展规划和电信网发展规划，交换机容量达到350万门，局号利用率达到30%的；

（三）尚未完全达到第（一）项、第（二）项条件，但由于城市发展，使原7位编号的某些P位局号严重紧张的；

（四）因城市信息化发展的需要以及基础电信业务经营者对电信网能力和新业务需求的增加，要求升8位的。

第二十九条　符合本办法第二十八条规定升8位条件，当地主导的电信业务经营者未提出升位计划的，当地通信管理局也可以提出升位建议。省、自治区通信管理局向工业和信息化部提出下年度用户电话号码升位建议的，应提前征求当地基础电信业务经营者意见，并于每年3月底前上报下年度需升位的本地网名称和各本地网升位建议。工业和信息化部收到省、自治区通信管理局升位建议后，初审符合本地网升位条件的，应通知相关基础电信业务经营者总公司和当地省、自治区通信管理局。

第三十条　本地网全网升位实施方案由所在本地网主导电信业务经营者总公司负责组织制订。当地主导电信业务经营者总公司应于每年8月底前统一将下年度需升位的本地网名称和各本地网具体升位实施方案报工业和信息化部。

前款所称升位实施方案的主要内容应当包括：

（一）码号使用现状及码号升位的必要性；

（二）未来5年、10年城市发展对号码资源的需求；

（三）号码升位技术方案和宣传方案；

（四）号码升位实施进度和宣传方案；

（五）技术保证措施；

（六）需要其它电信业务经营者配合的技术方案。

制定升位实施方案时，需要其他电信业务经营者配合的，省、自治区、直辖市通信管理局应负责协调。

第三十一条　工业和信息化部收到当地主导电信业务经营者总公司升位实施方案后，当年9月组织专家和基础电信业务经营者论证。经论证升位实施方案周密可行的，工业和信息化部列入下年度升位计划，于当年11月底前向社会公布，并通知相关基础电信业务经营者总公司做好升位前期准备和按时实施工作。

第三十二条　具体升位方案由当地主导电信业务经营者总公司负责组织实施，其他基础电信业务经营者总公司和专用电信网单位应予以配合，根据实施方案统一组织对本企业网络进行同步调整。

在号码升位方案具体实施中，当地通信管理局负责对行政区域内基础电信业务经营者和专网单位进行协调和监督，并在升位方案实施之前至少20个工作日组织现场测试。

在协调、监督和现场测试过程中发现可能影响升位的问题时，当地通信管理局应在5个工作日内报工业和信息化部。

第三十三条　电信业务经营者利用电信主管部门分配的码号资源提供电信业务时，应当保证电信用户的合法权益，不得随意更改调整号码。

电信业务经营者对局部用户号码进行调整的，应制订周密的调整方案，并将局部用户号码调整实施方案和用户权益保障措施提前向原码号分配机关备案。

第三十四条　拓展短号码位长的，码号使用者应向原码号分配机关提出申请，并报送相应拓展方案、技术实施方案和用户权益保障措施。

原码号分配机关自收到申请之日起30个工作日内，对申请人提交的申请和实施方案审查完毕，作出批准或不予批准的决定。予以批准的，发给申请人正式批准文件，并通知相关基础电信业务经营者；不予批准的，书面通知申请人并说明理由。

第三十五条　工业和信息化部根据码号资源情况，可以组织本地网用户电话号码升位、本地网长途编号区调整、短号码位长拓展和其它码号调整。省、自治区、直辖市通信管理局可以组织对授权管理的码号进行调整和位长拓展。

工业和信息化部或省、自治区、直辖市通信管理局要求或批准进行的本地网用户电话号码升位、长途编号区调整、短号码位长拓展和其它码号调整，电信用户和相关码号使用者应当予以配合。

第三十六条　本地网用户电话号码升位、短号码位长拓展和其它码号调整产生的码号资源，由工业和信息化部或省、自治区、直辖市通信管理局统一规划，重新分配。

第三十七条　本地网用户电话号码升位后，国际、国内长途来话（含IP来话）新旧号码并存服务时间为2个月，号码并存补位和冲突检测，由升位的本地网承担。并存期届满后，各基础电信业务经营者应对国际、国内长途来话（含IP来话）在网内实施拦截和语音提示，语音提示服务时间为3个月。

短号码位长拓展和局部用户号码调整的，码号使用者应至少提前45天向用户公告；短号码位长拓展和局部用户号码调整后，码号使用者应提示来话，来话提示服务时间不得少于45天。短号码位长拓展需要新、旧号码并存服务的，相关基础电信业务经营者应予以配合。

第三十八条　工业和信息化部或省、自治区、直辖市通信管理局在码号资源管理中，发现有下列情形之一的，可以收回已分配的码号资源：

（一）已终止占用码号资源的业务的；

（二）在规定时间内未启用码号资源的；

（三）以欺诈手段获得码号资源的；

（四）超过规定期限使用码号资源的；

（五）改变电信主管部门规定的码号结构、位长、拨号方式和使用范围使用码号资源的；

（六）擅自启用、扩大范围、改变用途、改变长途编号区或跨本地网使用用户号码资源的；

（七）转让、出租码号资源或将码号作为商标进行注册的；

（八）拒不按照规定缴纳码号资源使用费的；

（九）拒不执行电信主管部门的码号调整要求的。

第三十九条　电信主管部门决定收回的码号，相关基础电信业务经营者应按照电信主管部门的要求在规定的时间内对码号局数据进行调整。

第五章　罚　则

第四十条　违反本办法的规定有下列情形之一的，工业和信息化部或者省、自治区、直辖市通信管理局责令改正，视情节轻重可以给予警告，并处5000元以上3万元以下的罚款：

（一）以欺诈手段获得码号资源的；

（二）无正当理由拒绝专用电信网单位对码号资源需求的；

（三）向用户收取选号费或占用费的；

（四）改变用户拨号方式的，或将码号作为商标擅自进行注册的；

（五）未按照规定时间启用码号或未达到最低使用规模或预期服务能力的；

（六）未按规定报告码号资源使用情况的；

（七）未按规定向电信主管部门备案的；

（八）未按规定配合码号使用者制作局数据，开通码号的；

（九）未按规定组织或配合本地网号码升位方案制订或实施的；

（十）不配合或不按规定配合电信主管部

门要求或批准进行的本地网号码升位、长途编号区调整、号码位长拓展和码号调整的；

（十一）未按规定保护电信用户号码使用权益的。

第四十一条　违反本办法，有下列情形之一的，由工业和信息化部或者省、自治区、直辖市通信管理局依据《中华人民共和国电信条例》第七十条的规定责令改正，没收违法所得，处违法所得3倍以上5倍以下罚款；没有违法所得或者违法所得不足5万元的，处10万元以上100万元以下罚款：

（一）擅自启用码号资源的；

（二）擅自拓展号码位长使用的；

（三）超过规定的使用期限继续使用码号资源的；

（四）擅自改变长途编号区或跨本地网使用用户号码资源的；

（五）擅自转让、出租或变相转让、出租码号资源的；

（六）擅自改变码号资源用途的。

第四十二条　当事人对工业和信息化部或省、自治区、直辖市通信管理局行政处罚决定不服的，可依法申请行政复议或者向人民法院提起诉讼。

第四十三条　从事码号资源管理的工作人员玩忽职守，滥用职权，徇私舞弊，构成犯罪的，依法追究刑事责任；尚不构成犯罪的，依法给予行政处分。

第六章　附　则

第四十四条　未与公用电信网互联的专用电信网的用户编号和网络编号资源管理，不适用本办法。

第四十五条　本办法自2003年3月1日起施行。信息产业部2000年4月25日发布的《电信网码号资源管理暂行办法》（信息产业部令第1号）同时废止。

公用电信网间互联管理规定

（2001年5月10日中华人民共和国信息产业部令第9号公布。根据2014年9月23日中华人民共和国工业和信息化部令第28号公布的《工业和信息化部关于废止和修改部分规章的决定》修正）

第一章　总　则

第一条　为了维护国家利益和电信用户的合法权益，保护电信业务经营者之间公平、有效竞争，保障公用电信网间及时、合理地互联，根据《中华人民共和国电信条例》，制定本规定。

第二条　本规定适用于中华人民共和国境内经营基础电信业务的经营者在下列电信网间的互联：

（一）固定本地电话网；

（二）国内长途电话网；

（三）国际电话网；

（四）IP电话网；

（五）陆地蜂窝移动通信网；

（六）卫星移动通信网；

（七）互联网骨干网；

（八）工业和信息化部规定的其他电信网。

第三条　电信网之间应当按照技术可行、经济合理、公平公正、相互配合的原则实现互联。

第四条　工业和信息化部和省、自治区、直辖市通信管理局（以下合称“电信主管部门”）是电信网间互联的主管部门。工业和信息化部负责本规定在全国范围内的实施工作；省、自治区、直辖市通信管理局负责本规定在本行政区域内的实施工作。

第五条　本规定下列用语的含义是：

（一）互联，是指建立电信网间的有效通信连接，以使一个电信业务经营者的用户能够与另一个电信业务经营者的用户相互通信或者能够使用另一个电信业务经营者的各种电信业务。互联包括两个电信网网间直接相联实现业务互通的方式，以及两个电信网通过第三方的网络转接实现业务互通的方式。

（二）互联点，是指两个电信网网间直接相联时的物理接口点。

（三）主导的电信业务经营者，是指控制必要的基础电信设施，并且所经营的固定本地电话业务占本地网范围内同类业务市场50%以上的市场份额，能够对其他电信业务经营者进入电信业务市场构成实质性影响的经营者。

（四）非主导的电信业务经营者，是指主导的电信业务经营者以外的电信业务经营者。

第二章　电信业务经营者的互联义务

第六条　电信业务经营者应当设立互联工作机构负责互联工作。互联工作机构应当建立正常的工作联系制度，保证电信业务经营者与电信主管部门之间以及电信业务经营者之间工作渠道的畅通。

第七条　主导的电信业务经营者应当根据本规定制定包括网间互联的程序、时限、互联点的数量、用于网间互联的交换机局址、非捆绑网络元素提供或出租的目录及费用等内容的互联规程。互联规程报工业和信息化部批准后执行。互联规程对主导的电信业务经营者的互联互通活动具有约束力。

第八条　电信业务经营者不得拒绝其他电信业务经营者提出的互联要求，不得违反国家有关规定擅自限制用户选择其他电信业务经营者依法开办的电信业务。

第九条　主导的电信业务经营者有义务向非主导的电信业务经营者提供与互联有关的网络功能（含网络组织、信令方式、计费方式、同步方式等）、设备配置（光端机、交换机等）的信息，以及与互联有关的管道（孔）、杆路、线缆引入口及槽道、光缆（纤）、带宽、电路等通信设施的使用信息。非主导的电信业务经营者有义务向主导的电信业务经营者提供与互联有关的网络功能、设备配置的计划和规划信息。

双方应当对对方提供的信息保密，并不得利用该信息从事与互联无关的活动。

第十条　非主导的电信业务经营者的电信网与主导的电信业务经营者的电信网网间互联，互联传输线路必须经由主导的电信业务经营者的管道（孔）、杆路、线缆引入口及槽道等通信设施的，主导的电信业务经营者应当予以配合提供使用，并不得附加任何不合理的条件。

两个非主导的电信业务经营者的电信网网间直接相联，互联传输线路必须经由主导的电信业务经营者的楼层院落、管道（孔）、杆路、线缆引入口及槽道等通信设施的，主导的电信业务经营者应当予以配合提供使用，并不得附加任何不合理的条件。

前款主导的电信业务经营者的通信设施经省、自治区、直辖市通信管理局确认无法提供使用的，非主导的电信业务经营者可以通过架空、直埋等其他方式解决互联传输线路问题。

第十一条　主导的电信业务经营者应当在规定的互联时限内提供互联，非主导的电信业务经营者应当在规定的互联时限内实施互联。双方均不得无故拖延互联时间。

第十二条　电信业务经营者应当执行工业和信息化部制定的相关网间互联技术规范、技术规定。

网间通信质量应当符合国家有关标准。电信业务经营者应当保证网间通信质量不低于其网络内部同类业务的通信质量。

第十三条　应非主导的电信业务经营者的要求，主导的电信业务经营者应当向对方网的用户提供电话号码查询业务，并经双方协商后，可按查号规则查询到对方网的可查询用户号码。非主导的电信业务经营者应当按查号规则向对方提供本网的可查询用户号码资料。

应非主导的电信业务经营者的要求，主导的电信业务经营者应当向对方网的用户提供火警、匪警、医疗急救、交通事故报警等紧急特种业务。非主导的电信业务经营者应当每日进行紧急特种业务的拨叫例测。双方应当共同保证紧急特种业务的通信质量。

第十四条　电信业务经营者向本网开放的各种电信业务接入号码（含短号码）、其他特种业务号码（含电信业务经营者所用的业务号码、政府公务类业务号码、社会服务类业务号码）、智能业务号码等，应一方的要求，应当及时向对方网开放，并保证通信质量。

第十五条　两个非主导的电信业务经营者的电信网网间直接相联，由双方协商解决。

两个非主导的电信业务经营者的电信网网间未直接相联的，其网间业务应当经第三方的固定本地电话网或工业和信息化部指定的机构的网络转接实现互通。非主导电信业务经营者选择主导的电信业务经营者的固定本地电话网作为第三方的网络时，主导的电信业务经营者不得拒绝提供转接，并应当保证转接的通信质量。

第三章 互联点的设置及互联费用的分摊与结算

第十六条 非主导的电信业务经营者的电信网与主导的电信业务经营者的电信网网间互联时，互联点应当设置在互联传输线路的一端，即远离非主导的电信业务经营者侧的设备的一端（例如，当互联传输线路为光缆时，互联点设置在主导的电信业务经营者光配线架外侧）。

两个非主导的电信业务经营者的电信网网间直接相联时，互联点的具体位置由双方协商确定。

第十七条 互联点数量应当根据双方业务发展以及网间通信安全的需要协商确定。在一个本地网内各电信网网间互联原则上应当有两个以上（含两个）互联点。

互联点两侧的电信设备可以由各电信网共用，也可以由各电信网分设。当互联点两侧的电信设备由各电信网共用时，如果各电信网网间结算标准不一致，双方又不易采用技术手段进行计费核查的，互联中继电路可以分群设置。

第十八条 非主导的电信业务经营者的电信网与主导的电信业务经营者的电信网网间互联的，互联传输线路及管道由双方各自承担一半。

两个非主导的电信业务经营者的电信网网间直接相联的，互联传输线路的费用分摊由双方协商确定。

第十九条 互联点两侧的电信设备（含各自网内的电信设备，下同）的建设、扩容改造的费用（含信令方式、局数据修改、软件版本升级等费用）由双方各自承担。

互联点两侧的电信设备的配套设施（含机房、空调、电源、测试仪器、计费设备及其他配套设施）的费用由双方各自承担。

第二十条 互联传输线路经由主导的电信业务经营者的管道（孔）、杆路、线缆引入口及槽道等通信设施的，主导的电信业务经营者应当按规定标准收取租用费。暂无规定标准的，相关费用以建设成本为基础由双方协商解决。

第二十一条 电信业务经营者在互联互通中应当执行《电信网间通话费结算办法》，不得在规定标准以外加收费用。

电信业务经营者应当按互联协议规定的结算周期进行网间结算，不得无故拖延应向对方结算的费用。

第二十二条 电信业务经营者应当按国家有关规定核算本网与互联有关的收支情况及互联成本，经相关中介机构审查验证后，于每年3月31日前将上一年度的数据报工业和信息化部。

网间结算标准应当以成本为基础核定。在电信业务经营者互联成本尚未确定之前，网间结算标准暂以资费为基础核定。

第四章 互联协议与工程建设

第二十三条 互联协议应当由电信业务经营者省级以上（含省级）机构之间签订（含修订）。电信业务经营者省级以下机构不再另行签订互联协议。互联双方应当本着友好合作和相互配合的原则协商互联协议。

第二十四条 互联协商的主要内容包括：签订协议的依据、互联工程进度时间表、互通的业务、互联技术方案（包括互联点的设置、互联点两侧的设备设置、拨号方式、路由组织、中继容量，以及信令、计费、同步、传输质量等）、与互联有关的网络功能及通信设施的提供、与互联有关的设备配置、互联费用的分摊、互联后的网络管理（包括互联双方维护范围、网间通信质量相互通报制度、网间通信障碍处理制度、网间通信重大障碍报告制度、网间通信应急方案等）、网间结算、违约责任等。

第二十五条　互联双方省级以上机构应当按照《中华人民共和国合同法》及国家有关规定签订互联协议，互联协议不得含有歧视性内容和损害第三方利益的内容。

第二十六条　互联双方省级以上机构应当自协议签订之日起15日内将协议发至各自下属机构，并报送电信主管部门。

第二十七条　互联双方应当在规定的互联时限内，根据商定的互联工程进度、互联技术方案，在各自的建设范围内组织施工建设，并协同组织互联测试，全部工程初验合格后即可开通业务。

第五章　互联时限与互联监管

第二十八条　涉及全国范围（跨省、自治区、直辖市）同步实施的网间互联，非主导的电信业务经营者应当根据本网工程进度情况或网络运行情况，向主导的电信业务经营者当面提交互联的书面要求，并向工业和信息化部备案后，互联工作开始启动。

互联双方应当从互联启动之日起两个月内签订互联协议。

涉及全国范围同步实施的网间互联需要新设互联点的，应当自互联启动之日起七个月内实现业务开通。

涉及全国范围同步实施的网间互联不需新设互联点，只需进行网络扩容改造的，应当自互联启动之日起四个月内实现业务开通。

涉及全国范围同步实施的网间互联只涉及局数据修改的，应当自互联启动之日起两个月内实现业务开通。

必要时，工业和信息化部对涉及全国范围同步实施的网间互联提出具体的业务开通时间要求。

第二十九条　不涉及全国范围同步实施的网间互联，非主导的电信业务经营者省级以上机构应当根据本网工程进度情况或者网络运行情况，向主导的电信业务经营者省级机构当面提交互联的书面要求，并向省、自治区、直辖市通信管理局备案后，互联工作开始启动。主导的电信业务经营者省级机构不得拒收对方提交的互联书面要求。

互联双方应当在互联工程实施以前签订工程协议，工程协议的签订应当不影响整个互联工程的进度。双方应当在业务开通前签订网间业务互通、互联后的网络管理以及网间结算协议。协议的协商可与工程实施同步进行。

网间互联需新设互联点的，应当自互联启动之日起七个月内实现业务开通。

网间互联不需新设互联点，只需进行网络扩容改造的，应当自互联启动之日起四个月内实现业务开通。

网间互联只涉及局数据修改的，应当自互联启动之日起一个月内实现业务开通。

必要时，省、自治区、直辖市通信管理局对网间互联提出具体的业务开通时间要求。

第三十条　互联实施中，因客观原因致使互联不能在规定的互联时限内完成的，经互联双方认可并向电信主管部门备案后，可以顺延互联时间。

第三十一条　互联双方应当在业务开通后30日内，将互联启动日期、业务开通日期及业务开通后3日内的网间通信质量情况，以书面形式向电信主管部门报告。电信主管部门根据具体情况以适当方式予以公布。

第三十二条　电信主管部门应当定期或不定期地召开相关电信业务经营者的互联协调会，督促解决互联实施过程中存在的问题。

工业和信息化部电信管理局应当向省、自治区、直辖市通信管理局及相关电信业务经营者通报互联工作情况。

第六章　互联后的网络管理

第三十三条　在工业和信息化部确定的用于网间互联的交换机局址上实施的互联，互联点应当保持相对稳定，已设互联点原则上不允许变更。

主导的电信业务经营者对已设互联点单方面提出变更要求的，应当事先向相关电信业务经营者提交拟变更的方案，经与对方协商一致后，方可启动改造工程。改造工程应当在七个月内完成。改造工程的费用原则上由主导的电信业务经营者承担。

第三十四条　互联一方因网内扩容改造，可能影响对方网的用户通信的，应当提前三个月以书面形式向对方通报情况。

互联一方因网内发生路由组织、中继电路、信令方式、局数据、软件版本等的调整，可能影响到对方网的用户通信的，应当提前15日以书面形式向对方通报情况。

第三十五条　电信业务经营者对网间路由组织、中继电路、信令方式、局数据、软件版本等的调整应当予以配合，保证网间通信质量符合要求。

第三十六条　电信业务经营者应当明确划分网间运行维护责任，定期协同分析网间通信质量，建立网间通信质量相互通报制度，并定期向电信主管部门报告。电信主管部门根据具体情况组织召开通信质量协调会。

第三十七条　电信业务经营者应当建立网间通信障碍处理制度，互联一方发现网间通信障碍时，应当及时通知对方，双方相互配合共同处理网间通信障碍。网间通信障碍的处理时限与本网处理同类障碍的时限相同。

第三十八条　电信业务经营者应当保障网间通信畅通，不得擅自中断互联互通。电信业务经营者应当建立网间通信重大障碍报告制度。发生网间通信中断或网间通信严重不畅时，电信业务经营者应当立即采取有效措施恢复通信，并及时向电信主管部门报告。

前款所称网间通信严重不畅，是指网间接通率（应答试呼比）低于20%，以及用户有明显感知的时延、断话、杂音等情况。

第七章　互联争议的协调与处理

第三十九条　电信主管部门应当依据工业和信息化部制定的电信网间互联争议解决办法解决电信业务经营者之间的互联争议。

第四十条　在互联实施中，电信业务经营者发生下列争议，致使互联不能继续进行，或者互联后电信业务经营者发生下列争议影响网间业务互通时，任何一方均可以向电信主管部门申请协调：

（一）互联技术方案；

（二）与互联有关的网络功能及通信设施的提供；

（三）互联时限；

（四）电信业务的提供；

（五）网间通信质量；

（六）与互联有关的费用；

（七）其他需要协调的问题。

第四十一条　电信主管部门收到协调申请后，对申请的内容进行初步审核。经审核发现申请的内容与国家有关规定明显不符或者超出电信主管部门职责权限的，应当书面答复不予受理。经审查申请的内容符合要求的，电信主管部门正式开始协调工作。

第四十二条　电信主管部门组织相关人员对电信业务经营者的互联争议进行协调。

协调应当自开始协调之日起45日内结束。

第四十三条　协调结束后，争议双方不能达成一致意见的，电信主管部门应当随机邀请电信技术、经济、法律方面的专家进行公开论证。电信主管部门根据论证意见或建议对互联争议作出决定，强制争议双方执行。

第四十四条 决定应当在协调结束之日起45日内作出。省、自治区、直辖市通信管理局作出的决定应当向工业和信息化部备案。电信主管部门对作出的决定以适当方式向社会公布。

第四十五条 决定作出后，争议双方应当在决定规定的时限内予以履行。

争议一方或双方对决定不服，可以依法申请行政复议或者提起行政诉讼。复议或诉讼期间，决定不停止执行。

第八章 罚 则

第四十六条 违反本规定第九条、第十条、第十一条、第十二条第一款、第十三条、第十四条、第十五条、第二十一条第二款、第三十三条、第三十五条、第三十六条、第三十七条规定的，由电信主管部门视情节轻重，依据职权责令改正、处五千元以上三万元以下罚款。

因违反前款规定给其他的电信业务经营者造成直接经济损失的，应当予以经济赔偿。

第四十七条 违反本规定第八条、第十二条第二款和第四十五条规定的，由电信主管部门依据职权责令改正，并按《中华人民共和国电信条例》中的有关规定处以罚款。

第四十八条 违反本规定第二十一条第一款、第三十八条的，由电信主管部门依据职权责令改正，有违法所得的，没收违法所得，并按《中华人民共和国电信条例》的有关规定处以罚款。

第九章 附 则

第四十九条 本规定自发布之日起施行。1999年9月7日信息产业部发布的《电信网间互联管理暂行规定》同时废止。

信息化和工业化融合管理体系评定管理办法（试行）

1　适用范围

1.1　本办法用于规范对企业按照《信息化和工业化融合管理体系要求（试行）》（工信部公告〔2014〕3号）建立的两化融合管理体系开展的评定活动。

1.2　本办法明确了对两化融合管理体系建立、运行及其绩效的评定和监督要求，强化评定过程管理。

1.3　两化融合管理体系评定工作应遵循“自愿、独立、公开、公正”的原则。

2　评定管理组织

2.1　设立两化融合管理体系评定专家委员会（简称评定专家委员会），对两化融合管理体系评定工作提供指导和咨询，作出专家结论。评定专家委员会设在中国两化融合咨询服务联盟。

2.2　设立两化融合管理体系评定工作委员会（简称评定工作委员会），全面负责管理、协调两化融合管理体系评定工作，制订完善评定工作细则、流程和方法，管理评定机构及评定人员等。评定工作委员会设在中国两化融合咨询服务联盟，接受联盟指导委员会和联盟理事会的指导，其日常工作由联盟秘书处承担。

3　评定机构要求

3.1　评定工作委员会委托符合条件的第三方评定机构从事两化融合管理体系评定活动。

3.2　评定机构应建立并有效运行评定工作体系，完善评定监督和责任机制，以确保从事的两化融合管理体系评定活动符合本办法的规定。

3.3　坚持咨询与评定分离原则，禁止评定机构为其利益相关方提供评定服务。

3.4　评定机构应具备的基本条件如下：

1）有固定的办公场所和必要的设施；

2）有10名以上符合条件的两化融合管理体系专职评定人员。

3.5　评定机构至少应公开以下信息：

1）可开展评定的主要业务范围；

2）评定机构授予、保持、变更、暂停或撤销评定及其证书等环节的程序和规定；

3）对所作出评定结论的申诉程序；

4）评定机构以往开展的评定业务；

5）评定机构的信用等级；

6）评定机构聘用的评定人员及其信用等级。

3.6　对于违反本办法、相关法律法规、相关职业道德以及不遵守评定工作委员会管理要求的评定机构，评定工作委员会有权暂停或撤销其从事两化融合管理体系评定活动的委托。被撤销委托的机构，5年内不得重新申请。

4　评定人员要求

4.1　评定工作委员会委托符合条件的评定人员具体承担两化融合管理体系评定工作。

4.2　评定人员须遵守相关的法律、法规和规章，按照所执业评定机构确定的工作程序和作业指导从事评定活动，对评估审核报告的真实性承担相应责任。

4.3　评定人员不得同时在2个或者2个以上评定机构执业。

4.4 评定人员的基本条件如下：

1）每3年至少参加1次评定工作委员会组织的专业培训；

2）通过评定工作委员会组织的专业考试，且每年至少参加1次两化融合管理体系评估审核工作，否则每年均需重新通过专业考试；

3）拥有3年及以上从事企业管理、信息化、自动化、管理体系等相关工作的经验，或具有等同于相关领域3年工作经验的专业水平。

4.5 对于违反本办法、相关法律法规、相关职业道德以及不遵守评定工作委员会管理要求的评定人员，评定工作委员会有权暂停或撤销其从事两化融合管理体系评定活动的委托。被撤销委托的人员，5年内不得重新申请。

5 评定管理平台

5.1 依托两化融合管理体系评定管理平台（gltxpd.cspiii.com）（简称评定管理平台），对两化融合管理体系评定工作进行全流程管理与监督。

5.2 评定机构和评定人员需在评定管理平台进行注册，公开相关信息。

6 评定程序

6.1 初次评定

6.1.1 受理评定申请

6.1.1.1 申请两化融合管理体系评定的企业（简称申请企业）需在评定管理平台进行注册，选择评定机构，并提交评定申请材料。评定申请材料包括：

1）两化融合管理体系评定申请表；

2）企业营业执照等法律地位证明文件的复印件；

3）组织机构代码证书的复印件；

4）两化融合管理体系管理手册及必要的程序文件等；

5）申请两化融合管理体系评定的范围和边界所涉及的业务流程、组织结构、技术、数据等的清单；

6）两化融合管理体系已有效运行的证明文件；

7）两化融合发展水平评估报告；

8）其他与评定有关的必要文件。

6.1.1.2 评定机构对申请企业提交的申请材料进行评审，确认申请企业从事的活动符合相关法律法规规定，建立和实施了两化融合管理体系，且已有效运行；并根据申请企业申请的评定范围、完成评估审核所需时间及其他影响评定活动的因素，综合确定是否受理评定申请。

6.1.1.3 对于申请材料不满足6.1.1.1中要求的，评定机构可通知申请企业补充和完善，或者不受理评定申请。

6.1.1.4 对于拟受理的评定申请，评定机构应与申请企业签定书面的评定合同，并提交至评定管理平台。

6.1.2 制定评估审核计划

6.1.2.1 评定机构在实施评估审核前，应形成书面的评估审核计划，由申请企业确认，并提交至评定管理平台。评估审核计划的内容至少包括：评估审核计划名称和编号、评估审核目的、评估审核范围、评估审核任务、评估审核时间、评估审核组成员、评估审核组组长、评估审核日程安排等。

6.1.2.2 评估审核时间应合理充分，以确保评估审核的完整有效。

6.1.2.3 评估审核组应根据两化融合管理体系评估审核范围所覆盖的专业领域选择具备相关能力的评定人员和技术专家。每个评估审核组应至少包含一名专职评定人员，评估审核组中的评定人员承担评估审核责任。

6.1.2.4 现场评估审核应安排在评估审核范围覆盖的业务活动处于正常运行阶段，以使现场评估审核活动能够观察到业务活动的运行情况。

6.1.3 实施评估审核

6.1.3.1 开展第一阶段评估审核

6.1.3.1.1　第一阶段评估审核的主要目的是判断申请企业是否建立和实施了符合《信息化和工业化融合管理体系要求》的管理制度，重点评估审核申请企业两化融合管理体系与标准的符合性。

6.1.3.1.2　第一阶段评估审核应至少包含以下内容：

1）评估审核申请企业的两化融合管理体系相关文件是否符合《信息化和工业化融合管理体系要求》，并初步确认申请企业的实际运行情况是否与其两化融合管理体系相关文件相一致；

2）评估审核申请企业理解和实施《信息化和工业化融合管理体系要求》标准的情况，特别是对两化融合管理体系的要素、过程、目标、运行机制及其关键绩效的识别情况；

3）评估审核申请企业是否围绕与企业战略相匹配的可持续竞争优势的需求，确定了信息化环境下新型能力的要求，并确定了两化融合目标；

4）确认两化融合管理体系覆盖的范围，以及该范围是否与申请企业对打造信息化环境下新型能力的要求相一致；

5）确认申请企业的两化融合管理体系是否已实施运行、是否实施了内部审核与管理评审；

6）结合两化融合目标，并围绕所涉及的业务流程、组织结构、技术及数据四个基本要素，以及管理职责、基础保障、实施过程、评测与改进四个管理域，识别对两化融合目标实现具有重要影响的关键点，作为策划第二阶段评估审核的重要输入；

7）结合识别的第二阶段重要评估审核点，审核第二阶段评估审核所需资源的配置情况，与申请企业相关人员进行讨论，确定第二阶段评估审核实施的可行性，并商定第二阶段评估审核的详细安排。

6.1.3.1.3　第一阶段的评估审核活动，原则上应在申请企业现场进行。

6.1.3.1.4　评定人员应该将第一阶段评估审核情况形成文件，告知申请企业，并将文件及相关材料提交至评定管理平台。第一阶段评估审核和第二阶段评估审核应安排适宜的间隔时间，使申请企业有充分的时间解决第一阶段评估审核中发现的问题。

6.1.3.2　开展第二阶段评估审核

6.1.3.2.1　第二阶段评估审核的主要目的是围绕申请企业所打造的信息化环境下的新型能力，判断申请企业两化融合管理体系运行的符合性和有效性。

6.1.3.2.2　第二阶段评估审核至少应覆盖以下内容：

1）围绕所打造的信息化环境下的新型能力，申请企业实际运行情况与两化融合管理体系标准或其他规范性文件的所有要求的符合情况及证据；

2）依据两化融合管理体系的关键绩效目标和指标，对绩效进行的监视、测量、报告和评审，以及所获取的信息化环境下的新型能力的情况；

3）申请企业两化融合管理过程的执行控制情况；

4）申请企业两化融合管理体系的内部审核和管理评审情况；

5）规范性要求、方针、绩效目标和指标、适用的法律要求、职责、人员能力、运作、程序、绩效数据和内部审核发现及结论之间的联系。

6.1.3.2.3　第二阶段评估审核应在申请企业现场进行。

6.1.3.3　发生以下情况时，评估审核组应中止评估审核，并向评定机构报告：

1）申请企业对评估审核活动不予配合，评估审核活动无法进行；

2）申请企业的两化融合管理体系有重大缺陷，不符合《信息化和工业化融合管理体系要求》标准的要求；

3）两化融合管理体系文件不符合申请企业实际运行情况；

4）发现申请企业存在严重违法违规的行为；

5）其他导致评估审核程序无法完成的情况。

6.1.4 形成评估审核报告

6.1.4.1 第二阶段评估审核结束后，评估审核组应对第一阶段和第二阶段的评估审核活动形成书面的评估审核报告。评估审核报告由评估审核组组长组织编写并签字确认。评估审核报告应准确、简明和清晰地描述评估审核活动的主要内容，至少包括：

1）评定机构；

2）申请企业的名称和地址及其管理者代表；

3）评估审核类型（例如初次、监督或再评定）；

4）评估审核准则；

5）评估审核目的；

6）评估审核范围；

7）评估审核组组长、评估审核组成员及任何与评估审核组同行的人员；

8）评估审核活动的实施日期和地点；

9）与评估审核类型的要求一致的评估审核证据、评估审核发现和评估审核结论；

10）已识别出的不符合项和任何未解决的问题。

6.1.4.2 评估审核报告应附必要的用于证明相关事实的证据或记录，并提交至评定管理平台。

6.1.4.3 评定机构应将评估审核报告的副本送交申请企业。

6.1.4.4 对中止评估审核的项目，评估审核组应将已开展的工作情况形成报告，评定机构应将此报告及中止评估审核的原因提交申请企业，并通过评定管理平台提交至评定工作委员会。

6.1.5 不符合项的纠正和纠正措施验证

6.1.5.1 对评估审核中发现的不符合项，评定机构应要求申请企业在规定期限内分析原因并采取措施进行纠正，并说明为消除不符合项所采取的纠正和纠正措施。

6.1.5.2 对申请企业已对不符合项完成的纠正，评定机构应采取适当方式对申请企业所采取的纠正和纠正措施的有效性进行验证。

6.1.6 给出评定结论

6.1.6.1 评定机构根据评估审核报告及相关验证结果，结合其他相关信息进行综合评价，给出评定结论，并通过评定管理平台提交至评定工作委员会。

6.1.6.2 评估审核组成员不得参与给出所评估审核项目的评定结论。

6.1.6.3 评定机构在给出评定结论前应确认：

1）评估审核报告及相关验证结果能够满足评定的需要；

2）对于所有反映以下问题的不符合项，评定机构已评审、接受并证实了纠正和纠正措施的有效性。

a）未能满足两化融合管理体系标准的一项或多项要求；

b）对两化融合目标的实现具有重要影响的关键点的监视和测量未有效运行，或者对这些关键点的报告或评审记录不完整或无效；

c）在持续改进两化融合管理体系的有效性方面存在缺陷，实现两化融合目标有重大疑问。

3）对于任何其他不符合项，评定机构已评审并接受了申请企业计划采取的纠正和纠正措施。

6.1.6.4 在满足6.1.6.3条的要求的基础上，

评定机构有充分的客观证据证明申请企业满足下列要求的，给出该申请企业符合评定要求的评定结论：

1）申请企业的两化融合管理体系符合标准要求且运行有效；

2）评定范围覆盖的业务活动符合相关法律法规要求；

3）申请企业按照评定合同规定履行了相关义务。

申请企业不满足上述要求的，给出该申请企业不符合评定要求的评定结论，以书面的形式告知申请企业并说明原因。

6.1.7　评定决定

6.1.7.1　评定工作委员会对评定过程中所提交的文件和记录进行合规性审查，确认相关材料完整、齐全、合理。对于材料不符合要求的，由评定机构补充完善。

6.1.7.2　必要时，评定工作委员组织专家对评定机构的评定结论进行复核，未能通过复核的，予以驳回。

6.1.7.3　对于评定机构评定合格，且通过评定工作委员会审查或复核的企业，在评定管理平台进行为期15个工作日的公示。

6.1.7.4　对于公示后无异议的企业，由评定机构颁发两化融合管理体系评定证书（简称评定证书）。

6.2　监督审核

6.2.1　评定机构应对颁发评定证书的企业（简称获证企业）进行有效的跟踪监督，确保其两化融合管理体系持续符合评定要求。

6.2.2　评定机构应在初次评定的第二阶段评估审核后至少12个月内进行一次监督审核。此后，每次监督审核的时间间隔不超过12个月。

6.2.3　在达到监督审核期限而有证据表明获证企业暂不具备实施监督审核的条件时，可以适当延长监督审核期限，但最长间隔不能超过15个月。

6.2.4　监督审核应至少包含以下内容：

1）上次评估审核以来两化融合管理体系覆盖的范围及运行体系的资源是否有变更；

2）对上次评估审核中确定的不符合项采取的纠正和纠正措施是否继续有效；

3）内部审核和管理评审是否规范和有效；

4）是否针对内部审核和管理评审发现的问题策划并实施了持续改进；

5）两化融合目标及分解目标是否实现，未实现的原因；

6）两化融合管理体系覆盖的业务活动涉及法律法规规定的，是否持续符合相关规定；

7）获证企业对评定证书和标志的使用是否符合相关规定。

6.2.5　评估审核组根据监督审核情况形成书面的监督审核报告，并提交至评定管理平台。监督审核报告至少应按6.2.4列明的评估审核要求逐项描述评估审核证据、评估审核发现和评估审核结论等，并提出是否继续保持评定证书的推荐性意见。

6.2.6　评定机构根据监督审核报告和掌握的其他相关信息，给出继续保持或暂停、撤销评定证书的结论，并通过评定管理平台提交至评定工作委员会。

6.3　再评定

6.3.1　获证企业应在证书期满前3个月内提出再评定申请，不提出再评定申请或再评定不合格的，其两化融合管理体系评定证书到期自动失效。

6.3.2　再评定的评估审核程序与6.1中规定的程序一致。若再评定的范围保持不变，且获证企业的两化融合管理体系及获证企业的内部或外部环境无重大变更时，再评定可省略第一阶段评估审核。

7　评定证书

7.1　评定证书的有效期

评定证书自颁发之日起有效期为3年。

7.2　评定证书要求

评定证书应至少包含以下信息：

1）企业名称、地址；

2）授予、变更评定的日期；

3）评定有效期；

4）证书编号；

5）两化融合管理体系评定范围；

6）两化融合管理体系符合《信息化和工业化融合管理体系要求》标准的表述，包括版次和（或）修订号；

7）评定工作委员会的标志和评定机构的名称、签印、地址、标志；

8）关于证书信息查询方式的说明："本证书信息可在两化融合管理体系评定管理平台（http://gltxpd.cspiii.com）查询"。

7.3　评定证书的暂停

7.3.1　获证企业发生以下情况时，评定机构应在获得相关信息并调查核实后15个工作日内向评定工作委员会申请暂停其评定证书，评定工作委员会应在收到申请15个工作日内作出答复：

1）两化融合管理体系持续或严重不满足评定要求，包括对两化融合管理体系运行有效性的要求；

2）没有按照本办法规定的频次实施监督审核；

3）不承担、履行评定合同约定的监督审核过程中的责任和义务；

4）不履行评定合同约定的信息通报义务；

5）主动请求暂停；

6）获证企业被有关行政监管部门责令停业整顿；

7）其他需要暂停评定证书的情况。

7.3.2　评定证书暂停期不应超过6个月。

7.3.3　暂停评定证书时，应及时在评定管理平台上公布相关信息；评定机构应采取有效监督措施避免无效评定证书被继续使用。

7.3.4　暂停评定证书的信息应明确暂停的起止日期，声明在暂停期间获证企业不得以任何方式使用评定证书或引用评定信息。

7.4　评定证书的撤销

7.4.1　获证企业发生以下情况时，评定机构应在获得相关信息并调查核实后15个工作日内向评定工作委员会申请撤消其评定证书，评定工作委员会应在收到申请15个工作日内作出答复：

1）被注销或吊销《企业法人营业执照》；

2）拒绝配合评定工作委员会开展监督工作，或者对有关事项的询问和调查提供了虚假材料或信息；

3）有严重违反法律法规的行为或者业务活动不符合法定要求并造成严重影响；

4）暂停评定证书的期限已满但导致暂停的问题未得到解决或纠正；

5）没有运行两化融合管理体系或者已不具备运行的条件；

6）不按相关规定正确使用和宣传评定信息，评定机构已要求其纠正但超过6个月仍未纠正，或者造成严重影响或后果；

7）其他需要撤销评定证书的情况。

7.4.2　撤销评定证书前，应告知有关企业，听取企业的陈述和申辩。

7.4.3　撤销评定证书后，应及时在评定管理平台上公布相关信息；评定机构应收回撤销的评定证书，若无法收回，应及时在相关媒体上公布或声明，并采取有效监督措施避免无效评定证书被继续使用。

7.5　评定证书的变更

评定证书有效期内，获证企业发生下列（但不限于）变化时，应及时通报评定机构，评定机构根据实际情况决定是否需要重新评估审核，并根据评估审核结果作出变更证书或撤销证书的决定：

1）企业名称；

2）联系地址和场所；

3）获得评定的两化融合管理体系覆盖的运行范围；

4）两化融合管理体系及其过程的重大变更。

7.6　评定证书的使用

获证企业应在评定范围内正确使用评定证书和评定标志，标志或所附文字不应使人对评定对象和发证机构产生歧义。评定机构应对获证企业使用评定证书、评定标志等评定信息的情况实施有效跟踪调查，对误用和未按规定使用评定证书和评定标志的，应要求获证企业采取有效的纠正措施。

8　监督与管理

8.1　信息保留与公开

8.1.1　依托评定管理平台对两化融合管理体系评定全流程相关资料和信息进行管理。对于不涉及企业与评定机构商业秘密的信息，按需对社会进行公开，并接受各方监督。

8.1.2　评定机构应对评定活动全过程进行记录并妥善保存，记录应当真实、准确。

8.2　申诉、投诉、举报及处理

8.2.1　企业对评定结果有异议，可向评定机构提出申诉，评定机构应接受企业申诉，在1个月内将处理结果形成书面通知送交企业，并将企业申诉材料及其处理结果提交至评定管理平台。

8.2.2　企业对评定机构作出的申诉处理结果仍有异议，可通过评定管理平台向评定工作委员会投诉。

8.2.3　企业认为评定机构未遵守评定相关法规、规章或本办法并导致自身合法权益受到侵害，可通过评定管理平台向评定工作委员会投诉。

8.2.4　任何个人或机构可通过评定管理平台向评定工作委员会举报评定机构或评定人员的不当行为，并提供相关证据。

8.2.5　对于确认受理的投诉或举报，评定工作委员会组织专家进行处理。

8.3　评定机构与评定人员信用等级管理

8.3.1　评定工作委员会依托评定管理平台对评定机构进行信用评价，授予A、B、C三个不同的信用等级，并进行动态管理。

8.3.2　评定工作委员会依托评定管理平台对评定人员进行信用评价，授予A、B、C三个不同的信用等级，并进行动态管理。

8.4　抽查与复核

8.4.1　评定工作委员会组织专家开展必要的抽查与复核活动，确保评定机构评定活动的有效性。抽查主要包括现场见证与确认审核等形式。

8.4.2　评定机构的信用等级是评定工作委员会开展抽查与复核活动的重要依据。抽查与复核的结果是评定机构和评定人员信用等级调整的重要因素。

9　其他

9.1　本办法提及《信息化和工业化融合管理体系　要求》标准时，均指评定活动发生时该标准的有效版本。

9.2　对非企业法人组织建立的两化融合管理体系，可参考本办法开展评定。对军工、涉及国家秘密等特殊企业的评定，可在遵守国家相关规定基础上执行本办法。

10　附则

10.1　本办法由工业和信息化部负责解释。

10.2　本办法自2014年12月15日起实施。

网络零售第三方平台交易规则制定程序规定（试行）

商务部令〔2014〕7号

《网络零售第三方平台交易规则制定程序规定（试行）》已经2014年12月1日商务部第32次部务会议审议通过，现予发布，自2015年4月1日起施行。

部长 高虎城

2014年12月24日

网络零售第三方平台交易规则制定程序规定（试行）

第一条　为了促进网络零售的健康发展，保护依托第三方平台网络零售活动中各主体的合法权益，维护公共利益，加强公共信息服务，根据有关法律法规，制定本规定。

第二条　网络零售第三方平台经营者制定、修改、实施交易规则应当遵守本规定。

第三条　本规定所称交易规则，是指网络零售第三方平台经营者制定、修改、实施的适用于使用平台服务的不特定主体、涉及社会公共利益的公开规则。

本规定所称网络零售第三方平台经营者，是指为其他经营者进行网络零售提供虚拟经营场所及相关服务，且在中华人民共和国境内经营的法人及其他组织。

本规定所称网络零售，是指以互联网为媒介向消费者销售商品或提供经营性服务的行为。

第四条　网络零售第三方平台交易规则的制定、修改、实施应当遵循公开、公平、公正的原则，遵守法律、行政法规，尊重社会公德，不得扰乱社会经济秩序，损害社会公共利益。

第五条　商务部负责建设网络零售第三方平台交易规则备案系统，省、自治区、直辖市商务主管部门（以下称省级商务主管部门）负责网络零售第三方平台交易规则备案等日常管理。

第六条 网络零售第三方平台经营者制定、修改、实施的下列交易规则应按照本规定公示并备案：

（一）基本规则，指网络零售经营者和消费者在第三方平台注册的规则及关于交易成立、有效性和履行的基础性规则。

（二）责任及风险分担规则，指网络零售第三方平台经营者对网络零售经营者和消费者承担民事责任或者免除责任的规则及风险分担的规则。

（三）知识产权保护规则，指保护知识产权以及防止假冒伪劣商品的规则。

（四）信用评价规则，指网络零售第三方平台经营者为交易双方提供信用评价服务，以及收集、记录、披露交易双方信用情况的规则。

（五）消费者权益保护规则，指保护消费者知情权、合理退货权、获得赔偿权等合法权益，保护消费者个人信息及交易记录的规则。

（六）信息披露规则，指网络零售第三方平台经营者对网络零售经营者进行实名登记、审核其法定营业资格的规则。

（七）防范和制止违法信息规则，指网络零售第三方平台经营者防范和制止在其平台上发布违反国家法律法规规定的商品和服务信息、网络广告等规则。

（八）交易纠纷解决规则，指网络零售第三方平台经营者解决与网络零售经营者、消费者之间争议的机制及规则。

（九）交易规则适用的规定，指交易规则适用对象、范围和期限的规定。

（十）交易规则的修改规定，指交易规则变更、修改的程序和方式的规定。

（十一）其他必要的交易规则或与规则相关的措施。

第七条 网络零售第三方平台经营者制定或修改的交易规则，应当在网站主页面醒目位置公开征求意见，并应采取合理措施确保交易规则的利益相关方及时、充分知晓并表达意见，通过合理方式公开收到的意见及答复处理意见，征求意见的时间不得少于七日。

第八条 符合下列情形之一的交易规则，可以不公开征求意见：

（一）为符合法律法规要求修改的交易规则；

（二）根据省级人民政府有关部门要求，为保护消费者权益，需紧急采取措施的交易规则。

第九条 网络零售第三方平台经营者应在交易规则实施前七日在网站醒目位置予以公开，涉及商业秘密的除外。

第十条 网络零售第三方平台经营者制定、修改、实施的交易规则对网络零售经营者和消费者有重大影响的，应制定合理过渡措施。

第十一条 网络零售第三方平台经营者应当主动采取合理的方式保障利益相关方全面、方便地了解所实施的交易规则的内容，并提请其注意有关免除或限制网络零售第三方平台经营者或者利益相关方责任的内容。

网络零售第三方平台经营者应当按照利益相关方的要求，在收到申请之日起七日内以合理方式对交易规则作出说明。

第十二条 网络零售第三方平台经营者应在交易规则实施七日内自行登录网络零售第三方平台交易规则备案系统，提交本规定所列交易规则、征求的公众意见及意见答复处理情况。

第十三条 网络零售第三方平台经营者对其交易规则进行修改时，应按本规定第十二条的要求将修改部分重新备案。

第十四条 商务主管部门通过网络零售第

三方平台交易规则备案系统免费提供已备案交易规则的公开查询服务。

第十五条　任何单位和个人可通过网络零售第三方平台交易规则备案系统向网络零售第三方平台经营者所在地省级商务主管部门举报违反本规定的交易规则。

省级商务主管部门确定举报内容属于本部门职责的应依法及时处理，不属于本部门职责的应及时移送相关部门。

第十六条　国家鼓励行业组织开展行业规范自律，对已备案的交易规则提出意见，建立与网络零售第三方平台经营者的互动机制，推进第三方平台交易规则的标准化与规范化。

第十七条　网络零售第三方平台经营者有下列情形之一的，根据举报，所在地省级商务主管部门可以向其提出行政指导建议书：

（一）未按本规定第十一条提醒利益相关方注意有关免除或者限制责任内容的；

（二）未按本规定备案交易规则的；

（三）备案信息不完整、不真实的。

第十八条　网络零售第三方平台经营者未按本规定制定、修改、实施交易规则的，由所在地省级商务主管部门依据职权责令限期改正，拒不改正的，处以警告，并向社会公布。

第十九条　网络零售第三方平台经营者制定、修改、实施交易规则损害社会公共利益，构成犯罪的，依法追究刑事责任。

第二十条　网络零售第三方平台经营者违反本规定第十二条、第十三条，未备案或提交虚假备案信息的，由所在地省级商务主管部门依据职权责令限期改正，拒不改正的，处以警告，并向社会公布。

第二十一条　商务主管部门及其工作人员违反本规定，拒不履行职责，依法给予处分；构成犯罪的，依法追究刑事责任。

第二十二条　本规定施行之日前已经实施的交易规则，网络零售第三方平台经营者应当在本规定施行之日起六十日内进行备案。

第二十三条　本规定自2015年4月1日起施行。

互联网用户账号名称管理规定

第一条　为加强对互联网用户账号名称的管理，保护公民、法人和其他组织的合法权益，根据《国务院关于授权国家互联网信息办公室负责互联网信息内容管理工作的通知》和有关法律、行政法规，制定本规定。

第二条　在中华人民共和国境内注册、使用和管理互联网用户账号名称，适用本规定。

本规定所称互联网用户账号名称，是指机构或个人在博客、微博客、即时通信工具、论坛、贴吧、跟帖评论等互联网信息服务中注册或使用的账号名称。

第三条　国家互联网信息办公室负责对全国互联网用户账号名称的注册、使用实施监督管理，各省、自治区、直辖市互联网信息内容主管部门负责对本行政区域内互联网用户账号名称的注册、使用实施监督管理。

第四条　互联网信息服务提供者应当落实安全管理责任，完善用户服务协议，明示互联网信息服务使用者在账号名称、头像和简介等注册信息中不得出现违法和不良信息，配备与服务规模相适应的专业人员，对互联网用户提交的账号名称、头像和简介等注册信息进行审核，对含有违法和不良信息的，不予注册；保护用户信息及公民个人隐私，自觉接受社会监督，及时处理公众举报的账号名称、头像和简介等注册信息中的违法和不良信息。

第五条　互联网信息服务提供者应当按照“后台实名、前台自愿”的原则，要求互联网信息服务使用者通过真实身份信息认证后注册账号。

互联网信息服务使用者注册账号时，应当与互联网信息服务提供者签订协议，承诺遵守法律法规、社会主义制度、国家利益、公民合法权益、公共秩序、社会道德风尚和信息真实性等七条底线。

第六条　任何机构或个人注册和使用的互联网用户账号名称，不得有下列情形：

（一）违反宪法或法律法规规定的；

（二）危害国家安全，泄露国家秘密，颠覆国家政权，破坏国家统一的；

（三）损害国家荣誉和利益的，损害公共利益的；

（四）煽动民族仇恨、民族歧视，破坏民族团结的；

（五）破坏国家宗教政策，宣扬邪教和封建迷信的；

（六）散布谣言，扰乱社会秩序，破坏社会稳定的；

（七）散布淫秽、色情、赌博、暴力、凶杀、恐怖或者教唆犯罪的；

（八）侮辱或者诽谤他人，侵害他人合法权益的；

（九）含有法律、行政法规禁止的其他内容的。

第七条　互联网信息服务使用者以虚假信息骗取账号名称注册，或其账号头像、简介等注册信息存在违法和不良信息的，互联网信息服务提供者应当采取通知限期改正、暂停使用、注销登记等措施。

第八条　对冒用、关联机构或社会名人注册账号名称的，互联网信息服务提供者应当注销其账号，并向互联网信息内容主管部门报告。

第九条　对违反本规定的行为，由有关部门依照相关法律规定处理。

第十条　本规定自2015年3月1日施行。

中华人民共和国工业和信息化部令

第31号

《通信短信息服务管理规定》已经2015年5月6日工业和信息化部第14次部务会议审议通过，现予公布，自2015年6月30日起施行。

部长 苗 圩

2015年5月19日

通信短信息服务管理规定

第一章 总 则

第一条 为了规范通信短信息（以下简称短信息）服务行为，维护用户的合法权益，促进短信息服务市场的健康发展，根据《全国人民代表大会常务委员会关于加强网络信息保护的决定》、《中华人民共和国电信条例》等法律、行政法规，制定本规定。

第二条 在中华人民共和国境内提供、使用短信息服务，适用本规定。

第三条 工业和信息化部负责对全国的短信息服务实施监督管理。

省、自治区、直辖市通信管理局负责对本行政区域内的短信息服务实施监督管理。

工业和信息化部和省、自治区、直辖市通信管理局统称电信管理机构。

第四条 提供、使用短信息服务的，应当遵守法律、行政法规和电信管理机构的相关规定，不得利用短信息服务从事违法活动。

第五条 鼓励有关行业协会依法制定短信息服务的自律性管理制度，引导会员加强自律管理。

第二章 短信息服务规范

第六条 经营短信息服务的，应当依法取得电信业务经营许可。

基础电信业务经营者不得为未取得电信业务经营许可的单位或者个人提供用于经营短信息服务的网络或者业务接入服务。

第七条　基础电信业务经营者应当准确记录接入其网络的短信息服务提供者的名称、接入代码和接入地点等信息。

第八条　短信息服务提供者应当制定短信息服务规则，并将与用户相关的内容通过服务合同或者入网协议等方式告知用户，不得利用格式条款侵犯用户合法权益。

第九条　短信息服务需向用户收费的，短信息服务提供者应当保证计费符合相关法律规定和电信标准，并事先明确告知用户服务内容、资费标准、收费方式和退订方式等。

第十条　短信息服务提供者发送短信息，应当将发送端电话号码或者代码一并发送，不得发送缺少发送端电话号码或者代码的短信息，不得发送含有虚假、冒用的发送端电话号码或者代码的短信息。

第十一条　短信息服务提供者应当在其服务系统中记录短信息发送和接收时间、发送端和接收端电话号码或者代码、用户订阅和退订情况等信息，端口类短信息还应当保存短信息内容。

前款规定的记录应当保存至少5个月，其中用户订阅和退订情况应当保存至短信息服务提供者与用户服务关系终止后5个月。

第十二条　短信息服务提供者提供端口类短信息服务，应当要求短信息内容提供者提供真实身份信息，并进行查验和登记。

第十三条　短信息服务提供者提供端口类短信息服务，应当按照电信管理机构批准的码号结构、位长、用途和使用范围使用端口号。未经电信管理机构批准，不得转让或者出租端口号。

第十四条　短信息服务提供者在业务活动中收集、使用用户个人信息，应当严格遵守有关法律法规的规定。

第十五条　短信息服务提供者应当建立和执行网络与信息安全管理制度，采取安全防范措施，加强公共信息巡查。

第十六条　短信息服务提供者、短信息内容提供者不得制作、复制、发布和传播含有《中华人民共和国电信条例》等法律法规规定的禁止性内容的短信息。

第十七条　发送公益性短信息的，由省级以上人民政府有关部门提前10个工作日向电信管理机构提供短信息发送时间、发送内容、发送范围、发送机构等信息，电信管理机构协调短信息服务提供者发送；不属于公益性短信息的，及时告知有关部门并说明理由。

涉及自然灾害、事故灾难、公共卫生事件和社会安全事件预警和处置等应急公益性短信息，情况紧急需要先行发送的，短信息服务提供者应当按照有关应急预案和机制及时免费发送，有关部门事后应当向电信管理机构提供有关信息。

第三章　商业性短信息管理

第十八条　短信息服务提供者、短信息内容提供者未经用户同意或者请求，不得向其发送商业性短信息。用户同意后又明确表示拒绝接收商业性短信息的，应当停止向其发送。

短信息服务提供者、短信息内容提供者请求用户同意接收商业性短信息的，应当说明拟发送商业性短信息的类型、频次和期限等信息。用户未回复的，视为不同意接收。用户明确拒绝或者未回复的，不得再次向其发送内容相同或者相似的短信息。

基础电信业务经营者对通过其电信网发送端口类商业性短信息的，应当保证有关用户已经同意或者请求接收有关短信息。

第十九条　短信息服务提供者、短信息内容提供者用于发送业务管理和服务类短信息的端口，不得用于发送商业性短信息。

第二十条　短信息服务提供者、短信息内

容提供者向用户发送商业性短信息，应当提供便捷和有效的拒绝接收方式并随短信息告知用户，不得以任何形式对用户拒绝接收短信息设置障碍。

第二十一条　短信息服务提供者、短信息内容提供者向用户发送商业性短信息，应当在短信息中明确注明短信息内容提供者的名称。

第二十二条　短信息服务提供者应当建立短信息管理制度和预警监测机制，通过规范管理、技术手段和合同约定等措施，防范未经用户同意或者请求发送的商业性短信息。

第二十三条　基础电信业务经营者发现短信息服务提供者、短信息内容提供者违反本规定第十八条发送商业性短信息的，应当采取必要的措施暂停或者停止为其提供相关的电信资源，并保存有关记录。

第二十四条　鼓励用户自主选择使用短信息安全应用软件等适当的安全防护手段，提高自我防护能力。

第四章　用户投诉和举报

第二十五条　短信息服务提供者应当建立投诉处理机制，公布有效、便捷的联系方式，接受与短信息服务有关的投诉。

第二十六条　工业和信息化部委托12321网络不良与垃圾信息举报受理中心（以下简称举报中心）受理短信息服务举报。

第二十七条　用户认为其受到商业性短信息侵扰或者收到含有法律法规规定的禁止性内容的短信息的，可以向短信息服务提供者投诉或者向举报中心举报。

举报中心受理用户举报后，应当在5个工作日内转送短信息服务提供者处理。发现存在违法行为的，应当及时报告国家有关部门处理。

短信息服务提供者收到用户投诉或者举报中心转办的举报，经核实后应当及时采取有效手段，并在15个工作日内向投诉方或举报中心反馈处置结果。

第二十八条　短信息服务提供者发现被投诉或者举报的短信息明显含有本规定第十六条规定的内容的，应当立即停止发送，保存有关记录，并及时向国家有关机关报告；涉及本单位的，应当立即开展调查，采取有效的防范或者处理措施，并及时将调查结果报告电信管理机构。

第二十九条　用户与短信息服务提供者发生短信息服务争议的，可以依法向电信管理机构委托的电信用户申诉受理机构申诉。

第五章　监督管理

第三十条　电信管理机构对短信息服务活动实施监督检查时，短信息服务提供者、短信息内容提供者应当予以配合并按照要求提供相关材料。

电信管理机构实施监督检查，应当记录监督检查的情况，不得妨碍短信息服务提供者、短信息内容提供者正常的经营或者服务活动，不得收取任何费用。

第三十一条　电信管理机构实施电信业务经营许可年检时，应当对短信息服务提供者执行本规定的情况进行审查。

第三十二条　电信管理机构应当将短信息服务提供者违反本规定的行为记入信用档案并予以公布。必要时，电信管理机构可以对短信息服务提供者的负责人进行监管谈话。

第六章　法律责任

第三十三条　违反本规定第六条第一款、第十三条规定的，由电信管理机构依据《中华人民共和国电信条例》第六十九条规定处罚。

第三十四条　基础电信业务经营者、短信

息服务提供者违反本规定第七条至第十二条、第十五条、第十八条至第二十一条、第二十七条第三款规定的，由电信管理机构依据职权责令限期改正，予以警告，可以并处一万元以上三万元以下罚款，向社会公告。

短信息内容提供者违反本规定第十八条至第二十一条规定的，由有关部门按照国家有关法律、行政法规予以处罚。

第三十五条　违反本规定第十六条规定的，依据《中华人民共和国电信条例》第六十六条规定处罚。

第三十六条　电信管理机构、举报中心工作人员在短信息服务监督管理工作中滥用职权、玩忽职守、徇私舞弊的，依法给予处理；构成犯罪的，依法追究刑事责任。

第七章　附　则

第三十七条　本规定下列用语的含义是：

（一）短信息服务，是指利用电信网向移动电话、固定电话等通信终端用户，提供有限长度的文字、数据、声音、图像等信息的电信业务。

（二）短信息服务提供者，是指提供短信息发送、存储、转发和接收等基础网络服务，以及利用基础网络设施和服务为其他组织和个人发送短信息提供平台的电信业务经营者（包含但不限于基础电信业务、增值电信业务中的信息服务业务和移动通信转售业务经营者）。

（三）短信息内容提供者，是指将其短信息通过短信息服务提供者发送的组织或者个人。

（四）端口类短信息，是指短信息服务提供者利用自有端口或者行业类应用端口发送的短信息。

（五）商业性短信息，是指用于介绍、推销商品、服务或者商业投资机会的短信息。

（六）公益性短信息，是指各级人民政府相关部门等单位向用户发送的，旨在服务社会公共利益，倡导社会公序良俗、预防或处置突发事件、提醒群众防灾避灾等非盈利性质的短信息。

第三十八条　利用互联网向固定电话、移动电话等通信终端用户提供文字、数据、声音、图像等具有短信息特征的信息递送类服务，参照本规定执行。依法需经有关主管部门审核同意的，应当经有关部门审核同意。

第三十九条　本规定自2015年6月30日起施行。

工业和信息化部办公厅
国家发展和改革委员会办公厅
关于全面推进IPv6在LTE网络中部署应用的实施意见

为深入贯彻落实《“宽带中国”战略及实施方案》（国发〔2013〕31号）及《关于下一代互联网“十二五”发展建设的意见》（发改办高技〔2012〕705号），把握LTE网络建设契机，全面推进IPv6在LTE网络中的部署和应用，加快基于IPv6的下一代互联网建设，工业和信息化部、发展改革委提出如下实施意见：

一、总体思路

坚持市场主导与政府推动相结合的原则，以推进IPv6在LTE网络中的部署和应用为出发点，以强化LTE移动终端支持IPv6、带动移动互联网应用和信源支持IPv6为主攻方向，启动“中国LTEv6工程”，推动产业链打通LTE网络中IPv6端到端应用的各环节，在发展模式、推进机制、技术方案、产业支持和政策配套等方面形成可推广、可复制的经验，进一步提升宽带网络基础设施的水平。

二、引导目标

（一）新建LTE网络全面支持并开启IPv6，LTE语音解决方案全面使用IPv6，推动CDN（内容分发网络）支持移动IPv6业务，提升IPv6业务访问的服务质量。

（二）提升国产LTE基带芯片、自主操作系统和移动终端支持IPv6的能力，推动在国内有一定影响力的国产手机品牌全面支持IPv6。

（三）推动国内用户使用量大、覆盖面广的典型移动互联网应用支持IPv6，到2016年末，下载量超过50万的IPv6移动互联网应用达到50款以上，基于IPv6的业务创新能力显著提升，IPv6信源不断丰富。

（四）到2016年末，通过LTE网络建设带动发展3000万以上IPv6用户，率先实现IPv6在移动互联网中的规模应用，并促进固定互联网对IPv6的支持。

三、重点任务

（一）加强网络和应用基础设施建设，提升IPv6业务承载能力。重点推进LTE核心网、接入网及移动终端支持IPv6，形成端到端IPv6承载支持能力；进一步提升CDN、DNS（域名系统）等应用服务基础设施对IPv6的支持程度，推动CDN在LTE网络中的部署应用，增强CDN对IPv6内容的快速分发能力，提升基于LTE网络的移动互联网业务服务质量。支持在下一代互联网示范城市试点示范。

（二）推进应用创新发展，丰富IPv6应用信源。加快推动基于IPv6 的移动互联网商用进程，促进新型业务研发、现网试验和在线应用。加大力度推动视频、社交、电子商务等用户使用量大、覆盖范围广的移动互联网应用开展IPv6升级改造；支持中小微型互联网服务提供商开展基于IPv6的业务创新，激发和培育IPv6业务创新氛围，不断丰富IPv6信源；支持主流的移动应用商店开展IPv6升级改造，为IPv6移动互联网应用提供公共服务平台。

（三）完善产业配套支撑，提升IPv6发展能力。积极推动LTE芯片、终端、网络和应用等产业链各环节协同发展，完善LTE网络环境下的IPv6支持度评测标准体系，研究制定LTE设备IPv6测试规范，建设LTE网络IPv6支持度信息采集和数据分析评测平台，为“中国LTEv6工程”后续实施提供技术支撑。

（四）加强产业协同配合，确保IPv6用户体验。推动网络、终端、DNS、数据中心、内容源等各业务环节实现联动，共同采取措施保证IPv6用户优先访问IPv6资源，提升IPv6业务质量。

四、保障措施

（一）工业和信息化部、发展改革委将牵头成立包括各相关企业人员参加的“中国LTEv6工程”工作协调小组（以下简称“工作协调小组”），加强统筹和配合，协调推进IPv6在LTE网络中的部署和应用。

（二）依托工作协调小组和CNGI（中国下一代互联网示范工程）专家组共同组建技术工作组，为IPv6在LTE网络应用的关键技术研究、试验、验证、标准测试等提供技术指导，推进IPv6在LTE网络中部署和应用过程中的科研成果转化。

（三）工业和信息化部、发展改革委将多渠道组织资金支持IPv6在LTE网络中的部署和应用。工业和信息化部将在移动智能终端进网管理中支持IPv6移动终端，并明示产品信息。各地通信管理局、发展改革委要做好当地IPv6在LTE网络中部署应用的协调推进工作。

（四）基础电信企业、设备制造企业、互联网企业等各相关企业要从下一代互联网部署和应用的大局出发，加大基于IPv6的产品开发和推广力度，切实保障LTE网络建设、LTE移动终端推广使用和IPv6应用部署同步进行，切实履行网络与信息安全责任，有效服务地区经济发展和社会民生。

（五）基础电信企业要及时向工作协调小组通报IPv6用户上线的区域、规模和地址分配情况，其他相关企业要定期向工作协调小组上报IPv6在LTE网络中的部署和应用情况；工作协调小组要及时完善信息报送机制，互通信息，推动产业链同步发展。

工业和信息化部办公厅
国家发展和改革委员会办公厅
2014年10月15日

关于开展创建“宽带中国”示范城市（城市群）工作的通知

工信厅联通〔2014〕5号

各省、自治区、直辖市通信管理局，各省、自治区、直辖市及计划单列市、新疆生产建设兵团工业和信息化主管部门、发展改革委：

为落实《国务院关于印发“宽带中国”战略及实施方案的通知》（国发〔2013〕31号），加快提升城市宽带发展水平，推动我国城镇化和信息化同步发展，促进经济转型和信息消费，工业和信息化部、发展改革委决定联合开展创建“宽带中国”示范城市（城市群）工作。现将《创建“宽带中国”示范城市（城市群）工作管理办法》印发给你们，请按要求和程序组织做好本地区“宽带中国”示范城市（城市群）创建工作。

工业和信息化部办公厅

国家发展和改革委员会办公厅

2014年1月8日

创建“宽带中国”示范城市（城市群）工作管理办法

第一条　为落实《国务院关于印发“宽带中国”战略及实施方案的通知》（国发[2013]31号），加快提升城市宽带发展水平，推动我国城镇化和信息化同步发展，促进经济转型和信息消费，特开展创建“宽带中国”示范城市（城市群）工作。

第二条　“宽带中国”示范城市（城市群）是指具有良好的宽带发展基础，通过创建示范实现本地区宽带发展水平大幅提升，其整体宽带发展水平及发展模式对于全国同类地区具有较大的示范和引领作用的城市（城市群）。

第三条　工业和信息化部、国家发展改革委负责创建“宽带中国”示范城市（城市群）

的组织管理工作。各省（自治区、直辖市）通信管理局、工业和信息化主管部门、发展改革委负责指导本地区的创建示范工作。

鼓励各地在创建示范组织工作中，积极发挥各级相关行业协会、学会、联盟等社会组织的支持作用。

第四条　创建对象范围：地级及以上城市、直辖市下辖区县以及省直管县可以申报创建“宽带中国”示范城市（直辖市可以整体申报，但不得与下辖区县同时申报）；中央或省级政府正式批复的城市群可以创建“宽带中国”示范城市群。

第五条　“宽带中国”示范城市（城市群）创建期为3年。

第六条　申报创建“宽带中国”示范城市（城市群）应具有良好的宽带发展基础，下述指标中应至少满足其中4项要求：

（一）城市家庭20Mbps及以上宽带接入能力达到85%；

（二）农村家庭4Mbps及以上宽带接入能力达到90%；

（三）固定宽带家庭普及率达到55%；

（四）3G/LTE移动电话人口普及率达到40%；

（五）4Mbps及以上宽带用户渗透率达到80%；

（六）8Mbps及以上宽带用户渗透率达到35%。

第七条　创建“宽带中国”示范城市（城市群）由符合上述基本条件要求的城市（城市群）人民政府提出申报（城市群由相关城市人民政府联合申报或由省级政府指定的相关部门负责申报、直辖市由其指定的相关部门负责申报），由所在省（自治区、直辖市）通信管理局牵头汇总材料，并联合工业和信息化主管部门、发展改革委向工业和信息化部、国家发展改革委进行申报。

第八条　城市（城市群）人民政府结合本地区实际情况，编制“宽带中国”示范城市（城市群）创建方案。创建方案须满足如下要求：

（一）建立工作机制。创建“宽带中国”示范城市（城市群）应建立完备的推进宽带发展工作的组织决策和协调机制，细化具体工作任务及责任部门。

（二）明确创建目标。创建“宽带中国”示范城市（城市群）应结合《“宽带中国”战略及实施方案》的任务要求及2020年发展目标，制订本地区未来三年的具体工作目标，其中“第六条”所要求的6项指标，均应在创建期末达到全国领先水平。

（三）创新发展思路。创建“宽带中国”示范城市（城市群）应能紧密结合本地区经济社会发展需求，注重发挥宽带在推进经济转型、促进信息消费、服务社会民生等方面的作用，加强宽带与下一代互联网、第四代移动通信等有关工作的统筹衔接，探索具有地方特色的宽带发展模式，对全国同类地区产生较大的示范和引领作用。

（四）加大政策保障。创建“宽带中国”示范城市（城市群）所采取的政策措施应能充分体现宽带网络作为战略性公共基础设施的定位，应将宽带发展纳入当地城乡规划、土地利用总体规划，且在推进网络建设、用户普及、应用发展等方面有具体的保障措施。

第九条　申报创建“宽带中国”示范城市（城市群）需提交以下材料（相关模板可在工业和信息化部官方网站下载）：

（一）城市（城市群）宽带发展现状；

（二）“宽带中国”示范城市（城市群）创建方案；

（三）申报创建“宽带中国”示范城市群须提供中央或省级政府对城市群批复的规划等文件；

（四）其他补充材料。

第十条 “宽带中国”示范城市（城市群）按年度接受申报。相关省（自治区、直辖市）通信管理局应于每年2月15日至3月15日期间，将“宽带中国”示范城市（城市群）创建方案等申报材料报送工业和信息化部；“宽带中国”示范城市（城市群）申报材料中提供的各项指标数据应使用上年度9月份以后的统计数据。

第十一条 工业和信息化部、国家发展改革委组织专家对创建“宽带中国”示范城市（城市群）申报材料进行评审并组织实地抽查后，确定年度“宽带中国”示范城市（城市群）名单并在工业和信息化部、国家发展改革委官方网站上公布。

第十二条 工业和信息化部、国家发展改革委在官方网站上适时更新“宽带中国”示范城市（城市群）名单，并公开“宽带中国”示范城市（城市群）的创建方案要点。

第十三条 “宽带中国”示范城市（城市群）在创建期内，应于每年3月底前通过所在省（自治区、直辖市）通信管理局，向工业和信息化部报送上一年度工作进展情况。创建期结束后，工业和信息化部将联合国家发展改革委组织对“宽带中国”示范城市（城市群）的创建工作进行总结。

第十四条 工业和信息化部、国家发展改革委将在信息通信新技术新业务试点、示范项目等方面，优先对“宽带中国”示范城市（城市群）进行支持。

第十五条 根据我国宽带发展情况，工业和信息化部、国家发展改革委适时对创建“宽带中国”示范城市（城市群）工作的基础条件和指标进行更新调整。如遇调整，工业和信息化部、国家发展改革委将依据更新后的基础条件和指标，组织对之前确定的“宽带中国”示范城市（城市群）的宽带发展水平进行评估。

第十六条 本办法由工业和信息部、国家发展改革委负责解释。

第十七条 本办法自颁布之日起施行。

国家发展改革委办公厅关于做好制定“互联网+”行动计划有关工作的通知

发改办高技〔2015〕610号

各省、自治区、直辖市发展改革委，新疆生产建设兵团发展改革委：

为贯彻落实中央经济工作会议和政府工作报告关于制定“互联网+”行动计划有关要求，我委正会同相关部门研究制定“互联网+”行动计划。为此请各地结合自身，重点抓好一批具有影响力和示范性的重点项目并做好相关工作。现将有关事项通知如下：

一、制定“互联网+”行动计划的重要意义

在全球面临新一轮科技革命和产业变革形势下，互联网在促进创新发展、带动产业转型升级方面具有独特地位。近年来，我国以互联网为核心的信息经济表现出强劲增长势头，互联网已成为重要的经济活动和创新集聚平台。“互联网+”就是要充分发挥互联网在生产要素配置中的优化和集成作用，把互联网的创新成果与经济社会各领域深度融合，产生化学反应、放大效应，大力提升实体经济的创新力和生产力，形成更广泛的以互联网为基础设施和实现工具的经济发展新形态。

制定“互联网+”行动计划，推动移动互联网、云计算、大数据、物联网等与现代制造业结合，促进电子商务、工业互联网和互联网金融健康发展，引导互联网企业拓展国际市场。一方面促进市场需求与生产供给的“精准对接”，避免生产过剩或供给不足，增强消费预期和信心，促进资源有效利用，提升生产效率。另一方面引导社会资本更多投向新产业、新业态、新模式，创新产品服务供给，拉动绿色投资，打造新的产业增长点。因此，制定“互联网+”行动计划，对于促进稳增长，推动产业结构迈向中高端，加快形成经济社会发展新动力具有重要意义。各地发展改革委要认真贯彻落实党中央、国务院有关工作部署，充分认识制定“互联网+”行动计划的重要性和紧迫性，积极认真做好各项工作。

二、制定“互联网+”行动计划的有关考虑

初步考虑，将重点围绕以下四个方面制定“互联网+”行动计划：

（一）以互联网促进产业转型升级，着力提高实体经济创新力和生产力

大力推动互联网与产业融合创新发展，重点围绕智能化生产、网络化供应、农村一二三产业融合发展等领域，鼓励和支持传统产业积极利用互联网技术、平台及应用，创新产品与服务，优化流程和管理，打造产业智能服务系统，打通生产、流通、服务等环节，有效提高生产效率，形成网络经济与实体经济联动发展新态势。

（二）以互联网培育发展新业态新模式，着力形成新的经济增长点

以更加包容的态度、更加宽松的环境、更

加积极的政策，加快培育基于互联网的融合型新产品、新模式、新业态，打造“互联网+”新生态。积极培育人工智能产业，大力发展智能汽车、智能家居、可穿戴设备等消费型智能产品，加大推广以互联网为载体、线上线下互动的新兴消费模式；加快发展互联网金融、网络创新设计、大规模个性化定制等，形成拉动经济增长的新动力。

（三）以互联网增强公共服务能力，着力提升社会管理和民生保障水平

推动互联网与教育、医疗等深度融合，创新公共服务方式，加强在线服务平台建设和公共信息资源共享，推动优质资源社会化开放，促进公共服务均等化。加大政府对云计算、大数据等新兴服务的购买力度，完善政府在线服务和监督模式，提升城市管理和便民服务水平，依托互联网平台构建社会协同、公众参与的社会治理机制。

（四）加快网络基础设施建设，着力提高互联网应用支撑能力

推进国家新一代信息基础设施建设工程，大幅提升宽带网络速率，努力实现泛在普惠、人人共享、安全可信的信息网络。加快TD-LTE网络建设和4G业务发展，优化数据中心、内容分发网络等应用基础设施布局，加快下一代互联网商用部署。提升移动互联网、云计算、物联网应用水平，加强与工业、交通、能源等基础设施的融合对接，夯实“互联网+”发展基础。

三、有关工作要求

（一）高度重视此项工作

“互联网+”是一种新的经济形态，代表了未来的发展方向和趋势。实施“互联网+”行动计划，既有利于紧紧抓住新一轮科技革命和产业变革的机遇，赢得未来发展先机，又有利于通过互联网促进产业转型升级，加快培育形成新的产业增长点，有效弥补经济增长传统动力减弱带来的空缺。因此，请各地高度重视此项工作，会同有关方面组织专门力量，主动做好“互联网+”发展研究工作。

（二）及时提出政策建议

请各地在研究过程中，围绕制定行动计划四方面考虑，梳理典型案例和成功经验，总结发展规律，及时向我委提出政策措施建议。要主动适应，顺势而为，既要做好顶层设计，又要积极探索推进移动互联网、大数据、云计算、物联网等与现代制造业结合，促进电子商务、工业互联网和互联网金融健康发展的相关政策措施。我委在牵头研究制定“互联网+”行动计划过程中，将赴部分地区开展专题调研，认真听取并研究吸纳各地提出的意见和建议。

（三）积极推进重大项目

请各地结合自身发展实际，以及我委在信息领域相关工作部署，重点抓好一批具有影响力和示范性的重点项目，并及时建立项目信息库，动态调度信息，争取尽快在促进互联网与产业融合创新，培育发展新业态、新模式等方面取得成效。我委将按照“成熟一项、启动一项”的原则，适时出台并组织实施“互联网+”重大工程包，对相关工作予以引导支持。

国家发展和改革委员会办公厅

2015年3月16日

商务部办公厅关于印发“互联网＋流通”行动计划的通知

为贯彻落实李克强总理在政府工作报告中提出的“互联网+”行动计划，商务部研究制定了《“互联网+流通”行动计划》，加快互联网与流通产业的深度融合，推动流通产业转型升级，提高流通效率，努力打造新的经济增长点，培育新产业，释放消费潜力。

现将工作方案印发给你们，请结合《促进规范电子商务发展行动计划》，认真组织落实，并于每年底报送年度工作总结（含附表）。

联系人：商务部电子商务司　费云高

电　话：010-65197477

邮　箱：feiyungao@mofcom.gov.cn

商务部办公厅

2015年5月13日

“互联网+流通”行动计划

开展“互联网+流通”行动，对于引导生产、扩大消费、吸纳就业、改善民生具有重要意义。现提出以下工作方案：

一、工作思路与工作目标

以“互联网+流通”为载体，完善顶层设计，加强公共投入和环境建设，以示范、培训、宣传为抓手，以技术创新和商业模式创新驱动，推动传统流通产业转型升级，充分发挥电子商务在释放消费潜力、激发行业活力和增加就业机会等方面的重要作用，推动形成“大众创业、万众创新”的新格局。

重点在电子商务进农村、电子商务进中小城市、电子商务进社区、线上线下互动、跨境电子商务等领域打造安全高效、统一开放、竞争有序的流通产业升级版。力争在1到2年内，实现以下具体目标：

（一）在全国创建培育200个电子商务进农村综合示范县，示范县电子商务交易额在现有基础上年均增长不低于30%。

（二）创建60个国家级电子商务示范基地，培育150家国家级电子商务示范企业，打造50个传统流通及服务企业转型典型企业，培育

100个网络服务品牌。

（三）运用市场化机制，推动建设100个电子商务海外仓。

（四）指导地方建设50个电子商务培训基地，完成50万人次电子商务知识和技能培训。

（五）力争在2016年底，我国电子商务交易额达到22万亿元。网上零售额达到5.5万亿元。

二、重点工作任务

（一）推动电子商务进农村，培育农村电商环境

继续推动电子商务进农村综合示范，支持县域电子商务发展，打造一批农村电子商务示范县，总结经验做法并向全国推广。全面推广农村商务信息服务工作，推进农产品网上购销常态化对接。支持农产品品牌建设和农村电子商务服务业发展，支持电子商务企业开展面向农村地区的电子商务综合服务平台、网络及渠道建设。

（二）鼓励电子商务进社区，拓展服务性网络消费范围

促进大中城市社区电子商务应用，发展以社区生活服务业为核心的电子商务服务。鼓励电子商务企业整合社区现有便民服务设施开展电子商务配套服务。鼓励依托互联网创新电子商务服务模式。鼓励物业服务企业开展面向社区居民的电子商务相关增值服务。设立电子商务综合服务点，开展物流分拨、快件自取、电子缴费等便民服务。

（三）支持电子商务进中小城市，提升网络消费便利性

制订出台关于加快推进中小城市电子商务健康发展的政策文件。鼓励中小城市本地化网络服务平台及服务网络建设。支持大型电子商务平台企业服务网络向中小城市延伸。

（四）推动线上线下互动，激发消费潜力

支持大型实体零售、餐饮、家政、洗衣、家电维修、票务、生鲜配送企业利用电子商务平台开展网订店取、网络订票、预约上门服务、社区配送等业务，制定线上线下服务规范和标准，利用基于位置服务等互联网技术，提高资源配置效率，激发线上线下消费潜力。

（五）促进跨境电子商务发展，拓展海外市场

加快建立健全适应跨境电子商务的监管服务体系，协同推进跨境电子商务通关、商检、结汇、退税等环节“单一窗口”综合服务体系建设，提高服务便利化水平。加强知识产权和消费者权益保护，规范跨境电子商务健康发展。支持涉外会展平台开展电子商务服务。

（六）加快电子商务海外营销渠道建设，助力电商企业“走出去”

鼓励电子商务企业“走出去”建立海外营销渠道，创立自有品牌，多渠道、多方式建立海外仓储设施等，提升电商企业全球化经营能力。

三、主要措施

（一）夯实基础，优化环境

1. 加强顶层设计，坚持规划引领。

研究制订发展智慧流通的政策性文件，深化“互联网+流通”应用，支持和鼓励流通方式创新、商业模式创新、消费服务创新、跨境贸易创新、政务服务创新，建立健全智能化流通支撑体系，释放消费潜力，提高市场效率，发挥市场配置资源的决定性作用，引领我国经济转型升级。加强电子商务热点问题的跟踪研究，启动研究“十三五”电子商务发展指导意见，做好电子商务的顶层设计。

2. 提升流通基础设施网络服务能力。

协调有关部门进一步完善电子商务基础设施，包括有线宽带和移动网络覆盖、物流配送网络、售后服务体系，加强城市冷链物流基础设施建设和共享。

3. 加快推动快递物流与电子商务协同发展。

积极推进电子商务与物流快递协同发展，继续深入开展电子商务与物流快递协同试点，积极落实相关政策措施，探索推动体制机制创新，突破制约电子商务发展的瓶颈障碍，加强试点绩效评估，总结推广试点经验。

4. 加强电子商务监测体系建设。

加强流通行业统计，充分利用统计数据，做好行业分析评价，科学引导行业发展。有条件的地区积极推进商务大数据建设，逐步建立商品数据库、各类交易市场数据库、流通企业法人库、市场交易规则数据库、交易信息数据库、仓储物流信息数据库，汇聚流通大数据平台。做好食用农产品、生产资料等重要商品的监测工作，强化市场运行监测和调控。

5. 大力打击侵权售假行为。

建立完善电子商务领域打击侵犯知识产权和制售假冒伪劣商品常态化工作机制，加快建设行政执法与刑事司法衔接信息共享平台，加强侵权假冒行政处罚案件信息公开。发展电子商务可信交易保障公共服务，加强个人信息在电子商务领域应用的隐私保护，引导建立良性竞争的电子商务市场环境。

（二）示范引导，推动创新

1. 深入推进电子商务示范创建工作。

开展第二批电子商务示范基地、2015-2016年度电子商务示范企业遴选和创建工作。支持国家级经济技术开发区创建电子商务示范基地。以示范城市为载体开展重点区域和特色领域电子商务创新应用，探索促进和规范电子商务发展的政策创新。以示范基地为载体加快电子商务生态链建设，促进传统产业转型升级。

2. 引导传统流通服务企业电子商务创新。

支持传统零售企业拓展营销渠道，转变经营方式，开展全渠道运营。支持餐饮、住宿、休闲娱乐、家政服务等生活服务企业深化电子商务应用，提升服务质量，线上线下融合发展。鼓励通过电子商务手段开展特色农产品交易、再生资源回收、旧货流通、拍卖交易、边境贸易、跨境直销等便民服务领域电子商务应用。

（三）加大宣传，开展培训

1. 加大电子商务应用的宣传推广力度。

加大电子商务工作的宣传引导，组织相关媒体，利用各种载体，宣传推广电子商务领域“大众创业、万众创新”经验和做法，引领、带动、启发现代流通及其关联领域的创业者。选择已探索出具有示范作用的基地和企业作为典型案例予以总结和宣传。加强不同地区间示范工作经验交流，通过调研和案例推广、召开座谈会和现场会等方式，组织相互学习和借鉴，促进各地电子商务全面平衡发展。

2. 加强电子商务人才培养。

完善电子商务人才培训工作机制，推进国家电子商务专业人才知识更新工程，指导地方加快人才继续教育基地建设，创新人才培训机制，夯实电子商务人才培养基础，建立适应电子商务发展和促进现代流通体系建立的继续教育体系。针对流通领域加强实训，开展岗位对接，缓解人才供需矛盾。

（四）制订法规，规范发展

1. 进一步完善电子商务政策法规环境。

继续推动《电子商务法》立法工作。贯彻执行《网络零售第三方平台交易规则制定程序规定》，研究出台《网上商业数据保护办法》。研究出台《跨境电子商务服务规范》、《移动电子商务服务规范》、《基于网络零售开发平台的第三方服务标准》、《电子商务信用信息共享规范》等电子商务标准规范。

2. 参与和主导电子商务国际规则制定。

积极发起或参与多双边或区域电子商务规则的谈判和交流合作，力争国际电子商务规则制定的主动权和跨境电子商务发展的话语权。落实APEC电子商务创新发展倡议和中韩自贸协定电子商务条款，开展中日韩、区域全面经济伙伴关系等自贸协定电子商务议题谈判，积极参与世贸组织电子商务工作计划相关讨论，推进金砖国家、上合组织及两岸电子商务交流合作机制。推进“中国—东盟信息港”建设。利用援外资金和丝路基金、亚投行资金支持“一带一路”国家和地区间的跨境电子商务基础设施建设，促进电子商务多双边合作。

附表：2015年度“互联网+流通”行动计划执行情况统计表

序号	项目	数量
1	制定地方性电子商务领域行业标准数量	
2	制定地方性电子商务领域政策法规文件数量	
3	创建省级电子商务进农村综台示范县数量	
4	创建省级电子商务示范基地数量	
5	培育省级电子商务示范企业数量	
6	辖区内企业建设电子商务海外仓数量	
7	建设电子商务人才继续教育基地数量	
8	开展电子商务知识和技能培训（人次）	
9	辖区内电子商务交易额	
10	辖区内网络零售额	

中共江苏省委江苏省人民政府关于加快发展互联网经济的意见

苏发〔2015〕13号

（2015年4月24日）

当前，互联网与云计算、大数据、物联网等信息技术不断突破创新、加速应用，深刻改变着企业生产、市场供给、商业服务和生活消费方式，并以前所未有的力度重塑传统产业和催生新兴产业。互联网丰富了企业创新模式，用户思维、开放式、跨空间、协同化创新将成为主流。互联网打破了传统行业界限，跨界发展、融合发展不断创造新型业态。互联网技术的加速迭代与渗透融合正成为新一轮科技革命和产业变革的重要驱动力，深刻重构着经济发展模式和产业竞争格局。“互联网+”行动计划进一步掀起了加快发展互联网经济的浪潮。江苏正处于调整经济结构、加快转型升级的关键时期，要深刻认识互联网经济远未释放的巨大能量，顺应发展大势，抢占发展先机，积极运用互联网思维，促进经济转型升级，主动适应经济发展新常态，加快建设经济强、百姓富、环境美、社会文明程度高的新江苏。现就加快发展互联网经济提出如下意见：

一、明确思路目标

（一）总体思路

深入贯彻党的十八大、十八届三中四中全会和习近平总书记系列重要讲话精神，紧紧抓住新一轮科技革命和产业变革的历史机遇，立足坚强经济基础，充分发挥综合优势，更好发挥政府作用，坚持人才为先、用户思维、企业主体、环境优化，加强技术应用创新，突出商业模式创新，促进跨界融合创新，使互联网经济成为新常态下增创竞争新优势、推动经济转型升级的强大动力，着力打造互联网领军人才集聚区、互联网跨界融合先行区、互联网创新创业示范区。

（二）主要目标

到2017年，互联网经济发展水平全面提升，互联网经济生态持续优化，云计算和大数据深入应用，“互联网+”加速推进，信息消费快速增长。两化融合指数达到95，培育10家全国互联网百强企业，建成20个省级互联网产业园、30个省级电子商务示范基地、20个千亿元大宗商品电子交易市场，电子商务交易额达到3万亿元，互联网服务收入超过3000亿元。

二、聚焦发展重点

“互联网+”代表一种新的经济形态，是互联网融合改造传统行业，促进跨界创新、融合发展，引领新应用、创造新业态的过程。通过“互联网+”每一个行业，可以促进互联网在各行各业深入应用、良性互动，近期聚焦发展七个重点。

（三）“互联网+”工业

以推进两化深度融合为主线，引导工业企业实现生产全流程的互联网转型，加快抢占信用、物流、安全、大数据分析等工业互联网入口，推动生产方式和商业模式变革，培育一批工业互联网领军企业，形成工业互联网先发优势，不断提升制造业智能化绿色化服务化水平。到2017年，智能制造水平明显提高，创建智慧工厂200座，培育两化融合示范企业500家，制造业服务化骨干企业80家，全省新增工业机器人1万台，重点行业机器人密度达到国际先进水平，培育发展20个特色电子商务平台，重点B2B平台在线交易额超过2.5万亿元。（责任单位：省经济和信息化委）

（四）“互联网+”农业

深入实施农业信息服务全覆盖工程，积极推进信息技术进村入户，促进信息化、农业现代化同步融合发展。加速培育新型农业经营主体，深化信息技术在农业生产全过程的应用，积极发展智能农业、感知农业、精准农业，提升农业生产信息化水平。支持电商村建设，完善农村信息服务站和乡村配送体系，推进农产品电子商务。到2017年，全省利用网络销售农产品超250亿元，规模设施农业物联网技术推广应用面积占比达16%以上，农业信息化覆盖率达59.5%以上。（责任单位：省农委、省经济和信息化委、省商务厅）

（五）“互联网+”商贸

深入推进电子商务细分领域发展，鼓励发展垂直类电商平台，积极培育大宗商品电商交易平台，引导线上线下互动融合发展。鼓励发展外贸综合服务平台和第三方跨境电子商务服务平台，支持省内大型电子商务企业“走出去”，加快推进国家电子商务示范城市建设，创建5家国家电子商务示范基地、10家国家电子商务示范企业。到2017年，全省网络零售额达到4000亿元，占社会消费品零售总额的12%。应用电子商务完成进出口贸易额力争达到当年进出口贸易总额的12%。（责任单位：省商务厅、省发展改革委、省经济和信息化委）

（六）“互联网+”金融

支持持牌金融机构发展网上综合性金融服务，鼓励有条件的企业发展互联网金融业务。支持小额贷款公司、融资性担保（再担保）公司、区域性股权交易市场、各类交易场所等新型金融组织创新开展互联网业务。鼓励取得互联网支付业务许可的机构，探索开发新型的支付方式和支付工具。规范网络保险、网络借贷（P2P）、众筹机构发展。鼓励持牌金融机构与互联网企业跨界融合，建立互联网金融数据共享交换平台，构建互联网金融产业联盟。到2017年，形成2家以上业内领先知名度高的互联网金融企业，形成1到2个交易规模大创新能力强的互联网金融集聚区，网络借贷平台年度成交量达400亿元左右。（责任单位：省金融办、人行南京分行、江苏银监局、江苏证监局、江苏保监局、省委网信办、省发展改革委）

（七）“互联网+”政务

加快建设省市县三级联动的网上政务大厅，实现与行政服务实体大厅融合。加快智慧江苏建设，实现城市基础设施和公共服务智能化。深化人口、法人、空间地理、信用等基础信息资源开发利用，加快推进政府系统信息共享和数据开放，建立政务信息共享交换平台和公共数据服务平台，促进政务在线协同和数据创新应用。加强和支持政府决策支持、社会信用服务、市场综合监管、食品药品安全监管、生态环境污染与资源监控、城乡规划和建设管理、公共安全、应急协同、安全生产等信息系统建设应用，提高科学管理水平。到2017年，基本形成纵横贯通全省的政务网络及政务服务体系，建成智慧政务运行高效区。（责任单位：省政府办公厅、省发展改革委、省经济和信息化委、省委网信办、省民政厅、省国土资源厅、省环保厅、省住房城乡建设厅、省卫生计生委、省工商局、省食品药品监管局、省安监局、省测绘地理信息局，各市人民政府）

（八）“互联网+”文化

推动传统媒体和新兴媒体融合发展，加快内容集成和数字传输综合平台建设。加快推动影视美术、书籍报刊、动漫游戏、建筑设计等文化产品和服务的数字化、网络化进程。依托“紫金奖”文化创意设计大赛，大力推动优秀作品成果转化与产业对接。全面推进三网融合，促进网络视听全产业链发展，推动江苏国家版权贸易基地、江苏国家数字出版基地建设。到2017年文化产业支柱地位更加巩固，新型业态占文化产业增加值比重进一步提高。（责任单位：省委宣传部、省经济和信息化委、省委网信办、省住房城乡建设厅、省文化厅、省新闻出版广电局、省版权局）

（九）“互联网+”民生

围绕民生热点，构建公共服务信息平台，推动基本公共服务向社区、农村延伸。鼓励各类市场主体共同参与增值性、公益性开发和创新应用，支持发展智慧旅游、智慧健康、智慧养老、智慧交通、智慧法务、智慧教育、智慧家居等，积极发展区域化线上线下结合（O2O）、为百姓提供便捷实惠的优质服务。到2017年，建成更加普惠的智慧民生综合服务体系，促进全省城乡居民共享智慧化建设成果。（责任单位：省教育厅、省民政厅、省司法厅、省人力资源社会保障厅、省住房城乡建设厅、省交通运输厅、省商务厅、省文化厅、省卫生计生委、省旅游局、省新闻出版广电局）

三、做强关键产业

（十）提升新一代信息技术产业

加快发展集成电路、物联网、下一代移动通信、未来网络等产业，促进软件产业向服务化、网络化、平台化转型，构建以云计算、大数据、移动互联网为重点的信息服务业体系。鼓励骨干企业牵头建设联合研发中心，增强自主创新能力，集中力量突破一批制约互联网发展的关键核心技术。加快软硬融合与品牌培育，研发创新一批能够成为互联网新入口的智能硬件，包括自主安全可控服务器、智能终端、可穿戴设备、智能汽车、智能家居设备、工业机器人等。密切跟踪并积极研发虚拟增强现实、人工智能、全息影像、3D打印等技术。（责任单位：省经济和信息化委、省发展改革委、省科技厅）

（十一）培育壮大互联网服务业

充分整合我省软件和互联网领域的资源，在电子商务与移动支付、即时通讯与社交、搜索引擎与定位服务、网络与手机游戏等领域，培育若干有特色的互联网产品及服务。支持培育一批为传统行业提供专业服务的互联网服务商，为传统企业量身定制个性化的互联网解决方案，并提供咨询、设计、数据分析挖掘、流程优化、运营管理等服务。（责任单位：省经济和信息化委、省发展改革委、省科技厅）

四、鼓励创新创业

（十二）降低创业门槛

互联网企业登记注册可实行“先照后证”。支持以知识产权等非货币资产出资形式设立互联网企业。简化互联网企业住所登记手续，允许使用自有或租用的住宅或集中办公区域作为住所（经营场所）办理工商登记。（责任单位：省工商局、省知识产权局）

（十三）鼓励大众创业

建设省级互联网融合创新服务平台，为企业提供投资、技术、人才、孵化等服务。建立健全大学生创业指导服务机构，鼓励和辅导大学生创业。举办互联网创新创业大赛，对在江苏落地注册企业的获奖项目，省级相关专项资金给予资助。（责任单位：省经济和信息化委、省

科技厅、省财政厅、教育厅、省人力资源社会保障厅、省委宣传部）

（十四）支持万众创新

全省重点建设40个省级互联网众创园，支持发展“创新工场”、“创业咖啡”等各种形式的众创空间。支持举办互联网学术会议、发展论坛、创新沙龙、创业大讲堂等多层次、多形式、多受众的创新创业活动，为创业者送政策、送服务、送温暖。（责任单位：省经济和信息化委、省科技厅、省人力资源社会保障厅、省委宣传部，各市人民政府）

五、促进产业集聚

（十五）建设特色园区

全省重点规划建设10个云计算和大数据产业园，20个省级互联网产业园，30个电子商务示范基地，鼓励园区建立政府配套的担保机构和担保基金。省工业和信息化产业转型升级专项资金对园区公共服务能力建设、项目培育等给予重点支持；各市在建设用地、用电等方面给予保障。（责任单位：省经济和信息化委、省财政厅、省商务厅，各市人民政府）

（十六）完善公共服务

政府通过购买服务、无偿资助、奖励等方式，支持互联网公共服务平台和机构建设。鼓励各地政府对互联网创业企业所需工作场所、人才公寓以及云计算中心、数据中心等公共资源给予政策支持。（责任单位：省经济和信息化委、省财政厅，各市人民政府）

六、培育龙头企业

（十七）推进并购重组

灵活应用创业投资基金支持企业并购省外互联网企业。按规定落实企业兼并重组涉及的资产评估增值、债务重组收益、土地房屋权属转移等税收优惠政策，涉及存量土地、房产转让的，由有关部门依法变更权属，经批准后可免收相关行政规费。（责任单位：省财政厅、省国土资源厅、省住房城乡建设厅、省经济和信息化委）

（十八）鼓励跨界做强

培育一批典型的互联网跨界企业，推广融合发展经验。对首次入围全国互联网百强企业或全国软件百强的服务型企业（不重复计算），省工业和信息化产业转型升级专项资金给予企业200万元的一次性奖励。（责任单位：省经济和信息化委、省财政厅）

七、扩大市场拉动

（十九）促进信息消费

全面贯彻《省政府关于促进信息消费的实施意见》（苏政发〔2013〕168号），通过贷款贴息、项目补助、股权投资、绩效奖励等多种方式，深入推动信息消费业态和模式创新、重大信息消费平台、信息资源开发利用、信息下乡惠民等工程建设。（责任单位：省经济和信息化委、省工商局、省财政厅、省通信管理局）

（二十）增加政府采购

加快制定并落实政府部门采购互联网企业的相关产品和信息服务的政策。普遍推行基于云计算和公共服务平台的信息服务外包，大幅减少政府和企业自建数据中心，减少自建应用系统。（责任单位：省发展改革委、省经济和信息化委、省财政厅）

八、强化人才支撑

（二十一）引进优秀人才

各级政府不拘一格加大对互联网紧缺人才的引进。对“省互联网双创团队”省财政一次性给予整个团队300万～800万元经费资助，对团队研发和产业化项目给予优先立项支持，对团队核心成员家属就业、子女入学、落户等方面提供绿色通道。（责任单位：省委组织部、省财政厅、省经济和信息化委、省人力资源社会保障厅，各市人民政府）

（二十二）培养领军人才

省财政对江苏软件产业人才发展基金会、“育鹰计划”、创业训练营等领军人才培训载体和活动给予资金支持。（责任单位：省经济

和信息化委、省委组织部、省人力资源社会保障厅、省财政厅）

九、加大财税金融支持

（二十三）落实财税政策

支持互联网企业申报高新技术企业认定、双软认定、技术先进型服务企业认定。2017年12月31日前，对年应纳税所得额低于20万元（含20万元）的小型微利互联网企业，享受所得税减半征收政策。（责任单位：省地税局、省国税局、省经济和信息化委、省财政厅、省科技厅、省商务厅）

（二十四）专项聚焦支持

省有关产业发展的财政专项资金，均要向互联网领域倾斜支持。调整省级现代服务业发展引导资金使用方向，对互联网经济发展较好的地区给予奖补，支持产业园区和公共服务平台建设、网络运营补助以及引进优秀人才等。在省工业和信息产业投资基金中安排20亿元支持互联网经济发展。运用财政补贴、贷款贴息、融资担保等多种方式鼓励吸引各类私募基金和风投资金投资互联网企业。各地应结合实际，有重点地支持互联网经济发展。（责任单位：省财政厅、省经济和信息化委、省发展改革委、省农委、省金融办、省科技厅，各市人民政府）

（二十五）加强金融扶持

运用银行专项贷款风险补偿资金，支持轻资产互联网企业信用贷款。省属担保（再担保）公司每年对互联网企业切块不少于2亿元的担保信用额度，且担保费用不高于1.5%。鼓励企业通过贷款、私募债券、集合债券和集合票据等多种方式融资。允许列入试点银行“名单制”管理的互联网小微企业部分转贷，降低续贷成本。对在新三板成功挂牌的互联网企业，省财政可给予每家30万元的奖励。（责任单位：省财政厅、省金融办、人行南京分行、省经济和信息化委）

十、优化发展环境

（二十六）提升网络基础

加大投资力度，全面构建“宽带、融合、泛在、安全”的信息网络体系。优化资源配置，促进信息基础设施集约化建设。鼓励市场竞争，进一步降低信息网络资费，提升信息服务质量和资源利用效率。大力实施工业信息基础设施“企企通”工程，满足企业高带宽专线服务需求。（责任单位：省经济和信息化委、省通信管理局、省新闻出版广电局）

（二十七）构建诚信体系

加强网络信用体系和可信交易保障环境建设，健全电子认证服务。规范信用信息的公开和使用，鼓励符合条件的信用服务机构开发信用产品，提供信用评估服务。依法加强对信息服务、网络交易行为、产品及服务质量等监管，实行严格的知识产权保护制度，严厉打击互联网领域知识产权侵权假冒行为，并将侵权、假冒行为纳入社会信用体系。（责任单位：省经济和信息化委、省委网信办、省工商局、省质监局、省版权局）

（二十八）营造文化氛围

组织评选年度互联网风云企业和风云人物等，并对入选团队和个人予以表彰。省级主要媒体开辟互联网经济宣传专栏，定期报道先进，树立典型，营造鼓励创新、宽容失败的互联网文化氛围。（责任单位：省委宣传部、省经济和信息化委、省委网信办、省文化厅）

（二十九）保障信息安全

培育信息安全品牌和骨干企业，加强自主可控安全产品的推广应用。健全完善网络安全保障体系，实现互联网数据资源的安全存储与灾难备份，加快网络安全保障基础设施智能化和全覆盖。建立网络安全监控预警、应急响应联动机制，推动信息安全风险评估、等级保护和安全保密检查的制度化、规范化、常态化。（责任单位：省委网信办、省经济和信息化委、省公安厅、省通信管理局）

省政府关于推进智慧江苏建设的实施意见

苏政发〔2014〕103号

各市、县（市、区）人民政府，省各委办厅局，省各直属单位：

信息化是覆盖现代化全局的战略举措，智慧化是信息化发展的高级阶段。为深入贯彻落实党的十八大、十八届三中全会精神和习近平总书记对江苏工作的重要指示，抓住和用好新一轮科技革命和产业变革机遇，在互联网经济发展大潮中赢得主动、取得更大突破，大幅提升全省信息化发展水平，促进新型工业化、信息化、城镇化和农业现代化同步发展，从根本上推动江苏经济社会转型升级，现就推进智慧江苏建设提出如下实施意见。

一、总体要求

（一）基本原则

——改革创新，转型升级。以改革创新为动力，充分利用信息化条件下高效配置物质、信息和智力资源的有效途径，激发市场主体活力，大力促进技术创新、管理创新、制度创新和商业模式创新，大力发展新产业、新业态、新技术、新模式，通过信息化引领发展方式转变和经济转型升级，提高经济发展质量和效益。

——产用互动，集聚发展。推动云计算、物联网、移动互联网、大数据等新一代信息技术产业集约集聚发展，加快新一代信息技术在政务、经济、社会管理和公共服务领域的深化应用、共享应用和融合应用，推动制造业企业、软件与信息服务企业、信息内容服务企业和行业用户深化合作、协同创新，加快培育领军企业，形成一批具有自主产权、自主品牌的智能产品和智慧服务。

——以人为本，惠民优先。把保障和改善民生作为智慧江苏建设的出发点和落脚点，以需求为牵引，推进以人为核心的信息化、智慧化，切实解决居民群众、企事业单位和社会各方最关心最现实的重点难点问题。充分应用智慧手段提供多样化服务，有效提升居民幸福感受，使全省城乡居民共享智慧化建设成果。

——安全可控，统筹推进。坚持智慧江苏建设和网络安全保障“一体之两翼、驱动之双轮”，完善网络与信息安全保障体系，增强信息采集、处理、传播、利用和安全能力，形成部门协同、上下联动的良好格局。加强顶层设计，加快资源整合，统筹协调各部门、各领域网络安全和信息化发展，大力推进跨部门、跨层级、跨行业的集约化建设，避免重复建设和资源浪费。

（二）主要目标

到2016年，全省信息基础设施建设水平国内领先，重点领域综合信息平台全面建成，网络与信息安全防护能力明显增强，传统产业结构调整步伐加快，新兴产业发展空间进一步拓展，城镇化发展质量和综合竞争优势明显提高，建成智慧产业更加集聚、基础设施更加智能、政府运行更加高效、社会管理更加精细、公共服务更加便捷、生态环境更加宜居、网络安全更加长效的智慧化发展体系，力争成为全国有影响力的智慧基础设施先行区、产业转型升级拓展区、智慧政务运行高效区、智慧服务业态创新区、新兴智慧产业集聚区。

——智慧基础设施先行区。建成适应经济社会发展需要的下一代信息基础设施，实现城市光纤到楼入户、农村宽带进乡入村，城市和农村宽带接入能力分别达到100M、20M，3G/LTE基站规模达到14万个，整体建设水平达到国家一类地区标准。交通、物流、能源、水务、安防、市政、环保、气象等公共基础设施智能化水平大幅提升，运行管理实现精准化、协同化、一体化。

——产业转型升级拓展区。区域两化融合发展水平继续保持全国领先，产业质量效益全面提升。企业利用信息技术平台开展生产、管理、营销等创新活动的比例达到60%以上，智能协同制造、O2O（线上线下融合）服务模式在重点行业重点企业全面推广。创建两化深度融合示范园区20个、两化深度融合示范企业500家、智能制造车间200个。积极推进智慧园区建设，加快开发区转型升级、创新发展。

——智慧政务运行高效区。建成省级政务服务中心和省市县信息资源共享交换平台，省、市、县三级政府部门主要业务信息化平均覆盖率分别达到95%、85%、75%，跨部门主要业务协同办理率超过50%，政务信息资源共享和开发利用机制进一步完善，全省纵横贯通的政务网络及政务服务体系基本形成。

——智慧服务业态创新区。建成一批智慧民生服务平台、政务服务和社会管理平台，形成一批重点领域大数据开放平台。重点推进30个重大示范应用工程，实现智慧交通、智慧物流、智慧旅游、智慧健康、智慧家居、智慧社区、智慧校园等一批智慧化应用的商业模式创新。

——新兴智慧产业集聚区。以新一代信息技术、信息与内容服务、新型商业模式和服务业态为主体的新兴智慧产业快速发展，新增产值规模2万亿元。互联网经济、平台经济快速崛起，互联网领军企业培育、实体经济与互联网嫁接、电子商务创新发展、软件产业转型发展、物联网加速发展、互联网金融健康发展等取得重大突破，建成全国领先的平台经济、智能终端、物联网、移动互联网、大数据、云计算、智能装备等七大新兴智慧产业高地。

到2020年，建成具有江苏特色、跻身国际一流的智慧城市群，实现新型城镇化和城乡一体化智慧发展，成为新型工业化、信息化、城镇化和农业现代化融合发展的先行省份，率先迈入信息社会。

二、重点任务

（一）提升信息基础设施水平

加快推进宽带网络升级提速、下一代信息网络全面布局，实现“百兆到户、千兆到楼、T级出口”全地域、无缝隙宽带接入。

1. 推进宽带网络升级提速。大力实施宽带中国战略，加快城域网智能化改造，打造全光纤、宽带化接入网络，大幅提升传输交换能力和智能调度能力。积极发挥南京国家级互联网骨干直联点的作用，优化宽带网络结构和性能，适度超前建设广播电视骨干承载网。加快无线城市群建设，广泛开展公共区域、热点区域无线覆盖与商业模式创新。

2. 加快建设下一代信息网络。积极推进国家下一代互联网示范城市建设，加快部署下一代互联网，加快推进4G通信网建设，实现规模商用。加强未来网络、5G通信网、下一代广播电视网等关键技术攻关和培育孵化，建设全国下一代信息网络产业化基地。

3. 统筹推进三网融合发展。积极开展融合业务创新、合作模式创新，普及推广宽带业务、融合业务和移动互联网应用，提升信息基础设施普及应用和普遍服务水平。

4. 推动功能性信息基础设施建设。统筹互联网交换中心、互联网数据中心、云计算中心等功能性基础设施布局，加快宽带应用支撑平台、宽带产品研发公共平台和宽带服务设施建设。

（二）推进产业转型升级

加速工业化和信息化深度融合，大力促进工业互联网、工业大数据、CPS（信息物理融合系统）、M2M（机器对机器）等推广应用，加快推动产业组织方式变革和传统生产模式、管理模式、服务模式创新，提升企业发展质量和效益，增强企业和产业竞争力。

1. 大力发展智能制造。推进大中型企业深化信息技术综合集成应用，鼓励工业企业综合应用虚拟设计制造、智能测控、精益管理以及集成协同等技术提升智能制造能力。着力培育先进机器人、3D打印机等新型智能装备，提高重大成套设备及生产线系统集成水平。推进智能制造车间改造和智能工厂建设，创建一批智能制造示范试验区和两化融合智慧园区。

2. 加快推进服务制造。支持制造服务化支撑平台、产品全生命周期管理平台建设，引导制造业企业从产品供应商向整体解决方案提供商转变，拓展在线监测、数据融合分析处理、远程诊断和产品后市场服务。积极发展按需制造、众包设计等网络制造，鼓励有条件的企业构建网络化制造系统，实现工业生产规模化和定制化相融合，促进制造业企业走向产业价值链高端。

3. 推动产品智能化。推进嵌入式技术、多媒体技术及物联网技术融入新产品开发，增强工业产品的信息获取、处理能力，拓展功能、提升性能，提高产品数字化、网络化、智能化水平。加快产品升级换代，推动产品从价值链低端向高端攀升。

4. 加快推进绿色发展。加快对传统产业主要耗能、耗材设备和工艺流程的智能化改造，建立重点行业、重点企业能源和主要污染物排放远程监测信息系统，促进节能增效和安全、清洁生产。以钢铁、建材、化工等耗能企业为重点，建设和改造一批能源管理中心，实施集中扁平化管理。加快推进智慧建设，推动建筑产业现代化和城乡建设转型升级。

5. 促进农业现代化建设。加强物联网、云计算、大数据、移动通信等技术手段支撑，深入实施农业信息服务全覆盖工程，加快推进农业信息服务和农产品网络销售，大力推进农业物联网建设，积极发展精准农业，构建智慧型现代农业生产经营体系，促进农业发展方式转变。

（三）加强政务服务和社会管理创新

加强信息资源共享整合和协同应用，建立全面覆盖、动态跟踪、联动共享、功能齐全的社会管理与服务综合平台，进一步提高管理服务水平。

1. 创建高效便捷的政务服务平台。完善政务服务中心网上审批平台系统，建立健全行政审批、公共服务、公共资源交易网上运行机制，推进行政审批和公共服务事项向电子政务平台集中，实现外网受理、内网办理、外网反馈、全程监督。

2. 建立智能透明的社会管理平台。综合运用物联网智能感知、大数据深度挖掘、云计算分布服务等技术手段，深化人口、法人、空间地理、宏观经济、信用等基础信息资源开发利用，整合集成相关部门业务应用和数据服务系统。大力推动政务信息资源向社会逐步开放，支持社会力量应用信息资源发展便民、惠民、实用的新型信息服务。加快推进政府系统大数据开放门户建设，集中构建社会管理和公共服务智慧应用体系。

3. 加快重点领域应用系统的建设推广。重点开展食品药品安全监管、生态环境和资源监控、社会治安防控、城乡公共安全保障、应急管理、安全生产、征信管理、气象监测预警服务等信息系统建设应用，推进智能环保、智能安防等重大示范应用，加快完善社会管理重点领域信息网络体系。

（四）构建智慧民生综合服务体系

着眼于解决教育、医疗、就业、社保、养老、住房保障、社区等民生热点问题，加快实施信息惠民工程，构建优质高效、方便快捷的公共服务信息平台，进一步保障和改善民生。

1. 建设更加普惠的综合信息平台。优化增强教育、医疗卫生和计划生育、就业、社保、文化等基本公共服务有效供给，重点开展深入基层、贴近群众的“一站式”“一体化”服务，推动基本公共服务向社区、农村延伸。

2. 推进跨部门跨层级信息资源整合。集中现有服务资源，加快建设省市两级公共服务云平台，在街道社区普遍推行云端服务。积极拓宽便民服务和公众参与渠道，促进多部门合力解决民生服务难题。

3. 引导社会力量开展服务。鼓励支持各类市场主体共同参与增值性、公益性开发和创新应用，加快发展智慧家庭、智慧旅游、智慧健康、智慧体育、智慧校园、智慧社区等生活类信息服务，推进信息服务市场化、产业化，以信息服务促进信息消费。

4. 加强先进网络文化和信息内容服务建设。积极推进数字图书馆、电子档案馆、数字博物馆、数字文化馆、数字农用书屋、新媒体传播平台等公益性文化基础设施建设，大力发展互动新媒体、移动多媒体等文化服务业态，完善公共文化服务体系。

5. 推进基础设施智慧发展。大力发展智慧交通、智慧物流，加快构建交通运输物流公共信息服务平台，重点建设高速公路智能化运营服务支撑平台，积极发展新能源汽车服务网络，全面提升交通运输供给能力、运行效率、安全性能和服务质量。着力推进智慧水利、智慧水务建设，构建完善水利信息服务平台、水资源管理系统和防汛防旱指挥系统体系。推进电力能源智慧化，加快建设坚强智能电网，全面提高电网安全性、经济性、适应性和互动性，促进清洁能源发展。

（五）推动智慧城市集约化建设

全面落实国家智慧城市建设工作要求，加强全省智慧城市顶层设计和统筹布局，深入推进城乡规划、城乡建设、城市管理、城市运行等领域信息化建设，促进跨部门信息共享和协同应用，不断提高城市土地、空间、能源等资源利用效率和综合承载能力。

1. 完善地理空间基础框架。统筹推动城市各类基础设施、信息资源的整合共享和信息空间化改造，建设基于基础地理信息，兼容时空数据、物联网节点数据、管理系统和支撑环境数据的时空信息数据库，打造多维度、可视化的地理空间框架，实现空天地一体化地理信息数据体系的业务协同和共享应用。大力推进智慧国土“一张图”建设，加快构建覆盖全省的“国土云”。

2. 建立数字化城市管理模式。创新城乡规划、建设、管理体制和运行模式，集聚各方资源，大力推进数字化城市管理，加快推广基于大数据的网格化管理，建立可视化、协同化、智能化城市管控中心和绩效评价体系，逐步形成全面感知、广泛互联的城市管理服务体系。推动城市公共设施等智能化改造，完善建筑数据库、房屋管理信息系统和服务平台。

3. 全面推进智慧城市群建设。以沿江城市带为主体，集中开展智慧城市群建设试点，统筹提高全省智慧城市集约化建设水平。

4. 加快建设智慧城镇。大力推进智慧城市“时空信息云”等重大示范工程建设，构建高效联动、精准智能、绿色低碳的城镇公共信息平台，构建科学合理的城镇化宏观布局，实现“天上看、网上管、地上查”，不断优化城镇发展格局，提高城镇化发展质量。

（六）培育壮大新兴智慧产业

大力推进平台经济、移动互联网、集成电路、智能终端、大数据、云计算等高端化、高质化、集群化、集约化发展，强化集成电路设计与智能产品研发，推动智能装备应用与智慧服务创新，构建芯片-软件-整机-系统-信息服务产业链，努力培育一批江苏品牌、平台企业和互联网巨头，加快形成中坚支柱力量。

1. 大力发展电子商务和互联网平台经济。加快推进企业电子商务发展，着力推动重点行业电子交易平台、云服务平台、综合信息平台等特色平台做强做大，大力培育发展自营和第三方电商平台。支持互联网金融与电子商务、现代物流、信息服务等领域融合发展，鼓励移动互联网应用创新，支持有条件企业加快平台化、网络化转型，迅速壮大一批有竞争力的互联网企业，力争实现互联网经济跨越发展。

2. 实施智能终端产业化工程。重点实施行业智能终端、4G智能终端、智能家居产品、智能穿戴式设备产业化工程，支持具有自主品牌、自主知识产权的智能终端研发制造和服务企业发展壮大。加快发展宽带通信设备、智能网络设备，推进OLED（有机发光显示）、激光显示等新型显示技术研发和产业化，加快形成江苏智能终端产业发展新优势。

3. 构建完善大数据产业链。集中省内外优势资源，组建大数据产业联盟，培育一批具有国际竞争力的本土型大数据骨干企业。促进大数据在装备、汽车、电力、能源等行业应用，引导支持企业产品设计、生产制造、经营管理和市场服务数据分析利用，优化企业生产、管理和服务方式。鼓励发展以信息知识加工和创新为主的数据挖掘、商业分析等新型服务，加速信息知识向产品、资产及效益转化。

4. 发展壮大云计算产业。积极推动云计算服务模式创新，鼓励电子政务系统向云计算模式迁移。加快建设“腾云”产业应用平台，在重点领域、重点行业集中开展推广应用，推进广覆盖、高质量、低成本的云服务，形成自主可控的云计算解决方案和标准规范。

5. 发展智慧服务业。组织实施重点领域物联网重大应用示范工程，加快物联网在城市管理、交通运输、节能减排、食品药品安全、社会保障、医疗卫生、民生服务、公共安全、产品质量等领域的推广应用。发挥智慧江苏平台在服务民生方面的作用。加强移动互联网、遥感遥测、北斗导航、地理信息等信息技术集成应用和服务模式创新。大力推动互联网接入服务、信息内容服务、网络应用服务等增值业务发展和跨界融合创新，促进社会保障卡、市民服务卡、居民健康卡、智慧旅游卡、金融IC卡（集成电路卡）在公共服务领域的应用集成和跨市一卡通用，加快培育移动电子商务、移动支付、移动网游和位置服务等新业态新模式。加快铁水联运信息服务平台推广应用，优化物流企业供应链管理服务，逐步推进多式联运信息服务一体化，大规模、高起点提升物流服务信息化、智能化、精准化水平。

6. 加快发展软件与集成电路产业。突破传统软件产业模式，积极推动软件企业向网络化、智能化、融合化、服务化和平台化转型发展，不断提高软件产业中信息服务业收入比重。强化集成电路设计、软件开发、系统集成、内容服务的协同创新，推动集成电路产业重点突破和整体提升。

（七）强化网络安全保障

加强智慧江苏网络安全管理和防护能力建设，进一步提升网络安全保障水平。

1. 健全完善网络安全保障体系。同步规划、同步设计、同步建设、同步运行基础信息网络和重要信息系统安全保密防护设施，加强对技术、设备和服务提供商的安全审查，切实提高防攻击、防篡改、防病毒、防瘫痪、防窃密能力，加快实现网络安全保障基础设施智能化和全覆盖。

2. 加强要害信息设施和信息资源安全防护。加强智慧江苏重大示范应用、重要领域工业控制系统的安全防护和管理、安全评估和评测，确保安全可控。建立网络安全监控预警、应急响应联动机制，推动信息安全风险评估、等级保护和安全保密检查等基础性工作制度化、规范化、常态化。统筹建设容灾备份体系，推进联合灾备和异地灾备。

3. 加快信息安全技术攻关和产业发展。加强对云计算、物联网、移动互联网、大数据、下一代互联网等信息安全技术的研发和产业化，积极培育信息安全品牌和骨干企业，加快建设网络安全产业基地，加强自主可控安全产品在各领域的推广应用。

三、保障措施

（一）加强组织领导和统筹协调

在省委网络安全和信息化领导小组领导下，省信息化领导小组统筹推进智慧江苏建设。省信息化领导小组办公室负责日常协调推进工作。省各有关部门和单位要围绕一个整体、一个中心，按照职责分工，充分发挥政府引导带动作用，负责相关领域任务的细化和落实。各市要按照省统一部署要求，结合自身实际，加强城乡规划、产业规划、生态规划与智慧发展规划的互动衔接，科学有序推进。成立智慧江苏专家咨询委员会，建立专家决策咨询机制，对智慧江苏建设总体规划、行动方案、推进实施、绩效评估开展咨询指导。依托相关机构成立智慧江苏推进联盟和促进中心，广泛汇聚政府、企业、高校、科研院所等各方力量，合力推进智慧江苏建设。

（二）完善法规标准和建设规范

建立健全智慧江苏建设政策法规体系、标准规范体系、统计监测体系、管理评估体系和运营保障体系，加强条块部门之间的资源共享和管理协同。推进信息安全、信息资源共享开放、信息化工程建设等地方立法工作，研究制定关键信息基础设施建设、基础数据资源共享、个人信息保护、传感技术、电子商务、信用管理、电子文件互信互认等方面管理规范，加快制定宽带接入、智能卡一卡多用、传感器标识、物联网专网应用、信息资源综合开发利用等重点领域标准规范，建立一批智慧江苏建设标准化示范区。鼓励国家信息技术服务标准（ITSS）的推广应用。积极参与国家标准、行业标准的研究制订。

（三）建立多元化投融资机制

各级政府按照《江苏省信息化条例》要求，整合统筹安排相关信息化专项资金，对符合条件的智慧江苏重大项目和智慧产业给予支持，紧扣应用开发、研发转化、人才供给、产业集聚等环节实施精准投入，确保中央财政支持项目所需地方投入及时到位。加大技术研发和产业化投入，助推智慧成果转化应用和智慧产业集聚发展。建立政府引导、社会投入的信息化投融资机制，设立智慧江苏建设产业投资基金，联合国内外知名企业和各类投资机构，开展股权投资、金融贷款、融资担保、投资保险联动的投保贷一体化组合金融服务。加大与商业银行的融资合作，统筹安排部分资金用于智慧江苏建设。建立有利于协同共享的财政资金分配机制，引导社会加大资金投入。探索采用服务外包、公私合作关系（PPP）等模式，鼓励企业投资建设智慧基础设施和智慧应用系统。

（四）加大试点示范和产业扶持力度

加强先行先试，在各市和信息化基础较好的县（市、区）加快推进智慧江苏建设与信息安全保障试点示范，重点支持智慧应用、智慧服务等重大示范性工程，促进智慧化建设与产业技术创新协同联动发展。加强城市规划、土地使用、行业准入、规费减免等政策支持，在高新技术企业认定、“双软”认定、服务业品牌认定以及享受相关优惠等方面为企业提供服务。鼓励优强企业兼并重组，推动优势企业强强联合，积极组织国内外交流合作，加快引进一批技术水平高、带动性强、市场前景好的重大项目，重点引进信息产业和互联网领域世界知名企业，鼓励具备实力的企业开展跨国并购，在全球范围内优化资源配置。

（五）加快培养智慧化专业人才

引导鼓励政府部门、重点企业设立专职首席信息官，完善信息化与信息安全人才培训、考核、选拔机制。加快实施省人才“育鹰计划”“333高层次人才培养计划”，加强“双创人才”“创新团队”等高层次人才引进，完善人才使用和激励机制，支持省内外智慧产业优秀人才和团队在江苏创新创业。鼓励企业与高校、科研院所、职业教育等机构联合培养信息化与信息安全紧缺人才，充分利用学历教育、继续教育等多种途径和方式，加快培育复合型、实用型信息技术人才。支持重点行业龙头企业和智慧产业优势企业设立企业研究院，鼓励和支持有条件的企业建立行业共性技术研发中心、测试中心、服务中心。

江苏省人民政府

2014年9月29日

省政府关于加快提升文化创意和设计服务产业发展水平的意见

苏政发〔2015〕39号

各市、县（市、区）人民政府，省各委办厅局，省各直属单位：

为加快提升文化创意和设计服务产业发展水平，推进与相关产业融合发展，根据《国务院关于推进文化创意和设计服务与相关产业融合发展的若干意见》（国发〔2014〕10号）精神，结合江苏实际，提出如下意见。

一、重要意义

以文化软件服务、建筑设计服务、专业设计服务和广告服务等为主要内容的文化创意和设计服务产业，是经济社会发展的先导产业，具有高知识性、高增值性、低能耗性、低污染性的特点，加快提升其发展水平对我省转变经济发展方式、增强经济发展动力、实现“江苏制造”向“江苏创造”跨越、加快“两个率先”进程具有十分重要的意义。

江苏文化底蕴深厚，经济和科教实力全国领先，文化创意和设计服务资源丰富，发展潜力和空间巨大。近年来，我省文化创意和设计服务产业快速发展，到2013年年底，从业法人单位近3万家，增加值超500亿元，占文化产业增加值的20%以上。同时，我省文化创意和设计服务产业发展还存在一些问题与不足，主要表现为总体水平不高，有影响力的龙头企业和有竞争力的知名品牌不多，与相关产业融合发展成效不够明显，高层次创意设计人才缺乏，体制机制、法制环境、政策措施不完善等。

当前，江苏经济社会发展正处在关键时期，全面深化改革、加快转型升级、保持经济平稳增长，迫切需要寻求新的路径，增添新的动力，拓宽新的空间。各地、各有关部门要切实增强加快提升文化创意和设计服务产业整体实力，推进与相关产业融合发展的紧迫感和责任感，认真贯彻落实国发〔2014〕10号文件精神，突出创意设计服务的开发和拓展，突出高新技术的支撑和应用，突出与相关产业的渗透和融合，全面提升文化创意和设计服务产业发展水平，努力提高我省文化软实力和经济竞争力。

二、总体要求

（一）指导思想

以邓小平理论、“三个代表”重要思想、科学发展观为指导，深入贯彻党的十八大、十八届三中四中全会和习近平总书记视察江苏时的重要讲话精神，主动适应、积极引领经济发展新常态，以改革开放和科技创新为动力，以知识产权保护利用和创新型人力资源开发为核心，牢固树立绿色节能环保理念，坚持统筹协调、重点突破，市场主导、创新驱动，文化传承、科技支撑，加快提升文化创意和设计服务的整体水平和核心竞争力，着力推进与相关产业深度融合发展，更好地服务经济结构调整和产业转型升级，为建设经济强、百姓富、环境美、社会文明程度高的新江苏提供有力支撑。

（二）基本原则

——更加注重开放包容，积极营造海纳百川的人文环境，全面提高市场开放度，尊重具有个性、独特性、多样性的创意设计，坚持引进来和走出去相结合，促进文化创意和设计服务产业发展繁荣。

——更加注重专业协作，尊重创意设计类产业发展的特有规律，鼓励以个体创意、自主创造、联合创作、协同创新和融合发展等多种形式，推动创意设计发展实现更大突破。

——更加注重产权保护，积极营造尊重人才、尊重知识、尊重创造、尊重权益的社会氛围，依法依规维护创造者的合法权益，激发创意创造的活力。

——更加注重政策引导，把科技创新和创意设计作为转型升级的重要动力，统筹制度安排和政策设计，充分调动各类创意设计主体的积极性。

（三）发展目标

到2020年，文化创意和设计服务增加值占文化产业增加值比重超过25%，把江苏建成创意设计强省。

——产业结构更加优化。充分发挥创意设计先导产业作用，带动引领相关产业提升质量水平，加快实现产业结构调整和优化升级，形成与相关产业全方位、深层次、宽领域的融合发展格局。

——区域布局更趋合理。南京建成区域性文化创意设计服务中心和建筑设计服务中心，苏州建成传统工艺与现代创意设计融合创意示范城市，无锡建成区域性工业设计中心，徐州建成国际性工程机械设计研发展销中心，南通建成区域性建筑设计服务中心，扬州建成国际文化旅游名城，其他城市建成各具特点的创意城市、设计都市，形成一批区域性创意设计中心，建成沿江创意设计城市群和沿运河创意设计特色产业带。

——载体建设更具成效。建成一批省级重大项目和创意研发机构，形成一批主题突出、特色鲜明、功能完善的文化创意和设计服务产业园区（基地）、骨干企业和重点品牌。

——市场体系更加健全。完善市场准入和退出机制，形成公平竞争、优胜劣汰的市场环境，打造一批重点会展和产品要素市场，把江苏建成全国性文化创意设计产品研发、展示、交易中心。

——人才队伍更加壮大。实施创意设计人才扶持计划，改进教育培养模式，注重高端人才引进开发，完善激励保障机制，把江苏建成创意创新创业人才集聚高地。

——发展环境更为优化。提高政府服务效能，加大政策引导，创新金融服务，强化要素支撑，健全法制保障，完善服务体系，形成有利于文化创意和设计服务产业发展的良好社会氛围。

三、提升发展水平

（一）拓宽发展路径

坚持以改革为动力，创新体制机制，培育市场主体，增强发展活力。按照事业单位分类改革要求，推进生产经营类国有创意设计类科研院所、研发机构转企改制。有条件的企业逐步将生产流程中的创意设计业务分离出来，设立具有独立法人资格、为全行业和全社会提供服务的创意设计企业。依托丰厚文化资源，挖掘、保护、发展中华老字号等民间特色传统技艺和服务理念，培育具有地方特色的创意设计企业。引导个人、企业、机构和社会资金以各种形式发展创意设计，吸引境内外各类创意设计人才来我省举办工作室、创意屋、设计所。鼓励文创集聚区、高等院校和设计服务机构设立创意设计产业孵化器。调整文化产业结构，加快发展文化软件服务、工程设计服务、专业设计服务和广告服务产业，着力提高文化创意和设计服务在文化产业增加值中的比重。坚持保护传承和创新发展相结合，用创意设计提升文化产品制造、工艺美术、文化演艺、文化休闲娱乐等传统文化产业门类的发展质量水平，加快构建结构合理、门类齐全、科技含量高、富有创意、竞争力强的现代文化产业体系。加强对外合作，广泛借鉴国内外先进的发展理念和成功经验，积极引进资金、技术、项目和人才培养机制，深化苏新（新加坡）、苏德（德国巴符州）、苏加（加拿大安大略省）、苏美（美国纽约州）文化创意和设计服务产业合作，促进工业设计、工程设计、软件设计、数字内容等产业的优势互补和产业协作。扩大苏台、苏港文化创意和设计服务交流合作，办好两岸企业家紫金山峰会文创产业专题论坛，加快推进苏台文创产业交流合作平台载体建设，发挥两岸企业家峰会文创产业合作推进小组作用，促进我省文化创意和设计服务产业发展。

（二）壮大市场主体

坚持做优存量做强增量，注重大中小企业协调发展，支持专业化的创意设计企业向专、精、特、新方向发展，打造中小企业集群，加快培育一批具有较强实力、活力和竞争力的市场主体。实施大企业带动战略，推动文化资源与要素向优秀企业集中，各门类形成一批主导企业，各地区培养一批骨干企业。支持优势创意设计企业股改上市，实施跨地区、跨行业、跨所有制业务合作，打造跨界融合的产业集团和产业联盟。吸引国内外创意设计企业总部、知名设计机构、研发中心入驻江苏。扶持一批出口规模大、有较强国际竞争力、符合文化出口导向的创意设计出口企业。支持江苏省演艺集团、凤凰出版传媒集团、江苏广电集团、徐工集团、镇江文广集团、苏州欧瑞动漫、蜗牛电子等文化创意、工业设计“走出去”，实现国际化、规模化发展。制定《江苏省创意研发机构认定管理办法》，培育一批省级创意研发机构。加快创意设计企业技术改造步伐，充分利用高新技术支撑文化内容、装备、材料、工艺、系统的开发和应用。加强对省重点文化科技企业、工程设计重点企业、省重点文化科技产业园和省建设领域创意设计产业园的扶持力度。提升企业知识产权综合能力，培育一批知识产权优势企业。鼓励企业、院校、科研机构成立战略联盟，引导创意和设计、科技创新要素向企业集聚，加大联盟知识产权管理能力建设，推进知识产权集群管理，培育一批知识产权密集型企业。加强品牌培育，在全省选择一批有潜力的活动、企业、产品品牌，集中宣传推介，推出一批具有江苏特色的创意设计品牌。支持南京申报联合国全球创意城市“设计之都”。

（三）引导集约发展

依托现有各类文化、创意和设计园区基地，加强规范引导、政策支持，加强公共技术、资源信息、投资融资、交易展示、人才培养、交流合作等服务能力建设，完善创新创业服务体系，促进各类园区基地提高效益、发挥产业集聚优势。加强省级重点文化创意设计类园区建设，引进扶持一批骨干企业，孵化培育一批相关企业，引导产业链式发展，增强集聚优势。发挥我省历史文化名城名镇名村众多优势，规划建设一批创意村镇、创意街区和创意城市群。抓住大运河成功申遗重大机遇，深度挖掘开发利用大运河文化遗产资源，以苏州、无锡、常州、镇江、扬州、淮安、宿迁、徐州为重要节点，整体规划建设沿运河创意设计产业带。依托沿沪宁线高等院校、科研院所、文化园区等创意设计资源高度集中优势，重点发展包括南京、无锡、苏州、扬州、镇江5个分园区的国家数字出版基地，南京、无锡、常州国家文化科技融合示范基地及国家广告产业园，南京、苏州建设领域创意设计产业园，南京、苏州、无锡、常州国家动漫游戏产业基地，江苏（国家）未来影视文化产业园、无锡国家数字电影产业园。培育一批区域性创意设计中心，打造沿江创意设计城市群。各市和有条件的县（市）根据资源条件和产业优势，促进文化资源转化为创意设计发展项目，引进一批带动效应强的创意设计重点企业，集中力量抓好1～2个重点创意设计园区。发挥我省工程机械、工程设计、城乡规划、纺织服装、家居装饰、陶瓷、水晶和传统工艺美术研发生产销售领先优势，建成一批特色创意设计产业基地和专业市场。建立区域协调机制与合作平台，构建优势互补、相互促进的区域发展格局。

（四）完善服务平台

办好江苏紫金文创产业聚合服务平台，为全省创意设计提供信息发布、交流合作、产品交易、金融支持和行业管理等服务。着力提高中国（南京）国际软件产品和信息服务交易博览会、中国南京文化创意产业交易会、中国苏州文化创意设计产业交易博览会、中国（无锡）国际设计博览会、常州国际动漫周、无锡文化艺术产业博览交易会、中国（徐州）文化博览会等会展水平，加快推进苏州、无锡、常州、南京4个国家专利技术展示交易中心建设。办好“紫金杯”江苏文化创意设计大赛等重点活动，促进创意设计成果展示交易和人才信息交流。办好江苏工业设计周、江苏省工业设计大赛。大力发展文化创意和设计服务资本、产权、人才、信息、技术等交易平台，支持江苏省文化产权交易所和南京文化艺术产权交易所规范发展，推动创意设计进场交易。成立江苏省文化创意和设计服务协会（联合会），建立完善经纪代理、评估鉴定、投资、保险、担保、拍卖等中介服务和行业组织，鼓励重点企业、行业组织和中介组织参与制定国际标准，培育一批具有国际竞争力的文化创意和设计服务品牌。鼓励创意设计行业协会与海外相关机构合作，积极举办创意设计产业投资贸易推介活动，搭建贸易服务平台。

（五）扩大市场需求

提高全民文化艺术素养，激发创意和设计产品服务消费。加大政府对创意和设计产品服务采购力度。树立贴近群众、美化生活的创意设计理念，以创新性产品引领消费需求，拓展市场空间。引导生产企业积极应用各类设计技术和设计成果，开展设计服务外包，扩大设计服务市场。完善建筑、园林、城市设计、城乡规划等设计方案竞选制度，鼓励装饰设计创新，突出文化创意内涵。在商贸流通业改造升级中，运用创意设计促进专业市场和特色商业街等发展。引导批发、零售、住宿、餐饮等生活类服务业在店面装饰、产品陈列、商品包装和市场营销上更加注重节能环保，加强创意设计。支持有条件的地区建设有特色、专业化的文化创意产品和设计服务的交易市场，鼓励创意设计企业通过电子商务等平台开展多渠道销售。拓展境外市场，利用德国iF工业设计展、国际建筑双年展、意大利“金圆规奖”等国际赛展平台，促进创意设计产品和服务出口，提高国际市场占有率。支持有条件的创意设计企业在国外兴办实体，建立产品和服务营销网点。

四、推进融合发展

（一）塑造先进制造业新优势

充分重视和发挥各类专业设计服务的重要功效，积极丰富制造业、加工业等行业产品（或服务）的人文内涵，提升质量、增加附加值。以推进江苏十大战略性新兴产业和提升重点优势产业发展为重点，着力加强新技术、新工艺、新装备、新材料、新需求等设计应用研究，提高工业设计的信息化和国际化水平，促进工业设计向高端综合设计延伸，增强行业企业设计创新和市场转化能力，推动工业设计领域联动和服务模式升级。加快促进工业企业与设计服务企业的对接合作，支持苏南等有条件地区构建3D打印、虚拟制造和设备共享等公共技术支撑平台，推动南京、盐城、无锡、扬州重点发展汽车、集成电路和电子设计产业集群，徐州、常州、盐城、淮安发展工程机械、轨道交通、石油机械设计产业集群，南通、扬州、泰州、连云港发展船舶、港口机械设计产业集群，苏州、镇江、徐州发展消费电子、医疗器械、文体用品设计产业集群，着力打造一批具有本地优势和较强竞争力的工业设计龙头企业及品牌产品，形成一批高附加值的知识产权。推进各类专业设计企业发展壮大，做大做强南京工业设计谷、无锡（国家）工业设计园、太仓LOFT工业设计园、大丰东方1号工业设计园、武进工业设计园和淮安工业设计园等重点园区，加快形成具有江苏特色的工业设计创新体系和全国一流的工业设计中心。

通过融合发展改进提升产品（或服务）的外观质量，把先进的设计思想和理念融入于产品（或服务）研发设计之中。坚持以发展绿色、节能、环保、智能、时尚等高品质生活消费品为重点，推动生活日用品、礼仪休闲用品、家用电器、服装服饰、家居用品、数字产品、食品、文化体育用品等消费品工业向创新创造转变，加快南通家纺创意中心、知识产权快速维权中心和公共技术服务中心建设与完善，加强知识产权保护，推动企业转型，增加多样化供给，引导消费升级。

提高广告营销策划和新技术运用水平，增加消费品的文化内涵和附加值。健全品牌价值体系，形成一批综合实力强的自主品牌，提高经济整体效益和国际竞争力。

（二）提升数字内容产业层次

加快推动文化产品和服务的生产、传播、消费的数字化、网络化进程，强化文化对信息产业的内容支撑和创意设计水平提升，加快双向深度融合，培育发展新型业态。

深入实施江苏省文化科技融合发展行动计划，着力推进一批数字网络基础设施和重点项目建设，促进利用数字技术、互联网、软件等高新技术支撑文化内容、装备、材料、工艺的系统开发，加快文化企业技术改造与升级步伐，扩大移动多媒体和数字内容的覆盖面，提高省广电集团、省广电网络公司等重点企业的数字影视制作能力和服务水平。支持传统文化单位发展互联网新媒体，加快内容集成和数字传输综合平台建设，推动传统媒体和新兴媒体融合发展。增强网络信息内容资源的开发、共享和应用水平，鼓励研发体现本地文化特色、具有自主知识产权的网络和动漫游戏，促进动漫游戏与虚拟仿真技术在设计、制造等产业领域中的集成应用，着力打造南京新城科技园中国游戏谷、江苏环球动漫嬉戏谷、游戏基地等一批国内领先的数字娱乐和动漫游戏产业集聚区。

全面推进三网融合，加强通讯设备制造、网络运营、集成播控、内容服务的联动合作，推动下一代广播电视网和交互式网络电视等服务平台建设，促进内容创作、视频技术开发、新媒体研发等网络视听全产业链的发展。加快智慧城市、智慧社区、智慧家庭建设，鼓励南京、无锡、扬州等地率先打造智慧城市。支持研发数字出版原创内容生产，创新数字出版经营模式，促进传统出版企业向数字出版转型，引导推动凤凰出版传媒集团、新华报业传媒集团等一批数字文化产业骨干企业发展，加快推进国家级数字出版基地建设。

（三）打造美丽城乡宜居环境

坚持以人为本、安全集约、生态环保、传承创新的发展理念，进一步提高全省城乡规划、建筑设计、园林设计和装饰设计的发展水平，完善优化城市配套功能，提升文化品位、设计内涵和人居环境。

注重城市文化、历史和风貌的传承，加强文物保护单位、历史文化名城、历史文化街区和历史建筑的保护，打造功能完善、布局合理、形象鲜明的特色文化城市。

结合实施《江苏省新型城镇化和城乡发展一体化规划》，加强文物保护单位、历史文化名城名镇名村的保护利用，建设宜居城镇、美丽乡村，融入文化元素，改变城乡建设“千城一面”“万村一貌”现象。突出地域特色，因地制宜实行多样化、差异化发展，避免重复建设和同质竞争。积极打造文化底蕴深厚、时代特色鲜明的创意街区、创意城市，提升城市发展能级和竞争力。贯彻节能节水节材的建筑设计理念，推进技术传承创新，积极发展绿色建筑。

（四）深化旅游文化内涵

发挥我省历史和现代文化资源优势，加快旅游与文化创意和设计服务融合，注重旅游新产品开发和模式创新，以文化提升旅游的内涵质量，以旅游扩大文化传播消费。

加强对江苏传统文化、民间艺术的研究挖掘和开发，积极探索文化遗产利用的新形式、新途径，鼓励具有市场前景的文化遗产资源与产业和市场相结合，鼓励对工业遗产、农业遗产、文化景观等进行合理保护和开发利用，发展具有历史文化资源特色的文化创意产业。丰富创意和设计内涵，积极开发康体、养生、运动、娱乐、观光等多样化、综合性旅游休闲产品，着力建设一批休闲街区、特色村镇、旅游度假区，打造一批便捷、舒适、健康的休闲载体与空间，更好满足广大人民群众个性化和多样化需求。加快智慧旅游发展，充分利用移动通信、物联网、云计算等新技术，提升旅游管理、旅游服务和旅游营销的智能化水平，促进旅游与新技术的融合创新发展。

（五）推动文化与现代特色农业有机融合

以创意设计提升特色农业发展水平，推进农业与文化、科技、生态、旅游的有机融合，促进农业多环节增收、集约化利用和产品增值开发。

注重农村文化资源和农业遗产的挖掘、传承和利用，不断丰富农业产品、农事景观、环保包装、乡土文化等创意和设计，形成一批各具特色的休闲农业知名产品和知名品牌，建设一批集农耕体验、田园观光、科技普及、教育展示、文化传承、创意农业于一体的休闲农业集聚区、农家乐专业村和示范基地。鼓励文化创意和设计服务企业为乡村集体经济组织、专业合作社、农户开展多种形式的创意设计，提升农产品文化附加值，提高农业品牌知名度，促进我省特色农业创意和设计产品产业化。

推进现代农产品专业市场的升级换代，完善提升市场功能和服务形式，为农产品展示交易提供服务平台，促进特色农产品的推广交流。建立健全农产品地理标志技术标准体系、质量保证体系与检测体系，扶持推广地理标志产农品，加强农产品地理标志和农产品商标的注册与保护。

（六）拓展文化体育融合空间

加快推进体育与创意、旅游、会展、休闲娱乐、地域文化的融合发展，把文化、创意、科技等元素引入体育场馆和健身服务企业建设，促进传统体育转型升级。发展集体育培训、竞赛表演、休闲娱乐、健身旅游为一体的体育综合服务，满足群众多样化、多层次体育消费需求。

培育和引进国际国内一流品牌赛事，着力打造影响力大、参与度高的体育精品赛事和节庆体育活动，积极策划、承办各种规模级别的体育活动，形成创办、申办和升级赛事相结合的发展模式。把科技元素融入体育用品生产，加快体育用品新产品、新材料、新工艺研发，大力开发科技含量高、拥有自主知识产权的体育产品，提高体育衍生品的创意和设计水平。

鼓励规范发展体育服务组织，加快体育中介服务和体育用品销售业等要素市场的发展，建立健全赛事活动、场馆运营、技术培训、信息咨询、中介服务、体育保险等服务组织，扩大体育产业服务层次与规模。

五、健全政策体系

（一）保护知识产权

强化知识产权法制建设，不断完善知识产权保护体系。加强商标法、专利法、著作权法、反不正当竞争法等知识产权法律法规宣传普及，增强全社会对创意设计的知识产权保护意识。加强互联网知识产权保护，以电子商务、大数据、云计算等为重点，建立行政执法部门与互联网平台管理机构联动的保护机制。加强知识产权执法，加大对侵权行为的惩处力度。探索建立知识产权市场监管综合执法模式，强化行政执法与司法保护的衔接。建立知识产权侵权违法档案，将侵权、假冒、盗版等违法行为作为重要信息纳入社会征信系统管理。完善知识产权案件举报投诉和维权援助工作体系，建立健全知识产权纠纷技术鉴定、专家顾问制度。鼓励维权援助机构开展知识产权纠纷诉前调解，支持仲裁机构加强知识产权争议裁决，引导行业协会、中介组织等第三方机构参与解决知识产权纠纷，建立多元化纠纷解决机制。鼓励和支持涉外企业开展知识产权预警分析，帮助企业规避海外知识产权风险。推广知识产权执行保险和侵权责任保险，降低企业经营活动中的知识产权风险。

（二）强化人才支撑

以文化创意和设计服务人才培养为重点，实施江苏省卓越文化艺术人才教育培养计划，营造有利于创意创造人才健康成长、脱颖而出的制度环境。鼓励普通本科高校、科研院所加强学科专业建设和理论研究。对省内院校开设的工业设计、建筑设计、文化软件、现代传媒等专业学科在招生计划、师资配备、经费安排等方面予以倾斜。鼓励把非物质文化遗产传承人才培养纳入职业教育体系，重点建设一批民族文化传承创新专业点。推动民间传统工艺传承模式改革，培养一批具有文化创新能力的技术技能人才。积极推进政产学研用联合培养人才，发展专业学位研究生教育，扶持和鼓励相关行业和产业园区、龙头企业与普通本科高校、职业院校及科研机构共同建立研究生工作站等人才培养基地，支持符合条件的设立博士后科研工作站。把高层次创意设计人才培养纳入省“333工程”和“五个一批”人才工程，对创意设计人才的创作活动、学习深造、国际交流等进行奖励和资助。提高“高层次创新创业人才引进计划”中的创意设计人才比重，支持企业、园区引进领军人才和创意创业团队。健全人才激励政策，实施知识、技术、管理等生产要素按贡献参与分配的办法，对有重大贡献的文化创意设计人才给予重奖，对带技术、带项目、带资金来苏创办创意设计企业的给予重点扶持。落实国有企业、院所转制企业、职业院校、普通本科高校和科研院所创办企业的股权激励政策，推进职业技能鉴定和职评工作。加强创业孵化，鼓励文化科技创业园、文化科技产业园、文化创意设计园区采取“专业园”“园中园”等形式，为创意名人、青年文艺家、大学生和初创者提供创业平台。

（三）加大财政投入

适当增加省现代服务业引导资金和省文化产业引导资金规模，将其资金总规模的20%左右用于支持文化创意和设计服务发展项目，同时用好省宣传思想文化、省战略性新兴产业、现代服务业等相关领域专项资金，多方面支持文化创意和设计服务发展，重点扶持文化创意和设计服务类重点园区、龙头企业、示范项目、研发中心、人才培训、参赛参展、产权登记和公共服务平台建设。鼓励各市、县设立文化创意和设计服务发展专项资金，与省级专项资金形成配套。支持文化创意和设计服务类项目申报国家各类专项资金，申报成功的项目省级专项资金予以配套。

（四）落实税费政策

积极争取开展创意设计领域高新技术企业的认定试点，对经认定为高新技术企业的创意设计企业，减按15%的税率征收企业所得税。

文化创意企业开发新技术、新产品、新工艺发生的研发费用，在计算应纳税所得额时加计扣除。文化创意和设计服务企业发生的职工教育经费支出，不超过工资薪金总额8%的部分，准予在计算应纳税所得额时扣除。企业发生的符合条件的创意和设计费用，执行税前加计扣除政策。落实营业税改增值税试点有关政策，对纳入增值税征收范围的国家重点鼓励的文化创意和设计服务出口实行增值税零税率或免税，对国家重点鼓励的创意和设计产品出口实行增值税零税率。企业引进对原创性研究具有重要支撑作用、符合国家进口目录的国际先进技术和关键设备，在进口资质、关税和知识产权等方面给予支持。广告领域文化事业建设费征收范围严格限定在广告媒介单位，清理其他不合理收费，推动落实文化创意和设计服务企业用水、用电、用气、用热与工业同价。完善城乡规划、建筑设计收费制度，对规划、建筑的方案设计，实行单独收费，对方案必选的中标项目，可在收费标准基础上适当提高收费标准，鼓励和推行优质优价。

（五）创新金融服务

建立完善创意设计企业无形资产评估体系，支持其利用专利权、商标权、版权、收益权等无形资产及其他财产权利质押等方式融资。鼓励创意设计企业在新三板、江苏股权交易中心挂牌，支持有条件的创意设计企业上市。支持符合条件的创意设计企业总部组建财务公司、发起设立产业并购基金和文化类融资租赁公司。支持金融机构选择创意设计产业项目开展信贷资产证券化试点。鼓励银行业金融机构支持文化创意和设计服务小微企业发展。有条件的地区建立社会资本投资风险补偿机制，鼓励各类担保再担保机构提供融资担保和再担保。鼓励保险公司加大创新型文化保险产品开发力度，探索建立专业文化产业保险组织机构，促进文化产业保险发展。发挥省紫金文化产业发展基金作用，积极引进私募股权投资基金、创业投资基金及各类投资机构投资创意设计领域。

（六）规范用地政策

支持以划拨方式取得土地的单位利用存量房产、原有土地兴办创意设计产业，在符合城乡规划前提下土地用途和使用权人可暂不变更，连续经营1年以上，符合划拨用地目录的，可按划拨土地办理用地手续；不符合划拨用地目录的，可采取协议出让方式办理用地手续。对通过收购或改造旧城区、废弃工业厂房、传统商业街、历史文化保护街区等方式建设文化创意和设计服务集聚区的，可优先纳入近期建设规划和年度实施计划。

六、强化组织实施

各地、各有关部门要切实把推进文化创意和设计服务发展作为优化经济结构、转变发展方式和提升质量效益的重要抓手，摆上经济社会发展的全局位置，健全完善领导体制和工作机制。要按照本意见要求，根据实际情况，编制专项规划和行动计划，制定相关配套政策。省文化改革发展领导小组加强统筹协调和指导，省发展改革委牵头建立由相关部门组成的联席会议制度，具体组织推进本意见的贯彻实施。联席会议办公室设在省发展改革委。建立文化创意设计项目行政审批绿色通道，清理精简现有审批事项，公开审批标准，优化审批流程。加大对创意设计相关政策的宣传普及、舆论引导和教育培训力度，营造全社会关心支持的浓厚氛围。完善文化创意和设计服务产业统计制度及指标体系，加强监测、分析和研判，定期发布全省文化创意和设计服务发展情况报告。加快发展和规范相关行业协（商、学）会、中介组织，充分发挥行业组织在行业研究、标准制定等方面的作用。省发展改革委要会同有关部门对本意见的落实情况进行跟踪分析和监督检查，重大事项及时向省人民政府报告。

江苏省人民政府

2015年4月7日

省政府关于加快互联网平台经济发展的指导意见

苏政发〔2015〕40号

各市、县（市、区）人民政府，省各委办厅局，省各直属单位：

互联网平台经济（以下简称平台经济）是基于互联网、云计算等新一代信息技术的新型经济形态。大力发展平台经济，对于做强做大现代服务业，推动产业持续创新和经济转型升级，加快构建现代产业体系，促进经济发展迈上新台阶，具有重要意义。结合我省实际，现就加快平台经济发展提出如下意见。

一、总体要求

（一）指导思想

深入贯彻党的十八大、十八届三中四中全会和习近平总书记视察江苏重要讲话精神，抢抓互联网和大数据发展机遇，着力推进“互联网+”行动计划，以“智慧江苏”建设为依托，借助江苏产业、市场、人才和区位优势，加快发展平台经济，推动大平台、大市场、大流通融合发展，打造适宜平台经济发展的法治营商环境，努力推动平台经济企业集聚程度明显提升、产业优势加快形成、竞争能力显著增强，为推动经济转型升级、发展迈上新台阶提供有力支撑。

（二）基本原则

——市场主导、创新发展。充分发挥市场配置资源的决定性作用，激发平台企业的市场开拓意识，引导其理念创新、技术创新、管理创新、业态创新和商业模式创新，增强平台经济发展的内在动力，加快形成平台企业和产业集聚优势。

——促进融合、统筹发展。充分发挥平台企业的综合优势，以需求为导向，有效配置市场资源，培育发展新型业态，强化平台经济对上下游产业的双向带动和统筹整合能力，加快形成以平台经济为核心，现代服务业与先进制造业互动并进、融合发展的良性格局。

——优化布局、集聚发展。立足江苏产业空间布局和发展基础，培育壮大一批具有江苏特色和竞争优势的平台经济产业和企业品牌，促进相关企业在空间上合理集中，构建特色鲜明的平台经济集聚区，使平台经济成为我省服务经济的重要支撑。

——开放高效、持续发展。发挥政府在规划引导、市场规范、政策扶持、协调发展等方面的重要作用，推进体制机制创新，着力打造公平开放、透明高效、诚信有序的法治营商环境，借助平台经济增强在国际范围内获取发展要素的能力。

（三）发展目标

围绕商品交易、服务供给、要素支撑等重点方向，结合我省产业发展特色和平台经济发展基础，突出重点领域，通过3～5年努力，打造一批具有国际或区域影响力的平台型交易中心，培育一批特色鲜明、竞争力强的平台经济品牌企业，形成一批分工明确、协同发展的平台经济产业链，建设一批功能完备、配套完善的平台经济集聚区。力争到2020年，全省平台经济整体规模和竞争能力居全国前列，形成以平台经济形态为鲜明特征的服务经济产业结构，为全省产业转型升级提供重要支撑。

1. 平台经济快速发展。规模以上（列统）平台企业营业收入年均增长20%以上，税收贡献年均增长15%以上。

2. 平台企业优势形成。拥有一批具有较强知名度和竞争力的重点互联网平台企业，到2020年，营业收入超1000亿元的互联网平台企业5家，超500亿元的互联网平台企业10家。平台交易额进入国内同类型平台前三位的企业平台数达20家以上。

3. 平台产业集聚度提升。到2020年，培育2个规模超万亿元、在国内具有竞争优势的平台经济产业集群；形成10个规模总量超千亿元、具有江苏特色的平台经济产业门类；建成10个主导产业突出、层次水平较高的平台经济集聚区。

4. 平台经济竞争能力增强。力争在3–5年内，形成较为完善的平台经济政策体系和产业服务体系，金融、物流、科技、信息、商务等配套体系加快完善，“宽带江苏”“无线江苏”基础建设取得长足进步，全省平台经济总体规模、发展速度、产业贡献等重要指标位居全国前列。

二、以电子商务为重点大力发展网络交易和服务平台

（一）壮大网络销售服务平台

加快推进南京、无锡、徐州、常州、苏州等国家电子商务示范城市建设，充分发挥国家电子商务示范基地、示范企业的示范带动作用，支持建设若干个在国内领先、特色鲜明、定位清晰、错位发展的大型网络零售平台，打造一批以网络交易为核心、以供应链管理为支撑，后台大数据分析与品牌建设协同发展的网络平台批发零售企业，鼓励和支持苏宁易购、中国制造网等本地优势企业做大做强，成为行业领先、覆盖全国、辐射国际的领军型平台企业。推动电子商务平台向乡镇和农村延伸，鼓励有条件的企业开展农产品网络营销和同城配送业务，支持汇通达、买卖宝等平台企业做深做精，成为国内领先的农村电子商务服务平台。促进跨行业跨领域产业链信息资源互通共享大数据平台型企业加快发展，为实体工商业企业提供精准营销和管理服务，推动传统工贸企业加快实现与互联网的全面对接。支持省内大型电子商务企业走向世界，支持其拓展国际市场，建设面向全球产业链协作的跨境电子商务平台。

（二）提升大宗商品现货交易网络服务平台

依托我省产业集群和特色园区，着力在化工、纺织、冶金、建材、机械、电子等优势产业领域，打造一批集网上信息发布、交易支付、商品体验展示、物流售后服务、价格发现、品牌推广及行情监测等功能为一体的跨区域商品现货交易平台。推动张家港化工品市场、吴江东方丝绸市场、南通家纺市场、常熟服装城等现有大型专业市场依托互联网和信息技术进一步做大做强，成为行业领先的信息中心、物流配送中心和定价结算中心。聚焦国内进出口量大的能源产品、基本工业原料和大宗农产品等领域，探索打造以互联网为支撑，以物流配送、金融配套为依托的国际化标准的第三方商品贸易金融平台。

（三）融合发展物流专业服务平台

支持有条件的本土物流企业向专业化第三方、第四方物流服务平台转型，依托江苏交通基础设施布局和规划，建设多式联运现代化物流仓储网络，应用物联网、云计算、网络金融

等技术完善物流信息系统，加速地区传统产业和电子商务的不断融合，提高社会物流效率和基础设施利用率。鼓励玖隆钢铁物流、惠龙易通货运集配电商平台、江苏运联多式联运信息服务平台、传化物流公路港等着力整合物流产业链，为货主和运输方提供公开透明的供需信息和综合解决方案，并通过提供融资、担保、保险、通讯、结算和技术等增值服务，提升物流资源集约化和物流配置社会化水平。大力发展城市配送快递、农副产品生鲜冷链、企业集采售后服务等专业化互联网物流服务平台，加快完善城市“最后一公里”终端配送网络。

（四）培育满足多样化需求的细分服务平台

适应江苏居民消费快速增长的趋势，立足本地，放眼区域，聚焦信息消费、旅游消费、文化消费等新兴消费领域，培育面向百姓生活需求的细分服务平台，为城乡居民提供快速、精准、多样化、本地化服务，打造集创意设计、品牌发布、展览展示、采购交易、支付配送等功能于一体的生活服务平台。支持商圈网、淘常州等O2O企业进一步做优做强，建立不同城市站点。鼓励途牛旅游网、同程网、三六五网等个人新兴消费服务平台充分发挥特色优势，抢占细分市场份额。支持社交平台发展，发挥体验式消费与口碑营销的作用，构建中小企业网上营销平台。引导文化教育、卫生体育、健康养老等产业强化要素和市场整合，推动社会资本加大投入，积极构建产业互联网支撑平台，着力培育泰州中国医药城华药网等加快发展。积极发展更加个性化、实时化、社交化、精准化的移动终端服务平台，支持平台运营商与电信运营商、增值业务提供商和金融服务机构深入对接，拓宽移动服务覆盖面。

（五）构建信息资讯服务平台

发挥江苏科教资源丰富和信息产业发达的优势，大力发展在互联网环境下可异地实时数据化提供服务的专业化平台。支持无锡城市云计算中心、国科数据中心等通过进一步强化数据管理和高性能运算的核心服务能力，成为国际一流的云服务平台。支持省内研发、设计、信息服务、咨询策划、广告等细分信息资讯服务平台进一步整合国际国内资源，面向全国提供专业化服务，着力构建新闻、咨讯、社交等多内容、交互式、门户型服务平台。提升信息整合、分析能力，拓展信息发布渠道，通过互联网、广电网、电信网及移动终端向社会提供精准专业的信息化服务。强化平台企业后台呼叫中心、信息处理能力建设，提升平台响应速度和服务水平。

（六）打造互联网金融服务平台

支持银行业、证券业、保险业持牌金融机构积极开展互联网金融领域的产品和服务创新，提升金融服务广度、深度和能级。鼓励有条件的企业发展互联网金融业务，申请有关业务许可或经营资质，发起设立以互联网为主要业务载体或以互联网业务为主要服务领域的各类持牌金融机构。支持互联网金融企业在风险可控的前提下加强信用创新和模式创新，着力构建具有网上支付、保险、融资和创投等多种功能的金融服务平台，支持江苏股权交易中心、开鑫贷、易付宝、会支付等融资、众筹、第三方支付互联网金融企业加快发展。鼓励互联网金融企业与电子商务、现代物流、信息服务、文化科技、跨境贸易等领域融合发展，促进相关行业转型升级。

（七）发展线上线下结合、跨界业务融合平台模式

以用户需求为导向，鼓励各类互联网平台进一步丰富服务功能，拓展服务空间，创新服务模式。支持本地化程度较高的垂直电商平台通过线上线下（O2O）结合的服务模式，整合带动线下实体企业商户，将线上精准营销、便捷支付与线下最终体验交易和用户反馈等业

务环节联结形成完整的闭环网络，从而实现多方共赢。鼓励有条件的平台企业等利用自身优势，多业态、多功能、多业务融合发展，促进产品研发、生产、营销、配送、售后服务、支付、融资等多个价值链环节整合集成于统一的网络平台中，打造全流程综合性网络服务平台。引导平台企业积极探索各类服务产品定制和反向定制等互联网服务新模式，发展定制化生产和线下产业链，提升互联网平台的服务价值、带动功能和用户黏合度。

三、建设平台经济重要载体

（一）支持平台企业做大做强

依托我省先进制造业和总部经济的发展基础和比较优势，大力支持本土有综合实力、有发展潜能的平台企业跨地区、跨行业、跨所有制整合资源。鼓励总部型服务业企业平台化发展，重点引进国内外具有发展潜力的平台经济总部，加快培育一批具有行业带动力和国际影响力的龙头型平台企业，以此为依托，加速对产业上下游环节的整合，有效拓宽平台经济的发展空间。在六大重点领域深入实施平台经济“百千万”工程，做优做强100家重点平台企业，实现千亿元利税收入，创造万亿元产业规模。

（二）建设平台经济集聚区

统筹兼顾平台类企业的集聚特性和系统生态特点，结合重点区域和重点领域专业平台建设，发挥政策的引导激励作用，打造一批具有较强研发设计、融资担保、人才培训、物流仓储、孵化培育等公共服务功能的平台经济集聚区，符合条件的可作为省级现代服务业集聚区，享受相关政策支持。大力引进龙头旗舰企业和基地型项目，优化布局结构，推动上下游产业配套、融合发展。

（三）创建平台经济示范城市

加快建设一批具有示范带动作用的平台经济示范城市，围绕我省平台经济发展的战略方向，着力解决平台经济发展中的突出矛盾和问题，因地制宜，形成各具特色的平台经济运营与服务模式，推动平台经济在有条件的地区率先突破，不断提炼提升创建经验，形成示范推广机制。

四、聚合平台经济发展要素

（一）强化信息通信基础设施支撑

积极推进“宽带江苏”“无线江苏”建设，统筹推进移动通信和三网融合快速发展，构建快速、融合、安全的信息网络体系，提高网络覆盖范围和服务水平。着力推动4G网络布局和商用发展，在全国率先实现热点区域的全覆盖。加速网络宽带化进程，深化南京国家级互联网骨干直联点建设和运营，推动全省城乡光纤网络建设和光纤到楼入户工程建设。支持国家下一代互联网示范城市建设，在示范城市和国家级高新技术园区等重点区域，开展或试点现有基础网络向下一代互联网升级。支持互联网数据中心（IDC）、呼叫中心、云计算中心等重点功能性服务平台建设，全力提升信息数据存储和服务能力，最大程度满足海量数据资源集中存储的市场需求。

（二）促进平台经济技术集成与应用

推动软件和信息技术服务业尤其是云计算、物联网、大数据等新技术的发展及其在平台经济中的广泛应用，加大对江苏平台类信息技术原始创新和集成的支持力度。面向新兴信息服务发展需求，着力推动现代服务业各领域与信息技术服务、互联网经济的深度融合，提升平台经济的创新内涵和技术含量。

（三）构建现代物流服务支撑体系

深化流通领域改革创新，建设适应平台经济发展的现代物流服务体系，建立与平台经济布局相适应的物流信息平台和物流服务网络，提高便捷物流服务水平，加快发展第三方物流，建设南京等城市共同配送示范工程。积极推动供应链平台企业发展，为平台经济发展提供高效便捷低成本的物流服务。

（四）支持平台企业运营模式创新

促进平台企业商业模式、技术模式和金融模式创新。支持本土平台企业针对细分市场，充分利用大数据和移动互联网特性，形成独特商业模式，不断改善用户体验，提升平台竞争力。借鉴自贸区成功经验和做法，探索形成进出口贸易电子商务“通关、质检、税收、结汇、支付、物流”全新模式，支持平台企业面向海内外消费市场，发展电子商务跨境贸易，带动江苏企业和产品“走出去”。支持有条件的平台企业发展互联网金融业务，在细分领域和行业解决方案方面形成特色，服务实体经济，促进产业转型升级。

（五）加快实体经济与互联网平台嫁接

发挥江苏实体经济发达的优势，加快与互联网经济整合发展。重点支持行业龙头企业建设面向行业生产要素配置及供应链管理的综合交易平台；支持智能装备制造企业建设面向行业装备、制造管理的服务平台；支持行业企业联合服务企业建设行业特色的电子交易及行业综合信息服务平台。强化对生产工艺流程进行柔性化改造，依托网络开发定制产品，提供个性化定制服务，促进定制产业发展。着力实施“中国制造2025”战略，推动制造业服务化、工业互联网服务专业化，促进工业化与信息化深度融合。

（六）推动专业服务体系建设

培育和引进一批与平台经济发展相配套的策划、培训、信用、检测、认证等服务机构，提升配套服务能力，形成便捷高效的第三方服务体系。引进和培育具有深厚行业背景和社会公信度的认证服务机构，强化技术应用和标准建设，确保认证信息的真实性、私密性和完整性，为平台交易提供安全可靠保障。加强中小商贸企业公共服务平台建设，强化人才、融资、法律等服务功能。加快贸易便利化平台建设，提高口岸综合服务效率。建设资讯服务平台，强化大数据采集、开发、分析和利用，编制商品价格指数、物流指数等，增强平台的综合服务能力。

五、营造平台经济发展环境

（一）建立健全工作协调推进机制

发挥省服务业发展领导小组职能，建立促进平台经济发展联席会议制度。省发展改革委负责统筹协调全省平台经济发展工作，省各有关部门结合各自职能，按照任务分工，加强工作协同，以制度创新为核心，共同制定促进平台经济发展的政策措施。

（二）加大财税政策引导支持力度

用好国家各项扶持政策，同时根据我省实际，创新扶持平台经济发展的专项政策，在财政税收、土地利用、投融资、人力资源等方面给予重点支持，并作出相应的制度性安排，推动平台企业整合产业链，延伸服务链。积极支持符合条件的平台企业认定为高新技术企业，减按15%的税率征收企业所得税。适当增加省现代服务业引导资金规模，创新扶持方式，对具有发展潜力的平台企业和新培育的平台经济集聚区予以倾斜支持。省级战略性新兴产业发展专项资金、省级工业和信息产业转型升级专项资金、省级产业发展资金等相关专项资金、基金积极支持我省平台经济产业发展。减轻平台企业相关运营成本，降低网络接入、服务器租用托管、数据中心运维等方面收费标准。

（三）改善平台企业融资环境

制定促进平台经济发展的金融支持政策，支持创新型、成长型平台企业以多种途径上市融资，稳步扩大企业债、公司债、短期融资券、中期票据和中小企业私募债券发行。金融机构针对平台企业特点创新金融产品和服务方式，开展产业链融资、商业圈融资、企业圈融资、知识产权质押融资等创新实践。积极开展小微企业转贷方式创新试点，政策性融资担保机构主动帮助平台初创企业增信融资。构建平台经济创业投资载体，对处于种子期和初创期的平台企业给予支持，引导各类创业投资机构和股权投资基金主导或参与平台企业项目投融资。支持平台经济企业以多种方式筹措资金实施兼并重组，引导商业银行积极稳妥开展平台经济企业并购贷款业务。探索设立互联网小贷公司，扩大小微企业融资渠道。

（四）加强平台经济人才队伍建设

立足平台经济人才需求方向，促进高校加快培养互联网专业型人才，支持平台企业引进和培养应用型、复合型人才。相关部门制定人才政策要更加侧重于实战性、创新性和综合性。平台企业引进国内外高端人才来我省发展，产生的有关住房货币补贴、安家费、科研启动经费等费用可列入成本核算，高端人才的住房、家庭成员就业、子女入学、医疗养护等方面享受当地居民待遇，并可酌情给予优惠政策。与平台企业签署3年以上劳动合同的员工可在户籍落地方面加分，并优先安排入住廉租房、公租房和人才公寓。鼓励高校院所与平台企业建立各类产学研合作，组织学生到平台企业培训、实习和就业，支持大学生自主创业。

（五）开展平台经济统计监测和标准信用体系建设

科学制定平台企业的统计分类和标准，组织实施平台企业统计监测。制定平台经济示范企业（园区）认定标准，建立平台经济项目滚动库，每年择优认定一批平台经济示范和培育项目，建立重点平台示范企业联系服务制度。成立平台经济行业组织，编制和发布平台经济发展报告，为政府决策提供参考，为行业发展提供服务。提升平台经济政务服务水平，逐步规范完善平台企业服务标准、管理制度和示范推广，在重点行业领域深入推动平台经济商业模式和技术标准应用。运用科技手段加强对平台的日常监测，完善事中、事后监管，规范平台日常运营，探索形成适应平台经济发展的管理模式和法治环境。加快平台经济重点领域产品和服务标准体系建设。加强知识产权和合法交易保护，建立健全社会信用体系和信用评价制度，支持平台经济企业组建信用自律组织，建设适宜平台经济发展的诚信环境。加强网络信息安全和个人信息保护，为平台经济持续健康发展保驾护航。

江苏省人民政府

2015年4月8日

省政府关于加快全省集成电路产业发展的意见

苏政发〔2015〕71号

各市、县（市、区）人民政府，省各委办厅局，省各直属单位：

集成电路产业是信息技术产业的基础和核心，是支撑经济社会发展和保障国家安全的战略性、基础性和先导性产业。为深入贯彻落实《国家集成电路产业发展推进纲要》，进一步加快全省集成电路产业发展，现提出以下意见。

一、主要目标

到2020年，全省集成电路产业销售收入超3000亿元，产业链主要环节达到国际先进水平，一批企业进入国际第一方阵，成为国内外知名的集成电路产业高地。

（一）产业结构

集成电路设计、制造、封装测试三业结构更为合理，设备和材料业支撑作用进一步增强。年销售收入超百亿元的集成电路企业4家，超50亿元的企业10家，形成一批创新活力强的中小企业。

（二）技术创新

物联网、移动智能终端、网络通信、云计算和大数据等重点应用领域核心芯片设计水平进入国际先进行列，安全可靠的产业生态体系基本形成；关键元器件制造自主可控；封装测试业进入国际主流领域，关键技术达到国际先进水平；部分设备材料能满足12英寸、32－22纳米工艺水平技术要求。

（三）集聚发展

各地产业基础和优势充分发挥，产业集聚度进一步提高。以无锡、苏州和南京等市为中心的沿江集成电路产业带建设进一步加快，带动作用更加明显。

二、重点任务

（一）大力发展集成电路设计业

围绕国民经济重要信息系统应用需求，以高端服务器CPU（中央处理器）为突破口，加强国际合作，强化芯片、软件、整机、系统和信息服务等协同创新和发展，建设国内服务器软硬件技术研发高地和产业化集聚区，加快产业生态体系建设，争创我省集成电路设计业新优势。继续支持技术基础好、产业优势强的系统芯片、数字信号处理器、高端电源转换、功率驱动和新型平板显示等芯片设计。积极拓展应用领域，重点发展市场前景好、产业附加值高的智能制造、信息安全、移动互联网、云计算、大数据、物联网、绿色节能和医疗保健等新兴产业应用高端芯片。

（二）积极做大集成电路制造业

抓住新一轮产业升级和布局调整机遇，支持先进生产线的引进和建设。突出特色工艺能力，缩小与国际先进技术的差距，打造具有国际竞争力的制造基地。大力发展模拟及数模混合电路、微机电系统（MEMS）、高压电路、射频微波电路等特色专用工艺生产线。增强芯片制造综合能力，以工艺能力提升带动设计水平提升，以生产线建设带动关键设备和材料配套发展。

（三）着力做强集成电路封装测试业

充分发挥我省在国内的领先优势，积极争取和组织实施国家布局内的重大项目，大力支持集成电路封装测试企业兼并重组，培育行业国际领军企业，打造国际知名的集成电路封装测试产业集聚区。加强与集成电路设计、制造的结合，重点支持高密度三维系统集成技术研发，突破圆片级封装、系统级封装、硅通孔、三维封装、功率器件封装、真空封装和超高密度/超薄基板技术等关键技术。支持龙头骨干企业扩大先进封装和测试规模，提升技术水平。

（四）加快发展关键设备和材料

加强集成电路设备、材料与工艺结合，开展关键技术攻关，缩小与世界先进水平的差距，提高设备和材料国内市场占有率。积极支持减薄机、抛光机和净化设备等装备的研发生产，大力发展集成电路制造用高密度封装基板、化学试剂、塑封料、光刻胶等关键材料，支持国产设备和材料的规模化应用。

（五）强化创新能力建设

积极组织企事业单位参与并承担国家科技重大专项。依托骨干企业，推动形成产业链上下游协同创新体系，支持产业联盟发展。进一步发挥国家级和省级集成电路重点实验室、工程中心、企业技术中心等创新平台作用，开展集成电路重大关键技术研发。支持集成电路企业在国（境）外设立研发机构，开展合作创新。鼓励创新型中小企业使用公共技术服务平台，逐步形成产学研合作的良性循环。在集成电路重大创新领域加快形成标准，充分发挥技术标准的作用。

（六）支持安全可靠软硬件产品推广应用

支持技术先进、安全可靠的集成电路、基础软件及整机系统在重点领域、重要部门的推广应用。面向移动互联网、云计算、物联网、大数据等新兴应用领域，加快构建标准体系，支撑安全可靠软硬件开发与应用。鼓励基础电信和互联网企业应用基于安全可靠软硬件的整机和系统。

三、保障措施

（一）加强组织领导

成立省集成电路产业发展领导小组（以下简称领导小组），由省政府分管领导任组长，省发展改革委、省经济和信息化委、省教育厅、省科技厅、省财政厅、省环保厅、省商务厅、省国资委、省地税局、省质监局、省金融办、省国税局、南京海关等部门和集成电路产业集聚区所在市级人民政府负责同志为成员。领导小组负责统筹推进全省集成电路产业发展，整合调动各方面资源，协调解决重大问题。领导小组办公室设在省经济和信息化委，承担领导小组的日常工作。成立由信息技术相关领域和有关方面专家组成的咨询委员会，对产业发展的重大问题和政策措施开展调查研究，进行论证评估，提供咨询建议。

（二）加大财政支持力度

省级工业和信息产业转型升级专项引导资金、省级战略性新兴产业发展专项资金、省级科技创新与成果转化专项引导资金等，加大对集成电路产业链重点企业、重点环节、关键设备、关键材料的支持力度，重点支持集成电路设计和封装测试业，进一步提升我省领先优势。主动对接国家有关产业政策，积极争取国家有关科技重大专项立项。改革财政性资金支持方式，将有关专项资金改设为省集成电路产业发展基金，充分发挥财政资金的政策引导和杠杆作用，吸引更多的社会资本支持我省集成电路产业发展。

（三）落实税收扶持政策

进一步贯彻《国务院关于印发鼓励软件产业和集成电路产业发展若干政策的通知》（国发〔2000〕18号）、《国务院关于印发进一步鼓励软件产业和集成电路产业发展若干政策的通知》（国发〔2011〕4号）、《国家集成电路产业发展推进纲要》和《省政府关于印发江苏省鼓励软件产业集成电路产业发展若干政策的通知》（苏政发〔2001〕59号）等精神，落实集成电路封装、测试、专用材料和设备企业所得税优惠政策。落实并完善支持集成电路企业兼并重组的企业所得税、增值税、营业税等税收政策。落实集成电路专项政策进口自用生产性原材料、消耗品、净化室专用建筑材料、配套系统以及集成电路生产设备零、配件，重大技术装备政策进口产品关键零部件及原材料，以及科技重大专项政策进口国内不能生产的关键设备、零部件、原材料免税政策。优化和简化集成电路产品的进出口环节和程序。

（四）加大金融支持力度

鼓励各类金融机构加大对我省集成电路产业企业的信贷支持力度，支持金融机构推出符合集成电路设计业企业融资需求的信贷创新产品。鼓励社会各类风险投资和股权投资基金进入我省集成电路领域。支持我省集成电路企业充分利用国内主板、中小板、创业板、新三板、区域股权交易市场和国（境）外资本市场上市融资、加快发展。

（五）加强人才培育和引进

大力引进国内外一流的集成电路人才和团队来我省创新创业。支持各类教育培训机构采取多种形式，大力培养培训集成电路领域高层次、急需紧缺和骨干专业技术人才。完善鼓励创新创造的分配激励机制，落实科技人员科研成果转化的股权、期权激励和奖励等收益分配政策。

（六）加强国际合作

充分利用各种合作机制，引导和推动省内相关企业、单位与境外知名企业和研发机构开展多方式、深层次的交流合作，鼓励在我省建设高水平的研发机构、运营中心和生产基地。鼓励省内企业参与国际合作和竞争，整合利用国际资源，拓展国际市场。

江苏省人民政府

2015年6月12日

江苏省政府关于进一步推进信息基础设施建设的意见

苏政发〔2015〕94号

各市、县（市、区）人民政府，省各委办厅局，省各直属单位：

为深入实施“宽带中国”战略和“互联网+”行动计划，全面落实《国务院办公厅关于加快高速宽带网络建设推进网络提速降费的指导意见》（国办发〔2015〕41号）和《省政府关于推进智慧江苏建设的实施意见》（苏政发〔2014〕103号）等文件精神，进一步推进全省新一代信息基础设施建设，为“迈上新台阶、建设新江苏”提供有力支撑，现提出如下意见。

一、发展目标

到2020年，总体建成“宽带、融合、泛在、共享、安全”的新一代信息基础设施。省辖市城区互联网宽带接入能力达到1000M，农村互联网宽带接入能力普遍达到100M；全省家庭宽带普及率达到85%以上；城镇、农村宽带平均接入速率分别达到50M和20M；4G网络实现城乡全覆盖，3G/4G用户普及率超过120户/百人；高清互动电视用户占有线电视用户比例超过50%。

二、主要任务

（一）推进光纤宽带网络建设

拓宽互联网出省中继带宽，提升骨干网传输交换能力。持续推进“光网城市”工程，加大老旧住宅和楼宇光纤改造力度。大力实施“光网乡村”工程，大幅提升农村宽带接入水平。全光纤网络城市全面建成，农村地区基本实现光纤到户。加快国家广电骨干网江苏核心枢纽建设，基于数字化和双向化改造的下一代广播电视网络全面建成。启动实施以光纤宽带为主的“企企通”工程，推广重点工业企业及生产性服务企业高带宽专线服务，加快推进宽带网络进企业、入车间、联设备。加快建设“宽带江苏”地图及江苏省互联网宽带测速平台，实现对网络速率等信息的动态监测。

（二）推进无线宽带网络建设

支持运营商加快4G网络布局和商用普及，提升移动宽带速率。推动电信、广电网络运营商及相关企业在大型商圈、交通枢纽、医疗机构、政府机关、金融机构、星级景区、星级酒店、文化场馆、体育中心等公共场所建设免费、优质、安全的WIFI网络，加快实现市、县城区主要公共区域免费WIFI全面覆盖。支撑智慧江苏建设的无线城市群全面建成。

（三）加快下一代网络建设与应用

加快推进下一代互联网（IPv6）建设，全面提升IPv6用户普及率和网络接入覆盖率。积极推动互联网企业、商业网站系统及政府、学校、企事业单位网络与业务向IPv6平滑过渡。加快推动内容分发网络向大容量、广覆盖、智能化演进，不断增强网络流量承载与分发能力。支持开展未来网络重大基础设施（CENI）

项目的关键技术研究，加强相关领域产品研发和产业孵化。大力推广基于下一代广播电视网的创新业务及相关应用。

（四）加快推动功能性信息服务平台建设

推动国家级数据服务中心、呼叫中心、云计算中心等功能性平台落户江苏，提升全省信息数据存储和服务能力。培育一批大数据产业园区，支持具备条件的高新技术园区、开发区及大中型骨干企业建设“云+网+端”三级工业信息基础设施服务平台，为行业企业提供优质的信息化解决方案。优化工业云、企业云、政务云平台。推动电信、广电网络运营商及相关企业拓展工业大数据服务业务。鼓励中小型园区及行业企业向信息服务提供商购买专业服务。

（五）加强网络信息安全保障体系建设

建立健全省市两级信息系统安全监测预警体系，加快建设省级网络与信息安全应急指挥平台和省灾备中心异地分中心。加强对党政部门信息系统、涉及国计民生的重要信息系统以及工业控制系统的安全监管。加强数据安全、工控系统安全、移动互联网安全监测管理等关键网络防护和信息安全技术研发及产业化。加强网络信息安全专家、信息安全员、专业技术人才等队伍建设。

（六）加快推广应用信息终端和信息普遍服务

鼓励具备条件的工业企业及生产性服务企业加快信息终端设备更新换代速度。支持运营商为农村用户提供实用、价优的终端、业务及资费，大力提高农村地区信息终端普及率。推动电信、广电网络运营商提高网速、降低资费，促进信息消费。面向苏北及农村地区、社会弱势群体提供优惠信息服务资费套餐，保障社会公众平等享有信息使用权。加快推进苏北地区三网融合工作，实现三网融合全面普及。

三、保障措施

（一）加强规划引领

1. 省经济和信息化委会同省通信管理局、省新闻出版广电局等部门和单位，结合“十三五”期间经济社会发展需求和信息基础设施现状，编制全省“十三五”信息基础设施建设发展专项规划。

2. 各地要依据全省“十三五”信息基础设施建设发展专项规划，加快编制以管道、基站、局房等为主的“十三五”信息基础设施空间布局规划，并与本地区经济社会发展规划、信息化发展规划、城乡规划、土地利用总体规划等做好衔接，将其相关要求纳入控制性详细规划。

3. 各电信、广电网络运营商要认真落实省政府与各自集团总部战略合作协议，按照全省“十三五”信息基础设施建设发展专项规划及各地区“十三五”信息基础设施空间布局规划要求，制定本公司“十三五”信息基础设施建设规划和年度实施计划。

（二）加强组织协调

1. 省、市信息通信基础设施建设联席会议办公室要切实加强对信息基础设施建设的统筹协调，完善统计、监测和考核体系，建立通报机制，加强督促检查，确保各项工作按序时进度推进；要积极推动信息基础设施集约化建设，促进铁塔、管线等信息基础设施资源整合、开放、共享。

2. 联席会议各成员单位要围绕信息基础设施建设目标任务，认真履行职责，加强协作配合，切实帮助建设单位解决基站选址难、管线铺设难、拆迁补偿难等问题。

（三）加强政策扶持

1. “十三五”期间，省财政每年安排1500万元专项资金，采取“以奖代补”方式，支持电信、广电网络运营商、IT企业及相关单位加大信息基础设施建设投资力度，鼓励其扩大在我省的相关产品设备、软件及信息服务的采购规模。

2. 省级工业和信息产业转型升级等相关专项资金对信息基础设施建设投资及功能性服务平台推广应用给予适当补贴或奖励。

3. 财政、经济和信息化等部门要加强政策研究，共同推动政府基金支持信息基础设施公私合作（PPP）项目。

4. 国土资源部门要积极协调落实信息基础设施建设用地指标。

5. 物价部门、电力单位要按照相关规定要求，对符合用电容量条件的数据中心执行大工业用电价格。

6. 省通信管理局等相关部门要积极支持民营企业开展宽带接入网试点、移动通信转售等业务，吸引民营资本投资参与信息基础设施建设。

（四）营造良好环境

1. 公安等部门要严厉打击盗窃、破坏信息基础设施的违法行为，切实保障信息基础设施安全。

2. 各地新建住宅小区和住宅建筑要严格执行光纤到户国家相关标准规范，落实小区红线内通信管道等配套设施建设，推进驻地网共建共享模式。对因征地拆迁、城乡建设等造成的信息基础设施迁移或损毁，严格按照有关标准予以补偿。

3. 市政设施和政府机关、企事业单位、公共机构等所属公共设施，应向信息基础设施建设免费开放，并提供通行便利，保障公平进入，禁止巧立名目收取进场费、协调费、分摊费等不合理费用。

江苏省人民政府

2015年8月12日

江苏省人民政府令

第 102 号

《江苏省电信设施建设与保护办法》已于2015年3月18日经省人民政府第53次常务会议讨论通过，现予发布，自2015年5月1日起施行。

省　长　李学勇

2015年3月21日

江苏省电信设施建设与保护办法

第一章　总　则

第一条　为了提升全省通信服务水平，维护电信用户和电信业务经营者的合法权益，规范电信设施建设，保护电信设施安全，根据《中华人民共和国电信条例》和《江苏省信息化条例》等法律、法规，结合本省实际，制定本办法。

第二条　本省行政区域内电信设施的建设和保护活动，适用本办法。

本办法所称电信设施，是指用于提供经营电信业务并实现电信功能的通信交换传输设备及其配套设施，包括通信机房、基站（含室内、隧道及山洞等无线覆盖设施）、机柜、光（电）缆、管道、杆（塔）、分线箱（盒）、交接箱（间）、节点设备及其他配套设备。

附搭电信设施的电力、广播电视和交通设施，除适用电力、广播电视和交通相关法律、法规的规定外，同时适用本办法。

第三条　县级以上地方人民政府应当将电信设施的建设纳入国民经济和社会发展规划及信息基础设施建设规划，制定支持电信设施建设的资金、土地等政策措施，协调解决建设和保护的相关重大问题。

乡镇人民政府、街道办事处应当配合电信设施建设与保护的相关工作。

第四条　本省行政区域内电信设施的建设和保护活动应当遵循统筹规划、破除垄断、共建共享和资源合理利用的原则，符合本地信息基础设施集约化有关规定和要求。

第五条　省电信管理机构负责全省电信设施建设和保护的组织协调、监督管理工作。省电信管理机构设立的派出机构根据职责行使监督管理职能。

县级以上地方人民政府发展改革、城乡规划、住房城乡建设、公安、国土资源、环境保护、交通运输和水利等部门按照各自职责，做好电信设施建设和保护的相关工作。

第六条　电信设施属于公共基础设施，任何单位和个人不得阻碍和破坏依法进行的电信设施建设，不得危害电信设施安全。

第二章　规划与建设

第七条　县级以上地方人民政府及其相关部门应当为电信普遍服务提供便利条件，对信息通信基础网络管道租用，信息通信基础网络管线穿越公路、铁路、桥梁、河道、运河堤岸以及移动通信网络覆盖地铁沿线时，应当给予政策支持。

第八条　编制城乡规划和信息基础设施建设规划时，应当编写电信设施建设章节，并征求电信管理机构以及相关电信业务经营者的意见。

省电信管理机构应当编制本省电信行业发展规划，由发展规划主管部门审定后，报省人民政府批准实施。

有关部门在编制、修订涉及电信设施建设的相关专项规划时，应当征求电信管理机构以及相关电信业务经营者的意见。

电信业务经营者编制的企业发展规划应当符合城乡规划、电信行业发展规划和有关专业规划。

第九条　电信设施的建设应当执行国家通信工程建设强制性标准，并符合安全生产、环境保护、节能减排等要求。

第十条　电信设施的建设项目应当与当地自然环境、城乡建设风貌相协调，依法开展环境影响评价，并符合国家电磁辐射环境防护标准。在自然保护、风景名胜和历史文化保护等区域内建设电信设施，应当采取美化或者隐蔽措施。

电信设施建设项目应当按照国家和省有关规定办理相关手续，符合开工条件后方可组织实施。

第十一条　下列建设项目应当同步配套电信设施：

（一）开发区、工业园区；

（二）机场、车站、港口；

（三）宾馆饭店、商业、办公场所、住宅小区；

（四）学校、医院、文化体育场馆等。

建设项目提供的配套电信设施应当为电信业务经营者提供平等的接入条件，并满足多家电信业务经营者共享使用的需要，不得与任何电信业务经营者签订具有排他性条款的协议，阻碍其他电信业务经营者进入区域提供服务。

建筑物内的通信管线和配线设施以及建设项目用地范围内的通信管道，应当纳入建设项目的设计文件，并由建设单位随主体工程同时施工与验收，所需费用应当纳入建设项目概算，并按照有关规定执行。

第十二条　有关部门或者单位在编制城镇道路、高速公路、轨道交通、铁路等公共设施项目的规划、建设方案时，应当事先通知电信管理机构，并根据城乡规划、信息基础设施建设规划和国家通信工程建设强制性标准，同步设计并预留通信管线及配套设施位置。

第十三条　住宅小区开发建设前，应当根据城市规划和电信行业发展规划明确电信配套设施（含移动通信基站）的位置。房地产开发企业在建设住宅小区时，应当按照之前明确的位置进行预留。

第十四条　建（构）筑物内的信号盲区或者弱区、移动通信话务量高的大型场所、通信网络频繁切换的场所等区域，应当设置通信网络室内覆盖系统。场所产权人或者管理人应当为电信业务经营者建设网络室内覆盖系统提供必要的条件。

第十五条　建设通信机房、基站、管道、杆（塔）、交接箱（间）等电信设施需要占用土地的，应当依法办理相关手续。

第十六条　公共机构办公场所、政府投资

建设项目的公共区域，其管理人应当无偿提供电信设施建设必要的场地和接入的便利条件。

第十七条　新建、改建、扩建杆（塔）、基站、管道等电信设施应当实行共建。已有杆（塔）、基站、管道等电信设施应当开放共享，不具备共享条件的应当采取技术改造、扩建等方式进行共享。

省电信管理机构组织电信业务经营者制定电信设施共建共享的目标范围和管理办法，应当与城市市政综合管廊相衔接，并符合信息基础设施集约化建设的要求。电信业务经营者应当执行电信设施共建共享规定，接受依法实施的监督管理。

第十八条　因新建、改建、扩建电信设施，造成相关权益人经济损失的，电信业务经营者应当按照国家和省有关规定给予补偿；违法造成相关权益人经济损失的，依法予以赔偿。

第三章　保护措施

第十九条　因公路、铁路、城镇道路、城市轨道交通、桥梁、隧道、农田、水利工程等建设，确需搬迁电信设施的，应当与电信业务经营者签订搬迁补偿协议，在支付搬迁费用以及因搬迁造成的经济损失后，由电信业务经营者进行搬迁。

第二十条　在国家规定的电信设施安全保护范围内，经依法批准实施下列可能影响电信设施安全或者通信质量行为的，应当事先书面告知电信业务经营者，并采取必要的安全防护措施：

（一）建造建（构）筑物；

（二）新建、改建、扩建车站、机场、港口、公路、铁路、城镇道路、桥梁、隧道、城市轨道交通、水利工程等；

（三）铺设电力线路、电气管道、煤气管道、自来水管道、下水道、广播电视传输线路、电信线路以及设置干扰性设备；

（四）实施采矿活动；

（五）建设生产易燃、易爆物品，排放腐蚀性物质的工厂；

（六）可能影响电信设施安全或者通信质量的其他行为。

在国家规定的电信设施安全保护范围以外实施前款行为，可能威胁电信设施安全的，应当采取有效的安全防护措施。

第二十一条　禁止实施下列危害电信设施安全的行为：

（一）在国家规定的电信设施安全保护范围内爆破、烧荒、烧窑、焚烧物品，打桩、顶管施工，堆放易燃、易爆物品，倾倒含酸、碱、盐等腐蚀性的废液、废渣等；

（二）在国家规定的电信设施安全保护范围内挖沙、取土、挖沟、掘井、植树，设置化粪池、牲畜圈、沼气池；

（三）损坏或者擅自迁移、拆除电信设备，切断电源等；

（四）在设有水底、海底光缆标志的禁区内抛锚、拖网、挖沙、爆破以及从事其他危及通信线路安全的作业；

（五）在电信设施上附挂物体、攀附农作物、拴系牲畜、攀爬杆（塔）；

（六）涂改、移动、拆除或者损毁电信设施安全警示标志和保护设施；

（七）向电信设施射击、抛掷物体；

（八）危及电信设施安全的其他行为。

第二十二条　架空电信、电力、广播电视线路在相互平行、交叉穿越时，应当符合国家规定的间隔距离。不符合的，相关单位应当协商解决。

油、气、水、电等管线需要与通信管线交叉穿越、平行建设时，应当保持国家规定的间隔距离。不符合的，后建单位应当与先建单位协商，遵循使用安全原则，采取适当措施，确保先建设施的安全，并承担相关费用。

第二十三条　种植的植物应当与电信设施保持安全距离。危及电信设施安全的，电信业务经营者应当告知其所有权人或者管理人进行修剪；所有权人或者管理人在合理期间内仍未修剪的，在通知所有权人和管理人后，电信业务经营者可以进行修剪。后建电信设施应当与已有植物保持安全距离。已有植物与现有电信设施存在安全距离等问题的，应当协商提出处理方案。

第二十四条　电信业务经营者需要进入放置电信设施的场所进行施工、维护和维修等活动的，该场所的产权人或者管理人应当给予配合、提供便利。

任何单位和个人不得非法阻挠、妨碍电信业务经营者进入放置电信设施的场所进行施工、维护和维修。

第二十五条　电信业务经营者应当根据电信设施保护的需要和国家有关技术标准设置警示标志。警示标志应当标明电信设施的所有人和联系方式等。电信业务经营者应当定期对警示标志进行维护。

任何单位和个人不得阻止电信业务经营者在电信设施安全保护区范围内设置警示标志。

第二十六条　电信业务经营者应当根据有关法律、法规的要求设置电信设施的物理防范和技术防范措施。

电信业务经营者应当制定电信设施故障抢修预案，配备相应的抢险人员和设备，并定期进行电信设施故障应急救援演练。

第二十七条　任何单位和个人不得阻止应急通信保障、电信设施抢修人员、车辆进入通信保障应急处置场所或者电信设施抢修现场，并不得收取任何费用。

第二十八条　公安机关应当依法及时查处破坏、盗窃电信设施以及其他危害电信设施的违法犯罪行为。

电信业务经营者应当执行岗位责任制和维护工作制度，加强巡回检查，开展护线宣传，与沿线各单位密切联系，共同搞好护线联防，协助公安机关查处破坏电信设施的案件。

第二十九条　实施损害电信设施行为的，应当赔偿电信设施产权人的损失，赔偿范围包括资产损失、修复电信设施的费用以及阻断通信造成的经济损失。

具体赔偿标准参照国家和省有关规定执行。

第三十条　禁止收购来源不明的通信电缆等电信设施。从事废旧物资收购经营的单位和个人，收购废旧电信设施，应当遵守国家和省有关规定。

第四章　法律责任

第三十一条　违反本办法第十一条第一款规定，建设项目未同步配套电信设施的，按照综合验收不合格处理，并由建设主管部门责令限期改正，处1万元以上3万元以下罚款。

违反本办法第十一条第二款规定，未为电信业务经营者使用区域内的配套公共电信设施提供平等的接入条件，或者与电信业务经营者签订具有排他性条款的协议的，由省电信管理机构责令限期改正，处5000元以上2万元以下罚款。

第三十二条　违反本办法第二十一条第（一）项、第（三）项、第（四）项规定的，由省电信管理机构责令限期改正，处1万元以上3万元以下罚款。

违反本办法第二十一条第（二）项、第（五）项、第（六）项、第（七）项规定的，由省电信管理机构责令限期改正，处500元以上5000元以下罚款。

第三十三条　违反本办法第三十条规定的，由相关部门依照《中华人民共和国治安管理处罚法》《江苏省特种行业治安管理条例》等法律、法规进行处罚。

第三十四条　省电信管理机构及相关行政管理部门的工作人员在电信设施建设与保护工作中滥用职权、玩忽职守、徇私舞弊的，依法给予处分；构成犯罪的，依法追究刑事责任。

第五章　附　则

第三十五条　专用电信网、广播电视传输网的建设和保护按照有关法律、法规的规定执行。

第三十六条　本办法自2015年5月1日起施行。

省政府办公厅关于促进地理信息产业发展的实施意见

苏政办发〔2014〕87号

各市、县（市、区）人民政府，省各委办厅局，省各直属单位：

为认真贯彻《国务院办公厅关于促进地理信息产业发展的意见》（国办发〔2014〕2号），加快推进我省地理信息产业发展，经省人民政府同意，现提出如下实施意见。

一、总体要求

（一）基本思路

地理信息产业是以现代测绘和地理信息系统、遥感、卫星导航定位等技术为基础，以地理信息开发利用为核心，从事地理信息获取、处理、应用的服务业，具有科技含量高、环境污染小、吸纳就业强等特点，市场潜力巨大，发展前景广阔。各地、各有关部门要以改革创新为动力、转变经济发展方式为主线，做强产业规模为重点，增强自主创新为核心，提高服务水平为目标，完善政策法规为保障，着力突破核心关键技术，着力培育重点产业分支，着力提高市场竞争力，全面推进我省地理信息产业实现跨越发展。

（二）发展目标

到2020年，形成涵盖地理信息获取、加工、开发、应用和装备制造、软件研发、系统集成的成熟产业链，形成若干实力雄厚、具有国际竞争力的大型企业和龙头企业。培育一批充满活力的中小企业，建成国内有影响的省级地理信息产业园和国内知名的北斗卫星导航产业化基地，地理信息产业及相关产业发展水平走在全国前列，产业体系较为完善，产业竞争力显著提高，科技创新能力持续增强，地理信息获取能力明显提升，市场监管有效、竞争有序，产品更加丰富，应用更加广泛，成为地理信息产业强省。

二、重点任务

（三）加强地理信息基础建设

加快推进现代测绘基准体系建设，建立统一、协调、完整、开放的卫星导航定位基础设施体系，提供高精度的卫星定位应用服务，实现重点区域和特定场所全覆盖无缝定位，提升导航定位综合服务能力。协同相关力量，确保全省1∶10000国家基本比例尺地形图每2年更新1次，重要地理信息要素实时更新；城市1∶2000、1∶000和1∶500比例尺地形图动态更新。建设基础地理信息数据、高分辨率航空航天遥感影像图、导航电子地图和位置服务等地理信息数据库。加强地下空间及管线、沿海滩涂、水下地形等地理信息数据的获取能力建设，丰富多尺度、多时相、高精度、全要素的基础地理信息数据资源。优化促进产业发展的数据开放、信用管理、知识产权保护、市场监管等相关内容，加快研究制定产业发展急需的新技术、新装备、新产品等方面的标准，不断强化产业发展的基础支撑。建成全省县级以上统一、权威、标准的“数字城市”地理空间基础框架、“天地图”省市县节点、地理信息公共服务平台，为建设更高水平信息化省份提供基础保障。加强地理国情普查和监测，及时提供地理国情保障服务。

（四）培育地理信息产业发展基地

加快推进江苏省地理信息产业园建设，通过政策引导和产业扶持，吸引更多地理信息及相关企业入驻省地理信息产业园，形成集聚优势和品牌优势，实现规模化、集群化发展。至2020年，引进资金100亿元以上，形成产业相对集中、相互链接、配套齐全、特色鲜明的园区地理信息产业发展格局。加快建设江苏省基础测绘中心，提升基础测绘、海洋测绘、行政区域界线测绘、地籍测绘等基础性、公益性测绘保障能力。建立省基础地理信息数据分发中心和行政管理服务窗口，为企业提供就近便利的服务保障。大力支持南京北斗卫星导航产业联盟建设，将南京北斗产业基地打造成全国知名的卫星导航、卫星通信及卫星遥感应用产业园区。

（五）提升地理信息数据获取能力

充分利用测绘应用卫星、高中空航摄飞机、低空无人机、地面遥感等遥感系统，获取航空航天对地观测数据，形成光学、雷达、激光等遥感数据获取体系，进一步提高遥感数据获取水平。结合我省需求，确保全省高分辨率航空影像每2年获取1次，航天遥感影像每年获取1次。建设遥感卫星地面接收站，丰富地理信息数据资源，提高信息数据现势性。加快建设以轻型飞机或无人机为平台的低空数码影像获取，以及车载三维可量测地面实景影像获取系统。加强遥感数据采集、处理技术软硬件开发，进一步提高数据获取、加工、处理和分析能力。

（六）发展高端地理信息软件和测绘装备

结合新一代互联网、物联网、云计算、大数据等新技术的发展趋势，鼓励相关软件企业研发具有自主知识产权的地理信息系统软件平台，大力开发智能化地理信息系统软件、系统集成产品和相关技术服务，满足经济社会发展和群众日常生活对地理信息服务的多样化需求。充分发挥我省地理信息装备制造发展基础和技术优势，通过政、产、学、研、用相结合的方式，推进地理信息装备提档升级，重点发展航摄相机、航摄无人机、三维航摄仪、高性能传感器、测量型卫星接收器、导航仪、工程测量仪器等技术装备，提升装备制造的专业化、精细化、特色化和国产化水平。支持企业自主研发兼容北斗及其他卫星数据的软件、芯片、天线、模块和终端，鼓励开发基于北斗的导航定位及位置服务相关软硬件产品。

（七）大力提升地理信息与导航定位融合服务

抓住国家大力发展北斗卫星导航应用的机遇，全面改造升级与北斗、GPS等系统相兼容的我省全球导航卫星连续运行参考站综合服务系统（JSCORS）。加快建设与国家互联互通的北斗数据中心平台、导航与位置服务综合运营平台、时空信息云平台等基础平台，提升卫星定位系统综合服务能力。推动导航定位及位置服务与通信网、互联网、物联网的融合发展，在我省“智慧城市”建设、地理国情普查与监测、国土空间优化、灾害监测、不动产登记、农村土地承包经营权确权登记等领域，推进北斗导航、授时和监控等多内容的示范工程建设和规模化应用。积极发展移动位置服务产品，加快培育新的经济增长点。

（八）促进地理信息开放共享和深度应用

建立健全政府部门间地理信息资源共建共享机制，鼓励政府部门与掌握地理信息要素的企业事业单位开展地理信息共建共享工作。统筹协调地理信息获取、更新工作，避免重复建设和资源浪费。建立遥感影像统一采购制度，出台高分辨率卫星遥感影像公开使用的有效措施。以“数字城市”地理信息基础框架、“天地图·江苏”、地理信息公共服务平台为抓手，全面提高地理信息网络化、智能化服务水平，推进面向政府管理决策、面向企业生产经营、面向群众日常生活的地理信息应用。鼓励符合条件的地理信息企业开展社会化应用和增值服务，开发多样化、大众化、具有自主知识产权的地理信息产品。鼓励制作和出版多层次、个性化、群众喜闻乐见的优秀地图产品，开发出版系列城市地图集和公路水路交通多媒体地图以及三维虚拟地图等特色地图。积极发展地理信息文化创意产业，开发以地图为媒介的动漫、科普、教育等新型文化产品，培育大众地理信息消费市场。

三、保障措施

（九）优化地理信息产业发展环境

进一步深化行政审批制度改革，简化行政审批程序，最大限度减少对企业发展等微观事务的管理，突出企业主体地位。加快对现行法规制度的全面梳理，清理和废除妨碍产业发展、制约释放企业活力的不合理规定。规范建立全面反映产业发展情况的统计制度、指标体系和分类标准，建立地理信息及相关产业单位名录库。逐步扩大政府采购和服务外包范围，鼓励基础测绘、地理信息公共服务、地理信息技术服务等项目服务外包，加快推进地理信息服务业态模式创新。完善地理信息市场招投标、资产评估、咨询服务等制度，健全工程监理、监督检验、质量保障和市场信用体系。依法查处非法转包、违法分包、无资质或超资质经营等违法违规行为，着力打击串标招标、低于成本竞标等恶意竞争行为。积极推进地理信息数据对社会开放，地理信息企业从事公益性项目的，基础地理信息实行免费提供；从事市场化项目的，实行低收费政策。提高涉密地理信息保密安全监管水平，妥善处理好地理信息保密和社会化应用的关系。

（十）加快科技创新和人才队伍建设

加大省科技计划等项目对地理信息科技创新的支持力度，发挥国家科技重大专项的核心引领作用，集中力量突破一批支撑产业发展的关键共性核心技术，加快推进产业重点领域创新发展和科研成果的产业转化。强化企业在科技创新中的主体地位，鼓励符合条件的地理信息企业建立各类科技创新平台，构建专业技术创新与产业转化服务体系。以促进地理信息科技创新和产业升级为重点，着力培养高层次、创新型的核心技术研发人才和科研团队。充分发挥我省高校和科研院所优势及院士工作站、重点实验室作用，努力培养国际化、复合型、实用型人才。结合省“双创计划”“创新团队计划”“企业博士集聚计划”等人才工程的实施，吸引高端地理信息人才来我省创业。

（十一）加大财政支持力度

加大财政资金对地理信息产业发展的投入力度，在现有资金渠道内，着力支持地理信息获取、处理、应用、出版等产业发展的关键环节，提升产业创新能力。对于基础测绘和地理国情监测等基础性、公益性项目，坚持以财政投入为主；对于市场化程度较高的重点发展领域，政府通过多种方式给予政策、资金扶持；对于重点发展领域以外的地理信息社会化服务，政府给予合理引导和支持。省级战略性新兴产业等专项资金对符合条件的地理信息产业重点项目给予支持，省新兴产业创业投资基金积极引导创业投资企业投资于地理信息产业。

（十二）落实相关税收优惠政策

地理信息企业自主研发、生产的地理信息产品，经有关部门认定，可申请享受国家现行鼓励软件产业发展的增值税优惠政策。地理信息企业经认定为软件企业的，可申请享受国家现行鼓励软件产业发展的有关所得税优惠政策。为开发新技术、新产品、新工艺发生的研究开发费用，可以在计算应纳税所得额时加计扣除；形成无形资产的，按照无形资产成本的150%摊销。地理信息企业经有关部门认定为高新技术企业的，减按15%的税率征收企业所得税。地理信息企业投资国家鼓励类项目，除《国内投资项目不予免税的进口商品目录》所列商品外，在投资总额内所需进口自用设备以及按照合同随设备进口的技术及配套件、备件，免征进口关税。一个纳税年度内，对地理信息居民企业技术转让所得不超过500万元的部分，免征企业所得税；超过500万元的部分，减半征收企业所得税。

（十三）加大融资支持力度

鼓励社会资本投资地理信息产业，设立主要支持地理信息企业发展的股权投资（基金）企业或创业投资（基金）企业，引导社会资金投资地理信息产业，不断扩大投入规模，提高产业发展后劲。积极支持符合条件的企业采取发行股票、债券等多种方式筹集资金。鼓励企业开展金融租赁、融资租赁等其他间接融资方式，拓宽融资渠道。银行业金融机构要在控制风险的前提下，积极拓宽抵质押品范围，开发适合地理信息企业的金融产品，对其合理信贷需求给予支持。充分发挥融资性担保机构和融资担保扶持资金的作用，为地理信息企业提供各种形式的贷款担保服务，积极推动企业利用知识产权等无形资产开展质押贷款。

（十四）加强组织领导和工作协调

成立省促进地理信息产业发展工作领导小组，指导和协调全省地理信息产业发展工作。健全测绘地理信息行政管理体制，强化市、县（市、区）人民政府测绘地理信息工作管理职责，支持和促进地理信息产业持续、规范、健康发展。科学编制省地理信息产业发展规划，提出规划目标、方向和重点。将省地理信息产业发展规划纳入省国民经济和社会发展规划，加强与相关规划、政策的衔接，明确任务和措施。充分发挥相关产业协会及学会的作用，引导地理信息及相关企业加强自身建设，促进行业自律，规范市场秩序，形成社会合力，共同推进地理信息产业发展。

江苏省人民政府办公厅

2014年10月22日

省政府办公厅关于加强城市地下管线建设管理的实施意见

苏政办发〔2014〕110号

各市、县（市、区）人民政府，省各委办厅局，省各直属单位：

为切实加强对城市地下管线(包括供水、排水、燃气、热力、电力、通信、广播电视、工业等管线及其附属设施)的规划建设管理，保障城市安全运行，提高城市综合承载能力和城镇化发展质量，根据《国务院办公厅关于加强城市地下管线建设管理的指导意见》(国办发〔2014〕27号)精神，结合我省实际，提出如下实施意见。

一、准确把握城市地下管线建设管理的总体要求

（一）指导思想

认真贯彻落实中央和省委、省政府有关决策部署，以推进新型城镇化和提升城市功能品质为指向，以地上建筑和地下空间的合理科学利用、一体化建设为目标，把加强城市地下管线建设管理作为履行政府职能的重要内容，统筹地下管线规划建设、管理维护、应急防灾等全过程，综合运用各项政策措施，提高创新能力，全面加强城市地下管线建设管理，切实维护城市运行秩序和人民群众生命财产安全，为经济社会发展提供基础支撑和保障。

（二）基本原则

——规划引领，统筹建设。坚持先规划、后建设，先地下、后地上，在科学编制城市地下管线规划的基础上，统筹协调，合理安排建设时序，提高城市基础设施建设的整体性、系统性。

——强化管理，消除隐患。加强城市地下管线维修、养护和改造，提高管理水平，加强事故隐患排查和治理，切实保障地下管线安全运行。

——因地制宜，创新机制。按照国家统一要求，结合不同地区和行业实际，科学确定城市地下管线的技术标准、发展模式。加强体制机制创新，积极稳妥推进地下综合管廊建设。

——落实责任，加强领导。强化城市人民政府对地下管线建设管理的责任，进一步明确地下管线权属单位、业务主管部门等职责，加强联动协调，形成高效有力的工作机制。

（三）工作目标

2015年3月底前，全省县以上城市制定城市地下管线普查总体方案，基本完成城市供水、排水、燃气、热力、电力、通信、广播电视、工业等管线及其附属设施现有资料汇总、整理。

2015年年底前，推进城市地下管线及其附属设施系统联动补查补测，完成普查工作，建立完善城市地下管线综合管理信息系统和专业管线信息系统；在完成各项专业管线规划基础上，编制完成城市地下管线综合规划；各地建立地下管线信息竣工测量、成果归档、动态更新和使用管理等制度。

2019年年底前，全省县以上城市完成供水、排水、燃气、工业等地下老旧管网改造，完成城市地下陈旧电力管线和电气设备升级改造，完成城市宽带通信网络、有线广播电视网络光纤入户改造和有线广播电视网络数字化改造，完成通信网管道安全隐患排查和改造升级，将各管网漏失率控制在国家标准以内，显著降低管网事故率，防止重大事故发生。

到2025年，全省建成较为完善的城市地下管线体系，地下管线建设管理水平能够适应经济社会发展需要，应急防灾能力大幅提升。

二、扎实做好城市地下管线建设管理重点工作

（四）抓紧开展地下管线普查

各地、各有关部门和单位要按照《住房城乡建设部等部门关于开展城市地下管线普查工作的通知》（建城〔2014〕179号）要求，抓紧实施地下管线基础信息普查和事故隐患排查。基础信息普查应按照相关技术规程进行探测或补测，重点掌握地下管线的规模大小、位置关系、功能属性、产权归属、运行年限等基本情况；隐患排查应全面了解地下管线的运行状况，摸清地下管线存在的结构性隐患和危险源。普查工作实行属地负责制，由县以上城市人民政府统一组织实施。各城市人民政府要制定城市地下管线普查总体方案，指定具体部门牵头，建立工作机制和相关规范。要在收集整理各专业管线现有数据资料的基础上，建立数据库，认真开展补查补测，组织好普查成果验收和归档移交工作。行业部门和主管单位要统一专业普查数据标准，督促各级部门和单位及时提供现有数据资料，加强对行业补查补测工作的业务指导，确保高质量完成普查任务。地下管线权属单位应及时、准确、完整地提供基础信息和隐患信息。

（五）建立完善地下管线信息系统

各城市要在充分整合各专业管线现有数据资料的基础上，结合普查建立地下管线综合管理信息系统，满足地下管线规划、建设、运行和应急等工作需要。包括驻军单位、中央直属企业在内的行业主管部门和管线权属单位要建立完善专业管线信息系统，满足日常运营维护管理需要。综合管理信息系统和专业管线信息系统应按照统一的数据标准，实现信息共建共享、即时交换。各城市人民政府要建立地下管线信息动态更新和使用管理制度，明确数据更新责任和使用权限，确保新建地下管线信息及时更新入库和入库信息规范使用。推进地下管线综合管理信息系统与数字化城市管理系统、智慧城市相融合，提高城市地下管线日常管理、预警监测、应急反应、执法监督和指挥决策能力。充分利用信息资源，做好城市规划、工程建设施工管理、运营维护、应急防灾、公共服务等工作，建设工程的规划和施工许可管理必须以综合管理信息系统为依据。涉及国家秘密的地下管线信息另行建立涉密信息系统，严格按照有关保密法律法规和标准进行管理。

（六）切实加强对地下管线的规划统筹

开展地下空间资源调查与评估，制定城市地下空间开发利用规划，统筹地下各类设施、管线布局。有关部门和单位应当及时提供编制城市地下空间相关规划所需的勘察、测量、水文、管线等资料。各城市要依据城市总体规划和地下空间开发利用规划，组织编制地下管线综合规划，对各类专业管线进行综合，结合城市未来发展需要，统筹考虑军队管线建设需求，合理确定管线设施的空间位置、规模、走向等，包括驻军单位、中央直属企业在内的行业主管部门和管线单位都要积极配合。编制城市地下管线综合规划，应加强与地下空间、道路交通、人防建设、地铁建设、电网建设、信息基础设施建设等规划的衔接和协调，并作为控制性详细规划和地下管线建设规划的基本依据。

（七）严格实施地下管线规划管理

按照先规划、后建设的原则，依据经批准的城市地下管线综合规划和控制性详细规划，对城市地下管线实施统一的规划管理。新建、改建、扩建地下管线工程，应当依法向城乡规划主管部门申请建设方案审查和建设工程规划许可证。严格执行地下管线工程规划核实制度，未经规划核实或者经核实不符合规划许可内容要求的，建设单位不得组织竣工验收。原则上不允许在中心城区规划新建生产经营性危险化学品输送管线，其他地区新建的危险化学品输送管线，不得在穿越其他管线等地下设施时形成密闭空间，且距离应满足标准规范要求。各地城乡规划主管部门要加强对规划实施情况的监督检查，对各类违反规划的行为及时查处，依法严肃处理。

（八）统筹建设地下管线工程

按照先地下、后地上的原则，合理安排地下管线和道路的建设时序。各地要将道路和地下管线联动建设作为城市建设的重要内容纳入年度建设计划，建立工作制度和机制，及时将年度道路建设、改造计划告知相关行业主管部门和管线单位。各行业主管部门应指导管线单位，根据城市道路年度建设、改造计划和地下管线综合规划，制定各专业管线建设年度建设方案，与城市道路建设同步实施，一次敷设到位，并适当预留管线位置，未纳入年度建设计划的原则上不得施工。建立施工掘路问题控制制度，严格控制道路挖掘，杜绝“马路拉链”现象。除因管线应急抢修外，施工掘路需至少提前30日向社会公布。新建、改建、扩建城市道路交付使用后5年内，大修道路竣工后3年内，不得开挖敷设城市地下管线，因特殊情况确需挖掘的，报所在地城市人民政府批准。

（九）积极稳妥推进地下综合管廊建设

开展地下综合管廊试点示范，2015年年底前，各省辖市至少启动1处地下综合管廊试点工程，探索投融资、建设维护、定价收费、运营管理等模式，提高综合管廊建设管理水平。通过试点示范效应，带动具备条件的城市结合新区建设、旧城改造、道路新（改、扩）建，在重要地段和管线密集区建设综合管廊。城市地下综合管廊应统一规划、建设和管理，加强科学设计施工，优化布局各类管线，兼顾人民防空需要，满足管线单位的使用和运行维护要求，同步配套消防、供电、照明、监控与报警、通风、排水、标识等设施。鼓励管线权属单位入股组成股份制公司，联合投资建设综合管廊，或在城市人民政府指导下组成地下综合管廊业主委员会，招标选择建设、运营管理单位。统筹考虑综合管廊建设运行费用、投资回报和管线权属单位的使用成本，合理确定管廊租售价格标准。各地可利用已无战备价值的早期人防疏散干道、通道等工程，通过加固改造作为地下综合管廊使用。建立完善地下综合管廊管养制度，严格遵循管线敷设规定，确保地下综合管廊与各类市政管线的安全、有序、高效运行。建成综合管廊的区域，管线应进管廊敷设，不得再另行安排，不得批准道路挖掘。

（十）严格规范地下管线建设行为

城市地下管线工程建设项目要严格履行基本建设程序，落实施工图设计文件审查、施工许可、工程质量安全监督与监理、竣工测量以及档案移交等制度。严格落实施工安全管理制度，明确相关责任人，确保施工作业安全。新建城市地下管线工程时，要依法加强对现有人防工程等各类地下设施的保护，并按规定留出安全距离。对于穿越城市道路的管线，要综合考虑施工质量、管线重要性、开挖条件等因素，采用科学合理的施工方式。对于可能损害地下管线的建设工程，建设单位要与管线权属单位签订保护协议，辨识危险因素，提出保护措施。对于可能涉及危险化学品管道的施工作业，建设单位要认真查阅资料，掌握管线布局，严禁在情况不明时盲目进行地面开挖作业。对违规建设施工造成管线破坏的行为要依法追究责任。

（十一）不断加大老旧管线改造力度

各地要根据各类管线存量，按照治理安全隐患优先的原则，制定年度计划，有序实施老旧管线改造工程。加快推进使用年限超过50年、材质落后和漏损严重的供水管网改造，到

2015年，城市供水管网漏损率、产销差率控制在国家标准以内，漏损率下降到12%，保障供水水质安全。积极推进城市排水管网的雨污分流改造，力争用5年时间完成县以上城市排水管网的雨污分流改造工作，县以上城市基本消除易淹易涝片区。加强燃气管网改造与建设，优先改造存在安全隐患和运行年限长的老旧管网，保障城镇燃气设施安全运行。对存在塌陷、火灾、水淹等重大安全隐患的电力电缆通道进行专项治理改造，有序推进城市电网、通信架空线入地改造。实施城市宽带通信网络和有线广播电视网络光纤入户提速改造工程，加快有线广播电视网络数字化改造，用5年时间完成通信管道安全隐患排查和改造升级。

（十二）认真抓好地下管线维修养护

各城市要督促管线权属单位和业务主管部门，建立地下管线巡护和隐患排查制度，严格执行安全技术规程，配备专门人员负责日常巡护，定期检测维修，切实提高事故防范、灾害防治和应急处置能力。强化监控预警，重点监控地下管线安全风险较大的区段和场所，及时处理危害管线安全的行为或隐患；对已建成的危险化学品输送管线，要按照相关法律法规和标准规范严格监管。开展地下管线作业时，要严格遵守相关规定，配备必要的设施设备，按照先检测后监护再进入的原则进行作业，严禁违规违章作业，确保人员安全。针对城市地下管线可能发生或造成的泄漏、燃爆、坍塌等突发事故，根据输送介质的危险特性及管道情况，制定应急防灾综合预案和有针对性的专项应急预案、现场处置方案，并定期组织演练；加强应急队伍建设，提高人员专业素质，配套完善安全检测及应急装备。维修养护时一旦发生意外，要对风险进行辨识和评估，杜绝盲目施救，造成次生事故；根据事故现场情况及救援需要及时划定警戒区域，疏散周边人员，维持现场秩序，确保应急工作安全有序。

（十三）及时消除地下管线安全隐患

各城市要定期排查地下管线存在的隐患，制定工作计划并限期消除。加大排查治理力度，依法依规清理拆除占压地下管线的违法建（构）筑物，新建建筑物、构筑物应避免占压地下管线。工矿、仓储等用地的土地性质发生转换时，地下管线权属单位和业务主管部门要进行地下管线数据交底。结合地下管线普查工作，清查、登记废弃和“无主”管线，由城市人民政府明确责任单位和整改时限，及时处置存在安全隐患的废弃管线，消灭危险源，其余废弃管线应在道路新（改、扩）建时予以拆除。加强城市窨井盖管理，落实维护和管理责任，采用防坠落、防位移、防盗窃等技术手段，避免窨井伤人等事故发生。按照有关规定完善地下管线配套安全设施，做到与建设项目同步设计、施工、交付使用。

（十四）着力加强地下管线档案管理

地下管线档案是城建档案的重要组成部分。城建档案管理机构要依法接收城市各类地下管线档案和综合普查档案，建立健全管理制度，认真做好档案保管、利用和保密工作。城市地下管线综合管理信息系统要与同级城建档案管理信息系统互联，实现信息互通共享。地下管线权属单位要督促管线建设单位对新建、改建、扩建的管线进行竣工测量，及时主动将竣工资料和相关数据报送城建档案管理部门，并对测量数据和测量图的真实性、准确性负责。未及时按规定办理竣工测量和资料移交手续的，相关地下管线发生事故时，应追究管线权属单位、建设单位和相关责任人责任。

三、切实强化城市地下管线建设管理的保障措施

（十五）落实各方责任

城市人民政府是城市地下空间利用和地下管线建设管理的责任主体，要切实履行职责，加强组织领导，把城市地下空间和管线管理工作纳入重要议事日程，加大监督、指导和协调力度。

指定地下管线综合信息管理部门，按照“谁主管，谁负责”的原则，进一步明晰管线权属单位、业务主管部门和综合信息管理部门的职责，建立协调机制，结合实际出台具体政策措施并抓好落实。当前要统筹安排，集中力量，确保人员到位、资金保障到位，重点抓好地下管线普查和综合信息系统建设，组织业务主管部门编制完成各项专业管线规划和地下管线综合规划。军队管线的普查、建设、管理由军队有关业务主管部门，按军事设施保护法有关规定和军队保密要求组织实施。

（十六）健全工作机制

在省政府统一领导下，建立省城市地下管线综合管理联席会议制度，住房城乡建设、发展改革、经济和信息化、公安、财政、国土资源、交通运输、广播电视、安监、民防、保密、通信、能源、电力和部队等单位参加，联席会议办公室设在省住房城乡建设厅，加强联动协调、工作指导和监督检查，共同研究加强地下管线建设管理的政策措施，及时解决跨地区、跨部门及跨军队和地方的重大问题。各地也要建立相应的组织协调机构，各司其职、密切配合，形成分工明确、高效有力的工作机制。

（十七）完善法规标准

研究制订地下空间管理、地下管线综合管理等方面的地方性法规，健全地下管线规划建设、运行维护、应急防灾等方面的配套规章。省级各行业主管部门要依据职责，认真梳理和完善地下管线标准规范，建立健全地下管线标准体系。根据城市发展实际需要，适当提高地下管线建设和抗震防灾等技术标准，重要地区要按相关标准规范的上限执行。按照国防和人防建设要求，研究促进城市地下管线军民融合发展的措施，优先为国防建设提供管线资源。

（十八）加大政策支持

继续发挥好现有支持城市公用事业发展各项政策的作用，落实资金，加快城市地下管网建设改造。深化城市建设投融资体制改革，分清政府与企业边界，确需政府举债的，应通过发行政府一般债券或专项债券融资。开展城市基础设施、综合管廊建设等政府和社会资本合作机制（PPP）试点。以政府和社会资本合作方式参与城市基础设施、综合管廊建设的企业，可以探索通过发行企业债券、中期票据、项目收益债券等市场化方式融资。积极推进政府购买服务，完善特许经营制度，研究探索政府购买服务协议、特许经营权、收费权等作为银行质押品的政策，鼓励社会资本参与城市基础设施投资和运营。支持银行业金融机构在有效控制风险的基础上，加大信贷投放力度，支持城市基础设施建设。鼓励外资和民营资本发起设立以投资城市基础设施为主的产业投资基金。各地、各有关部门要优化地下管线建设改造相关行政许可手续办理流程，提高办理效率。各级财政部门要统筹安排专项资金，支持城市地下管线普查、标准制定、信息系统建设维护和规划编制等工作。

（十九）强化科技支撑

加大城市地下管线科技研发和创新力度，鼓励在地下管线规划建设、运行维护及应急防灾等工作中，广泛应用精确测控、示踪标识、无损探测与修复、非开挖、物联网监测和隐患事故预警等先进技术。积极推广新工艺、新材料和新设备，推进新型建筑工业化，支持发展装配式建筑，推广应用管道预构件产品，提高预制装配化率。

（二十）引导社会参与

充分发挥行业组织的积极作用。各城市应设立统一的地下管线服务专线。充分运用多种媒体和宣传形式，加强城市地下管线安全和应急防灾知识的普及教育，开展“管线挖掘安全月”主题宣传活动，增强公众保护地下管线的意识。各地要建立举报奖励制度，鼓励群众举报危害管线安全的行为。

江苏省人民政府办公厅

2014年12月25日

省政府办公厅关于做好政府部门企业信用信息公示及共享工作的通知

苏政办发〔2015〕2号

各市、县（市、区）人民政府，省各委办厅局，省各直属单位：

为认真贯彻落实国务院《企业信息公示暂行条例》（以下简称《条例》），进一步推动企业信用信息的互联共享，强化企业信用约束，提高政府管理效能，现就政府部门公示企业信用信息相关工作通知如下：

一、总体要求

依托省公共信用信息平台，实现市场主体信息的互联共享。省各有关部门应当按照《条例》和《省政府办公厅关于印发江苏省工商登记前置改后置审批事项目录（第一批）的通知》（苏政办发〔2014〕65号）规定，建立行政许可审批信息、工商登记信息、行政处罚信息、企业年度报告信息的共享机制，通过省公共信用信息平台将相关信息推送至工商行政管理部门企业信用信息公示系统，进行市场主体信息公示。

二、职责分工

省信用办负责按照国家和省公共信用信息系统建设的总体要求，加强沟通协调，促进政府部门之间建立和完善企业信用信息公示和共享机制。

省工商局负责全省企业信用信息公示系统的建设和运营维护；负责工商登记、备案和行政处罚信息公示，以及“先照后证”相关信息的共享。

省各有关部门负责行政许可信息、行政处罚信息的共享和公示。

三、重点任务

（一）加快信息公示

按照《条例》第六条规定，工商行政管理部门应当公示其在履行职责过程中产生的企业注册登记、备案信息，动产抵押登记信息，股权出质登记信息，行政处罚信息和其他依法应当公示的信息。上述信息应当自产生之日起20个工作日内通过企业信用信息公示系统予以公示。

按照《条例》第七条规定，工商行政管理部门以外的其他政府部门应当公示其在履行职责过程中产生的行政许可准予、变更、延续信息，行政处罚信息和其他依法应当公示的信息。上述信息应当自产生之日起20个工作日内，提供给省公共信用信息平台，由省公共信用信息中心推送至企业信用信息公示系统予以公示。

（二）推进“先照后证”信息共享

省工商行政管理部门应当将发照信息在发照后5个工作日内推送至省公共信用信息平台，省各有关行政许可部门应及时认领发照信息，做好发证的相关工作，并于发证后10个工作日内将发证信息推送至省公共信用信息平台。审批权限属于下级行政许可部门行使的，由省级行政许可部门统一认领发照信息，并反馈行政许可结果信息。对不具备条件不予核准办理许可证或未办理许可证擅自从事经营被依法查处的情况，应自信息产生之日起10个工作日内推送至省公共信用信息平台；省公共信用信息平台应当自接收到信息之日起3日内推送至省工商行政管理部门。

（三）加强年报信息管理

对市场主体每年年度报告公示信息，省各有关部门可以与省工商局建立信息共享机制。省工商局在每年年度报告结束后，对企业通过企业信用信息公示系统公示的信息情况，按不少于3%的比例进行不定向随机抽查，并在每年7月底将被抽查企业的年度报告公示信息提供给省公共信用信息平台或税务、人力资源社会保障等部门，进行数据比对。省公共信用信息平台或相关部门在8月底完成数据比对后，反馈给省工商局。

四、保障措施

省各有关部门要加强市场主体信息的记录、归集、整合和应用，大力推进各部门信用信息的互联互通、协同共享，建立和完善信用信息管理的相关制度与标准，维护信用信息安全和信息主体合法权益。加大市场主体信息的公示力度，形成信息公示、信息共享、联动监管、信用约束的市场监管新机制。

附件：政府部门公示信息交换共享数据项

江苏省人民政府办公厅

2015年1月7日

附件：

政府部门公示信息交换共享数据项

一、公示信息

公示部门	公示内容	数 据 项
工商行政管理部门	注册登记、备案信息	注册号、名称、类型、成立日期、法定代表人（负责人）、注册资本及币种、住所（营业场所）、经营范围、营业期限、登记机关、核准日期、登记状态、吊销日期；股东（发起人）类型、姓名（名称）、证照类型与编号（自然人身份证号除外）、认缴出资额、认缴日期，实缴出资额、实缴日期；变更事项、变更前后内容、变更日期；清算组负责人、清算组成员；注销原因、核准日期；董事（会）、监事（会）、经理、核准日期
	动产抵押登记信息	登记编号、登记日期、登记机关、被担保债权种类、被担保债权数额及币种、债务人履行债务的期限、担保范围、状态；抵押人名称、注册号；抵押权人名称、证照类型、证照号码；抵押物名称、所有权归属、数量、质量、状况、所在地等情况；备注；变更日期、变更内容；注销日期、注销原因
	股权出质登记信息	登记编号、出质人、出质人证照类型与号码、出质股权数额单位、出质股权数额及币种、质权人、质权人证照类型与号码、登记日期、登记机关、状态；变更日期、变更内容；注销日期、注销原因；撤销日期、撤销原因

续表

公示部门	公示内容	数据项
	行政处罚信息	当事人姓名、名称、注册号、法定代表人；处罚决定书文号、违法行为类型、处罚种类、罚款金额、没收金额、作出行政处罚决定机关名称、作出行政处罚决定日期；变更内容、变更日期
	经营异常名录信息	列入经营异常名录原因、列入日期、移出经营异常名录原因、移出日期、作出决定机关
	严重违法企业信息	列入严重违法企业名单原因、列入日期、移出日期、移出严重违法企业名单原因、作出决定机关
	抽查检查信息	检查实施机关、抽查检查类型、抽查检查日期、抽查检查结果
其他政府部门	行政许可准予、变更、延续等信息	企业名称、注册号、许可文件编号、许可文件名称、许可经营范围（事项）、住所、法定代表人、审批部门全称、审批日期、许可文件有效期限；变更事项、变更前后内容、变更日期；注销日期、注销原因；吊销日期、吊销原因；其他无效日期、其他无效原因
	行政处罚信息	当事人姓名、名称、注册号、法定代表人；处罚决定书文号、违法行为类型、处罚种类、罚款金额、没收金额、作出行政处罚决定机关名称、作出行政处罚决定日期；变更内容、变更日期
	其他依法应当公示的信息	

二、先照后证信息

共享部门	共享内容	数据项
工商行政管理部门	市场主体设立及经营范围变更的发照信息	注册号、企业名称、法定代表人（负责人）姓名、住所、注册资本、经营范围、经营期限、登记机关、股东（发起人）姓名或者名称、核准日期
有关行政许可部门	行政许可的准予及变更信息	企业名称、许可证编号、许可证名称、许可经营范围（事项）、住所、法定代表人、审批部门全称、审批日期、许可证有效期限
	对不具备条件不予核准办理许可证的信息	企业名称、注册号、不予核准的理由、不予核准的日期、审批部门全称
	未办理许可证擅自从事经营被依法查处的信息	企业名称、注册号、法定代表人（负责人）姓名、案由、处罚依据、处罚结果、处罚机关、处罚日期

三、年报信息

企业名称、注册号、联系电话、通信地址、经营状态、股东（发起人）出资情况、是否有网站或网店、有限责任公司本年度是否发生股东股权转让、企业是否有投资或购买其他公司股权、企业资产状况信息、对外提供保证担保情况等（其中企业资产状况信息、对外提供保证担保情况，企业不同意公示的除外）。

省政府办公厅关于推进智慧教育的实施意见

苏政办发〔2015〕24号

各市、县（市、区）人民政府，省各委办厅局，省各直属单位：

为进一步提升教育信息化水平，以教育信息化带动教育现代化建设，根据《省政府关于推进智慧江苏建设的实施意见》（苏政发〔2014〕103号）、《省政府办公厅关于印发智慧江苏建设行动方案（2014～2016年）的通知》（苏政办发〔2014〕77号）等文件精神，结合我省教育改革发展实际，现就推进智慧教育提出如下实施意见。

一、总体要求

（一）基本原则

1. 育人为本，改革创新。利用现代信息技术变革传统教育方式，实现教学理念、教学模式、教育管理方式和工作推进机制的创新。创建智能化的教育信息生态环境，提升教师善用技术、善用资源、善于教学、善于评价的信息化能力，培养具有较高思维品质和较强实践能力的创新型人才，真正实现以学习者为主体、个性化多样化智能化的泛在学习和终身学习。

2. 统筹规划，分类推进。根据各级各类教育特点，统筹做好智慧教育的整体规划和顶层设计。在加快教育资源整合、推进集约化建设、整体提升教育信息化建设效益和应用水平的同时，明确不同区域、不同学校智慧教育建设重点，实施分层指导、分类推进、分步实施，鼓励形成各自特色。

3. 应用驱动，深度融合。根据教育管理和教学需求，整合优化各类教育教学资源和教育管理应用系统，促进教育管理的标准化、规范化和教学资源的有效汇聚、共建共享。着力构建智能化的教育信息化公共服务体系，大力推进信息技术与课程教学深度融合，进一步加快信息技术在教育管理中的深层应用，为教育改革发展提供全方位的信息技术服务。

（二）主要目标

以提升“三通两平台”（宽带网络校校通、教学资源班班通、学习空间人人通和教学资源公共服务平台、教育管理公共服务平台）的建设、管理、应用水平为抓手，以健全智慧教育体制机制和提升师生信息素养为依托，加快建设涵盖各级各类教育的智慧教育公共服务体系。到2016年，基本建成以移动终端、智慧教室、智慧校园、智慧教育云等为主要标志的智慧教育环境，能够实施以自主学习、个性化学习、协作学习、泛在学习为主要特征的智慧教学和基于互联网、大数据、云计算的智慧管理，培养一大批适应“互联网+”和智能化信息生态环境、具有较高思维品质和较强实践创造能力的智慧教育人才。

1. 智慧教育环境建设国内领先。教育信息化基础设施更加智能，智慧校园建设更加完善，全省教育主干网速率更高、覆盖面更广、服务性能更强。基本建成江苏教育数据中心、江苏智慧教育云平台和云服务体系，优质教育教学资源的集成推送更加有效，教育服务更加便捷，教育管理信息系统的整合应用更加普遍，教育管理更加精细。

2. 智慧教育教学方式应用广泛。充分利用智能化教育环境，改革传统教育教学模式，创新学习者学习方式，提升教育管理水平。移动学习、慕课、翻转课堂等新型学习模式逐步普及。数字化、网络化、智能化的教育教学科研、管理、评价和服务日益广泛，人人皆学、处处可学、时时能学的学习型社会基本建成。

3. 智慧教育人才培养成效显著。加强智慧教育人才培养，开设智慧教育相关专业和课程，开展各类人员信息技术技能培训，培养一支适应信息化生态环境的教育管理干部队伍、专业人才队伍和学科教师队伍。着力提升智慧教育教学水平，努力培养一大批具有信息技术素养和信息技术应用能力、善于学习、善于协作、善于创造的智慧型人才。

二、重点任务

（一）实施智慧教育环境提升工程

1. 建设智慧校园。推进云计算、大数据、物联网、移动互联网、社交网络等新一代信息技术在智慧校园中的创新应用，建设覆盖学校日常运行各个环节的高速有线、无线网络及各种智能信息终端，建立电子身份及统一认证系统，构建课堂教学、教师教研、学生学习、管理评价、家校沟通、学校安全管理等一体化智能化的校园环境。全面使用或对接国家核心系统、省级通用系统，建成符合国家标准规范的各类特色系统，实现对学校师生、教育教学、科研、资产等的智能化管理。基础教育阶段学校的信息化设施、设备条件，不得低于《江苏省教育信息化建设指南》的要求；职业院校智慧校园、数字化技能教室、仿真实训室等智能化环境场所覆盖率达50%以上；高等学校所有教室有线入网并配备智能终端教学设备，60%的教学活动区域覆盖无线网络；社区教育网络覆盖率达100%，学习终端基本满足学习者需求。

2. 提升“宽带网络校校通”水平。加强网络基础设施建设，增强省教育与科研计算机网的服务性能，推进省级教育主干网络从IPv4到IPv6的升级平移，各级教育行政部门、学校及其他教育机构全部接入省教育与科研计算机网，省、市、县、校四级教育网络实现高速互联。加强各级各类学校宽带网络建设，逐步推进学校1000M光纤进校、100M光纤到班，使宽带网络能够满足广大师生个性化智能化的学习、教学、研究和专业发展需求。

3. 打造省级智慧教育云计算服务平台。提升省教育信息化公共服务平台性能，搭建智慧教育云计算服务平台，为全省智慧教育提供性能良好、服务便捷的资源服务和信息服务基础平台及网络运行环境。省级平台支持20万并发用户，互联网接入点带宽不小于20Gbps，公共存储点总容量达到PB级，计算资源统筹分配管理，数据异地互相备份。省、市、县、校平台分级管理、互联互通，保证运行安全、服务及时、应用有效。

（二）实施智慧教育资源共享工程

1. 建成省级教育数据中心。利用云计算技术，组织实施省级教育数据中心建设，加快构建信息系统应用体系、技术服务体系以及省级信息安全体系，实现与国家教育数据中心的无缝对接及全省各级各类教育机构的综合管理应用。全省范围内云计算数据中心规模扩展到一个主中心、多个分中心，在主中心与分中心之间实现计算资源统筹分配管理、数据异地互相备份。建设涵盖省内学生、教师和学校信息的教育基础数据库，并根据业务管理信息系统应用动态更新基础数据，实现对各级教育行政部门及各类教育机构的监管、业务处理、决策等应用的数据支撑。

2. 整合推送苏派优质教育资源。充分利用省智慧教育云计算服务平台，通过多种方式推送优质数字化教学资源。采取汇聚、自建、共建、引进、购买等形式，建设覆盖基础教育、职业教育、高等教育、社会教育、教师教育的课程资源和自主学习资源，建成一批能够体现江苏特色的精品数字化课程资源。按照“标准、开放、协作、共建、共享”的要求和“平台+资源+服务”的模式，动态建设省、市、县、校四级物理分散、逻辑集中的省级教学资源中心，制定完善数字化教学资源建设标准、规范和质量评价办法。

（三）实施智慧教育应用融合工程

1. 探索智慧教学新模式。开展智能化信息生态环境下的新型教学模式试点，促进信息技术与教育教学深度融合。在中小学“e学习”试点基础上建立智慧课堂示范点，开展慕课、微课、翻转课堂、电子书包等新型教学模式和新型载体的试点示范应用。基于教育大数据，积极开展数据挖掘与学习分析，进一步优化教学策略、教学方式、教学过程和教学评价。建立15个物联网技术教育应用示范基地，围绕社会、自然、生物、科学等课程知识，在校园、研究机构及社会场所建设一批感知中心，使学习行为、学习过程、学习数据、学习结果自主化和公开化。建立若干数字化学习型社区示范点，整合各类信息网络系统和学习资源，着力推进家校互动、远程学习。依托区域教育云和智慧校园，建设覆盖各级各类教育的个人及机构网络学习空间，真正实现网络学习空间人人通。

2. 推进智慧管理和智慧决策。制定教育管理信息化建设和应用规划，鼓励教育行政部门和学校依托省级教育数据中心开展数据挖掘，实施标准化、精细化、智能化的教育管理和科学决策。加快建设学生管理类信息系统、教师管理类信息系统、学校资产及办学条件管理类信息系统、教育规划与决策支持类信息系统及其他业务管理类信息系统。

（四）实施智慧教育人才培养工程

1. 提升教师信息技术能力。建设集资源平台、研修平台和管理平台于一体的省数字教师网，形成具有真实学校功能的网上教师专业发展社区，推进教师专业发展统一管理和过程性评价，努力构建具有区域特色的教师专业发展服务体系。鼓励教师利用信息技术开展启发式、探究式、讨论式、参与式教学，建立以学习者为中心的教学模式。着力打造100个教育技术名师工作室、200个教育信息化创新团队，带动90%以上的教师熟练运用信息技术开展教育教学。推进基于网络的城乡、学校之间结对帮扶，引导教师利用网络进行学科教研、远程研修和学术交流合作等。

2. 培养智慧型学习人才。创建智能化学习生态，使新一代信息技术深度融入每一名学习者的学习生活，让每一名学习者都能够便捷获取最适切的个性化学习服务，努力培养适应“互联网+”和智能化信息生态环境、具有终身学习能力的创新型人才。中小学要鼓励学生利用信息技术主动学习、自主学习、合作学习，增强学生在网络环境下提出问题、分析问题和解决问题的能力。职业院校要着力提高课程教学、实习实训、案例分析、职业竞赛和技能鉴定的信息化水平，以信息技术支撑产教结合、工学结合、校企合作和顶岗实习，培养学生实践创造能力。高等学校要积极推动信息化环境下科研与人才培养的融合，提升学生自主学习、自主管理、自主服务的能力。高等学校和职业院校要根据社会需求和技术发展，开设与智慧产业相关的专业课程，培养复合型、实用型信息技术人才。

三、保障措施

（一）加强组织领导和统筹协调

充分发挥省教育信息化厅际协调小组的作用，及时研究解决工作中遇到的重大问题，加快推进智慧教育建设步伐。建立江苏智慧教育专家指导委员会，研究制定符合我省实际和未来发展趋势的智慧教育规划、实施方案。各级政府作为智慧教育建设的责任主体，要结合自身实际，明确“时间表”和“路线图”，制定具体工作措施，推动各项任务落到实处。各级教育行政部门和学校是智慧教育建设的实施主体，要准确把握需求导向，科学有序推进智慧教育工作。

（二）完善政策保障和建设标准

在智慧江苏示范工程中重点支持智慧校园建设，加快智慧教育及智慧校园的标准规范制定和应用推广，结合教育信息化需求开展智慧教育标准化基础研究，促进智慧校园、智慧管理、智慧教学标准化规范化。研究制定智慧教育评价办法，定期开展智慧教育建设和应用效益评估。

（三）强化专业人才培养和信息安全保障

加强智慧教育运行维护和技术服务机构建设，鼓励企业与高校、科研院所、职业教育等机构联合培养信息化与信息安全紧缺人才，加快建设一支适应智慧教育发展的专业人才队伍。制定网络与信息安全建设管理规范，重视信息安全服务，建立全方位的安全保障体系。

（四）完善经费保障机制

坚持政府主导，研究制定智慧教育建设和运行维护保障经费基本标准，在各级财政教育经费预算中统筹安排智慧教育基础设施、重点项目建设资金和日常运维服务经费，确保智慧教育发展需求。加大对经济欠发达地区的支持力度，促进全省智慧教育持续协调发展。制定教育信息消费政策，多渠道筹集智慧教育经费，鼓励企业和社会力量投资并参与智慧教育的建设与服务。

江苏省人民政府办公厅

2015年3月19日

省政府办公厅关于推动内贸流通健康发展促进消费的实施意见

苏政办发〔2015〕43号

各市、县（市、区）人民政府，省各委办厅局，省各直属单位：

为贯彻落实《国务院办公厅关于促进内贸流通健康发展的若干意见》（国办发〔2014〕51号），充分发挥内贸流通对经济社会发展的推动作用，进一步拉动消费需求，催生新的经济增长点，更好地保障和改善民生，现提出以下意见。

一、推动流通基础设施建设纳入城乡规划

各市、县（市、区）人民政府在组织制定国民经济和社会发展规划、城乡规划时，要将商业网点规划作为重要组成部分统一考虑。商业网点的新建和改建扩建，改变现有商业网点的用途，都必须符合城乡规划。对公益性批发市场、现代物流项目及流通基础设施建设用地，在土地利用规划、交通基础设施规划中要予以支持。充分考虑内贸流通发展的用地需求，按照节约集约、保障重点和有序安排的原则，在土地利用总体规划中予以统筹安排。将农村流通体系建设纳入新型城镇化规划，保障建设用地。（责任单位：省住房城乡建设厅、省国土资源厅、省商务厅）

二、提高现代商圈建设水平

围绕"一带两圈"（南京商圈、徐州商圈和苏锡常商业带）总体布局，结合城市转型发展、流通现代化以及商圈的战略定位，制定商圈发展规划，体现"一带两圈"各自特点和发展方向，增强对相关产业和资源的整合力度，扩大对周边区域的辐射作用。在做好现代商圈规划定位的基础上，加快研究推进商圈建设的具体措施，使规划更具可操作性。鼓励通过商圈融资等方式支持商圈内企业特别是中小商贸企业发展，增强商圈的吸纳和辐射能力。（责任单位：省商务厅）

三、增强社区便民商贸服务功能

在居民集中居住区规划建设社区综合服务中心、邻里中心、睦邻中心等便民商贸服务设施。鼓励地方政府出台政策意见，落实《国务院关于深化流通体制改革加快流通产业发展的意见》（国发〔2012〕39号）关于新建社区（含廉租房、公租房等保障性住房小区、棚户区改造和旧城改造安置住房小区）商业和综合服务设施面积占社区总建筑面积比例不得低于10%的要求。商务部门要从社区实际情况出发，对社区商业的必备业态提出意见和要求，满足居民的多样化生活需求。加快对老旧小区生活服务设施的提档升级。鼓励地方政府回购部分商业用房，支持社区菜店、菜市场、农副产品平价商店、便利店、早餐店、家政服务点等生活必备设施的建设。在有条件的中心乡镇规划建设集购物、餐饮、文化、生活、配送等为一体的多功能乡镇商贸综合体，建设商业步

行街或专业特色街，着力打造乡镇小型商圈。（责任单位：省商务厅、省住房城乡建设厅、省物价局）

四、引导商品市场加快转型升级

重点推进50个大型商品交易市场的转型发展，加快商品交易市场专业化提升和精细化改进，拓展商品展示、研发设计、品牌孵化、价格发现等功能。支持引导大宗商品市场实施信息化改造，强化与金融部门的合作，引进供应链金融，推动大宗商品市场与物流配送结合。借鉴镇江惠龙易通模式，结合大宗商品交易，打造货物集中配送综合服务平台。引导农产品批发市场合理布局，推进农产品批发市场升级改造。鼓励盘活存量建设用地促进内贸流通发展，提高土地利用率。城区商品批发市场异地搬迁改造，政府收回原国有建设用地使用权后，可采取协议出让方式安排商品批发市场用地。开展公益性农产品批发市场项目建设和改革试点，探索建立公益性农产品流通基础设施投资保障、运营管理和政府监管等长效机制，实现农产品批发市场保供应、保安全、稳价格等公益性功能。（责任单位：省商务厅、省国土资源厅、省金融办）

五、促进大众消费和绿色消费发展

认真研究经济新常态下消费市场的主要特征，引导企业顺应大众消费从模仿型、排浪式向个性化、多样化的发展，调整经营结构和方式，实现精准化营销和个性化服务，形成与大众化消费相适应的商业模式。支持中小商贸流通企业开展定制服务，特色化经营，增强发展活力。逐步建立省、市两级中小商贸流通企业服务中心，以中小商贸流通企业公共服务平台为载体，开展市场开拓、科技应用、管理创优、法律咨询、投融资等服务，优化我省中小商贸流通企业发展的政策、制度、服务等环境。积极引导企业运用商标战略，加强商标知识产权的创造、运用、保护和管理，打造一批具有江苏特色的品牌企业和消费名品，满足品质化消费需求。创建一批集门店节能改造、节能产品销售、废弃物回收于一体的绿色商场。引导企业按照有关国家标准和行业标准，重点做好建筑、照明、空调、电梯、冷藏等耗能关键领域的技术改造，使用屋顶、墙壁光伏发电等节能设备和技术。开展节能产品进商场活动，鼓励和引导批零企业向消费者推广使用太阳能热水器、节能灯等环保产品。研究出台改进报废机动车回收管理的意见。（责任单位：省商务厅、省住房城乡建设厅、省环保厅、省公安厅、省工商局）

六、推动农村电子商务加快发展

鼓励大学生回乡进行电子商务创业，开展农民触网培训和农产品电子商务万人培训，推动特色农产品和加工品开展网络营销。着力培育和打造100个省级“电商村”，带动农村经济转型升级。加快农产品电子商务平台建设，鼓励建设各类地方特色馆。支持农业经营主体应用电子商务，采购农业生产资料，销售土特产品，促进生产与市场的对接。扶持有条件的企业开展生鲜农产品同城及区域配送业务。深入推进农村商务信息服务试点，积极开展农产品网上购销对接。推动电子商务企业与“万村千乡”市场工程合作，支持有条件的企业在中心镇和行政村建立服务点，开展网上代购代销服务。整合农村地区物流配送、电商培训、农副产品检验检测等资源，构建“消费品下乡、农村产品进城”的流通体系。推进电子商务进农村综合示范工作和农村信息化示范基地建设，促进农村青年互联网创新创业活动。（责任单位：省商务厅、省经济和信息化委、省农委）

七、抓好电子商务示范工程建设

积极创建国家电子商务示范城市、示范基地和示范企业，稳步推进省级多层次的电子商务示范工程建设，培育壮大电子商务培训（实训）基地。鼓励电子商务示范城市开展政策先行先试，在营造发展环境、加强制度建设、完善服务体系等方面发挥示范作用。着力打造20个左右品牌效应突出、辐射带动效应明显的省级电子商务示范基地（园区），推动示范基地发挥产业集聚优势，在中小企业孵化、服务模式创新、公共平台建设、产业链条搭建等方面发挥带动作用。培育10个左右专业性、特色化电商平台，扶持30个左右产业特色明显、发展潜力大的省级电子商务示范企业做大做强，支持示范企业在创新经营模式、整合市场资源、带动关联企业发展等方面发挥引领作用。积极推进省级信息消费试点城市建设。充分发挥培训（实训）基地的骨干作用，广泛开展电子商务各类人才的培训。（责任单位：省商务厅、省发展改革委、省经济和信息化委）

八、提升连锁经营发展水平

以电子商务、信息化及物流配送为依托，推进发展直营连锁，规范发展特许连锁，引导发展自愿连锁。支持连锁经营企业建设直采基地和信息系统，提升自愿连锁服务机构联合采购、统一分销、共同配送能力。引导连锁企业从增开门店向注重绩效转变，鼓励在城区和主要乡镇重点发展直营连锁。实施商标战略示范工程，大力促进老字号传承保护和创新发展，支持老字号企业开展连锁经营。引导连锁企业完善配送设施，积极采用新技术和现代化设备，不断提高配送中心的现代化管理水平。规范和拓展连锁经营门店代收费、代收货等便民服务功能。鼓励发展农产品连锁专卖，大力推进“农超对接”，搭建产销衔接平台。（责任单位：省商务厅、省工商局、省农委）

九、推进商贸物流现代化建设

鼓励商贸物流企业通过参股控股、兼并重组、协作联盟等方式做大做强，形成一批技术先进、主营业务突出、核心竞争力强的大型现代物流企业集团。规范物流综合信息服务平台建设和服务，统一接口标准，完善撮合交易、保险、融资、仓储地图、政务资讯、诚信和统计等服务功能，提高商贸物流需求和供给匹配效率。鼓励托盘租赁运营企业、大型商贸连锁企业、托盘生产企业、商贸物流园区（第三方物流企业）在快速消费品、农副产品等领域，率先开展标准托盘应用推广及循环共用。加强商贸物流标准宣传贯彻和实施工作，支持各类企业、社会团体参与商贸物流标准的制定和修订。加快商贸物流管理、技术和服务标准的推广。优化商贸物流园区规划布局，拓展服务功能，提升信息化、专业化和标准化水平。（责任单位：省商务厅、省发展改革委、省农委、省质监局）

十、健全城市共同配送体系

各地要建立城市共同配送工作机制，制定政策意见，明确职责分工，完善配套措施。支持南京市开展国家城市共同配送试点。扶持省级重点物流基地（园区）等载体建设，支持一批骨干物流配送企业做大做强。鼓励推广共同配送、统一配送、集中配送等先进模式。依托专业化第三方物流或供应商为多个商贸企业、社区门店、市场入驻商户等共同配送。依托物流园区推广配送班车，开展干线与支线结合的城区集中配送。支持大型连锁零售企业通过集中采购提高统一配送率，利用其物流系统为所属门店和社会企业统一配送。鼓励在学校、社区、地铁等周边设立末端配送站或建设公共自助提货柜等，推广“网订店取”“网订店送”等新型配送模式，完善城市“最后一公里”的终端配送网络。完善冷链基础设施，发展冷链共同配送。完善城市物流配送货车通行证管理制度，推动城市配送车辆统一标识管理，保障运送生鲜食品、主食制品、药品等车辆便利通行。允许符合标准的非机动快递车辆从事社区配送。对涉及物流配送的商业建设项目，严格落实停车泊位和装卸车专用泊位配建标准。根据道路交通流量和通行状况，合理设置临时、限时停靠点。科学组织物流中心、大型市场、商业中心等周边道路交通，完善交通标志标线，创造良好道路交通环境。新社区建设应配套一定数量的快递投放点，鼓励老旧小区完善相应快递投放设施。（责任单位：省商务厅、省公安厅、省发展改革委、省住房城乡建设厅）

十一、加快商贸服务业转型升级

积极实施“互联网+”战略，加快改造提升传统商贸服务业。大力扶持家政服务网络中心、e生活、家电管家等公共服务平台建设。大力实施“三名”工程，积极培育商贸服务业名企、名品和名师。重点扶持连锁企业中央厨房建设和品牌家政企业发展。组织开展商贸服务业优质服务竞赛活动，全面提升从业人员的职业素养和服务技能。按照企业集聚发展、污染物达标排放的要求，鼓励各地建设生活衣物和公用纺织品洗涤集中区，在用电、用地、车辆通行等方面给予扶持，引导企业入园生产经营。加大对无证照经营、污染物超标排放等违法行为的打击力度。（责任单位：省商务厅、省环保厅、省国土资源厅、省食品药品监管局）

十二、打造一批内外贸一体化企业和市场

鼓励和引导流通企业兼并重组，推进混合所有制发展，推动优势流通企业利用多种方式做大做强，形成若干具有国际竞争力的大型零售商、批发商、物流服务商。鼓励具备条件的流通企业“走出去”，拓展海外营销、物流和服务网络，推动我省更多优质商品通过海外营销网络走向世界。鼓励外贸企业建立国内营销渠道，开拓国内市场。打造一批竞争力强、内外贸一体化经营的跨国企业。总结推广南通叠石桥市场等市场采购贸易方式试点经验，借鉴国际贸易通行标准、规则和方式，拓展商品交易市场的对外贸易功能，打造一批布局合理、功能完善、管理规范、辐射面广的内外贸结合市场。（责任单位：省商务厅、南京海关、江苏检验检疫局）

十三、创造公平竞争的市场环境

组织开展消除地区封锁、打破行业垄断工作，着力破除各类市场壁垒。贯彻落实零售商、供应商公平交易行为规范及相关制度。健全举报投诉办理和违法行为曝光机制，严肃查处违法违规行为。推进商务综合行政执法改革，提升市场监管水平，营造法治化营商环境。加快推进商务诚信体系建设，促进信用交易发展，依法依规发布严重失信企业“黑名单”，形成“守信得益、失信受制”的信用激励约束机制。支持第三方机构开展具有信誉搜索、同类对比等功能的综合评价；鼓励行业组织开展以信用记录为基础的第三方专业评价；引导企业开展以商品质量、服务水平、购物环境为内容的消费体验评价。加快肉菜等重要商品流通追溯体系建设，构建全省互联互通的追溯网络。依法打击严重危害民生和社会公共安全的侵权假冒违法犯罪活动。集中开展重点商品、重点领域专项整治行动，完善网络商品的监督抽查、风险监测、源头追溯、质量担保、损害赔偿、联合办案等制度。积极推进侵权假冒行政执法案件信息公开，建立完善案件曝光平台。加强行政执法与刑事司法衔接，建立部门间、区域间信息共享和执法协作机制。强化对农村市场、城乡结合部和网络商品交易的监管，切实维护消费者合法权益。（责任单位：省发展改革委、省商务厅、省工商局、省质监局、省公安厅、省法制办、省物价局等）

十四、加大财政和金融支持力度

用好中央财政促进服务业发展专项资金。加大省级财政对内贸流通发展的支持力度，突出国家政策导向和我省工作重点，确定好资金使用方向，强化绩效考核，提高资金使用效益。加大对流通企业的融资支持。扩大小微企业转贷方式创新试点范围，鼓励相关银行机构将符合条件的小微型流通企业纳入名单制管理，参与转贷试点。大力推进直接融资，支持流通企业上市或到“新三板”和江苏股权交易中心挂牌；鼓励流通企业发行短期融资券、中期票据、中小微企业私募债等各类债券。（责任单位：省财政厅、省金融办）

十五、认真落实税收支持政策

支持符合条件的第三方物流和物流信息平台企业申请高新技术企业认定，经认定为高新技术企业的，减按15%的优惠税率征收企业所得税。减轻农产品批发市场、农贸市场税收负担，2015年12月31日前对专门经营农产品的农产品批发市场、农贸市场使用的房产、土地，暂免征收房产税和城镇土地使用税。按照国家财税体制改革的统一部署，推进生活性服务业营改增。充分发挥税收职能作用，扶持生活性服务业小微企业发展，2015年12月31日前对月营业额3万元以下的营业税纳税人免征营业税，2017年12月31日前对年应纳税所得额低于20万元（含20万元）的小型微利企业，其所得减按50%计入应纳税所得额，按20%的税率缴纳企业所得税。加强网络电子发票的试点和推进工作。认真落实国家鼓励连锁经营等总分机构汇总缴纳增值税政策，税务部门和财政部门要密切配合，不断优化汇总纳税企业的服务和监管。对跨地区经营汇总纳税企业实行“统一计算、分级管理、就地预缴、汇总清算、财政调库”的企业所得税征收管理办法。对总机构及其分支机构均在我省的，分支机构暂不就地预缴企业所得税，由总机构统一计算，汇总缴纳。（责任单位：省国税局、省地税局、省科技厅、省财政厅）

江苏省人民政府办公厅

2015年5月4日

省政府办公厅关于做好投资项目在线审批监管平台建设工作的通知

苏政办发〔2015〕95号

各市、县（市、区）人民政府，省各委办厅局，省各直属单位：

2014年以来，国家大力推进投资项目在线审批监管平台建设，《国务院办公厅关于印发精简审批事项规范中介服务实行企业投资项目网上并联核准制度工作方案的通知》（国办发〔2014〕59号）和《国务院办公厅关于创新投资管理方式建立协同监管机制的若干意见》（国办发〔2015〕12号），对建设在线审批监管平台提出了明确要求。近日，省政府推进职能转变协调小组第一次会议要求，加快建设投资项目在线审批监管平台，推动落实企业投资项目线上并联核准制度。为认真落实国务院和省政府有关工作要求，加快推进我省在线审批监管平台建设，经省政府同意，现将有关事项通知如下：

一、深刻认识加快在线审批监管平台建设的重要意义

在线审批监管平台建设是国务院作出的重大决策部署，是创新投资管理方式、建立协同联动审批监管机制的重要载体，也是推进投资领域简政放权、放管结合、优化服务、职能转变的重要手段。各地、各部门要充分认识加快平台建设的重要意义，采取切实措施扎实有序向前推进。

（一）加快平台建设是落实简政放权放管结合的关键举措

2012年以来，我省简政放权、放管结合取得了显著成效，取消和下放了多批投资项目审批事项。随着简政放权不断深入，迫切需要建立投资项目纵横联动协同监管机制，建设在线审批监管平台，着力解决部门放权协同不够、基层承接能力不足、监管机制不健全、监管手段不完善等突出问题。加快建设在线审批监管平台的主要目的，就是为建立协同联动审批监管制度提供技术支撑，运用“制度+技术”的方式，更好巩固简政放权成果，更好释放改革红利。

（二）加快平台建设是健全投资调控手段的必然选择

伴随着信息技术高速发展，全面、准确、及时掌握大数据对增强政府决策管理科学性、增强公共服务能力、提升管理服务水平等将发挥越来越重要的作用。加快建设审批监管平台，共享和公开平台生成的投资信息大数据，有利于丰富投资宏观调控的信息渠道，解决投资管理领域长期存在的信息缺失、不准确或不及时的问题，进一步提高投资调控的及时性、针对性和有效性。

（三）加快平台建设是提升政府服务水平的重要手段

近来年投资领域简政放权力度不断加大，但项目审批流程过长、环节过多、效率不高的问题仍然比较突出，企业和群众仍然感觉跑项目难。建设横向联通项目审批所有职能部门、纵向贯通各级政府的统一在线审批监管平台，建立投资项目并联审批制度，实现网上受理、办理、监管“一条龙”服务，不仅能提升政府部门项目管理水平，让权力在“阳光”下运行，也能极大提高审批效率，更好地方便企业和群众。

二、准确把握在线审批监管平台建设的重点任务

目前中央平台开发工作基本完成，国家发展改革委、国土资源部、环境保护部等16个部委已通过该平台基本实现横向联通和审批数据交换。根据国家统一部署，现阶段我省主要工作目标是加快建成纵向覆盖省、市、县三级，横向联通涉及投资项目管理各职能部门的全省投资项目联合在线审批监管平台，确保在规定的时间节点，即2015年11月底前实现与中央平台联网试运行，全面实现投资项目审批、核准、备案的“一窗受理、并联办理、依责监管、全程监察”。当前，要突出抓好五项重点工作任务：

（一）完善投资项目统一代码制度

对所有申请办理、核准、备案相关手续的投资项目，由在线审批监管平台统一受理，即时生成项目代码，作为项目全国范围内唯一身份标识，贯穿项目的全生命周期各个环节和每个事项。有关部门凭项目代码接收材料开展相关手续办理工作，将手续办理进度、结果、监管（处罚）等信息统一汇集至在线审批监管平台，并与社会信用体系对接。目前，国家已印发《投资项目基本信息共享规范》，制定了全国代码规范。省发展改革委要会同有关部门，根据我省实际情况，在国家规范的基础上进行细化完善，尽快组织编制我省代码规范，并在平台设计开发中加以应用。

（二）梳理审批事项清单和办事指南

审批事项和流程梳理是建立项目并联审批制度的基础，也是在线审批监管平台开发建设的重点和难点，关系到平台的总体设计、运行流程和使用效果。各地、各有关部门要认真对照项目审批、核准、备案目录，逐条逐项梳理本地区、本部门对应的审批事项清单和办事指南，明确审批事项的设立依据、审查内容、受理条件、办理流程和时限规定等要求。在此基础上，各级编制部门要在2015年10月15日前梳理形成省、市、县三级投资项目审批事项清单和办事指南。

（三）开展平台软件设计开发

我省在线审批监管平台的设计开发工作由省统一组织、统一部署，各市、县（市、区）人民政府和省有关部门要做好平台开发、部署的相关承接配合工作。平台设计开发要按照“标准规范、流程优化、运转高效、服务便利”的原则，确保做到三个全覆盖：区域全覆盖，平台应涵盖所有的省、市、县（市、区）；项目全覆盖，所有审批、核准、备案的项目都要纳入平台进行管理；事项全覆盖，全省所有投资项目相关的审批事项都必须在平台上运行。

（四）实现网络横向纵向联通

全省在线审批监管平台通过省政务服务中心与各级各有关部门实现网络横向纵向联通。省级涉及项目管理的各部门要在2015年10月30日前与省政府服务中心实现互联互通。各市、县（市、区）政务服务中心要与同级涉及项目管理的各部门实现网络横向联通，并在10月30日前实现市与县（市、区）政务服务中心网络纵向联通，11月10日前实现省与市政务服务中心网络纵向联通。

（五）建立部门间信息抄报共享联动机制

在全省统一平台开发完成后，省、市、县三级涉及项目管理的各职能部门要与平台实现投资项目数据交换共享。对已建业务系统的单位，要根据统一平台相关对接要求和接口标准抓紧对已有系统进行桥接改造，实现共享抄报信息的推送；对尚未建设业务系统的单位，要加快信息化建设，过渡期直接登录平台下载或上传共享抄报信息。部门间抄报共享的信息应包括：项目申报信息，包括项目代码、项目基本信息等；项目相关审批事项办理信息，包括办理进度信息、办理结果信息等；项目监管与信用信息，包括项目开工情况、竣工情况、监管信息、异常记录和黑名单等。各市、县（市、区）人民政府要督促本级涉及项目管理的各职能部门认真落实信息抄报共享相关要求。

在完成国家任务的基础上，下一步将对平台进行拓展和深化，通过建立项目管理信息系统形成全省投资信息大数据，利用大数据的分析、监测、预测和预警，提高投资调控的及时性、针对性和有效性，为各级党委政府经济决策提供依据。

三、认真落实在线审批监管平台建设和运行的工作要求

完成在线审批监管平台开发、部署、联网工作，时间紧、任务重、基础弱，各地、各部门要各司其职，各负其责，扎实推进，确保如期保质完成国家纵向贯通任务。

（一）加强组织领导

为确保平台建设顺利推进，省人民政府已成立专项工作协调推进小组，由分管秘书长任组长，省编办、省发展改革委、省经济和信息化委、省政务服务管理办公室负责同志任副组长，相关省级部门负责同志为成员，推进小组日常工作由省发展改革委承担。各市、县（市、区）人民政府和省各有关职能部门要高度重视平台建设工作，指定一名分管领导负总责，明确牵头部门和协同配合部门，并成立专门工作班子，相关分管负责人、部门负责人和联系人名单请于2015年10月10日前报省发展改革委。

（二）明确职责分工

由省发展改革委牵头，会同省经济和信息化委等部门，负责建立项目代码制度、开展在线审批监管平台软件开发等工作。省编办牵头负责省、市、县三级投资项目审批核准备案目录所对应的各部门审批事项清单、办事指南的梳理。省政务服务管理办公室牵头负责与各市和省级涉及投资项目管理各职能部门互联互通和数据推送共享。各市、县（市、区）人民政府负责本区域与省平台的联网对接工作，实现网络横向纵向联通和数据推送共享。涉及投资项目管理的省国土资源厅、住房城乡建设厅、环保厅、交通运输厅、水利厅等部门负责在规定时间内完成省本级联网，并督促指导各自条线市、县层级的横向联网和投资项目数据的抄报共享。

（三）扎实有序推进

各市、县（市、区）人民政府和省各有关部门要结合本地区、本部门实际，抓紧研究制定工作推进方案，将工作任务逐项进行细化分解，每项工作任务都要倒排时间表、明确责任人。要加强协调配合，密切沟通联系，努力形成工作合力，扎实有序推进平台建设，确保在规定时间节点完成平台建设任务。

（四）强化运行管理

在线审批监管平台建成后，投资项目相关的所有审批事项都必须纳入该平台，确保“平台下无审批”。对于未在平台上申报并取得统一项目编码的项目，各职能部门不得给予受理，发展改革、经济和信息化部门不得予以核准（审批、备案），规划部门不得办理选址，国土资源部门不得供地，住房城乡建设部门不得颁发施工许可证。

江苏省人民政府办公厅

2015年9月28日

省政府办公厅关于加快推进“三证合一、一照一码”登记制度改革的实施意见

苏政办发〔2015〕98号

各市、县（市、区）人民政府，省各委办厅局，省各直属单位：

为深入贯彻《国务院关于批转发展改革委等部门法人和其他组织统一社会信用代码制度建设总体方案的通知》（国发〔2015〕33号）、《国务院办公厅关于加快推进“三证合一”登记制度改革的意见》（国办发〔2015〕50号），加快推进“三证合一”登记制度改革，确保“三证合一、一照一码”登记模式如期实施，现提出如下意见。

一、改革目标

全面实行“三证合一、一照一码”（以下简称“一照一码”）登记模式。通过“一窗受理、互联互通、信息共享”，将由工商行政管理、质量技术监督、税务部门分别核发不同证照，改为由工商行政管理部门核发加载法人和其他组织统一社会信用代码（以下简称统一代码）的营业执照，企业和农民专业合作社（以下简称企业）的组织机构代码证和税务登记证不再发放。

二、实施步骤

（一）启动实施（2015年10月1日）

自2015年10月1日起，在全省各地全面推行企业“一照一码”登记。

（二）过渡衔接（2015年10月1日～2017年12月31日）

2016年1月1日起，开始办理已登记企业证照换发工作。2017年年底前，未换发的证照可继续使用。

（三）全面推行（2018年1月1日）

2018年1月1日起，一律使用“一照一码”营业执照办理相关业务，未换发的证照不再有效。

三、基本要求

（一）统一受理窗口

在省、市、县（市、区）政务服务中心设立综合窗口。凡企业申请设立、变更登记的，一律在综合窗口办理“一照一码”登记。综合窗口承担业务咨询、材料收取、数据录入、影印件上传、数据传输、证照发放职责。

（二）统一申请材料

按照《工商总局等六部门关于贯彻落实〈国务院办公厅关于加快推进“三证合一”登记制度改革的意见〉的通知》（工商企注字〔2015〕121号）要求，统一登记申请文书材料规范，申请人办理企业注册登记时只需填写“一表”，向综合窗口提交一套材料即可。综合窗口收件后，实时采集“一表”信息，在3个工作日内将纸质资料扫描上传至全省企业注册登记并联审批审核平台；暂不具备条件的，不迟于2015年12月31日完成扫描上传工作。申请纸质材料由工商部门存档，质监、税务等部门可根据需要查询申请人提交的申请材料原件。现登

记申请文书材料规范确需完善的，由省有关部门会商后另行发文调整。

（三）统一登记流程

综合窗口统一咨询、统一收取材料。工商部门审核后，全省统一流水、实时赋码，综合窗口发放“一照一码”营业执照，并将有关信息数据实时推送至相关部门，同时在省企业信用信息公示系统公示。

（四）统一数据标准

按照国家相关文件要求，结合江苏实际，制定江苏省数据采集和数据交换等地方标准，建立我省“一照一码”数据标准体系，确保相关部门信息互联互通和实时共享。

（五）统一交换平台

依托全省企业注册登记并联审批审核系统，建设完善统一的全省信息共享交换平台，建立跨层级、跨区域、跨部门的信息交换传递和数据交换共享机制。

（六）统一核发一照

企业新设立时，核发加载统一代码的营业执照。企业办理变更登记时，对已领取组织机构代码证的，核发加载嵌入原9位组织机构代码的统一代码的营业执照，收缴其原发营业执照、组织机构代码证、税务登记证；没有领取组织机构代码证的，核发加载统一代码的营业执照，收缴其相关证照。企业实行“一照一码”登记模式后，质监、税务部门不再办理组织机构代码证和税务登记证。

四、推进措施

（一）加强综合窗口建设

省、市、县（市、区）政务服务中心按照“一照一码”改革的新要求，综合考虑业务、服务、管理等确定综合窗口数量。要充实、配强综合窗口工作人员，可优先聘用质量技术监督部门办理组织机构代码证人员。要优化窗口布局，配备计算机、打印机、扫描仪等必要设备。综合窗口人员及设备所需经费纳入本级财政预算解决，并于2015年12月31日前落实到位。

（二）强化技术平台支撑

省政务服务管理办公室组织工商、质监、税务部门信息技术人员，对全省企业注册登记并联审批审核平台进行升级，完善信息交换传递和数据共享机制、平台建设，实现数据实时交换。探索建立新设立企业活跃度指标体系，加强对企业发展状况的监测分析。工商、质监、税务部门要适应“一照一码”登记模式的变化，改造升级本部门业务系统，保证各相关系统与平台无缝对接。组织机构代码管理部门还要加强统一代码赋码后的校核，会同登记管理部门建立统一代码重错码核查和信息共享机制，定期通报赋码和信息回传情况。提升平台的运行保障水平。各级政务服务管理办公室负责并联审批审核平台本地网络运行环境、日常运行维护、数据备份及质量管理、安全管理等技术保障工作。落实专人跟踪平台运行情况，协助做好平台业务授权、软件培训、问题答疑等工作。

（三）优化登记管理服务

适应实行“一照一码”登记制度改革的需要，规范申请、受理、审查、核准、发照等程序，最大程度地缩短登记审批时限。坚持公开办理、限时办理、透明办理。坚持条件公开、流程公开、结果公开。要在综合窗口统一制作“一照一码”登记办事指南，明确企业设立（开业）登记、变更登记、注销登记等各个环节的操作流程，使申请人一目了然，方便办理。

（四）实现成果广泛运用

各相关部门应按照有关文件要求，及时梳理本部门与“一照一码”登记模式相冲突的规章及规范性文件，尽快在制度框架内依法及时进行修订和完善，确保改革在法治轨道内运行。各相关部门要在各自领域认可、使用、推广“一照一码”营业执照，确保“一照一码”

营业执照在与企业有关的所有领域和环节都能够畅通无阻使用。对已领取“一照一码”营业执照的企业在办理相关业务时，不再要求提供组织机构代码证和税务登记证。

五、组织领导

（一）加强统筹协调

各市、县（市、区）要按照《省政府办公厅关于进一步推进“三证合一”改革的意见》（苏政办发〔2015〕50号）要求，建立健全政府主导、相关部门参与的工作协调机制，加强对“一照一码”登记制度改革工作的领导，协调解决改革中出现的问题，做好人、财、物、网络、技术等方面的保障。各相关部门要按照部门职责搞好分工协作，制订切实可行的部门实施方案，强化组织领导，精心组织实施，确保改革各项工作落实到位。

（二）加强培训宣传

各相关部门要围绕“一照一码”登记模式涉及的法律法规、技术标准、业务流程、文书规范、信息传输等开展专门的业务培训，切实提高相关工作人员的思想认识和业务水平。充分利用各种新闻媒介，及时向相关部门、单位和社会公众宣传“一照一码”登记制度改革，加大对改革内容的宣传解读，及时解答和回应社会关注的热点问题，使社会各界充分知晓改革、支持改革，自觉应用改革成果。

（三）加强督促检查

各地、各相关部门要制定督促检查工作计划，按照责任单位、时间节点和工作要求，做好跟踪督查。要严肃工作纪律，强化督促落实，加大问责和考核力度。省“三证合一”协调推进工作小组将对各地、各部门改革任务落实情况进行检查，对实施改革工作协调配合不力，造成工作脱节、延误改革进程的单位和个人进行通报。

各地在改革推进过程中遇到的新情况、新问题，要及时报告省相关部门。

江苏省人民政府办公厅

2015年9月29日

省科技厅关于印发《关于加强全省科技信用体系建设工作的实施办法》的通知

苏科计发〔2014〕185号

各市、县（市）科技局（科委），省有关部门：

为加强全省科技信用体系建设，根据《国务院关于改进加强中央财政科研项目和资金管理的若干意见》（国发〔2014〕11号）精神及省委省政府加快推进社会诚信体系建设部署，按照省政府信用管理“三个办法”要求，省科技厅制定了《关于加强全省科技信用体系建设工作的实施办法》，现印发给你们，请遵照执行。

江苏省科学技术厅

2014年9月18日

关于加强全省科技信用体系建设工作的实施办法

为贯彻落实《国务院关于改进加强中央财政科研项目和资金管理的若干意见》（国发〔2014〕11号）精神和省委省政府加快推进社会诚信体系建设的部署，按照省政府信用管理“三个办法”要求，现就加强全省科技信用体系建设制定以下实施办法。

一、加强全省科技信用体系建设的总体要求

（一）充分认识全省科技信用体系建设的重要意义

一是健全技术创新市场导向机制的内在要求。党的十八届三中全会提出健全技术创新市场导向机制的重要任务。科技信用是社会信用的重要组成部分，是在市场经济条件下提升自主创新能力的基石，只有健全科技信用体系，才能真正发挥好市场对技术研发方向、路线选择、要素价格、各类创新要素配置的导向作用。二是转变政府职能的必然选择。主动适应深化科技行政管理改革的新要求，推动科技管理向营造创造创新环境、提供优质公共服务、维护社会公平正义转变。三是区域创新体系建设的重要组成部分。科技信用体系是区域创新体系的重要基础，也是在市场经济条件下深化科技体制改革、完善科技计划管理的客观需要，有利于从机制上约束和规范相关主体的行为，释放创新活力。四是从源头上预防和惩治腐败及科研不端行为的重要措施。通过管理机制创新，加强评价和监督，强化制度约束，规范各级科技计划相关主体的行为，提升科技计划的整体管理水平，提高政府科技资源分配的公正性和有效性，从而有利于从源头上预防和惩治腐败及科研不端行为。

（二）全省科技信用体系建设的总体目标

围绕省政府信用管理“三个办法”和深化科技体制改革的总要求，进一步完善科技计划项目与经费管理制度，加快建立职责明晰、规范公开、监管有力、符合科研规律的科技信用体系。到2015年，在省科技计划管理中全面实行信用承诺（信用报告）和信用审查制度，基本建成省市县三级联动的科技信用信息平台，实现全省科技信用信息共享和对失信行为的联动监管，科技计划项目相关责任主体的诚实守信观念明显得到加强，全省科技系统文明守信的良好风尚基本形成，科技信用体系日趋完善。

（三）全省科技信用体系建设的基本原则

一是坚持实事求是。立足经济社会发展和科技创新实际，尊重科学研究、技术创新和成果转化客观规律，以事实为基本依据，做到客观记录和公正评价。二是坚持公开公正。加大信息公开力度，提高工作透明度，让守信者得到鼓励、让失信者付出代价，着力营造以人为本、公平竞争、充分激发创新活力的良好环境。三是坚持规范高效。建立完善信用管理制度、规范和标准，强化各级科技主管部门信用管理，加强对科技信用信息资源的整合，实现全省科技信用信息互联和资源共享。四是坚持统筹管理。加强全省科技信用体系建设的顶层设计，搭建科技信用信息共建共享共用平台，把科技信用信息使用贯穿于科技计划与经费管理的全过程，在项目申报、评审、立项、预算、实施、验收等各个环节中建立信用管理机制。

二、科技信用管理的对象和依据

（四）科技信用是指从事科技活动人员、单位或机构的职业信用，是对个人、单位或机构在从事科技活动时遵守正式承诺、履行约定义务、遵守科技界公认行为准则的能力和表现的一种评价。科技信用管理的对象指实施和参与省、市、县（区）等各级科技计划项目的相关责任主体，包括项目承担单位、项目负责人、项目评审专家和评估机构，以及接受委托履行管理职能的机构及其管理人员。

（五）科技信用管理的依据包括项目合同、计划任务书与委托协议书、项目预算书、经费匹配等正式承诺、科技专项资金管理办法、科技计划相关管理制度与政策法规以及科技界公认的行为准则等。

三、建立科技信用信息评价标准，逐步建成全省科技计划信用信息共享平台系统

（六）科技信用管理的基础是科技信用信息，科技信用信息包括管理对象的基本信息、良好信用行为和不良信用行为。

基本信息指相关主体的身份信息和与科技计划项目相关的信息，如所参与科技计划项目的计划类别、项目编号、项目名称、实施期限与支持经费等，良好信用行为信息是指相关主体在实施和参与科技计划项目中得到的奖励，不良信用行为信息是指相关主体在实施和参与科技计划项目中的不当行为以及所受到的处理情况等。

（七）科技计划相关主体信用信息评价标准是一项重要的基础性工作

各地要加强研究，依据不同责任主体参与科技计划项目活动的情况，分别建立信用指标体系并确定评价方法，对项目承担单位、项目负责人、评审专家、评估机构等进行信用评价。不良信用行为分为一般失信、较重失信、严重失信三个级别。

（八）建立科技计划信用数据库和信用信息共享平台，实现全省科技信用信息互联和资源共享

省科技厅负责全省科技信用体系建设的总体框架设计，指导建立全省共享的信用信息平台。各级科技主管部门负责本辖区科技信用体系建设工作，组织对相关主体进行信用评价和记录，针对项目承担单位、项目负责人、项目评审专家、评估机构等分别建立信用数据库，做到真实、完整和准确，进行定期更新和动态维护，并定期将信用数据库报送省科技厅，实现在全省科技系统中对不良行为的联动监管。

四、加强科技计划信用信息的收集与使用，把科技信用作为各级科技计划管理的重要依据

（九）各级科技主管部门是信用信息的主要收集、管理和应用部门

信用管理应与项目管理、经费管理、相关主体行为规范管理、科技绩效管理等方面有机结合。在各级科技计划项目评审、立项、预算、验收等关键环节中，应对相关主体的信用状况进行查询或评价，并使之成为管理的重要依据。

（十）明确“奖优罚劣”激励导向

对于信用良好者，在相关科技计划项目立项、组织申报上一级科技计划项目等应予以优先；对于信用不良者，要加强监督管理，并视情节轻重对相关责任主体采取警告、通报批评、适当提高立项标准、取消相关资格1–3年等方式进行处理。对于情节严重的失信行为，将记入信用“黑名单”，阶段性或永久取消其申请各级科技计划项目的资格。

五、推进科技计划信用制度建设

（十一）积极推进科技信用管理制度建设，要以提高失信成本为基本出发点稳步推进科技信用制度的规范化建设

各级科技主管部门要结合实际，制定相应的科技计划信用管理办法，对相关主体进行信用评价和管理，明确信用管理的对象、依据、内容、信用结果使用，以及信用信息框架、评价标准和管理方式。

（十二）建立失信惩戒机制，加大对失信行为的查处力度，形成有效的失信惩戒机制

各地科技主管部门要明确失信行为的认定、失信程度的分类，以及相应的惩罚措施，同时加大对失信行为的查处力度，使失信者受到惩戒，保障守信者的权益。

（十三）按照全省信用建设部署要求，建立与各级社会信用部门的沟通协调机制，在各级科技计划项目管理过程中建立信用承诺、信用报告和信用审查制度，在各级科技计划项目申报、立项等过程中要求相关责任主体出具信用承诺或信用报告。

关于印发《江苏省文明委关于推进诚信建设制度化的实施意见》的通知

苏文明委〔2014〕9号

各市、县（市、区）文明委，省文明委各成员单位：

现将《江苏省文明委关于推进诚信建设制度化的实施意见》印发给你们，请结合本地区、本部门实际抓好贯彻落实。

江苏省文明委

2014年9月22日

江苏省文明委关于推进诚信建设制度化的实施意见

诚信是社会主义核心价值观和公民基本道德规范的重要内容，诚信建设是国家治理体系和治理能力现代化的重要基石。为深入贯彻党的十八大、十八届三中全会精神和习近平总书记系列重要讲话精神，认真落实国务院《社会信用体系建设规划纲要（2014～2020年）》和中央文明委《关于推进诚信建设制度化的意见》，大力培育和践行社会主义核心价值观，着力推进诚信建设制度化，在新的起点上提升诚信江苏建设水平，特制定如下实施意见。

一、推进诚信建设制度化的总体要求

（一）指导思想

高举中国特色社会主义伟大旗帜，以邓小平理论、“三个代表”重要思想、科学发展观为指导，贯彻落实习近平总书记系列重要讲话精神，以培育和践行社会主义核心价值观为根本，以加强社会信用体系建设为基础，以褒扬诚信、惩戒失信为重点，以完善法律法规为保障，着力推进诚信建设制度化，建立完善长效工作机制和运行机制，切实营造诚实守信的经济社会环境和良好舆论氛围，为推进“两个率先”、谱写中国梦江苏篇章提供有力道德支撑。

（二）目标要求

到2020年，全省诚信建设制度化取得重要阶段性成果，覆盖全社会的信用体系基本建成；诚信江苏建设取得与“两个率先”进程相适应的新成效，全社会的诚信意识和信用水平全面提升。

——诚信制度逐步完善。省市信用信息系统全面建成，跨地区、跨部门的信用信息共享机制基本形成，社会信用基础性规章制度和标准体系建立健全。

——诚信风尚日益形成。诚信理念广为弘扬，诚信教育贯穿公民道德建设全过程，诚信建设融入人们日常生活和经济社会发展各领域，诚实守信成为全社会的价值追求和自觉行动。

——诚信创建深化拓展。诚信创建成为群众性精神文明创建的重要内容，诚信主题实践活动在各行各业广泛开展，政务诚信、商务诚信、社会诚信和司法公信建设取得明显成效。

——诚信环境持续优化。守信激励和失信惩戒机制全面发挥作用，经济社会发展信用环境明显改善，经济社会秩序显著好转。

实现上述目标，必须适应全面深化改革的新形势，着眼经济社会发展需要和人民群众关切，坚持教育引导与依法监管相结合，坚持政府推动与各方共建相结合，坚持褒扬诚信与惩戒失信相结合，坚持集中整治与建立长效机制相结合，努力构建不愿失信、不能失信、不敢失信的体制机制，促进诚信建设制度化常态化发展。

二、建立健全覆盖全社会的信用信息系统

（一）加快信用信息系统建设

按照推进建立自然人、法人和其他组织统一社会信用代码制度的要求，建立和完善信用信息基础数据库，依法加强各类信用信息归集，逐步实现信息采集全覆盖。统一信用信息采集和分类管理标准，完善失信行为等级划分办法。健全行业信用信息记录制度，以各类企业和从业人员为重点，把信用信息采集融入注册登记、资质审核、日常监管各环节，尽快完善金融、工商、税务、安全生产、产品质量、环境保护、食品药品、医疗卫生、知识产权、工程建设、交通运输、招标投标、电子商务、检验检测、劳动保障等事关人民群众日常生产生活重点领域的信用档案。全面提高信用信息系统建设水平，建立完善省级“一网三库一平台”，即诚信江苏网、社会法人信用基础数据库、自然人信用基础数据库、金融信用信息基础数据库及统一的信用信息共享平台，推动省辖市和有条件的县（市、区）建设相应的信用基础数据库和信用信息服务平台，加快形成覆盖全省的信用信息网络。

（二）建立信用信息共享机制

加强各部门各地区信用信息系统统筹整合，依法推进信用信息互联互通和交换共享，有效消除信用信息“壁垒”、“孤岛”。依法对信用信息实行分级管理，确定查询权限，设立公共信用信息服务查询窗口，促进各类社会主体的信用状况公开透明、可查可核。推动有关部门在行政管理、市场监管和公共服务中全面推行市场主体的信用承诺，扩大信用审查范围，使用信用记录和信用报告，尤其是在食品药品安全、产品质量、工程建设、电子商务、网络购物、交通安全、融资担保、劳动保障等重点领域，大力推广使用信用信息和信用产品，逐步实现多部门、跨地区、跨领域的信息联享、信用联评、守信联奖、失信联惩，让守信者处处受益、失信者处处受限。

三、大力营造有利于诚信建设的社会氛围

（一）培育弘扬诚信理念

组织报刊、广播、电视等新闻媒体，运用网络特别是微博、微信、微视、微电影等平台，运用公益广告等载体，深入宣传阐释诚信理念，宣传普及诚信道德规范，扩大宣传覆盖面，使诚信价值理念深入人心。抓住“3·15”消费者权益日，“诚信兴商宣传月”、“全国质量月”、“食品安全宣传周”、“全国安全用药月”、“6·14信用记录关爱日”和“五一”、“十一”、元旦、春节等重要时间节点，以及举办大型经贸活动、商品博览会等有利时机，增加宣传频次，形成宣传声势。深入挖掘中华

优秀传统文化中诚实守信的道德资源，解读和阐发蕴含其中的时代价值，引导人们在传统美德的熏陶中增强诚信意识、提升精神境界。注重发挥文艺作品教育感染作用，创作一批弘扬诚信的影视剧、小说和戏曲等文艺作品，做好展演展示，用文化传播滋养诚信价值理念。运用社区市民学校、公益性文化单位、文化服务中心等阵地，通过经典诵读、道德讲堂、论坛讲座、展览展示等形式，培育诚信文化。

（二）选树宣传先进典型

广泛开展选树"道德模范"、"身边好人"、"诚信之星"、"诚信标兵"等活动，推出一批诚信人物、诚信企业、诚信群体，发挥先进典型示范作用，引导人们见贤思齐。加大诚信典型宣传力度，重点宣传具有重大影响的诚信人物，宣传群众身边践诺守信的凡人善举，宣传百年老店、诚信"常青树"，宣传靠信誉打造品牌、赢得市场的诚信企业，宣传骨干企业、优势产业和知名品牌以诚信创一流的先进经验，塑造诚信江苏良好形象。

（三）鞭挞曝光失信行为

充分发挥舆论监督作用，加大对反面典型的曝光力度，揭露一批失信败德的典型案例，建立健全失信档案，使之成为"过街老鼠"。坚持区分性质、把握适度，对尚未造成严重危害的弄虚作假现象，在系统和单位通报批评、责令整改；对影响恶劣的重大失信违法案例，毫不留情地予以揭露和鞭挞，并跟进处罚措施和处理结果的报道，警示人们守住诚信"底线"、敬畏法律"高压线"，形成强大震慑效应。发动群众参与道德评议，通过组织大讨论等活动，形成民间舆论场，引导人们加强自我约束。

四、广泛开展诚信主题教育实践活动

（一）开展重点领域诚信教育

在政务领域，深入开展公务员诚信、守法和道德教育，大力倡导真诚为民、依法行政、诚信施政，把诚信纳入公务员招录和考核内容；依法做好政务信息公开，提高决策和施政透明度，树立政府公开公平清廉的诚信形象。在商务领域，深入开展诚信经营教育，改善商务关系和营商环境，促进各类经济活动健康高效开展。在社会领域，深入开展诚实做人、守信做事教育，大力倡导以诚相待、以信为本、以义取利，推动形成和谐友爱的人际关系，促进社会文明进步。在司法领域，深入开展严格执法、公正司法教育，大力倡导促进社会公平正义的核心价值追求，深入推进"阳光办案"、"阳光执法"，增强司法公信，树立司法权威。

（二）抓好重点人群诚信教育

深入开展党员干部诚信教育，引导他们以身作则、率先垂范，用模范行为带动诚信风尚的形成。抓好企业主群体的诚信教育，引导他们把诚信守法经营理念奉为信条，在生产经营、财务管理、履行纳税义务、环境管理和劳动用工管理等各环节建立信用管理流程，自觉抵制失信行为。引导医务人员崇尚服务理念，大力弘扬医者仁心、救死扶伤的医德。在法律、财会、价格评估等各类职业人群资格准入、专业评价、年审考核、职称评定中，强化诚信教育内容，培养职业操守，建立诚信档案，对严重失信行为实行"一票否决"。把诚信纳入学校教育，落实到教育教学和管理服务各环节，在德育课、思政课以及道德实践中强化契约精神教育，研究建立学生诚信评价考核办法。加强师德建设，强化诚信执教、为人师表理念，以人格魅力为学生展示"行为世范"。依法依规严肃惩戒学术造假、论文抄袭、考试作弊等失信行为，引导师生以诚立身、诚信做人。

（三）深化诚信创建活动

推动各行各业结合业务和生产经营实际，围绕信用至上、诚信兴业、履约守信等主题，深化"诚信示范企业"、"诚信经营示范店"、

“文明诚信市场”、“价格诚信单位”、“质量信用AAA级企业”、“绿色诚信企业”等活动，把诚信渗透到生产、流通、消费各环节，体现到管理、经营、服务各方面。突出“舌尖上的安全”，强化食品药品行业的诚信建设，深入开展“诚信做产品”活动，引导从业人员增强社会责任感，用道德良心做放心产品。把诚信建设的要求融入文明城市、文明村镇、文明行业、文明单位等群众性精神文明创建内容，加大诚信建设在测评中的权重，着力塑造信用城市、信用村镇、信用单位的良好形象。

（四）创新诚信实践载体

鼓励各地搭建有效实践载体，吸引各类社会主体参与诚信建设。持续放大常州“双桂坊”诚信做食品示范效应，打造各类“诚信示范街区”、“放心消费市场”，形成更多的诚信创建品牌。探索建立各类“企业诚信联盟”，引导生产、商贸、服务等领域企业践行以信笃行的传统美德，讲社会责任、讲公平竞争、讲诚信守约，发挥好示范带动作用。探索实行农村“道德信贷”，让农民在诚实劳动、诚信创业中得益受惠。

五、着力构建激励诚信、惩戒失信的长效机制

（一）建立守信激励机制

建立嘉许制度，对诚信企业和模范个人进行宣传，使守信者受到推崇。深化信用信息和信用产品的应用，对诚实守信者在行政许可、资格认定、公共服务、政府采购等方面实行优待政策，形成讲诚实不吃亏、守信用得实惠的正向激励。

（二）完善失信惩戒机制

认真落实《江苏省社会法人失信惩戒办法》和《江苏省自然人失信惩戒办法》，探索利用公共信用信息系统实现联动惩戒。按照失信类别和程度，综合运用法律、经济、行政、社会管理等多种手段，建立多部门、跨地区的联合惩戒机制，制定行政性、市场性、行业性、社会性的约束和惩戒措施，使失信者在注册登记、金融信贷、招标投标、就业消费等方面受到限制，提高失信成本。

（三）建立“红黑榜”发布制度

推动各地各部门依据法律法规，按照客观、真实、准确的原则，建立诚信红黑名单制度，把恪守诚信者列入“红名单”，把失信违法者列入“黑名单”，形成扶正祛邪的制度机制和社会环境。对于列入“黑名单”的，根据违法违规性质和社会影响程度，分别采取“一对一”警示约谈、“一对多”部门间通报、在媒体公开发布等不同措施。在继续组织发布严重失信被执行人名单的基础上，发布食品药品安全、企业产品质量、环境安全、纳税情况、债务偿付情况等方面的“黑名单”，并发布失信惩戒措施。

（四）开展突出问题专项整治

食品药品监管部门，要严厉打击制售假冒伪劣、有毒有害食品药品的黑工厂、黑窝点、黑作坊、黑渠道，严惩重处食品药品违法犯罪。工商和公安部门，要联合严厉打击各种非法传销活动，狠抓社会影响大、涉案范围广的大案要案。质检部门，要扎实推进“质检利剑”行动，严厉打击产品质量违法行为。公安部门，要严厉打击利用电话、网络诈骗犯罪行为，保护群众财产安全。网管部门，要深入推进整治网络谣言专项行动，列出一批“黑名单”。通信管理部门，要尽快落实手机卡实名制，有效切断境外网络改号电话从国际端口局以及各地电信企业落地进入境内程控网的管道。银行部门，要把落实银行卡实名制作为重点，推动对境外操作境内网银进行转账的限制、快速异地冻结赃款等工作落实。

（五）完善诚信监督体系

坚持行政监管、行业管理、社会监督相结合，构建多层面、全过程、广覆盖的监督体系，对各类社会信用主体实施有效监管，从源头上遏制失信行为。针对失信易发多发的行业领域，加强日常监管，强化风险排查，提升诚信监管效能。邀请各级人大代表、政协委员，到生产企业、服务窗口和公共场所明察暗访，提出意见建议。推动行业协会商会更好发挥自律作用，加强管理和服务，对行业成员形成监督约束。建立健全有奖举报制度，鼓励群众举报失信违规行为，对举报问题及时查处。建立完善的监督平台，鼓励大众传媒开展建设性舆论监督，营造诚信光荣、失信可耻的社会氛围。对借舆论监督之名实施敲诈勒索的假新闻、假媒体、假记者，要及时发现、及时查处，提高媒体公信力。

六、强化诚信建设制度化的法治、政策和组织保障

（一）营造诚信建设法治环境

加强对合同法、产品质量法、食品安全法、环境保护法、消费者权益保护法、征信业管理条例等法律法规的宣传，抓好党政机关、执法部门法律法规的学习培训，组织法律专业人员和法律志愿服务队伍深入村镇、社区、机关、企业等城乡基层普及诚信方面的法律知识，增强全社会学法、尊法、守法、用法意识。推进信用立法工作，使信用信息征集、信用信息安全和主体权益保护等方面有法可依、有章可循。推动各地把一些行之有效的管理经验上升为法规制度，制定诚信建设地方性法规、行政规章和规范性文件。坚持有法必依、执法必严、违法必究，用法律的刚性约束增强人们守信的自觉性。

（二）推动诚信建设融入政策制度

充分发挥公共政策的价值导向作用，在确定经济社会发展目标和发展规划、出台经济社会政策和重大改革措施时，注重经济行为与价值导向有机统一，防止具体政策措施与诚信建设相背离。推动政府职能部门带头使用信用信息和信用产品，通过实行企业环保信用评价、质量信用评价与信贷政策对接，实施信用、商务、技术“三合一”评标体系等，把诚信建设的要求融入日常管理和服务环节之中。推动政府职能部门把诚信建设与完善现代市场体系、推动转型升级、创新社会治理、转变政府职能结合起来，夯实经济社会持续健康发展的信用根基，为全面深化改革创造条件、提供支撑。

（三）形成统分结合工作机制

诚信建设既是一项重大改革任务，也是一项重要民心工程。各地要把诚信建设制度化摆上重要位置，建立健全党委政府领导、文明委组织协调、职能部门各负其责、全社会共同参与的工作格局。支持配合社会信用体系建设领导小组发挥组织协调作用，加快构建社会信用体系，为全社会诚信建设夯实基础。文明委成员单位和有关部门要把诚信建设作为分内职责，依据业务范围，细化诚信建设制度化具体举措，抓好各项任务落实。各级宣传部、文明办要做好组织实施、协调推进工作，加强与各部门的信息沟通和联络服务，加强对重点任务的检查督导，把各方面积极性都调动发挥出来，形成齐抓共管、合力推进的良好局面。

省发展改革委关于推进分布式光伏发电健康发展的意见

苏发改能源发〔2014〕1131号

各市发展改革委：

按照《国务院关于促进光伏产业健康发展的若干意见》(国发〔2013〕24号)，近年来，国家发展改革委、国家能源局相继颁布《分布式发电管理暂行办法》(发改能源〔2013〕1381号)、《光伏电站项目管理暂行办法》(国能新能〔2013〕329号)、《分布式光伏发电项目管理暂行办法》(国能新能〔2013〕433号)和《光伏发电运营监管暂行办法》(国能监管〔2013〕459号)等4个暂行办法，陆续出台《大力发展分布式发电若干意见》(国能新能〔2013〕366号)、《关于进一步落实分布式光伏发电有关政策的通知》(国能新能〔2014〕406号)和《关于进一步加强光伏电站建设与运行管理工作的通知》(国能新能〔2014〕445号)等一系列文件。为全面准确地贯彻国家政策，积极稳妥地推进我省工作，现根据国家相关文件(详见江苏省发展改革委门户网站，新能源处子站“分布式光伏应用政策专栏”：www.jsdpc.gov.cn/xxgk/wjg/xnyc/fbsgfyy/)，就推进我省分布式光伏发电健康发展提出如下意见。

一、充分认识发展分布式光伏发电的重大意义

国务院《关于促进光伏产业健康发展的若干意见》明确指出，“发展光伏产业对调整能源结构、推动能源生产和消费革命、促进生态文明建设具有重要意义”。市、县发展改革(能源)部门要从积极贯彻落实国家《可再生能源法》，加速能源结构调整，贯彻落实“节约、清洁、安全”能源战略方针，确保能源安全，贯彻落实生态文明工程决策部署，建设“美好江苏”，加速发展战略性新兴产业，打造江苏经济“升级版”的高度，全面认识国家持续推进光伏发电尤其是分布式发电的战略意图，紧密结合本地实际，主动作为，创新举措，务实推进分布式光伏发电健康发展。

二、准确把握分布式光伏发电的本质特征

2013年，国家发展改革委《分布式发电管理暂行办法》第二条明确，“分布式发电，是指在用户所在场地或附近建设安装、运行方式以用户端自发自用为主、多余电量上网，且在配电网系统平衡调节为特征的发电设施或有电力输出的能量综合梯级利用多联供设施”。同年，国家能源局《分布式光伏发电项目管理暂行办法》第二条指出，“分布式光伏发电是指在用户所在场地或附近建设运行，以用户侧自发自用为主、多余电量上网且在配电网系统平衡调节为特征的光伏发电设施”。根据前述两个暂行办法，分布式光伏发电具有以下基本特征。一是项目场址位于用户所在场地或其附近。二是建设目的为“自发自用、多余上网”。三是联网接入方式为在配电网内就近低压联网。四是电量平衡由项目所在地配电网系统负责实施。市、县发展改革委（能源）部门要认真学习两个暂行办法，准确把握分布式光伏发电的本质特征，引导分布式光伏发电健康发展。

三、稳妥拓展分布式光伏发电的发展模式

今年9月，国家能源局印发《关于进一步落实分布式光伏发电有关政策的通知》，明确分布式光伏发电项目可采取“自发自用、余电上网”或“全额上网”两种模式，其中采用“全额上网”模式的项目，其全部发电量执行当地光伏电站标杆上网电价。市、县发展改革（能源）部门，要紧密结合本地实际，在严格坚守耕地保护“红线”、生态保护“红线”的前提下，既积极又稳妥地拓展分布式光伏发电发展模式。第一，要重点和优先发展“余电上网”模式分布式光伏发电。要继续引导和重点利用城乡各类屋顶资源（包括居民住宅、公共建筑、工业厂房、物流仓储商业设施等），发展“自用为主、余电上网”的建筑一体化分布式光伏发电。要在不影响农林渔业基本生产环境的前提下，科学利用农业大棚、鱼塘、湖泊等，发展“自用为主、余电上网”的分布式光伏发电。第二，适度和有序发展“全额上网”模式分布式光伏发电。对于采用“全额上网”模式建设的分布式光伏发电项目，要全面准确把握国家能源局国能新能〔2014〕406号《通知》明确的政策界限。一是凡在地面建设的，仅限于因地制宜地利用废弃空闲地、荒山荒坡、废弃物处置场所，以及不影响生态功能的滩涂、不改变农用地用途并且不影响生产功能的农业大棚和鱼塘。二是凡是利用建筑屋顶及其附属场地建设的，该附属场地的土地现状应为建设用地，并且土地使用权人应当一致。三是单个项目建设规模不超过20MW。四是接入35千伏及以下电压等级。五是项目所发电量主要在并网点变电台区范围内消纳。第三，要严谨规范地办理模式变更申请事项。对于已按“自发自用、余电上网”模式运营并执行相关政策的项目，在用电负荷显著减少甚至消失，或者原有供电合同无法履行的情况下，项目业主依照国家能源局规定申请变更为“全额上网”模式的，市、县发展改革委（能源）部门要会同当地供电部门及时进行现场调查。经调查，凡符合模式“变更”条件的，方可同意变更并予备案，备案文件要及时抄报上级发展改革委（能源）部门，并抄送同级电网企业。

四、切实加强分布式光伏发电规划计划工作

太阳能是可再生能源的重要组成部分，光伏发电（包括集中式和分布式）是太阳能利用的重要方式。一要加强规划工作。省、市、县地方各级发展改革（能源）部门，在制定中长期（规划期一般为五年）能源发展规划、农村能源发展规划、可再生能源发展规划时，要根据《可再生能源法》等相关规定，将太阳能利用（包括光伏发电、光热发电、太阳能热利用等）一并纳入规划。在制定光伏发电发展规划时，要根据国家政策取向，紧密结合本地实际，将分布式光伏发电作为重要内容纳入规划，明确目标任务和工作举措。市、县发展改革（能源）部门，要在持续深入地开展资源调查的基础上，会同国土、环保、住建、水利等部门，以各类园区为重点，结合创建新能源示范城市、绿色能源示范县、分布式光伏发电应用示范区等各类试点示范，组织编制本地区分布式光伏发电应用规划（以2013年为基数，2015年和2020年为规划期），报本级人民政府批准，并抄报省发展改革委（能源局）。规划实施过程中，要及时开展中期评估，适时修订完善规划。二要加强计划工作。国家能源局国能新能〔2014〕445号文件明确，国家能源局在统筹制定和实施全国光伏电站建设规划并滚动调整的同时，每年四季度组织编制和下达下一年度光伏电站年度实施计划。按此要求，省将逐年制定年度实施计划。市、县发展改革（能源）部门要结合本地既有规划和拟建项目情况，研究提出本地下一年度光伏发电（包括集中式光伏发电和分布式光伏发电）实施计划草案，于每年11月10日前，正式行文上报省发展改革委（能源局）。年度实施计划草案要包括拟建项目投资主体、项目名称、项目选址、建设规模、模式类别（集中式光伏电站、"余电上网"分布式、"全额上网"分布式）、电网接入初步方案等内容。2015年度实施计划草案，请于2014年11月20日前上报。

五、切实加强对分布式光伏发电项目的政务服务

根据国家现行政策，分布式光伏发电实行"备案制"管理和年度"规模指标"管理。第一，要加强和改进项目备案管理。市、县发展改革委（能源）部门要根据国家能源局《分布式光伏发电项目管理暂行办法》（第十条）和省发展改革委《关于正式执行<江苏省企业投资项目备案管理暂行办法>的通知》（苏发改投资发〔2008〕696号）的规定，对分布式光伏发电项目实行备案管理，不得以任何理由实行或变相实行审批、核准管理。市、县发展改革（能源）部门在备案分布式光伏发电项目时，要根据项目业主自主选择并且在其备案申请材料中书面明确的分布式光伏发电模式进行备案，并且将其选定的"模式"和开工、竣工时间在备案通知中予以载明。项目业主在备案申请材料中未对"余电上网"或"全额上网"模式进行选择的，应当要求项目业主作出选择，业主拒绝选择的，不得办理备案手续。第二，要加强和改进年度规模管理。目前，国家对光伏电站和分布式光伏发电建设均以下达年度实施计划的方式实行规模管理。今后，国家下达年度实施计划，明确全省规模指标后，省将根据各地规划目标、年度实施计划，特别是近几年发展实绩、各类试点示范实际进展情况，及时分解下达各市年度指标规模。各市要在10个工作日内予以分解下达。市、县发展改革委（能源）部门在办理分布式光伏发电项目备案时，务必注意把握规模指标。要优先满足采用"自用为主、余电上网"模式并且在当年能够完成的分布式光伏发电项目指标需求。县（区、县级市）出现指标不足，不能完全满足"自用为主、余电上网"模式项目需求时，先在市内调剂，市内无法调剂时，要及时书面报告，由省发展改革委在省内调剂，或向国家能源局提请追加。在完全满足"自用为主、余电上网"模式项目指标需求的前期下，市、县可安排规模指标用于采用"全额上网"模式的分布式光伏发电项目。要切实防止因超规模备案可能产生的不良后果。

六、切实加强对分布式光伏发电工作的协调指导

分布式光伏发电涉及的政策范围广、利益主体多。加强和改进过程指导是促进和保障分布式光伏发电健康发展的重要条件。市、县发展改革（能源）部门要从建立工作机制入手，突出重点环节，切实加强指导协调。第一，要建立健全协同推进机制。在当地人民政府领导下，会同国土、环保、住建、水利、供电等部门，以及省级以上各类园区管理机构，建立工作机制，统筹谋划本地区扶持政策，科学制定中长期发展规划和年度实施计划，有效落实项目选择、屋顶资源、模式选择、项目备案、电网接入等关键环节具体工作。第二，着力破解关键制约因素。要立足于各类试点示范形成规模、创出特色，着力在屋顶规模化利用、合同能源管理《示范合同文本》、规范高效完成接网程序等方面，进行创新尝试。对于在建城区和各类开发区以外选址，主要利用废弃空闲地、荒山荒坡、废弃物处置场所，以及不影响生态功能的滩涂、不改变农用地用途并且不影响生产功能的农业大棚和鱼塘建设，采用"全额上网"模式的分布式光伏发电，可以按照国家能源局国能新能〔2014〕406号和国能新能〔2014〕445号文件精神，综合考虑各种因素（包括以增加农民收入和经济薄弱村集体收入为主要任务的扶贫开发政策要求），采取招标、竞争性比选等方式，在候选项目中进行优选。

七、切实加强分布式光伏发电项目的过程监管

市、县发展改革（能源）部门要根据国家和省转变职能、简政放权、加强事中事后监管的要求，切实加强监管工作。在招投标方面，对于并网运行的集中式光伏发电项目和享受各级政策补贴的分布式光伏发电项目，要指导和督促项目业主按照国家规定，采购已经获得认证的光伏产品，使用具有资质要求的施工单位。在安全管理方面，要会同安监部门指导和督促项目业主自觉执行安全管理法规规范，开展光伏发电设施安全评价，加强施工安全管理。在项目建设方面，要及时跟踪项目备案后各项支撑文件的取得情况，开工条件和准备工作的落实情况，指导和督促项目业主符合条件后及时开工，严防发生买卖项目备案文件的现象。对于已经备案的项目，未在规定时间建成，导致本地区年度规模指标不能完成的项目，要建立“黑名单”制度，对其投资人在以后年度内提出的项目实行必要的限备。

八、突出抓好分布式光伏发电应用示范区建设工作

示范区是发展分布式光伏发电的重要载体，承担先行先试率先发展的责任。根据国家能源局部署，经地方申报，2013年国家能源局确定了第一批示范区（18个），我省无锡高新区、南通经济技术开发区纳入首批示范区实施方案。有关地方和开发区要勇于担责、扎实工作，确保示范区如期达到创建目标。一要坚定目标。根据无锡高新区和南通经济技术开发区及投资主体编制和两市发展改革部门审核上报、国家能源局审定的《分布式光伏发电示范区工作方案》，2015年底要分别形成50MW和150MW发电能力。无锡、南通市及两个开发区要抓紧分析评估，查找问题症结，围绕创建目标，毫不动摇地加以推进。二要落实责任。两市发展改革部门要切实承担起指导协调责任，无锡高新区和南通经济技术开发区要切实承担起组织推进责任，江阴复睿新能源电力投资有限公司和中天光伏技术有限公司要承担起开发建设主体责任，协同落实好《示范区工作方案》确定的政策措施和工作举措。三要狠抓进度。国家能源局国能新能〔2014〕410号文件明确，到2014年底未达到20MW的示范区，将取消“示范区”资格。两市及示范区投资主体要高度重视，扎实推进。如投资主体实力不足，可及时吸引有能力的主体，壮大实施能力。如屋顶资源协调不力，园区管理部门要主动采取措施，加强统筹协调。

各地在贯彻落实国家、省有关规定和本意见过程中，要加强调查研究，及时发现和解决问题。需要国家和省级层面统筹研究解决的，请及时书面报告。

江苏省发展改革委

2014年10月25日

关于支持农村电子商务创业就业工作的意见

苏人社函〔2015〕263号

各市人力资源和社会保障局，昆山市、泰兴市、沭阳县人力资源和社会保障局：

为顺应农业现代化建设和“互联网+”经济发展趋势，加快推进农村电子商务创业就业，把发展农村电子商务促进创业就业纳入各地创业就业发展规划，促进农村一二三产融合和农村居民增收致富，现就支持农村电子商务创业就业提出如下意见。

一、支持农村电子商务创业园建设

依托现有各类合规开发园区、农业产业园，盘活闲置厂房等存量资源，支持和引导地方整合发展一批重点面向初创期“种子培育”的返乡创业孵化基地、引导早中期创业集群发展的返乡创业园区，聚集创业要素，降低创业成本。挖掘现有物业设施利用潜力，整合利用零散空地等存量资源，并注意与城乡基地设施建设、发展电子商务和完善物流基础设施建设等统筹结合。属于非农业态的农民工返乡创业园，应按照城乡规划要求，结合老城或镇村改造、农村集体经营性建设性用地或农村宅基地盘整进行开发建设。属于农林牧渔业态的农民工返乡创业园，在不改变农地、集体林地、草场、水面权属和用途前提下，允许建设方通过与权属方签订合约的方式整合资源开发建设。指导各创业园为电子商务创业人员提供创业场地支持和创业孵化服务，按规定给予园区场租、水电、网络运营等相应补助。其中被认定为省级创业示范基地的，省通过转移支付的方式给予一次性奖补。

二、支持农村电子商务创业就业

对农村劳动者、返乡农民工、在校大学生和毕业5年内的高校毕业生、退役军人等人员创办农村电子商务企业的，按规定享受创业担保贷款和贴息政策。

对正常运营6个月以上的农村电子商务企业，按规定给予一次性创业补贴，并按吸纳人员就业情况给予创业带动就业补贴。

对就业困难人员和毕业年度高校毕业生在农村电子商务企业就业的，在劳动合同期限内每年给予个人一定的就业补助，补助期限不超过3年。

农村电商小微企业新招用就业困难人员和毕业年度高校毕业生，签订1年以上劳动合同并依法缴纳社会保险费的，按规定给予社会保险补贴。

农村电商企业在创业园外租用办公或仓储用房，可按当地标准给予场租补助。

经工商登记注册的农村网络商户从业人员，同等享受各项就业创业扶持政策。对未进行工商登记注册的农村网络商户从业人员，公共就业服务机构可将其认定为灵活就业人员并落实扶持政策。

加速农村电子商务创新创业从三产向一产二产延伸渗透，推进资源跨地区整合，强化政策、服务、市场等方面联动对接，拓展返乡创业市场空间，进一步延长返乡创业产业链条，其中被吸纳就业的劳动者，按规定享受相应就业政策扶持。

三、加强农村电子商务人才培养

将农村电子商务人才培养培训工作纳入全省专业技术人才知识更新培训工程，每年举办1－2期电子商务专业技术人才省级高研班。指导各类专业技术人才继续教育基地增加电子商务培训项目，大力推进各地各有关行业开展大规模电子商务专业人才知识更新培训。

对省重点电商企业副总经理以上人员，不受学历、资历、任职资格等限制，按规定破格申报评审高级经济师，并按规定享受当地人才引进扶持政策。

四、加强农村电子商务从业人员职业培训

将电子商务培训纳入全省职业培训总体规划，组织实施电子商务培训专项计划，鼓励城乡劳动者参加电子商务就业技能培训，支持电子商务企业开展岗位培训、岗位技能提升培训和高技能人才培训。大力推广“创业培训＋电子商务”培训模式，提升学员电子商务就业创业能力，对培训合格并成功创业的，给予创业培训补贴。以获取国家职业资格证书和专项能力证书为主要评价依据，参加职业培训和职业技能鉴定的人员，以及组织职工培训的电子商务企业，可按规定享受职业培训补贴和职业技能鉴定补贴政策。搭建电子商务培训网络，拓展数字化培训平台，构建开放统一的职业培训市场体系。鼓励电子商务企业自行开发、自主建设、自我管理公共网络学习交流平台。

五、加强农村电子商务维权保障

推行电子平台网络商户集体合同集体协商制度，规范电子商务企业特别是网络商户劳动用工，经工商登记注册取得营业执照的，应与招用的劳动者依法签订劳动合同；未进行工商登记注册的，参照劳动合同法相关规定与劳动者签订民事协议。加大电子商务行业劳动争议调解和行政执法力度。大力实施“全民参保登记计划”，积极推进电子商务企业及其职工依法参加社会保险。对长期雇用5人及以上并进行工商注册登记的网络商户，可在工商注册地参加企业职工的各项社会保险。对未进行工商注册登记的网络商户，其从业人员可选择在户籍所在地或就业地按灵活就业人员参保办法参加社会保险。

六、加强农村电子商务就业服务

加强人力资源市场供求分析和动态监测，建立专门的用工需求目录，提高电子商务企业用工服务的针对性和有效性。完善电子商务人才供求信息对接机制，建立人才储备数据库和求职登记数据库，健全求职和用工信息平台，促进供需信息实时共享和及时、有效对接。完善市场就业招聘服务机制，为电子商务企业招工服务建立“绿色通道”，定期举办专场招聘活动，积极保障电子商务企业的用工需求。

江苏省人力资源和社会保障厅

2015年8月6日

江苏跨境电子商务检验检疫监督管理办法（试行）

第一章 总 则

第一条 为支持和促进跨境电子商务发展，规范跨境电子商务检验检疫监督管理工作，根据《中华人民共和国进出口商品检验法》及其实施条例、《中华人民共和国进出境动植物检疫法》及其实施条例、《中华人民共和国国境卫生检疫法》及其实施细则、《中华人民共和国食品安全法》及其实施条例、《中华人民共和国认证认可条例》等法律法规的规定，制定本办法。

第二条 本办法适用于江苏跨境电子商务进出口商品的检验检疫监督管理工作。

跨境电子商务是指不同国家或地区的个人与企业，通过跨境电子商务平台达成交易、进行支付结算，并通过跨境物流送达商品、完成交易的一种国际商业活动。跨境电子商务贸易一般包括B2B（企业对企业）、B2C（企业对消费者）、B2B2C（企业对企业对消费者）等方式。

第三条 对跨境电子商务交易的进出口商品实施负面清单（见附件一）管理，负面清单内的商品不纳入跨境电子商务经营范围。

第四条 江苏检验检疫局通关处负责统一管理跨境电子商务检验检疫监督管理工作，江苏检验检疫局相关业务管理部门负责业务指导，各分支局对跨境电子商务进出口商品实施检验检疫和监督管理。

第五条 跨境电子商务检验检疫监管以贸易便利化为原则，以信用管理和风险管理为核心，以信息化系统为依托，建立“企业全备案、商品全申报、质量全追溯”的监管制度，实施“集中申报、集中查验、信用评价、分类监管、快速核放、质量追溯”的质量信用分类监管模式。

第六条 检验检疫机构通过跨境电子商务监管服务平台，实现对跨境电子商务的企业备案、商品申报、监管放行等监督管理工作。

第二章 备案管理

第七条 对跨境电子商务经营企业及其商品实施备案管理，明确质量安全责任主体。跨境电子商务经营企业包括境内开展跨境电子商务的进出口企业、提供交易服务的跨境电子商务平台企业、物流仓储企业等。

第八条 跨境电子商务经营企业办理备案应当提供以下资料：

（一）跨境电子商务经营企业备案登记表（见附件二）；

（二）企业法人营业执照、组织机构代码证；

（三）跨境电子商务出口/进口商品备案清单（见附件二/1、见附件二/2）；

（四）质量安全承诺书（见附件三）；

（五）其它法律法规规定的材料。

第三章 商品申报

第九条 出口商品申报：实行全申报制度，跨境电子商务经营企业通过跨境电子商务监管服务平台向检验检疫机构申报商品名称、HS编码、订单号码、收发货人等信息 (跨境电子商务出口商品清单申报表，见附件四)。法定检验出口商品按月集中办理报检手续，由检验检疫机构集中办理通关单。

第十条 进口商品申报：实行预申报制度，跨境电子商务经营企业应通过跨境电子商务监管服务平台向检验检疫机构提前申报商品名称、HS编码、订单号码、收发货人等信息（跨境电子商务B2B2C进口商品（预）申报表，见附件五；跨境电子商务B2C进口商品清单申报表，见附件六）。法定检验进口商品按月集中办理报检手续，由检验检疫机构集中办理通关单。

第四章 监管放行

第十一条 跨境电子商务出口商品以检疫监管为主，跨境电子商务商品出口时采取监督抽查和集中检查相结合的查验方式。经查验货单相符的商品实施即查即放；经查验发现的假冒伪劣产品不予放行。

第十二条 B2B方式进口的商品，参照现行一般贸易进口商品相关检验检疫管理办法执行。进入特殊监管区域的，可实施“一次申报、预先检验、分批核销”的监管模式。

第十三条 B2B2C方式进口的商品，实施“分类管理、便利进出”、“一次申报、预先检验、分批核销”的检验检疫监管措施，实施符合性验证、集中查验和监督抽查。属于实施国家强制性商品认证制度、卫生注册登记制度管理的商品，验证其相关证书和标志，实行入境检疫审批的产品（产品清单见附件七），验证其许可证书。对验证、检验、检疫不合格的商品，责令退运或销毁处理。

第十四条 B2C方式进口的商品，通过国际快递或邮寄方式入境的，按照《出入境快件检验检疫管理办法》监管。在承诺个人合理自用基础上，检验检疫机构对商品信息及个人合理自用数量进行验核后，免于检验，直接放行。

第五章 监督管理

第十五条 跨境电子商务经营企业应建立商品质量安全承诺制度和质量监督员制度，履行商品质量安全的主体责任，保证其经营、销售的进出口商品符合中国和进口国的法律法规和强制性技术规范的要求。

第十六条 检验检疫机构对跨境电子商务经营企业提供的有资质的检测实验室出具的跨境电子商务出口商品检测报告予以采信，可作为风险评估、质量评价、监管放行的依据。

第十七条 跨境电子商务经营企业应建立进出口商品质量报告制度，每半年向检验检疫机构报告跨境电子商务进出口商品质量情况（附件八）。涉及出口退运、消费者质量投诉的，需同时报告后续处理措施实施和结果的信息。

第十八条 检验检疫机构对跨境电子商务进出口商品实施质量监测，并根据进出口商品的退运、投诉、反馈等信息以及全申报数据的综合分析，对跨境电子商务在售商品实施监督抽查，发布监督抽查结果。对于检测不合格的，责令立即下架、暂停进口、销售，并根据情况进行整改或召回。

第十九条 检验检疫机构对跨境电子商务经营企业实施信用管理。定期评价经营企业的信用等级并予以公布，根据不同的信用等级实施不同的监管方式。对诚实守信的企业（AA

类、A类、B类）给予免予查验、即查即放、快速核放等便利措施，对违规、失信企业，采取信用扣分、加严监管等措施。

第六章 监管设施及条件

第二十条 跨境电子商务管理机构应当建立跨境电子商务监管服务平台，实现跨境电子商务经营企业与检验检疫机构及其他监管部门信息共享和交换，并提供满足检验检疫工作需要的设施设备。

（一）跨境电子商务检验检疫监管信息系统。信息系统主要包括：企业、产品备案模块、全申报模块、进口监管模块、出口监管模块、监督管理模块等。

（二）查验工作区。查验工作区其面积视具体情况而定，查验工作区应配有可供检验检疫部门使用的视频监控、数据网络、计算机管理系统、X光机、查验采样工具等必要的设施设备。

（三）监管仓库：应设有符合监管要求、可供检验检疫部门使用的监管仓库，分留样区、暂存区、处理区。仓库内安装有照明设施和视频监控系统。

（四）检疫处理场所和设施：应设有检验检疫所需的熏蒸消毒或销毁处理场所和设施，符合安全要求，有警示标志，并配有药品器械库。

（五）办公用房：跨境电子商务管理机构应向检验检疫部门提供相应办公用房。

第七章 附 则

第二十一条 跨境电子商务经营企业在进出口商品过程中违反国家法律法规的，检验检疫机构依法追究法律责任。

第二十二条 本办法由江苏检验检疫局负责解释。

第二十三条 本办法自颁布之日起施行。

省政府办公厅关于印发江苏省严重失信黑名单社会公示管理办法（试行）的通知

苏文明委〔2014〕118号

各市、县（市、区）人民政府，省各委办厅局，省各直属单位：

《江苏省严重失信黑名单社会公示管理办法（试行）》已经省人民政府同意，现印发给你们，请认真贯彻执行。

江苏省人民政府办公厅

2014年12月31日

江苏省严重失信黑名单社会公示管理办法（试行）

第一条　为规范严重失信行为信息公开，强化社会监督和信用约束，进一步增强失信惩戒机制作用，根据国务院《政府信息公开条例》《企业信息公示暂行条例》及《江苏省社会法人失信惩戒办法（试行）》《江苏省自然人失信惩戒办法（试行）》有关规定，制定本办法。

第二条　本办法所称严重失信黑名单社会公示，是指将本省范围内经依法认定并已向社会公示或已确定向社会公示的社会法人或者其他组织、自然人严重失信行为信息，列入省、市公共信用信息系统和省级相关部门信用信息系统，并通过相关媒介向社会公开。

第三条　建立严重失信黑名单社会公示会商协调机制，由省政府相关副秘书长召集，省社会信用体系建设领导小组成员单位负责人参加，组织检查督促各地、各部门制定失信严重程度分类规范、认定程序，以及按照本办法将严重失信黑名单推送到省公共信用信息系统的情况，会商协调严重失信黑名单社会公示中的相关问题，促进各地、各部门共享严重失信黑名单信息，加大信用联动奖惩力度。

第四条　严重失信黑名单信息的来源包括：

（一）省有关部门和单位依法认定并已向社会公示或已确定向社会公示的严重失信黑名单；

（二）各省辖市信用管理部门归集和依法

认定并已向社会公示或已确定向社会公示的严重失信黑名单；

（三）其他依法获得的严重失信黑名单。

第五条　省有关部门和单位负责制定本部门（行业）统一的严重失信行为分类规范，向社会公开并报省社会信用体系建设领导小组办公室备案。省有关部门和单位、各省辖市严格按照分类规范认定严重失信黑名单并向省公共信用信息系统推送。

第六条　省公共信用信息中心负责将严重失信黑名单信息来源部门和单位（以下简称认定单位）推送到省公共信用信息系统的严重失信黑名单信息，定期推送到各省辖市公共信用信息系统和省有关部门和单位的信息系统公示平台，向社会公示。

第七条　认定单位应当于当月10日前向省公共信用信息系统推送上月严重失信黑名单，特殊情况不受此时间限制。

第八条　严重失信黑名单公示内容主要包括：

（一）当事人信息：社会法人或者其他组织的名称、组织机构代码、工商营业执照、注册地址，法定代表人、负责人或有直接责任的当事人的姓名；自然人的姓名、个人身份证号（隐去月、日号码段）；

（二）主要失信事实；

（三）行政处理、处罚或法院判决决定的主要内容；

（四）严重失信行为认定的机关或者单位名称；

（五）其他依法应当公示的信息。

第九条　严重失信黑名单公示有效期为：社会法人自认定之日起7年，自然人自认定之日起5年。认定单位明确其他有效期的，从其规定。

第十条　社会法人或自然人对其被公示严重失信信息的内容有异议的，可以向认定单位提出异议申请，由认定单位或上级主管部门负责复核和处理。复核后认为异议属实的，认定单位将处理结果告知省社会信用体系建设领导小组办公室，停止公示并发布更正通知。异议不成立的，认定单位将处理结果告知省社会信用体系建设领导小组办公室，维持原公示内容。认定单位应当自收到异议申请之日起30日内予以回复复核结果并说明理由。

第十一条　被公示的严重失信黑名单信息符合下列情形之一的，应当从公示名单中予以删除：

（一）有效期届满的；

（二）按规定可以撤销公示的；

（三）异议经复核属实的；

（四）其他可以撤销公示的情况。

第十二条　本办法由省社会信用体系建设领导小组办公室负责解释。

第十三条　本办法自2015年2月1日起实施。

江苏省省级工业和信息产业转型升级专项资金管理办法

第一章 总 则

第一条 为加强和规范省级工业和信息产业转型升级专项资金（以下简称专项资金）的管理，充分发挥其政策引导和杠杆作用，支持产业结构调整，促进产业转型升级，改善发展环境，加快构建现代产业发展新体系，根据《中华人民共和国预算法》、《江苏省省级财政专项资金管理办法》等有关规定，制定本办法。

第二条 本办法所称专项资金，是指由省级财政预算安排，用于支持省工业和信息产业转型升级，提升经济发展质量和效益，提高公共服务能力和水平等方面的资金。

在不违反财政部相关规定的前提下，可将中央财政支持我省的相关资金与专项资金统筹使用。

第三条 专项资金的使用和管理应当遵循下列原则：

（一）政策导向。符合国家和省产业发展政策，以及省委、省政府推进工业和信息产业发展和建设工业强省的决策部署和目标，并有利于充分发挥市场配置资源的决定性作用。

（二）突出重点。围绕新技术新产品推广应用、企业智能化装备技术改造、工业化和信息化深度融合、生产性服务业培育发展、大中型企业智慧化发展、新一代信息技术产业发展、绿色发展以及中小企业公共服务体系建设等方面，重点支持产业链关键环节、核心技术、骨干企业、公共服务平台和有示范效应的重大项目。

（三）绩效优先。实行专项资金绩效管理，注重专项资金使用经济效益和社会效益的有机统一，加大整合统筹力度，以提高工业经济发展质量和效益为中心，区分不同类型、依据项目绩效，确定项目资金安排的标准和额度。

（四）分类指导。针对不同产业发展特点，因地制宜，分业施策，对代表未来发展方向的高新技术及新兴业态给予重点支持。根据各地区发展情况，合理确定不同区域项目申报条件。

（五）规范管理。加强专项资金预算编制、项目申报、项目评审、预算执行、监督检查、绩效评价等各个环节管理工作，做到公开透明、公正合理、专款专用、科学监管。

第二章 职责分工

第四条 建立省财政厅、省经济和信息化委员会（以下简称省经信委）协同管理的工作机制，密切配合，各司其职，确保专项资金规范、安全和高效使用。

第五条 省财政厅主要履行下列职责：

（一）编制专项资金年度预算，建立健全专项资金管理制度；

（二）组织专项资金支出预算的编制和执行；

（三）参与专项资金项目评审；

（四）审核专项资金使用计划，按规定拨付专项资金；

（五）组织开展专项资金绩效评价工作，对专项资金使用情况进行监督检查。

第六条 省经信委主要履行下列职责：

（一）根据产业发展需要，建立相关重点项目库， 制定专项资金项目的具体业务管理规定；

（二）提出专项资金年度支持重点和预算建议；

（三）组织年度专项资金项目申报、评审，提出专项资金项目使用计划；

（四）检查督促项目实施，包括项目合同签订、项目跟踪监管、项目绩效评价、资金使用情况总结等。

第七条 市、县财政部门和经信部门负责组织本地区专项资金项目库建设、项目申报及审核、资金拨付、监督管理及绩效评价工作。

第三章 使用方向与分配方式

第八条 专项资金重点支持下列领域：

（一）产业高端发展。新技术新产品推广应用、首台套重大装备及关键部件研制和示范应用、重大产品质量攻关、特色产业集聚发展等。

（二）企业技术改造。应用工业机器人等自动化、智能化装备和信息技术进行技术改造、行业骨干企业和科技小巨人企业技术改造、工业经济新增长点培育等。

（三）绿色发展。节能和工业清洁生产、节水、循环经济改造，资源综合利用、再制造和重大节能环保装备（产品）产业化、节能和工业绿色制造支撑能力建设等。

（四）生产性服务业提速。工业设计及现代物流业发展、制造业服务化、中小企业服务体系建设等。

（五）信息化智能化提升。信息产业升级与新一代信息技术推广应用、物联网产业、集成电路产业发展、信息消费、电商拓市、工业化和信息化深度融合、互联网产业推进等。

（六）重点骨干企业培育。企业兼并重组、中小企业“专精特新”发展、区域和企业质量品牌建设、企业管理创新等。

第九条 专项资金的支持方式分为无偿补助和有偿使用两种方式。无偿补助方式包括专项补助、贷款贴息、以奖代补等方式。有偿使用方式包括股权投资、债权投资、融资增信等方式。

第十条 专项资金用于支持工业和信息产业转型升级项目，一般分为产业类项目和服务体系建设项目。根据不同项目类型，结合年度专项资金规模确定支持标准，原则上固定资产投资项目按设备投资额或贷款利息的一定比例给予补助；其他项目按不超过投资额的30%给予补助；服务体系建设项目按项目投入、服务绩效等情况给予补助。

第四章 项目申报和资金下达

第十一条 省经信委、省财政厅根据项目库、年度预算安排及重点支持领域等，制定发布年度项目申报指南，明确专项资金使用范围、使用方式及项目申报的具体要求。

第十二条 符合条件的企业、单位，均可按申报指南的要求，向所在地经信部门和财政部门申报项目。

省级企业、单位项目申报材料经所属集团公司或行业主管部门审核后直接向省经信委、省财政厅申报。

申报项目的企业、单位对其项目申报材料

的真实性、准确性和完整性负责。

第十三条　申报项目的企业、单位，一般应当符合以下条件：

（一）在江苏省境内注册、具有独立的法人资格且正常经营一年以上；

（二）具有健全的财务管理制度；

（三）符合国家和省产业政策和支持重点，社会效益和经济效益良好；

（四）按《企业信息公示暂行条例》（中华人民共和国国务院令第654号）要求公示相关信息，信用良好；

（五）当年未获得过省级以上（含省级）财政专项资金支持，同时往年获得省专项资金支持的项目已完成。

具体申报条件由省经信委会同省财政厅在下发年度项目申报指南时一并发布。

第十四条　市、县经信部门和财政部门按照本办法和申报指南等要求，组织项目申报，审核项目材料，并根据《江苏省省级财政专项资金申请使用全过程承诺责任制暂行规定》（苏财规〔2013〕21号），对专项资金申请使用全过程进行承诺，提交《省级财政专项资金申请使用全过程承诺责任书》。

第十五条　市、县经信部门会同财政部门对本地区项目申报材料审核后联合行文，在规定的时间内报送省经信委、省财政厅。

第十六条　省经信委会同省财政厅通过专家评审、现场核实、专家诊断、竞争立项等方式选择确定拟扶持项目，并将拟扶持的企业、单位(以下简称项目单位)、项目名称、支持方式等通过互联网等媒介向社会公示。经公示无异议的申报项目列为当年专项资金支持项目。

依照国家保密法律法规不宜公开的项目，可以不经公示直接下达资金。

第十七条　省经信委提出拟支持项目的资金安排方案报省财政厅，省财政厅审核后会同省经信委下达专项资金项目计划并按财政国库管理制度规定下达专项资金。

第十八条　市、县财政部门收到资金（或指标文件）后，应当在1个月内将资金拨付至项目单位。按有关规定应根据项目实施进度拨付资金的，从其规定执行。

第十九条　项目单位收到专项资金后，应严格按照国家财务会计制度的规定，做好专项资金的会计核算工作。按照项目实施方案组织实施，严格专款专用。未经批准，不得变更项目内容或调整预算。确需变更项目内容或调整预算的，应按原项目申报流程报批。

第五章　绩效评价与监督管理

第二十条　省、市、县财政部门、经信部门要按照绩效评价管理的要求，建立专项资金绩效评价制度，开展专项资金绩效评价工作。

第二十一条　省财政厅会同省经信委对部分重点项目进行绩效评价，评价结果作为专项资金支持政策调整和预算安排的重要依据。

第二十二条　省经信委在项目跟踪管理过程中，选择重点项目开展专项资金绩效自评价工作，形成评价报告。

第二十三条　市、县财政部门和经信部门按照绩效评价管理要求，对本地区专项资金的使用情况进行绩效评价，绩效评价结果随年度专项资金使用管理情况于次年2月底前一并上报省财政厅、省经信委。

第二十四条　省财政厅、省经信委对专项资金使用和管理情况进行不定期监督检查。对重点项目列入年度财政监督检查计划。

第二十五条　省经信委督促市、县经信部门及时跟踪项目进展情况，对重点项目实施情况进行检查，协调处理项目实施中的有关问题，确保项目实施效果。

第二十六条　项目单位应建立项目管理责任制，加强资金核算和管理，自觉接受财政、经信、审计等部门的监督检查。

第二十七条　项目单位应当按照《中华人民共和国档案法》、《江苏省档案管理条例》等规定，归档管理项目申报、执行和验收资料，以备核查。

第二十八条　违反本办法规定的行为，《中华人民共和国预算法》、《财政违法行为处罚处分条例》等法律、法规已有处罚规定的，按其规定进行处罚。

第二十九条　违反本办法规定，有下列行为之一的，由省经信委、省财政厅按规定在相关信用信息平台提交信用记录并责令改正，调整有关会计账目，追回已下拨财政资金，限期追缴违法所得等；情节严重的，在一至三年内不再受理其申报专项资金；构成犯罪的，依法追究刑事责任。

（一）以虚报、冒领、伪造、关联交易等手段骗取专项资金的；

（二）未经批准调整专项资金使用范围或者预算的。

第三十条　对专项资金形成的国有资产未按规定纳入国有资产管理的，由财政部门责令限期改正，造成国有资产流失的，按有关法律、法规处理。

第三十一条　国家机关工作人员在专项资金管理活动中滥用职权、玩忽职守、徇私舞弊的，依法追究行政责任；构成犯罪的，依法追究刑事责任。

第六章　附　则

第三十二条　专项资金有偿使用管理按有关基金管理办法或经省财政厅、省经信委审核同意的相关基金章程、协议文本等约定执行。

第三十三条　本办法由省财政厅会同省经信委负责解释。

第三十四条　本办法自2015年2月1日起施行。《江苏省经济贸易委员会　江苏省财政厅〈关于印发江苏省技术改造专项资金管理办法的通知〉》（苏经贸投资〔2005〕341号、苏财企〔2005〕31号）、《江苏省财政厅　江苏省经济贸易委员会关于印发<江苏省省级节能减排（节能与循环经济）专项引导资金管理暂行办法>的通知》（苏财企〔2008〕179号、苏经贸环资〔2008〕861号）、《江苏省财政厅　江苏省中小企业局关于印发〈江苏省省级中小科技型企业发展专项引导资金管理暂行办法〉的通知》（苏财企〔2008〕184号、苏中小综〔2008〕72号）、《江苏省财政厅　江苏省信息产业厅关于印发〈江苏省省级现代服务业（软件产业）发展专项引导资金管理暂行办法〉的通知》（苏财建〔2008〕251号）同时废止。

江苏省省级商务发展专项资金管理办法

第一章　总　则

第一条　为了加强和规范江苏省省级商务发展专项资金（以下简称“专项资金”）管理，完善商务促进政策，支持外经贸稳定增长和转型升级，推进商贸流通业发展，根据《中华人民共和国预算法》、《江苏省省级财政专项资金管理办法》和财政部、商务部外经贸发展专项资金管理有关规定，制定本办法。

第二条　专项资金是指省本级财政年度预算安排用于支持全省商务改革和发展的项目资金。

在不违反财政部相关规定的情况下，可将中央财政补助我省的相关资金与专项资金统筹使用。

第三条　专项资金的使用和管理应当遵循突出重点、科学论证、公平公正、规范有效的原则，符合全省外经贸改革开放需要和宏观经济政策规定，有利于充分发挥市场主体作用以及国际国内资源要素有序流动、优化配置。

第二章　职责分工

第四条　省财政厅、省商务厅及市、县财政与商务部门认真履行各自职责，密切配合，协同做好专项资金的使用和管理工作。

第五条　省财政厅履行以下职责：

（一）编制专项资金支出预算，审核专项资金年度预算和使用计划，制定专项资金管理制度；

（二）参与专项资金项目评审；

（三）审核专项资金使用计划，按规定拨付专项资金；

（四）监督检查专项资金的使用情况，组织开展专项资金绩效评价。

第六条　省商务厅履行以下职责：

（一）根据商务发展需要，建立有关重点项目库，提出专项资金的支持重点和年度预算建议；

（二）制定专项资金项目的具体业务管理规定；

（三）组织项目申报和评审，提出资金使用建议方案；

（四）对项目实施情况进行评价和监督，充分利用信息化手段为项目申报、项目库建设、信息反馈、监督管理、绩效评价等工作提供技术支撑。

第七条　市、县财政部门和同级商务主管部门负责组织本地区专项资金的项目库建设、项目申报与审核、资金拨付、监督管理及绩效评价等工作。

第三章　使用方向和分配方式

第八条　专项资金主要用于以下方向：

（一）促进外经贸稳定增长。支持开拓国际市场，应对贸易摩擦，稳定和拓展外需，促进外经贸发展和协调增长。

（二）促进外经贸转型升级。积极推进转变外经贸发展方式，优化贸易结构，发展服务贸易，支持承接国际服务外包，鼓励跨国公司在我省设立地区总部和功能性机构，培育以技术、品牌、质量和服务等为核心的国际竞争新优势。

（三）鼓励境外投资与经济合作。引导有序开展境外投资、对外承包工程、对外劳务合作、境外经济贸易合作区建设等对外投资合作业务。

（四）推进现代流通体系建设。推动市场公共服务与监管体系，电子商务、农产品直供社区、城市共同配送等流通体系，消费品牌、商贸服务等体系建设，促进商贸流通健康发展。

（五）支持营造良好商务环境。推进商务公共服务平台建设，支持贸易便利化、重点商务改革，引导特色园区建设，促进优化商务发展环境。

（六）省政府确定的其他商务发展事项。

第九条　专项资金的支持方式分为无偿补助和有偿使用两种方式。无偿补助方式包括专项补助、以奖代补、贷款贴息等方式，有偿使用方式包括股权投资、债权投资、融资增信等方式。

第十条　专项资金的分配采取项目法和因素法相结合的方式。

第十一条　项目法分配资金是指通过组织项目申报或项目单位提供项目基础数据的方式，省商务厅会同省财政厅进行评审确定扶持项目，省财政厅按照审定的具体项目下达专项资金。

第十二条　因素法分配资金是指省级专项资金按照相关因素测算切块分配各市、县用于商务发展。各市、县统筹安排，自行组织项目申报。因素法分配资金主要依据当年预算规模、各地区均衡性因素、相关工作开展情况、以前年度资金使用绩效、重点地区（行业）倾斜因素等，结合年度工作重点确定相关因素权重，进行测算并安排资金。

第四章　项目申报和资金下达

第十三条　省财政厅、省商务厅根据本办法规定，结合年度商务工作重点、项目库及预算安排等，制定专项资金年度实施细则或项目申报指南，明确专项资金使用范围、分配方式及项目申报的具体要求。

第十四条　符合条件的企业、单位，均可按申报指南的要求向当地商务部门和财政部门申报项目。

省属企业、单位的项目申报材料由集团公司或单位总部审核汇总后向省商务厅、省财政厅直接申报。

申报项目的企业、单位对其项目申报材料的真实性、准确性和完整性负责。

第十五条　申报项目的企业、单位应当符合以下基本条件：

（一）在我省境内依法登记注册，具有独立法人资格；在境外开展业务的，还应当在项目所在国（地区）依法注册或办理合法手续，项目合同或合作协议已生效。

（二）按照有关规定已取得开展相关业务资格或已经过核准或备案。

（三）按照《企业信息公示暂行条例》（中华人民共和国国务院令第654号）规定公示相关信息，信用良好。

（四）项目申报文件规定的其他条件。

第十六条　采取项目法分配的资金按以下程序审核和下达：

（一）市、县商务部门和财政部门对所属企业、单位的项目申报材料审核后，按照规定的时间和要求汇总上报省商务厅、省财政厅，并根据《江苏省省级财政专项资金申请使用全过程承诺责任制执行规定》（苏财规〔2013〕21号）对专项资金申请使用全过程进行承诺，提交《省级财政专项资金申请使用全过程承诺责任书》。

（二）省商务厅会同省财政厅委托中介机构或组织专家对项目申报材料进行评审，必要时可委托项目所在地商务、财政部门进行现场核实。

（三）省商务厅、省财政厅对经审核评审拟给予专项资金支持的企业、单位（以下简称项目单位）以及项目名称、支持方式，通过互联网等公共媒介向社会进行公示，并提出资金支持方案。对经公示无异议的项目，省财政厅根据财政国库集中支付管理制度规定下达资金。依照国家保密法律法规不宜公开的项目，可以不经公示直接下达资金。

（四）市、县财政部门收到资金（或指标文件）后，应当在1个月内将资金拨付至项目单位。按照有关规定应根据项目进度拨付资金的，从其规定执行。

第十七条　采取因素法分配的资金按以下程序下达：

（一）由省商务厅会同省财政厅提出资金分配方案。省财政厅审核后根据财政国库管理制度将资金下达市、县财政部门。

（二）市、县财政部门和商务部门根据本办法规定，结合本地实际组织项目申报、审核、公示及资金拨付等工作。各地应当在收到资金（或指标文件）2个月内将资金落实到项目单位，并及时将项目申报、资金拨付文件报省财政厅、省商务厅备案。

第十八条　项目单位应当按规定用途使用专项资金，未经批准，不得变更项目内容或者调整预算。确需变更项目内容或者调整预算的，应当按原项目申报流程报批。

第五章　绩效评价和监督管理

第十九条　建立专项资金绩效评价制度。市、县财政部门和商务部门按照绩效评价管理的要求，对本地区专项资金的使用情况进行绩效评价。省财政厅会同省商务厅不定期对部分重点项目进行绩效评价，评价结果作为专项资金扶持政策调整和预算安排的重要依据。

第二十条　市、县财政部门和商务部门对专项资金使用管理情况、专项资金绩效评价情况于次年2月底前上报省财政厅、省商务厅。

第二十一条　各级财政、商务部门应加强对专项资金管理使用情况的日常监督检查，重点项目应列入本级年度财政监督检查计划。

第二十二条　项目单位应当按照国家有关财务、会计制度的规定进行账务处理，严格按照规定使用资金，自觉接受财政、商务、审计等部门的监督检查。

第二十三条　项目单位应当按照《中华人民共和国档案法》、《江苏省档案管理条例》等档案管理有关规定归档项目申报和执行、验收资料，以备核查。

第二十四条　违反本办法规定的行为，《中华人民共和国预算法》、《财政违法行为处罚处分条例》等法律、法规已有处罚规定的，按其规定处罚。

第二十五条　违反本办法规定，有下列行为之一的，由省商务厅、省财政厅按规定向相关信用信息平台提交信用记录并责令改正、调整有关会计账目，追回有关财政资金，限期追缴违法所得；情节严重的，在一至三年内不再受理其申报专项资金；构成犯罪的，依法追究刑事责任。

（一）以虚报、冒领、伪造、关联交易等手段骗取专项资金的。

（二）未经批准调整专项资金使用范围或者预算的。

第二十六条　对专项资金形成的国有资产未按规定纳入国有资产管理的，由财政部门责令限期改正，对相关单位通报批评；情节严重，造成国有资产流失的，按有关法律、法规处理。

第二十七条　国家机关工作人员在专项资金管理活动中滥用职权、玩忽职守、徇私舞弊的，依法追究行政责任；构成犯罪的，依法追究刑事责任。

第六章　附　则

第二十八条　专项资金有偿使用管理按有关基金管理办法或经省财政厅、省商务厅审核同意的相关基金章程、协议文本等约定执行。

第二十九条　本办法由省财政厅会同省商务厅负责解释。

第三十条　本办法自2015年2月1日起施行。《江苏省财政厅江苏省商务厅关于印发〈江苏省中小企业国际市场开拓资金管理办法实施细则〉的通知》（苏财规〔2011〕42号）、《江苏省财政厅江苏省商务厅关于印发〈江苏省商务服务平台项目资金管理办法（试行）〉的通知》（苏财规〔2010〕41号）、《江苏省财政厅江苏省商务厅关于印发〈江苏省外经贸企业融资风险专项资金管理暂行办法〉的通知》（苏财企〔2009〕63号）同时废止。

省政府办公厅关于印发江苏省电话用户真实身份信息登记管理规定的通知

苏政办发〔2015〕80号

各市、县（市、区）人民政府，省各委办厅局，省各直属单位：

《江苏省电话用户真实身份信息登记管理规定》已经省人民政府同意，现印发给你们，请认真贯彻执行。

江苏省人民政府办公厅

2015年8月10日

江苏省电话用户真实身份信息登记管理规定

第一条　为了规范电话用户真实身份信息登记活动，保障电话用户和电信业务经营者的合法权益，维护网络信息安全，根据《中华人民共和国电信条例》《全国人民代表大会常务委员会关于加强网络信息保护的决定》和《电话用户真实身份信息登记规定》（工业和信息化部令第25号）等相关法规、规章规定，结合本省实际，制定本规定。

第二条　本规定所称电话用户真实身份信息登记，是指电信业务经营者为用户办理固定电话、移动电话（含无线上网卡，下同）等入网手续，在与用户签订协议或者确认提供服务时，如实登记用户提供的真实身份信息的活动。

本规定所称入网，是指用户办理固定电话的装机、移机、过户，移动电话开户、换卡、过户等活动。

第三条　本规定适用于本省行政区域内的电话用户真实身份信息登记管理工作。

第四条　电信业务经营者为用户办理固定电话、移动电话入网手续时，应当办理用户真实身份信息登记，用户应当予以配合。

第五条　个人用户办理真实身份信息登记时，应当出示下列有效证件之一：

（一）居民身份证、临时居民身份证或者户口簿。其中，户口簿仅限未成年人使用，且办理入网手续时监护人应到场，并出示监护人居民身份证；

（二）中国人民解放军军人身份证件、中国人民武装警察身份证件；

（三）港澳居民来往内地通行证、台湾居民来往大陆通行证或者其他有效旅行证件；

（四）外国公民护照；

（五）法律、行政法规和国家规定的其他有效身份证件。

个人用户，如持除本人居民身份证之外的其他证件办理入网手续，需要到指定营业厅办理，电信业务经营者应明确告知其办理地点。

第六条　单位用户办理真实身份信息登记时，需出示下列有效证件之一：

（一）组织机构代码证；

（二）营业执照；

（三）事业单位法人证书或者社会团体法人登记证书；

（四）法律、行政法规和国家规定的其他有效证件或者证明文件。

单位办理登记的，除出示以上证件之一外，还应当出示经办人的有效证件和单位的授权书。

第七条　用户委托他人办理入网手续的，受托人应当向电信业务经营者出示用户和受托人的有效证件及授权委托书，办理用户和受托人的真实身份信息登记。

第八条　用户拒绝提供有效证件，拒绝提供其证件上所记载的身份信息，冒用他人证件，或者使用伪造、变造证件的，电信业务经营者不得为其办理入网手续。

第九条　电信业务经营者对用户出示的证件以及所载信息真实性进行查验时，用户应当予以配合。

第十条　电信业务经营者及其工作人员对登记的用户真实身份信息负有严格保密责任，不得泄露、篡改或者毁损，不得出售或者非法向他人提供，不得用于提供服务之外的目的。如违反规定，依法依规追究责任。

第十一条　电信业务经营者委托他人代理电话入网手续，登记电话用户真实身份信息的，应当对代理人的用户真实身份信息登记和保护工作进行监督管理，不得委托不符合用户真实身份登记和保护要求的代理人代办相关手续。

第十二条　电信业务经营者为单位用户办理移动电话入网手续，要在与单位用户签订的协议中明确电话用户实名登记义务，对移动电话卡实际使用人的身份证件进行核验并登记身份信息，做到移动电话卡与实际使用人一一对应。对于行业应用类无线上网卡，要登记责任单位和责任人信息，并要求单位用户不得将该上网卡用作二次销售。

第十三条　电信业务经营者对已经办理电话入网手续，但尚未办理真实身份信息登记或者登记信息不完整的用户，应当通过电话、短信息、书面函件或者公告等方式告知其补办登记手续，并提供便利服务。补办登记手续时，电信业务经营者应对用户的真实身份进行验证。

第十四条　电信业务经营者在对用户提供换卡、移机、过户等服务时，应当验证用户真实身份信息，对尚未办理真实身份信息登记或者登记信息不完整的用户补办登记手续。电信业务经营者为电话用户补办登记手续，不得擅自加重用户责任，不得要求用户变更资费套餐等。

电信业务经营者应积极采取措施，引导登记信息不完整的用户补办登记手续。

第十五条　省、市电信管理机构应当依法对电信业务经营者及其代理人开展电话用户真实身份信息登记和保护工作加强指导和监督管理，电信业务经营者及其代理人应当予以配合。

第十六条　省、市公安机关、工商行政管理部门负责配合省、市电信管理机构开展电话用户真实身份登记执法检查及身份信息核验。

公安机关负责依法处理利用非实名电话卡实施的违法犯罪活动和倒卖移动号卡等违法行为，工商行政管理部门负责配合电信管理机构清理无证经营的代理网点。

第十七条　电信业务经营者及其代理人违反电话用户真实身份信息登记和保护规定的，由省、市电信管理机构依法处理。

第十八条　用户以冒用、伪造、变造的证件办理入网手续的，电信业务经营者不得为其提供服务，并由相关部门依照《中华人民共和国居民身份证法》《中华人民共和国治安管理处罚法》《现役军人和人民武装警察居民身份证申领发放办法》等法律、法规规定处理。

第十九条　省、市电信管理机构工作人员在对电话用户真实身份信息登记工作实施监督管理过程中玩忽职守、滥用职权、徇私舞弊的，依法给予处理；构成犯罪的，依法追究刑事责任。

第二十条　本规定自2015年10月1日起施行。

第二部分

战略规划篇

"宽带中国"战略及实施方案

宽带网络是新时期我国经济社会发展的战略性公共基础设施，发展宽带网络对拉动有效投资和促进信息消费、推进发展方式转变和小康社会建设具有重要支撑作用。从全球范围看，宽带网络正推动新一轮信息化发展浪潮，众多国家纷纷将发展宽带网络作为战略部署的优先行动领域，作为抢占新时期国际经济、科技和产业竞争制高点的重要举措。近年来，我国宽带网络覆盖范围不断扩大，传输和接入能力不断增强，宽带技术创新取得显著进展，完整产业链初步形成，应用服务水平不断提升，电子商务、软件外包、云计算和物联网等新兴业态蓬勃发展，网络信息安全保障逐步加强，但我国宽带网络仍然存在公共基础设施定位不明确、区域和城乡发展不平衡、应用服务不够丰富、技术原创能力不足、发展环境不完善等问题，亟需得到解决。

根据《2006～2020年国家信息化发展战略》、《国务院关于大力推进信息化发展和切实保障信息安全的若干意见》（国发〔2012〕23号）和《"十二五"国家战略性新兴产业发展规划》的总体要求，特制定《"宽带中国"战略及实施方案》，旨在加强战略引导和系统部署，推动我国宽带基础设施快速健康发展。

一、指导思想、基本原则和发展目标

（一）指导思想

以邓小平理论、"三个代表"重要思想、科学发展观为指导，围绕加快转变经济发展方式和全面建成小康社会的总体要求，将宽带网络作为国家战略性公共基础设施，加强顶层设计和规划引导，统筹关键核心技术研发、标准制定、信息安全和应急通信保障体系建设，促进网络建设、应用普及、服务创新和产业支撑的协同，综合利用有线、无线技术推动电信网、广播电视网和互联网融合发展，加快构建宽带、融合、安全、泛在的下一代国家信息基础设施，全面支撑经济发展和服务社会民生。

（二）基本原则

坚持政府引导与市场调节相结合。坚持市场配置资源的基础性作用，发挥政府战略引领作用，完善政策措施。系统研究解决网络建设、内容服务、应用创新、产业发展等环节体制机制问题，营造良好环境，促进市场公平竞争和资源有效利用。

坚持统筹规划与分步推进相结合。从战略性、全局性和系统性出发，适度超前，明确宽带发展的总体目标、路线图和时间表。遵循客观发展规律，因地制宜，统筹城乡和区域宽带协调发展，统筹军民宽带网络融合发展。

坚持网络建设与应用服务相结合。统筹有线、无线技术手段协同发展，协调推进宽带接入网、骨干网和国际出入口能力建设，形成适度超前的宽带网络发展格局。促进网络能力提升与应用服务创新相结合，深化宽带在各行业、各领域的集成应用，推动信息消费，培育新服务、新市场、新业态。

坚持网络升级与产业创新相结合。加强宽带网络发展与产业支撑能力建设的协同，加快建立以企业为主体、市场为导向、产学研用紧密结合的技术创新体系，促进国内外优势资源的整合利用，提升自主创新能力，实现产业链上下游协调发展，提高产业配套能力。

坚持宽带普及与保障安全相结合。强化安全意识，同步推进网络信息安全和应急通信保障能力建设，不断增强基础网络、核心系统、关键资源的安全掌控能力以及应急服务能力，实现网络安全可控、业务安全可管、应急保障可靠。

（三）发展目标

到2015年，初步建成适应经济社会发展需要的下一代国家信息基础设施。基本实现城市光纤到楼入户、农村宽带进乡入村，固定宽带家庭普及率达到50%，第三代移动通信及其长期演进技术（3G/LTE）用户普及率达到32.5%，行政村通宽带（有线或无线接入方式，下同）比例达到95%，学校、图书馆、医院等公益机构基本实现宽带接入。城市和农村家庭宽带接入能力基本达到20兆比特每秒（Mbps）和4Mbps，部分发达城市达到100Mbps。宽带应用水平大幅提升，移动互联网广泛渗透。网络与信息安全保障能力明显增强。

到2020年，我国宽带网络基础设施发展水平与发达国家之间的差距大幅缩小，国民充分享受宽带带来的经济增长、服务便利和发展机遇。宽带网络全面覆盖城乡，固定宽带家庭普及率达到70%，3G/LTE用户普及率达到85%，行政村通宽带比例超过98%。城市和农村家庭宽带接入能力分别达到50Mbps和12Mbps，发达城市部分家庭用户可达1吉比特每秒（Gbps）。宽带应用深度融入生产生活，移动互联网全面普及。技术创新和产业竞争力达到国际先进水平，形成较为健全的网络与信息安全保障体系。

二、技术路线和发展时间表

遵循宽带技术演进规律，充分利用现有网络基础，围绕经济社会发展总体要求和宽带发展目标，加强和完善总体布局，系统解决宽带网络接入速度、覆盖范围、应用普及等关键问题，强化产业发展和安全保障，不断提高宽带发展整体水平，全面提升支撑经济社会可持续发展的能力。

（一）技术路线

统筹接入网、城域网和骨干网建设，综合利用有线技术和无线技术，结合基于互联网协议第6版（IPv6）的下一代互联网规模商用部署要求，分阶段系统推进宽带网络发展。

按照高速接入、广泛覆盖、多种手段、因地制宜的思路，推进接入网建设。城市地区利用光纤到户、光纤到楼等技术方式进行接入网建设和改造，并结合3G/LTE与无线局域网技术，实现宽带网络无缝覆盖。农村地区因地制宜，灵活采取有线、无线等技术方式进行接入网建设。

按照高速传送、综合承载、智能感知、安全可控的思路，推进城域网建设。逐步推动高速传输、分组化传送和大容量路由交换技术在城域网应用，扩大城域网带宽，提高流量承载能力；推进网络智能化改造，提升城域网的多业务承载、感知和安全管控水平。

按照优化架构、提升容量、智能调度、高效可靠的思路，推进骨干网建设。优化骨干网络架构，完善国际网络布局，全面推广超高速波分复用系统和集群路由器技术，提升骨干网络容量和智能调度能力，保障网络高速高效和安全可靠运行。

（二）发展时间表

1. 全面提速阶段（至2013年底）。重点加强光纤网络和3G网络建设，提高宽带网络接入速率，改善和提升用户上网体验。

城市地区着力推进光纤化成片改造，农村地区灵活采用有线和无线方式加快行政村宽带接入网建设，提高接入速度和网络使用性价比。进一步提升城市3G网络质量，扩大农村3G网络覆盖范围，做好时分双工模式移动通信长期演进技术（TD-LTE）扩大规模试验工作。加快下一代广播电视网建设，推进“光进铜退”和网络双向化改造，促进互联互通。同步推进城域网扩容升级。以网间互联为重点优化互联网骨干网。推动网站升级改造，提高网站接入速率。

到2013年底，固定宽带用户超过2.1亿户，城市和农村家庭固定宽带普及率分别达到55%和20%。3G/LTE用户超过3.3亿户，用户普及率达到25%。行政村通宽带比例达到90%。城市地区宽带用户中20Mbps宽带接入能力覆盖比例达到80%，农村地区宽带用户中4Mbps宽带接入能力覆盖比例达到85%。城乡无线宽带网络覆盖水平明显提升，无线局域网基本实现城市重要公共区域热点覆盖。全国有线电视网络互联互通平台覆盖有线电视网络用户比例达到60%。

2. 推广普及阶段（2014～2015年）。重点在继续推进宽带网络提速的同时，加快扩大宽带网络覆盖范围和规模，深化应用普及。

城市地区加快扩大光纤到户网络覆盖范围和规模，农村地区积极采用无线技术加快宽带网络向行政村延伸，有条件的农村地区推进光纤到村。持续扩大3G覆盖范围和深度，推动TD-LTE规模商用。继续推进下一代广播电视网建设，进一步扩大下一代广播电视网覆盖范围，加速互联互通。全面优化国家骨干网络。加强光通信、宽带无线通信、下一代互联网、下一代广播电视网、云计算等重点领域新技术研发，在部分重点领域取得原始创新成果。

到2015年，固定宽带用户超过2.7亿户，城市和农村家庭固定宽带普及率分别达到65%和30%。3G/LTE用户超过4.5亿户，用户普及率达到32.5%。行政村通宽带比例达到95%。城市家庭宽带接入能力基本达到20Mbps，部分发达城市达到100Mbps，农村家庭宽带接入能力达到4Mbps。3G网络基本覆盖城乡，LTE实现规模商用，无线局域网全面实现公共区域热点覆盖，服务质量全面提升。互联网网民规模达到8.5亿，应用能力和服务水平显著提高。全国有线电视网络互联互通平台覆盖有线电视网络用户比例达到80%。互联网骨干网间互通质量、互联网服务提供商接入带宽和质量满足业务发展需求。在宽带无线通信、云计算等重点领域掌握一批拥有自主知识产权的核心关键技术。宽带技术标准体系逐步完善，国际标准话语权明显提高。

3. 优化升级阶段（2016～2020年）。重点推进宽带网络优化和技术演进升级，宽带网络服务质量、应用水平和宽带产业支撑能力达到世界先进水平。

到2020年，基本建成覆盖城乡、服务便捷、高速畅通、技术先进的宽带网络基础设施。固定宽带用户达到4亿户，家庭普及率达到70%，光纤网络覆盖城市家庭。3G/LTE用户超过12亿户，用户普及率达到85%。行政村通宽带比例超过98%，并采用多种技术方式向有条件的自然村延伸。城市和农村家庭宽带接入能力分别达到50Mbps和12Mbps，50%的城市家庭用户达到100Mbps，发达城市部分家庭用户可达1Gbps，LTE基本覆盖城乡。互联网网民规模达到11亿，宽带应用服务水平和应用能力大幅提升。全国有线电视网络互联互通平台覆盖有线电视网络用户比例超过95%。全面突破制约宽带产业发展的高端基础产业瓶颈，宽带技术研发达到国际先进水平，建成结构完善、具有国际竞争力的宽带产业链，形成一批世界领先的创新型企业。

三、重点任务

（一）推进区域宽带网络协调发展

东部地区。支持东部地区先行先试开展网络升级和应用创新。积极利用光纤和新一代移动通信技术、下一代广播电视网技术，全面提升宽带网络速度与性能，着力缩小与发达国家差距；加快部署基于IPv6的下一代互联网；鼓励东部地区结合本地经济社会发展需要，积极

“宽带中国”发展目标与发展时间表

指　　标	单　位	2013 年	2015 年	2020 年
1. 宽带用户规模				
固定宽带接入用户	亿户	2.1	2.7	4.0
其中：光纤到户（FTTH）用户	亿户	0.3	0.7	——
其中：城市宽带用户	亿户	1.6	2.0	——
农村宽带用户	亿户	0.5	0.7	——
3G/LTE 用户	亿户	3.3	4.5	12
2. 宽带普及水平				
固定宽带家庭普及率	%	40	50	70
其中：城市家庭普及率	%	55	65	——
农村家庭普及率	%	20	30	——
3G/LTE 用户普及率	%	25	32.5	85
3. 宽带网络能力				
城市宽带接入能力	Mbps	20（80% 用户）	20	50
其中：发达城市	Mbps		100（部分城市）	1000（部分用户）
农村宽带接入能力	Mbps	4（85% 用户）	4	12
大型企事业单位接入带宽	Mbps		大于 100	大于 1000
互联网国际出口带宽	Gbps	2500	6500	——
FTTH 覆盖家庭	亿个	1.3	2.0	3.0
3G/LTE 基站规模	万个	95	120	——
行政村通宽带比例	%	90	95	> 98
全国有线电视网络互联互通平台覆盖有线电视网络用户比例	%	60	80	> 95
4. 宽带信息应用				
网民数量	亿人	7.0	8.5	11.0
其中：农村网民	亿人	1.8	2.0	——
互联网数据量（网页总字节）	太字节	7800	15000	
电子商务交易额	万亿元	10	18	——

开展区域试点示范，创新宽带应用服务，培育发展新业务、新业态。

中西部地区。给予政策倾斜，支持中西部地区宽带网络建设，增加光缆路由，提升骨干网络容量，扩大接入网络覆盖范围，与东部地区同步部署应用新一代移动通信技术、下一代广播电视网技术和下一代互联网。加快中西部地区信息内容和网站的建设，推进具有民族特色的信息资源开发和宽带应用服务。创造有利环境，引导大型云计算数据中心落户中西部条件适宜的地区。

农村地区。将宽带纳入电信普遍服务范围，重点解决宽带村村通问题。因地制宜采用光纤、铜线、同轴电缆、3G/LTE、微波、卫星等多种技术手段加快宽带网络从乡镇向行政村、自然村延伸。在人口较为密集的农村地区，积极推动光纤等有线方式到村。在人口较为稀少、分散的农村地区，灵活采用各类无线技术实现宽带网络覆盖。加快研发和推广适合农民需求的低成本智能终端。加强各类涉农信息资源的深度开发，完善农村信息化业务平台和服务中心，提高综合网络信息服务水平。

专栏1　“宽带乡村”工程

根据农村经济发展水平和地理自然条件，灵活选择接入技术，分类分阶段推进宽带网络向行政村和有条件的自然村延伸。较发达地区在完成行政村通宽带的基础上推进光纤到行政村、宽带到自然村；欠发达地区重点解决行政村宽带覆盖。对建设成本过高的边远地区、山区以及海岛等，可以采用移动、卫星等无线宽带技术解决信息孤岛问题；对幅员宽广、居住分散的牧区，推进无线宽带覆盖；对新规划建设的成片新农村、农牧民安居工程，积极推进光纤到楼和光纤到户建设。

（二）加快宽带网络优化升级

骨干网。加快互联网骨干节点升级，推进下一代广播电视网宽带骨干网建设，提升网络流量疏通能力，全面支持IPv6。优化互联网骨干网间互联架构，扩容网间带宽，保障连接性能。增加国际海陆缆通达方向，完善国际业务节点布局，提升国际互联带宽和流量转接能力。升级国家骨干传输网，提升业务承载能力，增强网络安全可靠性。

接入网和城域网。积极利用各类社会资本，统筹有线、无线技术加快宽带接入网建设。以多种方式推进光纤向用户端延伸，加快下一代广播电视网宽带接入网络的建设，逐步建成以光纤为主、同轴电缆和双绞线等接入资源有效利用的固定宽带接入网络。加大无线宽带网络建设力度，扩大3G网络覆盖范围，提高覆盖质量，协调推进TD-LTE商用发展，加快无线局域网重要公共区域热点覆盖，加快推进地面广播电视数字化进程。推进城域网优化和扩容。加快接入网、城域网IPv6升级改造。规划用地红线内的通信管道等通信设施与住宅区、住宅建筑同步建设，并预先铺设入户光纤，预留设备间，所需投资纳入相应建设项目概算。探索宽带基础设施共建共享的合作新模式。

应用基础设施。统筹互联网数据中心建设，利用云计算和绿色节能技术进行升级改造，提高能效和集约化水平。扩大内容分发网络容量和覆盖范围，提升服务能力和安全管理水平。增加网站接入带宽，优化空间布局，实现互联网信息源高速接入。同步推动政府、学校、企事业单位外网网站系统及商业网站系统的IPv6升级改造。

专栏2　宽带网络优化提速

工程光纤城市建设。支持城市新建区域以光纤到户方式为主部署宽带网络，已建区域采用多种方式加快“光进铜退”改造，推进政府、学校、医疗卫生、科技园区、商务楼宇、宾馆酒店等单位的光纤宽带接入部署，提高接入速率。

无线宽带网络建设。支持城市地区以3G/LTE网络为主，辅以无线局域网建设无线宽带城市，持续扩大农村地区无线宽带网络的覆盖范围，加大高速公路、高速铁路的无线网络优化力度。

下一代广播电视宽带网建设。采用超高速智能光纤和同轴光缆传输技术建设下一代广播电视宽带网，通过光纤到小区、光纤到自然村、光纤到楼等方式，结合同轴电缆入户，充分利用广播电视网海量下行带宽、室内多信息点分布的优势，满足不同用户对弹性接入带宽的需要，加快实现宽带网络优化提速，促进宽带普及。

互联网骨干网优化。推进网络结构扁平化，扩展骨干链路带宽，提升承载能力。优化骨干网间直联点布局，探索交换中心发展模式，加强对网间互联质量和交换中心的监测，保障骨干网间互联质量，提高互联网服务提供商的接入速度。

骨干传输网优化。适度超前建设超高速大容量光传输系统，持续提升骨干传输网络容量。适时引入和推广智能光传输网技术，提高资源调度的智能化水平。增加西部地区光缆路由密度，推进光缆网向格状网演进，提高国家干线网络安全性能。

（三）提高宽带网络应用水平

经济发展。不断拓展和深化宽带在生产经营中的应用，加快企业宽带联网和基于网络的流程再造与业务创新，利用信息技术改造提升传统产业，实现网络化、智能化、集约化、绿色化发展，促进产业优化升级。不断创新宽带应用模式，培育新市场新业态，加快电子商务、现代物流、网络金融等现代服务业发展，壮大云计算、物联网、移动互联网、智能终端等新一代信息技术产业。行业专用通信要充分利用公众网络资源，满足宽带化发展需求，逐步减少专用通信网数量。

社会民生。着力深化宽带网络在教育、医疗、就业、社保等民生领域的应用。加快学校宽带网络覆盖，积极发展在线教育，实现优质教育资源共享。推动医疗卫生机构宽带联网，加速发展远程医疗和网络化医疗应用，促进医疗服务均等化。加快就业和社会保障信息服务体系建设，实现管理服务的全覆盖，推进社会保障卡应用，加快跨区域就业和社会保障信息互联互通。加强对信息化基础薄弱地区和特殊群体的宽带网络覆盖和服务支撑。

文化建设。加快文化馆（站）、图书馆、博物馆等公益性文化机构和重大文化工程的宽带联网，优化公共文化信息服务体系，大力发展公共数字文化。提升宽带网络对文化事业和文化创意产业的支撑能力，促进宽带网络和文化发展融合，发展数字文化产业等新型文化业态，增强文化传播能力，提高公共文化服务效能和文化产业规模化、集约化水平，推动文化大发展大繁荣。

国防建设。依托公众网络增强军用网络设施的安全可靠、应急响应和动态恢复能力。利用关键技术研发成果，提升军用网络的技术水平和能力。为军队遂行日常战备、训练演习和非战争军事行动适当预置接入和信道资源。完善公众网络和军用网络资源共享共用、应急组织调度的领导机制和联动工作机制。

应用普及。大力推进信息技术在教育教学中的应用，推进优质教育资源普遍共享，加强网络文明与网络安全教育，引导学生形成良好的用网习惯和正确的网络世界观。设立农村公共宽带互联网服务中心，开展宽带上网及应用技能培训。面向中小企业开展宽带应用技能培训及电子商务、网上营销等指导，鼓励企业利用宽带开展业务和商业模式创新。研发推广特殊人群专用信息终端和应用工具。

专栏3 中小企业宽带应用示范工程

支持中小企业宽带上网，推动企业将互联网融入其生产经营流程。支持建设面向中小企业的第三方电子商务平台，鼓励开展在线销售、采购、客户关系管理等活动。

专栏4 贫困学校和特殊教育机构宽带应用示范工程

支持灵活选用不同宽带接入技术，因地制宜为农村地区（尤其是贫困地区和少数民族地区）中小学和残疾人特殊教育机构建设宽带网络设施，开发简便易用的上网终端，丰富特色应用，加大信息助教、助残和扶贫力度，缩小数字鸿沟。

专栏5 数字文化宽带应用示范工程

建设可智能适配不同宽带接入网络和终端的广播影视、文化馆、图书馆、博物馆等数字文化内容平台，提高数字文化内容平台的宽带联网和互联互通水平，结合宽带网络能力提升创新数字文化服务业态，丰富各类数字文化应用，开发数字文化应用智能终端，开展各类数字文化宽带应用示范，促进宽带网络和文化发展融合，增强文化传播能力。

（四）促进宽带网络产业链不断完善

关键技术研发。推进实施新一代宽带无线移动通信网、下一代互联网等专项和863计划、科技支撑计划等。加强更高速光纤宽带接入、超高速大容量光传输、超大容量路由交换、数字家庭、大规模资源管理调度和数据处理、新一代万维网（Web）、新型人机交互、绿色节能、量子通信等领域关键技术研发，着力突破宽带网络关键核心技术，加速形成自主知识产权。进一步完善宽带网络标准体系，积极参与相关国际标准和规范的研究制定。

重大产品产业化。在光通信、新一代移动通信、下一代互联网、下一代广播电视网、移动互联网、云计算、数字家庭等重点领域，加大对关键设备核心芯片、高端光电子器件、操作系统等高端产品研发及产业化的支持力度。支持宽带网络核心设备研制、产业化及示范应用，着力突破产业瓶颈，提升自主发展能力。鼓励组建重点领域技术产业联盟，完善产业链上下游协作，推动产业协同创新。

智能终端研制。充分发挥无线和有线宽带网络能力，面向教育、医疗卫生、交通、家居、节能环保、公共安全等重点领域，积极发展物美价廉的移动终端、互联网电视、平板电脑等多种形态的上网终端产品。推动移动互联网操作系统、核心芯片、关键器件等的研发创新。加快3G、TD－LTE及其他技术制式的多模智能终端研发与推广应用。

支撑平台建设。充分整合现有资源，在宽带网络相关技术领域，推动国家工程中心、实验室等产业创新能力平台建设。研究制定宽带网络发展评测指标体系，构建覆盖全国的宽带网络信息测试与采集系统，实现宽带网络性能常态化监测。

专栏6　宽带核心设备研制产业化工程

光纤宽带接入核心设备研制与示范。突破大容量、高带宽、长距离的新一代光纤接入网关键技术，研制光接入网设备核心器件芯片，推动智能光分配网络和海量数据管理系统的成熟与产业化，开发测试平台，开展示范应用。

骨干光传输和路由交换设备研制和试点。研制下一代光网络体系架构、超高速波分复用传输和智能组网、分组光传送网、高精度时间同步、超大容量路由交换等核心设备，突破相关核心芯片和高端光电器件技术，实现产业化。完善相关国际国内标准，开展技术试验和试点应用。

宽带接入智能终端研发和产业化。面向智能手机、智能电视、智能机顶盒、平板电脑等多类型终端和数字家庭网关，组织开展自主操作系统和配套应用的规模商用。突破智能终端处理器芯片、新一代 Web、多模态人机交互、多模智能终端和多屏智能切换等关键技术。

专栏7　"宽带中国"地图建设工程

建立宽带发展监测体系和评价指标体系，建设覆盖全国的宽带发展测评系统，实现对网络覆盖、接入带宽、用户规模、主要网站接入速率等信息的动态监测，建立宽带发展状况报告和宽带地图发布机制。

（五）增强宽带网络安全保障能力

技术支撑能力。加强宽带网络信息安全与应急通信关键技术研究，提高基础软硬件产品、专用安全产品、应急通信装备的可控水平，支持技术产品研发，完善相关产业链，提高宽带网络信息安全与应急通信技术支撑能力。

安全防护体系。加快形成与宽带网络发展相适应的安全保障能力，构建下一代网络信息安全防护体系，提高对网络和信息安全事件的监测、发现、预警、研判和应急处置能力，完善网络和重要信息系统的安全风险评估评测机制和手段，提升网络基础设施攻击防范、应急响应和灾难备份恢复能力。

应急通信系统。提高宽带网络基础设施的可靠性和抗毁性，逐步实现宽带网络的应急优先服务，提升宽带网络的应急通信保障能力。加强基于宽带技术的应急通信装备配备，加快应急通信系统的宽带化改造。

安全管理机制。引导和规范新技术、新应用安全发展，构建安全评测评估体系，提高主动安全管理能力。加强信息保护体系建设，制定和完善个人隐私信息保护、打击网络犯罪等方面法律法规，推动行业自律和公众监督，加强用户安全宣传教育，构建全方位的社会化治理体系，着力打造安全、健康、诚信的网络环境。

四、政策措施

（一）加强组织领导

建立"宽带中国"战略实施部际协调机制，加强统筹和配合，协调解决重大问题，务实推进战略的贯彻实施。各部门要充分整合、有效利用现有资源和政策，抓紧制定出台配套政策，确保各项任务措施落到实处。地方各级人民政府要将宽带发展纳入地区经济社会和城镇化发展规划，加强组织领导，结合实际适度超前部署，加大资金投入和政策支持力度，避免重复建设，推进本地区宽带快速健康发展。

（二）完善制度环境

完善法律法规。加快推动出台相关法律法规，明确宽带网络作为国家公共基础设施的法律地位，强化宽带网络设施保护。依法保护个人信息，营造安全可信的网络环境，促进宽带应用发展。

健全监管体系。全面推进三网融合，加快电信和广电业务双向进入，建立和完善适应三网融合需要的网络信息安全和文化安全监管机制。健全宽带网络监管制度，加强监管能力建设，推进监管队伍向地市延伸。

推动开放竞争。逐步开放宽带接入网业务，鼓励民间资本参与宽带网络设施建设和业务运营，推动形成多种主体相互竞争、优势互补、共同发展的市场格局。规范宽带市场竞争行为，保障住宅小区及机场、高速公路、地铁等公共服务区域的公平进入。加强国家骨干网网间通信质量监管，建立网间互联带宽扩容长效机制，完善骨干网网间结算办法，保障网间互联高效畅通和骨干网公平竞争。通过产业联盟、行业协会等各种渠道，引导宽带网络设备制造和信息服务企业加强行业自律，建立竞争机制，共同维护竞争秩序。

深化应用创新。构建和完善宏观调控、社会管理和公共服务等基础信息资源体系，加快建立公益性信息资源开发应用长效机制，推进农业、科技、教育、文化、卫生、人口、就业和社会保障、国土资源等领域信息资源的公益性利用，建立跨地区、跨部门、跨层级的开放共享机制。

（三）规范建设秩序

严格落实宽带网络建设规划和规范。按照城乡规划法、土地管理法和城市通信工程规划规范等法律法规和规范规定，将宽带网络建设纳入各地城乡规划、土地利用总体规划。切实执行住宅小区和住宅建筑宽带网络设施的工程设计、施工及验收规范。做好宽带网络与高速公路、铁路、机场等交通设施规划和建设的衔接。

保障宽带网络设施建设与通行。政府机关、企事业单位和公共机构等所属公共设施，市政设施、公路、铁路、机场、地铁等公共设施应向宽带网络设施建设开放，并提供通行便利。对因征地拆迁、城乡建设等造成的光缆、管道、基站、机房等宽带网络设施迁移和毁损，严格按照有关标准予以补偿。

深化网络设施共建共享。在城市地下管线规划、控制性详细规划中，统筹安排通信工程综合管道网和相关设施，加强宽带网络设施与城市其他通信管线、居住区、公共建筑等管线的协调。深化光缆、管道、基站等电信基础设施的共建共享，创新合作模式，探索应用新技术，促进资源节约。

（四）加大财税扶持

加大财政资金支持。完善电信普遍服务补偿机制，形成支持农村和中西部地区宽带发展的长效机制。充分利用中央各类专项资金，引导地方相关资金投向宽带网络研发及产业化，以及农村和老少边穷地区的宽带网络发展。对西部地区符合条件的国家级开发区宽带建设项目贷款予以贴息支持。

加强税收优惠扶持。将西部地区宽带网络建设和运营纳入《西部地区鼓励类产业目录》，扶持西部地区宽带发展。结合电信行业特点，在营业税改增值税改革中，制定增值税相关政策与征管制度，完善电信业增值税抵扣机制，支持宽带网络建设。

完善投融资政策。将宽带业务纳入《中西部地区外商投资优势产业目录》。推进专利等知识产权质押融资工作，加大对宽带应用服务企业的融资支持力度，积极支持符合条件的宽带应用服务企业在海内外资本市场直接融资。完善基础电信企业经营业绩考核机制，进一步优化基础电信企业经济增加值考核指标，引导宽带网络投资更多地投向西部和农村地区。

（五）优化频谱规划

明确国家无线频谱路线图。尽快研究确定国家宽带无线发展各阶段的频谱需求，梳理无线频谱分布和利用状况。加快研究频谱规划方案，制定频谱中长期规划，明确无线频谱综合利用的时间表和路线图。

促进频谱资源高效利用。支持动态频谱分配等高效利用频谱资源新技术的开发运用，支持消除干扰技术和设备的研发和利用，促进不同无线业务类型频率的共用共享，提高频率资源整体利用率。

加强公共频段上无线设备的监管。统筹无线局域网等无线通信网络的部署，鼓励无线设备共建共享，避免频率干扰，提高频谱资源使用效益。加强无线电发射设备研制、生产、进口、销售、使用等环节的监管，维护空中电波秩序。

（六）加强人才培养

优先保障人才发展投入。争取国家重大人才工程加大对宽带人才队伍建设的支持力度，加强宽带领域专业技术人才继续教育。依托重大科研、工程、产业攻关等项目开展人才培养工作，重视发挥企业作用，在实践中聚集和培养人才。

加大高层次人才引进和培养。加强宽带重点领域创新型人才引进，将所需人才纳入国家海外高层次人才引进计划，大力吸引海外高层次人才在华创新创业。鼓励采用合作办学、定向培养、继续教育等多种形式，创新宽带相关专业人才培养模式，建立科研机构、高校创新人才向企业流动的机制。

（七）深化国际合作

加强网络基础资源国际合作。探索建立适应互联网域名、网址和网际协议地址（IP地址）资源全球化发展要求的地区和国家间的协调与合作机制。加强无线频谱、卫星轨道等资源分配使用的国际协作。借鉴国外先进经验，推动开展资源技术联合研究，提高资源利用效率。加强互联网骨干网的国际互联合作，进一步提升我国互联网骨干网企业的国际地位。

深化网络空间国际合作。加强国际交流，推动双边、多边协调和对话，建立多层次的沟通交流平台，提升参与网络空间国际治理和规则制定的话语权。加强网络空间规则、资源、安全等国际合作，积极参与国际社会互联网公共政策与规则的制定，推动国际互联网健康发展。

加大知识产权国际合作。完善知识产权保护制度，强化数字内容和互联网应用的知识产权保护，加强打击互联网领域侵权盗版行为的国际合作。加强宽带相关技术和产品的专利布局、专利预警、海外维权和争端解决，提升企业依法应对知识产权纠纷的能力。

社会信用体系建设规划纲要

（2014～2020年）

社会信用体系是社会主义市场经济体制和社会治理体制的重要组成部分。它以法律、法规、标准和契约为依据，以健全覆盖社会成员的信用记录和信用基础设施网络为基础，以信用信息合规应用和信用服务体系为支撑，以树立诚信文化理念、弘扬诚信传统美德为内在要求，以守信激励和失信约束为奖惩机制，目的是提高全社会的诚信意识和信用水平。

加快社会信用体系建设是全面落实科学发展观、构建社会主义和谐社会的重要基础，是完善社会主义市场经济体制、加强和创新社会治理的重要手段，对增强社会成员诚信意识，营造优良信用环境，提升国家整体竞争力，促进社会发展与文明进步具有重要意义。

根据党的十八大提出的“加强政务诚信、商务诚信、社会诚信和司法公信建设”，党的十八届三中全会提出的“建立健全社会征信体系，褒扬诚信，惩戒失信”，《中共中央 国务院关于加强和创新社会管理的意见》提出的“建立健全社会诚信制度”，以及《中华人民共和国国民经济和社会发展第十二个五年规划纲要》（以下简称“十二五”规划纲要）提出的“加快社会信用体系建设”的总体要求，制定本规划纲要。规划期为2014～2020年。

一、社会信用体系建设总体思路

（一）发展现状

党中央、国务院高度重视社会信用体系建设。有关地区、部门和单位探索推进，社会信用体系建设取得积极进展。国务院建立社会信用体系建设部际联席会议制度统筹推进信用体系建设，公布实施《征信业管理条例》，一批信用体系建设的规章和标准相继出台。全国集中统一的金融信用信息基础数据库建成，小微企业和农村信用体系建设积极推进；各部门推动信用信息公开，开展行业信用评价，实施信用分类监管；各行业积极开展诚信宣传教育和诚信自律活动；各地区探索建立综合性信用信息共享平台，促进本地区各部门、各单位的信用信息整合应用；社会对信用服务产品的需求日益上升，信用服务市场规模不断扩大。

我国社会信用体系建设虽然取得一定进展，但与经济发展水平和社会发展阶段不匹配、不协调、不适应的矛盾仍然突出。存在的主要问题包括：覆盖全社会的征信系统尚未形成，社会成员信用记录严重缺失，守信激励和失信惩戒机制尚不健全，守信激励不足，失信成本偏低；信用服务市场不发达，服务体系不成熟，服务行为不规范，服务机构公信力不足，信用信息主体权益保护机制缺失；社会诚信意识和信用水平偏低，履约践诺、诚实守信的社会氛围尚未形成，重特大生产安全事故、食品药品安全事件时有发生，商业欺诈、制假售假、偷逃骗税、虚报冒领、学术不端等现象屡禁不止，政务诚信度、司法公信度离人民群众的期待还有一定差距等。

（二）形势和要求

我国正处于深化经济体制改革和完善社会主义市场经济体制的攻坚期。现代市场经济是信用经济，建立健全社会信用体系，是整顿和规范市场经济秩序、改善市场信用环境、降低交易成本、防范经济风险的重要举措，是减少政府对经济的行政干预、完善社会主义市场经济体制的迫切要求。

我国正处于加快转变发展方式、实现科学发展的战略机遇期。加快推进社会信用体系建设，是促进资源优化配置、扩大内需、促进产业结构优化升级的重要前提，是完善科学发展机制的迫切要求。

我国正处于经济社会转型的关键期。利益主体更加多元化，各种社会矛盾凸显，社会组织形式及管理方式也在发生深刻变化。全面推进社会信用体系建设，是增强社会诚信、促进社会互信、减少社会矛盾的有效手段，是加强和创新社会治理、构建社会主义和谐社会的迫切要求。

我国正处于在更大范围、更宽领域、更深层次上提高开放型经济水平的拓展期。经济全球化使我国对外开放程度不断提高，与其他国家和地区的经济社会交流更加密切。完善社会信用体系，是深化国际合作与交往，树立国际品牌和声誉，降低对外交易成本，提升国家软实力和国际影响力的必要条件，是推动建立客观、公正、合理、平衡的国际信用评级体系，适应全球化新形势，驾驭全球化新格局的迫切要求。

（三）指导思想和目标原则

全面推动社会信用体系建设，必须坚持以邓小平理论、“三个代表”重要思想、科学发展观为指导，按照党的十八大、十八届三中全会和“十二五”规划纲要精神，以健全信用法律法规和标准体系、形成覆盖全社会的征信系统为基础，以推进政务诚信、商务诚信、社会诚信和司法公信建设为主要内容，以推进诚信文化建设、建立守信激励和失信惩戒机制为重点，以推进行业信用建设、地方信用建设和信用服务市场发展为支撑，以提高全社会诚信意识和信用水平、改善经济社会运行环境为目的，以人为本，在全社会广泛形成守信光荣、失信可耻的浓厚氛围，使诚实守信成为全民的自觉行为规范。

社会信用体系建设的主要目标是：到2020年，社会信用基础性法律法规和标准体系基本建立，以信用信息资源共享为基础的覆盖全社会的征信系统基本建成，信用监管体制基本健全，信用服务市场体系比较完善，守信激励和失信惩戒机制全面发挥作用。政务诚信、商务诚信、社会诚信和司法公信建设取得明显进展，市场和社会满意度大幅提高。全社会诚信意识普遍增强，经济社会发展信用环境明显改善，经济社会秩序显著好转。

社会信用体系建设的主要原则是：

政府推动，社会共建。充分发挥政府的组织、引导、推动和示范作用。政府负责制定实施发展规划，健全法规和标准，培育和监管信用服务市场。注重发挥市场机制作用，协调并优化资源配置，鼓励和调动社会力量，广泛参与，共同推进，形成社会信用体系建设合力。

健全法制，规范发展。逐步建立健全信用法律法规体系和信用标准体系，加强信用信息管理，规范信用服务体系发展，维护信用信息安全和信息主体权益。

统筹规划，分步实施。针对社会信用体系建设的长期性、系统性和复杂性，强化顶层设计，立足当前，着眼长远，统筹全局，系统规划，有计划、分步骤地组织实施。

重点突破，强化应用。选择重点领域和典型地区开展信用建设示范。积极推广信用产品的社会化应用，促进信用信息互联互通、协同共享，健全社会信用奖惩联动机制，营造诚实、自律、守信、互信的社会信用环境。

二、推进重点领域诚信建设

（一）加快推进政务诚信建设

政务诚信是社会信用体系建设的关键，各

类政务行为主体的诚信水平，对其他社会主体诚信建设发挥着重要的表率和导向作用。

坚持依法行政。将依法行政贯穿于决策、执行、监督和服务的全过程，全面推进政务公开，在保护国家信息安全、商业秘密和个人隐私的前提下，依法公开在行政管理中掌握的信用信息，建立有效的信息共享机制。切实提高政府工作效率和服务水平，转变政府职能。健全权力运行制约和监督体系，确保决策权、执行权、监督权既相互制约又相互协调。完善政府决策机制和程序，提高决策透明度。进一步推广重大决策事项公示和听证制度，拓宽公众参与政府决策的渠道，加强对权力运行的社会监督和约束，提升政府公信力，树立政府公开、公平、清廉的诚信形象。

发挥政府诚信建设示范作用。各级人民政府首先要加强自身诚信建设，以政府的诚信施政，带动全社会诚信意识的树立和诚信水平的提高。在行政许可、政府采购、招标投标、劳动就业、社会保障、科研管理、干部选拔任用和管理监督、申请政府资金支持等领域，率先使用信用信息和信用产品，培育信用服务市场发展。

加快政府守信践诺机制建设。严格履行政府向社会作出的承诺，把政务履约和守诺服务纳入政府绩效评价体系，把发展规划和政府工作报告关于经济社会发展目标落实情况以及为百姓办实事的践诺情况作为评价政府诚信水平的重要内容，推动各地区、各部门逐步建立健全政务和行政承诺考核制度。各级人民政府对依法作出的政策承诺和签订的各类合同要认真履约和兑现。要积极营造公平竞争、统一高效的市场环境，不得施行地方保护主义措施，如滥用行政权力封锁市场、包庇纵容行政区域内社会主体的违法违规和失信行为等。要支持统计部门依法统计、真实统计。政府举债要依法依规、规模适度、风险可控、程序透明。政府收支必须强化预算约束，提高透明度。加强和完善群众监督和舆论监督机制。完善政务诚信约束和问责机制。各级人民政府要自觉接受本级人大的法律监督和政协的民主监督。加大监察、审计等部门对行政行为的监督和审计力度。

加强公务员诚信管理和教育。建立公务员诚信档案，依法依规将公务员个人有关事项报告、廉政记录、年度考核结果、相关违法违纪违约行为等信用信息纳入档案，将公务员诚信记录作为干部考核、任用和奖惩的重要依据。深入开展公务员诚信、守法和道德教育，加强法律知识和信用知识学习，编制公务员诚信手册，增强公务员法律和诚信意识，建立一支守法守信、高效廉洁的公务员队伍。

（二）深入推进商务诚信建设

提高商务诚信水平是社会信用体系建设的重点，是商务关系有效维护、商务运行成本有效降低、营商环境有效改善的基本条件，是各类商务主体可持续发展的生存之本，也是各类经济活动高效开展的基础保障。

生产领域信用建设。建立安全生产信用公告制度，完善安全生产承诺和安全生产不良信用记录及安全生产失信行为惩戒制度。以煤矿、非煤矿山、危险化学品、烟花爆竹、特种设备生产企业以及民用爆炸物品生产、销售企业和爆破企业或单位为重点，健全安全生产准入和退出信用审核机制，促进企业落实安全生产主体责任。以食品、药品、日用消费品、农产品和农业投入品为重点，加强各类生产经营主体生产和加工环节的信用管理，建立产品质量信用信息异地和部门间共享制度。推动建立质量信用征信系统，加快完善12365产品质量投诉举报咨询服务平台，建立质量诚信报告、失信黑名单披露、市场禁入和退出制度。

流通领域信用建设。研究制定商贸流通领域企业信用信息征集共享制度，完善商贸流通企业信用评价基本规则和指标体系。推进批发零售、商贸物流、住宿餐饮及居民服务行业信用建设，开展企业信用分类管理。完善零售商与供应商信用合作模式。强化反垄断与反不正当竞争执法，加大对市场混淆行为、虚假宣传、商业欺诈、商业诋毁、商业贿赂等违法行为的查处力度，对典型案件、重大案件予以曝光，增加企业失信成本，促进诚信经营和公平竞争。逐步建立以商品条形码等标识为基础的全国商品流通追溯体系。加强检验检疫质量诚信体系建设。支持商贸服务企业信用融资，发展商业保理，规范预付消费行为。鼓励企业扩大信用销售，促进个人信用消费。推进对外经济贸易信用建设，进一步加强对外贸易、对外援助、对外投资合作等领域的信用信息管理、信用风险监测预警和企业信用等级分类管理。借助电子口岸管理平台，建立完善进出口企业信用评价体系、信用分类管理和联合监管制度。

金融领域信用建设。创新金融信用产品，改善金融服务，维护金融消费者个人信息安全，保护金融消费者合法权益。加大对金融欺诈、恶意逃废银行债务、内幕交易、制售假保单、骗保骗赔、披露虚假信息、非法集资、逃套骗汇等金融失信行为的惩戒力度，规范金融市场秩序。加强金融信用信息基础设施建设，进一步扩大信用记录的覆盖面，强化金融业对守信者的激励作用和对失信者的约束作用。

税务领域信用建设。建立跨部门信用信息共享机制。开展纳税人基础信息、各类交易信息、财产保有和转让信息以及纳税记录等涉税信息的交换、比对和应用工作。进一步完善纳税信用等级评定和发布制度，加强税务领域信用分类管理，发挥信用评定差异对纳税人的奖惩作用。建立税收违法黑名单制度。推进纳税信用与其他社会信用联动管理，提升纳税人税法遵从度。

价格领域信用建设。指导企业和经营者加强价格自律，规范和引导经营者价格行为，实行经营者明码标价和收费公示制度，着力推行“明码实价”。督促经营者加强内部价格管理，根据经营者条件建立健全内部价格管理制度。完善经营者价格诚信制度，做好信息披露工作，推动实施奖惩制度。强化价格执法检查与反垄断执法，依法查处捏造和散布涨价信息、价格欺诈、价格垄断等价格失信行为，对典型案例予以公开曝光，规范市场价格秩序。

工程建设领域信用建设。推进工程建设市场信用体系建设。加快工程建设市场信用法规制度建设，制定工程建设市场各方主体和从业人员信用标准。推进工程建设领域项目信息公开和诚信体系建设，依托政府网站，全面设立项目信息和信用信息公开共享专栏，集中公开工程建设项目信息和信用信息，推动建设全国性的综合检索平台，实现工程建设项目信息和信用信息公开共享的“一站式”综合检索服务。深入开展工程质量诚信建设。完善工程建设市场准入退出制度，加大对发生重大工程质量、安全责任事故或有其他重大失信行为的企业及负有责任的从业人员的惩戒力度。建立企业和从业人员信用评价结果与资质审批、执业资格注册、资质资格取消等审批审核事项的关联管理机制。建立科学、有效的建设领域从业人员信用评价机制和失信责任追溯制度，将肢解发包、转包、违法分包、拖欠工程款和农民工工资等列入失信责任追究范围。

政府采购领域信用建设。加强政府采购信用管理，强化联动惩戒，保护政府采购当事人的合法权益。制定供应商、评审专家、政府采购代理机构以及相关从业人员的信用记录标准。依法建立政府采购供应商不良行为记录名单，对列入不良行为记录名单的供应商，在一定期限内禁止参加政府采购活动。完善政府采购市场的准入和退出机制，充分利用工商、税务、金融、检察等其他部门提供的信用信息，加强对政府采购当事人和相关人员的信用管理。加快建设全国统一的政府采购管理交易系统，提高政府采购活动透明度，实现信用信息的统一发布和共享。

招标投标领域信用建设。扩大招标投标信用信息公开和共享范围，建立涵盖招标投标情况的信用评价指标和评价标准体系，健全招标投标信用信息公开和共享制度。进一步贯彻落实招标投标违法行为记录公告制度，推动完善奖惩联动机制。依托电子招标投标系统及其公共服务平台，实现招标投标和合同履行等信用信息的互联互通、实时交换和整合共享。鼓励市场主体运用基本信用信息和第三方信用评价结果，并将其作为投标人资格审查、评标、定标和合同签订的重要依据。

交通运输领域信用建设。形成部门规章制度和地方性法规、地方政府规章相结合的交通运输信用法规体系。完善信用考核标准，实施分类考核监管。针对公路、铁路、水路、民航、管道等运输市场不同经营门类分别制定考核指标，加强信用考核评价监督管理，积极引导第三方机构参与信用考核评价，逐步建立交通运输管理机构与社会信用评价机构相结合，具有监督、申诉和复核机制的综合考核评价体系。将各类交通运输违法行为列入失信记录。鼓励和支持各单位在采购交通运输服务、招标投标、人员招聘等方面优先选择信用考核等级高的交通运输企业和从业人员。对失信企业和从业人员，要加强监管和惩戒，逐步建立跨地区、跨行业信用奖惩联动机制。

电子商务领域信用建设。建立健全电子商务企业客户信用管理和交易信用评估制度，加强电子商务企业自身开发和销售信用产品的质量监督。推行电子商务主体身份标识制度，完善网店实名制。加强网店产品质量检查，严厉查处电子商务领域制假售假、传销活动、虚假广告、以次充好、服务违约等欺诈行为。打击内外勾结、伪造流量和商业信誉的行为，对失信主体建立行业限期禁入制度。促进电子商务信用信息与社会其他领域相关信息的交换和共享，推动电子商务与线下交易信用评价。完善电子商务信用服务保障制度，推动信用调查、信用评估、信用担保、信用保险、信用支付、商账管理等第三方信用服务和产品在电子商务中的推广应用。开展电子商务网站可信认证服务工作，推广应用网站可信标识，为电子商务用户识别假冒、钓鱼网站提供手段。

统计领域信用建设。开展企业诚信统计承诺活动，营造诚实报数光荣、失信造假可耻的良好风气。完善统计诚信评价标准体系。建立健全企业统计诚信评价制度和统计从业人员诚信档案。加强执法检查，严厉查处统计领域的弄虚作假行为，建立统计失信行为通报和公开曝光制度。加大对统计失信企业的联合惩戒力度。将统计失信企业名单档案及其违法违规信息纳入金融、工商等行业和部门信用信息系统，将统计信用记录与企业融资、政府补贴、工商注册登记等直接挂钩，切实强化对统计失信行为的惩戒和制约。

中介服务业信用建设。建立完善中介服务机构及其从业人员的信用记录和披露制度，并作为市场行政执法部门实施信用分类管理的重要依据。重点加强公证仲裁类、律师类、会计类、担保类、鉴证类、检验检测类、评估类、认证类、代理类、经纪类、职业介绍类、咨询类、交易类等机构信用分类管理，探索建立科学合理的评估指标体系、评估制度和工作机制。

会展、广告领域信用建设。推动展会主办机构诚信办展，践行诚信服务公约，建立信用档案和违法违规单位信息披露制度，推广信用服务和产品的应用。加强广告业诚信建设，建立健全广告业信用分类管理制度，打击各类虚假广告，突出广告制作、传播环节各参与者责任，完善广告活动主体失信惩戒机制和严重失信淘汰机制。

企业诚信管理制度建设。开展各行业企

业诚信承诺活动，加大诚信企业示范宣传和典型失信案件曝光力度，引导企业增强社会责任感，在生产经营、财务管理和劳动用工管理等各环节中强化信用自律，改善商务信用生态环境。鼓励企业建立客户档案、开展客户诚信评价，将客户诚信交易记录纳入应收账款管理、信用销售授信额度计量，建立科学的企业信用管理流程，防范信用风险，提升企业综合竞争力。强化企业在发债、借款、担保等债权债务信用交易及生产经营活动中诚信履约。鼓励和支持有条件的企业设立信用管理师。鼓励企业建立内部职工诚信考核与评价制度。加强供水、供电、供热、燃气、电信、铁路、航空等关系人民群众日常生活行业企业的自身信用建设。

（三）全面推进社会诚信建设

社会诚信是社会信用体系建设的基础，社会成员之间只有以诚相待、以信为本，才会形成和谐友爱的人际关系，才能促进社会文明进步，实现社会和谐稳定和长治久安。

医药卫生和计划生育领域信用建设。加强医疗卫生机构信用管理和行业诚信作风建设。树立大医精诚的价值理念，坚持仁心仁术的执业操守。培育诚信执业、诚信采购、诚信诊疗、诚信收费、诚信医保理念，坚持合理检查、合理用药、合理治疗、合理收费等诚信医疗服务准则，全面建立药品价格、医疗服务价格公示制度，开展诚信医院、诚信药店创建活动，制定医疗机构和执业医师、药师、护士等医务人员信用评价指标标准，推进医院评审评价和医师定期考核，开展医务人员医德综合评价，惩戒收受贿赂、过度诊疗等违法和失信行为，建立诚信医疗服务体系。加快完善药品安全领域信用制度，建立药品研发、生产和流通企业信用档案。积极开展以“诚信至上，以质取胜”为主题的药品安全诚信承诺活动，切实提高药品安全信用监管水平，严厉打击制假贩假行为，保障人民群众用药安全有效。加强人口计生领域信用建设，开展人口和计划生育信用信息共享工作。

社会保障领域信用建设。在救灾、救助、养老、社会保险、慈善、彩票等方面，建立全面的诚信制度，打击各类诈捐骗捐等失信行为。建立健全社会救助、保障性住房等民生政策实施中的申请、审核、退出等各环节的诚信制度，加强对申请相关民生政策的条件审核，强化对社会救助动态管理及保障房使用的监管，将失信和违规的个人纳入信用黑名单。构建居民家庭经济状况核对信息系统，建立和完善低收入家庭认定机制，确保社会救助、保障性住房等民生政策公平、公正和健康运行。建立健全社会保险诚信管理制度，加强社会保险经办管理，加强社会保险领域的劳动保障监督执法，规范参保缴费行为，加大对医保定点医院、定点药店、工伤保险协议医疗机构等社会保险协议服务机构及其工作人员、各类参保人员的违规、欺诈、骗保等行为的惩戒力度，防止和打击各种骗保行为。进一步完善社会保险基金管理制度，提高基金征收、管理、支付等各环节的透明度，推动社会保险诚信制度建设，规范参保缴费行为，确保社会保险基金的安全运行。

劳动用工领域信用建设。进一步落实和完善企业劳动保障守法诚信制度，制定重大劳动保障违法行为社会公示办法。建立用人单位拖欠工资违法行为公示制度，健全用人单位劳动保障诚信等级评价办法。规范用工行为，加强对劳动合同履行和仲裁的管理，推动企业积极开展和谐劳动关系创建活动。加强劳动保障监督执法，加大对违法行为的打击力度。加强人力资源市场诚信建设，规范职业中介行为，打击各种黑中介、黑用工等违法失信行为。

教育、科研领域信用建设。加强教师和科研人员诚信教育。开展教师诚信承诺活动，自觉接受广大学生、家长和社会各界的监督。发挥教师诚信执教、为人师表的影响作用。加强学生诚信教育，培养诚实守信良好习惯，为提高全民族诚信素质奠定基础。探索建立教育机构及其从业人员、教师和学生、科研机构和科技社团及科研人员的信用评价制度，将信用评价与考试招生、学籍管理、学历学位授予、科研项目立项、专业技术职务评聘、岗位聘用、评选表彰等挂钩，努力解决学历造假、论文抄袭、学术不端、考试招生作弊等问题。

文化、体育、旅游领域信用建设。依托全国文化市场技术监管与公共服务平台，建立健全娱乐、演出、艺术品、网络文化等领域文化企业主体、从业人员以及文化产品的信用信息数据库；依法制定文化市场诚信管理措施，加强文化市场动态监管。制定职业体育从业人员诚信从业准则，建立职业体育从业人员、职业体育俱乐部和中介企业信用等级的第三方评估制度，推进相关信用信息记录和信用评级在参加或举办职业体育赛事、职业体育准入、转会等方面广泛运用。制定旅游从业人员诚信服务准则，建立旅游业消费者意见反馈和投诉记录与公开制度，建立旅行社、旅游景区和宾馆饭店信用等级第三方评估制度。

知识产权领域信用建设。建立健全知识产权诚信管理制度，出台知识产权保护信用评价办法。重点打击侵犯知识产权和制售假冒伪劣商品行为，将知识产权侵权行为信息纳入失信记录，强化对盗版侵权等知识产权侵权失信行为的联合惩戒，提升全社会的知识产权保护意识。开展知识产权服务机构信用建设，探索建立各类知识产权服务标准化体系和诚信评价制度。

环境保护和能源节约领域信用建设。推进国家环境监测、信息与统计能力建设，加强环保信用数据的采集和整理，实现环境保护工作业务协同和信息共享，完善环境信息公开目录。建立环境管理、监测信息公开制度。完善环评文件责任追究机制，建立环评机构及其从业人员、评估专家诚信档案数据库，强化对环评机构及其从业人员、评估专家的信用考核分类监管。建立企业对所排放污染物开展自行监测并公布污染物排放情况以及突发环境事件发生和处理情况制度。建立企业环境行为信用评价制度，定期发布评价结果，并组织开展动态分类管理，根据企业的信用等级予以相应的鼓励、警示或惩戒。完善企业环境行为信用信息共享机制，加强与银行、证券、保险、商务等部门的联动。加强国家能源利用数据统计、分析与信息上报能力建设。加强重点用能单位节能目标责任考核，定期公布考核结果，研究建立重点用能单位信用评价机制。强化对能源审计、节能评估和审查机构及其从业人员的信用评级和监管。研究开展节能服务公司信用评价工作，并逐步向全社会定期发布信用评级结果。加强对环资项目评审专家从业情况的信用考核管理。

社会组织诚信建设。依托法人单位信息资源库，加快完善社会组织登记管理信息。健全社会组织信息公开制度，引导社会组织提升运作的公开性和透明度，规范社会组织信息公开行为。把诚信建设内容纳入各类社会组织章程，强化社会组织诚信自律，提高社会组织公信力。发挥行业协会（商会）在行业信用建设中的作用，加强会员诚信宣传教育和培训。

自然人信用建设。突出自然人信用建设在社会信用体系建设中的基础性作用，依托国家人口信息资源库，建立完善自然人在经济社会活动中的信用记录，实现全国范围内自然人信用记录全覆盖。加强重点人群职业信用建设，建立公务员、企业法定代表人、律师、会计从业人员、注册会计师、统计从业人员、注册税务师、审计师、评估师、认证和检验检测从业人员、证券期货从业人员、上市公司高管人员、保险经纪人、医务人员、教师、科研人员、专利服务从业人员、项目经理、新闻媒体从业人员、导游、执业兽医等人员信用记录，推广使用职业信用报告，引导职业道德建设与行为规范。

互联网应用及服务领域信用建设。大力推进网络诚信建设，培育依法办网、诚信用网理念，逐步落实网络实名制，完善网络信用建设的法律保障，大力推进网络信用监管机制建设。建立网络信用评价体系，对互联网企业的服务经营行为、上网人员的网上行为进行信用评估，记录信用等级。建立涵盖互联网企业、上网个人的网络信用档案，积极推进建立网络信用信息与社会其他领域相关信用信息的交换共享机制，大力推动网络信用信息在社会各领域推广应用。建立网络信用黑名单制度，将实施网络欺诈、造谣传谣、侵害他人合法权益等严重网络失信行为的企业、个人列入黑名单，对列入黑名单的主体采取网上行为限制、行业禁入等措施，通报相关部门并进行公开曝光。

（四）大力推进司法公信建设

司法公信是社会信用体系建设的重要内容，是树立司法权威的前提，是社会公平正义的底线。

法院公信建设。提升司法审判信息化水平，实现覆盖审判工作全过程的全国四级法院审判信息互联互通。推进强制执行案件信息公开，完善执行联动机制，提高生效法律文书执行率。发挥审判职能作用，鼓励诚信交易、倡导互信合作，制裁商业欺诈和恣意违约毁约等失信行为，引导诚实守信风尚。

检察公信建设。进一步深化检务公开，创新检务公开的手段和途径，广泛听取群众意见，保障人民群众对检察工作的知情权、参与权、表达权和监督权。继续推行“阳光办案”，严格管理制度，强化内外部监督，建立健全专项检查、同步监督、责任追究机制。充分发挥法律监督职能作用，加大查办和预防职务犯罪力度，促进诚信建设。完善行贿犯罪档案查询制度，规范和加强查询工作管理，建立健全行贿犯罪档案查询与应用的社会联动机制。

公共安全领域公信建设。全面推行“阳光执法”，依法及时公开执法办案的制度规范、程序时限等信息，对于办案进展等不宜向社会公开，但涉及特定权利义务、需要特定对象知悉的信息，应当告知特定对象，或者为特定对象提供查询服务。进一步加强人口信息同各地区、各部门信息资源的交换和共享，完善国家人口信息资源库建设。将公民交通安全违法情况纳入诚信档案，促进全社会成员提高交通安全意识。定期向社会公开火灾高危单位消防安全评估结果，并作为单位信用等级的重要参考依据。将社会单位遵守消防安全法律法规情况纳入诚信管理，强化社会单位消防安全主体责任。

司法行政系统公信建设。进一步提高监狱、戒毒场所、社区矫正机构管理的规范化、制度化水平，维护服刑人员、戒毒人员、社区矫正人员合法权益。大力推进司法行政信息公开，进一步规范和创新律师、公证、基层法律服务、法律援助、司法考试、司法鉴定等信息管理和披露手段，保障人民群众的知情权。

司法执法和从业人员信用建设。建立各级公安、司法行政等工作人员信用档案，依法依规将徇私枉法以及不作为等不良记录纳入档案，并作为考核评价和奖惩依据。推进律师、公证员、基层法律服务工作者、法律援助人员、司法鉴定人员等诚信规范执业。建立司法从业人员诚信承诺制度。

健全促进司法公信的制度基础。深化司法体制和工作机制改革，推进执法规范化建设，严密执法程序，坚持有法必依、违法必究和法律面前人人平等，提高司法工作的科学化、制度化和规范化水平。充分发挥人大、政协和社会公众对司法工作的监督作用，完善司法机关之间的相互监督制约机制，强化司法机关的内部监督，实现以监督促公平、促公正、促公信。

三、加强诚信教育与诚信文化建设

诚信教育与诚信文化建设是引领社会成员诚信自律、提升社会成员道德素养的重要途径，是社会主义核心价值体系建设的重要内容。

（一）普及诚信教育

以建设社会主义核心价值体系、培育和践行社会主义核心价值观为根本，将诚信教育贯穿公民道德建设和精神文明创建全过程。推进公民道德建设工程，加强社会公德、职业道德、家庭美德和个人品德教育，传承中华传统美德，弘扬时代新风，在全社会形成“以诚实守信为荣、以见利忘义为耻”的良好风尚。

在各级各类教育和培训中进一步充实诚信教育内容。大力开展信用宣传普及教育进机关、进企业、进学校、进社区、进村屯、进家庭活动。

建好用好道德讲堂，倡导爱国、敬业、诚信、友善等价值理念和道德规范。开展群众道德评议活动，对诚信缺失、不讲信用现象进行分析评议，引导人们诚实守信、遵德守礼。

（二）加强诚信文化建设

弘扬诚信文化。以社会成员为对象，以诚信宣传为手段，以诚信教育为载体，大力倡导诚信道德规范，弘扬中华民族积极向善、诚实守信的传统文化和现代市场经济的契约精神，形成崇尚诚信、践行诚信的社会风尚。

树立诚信典型。充分发挥电视、广播、报纸、网络等媒体的宣传引导作用，结合道德模范评选和各行业诚信创建活动，树立社会诚信典范，使社会成员学有榜样、赶有目标，使诚实守信成为全社会的自觉追求。

深入开展诚信主题活动。有步骤、有重点地组织开展“诚信活动周”、“质量月”、“安全生产月”、“诚信兴商宣传月”、“3·5”学雷锋活动日、“3·15”国际消费者权益保护日、“6·14”信用记录关爱日、“12·4”全国法制宣传日等公益活动，突出诚信主题，营造诚信和谐的社会氛围。

大力开展重点行业领域诚信问题专项治理。深入开展道德领域突出问题专项教育和治理活动，针对诚信缺失问题突出、诚信建设需求迫切的行业领域开展专项治理，坚决纠正以权谋私、造假欺诈、见利忘义、损人利己的歪风邪气，树立行业诚信风尚。

（三）加快信用专业人才培养

加强信用管理学科专业建设。把信用管理列为国家经济体制改革与社会治理发展急需的新兴、重点学科，支持有条件的高校设置信用管理专业或开设相关课程，在研究生培养中开设信用管理研究方向。开展信用理论、信用管理、信用技术、信用标准、信用政策等方面研究。

加强信用管理职业培训与专业考评。建立健全信用管理职业培训与专业考评制度。推广信用管理职业资格培训，培养信用管理专业化队伍。促进和加强信用从业人员、信用管理人员的交流与培训，为社会信用体系建设提供人力资源支撑。

四、加快推进信用信息系统建设和应用

健全社会成员信用记录是社会信用体系建设的基本要求。发挥行业、地方、市场的力量和作用，加快推进信用信息系统建设，完善信用信息的记录、整合和应用，是形成守信激励和失信惩戒机制的基础和前提。

（一）行业信用信息系统建设

加强重点领域信用记录建设。以工商、纳税、价格、进出口、安全生产、产品质量、环境保护、食品药品、医疗卫生、知识产权、流通服务、工程建设、电子商务、交通运输、合同履约、人力资源和社会保障、教育科研等领域为重点，完善行业信用记录和从业人员信用档案。

建立行业信用信息数据库。各部门要以数据标准化和应用标准化为原则，依托国家各项重大信息化工程，整合行业内的信用信息资源，实现信用记录的电子化存储，加快建设信用信息系统，加快推进行业间信用信息互联互通。各行业分别负责本行业信用信息的组织与发布。

（二）地方信用信息系统建设

加快推进政务信用信息整合。各地区要对本地区各部门、各单位履行公共管理职能过程中产生的信用信息进行记录、完善、整合，形成统一的信用信息共享平台，为企业、个人和社会征信机构等查询政务信用信息提供便利。

加强地区内信用信息的应用。各地区要制定政务信用信息公开目录，形成信息公开的监督机制。大力推进本地区各部门、各单位政务信用信息的交换与共享，在公共管理中加强信用信息应用，提高履职效率。

（三）征信系统建设

加快征信系统建设。征信机构开展征信业务，应建立以企事业单位及其他社会组织、个人为对象的征信系统，依法采集、整理、保存、加工企事业单位及其他社会组织、个人的信用信息，并采取合理措施保障信用信息的准确性。各地区、各行业要支持征信机构建立征信系统。

对外提供专业化征信服务。征信机构要根据市场需求，对外提供专业化的征信服务，有序推进信用服务产品创新。建立健全并严格执行内部风险防范、避免利益冲突和保障信息安全的规章制度，依法向客户提供方便、快捷、高效的征信服务，进一步扩大信用报告在银行业、证券业、保险业及政府部门行政执法等多种领域中的应用。

（四）金融业统一征信平台建设

完善金融信用信息基础数据库。继续推进金融信用信息基础数据库建设，提升数据质量，完善系统功能，加强系统安全运行管理，进一步扩大信用报告的覆盖范围，提升系统对外服务水平。

推动金融业统一征信平台建设。继续推动银行、证券、保险、外汇等金融管理部门之间信用信息系统的链接，推动金融业统一征信平台建设，推进金融监管部门信用信息的交换与共享。

（五）推进信用信息的交换与共享

逐步推进政务信用信息的交换与共享。各地区、各行业要以需求为导向，在保护隐私、责任明确、数据及时准确的前提下，按照风险分散的原则，建立信用信息交换共享机制，统筹利用现有信用信息系统基础设施，依法推进各信用信息系统的互联互通和信用信息的交换共享，逐步形成覆盖全部信用主体、所有信用信息类别、全国所有区域的信用信息网络。各行业主管部门要对信用信息进行分类分级管理，确定查询权限，特殊查询需求特殊申请。

依法推进政务信用信息系统与征信系统间的信息交换与共享。发挥市场激励机制的作用，鼓励社会征信机构加强对已公开政务信用信息和非政务信用信息的整合，建立面向不同对象的征信服务产品体系，满足社会多层次、多样化和专业化的征信服务需求。

五、完善以奖惩制度为重点的社会信用体系运行机制

运行机制是保障社会信用体系各系统协调运行的制度基础。其中，守信激励和失信惩戒机制直接作用于各个社会主体信用行为，是社会信用体系运行的核心机制。

（一）构建守信激励和失信惩戒机制

加强对守信主体的奖励和激励。加大对守信行为的表彰和宣传力度。按规定对诚信企业和模范个人给予表彰，通过新闻媒体广泛宣传，营造守信光荣的舆论氛围。发展改革、财政、金融、环境保护、住房城乡建设、交通运输、商务、工商、税务、质检、安全监管、海关、知识产权等部门，在市场监管和公共服务过程中，要深化信用信息和信用产品的应用，对诚实守信者实行优先办理、简化程序等“绿色通道”支持激励政策。

加强对失信主体的约束和惩戒。强化行政监管性约束和惩戒。在现有行政处罚措施的基础上，健全失信惩戒制度，建立各行业黑名单制度和市场退出机制。推动各级人民政府在市场监管和公共服务的市场准入、资质认定、行政审批、政策扶持等方面实施信用分类监管，结合监管对象的失信类别和程度，使失信者受到惩戒。逐步建立行政许可申请人信用承诺制度，并开展申请人信用审查，确保申请人在政府推荐的征信机构中有信用记录，配合征信机构开展信用信息采集工作。推动形成市场性约束和惩戒。制定信用基准性评价指标体系和评价方法，完善失信信息记录和披露制度，使失信者在市场交易中受到制约。推动形成行业性约束和惩戒。通过行业协会制定行业自律规则并监督会员遵守。对违规的失信者，按照情节轻重，对机构会员和个人会员实行警告、行业内通报批评、公开谴责等惩戒措施。推动形成社会性约束和惩戒。完善社会舆论监督机制，加强对失信行为的披露和曝光，发挥群众评议讨论、批评报道等作用，通过社会的道德谴责，形成社会震慑力，约束社会成员的失信行为。

建立失信行为有奖举报制度。切实落实对举报人的奖励，保护举报人的合法权益。

建立多部门、跨地区信用联合奖惩机制。通过信用信息交换共享，实现多部门、跨地区信用奖惩联动，使守信者处处受益、失信者寸步难行。

（二）建立健全信用法律法规和标准体系

完善信用法律法规体系。推进信用立法工作，使信用信息征集、查询、应用、互联互通、信用信息安全和主体权益保护等有法可依。出台《征信业管理条例》相关配套制度和实施细则，建立异议处理、投诉办理和侵权责任追究制度。

推进行业、部门和地方信用制度建设。各地区、各部门分别根据本地区、相关行业信用体系建设的需要，制定地区或行业信用建设的规章制度，明确信用信息记录主体的责任，保证信用信息的客观、真实、准确和及时更新，完善信用信息共享公开制度，推动信用信息资源的有序开发利用。

建立信用信息分类管理制度。制定信用信息目录，明确信用信息分类，按照信用信息的属性，结合保护个人隐私和商业秘密，依法推进信用信息在采集、共享、使用、公开等环节的分类管理。加大对贩卖个人隐私和商业秘密行为的查处力度。

加快信用信息标准体系建设。制定全国统一的信用信息采集和分类管理标准，统一信用指标目录和建设规范。

建立统一社会信用代码制度。建立自然人、法人和其他组织统一社会信用代码制度。完善相关制度标准，推动在经济社会活动中广泛使用统一社会信用代码。

（三）培育和规范信用服务市场

发展各类信用服务机构。逐步建立公共信用服务机构和社会信用服务机构互为补充、信用信息基础服务和增值服务相辅相成的多层次、全方位的信用服务组织体系。

推进并规范信用评级行业发展。培育发展本土评级机构，增强我国评级机构的国际影响力。规范发展信用评级市场，提高信用评级行业的整体公信力。探索创新双评级、再评级制度。鼓励我国评级机构参与国际竞争和制定国际标准，加强与其他国家信用评级机构的协调和合作。

推动信用服务产品广泛运用。拓展信用服务产品应用范围，加大信用服务产品在社会治理和市场交易中的应用。鼓励信用服务产品开发和创新，推动信用保险、信用担保、商业保理、履约担保、信用管理咨询及培训等信用服务业务发展。

建立政务信用信息有序开放制度。明确政务信用信息的开放分类和基本目录，有序扩大政务信用信息对社会的开放，优化信用调查、信用评级和信用管理等行业的发展环境。

完善信用服务市场监管体制。根据信用服务市场、机构业务的不同特点，依法实施分类监管，完善监管制度，明确监管职责，切实维护市场秩序。推动制定信用服务相关法律制度，建立信用服务机构准入与退出机制，实现从业资格认定的公开透明，进一步完善信用服务业务规范，促进信用服务业健康发展。

推动信用服务机构完善法人治理。强化信用服务机构内部控制，完善约束机制，提升信用服务质量。

加强信用服务机构自身信用建设。信用服务机构要确立行为准则，加强规范管理，提高服务质量，坚持公正性和独立性，提升公信力。鼓励各类信用服务机构设立首席信用监督官，加强自身信用管理。

加强信用服务行业自律。推动建立信用服务行业自律组织，在组织内建立信用服务机构和从业人员基本行为准则和业务规范，强化自律约束，全面提升信用服务机构诚信水平。

（四）保护信用信息主体权益

健全信用信息主体权益保护机制。充分发挥行政监管、行业自律和社会监督在信用信息主体权益保护中的作用，综合运用法律、经济和行政等手段，切实保护信用信息主体权益。加强对信用信息主体的引导教育，不断增强其维护自身合法权益的意识。

建立自我纠错、主动自新的社会鼓励与关爱机制。以建立针对未成年人失信行为的教育机制为重点，通过对已悔过改正旧有轻微失信行为的社会成员予以适当保护，形成守信正向激励机制。

建立信用信息侵权责任追究机制。制定信用信息异议处理、投诉办理、诉讼管理制度及操作细则。进一步加大执法力度，对信用服务机构泄露国家秘密、商业秘密和侵犯个人隐私等违法行为，依法予以严厉处罚。通过各类媒体披露各种侵害信息主体权益的行为，强化社会监督作用。

（五）强化信用信息安全管理

健全信用信息安全管理体制。完善信用信息保护和网络信任体系，建立健全信用信息安全监控体系。加大信用信息安全监督检查力度，开展信用信息安全风险评估，实行信用信息安全等级保护。开展信用信息系统安全认证，加强信用信息服务系统安全管理。建立和完善信用信息安全应急处理机制。加强信用信息安全基础设施建设。

加强信用服务机构信用信息安全内部管理。强化信用服务机构信息安全防护能力，加大安全保障、技术研发和资金投入，高起点、高标准建设信用信息安全保障系统。依法制定和实施信用信息采集、整理、加工、保存、使用等方面的规章制度。

六、建立实施支撑体系

（一）强化责任落实

各地区、各部门要统一思想，按照本规划纲要总体要求，成立规划纲要推进小组，根据职责分工和工作实际，制定具体落实方案。

各地区、各部门要定期对本地区、相关行业社会信用体系建设情况进行总结和评估，及时发现问题并提出改进措施。

对社会信用体系建设成效突出的地区、部门和单位，按规定予以表彰。对推进不力、失信现象多发地区、部门和单位的负责人，按规定实施行政问责。

（二）加大政策支持

各级人民政府要根据社会信用体系建设需要，将应由政府负担的经费纳入财政预算予以保障。加大对信用基础设施建设、重点领域创新示范工程等方面的资金支持。

鼓励各地区、各部门结合规划纲要部署和自身工作实际，在社会信用体系建设创新示范领域先行先试，并在政府投资、融资安排等方面给予支持。

（三）实施专项工程

政务信息公开工程。深入贯彻实施《中华人民共和国政府信息公开条例》，按照主动公开、依申请公开进行分类管理，切实加大政务信息公开力度，树立公开、透明的政府形象。

农村信用体系建设工程。为农户、农场、农民合作社、休闲农业和农产品生产、加工企业等农村社会成员建立信用档案，夯实农村信用体系建设的基础。开展信用户、信用村、信用乡（镇）创建活动，深入推进青年信用示范户工作，发挥典型示范作用，使农民在参与中受到教育，得到实惠，在实践中提高信用意识。推进农产品生产、加工、流通企业和休闲农业等涉农企业信用建设。建立健全农民信用联保制度，推进和发展农业保险，完善农村信用担保体系。

小微企业信用体系建设工程。建立健全适合小微企业特点的信用记录和评价体系，完善小微企业信用信息查询、共享服务网络及区域性小微企业信用记录。引导各类信用服务机构为小微企业提供信用服务，创新小微企业集合信用服务方式，鼓励开展形式多样的小微企业诚信宣传和培训活动，为小微企业便利融资和健康发展营造良好的信用环境。

（四）推动创新示范

地方信用建设综合示范。示范地区率先对本地区各部门、各单位的信用信息进行整合，形成统一的信用信息共享平台，依法向社会有序开放。示范地区各部门在开展经济社会管理和提供公共服务过程中，强化使用信用信息和信用产品，并作为政府管理和服务的必备要件。建立健全社会信用奖惩联动机制，使守信者得到激励和奖励，失信者受到制约和惩戒。对违法违规等典型失信行为予以公开，对严重失信行为加大打击力度。探索建立地方政府信用评价标准和方法，在发行地方政府债券等符合法律法规规定的信用融资活动中试行开展地方政府综合信用评价。

区域信用建设合作示范。探索建立区域信用联动机制，开展区域信用体系建设创新示范，推进信用信息交换共享，实现跨地区信用奖惩联动，优化区域信用环境。

重点领域和行业信用信息应用示范。在食品药品安全、环境保护、安全生产、产品质量、工程建设、电子商务、证券期货、融资担保、政府采购、招标投标等领域，试点推行信用报告制度。

（五）健全组织保障

完善组织协调机制。完善社会信用体系建设部际联席会议制度，充分发挥其统筹协调作用，加强对各地区、各部门社会信用体系建设工作的指导、督促和检查。健全组织机构，各地区、各部门要设立专门机构负责推动社会信用体系建设。成立全国性信用协会，加强行业自律，充分发挥各类社会组织在推进社会信用体系建设中的作用。

建立地方政府推进机制。地方各级人民政府要将社会信用体系建设纳入重要工作日程，推进政务诚信、商务诚信、社会诚信和司法公信建设，加强督查，强化考核，把社会信用体系建设工作作为目标责任考核和政绩考核的重要内容。

建立工作通报和协调制度。社会信用体系建设部际联席会议定期召开工作协调会议，通报工作进展情况，及时研究解决社会信用体系建设中的重大问题。

物流业发展中长期规划

（2014～2020年）

物流业是融合运输、仓储、货代、信息等产业的复合型服务业，是支撑国民经济发展的基础性、战略性产业。加快发展现代物流业，对于促进产业结构调整、转变发展方式、提高国民经济竞争力和建设生态文明具有重要意义。为促进物流业健康发展，根据党的十八大、十八届三中全会精神和《中华人民共和国国民经济和社会发展第十二个五年规划纲要》、《服务业发展“十二五”规划》等，制定本规划。规划期为2014～2020年。

一、发展现状与面临的形势

（一）发展现状

“十一五”特别是国务院印发《物流业调整和振兴规划》以来，我国物流业保持较快增长，服务能力显著提升，基础设施条件和政策环境明显改善，现代产业体系初步形成，物流业已成为国民经济的重要组成部分。

产业规模快速增长。全国社会物流总额2013年达到197.8万亿元，比2005年增长3.1倍，按可比价格计算，年均增长11.5%。物流业增加值2013年达到3.9万亿元，比2005年增长2.2倍，年均增长11.1%，物流业增加值占国内生产总值的比重由2005年的6.6%提高到2013年的6.8%，占服务业增加值的比重达到14.8%。物流业吸纳就业人数快速增加，从业人员从2005年的1780万人增长到2013年的2890万人，年均增长6.2%。

服务能力显著提升。物流企业资产重组和资源整合步伐进一步加快，形成了一批所有制多元化、服务网络化和管理现代化的物流企业。传统运输业、仓储业加速向现代物流业转型，制造业物流、商贸物流、电子商务物流和国际物流等领域专业化、社会化服务能力显著增强，服务水平不断提升，现代物流服务体系初步建立。

技术装备条件明显改善。信息技术广泛应用，大多数物流企业建立了管理信息系统，物流信息平台建设快速推进。物联网、云计算等现代信息技术开始应用，装卸搬运、分拣包装、加工配送等专用物流装备和智能标签、跟踪追溯、路径优化等技术迅速推广。

基础设施网络日趋完善。截至2013年底，全国铁路营业里程10.3万公里，其中高速铁路1.1万公里；全国公路总里程达到435.6万公里，其中高速公路10.45万公里；内河航道通航里程12.59万公里，其中三级及以上高等级航道1.02万公里；全国港口拥有万吨级及以上泊位2001个，其中沿海港口1607个、内河港口394个；全国民用运输机场193个。2012年全国营业性库房面积约13亿平方米，各种类型的物流园区754个。

发展环境不断优化。“十二五”规划纲要明确提出“大力发展现代物流业”。国务院印发《物流业调整和振兴规划》，并制定出台了促进物流业健康发展的政策措施。有关部门和地方政府出台了一系列专项规划和配套措施。社会物流统计制度日趋完善，标准化工作有序推进，人才培养工作进一步加强，物流科技、学术理论研究及产学研合作不断深入。

总体上看，我国物流业已步入转型升级的新阶段。但是，物流业发展总体水平还不高，发展方式比较粗放。主要表现为：一是物流成本高、效率低。2013年全社会物流总费用与国内生产总值的比率高达18%，高于发达国家水平1倍左右，也显著高于巴西、印度等发展中国家的水平。二是条块分割严重，阻碍物流业发展的体制机制障碍仍未打破。企业自营物流比重高，物流企业规模小，先进技术难以推广，物流标准难以统一，迂回运输、资源浪费的问题突出。三是基础设施相对滞后，不能满足现代物流发展的要求。现代化仓储、多式联运转运等设施仍显不足，布局合理、功能完善的物流园区体系尚未建立，高效、顺畅、便捷的综合交通运输网络尚不健全，物流基础设施之间不衔接、不配套问题比较突出。四是政策法规体系还不够完善，市场秩序不够规范。已经出台的一些政策措施有待进一步落实，一些地方针对物流企业的乱收费、乱罚款问题突出。信用体系建设滞后，物流业从业人员整体素质有待进一步提升。

（二）面临的形势

当前，经济全球化趋势深入发展，网络信息技术革命带动新技术、新业态不断涌现，物流业发展面临的机遇与挑战并存。伴随全面深化改革，工业化、信息化、新型城镇化和农业现代化进程持续推进，产业结构调整和居民消费升级步伐不断加快，我国物流业发展空间越来越广阔。

物流需求快速增长。农业现代化对大宗农产品物流和鲜活农产品冷链物流的需求不断增长。新型工业化要求加快建立规模化、现代化的制造业物流服务体系。居民消费升级以及新型城镇化步伐加快，迫切需要建立更加完善、便捷、高效、安全的消费品物流配送体系。此外，电子商务、网络消费等新兴业态快速发展，快递物流等需求也将继续快速增长。

新技术、新管理不断出现。信息技术和供应链管理不断发展并在物流业得到广泛运用，为广大生产流通企业提供了越来越低成本、高效率、多样化、精益化的物流服务，推动制造业专注核心业务和商贸业优化内部分工，以新技术、新管理为核心的现代物流体系日益形成。随着城乡居民消费能力的增强和消费方式的逐步转变，全社会物流服务能力和效率持续提升，物流成本进一步降低、流通效率明显提高，物流业市场竞争加剧。

资源环境约束日益加强。随着社会物流规模的快速扩大、能源消耗和环境污染形势的加重、城市交通压力的加大，传统的物流运作模式已难以为继。按照建设生态文明的要求，必须加快运用先进运营管理理念，不断提高信息化、标准化和自动化水平，促进一体化运作和网络化经营，大力发展绿色物流，推动节能减排，切实降低能耗、减少排放、缓解交通压力。

国际竞争日趋激烈。随着国际产业转移步伐不断加快和服务贸易快速发展，全球采购、全球生产和全球销售的物流发展模式正在日益形成，迫切要求我国形成一批深入参与国际分工、具有国际竞争力的跨国物流企业，畅通与主要贸易伙伴、周边国家便捷高效的国际物流大通道，形成具有全球影响力的国际物流中心，以应对日益激烈的全球物流企业竞争。

二、总体要求

（一）指导思想

以邓小平理论、“三个代表”重要思想、科学发展观为指导，深入贯彻党的十八大和十八届二中、三中全会精神，全面落实党中央、国务院各项决策部署，按照加快转变发展方式、建设生态文明的要求，适应信息技术发展的新趋势，以提高物流效率、降低物流成本、减轻资源和环境压力为重点，以市场为导向，以改革开放为动力，以先进技术为支撑，积极营造有利于现代物流业发展的政策环境，着力建立和完善现代物流服务体系，加快提升物流业发展水平，促进产业结构调整和经济提质增效升级，增强国民经济竞争力，为全面建成小康社会提供物流服务保障。

（二）主要原则

市场运作，政府引导。使市场在资源配置

中起决定性作用和更好发挥政府作用，强化企业的市场主体地位，积极发挥政府在战略、规划、政策、标准等方面的引导作用。

优化结构，提升水平。加快传统物流业转型升级，建立和完善社会化、专业化的物流服务体系，大力发展第三方物流。形成一批具有较强竞争力的现代物流企业，扭转“小、散、弱”的发展格局，提升产业规模和发展水平。

创新驱动，协同发展。加快关键技术装备的研发应用，提升物流业信息化和智能化水平，创新运作管理模式，提高供应链管理和物流服务水平，形成物流业与制造业、商贸业、金融业协同发展的新优势。

节能减排，绿色环保。鼓励采用节能环保的技术、装备，提高物流运作的组织化、网络化水平，降低物流业的总体能耗和污染物排放水平。

完善标准，提高效率。推动物流业技术标准体系建设，加强一体化运作，实现物流作业各环节、各种物流设施设备以及物流信息的衔接配套，促进物流服务体系高效运转。

深化改革，整合资源。深化物流业管理体制改革，进一步简政放权，打破行业、部门和地区分割，反对垄断和不正当竞争，统筹城市和乡村、国际和国内物流体系建设，建立有利于资源整合和优化配置的体制机制。

（三）发展目标

到2020年，基本建立布局合理、技术先进、便捷高效、绿色环保、安全有序的现代物流服务体系。

物流的社会化、专业化水平进一步提升。物流业增加值年均增长8%左右，物流业增加值占国内生产总值的比重达到7.5%左右。第三方物流比重明显提高。新的物流装备、技术广泛应用。

物流企业竞争力显著增强。一体化运作、网络化经营能力进一步提高，信息化和供应链管理水平明显提升，形成一批具有国际竞争力的大型综合物流企业集团和物流服务品牌。

物流基础设施及运作方式衔接更加顺畅。物流园区网络体系布局更加合理，多式联运、甩挂运输、共同配送等现代物流运作方式保持较快发展，物流集聚发展的效益进一步显现。

物流整体运行效率显著提高。全社会物流总费用与国内生产总值的比率由2013年的18%下降到16%左右，物流业对国民经济的支撑和保障能力进一步增强。

三、发展重点

（一）着力降低物流成本

打破条块分割和地区封锁，减少行政干预，清理和废除妨碍全国统一市场和公平竞争的各种规定和做法，建立统一开放、竞争有序的全国物流服务市场。进一步优化通行环境，加强和规范收费公路管理，保障车辆便捷高效通行，积极采取有力措施，切实加大对公路乱收费、乱罚款的清理整顿力度，减少不必要的收费点，全面推进全国主要高速公路不停车收费系统建设。加快推进联通国内、国际主要经济区域的物流通道建设，大力发展多式联运，努力形成京沪、京广、欧亚大陆桥、中欧铁路大通道、长江黄金水道等若干条货畅其流、经济便捷的跨区域物流大通道。

（二）着力提升物流企业规模化、集约化水平

鼓励物流企业通过参股控股、兼并重组、协作联盟等方式做大做强，形成一批技术水平先进、主营业务突出、核心竞争力强的大型现代物流企业集团，通过规模化经营提高物流服务的一体化、网络化水平，形成大小物流企业共同发展的良好态势。鼓励运输、仓储等传统物流企业向上下游延伸服务，推进物流业与其他产业互动融合，协同发展。鼓励物流企业与制造企业深化战略合作，建立与新型工业化发展相适应的制造业物流服务体系，形成一批具有全球采购、全球配送能力的供应链服务商。鼓励商贸物流企业提高配送的规模化和协同化水平，加快电子商务物流发展，建立快速便捷的城乡配送物流体系。支持快递业整合资源，

与民航、铁路、公路等运输行业联动发展，加快形成一批具有国际竞争力的大型快递企业，构建覆盖城乡的快递物流服务体系。支持航空货运企业兼并重组、做强做大，提高物流综合服务能力。充分发挥邮政的网络、信息和服务优势，深入推动邮政与电子商务企业的战略合作，发展电商小包等新型邮政业务。进一步完善邮政基础设施网络，鼓励各地邮政企业因地制宜地发展农村邮政物流服务，推动农资下乡和农产品进城。

（三）着力加强物流基础设施网络建设

推进综合交通运输体系建设，合理规划布局物流基础设施，完善综合运输通道和交通枢纽节点布局，构建便捷、高效的物流基础设施网络，促进多种运输方式顺畅衔接和高效中转，提升物流体系综合能力。优化航空货运网络布局，加快国内航空货运转运中心、连接国际重要航空货运中心的大型货运枢纽建设。推进“港站一体化”，实现铁路货运站与港口码头无缝衔接。完善物流转运设施，提高货物换装的便捷性和兼容性。加快煤炭外运、“北粮南运”、粮食仓储等重要基础设施建设，解决突出的运输“卡脖子”问题。加强物流园区规划布局，进一步明确功能定位，整合和规范现有园区，节约、集约用地，提高资源利用效率和管理水平。在大中城市和制造业基地周边加强现代化配送中心规划，在城市社区和村镇布局建设共同配送末端网点，优化城市商业区和大型社区物流基础设施的布局建设，形成层级合理、规模适当、需求匹配的物流仓储配送网络。进一步完善应急物流基础设施，积极有效应对突发自然灾害、公共卫生事件以及重大安全事故。

四、主要任务

（一）大力提升物流社会化、专业化水平

鼓励制造企业分离外包物流业务，促进企业内部物流需求社会化。优化制造业、商贸业集聚区物流资源配置，构建中小微企业公共物流服务平台，提供社会化物流服务。着力发展第三方物流，引导传统仓储、运输、国际货代、快递等企业采用现代物流管理理念和技术装备，提高服务能力；支持从制造企业内部剥离出来的物流企业发挥专业化、精益化服务优势，积极为社会提供公共物流服务。鼓励物流企业功能整合和业务创新，不断提升专业化服务水平，积极发展定制化物流服务，满足日益增长的个性化物流需求。进一步优化物流组织模式，积极发展共同配送、统一配送，提高多式联运比重。

（二）进一步加强物流信息化建设

加强北斗导航、物联网、云计算、大数据、移动互联等先进信息技术在物流领域的应用。加快企业物流信息系统建设，发挥核心物流企业整合能力，打通物流信息链，实现物流信息全程可追踪。加快物流公共信息平台建设，积极推进全社会物流信息资源的开发利用，支持运输配载、跟踪追溯、库存监控等有实际需求、具备可持续发展前景的物流信息平台发展，鼓励各类平台创新运营服务模式。进一步推进交通运输物流公共信息平台发展，整合铁路、公路、水路、民航、邮政、海关、检验检疫等信息资源，促进物流信息与公共服务信息有效对接，鼓励区域间和行业内的物流平台信息共享，实现互联互通。

（三）推进物流技术装备现代化

加强物流核心技术和装备研发，推动关键技术装备产业化，鼓励物流企业采用先进适用技术和装备。加快食品冷链、医药、烟草、机械、汽车、干散货、危险化学品等专业物流装备的研发，提升物流装备的专业化水平。积极发展标准化、厢式化、专业化的公路货运车辆，逐步淘汰栏板式货车。推广铁路重载运输技术装备，积极发展铁路特种、专用货车以及高铁快件等运输技术装备，加强物流安全检测技术与装备的研发和推广应用。吸收引进国际先进物流技术，提高物流技术自主创新能力。

（四）加强物流标准化建设

加紧编制并组织实施物流标准中长期规划，完善物流标准体系。按照重点突出、结构合理、层次分明、科学适用、基本满足发展需要的要求，完善国家物流标准体系框架，加强通用基础类、公共类、服务类及专业类物流标准的制定工作，形成一批对全国物流业发展和服务水平提升有重大促进作用的物流标准。注重物流标准与其他产业标准以及国际物流标准的衔接，科学划分推荐性和强制性物流标准，加大物流标准的实施力度，努力提升物流服务、物流枢纽、物流设施设备的标准化运作水平。调动企业在标准制修订工作中的积极性，推进重点物流企业参与专业领域物流技术标准和管理标准的制定和标准化试点工作。加强物流标准的培训宣传和推广应用。

（五）推进区域物流协调发展

落实国家区域发展整体战略和产业布局调整优化的要求，继续发挥全国性物流节点城市和区域性物流节点城市的辐射带动作用，推动区域物流协调发展。按照建设丝绸之路经济带、海上丝绸之路、长江经济带等重大战略规划要求，加快推进重点物流区域和联通国际国内的物流通道建设，重点打造面向中亚、南亚、西亚的战略物流枢纽及面向东盟的陆海联运、江海联运节点和重要航空港，建立省际和跨国合作机制，促进物流基础设施互联互通和信息资源共享。东部地区要适应居民消费加快升级、制造业转型、内外贸一体化的趋势，进一步提升商贸物流、制造业物流和国际物流的服务能力，探索国际国内物流一体化运作模式。按照推动京津冀协同发展、环渤海区域合作和发展等要求，加快商贸物流业一体化进程。中部地区要发挥承东启西、贯通南北的区位优势，加强与沿海、沿边地区合作，加快陆港、航空口岸建设，构建服务于产业转移、资源输送和南北区域合作的物流通道和枢纽。西部地区要结合推进丝绸之路经济带建设，打造物流通道，改善区域物流条件，积极发展具有特色优势的农产品、矿产品等大宗商品物流产业。东北地区要加快构建东北亚沿边物流带，形成面向俄罗斯、连接东北亚及欧洲的物流大通道，重点推进制造业物流和粮食等大宗资源型商品物流发展。物流节点城市是区域物流发展的重要枢纽，要根据产业特点、发展水平、设施状况、市场需求、功能定位等，加强物流基础设施的规划布局，改善产业发展环境。

（六）积极推动国际物流发展

加强枢纽港口、机场、铁路、公路等各类口岸物流基础设施建设。以重点开发开放试验区为先导，结合发展边境贸易，加强与周边国家和地区的跨境物流体系和走廊建设，加快物流基础设施互联互通，形成一批国际货运枢纽，增强进出口货物集散能力。加强境内外口岸、内陆与沿海、沿边口岸的战略合作，推动海关特殊监管区域、国际陆港、口岸等协调发展，提高国际物流便利化水平。建立口岸物流联检联动机制，进一步提高通关效率。积极构建服务于全球贸易和营销网络、跨境电子商务的物流支撑体系，为国内企业“走出去”和开展全球业务提供物流服务保障。支持优势物流企业加强联合，构建国际物流服务网络，打造具有国际竞争力的跨国物流企业。

（七）大力发展绿色物流

优化运输结构，合理配置各类运输方式，提高铁路和水路运输比重，促进节能减排。大力发展甩挂运输、共同配送、统一配送等先进的物流组织模式，提高储运工具的信息化水平，减少返空、迂回运输。鼓励采用低能耗、低排放运输工具和节能型绿色仓储设施，推广集装单元化技术。借鉴国际先进经验，完善能耗和排放监测、检测认证制度，加快建立绿色物流评估标准和认证体系。加强危险品水运管理，最大限度减少环境事故。鼓励包装重复使用和回收再利用，提高托盘等标准化器具和包装物的循环利用水平，构建低环境负荷的循环物流系统。大力发展回收物流，鼓励生产者、再生资源回收利用企业联合开展废旧产品回收。推广应用铁路散堆装货物运输抑尘技术。

五、重点工程

（一）多式联运工程

加快多式联运设施建设，构建能力匹配的集疏运通道，配备现代化的中转设施，建立多式联运信息平台。完善港口的铁路、公路集疏运设施，提升临港铁路场站和港站后方通道能力。推进铁路专用线建设，发挥铁路集装箱中心站作用，推进内陆城市和港口的集装箱场站建设。构建与铁路、机场和公路货运站能力匹配的公路集疏运网络系统。发展海铁联运、铁水联运、公铁联运、陆空联运，加快推进大宗散货水铁联运、集装箱多式联运，积极发展干支直达和江海直达等船舶运输组织方式，探索构建以半挂车为标准荷载单元的铁路驮背运输、水路滚装运输等多式联运体系。

（二）物流园区工程

在严格符合土地利用总体规划、城市总体规划的前提下，按照节约、集约用地的原则，在重要的物流节点城市加快整合与合理布局物流园区，推进物流园区水、电、路、通讯设施和多式联运设施建设，加快现代化立体仓库和信息平台建设，完善周边公路、铁路配套，推广使用甩挂运输等先进运输方式和智能化管理技术，完善物流园区管理体制，提升管理和服务水平。结合区位特点和物流需求，发展货运枢纽型、生产服务型、商贸服务型、口岸服务型和综合服务型物流园区，以及农产品、农资、钢铁、煤炭、汽车、医药、出版物、冷链、危险货物运输、快递等专业类物流园区，发挥物流园区的示范带动作用。

（三）农产品物流工程

加大粮食仓储设施建设和维修改造力度，满足粮食收储需要。引进先进粮食仓储设备和技术，切实改善粮食仓储条件。积极推进粮食现代物流设施建设，发展粮食储、运、装、卸“四散化”和多式联运，开通从东北入关的铁路散粮列车和散粮集装箱班列，加强粮食产区的收纳和发放设施、南方销区的铁路和港口散粮接卸设施建设，解决“北粮南运”运输“卡脖子”问题。推进棉花运输装卸机械化、仓储现代化、管理信息化，加强主要产销区的物流节点及铁路专用线建设，支持企业开展纺织配棉配送服务。加强“南糖北运”及产地的运输、仓储等物流设施建设。加强鲜活农产品冷链物流设施建设，支持“南菜北运”和大宗鲜活农产品产地预冷、初加工、冷藏保鲜、冷链运输等设施设备建设，形成重点品种农产品物流集散中心，提升批发市场等重要节点的冷链设施水平，完善冷链物流网络。

（四）制造业物流与供应链管理工程

支持建设与制造业企业紧密配套、有效衔接的仓储配送设施和物流信息平台，鼓励各类产业聚集区域和功能区配套建设公共外仓，引进第三方物流企业。鼓励传统运输、仓储企业向供应链上下游延伸服务，建设第三方供应链管理平台，为制造业企业提供供应链计划、采购物流、入厂物流、交付物流、回收物流、供应链金融以及信息追溯等集成服务。加快发展具有供应链设计、咨询管理能力的专业物流企业，着力提升面向制造业企业的供应链管理服务水平。

（五）资源型产品物流工程

依托煤炭、石油、铁矿石等重要产品的生产基地和市场，加快资源型产品物流集散中心和物流通道建设。推进晋陕蒙（西）宁甘、内蒙古东部、新疆等煤炭外运重点通道建设，重点建设环渤海等大型煤炭储配基地和重点煤炭物流节点。统筹油气进口运输通道和国内储运体系建设，加快跨区域、与周边国家和地区紧密连接的油气运输通道建设，加强油气码头建设，鼓励发展油船、液化天然气船，加强铁矿石等重要矿产品港口（口岸）物流设施建设。

（六）城乡物流配送工程

加快完善城乡配送网络体系，统筹规划、合理布局物流园区、配送中心、末端配送网点等三级配送节点，搭建城市配送公共服务平台，积极推进县、乡、村消费品和农资配送网络体系建设。进一步发挥邮政及供销合作社的网络和服务优势，加强农村邮政网点、村邮站、“三农”服务站等邮政终端设施建设，促进农村地区商品的双向流通。推进城市绿色货运配送体系建设，完善城市配送车辆标准和通行管控措施，鼓励节能环保车辆在城市配送中的推广应用。加快现代物流示范城市的配送体系发展，建设服务连锁经营企业和网络销售企业的跨区域配送中心。发展智能物流基础设施，支持农村、社区、学校的物流快递公共取送点建设。鼓励交通、邮政、商贸、供销、出版物销售等开展联盟合作，整合利用现有物流资源，进一步完善存储、转运、停靠、卸货等基础设施，加强服务网络建设，提高共同配送能力。

（七）电子商务物流工程

适应电子商务快速发展需求，编制全国电子商务物流发展规划，结合国家电子商务示范城市、示范基地、物流园区、商业设施等建设，整合配送资源，构建电子商务物流服务平台和配送网络。建成一批区域性仓储配送基地，吸引制造商、电商、快递和零担物流公司、第三方服务公司入驻，提高物流配送效率和专业化服务水平。探索利用高铁资源，发展高铁快件运输。结合推进跨境贸易电子商务试点，完善一批快递转运中心。

（八）物流标准化工程

重点推进物流技术、信息、服务、运输、货代、仓储、粮食等农产品及加工食品、医药、汽车、家电、电子商务、邮政（含快递）、冷链、应急等物流标准的制修订工作，积极着手开展钢铁、机械、煤炭、铁矿石、石油石化、建材、棉花等大宗产品物流标准的研究制订工作。支持仓储和转运设施、运输工具、停靠和卸货站点的标准化建设和改造，制定公路货运标准化电子货单，推广托盘、集装箱、集装袋等标准化设施设备，建立全国托盘共用体系，推进管理软件接口标准化，全面推广甩挂运输试点经验。开展物流服务认证试点工作，推进物流领域检验检测体系建设，支持物流企业开展质量、环境和职业健康安全管理体系认证。

（九）物流信息平台工程

整合现有物流信息服务平台资源，形成跨行业和区域的智能物流信息公共服务平台。加强综合运输信息、物流资源交易、电子口岸和大宗商品交易等平台建设，促进各类平台之间的互联互通和信息共享。鼓励龙头物流企业搭建面向中小物流企业的物流信息服务平台，促进货源、车源和物流服务等信息的高效匹配，有效降低货车空驶率。以统一物品编码体系为依托，建设衔接企业、消费者与政府部门的第三方公共服务平台，提供物流信息标准查询、对接服务。建设智能物流信息平台，形成集物流信息发布、在线交易、数据交换、跟踪追溯、智能分析等功能为一体的物流信息服务中心。加快推进国家交通运输物流公共信息平台建设，依托东北亚物流信息服务网络等已有平台，开展物流信息化国际合作。

（十）物流新技术开发应用工程

支持货物跟踪定位、无线射频识别、可视化技术、移动信息服务、智能交通和位置服务等关键技术攻关，研发推广高性能货物搬运设备和快速分拣技术，加强沿海和内河船型、商用车运输等重要运输技术的研发应用。完善物品编码体系，推动条码和智能标签等标识技术、自动识别技术以及电子数据交换技术的广泛应用。推广物流信息编码、物流信息采集、物流载体跟踪、自动化控制、管理决策支持、信息交换与共享等领域的物流信息技术。鼓励新一代移动通信、道路交通信息通讯系统、自动导引车辆、不停车收费系统以及托盘等集装单元化技术普及。推动北斗导航、物联网、云计算、大数据、移动互联等技术在产品可追溯、在线调度管理、全自动物流配送、智能配货等领域的应用。

（十一）再生资源回收物流工程

加快建立再生资源回收物流体系，重点推动包装物、废旧电器电子产品等生活废弃物和报废工程机械、农作物秸秆、消费品加工中产生的边角废料等有使用价值废弃物的回收物流发展。加大废弃物回收物流处理设施的投资力度，加快建设一批回收物流中心，提高回收物品的收集、分拣、加工、搬运、仓储、包装、维修等管理水平，实现废弃物的妥善处置、循环利用、无害环保。

（十二）应急物流工程

建立统一协调、反应迅捷、运行有序、高效可靠的应急物流体系，建设集满足多种应急需要为一体的物流中心，形成一批具有较强应急物流运作能力的骨干物流企业。加强应急仓储、中转、配送设施建设，提升应急物流设施设备的标准化和现代化水平，提高应急物流效率和应急保障能力。建立和完善应急物流信息系统，规范协调调度程序，优化信息流程、业务流程和管理流程，推进应急生产、流通、储备、运输环节的信息化建设和应急信息交换、数据共享。

六、保障措施

（一）深化改革开放

加快推进物流管理体制改革，完善各层级的物流政策综合协调机制，进一步发挥全国现代物流工作部际联席会议作用。按照简政放权、深化行政审批制度改革的要求，建立公平透明的市场准入标准，进一步放宽对物流企业资质的行政许可和审批条件，改进审批管理方式。落实物流企业设立非法人分支机构的相关政策，鼓励物流企业开展跨区域网络化经营。引导企业改革“大而全”、“小而全”的物流运作模式，制定支持企业分离外包物流业务和加快发展第三方物流的措施，充分整合利用社会物流资源，提高规模化水平。加强与主要贸易对象国及台港澳等地区的政策协调和物流合作，推动国内物流企业与国际先进物流企业合作交流，支持物流企业“走出去”。做好物流业外资并购安全审查工作，扩大商贸物流、电子商务领域的对外开放。

（二）完善法规制度

尽快从国民经济行业分类、产业统计、工商注册及税目设立等方面明确物流业类别，进一步明确物流业的产业地位。健全物流业法律法规体系，抓紧研究制修订物流业安全监管、交通运输管理和仓储管理等相关法律法规或部门规章，开展综合性法律的立法准备工作，在此基础上择机研究制订物流业促进方面的法律法规。

（三）规范市场秩序

加强对物流市场的监督管理，完善物流企业和从业人员信用记录，纳入国家统一的信用信息平台。增强企业诚信意识，建立跨地区、跨行业的联合惩戒机制，加大对失信行为的惩戒力度。加强物流信息安全管理，禁止泄露转卖客户信息。加强物流服务质量满意度监测，开展安全、诚信、优质服务创建活动。鼓励企业整合资源、加强协作，提高物流市场集中度和集约化运作水平，减少低水平无序竞争。加强对物流业市场竞争行为的监督检查，依法查处不正当竞争和垄断行为。

（四）加强安全监管

加强对物流企业的安全管理，督促物流企业切实履行安全主体责任，严格执行国家强制标准，保证运输装备产品的一致性。加强对物流车辆和设施设备的检验检测，确保车辆安全性符合国家规定、设施设备处于良好状态。禁止超载运输，规范超限运输。危险货物运输要强化企业经理人员安全管理职责和车辆动态监控。加大安全生产经费投入，及时排查整改安全隐患。加大物流业贯彻落实国家信息安全等级保护制度力度，按照国家信息安全等级保护管理规范和技术标准要求同步实施物流信息平台安全建设，提高网络安全保障能力。建立健全物流安全监管信息共享机制，物流信息平台及物流企业信息系统要按照统一技术标准建设共享信息的技术接口。道路、铁路、民航、航运、邮政部门要进一步规范货物收运、收寄流程，进一步落实货物安全检查责任，采取严格的货物安全检查措施并增加开箱检查频次，加大对瞒报货物品名行为的查处力度，严防普通货物中夹带违禁品和危险品。推广使用技术手段对集装箱和货运物品进行探测查验，提高对违禁品和危险品的发现能力。加大宣传教育力度，曝光违法违规托运和夹带违禁品、危险品的典型案件和查处结果，增强公众守法意识。

（五）完善扶持政策

加大土地等政策支持力度，着力降低物流成本。落实和完善支持物流业发展的用地政策，依法供应物流用地，积极支持利用工业企业旧厂房、仓库和存量土地资源建设物流设施或者提供物流服务，涉及原划拨土地使用权转让或者租赁的，应按规定办理土地有偿使用手续。认真落实物流业相关税收优惠政策。研究完善支持物流企业做强做大的扶持政策，培育一批网络化、规模化发展的大型物流企业。严格执行鲜活农产品运输“绿色通道”政策。研究配送车辆进入城区作业的相关政策，完善城市配送车辆通行管控措施。完善物流标准化工作体系，建立相关部门、行业组织和标准技术归口单位的协调沟通机制。

（六）拓宽投资融资渠道

多渠道增加对物流业的投入，鼓励民间资本进入物流领域。引导银行业金融机构加大对物流企业的信贷支持，针对物流企业特点推动金融产品创新，推动发展新型融资方式，为物流业发展提供更便利的融资服务。支持符合条件的物流企业通过发行公司债券、非金融企业债务融资工具、企业债券和上市等多种方式拓宽融资渠道。继续通过政府投资对物流业重点领域和薄弱环节予以支持。

（七）加强统计工作

提高物流业统计工作水平，明确物流业统计的基本概念，强化物流统计理论和方法研究，科学划分物流业统计的行业类别，完善物流业统计制度和评价指标体系，促进物流统计台账和会计核算科目建设，做好社会物流总额和社会物流成本等指标的调查统计工作，及时准确反映物流业的发展规模和运行效率；构建组织体系完善、调查方法科学、技术手段先进、队伍素质优良的现代物流统计体系，推动各省（区、市）全面开展物流统计工作，进一步提高物流统计数据质量和工作水平，为政府宏观管理和企业经营决策提供参考依据。

（八）强化理论研究和人才培养

加强物流领域理论研究，完善我国现代物流业理论体系，积极推进产学研用结合。着力完善物流学科体系和专业人才培养体系，以提高实践能力为重点，按照现代职业教育体系建设要求，探索形成高等学校、中等职业学校与有关部门、科研院所、行业协会和企业联合培养人才的新模式。完善在职人员培训体系，鼓励培养物流业高层次经营管理人才，积极开展职业培训，提高物流业从业人员业务素质。

（九）发挥行业协会作用

要更好地发挥行业协会的桥梁和纽带作用，做好调查研究、技术推广、标准制订和宣传推广、信息统计、咨询服务、人才培养、理论研究、国际合作等方面的工作。鼓励行业协会健全和完善各项行业基础性工作，积极推动行业规范自律和诚信体系建设，推动行业健康发展。

七、组织实施

各地区、各部门要充分认识促进物流业健康发展的重大意义，采取有力措施，确保各项政策落到实处、见到实效。地方各级人民政府要加强组织领导，完善协调机制，结合本地实际抓紧制定具体落实方案，及时将实施过程中出现的新情况、新问题报送发展改革委和交通运输部、商务部等有关部门。国务院各有关部门要加强沟通，密切配合，根据职责分工完善各项配套政策措施。发展改革委要加强统筹协调，会同有关部门研究制定促进物流业发展三年行动计划，明确工作安排及时间进度，并做好督促检查和跟踪分析，重大问题及时报告。

江苏交通运输现代化规划纲要

（2014～2020年）

第一章　发展背景

经济社会的发展与人民生活的改善必然对交通运输提出日益增长的更高需求。从瓶颈制约到基本适应，交通运输在经济社会发展中“先行军”的定位和对城镇发展、产业布局的先导引领作用日益凸显。在江苏经济社会现代化的进程中，交通运输继续先行是历史赋予的重要使命。

第一节　现实基础

江苏省位于我国东部沿海中心、长江三角洲地区，总面积10.26万平方公里。2010年江苏以省为单位总体达到省定全面小康社会指标。2013年，全省常住人口7939万人，人均地区生产总值达7.5万元，约为12047美元；现代产业体系初步形成，三次产业增加值比例为6.1∶49.2∶44.7，服务业比重逐步提升；开放型经济水平领先，进出口贸易总额和实际利用外资分别约占全国的1/7和1/3；城乡协调发展，城镇化率达到64.1%，城乡居民收入比为2.39∶1，是全国差距最小的省区之一。

改革开放以来，江苏交通运输发展取得显著成绩，许多方面走在全国前列，交通基础设施和运输服务能力总体上满足需求，发展质量和管理服务水平国内领先，已经进入了结构调整优化、网络衔接强化和运输一体化发展、加快构建综合交通运输体系的新阶段，具备了在全国率先探索推进交通运输现代化建设的基础与条件。

——交通基础设施规模总体适应、结构不断优化，成为江苏经济发展和社会进步的重要标志

到2013年底，公路、铁路、航道和管道线网总里程近19万公里。公路总里程达到15.6万公里，面积密度居全国各省区前列，高速公路覆盖全部省辖市，基本覆盖全部县（市、区）和10万人口以上城镇；二级及以上公路占25%，为全国平均水平的2倍，基本实现市—县、县—县一级公路短直连通；农村公路率先实现“村村通”。铁路干线营业里程2591公里，其中高速铁路、电气化铁路和复线铁路分别占29.8%、57.4%、56.9%。全省内河航道总里程2.4万公里，其中千吨级及以上内河航道1716公里，通达58%的县级节点。油气主干管道里程超过4000公里。港口能力大幅提升，沿海沿江港口大型化、深水化、专业化发展成效显著，亿吨大港数、万吨级以上泊位数居全国前列；内河港口集约化、规模化、标准化发展加快，形成了布局合理、功能齐全、江河海一体、集疏运及配套设施齐全的港口体系。9个民航运输机场建成，地面交通90分钟车程覆盖全部县级节点。南京南站等一批集铁路、公路和城市公交为一体的综合客运枢纽相继建成。公路设施维护品质和养护管理技术水平进一步提升，在全国干线公路养护管理监测检查评比中，一直名

列前茅。近年来，苏中、苏北地区过江通道、干线公路和内河航道建设力度不断加大，对区域协调发展的支撑进一步加强。

——城乡客运一体化格局基本形成，城乡居民出行条件显著改善

综合客运能力不断提升，总体适应江苏经济社会发展所带来的高强度客运需求，2013年全省完成客运量27.9亿人、旅客周转量2062亿人公里；客运量强度达2.72万人/平方公里，超过全国平均水平的6倍。城市“公交优先”发展战略加快实施，南京、苏州“公交都市”建设深入推进，2013年全省城市公交分担率达21%。省内市际、县际客运班线公司化率达75%，居全国第一。以城市公交、城镇客运、镇村公交为主体，其他客运方式为补充的城乡客运体系初步形成，行政村客运班车实现全覆盖，居全国各省、区第一；交通运输基本公共服务向农村延伸，镇村公交发展稳步推进，2013年全省镇村公交覆盖率达到48%，苏锡常地区实现镇村公交全覆盖；江苏城乡道路客运一体化发展经验，由交通运输部向全国推广。

——货运转型步伐不断加快，现代运输组织体系逐步形成

交通建设、养护和运输市场彻底开放，基本形成了统一、开放、公平竞争的道路和水路运输市场。2013年全省完成综合货运量25.2亿吨、货物周转量9504.7亿吨公里，其中水运占比分别达到25.3%、72.2%，分别比全国平均水平高14.4、25.8个百分点，水运在货运与物流体系中的骨干作用不断增强，显著降低了社会物流成本，2013年全省社会物流总费用与GDP的比率降至约15.2%，较全国平均水平低约2.8个百分点。公路甩挂运输发展成效突出，试点企业甩挂周转量占比提高到15%以上，平均单位运输成本下降约15%，车辆里程利用率提高到82%以上，在全国率先建立区域性甩挂运输实体联盟。以物流园区为骨干、物流中心为支撑、农村物流站点为补充的三级物流基地格局逐步建立，连云港港、太仓港、南京港等重点港口的现代物流功能显著增强，物流集聚效应日益显现。铁水联运发展迅速，连云港港集装箱铁水联运列为全国示范项目，近年来到发总量及增幅均居全国沿海港口第一位。

——科技创新能力显著提升，信息化建设与行业发展加快融合

建成新型道路材料国家工程实验室等2个实验室和7个科研中心。在特大跨径桥梁建设、高等级公路和内河航道建养技术等方面取得一批拥有自主知识产权、具有国际先进水平的科研成果。在全国率先解决沥青路面早期病害问题，形成成套技术，为江苏公路工程质量水平始终保持全国领先提供有力支撑。1999年江阴长江大桥通车以来，累计建成南京二桥、润扬大桥、泰州大桥等9座特大跨江大桥和1座过江隧道，苏通大桥作为国家科技支撑计划支持的首个工程建设项目，取得多项世界级技术创新成果，获国家科技进步一等奖及国际桥梁大会乔治·理查德森奖，江苏跨江大桥成为我国从桥梁大国迈入桥梁技术强国行列的标志。

广泛应用现代信息技术提升行业管理和服务水平，在全国率先建成交通信息化基础骨干网和交通信息专网；公路ETC技术水平、规模和各项运营指标均居全国前列，率先试点运用水上ETC系统；在全国率先建成覆盖全省的交通服务热线；公路客运联网售票系统、铁水联运信息服务平台、交通应急指挥视频联网监控平台以及“感知公路”、“感知航道”建设等取得重要成果；道路危险货物运输车辆和二类以上线路客运班车卫星定位联网联控总量均居全国前列。

——资源节约型和环境友好型行业建设亮点突出，成为展示美好江苏形象的一张名片

节约集约利用土地成效明显，统筹实施公路、航道与水利项目建设，高效利用土地资

源。积极探索和推广生态、环保、旅游、景观公路建设和航道生态护坡建设。积极引导运输装备升级，长江干线和京杭运河船型标准化工程走在全国前列，江苏被交通运输部列入全国道路运输行业推广天然气汽车试点省份和推广应用LNG船舶试点省份。研发推广港口节能减排新技术成效明显，靠港船舶使用岸电项目被交通运输部列为重点节能减排项目在全国推广。2013年6月，交通运输部与江苏省政府签订了框架协议，支持江苏争创全国绿色循环低碳交通运输体系建设示范省份。

——公铁水空邮统筹管理体制框架率先形成，综合交通运输体系建设走在全国前列

2007年在全国各省区中率先改革形成公铁水空齐抓共管的省级大交通管理体制架构，为构建综合交通运输体系奠定了基础。2009年机构改革后，江苏省进一步明晰和强化了对公路、水路、铁路、民航、邮政的统筹规划、建设和管理协调。率先开展省级综合交通运输体系的顶层设计，指导推进结构调整和一体化发展，省及各市县政府相继出台一系列扶持水运、铁路、公路和航空产业加快发展的政策措施，强化港口、机场集疏运体系建设，多部门联合推动综合客运枢纽规划建设，在综合交通运输体系建设方面取得显著成效。

第二节　形势要求

对照江苏推进“两个率先”的最新要求，对照经济社会发展的新需求和人民群众的新期盼，江苏交通运输要为经济转型与产业升级、新型城镇化和城乡发展一体化提供更加有力的支撑和引导，为公众和货物出行提供更加安全、便捷、经济、高效的运输服务，为江苏生态省建设作出更大贡献，并为全国交通运输改革和现代化建设探索新路、积累经验。

——为促进经济转型发展、构建现代产业体系提供有力支撑

江苏产业转型的方向是构建以高新技术产业为主导、先进制造业为支撑、现代服务业为主体的现代产业体系。产业转移、产业结构调整以及新型业态（电子商务等）的快速发展，带来运输需求的新变化。据预测，未来单位GDP货运强度虽有所降低，货运总需求仍将持续增加，2020年江苏货运总量将达到2013年的1.8倍；并且货运结构将发生重大变化，大宗物资运输比重降低，而小批量、多样化、高附加值货运比重上升，城市配送需求大幅增加。随着经济全球化和产业一体化走向深入，江苏开放型经济将跃上新的台阶，远距离、多批次、高时效的国际、跨区域运输需求将显著增加。随着国家新一轮改革逐步深入，特别是设立中国（上海）自由贸易试验区、建设丝绸之路经济带、21世纪海上丝绸之路、依托长江建设中国经济新支撑带等一系列重大战略部署的实施，必将极大地促进长三角区域经济转型升级、产业结构调整，带来运输需求结构的重大变化。江苏未来国际货物中转、仓储、运输、代理及物流金融等第三方物流服务需求以及国际航空客运中转服务需求将持续增加。因此，必须在完善物流体系、降低物流成本、提升物流企业竞争力和国际运输能力等方面取得新突破。

——为促进新型城镇化城乡发展一体化和建设世界级城市群发挥引导作用

随着国家新型城镇化规划和江苏省新型城镇化与城乡发展一体化规划的实施，江苏将形成以沿江、沿东陇海线为横轴，以沿海、沿大运河为纵轴的“两横两纵”城镇空间布局，要求推动城镇基本公共服务常住人口全覆盖；促进城镇紧凑发展，提高土地利用率；统筹推进城乡交通等重要基础设施建设。全省城镇化仍将保持较快速度，2020年城镇化率达到72%，带来城市和农村居民出行总量、距离等明显增

加。据预测2020年客运出行总量将增至2013的2.0倍；并且随着长三角世界级城市群建设的推进以及城市间分工与合作的加强，“同城化”生产生活方式日趋普遍，都市圈通勤需求快速增长。未来私人小汽车发展将处于快速增长期，据预测2020年江苏千人拥有量将由2013年的70辆升至200辆，同时小汽车使用和空间分布特征发生改变，对交通设施供给能力、城市公共交通发展等都提出新的挑战。此外，苏南、苏中和苏北城镇化发展各具特色、需求各不相同，要求加强分区域指导、实现差别化发展。因此，必须重点提升国际旅客运输、城际通勤交通和城市公共交通等方面的供给能力和服务水平，缩小区域差距，促进区域协调发展。

——为提升和完善基本公共服务提供有力保障

在推进“两个率先”进程中，江苏城乡居民的收入将持续增长，生活更加富裕充实，带动休闲旅游等出行大幅增加，而私人汽车保有量快速增长趋势也将从一线城市迅速蔓延至二、三线城市和富裕乡镇。城乡居民出行将呈现多元化、高品质、快增长的特征，对安全、便捷、舒适、可靠的要求大大提高，对城市和区域交通运输供给能力、管理服务水平提出更高要求。同时，推动城乡基本公共服务均等化，让广大农民更加广泛、更加公平地分享现代化成果等方面的政策导向，对加快提升农村交通服务水平提出了更高要求。江苏六个集中连片贫困地区、黄河故道沿线和苏中苏北结合部等欠发达地区，亟待加强公路运输等基础服务。同时，农村公路养护管理、危桥改造、“撤渡建桥”等事关农村居民便捷出行、安全出行的重点任务，依然繁重而艰巨。为此，必须在提升交通运输公共服务水平方面取得新的突破，尤其是在减少交通事故、推进公众出行安全，改善农村交通服务水平等方面取得新的更大进展。

——为江苏实现生态省建设目标作出积极贡献

江苏致力打造生态省和率先建成全国生态文明建设示范区。交通运输在资源能源消耗中占有较大比重，是节能减排和应对气候变化的重点领域之一。交通运输部发布了《关于推进绿色循环低碳交通运输发展指导意见》，并支持江苏建设绿色循环低碳交通运输示范省，这都要求江苏交通运输完善行业绿色循环低碳发展的法规政策和标准，建立行业能源消耗监测考核体系，探索土地等资源消耗和能源消耗的总量控制，保障单位GDP碳排放目标实现，促进各种运输方式的生态环境保护和污染治理，从而为江苏如期实现生态省建设目标作出重要贡献。

——为深化交通运输体制改革和机制创新探索经验

党的十八届三中全会对全面深化改革做出了总体部署，国家正在积极推进完善和发展中国特色社会主义制度，推进以国家治理体系和治理能力现代化为总目标的各项改革。交通运输系统也要在大部门体制框架下积极稳妥推进有利于综合交通运输体系建设和发展的各项重大改革。江苏交通运输部门必须认真贯彻落实国家和省关于深化改革的总体部署，抓紧做好适应未来发展需要的行业改革总体设计，深化交通运输大部制改革，切实转变职能，探索建立适应新阶段要求的发展理念、管理体制、机构设置、运作机制和政策措施，为全国交通运输改革探索新路、积累经验。

应当看到，江苏交通运输还存在一些薄弱环节，面临着一些突出困难和挑战，主要是：长期以来支撑交通运输发展的要素条件和外部环境正在发生深刻变化，发展思路亟需调整。交通运输发展过程中长期形成的结构性矛盾依然存在，铁路骨干网络和内河干线航道网发展滞后，交通运输转方式调结构的任务十分紧迫。大城市交通拥堵问题突出，交通运输高水平服务民生的要求日益提高。现代货运与物流发展比较滞后，行业创新驱动力不强，骨干企业竞争力提升不快，难以满足产业转型的更高要求。现代信息技术与行业发展的融合亟待深化。应对环境保护刚性约束的有效举措不足。交通运输深化改革已进入深水区，顶层设计和重点领域改革等任重道远。以上各种困难和挑战必须高度重视、着力突破。

第二章　发展战略

江苏交通运输现代化是以构建综合交通运输体系为核心，全面协调可持续的发展模式；是更加注重发展质量和效益，更加注重人民群众实际感受，与江苏经济社会现代化相协调的发展过程；是将先进理念、制度、政策和技术手段融入交通运输全领域全过程，逐步达到当代国际先进水平的发展状态。

探索推进交通运输现代化建设，是长期而艰巨的任务，更是极具挑战的创新实践，必须有科学的发展战略作为指引。

第一节　指导思想

坚持以科学发展观为指导，贯彻落实党的十八大和十八届三中全会精神，紧紧围绕江苏“两个率先”总目标，遵循综合交通、智慧交通、绿色交通、平安交通、民生交通和法治交通的理念，注重转方式调结构，着力提质增效升级，构建现代综合交通运输体系，为经济转型升级、为新型城镇化和城乡发展一体化、缩小区域差距提供有力支撑，为公众出行和货物运输提供更加安全、便捷、经济、高效的服务，充分发挥在经济社会发展全局中的基础性、先导性和服务性作用，当好江苏基本实现现代化的先行军，为全国交通运输现代化建设探索路子、积累经验。

综合交通。紧密策应区域协调发展和新型城镇化等战略部署，统筹各种交通运输方式在区域间、城市间、城乡间、城市内的发展，合理布局不同区域、不同层次、不同方式的交通网络，合理配置和优化整合交通运输资源，注重发挥规划、政策法规、标准规范的作用，统筹建管养运，注重现代交通运输制度体系建设，推进各种交通运输方式深度融合，发挥各自的技术经济优势和交通网络整体效能。优化运输组织，积极推进多式联运、甩挂运输、接驳运输、网络化运输等新型运输服务方式，提高交通运输服务便捷化水平。

智慧交通。深入实施科技强交战略，协调推进原始创新、集成创新和引进消化吸收再创新，建立市场导向、企业主体、产学研结合的行业创新体系，以科技创新牵引交通运输转型升级。积极推动现代信息技术与交通运输管理和服务全面融合，加快构建资源共享、优势互补的大信息资源格局，注重以信息化、智能化引领提升交通运输管理效能、促进现代信息技术在行业监管、运行管理和服务领域的深度应用，全面提升交通运输供给能力、运行效率、安全性能和服务质量。

绿色交通。把绿色循环低碳发展的要求贯穿落实到交通运输发展的各个领域和各个环节，在发展中保护，在保护中发展。以节约资源、提高能效、控制排放、保护环境为目标，以资源环境承载力为基础，更加注重优化交通基础设施结构、运输装备结构、运输组织结构和能源消耗结构，推动交通运输从依靠物质资源消耗转入集约内涵式的发展轨道，建成以低消耗、低排放、低污染、高效能、高效率、高效益为主要特征的绿色交通系统。

平安交通。把保障人民群众的出行安全放在首位，坚持底线思维和红线思维，强化安全治理体系和治理能力建设，提高交通运输安全发展的防、管、控能力。坚持安全监管全覆盖和安全隐患零容忍，健全完善科学规范、运行有效的安全生产责任体系，推进安全生产长效机制建设，建立隐患排查治理体系和安全预防控制体系，树立行业安全至上的价值观。

民生交通。坚持“行有所乘”的交通基本公共服务理念，突出现代化的核心是人的现代化，以便民、利民、惠民作为根本出发点，坚持广覆盖、保基本、多层次、可持续的方针，更加注重公平与普惠。坚持从满足（引导）人民群众不断增长不断提升的交通运输需求、更好地服务和保障民生、推进城乡和区域交通运输基本公共服务均等化出发，加快公交都市建设，完善城乡客运网络，建好、管好、护好、运营好农村公路，稳步推进镇村公交发展，为广大农民脱贫致富奔小康提供更好的保障。

法治交通。大力推进交通运输部门职能向创造良好发展环境、提供优质公共交通服务和提升政府公信力、执行力转变，不断优化组织结构、完善权力运行机制。加快转变部门管理职能，减少和规范行政审批，更加注重宏观调控、市场监管、社会管理和公共服务职能的履行，大力推进政务公开和政务服务建设，加强执法队伍建设，持续推进执法行为规范化，切实做到行政执法严格规范公正文明。

推进江苏交通运输现代化建设，综合交通是核心，智慧交通是关键，绿色交通是引领，平安交通是基础，民生交通是出发点和落脚点，法治交通是保障，改革和创新是动力。

第二节　战略目标

紧紧围绕江苏率先基本实现现代化的目标要求，顺应人民群众安全便捷出行的新期待，适应产业结构调整、新型城镇化建设和生态文明建设对交通运输的新要求，合理确定发展目标。

江苏交通运输现代化的战略目标：

到2020年，江苏交通运输发展总体上达到世界中等发达国家水平，有效支撑和保障江苏基本实现现代化进程。交通基础设施能力充分、结构合理、衔接顺畅，率先基本实现现代化。城乡居民出行更便捷、更公平，货运与现代物流业更具竞争力。信息化、智能化有效引领行业转型升级。交通运输治理能力显著提升，法治交通、安全发展和绿色发展深度融合于全过程各领域。改革与创新成为可持续发展的主要驱动力。到2020年，苏南地区基本实现交通运输现代化，区域交通协调发展进一步加强，苏中、苏北与苏南发展差距明显缩小。

——能力充分、结构合理、衔接顺畅的现代综合交通网络基本形成

交通基础设施的规模及服务能力充分适应经济社会发展需求，布局结构、技术结构、功能结构优化合理，在物理和逻辑上高效衔接。综合运输通道覆盖重要产业带、连接各大城市群。综合交通骨干网络基本覆盖县级节点，时速200公里以上的快速铁路通达80%县城，都市圈轨道网络有效支撑都市圈通勤同城化，通江达海的千吨级航道网基本建成。港口、机场、铁路客运站等综合交通枢纽布局合理、功能完善。交通基础设施养护管理水平迈入世界先进行列。

——以一体化为显著特征，便捷多样与公平体面的出行服务体系基本形成

多样化的客运服务有效提升公众出行满意率。国际客运便捷覆盖70%的重要贸易国家和地区；城际客运充分满足多样化、个性化需求，铁路客运周转量占比提高至30%以上；城市公交网络完善、服务高效，乘坐便捷体面，城市公交出行分担率达到26%；一体化的城乡客运体系基本形成，镇村公交全覆盖。

——竞争力显著增强的现代货运与物流服务体系基本形成

货运与物流业转型发展取得重大进展，运输市场更加开放、更具活力、更加集约，综合运输能力明显增强，港口和航空物流功能充分发挥，先进的运输组织方式广泛应用。现代货运与现代物流业融合发展，成为江苏现代服务业的重要支撑和提升江苏综合竞争力的重要因素，水、铁货运周转量占比分别提高至75%和6%以上，社会物流总费用与GDP的比率下降至14%。

——科技创新和信息、智能技术应用能力显著增强

以企业为主体、市场为导向、产学研相结合的技术创新体系更加完善，交通运输设施、装备、管理等方面的创新能力大幅提升，关键工艺技术、高端产品、管理集成研发等取得重大突破。现代信息技术在交通运输各领域全过程深度融合，开放、兼容的现代交通运输信息网络基本建成，公众出行信息化智能化服务、货运与物流信息化和政务信息化水平显著提升。科技贡献率达到60%以上。省域范围实现公交一卡通，内河干线航道船闸ETC和沿海沿江港口EDI系统覆盖率达到100%，交通行政权力网上公开透明运行。

——交通运输治理能力持续提升

行业核心价值体系基本建立，全社会交通运输文明素质普遍提高。依法行政水平和行政效率明显提高。安全成为交通运输发展的基础价值理念，安全监管能力显著增强，安全运营水平显著提升，全省年均万车死亡率下降到2人以下，水上一般等级以上事故发生率下降到0.3起/万艘次以下。绿色循环低碳的价值取向贯穿交通运输发展的全过程和各领域，单位周转量能源消耗和碳排放分别比2010年下降25%和22%，单位周转量土地利用率提升40%。

到2030年，江苏交通运输发展水平总体上达到当时世界发达国家水平，现代综合交通运输体系全面建成，发展的协调性、系统性和可持续性显著提升。

按照上述战略目标，构建江苏交通运输基本实现现代化指标体系，积极有序推进江苏交通运输现代化建设。

第三章 综合交通网络现代化

完善交通基础设施空间布局，着力优化结构、强化衔接、加强养护，构建更高效、更安全、更集约的综合交通基础设施网络体系。大力提升运输装备水平。

第一节 完善空间布局

根据我省各区域资源禀赋条件和发展阶段特征，结合城镇和产业空间布局，准确把握客货需求变化，因地制宜、分类指导，加快建成“四纵四横”综合运输通道（即沿海、中轴、宁连、徐宿宁杭四个纵向通道和沿东陇海、徐宿淮盐、沿江、沪宁四个横向通道），完善区域交通运输结构，着力推进苏北、苏中地区快速铁路网建设，支撑、引导新型城镇化和城乡发展一体化及产业空间布局优化。

——沿江城市群：构建网络化综合运输通道

加快形成以高速快速铁路、高速公路、高等级航道为骨干的现代交通基础设施网络，支撑和引领世界级城市群和长江经济带建设。加快建设沪宁、沿江等大容量综合运输通道，进一步强化沿江城市群与上海的联系，形成东接上海、西连长江中上游城市群的交通大动脉。推进锡通、五峰山、泰常、锡澄靖等过江通道规划建设，促进苏中融入苏南，支撑宁镇扬、锡常泰、（沪）苏通三大板块跨江联动发展。推动沿江港口群资源整合、功能提升，促进沿江产业转型升级。着力推进南京都市圈和苏锡常都市圈一体化，依托轨道交通、高速公路和快速路将南京1小时交通圈半径拓展至150公里左右；加强苏锡常都市圈内部及与上海的快速

交通联系；重要城市之间实现城际铁路联系，重点城镇实现市郊铁路、城市轨道覆盖。

——沿海城镇轴：打造沿海运输大通道

加快形成南连沪浙闽、北接环渤海的沿海大通道，促进沿海地区加快融入长三角核心区。提升南北通道运输能力，发展高速铁路和快速铁路，提升沿海地区中心城市与上海、杭州以及苏南城市的交通联系水平。大力实施沿海港口功能提升，在建设21世纪海上丝绸之路和深化江苏沿海开发中发挥更大作用；加强沿海深水大港至东陇海沿线、苏北腹地中心城市的交通联系，增强沿海地区对外客货运枢纽能力。优化港城交通，推进沿海港口集疏运体系规划建设，注意预留港口和城市的发展腹地。

——沿东陇海城镇轴：打造陆桥运输大通道

加快形成联系中原、关中乃至中亚地区的陆桥运输大通道，提升连云港港发展水平，打造中西部地区的战略出海口，助力丝绸之路经济带建设。提升连云港港功能地位，强化现代化港口的要素集聚功能，积极推动徐连铁路客运专线规划建设，将连云港建设成我国东部沿海重要的新兴增长极和新亚欧大陆桥的东方桥头堡。促进徐州中心城市与连云港港口的城港联动发展，强化徐州铁路枢纽地位，加快城市外围地区快速路网体系建设，发展轨道交通，增强对周边地区的辐射带动力，提升其在淮海经济区的区域性中心城市地位。加强宿迁-新沂-沭阳之间的城际交通联系，提升沿线城镇的交通联系水平，引导沿线城镇集聚。

——沿运河城镇轴：强化区域对外交通联系

加快形成以水运和铁路为主的绿色集约运输通道，带动苏中苏北腹地发展振兴。推进徐宿淮盐、连淮扬镇等铁路建设，实施重要通道扩能改造，积极推进淮河入海水道航道等规划建设，加强与上海、南京、徐州、连云港等城市和重要枢纽的交通联系，强化淮安苏北腹地重要中心城市的交通枢纽地位。沿线中小城市，注重打造宜居宜业、生态环保的交通运输体系，支撑培育区域次中心城市。

第二节　优化网络结构

引导各种运输方式有序发展，充分发挥各种运输方式的比较优势，构筑现代综合交通网络体系。

——加快轨道交通成网

分层次推进轨道交通发展。跨区域铁路干线和长三角城际铁路建设，重点加快建设江北快速铁路网和跨江通道，强化地区间和对外运输能力建设，特别是与上海的多通道联系；沿重要的城镇带和产业发展轴，积极推动铁路运输通道客货分离。都市圈及核心城市轨道交通建设，南京都市圈完善辐射通道，加强与核心圈内市县的轨道交通联系，提升都市圈发展能级，南京中心城区基本实现城市轨道网络化运营；苏锡常都市圈加强与上海的轨道交通联系，推动都市圈内部城市间互联互通，实现都市圈融合发展，苏州、无锡、常州中心城区建成城市轨道骨干线网；徐州都市圈强化核心城市功能，加快建成中心城区城市轨道骨干线路。其他城市适时开展城市轨道交通规划建设。加强铁路干线、都市圈城际轨道和城市轨道的有机衔接，形成层次分明、一体化的轨道交通网络。

——加快干线航道成网和港口升级

充分发挥江苏水运优势，统筹水资源开发和利用，加快建设以长江和京杭运河为骨干，三级及以上航道为主体、四级航道为补充的“两纵四横”干线航道网。实现长江南京以下12.5米深水航道全线畅通，沿海港区基本具备5万吨级以上进港航道。构筑沿江、沿海、内河港口合理分工、优势互补的组合港格局，进一步完善海运直达、江海转运和长江中上游中转联运三大运输系统，把江苏沿海沿江港口建设成上海国际航运中心北翼，全面提升江苏国际竞争力，促进长三角地区产业向中上游地区延伸，带动中西部地区开发开放。加快以连云港港为核心的沿海港口群建设，加快提升港口功能。积极开展通州湾等深水港口岸线资源的监测和科研，适时开发建设。强化南京港等沿江港口资源整合，着力优化港口结构，推进沿江港口集约化专业化发展。以徐州港、无锡港等为重点，积极推进与干线航道等级相匹配的内河港口建设。完善集装箱运输系统，强化连云港港和太仓港集装箱干线港的功能，积极发展内河集装箱运输。

——提升完善公路网络

完善“五纵九横五联” 高速公路布局，改造提升京沪、沿江等通道高速公路，加强省际高速公路建设。结合城镇空间和产业规划布局完善干线公路网络，延伸覆盖所有县级节点、重点乡镇、重要产业节点、重要旅游节点和交通枢纽。优化城市过境公路、集散公路布局，加强干线公路与城市道路良好衔接。以保障镇村公交安全通行为主要目标，以单车道通村公路拓宽改造和县乡道危桥改造为重点，实施农村公路提档升级工程。强化苏北、苏中结合部的交通联系，加快改善集中连片贫困地区、黄河故道和里下河等地区的公路交通条件。加强规划和建设引导，放大公路的旅游、景观功能。

——促进运输机场升级，加快通用机场布局

提升两大枢纽机场能力，完成南京禄口国际机场、无锡硕放机场二期工程建设；完善其他机场功能，迁建连云港机场。拓展运输机场的通用航空服务功能，加快通用机场布局，建设南通通用航空应急救援基地、昆山淀山湖等通用机场，构建以基地通用机场为核心、小型通用机场为支撑、起降点为补充的三级通用机场体系。

第三节 加强一体化衔接

以强化城乡之间、区域之间和不同运输方式之间的衔接为重点，打造一体化的交通基础设施体系。

——建设区域一体化的交通网络

强化与上海、浙江、安徽和山东等周边省市在交通基础设施功能定位、线位、标准、建设时序等方面的协调与衔接。协调推进省际和都市圈城际交通一体化建设、管理和运营。协调与周边省市沿海港口分工，促进错位发展、适度竞争。分层次引导机场发展，将南京禄口国际机场、无锡硕放机场建设成长三角地区门户枢纽。

——建设一体化的旅客换乘体系

加快建设以枢纽机场、高速铁路及城际铁路客运站为主体的综合客运枢纽。建设南京禄口国际机场、南京南站等特大型综合客运枢纽，铁路南京站、淮安南站等大型综合客运枢纽，铁路盐城站、宿迁站等中型综合客运枢纽和铁路扬州江都站等小型综合客运枢纽，形成极具特色的现代综合客运枢纽体系。促进轨道交通与枢纽机场的对接，构建网络化的集疏运体系；完善干线公路与其他运输机场的衔接。加强城市换乘中心、县城客运站和乡镇公交站点建设，形成城乡一体的出行换乘体系。

——建设一体化的货运枢纽体系

以沿海沿江重点港区、多式联运枢纽和重要空港等节点为依托，布局交通物流园区，发挥大集聚、大中转的作用。以沿海沿江其他港区和重要内河港区、重要公路、铁路货运站场为依托，布局交通物流中心，鼓励利用既有河道改造成为集疏运支线航道，建设挖入式、规模化的内河港区，在产业转型升级和城市配送中发挥基础作用。以农村客货运站场、农村邮政网点为依托，布局农村货运物流站点，服务农业的产业升级和农村居民生活。大力推进疏港铁路支线建设，优化升级港口铁路站场。着力解决重点港口疏港公路与城市交通的干扰问题，提高疏港公路通过能力。加强沿海沿江港口内河转运码头、转运通道等基础设施建设。

第四节 提高设施维护管理水平

管理和维护好交通基础设施，使之持续保持良好的运行状态，着力降低全寿命周期成本，更好地服务于经济社会发展和公众出行。

——建立基础设施管理维护决策支持系统

落实交通基础设施和配套管理设施管理、维护责任主体，建立各类管理信息化平台，开展基础设施性能数据的综合检测，形成统一的公路、航道、港口和机场综合信息服务与运营管理系统。充分利用运营管理系统，科学安排各类基础设施的大、中修工程和预防性养护工程。制订交通设施服务标准规范和等级评定制度，建立以用户需求为导向的服务质量评价体系。

——提高养护机械化、专业化水平

鼓励装备制造企业加强成套养护设备的研发和生产。推进一级以上公路、四级以上航道和机场跑道的全面机械化养护。支持培育专业化的养护队伍，建立标准化养护体系，尽量减少现场养护、改建和重建工作，有效降低对公路水路交通正常运行的干扰。

——加强出行引导和管理

向车主、船主提供可靠、及时的交通信息和维修信息，帮助出行者制订合理的出行方案，提供可选择的出行方式和出行替代线路，有效引导交通分布。建立重要干线公路和干线航道跨区域、跨部门的联动管理协调机制，重点加强车辆、船舶超限超载运输治理。

第五节 加快技术装备升级

引导装备制造企业研发生产先进适用、节能环保、安全可靠、信息化程度高的交通运输工具与机械设备，并大力推广应用，着力提高装备整体水平。

——促进客运车辆更安全、更舒适

引导运输经营者购买使用安全可靠、节能环保的客运车辆。长途客运鼓励使用中高级客车。农村客运鼓励使用安全性达标、经济性良好的客运车辆。提高城市公共交通车辆舒适性，鼓励使用清洁能源和无障碍车辆。

——引导货运车辆专业化

引导运输经营者购买使用标准化专业化程度高、安全性能好和能耗排放低的货运车辆。鼓励发展厢式运输、甩挂运输和汽车列车，引导发展冷链运输、化学品运输等专用运输车辆和多轴重载大型车辆，推广LNG等节能型货运车辆。鼓励发展适用于城市配送的灵活、机动、环保的运输车辆。

——优化海洋运力结构

积极发展集装箱运力，适当发展矿石、原油及其制成品、液化气、化学品、粮食等船舶运力。支持邮轮等旅游客船的发展。鼓励港航企业与国内钢铁、石化、电力企业建立战略联盟。

——调整内河船型结构

大力推进内河船型标准化、专业化。引导企业加快淘汰高耗能、高污染和安全性、经济性差的船舶，采取鼓励政策积极发展绿色船舶、淘汰老旧船舶，发展江海直达船型。引导内河客运船舶向旅游化、舒适化方向发展。

——升级施工与管理装备

推广基础设施自动化和快速化检测装备，开发基础设施结构状况和隐蔽工程检测装备。提高基础设施养护作业机械化、成套化水平。提高交通执法管理设施与装备水平，加强引航船艇、导航设施等引航装备建设，主要港口实现引航装备的现代化。提升重大危险品事故应急救援装备水平。开发适应深水航道的新型航道维护船。

到2020年，现代综合交通网络基本形成。各种交通方式结构合理、衔接紧密，“四纵四横”综合运输通道基本形成，多层次客货运输枢纽体系基本形成。江苏省综合交通网络总规模19.9万公里，高速公路、快速铁路、千吨级航道、机场县级节点覆盖率分别达100%、80%、85%、100%，普通国省道公路乡镇覆盖率90%，长江南京以下12.5米深水航道全线畅通，沿海沿江港口、内河港口综合通过能力分别达到18亿吨、8亿吨，其中集装箱通过能力分别达到2800万TEU、150万TEU，机场旅客吞吐能力实现翻番达到6000万人次，综合客运枢纽省辖市覆盖率100%，公路、航道维护达到更高水平。运输装备不断升级，厢式车、集装箱车及专用车占营运货车比例达到40%，内河船舶标准化率达到55%。

到2030年，现代综合交通网络全面建成，综合运输通道能力充分，综合交通枢纽体系转换高效，设施运行安全稳定，运输装备先进高效。

第四章　公众出行服务现代化

着力推进城乡居民出行基本公共服务均等化，加快构建多方式可选、多层次融合、全过程连贯的一体化客运换乘体系，引导客运结构优化升级，努力实现国际客运便捷化、城际客运多样化，提升城市公交和农村客运服务水平。

第一节　发展更具吸引力的城市公交

实施公交优先发展战略，统筹城市发展和交通发展，倡导公交引导城市集约用地的发展模式，切实提高城市公交的通达性、可靠性、便捷性和舒适性。

——完善公交网络

南京、苏锡常和徐州都市圈核心城市加快建立以轨道交通为主骨架、常规公交为主体、其他公交方式为补充的城市公共交通网络；鼓励有条件的城市因地制宜发展以快速公交系统（BRT）、有轨电车等为骨架、常规公交为主体、其他公交方式为补充的城市公共交通网络；中小城市发展多种形式的特色公共交通。

——提升公交服务水平

开展“公交都市”、“公交优先示范城市”示范工程建设，着力提升公交保障能力和服务水平。推进特大城市、大城市和其他有条件的城市公交专用道成网并推行优先通行措施。加大公交运力投放，提升调度运营水平，改进公交信息服务，提升准点率。加快公交车辆更新换代，提高乘坐的舒适性。落实财政责任，推进差别化票价政策。鼓励绿色出行、文明出行，引导私人机动化出行向公交出行转移。确保场站设施用地供应，鼓励公共交通场站设施用地综合开发。

——发展多元化的公交服务

发展商务快线、旅游专线、大站快车、社区接驳公交、高峰通勤班车、定制公交等特色公共交通服务。合理控制城市出租汽车规模，引导城市出租汽车行业有序发展。鼓励汽车租赁业规模化、连锁化发展和跨地区协作。积极发展公共自行车，多措并举解决城市中短距离出行和公交“最后一公里”的无缝对接。尊重慢行空间，重视慢行交通系统的规划和建设。

第二节　发展更加高效多样的城际客运

打造立体化、多样化城际客运网络，让中远距离城际出行有更多高效、便利的选择。

——拓展国际运输网络

加强运输机场与上海、北京和广州国际空港的融合协作，引导其向专业化、集约化、规模化方向发展。拓展与加密国际航线，加强与国际航空枢纽的联系，提高与国际重要地区的航空通达度。南京禄口国际机场重点稳定和发展至欧洲、澳洲航线，增开直达北美航线；无锡硕放机场重点开通和加密至东北亚、东南亚航线；其他机场加强与港澳台等地区的联系，积极培育日韩航线。加强连云港港、苏州港和南京港等港口的邮轮服务功能，研究论证建设邮轮母港。

——丰富国内城际出行服务

加快发展至国内主要枢纽城市的民航快线和至其他城市的支线运输，加密航班班次，支持发展通用航空；加强铁路干线、城际铁路和城际轨道的服务衔接和服务融合，提升服务水平，满足多区间、多时段、多层次出行需求；改善公路客运班线运营服务，优化长途客运资源配置，实现省内外城市间便捷直达。

——都市圈出行同城化

推进都市圈城际轨道与城市轨道无缝衔接、同站换乘。改造利用铁路存量资源，开行市郊短途铁路通勤专线。创新城市公交运营模式，推进城际班线公交化运营，促进城际间公交互联互通。推动枢纽机场、高速铁路站等综合客运枢纽共享共用，加强其与城市换乘中心、城市客运站的直达运输服务对接。

第三节　发展更加公平的城乡客运

契合新型城镇化、城乡发展一体化和新农村建设需求，构建符合江苏城乡空间特征的农村客运体系，以公交基本公共交通服务为导向，提升农村客运均等化服务水平。

——发展宜居便行的小城镇客运

适应中小城镇居民出行量质齐升的特点，结合区域交通网络、枢纽及换乘节点布局，进一步发展毗邻镇区间公交化客运班线。结合小城镇休闲旅游和乡村旅游，发展慢行客运网络，为建设宜居家园提供出行便利。合理规划小城镇内部公共交通服务系统，重视慢行交通、静态交通设施的规划和配置，避免小城镇交通拥堵。

——推进城镇客运班线公交化运营

适应县（市、区）城与乡镇间居民出行需求，结合实际出行特征配置运力，推动城镇客运班线公司化改造和公交化运行，实现城镇客运班线与城市公交、镇村公交的紧密对接。

——提升镇村公交服务水平

结合新型城镇化和城乡发展一体化趋势，构建镇村公交网络，使农村居民乘车单次出行直达乡镇，一次换乘到达县（市、区）城。形成布局合理、功能兼备、衔接顺畅的镇村公交基础设施系统，打造线路优化、层次互配、网络全覆盖的镇村公交线网运行系统，构建优质安全、便捷经济的镇村公交运营服务系统。

——开放客运服务

打破条块分割的行政壁垒，推动区域及城市交通资源整合，促进城乡客运融入区域交通一体化体系，促进城市公交拓展、毗邻区域公交对开，实现省内跨行政区公交出行顺畅便捷。

第四节　推行交通需求管理

引导土地合理开发，立足源头治理，实现需求减量；创新管理方式，优化出行时空分布，使交通系统运转更加畅通，发展更加可持续。

——强化公共交通与城市土地利用互动

在城市总体规划、控制性详细规划等不同层级规划中，紧密结合公交发展导向和公交走廊布局，划定城市交通政策分区，因地制宜地制订不同性质、不同用地开发区域的交通发展策略，合理分配交通资源，引导城市优化空间布局。落实重大建设项目交通影响评价制度，并作为项目实施的前置性条件，严格落实公共交通配建标准。

——引导公共出行消费观念和行为升级

综合运用经济、行政、法律等手段，综合采取鼓励和引导、限制或禁止等政策举措管理交通需求。大力提倡并为步行和自行车交通创造有利条件，引导公众树立绿色出行的消费观念，鼓励、引导公众采用资源节约环境友好型的交通方式和减少机动车交通的出行模式。有效调控个体机动化交通需求，在特大城市和大城市建设停车换乘系统、尝试实施差别化停车收费和错峰上下班等需求管理措施。

到2020年，基本形成公平、便捷的旅客运输体系。与东北亚、东南亚主要城市形成“4小时航空交通圈”，重要贸易国家和地区民航直达率达到70%，形成国内干线（快线）、国际航线和区域支线相互支撑、协调发展的网络体系。城市轨道运营里程达到500公里，快速公交运营里程达到800公里。城市万人拥有公交车达到16标台，城市公共交通出行分担率达到26%，镇村公交开通率100%。

到2030年，多层次、多元化的城市公交将更具吸引力，立体、多样的国际、城际和都市圈出行将更便捷高效，一体化城乡客运将更公平更经济，发达、成熟的现代客运服务体系进一步形成。

第五章　货运与物流服务现代化

市场主导与行政引导双管齐下，促进货运与物流方式结构调整优化。进一步突出公路在城际货运中的灵活、高效特点，大力引导中长距离货运向铁路转移，切实发挥江苏水运优势，强化航空货运对江苏经济国际化的支撑和服务能力，注重发挥管道运输的技术、经济优势，加强管道网络与其他交通运输设施的衔接协调。以拓展港口和机场的综合物流功能为重点，大力推广更加集约高效的运输组织方式，着力打造更具活力的市场环境，推动传统货运业加快转型升级，促进交通运输与现代物流深度融合，打造经济高效和更具竞争力的现代货运与物流体系。

第一节　增强港口物流竞争力

从整合港口资源、拓展服务功能、加密近远洋航线入手，拓展港口综合物流功能，提升物流效率，打造长江国际海港区，形成以黄金水道为依托，以沿海沿江港口为载体，水运、铁路、公路、航空和管道相衔接的综合物流体系，推动江苏从港口大省向港口物流强省转变，显著提升上海国际航运中心北翼综合竞争力和辐射带动力。

——完善港口物流布局

结合长江12.5米深水航道建设，加快沿江港口功能布局调整完善，建成服务长江流域经济发展的长江国际海港区；通过组建沿江和沿海港口联盟等方式，整合港口资源，优化和完善港口物流布局，拓展上海国际航运中心北翼港口群整体服务功能。南京港建设成为长江航运物流中心、长江流域集装箱重要中转港。连云港港建设成为新亚欧大陆桥国际航运物流中心。太仓港建设成为沿江集装箱航运物流枢纽。南通港、张家港港、江阴港、镇江港、泰州港和徐州、无锡内河港建成在国内有较强资源配置能力的各具特色的港口物流节点。

——完善港口物流服务功能

加快推进连云港、南京及苏州航运服务功能集聚区建设，提升上海国际航运中心北翼功能，打造区域性国际航运物流中心和生产性服务业高地。依托综合保税港区、出口加工区或保税仓库等，延伸港口产业链，拓展多种增值物流服务功能。围绕集装箱、铁矿石、煤炭、油品和液体化工品等主要货种，加快临港交易市场建设，推动港口与商贸融合发展。通过建立港工贸合作战略联盟等，拓展集装箱拆拼箱、煤炭配煤等流通加工增值服务功能。

——提升港口对外开放功能

加强与知名船公司、港口企业战略合作，鼓励连云港港、太仓港等港口开辟近远洋航线。连云港港形成以美西远洋干线为重点，以服务苏北及鲁西南地区对外运输等近洋航线为特色的航线网络。太仓港培育发展远洋航线、加密发展近洋航线，加快形成重点覆盖欧美、日本、韩国及台湾地区的航线网络。协调推进海事、引航等规范化管理和服务，提高国际运输船舶进江运输效率；创新监管模式，积极推进“一站式”通关和电子口岸建设，优化服务环境，提高外贸货物通关效率。

第二节　做大做强航空物流

依托航空产业园，以航空快递中心布局及国际航线拓展为支撑，以多样化的物流组织模式为纽带，促进航空物流业跨越式发展。

——打造空港物流品牌

依托南京空港工业园、无锡空港产业园区等，引进现代物流管理理念及信息技术，积极打造“空港物流城”品牌，大力发展航空物流业，建设区域性高端产业货运集散中心，形成空港物流产业集聚区。

——拓展国际航空运输网

吸引国内外货运航空公司、中国邮政航空和顺丰速运等国内大型快递企业和航空物流企业在南京、无锡等机场设立基地和分支机构。新开、加密至欧美直达国际货运航线，新开至日本、韩国、新加坡、香港、台湾等亚洲主要货运枢纽的直达国际货运航线。

——打造全国性航空速递中心

南京禄口国际机场依托中国邮政航空速递物流集散中心，率先发展成国内航空速递的核心节点；无锡硕放机场、南通兴东机场发展成为长三角重要的航空速递中心；积极推进苏北地区的航空速递中心建设，增强经济竞争力，带动产业转型升级。

——建立多样化的航空物流组织模式

充分发挥保税物流园区的货源优势和空港口岸物流服务保障优势，强化区港联动。在规模较大的保税物流园区设立异地航空货站，在园区办理货物安检和报关交运，为企业提供最大便利。发展“卡车航班”等陆空联运方式，在机场与保税物流园区之间建立“快速通道”，提高货物在机场的转运效率。整合航空公司货运系统、机场物流系统、代理人货运系统，为各方提供更加全面的航空物流服务。

第三节　构建规范高效的城乡配送体系

合理布局城乡配送基础设施，制订完善发展政策，因地制宜实施管理，促进城乡配送健康发展。

——完善城市配送基础设施

加大对城市配送通道、节点建设的支持力度，构建干支衔接、通行顺畅的城市配送通道网络，完善配送节点的功能和布局。加大公用型城市配送节点建设扶持力度，鼓励货运枢纽站场升级完善城市配送功能。鼓励社区、高校、政府机关等配建快递服务中心。有条件的城市依托中心城区以外便捷的交通条件，规划建设大型物流中心、配送中心和分拨中心。在城市总体规划中统筹考虑城市配送基础设施的布局。

——完善城市配送发展政策

完善相关法律法规，加强部门协作，明确相关部门在城市配送管理中的职责和分工。制订城市配送车辆相关规范，推动城市配送车辆标准化、厢式化发展。研究制定城市快递车辆通行政策，提高快递终端服务质量。鼓励和引导物流企业集中存储、统一库管、按需配送、计划运输，结合实际发展“分时段配送”和“夜间配送”。

——改进城市配送管理模式

依托苏锡常和南京等城市配送试点，在体制机制、法规政策、基础设施、通行管控、运输组织、市场监管、信息技术、装备设备等方面进行改革创新，不断完善配送模式。

——支持农村物流发展

统筹交通运输、邮政、商务、供销等农村物流资源，形成以县级农村物流站点为核心，以乡镇农村物流配送站为支撑的点状辐射式农村物流站点网络。引导规范农村客运站、客运班线提供农产品、农贸、农村生活日用品等的集散和中转服务，积极引导小件快递物流与农村客运班线结合，推进城乡物流网络化发展。鼓励运输企业和邮政、快递企业参与农村物流网络建设，积极发展农村连锁配送业务，提升邮政基本公共服务水平。鼓励发展主产区大宗农产品仓储物流设施，完善鲜活农产品冷链物流。

第四节　推广先进运输组织方式

以加快发展多式联运和甩挂运输为重点，以创造良好的发展环境和高水平的运输信息服务为保障，加速运输组织的现代化进程，优化货运结构。

——推进多式联运发展

根据省情实际和发展需求大力发展综合运输。充分发挥江苏独特的水运资源优势、公路和航空网络的广覆盖高品质优势，以及铁路固有的技术经济优势，因地制宜、综合集成，积极推行一票到底、全程负责多式联运，实现货运结构调整优化和业态转型升级。推动连云港港、南京港、镇江港和徐州港等大宗物资铁水联运发展，主要港区实现铁路进线；积极推动中西部地区陇海铁路沿线布局“无水港”。推动集装箱江海河联运发展，以太仓港为试点，推动长江及内河“驳运快线”建设。加快大宗散货海进江中转体系、江海物资转运体系建设，积极发展沿江港口大宗物资江海联运。围绕多式联运，开展“五定班列”、“门到门”、“水转水”等个性化延伸服务，提高货运组织效率。加强多式联运设施设备、技术标准、信息资源、服务规范、作业流程等方面的有效对接，加快培育承担综合运输业务的市场主体。

——促进甩挂运输发展

支持甩挂运输企业联合联盟发展，依托沿海沿江港口群、城市群，跨区域建设无水港，实现信息共享、站场共用、线路共营。推进推广滚装甩挂运输、公铁联运甩挂运输、跨区域网络化甩挂运输、甩挂运输联盟等示范项目建设，全面提高全省甩挂运输发展水平，带动道路货运业整合，加快集约化发展进程。

第五节　增强物流企业发展活力

发挥交通运输在物流业发展中的基础性和主体性作用，加快货运市场主体整合优化，引导骨干企业做大做强，培育具有较强国际竞争力的运输企业，带动市场主体结构调整，采取积极有效措施为中小型企业创造更多发展空间，促进传统货运企业与现代物流企业融合、协调发展。

——积极培育大型综合物流企业

通过政策扶持一批货运企业成为业务领域广、服务功能全、技术先进、组织有效、具有核心竞争力的龙头物流企业。抓住国家推进铁路运输市场开放的契机，大力培育综合运输市场主体，增强现代物流发展后劲。引导大件、冷藏及危险品等专业物流发展。鼓励具备一定条件的货运企业向综合物流服务商转型。建设不同层次的航运服务集聚区，通过资产并购、股权置换等合作方式，培育一批具有国际竞争力的本土远洋运输和航空运输龙头企业。支持港航企业延伸服务链，向全球或区域物流经营人转变，支持并规范货代、船代、无船承运人等运输辅助业发展。鼓励邮政、快递企业做大做强，支持货运企业与邮政、快递企业开展合作。

——促进中小型货运企业转型发展

为中小企业的良性发展创造条件，引导中小型货运企业依托物流平台、节点融入现代物流体系，向专业化、个性化、特色化经营转变，立足配送服务主业，积极拓展新型业务领域，打造在物流供应链中具有独特优势的运输企业。鼓励中小企业通过多种形式联盟抱团发展，推动物流资源整合重组，实现集约化发展。

到2020年，近远洋航线国际重要贸易国家和地区直达率达到80%，货运车辆里程利用率达到60%。水、铁货运周转量占比达到75%和6%。社会物流总费用与GDP比率降为14%，初步形成经济高效的货运与物流体系。

到2030年，港口物流和航空物流有效提升国际竞争力，城市配送高度发达，运输市场健康有序，形成与现代产业体系相得益彰的现代货运与物流服务体系。

第六章 信息技术应用能力现代化

坚持面向应用、统筹协同，重点突破、全面提升，大力发展智慧交通，积极推进物联网、云计算、大数据等现代信息技术与交通运输全领域全过程的深度融合，充分发挥信息化引领交通运输转型升级的重要作用，实现交通运输组织智能化、管理服务高效化和决策支持科学化。

第一节 加强顶层设计和示范引领

加快交通运输信息化顶层设计，进一步引导并支持市县推进信息化、智能化整体规划和综合应用。

——加强交通运输信息化顶层设计

成立专门工作组，统筹开展交通运输信息化顶层设计工作。以支撑和引导交通运输转型升级为目标，从基础设施、客货服务和交通运输行政管理等方面研究提出未来的主要业务模式，重视对交通运输现场综合执法、一站式服务、开放的公共信息服务、电子支付以及大数据开发等需求的响应。以统一技术管理、服务平台建设和硬件设施共享为基础，规划建设信息传输网络，明确业务信息的内容、流程和数据标准，加快构建信息化发展的整体框架体系。

——推进跨区域跨部门协同，促进共建共享

以信息互通、资源共享为原则，推进交通运输信息化建设向区域协同共建方向转变。打破区域与部门分割，联合建立交通运输信息资源共享交换机制，编制共享目录，构建共享交换平台，提高信息资源综合利用水平。

——引导市县推进信息化、智能化整体规划和综合应用

组织引导市县开展交通运输信息化和智能化的整体规划，明确市县综合交通运输信息化、智能化发展的基本方向、整体思路、关键领域和近期重点。推进市县交通运输信息化、智能化手段的综合应用，拓宽交通运输管理部门对综合运输的管理与服务手段，全面提升综合运输管理部门业务协调能力、运行效率、服务水平。

第二节 公众出行信息服务

建立满足社会需求的出行信息服务系统，提供更高品质、更加贴心的客运服务。

——打造智能城市公交

加快建设集运营调度、信息服务、业务评价、企业管理等功能于一体的智能公交系统，

加快实施省域公共交通“一卡通”，积极参与推进长三角地区及全国主要城市公共交通“一卡通”和公路ETC系统建设，积极推广利用移动终端提供公交信息服务，有效提高公共客运运营管理水平和服务水平。推进建设城市出租汽车服务智能调度中心，在全省实现出租汽车电调“一号召车”（和手机召车）服务。

——统筹协调区域交通信息服务

积极推进区域间交通信息互联互通、共建共享，加强城市间交通信息化规划、标准规范等方面的衔接趋同，加快推进长三角交通信息一体化进程，充分提升无行政障碍的信息服务层次和品质。建设公众出行综合信息服务示范工程，积极拓展公、铁、水、空和城市交通“一站式”综合信息服务。进一步完善“门户、广播、服务热线”三位一体的公共信息服务体系。

——提升城乡客运信息服务

加强综合客运信息化建设，按照统一的核心标准统筹全省道路客运联网售票系统建设，积极推动道路、铁路、航空联网联程售票，为多方式换乘出行提供套票服务。在此基础上拓展推进城乡客运信息一体化，将道路客运联网售票系统拓展至所有乡镇客运站。

第三节　货运与物流信息服务

促进交通运输与物流服务深度融合，提升交通货运与物流信息化发展水平。

——鼓励企业加快推进信息化建设

引导规模化企业利用先进信息技术，实现企业内部管理优化和服务升级。支持开发和推广通用物流软件，提高中小企业信息化水平。推动物流企业与供应链上下游企业间信息标准统一和系统对接，实现车船方、货方、代理方、港站方、海关、税务和银行等多方资源共享和高效运作，提供无缝衔接的货物供应链服务。

——支持交通运输物流信息平台建设

加快构建集信息发布、电子商务、电子政务等功能于一体的交通运输物流公共信息服务平台。引导企业利用市场化机制和先进信息技术构建企业交通运输物流信息平台。促进企业平台、政府平台以及其他区域平台实现无缝对接。

——提升多式联运信息化水平

应用物联网技术完善各种运输方式的信息采集体系，以海铁联运信息集成为突破，逐步拓展到公铁水空多式联运的信息整合。加快铁水联运信息服务平台的应用推广，拓展构建整合公路、铁路、水运、航空和邮政等运输方式的多式联运信息服务平台。推进建设内河干线航道船闸ETC系统。

第四节　推进监测体系建设

充分应用智能化、网络化新型传感器技术，建立与需求相适应的基础设施、载运工具和交通运输运行环境三大监测体系。

——加快形成覆盖重要交通基础设施的监测体系

加强高速公路、重要普通国省道路段、内河干线航道重要航段、重点客货运输站场、通航枢纽、大型桥梁、长大隧道、大型互通式立交桥等基础设施的监测网络建设。积极推动与铁路、民航监测网络的互联互通、信息共享。

强化港口作业现场管理，重点加强危险品码头、港口储油（气）罐区的动态监管。

推广公路、航道养护管理系统，桥梁健康监测向特殊桥梁、危旧桥梁及重载交通比重大的桥梁延伸，为公路、航道、桥梁、隧道的日常养护和计划制订提供即时数据支持。

——加快形成覆盖重点载运工具的监测体系

重点跟踪监测“两客一危”车辆、重点营运货车、“四客一危”船舶和交通运输执法装备等载运工具的安全技术状态和运行状况。长途客运班车、旅游包车、公交车、出租车、重型车、牵引车、危化品船舶、旅游客船500吨级以上营业性船舶全部安装使用卫星定位装置。

建立公路水路危险品运输全程联网监管系统，加强源头管理，强化过程控制，打击非法营运，实现跨区域、跨部门信息共享和联防联控。

——加快形成交通运输运行环境监测体系

加强交通运行信息汇聚、监测与跟踪，全面掌握交通运行态势。结合全省气象信息监测系统，加强预警分析，提升交通运行环境监测水平。

强化与铁路、民航地方派出机构的共享合作，进一步加强与公安、水利、气象、测绘、海关、国检、江苏海事、电信运营商以及长三角周边省（市）信息资源的共享合作，推进跨部门的数据交换，为交通信息化持续发展创造良好的条件。

完善建设以省级数据中心为核心节点，市级数据中心为二级节点的交通运输行业数据中心体系，提升行业数据服务能力。

第五节　加强交通运输电子政务建设

实现在更广范围、更深层次和更高水平的部门信息共享与协同应用，切实提高行业行政管理与服务效能。

——建设以电子政务为主体的交通运输行政管理和服务系统

加快构建对内交通电子政务系统和对外交通电子政务系统组成的交通电子政务总体框架。对内交通电子政务系统要重点加强面向交通运输厅机关和交通运输行业部门工作人员提供业务管理支持、决策支持、公文流转、信息互通共享等服务。对外交通电子政务系统建设要重点加快推进交通行政权力网上公开透明运行三级联网工程建设，建立投资综合统计与信用信息管理、网上行政审批及行政监管、交通科技信息服务、公众交流和舆情监测以及交通重点工程建设项目信息公开系统。

建立健全交通运输网络与信息安全保障机制，加强网络与信息安全情况报送和通报，完善交通运输密钥管理和证书认证体系，为交通运输信息化智能化发展提供信息安全保障。

——进一步推动行政执法信息化

加快升级完善现场执法业务管理系统和装备，加强对执法全过程监督，建成厅权力内控业务管理系统。整合现有执法业务，实现省市县三级执法信息网络的互联互通，加强与公安等相关执法部门的业务协同。

——提高科学决策水平

积极开展决策评价方法和技术、运输经济和决策机制等研究，形成科学的交通运输宏观决策研究方法、体系和机制，重点推进城乡客运、货运与物流、交通安全与应急和绿色交通等核心业务的管理和服务辅助决策支持系统建设。

到2020年，交通信息化服务管理体系基本建成。普通国省公路重要节点监测覆盖率、内河干线航道船闸ETC覆盖率、沿海沿江港口EDI系统覆盖率和交通行政许可项目在线办理率均达到100%，交通运行实时信息可查询率达到95%，交通信息资源对公众服务、应急处理、决策分析和行业管理的支持能力进一步提升。

到2030年，交通信息化服务管理体系全面建成。设施运行、公众出行服务、货运与物流服务以及交通政务服务的信息化水平达到国际先进水平。

第七章　治理能力现代化

推进交通运输管理方式方法向多元、民主、互动转型，实现从管理向治理的重大变革。以提高交通运输从业人员尤其是管理人员的素质素养为根本，以加强法治能力建设为基础，坚持底线红线思维切实提高安全监管和应急保障能力，紧扣转型发展要求大力增强绿色循环低碳发展能力，着力推进江苏交通运输治理能力现代化。

第一节　提升人的现代化水平

构建交通运输行业的核心价值体系凝聚行业力量，为实现交通运输现代化贡献智慧和才能；深入实施人才强交战略；深入实施文明交通工程，有效提升交通参与者的素质。

——统筹规划，多层次多渠道培养优秀人才

根据交通运输现代化发展需要，对人才队伍建设进行科学分析和预测，研究制订人才发展战略和中长期发展规划。统筹推进各类人才队伍建设，实施创新团队引领计划、紧缺人才增量计划、管理人才提升计划、技能人才培训计划和青年英才开发计划。实施知识结构优化计划，加强与知名高校联合办学，加强综合专业知识的学习培训，打造全面发展的复合型人才。

——创新人才队伍建设机制

坚持创新人才培养开发机制，人才评价发现机制、人才选拔任用机制、人才流动配置机制，有效提升交通运输从业人员素质。加强国际交流与合作，建立经常性的交流和合作机制，在战略规划研究、养护技术政策和科学统计评估分析方法等方面加强与国外科研院所、咨询机构的合作。

——培育践行行业核心价值观

贯彻落实中共中央办公厅《关于培育和践行社会主义核心价值观的意见》，建设体现时代精神、彰显行业特色，符合江苏交通运输现代化发展战略的江苏交通运输行业核心价值体系，通过持续深入的文化宣贯，使新时期江苏交通精神成为所有交通人共同的价值追求和行为准则，成为增强行业凝聚力和提高核心竞争力的重要保障，成为实施江苏交通运输现代化的强大推动力。

——大力实施文化创建工程

实施《2014～2020年全省交通运输行业文化建设布局规划》，与推进交通运输现代化实践相结合，积极完善文化品牌、文化建设示范单位和先进典型培育等工作载体，以品牌的力量带动行业文化水平持续提升。坚持“物质文化与非物质文化同步发展”的原则，着力优化配置全省交通运输文化资源，把交通文化设施、文化项目、文化产品建设成具有广泛影响力的思想文化传播平台。

——开展群众性文明创建活动

精心组织开展行业性强、参与度广、健康向上的群众性文明创建活动，丰富职工的精神文化生活，提高全民交通运输文明素质。与相关部门和社会机构合作，共同创作一批思想精深、艺术精湛、制作精美的文艺书籍、文艺书目、影视作品等。

第二节　提升交通运输法治能力

依法行政是市场经济条件下对政府的基本要求。交通运输现代化建设，必须把推进法治交通与深化行政管理体制改革、转变政府职能有机结合起来，坚持开拓创新与循序渐进的统一，既要体现改革和创新的精神，又要有计划、有步骤地分类推进；必须把坚持依法行政与提高行政效率统一起来，做到既严格依法办事，又积极履行职责，有效推进法治交通建设。

——深入推进交通运输依法行政

通过强化法律意识、加强制度建设，清晰界定政府与市场边界。完善依法行政各项制度，坚持用制度管权管事管人，提高交通运输部门的公信力和执行力。实现依法决策，健全科学民主依法决策机制，建立权力目录管理制度，建立决策后评估和纠错制度，建立重大政策与重大项目社会稳定风险评估制度，保证政策的合理性、合法性与稳定性；实现依法管理，建立健全权力运行的制约和监督机制，深入推行行政执法责任制，做到权力依法取得，行政程序依法履行，行政行为依法做出，行政责任依法承担。

——强化法治交通建设保障

制订促进综合交通运输发展的法规体系框架。提请省人大、省政府制订或修订出台民用航空发展、城市客运管理、水上交通安全管理等方面的地方性法规或政府规章。制订出台一批与上位法相配套，交通运输发展和管理亟需的规范性文件；修订或取消阻碍改革发展的法规制度或部分内容。加强执法机构和队伍正规化建设，推进交通运输部门执法机构性质和人员编制的法定化和规范化，研究制订规范化建设的软硬件标准。

——深化交通运输政务公开

深化交通行政决策公开，加大交通行业重要改革方案、重大政策措施、重点工程项目决策前后意见征集和政策发布，拓展政策解读；深化交通行政权力公开透明运行，建设省市县三级联网工程；深化政府信息公开，加强交通工程建设领域项目信息公开，抓好交通重大突发事件和群众关注热点难点事项信息公开；加强网站管理，充分发挥门户网站作为政府信息公开第一平台的作用，积极推进与公众互动交流，增强网站在线办事服务能力；规范和深化交通公共企事业单位办事公开；加强政务公开运行过程中的电子监察工作，不断提升科技防腐的能力。

第三节　增强安全监管与应急能力

加强交通运输安全生产和应急体系规划建设，完善体制机制，健全法规体系，提高交通设施、运输装备安全性能，提升从业人员安全生产素质，推进安全生产标准化、安全监管规范化和安全管理信息化，积极探索强化铁路、民航运输安全监管的有效举措，显著增强应急能力，全面提升安全生产保障水平，有效推进平安交通建设。

——提高交通设施安全性能

以有效降低公路使用者行车安全风险和公路管理养护责任风险为核心，实施公路安保工程建设，加大危桥改造力度，完善交通管理设施，打造“平安示范公路”。严格执行港口设施安全评估和安保设施符合证书的年度核验，确保港口设施安保工作100%达到国际公约要求。加强港口航道引航装备、防台风设施的建设，加快应急锚地、避风锚地和危险品锚地建设，加强堤岸保护措施。加强内河安全监管设施建设。

——加强交通运输安全生产管理

强化源头管理，提高农村交通运输和普通货物运输市场主体的安全资质或标准，把好市场准入关。健全营运车辆、运输船舶和城市公交工具日常维护检查制度，加强维护、检测和等级评定监督。强化运输生产动态监控，充分运用卫星定位等手段加强对“两客一危”运输车辆的实时监控。严把从业人员资质关，加强安全生产执业资格制度建设。强化工程建设安全监管，逐步形成全省公路水运工程安全技术标准和各类参建单位安全生产评估考核标准。

——推进安全生产标准化建设

明确企业安全生产管理工作目标，建立安全生产主体责任的量化标准，指导企业建立自我完善、自我约束、持续改进的安全生产工作机制。建立交通运输企业安全生产标准化建设和验收相关规范，完善并规范交通运输行业安全中介市场，形成完备的安全生产标准化工作体系。把交通运输企业安全生产标准化纳入市场诚信体系建设，发挥市场引导作用，促进企业安全生产水平持续提升。

——推进安全监管规范化建设

建立覆盖全行业各领域、各层级的安全生产规章制度系列，制订安全监管标准，形成法律法规和标准体系。健全统一协调与分工负责相结合的安全监管体制机制和安全监管内控机制，加强安全监管队伍与安全监管执法工作建设。建立安全监管绩效评价体系，科学量化分析和评估安全监管成效，加强对行业发展趋势的分析研究，建立规范化管理长效机制。

——推进安全管理信息化建设

建立健全交通运输安全工作数据统计框架，规范交通运输安全生产事故统计工作。加强信息资源共享，完善安全生产数据统计分析机制，科学评估交通运输安全生产形势。推广应用安全隐患跟踪管理系统，实现安全隐患识别、控制、消除等工作的内容标准化、流程规范系统化、统计分析自动化。推进江苏省公路水路安全畅通与应急处置信息化系统工程和地铁运营应急信息化系统示范工程建设。

——加快应急指挥体系建设

建设省级交通运输应急指挥系统，推进市级交通安全应急指挥系统建设，整合交通安全与应急信息，实现信息统一报送和统计，确保与政府、行业、部门内部信息平台互联互通和共享。在各级政府安全应急管理体系框架下，协同建立健全交通运输应急保障组织机构及专业队伍，进一步完善涵盖公路、水路、城市客运、工程建设等领域的应急管理预案系列，提高交通运输应急保障系统的针对性、可靠性和可操作性。

——加强应急能力建设

构建功能完善的全省应急救助网络。合理布局应急运输装备集结地、应急物资储备点、危险品应急救援中心和医疗救助站。

建立公路紧急运力动员调用机制。以市为基本单元，依托当地骨干运输企业，组建满足抢险救灾人员、物资和战略物资运输需要的应急运输保障车队。

加强水上交通事故应急能力建设。继续推进搜救船舶、救助基地和救助站点建设，着力打造以提高快速反应能力为主的内河水上预警搜救系统、以提升清障打捞能力为主的内河航道保畅通系统、以增强危险化学品事故处置能力为主的内河船舶防污染系统，形成三大系统有机结合的一体化内河水运安全应急体系。

推动航空应急服务体系建设。积极推进航空应急救援基地和通用航空服务保障站建设，有效扩大监管救助飞机覆盖范围。加大监管救助直升机配置，提高航空应急救援运力。支持通用航空企业开展空中消防、应急救援等业务。

第四节　增强绿色循环低碳发展能力

以节能减排为重点，建立以低碳为特征的交通运输发展模式，提高资源利用效率，加强生态保护和污染治理，积极打造绿色循环低碳交通运输体系建设示范省，积极推进绿色交通建设。

——促进行业节能减排

大力推进结构性节能减排。优化交通运输资源配置，发挥综合运输的整体优势和组合效率，优化运力结构，降低能源消耗强度。加强市场动态监测和经济运行分析，定期发布市场运力等信息。加快发展城市公共交通、水运、铁路等低能耗交通方式，倡导低碳型交通消费模式和出行方式。

积极引导技术性节能减排。加强绿色循环低碳交通运输技术研发，促进新技术、新产品、新工艺的推广。积极采用混合动力汽车、替代燃料车等节能环保型营运车辆以及绿色船舶、新能源动力船等节能环保型营运船舶，推广应用高能效、低排放的交通运输装备。对营运车船设置能耗和排放限制标准，提高准入门槛，引导老旧船舶、非标船舶、营运黄标车和老旧车辆加快淘汰更新。研究制订营运车辆优惠补贴制度，加快新能源汽车配套建设车用加气站、标准化充换电站（桩）等公共设施，鼓励使用天然气动力、电动等节能环保型城市公交车、出租车，促进混合动力、纯电动等节能与新能源车辆的推广应用。推广LNG船舶的应用，大力推进船舶“油改气”、港口水平运输机械“油改气”和靠港船舶岸电系统建设。

着力强化管理性节能减排。加强道路客运运力调控，大力推进客运班线公司化改造，提高客运车辆实载率，提高客运企业集约化水平。积极引导道路货运向网络化、规模化、集约化和高效化发展，提高货运实载率。优化航运组织管理，提高船舶载重量利用率。加强城市物流配送绿色车队建设，合理组织货源，提高城市物流配送效率。

——节约集约利用资源

科学规划交通基础设施，节约集约使用土地、岸线和水资源。统筹利用综合运输通道线位资源和运输枢纽资源，协调通道内各种运输方式的线位走向和技术标准，促进各种运输方式在枢纽节点的有效整合。大力推广节地技术，优化交通工程建设方案，高效利用线位资源，按照节约集约用地要求，严格控制公路建设永久用地和临时用地。坚持统筹规划、深水深用、合理开发，保障港口岸线资源合理、有序开发利用。鼓励通过提高等级、改进工艺、更新设备、扩大陆域、完善配套等方式，提高老港区生产能力和技术水平。

循环利用资源。推广使用交通废弃物循环利用的新材料、新工艺、新设备，倡导标准化设计及工厂化预制，提高资源再利用水平。加强港口、公路等的生产、生活污水循环利用，大力开展路面材料、施工废料、弃渣、港口疏浚土等资源的再生和综合利用，建设资源循环利用试点工程。以工程应用急需的高性能材料、工艺和装备为重点，积极推广废旧路面材料冷再生、热再生等循环利用技术和施工工艺。

——加强生态保护和污染防治

加强交通建设生态保护。优化交通建设项目选线，处理好与生态敏感区的关系。公路建设尽量拟合原地形，减少高填深挖，采取水土保持、植物和湿地保护等有效措施，减少公路建设对生态环境的影响。港口和航道建设过程中注重湿地保护、生态护岸、生态缓冲带建设以及重大港口工程的生态修复等工作。加强公路、航道沿线绿化建设。

加强污染治理。开展绿色港口创建活动，建设绿色船队示范港。因地制宜地推广生态型污水处理技术，推进港口污水回用系统建设，加强煤炭、矿石码头的粉尘防治。强化对营运车船定期监督、检查和维修，全面实施船舶污染治理。开展柴油车车用尿素供应体系建设，重点推进中型、重型柴油车尾气治理。

到2020年，高级专业技术人才占专业技术人才的比例、高技能人才占技能劳动者的比例分别达到12%和28%，从业人员素质得到全面提升。行政执法机构标准化率达到80%，行政执法能力显著加强。万车死亡率控制在2人/万车以内，水上搜救成功率达到98%，运输安全得到有效保障。单位周转量能耗和碳排放分别下降25%和22%，单位周转量土地利用率提升40%，绿色交通建设成效显著。

到2030年，交通行业管理者和参与者素质基本达到国际水准，法治交通、平安交通、绿色交通的理念深度贯穿于交通运输的各个领域各个环节。

第八章　改革与创新驱动

江苏交通运输率先探索现代化的过程，是不断深化改革、不断创新实践的过程。要认真贯彻落实十八届三中全会关于全面深化改革的决定，以更大的政治勇气和智慧推动交通运输改革与创新，建立和完善符合科学发展要求、符合交通运输发展规律的体制和制度体系，为江苏交通运输现代化建设提供强大动力。

第一节 加快转变政府职能

紧紧抓住加快职能转变这一中心环节，进一步简政放权，完善制度机制，提高行政效能，推进交通运输部门职能向创造良好发展环境、提供优质公共服务和维护社会公平正义转变，努力建设职能科学、结构优化、清廉高效、人民满意的法治政府和服务型政府。

——全面正确履行交通运输职能

认真处理好政府与市场、政府与社会的关系，加快形成事权清晰、权责一致、分工合理、运行高效、法制保障的交通运输职能体系。加大简政放权力度，深化交通运输行政审批制度改革，优化行政审批程序，减少微观事务管理，促进市场在交通运输发展资源配置中发挥决定性作用，充分调动企业在运输业转型发展中的积极性。优化交通运输部门职能配置，强化战略规划、政策法规、标准规范制订等职能。加强公共服务提供和运输安全监管，加强对绿色交通运输发展的监测和引导，加强对交通运输投资活动中资源占用、能源消耗、污染排放等的管理。加强基层政务服务体系建设，打造更为综合、更为高效的政务服务平台，方便企业和群众办事。转变管理理念，改进部门行政管理，切实加强事中事后监管，创新转变职能后的管理模式和服务方式，逐步将非行政许可事项纳入规范化管理，加快构建行政监管、行业自律、社会监督、公众参与的综合监管体系。

——规范和引导市场发展

建立行政执法、行业自律、公众监督相结合的交通运输市场监管体系，维护和健全市场秩序。加强交通运输行业经济运行机制研究，构建规范和引导市场发展的运输政策制订与调整机制，有力促进各种运输方式合理分工、适度竞争、协调发展。改进对市场主体和市场行为的监管，进一步加强市场服务，推进诚信体系建设，着力规范市场秩序，以安全、绿色、市场诚信等社会性管制要求代替企业规模、资金规模、从业资历等经济性管制要求，合理设置运输业准入门槛，为各类企业创造平等进入、公平竞争的市场环境并激发市场活力。创新制度和技术手段加强企业行为过程的合法性监管，避免恶性竞争，减少对经营方式和结果的干预。

——注重发挥社会组织、社会力量的作用

实行政社分开，改革交通运输业各类资格资质审查审批制度，逐步推进社会组织与行政机关脱钩，明确界定社会组织职能，把交通运输部门“不该管、放得下”的职能转移给社会组织，使其成为独立公正、规范运作的专业化社会组织，“接得住、管得好”政府转移的社会管理。加强引导，支持行业协会、学会、商会完善内部治理机构，规范公共服务行为，探索一业多会，强化行业自律，加强能力建设，鼓励其依法拓展职能，加快推动行业协会、学会、商会真正成为提供服务、反映诉求、规范行为的主体。

鼓励和公平对待社会力量提供公共服务，积极推进交通运输部门向社会力量购买公共服务的制度建设，拓展购买服务领域，建立健全购买服务的标准、招投标和监督评估制度，加快形成提供公共服务新机制。

——建立政府绩效管理机制

不断推进决策法制化、民主化和科学化，建立完善专家咨询、风险评估、奖惩和问责制度机制。建立健全交通运输管理及服务的评价考核体系，制订评价考核标准，作为政府考核直属公共服务部门、直属执行机构和实行购买服务的企业、基础设施投资运营主体的重要依据。完善交通运输绩效管理基本制度和工作体系，注重社会导向，建立公众参与的政府绩效考评机制，逐步加大社会评议力度，考评结果向社会公开。强化上级交通运输部门对下级交通运输部门的督导督察，注重舆论导向，逐步提高绩效管理的制度化、规范化水平。

第二节　深化交通运输管理体制改革

按照统筹谋划、近远结合、因地制宜、循序渐进的原则，积极推进和深化改革，逐步实现交通运输职能机构集中化、行政管理一体化、发展综合化，建立和完善适应经济社会发展新形势、满足人民群众新需求的现代交通运输制度体系。

——推进交通运输大部门制管理体制改革

积极争取开展综合交通运输体制改革示范省建设。按照中央深化大部门制改革要求，进一步整合交通运输行业政府管理职能，按照同一件事情由一个部门负责的原则，理顺相关部门职责，实现机构设置由分散向集中转变，有效解决职责交叉、政出多门、权责不清的问题，提高行政效能。优化交通部门职能结构，健全机构组织体系，实行决策权、执行权、监督权相互制约又相互协调的管理模式。积极争取健全铁路、航空领域的省级及以下事权，形成相匹配的铁路、航空管理机构设置、职能配置和工作流程。

积极探索区域、城市大交通管理体制改革试点，为综合交通运输体系建设创造良好环境。借鉴北京、上海、深圳等地交通运输管理体制改革经验，按照“一市一交”的改革目标，稳步推进我省区域、城市交通运输管理体制改革，逐步推广区域交通与城市交通一体化管理模式，实现体系完整、职能明确、管理顺畅、运转高效的大部门制建设目标。

——深化公路水路管理养护体制改革

按照建立“两个路网”体系的总体目标，深化公路管理体制改革，优化职能配置，建立省市县建管养相协调、事权财权相匹配的管理体制，促进公路可持续健康发展。深化水运体制改革，健全完善港口、航道管理体制，整合职能相近的机构，推进水运管理一体化。创新政策制度，积极发展混合所有制水运企业，激发企业内生活力。进一步整合交通运输管理中横向设置与纵向管理层级，理顺省市县乡事权关系，加强跨区域重大交通项目的省级事权及支出责任，加强市县乡在农村公路、镇村公交等服务地方发展方面的事权及支出责任。

——深化交通运输行政执法体制改革

理顺内外部关系，理清职责界限和执法边界，整合执法主体，相对集中执法权，探索与外部联合执法的合作机制，创新执法模式，建立健全行政裁量基准权制度，规范和细化执法自由裁量权。通过基层执法队伍的职业化建设、基层执法站所的标准化建设和基础管理制度的规范化建设，加强执法形象和法制工作队伍建设。加快推进制度的立、改、废，建立完善的交通运输执法框架体系。

第三节　深化交通运输投融资体制改革

交通运输业是国民经济的基础产业，又具有较强的公益属性，它的建设发展和运行维护需要持续大量的资金投入。要按照完善现代市场体系、转变政府职能和财税体制改革的要求，建立“政府主导、多方参与”的交通运输投融资体制。

——鼓励社会资本进入交通运输领域

积极争取铁路投融资改革取得突破，建立铁路建设投入长效保障机制，创新鼓励社会资本尤其是民营资本进入铁路建设领域的政策。引导社会资本投向着力解决交通投资领域的制度性、政策性、机制性瓶颈，着力扩大社会投资，引导社会资本投向重大交通基础设施、民生交通和运输业，发挥交通投资对经济增长的稳定支撑和对经济转型的先导引导作用。

运用现代市场经济的办法，积极扩大政府债券、企业债券等直接融资规模，有效减轻政府融资压力和风险。研究利用资产证券化支持交通发展的途径。通过改革提高直接融资比重，降低融资成本，让普通民众也能通过购买债券、证券获得投资回报。

——构建政府性投融资主体的良性投融资机制

建立促进交通运输转型发展的资金引导机制，既要加大政府对交通基础设施的投入，又要促进绿色运输方式发展。完善支持交通运输安全、城乡公共交通、信息化、节能减排、现代物流、科研和实训基地、多式联运、甩挂运输项目的专项资金政策，促进运输业转型发展。

对大量存量基础设施资产，探索特许经营、资产市场融资、股份转让等方式，提高政府存量资产效率，形成政府投资、运营的良性循环机制。

——明晰各级政府在交通发展中的事权和支出责任

提高公共财政对交通运输发展中的公益性投入的保障能力。完善法规制度，确保各级交通运输事权的合理资金需求，提高公共财政保障水平。探索推进公共服务和公共政策执行合同化、市场化，健全完善交通运输公益性项目运营期间亏损补贴制度。

——探索支持交通建设和运输发展转型的财税政策措施

在国家推进资源税、环境税改革和调整完善消费税制度的过程中，借鉴发达国家经验，在交通运输领域适时推进相应改革。依托上海自贸区建设，争取将我省港口纳入启运港退税试点范围。

研究构建普通公路、内河航道建管养的投融资体制。探索交通发展的外在收益继续用于支持普通公路、航道建设的途径和长效机制。

加快形成“举债规范、融资合理、风险可控”的政府性交通债务偿还的长效机制。

第四节　大力推进科技创新

建设创新型行业是交通运输发展的必然选择，要将增强科技创新能力作为交通运输发展的战略基点，将科技创新贯穿于江苏交通运输现代化建设的各个方面，形成以政府为引导、企业为主体、科研院所和高等院校为支撑、产学研一体化发展的创新环境。支持行业创新企业建设高水平研发平台，开展新技术（产品）研发和推广示范应用。

——强化科技创新主导地位，放大科技创新效益

将科技创新规划纳入综合交通运输规划体系，强化科技创新发展战略和规划的研究制订，充分发挥科技创新推动交通运输生产力发展的主导作用。建立更具牵引、扩散效应的科技创新成果推广和应用机制，使科学技术突破成为推动交通运输发展理念、发展模式和发展手段变革的重要力量。

——加强交通运输科技创新体系建设

加强重点实验室及研发中心建设，推动交通运输科技研发和成果转化，整合科技信息资源，建设以交通运输科技数据中心为基础的科技信息共享平台。

充分调动基层和企业技术创新、管理创新、服务创新的积极性，推动交通运输行业加强质量管理，鼓励QC小组活动等群众性创新，助推交通运输行业创新发展和转型升级。

发挥社会中介服务机构作用，加快面向行业开展技术应用、成果转化、科技评估、创新咨询等专业化服务的中介机构的培育，探索交通科技市场的建立和完善途径。

——推动工程技术的开发与应用

由依托重大工程建设开展关键技术开发为主，逐步向重视交通运输基础设施维护与运营管理等集成应用型科技技术创新转变，重点在公路、水运基础设施建设与养护成套技术体系、养护关键技术方面取得一批国际领先、实用性强的研发成果。

——推动管理技术的研发与推广

深化交通科研管理体系建设与改革，结合交通行业特点出台相应政策，加速建立适应交通科技创新的新型科研体制，在交通科研活动中，充分发挥市场机制的作用，完善科技成果评价办法，制订成果转化的政策和激励机制，突出对技术研发与应用单位的绩效考核。加大针对交通运输管理和服务方面的国际交流力度，推动管理技术的创新与推广。

——加快完善交通运输标准体系建设

建立健全省地方性交通运输标准体系，逐步实现基础设施建设养护、过程管理、服务质量的标准化、规范化。更大范围参与国家标准的制修订，进一步争取主持综合客运枢纽和内河水运等方面国家和行业标准的制修订。积极参与国际标准的制修订。

第九章　规划实施

率先在一个省区探索交通运输现代化建设是一项全新的任务，必须加强组织领导，强化政策保障，有力有序推动规划的实施。

第一节　加强组织协调

将交通运输现代化纳入各市、县（市）经济社会发展目标，列入各级政府绩效考核体系。建立由政府主导，交通运输主管部门会同多部门组成的联席会议制度，共同推进本规划纲要的实施。建立省部高层协调机制，指导、推动解决江苏交通运输现代化建设中的重大课题。省交通运输厅加强与交通运输部相关司局的对口联系，建立完善工作机制，指导支持江苏探索和政策创新，加快推进规划纲要确定的各项任务落实。各市、县（市）政府要从实际出发，因地制宜主动对标现代化目标，找准工作切入点，制订实施方案或专题推进计划，积极推进交通运输现代化建设。

第二节　落实政策保障

围绕交通运输现代化建设的重点领域、关键环节及突出问题，从体制机制、发展路径、实施举措、引导政策等方面积极开展改革试点探索工作，不断取得新成效、实现新突破，为全国积累可复制、可推广的宝贵经验。

——深化落实《共同推进江苏交通运输现代化建设会谈备忘录》中的政策

在交通运输部的积极支持和政策指导下，努力推动江苏交通运输发展再上新台阶，加快建成全国交通运输现代化示范省。围绕交通运输现代化建设重点任务，从江苏实际出发，在省级大部门制改革、现代交通运输引导新型城镇化发展、城乡客运一体化发展、交通科技进步和信息化建设、公交都市建设、铁水联运和甩挂运输、智能交通、绿色循环低碳交通运输体系建设、交通安全发展和公路水路现代化管理养护等方面实施一批试点示范项目，争取交通运输部给予改革指导和政策支持。

制订出台江苏省加快推进交通运输现代化建设实施意见，省各有关部门根据各自的职责分工，切实担负起江苏交通运输现代化发展相关的重大改革、重大政策、重大项目方面的责任。争取国家选择江苏省开展铁路投融资体制改革试点，研究设立省铁路建设发展基金，积极吸引社会资金投资铁路建设，鼓励支持铁路沿线土地综合开发利用，支持铁路服务业及相关产业发展。深入贯彻落实《国务院关于加快长江等内河水运发展的意见》，健全内河航道建设资金的长效保障机制，逐步加大财政性资金对水运发展的投入。深入贯彻落实《国务院办公厅转发发展改革委财政部交通运输部关于进一步完善投融资政策促进普通公路持续健康发展若干意见的通知》，按照加强政府公共服务职能的要求，建立以财政性资金投入为主、多元化的普通公路建设管理和养护机制。

——支持、指导市县开展试点示范工作

编制实施方案。各市县要紧紧围绕江苏交通运输现代化发展目标和重点任务，制订本地区落实江苏交通运输现代化规划纲要的实施方案，具体提出本地区交通运输现代化发展的任务和举措。有条件的地区结合实际开展交通运输现代化规划的编制工作。省辖市实施方案经本级政府同意后报备省交通运输厅。

编制试点示范项目（工程）推进计划。省交通运输主管部门将充分考虑各市县的发展基础和发展差异性，以加强重要领域、关键环节改革为导向，选择部分市县实施城乡公交一体化新模式、交通运输信息化智能化平台建设等区域性试点和主题性试点示范项目；对于市县开展的“一市一交”等大交通部门制改革，省交通运输主管部门加强沟通和指导。承担试点示范的市县，应编制试点示范项目（工程）推进计划报省交通运输厅审查，省交通运输等主管部门将给予相应的政策支持。省交通运输厅要紧密跟踪试点示范项目（工程）的推进情况，及时总结经验后全面推广。

第三节　强化监测评估

《规划纲要》正式实施后，各地各部门要细化目标任务，制订具体措施，强化协调推进，加强动态跟踪、监测和评估。

建立社会满意度评价机制，明确工作导向，体现更高要求，强调群众认可，创新公众评价交通运输服务水平模式和第三方评估模式，注重评估工作透明度、公众参与度、评价科学性和客观公正性，凝聚社会共识，推动规划顺利实施。省交通运输厅会同统计等部门以及相关市场主体每年组织对全省交通运输现代化进程实施评估，并及时向省政府和交通运输部报告；组织对各省辖市的发展水平进行测评，适时向社会发布测评结果。

附件：江苏交通运输基本实现现代化指标体系

附件：

江苏交通运输基本实现现代化指标体系

类别	指 标	检测点	单位	现状值	目标值	权重
综合交通网络（5项）	干线网络覆盖水平	高速公路覆盖率（县级节点）	%	94.9	100	5
		普通国省公路覆盖率（乡镇节点）	%	78.5	90	
		快速铁路覆盖率（县级节点）	%	24.4	80	
		千吨级航道覆盖率（县级节点）	%	58	85	
		综合客运枢纽覆盖率（省辖市）	%	69	100	
	轨道网水平	铁路干线网密度	公里/百平方公里	2.4	4	4
		都市圈轨道网密度	公里/百平方公里	0.22	1.6	
	港口水平	沿海沿江港口集装箱通过能力占比	%	10.7	25	4
		重要港口核心港区集疏运条件	%	45	100	
		内河港口千吨级泊位占比	%	25.6	50	
	机场水平	机场旅客吞吐能力	万人次/年	3000	6000	4
		通用机场密度	个/万平方公里	0.68	1.25	
	设施维护水平	国省公路优等路率	%	82.2	90	5
		县乡村公路优良路率	%	78	82	
		干线航道通航保证率	%	95	98	
公众出行（4项）	城市公共交通服务水平	城市公共交通出行分担率	%	20.1	26	6
		城市公共交通站点500米覆盖率	%	75	90	
		城市万人公共交通车辆保有量	标台/万人	12.2	16	
	农村公共客运覆盖水平	行政村道路客运班线通达率	%	95.2	100	5
		镇村公共交通开通率	%	38	100	
	国际客运服务水平	重要贸易国家和地区民航直达率	%	60	70	4
	区域客运服务水平	道路客运班车公司化率	%	54	85	4
		铁路客运周转量占比	%	22.9	30	
		国内重要城市民航直达率	%	64	85	
货运与物流（4项）	国际货运服务水平	重要贸易国家和地区海运直达率	%	50	80	4
	车船利用效率	货运车辆里程利用率	%	55	60	4
		船舶装卸在港停时	小时/千吨（百TEU）	1.68	1.2	
	运输结构	铁路货运周转量占比	%	4.6	6	4
		水路货运周转量占比	%	71.4	75	
		集装箱货运周转量占比	%	6	10	
	物流成本	社会物流总费用与GDP的比率	%	15.4	14	4

续表

类别	指 标	检测点	单位	现状值	目标值	权重
科技创新与信息化（5项）	科技创新能力	科技研发投入占比	%	1.8	2.8	4
		科技成果转化率	%	70	80	
		科技进步贡献率	%	52	60	
	设施运行信息化水平	高速公路 ETC 车道流量占比	%	16	45	4
		普通国省公路重要节点监测覆盖率	%	50	100	
		内河干线航道船闸 ETC 覆盖率	%	16.7	100	
	公众出行服务信息化水平	联网售票服务水平	%	74	100	4
		交通运行实时信息可查询率	%	34	95	
		公交一卡通覆盖率	%	0	80	
		约租出租车比例	%	30	70	
	货运与物流服务信息化水平	道路货运企业货物跟踪覆盖率	%	20	85	4
		沿海沿江港口 EDI 系统覆盖率	%	33	100	
	政务服务信息化水平	交通行政许可项目在线办理率	%	46.1	90	4
交通运输治理能力（5项）	从业人员素质	高级专业技术人才占专业技术人才的比例	%	7.3	12	4
		高技能人才占技能劳动者的比例	%	20	28	
		技能劳动者职业资格证书持有率	%	60	80	
		注册志愿者率	%	9	16	
	行政执法能力	行政执法机构标准化率	%	20	80	4
		执法人员大专以上文化程度比例	%	90	100	
	安全应急水平	每万车死亡率	人 / 万车	2.95	≤ 2	5
		一般等级以上水上交通事故率	起 / 万艘次	0.122	≤ 0.3	
		水上搜救成功率	%	98	98	
		公路应急响应启动时间	小时	1.5	1	
	绿色发展水平	单位周转量能源消耗下降	%	12.9	25	6
		单位周转量土地利用率提升	%		40	
		单位周转量碳排放下降	%	-4.1	22	
		沥青路面材料再生利用率	%	20	50	
		内河船舶标准化率	%	20	55	
		清洁能源及新能源公交车占比	%	22	55	
		清洁能源及新能源出租车占比	%	53	80	
	行业诚信水平	交通运输窗口有责投诉率	%	6	≤ 4	4
		建设市场诚信度	%	38	75	
		运输企业诚信度	%	65	95	
评判指标	人民群众对江苏交通运输现代化建设的满意度		%		70	

江苏省社会信用体系建设规划纲要

（2015～2020年）

为贯彻落实国务院《社会信用体系建设规划纲要（2014～2020年）》，完善社会主义市场经济体制，加强和创新社会治理，加快建设诚信江苏，构建社会信用体系，制定本规划纲要。规划期为2015～2020年。

一、发展现状

江苏社会信用体系建设始于2004年，在全国较早起步。历经十年先行先试，取得积极进展，形成了良好基础。

组织推进机制不断强化。省委、省政府高度重视社会信用体系建设，自2004年起，先后成立省社会信用体系建设领导小组及办公室，设立省公共信用信息中心；2007年，省委、省政府召开诚信江苏建设工作会议，出台了《关于加快推进诚信江苏建设的意见》。各省辖市及部分县（市、区）信用管理机构在新一轮政府机构改革中得到加强。

信用管理制度逐步建立。注重总体设计，加强规划引导，先后出台了两个社会信用体系建设三年行动计划。确定省、市两级公共信用信息系统建设模式。自2007年起，省政府陆续出台了企业和个人征信管理办法、社会法人和自然人失信惩戒办法、行政管理中实施信用承诺、信用报告和信用审查等信用管理办法。省、市有关部门先后出台信息归集、系统管理、信用监管等规章制度100多项，有力支撑了社会信用体系建设。

信息系统建设稳步推进。突出系统支撑，规划建设“一网三库一平台”（诚信江苏网、省社会法人信用基础数据库、省自然人信用基础数据库、金融信用信息基础数据库和信用信息服务平台）。诚信江苏网站开通运行；省社会法人信用基础数据库和服务平台建成运行，数据质量不断提高；省自然人信用基础数据库2015年年底基本建成。省辖市和县级试点地区加紧建设社会法人或自然人信用基础数据库。金融信用信息基础数据库已建成并发挥较好作用。

信用信息应用不断扩大。信用审查、信用承诺和信用报告在区域和行业逐步得到应用，信用信息共享领域逐步拓宽、社会化应用稳步推进。省级示范部门和县级试点地区信用信息应用取得初步成效。信用信息在社会综合治税、证照联动、绿色信贷以及工程建设项目评标等方面应用效果良好。信用评级、信用管理咨询等信用服务活动积极开展。各地、各部门组织开展了丰富多彩的诚信主题教育实践和宣传活动，建立“红黑名单”公示制度，守信激励和失信惩戒机制逐步建立。

信用载体建设不断加强。启动企业信用管理“百企示范、万企贯标”工程，提升了企业经营管理水平和防范风险能力，增强了企业综合竞争力。信用管理人才队伍建设得到加强，全省备案信用服务机构不断发展。持续推进信用长三角合作，信用长三角已成为国内区域社会信用体系合作发展的先行区之一。

我省社会信用体系建设工作虽然取得一定的成绩和实效，但总体上仍处于构建基础、探索发展阶段，还存在一些问题和难点，主要是：横向到边、纵向到底的工作组织体系尚未完全建立；信用管理制度亟待完善，守信激励和失信惩戒机制尚不健全，守信激励不足，失信成本偏低；覆盖全社会的信用信息系统尚未建立，政府部门信息交换不充分、共享程度不高；信用服务市场和信用服务业尚不成熟，信用信息主体权益保护机制缺失；公众信用意识不够，履约践诺、诚实守信的社会氛围尚未真正形成。

二、发展思路

（一）重要意义

加快社会信用体系建设是培育和践行社会主义核心价值观的迫切要求。诚信是中华民族的传统美德，是社会主义核心价值观的精神要求。当前人民群众对社会生活中的严重失信现象深恶痛绝，迫切期待改善社会信用环境。构建社会信用体系，弘扬社会主义核心价值观，有利于促进社会公平正义，有利于人际关系融洽和利益关系协调，有利于促进社会和谐发展、文明进步，夯实人民群众幸福安康的社会基础。

加快社会信用体系建设是完善和发展社会主义市场经济体制的迫切要求。市场经济本质上是信用经济。建立完备的社会信用体系是市场经济发展的客观规律。我省正处在全面深化经济体制改革的关键期，充分发挥市场在资源配置中的决定性作用，规范市场秩序，降低交易成本，激发市场活力和创新动力，迫切需要加快建设社会信用体系，打造良好的市场信用环境。

加快社会信用体系建设是加强和创新社会治理的迫切要求。随着社会转型速度的加快，利益主体和诉求更加多元化，社会治理面临许多新挑战，传统管理理念和手段难以从根本上解决诚信缺失问题。社会信用体系建设成为加强和创新社会治理、提升社会治理能力的有效手段。褒扬诚信，惩戒失信，不断提高社会公共生活的透明度，有效降低社会交往的风险和成本，有利于促进社会互信，减少和化解社会生活中的矛盾与冲突，为社会治理、社会和谐奠定良好的微观基础。

加快社会信用体系建设是改进和提升行政效能的迫切要求。深入推进简政放权，深化行政审批制度改革，加快转变政府职能，对政府行政管理水平和市场监管能力提出了更高要求。加强以信用为核心的事中事后监管，夯实监管信用基础，有利于市场规范有序运行，不断推进政府管理水平提升和服务型政府建设，进一步提高行政效能和政府公信力。

加快社会信用体系建设是增强和提高全省综合竞争力的迫切要求。优化信用环境，坚持诚信发展的道路，是提升经济发展质量水平的软实力，是实现富民强省的决定性因素，是又好又快推进“两个率先”的重要基础。采用国际通行准则，建设社会信用体系，优化发展环境，有利于更好适应经济全球化的新变化，树立我省开放、守信的良好形象，提升经济和社会发展的综合竞争力。

（二）指导思想和主要原则

坚持以邓小平理论、“三个代表”重要思想、科学发展观为指导，深入贯彻习近平总书记系列重要讲话精神，按照党的十八大、十八届三中四中全会精神和国家信用体系建设规划纲要的要求，进一步落实诚信江苏建设的总体发展战略，加强总体设计、统筹推进，以健全规章制度和标准体系、形成覆盖全社会的信用信息系统为基础，以建立守信激励和失信惩戒机制、培育发展信用服务市场和信用人才队伍建设为支撑，以推进政务诚信、商务诚信、社会诚信和司法公信建设为主要内容，以信用信息应用、信用文化建设、深化试点示范、区域信用建设和企业信用管理贯标为重点，改善经济社会发展环境，全面提高社会诚信意识和信用水平。

社会信用体系建设的主要原则。

——统筹规划，分类指导。按照国家部署，结合江苏实际，根据不同地区、部门和行业的特点，立足当前、着眼长远，系统规划、统筹协调，分类指导、分步实施，稳步推进社会信用体系建设。

——政府推动，社会共建。充分发挥政府规划引导、组织协调和示范带动作用，建立考核评价体系，调动各地、各部门积极性，协同配合。运用市场机制，发挥企业、行业组织、中介机构等在信用产品使用和服务中的作用，培育和发展信用服务产业，鼓励和调动社会力量，广泛参与，形成合力，共同推进。

——完善法规，强化监管。建立健全信用法规制度和标准规范体系，强化对信用信息记录、归集、处理、公开和应用等全过程的管理。健全跨地区、跨部门的信用联动奖惩机制，以构建社会信用体系为重要手段加强对市场主体的事中事后监管，加大对失信违法行为的约束和惩戒力度，规范有序发展信用服务市场，加强信用信息系统安全保护，切实维护信用信息安全和信用主体合法权益。

——整合资源，量质并举。加强对信用信息资源的整合，打破部门和条块分割，有效防止信息孤岛，推进行业和部门共同建设公共信用信息系统。开展信用信息记录建设，既要注重信用信息归集覆盖面和数量，更要注重信息质量和效用，保障信用信息系统健康持续运行，逐步实现信息系统互联互通和信用信息的共享应用。

——示范引领，以用促建。围绕经济社会发展的需求，选择重点部门和有条件地区开展信用建设示范，以信用信息的深化应用和信用产品的广泛使用促进信用体系建设与完善，突出工程招标、绿色信贷、综合治税、证照联动、享受优惠政策、“红黑名单”公示等方面，率先探索，大胆创新，以点带面，推动信用产品的社会化应用，形成守信激励和失信惩戒的机制。

（三）主要目标

到2020年，社会信用地方性规章制度和标准体系基本健全；各方协同推进的工作机制基本完善；以“一网三库一平台”为主体的覆盖全社会的信用信息系统基本建成；跨地区、跨部门的信用信息共享机制初步形成，信用承诺全面推行，信用审查广泛应用，信用报告加快推广，信用监管体系基本健全。培育一批在国内具有品牌影响力的信用服务机构，信用服务体系基本建成；争创国家社会信用体系建设综合示范省份，创建3个以上国家、省级信用建设示范城市，20个以上县级试点地区；培育200家左右信用管理省级示范企业，企业信用管理水平大幅提升；培养具有国家信用管理执业资质的专业人员6000人以上。政务诚信、商务诚信、社会诚信和司法公信建设取得明显进展，市场和社会满意度大幅提高；守信激励和失信惩戒机制全面有效运行，全社会诚信意识普遍增强，经济社会发展环境明显改善，诚信江苏建设取得显著成效。

三、加强重点领域诚信建设

（一）加速推进政务诚信建设

政务诚信是社会信用体系建设的关键，各类政务行为主体的诚信水平，对其他社会主体的诚信建设发挥着重要的表率和导向作用。坚持依法行政，坚持将依法行政贯穿于决策、执行、监督、服务的全过程，健全和完善政府决策程序，严格规范行政行为，严格按照法定权限和程序行使权力、履行职责，自觉接受各方面监督，依法管理经济社会事务，依法调整利益关系，依法解决矛盾和问题。大力推行政务信息公开，认真贯彻落实《政府信息公开条例》，实现“阳光行政”，增加政务透明度，切实保障人民群众的知情权、参与权和监督权。加快政府职能转变，减少前置审批，简化审批手续，提高行政效能和治理能力，营造公平、公正、公开的市场竞争环境。完善政府服务承诺制和行政问责制，加强对政府履行承诺的监督考核，切实兑现政府对群众的承诺，保持政策的稳定性和连续性，提高政府公信力。

强化对政府履行职责的监督考核，把政务履约和守诺服务纳入政府绩效考评指标体系。加强政府部门诚信建设，将部门诚信状况列入机关作风评议的重要内容。不断提升公务员队伍诚信素质，建立公务员诚信档案，依法依规将公务员个人有关事项报告、廉政记录、年度考核结果、相关违法违纪违约行为等信用信息纳入档案。将公务员信用记录作为干部考核、任用、奖惩的重要依据。

（二）深入推进商务诚信建设

提高商务诚信水平是社会信用体系建设的重点，加快商务诚信建设，是扩大内需、促进消费、增强经济发展新动力的有效举措，是维护商务关系、降低商务运行成本、规范商务秩序的基础保障。商务诚信建设重点推进生产、工商、流通、金融、税务、价格、产品质量、工程建设、政府采购、招标投标、交通运输、电子商务、统计、各类中介服务业、会展广告等领域信用体系建设，加大市场监管力度，坚决查处破坏市场经济秩序的违法犯罪行为，联合打击违法经营、制假售假等失信行为，营造诚信市场环境。切实落实《企业信息公示暂行条例》，持续开展企业信用管理贯标和示范创建活动，鼓励和支持有条件的企业设立信用管理部门和信用管理师，促进企业自觉履行诚信义务、依法经营、照章纳税、严格履约，防范信用风险，提升企业综合竞争力，增强企业社会责任感。

（三）全面推进社会诚信建设

社会诚信是社会信用体系建设的基础。社会成员之间只有以诚相待、以信为本，才能形成和谐友爱的人际关系，才能促进社会文明进步，实现社会和谐稳定和长治久安。社会诚信建设重点推进医疗卫生和计划生育、社会保障、劳动用工、安全生产、教育、科研、文化、体育、旅游、知识产权、环境保护、产品质量、资源节约、社会组织、互联网应用及服务等领域信用建设。突出自然人信用建设在社会信用体系建设中的基础性作用，依托自然人信用基础数据库和服务平台，建立完善自然人在经济社会活动中的信用记录。加强重点人群职业信用建设，重点建立公务员、企业法定代表人、律师、会计从业人员、注册会计师、注册环评工程师、统计从业人员、注册税务师、审计师、评估师、信用工作从业人员、认证和检验检测从业人员、证券期货从业人员、上市公司高管人员、保险经纪人、医务人员、教师、科研人员、专利服务从业人员、项目经理、新闻媒体从业人员、导游、执业兽医等人员信用记录，推广使用职业信用报告，引导职业道德建设与行为规范。

（四）大力推进司法公信建设

司法公信是社会信用体系建设的重要内容，是树立司法权威的前提，是社会公平正义的底线。司法公信建设重点推进法院公信、检察公信、公共安全领域公信、司法行政系统公信和司法执法执业人员信用建设。深化司法体制和工作机制改革，推进执法规范化建设，严密执法程序，坚持有法必依、违法必究和法律面前人人平等，提高司法工作的科学化、制度化和规范化水平。建立失信被执行人“黑名单”制度，完善检察系统行贿犯罪档案查询制度。建立健全联合防范和查处虚假诉讼的工作机制，加大虚假诉讼预防和惩治力度。加快公安系统信用信息资源有效整合，切实履行向省市公共信用信息系统提供公民基础数据的职责，进一步加强人口户籍信息同各地区、各部门信息资源的交换和共享。充分发挥人大、政协和社会公众对司法工作的监督作用，完善司法机关之间的相互监督制约机制，实现以监督促公平、促公正、促公信。

四、建立健全规章制度和标准体系

（一）加强信用地方立法

建立和完善信用法规规章体系。政府出台信用管理规章，进一步规范社会法人和自然人信用信息归集、征信管理和失信惩戒等办法。将信用记录建设、失信惩戒、信用监管、信用信息安全、信用信息应用等方面内容纳入各项规章和立法中，尽早启动省人大、省政府地方立法工作，不断提升信用建设制度化、规范化水平。

（二）完善信用管理制度

建立完善信用信息处理制度。完善信用信息记录、归集、处理、公开和应用等一系列制度，制订信用信息目录，依法依规推进信用信息分类管理。推进各部门制定信用管理制度，明确信用信息记录主体的责任，出台失信行为等级划分标准和分类监管制度，形成省、市、县三级统一的失信行为分类和惩戒规范。

建立完善守信激励和失信惩戒制度。加强对守信主体的奖励和激励，形成诚实守信的正向激励。加强对市场主体的信用约束，认真落实《江苏省社会法人失信惩戒办法（试行）》和《江苏省自然人失信惩戒办法（试行）》，围绕法院执行、食品药品安全、知识产权、环境保护、安全生产、产品质量、税收征缴等社会关注的重点领域，建立完善各行业失信行为惩戒制度和“红黑名单”发布制度，健全行业市场准入和退出信用审核机制。建立各类市场主体产品安全、质量信用档案，完善重点产品安全追溯体系。发挥企业信用信息公示系统的作用。组织多部门联合出台信用奖惩制度，加强公共管理事务的事中事后监管。

健全信用信息主体权益保护和侵权责任追究制度。综合运用法律、经济和行政等手段，通过行政监管、行业自律和社会监督，切实保护信用信息主体权益。加强对信用信息主体的引导教育，不断增强其维护自身合法权益的意识。建立和完善信用信息异议处理、投诉办理、诉讼管理制度及操作细则。建立信用信息侵权责任追究机制，进一步加大执法力度，对社会主体泄露国家秘密、商业秘密和侵犯个人隐私等违法行为，依法予以严厉处罚。通过媒体披露各种侵害信息主体权益的行为，强化社会监督作用。

建立自我纠错、主动自新的社会鼓励与关爱机制。在实施信用惩戒的同时，通过教育培训、社区矫正、动态管理、强化指导等手段，对自然人和社会法人实施信用修复，帮助其重塑信用。以建立针对未成年人失信行为的教育机制为重点，通过对已悔过改正旧有轻微失信行为的社会成员予以适当保护，形成守信正向激励机制。

（三）建立信用标准和规范体系

按照国家统一要求，制定全省统一的社会信用代码、信用数据目录、系统建设规范、信用信息应用等信用管理标准和规范。省级部门围绕重点环节，提出本部门、本行业（系统）市场主体一般失信、较重失信、严重失信三个等级的划分标准。各地认真按照相关标准和规范组织实施。

五、加快建立覆盖全社会的信用信息系统

（一）公共信用信息系统建设

统一规范建设全省公共信用信息系统。省级“一网三库一平台”归集、交换和共享全省信用信息，提供终端应用服务，支持省级部门、省辖市和县（市、区）按照数据目录、主体标识、建设规范“三统一”要求，结合本部门、本地实际，建设更加完备的信用信息系统，支持省辖市建设省级平台子系统，实现与省级平台互联互通和信息交换。逐步推进省级平台与国家和外省市信用信息的互联共享，有效消除信用信息“壁垒”和“孤岛”。

建立和完善省级“一网三库一平台”。进一步提高“诚信江苏网”建设和服务水平，依法依规逐步扩大信用信息的发布，增加服务功能。进一步完善省社会法人信用基础数据库，逐步实现信息归集全覆盖，不断开发完善信用信息平台服务功能；加快建成省自然人信用基础数据库，以重点职业人群信用信息归集为突破口，实现自然人信用信息的归集和应用；

支持金融信用信息基础数据库建设，推动金融信用信息基础数据库与省社会法人和自然人信用基础数据库的信息交换与应用。增强省级平台对各地、各部门信用信息系统建设的支撑服务，完善社会化信用信息查询服务。

加快省级部门信用信息系统建设。各部门按照管理职能，依据国家和省信息系统建设规范要求，建设好本部门信用信息系统，实现部门内和行业内信用信息互联共享，实现部门信用信息系统和省级平台的信息交换与应用。

加强省辖市和县（市、区）信用信息系统建设。各省辖市要因地制宜，按照全省统一规范和子系统的建设模式，加快建成社会法人、自然人信用基础数据库和服务平台，实现省、市两级信用信息的交换、共享和应用。在各省辖市统一规划指导下，有计划地推进县（市、区）建设社会法人或自然人信用基础数据库，逐步实现信用信息归集交换全覆盖。

加强各地、各部门信用信息的应用。制定政务信用信息公开目录，形成信息公开的监督机制。大力推进各地、各部门政务信用信息的交换与共享，在公共管理中加强信用信息应用，提高履职效率。

提高信用信息归集质量。按照信用信息记录、交换和共享的标准和规范，各地、各部门要建立健全信用信息记录、归集、处理、审核、报送制度和信息更正、异议处理等质量保障制度。开发应用信用信息质量监控系统，进一步提高信用信息报送的完整性、规范性、准确性、时效性。

（二）金融信用信息基础数据库建设

支持人民银行金融信用信息基础数据库的建设和发展。进一步扩大信用记录的覆盖面，强化金融业对守信者的激励作用和对失信者的约束作用。加强各级政府与金融部门信用建设的协同推进，支持其参与地方政府社会信用体系建设，逐步实现公共信用信息系统与金融信用信息基础数据库交换共享。各地、各部门要支持商业银行、证券、保险等金融机构和担保、小额贷款等其他机构信用信息应用，充分发挥公共信用信息系统对金融机构的信用信息服务作用。

（三）社会信用服务机构信用信息数据库建设

鼓励社会信用服务机构、互联网企业等投资主体依照国家有关法律法规和市场信用需求，建立信用信息数据库，采集公共信用信息和商业信用信息。建立健全并严格执行内部风险防范、避免利益冲突等规章制度，依法向客户提供方便、快捷、高效的信用信息服务，进一步扩大信用报告在银行业、证券业、保险业及行政管理等领域中的应用。

（四）共建“信用长三角”信用信息平台

按照服务全省、接轨长三角、面向全国的要求，依托省级公共信用信息系统，与上海市、浙江省和安徽省共同建设“信用长三角”信用信息平台，积极稳步推进跨区域公共信用信息交换和共享，探索重点领域省际信用联动监管，提高长三角区域信用发展水平。

（五）强化信用信息安全管理

健全信用信息安全管理体制。完善信用信息安全监控和网络信任体系，加大信用信息安全监督检查力度，开展信用信息安全风险评估，实行信用信息安全等级保护。加强信用信息安全基础设施建设，开展信用信息系统安全认证，加强信用信息服务系统安全管理。建立和完善信用信息安全应急处理机制。

加强信用服务机构信用信息安全内部管理。强化信用服务机构信息安全防护能力，加大安全保障、技术研发和资金投入，高起点、高标准建设信用信息安全保障系统。

六、建立和完善守信激励和失信惩戒机制

（一）完善信用分类监管

健全信用等级评价办法，建立具有行业特

点的信用评价机制，积极开展行业信用评价工作，对于具有各类失信行为的企业法人和自然人，根据违法违规性质和社会影响程度，分别采取不同措施，实施信用分类管理。发挥信用评定差异对信用主体的奖惩功能，予以相应的鼓励、警示或惩戒，推进监管方式改革创新，切实提高监管执法效能，实现由主要依靠处罚手段向善于运用信用激励、信用约束方式转变，促进各级政府部门更好地履行市场监管和社会管理的职责。

（二）公示信用“红黑名单”

推动各地、各部门依法按照客观、真实、准确、审慎的原则，把恪守诚信者列入“红名单”，把严重失信者列入“黑名单”，并向社会公示，形成扶正祛邪的制度机制和社会环境。及时公布“诚信标兵”“诚信之星”“信用管理示范企业”等守信主体“红名单”。重点发布社会关注度高、涉及人民群众利益的食品药品安全、产品质量、知识产权、环境安全、纳税、合同履约等方面严重失信主体以及严重失信被执行人“黑名单”。

（三）强化事中事后信用监管

在深化改革、推进政府转变职能过程中，各级政府机关要坚持“放管结合”，转变管理理念，改进工作方式，应用信用管理手段，加强事中事后监管。形成较为完整的公共信用信息目录，强化信用信息应用，大力推行信用承诺、信用报告和信用审查制度。全面推行信用承诺，行政机关及具有行政管理职能的公用事业单位在行政审批中要求行政相对人作出信用承诺。作出信用承诺的行政相对人应当严格遵守国家法律、法规和规章，全面履行应尽的责任和义务，并接受行业行政主管部门的监督管理；违背承诺约定的，应承担违约责任，并依法承担相应的法律责任。广泛应用信用审查，行政机关及具有行政管理职能的公用事业单位在各类财政资金、政策性贷款、国家或地方政府对外借款、优惠政策享受、评优评级、评定职称以及其他公共资源分配活动中，要依托公共信用信息系统，对行政相对人进行信用审查。有关部门或单位，要加快推广应用第三方信用服务机构出具的信用报告，加快信用报告共享共认。鼓励市场主体运用信用报告，并将其作为投标人资格审查、评标、定标和合同签订的重要依据。

（四）强化对守信主体奖励和激励机制

加大对守信行为的表彰和宣传力度。按规定对诚信企业和模范个人给予表彰，通过新闻媒体广泛宣传，营造守信光荣的舆论氛围。各级政府部门在市场监管和公共服务过程中，对诚实守信者实行优先办理、简化程序的“绿色通道”和优先享受优惠政策等支持激励措施。

（五）加强对失信主体信用约束和惩戒机制

强化行政监管性约束和惩戒。进一步落实省政府《江苏省社会法人失信惩戒办法（试行）》《江苏省自然人失信惩戒办法（试行）》和《江苏省行政管理中实行信用报告信用承诺和信用审查的办法》，逐步使信用状况成为行政管理考量的基本内容。对于严重失信行为，实行联动公示和联动监管，采取有效措施，加大联合惩戒的力度。对于较重失信行为，相关政府部门要作为日常监督检查或者抽查的重点，减少优惠政策和资金扶持力度，进行限定范围的公示或者书面告知，以及法律、法规、规章规定的其他惩戒方式。对于一般失信行为，有关部门或者机构应当督促其停止失信行为并进行整改，也可以采取信用提醒和警示约谈等方式予以惩戒。不断扩大部门间市场监管信息共享的范围，进一步围绕综合治税、证照联动、劳动监察、政府采购、银行信贷等重点行业和效果明显的领域优先试点信用联动监管，切实增强信用约束机制的效应。

推动形成市场性、行业性和社会性失信惩戒机制。建立和完善失信记录和披露制度，使失信者在市场交易中受到制约。通过行业协会制定行业自律规则并监督会员遵守，对违规失信者按照情节轻重，实行警告、行业内通报批评、公开谴责等惩戒措施。利用社会媒体和网络资源，加强对失信行为的披露和曝光，引起社会的道德谴责，有效约束社会成员的失信行为。建立失信行为有奖举报制度，切实落实对举报人的奖励，保护举报人的合法权益。

建立健全失信行为惩戒制度和失信行为受侵害方的权利救济制度，增加失信行为法律风险和成本，提高威慑力。失信行为侵害他人合法权益的，受侵害方可依法追究失信主体的民事责任，相关部门可依法对失信主体采取教育、训诫、处罚等措施予以惩戒；失信行为构成犯罪的，依法追究失信主体的刑事责任。

七、培育和规范信用服务市场

（一）培育信用服务市场需求

各级政府部门为信用服务业的发展创造良好的市场环境，鼓励开发满足不同主体、不同层次、不同阶段、多样化的信用服务产品；在行政管理中率先应用信用服务和信用产品，充分发挥好信用服务机构的作用；培育长三角信用服务市场，持续开展信用服务机构备案互认，开展长三角信用服务业发展研讨，促进长三角地区信用服务市场共同发展，有效引导信用服务需求。

（二）支持发展各类信用服务机构

以市场为导向，培育和发展种类齐全、功能互补、依法经营、有市场公信力的信用服务机构。重点在企业征信、个人征信、信用管理咨询、资信评级、信用担保、信用保险和商账风险管理等方面培养一批有影响力的品牌信用服务机构。逐步建立公共信用服务机构和社会信用服务机构互为补充、信用信息基础服务和增值服务相辅相成的多层次、全方位的信用服务组织体系。建立以市场占有率、顾客满意率、质量诚信度、市场竞争力、经济效益、社会效益等为基础要素的信用服务业品牌评价标准，推动信用服务业品牌化、规范化、特色化发展。

（三）加强信用服务机构交流与合作

鼓励我省信用服务机构参与制定国家相关标准，加快建设以质量安全为基础、以市场需求为导向、以国际先进标准为参照、以创新为特征的现代信用服务业标准化体系。推动信用服务机构与国内外同行业组织加强交流和合作，平等、互惠参加相应的国内、国际行业专业组织。引进国际、国内知名信用服务机构，开展合资合作和兼并重组，引进和培养多层次信用服务专业人才，提高信用服务机构的服务能力和水平。

（四）建立完善信用服务市场管理机制

各级信用管理部门要完善信用服务机构备案管理制度、信用服务机构评价和年度通报制度，建立信用服务机构和从业人员的信用记录，依法加强对信用服务机构和从业人员的监管。实现从业资格认定的公开透明，建立信用服务机构准入与退出机制。对不讲信用的机构，依法清退。加强服务质量信用分类管理，定期发布服务质量信用信息。

（五）加强信用服务行业自律

信用服务机构要确立行为准则，加强自身规范管理，坚持公正性和独立性，提升公信力。鼓励各类信用服务机构设立首席信用监督官。推动建立信用服务行业自律组织，在组织内建立信用服务机构、从业人员基本行为准则和业务规范，强化自律约束，全面提升信用服务机构诚信水平。

八、加强诚信教育与诚信文化建设

（一）普及诚信教育

以加强社会主义核心价值体系建设、培育和践行社会主义核心价值观为根本，将诚信教育贯穿公民道德建设和精神文明创建全过程。坚持育人为本、德育为先，把诚信贯穿基础教育、高等教育、职业技术教育、成人教育各领域，落实到教育教学和管理服务各环节。推进公民道德建设工程，加强社会公德、职业道德、家庭美德和个人品德教育，传承中华传统美德，弘扬时代新风。大力开展信用宣传普及教育进机关、进企业、进学校、进社区、进乡镇、进家庭活动。建好用好道德讲堂、市民学校、文化服务中心等载体，倡导爱国、敬业、诚信、友善等价值理念和道德规范。开展群众道德评议活动，对诚信缺失、不讲信用现象进行分析评议，引导人们诚实守信、遵德守礼，在全社会形成“以诚实守信为荣、以见利忘义为耻”的良好风尚。

（二）加强诚信文化建设

弘扬诚信文化。以社会成员为对象，以诚信宣传为手段，以诚信教育为载体，大力倡导诚信道德规范，弘扬中华民族积极向善、诚实守信的传统文化和现代市场经济的契约精神，形成崇尚诚信、践行诚信的社会风尚。

树立诚信典型。充分发挥电视、广播、报纸、网络等媒体的宣传引导作用，结合道德模范评选和各行业诚信创建活动，推出一批诚信人物、诚信企业、诚信群体，发挥先进典型的示范作用，使社会成员学有榜样、赶有目标，使诚实守信成为全社会的自觉追求。

深入开展诚信主题活动。有步骤、有重点地组织开展“诚信活动周”、“诚信兴商宣传月”、“3·5”学雷锋活动日、“3·15”国际消费者权益保护日、“6·14”信用记录关爱日、“9月质量月”、“12·4”全国法制宣传日等公益活动，突出诚信主题，营造诚信和谐的社会氛围。

（三）加快信用专业人才培养

加强信用管理学科专业建设。把信用管理列为经济体制改革与社会治理发展急需的新兴、重点学科，支持有条件的高校设置信用管理专业或开设相关课程，在研究生培养中开设信用管理研究方向。

加强信用管理职业培训与专业考评。建立健全信用管理职业培训与专业考评制度。以加强企业信用管理为导向，大力组织信用从业人员、信用管理人员参加国家信用管理师职业资格培训和认证。开展在职教育、职业培训、岗位培训等多层次的信用知识培训，为社会信用体系建设提供人力资源支撑。

开展信用建设理论研究和交流。加强与国内外研究机构、信用服务机构、企事业单位等交流与合作，加强信用专家队伍建设，开展信用理论、信用管理、信用技术、信用指数、信用标准、信用政策等方面的理论研究。

九、建立实施保障措施

（一）组织保障

强化信用管理机构。各级政府要充分认识到信用体系建设的重要性和紧迫性，加强社会信用体系建设工作的领导，建立和完善省、市、县三级信用体系建设的组织体系。各市、县（市、区）要明确信用管理机构，配备相应的工作人员。各部门要明确相应机构和人员推动社会信用体系建设。建立信用信息数据管理员和审核员制度，加强业务协同和责任落实。

完善工作推进机制。各地、各部门要将社会信用体系建设工作摆上重要议事日程，制定规章制度，明确工作职责，强化责任落实。各级社会信用体系建设领导小组定期召开会议，协调落实各项重点工作任务，通报工作进展情况，及时研究解决社会信用体系建设中的重大问题。

（二）政策支持

加大政策扶持力度。根据社会信用体系建设需要，各级政府要制定扶持政策和措施。从事信用服务业务的机构，享受省关于加快发展现代服务业等优惠政策；鼓励开展信用信息应用和信用产品开发创新；信用信息系统建设项目享受信息化系统建设的各项优惠政策。

加大资金支持力度。各级人民政府要根据社会信用体系建设需要，将应由政府负担的经费纳入财政预算予以保障。加大对信用信息系统建设、信用标准体系建设、信用产品创新研发与推广使用、信用服务机构培育、企业信用管理贯标与示范创建、重点领域创新示范工程等方面的资金支持。各级信息化、相关科技专项资金和服务业发展等专项资金，都要对信用体系建设项目优先给予支持。鼓励和引导社会资金投向信用服务业，形成信用体系建设多元化的投融资新格局。

（三）实施试点示范工程

创建信用建设示范城市。组织创建省级信用建设示范城市。示范城市要率先对本地区各部门、各单位的信用信息进行整合，形成统一的信用信息共享平台，广泛开展信用信息和信用产品应用，建立健全社会信用奖惩联动机制，积极探索具有地方特点的社会信用体系建设和管理模式，取得明显成效，形成以点带面的示范效应。组织创建国家级信用建设示范城市。

深化重点领域应用信用信息和信用产品示范工程。在第一批10个省级示范部门的基础上，进一步深化和拓展省级部门示范工程，以重点领域的率先突破为其他领域的全面推进提供示范。各示范部门要在关系到人民群众切身利益、经济健康发展和社会和谐稳定的重点领域，率先探索，大胆创新，破解难点，形成亮点，总结经验，争取有1～2个关键领域在全国具有示范效应，带动全行业信用体系建设。

深化县级地区试点。扩大县级地区试点范围，逐步实现县级地区试点工作省辖市全覆盖。推进县级地区加快建设信用信息系统，实现信用信息的共享和应用，深入贯彻落实省政府信用管理三个办法，健全守信激励和失信惩戒机制，推动应用信用产品，培育发展信用服务机构。开展地区和行业联合试点工作，加强农村信用体系建设，建立健全农村社会成员信用记录及信用评价体系，开展信用农户、信用村、信用乡（镇）创建活动，推进青年信用示范建设，发挥典型示范作用，改善农村地区信用环境。推动出台相关政策措施，加大对信用等级较高的农户、农村合作经济组织、农村企业的信贷支持力度，探索形成县级地区社会信用体系建设经验与发展路径。

小微企业信用体系建设工程。建立健全适合小微企业特点的信用记录和评价体系，完善小微企业信用信息查询、共享服务网络及区域性小微企业信用记录，推进小微企业信用信息在政务领域和商务领域的使用，构建守信受益、失信惩戒的约束机制。引导各类信用服务机构为小微企业提供信用服务，拓宽小微企业融资渠道，促进小微企业健康发展。

信用长三角共建合作工程。根据国家《长江三角洲地区区域规划》要求，积极参与和推动“信用长三角”建设，以信用制度建设为核心，充分发挥政府部门在信用体系建设中的推动作用，在信用信息系统建设、信用服务规范、信用技术标准、信用激励和惩戒等方面，逐步营造长三角统一的制度环境，建立和完善区域信用联动监管机制，积极争取和共同打造国家区域信用建设合作示范。

（四）考核评价

制定规划落实方案和工作措施。各地、各部门要统一思想，按照国家和本规划的总体要求，根据职责分工和工作实际，制定具体落实方案。要定期对本地、本行业社会信用体系情况进行总结和评估，及时发现问题并提出改进措施。

建立科学规范的考核评价体系。把社会信用体系建设工作纳入地方和部门政绩考核内容。根据省政府考核办法，省社会信用体系建设领导小组定期组织对各省辖市、省级部门的社会信用体系建设工作进行考核，以考核为导向切实加强对各地、各部门工作推进的督促指导。对成效突出的地区、部门和单位，按规定予以表彰；对推进不力、失信现象多发地区、部门和单位的负责人，按规定实施行政问责。各地、各部门也要建立相应的考核评价和问责机制。

智慧江苏建设行动方案

（2014 ~ 2016 年）

为科学务实、健康有序推进智慧江苏建设，特制定本行动方案，作为《省政府关于推进智慧江苏建设的实施意见》配套文件，目前该方案包含7个行动内容，今后可视工作实际和发展需要滚动调整。

一、信息基础设施提升行动

以提升信息基础设施承载能力与服务水平为目标，重点建设宽带江苏提升、无线城市创新、高清江苏推进、三网融合普及、下一代互联网布局和未来网络研发培育等重大示范工程，加强信息基础设施统筹布局与集约化建设，加快构建宽带、融合、安全、泛在的智慧化信息基础设施，不断提升我省信息基础设施整体发展水平。

（一）宽带江苏提升工程

加快城乡光纤网络建设，提升骨干传输网传输交换能力。积极发挥南京国家级互联网骨干直联点的作用，进一步拓宽宽带互联网出省中继带宽。加快推进“光进铜退”工程，进一步优化骨干网络架构，提升网络承载能力，改善网络服务质量。组织开展重点区域信息基础设施优化升级，重点推进面向新城区、开发区、产业园（区）等集聚区域信息通信基础设施升级。推行信息基础设施统筹布局与集约化建设，加快推进宽带中国示范城市创建，在国内率先建成一批宽带示范城市。（省经济和信息化委、省通信管理局、省发展改革委等）

（二）无线城市创新工程

加快无线城市建设，构建3G、LTE、WIFI无线高速宽带网，在全国率先实现热点区域全覆盖。完成无线核心网IP化改造和扩容，加强无线宽带接入网建设，持续提升城市3G网络质量，加快TD-LTE等4G网络布局和商用发展。鼓励和支持电信运营商及第三方企业加快城市公共热点区域免费WIFI无线宽带覆盖和开放，推进无线城市综合运营平台建设，积极推动前向免费、后向经营的商业模式创新，促进产业链上下游企业开展无线城市建设、运营和商业合作，加快全省移动互联网发展。（省经济和信息化委、省通信管理局等）

（三）高清江苏推进工程

完成高清交互式下一代广播电视网络建设，进一步扩大覆盖范围，加速互联互通，实现高清互动电视、互联网宽带、多媒体通信等全业务承载。适度超前建设广电骨干承载网，大力推进光纤化、双向化改造，加快推广新型用户终端。扩容建设高清互动电视传输分发平台，满足多种格式编码要求，支撑千万级用户点播能力。加大内容集成平台建设，增强高清节目提供和传输能力，促进文化消费需求。（省广电局、省经济和信息化委、省通信管理局等）

（四）三网融合普及工程

统筹推进三网融合发展，以广电和电信业务双向进入为重点，促进互联互通和业务融合，积极开展融合业务创新、合作模式创新。以促进宽带互联网业务、IPTV、互联网电视和手机电视等融合业务发展为重点，着力突破终端融合、内容融合等关键技术和安全管理问题，实现数字电视、宽带服务协调发展。提高有线电视业务运营支撑水平和服务能力，为用户提供传统广播电视业务、互动点播业务和宽带互联网、IP电话、视频增值业务等数字电视综合服务。（省经济和信息化委、省通信管理局、省广电局等）

（五）下一代互联网布局工程

加快部署基于IPv6的下一代互联网，加快接入网、城域网IPv6升级改造，适度超前实现全面IPv6化。组织开展下一代互联网示范城市建设，推动大规模公共网络、移动互联网业务向IPv6平滑演进和过渡，实现IPv4与IPv6主流业务互通。联合重点终端厂商，加快信息终端更新换代步伐，新增上网终端基本实现IPv6化。支持互联网数据中心（IDC）、呼叫中心、云计算中心等重点功能性服务平台建设，全面提升信息数据存储和服务能力。（省通信管理局、省经济和信息化委、省发展改革委等）

（六）未来网络研发培育工程

密切关注国内外未来网络演进路线，持续跟踪未来网络研究、试验和产业化进程，支持南京市以中国（南京）未来网络产业创新中心为核心，加强信息网络技术与产业发展路线顶层设计，开展基于国家未来网络重大基础设施（CENI）关键技术攻关。加强关键领域产品研发和产业孵化，努力建成全国首个未来网络产业化基地。（省经济和信息化委、省科技厅、省发展改革委、省通信管理局等）

二、产业转型升级行动

以加快推动产业结构调整和企业互联网化升级为目标，全面深化信息技术在传统产业和重点行业中的应用，大力发展智能制造、服务制造、绿色制造，推进工业互联网、工业大数据、CPS、M2M推广应用，加快推动产品智能化、高端化，大力发展智慧农业，提升产业质量和效益。通过信息技术在传统产业领域的深度融合应用，带动产业组织方式变革和产业发展水平提升。

（一）智能制造推广工程

引导支持企业综合应用CPS、工业互联网、虚拟制造等技术，构建智能化、网络化生产系统。加快工业机器人、增材制造（3D打印）等先进制造技术在生产过程中应用，培育发展智能生产车间、智能工厂，在有条件的产业集聚区开展智能制造示范试验区建设。加快重点领域装备智能化，面向重点行业生产过程柔性化、智能化的应用需求，开发一批标志性的重大智能制造成套设备，提高重大成套设备及生产线系统集成水平。建立先进制造技术研发中心，开展先进制造创新试点，发展以人机智能交互、柔性敏捷生产等为特征的智能制造方式推进生产制造设备联网和智能管控。大力推动互联网技术与新能源汽车、先进机器人、轨道交通、智能仪表和数控机床等行业的融合应用和商业模式创新。（省经济和信息化委、省发展改革委、省科技厅等）

（二）服务制造提升工程

加快传统企业互联网化升级，集中建设工业云、企业云平台和中小企业公共技术服务平台，推进研发设计、数据管理、工程服务等资源开放共享。鼓励发展基于互联网的按需定制、众包设计等服务制造模式，支持企业利用互联网创新电子商务与制造业的集成应用。大力实施企业两化深度融合“百千万”工程和中小企业信息化推进工程，加快企业互联网化改造，加强M2M应用模式创新拓展，实现高度个性化产品的大规模生产。引导企业实施一批信息化技改项目，试点推广一批工业应用软件，促进工业大数据集成应用，支持企业加快研发设计数字化、生产过程自动化、产品装备智能化、经营服务电商化，提高企业运营管理和决策水平。（省经济和信息化委、省发展改革委等）

（三）绿色制造发展工程

组织实施一批重点节能工程，突出冶金、化工、建材、纺织、电力等主要耗能行业和重点耗能企业，大力实施智能化节能改造。推动重点耗能企业建设能源管控中心，推进区域性能效检测与管理平台建设，加快建设工业能耗在线监测平台。以钢铁、建材、化工等流程工业为重点，采用自动化、信息化和集中管理模式，对企业能源系统生产、输配和消耗环节实施集中扁平化动态监控和数字化管理，改进和优化能源平衡，实现系统节能。支持基于物联网模式的区域性工业能效监测与管理平台建设，形成“感知能源、智慧监管”的数字化能源管理体系。（省经济和信息化委、省发展改革委、省能源局等）

（四）智慧农业可持续工程

加快推进物联网等新一代信息技术在农业上的应用，积极发展智能农业、感知农业，进一步提高农业劳动生产率、土地产出率和资源利用效率，提升农业生产信息化水平，加速传统农业向现代农业转变。加快物联网技术在畜禽养殖、水产养殖、温室大棚和露地作物栽培等领域的示范应用，实现动植物生长环境远程监控可视化、管理决策智能化、生产控制自动化、农产品质量监督管理全程化，促进农业物联网应用市场和产业链形成。积极发展精准农业，开发推广“3S”技术、农业模型、专家系统、决策系统等技术，加强主要农作物、区域特色农产品、渔业生产、林木管护、农机作业、农业资源开发等数字化管理系统的应用，不断降低农业生产成本，保护农村生态环境，实现农业可持续发展。（省农委、省海洋与渔业局、省经济和信息化委、省发展改革委等）

（五）智慧建设促进工程

加大建筑信息模型（BIM）技术、智能化技术、菜单式装修系统等在建筑产业中的推广应用，推进传统建造模式向设计三维化、构件部品化、施工装配化、管理信息化、服务定制化的现代化建造方式转变，促进建筑产业转型升级，推动建筑产业现代化。建立绿色建筑公共信息服务系统、地下管线信息系统、建筑物数据库、绿色建材信息库等智能化管理平台，推动节约型城乡建设向纵深发展。加快建设全省企业、人员和项目数据库，建立建筑市场、招投标、信用管理和工程质量安全监管一体化信息管理平台，形成“智慧监管”的建设管理体系，提升工程建设质量。（省住房城乡建设厅、省经济和信息化委等）

三、政务服务智慧创新行动

以解决当前经济社会面临的重大紧迫问题为目标，重点打造行政权力公开透明运行、政府大数据整合、食品药品安全监管、社会综合治安管理、资源和生态环境监控、智慧应急管理、安全生产监管等重要平台系统，推动政府职能转变，创新政务服务和社会管理，实现服务手段智慧化、管理过程精准化、管理方式多样化和公共服务均等化。

（一）行政权力运行深化工程

深入推进行政权力运行程序化、规范化、制度化，加快实现行政权力网上运行工作与政务服务中心审批和服务事项办理融合、与部门核心业务融合、与行政绩效管理融合。强化政府法制监督平台功能，完善电子监察标准，加大监察监控力度，构建在内控中规范、在阳光下运行、在网络上监督的“三位一体”权力运行监控体系。充分利用现代信息技术，实现行政服务实体大厅与虚拟大厅的融合，加快推进各级政务服务中心协同办理和联网运行，为企事业单位和公众提供“无接触式”管理与服务。（省政务服务管理办公室、省政府办公厅、省监察厅、省经济和信息化委等）

（二）政府大数据整合工程

以信息资源综合开发利用为核心，加快政府数据共享、开放和社会化应用，全面推进大数据在政府职能转变、经济转型升级、社会治理创新、民生服务保障、城乡一体化发展等领域的综合开发利用。建设全省经济社会发展数据中心，加强全社会信用体系建设，加快政务数据开放，建成统一的政府数据开放平台和信息资源共享服务体系，在经济发展、社会治理、民生服务、城市管理等领域和重要行业、重点企业形成30个大数据示范应用及标准规范，建立跨部门、跨行业、跨层级的大数据共享和开发利用机制，加强统计数据采集和分析挖掘，为政府决策提供科学依据。（省政府办公厅、省经济和信息化委、省财政厅、省统计局等）

（三）食品药品安全监管工程

建设覆盖省、市、县、乡各级食品药品监管部门的统一信息网络和智能移动监管平台，提升对重点食品、药品的质量安全监管能力。建设省级食品药品监管云服务平台，整合构建集市场准入、动态监管、应急处置于一体，覆盖食品（含食用农产品、保健食品）、药品、化妆品和医疗器械的质量安全监管信息系统。推进电子监管，建设食品药品质量安全追溯系统，建立覆盖原料来源、生产、加工、储运、销售、服务等各个环节质量控制和监督管理平台，提高风险预警和突发事件应急处置能力。建立食品药品安全风险监控监测中心，探索对重点部位、重点场所和重点品种生产流通运输环节开展实时非现场监管。建设省级食品药品监管云数据中心，整合监管信息资源，实现食品药品安全监管信息共享与业务协同。（省食品药品监管局、省卫生计生委等）

（四）社会综合治安管理工程

围绕建立立体化、现代化社会治安防控体系总体要求，加快推进全省“警务大数据”工程建设，以强化各类信息资源关联整合、共享应用为重点，以省市公安数据中心建设为关键，建立全省分布式、扁平化数据应用和存储技术支撑体系，开发多样化、个性化的警务APP应用软件，强化公安信息、社会信息、互联网信息、视频信息等数据资源的汇聚整合、智能处理、灵活调用，进一步提高公安工作的情报采集能力、分析决策能力、指挥管理能力、侦查破案能力和服务社会能力。加快推进全社会智能技防监控系统建设应用，逐步形成主动发现、主动预警、主动防控的技防工作新机制，提升技防江苏建设水平。加快推进智能边防、海防建设，加强边海防信息化基础设施和重点应用系统建设，努力实现边海防管控手段信息化、智能化。（省公安厅等）

（五）生态环境和资源监控工程

以推进生态文明建设为目标，建设智能的土地、环境、自然资源和生态环境监管体系，开展地理国情变化监测与统计分析，优化国土空间开发格局和各类资源配置，实现对全省土地利用、生态环境、重点污染源、地质资源和灾害、垃圾处理等领域的动态监测。建立省、市、县三级环保大数据资源中心，整合生态环境、企业生产和环保监管等信息资源，提升环保决策管理智能化、科学化水平。建设基于物联网，覆盖灰霾环境、水环境、辐射环境、生态环境的传感网络，实现对环境与污染源的动态实时信息采集和动态监管。建设全省环保政务一体化管理云平台，实现规范化、高效率环保监管和跨区域协同联动监管。完善节能监测体系，实现对工业、交通及大型公共建筑、公共机构等主要用能行业（领域）及场所、单位的能耗监测。运用信息技术推动高能耗、高物耗和高污染行业改造，建立重点行业、重点企业能源和主要污染物排放监测信息系统，加快对传统产业中主要耗能、耗材设备和工艺流程的智能化改造，促进节能增效和安全、清洁生产。推广智能电表、智能水表、智能燃气表和供热计量器具，形成智能的电力、水资源和燃气等控制网络。（省环保厅、省经济和信息化

委、省住房城乡建设厅、省国土资源厅、省水利厅、省测绘地理信息局等）

（六）智慧应急平台整合工程

加强政府应急管理信息化体系建设，整合公安、民政、环保、交通、水利、卫生、广电、安监、地震、气象、通信、城市管理等相关职能部门应急信息资源，建立全省统一的突发事件预警信息发布系统，实现省、市、县三级相关部门纵横联通的发布平台，完善发布机制，构建以省智慧应急平台为枢纽，省、市、县三级应急平台互联互通的全省智慧化应急指挥体系，健全动态感知、智能监控、综合研判、指挥调度等功能，提高应对自然灾害和突发公共事件的应急处置能力。建立全省统一的应急管理地理信息系统，提高与应急处置相关的人力、物力及重要防护目标空间分布与动态信息管理、调度及可视化能力。（省应急办、省测绘地理信息局、省气象局等）

（七）安全生产智能监管工程

建设覆盖省、市、县、乡镇各级负有安全生产监督管理职责部门的安全生产信息网络。开发建设安全生产综合信息平台，以及安全生产标准化、隐患排查治理、安全检查、行政执法、事故查处等核心业务信息系统。建设省、市、县三级安全生产监管监察数据中心，整合各类信息资源，实现信息共享。通过大数据、云计算、物联网、移动互联网等先进技术的应用，创新安全生产监管监察方式，不断提高安全生产监管监察的智能化、信息化水平。（省安监局等）

四、智慧民生服务保障行动

以促进全省城乡居民共享智慧化建设成果为目标，重点打造智慧人社、智慧教育、智慧健康、智慧养老、智慧家居、智慧社区等重大公共服务平台，加快推进网络文化服务体系建设和智慧交通、智慧国土、智慧水利、智能电网、智能安防、智能环保、智慧旅游等智慧应用示范，面向社会提供广覆盖、多层次、差异化、高品质的公共服务，缩小城乡、区域和社会群体之间的“数字鸿沟”，不断提升基本公共服务均等普惠水平。

（一）智慧人社体系建设工程

建立全省集中的人员和社会保障卡基础信息库，实现人员基础信息统一入口，在此基础上加快推进省、市各类业务系统数据大集中，实现公共就业、人事人才、社会保险、劳动关系的系统一体化。建立全省集中的人社业务资源数据交换平台，实现综合、比对、检测、分析和挖掘利用，支持跨地区、跨系统、跨行业、跨部门、跨层级的数据交换和信息服务。全面推进社会保障一卡通应用，支持社会公众利用社会保障卡办理政府各类公共服务事项。完善公共服务体系，整合12333服务热线、门户网站、移动终端、短信平台、有线电视、自助服务终端等各类渠道为一体，统一平台、统一出口、统一服务，向社会提供优质、高效、便捷、智能的人力资源社会保障公共服务。（省人力资源社会保障厅等）

（二）智慧教育资源整合工程

以“三通两平台”（宽带网络校校通、数字资源班班通、学习空间人人通和教学资源公共服务平台、教育管理公共服务平台）建设为抓手，充分利用信息技术手段改革教学模式、创新学习方式、提升管理水平，全面建成涵盖各级各类教育的教育信息化公共服务体系。完善智慧校园建设，整合优化教育管理应用系统，集成推送各种优质教育资源，实现教学科研、管理服务和文化建设的数字化、网络化、智能化。着力构建社会继续教育公共服务平台，广泛开展城乡社区远程教育，推动构建人人皆学、处处可学、时时能学的学习型社会。加强智慧教育人才培养，开设相关专业和课程，加强各类人员信息技术技能培训，为智慧江苏建设提供人力资源保障。（省教育厅等）

（三）智慧健康服务工程

构建完善基于电子健康档案的省、市、县三级卫生信息平台，完善医疗服务和公共卫生服务信息系统，普及应用居民健康卡、电子健康档案和电子病历，开展卫生大数据挖掘利用，实现居民健康信息记录一生、管理一生、服务一生。以远程影像诊断、远程监护、远程手术指导、远程会诊为主要内容，大力开展远程医疗，推行预约诊疗、双向转诊、慢病管理等业务协同新模式。实施人口信息“金人工程”，加强全员人口统筹管理信息系统建设，推进人口与计划生育基本公共服务的信息化管理，提升服务水平。充分运用智能穿戴设备（智能手环、智能指环等）和RFID（射频识别）等物联网技术采集居民健康信息，建立健康管理云服务平台，加快建设智慧体育信息服务平台、智慧体育产业园、智慧健身场馆等公共设施，推行全方位、全过程健康管理，为城乡居民提供系统性、连续性健康保障与服务。（省卫生计生委、省体育局等）

（四）智慧养老服务工程

以满足养老服务需求、释放养老消费潜力、促进养老服务业发展为目标，建设智慧养老服务平台，建立社区居家养老服务、养老服务机构、老年人医疗护理机构、慈善养老机构等网络互联互通、信息共享协同的服务机制。重点加强社区居家养老服务、养老机构管理信息系统建设，推广远程无线健康监测、远程保健护理等应用，为各类养老管理机关和组织提供管理服务，为广大老年人提供养老信息服务。完善社会养老服务监测系统，发展老龄人口决策支撑服务体系。开通公众养老服务热线，提供面向老年群体的互联网信息服务。（省民政厅等）

（五）智慧家居应用工程

面向家庭生活、楼宇管理、社区服务等主要领域，积极开展智慧家居平台应用试点，融合拓展生活服务信息、公共安全服务信息、社区管理服务信息以及新农村综合服务信息等，开展家居环境感知与远程控制、建筑节能与智能控制、公共区域管理与社区服务、物业管理与便民服务等方面的综合应用，为城乡个人和家庭提供优质便捷服务。先期选择在3个省辖市、10个县级市开展试点。（省经济和信息化委、省住房城乡建设厅等）

（六）智慧社区推进工程

建设覆盖全省、统一规范的城乡社区综合管理和服务信息平台，整合社区公共服务资源、系统，统一采集公共基础数据，规范多方共享，促进业务协同，逐步实现社区公共服务事项全人群覆盖、全口径继承和全区域通办。拓展服务领域和功能，大力发展各类信息服务载体和终端，提供“一网式”“一线式”综合服务，提高社区管理和服务效能。加强农村信息化基础设施建设，汇聚各方资源，按照“五个一”标准（一处固定场所、一套信息设备、一名信息员、一套管理制度、一个长效机制）建成全省农村综合信息服务平台，加快实现省、市、县三级“网上村委会”农村综合信息服务平台对接，将“网上村委会”打造成为创新农村社会管理和服务民生的重要载体、涉农信息交换和综合开发利用的资源中心、服务“三农”的重要窗口。（省民政厅、省经济和信息化委、省农委、省广电局等）

（七）网络文化服务体系建设工程

加强数字文化内容产品和服务开发，建立数字内容生产、集成、传输分发平台，不断丰富信息消费产品内容供给和传播渠道。充分运用新技术新应用创新媒体传播方式，加快建设覆盖全省的新媒体城乡传播平台，建设数字图书馆、数字博物馆、数字农家书屋等公益性文化基础设施，打造一批基于互联网的新型主流媒体。加强网络文化产业集聚发展，加快培育富有活力、形态多样的产业集群，积极推动多

媒体电视、网络电视、数字出版、手机媒体等新型业务发展。（省文化厅、省广电局、省新闻出版局、省经济和信息化委等）

（八）智慧交通综合服务工程

建设交通信息感知基础设施和全路网智能监控体系，优化交通组织诱导，提高路网通行能力。加快建设高速公路智能化运营服务平台，实现路网调度智能化、运营管理科学化、出行服务优质化和安全应急快速化。加快推进公路ETC苏通卡与道路运输证IC卡融合应用、内河船舶便捷过闸系统（水上ETC）推广、机动车驾培智能化管理与服务系统应用、公路客运联网售票系统升级，试点开展公路客运售票实名制登记工作。加快拓展建设公铁水空多式联运信息服务平台和交通物流公共信息服务平台，加快实施跨地区交通运输信息共享交换、“船联网”、“营运车联网”等工程。积极推动北斗卫星定位、RFID身份识别、基于IPv6/ IPv4的无线自组织网络系统等技术在公路、水路交通管理服务中的融合应用。推进城市交通管理智能化，加快交通信号公交优先试点和应用推广，加强智慧公交系统建设与功能完善。加快推进全省城市公共交通“一卡通”工程建设。规范手机召车应用，推广全省出租汽车96520一号召车服务，实现本地电召平台对手机召车软件统一接入和管理。加强综合客运枢纽换乘信息服务系统和城市交通诱导系统、停车诱导系统建设，提升交通运输服务能力。（省交通运输厅、省公安厅等）

（九）智慧国土“一张图”工程

大力推进智慧国土“一张图”工程实施，开展“一张图”数据库成果应用，加快完善国土资源综合监管系统，提升各级国土资源数据中心技术保障能力，持续完善土地、矿业权网上交易系统，全面构建集国土资源动态监测、综合分析、预警预测、应急指挥于一体的综合监管平台，为加强土地资源利用开发、降低地质灾害损失等提供技术支撑和基础保障。加快构建覆盖全省的“国土云”，聚合国土资源各类空间与非空间信息，面向社会提供专业化、高效能的国土资源信息云服务，支撑各类信息化应用。（省国土资源厅等）

（十）智慧环保服务工程

以服务民生、改善环境为目标，充分利用物联网、云计算等技术进一步加强环保监控系统感知层与智慧层的建设，打造全省统一规范的环保综合管理和服务信息平台，对环保部门履行职责过程中产生的企业信息进行收集、处理和公示，推动公共信息资源合理有序开放，强化公众参与和公众监督，满足公众知情权。选择基础较好的地区开展试点，推进跨部门企业信息互联共享，整合市场、企业、生产、工况、污染排放等多维度信息，加强智能分析，构筑感知更透彻、互联更可靠、应用更深入的智慧环保体系。（省环保厅等）

（十一）智慧水利建设工程

建设覆盖全省的水位、雨量、水量、水质、工情、旱情、灾情等信息实时监测与分析系统和省水利数据中心，建成省水利地理信息服务平台，整合行业信息资源，建立数据共享规范和机制，实现大量、多源、多维、多态的水利大数据服务。完善防汛防旱指挥系统体系，提供实时信息监控、洪水预报调度、水库预警、防汛会商等服务，实现防汛防旱决策指挥系统县级全覆盖，部分延伸到重点乡镇。建成水资源管理信息系统，实现全省水资源信息的快速传递、共享和综合管理，达到水资源管理精细化、实时化的深度管理目标，为水资源合理开发利用、优化配置和水环境保护提供支撑。（省水利厅等）

（十二）智慧气象建设工程

建设气象综合探测信息系统，完善布局科学、功能先进、覆盖江苏陆地、水域（江河湖海）、立体的气象探测网络，建立实时高效的气象信息收集分析处理系统。加强多源资料的融合应用和数值预报产品释用，建立气象及其次生灾害定时、定点、定量的精细化预报、预警系统，提供每小时水平分辨率为3公里的精细化天气预报产品。利用多种媒体和通讯手段，结合社会公共传播资源，形成覆盖全部地域、面向不同群体的气象信息发布立体网络。建设基于物联网技术的城市安全运行气象保障服务系统。建设联接各部门，贯通省、市、县三级，相互衔接、规范统一的气象灾害应急服务体系。（省气象局等）

（十三）智慧旅游创新建设工程

以提供优质服务为根本，全面推进全省旅游基础信息数据、旅游公众信息服务、旅游产业运行管理和旅游市场营销推广四大体系和平台建设。加强全省旅游公众信息服务体系建设，建立完善各级旅游公共信息服务平台、各类旅游企业资讯服务平台和旅游电子商务平台，规范建设各级旅游咨询服务中心、集散中心和游客中心。加强全省旅游产业运行管理体系建设，强化以行业监管、游客流量监测、景区舒适度预报以及风险防控为主要内容的产业运行管理系统建设。加强全省旅游市场营销推广体系建设，建立融合运用全媒体信息传播机制，集成各类旅游产品采购和推送系统，引导各类旅游企业建设智慧型企业，面向广大游客提供资讯查询、在线预订和支付服务。高度重视现代信息技术与旅游产业的融合和运用，建立服务智能化、管理数字化、消费便捷化、营销网络化的全新旅游业态。（省旅游局、省商务厅等）

（十四）智慧民生应用示范工程

大力推进智能电网、智能安防、智能环保等智慧民生重大示范工程建设。加强物联网技术在电网输变电、配电、用电等环节的综合应用，实现电网态势感知，提高电网管理和能源调配能力，保障居民生产生活。以社区街道、公共场所、重要单位和地段、危险场所、城市出入口等为重点，加强社区安防一体化、电梯运行监控、公共安全管理、要地周界安防、危险品监控等应用系统建设和综合应用，有效提升整体安防水平，支撑平安江苏建设。加快构建多元化、智慧型环保感知网络，建设具有智能感知、高性能计算、大数据存储、视频分析能力的环保综合管理服务体系。（省经济和信息化委、省发展改革委、省公安厅、省环保厅等）

五、智慧城市集约建设行动

以全面提高城镇化发展质量为目标，加快推动全省智慧城市群和智慧城镇建设，促进信息化与新型城镇化深度融合、同步发展。大力发展数字化、网格化城镇运行管理，构建智慧城镇公共信息平台，统筹优化城乡规划、城乡建设、城市管理总体布局，促进城镇运行智慧化、城镇管理精细化和城乡发展一体化。

（一）城乡规划智能化工程

基于国家“天地图”大平台，推进“天地图·江苏”建设，打造包括城镇地名地址、地理实体、三维精细模型、地下空间设施、遥感影像、实时位置、多维可视化等数据的地理空间基础数据库和公共服务平台。建设基于城镇基础地理资源体系的三维仿真平台、协同规划系统和辅助决策系统，实现城乡规划设计、城市建设管理的智能化、可视化和协同化。统筹规范市政、通信、广电等管线资源，实现集约建设和智能化管理。（省国土资源厅、省住房城乡建设厅、省经济和信息化委、省测绘地理信息局等）

（二）城镇管理网格化工程

推广城镇网格化管理模式，构建城镇网络化管理平台，加快推进城镇管理的数字化、精细化、智能化，探索建立大城管格局。以街道、社区、网格为区域范围，划分管理内容和处置单位，通过城镇网格化管理应用，有效统筹网格内、网格间各类人力资源、信息资源和管理服务资源，加快实现市区联动、资源共享。积极开展网格化数据信息的智能化、可视化分析，提高城镇管理部门处理、预测和服务能力。（省住房城乡建设厅、省公安厅、省工商局等）

（三）城镇运行集中管控工程

依托数字化城市管理系统，推动省辖市、有条件的县级市和规模较大的乡镇建设智能化运行管控中心，汇聚对接国土、环保、水利、交通、规划、城管、公安、人社、卫生计生、质监、安监、消防、气象、电信、市政（水电气）等部门的智能化信息平台，实现城镇公用设施管理信息集中接入，城镇关键系统运行状态自动感知和重大突发事件智能应急处理，进一步提升城镇运行效能和应急响应能力。（省住房城乡建设厅、省经济和信息化委等）

（四）智慧城市“时空信息云”工程

加强多平台、多传感器和高分辨率的数据快速获取能力建设，建成现势性更强的基础地理信息和高精度三维地理空间信息数据库，实现高分辨率、多时相、多尺度基础地理信息数据全覆盖和重要地理信息同步更新。推进智慧城市时空信息云平台和高精度位置服务平台建设，开展时空数据建设、云平台开发、支撑环境建设等试点和典型应用示范，新增扩容基础地理信息服务内容和功能。依托江苏省全球导航卫星连续运行参考站综合服务系统建设全面兼容的导航与位置服务平台，开展多种位置服务应用。（省测绘地理信息局等）

（五）智慧城市群建设工程

以全省各区域中心城市为重点，统筹开展智慧城市试点示范建设，促进智慧城市健康有序发展，加快形成城乡发展一体化格局。加快构建智慧城市规划、设计和推进工作平台，发挥智慧城市顶层设计和规划的作用。组织实施智慧支付示范工程，建立跨区域互联互通机制，大力推广和普及金融IC卡在城市交通、公共事业、金融支付方面的一体化应用。加强智慧江苏门户平台资源整合和开发利用，拓展与政府各部门系统对接和信息共享的广度和深度，积极探索主动服务模式，面向社会提供各类公益性服务和增值服务。（省经济和信息化委、省发展改革委、省住房城乡建设厅、省科技厅、人民银行南京分行等）

六、智慧产业倍增发展行动

以高端引领、创新驱动，重点突破、集约集聚为目标，着力发展一批战略性、创新性、成长性、导向性的智慧产业集群。突出市场主体、产学研用相结合，发展壮大平台经济和网络经济，加快发展大数据、云计算、物联网、集成电路、高端软件、北斗导航等新兴智慧产业，着力突破一批关键核心技术、研发一批高端智能产品、培育一批知名自主品牌、打造一批领军龙头企业，不断提升智慧产业核心竞争力。

（一）互联网经济培育工程

实施电子商务平台培育计划和中小企业电子商务应用促进计划，支持重点电子交易平台、电子商务平台和专业支付平台发展壮大。加大金融信息平台、电子商务平台、地理信息平台、社交网络平台建设力度，大力发展装备制造、冶金、化工、机械、新医药、新材料、农产品、旅游等重点行业特色电子商务，重点培育一批实力强、信誉好的平台企业，鼓励互联网应用创新，支持有条件的企业加快互联网化转型，迅速壮大一批有竞争力的互联网企业。加速促进平台企业集聚，构建健康良好的互联网经济生态体系。支持互联网金融与电子商务、现代物流、信息服务等领域融合发展。加强网络文化产业集聚，大力发展数字设计、网络电视、数字出版、数字音乐、动漫游戏等服务平台和新兴业态。充分利用信息技术改造旅游、商贸、宾馆、餐饮、房产、娱乐等生活性服务业，大力发展智慧旅游，建设覆盖省、市、县（区）三级的旅游目的地公共服务平台和旅游产业运行管理监测平台，发展新兴服务业态。（省经济和信息化委、省商务厅、省发展改革委、省文化厅、省通信管理局、省新闻出版局、省广电局等）

（二）大数据产业推进工程

加强数据管理、分析挖掘、大数据存储、大数据可视化等核心技术研发和主要设备产业化，培育一批大数据骨干企业，促进大数据与云计算、物联网、移动互联网等的集成创新与融合创新。面向电子商务、金融证券、智能制造、交通物流、电力能源等重点行业，组织开展大数据应用示范，建立大数据管控平台和决策支持系统，加强数据挖掘分析，普及推广行业大数据应用方案。大力发展商业智能服务，构建基于互联网的大数据采集、分析、挖掘和决策服务系统，加快发展基于大数据分析的精益生产、精准营销、精准物流和市场决策等商业化服务。探索建立大数据企业信用评价机制，广泛深入开展信用信息服务。稳步推进移动支付、网络借贷、众筹等互联网金融模式发展，促进网络借贷行业规范自律，充分应用大数据技术提高金融服务效率。（省经济和信息化委、省商务厅、省交通运输厅、省发展改革委、省文化厅、省质监局、省金融办等）

（三）移动互联网创新工程

加快实施智能终端产业化工程，研发生产基于国产芯片和操作系统的移动智能终端和智能穿戴设备，促进终端、应用与服务一体化发展。通过企业定制、集中采购等方式，加强产销合作，扩大规模运营，着力引导终端消费升级，支持自主品牌、自主知识产权终端产品研发制造和服务企业发展壮大。实施智能家庭建设计划，支持数字家庭智能终端研发及产业化，加快发展集成多屏融合、高清互动和智能控制功能的新型数字家庭系统。大力推进移动互联网应用商业模式创新，基于云计算、大数据、物联网等新技术应用，积极培育、拓展新兴信息服务业态。鼓励生产制造企业、信息服务企业、通信运营企业、物流服务企业加强合作，拓展基于新一代移动通信、物联网等技术的移动电子商务应用。（省经济和信息化委、省发展改革委、省科技厅、省商务厅、省广电局、省通信管理局等）

（四）现代信息产业高端发展工程

重点培育和发展物联网、云计算、集成电路、高端软件等现代信息技术核心产业和关联产业，打造国际知名的创新示范区和产业高地。加快推进无锡国家传感网创新示范区建设，组织实施智能电网、智能安防、智能医疗、智能家居等应用示范工程，实现物联网在经济社会各领域的典型示范应用。积极推进具有自主知识产权的云主机、云存储、云终端及其他硬件或软硬件一体化产品的研发和制造。针对用户移动化、需求个性化、服务差异化等新特点，围绕交通、医疗、社区、气象等热点领域，充分发挥“云端服务”优势，支持企业积极创新云应用和云服务模式，不断改善民生服务水平。加快发展高端软件，对接国家核高基重大专项计划，巩固发展行业应用软件、嵌入式软件等优势软件产品，加强智能操作系统、大数据管理等基础软件开发应用。大力支持北斗芯片、终端的研发和产业化，在交通运输、电力通信等行业开展示范应用，加快北斗卫星导航系统推广应用。大力推进北斗导航服务模式和产品创新，推动LBS（位置信息服务）市场加速拓展。（省经济和信息化委、省发展改革委、省科技厅、省测绘地理信息局等）

（五）智慧服务业提速工程

加快推进现代物流、商务服务、工业设计、创意设计、节能服务、检验检测等知识型、技术型服务业智能提速发展。加快物流发展模式转变，重点推进云计算、物联网、北斗导航及地理信息等技术在物流智能化管理方面的应用，完善智能物流基础设施，建设全国物流示范基地，提供一体化、智能化综合物流服务。推广面向企业全流程、网络化、智能化的信息技术服务，大力发展数字化工业设计服务。支持第三方大数据平台建设，面向中小企业提供精准营销、互联网金融等生产性服务，推进产业金融、产业商贸协同发展。推进智慧服务业集聚配套发展，加快推进一批具有重大支撑作用、带动性强的重点示范园区、各类公共服务平台、智能化应用示范项目，培育一批创新能力强、服务体系完善、具有较高知名度和影响力的重点企业，推动服务企业与制造企业、工业园区联动发展。（省经济和信息化委、省发展改革委、省商务厅、省质监局等）

七、网络信息安全保障行动

坚持积极防御、综合防范方针，以增强网络信息安全保障能力、维护支撑经济社会安全为目标，综合利用法律、行政、经济、技术等手段完善网络信息安全保障体系，建立完善智能化的信息安全防护体系、监控体系、信任体系和应急体系，加强重点领域网络安全审查和网络安全人才队伍建设，着力提升智慧江苏整体安全防护能力和自主可控水平。

（一）网络安全防控体系建设工程

贯彻落实国家网络安全防控体系建设要求，健全信息安全监测预警体系，扩建省级政务网站及重要信息系统安全监测预警平台，进一步满足对省级政务网站及重要信息系统篡改暗链攻击及感染僵尸木马的监测预警需求。加快市级监测预警平台建设，实现安全监测预警体系全省覆盖。健全信息安全应急管理体系，建设省级网络与信息安全应急指挥平台，加强信息安全应急演练，实现全省网络与信息安全事件的统一接报、联合研判发布、应急指挥调度以及协同处置和跟踪反馈。健全容灾备份体系，扩建省容灾备份中心，满足省级重要信息系统同城数据灾备需求。建设省灾备中心同省异地分中心，开展应用级灾备建设试点。加强党政机关互联网安全接入管理，大幅缩减互联网接入口数量，建设省、市两级党政机关统一接入平台，强化安全监管、保密监测和应急保障。（省经济和信息化委、省公安厅、省通信管理局、省保密局等）

（二）重要信息系统安保工程

加强对党政部门信息系统和涉及国计民生的重要信息系统，以及核设施、先进制造、石油石化、油气管网、电力系统、交通运输、水利枢纽、城市设施等重要领域工业控制系统的安全监管，定期开展安全检查、等级保护和风险评估。强化工控系统安全防护技术研究，对重点领域使用的关键信息产品开展安全测评，建立施行安全风险和漏洞通报制度。增强公共基础网络态势感知能力，提高应对网络攻击的防护和快速恢复能力。加强三网融合安全管控手段建设，建立多层次、全方位管控体系。加强下一代互联网建设规划和安全管理，加快构建基于IPv6的下一代互联网信息安全保障体系。研究建设网络安全保障评价指标体系。（省经济和信息化委、省公安厅、省通信管理局、省安监局等）

（三）重点领域网络安全审查

贯彻落实国家网络安全审查制度和审查技术标准，研究制定全省重点领域网络安全审查办法、审查规范。指导和支持建设网络产品、计算机软硬件、工控系统等重点网络安全检测实验室，对重点信息技术产品和服务加强网络安全审查。在重点领域施行信息安全持证上岗制度和信息安全检测服务机构备案制度。（省经济和信息化委、省公安厅、省通信管理局、省保密局等）

（四）网络安全人才队伍建设工程

重点建设好应急、网宣、网评、网管、网警、信息安全员、技术检测服务等队伍。研究制定网络安全人才队伍建设中长期规划，组织开展多层次、重点领域全覆盖的网络安全人才培训和技能竞赛。支持高校加快网络安全和信息化创新人才培养，推动在苏高校加快网络安全学科、实验室和师资队伍建设，在全省中小学实施“网络安全知识进校园”行动。设立网络安全宣传周，提升全社会信息安全意识和全民信息安全防护水平。（省教育厅、省经济和信息化委、省公安厅、省通信管理局、省人力资源社会保障厅等）

江苏省战略性新兴产业重大工程实施方案

为贯彻落实省委、省政府关于加快发展战略性新兴产业的决策部署，大力实施《江苏省"十二五"培育和发展战略性新兴产业规划》和十大战略性新兴产业推进方案，全面完成"十二五"规划目标任务，并为"十三五"发展提供支撑，制定本方案。

一、总体要求

（一）指导思想

深入贯彻落实党的十八大和十八届三中全会精神，抢抓世界新一轮科技革命和产业变革的历史机遇，围绕"十二五"战略性新兴产业规划和十大推进方案确定的目标任务，面向经济社会发展重大需求，瞄准技术前沿、产业高端和未来发展，整合集聚各类创新资源，通过实施一批重大工程、重点专项，突破关键核心技术，培育创新型企业，推动重大技术产业化和重大产品示范应用推广，形成一批标志性成果，打造重点产业链条和优势产业集群，构建区域创新体系和现代产业体系，为建设具有全球影响力的战略性新兴产业基地奠定坚实基础，为促进战略性新兴产业持续健康发展提供强大支撑。

（二）基本原则

——前瞻布局。聚焦全球科技前沿，对接国家战略，立足江苏发展实际，加强顶层设计和重点产业布局，加快实施符合我省人口资源环境承载力、增长潜力大、成长性好的战略性新兴产业重大工程。

——创新突破。围绕十大产业重点领域，加强技术创新、产品创新、商业模式创新和产业组织方式创新，以技术突破带动重大产品创新，以重大工程实施推动产业创新，提升战略性新兴产业综合竞争力。

——集聚资源。发挥市场在资源配置中的决定性作用，在全球范围集聚人才、资本、技术等各类创新要素和资源，在更高起点上发展战略性新兴产业。调动和发挥各方面积极性，协同推进产业健康发展。

——引领发展。聚焦发展重点，着眼长远竞争力，促进可持续发展，对重要前沿性领域及早部署，培育先导产业。围绕重大需求，在市场潜力大、产业基础好、带动作用强的重点行业形成一批支柱产业。

（三）主要目标

到2016年，通过实施15个重大工程和28个重点专项，促进我省产业创新能力大幅提升、国际分工地位稳步提高、引领带动作用显著增强，为全面完成"十二五"战略性新兴产业规划目标任务提供保障，为"十三五"发展提供支撑。

1. 掌握一批关键技术。突破一批具有自主知识产权和主导地位的关键核心技术，发明专利质量、数量和技术标准水平大幅提升，战略性新兴产业年度发明专利授权量全省占比50%以上，一批关键核心技术达到国际先进水平。

2. 推进一批示范应用。实施100项具有重要促进作用的新技术、新产品应用示范工程，充分发挥市场对战略性新兴产业发展的拉动作用，以示范促辐射，以需求促发展。培育一批新兴业态和商业模式，引导消费模式升级。

3. 培育一批领军企业。企业重大科技成果集成、转化能力大幅提高，重要骨干企业研发投入占销售收入的比重达到5%以上，培育100家掌握自主知识产权、拥有自主品牌、具有国际竞争力的领军企业和500家高成长性优强企业。

4. 建设一批产业园区。立足技术和市场两大需求，以高新区、科技产业园、科技创业园等科技园区和特色产业基地为载体，建设30个创新活力强、产业集聚度高、辐射带动大的战略性新兴产业集群。

二、重大工程和主要任务

按照战略性新兴产业发展规划和推进方案总体要求及重点任务，围绕新材料、新能源、节能环保、高端装备、生物技术和新医药、新一代信息技术和软件、物联网和云计算、海洋工程、新能源汽车、智能电网等十大产业领域，组织实施15项重大工程。

（一）互联网产业融合发展重大工程

把握建设宽带、融合、安全、泛在的下一代信息网络的时机，抓住城域网、接入网、互联网数据中心、业务系统、支撑系统等基础设施的IPv6升级改造的机遇，积极推动各类业务向IPv6过渡，突破超高速光纤与无线通信、物联网、云计算、大数据和移动互联网等新一代信息技术，在农业、工业、教育、医疗、交通、环保、社会管理、电子商务等重点领域开展下一代互联网应用，推进信息技术创新、新兴应用拓展和网络建设的融合发展，培育新兴业态，提升产业竞争能力。到2016年，下一代信息网络基础设施较为完善，网络应用水平大幅提升，安全保障不断健全，产业销售收入年均增长20%以上。

重点实施的专项：

1. 下一代信息网络技术研发与产业化专项。加快构建下一代信息基础设施，统筹宽带接入、新一代移动通信、下一代互联网、下一代数字电视网络建设，重点支持IPv4 / IPv6网络互通设备、基于IPv6的高速高性能网络和终端设备、支撑系统、网络安全设备、测试设备及相关芯片的研发与产业化，加快高性能计算机、高端服务器、智能终端、网络存储、信息安全等信息化关键设备的研发与产业化。推进数字电视下一代传输演进技术、接收终端、核心芯片、光通信、高性能宽带网等研发与产业化，推进三网融合智能终端的产业化和应用，建立广播影视数字版权技术体系。加快新一代信息网络技术开发和自主标准的推广应用，支持适应物联网、云计算和下一代网络架构的信息产品研制与应用。

2. 移动互联网产业专项。围绕移动通信标准、芯片、系统设备、终端、操作系统、浏览器、安全服务、应用服务等重点领域开展关键技术研发及产业化。加快建设未来网络试验设施，加强TD-SCDMA、TD-LTE及第四代移动通信（4G）设备和终端研发，重点支持移动智能终端及其新型应用系统、面向互联网的可穿戴设备、高速宽带无线接入技术及其接入设备研发及产业化。强化商业模式创新，重点推动移动互联网技术在电子商务、新媒体、移动娱乐、互联网金融、智慧城市等重点领域和石油、电力、制造、交通等重点行业实现规模应用。在移动支付、移动社交、远程教育、移动办公等方面开展移动互联网和新一代移动通信应用服务的示范工程。

3. 软件和信息服务专项。重点支持基础软件、云计算和大数据软件、工业嵌入式软件、智能终端软件、信息安全软件等关键软件的开发，促进操作系统、中间件、数据库、办公软件、信息安全软件等基础领域实现突破，推动云计算、大数据等在工业、电网、交通、教育、电信等重点领域的应用。加快发展数字多媒体、动漫游戏、手机应用、电子出版等数字内容产业。依托信息惠民示范工程，带动社保、医疗、教育、就业等民生领域的信息服务。推进国家电子商务示范城市创建，支持重点电子商务交易平台和服务平台建设，完善电子商务基础设施，健全电子商务支撑体系。

（二）物联网应用和云计算服务重大工程

结合国家传感网创新示范区和国家物联网区域试点示范工程建设，在工业、农业、节能环保、交通、城市管理、公共安全、社会事业等重点领域开展基于创新产品和解决方案的物联网示范应用，培育壮大物联网新兴服务业。围绕增强云计算及大数据服务能力、关键技术产品供给能力和信息安全保障能力等关键环节，完善云计算及大数据公共支撑体系，推动我省云计算及大数据健康有序快速发展。到2016年，初步建成具有国际竞争力的物联网产业集群，基本形成结构优化布局合理的物联网产业体系。云计算及大数据服务能力明显提升，基本形成服务创新和技术创新协同并进的云计算及大数据发展格局。

重点实施的专项：

1. 物联网应用服务示范专项。在智能制造领域，突破新型传感、高精度运动控制、故障智能诊断等关键技术，开展智能管理、智能装备、数字化车间的综合集成创新，推进物联网技术在纺织、机械、制药、食品加工等领域的综合应用。在智能农业领域，加强物联网技术在农作物智能管理、养殖场远程监管、农产品全生命周期质量跟踪等方面的综合应用，推进智能种植和智能养殖。在智能交通物流领域，加强物联网技术在信息感知、数据处理、服务推送、重要物品运输、仓储、配送、包装、装卸搬运以及特种车辆监控等方面的综合应用，提高交通畅通、安全和绿色节能管理水平，物流系统运转管理和服务效率。在智能安防领域，加强物联网技术在家居环境感知与远程控制、建筑节能与智能控制、公共区域管理与社区服务等方面的综合应用，提高社区服务能力和公众生活信息化水平。在智能环保领域，充分利用物联网技术构建多元化、智慧型环保感知网络，建设具有智能感知能力、高性能计算能力、海量数据存储能力、视频分析能力的环保信息感知和管理体系，加强在太湖水质监测监控、污染源排放管理、空气功能区管理、重点区域噪声管理、环境智能管理与服务等方面的综合应用，为改善环境、建设生态江苏提供有力支撑。在智能医疗领域，以社区卫生服务、医院信息化为切入点，加强物联网技术在人群健康管理、常见疾病诊治、紧急救护、医院治疗、药品及医用器械管理等方面的综合应用，提高公众就医、治疗、康复、健康管理的质量和水平。在智能旅游领域，以导航、导游、导览和导购为应用切入点，结合旅游城市发展，将传感器技术、射频识别技术、定位技术等物联网技术运用到旅游服务、旅游管理、旅游营销等领域，进一步提升智能旅游试点城市水平。在社会管理领域，应用物联网技术，构建公共安全、社会保障、公共卫生、城市管理、民生服务等智能化社会管理和公共服务平台，促进社会管理和公共服务信息化，扩展和延伸服务范围，提升管理和服务水平。

2. 云平台和产品研发与产业化专项。突破云计算平台管理、云计算数据中心绿色节能等关键技术，建成一批通用云计算资源管理平台，推进专有云解决方案研发与产业化，形成一批面向专有云建设需求的云计算系统解决方案。突破大数据清洗、大规模数据仓库、大规模分布式数据库、流式处理引擎、大规模机器学习及人工智能分析、数据可视化、大数据安全等关键技术，建设处理数据量大、数据种类多、能够支撑多种应用的大数据处理平台或软硬件一体化解决方案；支持骨干企业联合拥有大数据的机构进行大数据的挖掘分析，推动大数据挖掘分析服务。大力发展公共云计算服务，建立自主可控的云计算产业链，形成完善的云计算公共支撑体系。

（三）高性能集成电路重大工程

围绕重点整机系统应用需求，突破高端通用芯片核心技术，大力支持移动互联、模数混合、信息安全、数字电视、射频识别、传感器等芯片的设计，形成系统方案解决能力，以封装测试为重点，加强自主装备研发和应用，积极支持下一代封装技术研发与产业化。加快先进生产线和特色生产线工艺技术引进与升级，提高先进封装和测试水平。进一步完善产业链，增强关键设备，仪器和材料的开发能力，强化芯片和软件的集成应用。到2016年，芯片设计能力和制造工艺取得重要进展，封装测试水平保持国内领先，专用设备、仪器及材料等对全行业的支撑作用进一步增强，重点产品市场占有率进一步提升，培育出1～2家具有国际竞争力的龙头企业，打造在世界上具有重要影响、国内领先的微电子产

业集聚区。

重点实施的专项：

1. 集成电路设计专项。围绕移动互联、三网融合、物联网、云计算等新兴领域，面向服务器、移动智能终端、数字家庭、新一代智能卡、现代工业控制、信息安全等重点领域和重点整机应用需求，突破核心技术，重点开发高端服务器CPU、移动智能终端芯片、网络通信芯片、数字电视芯片、智能穿戴设备芯片、智能工业控制与驱动等量大面广的高性能系统级芯片（SoC）产品，形成系统解决方案能力和市场占有能力。

2. 集成芯片制造与封装测试专项。加强芯片设计与制造、封测、装备等环节的良性互动，强化相互支撑，促进协同发展。在芯片制造环节，持续推动先进生产线建设，加快45nm/32nm/28nm先进工艺芯片的研发及产业化，推动22/20nm、16/14nm芯片技术的研发，缩小与国际先进技术水平的差距。支持先进工艺的IP库建设，提高制造企业的服务能力和水平；推动高低压、数模混合集成工艺、微电子机械系统（MEMS）工艺、射频电路工艺、高压电路工艺等特色技术开发，满足芯片制造业发展需求。支持具有自主知识产权的集成电路专用装备和材料在生产线中的推广应用，提升产业链整体能力。在封装测试环节，重点支持芯片级封装（CSP）、圆片级封装（WLP）、硅通孔（TSV）、三维封装等先进封装测试技术和产品的研发，提升封测技术水平和产品档次。

（四）新型平板显示重大工程

把握平板显示产业发展的良好机遇，以新一代显示技术研发与产业化为重点，以提升综合竞争力为核心，突破一批引领未来的关键核心技术，引导产业向价值链高端延伸；以产业链配套完善为目标，以产业链上下游融合发展为主线，推动装备、材料企业根据市场需求提前布局，完善产业配套；以培育龙头企业为重点，支持具有自主创新能力的骨干企业做强做大，加速形成具有国际竞争力的大企业；以资源整合为手段，引导和加强产业的垂直与水平整合，提升新型平板显示产业核心竞争力和话语权。到2016年，TFT-LCD面板技术水平和面板产能进一步提高，市场占有率不断扩大，低温多晶硅和金属氧化物等背板技术取得突破，关键材料本土化配套率达到20%。AMOLED研发与产业化取得重大突破，中小尺寸AMOLED面板实现批量生产，初步确立大尺寸AMOLED量产技术工艺路线。3D显示、柔性显示、激光显示、全息投影显示等技术取得重要进展，形成一批自主知识产权。

重点实施的专项：

新型平板显示技术研发和产业化专项。加强显示面板关键技术和新工艺开发，重点支持TFT工艺技术和OLED技术，支持低温多晶硅、金属氧化物等技术以及OLED技术和新产品的开发与产业化，推进3D显示、柔性显示、激

光显示、全息投影显示等新一代显示技术的研发与产业化。加快新型显示关键材料和设备研发及产业化，重点支持AMOLED面板和第六代及以上TFT-LCD玻璃基板、AMOLED有机发光材料、金属和氧化物靶材、光刻掩膜板、蒸镀金属掩膜板、偏光片及各类光学薄膜、驱动IC等关键材料，以及特种气体、湿化学品、光刻胶、彩色光阻剂等重点材料的研发与产业化。支持AMOLED面板和第六代及以上TFT-LCD化学气相沉积设备、高温退火炉、准分子激光退火设备、涂布显影设备、干刻蚀设备、溅射设备、有机膜蒸镀设备、玻璃封合设备等面板生产线关键工艺设备及部件研发与产业化。

（五）北斗卫星应用重大工程

围绕工业化、信息化、城镇化、农业现代化的重大需求，推动北斗卫星导航系统在智能交通、车联网、电信、电力、应急救援、气象、物流、水利、林业、渔业、测绘等重点领域开展应用示范。在卫星导航（GNSS）、地理信息（GIS）、遥感（RS）、卫星通信等重点领域，重点突破芯片、数据分析处理、系统集成、运营服务等产业链关键环节，大力建设基础数据、地理信息系统、卫星导航与卫星通信综合应用系统的公共服务平台。支持卫星通信、卫星导航、卫星遥感标准体系研究，促进卫星应用产业规范发展。到2016年，初步掌握北斗卫星应用关键技术，基本建立北斗卫星应用服务体系。

重点实施的专项：

北斗导航关键技术产业化及应用示范专项。重点支持卫星导航应用技术创新，突破高精度定位技术、室内外无缝定位技术、智能服务技术以及基于多模组合导航的关键技术。大力发展导航、通信等多模融合芯片和天线，以及导航传感一体化核心部器件等产品。研发导航、授时、精密测量、测姿定向等行业应用产品，以及集成定位和导航功能的智能手机、平板电脑、车载导航等终端电子产品，全面提高产品性价比和成熟度。围绕保障民生需求及提升城市精细化、智能化管理水平的需要，以行业应用服务为核心，开展卫星导航应用示范。推动智能交通示范工程，在公安系统车辆、公共交通车辆、出租车等特殊营运车辆上安装北斗多模车载终端，加强对特殊运载车辆的时空定位，搭建车联网信息共享平台，制定行业标准，实时掌握车辆的运行情况及道路运输状态，为营运单位及监管部门提供信息集成服务。推动卫星应用应急管理示范工程，以旅游景点等应急重点区域为试点，开展卫星综合应用，提升安全防控能力。对灾害易发地区以及城市内涝地点进行实时监控并预警，利用位置服务实现灾情信息的快速搜集、整理、调查和评估，提升应急管理能力。推动现代物流应用示范工程，建设基于卫星综合应用的物流监控系统，加强对交易产品、运载车辆的时空定位，为物流企业与监管部门提供信息整合、配送决策等服务。

（六）新能源集成应用示范重大工程

结合国家新能源综合示范区、新能源示范城市、绿色能源示范县和微电网区域示范等建设，综合利用太阳能、风能、生物质能、地热能等新能源资源。重点开展基于风电、光电预测预报的电力运行调度体系建设，促进新能源电力与常规电力协调运行。实施城镇新能源综合应用示范，重点开展分布式太阳能光伏示范区、城镇新能源清洁供暖以及与生产生活相结合的新能源综合应用示范，提高新能源在终端能源中的比重。选择适宜地区，开展支持分布式新能源发展的微电网示范建设。到2016年，基本形成具有在全省推广价值的新能源集成应用模式。

重点实施的专项：

1. 新能源电力发输储用一体化应用示范专项。以风电、太阳能等新能源应用为重点，统筹电源结构、电网架构、电力负荷、电能储存、电力输送等现状和发展，建设以智能电网为依托，以发输储用一体化、新能源为主的电力运行示范系统。重点推进基于风电、光电预测预报的电力运行调度体系建设、新能源电力与常规电力协调运行与实时控制系统示范工程。

2. 城镇新能源综合应用示范专项。选择基础条件较好的城市，开展各类新能源及技术的推广应用。在城市规划（如与新能源结合的建筑）、基础设施建设（如热力管网等）、终端能源利用（如太阳能中高温工业化利用）等工作中，重点推广太阳能、生物质能、地热和地温能等新能源技术的综合应用示范，建立完善的区域绿色能源利用系统。推进建设分布式光伏示范区、城镇新能源清洁供暖、与生产生活相结合的新能源应用等示范工程。

（七）新能源汽车规模应用示范重大工程

根据国家和省关于推进新能源汽车示范应用的部署与要求，重点围绕提升新能源汽车整车及关键零部件产品技术开发和产业化水平、加快新能源汽车推广应用规模和充电设施建设、形成具有商业可行性的市场推广和服务模式等三个方面实施重大工程，支持新型动力电池技术的研发攻关及产业化。到2016年，完成一批纯电动、插电式混合动力车型的开发，并批量投放市场，力争在公共服务领域推广规模达到1万辆以上，形成累计产销2万辆的消费市场；形成完整的新能源汽车和关键零部件自主开发供应体系，具有较为完善的测试评价规范及能力；充电设施建设与新能源汽车产销规模相适应，满足重点区域内或城际间新能源汽车运行需要。

重点实施的专项：

新能源汽车产业化和规模应用专项。重点支持全新设计的纯电动、插电式混合动力汽车乘用车和商用车产品平台的开发，积极开展整车及系统部件的轻量化研究。加快能量型锂离子动力电池、功率型动力电池、动力电池关键材料技术、新型动力电池电解液等研发及产业化，实现电机一传动系及控制器的一体化设计。推进测试评价能力和产品开发数据库建设，构建新能源汽车及零部件的测试体系，实现第三方测试机构与企业测试中心的测试标准规范、测试数据互换和测试资源互补，建立开放和共享机制。加大公共服务领域新能源汽车示范推广力度，扩大在私人消费领域的应用规模。加快新能源汽车充换电设施建设，合理规划布局充电设施，重点在新能源汽车示范城市建设适度规模的满足集团用户日常充电和个人用户临时充电需求的集中充换电站，加快推进新能源汽车充换电网络建设，探索新型商业化运营模式。

（八）关键材料升级换代重大工程

对接国家重大战略，紧密结合我省实际，以前沿领域和高端产品为主攻方向，大力发展新型功能材料、先进结构材料和复合材料，开展纳米、超导、智能等共性基础材料研究和产业化，提高新材料工艺装备的保障能力。建设产学研结合紧密、具备较强自主创新能力和可持续发展能力的高性能、轻量化、绿色化的新材料产业创新体系，引导各地新材料产业特色发展、联动发展。到2016年，实现一批重大工程建设急需、引领未来发展的关键技术产业化，新材料产业规模和国际竞争力大幅提升。

重点实施的专项：

1. 关键基础材料技术升级专项。围绕航空航天、高速铁路、核电等重大工程建设急需的关键材料，重点支持重大工程建设急需、需求量大的高品质特殊钢、高性能合金、工程塑料等先进结构材料及其结构功能件技术研发与产业化，实现高铁轮对和轴承材料、高温合金气轮机叶片及涡轮盘、飞机用铝镁钛合金、汽车轻量化用铝镁钛轻质合金、高强高模碳纤维等高性能纤维及复合材料的研发与产业化，提升自主保障能力。积极开展用于交通运输的高阻尼橡胶、特种密封橡胶等新型高分子功能材料研发、产业化和应用示范。

2. 高性能功能材料升级换代专项。围绕新一代信息技术、节能环保产业和绿色低碳等关键领域发展需要，重点推进纳米材料、新型半导体材料、高性能磁性材料、稀有金属及稀土材料、金属基陶瓷基复合材料、石墨烯、光纤材料、先进电池材料、绿色建材、环境治理材料、电力节能材料、先进碳材料等研发与产业化，加快在关键领域的升级换代和批量应用。围绕医用高分子界及超超临界火电等极端使用环境对材料性能的特殊要求，重点支持核电装备用钢、各向同性核级石墨、四代核电和节能减排的高效碳化硅换热器、超临界及超超临界电站汽轮机用耐热合金、海洋工程用耐蚀钢板、高湿热海洋环境下岛礁基础设施用钢以及特殊行业高品质铸锻件等关键材料研发、产业化及应用示范。

（九）环保技术装备与产品产业化重大工程

根据国家、省“十二五”节能环保规划和加强生态文明建设的要求，针对二氧化硫、氮氧化物、化学需氧量、氨氮减排的四项约束性指标，全面提升技术水平和供给能力，以大气、水体、土壤污染以及生态破坏等严重危害人民群众健康的领域为重点，大力推进清洁生产和低碳技术，鼓励绿色消费，开发推广一批急需的技术装备和产品。完善技术创新体系，提升创新能力，突破一批关键共性环保技术，推动先进成熟技术产业化应用和推广。到2016年，重点环保装备与产品的产值有较大提升，为促进资源节约型和环境友好型社会建设提供有效支撑。

重点实施的专项：

1. 环保关键技术产业化专项。面向环境治理重大需求，聚焦大气污染防治、水污染防治、固体废弃物处理和环境生态处理与修复、减震降噪、环境监测等重点领域，重点支持水处理用膜材料、高效蒸发除盐、污（废）水高效低耗处理技术、高浓度难降解废水处理技术、中水回用技术、洁净燃烧、湿式静电除尘、高效长袋脉冲袋式除尘、余热利用、高效低温电除尘、非电行业烟气脱硝、高温除尘滤料、脱硫脱硝脱重金属一体化技术、富营养化控制与生态修复以及土壤和地下水修复等技术与装备研发与产业化，加强共性技术和应用技术创新平台建设，提升环境服务保障能力。

2. 先进环保技术和产品示范应用专项。按照研发一批、示范一批的滚动发展模式，提高优势技术的产业转化率，推进先进技术在大气污染治理、水污染治理、固废处理处置、污染场地修复以及生态修复等领域的首次应用，重点支持示范作用明显、带动性强的重大工程项目，引导用户单位选用示范意义重大的技术，扩大先进、高效的装备与产品的市场需求。支持制造企业积极购置节能先进的加工生产设备，更新制造工艺，改造和新建产品生产线，提高制造能力和总成水平，提升市场急需的重大环保装备与产品供给能力。

（十）重要资源循环利用重大工程

围绕国家、省关于发展循环经济的总体部署和实现节能减排的目标任务，重点支持适应资源循环利用产业发展的技术研发、推广和装备产业化，突破共伴生矿产资源、大宗固体废物综合利用、汽车零部件及机电产品再制造、资源再生利用、废旧商品回收和资源化利用等一批关键核心技术与装备，大力发展源头减量、资源化、再制造、零排放和产业链接等新技术，推进产业化，提高资源产出率。到2016年，初步形成主要资源循环利用装备的成套化生产，建立健全资源循环利用产业发展体系。

重点实施的专项：

1. 资源循环利用专项。围绕钢铁、有色金属、稀贵金属、塑料、橡胶、电器电子等城市矿山资源循环利用，重点开发精细分离、自动分拣、高效提纯以及高附加值精深加工产业综合利用关键技术，加快发展快速检测技术和设备，研发高值化回收利用技术与成套装备，推动先进技术和装备推广示范工程建设，建立城市矿山资源循环经济生态链。围绕煤矸石、粉煤灰、工业副产石膏、冶炼渣、建筑废物等产业废弃物资源化利用，重点开发资源高效选冶、分离提取技术，研发大型高效、节能的采选关键设备，推动资源化深度综合利用技术、新型再生技术和高附加值产品技术及装备产业化。

2. 再制造专项。为提升重要资源回收和再生利用水平并形成资源化能力，着力攻克高效无损拆解、损伤检测与寿命评估、先进成形与加工等关键技术，重点支持大规模再制造生产的高效、深度拆解技术与自动化装备产业化，研发适合再制造产品表面涂覆层残余应力状态及与基体的结合强度快速无损检测技术和寿命评估设备，研制多参量多信息融合的先进无损检测技术及设备，推动智能化纳米复合再制造设备、自动化再制造成形加工系统等研发与产业化，实现装备再制造加工一体化。

（十一）智能制造重大工程

围绕实现制造业智能、高效、协同、绿色发展，重点突破新型传感器、高精度运动控制、故障智能诊断等关键技术，大力推进自动控制系统、工业机器人、伺服传动、激光器等智能部件与装置的开发和产业化，建设一批智能化生产线和数字化车间，在汽车、机床、电力装备、工程机械、航空、石化、食品、纺织、消费类电子等领域开展示范应用，带动生产过程的智能化，使生产效率、产品技术水平和质量得到显著提高，能源、资源消耗和污染物排放明显降低。到2016年，形成较完整的智能装备产业制造体系，部分产品取得原始创新突破，装备制造业自动化和智能化水平明显提升。

重点实施的专项：

1. 智能化生产线专项。围绕汽车冲压、焊接、涂装、总装四大工艺的自动化需要，建设基于机器人的汽车车身制造自动化生产线。围绕数控机床关键部件伺服电机、主轴、丝杠等制造，建设具有不同零部件适应性的数控机床关键部件制造自动化生产线。针对电力装备变压器、隔离开关、低压电器、控制器等制造，建设满足大批量复杂零部件和电工产品特殊工艺要求，以及具备自动化物流输送、装配检测、信息管理功能的输配电设备制造自动化生产线。针对机械零部件锻压、铸造、焊接生产过程劳动强度大、作业环境恶劣的工艺流程，建设机械零部件热加工自动化生产线。围绕化纤生产的切片干燥、纺丝、卷绕、加弹、丝饼输送、质检、仓储包装等工序，建设化纤自动化生产线，满足多种纤维、织物对生产工艺的要求，实现来源不同的纺机无缝协同工作，并将现场级、控制级、MES和ERP集成为一个完整的自动化系统。

2. 数字化车间专项。支持汽车发动机加工数字化车间建设，围绕汽车发动机、变速箱等关键部件精密加工和装配，建设部件批量机械加工数字化车间。加快中高压开关设备制造数字化车间建设，针对中高压开关设备的制造，在钣金加工、壳体制造、绝缘工艺、表面处理、开关装配、在线检测等方面，综合运用柔性钣金制造系统、激光切割等数字化生产加工手段，提高制造过程的自动化，建设具有一定批量的板材加工与机加工混流的电工产品数字化车间。建设石化数字化工厂，围绕石化工艺流程，实现各生产装置的控制、生产运行管理、先进控制与优化、安全控制与防护、能源监控与管理、运营管理与决策的智能化。建设食品加工数字化车间，重点针对乳品饮料加工和包装过程的质量、安全需要，从保障广大人民群众的饮食安全需要出发，建设食品安全可追溯的自动化、数字化生产车间。建设消费类电子产品制造数字化车间，针对家电、手机、平板电脑等消费类电子产品个性化、全球化、绿色化、快速响应制造的需求，建设从零部件配送、加工装配检验、立体化仓储、到全流程可视化监控、智能化调度、精细化管理的数字化生产车间。

3. 智能装置专项。重点突破控制系统、工业机器人、三维增材制造（3D打印）、智能制造系统、激光加工等关键制造技术。控制系统重点支持分散型控制系统、紧急停车安全系统和火灾与有毒有害气体检测系统，以及离散制造中广泛应用的可编程控制系统、机床数控系统、装备专用控制系统和工业计算机控制系统等。工业机器人主要支持机器人主机及系统，机器人模块化、标准化、平台化技术，机器人控制与驱动技术，可靠性及试验检测技术，视觉、触觉、力觉传感技术等关键应用技术和高性能控制器，高精度伺服驱动器，RV减速器等关键部件研发与产业化。三维增材制造装备（3D打印）重点支持选择性沉积技术、选择性粘合技术和三维增材制造新型装备研发与产业化，推动金属材料、树脂材料等关键耗材的产业化，在航空航天、汽车、能源、机械加工、生物医疗、修复和再制造等领域开展示范应用。智能制造系统重点推进综合应用物联网技术、人工智能技术、信息技术、自动化技术、制造技术等智能制造系统研发与产业化。

（十二）海洋工程装备总装集成重大工程

按照"市场为牵引，创新为驱动，总装为领头，配套为骨干"的发展思路，以深海油气开发装备为重点，突破一批深海勘探装备、钻井装备、生产装备、海洋工程船舶及配套设备与系统的设计制造关键技术，加强创新能力建设和工程示范应用，促进第三方服务机构的发展，全面提升我省海洋工程装备的自主研发、设计、专业化制造和系统配套能力，实现海洋工程装备产业链协同发展。到2016年，产业规模稳步增长，竞争力不断提升，形成一批具有较强国际竞争力的海工装备龙头企业和总承包商。

重点实施的专项：

海洋工程装备总装集成专项。围绕海洋油气资源开发在勘探、开采、储存、运输和服务等关键环节的装备需求，加快主力装备系列化研发，重点开展物探船、半潜式钻井／生产支持平台、钻井船、浮式生产储卸装置、半潜运输船、起重铺管船等主力装备的研发与产业化。加强新型海洋工程装备开发，重点支持自升式钻井储卸油平台、浮式液化气储存和再生气化装置、立柱式平台、张力腿平台等装备开发，提升设计制造能力。推动升降锁紧系统、深水锚泊系统、动力定位等配套系统和设备技术研发与产业化，提升配套水平。支持大型骨干企业建立与海洋工程装备项目特点相适应的、与国际接轨的现代工程管理模式和生产组织方式，提高海洋工程装备的总装集成和总承包能力，打造具备较强国际竞争力的专业化总装制造企业（集团）。鼓励由用户牵头，联合油气勘探企业、装备制造企业、设备配套企业、研发设计等单位建立产业联盟，推动海洋工程装备的应用，开展关键配套系统与设备的示范。

（十三）生物医药创新重大工程

围绕提升生物医药产业创新发展能力，满足人民健康和重大疾病治疗需求，以开发临床用药为目标，建设若干研发与产业化技术平台，加快生物技术药物的研发与产业化。重点开发抗体药物、重组蛋白药物、疫苗等生物技术药。到2016年，实现一批生物医药新品种投放市场，基因工程药物和疫苗创新能力大幅提升，治控重大疾病和传染病的水平明显提高。

重点实施的专项：

生物技术药物专项。在抗体药物领域，重点支持针对肿瘤、自身免疫等重大疾病治疗药物，加快开展生物相似药的研发与产业化，建立从靶点确认、抗体工程到产业化技术开发的新药开发能力，提高抗体药物规模化生产水平和效率，降低生产成本，提高产品安全性。在重组蛋白药物领域，重点支持针对糖尿病、病毒性肝炎、肿瘤、心血管等重大疾病，发展免疫原性低、稳定性好、靶向性强、长效、生物利用度高的品种，包括胰岛素、GLP类似物、干扰素、粒细胞生长因子、红细胞生长因子、神经生长因子等重组蛋白药物大品种的长效产品。在疫苗领域，重点支持多联多价联合疫苗、治疗性疫苗、人畜共患病疫苗、重组疫苗等新型疫苗。开展部分免疫规划疫苗的升级换代，提高产品安全性和有效性，针对突发、新发传染病，提高应急疫苗的研发和快速生产能力。在小核酸药物领域，重点支持用于治疗肿瘤、血液疾病、突发病毒传染病、肝炎等重大疾病的小核酸药物开发及产业化。

（十四）高性能医学诊疗设备重大工程

为满足人民群众不断增长的健康需求，抓住我国医疗设备市场快速增长的机遇，开展关键性技术攻关，提升高性能医疗设备及核心部件生产技术水平，建立完善高端医疗设备优势产业链，建设高端医疗设备产业基地，树立优质品牌，提升产业竞争力。到2016年，掌握一批拥有自主知识产权的高性能医学影像诊断和治疗设备的核心技术，建立一批产学研医协同创新示范中心和应用示范中心。

重点实施的专项：

高端诊疗设备产业化与应用示范专项。重点支持多排螺旋CT'、超导磁共振成像系统（MRI）、高性能彩色超声成像设备及专科超声诊断设备、PET-CT及PET-MRI、数字化X射线机（DR）、电子内窥镜（软镜）、全自动生化检测设备、五分类血液细胞分析仪、全自动化学发光免疫分析仪、图像引导放射治疗装置、高性能无创呼吸机、手术导航系统、血液净化设备、聚焦超声肿瘤治疗系统等技术研发和设备及高端医疗设备配套试剂制造。支持医疗设备企业独立或与其他机构合作，建设影像、检验、血液透析、放射治疗等高性能医学诊疗设备临床应用示范中心，探索新商业模式。

（十五）智能电网重大工程

围绕我省日益增长的风电、光伏及分布式能源对电网的需求，以优化能源结构为目标，加强已有智能电网平台建设，进一步加大智能电网关键技术研发与示范应用的力度，推进智能调度技术、储能技术等关键技术研发和应用，重点突破新能源接入电网关键技术和微网技术，组织实施一批智能电网工程或微电网示范工程，提升我省智能电网自主创新能力和发展水平。到2016年，在新能源接入电网关键技术、微网控制及应用技术方面取得重大突破，提高电网对风电、光伏和分布式能源接入、运行管理水平和吸纳能力，解决新能源及分布式能源并网发电问题。

重点实施的专项：

1. 新能源接入电网关键技术产业化专项。重点开展风电场、光伏电站集群控制系统关键技术研究，开发风电场、光伏电站集群实时监测控制、功率预测和误差评估、调度运行控制和安全防御策略、系统设计集成和运行管理等关键技术，突破机组低电压穿越、谐波抑制、电压频率控制、变浆控制等技术，建立相关标准规范体系。有效破解大规模新能源并网运行的技术瓶颈，提高电网对风力发电、光伏发电消纳能力。

2. 微网控制及应用示范专项。围绕分布式能源、储能、接入与协调控制等关键技术开展应用研究，掌握微网的相关控制及应用技术，实现微网经济运行与分布式电源优化调度，实现分布式电源高渗透率下的大规模配电网经济调度。根据区域新能源资源特点，将分布式太阳能光伏发电、分散式接入风电、沼气发电、小水电、储能系统、微电网智能控制技术高度整合，开展“多能互补”的微电网示范。在逐步掌握微电网中新能源电力与储能系统匹配和智能控制理论的同时，探索微电网项目规划与建设方法，研究并实践微电网项目可持续运营的管理模式。

三、组织实施和推进措施

（一）加强统筹协调

在省推进战略性新兴产业发展工作领导小组的领导下，充分发挥各级政府战略性新兴产业领导小组作用，组织协调重大问题，督促落实重大任务，建立健全组织实施、评估考核、跟踪问效的工作推进机制。根据重大工程实施方案的需要，制定年度计划，突出重点，集中力量支持重大工程建设。加强部门间分工合作，充分发挥省十大产业跟踪推进小组作用，对口推进相关工作。充分发挥重大工程的引领带动作用，激发和调动各类市场主体的积极性，引导加大投入，加快推进战略性新兴产业发展。

（二）加大财税扶持

省级战略性新兴产业专项资金主要支持本方案明确的重大工程和重点专项。加强与其他产业专项、科技专项的衔接，统筹利用各部门、各渠道的资金资源，在同等条件下优先支持重大工程和重点专项。鼓励各市、县利用财政资金加大对重大工程和重点专项支持与配套。强化政策支持的连贯性，在产业链全过程中，注重研发、产业化、应用示范的连续性，确保资金使用效率。针对战略性新兴产业特点，结合税制改革方向和税种特征，切实落实鼓励创新、引导投资和消费的税收支持政策。

（三）强化金融支持

创新融资方式，积极引导银行等金融机构为本方案确定的重大工程提供融资支持，加大对重点专项的信贷支持。鼓励社会资本广泛参与建立覆盖研发、孵化、转化、市场应用等多环节的资金支持体系，加快形成多元化、多层次、多渠道的产业投入机制，带动各类资金投向战略性新兴产业重大工程和重点专项。大力发展创业投资，发挥新兴产业创业投资资金的引导作用，有效拓宽中小型企业融资渠道。

（四）完善技术创新体系

加强企业技术创新能力建设，构建新兴产业技术创新和支撑服务体系。加大企业技术创新的投入力度，建立由企业牵头组织、高等院校和科研机构共同参与的重大工程技术联合创新与实施机制。围绕重大工程实施，建设若干具有国内先进水平的工程化平台，发展一批产业技术创新联盟，支持联盟成员构建专利池、制定技术标准。加强重大工程建设中的知识产权运用和保护，制定落实专利导航发展行动计划，推进实施企业知识产权战略，强化新兴产业知识产权战略布局，引导新兴产业高端发展。

（五）营造良好环境

加大战略性新兴产业重点领域、重点行业、重点环节改革力度，促进新技术、新产品应用推广，鼓励各类市场主体积极培育和发展有利于扩大市场需求的新型商业模式及新型服务业态。加快制定产品技术标准，优化市场准入的审批管理程序，构建有利于重大工程实施的市场体系。支持有条件的企业充分利用国家、省级层面人才引进计划和相关政策，加强高层次人才和团队的引进，强化重大工程的人才支撑。围绕重大工程产业化和示范项目，全面落实政府采购和重大装备首台套等支持政策，营造良好环境。

第三部分

综述篇

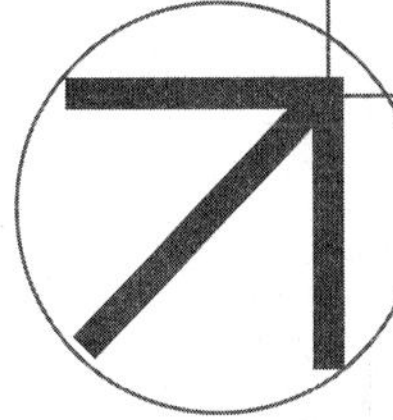

江苏省信息化发展概况（2014）

信息化是覆盖现代化全局的战略举措，智慧化是信息化发展到更高阶段的必然要求，智慧江苏建设将从根本上推动江苏经济社会转型发展，促进新型工业化、信息化、城镇化和农业现代化同步发展。2014年，在省委、省政府的正确领导下，江苏紧紧抓住全球新一轮科技革命和产业变革的重大机遇，充分发挥信息化的引领带动作用，促进四化同步发展，走智能、集约、融合、绿色的发展道路，加快推进智慧江苏建设，江苏信息化发展水平全面提升。

一、信息化发展水平稳步提升

信息化规划体系和顶层设计不断加强。2014年，江苏省委网络安全和信息化领导小组成立，省委书记罗志军担任组长并主持召开了第一次会议。领导小组的成立体现了江苏省高层全面深化改革、加强信息化建设顶层设计的意志。江苏省政府出台《关于推进智慧江苏建设的实施意见》，提出到2020年建成国际一流的智慧城市群，率先迈入信息社会。出台配套文件《智慧江苏建设行动方案（2014～2016年）》规划，科学务实、健康有序推进智慧江苏建设。

地区信息化发展水平稳步提高。据中国电子信息产业发展研究院发布的《2014年中国信息化发展水平评估报告》显示，江苏省信息化发展水平取得重大突破，2014年江苏信息化发展指数为82.49，居全国各省区第二位；网络就绪度指数为76.43，居全国各省区第二位；信息通信技术应用指数为78.53，居全国各省区第五位；应用效益指数为102.55，居全国各省区第一位。

二、宽带基础设施建设步伐加快

信息基础设施建设投资进一步增长。2014年，全省完成建设总投资达367.1亿元。“十二五”期间累计完成投资1399.6亿元，提前一年完成五年投资计划。2014年11月，江苏省政府与四家电信企业就推进智慧江苏建设签署战略合作协议，未来五年，四家电信企业将投资1750亿元加强江苏信息通信基础设施建设，采购江苏信息技术产品和服务将超过2600亿元。

宽带建设步伐加快。“宽带江苏”、“无线江苏”的建设取得显著成效。制定出台《关于大力实施“宽带中国”战略 加快提升全省宽带发展水平的意见》，全面推动光纤宽带、3G/4G、下一代广播电视网络等重大工程建设。多项指标在全国名列前茅。截至2014年底，全省光缆线路总长度205.4万公里，位列全国第一；互联网省际出口带宽8453G，宽带接入端口总数3198万个，移动电话基站数24.5万个，均位列全国第二；全省固定宽带接入用户1824.7万户，4M以上用户占比90%。全省光纤到户覆盖家庭数达1984万户，居全国第二位；移动电话用户数达8070.4万户（其中3G用户达3173.6万户，4G用户达921.4万户），居全国第三位；移动互联网用户数达6345.4万户。有线电视用户数达2287.74万户，居全国第一位。省级无线公共服务节目实现了对全省95%以上地域的良好覆盖。南京、苏州、镇江、昆山4市成功申报“宽带中国”示范城市，江苏省成为“宽带中国”示范城市数量最多的省份。

三网融合试点工作顺利推进。组织完成国家三网融合第二批试点工作。组织完成第二批试点城市双向业务进入许可的报批工作，组织开展了全省三网融合安全检查，组织认定14个省三网融合业务创新基地和试点示范园区，三网融合业务进一步在全省推广，其中IPTV用户数达到540万，继续保持全国第一。基本完成各省辖市三网融合云媒体电视对接上线。云媒体用户数已达79万户。

三、新一代信息产业向高端发展

产业规模稳步增长。2014年，全省电子信息产品制造业实现主营业务收入超过2.9万亿元，同比增长6.4%。全省软件和信息服务业实现软件业务收入6439亿元，同比增长24.4%，继续保持全国领先地位。软件业务出口127亿美元，同比增长25.4%，实现利润742亿元，同比增长35.6%。全省云计算业务收入1247亿元，同比增长50.2%，云计算作为软件业新业态之一呈现加快发展态势。全省软件企业认定和软件产品登记数量双双创出历史新高。新认定软件企业797家，比2013年增加139家，增幅为21.1%；新登记软件产品5404个，首次突破5000个，比2013年增加985个，增幅为22.3%。为推动新一代信息技术产业加快发展，全省共有21个项目获得国家扶持资金1.18亿元。

互联网行业发展态势良好。截至2014年底，全省互联网企业2025家，较2013年增加415家，年收入300万以上的互联网企业近300家。电子商务、信息服务、网络游戏、互联网金融等业务发展迅猛，带动了全省互联网经济的增长，全省备案网站超过34万个，增值电信企业2025家，增值电信业务年收入342亿元，增长率达14%。

示范引领作用不断增强。推进国家北斗区域示范项目建设，江苏已成为国家重点布局的北斗产业基地和应用示范区。推动江苏物联网产业发展继续领先全国，在物联网国际标准领域，无锡制定半数以上国际标准。突出特色方向，引导全省软件与信息服务产业园升级，首批确定了5个优先发展的园区特色产业方向和4个培育发展的园区特色产业方向。

四、两化深度融合取得新成效

围绕结构调整推进两化融合。江苏以融合应用为关键推进两化深度融合，推动传统产业升级。针对传统产业规模大、企业多的特点，点线面结合，统筹推进两化融合，在生产和服务的各个环节提高自动化、智能化水平，充分发挥信息技术的渗透作用和带动作用。以电子信息、装备制造和轻工等产业为重点，推进研发数字化、装备智能化、生产自动化。制定了22条产业链两化融合评价标准，加快钢铁、建材、化工等流程工业智能化改造，建立健全实时监测和管理体系。组织开展智能制造诊断，从智能装备生产和应用两个方向，选择相关行业，重点支持66个智能制造项目。以示范试验区建设推动区域两化融合。2014年，江苏区域两化融合发展水平总指数为92.17，企业两化融合应用效益指数为126.37，分别连续三年名列全国第一。南京市获批国家级两化融合试验区，无锡市、常州科教城先后获批国家级两化深度融合试验区。两化融合贯标试点单位59家，数量全国第一，贯标服务机构8家，贯标评定机构1家，数量均为全国第二。

五、社会管理信息化创新应用

围绕改善民生，积极推进社会领域信息化，推动信息技术在教育、公共卫生、社会保障、食品药品、公共安全、生产、交通、环境保护、新闻出版等领域的应用，促进了“智慧江苏”建设。

公安信息化。在社会管理方面，深入开展户口清理整顿，纠正户口登记项目差错2.7万个；利用人像识别比对技术，排查清理一批重户口、错误照片数据；推进居住证制度改革和流动人口信息采集工作，年内共制发证1100万张，采集流动人口信息1688.7万条、居住房屋352.5万间。

教育信息化。全省教育信息化发展步入快车道，大中小学基本实现“宽带网络校校通”，“优质资源班班通”、“网络空间人人通”覆盖率分别为70%、52%。全省教育资源公共服务平台服务于省内全部中小学及广大师生，覆盖各级各类教育，教育资源服务功能不断增强。

食品药品监督信息化。“乳制品、白酒、食品添加剂”食品生产企业追溯系统的建设作为2014年度重要任务，已经被列入省政府十大重点工作百项考核指标。食品生产企业追溯系统基本建设完成，基本实现三类产品追溯信息的手机APP和网站查询。2014年已有36家试点企业上线并上传了追溯数据。

安全生产信息化。安全生产隐患排查治理信息系统不断完善，截至2014年底，全省所有省辖市、县（市、区）全部完成隐患排查治理信息系统建设，市级系统已与县级系统联网运行。隐患排查治理信息系统平台已覆盖1233个乡镇（街道），录入企业177581家，其中规模以上企业36688家，录入857260条隐患，整改842039条隐患，整改率98.2%。

民政信息化。民政公共服务热线全面开通，全省13个地级市开通了“12349”、“96158”等民政公共服务热线，成为民政系统面向社会公众提供便民服务的重要平台。

交通信息化。在全国率先实施开通省市两级“12328”服务监督电话，与“96196”并线运行。全省交通服务热线共服务公众达131余万人次，充分发挥了交通运输行业服务社会的作用。

卫生计生信息化。计划生育公共服务管理事项网上办理覆盖率达70%以上，85%的流动人口重点服务管理对象可实现异地办证，初步实现出生人口监测预警。远程医疗等信息惠民服务得到推广应用，居民健康卡试点工作稳步推进，连云港、淮安、盐城、扬州等地制发居民健康卡、金融IC卡联名卡数量逾70万张，并实现同步应用。

人力资源和社会保障信息化。全面推进“社会保障一卡通”，继续扩大覆盖面，截至2014年12月底，全省社会保障卡持卡人数4289万；全省人员基础信息库入库率为98.8%；联网数据上传率99.3%；网上公共服务提供率74.3%；“12333”综合咨询服务满意度83.2%。

六、电子政务服务体系初步形成

不断加强政务服务。省市县乡政务服务体系初步建立。省级“一办二中心”（省政务服务管理办公室、政务服务中心、公共资源交易中心）格局已初步形成。积极筹划省政务服务中心建设。围绕加快省级机关转变职能、简政放权，全面推进政务服务效能提升，省政务服务中心、省公共资源交易中心（一期）初步建成。省政务服务中心首批将有53个部门386项行政许可事项进驻办理，其中375项是省政府发布的《省政府各部门行政审批事项目录清单》中的所有行政审批事项。信息化平台初步搭建。网上政务大厅——“江苏政务服务网”完成试运行，行政权力网上公开透明运行与政务服务中心业务办理、部门核心业务办理、政府绩效管理深度融合。截至2014年12月底，省行权平台共接受各级系统报送办件近4千万件。

持续深化政务公开。深入推进行政权力运行、财政资金使用、公共资源配置、公共服务和公共监管等重点领域信息公开，及时发布各类政府信息，主动回应社会关切，做好信息解读工作，加强平台建设、制度建设和基础建设，充分发挥了信息公开对建设法治政府、创新政府、廉洁政府的促进作用。深化行政审批信息公开，提出以建立5张清单、搭建1个平台、推进7项相关改革措施为主要内容的简政放权、转变政府职能的改革架构。微信团队与腾讯研究院联合发布的首个“微信政务民生白皮书”显示，截至2014年底，江苏政务微信账号3000多个，居全国第三位。江苏是开设政务微博最多省份，2014年达10025个。

深入推进部门业务信息应用。推进发改、国土、水利、财政、审计、工商、质监、司法、统计、物价等部门信息化应用与服务，提升业务管理水平和公共服务效能，提高综合监管能力，提高宏观调控和科学决策水平，促进经济平稳较快发展。

七、智慧城市建设有序推进

率先启动智慧城市群建设。扬州、淮安和南通三市列入首批中欧智慧城市合作试点；扬州、常州、无锡、镇江、泰州、南通等6市以及昆山、江宁等12个区县（园区）分别被工信部、住建部、科技部列入智慧城市建设试点，入选城市数量和规模居全国第一。各地智慧城市建设有序推进。无锡市荣获2014年中国智慧城市发展水平评估第一名，实现三连冠。

信息社会发展走在全国前列。从江苏省各地级市信息社会发展水平来看，13个地级市有5个市进入信息社会发展期初级阶段，其他市都处于准备期的转型阶段。其中，苏南的苏州、无锡、南京、常州和镇江等5市信息社会指数都超过了0.6，苏州信息社会指数更是达到0.7444。江苏省共有3个市在全国排名前15位，分别为第4位的苏州、第11位的无锡和第13位的南京。

八、农业农村信息化收获新成果

推进农业生产信息化。加强物联网技术在设施农业上的应用，在11个省级以上现代农业园区实施农业远程视频监控系统项目，实现农产品生产的全面感知、智能处理，苏州、南京、南通、连云港等地加强农业物联网建设。建成一批农业信息技术应用示范基地，全省规模设施农业物联网技术应用面积比重达11.5%。强化为农信息服务。全年共向全省各类农业市场主体发送短信近3亿条次，处理农民咨询短信近2500条，短信发送量、咨询回复量和2013年相比均有较大幅度增长；“金农”工程一期省级项目建设成效突出；在全国率先启用“12316”农业部云呼叫平台建设；“12316”短信用户发展达255万户，数量全国第一；“12316”热线服务基本实现全省全覆盖，信息进村入户工作位居全国前列。加强农业网站群建设。江苏农业网全年累计发布各类农业信息15000多条；向农业部网站报送信息7800多条；开展在线访谈等互动交流活动8次；回复在线留言咨询320多条。全省农业信息化发展水平得到较大提升，农业信息化覆盖率达55%以上，保持全国领先水平。

九、信息资源应用服务不断深化

信息资源开发利用水平稳步提高。各级各部门紧紧围绕重点业务要求和工作发展，经济、公共信用、人口、空间地理、统计、文化、教育、科技、档案、税收等领域信息资源总量增长迅速，信息资源应用服务进一步深化。发布《江苏省云计算与大数据发展行动计划》（苏经信软件〔2014〕328号），明确将建立省级政府数据网，并向社会开放关系民生的基础数据库。2014年江苏省已开始建设省级信息资源共享交换平台，让各部门的数据实现共享交换，从而促进部门间业务协同。“江苏省大数据产业情报平台”正式上线，成为省中小企业公共服务体系中的重要一环。2014年信息资源开发利用水平指数增长迅速，居全国第一。

社会信用体系建设不断完善。截至2014年底，已实现40家省级部门和13个省辖市1.67亿条信用信息的归集和处理。信用信息应用稳步扩大。10个省级示范部门和4个县级试点地区信用信息应用取得初步成效。信用信息在社会综合治税、证照联动、绿色信贷以及工程建设项目评标等方面应用效果良好。信用载体建设不断加强。实施企业信用管理“百企示范、万企贯标”工程，提升了企业经营管理水平和风险防范能力。信用管理人才队伍建设得到加强，全省已有2395人获得国家助理信用管理师职业资格。全省备案信用服务机构达到93家。

十、信息安全保障体系逐步健全

重要信息系统安全运行。2014年江苏省互联网运行整体平稳，骨干网各项监测指标运行正常，全年各重要时期未发生重大网络安全事件。进行外部安全测试518站次，发现存在严重或较严重安全隐患28站次，发现5075个安全漏洞，制发事件通报186份，指导各地各部门处置网站安全事件492起。

互联网安全治理进一步加强。开展互联网的安全事件专项处置行动和移动互联网恶意程序专项打击行动，将省内大型移动应用商店纳入监管，针对党政、高校、金融等重要部门网络安全事件的发现预警和处置力度不断加强，行业网络安全防护水平大幅提升。组织“全国两会”、“青奥会保障”、“国家公祭日”、重要节日等24批次公共互联网安全事件专项处置行动，共协调处置各类网络攻击、网络诈骗事件147051起，其中清理僵尸木马控制端2762个、僵尸木马受控端107678个，阻断网页木马传播源28852个、非法DNS服务器96个、境内外钓鱼网站75个。省内被境外通过僵尸木马程序控制的主机IP地址数量首次出现大幅下降。

政府信息安全保密工作扎实开展。大力推进涉密信息系统分级保护，加强省电子政务内网建设保密管理，扎实开展非涉密网络保密管理专项检查，有效提升网络保密监管能力，积极开展保密技术研发和产品应用。

网络违法犯罪行为有效遏制。全省公安机关对网络黑客攻击破坏、诈骗、盗窃、黄、赌、毒等各类网络犯罪活动始终保持严打高压态势，2014年全省共破获网络犯罪案件2326起，抓获犯罪嫌疑人3758名。

网络文化内容有效监管。省文化厅通过网吧技术经营管理软件对网吧内上网内容进行有效监管，及时下发《监控通报》。2014年全省通过网吧监管平台，共拦截色情、淫秽、有政治问题等各类有害信息约2200万次，屏蔽非法网站6300多个，处理违规信息2.1万多条，对网吧发送通知公告2000多条，有效地净化网吧网络文化环境。

（江苏省经济和信息化委员会）

江苏省地区信息化发展水平报告（2014）

为准确把握我省信息化发展现状，加快促进信息化和工业化深度融合，有效提升我省经济社会各领域信息化建设水平，省信息化领导小组办公室（以下简称省信息化办）决定开展2014年我省地区信息化发展水平评估工作。评估工作由省信息化办会同省统计局牵头部署实施，省政府办、省统计局、省教育厅、省人社厅、省卫生厅、省科技厅、省广播电影电视局、省通信管理局、中国人民银行南京分行等相关职能部门共同参与。

此次评估的主要任务是：依据评估指标体系，全面组织采集各省辖市、县（市、区）信息化发展水平评估指标相关统计数据，力求通过指标评价，深入了解全省各地区信息化发展现状，客观评价各地区信息化发展水平，总结经验、发现问题，为各地政府推进信息化工作提供决策参考。现将评估结果公布如下：

一、总体情况

（一）全省信息化水平逐年提升，各方面均衡发展

我省地区信息化发展水平评估从基础设施、产业技术、应用消费、知识支撑及发展效果五个维度来评估我省信息化发展现状。从2007~2013年以来的全部评估数据（图1）可以看出：我省信息化水平一直保持平稳向上发展态势，七年来全省信息化发展水平总指数从68.3提升到86.67，增长率达到26.9%，这说明我省的信息化水平取得了长足进步，特别是信息化基础设施建设和信息化服务应用效果更是有了实质性的成效。

从2012~2013年一级指标评估结果（图2）看，2013年在基础设施、产业技术、应用消费及知识支撑指数等四个指标上都较2012年有所进步，其中产业技术进步最大，增幅达到了7.1%；在指标内涵深化的情况下，连续两年五个一级指标指数均在80分以上，这表明我省信息化建设保持了均衡持续的发展势头。

（二）评估标准提高带来信息化指数增速放缓

2007年以来，我省信息化发展增速最快

图1 2007~2013年全省信息化发展水平总指数趋势

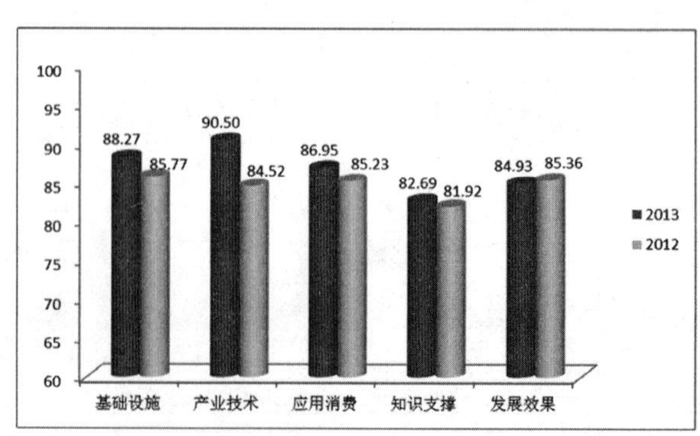

图2 2012~2013年全省信息化水平评估一级指标指数

的年份是2010～2011年，2011年信息化指数相较2010年增长了10.7%，而2011～2012与2012～2013年间的增长率分别为4%及2.5%，这表明2011年之后，我省信息化指数增长速度有所放缓。

从13个省辖市2009～2013年的信息化指数（表1）来看，虽然五年来大部分省辖市都保持了逐年增长的态势，但2012年部分省辖市信息化指数都相较2011年出现了不同程度的下降，2013年依然有2个省辖市的信息化指数低于2011年。这主要由于：从2012年开始评估指标做了较大改变，去除了部分基础性指标，原有的25个二级指标调整为20个，指标内涵明显丰富，评估标准有所提高，带来了信息化指数增速的放缓。

（三）信息化发展区域差异明显，2013年初现差距缩小趋势

2013年，全省信息化指数相较2012年提高2.11，延续了多年的信息化平稳发展态势。同时，2013年苏州市取代南京市，成为全省信息化指数最高的地市。总体而言，苏南地区五市仍继续领跑全省信息化发展，而苏北地区五市的信息化指数依然排名在后，我省信息化发展依然存在区域间的较大差距。

从三大区域分地区信息化指数对比（图4）可看出，苏南、苏中、苏北三地区信息化水平呈现明显三级梯度，苏中苏北地区的信息化水平明显落后于苏南地区。但同时也可看到，

表1 2009～2013年省辖市信息化水平总指数

地 区	2013年	2012年	2011年	2010年	2009年
全 省	86.67	84.56	81.29	73.4	71.7
南京市	93.03	92.97	93.11	87.3	79.5
无锡市	90.02	89.47	91.12	80.7	79.6
徐州市	79.50	77.63	73.15	68	61.9
常州市	89.52	86.18	87	75.7	73.9
苏州市	93.24	91.42	91.73	85.5	84.8
南通市	83.16	80.91	77.76	70.2	67.2
连云港	78.41	76.66	72.69	64.9	62
淮安市	78.28	76.46	72.13	62.9	61.8
盐城市	78.38	76.31	71.75	64.8	61
扬州市	82.49	81.27	77.04	71.3	70.2
镇江市	86.03	84.66	80.65	71.4	69.1
泰州市	81.86	79.13	75.67	69.4	66.7
宿迁市	77.40	73.94	70.18	62.1	57.8

2012年苏南地区信息化指数高出苏中地区8.5，高出苏北地区12.74；而到2013年苏南地区比苏中地区高7.87，比苏北地区高11.98，苏中、苏北与苏南地区间的信息化指数差距分别降低了0.63和0.76，已然初步体现出我省三大区域信息化水平差距开始缩小的趋势。

二、分指标情况

（一）基础设施指数持续进步

本年度我省信息化基础设施指数为88.27，相较上一年度增长了2.5，13个省辖市已有11家基础设施指数在80以上。从13个省辖市具体指数看，本年度有10个省辖市的基础设施指数相

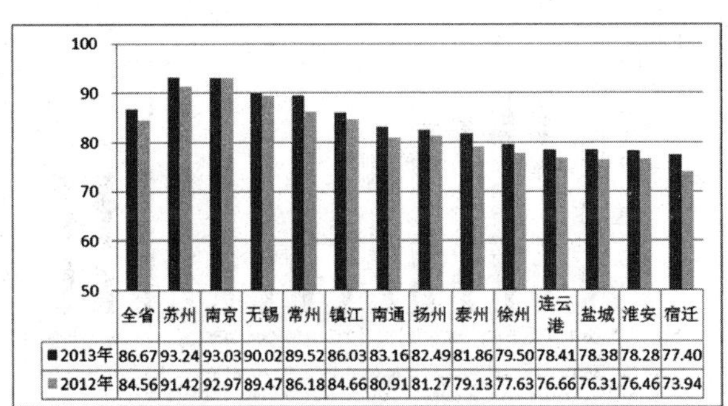

图3 2012～2013全省信息化水平总指数对比

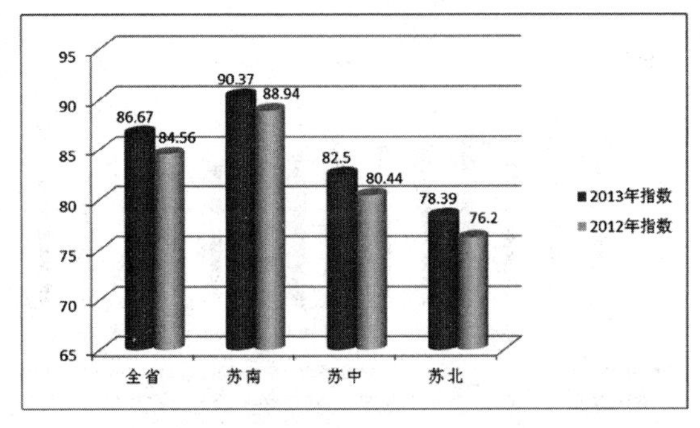

图4 全省三大区域2012～2013年信息化水平指数对比

较2012年有所增长，苏州市以98.39的高分蝉联第一，位居第四的常州市本年度进步最大，指数增长了4.16，无锡市、南通市、徐州市、连云港市也分别相较2012年有了进步。这表明，在信息化基础设施的建设上，我省多年来的投入取得了切实成效，电脑、电视、电话、宽带等基础设施的普及率显著提高，进而带动了全省居民信息化应用水平的不断提升。

（二）产业技术指数大幅进步

产业技术指数反映信息产业在经济发展中所处的地位状况。2013年度江苏省产业技术指数全省为90.5，较2012年度的全省指数84.5，提升了7.1%，在五个一级指标中进步幅度最大。13个省辖市的产业技术指数都取得了不同程度的进步，泰州市进步最快，增长率达到了17.5%，盐城、常州、南通、徐州、连云港等五市的增长率均超过了10%，扬州、宿迁两地的增长率也达到了9%，表明各省辖市的信息产业在经济发展中所处的地位普遍得到了较大幅度的提升。

（三）应用消费指数，苏南地区持续领先，苏中、苏北地区亟待加强

应用消费指数主要考察信息技术在个人消费、社会服务领域的使用情况。2013年度，全省信息化应用消费水平继续保持平稳发展，应用消费指数相较2012年提高了1.72。13个省辖市的应用消费指数也有11个相较去年有所提升，其中宿迁市取得的进步最大，指数提高了6.61。

然而，应用消费指数存在明显的区域差异，指数最高的南京达到94.88，最低的仅有78.89。苏南五市继续位居前列，苏北地市大多居后。可以说在信息化发展方面亟待加强扶持苏中苏北地区建设开发力度，发掘信息消费增长点，促进全省信息化均衡发展。

（四）知识支撑指数平稳提高

知识支撑指数反映地区间人口信息技术应用能力的差异。总体上看，各省辖市该项指数在2013年度较2012年度均有小幅上升，全省指

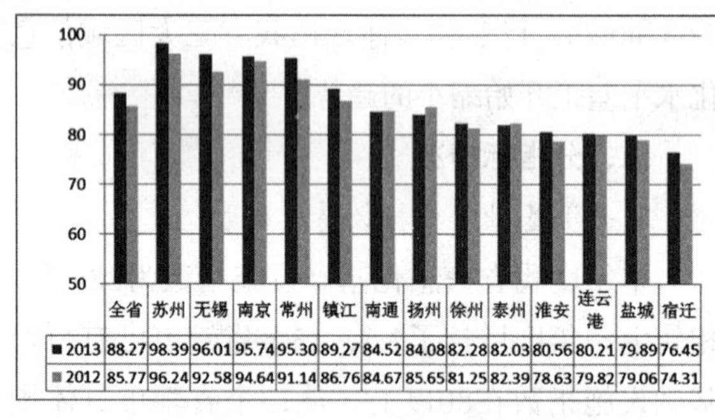

	全省	苏州	无锡	南京	常州	镇江	南通	扬州	徐州	泰州	淮安	连云港	盐城	宿迁
2013	88.27	98.39	96.01	95.74	95.30	89.27	84.52	84.08	82.28	82.03	80.56	80.21	79.89	76.45
2012	85.77	96.24	92.58	94.64	91.14	86.76	84.67	85.65	81.25	82.39	78.63	79.82	79.06	74.31

图5 2012~2013年全省基础设施指数对比

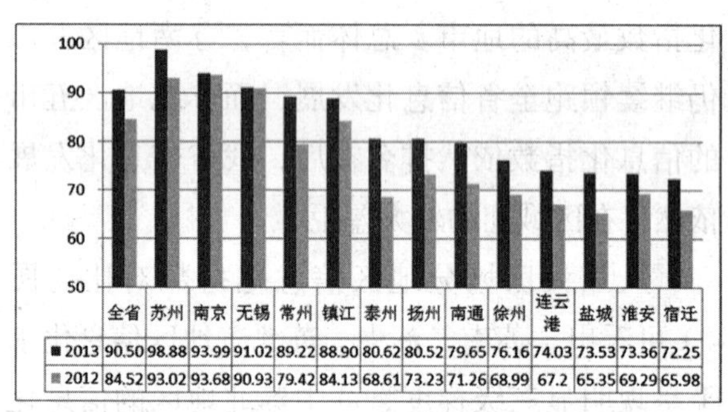

	全省	苏州	南京	无锡	常州	镇江	泰州	扬州	南通	徐州	连云港	盐城	淮安	宿迁
2013	90.50	98.88	93.99	91.02	89.22	88.90	80.62	80.52	79.65	76.16	74.03	73.53	73.36	72.25
2012	84.52	93.02	93.68	90.93	79.42	84.13	68.61	73.23	71.26	68.99	67.2	65.35	69.29	65.98

图6 2012~2013年全省产业技术指数对比

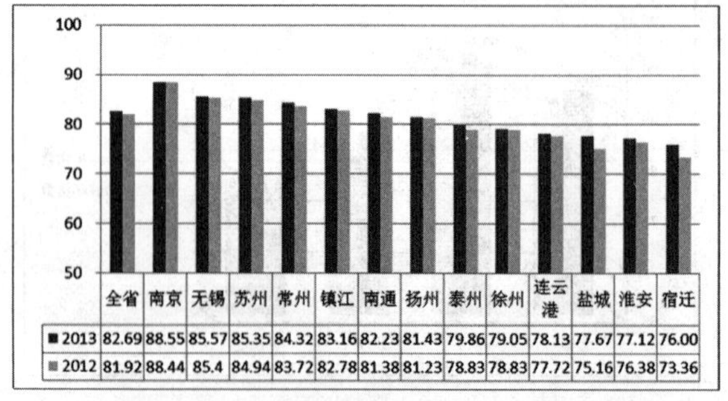

	全省	南京	无锡	苏州	常州	镇江	南通	扬州	泰州	徐州	连云港	盐城	淮安	宿迁
2013	82.69	88.55	85.57	85.35	84.32	83.16	82.23	81.43	79.86	79.05	78.13	77.67	77.12	76.00
2012	81.92	88.44	85.4	84.94	83.72	82.78	81.38	81.23	78.83	78.83	77.72	75.16	76.38	73.36

图7 2012~2013年全省应用消费指数对比图

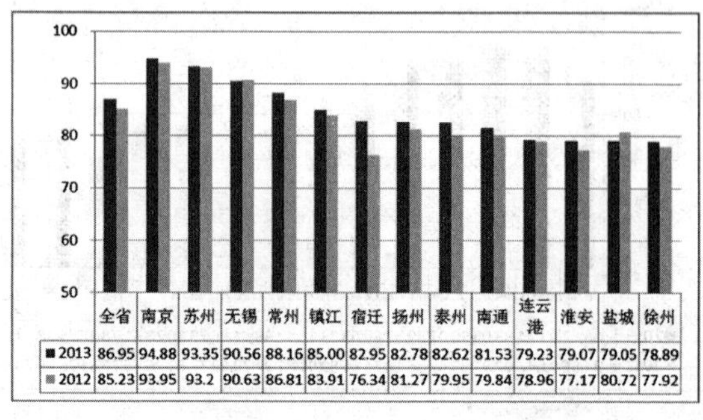

	全省	南京	苏州	无锡	常州	镇江	宿迁	扬州	泰州	南通	连云港	淮安	盐城	徐州
2013	86.95	94.88	93.35	90.56	88.16	85.00	82.95	82.78	82.62	81.53	79.23	79.07	79.05	78.89
2012	85.23	93.95	93.2	90.63	86.81	83.91	76.34	81.27	79.95	79.84	78.96	77.17	80.72	77.92

图8 2012~2013年全省知识支撑指数对比

数相较2012年增幅为0.77%。增幅最大的5个地市为宿迁（2.64%）、盐城（2.51%）、泰州（1.03%）、南通（0.85%）和淮安（增幅为0.74%），这说明苏中苏北地区对提高地区人民的信息技术应用能力给予关注，获得了良好成效。而苏南地区增幅相对较低，这主要由于该地区人口自身的信息技术应用能力相对较高，所以提升的空间相对较小。

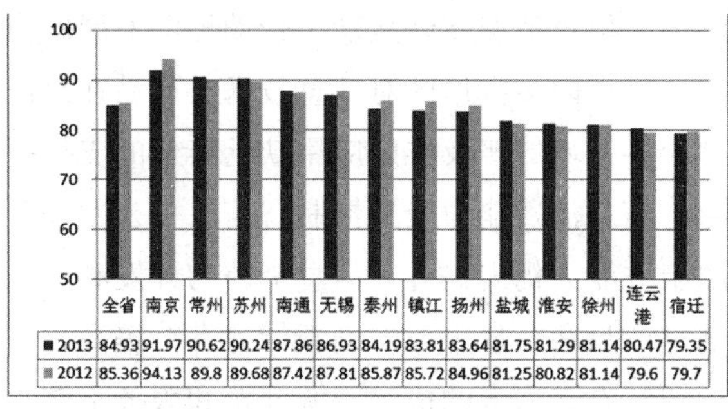

图9 2012~2013年全省发展效果指数对比

（五）发展效果指数整体有所下滑

发展效果指数反映信息化发展在实际生产生活中的应用效果，基于产业的信息化应用环境是地区信息化发展的基础性支撑，公众信息化应用效果则是信息化应用持续推进的重要动力。2013年，全省发展效果指数是84.93，相较2012年降低了0.43，这是五个一级指标中唯一指数下降的指标。从各省辖市指数看，仅少部分省辖市相较2012年取得了进步。产生这一现象的一个重要原因在于本指标评估尺度较往年显著提高。

三、相关结论与建议

（一）区域差距显著，数字鸿沟亟待重视

评估结果显示，本年度13个省辖市的信息化指数均值达到83.95，从连续多年的评估结果更可以清晰地看出各省辖市的信息化发展水平持续取得进步。然而具体分析各市评估结果，可发现各省辖市之间信息化发展水平存在较明显的差距。

从总指数看，省辖市之间总体发展水平差距较大。如排名第一的苏州市，总指数93.24，信息化发展水平领先；而最低的省辖市总指数仅77.4，二者相差约15，信息化发展水平差距显著。从各单个指标看，各省辖市的差距也优劣分明，如总指数最低的省辖市有4个一级指标指数排名最末，而排名第一、二的苏州市与南京市在五个一级指标中大多处于前三的位置，因此可以说领先是全方位的。在部分二级指标上的差距更为明显，如：软件和信息服务业业务收入占信息产业比重指标，苏南地区各市比重均在10%以上，无锡、镇江两市为20%，南京更是达到了48.1%，远超全省平均水平。然而，苏中、苏北地区水平则明显落后，比重均在4%以下，苏南与苏中苏北地区差异极大。信息产业主营业务收入比重指标也有同样的情况，全省最高的苏州市比重已有38.3%，而最低的仅有2.7%。

评估数据显示出各地信息化发展水平的显著差异，这正表明当前的信息化建设存在明显的区域发展不平衡现象。信息化是民生服务的重要依托，区域经济发展的有效增长点，也是当代政府借以实现职能转变，效率升级的有效途径，直接影响着地区社会经济发展前景。如果这种不平衡现象继续发展必然会使地区间出现“数字鸿沟”，加大地区间的经济发展差距，并且信息化发展的滞后也会导致区域“信息贫困”，让这些区域与整体的发展趋势脱轨，进而缺乏参与经济发展和接受政府服务的能力，形成不良循环。因此，应及早重视这种发展不平衡现象，加大信息化建设水平较落后地区的全面支持。

（二）改善信息化发展环境，有序推进信息化建设

信息化是当今世界发展的大趋势，也是推动经济社会变革的重要力量。信息化推动着产业分工深化和经济结构调整，互联网加剧了各种思想文化的相互激荡，电子政务在改善政府服务、提高行政效率、扩大公众参与等方面的

作用日益显著，信息安全的重要性也与日俱增。可以说，信息化发展涉及社会经济生活的方方面面，发展信息化，必须长远规划，持续推进。

目前，我省信息化发展还存在种种问题：在经济、政务、社会管理与公共服务等领域深化应用缺乏有力的政策支持和引导，在统筹推进部门信息化建设及地区间信息化协调发展等方面还存在差距。信息化投入相对分散，跨部门跨行业信息交换平台建设、面向城乡公共信息服务平台建设和苏北农村地区信息基础设施建设相对滞后。公众信息化素养、信息化队伍建设以及信息化技术水平亟待加强，全社会对信息化的认识水平和重视程度还有待于进一步提高。信息安全工作与全省信息化发展要求还不适应。

促进信息化发展，要在信息化不断普及的基础上，逐步改善信息化支撑与发展环境。作为社会管理者，政府要加强组织、统筹规划，协调推进信息化发展。加强对使用财政性资金信息化工程项目的审核管理和绩效评价。组织推进一批跨部门、跨行业及跨地区综合信息服务平台、信息交换平台及新技术新产品应用示范平台等信息化重大工程建设，建立常态化协同推进机制，形成一批看得见、摸得着，有经验、有模式、可复制的工作成果。

作为社会服务者，政府同时要从实际出发，因地制宜，有意识地利用信息化手段解决现实问题和发展难题，发挥信息技术在当今社会的优势。坚持把开发利用信息资源放到重要位置，加强统筹协调，促进互联互通和资源共享，建设综合性信息应用服务平台，拓宽信息服务应用面。坚持推进信息技术的普及教育，提高国民信息技术应用技能，增强信息化发展后继力，提升信息化发展空间。坚持提高基础信息网络和重要信息系统的安全保护水平，保障信息化健康发展。

（三）提升信息化消费水平，拉动社会经济增长

随着新一代信息技术和信息产业的迅猛发展，形式多样的信息产品广泛进入到百姓生活中，信息消费逐渐显现出带动经济发展的作用。但省内多数地区对信息技术及产品在经济社会各领域的普及推广应用缺乏有效的支持引导，信息消费能力受到抑制。信息化公共平台的服务能力仍需提升，信息资源的开发利用、信息产品和信息服务的创新能力有待提高，贴近“三农”需求的信息资源开发和服务不够。信息终端普及程度不够，苏中、苏北信息终端普及率较低，苏南苏北信息消费存在梯次差距，城市和农村地区差距明显。

提升信息消费水平重在创新。一方面，要加大对信息化发展和应用的投入，在省级财政预算中设立信息化发展应用引导资金，支持跨部门、跨行业重点领域重大信息化支撑和示范工程建设、新型信息消费模式与业态创新培育、信息资源综合开发利用、公共信息安全基础设施建设。另一方面，要积极发掘信息消费增长点，推动信息化在社会领域推广普及和创新应用，促进终端融合产品创新和商业服务模式创新与广泛应用，培育信息消费热点，引导信息消费快速增长，带动消费结构升级，扩大信息消费对信息产业、现代服务业和文化产业发展的拉动力，快速提升江苏信息化发展水平。

（省统计局科研所　省软件产品检测中心）

江苏省信息社会发展报告（2015）

信息社会是指以信息活动为基础的新型社会形态和新的社会发展阶段，依据信息社会的内涵和基本特征，本报告从信息经济、网络社会、在线政府和数字生活四个维度考察信息社会的发展水平。信息社会指数ISI的计算公式为：ISI = 信息经济指数 × 30% + 网络社会指数 × 30% + 在线政府指数 × 10% + 数字生活指数 × 30%。

一、全省信息社会发展概况

1. 现状与趋势

2015年，江苏省信息社会发展指数为0.5387①，处于信息社会的转型期。位列全国第7位，与2014年排名相比落后了1位。近6年，江苏省信息社会发展指数都稍低于浙江省和广东省，但近5年年平均增速均高于浙江省和广东省（见表1）。

表1 2010～2015年江苏省与浙江省、广东省ISI对比

	2010	2011	2012	2013	2014	2015	近5年年平均增速
江苏省	0.3493	0.3949	0.4273	0.4798	0.5164	0.5387	9.05%
浙江省	0.4157	0.4471	0.4730	0.5071	0.5466	0.5674	6.42%
广东省	0.4162	0.4469	0.4754	0.5003	0.5378	0.5733	6.61%

2. 重点领域发展概况

（1）信息经济发展

2015年，江苏省信息经济指数是0.4747，处于信息经济转型期，排名全国第4位。近5年，除了2011年江苏省信息经济指数低于浙江省外，其他年份均高于同期的浙江省与广东省（见图1）。

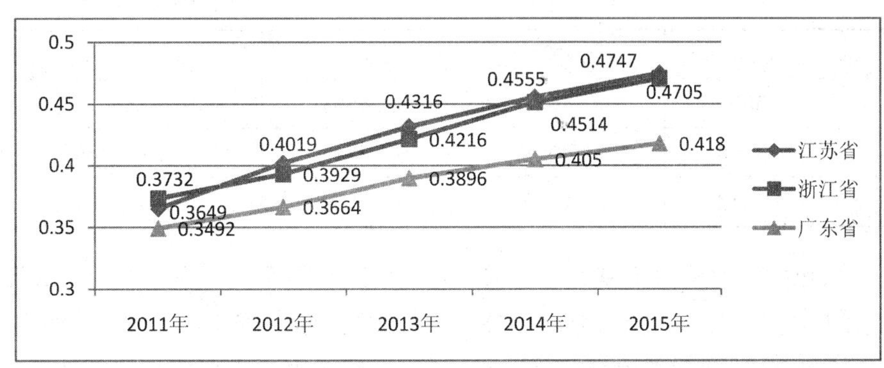

图1 2011～2015年江苏省与浙江省、广东省信息经济指数对比

① 在2015年的测评报告中，首次进行了全球信息社会的测评，在确保指标体系合理性与数据可获取性的前提下，对指标体系进行了调整，以保证国际、国内测评结果的一致性，故之前年份测评指数也一同调整，因而此次测评数据和以往发表的数据存在差异。

信息经济指数反映的是一个地区经济的发展水平、产业结构、发展方式以及人力资源情况，反映了信息社会经济方面的可持续发展潜力。信息经济指数由四个子指标构成：经济发展指数、人力资源指数、产业结构指数与发展方式指数。计算公式如下：

信息经济指数=1/4×经济发展指数+1/4×人力资源指数+1/4×产业结构指数+1/4×发展方式指数

从构成信息经济指数的四个指标来看，2015年，江苏省经济发展指数约是全国平均水平的1.78倍，发展方式指数约是全国平均水平的1.55倍，产业结构指数约是全国平均水平的1.1倍。在总计四个二级指标、八个三级指标中，在2015年的全国排名中均不低于2014年排名，其中2015年江苏省成人识字指数全国排名上升最大，与2014年相比上升了5个名次，排名全国第13位；2015年，江苏省创新指数再次列全国第1位，这也是江苏省连续三年位居创新指数榜首（见表2）。2015年江苏省人力资源指数低于全国平均水平，这主要是受人力资源指数下设的三个三级指标之一的教育投入指数全国排名倒数的影响，这一指标是根据财政性教育经费支出占地区GDP的比重测算出来的，江苏省在这方面占比偏低。

表2 2011～2015年创新指数全国前5名分布

	2011	2012	2013	2014	2015
第 1 名	北京市	上海市	江苏省	江苏省	江苏省
第 2 名	上海市	江苏省	北京市	浙江省	北京市
第 3 名	江苏省	北京市	上海市	北京市	浙江省
第 4 名	浙江省	浙江省	浙江省	上海市	天津市
第 5 名	天津市	天津市	天津市	天津市	上海市

（2）网络社会指数

2015年，江苏省网络社会指数为0.5381，处于转型期阶段，排名全国第5位。近5年，与浙江省、广东省网络社会指数相比，江苏省前两年还存在着一定的差距，但从2013年开始至今，一直均领先两省（见表3）。

表3 2011～2015年江苏省与浙江省、广东省网络社会指数对比

	2011	2012	2013	2014	2015
江苏省	0. 3805	0. 4187	0. 4581	0.4928	0.5381
浙江省	0. 3855	0. 4208	0. 4512	0.4816	0.4960
广东省	0. 4012	0. 4273	0. 4539	0.4840	0.4938

网络社会指数包含支付能力指数和社会发展指数，各占1/2权重②。网络社会指数计算公式为：网络社会指数=1/2×支付能力指数+1/2×社会发展指数。

从二级指标来看，2015年江苏省支付能力指数全国排名第5位，支付能力指数下设固定宽带和移动电话支付能力指数两个三级指标，江苏省这两个指数全国排名均为第5位。2015年江

② 2015年网络社会指数剔除了部分三级指标，如有线电视接入指数、宽带接入指数等。另一方面，也新增加了人均寿命指数和空气质量指数指标，以适应经济社会发展的需要。

苏省社会发展指数全国排名第11位，该指数下列人均寿命指数、城镇化指数和空气质量指数三个三级指标。江苏省人均寿命指数和城镇化指数均居全国前10位，但由于空气质量指数排名靠后，导致江苏省社会发展指数排名没有进入前10名。2015年江苏省人均寿命指数是0.7663，全国排名第6位，排名和去年持平；城镇化指数是0.6748，排名全国第6位，比去年提升了1个名次；空气质量指数是0.1739，排名是第26位。

（3）在线政府指数

2015年，江苏省在线政府指数达到0.6016，迈入发展期的初级阶段，指数数值与邻省浙江省相同，全国并列排名第11位。在线政府指数反映的是一个国家或地区政府为民服务的能力和水平。在信息社会，在线政府主要考查的是政府如何通过信息技术（政府网站等）来为国民提供服务及其效率如何。

（4）数字生活指数

2015年，江苏省数字生活指数为0.5823，处于转型期阶段，近几年全国排名一直是第7位。近5年，江苏省与浙江省、广东省数字生活指数对比，差距不小（见表4）。

表4 2011～2015年江苏省与浙江省、广东省数字生活指数对比

	2011	2012	2013	2014	2015
江苏省	0. 3754	0. 4444	0.5306	0.5727	0.5823
浙江省	0. 5136	0. 5897	0. 6486	0.6884	0.7242
广东省	0. 5187	0. 5672	0.6074	0.6703	0.7658

数字生活指数反映的是现代信息技术扩散应用对公众生活的影响，也反映了信息技术在居民中的扩散和普及程度。数字生活指数包括移动电话指数、电脑指数和互联网指数三个指标，计算公式为：数字生活指数=1/3×移动电话指数+1/3×电脑指数+1/3×互联网指数。③

从2015年测评数据来看，江苏省移动电话指数达到0.6252，首次进入发展期的初级阶段，全国排名第8位；电脑指数是0.5474，全国排名第7位；互联网指数是0.5744，全国排名第8位。

二、各地市信息社会发展概况

1. 地市信息社会发展水平排名及变化情况

从2015年江苏省各地级市信息社会发展水平来看，13个地级市有5个市进入信息社会发展期初级阶段，其他市都处于准备期的转型期阶段。其中，苏南的苏州、无锡、南京、常州和镇江等5市信息社会指数都超过了0.6，苏州信息社会指数更是达到0.7444。江苏省共有3个市在全国排名前15位，分别为第4位的苏州、第11位的无锡和第13位的南京。苏中3个市ISI均处于[0.4，0.6），均居全国前65位，苏北5市ISI均处于[0.3，0.5）（见表5）。

表5 2015年江苏省所辖地级市ISI分布情况

区域名	ISI 区间	地级市
苏南	[0.6，0.8）	苏州（0.7444）、无锡（0.7093）、南京（0.6683）、常州（0.6173）、镇江（0.6133）
苏中	[0.4，0.6）	南通（0.5247）、扬州（0.5135）、泰州（0.4894）
苏北	[0.3，0.5）	徐州（0.4358）、盐城（0.4280）、连云港（0.4215）、淮安（0.4103）、宿迁（0.3880）

③ 今年数字生活指数剔除了支付能力指数二级指标。

2. 地市信息社会发展水平的地区分布特点

从参与信息社会指数测评的336个直辖市和地级市水平来看，江苏省地级市信息社会发展走在全国前列。江苏省13个地级市ISI排名位于全国前20名的地级市有3个，分别是苏州、无锡和南京；常州、镇江和南通位于第21～50名；扬州是第51名，泰州是第64名，徐州、盐城、淮安、连云港和宿迁均位于第101～170名。江苏省地区之间信息社会存在一定的差异，这种差异基本上按照地理区域和经济水平由北到南逐渐拉大。

比较江苏省地级市信息社会的四大特征，可以看出信息经济是江苏省发展的强项，其次是在线政府、再次是网络社会和数字生活。在信息经济方面，2015年信息经济指数位居全国前10的地级市共有3个，分别是排名第3位的苏州、第4位的无锡和第8位的南京，除了宿迁排名100位以外，其他地级市的排名均在前100位以内。2015年苏州、无锡和南京信息经济均处于发展期初级阶段，其他地级市均处于转型期。在在线政府方面，2015年13市指数差距不大，服务型政府指数最小的是淮安（0.5090），最高是无锡（0.6531），除了淮安排名100位以外，其他地级市的排名均在前100位以内。2015年服务型政府指数省内前5名的无锡、宿迁、苏州、南京和镇江在全国排名也比较靠前，均在前30位。在网络社会和数字生活方面，江苏省地级市的指数在全国排名前100位的分别有9个和8个。2015年苏州、无锡、南京、常州和镇江等5个地级市网络社会指数均超过0.6，进入网络社会初级阶段，其他9个地级市网络社会指数也都处于[0.3，0.6），还处于网络社会转型期。在数字生活方面，2015年苏州数字生活指数达到0.8458，首次超过0.8，处在发展期中级阶段；南京、无锡、镇江和常州均处在数字生活初级阶段，其他地级市均处于转型期。

3. 原因分析

江苏省信息社会发展总体水平相对靠前，但省内的地级市之间信息社会发展还有一定的差距，主要体现在苏南和苏北区域发展不平衡，有以下几个方面的原因：

一是经济基础。通常情况下，一个地区经济发展越好，在信息社会建设方面投入的资金就会相对越多。2015年，苏南人均GDP明显高于省内其他城市。无锡、苏州和南京人均GDP指数分别为0.8028、0.7936和0.6313，全国排名分别是第7、第9和第19位，另外常州排名是第25位，镇江是第26位。根据抽样调查，2014年，苏州城乡居民人均可支配收入39820元，比上年增长9.0%；南京居民人均可支配收入37283元，比上年增长9.0%；无锡居民人均可支配收入36471元，比上年增长8.9%。较高的人均GDP和人均可支配收入支撑着苏南各市信息社会发展在省内、甚至在全国的领先水平。

二是创新驱动战略。南京加快创建紫金人才管理改革试验区，2014年，在全国率先出台《南京市紫金科技人才创业特别社区条例》，集聚“321”人才1381名。独立研究与开发机构科技研发经费投入增长18%左右。新增战略性新兴产业创新中心13个、世界500强和中国500强企业研发机构22家。苏州加大创新投入力度。2014年全市财政性科技投入75.2亿元，占地方公共财政预算支出的比重为5.8%。企业创新主体地位增强，全市本土大中型工业企业研发机构基本实现全覆盖。创新载体建设不断完善，人才集聚效应正在形成，新增32人入选国家“千人计划”，累计达157人；新增省“双创计划”人才98人，累计达501人；全年新增各类人才16.2万人，总量达到210万人。无锡加强科技人才培养，2014年入选国家“千人计划”14人，累计培育国家“千人计划”专家71人，目前全市共有“千人计划”人才178人。常州加快创新平台建设。“中国以色列常州创新园”成为中以两国政府共建的首个国际科技合作园区。科技部人才中心、江苏省科技厅和常州市合作共建了“常州国家科技领军人才创新驱动中心”，新建科教城省科技服务示范区、江苏省智能装备产业技术创新中心，建成3家省产业研究院专业研究所。镇江加强科技创新能力建设。2014全年新增省级以上研发机构69家，累计276家。大中型工业企业和规模高新技术企业省级以上研发机构占比达42.5%，比上年提高1.7个百分点。

三、近年来信息社会建设取得的成就

1. 科技创新能力持续增强

江苏省区域创新能力连续六年保持全国第一。2014年，全省科技进步贡献率达59.0%，比上年提高1.5个百分点。全年授权专利20万件，其中发明专利2.0万件。全年共签订各类技术合同2.5万项，技术合同成交额达655.3亿元，比上年增长11.9%。高新技术产业较快发展。组织实施省重大科技成果转化专项资金项目151项，省资助资金投入11.8亿元，新增总投入105.0亿元。全省按国家新标准认定高新技术企业累计达7703家。2014年认定省级高新技术产品10277项，国家重点新产品151项。已建国家级高新技术特色产业基地133个。科研投入比重提升。全社会研究与发展（R&D）活动经费1630亿元，占地区生产总值比重为2.5%，比上年提高0.05个百分点。全省从事科技活动人员118.89万人，其中研究与发展（R&D）人员68.96万人。全省拥有中国科学院和中国工程院院士90人。全省各类科学研究与技术开发机构中，政府部门属独立研究与开发机构达148个。全省已建国家和省级重点实验室97个，科技服务平台278个，工程技术研究中心2748个，企业院士工作站328个，经国家认定的技术中心75家。

2. 生态文明建设成效显著

2014年，江苏省环境保护、节能降耗和安全生产生态建设成效显著。制定生态文明建设规划，划定全省生态红线保护区域。年末全省设立自然保护区31个，其中国家级自然保护区3个，面积达56.6万公顷。深入开展工业废气、机动车尾气、城市扬尘等各类污染物综合治理，建立大气污染防治区域联防联控机制，全年完成3150万千瓦发电机组脱硫脱硝改造，PM2.5平均浓度同比下降9.6%。深入开展重点流域治理，太湖流域水质持续改善，南水北调江苏段水质达标。加强绿色江苏建设，林木覆盖率提高到22.2%，国家生态市（县、区）达到35个。节能减排顺利推进。大力实施节能减排重点工程，鼓励发展循环经济，严格控制高耗能项目，加快淘汰落后产能，推动重点耗能企业能效提升。全省电力行业关停小火电机组69.6万千瓦。单位GDP能耗下降、化学需氧量、二氧化硫、氨氮、氮氧化物排放削减均完成年度目标任务。

3. 信息基础设施建设水平不断提升

2014年，江苏省大力实施智慧信息基础设施建设工程。制定出台《关于大力实施“宽带中国”战略加快提升全省宽带发展水平的意见》，全面推动光纤宽带、3G/4G、下一代广播电视网络等重大工程建设。2014年全省信息基础设施建设投资金额达447.3亿元，电信和广电网络运营行业主营业务收入为881亿元；全省光纤到户覆盖家庭数达2142万户，居全国第一位；固定宽带接入用户数达1847户，其中光纤宽带接入用户数达923万户；共建设3G基站8.34万个，4G基站9.27万个，WIFI接入点40.3万个；移动电话用户数达8488万户，其中3G用户达3900万户，4G用户达773万户；移动互联网用户数达5845万户。有线电视用户数达2287万户，入户率达95%，其中数字电视用户数为1850万户，高清电视用户数为280万户。三网融合试点工作顺利推进，共发展IPTV用户540万户，规模全国第一；基本完成各省辖市三网融合云媒体电视对接上线，云媒体电视用户数已达79万户。

4. 电子信息和软件产业加快发展

2014年，江苏省电子信息产品制造业实现主营业务收入2.92万亿元人民币，同比增长6.4%；新一代信息技术产业预计实现业务收入8300亿元，同比增长约22%；物联网产业预计实现业务收入2800亿元，同比增长约35%。软件与信息服务业累计完成软件业务收入6439亿（其中软件产品1765亿，同比增长13.7%），同比增长24.4%，继续保持全国领先地位。加强规划引领，编制和发布了《江苏省加快培育规模骨干软件企业行动计划》、《江苏省云计算与大数据发展行动计划》等文件。推进全省物联网产业更高水平发展，推动江苏省物联网产业发展继续领跑全国。深入推进物联网重点示范和推广应用，加快推动新一代信息技术产业发展。加强基础性、前瞻性研究，准确把握产业发展方向，强化对重点地区、重点产业链、重点企业的指导与服务，努力推动专项推进方案确定的各项工作措施落实到位。以北斗产业集聚区建设、服务平台打造和应用示范推广为抓手，努力推进国家北斗区域示范项目建设。

（江苏省信息中心）

附表：

表1 江苏省ISI指标一览表（指数）

	2011	2012	2013	2014	2015
信息社会指数 (ISI)	0. 3949	0. 4273	0. 4798	0. 5164	0. 5387
1 信息经济指数	0. 3649	0. 4019	0. 4316	0. 4555	0. 4747
1.1 经济发展指数	0. 3267	0. 3776	0. 4224	0. 4517	0. 4806
1.2 人力资源指数	0. 4418	0. 4995	0. 5035	0. 5285	0. 5340
1.2.1 成人识字指数	0. 8552	0. 9238	0. 9028	0. 9044	0. 9244
1.2.2 教育投入指数	0. 2822	0. 2984	0. 3180	0. 3569	0. 3465
1.2.3 大学生指数	0. 1881	0. 2763	0. 2895	0. 3243	0. 3311
1.3 产业结构指数	0. 3739	0.3922	0. 4071	0. 3921	0. 4038
1.3.1 产值结构指数	0. 4950	0. 5169	0. 5305	0. 5438	0. 5588
1.3.2 就业结构指数	0. 2529	0. 2674	0. 2836	0. 2404	0. 2488
1.4 发展方式指数	0. 3171	0. 3384	0. 3935	0. 4496	0. 4805
1.4.1 研发投入指数	0. 5829	0. 5914	0. 6200	0. 6571	0. 7171
1.4.2 创新指数	0. 1659	0. 2204	0. 3243	0. 4388	0. 4672
1.4.3 能效指数	0. 2026	0. 2034	0. 2361	0. 2528	0. 2571
2 网络社会指数	0. 3805	0. 4187	0. 4581	0. 4928	0. 5381
2.1 支付能力指数	0. 2454	0. 3057	0. 3795	0. 4381	0. 5379
2.1.1 固定宽带支付能力指数	0. 2514	0. 3099	0. 3935	0. 4433	0. 6217
2.1.2 移动电话支付能力指数	0. 2395	0. 3016	0. 3656	0. 4330	0. 4540
2.2 社会发展指数	0. 5155	0. 5316	0. 5367	0. 5474	0. 5384
2.2.1 人均寿命指数	0. 7391	0. 7663	0. 7663	0. 7663	0. 7663
2.2.2 城镇化指数	0. 5853	0. 6184	0. 6516	0. 6632	0. 6748
2.2.3 空气质量指数	0. 2222	0. 2100	0. 1923	0. 2128	0. 1739
3 在线政府指数	0. 5864	0. 4783	0. 5367	0. 6016	0. 6016
4 数字生活指数	0. 3754	0. 4444	0.5306	0. 5727	0. 5823
4.1 移动电话指数	0. 3997	0. 4792	0. 5309	0. 5913	0. 6252
4.2 电脑指数	0. 3264	0. 3784	0. 5409	0. 5713	0. 5474
4.3 互联网指数	0. 4000	0. 4756	0. 5200	0. 5556	0. 5744

表2 江苏省ISI 指标一览表（排名）

	2011	2012	2013	2014	2015
信息社会指数 (ISI)	7	6	6	6	7
1 信息经济指数	5	4	4	4	4
1.1 经济发展指数	4	4	4	4	4
1.2 人力资源指数	28	24	27	26	24
1.2.1 成人识字指数	17	16	17	18	13
1.2.2 教育投入指数	30	29	31	31	31
1.2.3 大学生指数	14	6	9	7	6
1.3 产业结构指数	7	5	5	6	6
1.3.1 产值结构指数	14	10	9	9	9
1.3.2 就业结构指数	5	5	5	5	5
1.4 发展方式指数	4	4	3	3	3
1.4.1 研发投入指数	5	5	4	4	4
1.4.2 创新指数	3	2	1	1	1
1.4.3 能效指数	5	5	4	4	4
2 网络社会指数	6	6	4	4	5
2.1 支付能力指数	4	4	4	4	5
2.1.1 固定宽带支付能力指数	4	4	4	4	5
2.1.2 移动电话支付能力指数	4	4	4	4	5
2.2 社会发展指数	10	9	9	9	11
2.2.1 人均寿命指数	6	6	6	6	6
2.2.2 城镇化指数	7	7	7	7	6
2.2.3 空气质量指数	17	22	23	21	26
3 在线政府指数	9	10	8	11	11
4 数字生活指数	7	7	7	7	7
4.1 移动电话指数	9	9	9	9	8
4.2 电脑指数	7	7	6	6	7
4.3 互联网指数	8	8	8	8	8

表3 江苏省所辖地级市2015 年ISI 主要指标（指数）

	ISI 总指数	信息经济指数	网络社会指数	在线政府指数	数字生活指数
南京	0. 6683	0.6096	0.6466	0.6188	0.7651
无锡	0. 7093	0.6988	0.7264	0.6531	0.7214
徐州	0. 4358	0.3714	0.4487	0.5577	0.4469
常州	0. 6173	0.5443	0.6140	0.5863	0.7038
苏州	0. 7444	0.6992	0.7287	0.6226	0.8458
南通	0. 5247	0.4525	0.5126	0.5834	0.5895
连云港	0. 4215	0.3538	0.3991	0.5605	0.4652
淮安	0. 4103	0.3676	0.4150	0.5090	0.4155
盐城	0. 4280	0.3668	0.4340	0.5223	0.4518
扬州	0. 5135	0.4461	0.5256	0.5682	0.5507
镇江	0. 6133	0.5334	0.6032	0.6025	0.7068
泰州	0. 4894	0.4157	0.4955	0.5748	0.5285
宿迁	0. 3880	0.3279	0.3740	0.6255	0.3828

表4 江苏省所辖地级市2015 年ISI 主要指标（全国排名）

	ISI 总指数	信息经济指数	网络社会指数	在线政府指数	数字生活指数
南京	13	8	20	24	22
无锡	11	4	7	15	29
徐州	101	72	88	64	153
常州	25	14	26	38	35
苏州	4	3	6	22	13
南通	48	38	55	41	61
连云港	119	91	149	61	137
淮安	132	75	127	106	190
盐城	110	76	103	99	149
扬州	51	39	51	55	83
镇江	27	17	31	27	34
泰州	64	50	64	50	97
宿迁	162	129	178	20	217

江苏省两化融合发展水平报告（2014）

为准确把握我省两化融合现状，加快促进信息化和工业化深度融合，有效提升我省两化融合综合发展水平，更好地引导、推动我省工业转型升级和转变经济发展方式，省经信委委托江苏省电子信息产品质量监督检验研究院开展了2014年度江苏省两化融合发展水平评估工作。通过对两化融合发展水平评估的前期研究，借鉴国家区域两化融合发展水平评估指标体系和工作方法，先后完成了江苏省两化融合发展水平评估指标体系设计、评估测算方法确定、评估指标数据采集、数据汇总整理工作，最后，参照江苏在国家区域两化融合发展水平评估中的结果，在指数计算和数据分析的基础上编写完成了《江苏省两化融合发展水平报告（2014）》。

一、概述

按照《信息化和工业化深度融合专项行动计划（2013～2018年）》（工信部信〔2013〕317号）工作部署，江苏作为国家区域两化融合发展水平评估试点省，在2012～2014年先后开展了国家区域两化融合发展水平评估和江苏省地市级两化融合发展水平评估。

为继续深入开展两化融合深度行活动，进一步提升我省两化融合发展水平，在省经信委的指导下，江苏省电子信息产品质量监督检验研究院根据江苏的实际情况，参照国家区域两化融合发展水平评估指标体系和评估方法，制定了符合我省两化融合发展水平评估的指标体系和评估方案，并对我省2014年度的两化融合发展水平进行了评估。

二、评估方案

（一）评估指标

结合江苏省当前两化融合发展特点与实际，在工信部推出的国家区域两化融合发展水平评估指标体系的基础上制定了符合江苏省自身发展特点的2014年度江苏省两化融合发展水平评估指标体系。

借鉴国家区域两化融合发展水平评估指标体系的大类划分法，江苏省两化融合发展水平评估指标体系划分为基础环境类（25%）、工业应用类（50%）、应用效益类（25%）三大部分。在国家区域两化融合发展水平评估指标体系的基础上，我省指标体系采纳了22个指标，同时为适应我省实际，将工业应用中的“国家新型工业化产业示范基地‘两化’融合发展水平”指标调整为“省两化融合示范（试点）企业数和示范（试验）区数”指标，共计形成23个指标（见附表一）。

（二）评估方法

1. 数据抽样方法

在2014年度江苏省两化融合发展水平评估指标体系中所涉及的调查数据采用抽样调查的方式，调查了13个省辖市的规模以上工业企业和中小工业企业，门类涵盖制造业、采矿业、电力、热力、燃气及水生产和供应业等。在数据抽样过程中，共计收到13个省辖市1272家企业的调查数据，在此基础上完成了基础环境和工业应用中抽样调查指标项的指数测算。

2. 指标测算方法

2.1 指标无量纲化

各评估指标原始值记为X_{ni}（n=年份，i=指标），无量纲化后值记为Z_{ni}，采用取对数的方式对指标进行无量纲化。选择2013年作为基期，将2013年全省各省辖市数据的中间值记为$\overline{Z}_{(n=2013)i}=50$。2013年之后第n年无量纲化后的值为$Z_{ni}(n\geq 2013)$。2013年全省各地市的各评估指标的中间水平值记为$\overline{X}_{(n=2013)i}$。

正指标计算公式：$Z_{ni}=\left[Log_2\left(1+\frac{X_{ni}}{\overline{X}_{(n=2013)i}}\right)\right]*50$

逆指标计算公式：$Z_{ni}=\left[Log_2\left(1+\frac{\overline{X}_{(n=2013)i}}{X_{ni}}\right)\right]*50$

2.2 确定指标权重

在2014年度江苏省两化融合发展水平评估中，各指标权重为：基础环境类25%，工业应用类50%，应用效益类25%。

2.3 合成分类指数和综合指数

I_{1n}、I_{2n}、I_{3n}分别代表基础环境指数、工业应用指数和应用效益指数，计算公式如下：

$$I_{jn}=\frac{\sum_{i=j\min}^{j\max}Z_{ni}W_i}{\sum_{i=j\min}^{j\max}W_i}$$，其中j=1□2□3

I_n代表两化融合发展综合指数，计算公式如下：

$$I_n=\sum_{j=1}^{3}\left(I_{jn}\frac{\sum_{i=j\min}^{j\max}W_i}{\sum_{i=1}^{23}W_i}\right)，即 I_n=\frac{\sum_{i=1}^{23}Z_{ni}W_i}{\sum_{i=1}^{23}W_i}$$

三、综合分析

2014年江苏省两化融合发展水平综合指数为92.17，其中，基础环境指数为86.31，工业应用指数为78.00，应用效益指数为126.37。2014年江苏省两化融合发展水平评估各类指数情况如表1和图1所示。

表1 2014年江苏省两化融合发展水平评估指数

年度	基础环境	工业应用	应用效益	综合指数
2014年	86.31	78.00	126.37	92.17

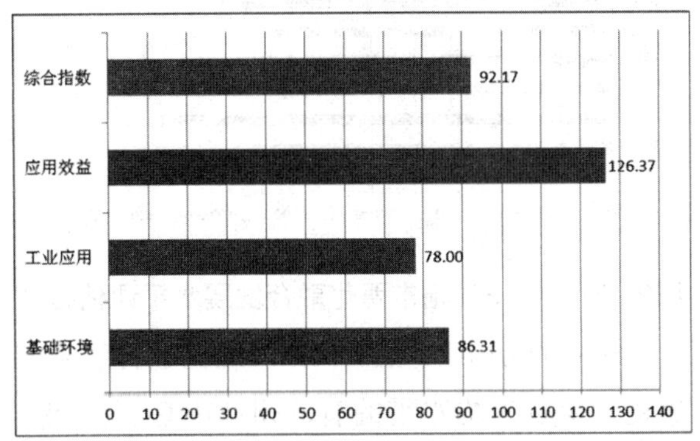

图1 2014年江苏省两化融合发展水平评估指数

表2和图2给出了2014年江苏省13省辖市两化融合发展水平评估的结果和排名情况。

表2 2014年13省辖市两化融合发展水平评估指数

序号	省辖市	基础环境	工业应用	应用效益	综合指数
1	苏州	112.02	103.85	196.35	127.55
2	南京	101.66	84.65	194.32	113.54
3	无锡	105.81	82.37	170.00	108.50
4	常州	101.89	76.94	142.05	98.81
5	扬州	77.37	87.58	117.22	93.42
6	镇江	95.73	69.11	144.58	93.25
7	南通	85.25	81.77	120.69	92.91
8	泰州	78.29	73.65	110.48	84.42
9	徐州	87.55	69.53	105.64	83.56
10	淮安	76.49	72.85	88.05	79.03
11	连云港	73.60	71.30	85.49	76.88
12	盐城	62.96	72.21	81.09	73.71
13	宿迁	63.43	68.15	86.83	72.66
全省均值		86.31	78.00	126.37	92.17

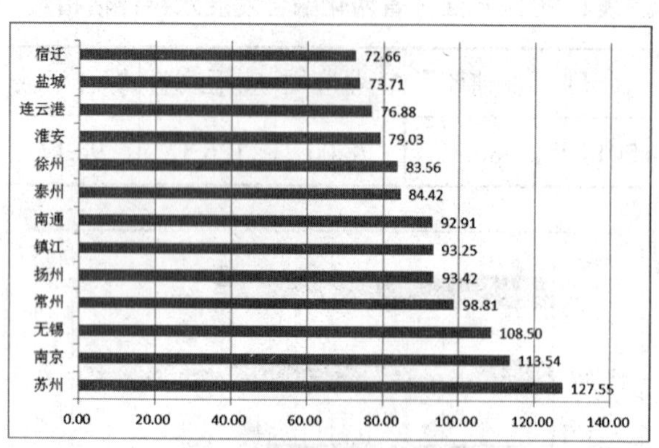

图2 2014年13省辖市两化融合发展水平评估指数

从各省辖市的数据来看，两化融合综合指数超过全省平均水平的有苏州、南京、无锡、常州、扬州、镇江、南通。其中，排名前六位的是苏州、南京、无锡、常州、扬州、镇江。

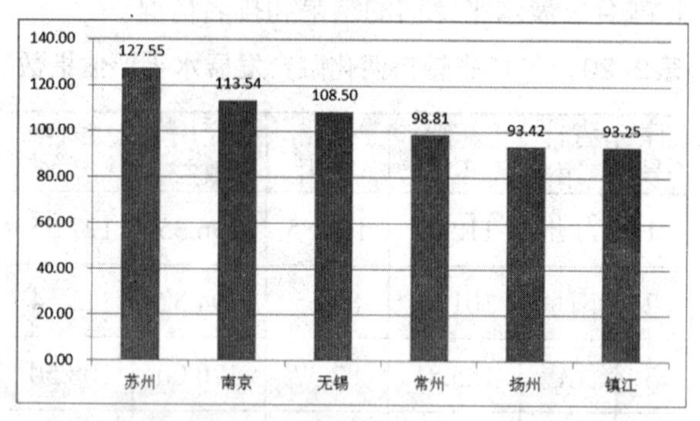

图3 2014年两化融合综合指数排名前六位

在基础环境方面，指数排名前五的是苏州、无锡、常州、南京、镇江。

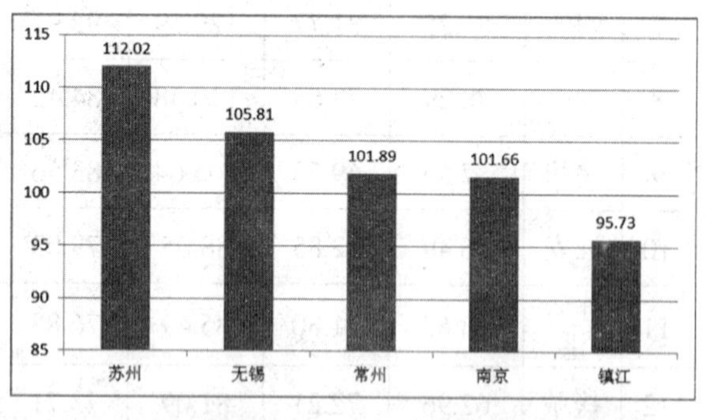

图4 2014年两化融合基础环境类指数排名前五位

在工业应用方面，指数排名前五的是苏州、扬州、南京、无锡、南通。

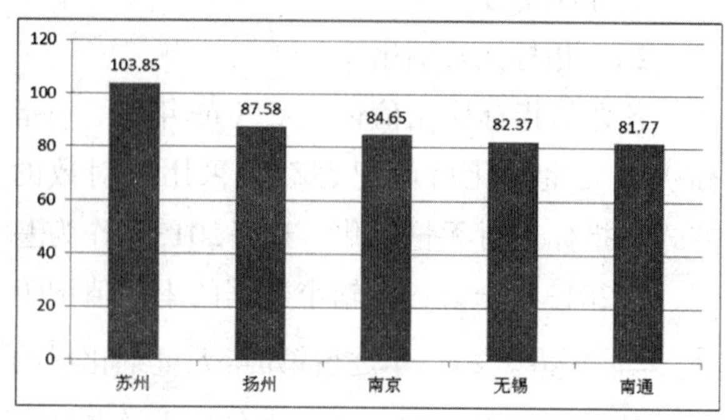

图5 2014年两化融合工业应用类指数排名前五位

在应用效益方面，指数排名前五的是苏州、南京、无锡、镇江、常州。

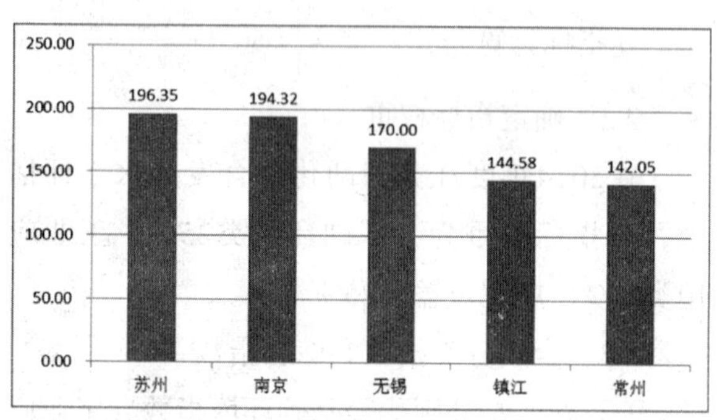

图6 2014年两化融合应用效益类指数排名前五位

四、区域分析

从苏南（苏州、南京、无锡、常州、镇江）、苏中（扬州、南通、泰州）和苏北（盐城、淮安、徐州、连云港、宿迁）三大地区两化融合发展指数的综合水平来看，如表3和图7所示，苏南的两化融合综合指数是108.33，苏中是90.25，苏北是77.17，苏南的两化融合综合发展水平明显高于苏中和苏北地区，苏中地区优于苏北地区。

从分类指数来看，其中，苏南基础环境指数是103.42，苏中是80.30，苏北是72.81。苏南工业应用指数是83.38，苏中是81.00，苏北是70.81。苏南应用效益指数是169.46，苏中是116.13，苏北是89.42。在基础环境、工业应用和应用效益三大分类指数，依然是苏南、苏中和苏北依次排列。

表3 2014年分地区两化融合发展水平评估指数

指数类型	苏南	苏中	苏北
基础环境	103.42	80.30	72.81
工业应用	83.38	81.00	70.81
应用效益	169.46	116.13	89.42
综合指数	108.33	90.25	77.17

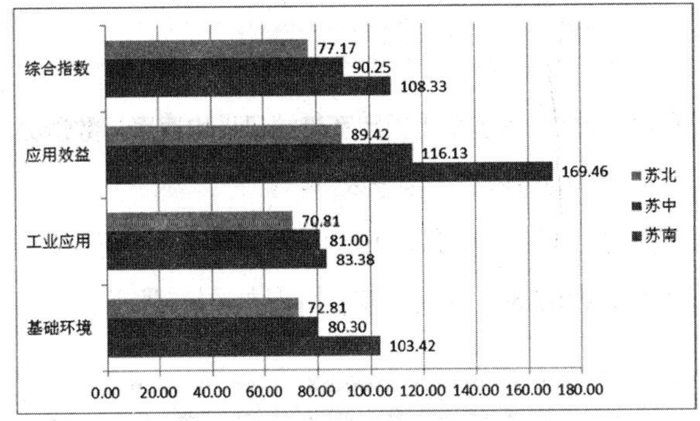

图7 2014年分地区两化融合发展水平评估指数

综上所述，无论是在综合指数方面，还是在分类指数方面，苏南地区均优于苏中地区，苏中地区均优于苏北地区。

五、基础环境分析

2014年全省两化融合发展水平评估基础环境类评估结果如表4所示。

从评估结果看，苏州、无锡、常州、南京、镇江的基础环境明显优于全省平均水平，这主要是因为这些省辖市的网络基础设施覆盖率、移动电话和互联网普及率均处于全省上游水平，当地对两化融合财政支持力度较大，企业较为重视信息化专项规划与建设；盐城、宿迁、连云港的基础环境较差，城域网出口带宽、固定宽带普及率、移动电话和互联网普及率均处于全省下游水平，中小企业信息化服务平台数较少。

表4 2014年全省两化融合发展水平评估基础环境指数评估结果

省辖市	城域网出口带宽	固定宽带普及率	固定宽带端口平均速率	移动电话普及率	互联网普及率	“两化”融合专项引导资金	中小企业信息化服务平台数	重点行业典型企业信息化专项规划	基础环境指数
苏州	242.64	113.85	86.28	87.52	100.55	118.18	118.10	110.74	112.02
无锡	160.60	101.88	80.44	81.76	81.76	118.18	257.37	65.80	105.81
常州	165.39	104.98	83.57	75.44	80.25	118.18	197.07	72.76	101.89
南京	222.19	113.85	80.80	79.79	78.72	118.18	145.85	78.01	101.66
镇江	151.02	92.06	74.58	70.32	77.17	118.18	225.15	55.22	95.73
徐州	152.38	65.52	74.12	62.09	58.64	118.18	206.87	78.01	87.55
南通	197.65	85.04	67.40	63.89	63.64	118.18	118.10	76.72	85.25
泰州	101.17	81.37	60.82	60.71	62.41	118.18	94.44	74.10	78.29
扬州	104.26	85.04	72.03	68.09	62.41	0.00	139.27	74.10	77.37
淮安	85.01	61.22	73.66	56.36	50.56	118.18	170.24	55.22	76.49
连云港	63.92	73.71	72.73	59.45	53.34	118.18	85.88	59.89	73.60
宿迁	79.93	61.22	60.65	57.52	51.96	118.18	36.63	45.22	63.43
盐城	104.26	65.52	63.22	58.45	57.34	0.00	94.44	50.34	62.96
全省均值	140.80	85.02	73.10	67.80	67.60	100.00	145.34	68.93	86.31

各省辖市两化融合发展的基础环境“南好北差”。其中，基础环境最好的省辖市均集中在苏南地区，网络基础设施建设水平、宽带网络基础设施覆盖率均明显高于全省平均水平，当地居民移动信息化应用水平和互联网的普及应用率较高，中小企业信息化服务平台数量较多，当地政府对两化融合的资金支持力度较大，企业普遍重视信息化建设。其他各市特别是苏北地区基础环境较差，网络基础设施建设水平明显低于全省平均水平，财政资金支持力度小，两化融合政策环境亟待优化。

（一）城域网出口带宽

2014年，在城域网出口带宽方面，全省平均水平为140.80，各省辖市情况如图8所示。

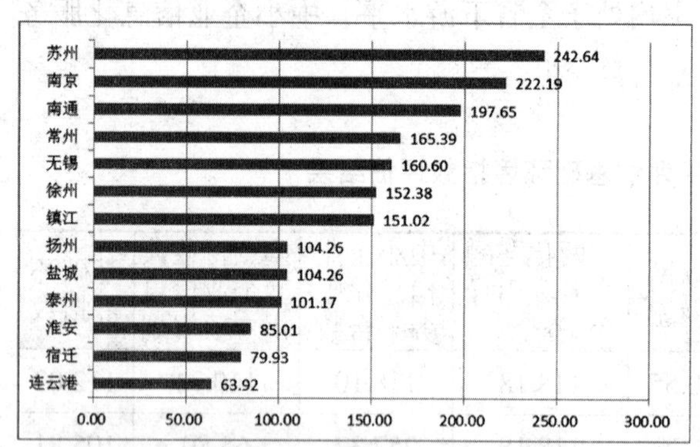

图8 2014年各省辖市城域网出口带宽指数情况

（二）固定宽带普及率

2014年，在固定宽带普及率方面，全省平均水平为85.02，各省辖市情况如图9所示。

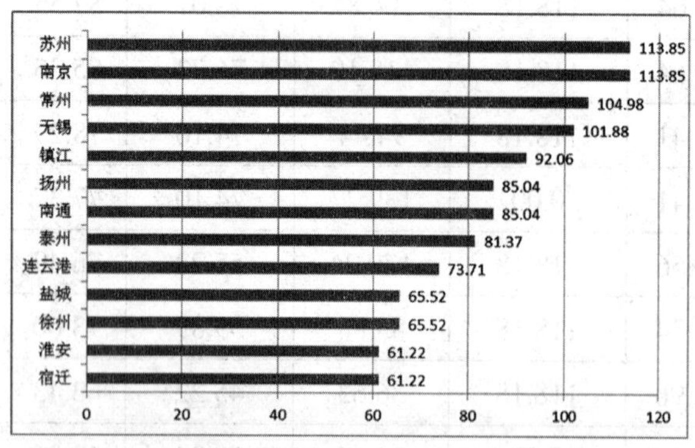

图9 2014年各省辖市固定宽带普及率指数情况

（三）固定宽带端口平均速率

2014年，在固定宽带端口平均速率方面，全省平均水平为73.10，各省辖市情况如图10所示。

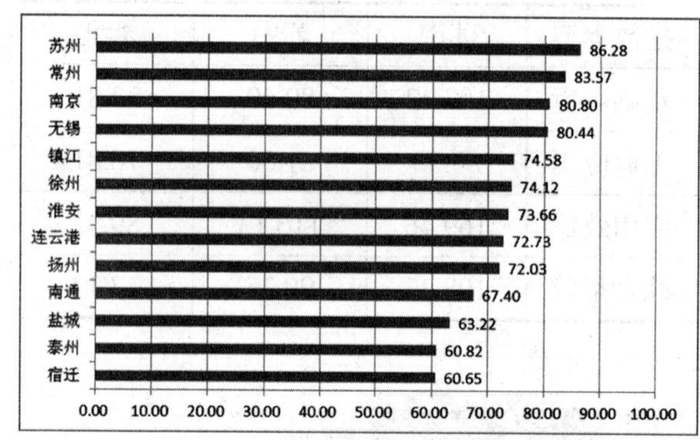

图10 2014年各省辖市固定宽带端口平均速率指数情况

（四）移动电话普及率

2014年，在移动电话普及率方面，全省平均水平为67.80，各省辖市情况如图11所示。

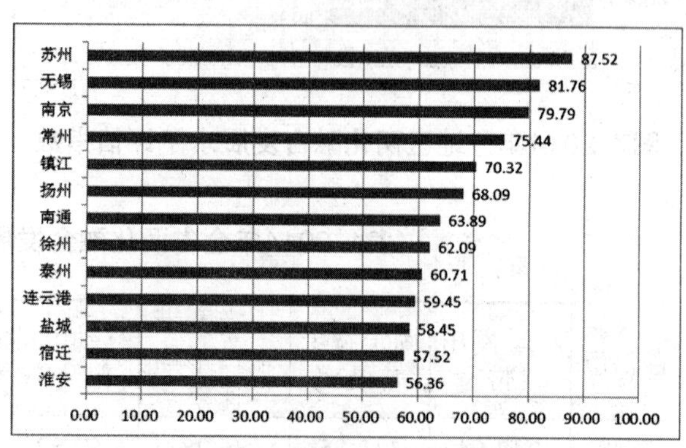

图11 2014年各省辖市移动电话普及率指数情况

（五）互联网普及率

2014年，在互联网普及率方面，全省平均水平为67.60，各省辖市情况如图12所示。

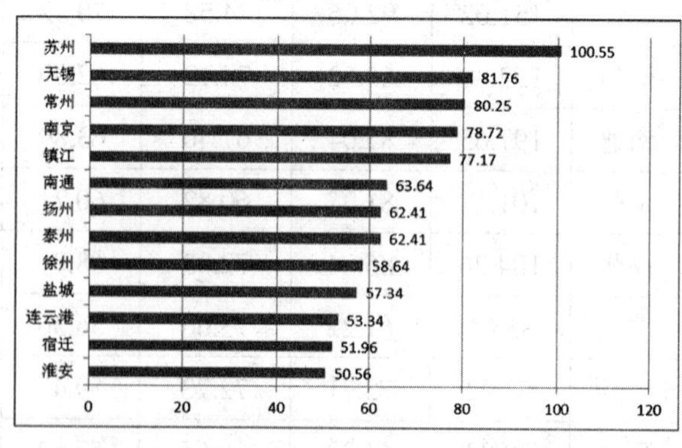

图12 2014年各省辖市互联网普及率指数情况

（六）“两化”融合专项引导资金

2014年，除扬州和盐城外，其余11个省辖市均设立了两化融合专项引导资金。其中，苏南地区省辖市5个，苏中地区省辖市2个，苏北地区省辖市4个，如表5所示。

表5 2014年两化融合专项引导资金设立情况

项目	设立专项资金的省辖市	苏南	苏中	苏北
省辖市数	11	5	2	4
占比情况	84.62%	45.45%	18.18%	36.36%

（七）中小企业信息化服务平台数

2014年，在中小企业信息化服务平台数方面，全省平均水平为145.34，各省辖市情况如图13所示。

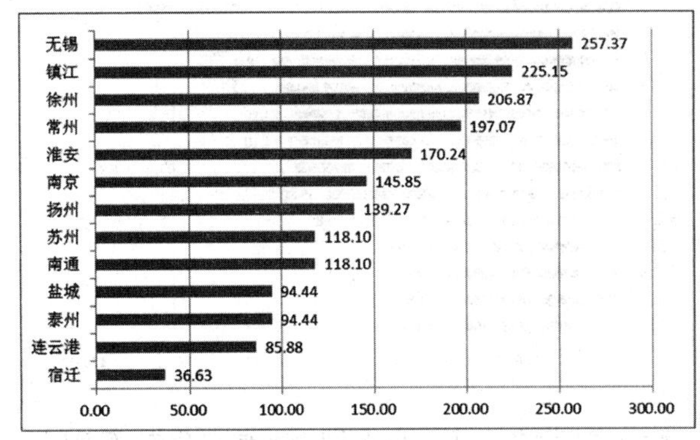

图13 2014年各省辖市中小企业信息化服务平台数指数情况

（八）重点行业典型企业信息化专项规划

2014年，在重点行业典型企业信息化专项规划方面，全省平均水平为68.93，各省辖市情况如图14所示。

表6 2014年全省两化融合发展水平评估工业应用指数评估结果

省辖市	重点行业典型企业ERP普及率	重点行业典型企业MES普及率	重点行业典型企业PLM普及率	重点行业典型企业SCM普及率	重点行业典型企业采购环节电子商务应用	重点行业典型企业销售环节电子商务应用	重点行业典型企业装备数控化率	省两化融合示范（试点）企业数和示范（试验）区数	工业应用指数
苏州	103.36	111.25	64.43	96.48	138.57	132.02	73.49	104.69	103.85
扬州	81.81	95.16	66.67	81.05	134.84	126.73	58.44	69.84	87.58
南京	86.28	93.23	53.62	84.16	132.94	151.67	51.96	57.55	84.65
无锡	79.04	81.04	65.56	79.45	98.69	115.60	66.32	68.06	82.37
南通	71.31	87.28	66.67	61.12	116.79	132.02	53.08	75.79	81.77
常州	67.23	93.23	51.04	74.53	80.81	80.53	78.47	65.33	76.94
泰州	84.52	95.16	60.97	74.53	86.14	90.85	55.26	45.54	73.65
淮安	79.04	95.16	54.89	68.48	103.42	103.68	49.69	45.54	72.85
盐城	79.04	57.65	73.08	77.01	86.14	90.85	50.84	56.53	72.21
连云港	56.37	83.16	74.11	53.23	108.01	118.45	56.34	38.19	71.30
徐州	63.01	65.13	44.25	45.82	138.57	134.60	44.92	53.38	69.53
镇江	57.50	65.13	53.62	56.26	93.79	109.75	58.44	58.56	69.11
宿迁	67.23	57.65	70.99	63.01	88.74	87.48	54.18	50.11	68.15
全省均值	75.06	83.09	61.53	70.39	108.27	113.40	57.80	60.70	78.00

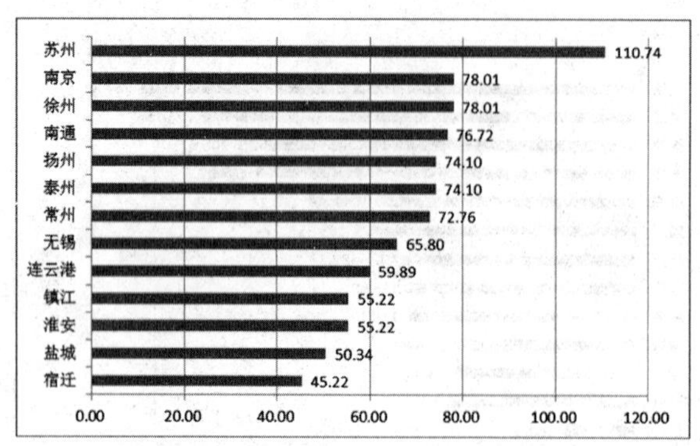

图14 2014年重点行业典型企业信息化专项规划指数情况

六、工业应用分析

2014年全省两化融合发展水平评估工业应用类评估结果情况如下表所示。

从评估结果看，全省两化融合工业应用指数平均水平为78.00。其中，苏州、扬州、南京、无锡、南通的工业应用指数超过了全省平均水平，企业的ERP、MES、PLM、SCM和电子商务普及应用的整体水平相对较高，多个业务环节的信息化应用开始走向综合集成和协同阶段；宿迁、镇江、徐州的工业应用较差，企业信息化应用的整体水平较低，均低于全省平均水平，大部分企业的信息化普遍处于单项应用阶段且应用水平较低，有的企业甚至还未开始信息技术应用。

评估结果充分体现各省辖市的工业基础情况，苏州、扬州、南京、无锡等工业基础较好的省辖市，积极利用信息技术改造和提升传统产业，加快工业转型升级步伐，使其工业企业信息化应用水平相对较好。宿迁、徐州、连云港等省辖市工业基础普遍薄弱，采用信息技术改造提升传统工业的推进步伐较缓慢，工业企业信息化应用水平普遍较差。

（一）重点行业典型企业ERP普及率

2014年，在重点行业典型企业ERP普及率方面，全省平均水平为75.06，各省辖市情况如图15所示。

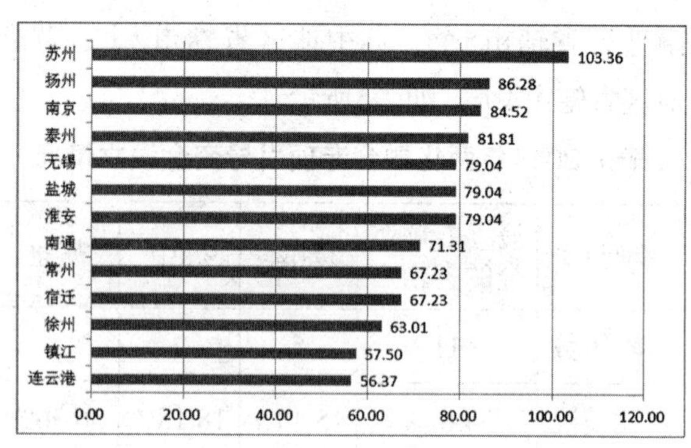

图15 2014年各省辖市重点行业典型企业ERP普及率情况

（二）重点行业典型企业MES普及率

2014年，在重点行业典型企业MES普及率方面，全省平均水平为83.09，各省辖市情况如图16所示。

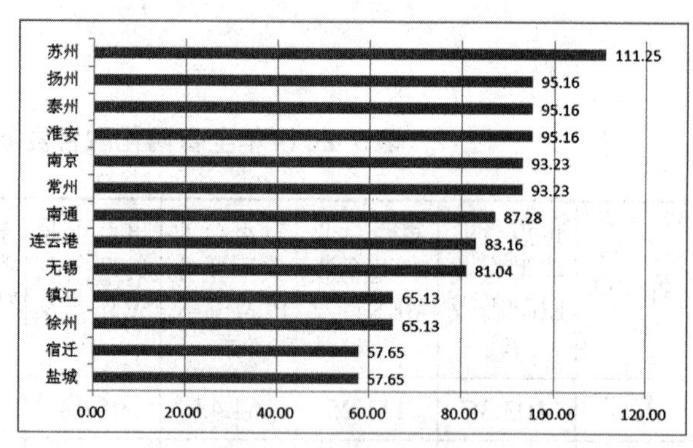

图16 2014年各省辖市重点行业典型企业MES普及率情况

（三）重点行业典型企业PLM普及率

2014年，在重点行业典型企业PLM普及率方面，全省平均水平为61.53，各省辖市情况如图17所示。

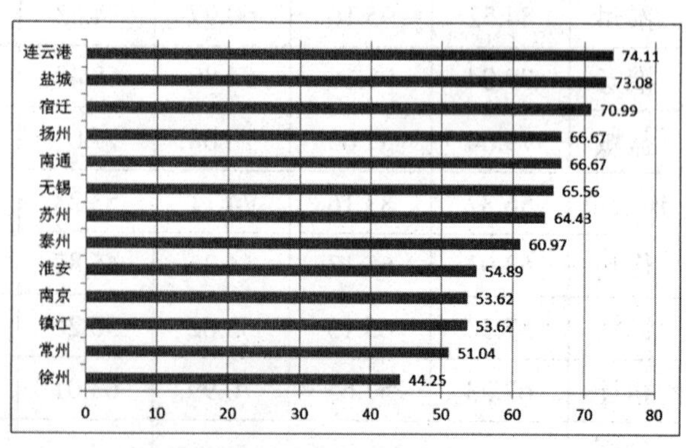

图17 2014年各省辖市重点行业典型企业PLM普及率情况

（四）重点行业典型企业SCM普及率

2014年，在重点行业典型企业SCM普及率方面，全省平均水平为70.39，各省辖市情况如图18所示。

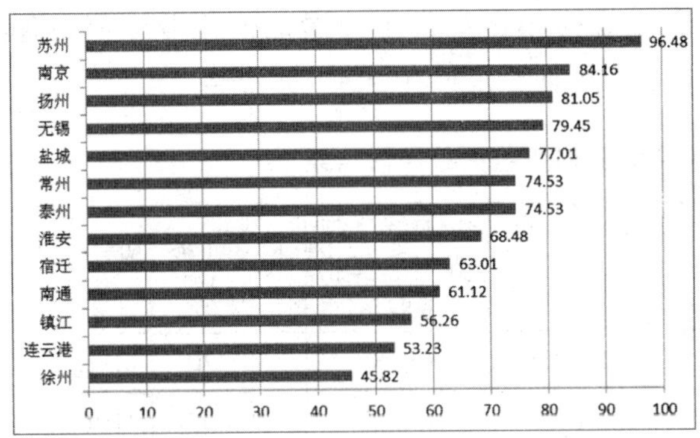

图18 2014年各省辖市重点行业典型企业SCM普及率情况

（五）重点行业典型企业采购环节电子商务应用

2014年，在重点行业典型企业采购环节电子商务应用方面，全省平均水平为108.27，各省辖市情况如图19所示。

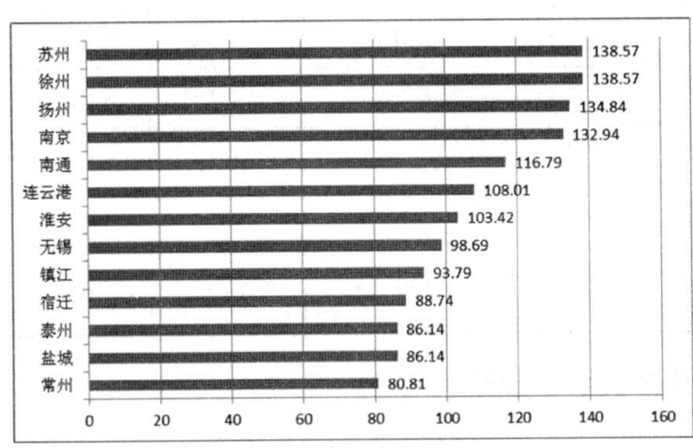

图19 2014年重点行业典型企业采购环节电子商务应用情况

（六）重点行业典型企业销售环节电子商务应用

2014年，在重点行业典型企业销售环节电子商务应用方面，全省平均水平为113.40，各省辖市情况如图20所示。

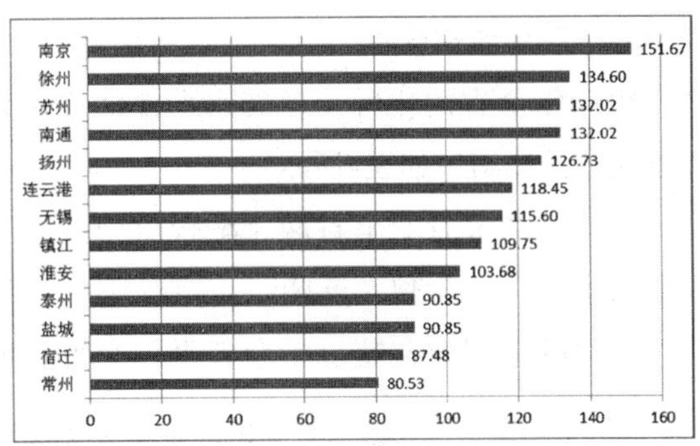

图20 2014年重点行业典型企业销售环节电子商务应用情况

（七）重点行业典型企业装备数控化率

2014年，在重点行业典型企业装备数控化率方面，全省平均水平为57.80，各省辖市情况如图21所示。

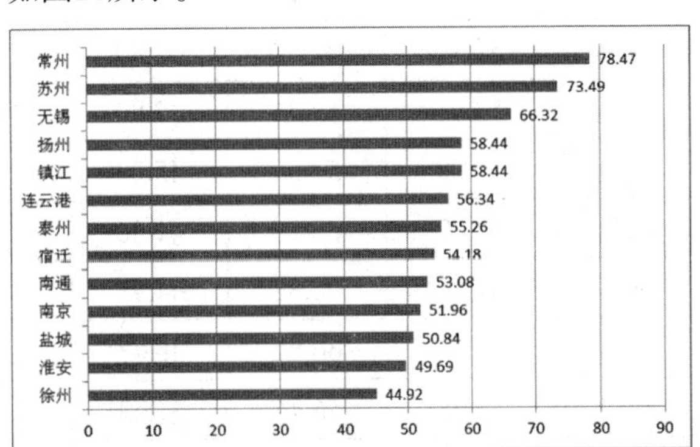

图21 2014年各省辖市重点行业典型企业装备数控化率情况

（八）省两化融合示范（试点）企业数和示范（试验）区数

2014年，在省两化融合示范（试点）企业数和示范（试验）区数方面，全省平均水平为60.70，各省辖市情况如图22所示。

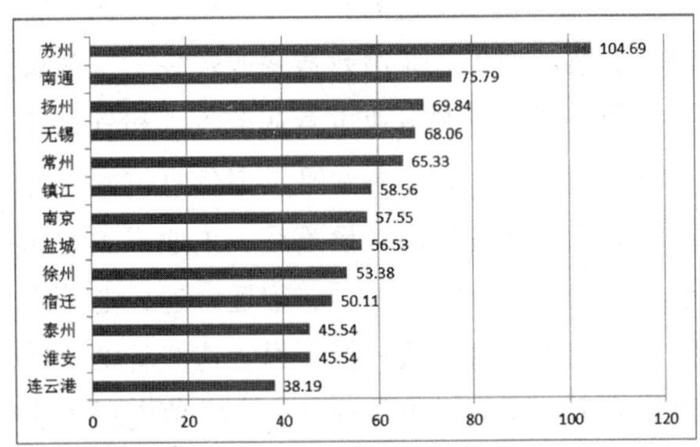

图22 2014年省两化融合示范（试点）企业数和示范（试验）区数

七、应用效益分析

2014年全省两化融合发展水平评估应用效益类指标评估结果如表7所示。

从评估结果看，全省两化融合应用效益指数平均水平为126.37，苏州、南京、无锡、镇江、常州的应用效益超过了全省平均水平且明显高于其他省辖市，电子信息、软件和信息服务业发达，单位工业增加值工业专利量较多。淮安、盐城、宿迁、连云港的应用效益较差，电子信息、软件和信息服务业发展较慢，信息产业规模小，单位工业增加值工业专利量偏少，工业研发水平有待进一步提高。

表7 2014年全省两化融合发展水平评估应用效益指数评估结果

省辖市	工业增加值占GDP比重	第二产业全员劳动生产率	工业成本费用利润率	单位工业增加值工业专利量	单位地区生产总值电耗	电子信息制造业主营业务收入	软件业务收入	应用效益指数
苏州	54.79	71.85	29.07	179.20	115.55	865.88	681.20	196.35
南京	45.14	91.24	38.63	156.40	81.87	406.87	788.07	194.32
无锡	54.25	80.29	32.22	170.50	83.95	458.76	580.86	170.00
镇江	54.75	74.53	38.80	165.29	65.59	255.27	419.14	144.58
常州	53.01	69.34	32.80	169.66	71.63	332.33	416.91	142.05
南通	50.00	58.55	45.23	159.61	96.97	343.09	154.74	120.69
扬州	51.77	65.25	41.36	138.72	92.57	329.56	134.12	117.22
泰州	51.89	62.32	44.95	159.73	95.56	217.78	121.63	110.48
徐州	47.79	66.87	46.73	121.60	82.08	224.35	108.29	105.64
淮安	45.68	56.46	31.43	133.29	85.47	184.82	25.78	88.05
宿迁	47.24	46.07	59.42	107.00	85.25	60.63	23.22	86.83
连云港	43.85	51.83	45.27	132.48	102.64	67.65	25.35	85.49
盐城	47.79	54.97	40.43	112.78	84.81	53.22	26.20	81.09
全省均值	49.84	65.35	40.49	146.64	88.00	292.32	269.65	126.37

各省辖市两化融合发展的应用效益普遍呈现出“信息产业规模大，应用效益好”的特点。信息产业较发达的苏州、南京、无锡、常州等省辖市的工业应用效益普遍较好，这些省辖市的电子信息制造业主营业务收入和软件业务收入均处于全省上游水平，但信息技术支撑企业节能降耗的能力尚显不足，工业成本费用率依然较低。淮安、盐城、宿迁、连云港等省辖市，应用效益指数较低，尽管这些省辖市的工业成本费用率和单位地区生产总值电耗占有一定优势，但是电子信息制造业主营业务收入和软件业务收入都位于全省下游水平，工业研发科技水平普遍较低。

（一）工业增加值占GDP比重

2014年，在工业增加值占GDP比重方面，全省平均水平为49.84，各省辖市情况如图23所示。

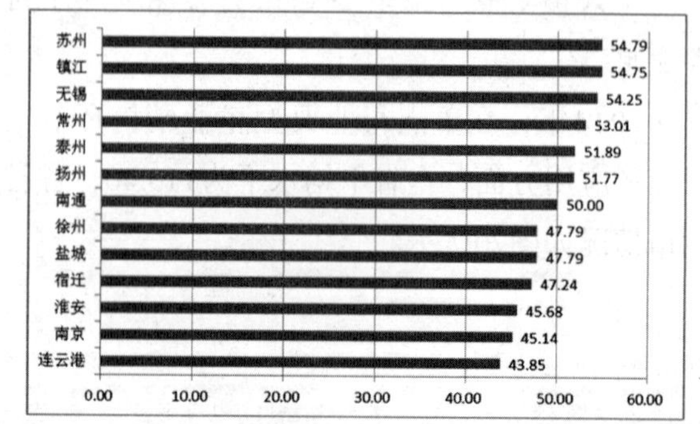

图23 2014年各省辖市工业增加值占GDP比重情况

（二）第二产业全员劳动生产率

2014年，在第二产业全员劳动生产率方面，全省平均水平为65.35，各省辖市情况如图24所示。

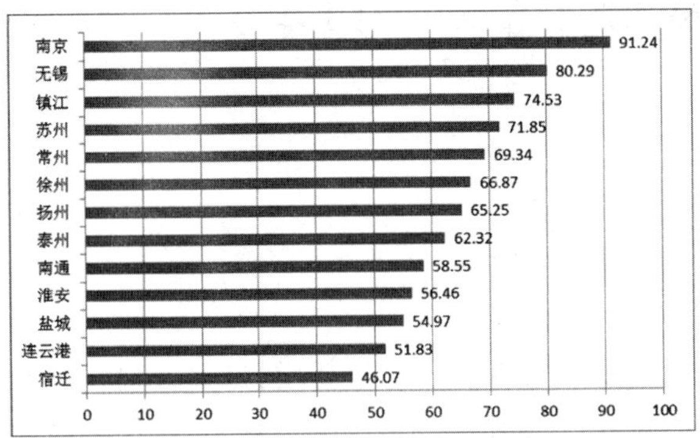

图24 2014年各省辖市第二产业全员劳动生产率情况

（三）工业成本费用利润率

2014年，在工业成本费用利润率方面，全省平均水平为40.49，各省辖市情况如图25所示。

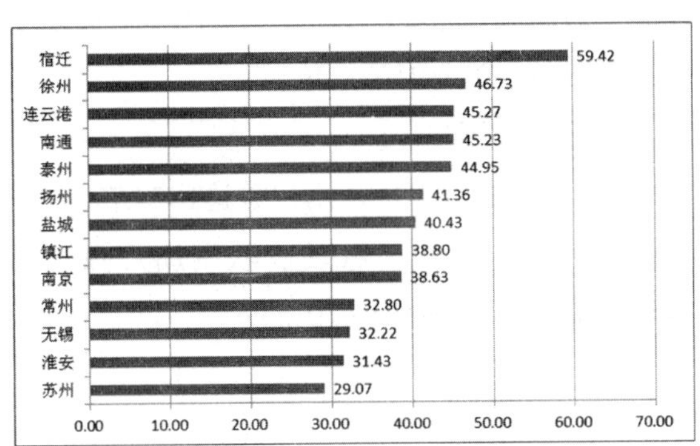

图25 2014年各省辖市工业成本费用利润率情况

（四）单位工业增加值工业专利量

2014年，在单位工业增加值工业专利量方面，全省平均水平为146.64，各省辖市情况如图26所示。

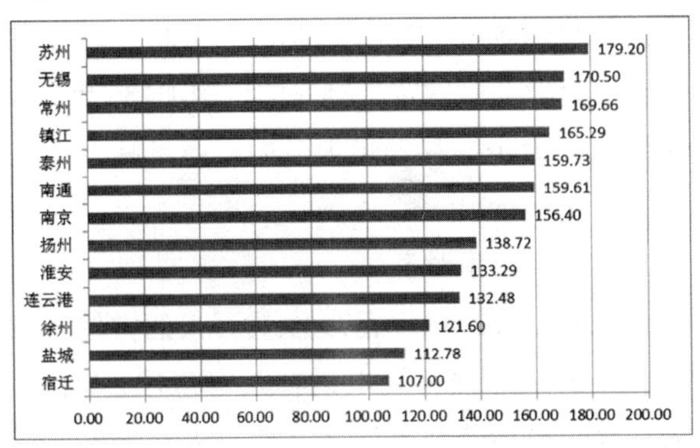

图26 2014年各省辖市单位工业增加值工业专利量情况

（五）单位地区生产总值电耗

2014年，在单位地区生产总值电耗方面，全省平均水平为88.00，各省辖市情况如图27所示。

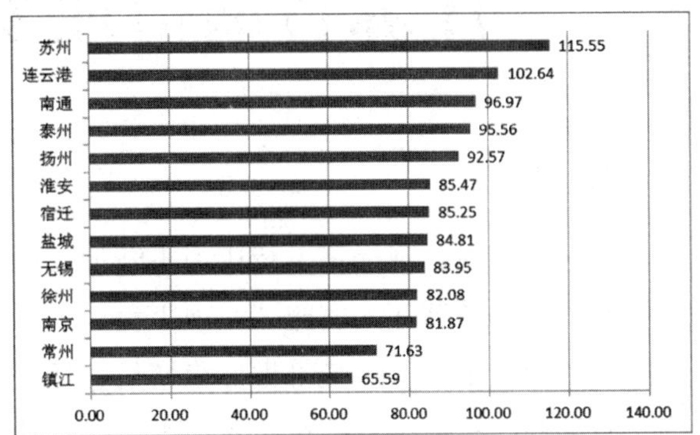

图27 2014年各省辖市单位地区生产总值电耗情况

（六）电子信息制造业主营业务收入

2014年，在电子信息制造业主营业务收入方面，全省平均水平为292.32，各省辖市情况如图28所示。

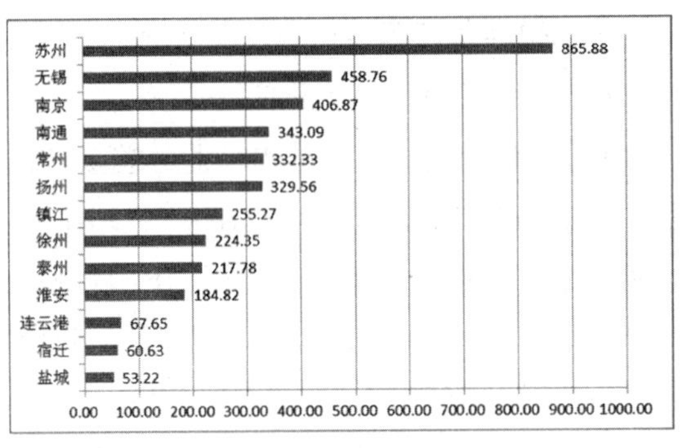

图28 2014年各省辖市电子信息制造业主营业务收入情况

（七）软件业务收入

2014年，在软件业务收入方面，全省平均水平为269.65，各省辖市情况如图29所示。

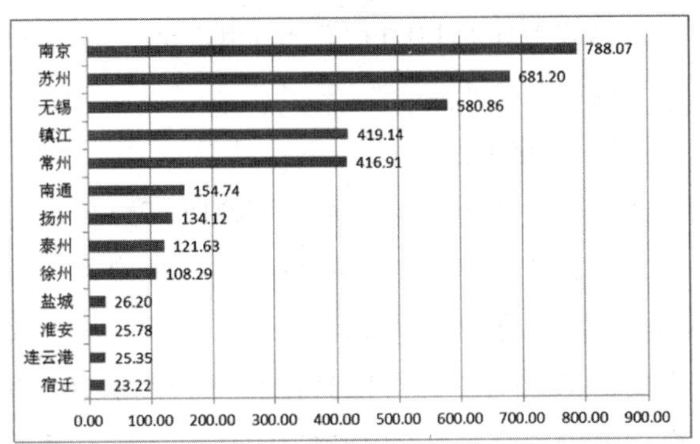

图29 2014年各省辖市软件业务收入情况

（江苏省电子信息产品质量监督检验研究院）

江苏省通信业发展概况（2014）

2014年，在宏观经济下行压力不断加大的严峻形势下，江苏深入实施“八项工程”，着力抓好“十项举措”，统筹做好稳增长、抓改革、调结构、惠民生、防风险各项工作，经济社会发展稳中向好，地区生产总值达到约65100亿元，同比增长8.7%。全省通信行业认真贯彻落实工信部与省委、省政府的决策部署，坚持稳中求进、改革创新工作总基调，着力推进转型升级，行业保持基本平稳运行态势。

一、2014年江苏通信业发展状况

（一）经济指标发展状况

江苏通信业全年共完成电信业务总量1321.8亿元，占全国7.3%，同比增长16.9%，增幅高于全国0.8个百分点，高于东部地区2.0个百分点；电信业务收入853.9亿元，占全国7.4%，同比增长-2.4%，增幅低于全国1.2个百分点，高于东部地区0.1个百分点。电信业增加值完成474.9亿元，占全国的7.3%，同比增长5.6%，电信业务总量、收入和增加值三项指标稳居全国第二位。

（二）用户发展状况

全省减少电话用户27.8万户，月均2.3万户，总数为10204.0万户，占全国6.6%，居全国第二位。

1. 固定电话

固定电话用户全年累计减少156.2万户，总数为2133.6万户，占全国8.6%，居全国第二。其中，城市电话用户减少52.9万户，农村电话用户减少103.3万户，分别为1222.9万户和910.7万户，分别占全国的6.9%和12.4%。无线市话用户降为8.3万户，全年共减少了48.0万户，总数占全国的5.4%。

2. 移动电话

移动电话用户全年新增128.4万户，总数达到8070.4万户，占全国6.3%，列全国第三位。3G移动电话用户全年新增306.0万户，达到3173.6万户，占移动电话用户总数的39.3%，居全国第三位；其中TD-SCDMA电话用户数达1541.4万户，占3G移动电话用户数的48.6%。4G移动电话用户达到921.4万户，占全国4G移动电话用户数9%，居全国第二位。

3. 互联网用户

全省互联网宽带接入用户数达1824.7万户，累计净增393.3万户。移动互联网用户数达到6345.4万户，累计净增554.9万户。

（三）固定资产投资和通信能力

全年完成固定资产投资262.1亿元，同比增长5.8%。固定局用交换机容量减少578.8万门，降到2767.5万门；移动电话交换机容量增加116.6万户，达到10473.1万户；固定长途电话交换机容量为37.6万路端。全省光缆线路长度增加296002公里，达到2053531公里；其中长途光缆线路长度增加385公里，为36249公里。基础电信运营企业互联网宽带接入端口增加133万个，达到3198万个。移动短消息中心容量减少1260万条，达53352万条。

（四）服务水平

按照全省2013年底7939.49万人的常住人口计算，2014年底移动电话普及率达101.6部/百人；固定电话普及率达26.9部/百人；全省电话普及率达128.5部/百人。全省增值电信企业达到

2025家（不含跨地区备案增值电信企业），预计全年增值电信业务收入将突破350亿元，增长率超过17%。

（五）主要业务量发展情况

固定互联网宽带接入时长达32474.3亿分钟，同比增长33.7%；固定本地电话通话时长191.9亿分钟，同比减少11.5%；固定传统长途电话通话时长35.0亿分钟，同比减少3.0%；移动电话通话时长3609.7亿分钟，同比增长0.9%。移动短信息业务量达523.0亿条，同比减少10.1%。

二、2014年江苏通信业发展特点

（一）电信业务收入增速连续走低，营改增等政策影响是主因

2014年，江苏基础电信业共完成电信业务收入853.9亿元，同比下降2.4%，增幅低于全国1.2个百分点，高于东部地区0.1个百分点。按营改增后可比口径计算，同比增长2.1%，增速比2013年下降4.3个百分点。分析2014年各月发展情况，上半年江苏基础电信业务收入基本保持了缓增的发展态势，从6月起电信业务收入增幅陡降，特别是从9月起进入负增长区间，这也是十多年来的首次负增长。纵观兄弟省份的发展情况，基础电信业务收入持续走低，甚至出现负增长，已成为2014年我国东部发达省份的普遍现象。至12月底，广东省电信业务收入同比下降2.7个百分点，比我省低0.3个百分点，浙江省电信业务收入同比下降2个百分点，比我省高0.4个百分点。分析我省基础电信业务收入持续走低情况，主要归纳为四个因素：一是在经济新常态下，行业传统业务发展已基本饱和，正在从高速增长步入中低速、甚至低速增长的通道；二是2014年6月1日起电信业纳入营改增试点范围，各基础电信企业收入较营业税模式下出现了较大减少；三是自2014年1月1日起，各基础电信企业话音、短信、彩信等业务的网间结算费用标准调整，使各基础电信企业收入减少；四是OTT业务强烈冲击，各基础电信企业传统语音、短彩信等业务同比降幅较大。

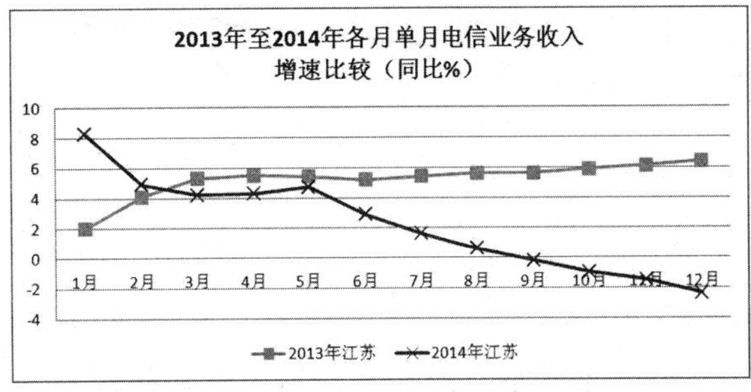

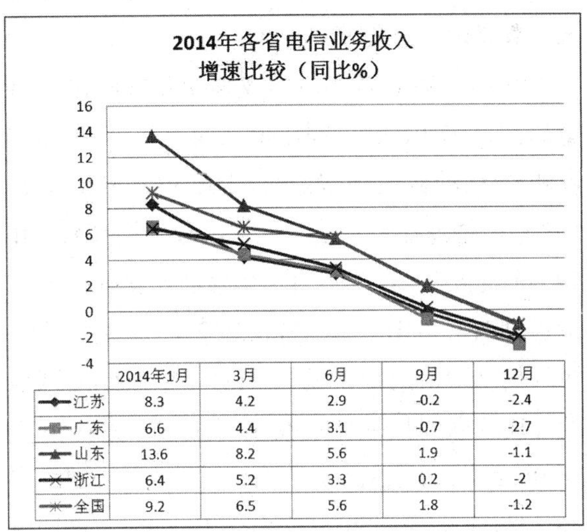

	2014年1月	3月	6月	9月	12月
江苏	8.3	4.2	2.9	-0.2	-2.4
广东	6.6	4.4	3.1	-0.7	-2.7
山东	13.6	8.2	5.6	1.9	-1.1
浙江	6.4	5.2	3.3	0.2	-2
全国	9.2	6.5	5.6	1.8	-1.2

（二）移动电话用户新增规模明显下滑，但4G用户发展态势良好

2014年，全省移动电话用户新增规模明显萎缩。全年全省共新增移动电话用户128.4万户，增长规模仅为2013年的27%。其中江苏电信和江苏移动移动电话用户增长规模分别比2013年减少270.9万户和123.5万户。目前，全省移动电话用户普及率已达101.6部/百人，用户增长动力较之前明显不足。3G移动电话用户增速减缓，全年共新增306万户，增长规模仅为2013年的29%。今年3G用户增长的减速主要是受到4G用户增长以及营销费用压降导致的营销模式变化的影响。4G移动电话用户新增规模逐月扩大。截至12月末，全省4G移动电话用户总规模达到921.4万户，其中四季度共新增用户523.9万户，超过前9个月新增用户之和，新增规模逐月有所扩大，显示出4G是未来一段时间内移动电话用户增长和发展的主体。

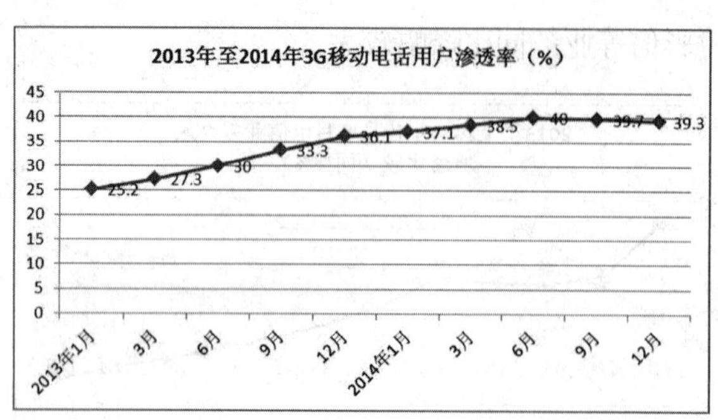

（三）移动数据及互联网业务持续快速增长，数据流量消费渐成主体

2014年我省基础电信业移动互联网接入流量达到15972.8万G，同比增长74.5%，其中四季度单季移动数据流量总计5766.9G，同比增长107.1%，增速比二季度和三季度分别提高47.2和44.9个百分点。1~12月月户均移动互联网接入流量达到214.80Mb，同比增长59.2%，成为增长最快的信息通信消费领域。1~12月份，来自4G网络的移动互联网接入流量在全部流量中占比达到18.9%，比1–3月占比提升了17.8个百分点，增长态势良好。相对应的2G网络由于用户流失，占比由1–3月的59.2%下降至48.1%。前四季度固定互联网接入时长达到32474.3亿分钟，同比增长33.7%，增速比去年同期提高32.4个百分点，固定互联网宽带接入流量达到80.2亿Gb，同比增长21.1%，增速比前三季度提高1.3个百分点。总体来看，互联网消费2014年增长速度逐步有所加快，与持续下滑的电信传统业务消费量形成了鲜明对比。

三、2014年江苏通信业发展成绩和存在问题

（一）圆满完成南京青奥、国家公祭日重要通信保障

全省通信业在省通信管理局的统一组织协调下，凝心聚力、攻坚克难，圆满完成了南京青奥、国家公祭日重要通信保障。南京青奥保障方面，制定了通信保障预案，开展了“信联–2014”青奥通信保障专项演练，建立了联合通信保障环苏协同机制；加强对业务系统的安全防护，共拦截1.2万多次网络攻击；赛会期间，累计出动保障人员2.4万多人次，车辆1100多辆次，保障了开闭幕式现场公众网络的畅通。在“12·13”国家公祭日通信保障方面，按照省委省政府的要求，及时部署，制定了总体工作方案和6个专项保障方案，针对国家公祭网网站、客户端、后台管理系统进行了安全检测，及时发现漏洞，确保了网站正常运行。

（二）加快落实“宽带中国”战略

省通信管理局通过推动省政府出台“宽带中国”战略实施意见；争取省政府出台3000万元配套监测系统建设、5000万元“以奖代补”直联点专项资金；与省环保厅签订环评合作协议；协调省国税局解决电信业营改增后转供电电费的增值税抵扣；联合省住建厅制定《通信用户驻地网室内无线信号覆盖系统建设标准（送审稿）》等举措为企业营造了健康良好发展环境。各基础电信运营企业全力配合、扎实推进，“宽带江苏”建设成效显著：一是认真落实省政府“宽带中国”战略实施意见，开展好江苏“宽带中国”2014专项行动。提前一年超额完成“十二五”1350亿元的投资计划。二是全省通信业积极配合地方政府参与“宽带中国”示范城市申报，南京、苏州、镇江、昆山4市成功申报，我省成为“宽带中国”示范城市数量最多的省份。三是在全国率先建成开通了南京互联网骨干直联点。四是开展南京、无锡地铁等公用通信网建设，地铁“自建共维”模式日趋完善。五是积极向省政府、集团公司沟通、汇报，推动省政府与四大集团公司签署了下一个五年的信息基础设施战略合作协议。截至2014年12月底，全省光纤到户用户数达644.2万户；光纤到户覆盖家庭达1984万户，居全国第2位。TD–LTE基站建成站点超过6万个，全省所有地市、县城主要城区实现全覆盖，FDD/TDD融合试验也加快了建设进度。自2008年开展共建共享以来，全省通信行业累计共建共享基站1.59万个、铁塔1.14万座、杆路3200多公里，节约建设资金44.3亿元。

（三）着力营造良好市场秩序

一是扎实推进行业纠风工作，垃圾短信全面实现“00000”一键退订，修改（含新增）格式条款166条，认真做好流量消费提醒。二是认真做好电话用户实名制工作，全省新增电话用户实名登记率达到100%，全部电话用户实名登记率达到89.4%。三是努力维护校园市场规范，加强自律与自查，校园电信营销工作总体平稳有序。四是积极开展移动转售业务，截至2014年12月，苏宁互联、蜗牛科技、国美、北京乐语世纪等10家转售企业已经在江苏部分城市开始放号，用户约19万。五是认真做好用户投诉、咨询等工作，2013年，全省电信用户满意度达到80.57分，处于全国较高水平。在通信建设市场领域，一是通信建设项目备案达190件，企业招标项目进场交易率达99.4%。二是全省通信建设领域从业人员积极参与2014年江苏省通信建设工程安全管理知识竞赛和培训，安全生产意识和水平有了新提高。

（四）协力维护网络信息安全

一是全省基础电信企业认真开展网络信息安全责任考核，确保网络信息安全。二是配合开展各类专项行动10余项，关闭非法网站549个，协助破获伪基站案件136起；强化网络安全防护，协调处置网络安全事件14.6万起，发函通报重要单位网站篡改事件1329起。三是积极开展“阳光网络伴我成长”和“小画家，大梦想”未成年人网络绘画大赛，取得了良好社会反响。四是全省通信业超过500名选手积极参与“江苏省网络安全技能竞赛”，竞赛被列为“2014年度江苏省职工十大工种职业技能竞赛”之一，获得第一名的选手，推荐申报“江苏省五一劳动奖章”，获得前六名的选手，授予“江苏省五一创新能手”称号。

在肯定成绩的同时我们也清醒地认识到，我省通信业在保持健康快速发展过程中还有一些困难和问题：一是在经济新常态下，电信业务收入增幅不断萎缩，企业转型步伐亟需加快；二是电信企业业务服务水平与日益增长的用户权益诉求间差距较大，迫切需要电信企业进一步规范服务行为，提升服务水平；三是宽带中国战略在苏南等发达地区落地较好，但在苏北等落后偏远区域推动乏力，消除数字鸿沟问题任重道远；四是网络信息安全问题日益严峻，需进一步创新加强网络与信息安全的方法、手段；五是我省刚刚在各市设立地方行业监管机构，如何准确定位，积极作为，服务好地方政府与企业是当前值得深思的重要问题。对此，我们必须高度重视，采取有效措施认真解决。

四、2015年江苏通信业发展环境

2015年，是全面深化改革的关键之年，是全面推进依法治国的开局之年，也是全面完成“十二五”规划任务的收官之年。行业所面临的形势主要包含以下几个方面：

（一）政治经济环境

1. 宏观经济形势

国际经济总体呈复苏疲弱态势。世界经济仍处于国际金融危机后的深度调整期，总体复苏疲弱态势难有明显改观。呈现出主要经济体走势和政策取向分化；国际金融市场、大宗商品市场波动；国际经贸格局和规则加速重构，国际产业竞争，科技竞争加剧，大国关系进入全方位角力新阶段等三个特点。

国内经济进入“新常态”。2014年5月，习总书记在河南考察时首次提出了新常态的概念；2014年11月，习总书记在亚太经合组织工商领导人峰会上首次系统阐述了新常态的三大特征，即速度上从高速增长转为中高速，结构上不断优化升级，动力上从要素和投资驱动转向创新驱动；2014年12月，中央经济工作会议明确指出，我国进入了经济发展的新常态。

江苏经济增长稳中向好。省委将今年经济增长预期目标定为8%左右，强调要把发展现代服务业作为调结构、促转型的主攻方向，把握互联网经济发展潮流，发展基于网络的数字化制造、内容服务、平台经济等新业态，力争在互联网经济发展上实现大的突破，这为行业加快转型升级，从而更好地服务经济社会发展，提供了有利的外部条件。

2. 政策环境

中央网络安全和信息化领导小组成立。2014年2月27日，中央网络安全和信息化领导小组成立。标志着我国网络安全和信息化发展真正步入“顶层设计、统筹发展和综合治理，加速向网络强国挺进”时代。

宽带中国战略提速提质提效。工业和信息化部组织通信行业持续实施宽带中国专项行动，成效显著。7个新增国家级互联网骨干直联点建成开通，实现互联网互联带宽扩容810G，全国互联总带宽达到2450G，网间通信质量显著提升。网络与信息安全保障得到强化。

电信改革开放进一步深化。电信市场加速释放改革红利。工业和信息化部开展移动通信转售业务试点，向42家民营企业发放了试点批文。对民间资本开放宽带接入市场，取消电信企业国有股权比例要求，降低民营企业注册资本金限制。推动上海自贸区增值电信业务7项向外资开放，其中5项放开股比限制。电信业的全面开放，将有力促进宽带网络基础设施建设和宽带业务服务水平提升，为广大用户提供更多的选择和更好的服务。

中国铁塔股份有限公司成立。2014年7月15日，“中国铁塔股份有限公司”正式成立。铁塔公司的成立有利于减少电信行业内铁塔以及相关基础设施的重复建设，提高行业投资效率，进一步提高电信基础设施共建共享水平，缓解企业选址难的问题，增强企业集约型发展的内生动力，从机制上进一步促进节约资源和环境保护。

四大电信企业与江苏省政府签订五年战略协议。2014年11月30日，江苏省政府与中国电信、中国移动、中国联通、中国铁塔在北京分别签署战略合作协议，未来五年，四家电信企业在江苏直接投资1750亿元，采购江苏本地产品2600亿元，共同推进“智慧江苏”建设。江苏省政府将进一步扩大和深化与四大电信企业的战略合作，并为之在江苏发展提供政策法规、产业扶持等优惠政策。近期，全省各地市政府还将与各电信企业省公司签订战略合作协议。

（二）通信业发展趋势

通信业发展进入“新常态”。在我国经济进入新常态的大背景下，随着移动互联网浪潮的冲击，跨界竞争和融合进一步加剧，电信业增长正从高速转向中高速（甚至中低速、低速），产业结构正从做大做优传统业务向做优传统业务、加快发展高成长性的互联网新兴业务并举，发展动力正从推动技术升级、业务拓展的投资驱动转向优化服务和应用的创新驱动。通信业将进入一个速度更加稳健、结构日趋合理、动力更加强劲的符合经济新常态的状态。

五、发展目标及实施措施

根据工业和信息化部和江苏省委省政府的总体工作部署和江苏通信行业发展的现状，江苏通信行业未来三年的发展目标如下：

（一）经济增长

预计未来三年江苏市场总体规模将继续保持健康平稳的增长形势，但增速有所放缓。预计规划期内，全省电信业务总量的年均增长率约为13%，电信业务收入的年均增长率约3%，增值业务收入（不含基础运营企业增值业务收入）年均增长率约14%。

表1 未来三年全省电信业务总量、收入、增值业务收入预测（亿元）

年　度	2015	2016	2017
电信业务总量预测值	1470	1660	1880
电信业务收入预测值	872	900	930
增值业务收入预测值（不含基础运营企业增值业务收入）	400	456	520

2015年，力争完成电信业务总量1470亿元，同比增长13%；完成电信业务收入872亿元，较上年增长2%；预计增值业务收入（不含基础运营企业增值业务收入）将达400亿元，同比增长14%。

（二）电信市场用户规模

2015年，电话用户达到1.03亿户；互联网宽带接入用户达2060万户。

表2 未来三年全省电话用户预测（亿户）

年度	2015	2016	2017
预测值	1.03	1.05	1.07

宽带接入用户继续保持平稳较快增长，宽带化进程不断加快，预计2015年基础电信运营企业互联网宽带接入用户新增约230万户。

表3 未来三年全省互联网宽带接入用户预测（万户）

年度	2015	2016	2017
预测值	2060	2300	2600

（三）服务水平

2015年，全省电话普及率达到130部/百人。

表4 未来三年服务水平预测（部/百人）

年度	2015	2016	2017
电话普及率	130	132	135

（四）固定资产投资水平

随着“宽带江苏”、“无线江苏”、“智慧江苏”等相关项目工程的深入推进，预计2014年全省完成电信固定资产投资达400亿元。

（五）实施措施

1. 行业监管部门

坚持“一个中心”：即以提高行业发展质量和效益为中心，主动把握和积极适应经济发展新常态，坚持稳中求进工作总基调，保持江苏通信业健康平稳运行，推动行业在我省“建设新江苏”的进程中发挥更大作用。

创造“两个环境”：即正确处理政府与市场的关系，充分发挥市场在资源配置中的决定性作用，把监管工作重心转移到环境的创造上来。一是创造良好的政策环境。加强沟通、协调，推动条块联动、政企互动，为通信业发展争取更多的政策支持。二是创造良好的市场环境。创新思路举措，强化市场监管，规范企业经营行为，营造良好市场秩序。

突出“三个重点”：一是重改革，按照打造法治政府和服务型政府的要求，进一步简政放权，深化行政审批制度改革，推动出台通信业法律法规，激发行业发展的活力。二是促发展，结合“智慧江苏”和“网络强省”战略，深入实施“宽带中国”2015专项行动，提升行业发展质态。三是保安全，进一步加强综合治理和平安建设工作，积极应对技术业务快速变革，更加突出手段、能力建设，强化互联网行业管理，提升安全保障能力。

实现“四个转变”：即由事前管理为主向事前、事中、事后全周期管理转变；由行政协调管理为主向法律、行政、技术、经济综合管理转变；由被动应急式管理向主动协同管理转变；由政府管理为主向政府统筹下多方参与的行业治理转变。

提升“五个水平”：即以全面深化改革为强大动力，不断提升依法行政水平；以加快行业转型为主攻方向，大力提升信息通信基础设施建设水平；以服务民生为根本宗旨，着力提升电信市场监管水平；以改善互联网行业管理为关键举措，全力提升安全管控水平；以增强监管效能为坚实保障，全面提升内部管理水平。

2. 电信运营企业

一是坚持改革创新，加快推动企业转型发展。坚定不移发挥市场配置资源决定作用，加快推进市场化改革，完善现代企业制度，营造各类人才创新创业创优的良好环境，调动广大员工积极性创造性。坚持创新驱动发展战略，牢牢把握4G上市、信息消费、工业互联网发展等发展新机遇，加大技术、业务的创新、推广力度，推进集约化、互联网化转型，迈开跨界融合新步伐。着眼建设“网络强省”和“智慧江苏”的战略目标，积极推动制定全省信息通信“十三五”专项规划，履行好集团公司与省政府签订的战略合作协议，加大信息通信基础设施建设投资力度，发挥好骨干直联点有效作用，为江苏发展平台经济创造良好网络环境。

二是坚持依法经营，构建良好行业环境。要深刻领会、准确把握十八届四中全会精神，全面提升依法管理、依法经营水平。坚持理性竞争、诚信经营，严格规范企业经营和市场竞争行为，杜绝商业诋毁、捆绑销售和恶性价格战等违规情况发生。重点加强对校园电信市场营销工作的规范管理，强化责任抓落实，确保校园市场平稳有序。保持开放合作的心态，积极做好移动通信转售和宽带接入网开放试点工作，推动与民资竞合共赢。做好与铁塔公司的协同和共建共享工作，支持铁塔公司发展。

三是坚持服务宗旨，切实保障消费者合法权益。从用户感知出发，创新服务形式，丰富服务内容，提升产品体验，在4G时代树立更好的口碑。强化服务窗口的效能提升，制定完善客户价值提升计划，不断健全企业服务规范和服务质量管理体系。创新营销宣传手段，积极组织“3·15”、“5·17”等时间节点的电信服务宣传活动，回馈广大用户，改善企业形象。采取有效措施重点解决不明收费、垃圾短信、骚扰电话等热点难点问题，不断提升服务满意度，构建和谐客户关系。

四是坚持安全发展，强化网络信息安全保障。严格落实网络信息安全主体责任，完善组织机构，提升基础网络安全保障水平。认真研究移动互联网时代网络信息安全的新特点新威胁，及时跟踪技术业务前沿问题，加强手段建设，提升技术管理能力。进一步加强实名制管理力度，开展好“黑卡”整治专项行动，切实保护用户个人信息安全。积极配合有关部门开展互联网网络环境整治专项行动，共建清朗网络空间。同时，要强化安全生产意识，切实加强安全生产管理，确保企业运行安全有序。

（江苏省通信管理局）

江苏省邮政业发展概况（2014）

1～12月，全省邮政企业和快递服务企业业务收入（不包括邮政储蓄银行直接营业收入）累计完成299.5亿元，同比增长28.5%；业务总量累计完成359亿元，同比增长33.2%。

12月份，全省邮政业完成业务总量41.7亿元，同比增长45.7%。完成业务收入29.5亿元，同比增长32.4%。

1～12月，函件业务量累计完成62648万件，同比下降17.7%；包裹业务累计完成327.1万件，同比下降19.8%；订销报纸业务累计完成166298.2万份，同比下降3.3%；订销杂志业务累计完成7409.6万份，同比下降6.7%；汇兑业务累计完成943.1万笔，同比下降24.7%。

1～12月，全省规模以上快递服务企业业务量累计完成148435.2万件，同比增长50.8%；业务收入累计完成201.1亿元，同比增长40.6%。

其中，同城快递业务量收完成48641.1万件和38.8亿元，同比增长93.1%和110.1%；异地快递业务量收完成97047.5万件和115.4亿元，同比增长36.3%和31.6%；国际及港澳台快递业务量收完成2746.6万件和33.5亿元，同比增长35.5%和15.9%。

12月份，快递业务量完成18762.7万件，同比增长58.5%；业务收入完成21.2亿元，同比增长35.4%。

1～12月，同城、异地、国际及港澳台快递业务收入分别占全部快递收入的19.3%、57.4%和16.6%；业务量分别占全部快递业务量的32.8%、65.4%和1.8%。和去年同期相比，同城快递业务收入的比重上升6.4个百分点，异地快递业务收入的比重下降了3.9个百分点，国际及港澳台业务收入的比重下降了3.6个百分点。

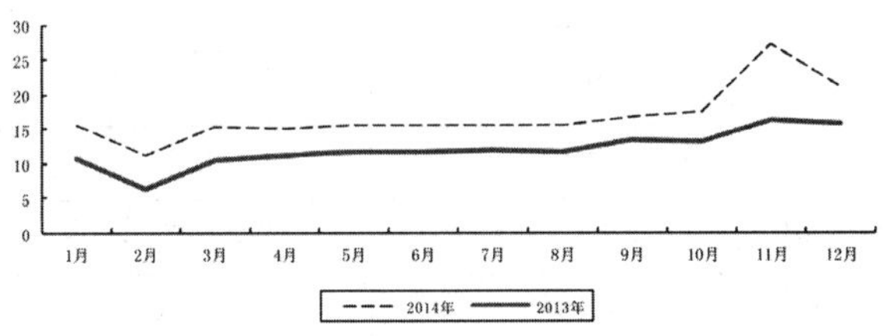

快递业务收入分月图　　单位：亿元

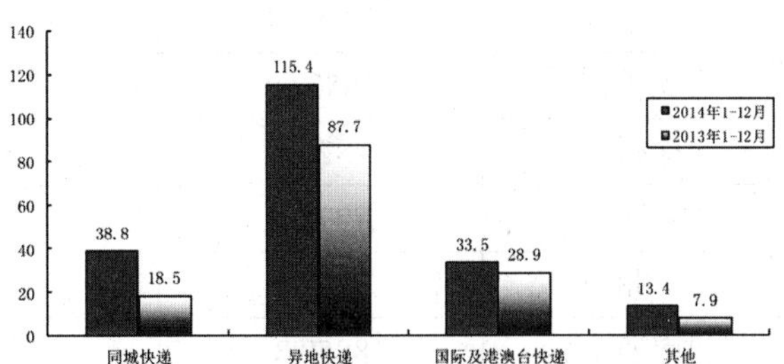

分专业快递业务收入比较　　单位：亿元

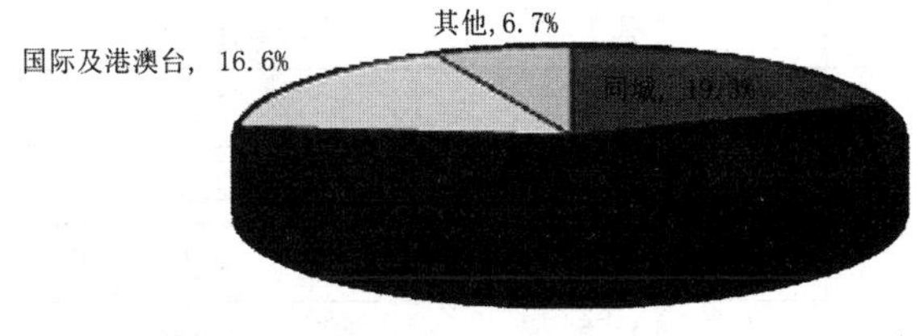

快递业务收入结构图

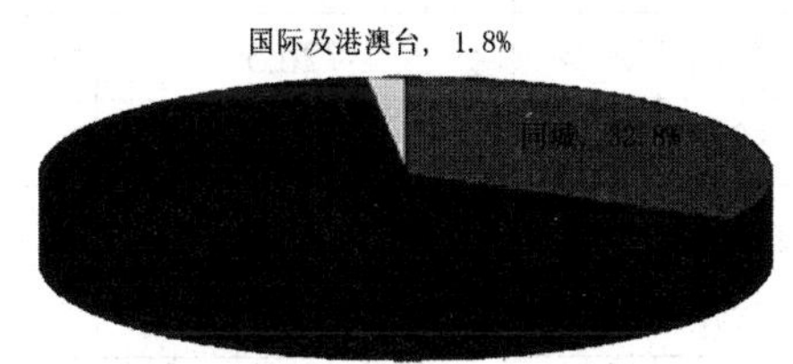

快递业务量结构图

江苏邮政行业发展情况表

2014年1～12月

指标名称	单位	1–12 月累计完成	比去年同期增长 (%)
一、邮政行业业务收入	亿元	299.5	28.5
其中：快递业务收入	亿元	201.1	40.6
二、邮政行业业务总量	亿元	359.0	33.2
其中：函件	万件	62648.0	–17.7
包裹	万件	327.1	–19.8
快递	万件	148435.2	50.8
订销报纸累计数	万份	166298.2	–3.3
订销杂志累计数	万份	7409.6	–6.7
汇兑	万笔	943.1	–24.7

注：邮政行业业务收入中未包括邮政储蓄银行直接营业收入。

分市规模以上快递服务企业业务量和业务收入情况表

2014年1～12月

单　位	快递业务量		快递业务收入	
	本年累计（万件）	占全省比重（%）	本年累计（亿元）	占全省比重（%）
江苏省	148435.2	100.0	201.1	100.0
南京市	28391.4	19.1	41.2	20.5
无锡市	18502.9	12.5	20.9	10.4
徐州市	4826.1	3.3	4.6	2.3
常州市	7972.7	5.4	12.4	6.2
苏州市	36942.6	24.9	62.9	31.3
南通市	8850.8	6.0	11.4	5.7
连云港市	3585.4	2.4	3.5	1.7
淮安市	3291.7	2.2	3.5	1.7
盐城市	3726.5	2.5	3.7	1.8
扬州市	7290.2	4.9	6.4	3.2
镇江市	3638.7	2.5	4.4	2.2
泰州市	3332.5	2.2	4.6	2.3
宿迁市	18083.8	12.2	21.7	10.8

江苏省网络与信息安全发展概况（2014）

没有网络安全就没有国家安全，没有信息化就没有现代化。2014年，江苏高度重网络安全，进一步提升信息安全管理能力，着力抓好政府信息安全和保密工作，进一步加强互联网安全治理，大力开展信息安全宣传教育，营造信息安全发展的良好环境。

一、信息安全管理

江苏省各地各部门按照《2014年全省网络与信息安全工作要点》和《关于切实做好2014年重要时期全省信息安全保障工作的通知》等文件要求，不断推进信息安全保障体系建设，全省基础信息网络和重要信息系统运行安全平稳，信息安全保障服务能力进一步提升，为智慧江苏建设提供了有力支撑。

（一）重要信息系统安全平稳运行

加强政务网站日常监测处置，充分发挥省级政务网站及重要信息系统安全监测预警平台、攻防实验室作用，加大在线监测频度，并加强成员单位间的信息交流、沟通，较好实现了全省党政机关重要网站安全隐患和安全问题的及时发现。2014年进行外部安全测试518站次，发现存在严重或较严重安全隐患28站次，发现5075个安全漏洞；制发事件通报186份；指导各地各部门处置网站安全事件492起。加强对全省各地特殊时期信息安全应急管理工作部署，全力保障“两节”、“两会”、南京青奥会等重要敏感时期的信息安全，分析可能风险、排查存在隐患、提供检测服务、指导建立应急机制。网站安全防护系统改造升级，完成基于CDN的网站安全防护系统二期建设，利用该系统，省通信管理局监测发现并成功处置了南京亚青会官网、中国江苏网、青奥会无线电管理网等多个重要网站的网络攻击事件。

（二）信息安全保障能力稳步提升

省灾备中心日常安全运维有序开展，完成省灾备中心介质备份服务基础设施及相关管理制度建设，基本具备了向省级机关重要信息系统提供同城介质备份服务的条件，提升了灾备中心服务能力。提升监测预警平台能力，实现了暗链的及时发现的功能，平台预警监测服务水平进一步提高。启动应急指挥平台建设，平台已完成上线调试并投入试运行。加强信息安全风险评估机构的引导与管理，完成对备案机构资质的审核。

（三）工控系统信息安全管理试点率先开展

根据国家加强工控系统信息安全管理的要求，在全国率先开展工控领域的信息安全管理工作试点，探索工控领域信息安全管理标准规范建设。在印发全省《关于加强工控系统信息安全管理实施办法》的基础上，出台了《工控系统信息安全保护基本要求》地方标准。开展了工业控制系统信息安全管理监督检查实施规范研究，得到了国家主管部门领导的充分肯定。

二、政府信息安全

2014年，江苏保密系统认真贯彻落实《保密法》实施条例和中办、国办关于加强网络保密管理的一系列重要文件要求，网络保密管理进一步深入，技术防护和检查能力有效增强，信息安全保密产品研发应用能力明显提高，信息安全保密工作整体水平有了新的提高。

（一）涉密信息系统分级保护大力推进

省保密局开展网络核查分类工作，部署全省各级机关单位开展网络定性定级。扎实开展涉密网络测评审批，健全涉密网络测评审批工作领导机构，依法推进落实涉密网络使用许可审查制度。对未按要求审查的在用涉密网络，按照保密法律法规要求，加大检查督促和监管力度，坚决杜绝“未批先用”，有效落实投入使用许可要求。完善涉密广域网络保密管理要求，进一步规范和加强涉密网络接入保密管理工作。积极开展涉密网络安全保密风险评估工作，对已投运涉密网络加强安全保密日常监管，建立风险评估工作常态化机制。

（二）省电子政务内网保密工作协调机制初步建立

建立省电子政务内网建设和管理保密工作协调机制，加强对省电子政务内网分级保护建设的指导和督促，积极参与省电子政务内网总体建设方案和安全保密方案规划和审查，有效推进省电子政务内网分级保护方案制定、完善和落实。

（三）非涉密网络保密管理专项检查扎实开展

根据国家保密局《有关开展非涉密网络保密检查的通知》要求，全方位、多维度推动检查工作深入开展，全省各级党政机关共检查6800多个非涉密网络。通过专项检查，对违规操作行为进行了集中查处整治，有效杜绝了网络泄密隐患和漏洞，进一步明确了“非此即彼”的网络分类原则，推动了党政机关准确网络定性定级。

（四）网络保密监管能力有效提升

加强涉密计算机违规外联监管工作，建设完成全省涉密计算机报警监管处置业务一体化等业务应用系统，全省涉密计算机违规外联技术监管能力进一步提升。加大互联网涉密信息保密检查监管力度，积极推进重要单位互联网接入口监测平台建设工作，切实提升互联网泄密的发现与防范能力。开展机关单位互联网门户网站保密检查平台建设，完成对各级机关单位互联网网站和我省社会网站建设情况调查摸底。实行互联网信息保密检查和监管平台报警信息处理值班制度，及时处置互联网涉嫌窃密、泄密事件。

（五）保密技术研发和产品应用积极开展

深入推动“管、学、研”一体化保密科技发展机制，积极开展保密技术研发工作。开展国家级电子信息发展基金项目等13项国家和省级科研项目研发，13项安全保密产品通过国家保密科技测评中心检测认证，组织承担的2项国家保密科研项目基本完成，部分项目成果已被运用到国家级应用平台，申报的“党政机关和涉密单位保密管理标准化研究”获国家保密局批准立项国家保密科研重点项目。加大保密科技产品推广应用，继续开展保密技术防护专用系统配备，全省机关单位涉密计算机专用防护系统软件基本安装到位。发布安全保密产品推荐目录，进一步规范和加强全省党政机关和涉密单位安全保密产品配备工作。

三、互联网治理

随着“宽带江苏”、“无线江苏”工程推进，以及基础互联网升级改造和资源共享的加快，江苏互联网取得了飞速发展。2014年，全省互联网运行整体平稳，骨干网络各项检测指标正常。

（一）互联网安全治理进一步加强

省通信管理局扩大网络安全监测范围，针对重要域名、重要部门、重要网站、重点单位主机，组织开展网络安全事件专项处置行动，加强病毒监测、异常流量监测、网站篡改及挂马监测等多种网安监测。2014年共组织“全国两会”、“青奥会保障”、“国家公祭日”、重要节日等24批次公共互联网安全事件专项处置行动，共协调处置各类网络攻击、网络诈骗事件147051起，其中清理僵尸木马控制端2762个、僵尸木马受控端107678个，阻断网页木马传播源28852个、非法DNS服务器96个、境内外钓鱼网站75个。

（二）移动互联网恶意程序得到有效处置

根据《工业和信息化部 公安部 工商总局关于印发打击治理移动互联网恶意程序专项行动工作方案的通知》要求，2014年省通信管理局联合省公安厅、省工商局、省互联网协会成立了专项行动领导小组，制定了专项行动方案，开展了APP应用商店安全管理检查、恶意程序APP检测下架、移动终端预装恶意程序抽查等七项重点工作。专项行动中，针对省内52家移动互联网应用商店进行了核实和清理，根据相关规定关闭了37家未备案、已注销及申请注销的应用商店，明确了10个重点监管的应用商店，并对上述商店运营的APP进行了梳理和检查；组织召开了专项行动宣贯会，对专项行动背景、工作方案等进行了通报，并要求相关企业根据文件精神进行自查自纠；针对10家应用商店的数万个应用程序进行了安全检测，检测到各类恶意程序37个，立即向相关企业下发了整改下架通知。

（三）网络违法犯罪行为得到有力打击

按照公安部和省公安厅党委严打网络犯罪的部署要求，对网络黑客攻击破坏、诈骗、盗窃、黄、赌、毒等各类网络犯罪活动始终保持严打高压态势，2014年全省共破获网络犯罪案件2326起，抓获犯罪嫌疑人3758名。开展集中打击黑客攻击破坏专项行动，全省共破获刑事案件46起，抓获犯罪嫌疑人126名。开展集中打击网络诈骗犯罪专项行动，全省共破获网络诈骗案件900余起，抓获犯罪嫌疑人1400余名。开展打击整治“伪基站”专项行动，全省共侦破刑事案件66起，刑拘104人，捣毁生产窝点6处，收缴“伪基站”设备223个。严厉打击网络淫秽色情，全省共侦破网络色情案件162起，抓获犯罪嫌疑人435人，其中全国扫黄办挂牌督办案件5起。严厉打击利用互联网非法买卖毒品的犯罪活动，破获网上涉毒案件757起，抓获各类涉毒对象1541名，收缴各类毒品79公斤。

（四）网络文化内容得到有效监管

为加强网吧网络文化内容监管，省文化厅通过网吧技术经营管理软件对网吧内上网内容进行有效监管，及时下发《监控通报》。2014年，全省通过网吧监管平台，共拦截色情、淫秽、有政治问题等各类有害信息约2200万次，屏蔽非法网站6300多个，处理违规信息2.1万多条，对网吧发送通知公告2000多条，有效地净化网吧网络文化环境。加强对互联网文化企业自审人员的业务培训，举办网络文化内容鉴定人员及数据管理员等培训，探索执法业务技能考核评定和网络文化内容鉴定新路子，加强网络文化内容监管。

四、信息安全宣传教育

举办江苏省第二届网络与信息安全宣传周系列活动、第三届信息安全技能竞赛、网络安全专家讲座、信息安全产业发展论坛、人才见面会和第七届信息安全高层论坛等活动，受到了社会的广泛参与和积极评价。

面对网络诈骗日益严峻的形势，全省公安机关开展一系列宣传防范举措，不断推动防范网络诈骗工作向纵深开展。在1400余家本地网站论坛、6000余家网吧开展了网上集中宣传；在全省100多所高校开展了现场宣传活动，发放宣传手册20000余份；联系腾讯网、扬子晚报、上海新闻晨报等媒体，对徐州“神马”手机木马网络盗窃案、南京羊某等人机票改签诈骗案进行采访报道。

省保密局规范党政机关涉密网络网管人员管理，加强对涉密网络管理人员保密知识、保密标准和业务技能培训，分批分期对全省800多名涉密网络管理人员开展教育培训，提高涉密网络运维管理能力。建立涉密网络管理人员持证上岗制度，完成对涉密网络管理人员考核发证工作，强化对涉密网络管理人员上岗资格审查和管理，确保涉密网络管理队伍可靠、可管、可用。省经信委组织实施并指导各地开展党政机关信息安全员培训，累计发放培训合格人员上岗证2461张，全省信息安全管理队伍能力与水平得到进一步提升。

江苏省政府信息公开工作报告（2014）

2014年，我省认真贯彻落实《政府信息公开条例》和《国务院办公厅关于印发2014年政府信息公开要点的通知》（国办发〔2014〕12号）精神。

2014年，我省认真贯彻落实《政府信息公开条例》和《国务院办公厅关于印发2014年政府信息公开要点的通知》（国办发〔2014〕12号）精神，坚持以公开为常态、不公开为例外原则，深入推进行政权力运行、财政资金使用、公共资源配置、公共服务和公共监管等重点领域信息公开，及时发布各类政府信息，主动回应社会关切，做好信息解读工作，加强平台建设、制度建设和基础建设，充分发挥了信息公开对建设法治政府、创新政府、廉洁政府的促进作用。

一、重点领域信息公开情况

（一）行政权力运行信息公开情况

1. 深化行政审批信息公开。按照党中央、国务院关于简政放权深化行政审批制度改革工作部署，省委、省政府印发了《关于进一步简政放权加快转变政府职能的实施意见》，提出以建立5张清单、搭建1个平台、推进7项相关改革措施为主要内容的简政放权、转变政府职能的改革架构。大力取消和下放行政审批事项，清理取消省级224项非行政许可审批事项，彻底废除"非行政许可"这一审批类别。省政府共取消下放调整行政审批事项308项，保留行政许可事项375项和临时性行政许可事项8项，实际取消下放调整数占原行政审批事项总数的56.9%，提前完成本届省政府取消下放三分之一以上行政审批事项的目标。全面清理行政权力，建立政府行政权力清单，省政府各部门共保留行政权力事项5647项（不含保密事项），其中省属权力1375项，属地管理权力4272项。认真梳理部门职责，建立部门责任清单，从源头上解决部门职责交叉、权责脱节、推诿塞责等问题。清理规范中介服务项目，大力精简行政审批前置服务，切实解决企业、公众反应强烈的审批时间长、盖章多、收费多、中介多、材料多等问题。目前，省政府各部门行政审批事项目录清单、行政权力清单和责任清单均已对外公布，接受社会监督。正抓紧出台事中事后监管办法、规范行政审批中介服务意见和行政审批违法违纪行为责任追究办法，努力实现"目录之外无审批"、"清单之外无权力"、"法定职责必须为"。10月份，据国家统计局江苏调查总队对我省494家企业进行简政放权政策落实情况的问卷调查统计，96.3%的企业给予满意评价。

2. 推进行政处罚信息公开。按照全国打击侵权假冒工作领导小组办公室部署安排和省政府要求，积极推进制售假冒伪劣商品和侵犯知识产权行政处罚案件信息公开。截至目前，除依法需要保护的涉及商业秘密和个人隐私的案件外，共在各级行政执法部门门户网站公开适用一般程序查办的行政处罚案件信息631条，主动公开包括案件名称、被处罚者姓名或名称以及主要违法事实和处罚种类、依据、结果等信息，并及时回应社会关切。从案件类型上看，公开的行政处罚案件以生产销售假冒伪劣商品和侵犯商标权案件为主。其中，公开的侵犯商标权案件信息131条，位居首位。针对生产销售假冒伪劣种子、农药、兽药、建材、汽车配件等案件，分别公开行政处罚信息31条、27条、23条、22条和33条。

宿迁市在全省率先出台《关于印发宿迁市市区部分行政处罚案件信息公开暂行办法的通知》，将市区内发生的违反交通管理、制售假冒伪劣商品、侵犯知识产权、违反市场监管秩序、违反食品安全、违规从事医疗卫生技术工作、擅自占用道路摆摊设点以及乱倒垃圾、渣土等方面的行政处罚案件信息作为政府信息公开的重要内容，除涉及国家秘密、商业秘密和个人隐私的案件外，行政执法机关在作出行政处罚决定或处罚决定变更之日起20个工作日内，向社会主动公开案件相关信息，包括处罚决定书文号、违法违规的主要事实、处罚种类、依据和结果等。今年以来，宿迁市相关市级部门和单位共公开行政处罚信息433条。

（二）财政资金信息公开情况

1. 完善政府预决算公开。及时公开政府预决算信息，4月15日，全文公开了省级预算报告（包括公共财政收支预算表、政府性基金收支预算表、省级公共财政预算收支平衡表等附表）；8月5日，全文公开了2013年省级财政决算报告（包括公共财政收支决算表、政府性基金收支决算表、省级公共财政预算收支平衡表等附表）。细化公开内容，2014年省级公共财政预算支出细化到支出功能分类的“项”级科目，省对市县专项转移支付细化到具体项目。首次实现社会保险基金预算报人代会审议，进一步健全全口径预算管理框架，为社会保险基金预算公开做好准备。

2. 全面公开省级部门预决算。4月30日前，除涉密部门外，103家省级一级部门公开了本部门预算；9月30日，除涉密部门外，省级一级部门统一公开了本部门决算，省级部门预决算公开范围进一步扩大。细化公开支出内容，除涉密内容外，财政拨款支出预算全部细化到支出功能分类的“项”级科目。按照“谁分配、谁公开、分配到哪、公开到哪”的原则，省财政公开了省级专项转移支付项目清单，并要求项目实施部门根据省级专项转移支付项目清单及时公开项目分配方案和分配结果等信息。

3. 全面公开省级“三公”经费预决算。一是公布省级“三公”经费预决算。2014年省级“三公”经费预算总额8.68亿元，比2013年预算数减少0.53亿元。9月30日，公开了2013年省级“三公”经费决算总额。二是扩大“三公”经费预算公开范围。除涉密部门外，所有使用财政拨款的部门全部公开本部门2014年“三公”经费预算。三是细化公开内容。2014年，将“公务用车购置和运行费”细化公开为“公务用车购置费”和“公务用车运行费”。四是“三公”经费预算与部门预算同步公开。4月30日，除涉密部门外，103家省级一级部门公开了本部门“三公”经费预算。9月30日，省级一级部门统一公开本部门“三公”经费决算。

4. 加强对市县财政资金信息公开的指导。一是下发了《关于深入推进省以下预决算公开工作的通知》，要求市县细化政府预决算公开内容，全面推进部门预决算和“三公”经费预决算公开工作，确保2015年前全省县及县级以上政府全面公开政府预决算、部门预决算及“三公”经费预决算。二是建立定期统计制度。定期统计汇总各地预决算公开工作情况，动态掌握预决算公开工作情况，确保市县预决算公开工作稳步推进。三是加强预决算公开工作督查力度，对未能按照时序进度完成工作任务的地区，加大督查指导力度。

5. 加强财政收支审计信息公开。修订出台《江苏省审计厅审计结果公告办法》，增加了国外贷援款项目公证审计结果公告事项，对审计结果公告的审批程序、适用范围和工作要求等进行了重新明确。发布了江苏省政府性债务审计、全省对口支援新疆发展资金和项目审计以及国外贷援款项目审计等7个项目的审计结果公告。全省各地市级财政预算执行和其他财政收支情况审计结果公开工作进展较快，并积极推进其他审计信息公开。淮安市充分运用政府网站、OA审计内网、新闻媒体、行风热线、政务公开栏、党务公开栏等多种形式推进审计信息公开；积极公开征集审计项目，收集审计线索，通过报刊、网站公开向社会各界征求对2014年度审计项目的意见和建议；对制定的项目计划在淮安日报、淮海晚报上分两批进行公告；开通阳光审计热线，定期公布阳光审计热线电话反馈问题处理情况。

（三）公共资源配置信息公开情况

1. 征地信息、国有建设用地使用权和矿业权出让信息公开。一是及时公开征地审批结果和矿业权审批结果。农用地转用和土地征收经省政府批准后，省国土资源厅将相关批文及时在厅门户网站上发布，矿业权审批结果（国土资源部审批的除外）也及时在厅门户网站上发布。所有市、县国土资源主管部门收到征地批文和矿业权批复后，都及时在本部门门户网站上发布。二是深入推进市县征地信息公开。省国土资源厅专门下发了《关于做好有关征地政府信息公开工作的通知》和《关于进一步规范建设用地报批工作的通知》，指导和督促市、县政府及其国土资源部门主动公开征地及其补偿相关政府信息，落实征地报批前的告知、确认和听证程序，依法做好“两公告一登记”工作。征收土地公告、征地补偿安置方案公告的内容要求全面、准确、详实，公告的主体、程序和时限应当符合法律要求。《征收土地公告》、《征地补偿安置方案公告》除以张贴形式公布外，在市、县国土资源部门门户网站上及时发布。确保了公众知情权、参与权、监督权。三是建设用地使用权和矿业权出让信息透明。我省充分利用“江苏土地市场网”、“江苏矿业权市场网”平台，及时发布全省各地的年度土地供应计划和所有土地出让、划拨供地的信息及成交情况，主动实时公开矿业权出让信息，全省所有的土地使用权和矿业权招标拍卖挂牌出让活动结束后，在10日内向社会公布出让结果。每宗交易确保事前有公告，事中有监管，事后有公示，真正做到交易无漏洞、公开无死角。

2. 农村土地承包经营权流转信息公开。一方面通过举办培训班，对农村基层干部开展业务培训，让基层干部深刻领会农村土地流转的基本要求，以点带面，合理引导农民规范有序地将土地流向种田大户、家庭农场、农民合作社等新型规模经营主体；另一方面充分利用广播、电视、报刊等媒体广泛宣传农村土地流转的政策要求，让广大农民知晓农村土地流转的基本精神。依托县、乡两级农村土地流转服务平台建立农村产权交易市场，村里设立土地流转服务站，公开发布土地流转供需信息和片区指导价等信息，为土地流转双方提供合同鉴证、政策咨询、纠纷调处等服务，确保土地承包经营权有序流转。

3. 保障性住房信息、国有土地上房屋征收与补偿信息公开。近年来，我省陆续出台了《关于印发〈江苏省住房保障信息公开实施意见〉的通知》、《关于进一步加强保障性住房分配“五公开”工作的实施意见》和《关于进一步加强国有土地上房屋征收工作的通知》，进一步明确了住房城乡建设领域重点工作信息公开要求。今年，及时公布了年度保障性安居工程建设计划、项目开工和竣工情况，以及保障性安居工程项目名称、建设地址和建设套数等信息，公开保障性住房分配政策、分配房源、分配对象、分配过程、分配结果、退出情况等信息。加大住房保障申请、受理、审核、分配等各个环节的公开力度，将审核审批结果及时告知当事人，并在当事人所在单位和社区公示，确保分配过程和分配结果公开透明。全省各地认真落实房屋征收补偿信息公开制度，做好房屋征收决定、补偿安置政策、补助奖励政策、征收房屋调查结果、初步评估结果、补偿安置情况等在征收范围内向被征收人公布工作，保障被征收群众的知情权和监督权。

加强对住房城乡建设重点领域信息公开的督促检查和考核，建立健全住房城乡建设系统政府信息公开重点工作的检查和通报制度，结合每季度的房地产和住房保障工作专项检查对各市县的政府信息公开工作进行监督检查，并在全省地级市建设局长会议和全省住房保障季度形势分析会作统一通报。定期组织对各地信息公开情况开展网上专项检查，对不符合工作要求和公开不到位的，及时督促落实整改，确保规定公开的内容全部公开。将住房保障信息公开作为“江苏省全面建成小康社会指标体系”、“江苏省基本实现现代化指标体系”和“江苏省‘八项工程’监测统计指标体系”考核指标的重要组成部分，严格督促考核。

4. 政府采购信息公开。加快研发全省统一的政府采购信息平台“江苏省政府采购交易执行系统”，为政府采购信息公开提供更为先进的技术支撑。认真完成框架设计与开发，包括管理监督、交易执行“两个业务平台”，代理机构库、评审专家库、供应商库、商品信息库“四个共享数据库”，计划管理、电子评审、协议和定点采购、合同管理、监督预警、诚信体系、数据分析与决策支持、信息服务门户等“八个子系统”。自2014年9月新系统上线至今，经江苏政府采购网公开信息发布公告8050条，（包括：政府采购公告4070条，采购成交2913条，采购预告315条，更正751条），政策法规137条、进口产品专家论证意见592条。推行行政权力公开透明运行，坚持依法依规做好进口产品审核、政府采购方式变更审批等事项办理。今年共办理政府采购进口产品审核424件，非招标采购方式审批140件。

（四）公共服务信息公开情况

1. 继续扩大高校招生信息公开。我省高校招生考试信息公开工作已实现制度化、系统化和常态化。省教育厅重点加强各类特殊类型招生信息公开工作，严格执行保送生招生、自主选拔录取、高水平运动员、艺术特长生招生和各类政策性加分等实施办法、工作程序、入选标准以及资格结果等公示制度，公开了预留计划使用的基本条件和程序办法等（从明年起严格执行资格结果公示制度），严格实行考生所在中学、入选高校、省教育考试院门户网站以及教育部“阳光高考”信息平台四级公示机制，公示时间均不少于两周。严格执行对报考公安政法院校考生的面试及体能测试结果、少年班、强化班、享受照顾政策考生等招生录取信息公开公示制度。加强高校录取期间招考信息公开和服务工作，及时发布录取现场动态、录取投档线、征求志愿计划等各类招生录取信息。2014年我省累计公示保送生考生203人，自主选拔录取入选考生4385人，高水平运动员合格考生684人次，艺术特长生合格考生919人次，高考享受照顾录取政策考生2271人，公安政法院校面试及体能测试合格考生3959人次，少年班、强化班等招生入选考生171人，艺术类校考合格考生约18万人次。2014年高考录取期间，我省发布“江苏招生考试”微信14条，门户网站发布信息100多条，网站访问量达580万多次，手机版访问量达420多万次，微信加关注人数升至1.2万余人。

2. 加大高校财务信息公开力度。根据教育部《关于进一步做好高等学校财务信息公开工作的通知》精神，省教育厅印发了《关于做好我省高校财务信息公开工作的通知》，明确了财务信息公开内容，包括收费项目、依据、标准与投诉方式，财务、资产与财务管理制度，财政专项资金、受捐赠财产的使用与管理情况，仪器设备、图书、药品等物资设备采购和重大基建工程的招投标，学生奖助学金、学费减免、助学贷款与勤工俭学的申请、发放情况和管理规定，学校经费来源、年度预决算等；明确了公开时间和方式，高校须在预决算批复后10个工作日内，以学校网站为主要载体，主动向社会公开上述信息；要求高校认真做好依申请公开工作，并建立财务信息公开责任制和责任追究制度。省属各高校均按照要求主动公开学校2013年决算情况，并细化公开到基本支出和项目支出，公开率达100%。同时，各高校将收费项目、依据、标准与投诉方式，财务、资产与财务管理制度，仪器设备、图书、药品等物资设备采购和重大基建工程的招投标以及学生奖助学金、学费减免、助学贷款与勤工俭学的申请、发放情况和管理规定等及时在校园网公开，确保高等学校财务信息的透明度。

3. 扎实做好科技管理和项目经费信息公开。省科技厅2014年1月在门户网站向社会公开发布2014年度各专项资金计划的项目指南和申报通知。申报结束后，组织开展项目评审，其中90%的项目实行网上评审，共邀请省内外专家2690人次参与评审。5月中旬至6月底，陆续在省科技厅门户网站对自然科学基金、科技支撑计划等3493项拟立项项目向社会公示。12月中旬，通过省科技厅门户网站将全年科技计划、科技专项等项目立项、验收、资金安排情况向社会公布。省教育厅加强高校科研项目和科研经费管理，完善项目管理办法，开展网上申报，规范形式审查，实施网上评审与会议评审相结合的评审方式，严格结题验收，公开受理、审查、评审、立项等信息。经评审与公示，共立项2014年度省高校自然科学研究重大项目77项、面上资助经费项目438项、面上自筹经费项目112项。修订完善省属高校科研经费管理办法，明确相关职责与权限，规范预决算管理和收支管理，建立项目考核评价机制，要求按照科研管理办法、科研合同、委托协议的要求合理使用科研经费。

4. 加大医疗卫生领域信息公开力度。省卫生计生委积极推动医疗卫生服务收费信息公开，将医疗卫生机构的信息公开与平安医院建设、创建国家医院政务公开示范点相结合，全面推行医疗卫生服务收费信息公开，全省医疗卫生单位已基本做到常用药物、服务收费信息全公开。省卫生计生委同时认真做好直属事业单位招录信息发布工作，通过门户网站和卫生人事人才服务网，发布直属事业单位公开招聘的详细信息，为医学类就业人群提供就业信息和指导；公开招聘录用情况，接受社会监督。及时发布江苏特聘医学专家、双创计划团队和人才、博士计划的组织申报信息，吸引和鼓励优秀人才更好地为江苏卫生计生事业发展做出贡献。

5. 推进就业信息公开。在网络平台及时公开各项就业创业政策，包括各项补贴申领条件、申领程序、管理和审批信息等。今年以来，通过中国江苏网公开《省政府办公厅关于转发省人力资源社会保障厅等部门江苏省大学生创业引领计划的通知》；通过人力资源社会保障部门户网站公布苏州市大学生公共创业实训基地为第二批全国创业孵化示范基地；通过江苏人力资源和社会保障网公开《关于加强省级创业示范基地创建工作的通知》、《关于做好2014年度省级创业示范基地申报推荐工作的通知》和《关于做好2014年江苏省大学生优秀创业项目遴选工作的通知》，明确省级创业示范基地和江苏省大学生优秀创业项目的申报推荐条件和程序，并对2014年度省级创业示范基地和江苏省大学生优秀创业项目进行公示。每季度在网站及时公开《江苏省公共就业服务机构市场供求状况分析报告》，动态发布人力资源市场供求情况，为社会掌握用工走势提供依据；通过江苏省创业服务综合平台公开了全国、江苏及省内各地的创业政策文件40多篇，公开优秀创业项目700余个，以及创业基地、创业导师、创业资讯、创业课堂等信息100多条。

6. 推进社会保障信息公开。凡是涉及城乡低保、农村五保、城市“三无”、孤儿等对象的各项政策的出台、各项保障标准的调整、物价上涨动态补贴机制的实施等都依法及时公开。重点推进城乡低保信息公开，按季度发布全省城乡低保基本情况，包括保障户数、人数、比例、保障标准、人均补助等信息，数据详细到每个市、县（区）。每月和每季度还定期发布社会服务统计报表，内容涵盖救灾、社会救助、福利慈善、养老服务、社会组织、社会事务、社区服务等各类民政公共服务基本情况和主要资金支出情况等。

（五）公共监管信息公开情况

1. 做好环境信息公开。一是在江苏环保网站显著位置设置空气质量发布平台，在全国率先按照新标准实时公布13个省辖市72个国控站的空气质量指数，每小时更新一次包括PM2.5在内的6项污染物监测结果。发布平台还用不同颜色来表示空气质量级别，分别指出健康影响和出行建议，为公众的生产生活提供指导。每月公布省辖市空气质量排名，定期发布全省水环境、近岸海域以及辐射环境质量状况，保障公众的环境知情权。二是从今年1月1日起，全面推进建设项目环境影响评价信息公开，全文公开建设项目环评报告书、批复和竣工验收文件。2014年1～11月，累计公开283件建设项目环评文件。三是在政府信息公开栏增设污染源环境监管子栏目，及时公开8大类31项污染源环境监管信息，已累计公开1411条信息。每季度发布全省环境违法案件，前三季度已公布37起案件。先后组织了青奥保障、落实省政府加强大气治理的部署要求的多轮大气污染防治专项检查，检查的相关情况已在网上公开。四是在江苏环保网站设立企业自测监测信息发布平台，面向社会发布企业污染物自行监测信息，每季度发布江苏国控重点监控企业监督性监测报告、超标企业名单，公布每年国家下达的污染减排任务完成情况。

2. 深化安全生产事故信息公开。重点推进重大以上事故调查报告公开工作，进一步提高较大事故调查处理结果和调查报告的公开比例。根据《江苏省较大事故查处挂牌督办办法》，对较大事故查处情况及时在省安全生产网和当地安监网站及报纸媒体上向社会公布挂牌督办、结案批复和责任追究落实情况。今年1～10月份，批复结案的较大事故起数有12起，其中有7起是2014年发生的较大事故；网上发布的较大事故调查报告有10份，其中有5起是2014年发生的较大事故。高度重视生产安全事故的防范和风险预警工作，省安监局与省公安、气象、交通、消防等有关部门建立联动机制，专人负责联系、沟通，扩展信息渠道，确保快捷高效发布可能引发事故灾难的风险信息，尤其是极端天气等可能引发事故的自然灾害预警信息，并及时、准确地传达到各有关部门、单位和社会公众，切实提高防范和应对生产安全事故的能力，确保各类生产安全事故得到及时、有效处置。

3. 推进国有企业主要财务指标信息公开。省国资委在门户网站设置“数据统计”专栏，按月发布全省国有企业主要财务指标，详细公开省、市国资委履行出资人职责的国有及国有控股企业的营业收入、实现利润总额、已交税费总额和归属母公司所有者权益，以及同比增减情况。

4. 推进食品药品安全信息公开。省食品药品监管局严肃查处违法发布互联网药品信息和互联网药品交易行为，对投诉举报、网上监测等途径发现的非法宣传、非法销售药品的网站，一律提请国家食品药品监管总局通过“网上购药安全警示”栏目统一对外发布，提醒消费者注意购药安全。对药品、医疗器械监督抽验过程中发现的违法违规企业，均通过门户网站“公告通告”栏目，以质量公告形式按季度发布涉及违法违规的药品及生产企业名称。在开展医疗器械“五整治”专项行动期间，在门户网站开设专栏，及时发布各地开展专项整治行动的相关信息，累计发布信息27条。

5. 推动信用信息公开。省经信委（省信用办）依托诚信江苏网公开企业基础信用信息，发布170万家企业基础数据，年访问量超过16万人次。继续开展工程建设领域信息公开，全省开通专栏867个，发布项目信息约8万条、信用信息约53万条、不良信用信息约770条。继续开展食品企业信用信息公开，在诚信江苏网和省经信委网站发布1.1万家食品企业信用信息，年访问量超过7000人次。开展黑名单社会公示工作，制定出台《江苏省严重失信黑名单社会公示管理办法（试行）》，公开本省范围内法人或自然人严重失信行为信息。推动企业信用信息公示，贯彻落实国务院《企业信息公示暂行条例》，提请省政府印发《关于做好政府部门企业信用信息公示及共享的通知》，加快企业年报、行政许可及行政处罚等信息的公示工作。年底启用省公共信用信息服务大厅，为企业自身或企业授权的政府部门、社会组织、中介服务机构提供企业信用信息查询。做好面向服务机构查询，为备案的信用服务机构和长三角备案互认的信用服务机构提供企业信用信息查询服务1000多家次。推进企业公共信用信息审查，先后为省级部门和各辖市提供企业信用核查21847家次。

二、解读回应工作情况

2014年10月以来，中办和国办连续下发三个文件，要求建立健全信息发布和政策解读机制，省委、省政府也专门印发文件，要求加大政策解读和回应力度。为让解读回应“新政”落地生根，省政府办公厅积极探索，统筹运用政府信息资源、媒体采编优势和网络发布平台，及时总结固化经验，在全省建立了信息公开解读回应工作机制，以喜闻乐见的形式对政策文件进行解读，搭建互动沟通交流平台，请政策制定者、专家学者走到台前进行多角度、全方位解疑释惑，形成信息发布、政策解读、舆情回应联动格局。

12月15日，13个省辖市和重点领域信息公开省级牵头部门在各自网站上晒出2014年信息公开“报告单”，都把解读和回应工作情况作为重要内容作了报告。各地各有关部门重要政策出台后，成立政策解读专家队伍，把文件里面的专业术语进行转化和翻译，用个性化情景化的描述、媒体和读者互动的手法撰写解读材料，用图表、图形、三维制图方式进行解读，以数字化、音频、视频等方式予以展现，使信息传播更加可视、可读、可感，增加解读材料吸引力和亲和力。今年，重点围绕“先照后证”工商登记制度改革、发展健康服务业、实行“三证合一”登记制度、农村改革、流域生态补偿、《江苏省婴幼儿配方乳粉经营质量管理规范（试行）》、单独二孩、“失独”家庭扶助政策等，请专家学者、政策制定参与者当翻译、做解读，受到良好反响。在舆情回应方面，各地各有关部门主要通过门户网站、政务微博微信、领导信箱、在线访谈、网民直通车、市民论坛、网络发言人、政府热线等渠道及时回应社会关切。

三、依申请公开工作情况

依申请公开是政府信息公开工作的难点，我省在做好主动公开的同时，着力加强依申请公开工作。一是提升规范化水平。实际工作中，受理、审查、处理、答复以及保存备查等每个环节工作稍有不慎，就可能带来工作隐患。比如受理环节，申请人在申请时选择将信邮寄给单位领导个人，如果不从单位内部规范好受理工作，就可能影响申请人依法获取信息的权益。比如保存备查环节做不好，在复议、诉讼过程中，容易出现举证不能的问题。今年以来，我省针对依申请工作的各个环节进行了梳理，提出了工作要求，努力提升工作规范化水平。二是畅通受理渠道。除了信函、传真、电子邮件方式接受申请外，进一步推动网上申请平台建设，方便公众申请公开信息。省级开发了“依申请公开政府信息网上管理系统”，实时监督有关部门信息公开申请办理情况；部分地区开发了统一的网上申请平台。三是改进申请办理方式。强化与申请人沟通，必要时登门了解申请人的真实想法，有针对性地做好工作；遇有疑难案例，相关部门协同办理，切实提高依申请公开服务能力。四是针对多人申请同一政府信息的情况，在审核的基础上，通过主动公开渠道予以公开，方便公众获取信息。

五是发挥典型案例作用。对于工作中遇到的典型案例，强化收集和分析，编辑出版案例汇编，指导工作人员进一步做好办理工作。六是强化复议、诉讼结果的应用。凡是在行政复议中被纠错、行政诉讼中败诉的行政机关，在信息公开年度考核中不得评为优秀等级。七是加大督查力度。对申请公开的内容进行梳理，发现应当主动公开的信息未主动公开的，及时督促相关单位及时主动公开。

四、平台建设情况

（一）政府网站

把政府网站作为政府信息公开第一平台，整合现有资源，最大限度地为社会公众提供信息服务。今年，省政府门户网站进行了改版，更加突出信息服务和互动交流，取得了较好的效果。部分地区政府门户网站着力打造网站群，充分发挥信息聚合效应。南京市完成对全市130多家市级党政机关网站的整合，形成“中国南京”网站群。2015年1～11月，“中国南京”网站群共发布信息15万余条，访问量为1328万余次。无锡市结合“中国无锡”政府网站的全面整合改版，对各地区、各部门子网站政府信息公开专栏的信息资源进行全面梳理和整合，建成了全市统一的市、市（县）区、镇（街道）三级政府信息公开平台。此外，我省很多行政机关的网站开设了英文版，部分还设有日语、法语及无障碍阅读版等，为外籍人员、残障人士提供信息服务。

（二）新闻发布平台

全省各级行政机关普遍重视新闻发布工作，特别是与民生密切相关的部门，凡有重大政策出台，就一定会在第一时间召开新闻发布会。为进一步加强新闻发布工作，主管部门还设置考核指标，引导新闻发布平台建设。常州市积极探索网络发言人制度，76个市级行政机关在线回复网民问题，实行点对点沟通。截至目前，网络发言人共回复网民提问1.49万个，网站来访1.18亿人次，及时回复率达99%。对各单位回复情况进行季度通报，促使各辖市区、各部门在规定时间内进行答复，确保第一时间解决网民诉求，该平台已成为党委、政府沟通网络民意的有效平台。

（三）政府公报

我省政府公报工作始终强调公报标准文本的法律地位，规范政府及部门信息公开的程序，充分发挥了政府公报发布政令、宣传政策、指导工作、服务社会的作用。一是精心筛选内容。加强公众关注度高、与群众切身利益相关的政府信息公开，公众关注度不高的文件不再在纸质公报上刊登。二是优化赠阅结构。针对基层单位和公众无法看到“红头文件”的基本情况，强化对基层单位的赠阅，在稳定乡镇赠阅数量的基础上，尽可能扩大对图书馆、档案馆、政务服务中心、办事大厅等公共服务场所的赠阅数量，取消对省市县党委、政府、人大、政协的赠阅，引导省市县机关使用电子公报。三是创新公开形式。以政府门户网站为平台，开通公报微博，形成纸质文本、门户网站和移动互联三位一体的公开格局。四是提高公报时效。以及时、高效为着力点，打破版面容量及出版周期制约，以政策文件发布内容为依据，不定页码和期数，公报签发后第一时间上传至网站和微博，提高公报发布的时效性。

（四）信息公开查阅场所

各地普遍在图书馆、档案馆、政务服务中心、办事大厅设置政府信息公开查阅点，并配备设施、设备，为公民、法人和其他组织获取政府信息提供便利。我省制定出台《江苏省主动公开政府信息移送管理办法》，将政府信息移送工作纳入各单位信息公开日常工作，对移送的时间、范围作出明确要求，并作为信息公开考核的重要内容。各地进一步加强信息公开查阅场所建设，泰州市开展了政府信息公开查阅点标准化建设，统一管理制度、硬件设施、场所标识，开展规范化服务。

（五）政务微博微信

各地高度重视应用政务微博微信等新媒体，开拓信息发布、与公众交流新渠道。以常州市为例，该市开通了以“微常州”为首的常州政务微博群。68个市级行政机关和公共服务机构政务微博在新浪和腾讯微博同步上线运行，第一时间宣传民生措施，回应网民关切。目前，政务微博群粉丝量超过178万，累计发布微博9万余条。其中“微常州”主微博粉丝量超过55万，共发布微博1.5万余条。在政务微信方面，常州市建立常州微信联盟，加强业务培训，举办“常州市首届微信课堂”。截至2014年8月，该市以常州市公安局、常州市城管局等为代表的党政机构已经开通了政务微信公众账号41个，“@微常州”主微博已开通订阅服务，粉丝订阅量超过5000人，通过服务平台提供的接口实现为56万粉丝的智能回复。

（六）政府热线

2012年10月，全省13个省辖市及48个县（市）全部建成“12345”政府公共服务平台，实现市、县两级全覆盖。各地对“12345”政务热线建设非常重视，将其作为新形势下党委、政府全面联系群众、服务改善民生、监督机关作风、优化政府服务、政务信息公开的重要平台，全力加以推进。各地积极探索，大胆创新，探索出了特色各异、富有成效、深受群众欢迎的政务热线服务模式。苏州市采取“一个号码进入、一条热线贯通”的方法，实现了“外部互动、内部联动，集中受理、分散处理，全网运行、全程留痕，一单到底、全程跟踪”的建设目标。淮安市“阳光淮安12345”政务热线服务平台，整合部门、单位服务热线资源，在全省首创电话、网络、短信、传真“四位一体”受理模式。宿迁市将“12345”热线与网络问政、书记市长信箱等资源进行整合，市级机关124个部门全部纳入，实现“一号受理、一网办理”，并将办理渠道延伸到乡镇（街道），形成市县乡三级联动工作网络。

五、制度建设和基础建设情况

（一）完善领导体制和工作体系

成立了省政务公开和政务服务领导小组，统一领导全省政务公开和政务服务工作，领导小组办公室设在省政府办公厅。为适应新形势和新任务的变化，省政府办公厅政府信息公开工作机构更名为政务公开办公室（政府信息公开办公室）。健全全省各地各部门政府信息公开工作体系，全省所有省辖市、县（市、区）以及所有省级政府部门均设立或明确了工作机构，配备了专职或兼职工作人员。

（二）健全信息公开制度体系

近年来，我省先后出台了考核、保密审查、工作过错责任追究、行政复议、社会评议、信息发布协调、新闻发布、解读与回应、行政权力网上公开透明运行等制度，建立了较为完善的政府信息公开制度体系，为推进工作提供了有力保障。

（三）做好其他基础工作

一是抓好教育培训。对政府信息公开工作人员开展经常性集中培训，通过专家授课、业务研讨、案例剖析等形式，切实提升工作人员的业务水平。把信息公开培训纳入公务员培训内容，努力把信息公开培训范围覆盖各级行政机关。二是严格落实信息公开属性源头认定机制。年底信息公开工作机构进行打分，作为评价本单位其他部门的重要依据。三是及时更新信息公开指南和公开目录。全省范围的目录更新编制工作已经完成。四是积极发挥考核的作用。根据年度工作要点，合理设置考核指标，推动相关工作顺利完成。扩大考核结果的应用，将信息公开考核结果作为依法行政考核、绩效考核、文明城市评选等工作的重要内容。

第四部分

行业应用篇

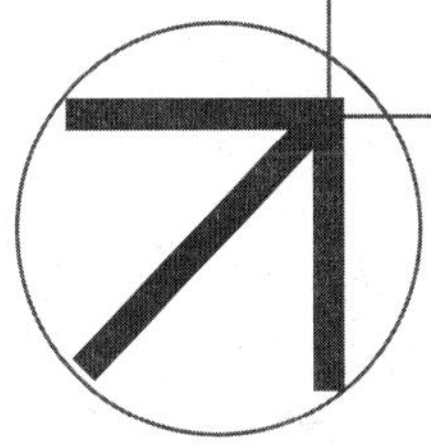

江苏省教育信息化发展概况

2014年，全省深入贯彻党的十八大、十八届三中四中全会精神，努力实施《江苏省教育信息化三年行动计划（2013～2015年》，“三通两平台”建设成效显著，全省教育信息化发展步入快车道。大中小学基本实现“宽带网络校校通”，“优质资源班班通”、“网络空间人人通”覆盖率分别为70%、52%。

一、教育信息化战略部署和机制建设

2014年，我省教育信息化建设进一步更加突出统筹，完善顶层设计，强化监测引领，注重协同推进。

建立省教育信息化工作领导小组例会制度。2014年省教育厅建立了省教育信息化工作领导小组例会制度，着力推进教育信息化重点工作，及时研究解决教育信息化重大问题。厅际教育信息化协调小组成员单位加强协调配合，统筹推进教育信息化工作。各级财政不断加大教育信息化经费投入，省财政每年安排不低于2000万元专项经费用于教育信息化资源建设。

启动智慧教育建设根据《省政府关于加快推进智慧江苏建设的实施意见》，在广泛调研和召开多层次研讨会的基础上，拟订了《关于推进智慧教育的实施意见》，文件已由省政府办公厅下发各地执行。《关于推进智慧教育的实施意见》从总体要求、重点任务、保障措施三方面对推进智慧教育建设提出了明确要求和具体举措，提出到2016年，基本建成以移动终端、智慧教室、智慧校园、智慧教育云等为主要标志的智慧教育环境，能够实施以自主学习、个性化学习、协作学习、泛在学习为主要特征的智慧教学和基于互联网、大数据、云计算的智慧管理，培养一大批适应“互联网+”和智能化信息生态环境、具有较高思维品质和较强实践创造能力的智慧教育人才，实现智慧教育环境建设国内领先、智慧教育教学方式应用广泛、智慧教育人才培养成效显著的良好发展态势，为实现智慧江苏做出积极贡献。

二、教育信息化基础设施建设

校园网建设。全省小学、初中、高中拥有比较完整的校园网的学校数占学校总数的比例分别为91.65%、98.07%和99.47%，与2013年的90.52%、96.86%、98.62%相比，分别增加了1.13、1.21和0.85个百分点。

计算机拥有总量、校均计算机拥有量和百名学生拥有计算机数。2014年，全省小学、初中、高中的计算机拥有量分别为651577台、457000台、304428台（其中教学用计算机分别为535820台、347930台、234893台），校均计算机拥有量分别为小学161.96台、初中220.03台、高中536.91台，与2013年校均计算机拥有量小学152.54台、初中214.36台、高中514.69台相比，分别增加了9.42台、5.67台和22.22台；百名学生拥有计算机数为小学13.82台、初中24.68台、高中29.44台，与2013年百名学生拥有计算机数相比稳步增加。

江苏教育和科研计算机网建设。提高全省网络基础设施建设水平，提升江苏省教育与科研计算机网的服务性能，实现省级教育主干网络从IPv4到IPv6的升级平移，各级教育部门、各级各类学校教育网络实现高速互联。启动智慧校园建设，以物联网技术为基础，建设覆盖学校日常运行各个环节的高速有线、无线网络及各种智能信息终端，建立电子身份及统一认证系统，实现课堂教学、教师教研、学生学习、教学管理和评价、家校沟通、学校安全管理的数字化、网络化、智能化。完成了省教育和科研计算机网（简称“省教科网”）IPv6双栈接入应用测试；以业务应用推动“省教科网”建设，目前全省已有136家独立单位用户接入“省教科网”，成为中国教育和科研计算机网用户。

三、教育信息化公共服务平台建设与应用

教育资源公共服务平台建设。全省教育资源公共服务平台服务于省内全部中小学及广大师生，覆盖各级各类教育，教育资源服务功能不断增强，截至12月底，平台总访问量21893万人次；平台教育资源数量215万个，资源访问量14251万、下载量1811万个。

教育管理公共服务平台建设。根据教育部要求，完成了全国中小学生学籍管理信息系统、全国教育信息化工作进展信息系统、全国中等职业学校学生学籍管理信息系统、全国学前教育管理信息系统、全国资助学生系统管理信息系统等学生管理类、教师管理类及学校管理类系统的管理和对接工作，其中中小学生学籍信息管理系统数据入库率达97.7%，跨省转学办理、毕业结业操作和相关业务办理完成率位居全国前列。

四、教育信息资源开发利用和共享

优质资源班班通建设。完成“专递课堂”、“名师课堂”的栏目建设和教学资源的数字化。截至12月，“专递课堂”完成数字化及改版的资源包括：小学学科，语文1～6年级12个学期，数学1～6年级12个学期，英语3～6年级8个学期，科学、音乐、美术和体育各计算2个学期（共计8个学期）；初中学科，语文7～9年级6个学期，数学7～9年级6个学期，英语7～9年级6个学期，物理8～9年级4个学期，化学9年级2个学期，生物1个学期，物理实验4个学期，化学实验2个学期，生物实验2个学期。“名师课堂”涵盖义务教育阶段语文、数学、英语三门学科，从1年级至9年级资源数字化上传至上供师生使用。其中，小学学科：语文1～6年级12个学期，数学1～6年级12个学期，英语3～6年级8个学期；初中学科：语文7～9年级6个学期，数学7～9年级6个学期，英语7～9年级6个学期。

另外，我省与央馆共同研发“名师课堂”、“教学参考”系列课程资源，完成教育部健康教育《学校传染病的防治》24集专题片、“2013年度江苏教育新闻奖”评选活动参赛作品等拍摄、制作工作；完成援疆双语教师培训资源“初中数学”项目前期的协调和资源的准备工作。推进江苏省中小学教育卡项目试点工作，扩大试点范围，成立连云港分中心；切实做好徐州试点第二批教育卡发卡及应用推广工作；完成教育卡平台与学籍系统、师资系统、通讯运营商平台对接工作。

网络学习空间人人通建设。截至12月底，基础教育阶段共有122所学校、8951名教师开通网络学习空间，职业教育共有147所学校、17184名教师和22275名学生开通网络学习空间，增长较为明显。

五、信息化应用及人才培养

专业人才培养培训。为全面提高电教人员对信息技术与教育教学深度融合的认识水平和教育信息技术应用能力，进一步增强其推进“三通两平台”各项任务落实的执行力，提升中小学教师信息技术应用能力，对全省中小学、幼儿园教师分年度分层次组织不少于50学时的专项培训，实现信息技术与教育教学深度融合，2015年完成30%的培训任务。据事业统计数据显示，截至2014年底，我省共有66所高

校设有计算机大类本科专业，在校生6.16万人；82高校所设有计算机大类专科，在校生5.49万人。

信息技术应用能力竞赛成果。完成“领航杯”及全省教师信息技术大赛全部赛事的策划、组织等工作，包括第十三届中学生英语电视口语比赛、全省中小学电脑制作活动、2014年大学生数字媒体比赛、2014年全省多媒体教育软件比赛、校讯通杯教师教育技术应用论文比赛，并获得中央电教馆颁发的多项最佳组织奖、优秀组织奖。联合省委宣传部、省新闻出版局和省作家协会，依托“书香江苏”网上读书活动平台，开展了“践行社会主义核心价值观，共筑中华民族复兴中国梦”网上读书征文活动，全省5400多所学校参与，400多所学校组织开展专题读书活动，共收读书征文21.7万篇；配合省文明办举办了第三届书香江苏网上夏令营活动。

教师应用能力提升。为全省培训免费提供课程资源和自主选学与管理平台，打造江苏省数字教师网，建设以特级教师领衔的网上名师工作室，探索网络研修社区，实现教师专业发展的统一管理和过程性评价。推进基于网络的城乡、校际间结对帮扶和网络研修，促进教师的远程协作和共同成长，构建具有区域特色的教师专业发展服务体系，使每一位教师都有机会成长为胜任信息化教育教学的教师。

（江苏省教育管理信息中心　杨晨曦）

江苏省科技信息化发展概况

2014年，全省科技系统深入贯彻中央、省委网信办的工作部署，在实施创新驱动发展战略、加快建设创新型省份工作中更加重视和支持网络安全和信息化工作，在引领技术创新、推进成果转化、提升信息服务能力和加强电子政务建设、打造“阳光科技”等方面取得了新的进展和成效。

一、引领技术创新，推进成果转化

2014年，省科技厅按照《智慧江苏建设行动方案（2014～2016年）》的要求，集成资源，进一步加大对信息化领域技术研发和成果转化的支持力度。一是围绕《智慧江苏建设行动方案（2014～2016年）》目标任务，以突破专项技术为目标，面向大数据、云计算、应用软件、物联网、移动互联网等领域，组织实施电子信息类省级科技计划405项，安排省拨经费35160万元。其中，软件类项目113项，安排省拨经费3520万元。二是加强服务于智慧江苏建设的技术基础平台研究。采用项目加课题的形式，部署了重点项目“基于大规模数据中心的面向大数据应用的云管理平台技术研究”，项目将打造建设基于SDN 云管理平台、面向行业应用的大数据服务平台，为包括互联网、金融、云计算、物联网等产业发展提供技术支撑服务。三是瞄准传统产业两化融合，围绕制造业信息化相关领域，组织实施省科技支撑计划（工业）项目2项，总投资880万元，支持传统产业向网络化、服务化转型升级。其中，项目“基于云计算的不锈钢产业集群协作服务平台关键技术开发”将支持产业集群里企业间多种类型的供应、资源协作模式，开发基于云计算的不锈钢集群协作服务平台，针对不锈钢产业具有特色的业务层相关管理和技术问题进行技术研究、应用开发和应用实践，通过项目产品的应用，提高集群内协作企业的效率。四是大力推进信息化重大科技成果转化和产业化，2014年，省科技成果转化专项资金在新一代信息技术领域共立项38项，其中电子材料及器件类项目8项、通信与网络类项目8项、物联网和云计算类项目12项，共安排省资助经费2.77亿元，其中获省拨款资助1.95亿元，贷款贴息8200万元。这38个项目共获得授权专利274件，其中发明专利74件；制订产品技术标准71项，其中牵头或参与制订国家标准3项；形成目标产品120个。

二、促进科技资源开放，提升信息服务能力

2014年，按照“整合资源、优化布局、分类管理、提供能力”的工作思路，打造了一批服务成效显著、服务水平一流的高端服务平台，有力推动全省科技服务体系跃上了新的台阶。一是江苏省工程文献平台（www.e-library.com.cn）加快提升服务效能。2014年，平台完成原文传递862586页，较上年增长88%；新增注册用户8908户，较上年增长30%；平台总访问量突破400万人次，较上年增长25%；科技文献全文服务量达到320万篇（包括网上原文传递），较上年增长20%；新加工元数据2522万条，较上年增长200%，数据总量达到了1.8亿条；全年电子资源数据量增长20T，数据总量达到80T。新建盱眙、高邮等3个分中心，分中心和工作站达35家，注册用户达3.7万多户，已初步形成覆盖全省范围的工程文献中心网站服

务群。二是江苏大型仪器平台（www.yqgx.org）加快创新服务机制。至2014年底，共有410家企事业单位加入仪器平台，入网仪器设备3850台（套），原值达36亿元。仪器平台成员单位测试服务总机时135万小时，同比增长10%，其中直接为企业测试样品数量达到60万个。2014年仪器平台继续开展中小企业用户补贴工作，对261家中小企业发放省级用户补贴307万元。围绕生物医药、环境、食品安全、材料等领域组织开展分析测试标准方法课题研究，设立5个课题项目，支持经费70万元。三是江苏农业种质资源平台（jagis.jaas.ac.cn）加快提供服务质量。23家省级种质资源库（圃）新增种质资源4269份，涵盖16个物种，种质资源保存数量同比增长9%。对外提供种质资源信息50621份，共计76个数据库，共享特征数据超过150万个，系统点击率已达45939人次，信息共享人次增加18%，本年度累计提供实物种质5440份次。平台参与的"小麦种质资源中重要育种目标性状的评价与创新利用"荣获国家科技进步二等奖；"以苏95-1为核心种质的高产、多抗玉米品种创新与应用"获江苏省科学技术二等奖；"桃优异资源发掘与创新利用"获江苏省科学技术二等奖。四是江苏省知识产权公共服务平台（www.jsipp.cn）加快服务升级步伐。发布了功能更加强大的专利信息检索分析系统，为不同的服务对象提供不同的服务功能；继续引进全球知识产权信息系统（orbit），与平台现有的专利信息检索分析系统互为补充。至2014年底，平台拥有各类专利信息总量达到7666万条，比上年增加190万条，其中国内数据1188万条、国外数据6478万条，平台访问量同比增长19%。为全省公众提供600余人次咨询，出具1165份评价报告，发布各类统计报告共92篇，培训企业700多家，建立连云港、沭阳等4个市、县级公共服务平台分平台，为30家企业安装了专利数据库。五是江苏省科技公共服务平台网络（www.jscypt.com）加快完善服务内涵。面向海内外有创业梦想的创客，有效聚合全省的创新创业资源，围绕创客创业发展需求，打造创业服务超市，提供全方位、全流程、定制化、一站式科技创业服务，提升科技创业服务水平，创建"创业江苏"服务品牌。截止目前，网站注册创客及创业企业用户3000余个，网站数据量达5万余条。科技金融信息服务平台入库企业超过2.8万家。

三、加强电子政务建设，打造"阳光科技"

2014年，省科技厅认真落实《国务院办公厅2014年政府信息公开工作要点》、《国务院办公厅关于加强政府网站信息内容建设的意见》和《省政府办公厅关于进一步做好政府信息公开有关工作的通知》等有关工作部署，进一步加强门户网站建设和信息公开新渠道建设，及时对江苏机构编制网公开的各类清单予以链接和公开，政府信息公开工作取得良好成效。一是门户网站建设顺利推进。2014年，厅门户网站共发布各类政府信息3721条，其中，项目申报指南7条，项目申报通知27条，项目立项前公示14条，其它信息27条。组织新闻发布会（通气会）8场，参加省政府在线访谈3次，发布政策（数据）解读7篇，新增江苏沿海科技创新、面向江苏省科技型中小微企业贷款业务、2014年第二届江苏科技创业大赛等专题专栏4个。厅门户网站日均访问量8000人次左右，总访问量超2080万人次。二是省科技计划管理信息系统全面升级。新系统实现了省级科技计划项目的指南发布、项目申报、项目受理、项目评审、项目立项、中期检查、结题验收等全流程网上管理，可有效支持单年度管理各类科技项目5万项，每小时支持并发操作用户数不少于3万。2014年，该系统注册用户累计达到20936个，在线用户数最高超过5000多个，当年度各类科技计划项目申报总数超过11000项，其中87%的项目进行了网上评审，共聘请了2690人次的网评专家，立项下达各类省科技计划项目3493项。在网上办理验收结题项目2253个，其中通过验收的项目2102个，总结项目107个，中止项目44个。三是科技计划项目管理网络视频答辩工作持续推进，顺利完成了国家“973”计划、国家“863”计划、国家支撑计划、国家创新人才推进计划等12类18批次446个国家科技计划申报项目的视频答辩。

（江苏省科技厅　黄　坚）

江苏省公安信息化发展概况

一、江苏公安信息化发展概况

2014年是江苏公安信息化工作转型升级发展的起步之年，全省公安机关紧紧围绕公安工作改革发展大局，突出基础信息化建设核心任务，以“警务大数据”工程建设和“升级版技防江苏”建设为抓手，取得了新的发展进步。

（一）规划制定公安信息化发展新蓝图

2014年，省公安厅先后制定出台了全省公安机关基础信息化提档升级工作意见、全省“警务大数据”工程建设规划和“升级版技防江苏”建设指导意见等，形成了公安信息化发展新的规划体系，将“警务大数据”工程和“技防江苏”建设列入智慧江苏建设总体发展规划，为全省基础信息化、警务大数据和技防建设科学有序发展奠定了坚实基础。

（二）“警务大数据”建设应用取得新进展

强化内外资源整合。截至2014年底，全省已汇聚公安内外各类信息数据784类600亿余条。其中，整合人员类数据135亿条、案件类数据6亿条、物品类数据1.7亿条、地址类数据1亿条，仅全省道路监控车辆数据日均增量就达7000多万条，全部纳入省厅大数据库体系，面向全警统一提供授权应用。

加强数据应用服务。开展省公安厅信息资源服务平台和部门间信息共享服务平台建设，实现了省公安厅与省有关部门数据的共享传输。先后开放了全国重点人员、违法犯罪人员等查询服务接口19个，为业务部门提供数据分析服务38次。

开展数据深度分析。汇聚整合全省海量涉车数据，搭建车辆大数据分析系统，构建了47类专题数据库和动态建模研判工具集，提供对违法犯罪嫌疑车辆的动态管控等服务，实现人车案关联分析和布控，共产生预警信息27.9万条。

深化地理数据应用。开展省级警务地理平台升级改造，实现最新版0.3米影像数据与“天地图”数据对接，整合各市警用地理信息40余万条，下发全省标准地址数据448万条，推出了智能指挥调度、警情监测与社会面防控等实战功能。

（三）技防城建设取得新突破

各地公安机关积极争取党委政府支持，将技防建设纳入了经济社会发展规划和社会治安综合治理考核内容，形成了“政府牵头、综治协调、公安主抓、多方参与、共同推进”的建设格局。目前全省已有36个县（市、区）通过了技防城建设验收评估。

各地公安指挥中心、交警队、派出所等实战单位建成了以视频监控系统为支撑的标准化治安监控室，提高了公安机关快速反应和应急处置能力。

（四）全警信息化实战应用获得新成就

在实战指挥方面，以省市重要部位为核心，新增高清摄像机固定点位380路，打造综合性、智能化信息防控平台；推进全省高清视频指挥调度系统和图像监控联网平台建设，已联通52个市县110接警区、1321个派出所、93个公安检查站，接入全省公安图像资源9.5万路、3G移动图像终端5000多套；围绕青奥安保和

"12.13"国家公祭日安保需要，统筹规划新建一批固定和移动监控终端，向安保指挥部提供视频服务10万余次、调阅视频时长5万小时。

在侦查破案方面，深化现场勘验和智能串并分析，提升网上作战、规模化侦破侵财案件的效能，全年共串并破案2.7万起，抓获犯罪嫌疑人1.7万名；建设防境外诈骗智能拦截平台，日均拦截境外诈骗电话1.3万次。

在社会管理方面，深入开展户口清理整顿，清理一批重户口、应销未销户口；利用人像识别比对技术，排查清理一批重户口、错误照片数据；推进居住证制度改革和流动人口信息采集工作，年内共制发证1100万张，采集流动人口信息1688.7万条、居住房屋352.5万间。

二、人口基础信息资源建设和服务

（一）统筹规划人口基础信息库建设

为扎实推进和科学实施人口基础信息库建设工作，省公安厅先后赴公安部主管部门、上海市公安局、湖南省公安厅学习考察人口基础信息库建设情况，听取上级主管部门的指导意见，学习兄弟省市的经验做法，并到我省苏州等地进行调研，拟定了《2014年全省人口基础信息库建设工作要点》，根据服务社会治理创新和公安打防管控要求，组织对分布在36个政府部门、38个行业部门，涉及9类321个数据项的人口信息进行梳理分析，从信息基准服务、信息共享服务、业务协同服务三个层次的应用需要出发，确定人口基础信息库基本、常用、扩展三类数据项，并从安全接入、数据交换、标准规范、应用服务、运维保障等方面，对人口基础信息库建设方案进行修改完善，确保建设更加符合发展要求。

（二）升级改造公安人口信息系统

根据公安部统一要求，省公安厅部署开展了全省人口信息管理系统优化升级工作，进一步完善源头信息采集、信息流转服务、标准规范管理等支撑保障手段，夯实人口基础信息库基础数据。优化升级人口信息数据库。采取人口信息业务库和查询库分别建库、数据实时同步的建库模式，构建人口信息管理保障技术新型架构，并通过改进人口信息维护机制，实现部、省、市自下而上人口信息维护数据获取、传输、入库全程自动化，实现对数据更新维护的动态监管。构建跨地域网上业务查询和流转系统。通过开发系统接口，实施系统对接和系统改造，建设跨地域网上业务应用系统，实现人口信息联网查询、人像比对和流动人口协查服务，实现准迁证、迁移证信息网上备案、核验和流转，实现人像比对嵌入式应用，进一步严密户籍管理。推进标准升级和规范化管理。按照公安部人口信息管理最新技术标准，对人口信息数据结构、代码字典和相关功能等进行更新调整和技术升级，实现人口信息分级分类规范管理。全面升级专用字库和冷僻字解决方案。根据国务院最新公布的《通用规范汉字表》，组织对系统专用字库和冷僻字解决方案进行全面升级，确保新增汉字和冷僻字的正常使用。建立统一地址库。以人口信息地（住）址为基础，全面升级改造人口信息管理系统的地（住）址数据结构和相关功能，并根据公安部《警用地址数据管理与服务系统省级示范建设专题任务书》要求，构建统一的标准地址库和地址资源库，实现全网地址信息标准化采集、复用和应用。

（三）探索人口基础信息服务有效途径

依托公安机关建立的人口等信息综合资源，进一步完善信息服务技术手段，并主动与政府有关部门进行对接，探索信息服务的新路径。进一步完善信息服务平台功能。围绕部门间信息共享应用需要，进一步优化完善公安信息网边界安全接入平台和部门间信息共享服务平台功能，采用规范的网络边界安全接入和跨网信息查询比对、应用接口等技术，为政府有关部门核查、比对人口基础信息提供服务支撑。积极对接信息共享服务措施。与检察院、卫计委、人社厅、住建厅等部门共同研究信息共享服务具体内容和方法，不断深化人口基础信息服务措施。同时，根据省综治办、省信用办部署要求和省检察院、人社厅、民政厅等部门单位信息核查需要，组织厅有关部门研究信息服务具体措施，主动与上述部门进行对接，开展信息服务工作。扎实开展信息服务工作。2014年以来，省公安厅已向省综治办提供了流动人口、出租屋、境外人员、吸毒人员等信息服务，并先后与省检察院、卫计委、人社厅、民政厅、保监局等部门单位开展信息协作，提供人口基础信息核查比对服务。

三、信息安全与网络治理

2014年，全省公安机关按照公安部和省公安厅党委严打网络犯罪的部署要求，对网络黑客攻击破坏、诈骗、盗窃、黄、赌、毒等各类网络犯罪活动始终保持严打高压态势，组织开展了打击“黑客攻击破坏”、“伪基站”、“净网2014”、“防范电信网络诈骗”安全宣传月等专项工作，全省共破获网络犯罪案件2326起，抓获犯罪嫌疑人3758名，其中13起全国扫黄打非办、公安部等部门督办案件全部告破，徐州“5·28”跨国网络赌博案、“神马”手机木马盗窃案、淮安朱某利用伪基站传播木马诈骗案、“8·7”虚假高校学历诈骗案等4起案件被公安部列为全国十大网络犯罪典型案件。

（一）打击网络犯罪

针对网络犯罪持续多发的情况，全省公安机关持续开展多种专项打击整治，取得明显成效。一是开展集中打击黑客攻击破坏专项行动。全省共破获刑事案件46起，抓获犯罪嫌疑人126名，南京、徐州、连云港、淮安、泰州等地先后破获了江宁网吧、“神马”手机木马盗窃网银资金案、P2P网贷平台资金被盗案等一批网络黑客大要案件。二是开展集中打击网络诈骗犯罪专项行动。全省共破获网络诈骗案件900余起，抓获犯罪嫌疑人1400余名，其中假冒QQ好友诈骗案件200余起，案值100万以上案件9起。淮安侦破“8·7”特大网上假学历诈骗案，抓获犯罪嫌疑人58名，打掉一个在网上通过开办虚假高校网站，制作假学历证书兜售牟利的特大网络诈骗团伙。同时，省公安厅还要求各地对诈骗案件深挖犯罪链条源头，努力打断利益链，遏制网络诈骗的发案势头。南京破获羊某等人机票改签诈骗案，顺线抓获倒卖航班数据的犯罪分子。扬州破获“3·18”非法获取计算机信息系统案，打掉一个为广西地区5000余名诈骗人员提供盗号服务的黑客团伙。三是开展打击整治“伪基站”专项行动。全省共侦破刑事案件66起，刑拘104人，捣毁生产窝点6处，收缴“伪基站”设备223个，其中，公安部挂牌督办案件5起，居全国之首。四是严厉打击网络淫秽色情。全省共侦破网络色情案件162起，抓获犯罪嫌疑人435人，其中全国扫黄办挂牌督办案件5起，作为典型案例予以宣传报道。五是开展网上禁毒会战。全省公安机关严厉打击利用互联网非法买卖毒品的犯罪活动，破获网上涉毒案件757起，抓获各类涉毒对象1541名，收缴各类毒品79公斤。

（二）网络诈骗宣传防范

面对网络诈骗日益严峻的形势，全省公安机关认真开展一系列宣传防范举措，不断推动防范网络诈骗工作向纵深开展。在1400余家本地网站论坛、6000余家网吧开展了网上集中宣传；在全省100多所高校开展了现场宣传活动，发放宣传手册20000余份；联系腾讯网、扬子晚报、上海新闻晨报等媒体，对徐州“神马”手机木马网络盗窃案、南京羊某等人机票改签诈骗案进行采访报道；针对财会类QQ诈骗案件多发的情况，协调财政、国税、地税等部门对全省机关企事业单位财会人员开展专题预警防范宣传。

（江苏省公安厅　陆　飞）

2014年江苏省民政厅信息化发展概况

一、2014年基本情况

2014年，全省民政系统围绕《全省民政信息化建设三年行动计划（2013-2015）》制定的各项目标任务，加大民政信息化基础设施和重点工程建设力度，不断提升民政公共服务能力和水平，较好地发挥了信息化对现代民政的服务、保障和支撑作用，有效促进了民政信息化与民政事业的协调发展。全省民政信息化工作步入发展“快车道”，取得了可喜的成绩。

（一）民政综合业务信息平台建设工作有序推进

启动江苏省民政综合业务信息平台（养老和社区服务信息平台）建设，按照“统一规划、统一标准、省级开发、五级应用”的原则，采取“1+N”的建设模式，分两批建设开发1个应用支撑平台和34个子系统，基本覆盖全省各项民政业务、各类民政对象、各级民政部门和全体民政工作者。通过构建“全业务、全流程、全需求、全关联”的信息平台，为实现全省民政业务信息共享和网上协同提供基础支撑，为民政业务综合分析和辅助决策提供数据支持。

（二）视频会议和应急指挥系统成功建设

建成全省民政视频会议和应急指挥（省级）中心，实现了部、省、市三级高清有线视频会议系统互联互通，满足大会传达、小型会商、救灾应急、远程培训等需要，并向县（市、区）级民政部门延伸。省级双向卫星站点改造工作顺利完成，省内高清卫星节点升级工作稳步开展，单向卫星视频会议系统覆盖县级以上民政部门。部省市互联、天地间联动的地面网络和卫星网络双覆盖的立体式视频指挥通信格局已经形成。

（三）省级民政数据中心投入运行

参照国家B级标准，在省厅建设了由机房基础设施、计算机信息系统平台、网络通信平台等构成的一体化省级民政数据中心机房，室内建筑面积达450平方米，并于2014年5月成功实施民政计算机网络信息系统向新大楼数据中心的迁移工程。数据中心立足省民政厅，覆盖全省民政系统，今后将结合民政综合业务信息平台，建设成为全省民政云计算中心，并可根据需要作为全国民政云计算中心的区域节点，实现对民政业务数据和网络的集中管理。

（四）民政信息化标准规范研究工作积极开展

配合民政部信息化顶层设计工作，组织全省开展了《民政业务数据共享与交换》标准规范修订工作；配合省信用办开展“省企业信用基础数据库”数据指标项调整工作，为全省民政系统与其他政府部门实现信息资源共享奠定了基础。

（五）民政公共服务热线全面开通

全省13个地级市开通了“12349”、“96158”等民政公共服务热线，成为民政系统面向社会公众提供便民服务的重要平台。民政公共服务热线有的以居家养老为切入点，以实体服务为支撑，围绕“安全、健康、便捷生活”的服务宗旨，为市民提供信息化居家养老服务、家庭生活服务和民生商品配送等便民服务，致力于搭建一个需有所应、困有所助、难有所帮的综合性“门对门”便民服务平台；有的对社会服务资源进行整合，向辖区居民提供无偿信息服务以及家政、维修、养老、医疗、法律、物业管理、社区导购、房屋租售、人才招聘等数百项社会化服务项目；有的承接包括民政、老龄、老干部、残联、计生等多个政府部门为民服务事项，为高龄独居、空巢、失独、失智老人、残疾人、老干部等老人群体和普通家庭提供定制养老服务和生活服务。民政公共服务热线已成为民政部门便民服务的一个品牌，日益成为方便群众的好帮手。

（六）社区“一站式”服务信息平台加快建设

结合“智慧江苏”工程实施，组织开展社区综合信息平台和“智慧社区”建设，通过核心管理平台和统一外网门户实现社区服务的集中展示。全省各地依据民政部和我省颁布出台的有关标准规范，整合政府部门进入社区的各类业务系统和社区资源，构建覆盖全省城乡社区，集行政管理、社区事务与便民服务为一体的社区综合信息平台，逐步实现各条线部门社区业务“一站受理、一网协同”。

（七）民政门户网站公共服务水平持续增强

全省各级民政部门将民政门户网站作为开展便民服务的重要载体，通过在网站设立信息公开、公共服务、互动交流、便民信息查询等版块，积极提升公共服务水平，取得了较好成效。一是构建信息公开平台，全面推进政府信息公开。二是整合梳理服务资源，提升网上办事服务功能。在开展民政综合业务信息平台建设的同时，结合民政社会服务信息化工程和行政审批制度改革要求，同步做好网上申报窗口建设，完善网上审批系统，实现所有行政权力网上办理、全程查询、结果公示。三是完善网上互动机制，加强与群众的联系。开设在线咨询、问卷调查、建言献策、意见征集、领导信箱等栏目，开展在线答复和网上调查，倾听群众诉求、搜集社情民意、解答群众咨询，对社会救助、养老服务、福利慈善等社会公众关注度高的民生热点问题，及时在网上做好解读和引导工作，方便群众办事。

（八）新兴信息化便民服务手段不断拓展

全省各级民政部门以民生需求为导向，拓展信息化便民服务范围，创新信息化便民服务应用，不断提升便民服务信息化水平。各地借助物联网、微博、微信、APP应用等新兴技术和手段，积极探索便民服务新途径。服务内容涉及预约结婚登记、低保办理、大病救助、智慧养老、社区管理、社会组织、志愿服务等各个方面，满足移动互联时代群众便民服务新需求，实现服务群众“零距离”，大大节约了群众办事成本，贴近了服务对象，方便了群众办事。

二、2015年信息化工作思路

2015年，民政信息化工作将按照省委省政府、民政部关于加快民政信息化建设的总体部署，围绕《全省民政信息化建设三年行动计划（2013～2015）》确定的各项目标任务，结合“智慧江苏”建设要求，加快完善民政信息化基础设施，加大重点工程建设力度，建成集民政行政管理与公共服务为一体的信息化大平台并向全省推广使用，全面提高我省民政信息化工作水平。2015年全省民政信息化工作的总体思路是“1323”：

“1”——突出一个重点

以全省民政综合业务信息平台（养老和社区服务信息平台）建设为重点，稳步实施智慧养老服务工程和智慧社区推进工程，着力做好系统平台的设计研发、试点调试、培训推广等工作。

“3”——推进三项工作

推进有线双向互动高清视频会议系统向县（市、区）延伸，扩大视频会议系统覆盖范围，深化视频会议系统应用。

推进基层各类民政基础数据采集，加强对基层数据质量和数据应用情况的考核，确保数据采集准确、内容完整、维护及时。

推进横向业务协同，促进跨业务、跨部门数据交换与共享，实现数据、业务、系统、部门间的整合与关联。

“2”——深化两项建设

深化民政信息网络和数据中心基础设施建设。完成省厅民政综合业务信息平台硬件系统部署，指导各地根据系统建设要求，抓紧做好本地信息网络改造与硬件配套建设。

深化舆情信息网络采编渠道和民政网络新媒体建设。构建全省民政舆情信息网络采编平台，畅通舆情信息报送渠道，实现“一级采集、多级使用”。拓宽新媒体应用，加强政务微博运营，开通民政微信公众平台，扩大社会服务，提升民政影响。

“3”——实现三大目标

通过民政信息化基础平台建设，不断完善连通省、市、县（市、区）、街道（乡镇）、社区的五级民政信息网络，形成“横向到边、纵向到底、上下贯通、立体覆盖”的民政业务网络体系，实现各级民政通讯网络互联互通“零阻隔”。

通过综合业务管理系统建设，改革传统办事模式，利用信息化技术手段处理各项民政业务，优化业务流程，规范业务办理，促进科学决策，提高工作效能，实现民政业务管理“零差错”。

通过民政公共服务系统建设，服务社会公众，拓宽宣传渠道，做到政务公开，政民互动，便民利民，提升民政公共服务能力，增强管理服务透明度，实现民政工作与人民群众“零距离”。

（江苏省民政厅　唐　凡）

江苏省司法信息化发展概况

2014年江苏省司法厅认真贯彻落实省厅信息化建设总体规划，围绕打造人民满意的服务型司法行政机关总目标，扎实推进以司法行政一体化智能平台为核心的信息化建设及应用，推动信息技术与司法行政工作的深度融合，全面深化信息化建设和应用，取得积极成效，为深入推进矛盾纠纷排查调处、公共法律服务、特殊人群服务管理、法治宣传教育“四个全覆盖”工作体系建设提供了有力支撑。

一、江苏司法行政系统信息化建设基本情况

2014年，针对前期信息化建设中实战能力不强、资源整合不够、共享水平不高等突出问题，我厅提出“以需求为导向、以应用为核心，以信息资源和应用系统整合优化为主线，以基础设施提档升级为重点，以建立健全标准体系、信息化工作机制和管理体制为保障，在更高层次上实现工作流、信息流和管理流的有机融合”的指导思想。明确了“力争用两年左右的时间，建成具有全省先进水平、应用、管理一体化，横向集成、纵向贯通、运转协调、服务高效的司法行政信息化工作体系”的信息化建设总目标。为实现以上目标，提出了着力构建以“2+1+N”为总体架构的司法行政一体化智能平台的信息化建设总思路。其中，“2”是指两大应用平台：外网的12348公共服务平台、内网的司法行政工作管理平台；“1”指一个协同中心：信息流转协同中心；“N”是指在两大应用平台上运行的若干个业务和管理系统。

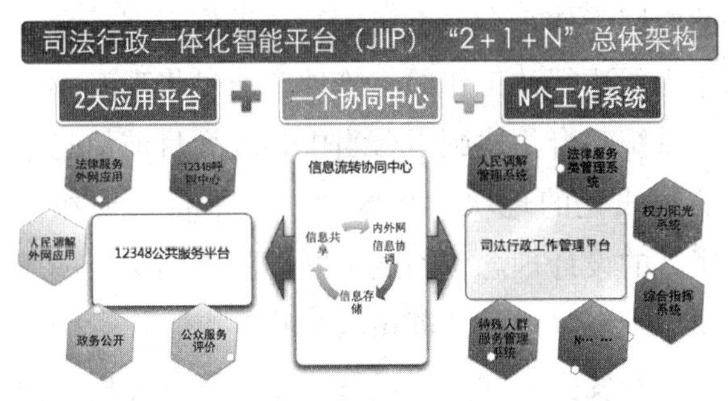

司法行政一体化智能平台2+1+N架构图

二、2014年信息化建设进展情况

围绕一体化智能平台建设，2014年主要推进了以下几项工作：

一是推进12348公共服务平台建设，提升为民服务能力。我们在外网开发了为群众提供即时性、一站式公共法律服务的新平台——12348公共服务平台。通过整合法律咨询、法治宣传、法律服务、矛盾调处等各项职能，汇聚律师、公证员、司法鉴定人、人民调解员、基层工作人员等服务资源，集成电话、网络、新媒体等不同载体，提供40多种法律服务产品，让群众可以通过自选的方式，便捷地实现不同类型的法律服务需求，真正做到群众法律服务诉求的一站式解决。目前，12348公共服务平台已建设完毕并在全省13个地市部署上线，为群众提供服务。平台部署运行以来，网站平台和微博、微信等新媒体平台关注度、互动率持续提高，各地话务量均出现不同幅度增长，南京、徐州、苏州、南通等地话务平台平均每天接听来电200余人次，多次收到群众感谢信、表扬信，95%以上被回访群众对服务表示满意或非常满意，说明我们提供的服务符合群众的现

实需要，得到了群众的认可。下一步，我们会继续加强源头信息收集，快速掌握群众需求，不断丰富差异化、适销对路的公共法律服务产品，切实提升为民服务的能力、质量与实效。

二是推进司法行政工作管理平台建设，提升分析决策能力。为实现“四个全覆盖”的工作目标，我们开发了面向各级司法行政机关的内网工作平台——司法行政工作管理平台，作为司法行政工作的主阵地。通过将现有的业务系统整合集成到平台当中，改变目前信息系统条线化的现状，采取“一个平台、分级应用”的设计理念，满足不同部门不同层级的工作需求。目前，江苏司法行政省市工作管理平台已开发完毕并上线运行，以“研判分析、决策指挥、协调管理、服务指导”功能为主体的指挥体系已经开始运转。下一步，我们会继续开展江苏司法行政县乡工作平台建设，强化县、乡两级司法行政机关信息采集报送、事件应急处置、便捷服务群众的工作能力。逐步在各个层级建立不同的决策分析模块，形成相互之间的决策分析支持。一方面，通过县乡平台的应用，及时为省市提供基础信息数据，保证省市层面分析研判、指挥决策各项工作的顺利开展；另一方面，省市将信息数据的决策分析结果反哺基层，进一步指明工作方向和发展趋势，对县乡所需的信息数据提供最为快捷的执行响应，最大程度保证基层实战的应用需求。

三是推进业务系统升级改造，提升实战应用能力。根据一体化智能平台建设总体方案，共有16个业务和管理系统要在两年内分步建设或升级完毕。目前，社区矫正系统、人民调解系统、安置帮教系统、人力资源系统等核心系统的开发工作已经结束，其他信息系统也将在2015年内开发建设完毕。在对业务、管理系统升级改造工作中，我们始终遵循高效便捷、操作友好的原则，借助科学的信息化手段，着力避免重复录入，大幅减少人工输入，切实增强数据生成的自动化、流程转换的便捷化、操作应用的人性化，实现了“一人采集、全员共享”，有效减轻了基层工作负担，提升了工作效率。此外，对工作主体进行规范化分类，建立以人力资源为核心的人员管理标准化体系，将分散在不同业务系统中的工作主体进行有效关联，实现全系统范围内的统一权限管理，统一身份认证和统一角色分配。将系统权限和岗位职能对应起来，做到权限因人而异、界面区别展现、功能按需定制，显著提升了全系统实战应用能力。

四是推进信息交换体系建设，提升信息共享能力。目前，全省信息流转协同中心已经建成，一体化智能平台信息数据汇聚和分发具备了桥梁枢纽。内外网信息正常交换，“外网受理、内网办理、外网反馈”的工作模式通过检验，保障了12348公共服务平台和司法行政工作管理平台的稳定运行。同时，特殊人群库、案件库、人力资源库、基础信息库、知识库等五大基础库建库工作已经完成，为信息数据的灌装，创造了条件。得益于以上工作成果，系统内部跨条线的信息采集、数据共享、任务分发、资源调配顺利实现。下一步，我们会按照数据交换方案，在与监狱、戒毒单位实现稳定数据对接的基础上，逐步实现与公安、检察院、法院以及其他单位的数据交换，持续扩大信息共享的范围，优化信息共享的形式，深化共享信息的应用，通过与其他部门、其他组织的信息协作，运用好社会组织、社会团体、社会力量的信息资源，推动司法行政事业科学发展。

五是推进信息化基础建设，夯实全系统信息化发展根基。按照一体化智能平台应用需要，对厅机房网络、存储、服务器设备进行升级改造，提升核心网络保障能力。推动信息安全体系建设，稳步推进分保、等保工作，强化数据安全保障。组织实施厅保密机房建设，建成并通过国家保密局测评，完成厅涉密系统分级保护方案并通过省保密局评审，完成法律援助系统等保测评工作。

三、信息化建设阶段成果

（一）12348公共服务平台建设情况

12348公共服务平台于2013年底建设完毕。2014年1月，徐州12348平台电话热线和12348网站率先部署上线；14年6月，南京、南通平台正式上线运行；截至去年11月份，全省13个省辖市的平台已全部部署上线，为群众提供服务。

目前，12348公共服务平台设置了找律师、办公证、求法援、寻鉴定、要调解、学法律、考司考等8个业务模块，40多种法律服务产品，基本涵盖了目前司法行政业务的所有方面。其功能主要有以下四个方面：一是向群众持续提供律师、公证、法律援助、人民调解、司法鉴定、司法考试、法治宣传等全领域的司法行政业务办理；二是向群众提供权威专业的法律服务咨询以及所有公共法律服务机构的快速查询和导航指引，方便群众办事；三是进行法治宣传，增强全民法治素养，推进法治社会建设进程；四是为司法行政工作人员特别是基层工作人员提供在外网的工作平台，进行舆情信息的采集和汇总。

平台的法律服务产品各具特色。比如拨打12348语音服务热线，不仅可以接受全省13个地市执业律师提供的专业法律咨询，还能对法律援助案件进展、司法考试备案、执业资格等进行实时查询，对于其他业务，会在受理后转派工单，进入内网进行办理。登录12348网站，可以根据需要选择相应的产品，直接进行具体业务的办理。在律师服务方面，开展“律赢”平台与12348平台的融合，使群众可以通过登录12348平台，享受更加成熟优质的在线委托受理、合同在线签订、支付宝在线支付等互联网律师服务；在公证服务方面，采取打包购买软件产品的方式，融合法信公证在线受理平台，提供六大类36项在线公证业务的办理，实现“足不出户享受公证”；在法律援助方面，打通12348平台和法律援助业务系统，实现法律援助全流程线上办理；在普法宣传方面，整合法润江苏网丰富的法治宣传资源，为群众提供“法治文化景观”、“法治微电影”、“法治动漫”、“法治故事”、“互动学法”等特色栏目。

从平台实际运行情况看，在提升服务能力、促进职能转变、塑造服务品牌等方面取得了初步成效，具体表现在以下三个方面：

一是提升了服务能力，切实为群众解决了困难与问题。12348平台建成后，群众只要拨打一个电话，或者通过互联网进行操作，就能完成各项业务的办理，极大地方便了群众。据统计，从平台上线到今年5月底，全省12348公共服务热线累计接听热线电话15万余件，其中法律咨询类电话10.7万余件，申请法律援助、申请矛盾调解、找律师办案及办理公证等法律服务事项2000余件，司法考试、执业资格等查询1000余件。在12348网站方面，目前网站浏览总量约10万人次，注册用户近1000人，发布咨询3500余件，提供法律服务1500余人次。

二是促进了职能转变，提升了群众对司法行政工作的满意度。在平台运行过程中，采取了进度监控、智能提示、督查督办等一系列方法实现对业务工单的追踪管理，固化了服务办理的时间节点，加快了工作节奏。通过建立并落实责任倒逼机制，引导工作由“管理驱动型”向“服务驱动型”转变，做到以服务确立标杆、抓服务带动发展、用服务检验实绩，为建设服务型司法行政机关作出了积极探索。目前，全省12348平台满意度评价均值为91%，经由话务平台流入工单2000余件，均及时落实解决，办结率达到100%，群众满意率达到98%以上。期间，多次收到群众感谢信、表扬信，95%以上被回访群众对服务结果表示满意或非常满意。

三是塑造了服务品牌，“12348”的品牌价值初步体现。12348平台正式运行以来，在解决法律纠纷、援助弱势群体、宣传法律法规和法治精神方面，做了很多实事。《人民日报》、新华社、《光明日报》、《新华日报》、江苏广电总台、《江苏法制报》等中央和省市新闻媒体均对平台服务情况作了报道，对宣传、树立司法行政品牌形象起到了积极作用。2014年6月6日，法制日报整版报导了我省12348平台建设情况，认为12348平台在全国率先探索通过新媒体提供公共法律服务，在推动法治建设方面，具有十分重要的推广价值。司法部也充分肯定我省12348平台建设工作，张彦珍副部长专程赴江苏参加12348公共服务平台座谈会，并在会上指出：“江苏司法行政机关通过建设12348公共服务平台，提升了司法行政系统社会治理能力，彰显了司法行政工作由管理型向服务型的转变，平台已成为贯彻党的群众路线教育实践活动的鲜活典型和重要成果”。

（二）江苏司法行政管理平台建设情况。

今年初，省级司法行政工作管理平台已经部署上线，通过不同层级、不同条线业务数据的横向贯通和实时汇总，可以展示社区矫正、人民调解、安置帮教等已上线业务系统的信息数据，并进行多维度的数据分析。比如在社区矫正方面，通过I2智能分析工具，可以方便的查询特殊人群日常管理相关信息如电话汇报、书面汇报、教育学习、社区服务、请假外出等信息，并跟其进出港、旅店入住、网吧上网等数据进行关联匹配，有效掌握人员动态。在人民调解方面，可以根据特定类型纠纷发生的地区、时间、当事人等要素进行关联分析，通过大数据判断纠纷发生的原因、范围、趋势，并为调解工作的开展提供技术支撑。通过与GIS（地理信息平台）的集成，实现辖区内所有司法行政机构和人员地理位置信息的定位与查询，以此为基础，建立应急指挥调度体系，根据应急事件的类型、涉及人数、事件等级等要素，智能判断需要采取的应急预案，辅助领导指挥决策，确保事件得到快速、高效处置。总体来看，司法行政工作管理平台建设，打通了各业务条线信息系统的壁垒，实现一个平台接受所有业务系统的待办工作、预警信息、通知公告；一个平台查询所有司法行政领域的业务信息数据、统计报表分析；一个平台精确掌握辖区内发生的重要事件并采取信息化的手段快速处置响应；使司法行政信息化应用有了主阵地。

（三）信息流转协同中心建设情况。

目前，省级信息流转协同中心已经建成并开始运转，内部业务系统之间的信息数据交换基本实现，与司法部、政法委、公安、检察院等部门的数据交换也正常进行。截止6月18日，信息流转系统中心共实现内部数据交换6327219条、内外网数据交换107958条、与外单位数据交换46830608条。其中，获取了公安特殊人群动态信息、检察院相关判决信息和法律文书信息、司法部外省户籍但在本省服刑的服刑人员信息等一系列我们原来没有掌握的信息数据资料，对提升我们日常工作的主动性和科学性，起到了积极的作用。

（四）各业务系统建设情况

目前，社区矫正、人民调解、安置帮教、法律援助已经开发完成并投入使用，收到了很好的成效；人力资源、电子监察系统开发完成并部署上线，正在根据使用情况进一步优化完善；律师管理、公证管理、司法鉴定、司法考试、法制监督、后勤保障、职业培训考试等应用系统正在建设过程中。

以社区矫正系统为例，我省新的社区矫正管理信息系统覆盖省市县乡四级社区矫正机构，分为县乡工作平台和省市管理平台。县乡工作平台由县级社区矫正机构和司法所使用，侧重于信息采集和工作流转。

在数据应用上，系统县乡工作平台实现了社区矫正工作流程的电子化、执行法律文书的电子化、社区服刑人员档案的电子化、相关工作报表的电子化等，而更多的数据应用正在省市管理平台的研发设计中。省市管理平台实现了社区服刑人员的信息查询、社区矫正工作人员管理等功能的试用，分析研判、工作巡查、决策指挥、考核管理等数据应用功能正在试点运用阶段。

四、2015年重点工作思路

全省司法行政系统信息化建设和应用虽然取得了一定成绩，但还存在系统功能有待完善，系统应用还要进一步加强，信息化建设经费还有较大缺口，信息化人才严重短缺等问题。我厅认真研究分析了全系统信息化推进过程中亟待解决的问题，着眼于全省司法行政工作改革发展全局，提出了下一阶段工作思路，明年主要抓好以下四个方面工作：

一、切实抓好一体化智能平台建设，着力提升全系统信息化建设水平

一是大力推进司法行政工作管理平台建设。年内完成省市、县乡平台全部建设任务，其中省市平台着力增强实时化数据汇集能力、智能化分析研判能力、一体化指挥调度能力，实现“研判分析、决策指挥、协调管理、服务指导”多项功能。县乡平台着力构建规范高效的源头采集模块、友好易用的工作实战模块、丰富完备的工作支持模块，提供一站式实战平台。同时强化省市、县乡平台数据交互功能，形成省市县乡联动支持的一体化信息系统。二是大力推进12348公共服务平台优化升级建设。以提升服务群众能力为导向，组织研究制定12348公共法律服务标准体系制度，协同市局规范平台对外公共服务工作，提升平台规范化水平。继续做好平台服务产品创新，不断研制适销对路的公共法律服务产品，有效提升平台服务能力。继续做好平台品牌建设，加大对市级平台的指导和服务力度，同时配合厅有关部门做好平台的宣传，充分发挥新媒体的作用，打造“12348”公共法律服务品牌。三是大力推进数据流转协同中心建设。继续推进与相关单位数据对接工作，实现与公安、检察院等单位的数据交换，不断提升全系统数据共建共享能力。推动省市两级数据中心建设，统筹规划、有序推进，年内完成部分市局试点建设工作，切实加强指导试点市局建设，打造样板工程，为全面建设二级数据中心打下基础。与此同时，建立健全省市两级数据的交互运行机制，确保数据全省范围内的统一管理、科学应用。四是大力推进业务系统升级建设工作。年内完成所有业务系统升级改造，实现业务工作信息化全覆盖。充分发挥中心职能，全过程做好技术支持服务工作，有效对接业务处室与软件开发公司，把好系统建设工作的技术关、进度关、质量关。

二、切实抓好网络基础设施建设，打牢信息化发展根基

一是继续推进司法行政专网提档升级。按照“按需建设、适度超前”的原则推动司法行政专网扩容，提升整体网络性能，实现省厅双线路100M带宽、省辖市局30M带宽，县（区）局10M带宽、乡镇司法所4M带宽，确保线路安全畅通，性能稳定。二是提升信息化硬件配备水平。推动各地增加硬件投入，逐步配齐网络、安全、存储等硬件设备，并按照计算机拥有率达到100%的要求，实现计算机配备一人一机、专机专用，为全系统信息化建设夯实基础。在此基础上，根据需要配备执法记录仪等其他终端设备，满足基层执法、管理等工作需要。三是加强信息安全保障体系建设。坚持系统建设和信息安全同步推进，建立健全信息安全防护制度。深入推进信息系统等保、分保工作，加快建立用户统一身份认证和授权访问控制体系，在有条件的单位部署CA认证等安全防护手段，逐步完善信息安全保障体系，确保网络安全、系统安全、数据安全。

三、切实抓好全系统信息化应用，充分发挥信息化建设技术支撑作用

重点推动建立三项机制：一是推动建立规范的源头信息采集机制。按照“基础工作信息化、信息工作基础化”的要求，会同各地、各部门研究制定信息采集规范制度，推动各基层单位紧密结合业务工作与信息系统，实现工作流、信息流、管理流的有机融合，推进信息采集工作常态化、规范化。充分运用电子腕带、移动执法仪、新媒体等多种形式汇聚信息，拓展对接公安、检察院等其他部门信息数据，逐步建立健全面广点深的信息采集网络。二是推动建立完善的信息质量控制机制。建立健全省、市、县多级信息质量管理制度。重点强化县（市、区）局源头信息质量控制工作，加强对基层一线部门数据采集、录入、传送、统计全环节督导，完善过程监督。定期开展信息质量考评工作，做好数据质量抽查工作，切实使“下管一级”的信息数据责任落在实处，确保源头信息完整、准确、及时。三是推动建立科学的分析研判机制。协同各地、各部门研究制定分析研判工作体系制度建设，推动各地、各部门结合工作实际设立分析研判岗，推动分析研判工作体系化、规范化、制度化、长效化。积极引入和应用各种智能分析软件，协调组织相关部门探索建立数据分析研判模型，打造具有司法行政特色的分析研判产品。同时建立研判结果发布应用机制，及时将研判结果反哺基层，以信息主导工作，充分发挥分析研判指导作用，实现信息增值、工作增效。

四、切实抓好信息化队伍建设，增强全系统人员信息化应用能力

一是强化信息化专门人才队伍建设。推动各级司法行政机关采用招录、外聘等多种形式引入信息化专门人才，充分挖掘现有人员潜力，着力培养一批既懂技术又懂业务的信息化骨干，在省、市、县三级建立与信息化发展要求相适应的专门队伍。二是强化全员信息化培训。推动各地将信息化培训纳入干部培训计划，对接年度目标管理考核体系，确保信息化培训的各项要求制度中有体现，工作中有落实，责任上有追究。进一步加强培训的针对性，根据不同岗位要求分别开展培训，强化信息采集、数据录入、资料查询、网上办事等基本操作能力培训，切实提高全员信息化基本素质。三是强化信息化能力考核。开展多形式、多层次的信息化知识考核，充分利用考核发现问题、检验能力、推进工作。结合全系统职业培训考试，加大信息化知识考核力度，以考促学、以学促用，增强全系统人员信息化素质，全面提升信息化工作能力。

（江苏省12348协调指挥中心　胡洪志）

江苏省财政信息化发展概况

2014年江苏财政信息化工作结合江苏“两个率先”发展大局，紧紧围绕省委、省政府决策部署和省财政厅党组的中心工作，以信息化一体化建设为抓手，以整合优化业务应用系统为主攻方向，扎实推进各项财政信息化工作，信息化水平得到新提升。

一、基础建设

2014年江苏财政强化基础设施建设和安全体系建设，进一步提升信息化运维能力。出台《江苏省财政信息系统灾备体系管理暂行办法》，为规范和加强全省财政部门的信息系统灾备体系管理，提供制度保障。加快虚拟化、云计算的技术应用，保障机房、数据中心、网络、安全、灾备等基础设施正常运转。截至2014年末，省级主要业务应用系统全部完成系统性能测试、系统安全测试和信息系统三级等保测评；市、县级财政共有7个系统完成三级等保备案、测评，72个系统完成二级等保备案、测评。网络安全架构进一步完善，应用系统安全设置进一步优化，计算机联网管理和介质管理进一步强化。

主要业绩及成果情况如下：

（一）加快推进财政电子政务建设，为促进行政管理工作科学化、制度化、规范化，转变工作作风、提高服务效能提供技术保障。以省级公文系统为例，2014年通过系统处理收文共计6614件，其中：接收市、县财政部门文件有291件；通过系统处理发文3301件，其中：通过公文传输发送至各市、县财政部门文件有803件；2014年通过财政网站处理答复2749件，公开文件6214件，新增“积极落实政府十项举措”、“江苏政府与社会资本合作（PPP）”、“深化财税体制改革”、“财政支持农业融资改革”、“法治财政”、“江苏省营改增”等9项专题，为提升机关形象，向服务型政府转变提供可靠的技术平台。

（二）通过完成包括人员动态管理、专项管理、政府采购审核、政策依据库、资产审核、政策试算等6类27项功能的修改，进一步完善部门预算系统，为严格审核与把关部门预算提供技术支撑，保证了2014年对省级部门预算专项支出中用于“三公”经费和会议费等方面的一般性支出压减5%，且2015年继续实行“零增长”。以省级系统为例，系统支撑省级122个部门、779个预算单位，编列年度预算920亿元。

（三）完善预算执行系统，在工资统发中增加单位重报编办审核环节功能，同时强化预算编制、预算执行与机构编制部门实名制的人员信息比对，对未经核编的人员一律不安排经费，堵塞“吃空饷”漏洞。以省级预算执行系统为例，2014年系统支撑1357个单位的支付业务，全年完成支出71万多笔，其中集中支付金额近1170亿元。

（四）通过部署实施省级部门决算网络版软件，进一步支撑预决算公开，在省级部门成功运行的基础上，下一步将向全省推开，为全面公开政府预决算、部门预决算及“三公”经费预决算提供技术支持。

（五）实施完成省级国库集中支付电子化

项目，项目于2014年11月7日正式上线运行，截至12月31日，电子支付总笔数超过12万笔，总额近460亿元，下一步将完成省级财政授权支付业务电子化，并适时推广市县财政；完成江苏省政府采购服务门户网站和政府采购执行交易子系统开发建设，为促进政府采购管理更加科学化和精细化提供技术支撑；完成厅外网门户网站升级改造，于2014年9月1日正式上线运行，新版厅外网门户网站在加强新闻发布的同时，重点整合、优化和扩充信息公开、在线服务和公众参与等功能，支撑行政权力网上公开透明运行。既方便公众办事，又接受公众监督。

（六）启动信息化系统整合优化工作，提升一体化程度，在对财政信息化现状调查摸底的基础上，启动信息化系统整合优化工作，通过整合优化，在保留原有功能的前提下，独立的系统显著减少，一体化程度得以提升，新功能得到有效扩充，新标准、新技术得到应用，实现跨处室、跨部门、跨层级的信息联通，优化财政业务流程、固化内部控制制度，逐步实现动态监控所有财政资金及运行全过程。

（七）加强制度建设，通过出台《财政厅信息化建设管理办法》，信息化系统开发模式由局部需求拉动型向整体规划引导型转变，进一步规范信息化项目的申报、立项、实施、验收、运维以及财务、资产等管理流程，提升财政信息化建设管理水平，为整合信息系统，开展信息系统一体化建设提供制度保障。

（八）以问题为导向，完成两个课题研究。针对全厅重点落实事项信息化管理功能薄弱、作风管理信息化尚属真空、绩效考核信息化相对滞后、已建信息系统内部不完善外部不兼容等方面问题，完成利用信息化手段强化机关行政效率和作风管理路径探索课题研究；针对目前信息系统碎片化、财政业务流程难追溯、信息系统辅助决策弱、信息系统支撑财政监督功能低等方面问题，完成财政一体化信息系统建设课题研究。

二、信息化工作目标措施

（一）科学谋划，重视财政信息化顶层设计，围绕建设思路，提出时间表和路线图，并抓好落实，确保各项工作有条不紊地推进。

（二）深入开展调查研究，广泛征求财政一体化建设的意见建议，摸清底数、掌握情况、找准症结，为迅速明确目标、厘清工作重点奠定了基础。

（三）建立协同工作机制，对工作中遇到的难点问题，协调组、项目组及时商讨，研究确定具体解决方案，并建立每月例会制度，确保工作高效衔接、落实有效。

（四）以规范化、制度化为基础，加强财政信息化各项管理，指导开发和技术保障工作。

三、财政信息化工作展望

2015年财政信息化工作按照深化财税体制改革，加快建立现代财政制度的总体要求，贯彻落实全省财政工作会议精神，扎实推进财政信息系统一体化建设，重点完成以下内容：

（一）推进整合优化，实现信息管理系统一体化

1. 制定全省财政信息一体化标准规范。按照财政部相关规范并结合我省实际，建立信息系统业务规范、技术标准体系以及动态维护机制，出台全省财政数据标准、开发标准和信息交换接口标准。

2. 建设财政业务平台。构建统一的项目库，实现对专项资金运行的全流程监管；扩充包括人员基础信息库、基本支出测算等预算编制模块功能，再造预算编制程序，支撑各部门在线编制、审核部门预算；扩充包括预算编制导入、指标管理、计划管理、集中支付、拨款管理等预算执行模块功能，再造预算执行程序，实现预算执行、预算调整、人员编制管理和工资统一发放、会计核算以及业务平台与办公平台一体化，按照完善内控制度的要求，实

现内控制度与信息系统全面融合。

3. 以财政业务基础数据规范为基础，统一我省财政数据标准，开发非税系统、资产管理系统、绩效管理系统、政府采购系统标准接口，并与财政业务平台对接。

4. 完善财政报表平台。通过扩充任务管理、数据填报、报表分析、资金监管、农桥建设等功能，统一省厅对市、县（乡镇）统计报表平台，方便数据采集、统计和分析。

5. 建设行政办公平台。将公文督办功能整合进公文系统，实现公文办理和督办的一体化。完善行政办公平台，应用党组课题研究成果，开发厅机关绩效考核管理、信息公开管理等功能模块，并将公文系统中“主动公开”的文件，按时间要求自动同步至厅外网门户网站的信息公开栏目。

6. 整合优化全省涉农补贴管理。完善一折通系统，增加兑付进度旬报功能，优化基础信息导入导出功能，逐步建立涉农补贴管理共享基础信息库，按照财政部统一要求，开发与财政部农民补贴网系统的数据接口，实现我省农民补贴信息的上报。

7. 建设统一的厅内网门户。实现各应用系统单点登录以及应用系统中重要、核心信息在门户平台上集中展现。

8. 通过开发统一的预算单位账务处理系统、或提供相关财务数据接口等方式，实现省级单位财务会计数据集中。

（二）实施项目建设，拓展信息化应用领域

1. 改造升级预算执行模块，推进省级预算单位授权支付电子化，支撑国库支付电子化向市、县推广应用；升级非税系统功能，实现财政票据电子化管理，实现非税收入POS机刷卡缴费功能，既方便社会公众，又提高财政资金的执收效率。

2. 完成政府采购交易管理信息系统二期建设，建成专家库、供应商库、代理机构库、商品信息库等，逐步实现政府采购协议供货和在线交易功能。

3. 为全省司法体制改革提供技术支撑。通过扩充相关代码、权限等方式，将省级财政预算管理、固定资产管理等应用系统延伸至省以下法院和检察院。

4. 实现省直基本建设项目电子化管理。完成省直基本项目文档资料的电子化管理，初步实现报表统计分析等相关模块。

5. 完成外网网站网上办事功能扩充。完成在线培训管理系统，支撑注册资产评估师在线培训。完成江苏会计信息网站、产交所门户网站以及股权登记中心网站建设。

6. 实现产权交易业务管理信息化。完成产交所基金电子化管理，开发公物仓管理系统、产权交易系统等。

（三）强化基础设施，发挥支撑保障作用

进一步强化基础设施，完成数据库服务器、应用服务器、存储、网络等基础设施升级改造。通过扩充小机内存、实施虚拟化、组建集群等手段，整合数据库服务器；通过升级模块、扩充性能等方式，整合应用服务器；通过调配性能、增加虚拟化存储网关、升级等方法提升存储效能；通过整合资源提升网络处理能力。进一步加强系统安全建设，通过实施安全手段，加强系统安全。

（四）指导地方有序开展信息化工作

规范和指导市、县财政信息系统一体化建设，研究全省财政信息系统一体化标准规范。加强省与市、县沟通交流，针对一体化建设过程中遇到的重大问题，共同研究工作思路和解决方案，形成上下联动、共同推进的工作格局。深入市、县展开调研，针对建设规划、系统整合、容灾备份等方面工作，交流解决技术困难。举办信息技术专项培训，提升市、县技术人员的信息技术应用水平。

（江苏省财政信息中心　杜东辉）

江苏省人力资源和社会保障信息化发展概况

2014年，省人社厅紧紧围绕“民生为本、人才优先”工作主线，全面推进“社会保障一卡通”，继续扩大覆盖面，积极推广在各业务和跨地区、跨行业的应用；逐步提升数据中心保障能力和数据决策支持水平；深入推进人力资源领域信息化建设，积极实施社会保险和劳动关系信息系统创新和服务创新；着力推进网上服务效能和12333“业务共建”，深入构建信息化公共服务体系。

一、主要成绩和成果

主要目标完成情况：全省社会保障卡持卡人数4289万人；全省人员基础信息库入库率98.8%；联网数据上传率99.3%；网上公共服务提供率74.3%；12333综合咨询服务满意度83.2%。

（一）统一推进全省社会保障卡建设

2014年，按照“统一建设、发用并举”的工作思路，全面推进“社会保障一卡通”建设。一是继续加快社会保障卡发行进度。积极开展与省公安部门的数据共享和交换，统一获取照片信息供地市制卡使用，大大提高了制卡效率；截止12月底，全省社保卡持卡人数达到4289万人，其中省统发卡达1791万人，超额完成省政府下达的全年发卡目标任务。为缩短老百姓补换卡的制卡周期，将零星补换卡工作下沉到市县，补换卡周期由之前的一个月缩短至一周，大大提升了服务效能。二是深入推进社会保障卡的综合应用。明确了全省用卡目标任务，要求社会保障卡应用必须与业务经办和公共服务紧密结合，提出了社会保障卡跨业务、跨地区和跨行业的应用实现方式，指导各市全面深入推进社会保障卡应用工作；确定无锡、徐州、常州、镇江4市为全国首批社会保障卡综合应用试点示范地区，通过以点带面的方式，重点推动社会保障卡应用工作；着力推进社会保障卡在重点业务和重点人群的应用，联合省医保中心对异地就医用卡环境进行检查，与省农保中心共同推进试点地区城乡居民养老保险用卡工作。三是积极创新社会保障卡服务模式。大力推动社保卡在线业务办理，以为公众提供足不出户的网上服务为目标，建成了社会保障卡服务网，实现了办卡申请、临时挂失、制卡进度查询等业务的全流程网上办理；积极推进与金融机构合署办公、业务代办等社银合作模式的开展，借助金融机构营业网点和电子银行，拓展服务渠道，为参保者提供标准统一、便捷高效的社会保障卡公共服务。

（二）全力保障重点业务工作的落实

一是积极提升人力资源领域信息化水平。升级全省高校毕业生实名制系统，进行数据比对核查，完成在线实名分配、实时申领调查功能，实现了未就业毕业生就业和服务状态的动态跟踪；开发全省创业服务系统，建成全省就业见习系统，升级完善博士后等人才服务系统，实现与部系统实时对接，为各类高层次、高技能人才提供更加便捷的服务。启动事业单位公开招聘系统，实现了1.4万人次的在线报名和缴费。二是不断完善社会保险应用系统。全省集中的城乡居保信息系统运行平稳，顺利完成了社保卡业务经办、合作银行扩充、运维流程标准化等系统功能升级；平稳推进全省城乡居保基金财务系统应用工作；异地业务和医疗服务监控系统稳步推进。三是整合创新全省劳动关系系统。以窗口、调解专家、12333、网站资源整合和渠道联动为特色，创新推进劳动关系“两大平台”的系统建设。进一步完善全省劳动监察投诉举报平台，全面优化流程，实现移动执法，系统建设经验在全国推广；开发建成劳动人事争议调解服务平台，支持全省跨地域实时联动、即时调解，推进与省高院的“裁审衔接”系统协同试点，提升服务效能。

（三）稳步提升数据中心支撑能力和数据应用水平

一是加强整体规划和制度建设。以“实现一体化管理、两个中心、三个资源池、四个区域”为建设目标，按照“统一规划、统一管理、统一分配”的原则，规划省级数据中心总体方案，并通过专家论证；根据部要求，制定下发《全省人社数据中心管理规定》，实现管理流程化、流程制度化、制度平台化、平台自动化，完成10次应急技术响应、4次资源整合优化维护。二是全面推进监控平台建设和技术保障。完成省本级50个应用系统的监控实施，并实现12333短信报警。三是启动全民参保登记信息比对平台建设。按照全民参保登记重点工作要求，结合试点推进需要，初步完成了基于省比对平台的全民参保登记业务经办模式和流程设计，初步汇集了公安人口信息、全省人员基础信息和联网数据信息。四是积极探索数据应用模式。继续推进联网数据上报工作，配合业务部门，开展数据专项清理，有效提升数据质量。深化各项联网数据监测应用，进一步推进全省人社数据监测分析平台的建设和应用。

（四）深入打造信息化公共服务品牌

一是门户网站持续创新创优。以全省人社标准化网上服务目录为基准，以统一公共服务平台为载体，规划并初步完成了网上公共服务的标准化建设。服务平台标准化。网上办事服务大厅完成升级，整合现有网上服务，实现目录、用户、服务三统一，实现办事服务一站通。今年重点推进劳动人事争议调解、紧缺型工种等服务建设。服务资源整合。不断整合网上信息和服务资源，实现全站统一智能检索和智能咨询服务；升级全省12333知识库，实现全省政策信息的统一共享；整合地理信息资源，初步构建以“医保导航”为重点的江苏人社E图平台；发布各类政务信息1063条，组织专题报道21期，举办在线访谈4期、在线直播9期。服务渠道多元化。网站拓展移动端web服务，实现了全媒体支持，实现全方位、多位一体的联动服务。联动开通了省公务员考试在网站、12333、移动app等多渠道的统一查询服务，当天查询量达41.1万人次。网站连续9年在省政府网站测评中荣获第一，连续5年荣获“中国政府网站领先奖”，连续2年荣获“政府网上办事精品栏目奖”。

二是12333服务效能率先领先。以服务效能为核心，深入推进“省市共建、业务共建、全省联动”，初步实现了从综合咨询服务向在线办事服务的转型升级，开创了业务共建江苏新模式，全年全省电话服务总量1112万，人工服务接通率80%，网上咨询服务量5.2万件。着力促进业务一体化。以省级12333专席为依托，全国率先的联动举报投诉平台和劳动人事争议调解服务平台进入常态化运行，这是12333与业务无缝联动的典型突破，也是政府呼叫中心资源向上集中的有力尝试，专席月呼入总量已超1万人次。着力实现省市一体化。以共建和联动为标准，不断健全省市县三级管理体系，凸显12333区县和业务全覆盖的整体合力。运用电话网站、移动终端、微博微信、报刊电台等多位一体，积极开展“统一咨询日”等活动，为社会公众提供联动服务。全面狠抓服务效能。以“12333服务满意度”为全新指标，深入典型县市进行实地调研和督导，强化对全省服务效能评估。10月，全国12333工作会在江苏召开，充分肯定了我省12333工作的率先领先，荣获了“全国人社系统年度优质服务窗口”和“全国一体化建设示范基地”，获得全国12333服务质量评测第一和12333课题研究二等奖，独立承担全国12333平台标准规范编制任务。

二、2015年工作总体思路和目标任务

2015年我省人力资源社会保障信息化工作的总体思路是：紧紧围绕“民生为本、人才优先”工作主线，按照“统一、规范、集中、效能、安全”的总要求，深入推进“信息化人社”建设。以“一卡通”为重点，着力推进金保工程“省市大集中”，全面提升信息化公共服务水平。继续扩大社会保障卡覆盖面，重点推动在各业务领域和跨地区、跨行业的广泛应用；深入推进各业务领域信息化应用，促进信息化与业务重点的融合发展；规范全省人员基础信息的统一管理，推进数据信息的整合共享，增强数据中心实时支撑和安全保障能力；以网上服务标准化和12333一体化为抓手，整合发展网站、12333、移动应用和自助一体机等电子服务渠道，打造联动协同的人社信息化公共服务体系。

重点工作举措如下：

（一）积极推进金保工程二期立项

根据部金保工程二期立项和我省信息化建设的要求，同步推进我省金保工程二期立项工作，完成金保工程二期全省项目建议书编制，开展全省建设资金测算。编制上报全省项目可行性研究报告，积极落实项目建设资金，保障金保工程二期项目顺利开展。

（二）推动社会保障卡快速持续发展

1. 继续加快社会保障卡发行进度。为确保2015年社会保障卡持卡人数新增800万，累计持卡人数达到4900万的目标任务，继续督促新发卡地区严格按照省统一要求，完成采集并提交省厅制卡。同时，将社会保障卡的发放与开展全民参保登记工作结合，实现参保登记与社会保障卡发行的数据共享和业务联动；重点推动已发卡地市的换发工作；继续推进全省社会保障卡零星补换卡网点的覆盖地域范围，方便全省持卡服务对象便捷快速领用卡。

2. 全面深化社会保障卡的综合应用。加强工作引导。通过总结和推广试点示范地区的先进经验和有效模式，积极带动全省各地用卡工作的全面推进；通过抓重点业务和重点人群的用卡，实现用卡工作的点上突破；通过深化人社与金融的合作，提高社保卡金融账户激活率，大力推进社会保障卡的金融应用。

3. 健全社会保障卡发行管理服务体系。健全省市一体、标准统一的“发、管、用”三位一体的全省社会保障卡服务体系，在自建服务网点的同时，大力倡导服务外包模式，积极依托金融机构服务网点拓展社会保障卡经办服务网络，建立全省统一的社会保障卡标识体系，做到“服务标识标准化、服务流程规范化、服务网络一体化”，为持卡服务对象提供标准统一、便捷高效的社会保障卡服务。大力推进社会保障卡网上业务全流程办理，充实移动APP的社会保障卡公共服务内容，进一步方便服务对象；加大宣传力度，广泛通过网点、网站、12333、自助服务终端等自有渠道，积极利用电视报纸等社会媒体或公共场所，营造推动社会保障卡发行和应用的良好舆论氛围。

（三）进一步夯实数据中心各项建设

1. 强化数据中心硬件支撑能力。以虚拟化技术为基础，加强数据中心的存储池建设，大力提升数据中心的计算和存储能力，切实发挥数据中心对全省大集中业务的实时保障能力。按照“物理集中”的要求，着力推动县区级硬件、网络、数据等资源的市级集中。加强数据中心的日常管理，提高数据中心的运维和管理水平。

2. 大力推动全民参保登记信息比对平台建设。建设全省集中的全民参保登记信息比对平台，完成全省人员基础信息及参保信息的比对和评判，实现与各地市的数据交换，支持经办机构现场登记和社会公众网上自助登记，全程支持各地各级全民参保登记工作的科学有效开展。

3. 提升各项联网数据集中和应用水平。积极推进与公安、质监、信用等其他部门的数据横向数据交换；继续推进联网数据上报工作，配合业务部门，开展数据专项清理，有效提升数据质量。

4. 扩大业务专网覆盖面。完善省级数据中心监控平台，逐步实现省、市、区（县）、街道（乡镇）、社区（村）五级网络实时状态监控。继续加快业务专网贯通和扩面工作，推动业务专网向各类人社管理服务机构和基层服务网点等安全联通，扩大业务专网覆盖面，完成业务专网域名系统建设。

5. 强化信息安全体系建设建设。

（1）健全信息安全保障体系。大力推进重要信息系统等级保护工作，确保完成所有信息系统的定级备案工作，完成重要信息系统的测评和整改工作。加强重大信息安全事件和重要保障时期的信息安全通报。建立健全信息安全管理制度，加强信息安全检查和培训，强化管理制度的执行力和安全策略的有效性。

（2）提高信息安全防护能力。稳步推进省级双活数据中心和全省数据级容灾备份中心建设。加强信息安全基础防护设施建设，健全信息安全基础设施的监控、审计和应急响应机制，切实做好重要信息系统的安全保障，重点防范业务应用长时间宕机、关键信息大规模泄露等重大信息安全事件发生。加强信息安全的风险评估和分析整改工作，持续保障信息系统安全可靠。

6. 强化支撑保障和数据共享能力。健全和完善数据中心内部管理制度，明确应用系统硬件扩容、硬件网络运维、应急处置、数据开发利用等数据中心工作流程，明确职责，提高数据中心保障能力和应急处置水平。

（四）继续做好重点业务领域信息系统建设

1. 加强人力资源管理服务领域信息化整合建设。

（1）公共就业人才服务系统建设。完善高校毕业生实名制管理系统，将人社部下发的外省学籍的江苏高校毕业生数据纳入系统管理；依托就业监测平台，实现高校毕业生数据的联网自动上传。推进统一的公共人力资源市场信息管理平台建设，逐步整合各实体市场服务系统和网上服务，实现公共就业和人才服务机构招聘信息全省范围内的联动服务，做到“一点登录，全省服务”；完善人力资源机构许可系统，实现许可、年检、数据统计等全业务管理，强化统计分析功能，与全国人力资源市场统计信息系统对接，建立全省集中统一的人力资源服务机构库。

（2）人事人才系统建设。深化人才子系统建设，提升业务管理效能和人才服务水平，探索构建一体化的人才管理服务平台，集中共享各类人才信息；完善省直事业单位公开招聘报名系统，适时向市级拓展延伸，逐步实现对全省事业单位公开招聘报名过程的集中管理和效能监督；推进机关事业单位人事管理系统建设，在省本级新建一个统一的事业单位人事管理信息系统，确定全省统一的人事管理基础数据指标体系，与职称评审、公务员管理和办公自动化等系统通过数据交换的方式进行对接，初步实现人事管理的一体化建设。

2. 统筹推进社保信息化建设。

（1）全面提升城乡居保系统服务效能。以系统平稳运维为根本，确保1600万参保人养老金的正常收缴和发放；以扩面工作的持续推进为重点，进一步落实符合条件的区县纳入省集中系统统一管理；以三大建设方案的上线实施为核心，实现与企保的转移衔接，城乡居保制度内转移衔接及与部颁标准的一致。进一步完善系统功能，加强标准化服务管理。深化城乡居保系统公共服务水平，推广移动客户端、自助服务终端等公共服务，探索城乡居保网上经办业务模式，通过信息化的手段助推实现“四个不出村”。

（2）实施城乡居保基金财务管理系统的全省推广工作。全省城乡居保经办机构以统筹地区为单位分批进行数据迁移和系统应用推广工作；在完成财务系统上线运行的基础上，尝试开展财务业务一体化的调研，将全省城乡居保业务系统和财务系统进行对接，实现业务系统与基金财务系统双向数据传递，自动生成会计凭证，保证业务、财务和金融机构实收实支数据的一致性，最终实现业务财务一体化。

3. 创新驱动劳动关系信息系统建设。

（1）深入推进调解仲裁管理信息化建设。开发实现调解专家绩效管理模块，从职业道德、业务能力、工作作风、调解实绩和廉洁自律五个方面，对调解专家实现自动打分，综合评定的全方位管理；以畅通诉求表达，有效化解劳资矛盾为出发点，全面提升劳动人事争议调解服务平台应用成效；进一步完善与法院系统的数据对接模式，提升裁审衔接运行效率。

（2）全面升级劳动保障监察信息系统。以提升执法效能为目标，进一步升级改版劳动保障监察管理信息系统；完成四个平台、三个中心的新框架，实现联动投诉举报平台更加高效，业务处理流程更加优化，多级网格管理更加完善，人员队伍管理更加实效，数据统计与分析更加准确，系统配置管理更加便捷；整合GIS地图、依托移动执法平台，建设省集中的指挥调度中心。实现被举报单位准确监控与定位，监察人员及设备实时调度，投诉举报事件状态及时跟踪，统计分析多级预警，初步形成覆盖全省的劳动关系预警图。

（五）加强信息化公共服务建设

1. 深化网上服务，优化提升信息服务效能。深入推进省市标准化网上公共服务建设，不断拓展各项业务的网上服务，实现“一站式、标准化”的网上公共服务，构建“业务联动、省市联动”的服务体系；完善网站智能检索和12333知识库建设，加强对用户检索行为和检索热点分析，梳理常见热点问答、咨询回复等内容，进一步提升网上服务和电话咨询服务效能；继续拓展多渠道服务，丰富移动端web服务、移动app服务、短信服务功能，积极开展各业务领域的多渠道服务，形成互联互通、标准统一的服务；加强信息资源整合，大力提升信息资源服务效能。

2. 加强12333全省一体化、业务一体化服务效能建设。提升县级服务效能；加强全省劳动监察举报投诉平台和劳动人事争议调解服务平台建设，提升服务效能；加强知识管理，提升信息资源利用效能，提升12333服务价值与层次；加强工作积累和研究，及时做好难点问题和重要政策执行情况的分析；深化全省12333一体化服务进程，以“全国一体化建设示范基地”为契机，结合“两大体系”建设，进一步强化信息化公共服务体系试点示范，在全省构建一批以“一网一号”为重点的信息化公共服务示范基地，将江苏建设成为全国一体化和标准化建设的交流基地；加强各地服务联动、管理联动，建立省市县三级12333联动体系。

（江苏省人力资源和社会保障信息中心　蔡　越）

江苏省国土资源信息化发展概况

一、基本概况

（一）概况

2014年，江苏省国土资源厅坚持“保护资源、节约集约、维护权益、改革创新”的工作目标，围绕国土资源管理工作重点以及行政审批制度改革，积极推进全省国土资源信息化建设工作，采用“制度引领、过程指导、成果共享、互促互进”的策略，以“全流程优化审批、全区域便民服务、全业务网上办理、全节点效能监管”服务模式（以下简称“四全”服务模式）为典型在全系统推广，并在全省国土资源系统强力推进国土资源遥感监测“一张图”工程（以下简称“一张图”工程）建设与深化应用。截至2014年底，全省各级国土资源管理部门基本建成“一张图”工程，核心数据库不同程度整合入库并在政务管理、综合监管工作中发挥了支撑作用。基于“四全”服务理念的业务梳理、流程再造的电子政务系统已在推进行政审批制度改革中发挥了重要作用。省、市、县三级实现9类业务网上协同，省、市两级国土资源重要数据异地备份已在南通国土资源数据备份中心进行了离线异地备份等等。信息技术在国土资源管理和行政审批制度改革中的支撑、服务和保障作用得到了进一步提升。

（二）工作部署

2014年初，为统筹和指导全省国土资源信息化建设工作，省国土资源厅组织调研组分赴苏南、苏北、苏中，对全省国土资源信息化建设情况进行了调研、评估，并研究编制印发了“关于印发《2014年全省国土资源信息化工作要点》的通知”（苏国土资发〔2014〕228号）。确定了全省国土资源信息化工作的总体思路，明确了2014年国土资源信息化工作重点：一是完善信息化顶层设计，加快推进“四全”服务模式建设；二是加强“一张图”和“三大平台”建设与深化应用，初步完成全省网上办公、网上审批和网上监管体系构建；三是持续推进国土资源政务信息网上公开，深入拓展以第二次全国土地调查成果为重点的国土资源信息服务，提升信息服务能力；四是完善信息网络安全保障体系，加强网络互联互通；五是加强信息化工作统筹，加大信息化工作推进力度。

二、组织机构

省国土资源厅根据领导人事变动和工作需要，于2014年4月对厅信息化工作领导小组组成人员做了调整（苏国土资发〔2014〕159号）。调整后名单：组长由李侃桢厅长担任，副组长：刘聪（副厅长兼省测绘地理信息局局长）、魏红军（副厅长）、吴震强（副厅长）、祖耀升（副厅长）、李如海（副厅长）、李闽（副厅长）、孙军（省纪委驻省国土资源厅纪检组长）、施建石（省测绘地理信息局党组书记），成员：郑友明、林灏、刘燕、倪红升、宋玉波、王国臣、王黎明、黄克蓉、范广勤、崔娟、陶源、袁晓军、陈惠明、孙卫东、汤槐、王传礼；厅信息化工作办公室调整后名单：主任：李闽副厅长，副主任：郑友明、王传礼、杜鹤，成员：王兰、闻卫明、舒飞跃、龚敏霞，在省国土资源信息中心设立相应办事机构。各省辖市市、县（市、区）国土资源局根据领导人事变化和工作需要，对信息化领导机构进行了调整。

三、基础建设

（一）国土资源专网建设

按照《国土资源部信息化工作办公室关于全国国土资源主干网专线升速有关事项的通知》（国土资信办发〔2013〕5号）要求，于2013年完成了国土资源部—省国土资源厅专线升级工作，采用2个E1链路聚合技术，将线路带宽由2M提高到4M。全省国土资源主干网（省—市）于2005年建成，已连续运行10年时间。截至2014年底，省—市—县广域网实现全覆盖已经多年，县—乡网络连接覆盖率达95%。省—市—县—乡四级国土资源网为全省国土资源系统的信息共享、信息交换提供了基础。连接省厅—市局的国土资源主干网络线路采用主备相结合的方式，主干线路采用2M SDH链路，备份线路采用2M VPN链路。随着信息技术应用不断深入，应用范围不断拓展，原有2M主干网线路带宽已不能满足逐年增长的应用需求。为此，省国土资源厅正在探讨、研究国土资源主干网的升级工作。

（二）国土资源数据管理及异地备份工作

为加强江苏省国土资源数据管理，规范全省国土资源数据生产、汇交、保管和利用等工作，提高国土资源数据的应用水平，满足国土资源管理和社会经济发展的需要，根据国土资源部《国土资源数据管理暂行办法》及有关法律法规，通过收集、学习各地相关资料，编制了《江苏省国土资源数据管理暂行办法》征求意见稿。经广泛征求意见后，对征求意见稿进行了修改完善形成了《江苏省国土资源数据管理暂行办法》，于2014年7月印发全省国土资源系统执行。

国土资源数据异地备份是强化信息安全工作的一项重要措施。为进一步推进国土资源重要数据的异地备份工作，省国土资源厅印发了《关于加快推进江苏省国土资源重要数据异地备份工作的通知》（苏国土资信办〔2014〕12号）、《江苏省国土资源数据管理暂行办法》（苏国土资发〔2014〕227号）、《关于加强全省国土资源重要数据异地备份安全防护工作的通知》等多个通知或办法，要求全省各级国土资源管理部门要充分认识国土资源重要数据异地备份工作的重要性和紧迫性，切实把这项工作作为一项长期的重要工作，认真抓好落实。省国土资源厅本级部署了自备份系统，按照备份策略每周一次全备份，每日一次增量备份，对电子政务系统、一张图系统等重要业务系统进行备份，累计已备份数据1T左右。2014年省国土资源厅完成了本级重要数据首次异地离线备份工作，各省辖市国土资源局重要数据首次离线异地备份工作分别在年底前完成。

（三）信息安全防范工作

省国土资源厅对信息安全工作高度重视，2014年根据国土资源部要求，结合江苏省国土资源系统信息安全工作实际，编制了《江苏省国土资源信息安全总体规划》，并上报国土资源部。此外针对全省国土资源系统及省本级信息安全现状，分别印发了《关于进一步加强江苏省国土资源厅信息系统安全工作的通知》、《关于进一步加强国土资源信息系统安全工作的通知》，对信息安全工作提出了明确要求。并于2014年6月开展了全省国土资源系统信息安全抽查工作，抽查对象为省国土资源厅直属事业单位、苏南、苏北、苏中抽选一个省辖市及县（市、区）国土资源局，对检查中发现的信息安全问题和隐患，在全省国土资源系统进行了通报，要求限期整改。

为配合国土资源部、省经信委、省公安厅组织的全国国土资源系统、全省信息安全检查，省国土资源厅根据要求开展了信息系统安全自查工作，对存在的信息安全隐患，结合省经信委对省国土资源厅及各市、县国土资源门户网站开展的外部渗透测试结果，对信息系统及门户网站存在的问题在全系统进行了通报，按照要求进行了整改工作。

（四）视频会议应用情况

2014年，省国土资源厅为提高工作效率，减少不必要的旅途开支，全省国土资源系统内的小型会议、培训等尽可能利用国土资源主干网召开视频会议，取得了较好效果。全年召开或参加了“土地督察与土地执法2013年第四季度情况通报会”、“全国国土资源系统党风廉政建设工作视频会议”、“2014年房地产用地管理和调控工作视频会议”、“双提升行动计划暨‘节约集约用地江苏行’媒体采访活动会议”、“调整矿业权申请审批相关文件报送方式视频培训会议”、全省国土资源执法视频培训及省政府召开的审计工作视频会议等共15次视频会议、培训。

四、信息技术应用

（一）国土资源“一张图”工程的建设及应用

江苏省省本级国土资源“一张图”数据库（一期）建设成果于2014年2月正式上线运行。经过近一年时间的运行，系统工作稳定，较好地满足了省国土资源厅业务办理过程中的应用需求，系统设计开发的信息查询与统计分析功能，为国土资源管理提供了高效、科学的辅助决策支撑。同时根据全省国土资源“一张图”工程建设推进计划，制定了相关办法和指南，加强了对各市、县国土资源管理部门的“一张图”工程建设工作指导。

1. “一张图”数据库及管理系统运维工作

为确保系统按期顺利上线，认真做好系统测试、用户手册编制、系统部署安装、系统培训等上线准备工作。系统正式启用后，根据业务管理需求，增加了地环专题、基本农田划定专题数据的整理入库及发布，充实和调整完善了矿业权数据、土地整理项目数据、建设用地项目（含城市用地项目）等管理类数据。疏通了建设用地项目数据、土地供应数据从业务系统到“一张图”数据库的通道。修正了历年遥感影像数据，以提高数据展示效果；进一步完善了属性识别、图形标注、信息查询、统计分析、数据服务展示等功能，优化了数据展示和统计分析结果界面，增加数据分发、图形输出等功能，使系统的便捷性和实用性得到提升。完成基础类、专题类和管理类16种数据整合工作，对已入库的数据质量进行了全面梳理、分析与评估，编制完成《江苏省国土资源“一张图”核心数据库（一期）入库数据质量分析报告》。

对系统上线后运行过程中发现和反馈的问题，及时进行分析、协调处理解决；其中因历史数据问题导致的建设用地未能报批的情况，按照相关程序，全年完成了涉及20个历史报件、59个建设用地地块图形数据的删、改操作。

2. 在全省推广无锡市国土资源局“四全”服务模式，推进“一张图”工程建设

省国土资源厅对无锡市国土资源局创新应用信息技术支撑的“四全”服务模式以及实际应用情况非常重视，专门组织由李如海副厅长带队的调研组到无锡进行了实地调研。之后召开了第6次厅长办公会专题研究无锡市国土资源局“四全”服务模式推广，决定召开现场会，在全省国土资源系统分步推广、分类借鉴“四全”服务模式，同时大力推进基础性工程——“一张图”工程的建设。为此李侃桢厅长专门赴无锡市就国土资源管理制度改革创新工作进行专题调研，实地考察了无锡市国土资源局“四全”服务模式。

3月12日，省国土资源厅在无锡市召开了全省国土资源“四全”服务模式推广会暨“一张图”工程推进会，厅长李侃桢，副厅长李如海、李闽出席会议并讲话。李侃桢厅长强调：“四全”服务模式理念是先进的，思路是正确

的，框架是合理的，必须在全省系统予以借鉴推广。实践证明，“四全”服务模式，有利于进一步促进国土资源管理职能转变、深化行政审批制度改革；有利于深入践行党的群众路线、建设规范高效的服务型部门；有利于进一步转变作风，提高行政效能；有利于强化源头反腐，规范权力运行。

4月24日，省国土资源厅李闽副厅长在南京主持召开全省国土资源“一张图”建设推进座谈会，会议在总结前阶段工作基础上，肯定了各地在贯彻落实全省国土资源“四全”服务模式推广会暨“一张图”工程推进会精神取得的成绩，分析了当前“一张图”工程建设面临的形式，要求进一步强化对“一张图”建设进展情况的督察力度，加强建设统筹和技术指导，确保年内基本建成全省国土资源“一张图”，为“四全”服务模式推广提供基础支撑。

3. 加强对全省国土资源系统“一张图”工程建设统筹与指导以及信息共享

根据全省国土资源“一张图”建设推进座谈会会议相关精神，为指导全省各级国土资源“一张图”建设，结合省级国土资源“一张图”工程建设实践经验，编制了《江苏省国土资源“一张图”建设指南（试行）》（以下简称《指南》），于8月4日正式下发全省国土资源系统试行。《指南》阐述了全省国土资源“一张图”工程的总体框架，并对省、市、县级国土资源管理部门“一张图”核心数据库、多级联动政务管理系统和运行环境等建设提出了分级指导性意见。

为使“一张图”工程成果信息在全省各市、县国土资源管理部门共享，研究制定了具体的信息共享实施方案，根据市、县国土资源管理部门提交的需求申请，审核后与市、县办理数据分割与整合、数据拷贝、保密协议签订等工作。截至11月底，共收到42家单位数据申请，其中39家已办理完数据分发手续。

（二）政务管理信息系统建设

政务管理信息系统是江苏省国土资源遥感监测“一张图”工程的核心建设内容之一，与“一张图”同步，基于新版政务管理平台运行的省国土资源厅内网门户、行政审批、综合监管和事务办理等系统于2月上线试运行。第一批投入运行的业务系统有建设用地审批、矿业权审批、公文办理等，多划基本农田核销审批等11个子系统接着先后上线运行。基于全省国土资源主干网的省—市—县三级政务协同平台同时上线运行，包括公文传输、建设用地远程报批试点等9个子系统在网上协同运行。地质灾害危险性评估成果报备、科技管理、政务督查督办等子系统已开发完成即将上线运行。

（三）综合监管系统建设

2014年，省国土资源厅将深化完善综合监管工作列入年度重点工作任务。年初，综合监管系统随新版政务管理平台同步上线试运行，为深化完善综合监管工作提供了支撑，该系统的运行为准确、快速掌握全省国土资源基本省情、建设用地、矿业权审批情况以及跟踪监管等工作提供了技术支撑。截至11月底，共获取全省国土资源各类信息数十万条，其中建设用地审批数据12113条，土地整治数据39631条，土地市场监测数据199011条，矿业权审批数据3569条，资源储量数据7817条，初步实现了对全省国土资源管理全流程的数据采集和监测分析。

为深化综合监管系统建设，对综合监管指标体系进行了探索和研究，梳理了综合监管指标，形成了由六大类28个监管专题的1894项指标组成的《江苏省国土资源综合监管指标体系（征求意见稿）》并下发全省国土资源系统征求意见，在此基础上，进行了修改完善。同时，编制了《江苏省国土资源综合监管系统一期总结与二期建议方案》，为完善综合监管系统奠定了基础。

（四）行政审批流程再造及数据交换标准建设

为落实国土资源管理工作深化改革，省国土资源厅对19项政审批流程进行了再造，实现审批流程的精简、规范性调整。再造后的19项行政审批流程经过实际检验、磨合与优化，已投入正式运行，在“一张图”的支撑下，实现与图形审查系统自动比对。

随着三级协同业务系统的推广应用，为省级三级政务协同平台与市、县的对接，实现市、县级自建系统与省级三级协同系统无缝集成的需求。省国土资源厅编制了《省—市—县三级公文传输系统集成技术规范与数据交换标准》，并以泰州为试点，完成了集成试点工作，验证了技术规范的可行性和交换标准的正确性。为进一步满足市、县国土资源管理部门对省国土资源厅统建的9个协同系统接口的需求，下发了《关于调查省—市—县三级协同业务系统数据接口需求的通知》，对各地的需求进行汇总分析，并组织了全省国土资源系统集成开发技术培训，为推进平台开放性工作奠定基础。截至目前，8个市、20个县正在开展集成开发工作。

（五）政务信息网上公开和行政权力网上公开透明运行

2014年，省国土资源厅认真贯彻执行《中华人民共和国政府信息公开条例》，严格按照省委省政府和国土资源部的工作部署和要求，结合国土资源工作实际，主动做好政府信息公开工作。编制了《江苏省国土资源厅2014年政府信息公开工作年度报告》，通过门户网站向社会公布。

1. 主动公开和依申请公开政府信息情况

2014年，省国土资源厅依据《江苏省国土资源厅政府信息公开目录》通过门户网站、微博等平台主动公开政府信息3128条，其中政策法规类信息5条，规划计划类信息2条，人事信息32条，财政资金信息2条，统计数据信息4条，工作动态信息49条，新闻信息1258条，执法监察信息11条，业务工作信息1619条，公示公告类信息64条。移交省档案局和南京图书馆主动公开的政府信息纸质和电子文档各894件。为方便公众，政府信息公开申请采取网上申请、当面申请和书面申请（传真、信件）三种方式同时受理。2014年共受理政府信息公开申请759件，全部按要求进行了答复，申请数量与去年同期（412件）相比上升了近65.6%，较以往有大幅度增加。受理的依申请公开涉及内容主要为土地类、机构人事类和其他等三大类。其中土地类申请中又以申请征地信息公开的数量最多，共达598件，占总数的78.7%。2014年，因政府信息公开引起的行政复议共16件，全部维持具体行政行为；因政府信息公开提起的行政诉讼15件，维持具体行政行为或者驳回原告诉讼请求的12件，原告主动撤回的3件。

2. 重点领域政府信息公开情况

（1）行政权力网上公开透明运行

根据省政府推进全省行政权力网上公开运行的部署要求，省国土资源厅结合实际，在全面清理行政权力、规范行政权力运行流程的基础上，以电子政务系统和门户网站为平台，通过“一张图”工程，整合建设行政权力网上公开运行系统，同步设立电子监察和法制监督平台，建立健全相关制度，规范行政权力网上运行管理，实现了所有135项行政权力全部网上运行。目前，全省国土资源系统的行政权力网上运行实现了省、市、县三级联网，做到网上申报，网上审核，网上审批，网上公示。

（2）预算决算和“三公”经费公开

按照全省统一要求，认真落实财政预算决算和“三公”经费公开工作，不断细化预算决算和“三公”经费公开内容。在门户网站公开了2014年度部门预算情况，同时公开了2014年度部门公共财政预算“三公”经费支出预算表；

公开了2013年度江苏省国土资源厅决算情况。

（3）公共资源配置信息公开

征地审批结果和矿业权审批结果公开。按照行政许可审批结果公开的要求，农用地转用和土地征收经省政府批准后，将相关批文及时在门户网站上发布，矿业权审批结果（国土资源部审批的除外）及时在门户网站上发布。目前所有市、县国土资源主管部门收到征地批文和矿业权批复后，都及时在本部门门户网站上发布。

征地政府信息依法主动公开。专门下发了《关于做好有关征地政府信息公开工作的通知》和《江苏省国土资源厅关于进一步规范建设用地报批工作的通知》，指导和督促市、县政府及其国土资源部门主动公开征地及其补偿相关政府信息，落实征地报批前的告知、确认和听证程序，依法做好“两公告一登记”工作。征收土地公告、征地补偿安置方案公告的内容要求全面、准确、详实，公告的主体、程序和时限应当符合法律要求。《征收土地公告》、《征地补偿安置方案公告》除以张贴形式公布外，在市、县国土资源部门门户网站上及时发布，确保公众的知情权、参与权、监督权。

建设用地使用权和矿业权出让信息公开。充分利用“江苏土地市场网”、“江苏矿业权市场网”平台，及时发布全省各地的年度土地供应计划和所有土地出让、划拨供地的信息及成交情况，主动实时公开矿业权出让信息，全省所有的土地使用权和矿业权招标拍卖挂牌出让活动结束后，在10日内向社会公布出让结果。每宗交易确保事前有公告，事中有监管，事后有公示，真正做到交易无漏洞、公开无死角。

公共服务信息公开。省国土资源厅和省气象局联合启动了地质灾害气象预警工作，建立了地质灾害监测预警信息和气象风险预警信息共享平台，进一步完善了会商机制。一旦发生三级以上地质灾害气象预警的灾害天气，由两厅（局）共同签发地质灾害气象风险预警产品并对公众发布。

（4）公共监管领域信息公开

省国土资源厅注重抓好工程建设领域信息公开工作。为更好地做好工程建设领域信息公开，让工程建设项目的规划、审批、核准、实施、监管及资金管理使用公开透明，在门户网站专设了“工程建设领域项目信息和信用信息公开共享栏目”，对项目信息、信用信息、案件查办等信息进行了公开，目前该专栏共发布信息10356条，项目信息4115条，信用信息6241条，扩大信息发布范围，充分接受公众监督。

3. 省国土资源厅门户网站及国土资源市场网站运行维护

（1）省国土资源厅门户网站运行维护

2014年初对厅门户网站进行了改版，将重点内容和更新频率高的栏目调整到首页展现，对信息公开、公共服务栏目、厅长举报信箱进行了功能升级，考虑到方便网民快速访问，网站设置了便捷入口。同时，完成“节约集约利用、保障科学发展”、“贯彻落实全省全面推进节约集约用地工作会议”、地球日、土地日等5个专题页面开发。全年共转发发布各类新闻386条，信息交流787条，发布图片新闻88条；政务公开信息、公告公示、资源管理栏目共发布717条；向省政府门户网站信息报送778条，采用64条。截止到目前为止暂列省级机关信息报送第十名。

（2）国土资源政务网上公开情况检查、测评

省国土资源厅于2014年12月下旬组织对全省市、县级国土资源局的门户网站进行了测评。测评结果，13个市国土资源局网站全部达标，县（市、区）国土资源局网站在政务信息覆盖率以及信息公开工作方面均有提高，在推进政务公开、提高行政效能、服务社会公众等方面发挥了重要作用。为鼓励先进，促进全省国土资源网站建设，决定对获得市、县两级国

土资源优秀网站的单位予以通报表彰。获得市级国土资源优秀网站的单位（七个）：泰州、徐州、南通、宿迁、无锡、盐城、常州市国土资源局；获得县（市、区）级国土资源优秀网站的单位（十个）：沛县、南京市江宁区、如皋、靖江、盱眙、南通市通州区、金坛、江阴、海安、睢宁等县（市、区）国土资源局（分局）。同时对滨湖、东台、溧阳、昆山、泰兴、泗洪、阜宁、射阳、宜兴、丰县等十个县（市、区）国土资源局给予通报表扬。

国土资源部2014年对本年度全国各地国土资源政务信息网上公开执行情况进行了检查，检查结果通过《国土资源部通报》（第28期）在全系统进行了通报。通报显示：江苏省市级（13个）、县级（100个）国土资源政务信息网上公开普及率均达到100%。江苏省国土资源厅在省级国土资源主管部门中排名第6，在省（区）国土资源厅网站中位列第4。在排名前36个市级国土资源主管部门中，徐州市国土资源局位列第24名。在排名前36个县级国土资源主管部门中，沛县国土资源局、如皋市国土资源局、南京市国土资源局江宁分局、盱眙县国土资源局，分别列10位、18位、23位、36位。

2014年江苏省政府组织对全省各地、各部门政府网站进行了绩效测评。在被测的58个省级政府部门及单位网站中，省国土资源厅以总分77.207位列第11名。

（3）土地市场网、矿业权市场网及网上交易系统建设和运行维护

2014年，对网站界面、网上交易大厅栏目进行了调整和完善，增加了补充耕地指标交易专栏。改善了后台管理功能，对信息发布、在线访谈增加了审查功能等。全年共发布与转发土地及房产新闻类等栏目信息共5031条；网站首页图片配图150个，动态广告设计6个，今日地块之星158个。同时，编辑出版《江苏土地市场》电子期刊5期，收集会员单位市场信息221篇，编发字数33.1万字，发稿字数19.2万字。《江苏土地市场》以新媒体的形式和全新的阅读体验成为市场网的一张名片。2014年共发布经营性公告1122条，共4470宗地块；工业公告1203条，共5898宗地块；协议公告460条，共1930宗地块；其他公告73条；发布成交公示12896条。为保证土地出让公告数据的准确性、现势性，对建设用地全程跟踪系统界面、功能、数据库进行了完善，与“一张图”平台进行了对接，增加了公告带图审查、供应项目地块上图两个模块，截至年底，对1029个公告进行了带图审查，有57903宗供地项目落到“一张图”平台上。

江苏矿业权市场网全年发布江苏矿业权市场信息新闻播报323条，行业动态257条，为矿业权交易公示公开与宣传提供了有力的保障。

国有建设用地使用权网上交易工作经过第一、二批试点，取得了较好的效果，积累了许多宝贵经验。2014年，第二批试点单位的扬州、盐城、淮安市国有建设用地使用权网上交易试点工作通过了省国土资源厅组织的验收。至2014年，宿迁、无锡、扬州、淮安、徐州、盐城六市的国有建设用地使用权网上交易工作全面展开。

2014年6月30日，江苏省矿业权网上交易系统通过了省国土资源厅组织的专家验收。按照“公开、公平、公正”原则，依据《江苏省矿业权网上交易规则》，该系统与江苏矿业权市场网对接，实现了公示、公告信息的共享，满足了江苏省矿业权交易信息发布与监管的需要。为保证交易系统的信息安全，与江苏CA数字认证、银行网上支付交易保证金功能实现了无缝对接，并采用软硬件相结合的数字通信加密技术对交易数据进行保护。

（4）在线访谈、网络舆情监测

2014年，省国土资源厅通过门户网站和江苏土地市场网组织了36期在线访谈活动，视频

录播时长总计约400个小时，在线访谈的播出使得访问门户网站和土地市场网的浏览量大幅度和快速提升。2014年收集整理编辑每日舆情150期共790篇，通过短信平台发布舆情40条，为各级领导及时了解和掌握网络舆情提供了信息。

五、主要成果

（一）档案管理系统建设

2014年完成了2013年度2113卷1423件档案整理归档工作以及2000—2006年度56011条档案目录录入与查纠工作。完成建设用地审批等2013年度业务数据批量推送至档案系统等维护工作，根据系统在运行中产生的实际需求，对系统进行不断完善，开发了政务系统批量发送归档数据功能。同时，组织了应用系统再培训，强化全厅各处室兼职档案员系统应用水平。

（二）省—市—县三级政务督查督办管理系统建设

为支撑全省国土资源系统政务督查督办管理工作，以《江苏省国土资源厅政务督查督办工作办法（试行）》为依据，基于两大平台开发了省—市—县三级政务督查督办管理系统，实现了省厅层面对领导批示、会议议决类政务督查督办事项的立项审批，以及对被批准督查督办事项的全生命周期管理，以每一件被督办事项为线索，对督查事项、全省国土资源系统被督办单位或部门定期、不定期阶段性汇报完成情况、汇总通报落实情况等进行全过程管理。

（三）科技与外事管理系统建设

完成了因公出国（境）管理子系统的开发与历年外事数据的整理入库工作，并投入试运行。同时，即将开发完成科技管理系统，可实现省、市、县三级联动的科技项目管理、科技成果登记管理、科技奖励管理和科技专家管理等功能。

（四）土地利用总体规划数据库实时更新与省级土地利用总体规划管理信息系统升级与维护工作

为了保持规划数据库的现势性，对省土地利用总体规划数据库进行了更新，完成了自规划批准以来至2014年1月31日前的经依法批准的规划调整、修改的数据库的时点更新工作。共计更新全省91个县（区）的乡级规划数据库。7月份，集中更新了2014年上半年28个县（区）依法批准的规划调整、修改的数据库。8月初，启动数据库实时更新方案，将依法批准的规划调整、修改数据库实行批后实时更新，截至12月中旬，共计完成37个县区的数据库实时更新工作。

2014年完成了省、市、县、乡四级规划重点建设项目清单整理和入库工作，整理和入库的表格逾3000张。根据业务管理工作需要，对省级土地利用总体规划管理信息系统进行了升级，开发完成了规划重点建设项目清单管理、规划专题等统计分析模块，相关统计分析数据，满足了规划实施管理工作需要，为规划带图电子审批工作顺利开展奠定基础。

（五）完成2012年土地变更调查省级数据库更新、维护与2013年部分影像数据入库工作

继全省第二次土地调查省级数据库与管理系统建设完成之后，为保持第二次土地调查成果的现势性，每年进行一次土地变更调查成果更新，继完成2010、2011年的成果更新后，又对2012年土地调查变更调查成果数据及时更新入库，并纳入到“一张图”核心数据库中进行统一集中管理。同时，开展了2013年度影像数据入库工作，完成了苏州、泰州、宿迁三市的数据入库、服务制作和发布工作。为全省建设用地审批、“一张图”应用等提供了基础数据。

（六）市、县级矿产资源规划成果管理系统部署工作

2014年，完成市、县级矿产资源规划成果管理系统的研发，于3月中下旬，以分区集中培训的形式组织完成了全省国土资源系统内的部署、下发。通过座谈交流、幻灯介绍、实例演

示、现场操作等方式对相关人员进行了培训。

（七）移动办公系统建设

为充分利用信息技术支撑省国土资源厅机关日常工作，提高工作效率，2014年部署了机关移动办公系统建设工作。要求建设单位年内基本完成系统开发与网络安全环境部署工作，在网络技术、信息安全技术允许条件下，以手机、平板电脑为应用终端，以公文办理为基本目标，实现用户出差在外可简单处理公文、浏览内网资讯、通知公告以及信息查询等。

（八）建设用地审批系统升级与远程申报系统建设

根据国土资源部建设用地审批数据标准和省国土资源厅相关业务规范，对建设用地审批业务数据结构和标准进行了完善，升级了建设用地审批系统，实现了新增建设用地全业务的审批管理。系统升级充分利用全省国土资源“一张图”建设成果，实现土地利用总体规划和地籍地类面积自动比对功能，以及建设用地审批远程自动备案功能。升级系统于2月正式运行，截至目前新系统共接件345件，办结122件。

同时，基于省—市—县三级政务管理平台开发了建设用地远程申报系统，拟于2015年1月1日正式运行。系统包括报件远程申报、报件流程查看、缴费预算单打印以及批文远程打印等功能。同时系统还提供了完整的功能开发接口，方便市、县建设用地审批系统业务对接。自2月系统正式运行以来，共接件1536 件，其中办结622件。

（九）矿业权审批系统建设

基于政务管理平台和省—市—县三级协同平台开发了矿业权审批系统，同时完成了系统与国土资源部发系统的同步接口，实现部、省两套系统的数据交换，避免了繁琐的重复录入工作，提高了工作效率。通过矿业权审批系统可将矿业权信息实时或定时更新至“一张图”上，其中省级数据动态实时更新，市、县级数据每日凌晨定时更新。2月系统正式上线以来，成功办结探矿权审批事项53件，采矿权审批事项5件。行政审批流程再造后，矿业权审批环节缩减了约50%，审批期限缩短了约68%，提高了办事效率。

（十）全省土地资源管理类系统建设

基于省—市—县三级平台，完成了土地利用年度计划管理系统开发工作，基本实现全省年度计划统一管理；根据部和省相关文件及省土地利用规划业务管理工作需求，开发了城乡建设用地增减挂钩、工矿废弃地复垦利用项目管理系统，实现了全省建设用地增减挂钩、工矿废弃地复垦利用项目区在线监管；农村土地整治监测监管系统开发完成，并于4月21日正式运行，实现了对全省省以上投资土地整治项目、耕地占补平衡补充耕地项目等一般土地整治、中央支持类和其他项目高标准基本农田信息等四大类项目的全面、全程监管，截至11月底，系统报部备案一般土地整治项目（阶段）1797个，其他项目高标准基本农田信息433条，共形成151个月季报表；万顷良田系统于1月1日正式运行，完成了87个万顷良田建设工程试点项目的基本信息建库工作，可实时对试点项目管理信息进行统计分析，截至11月底，已完成本年度4个季度的数据报备；占补平衡台帐管理系统开发完成并投入运行，实现了占补平衡项目库自动入库、项目库信息自动调整、用地审批耕地自动核减功能以及统计分析功能；完成了核销多划基本农田业务审查管理系统建设，实现了单独选址项目的多划基本农田业务采用流程化业务管理功能运转，基于“一张图”数据库，实现基本农田面积自动比对，系统于2014年12月试运行。

（十一）全省矿产开发管理类系统建设

完成了矿产资源储量动态监管系统开发及培训工作，为各级国土资源部门的矿产资源储量管理日常工作提供了有力工具，为加强全省矿产资源储量管理提供了支撑，促进了江苏省矿产资源储量管理信息化水平的提高，系统于12月20日正式运行。矿产资源补偿费管理系统开发完成并于4月1日正式运行，实现了省—市—县三级数据远程填报，1～3季度共上报矿补费数据762条。

六、重要措施和经验

（一）无锡市探索、创新“四全”服务模式，行政审批制度改革取得显著成效

业务条线封闭运作，用地预审、用地报批、土地供应、土地登记等审批流程相互独立，部门之间缺乏沟通与配合，办事环节多、效率低，群众不满意的现状倒逼无锡市国土资源局对简政放权、行政审批制度进行改革创新。为此，无锡市国土资源局进行了深入调研，提出“全流程优化审批、全区域便民服务、全业务网上办理、全节点效能监管”的“四全”服务模式，在审批制度改革、创新服务的顶层设计中，从多个方面进行了改革创新，实行“流程再造”，使得审批节点减少三分之二。通过“四全”服务模式的创新实践，做到就近受理、网上审批、通办通结，其核心就是方便群众、服务百姓、提高效能，已形成“所有窗口围着用户转、所有科室围着窗口转”的审批服务格局，群众满意度大幅提高。从2013年11月11日起的半年多时间，市区内41个服务大厅办理业务8.5万件，当场办结率达92%，其中异地办理了4500多件，极大地提高了办事效率。通过简政放权改革，行政审批节点大幅减少，实现了“多让数据网上走，少让群众路上跑”的便民服务目标。

江苏省国土资源厅李侃桢厅长认为，这是一项基础性、全局性、系统性工程，是国土资源行政审批制度改革的破题之举，是国土资源管理重心从“重审批”向“重监管、重服务”转变的重要举措，实现了“用政府权力的减法，换取市场活力的加法，赢得服务对象满意的乘法”。无锡市国土资源“四全”服务模式是经过实践检验的成功经验，有四个方面：一是抓住了行政审批制度改革的核心；二是进一步提高了行政审批服务效能；三是有利于规范权力运行、强化源头反腐；四是服务对象满意，或满意度极大地提高。

2014年，“四全”服务模式已经在全省国土资源系统全面推广，这种服务模式减少了行政审批环节66%左右，行政服务时间和行政自由裁量空间大幅压缩，服务效能全面提升。

（二）工作经验交流

1. 国土资源部信息中心蒋文彪副主任到江苏指导“一张图”建设工作

2013年12月30日，国土资源部信息中心蒋文彪副主任一行到江苏指导工作。江苏省国土资源厅李闽副厅长主持召开了“一张图”建设工作汇报会，从建设目标、建设内容、建设过程、建设成果、打算建议等五个方面汇报了国土资源“一张图”工程建设过程和建设成果，并进行了系统演示。蒋主任在听取汇报后认为，江苏省厅高度重视信息化建设工作，在较短的时间内完成了信息系统的全面改造升级，建成了“一张图”核心数据库和新平台支撑下的新版政务管理系统，一张图的浏览速度很快，看后很令人振奋；省级新、老政务管理平台无缝衔接得不错，确保平滑过渡；省—市—县三级政务协同平台，采用了云计算的松散集成架构，符合江苏经济发达省份全省协同联动需求；综合监管系统初步建成，技术架构先进，下一步要继续挖掘，加强对宏观调控的支持。同时，也对江苏省国土资源信息化工作提出了希望和要求，系统要尽快上线应用，在应用中不断改进完善，使系统更加贴近应用，更好地为国土资源管理工作服务。

2. 青海省国土资源厅党委成员、副厅长谢宝恩带队到江苏调研国土资源“一张图”及综合监管平台建设情况

3月18日，青海省国土资源厅党委成员、副厅长谢宝恩一行五人到江苏调研国土资源“一张图”及综合监管平台建设情况。江苏省国土资源厅李闽副厅长主持召开座谈会，李闽副厅长介绍了江苏省国土资源信息化建设历程、举措及“一张图”工程的建设概况，信息中心介绍了“一张图”工程建设成果、应用情况及下一步打算。双方还就“一张图”工程项目招标、建设模式及不动产统一登记等相关问题进行了深入交流。

3. 新疆省国土资源厅信息中心魏建新主任一行二人到江苏调研

5月19日上午，新疆省国土资源厅信息中心魏建新主任一行二人来江苏省国土资源信息中心调研。双方就信息化建设情况进行了座谈交流，江苏省国土资源信息中心介绍了省国土资源信息化工作的整体建设与运行情况，随后双方主要就江苏省国土资源数据异地备份工作的实施背景、重要举措以及进展情况展开了讨论、进行了相关演示，并就相关技术问题进行了深入细致的交流。

4. 河南省国土资源厅信息中心裴进堂书记等到江苏调研国土资源“一张图”及综合监管平台建设情况

6月12日，河南省国土资源厅信息中心裴进堂书记一行七人到江苏，调研国土资源“一张图”及综合监管平台建设情况。江苏省国土资源信息中心介绍了省级国土资源“一张图”核心数据库、政务管理平台、行政审批系统、综合监管系统和全省三级协同平台建设等内容。双方就如何提高“一张图”数据库访问效率与应用质量的数据组织方式、技术手段、更新模式等进行了交流；对如何行政审批流程再造、综合监管支撑服务等问题进行了探讨；对河南、江苏省情差异带来的信息化建设模式区别交换了意见。

5. 天津市国土资源和房屋管理局政务公开办王志林主任等到江苏调研

6月24日，天津市国土资源和房屋管理局政务公开办王志林主任一行三人到江苏调研。江苏省国土资源厅办公室杜鹤副主任主持召开座谈会，介绍了江苏省国土资源信息化建设的基本情况，重点介绍了江苏省在“一张图”核心数据库与综合监管系统、行政权力网上公开透明运行及电子监察系统、网络与信息安全、政务服务与政府信息公开等方面情况。双方还就如何拓宽“一张图”工程应用领域、提升综合监管支撑服务和做好政府信息公开工作进行了深入探讨。

6. 国土资源部信息化工作办公室到江苏开展国土资源信息化“十三五”规划编制前期调研

11月3日，国土资源部信息化工作办公室一行四人到江苏开展国土资源信息化“十三五”规划编制的前期调研。省国土资源厅李闽副厅长主持召开调研座谈会，李闽副厅长回顾总结了十多年来江苏国土资源信息化的特点、近年来的攻关重点和面临的突出问题，并对“十三五”期间“智慧江苏”、“江苏国土云”和不动产统一登记平台等重点建设内容提出了初步设想，信息中心王传礼主任汇报了江苏省国土资源信息化“十二五”规划任务完成情况，双方就江苏“一张图”工程的建设成果和江苏特色的市县推广模式进行了充分交流。国土资源部调研组介绍了目前全国国土资源信息化“十三五”规划的前期工作进展情况和工作思路，并充分肯定了江苏国土信息化的建设成果，认为江苏国土资源系统各级领导高度重视信息化建设，各个方面工作都取得了扎实、丰硕的成果。

七、存在问题和解决问题的思路

（一）政务信息网上公开方面的问题及下步打算

政府信息公开工作虽然取得了明显成效，

但仍存在一些不足之处。一是主动公开的政府信息的深度尚有空间，信息更新的及时性有待提高；二是与公众互动等方面还需进一步努力，让更多的公众参与和对话；三是对市、县国土资源系统的信息公开工作指导力度有待进一步加大。下一步，按照省委、省政府和国土资源部的总体要求，着重抓好以下几个方面工作：

进一步健全和完善政务公开工作领导机构，根据人员调整及时充实领导小组成员。通过健全信息公开组织机构，有组织、有领导、有计划，积极稳妥地推进政务公开工作。

积极推动主动公开、依申请公开、处室责任、保密审查等制度的贯彻实施，明确相关工作任务，落实工作责任，完善工作制度体系，为确保公开工作的常态化、长效性提供制度保障。

重点抓好分管领导和从业人员的业务和相关制度的学习，组织全省国土资源政府信息公开工作培训，提高工作人员的思想认识和工作技能，提升能力，提高行政效能。适时组织安排对系统内所有人员进行《政府信息公开工作条例》及相关制度的讲座，提高全体人员对推进政务公开工作的重要性和必要性的认识，增强做好政务公开工作的主动性和自觉性。

（二）信息化建设方面存在的问题

1. 国土资源“一张图”成果数据存在数据覆盖面不全、更新机制不健全等问题，还不能完全适应新形势下国土资源管理和综合监管工作不断增长的需求。

2. 综合监管平台的建设应用缺乏制度引领、数据支撑、业务驱动，对国土资源管理的服务成效尚不明显，还不足以支撑应急指挥、辅助决策。

3. 省—市—县三级网络化协同运行体系，业务覆盖面还不完整，与国土资源部发系统集成度低，各级自建系统的无缝集成度也不高，距全业务网上运行仍有距离。

4. 全省各地国土资源信息化建设发展依然不平衡，认识程度、资金投入以及建设力度等方面仍然存在差距。

八、发展目标

认真学习贯彻中央及省委省政府领导对国土资源工作的重要批示精神，紧紧围绕“保护资源、节约集约、维护权益、改革创新”的工作目标，结合全省国土资源管理工作重点任务，扎实做好“四全”服务模式的推广，继续推进国土资源“一张图”工程建设工作，全面提升全省国土资源信息化在国土资源管理改革创新工作中的支撑作用。

1. 继续大力推进全省国土资源“一张图”工程建设工作，积累和充实数据基础，充分发挥“一张图”成果数据在国土资源管理方式转变中的支撑作用，带动与指导市、县国土资源“一张图”工程建设与应用。

2. 继续推进江苏省国土资源综合监管指标体系的建设完善工作，进一步丰富数据源，拓展综合监管平台功能，为实时了解国土资源基本省情、开发利用现状、研判发展形势，辅助决策提供更加有效的信息技术支撑与服务。

3. 加快移动办公系统建设，着手开发移动门户网站，不断拓展移动办公业务。

4. 推进全省国土资源信息系统风险评估和安全等级测评工作的开展，深入推进全省各地重要数据异地在线备份工作，完成全省国土资源主干网升级改造工作。

5. 开展国土资源信息化“十三五”规划编制的前期调研工作。

（江苏省国土资源信息中心　李　锋）

江苏省住房城乡建设信息化发展概况

2014年，按照全省住房城乡建设系统信息化工作部署，进一步加大信息资源整合力度，扎实推进信用体系、城市环境整治、公共基础数据平台、数字规划等信息系统建设，为深化体制改革服务，为业务融合服务，为科学决策服务。

一、2014年江苏省住房和城乡建设厅重点信息化项目进展情况

（一）积极开展江苏省住房城乡建设系统信用信息应用试点工作

2014年初江苏省住房和城乡建设厅着手实施城乡建设系统“一体化信用管理服务平台”的开发，截至2014年底，平台一期主要任务已完成，建成了全省工程建设领域统一的行政处罚系统，统一文书格式和编码，归集行政处罚结果，并依据失信行为分类规范，认定失信等级，从而形成全省“信用名单”，并应用到招投标、行政许可等业务领域，以实施联合惩戒。同时，平台还引用“云计算”的先进理念，环境部署在高性能江苏移动云端上，充分体现高延展性、高扩展性和高可靠性。

（二）加快推进江苏省住房城乡建设领域信息化标准编制和公共基础数据平台建设

根据江苏省住建系统各业务条线的管理需要，对各类信息资源进行梳理和规范，分析业务过程中的关键信息，编制完成《江苏省建设领域公共资源数据标准》。在此基础上，完成了省建设系统公共基础数据平台一期建设，初步实现了企业、人员、项目三大基础数据库的数据归集。截至2014年底，企业库内含各类资质信息共3.7万条，其中勘察与设计类企业1275条，建筑施工类企业2.1万条，房地产类企业1.08万条，其他类型企业4578条，数据已在房地产、建筑业企业动态核查及监管中得到有效应用；人员库内含人员信息35.05万条，其中建造师20.88万条，其他执业资格类5.64万条，小型项目管理师8.5万条；项目库内含通过住房城乡建设部验收的工程项目4104条。

（三）完成江苏省城市环境综合整治和城市管理省级信息平台建设工作

按照全省城市环境综合整治工作要求，完成跨年项目认定、典型案例上报、示范创建管理、工作考核管理、多类综合统计分析等工作管理功能模块开发和完善。同时分三个批次完成全省城市环境综合整治相关单位系统使用人员的培训工作，共计培训市、县（市、区）整治办和相关责任单位约400余人，有效地提高了系统操作人员的使用水平，提高了系统应用效能。截至今年11月，各地使用系统用户1100余人，维护整治计划项目11576个，同时完成2014年度示范路、示范社区网上申报审核工作，共接受申请项目205个，初审通过项目91个。

（四）做好江苏省住房城乡建设系统专项资金监管平台升级改造工作

为适应资金管理模式的新变化，根据《江苏省住房城乡建设系统专项资金管理办法》（苏建计〔2014〕295号）要求，对系统进行升级改造。在对各相关业务处室需求调研的基础上，完成专项资金类型目录、各类资金使用方案、项目确定、进度验收、绩效考核的需求确认和功能设计工作。已组织软件开发公司启动系统升级改造工作，完成资金类型管理和资金使用方案管理功能。系统新增预算管理和绩效考核功能，同时调整和优化申报审核、进度管理、验收管理及统计分析功能，实现省级专项资金全种类、全过程管理。

（五）做好江苏省数字城乡规划系统建设工作

编制完成江苏省城市总体规划数据标准、江苏省城市总体规划成果AUTOCAD制图规范、江苏省城乡规划编制成果等8个数据标准、规范，编制的标准、规范符合国家、行业及江苏省现行有关标准、规范的要求，为江苏省数字城乡规划信息系统建设提供了技术保障。在此基础上，稳步推进省城乡数字规划信息系统建设，完成江苏省数字城乡规划信息系统基础框架平台、省级城乡规划空间信息平台（“一张图”）、城乡规划综合数据库管理系统、规划成果数据报建工具和省级城乡规划运维系统，为城乡规划编制管理、城乡规划实施管理、规划辅助分析提供了完整的辅助管理功能和手段。项目依据规划成果数据标准和数字城乡规划的要求，对部分已有规划设计成果及相关数据进行了标准化、规范化整理、检查、入库工作，对标准、工具软件、系统平台进行了验证，为项目II期进一步完善城乡规划一张图和省级城乡规划系统、开发省市县三级数据交换平台，实现数据共享共用提供了技术支撑。目前项目I期已通过验收。

（六）做好江苏省住房城乡建设厅行政审批平台优化工作

根据江苏省政府权力清单和审批清单要求及建设部相关文件精神，对权力阳光及相关子系统进行升级改造，下放了部分审批事项到市县，进一步简化办事流程，取消了部分资质审批事项。主要内容包括，资质审批流程的重组，改AB角审核为分段审查；资质申报申请表电子化、资质变更申请电子化；规划、勘察设计资质申报升级等工作；质量检测资质管理信息系统升级改造；安全生产许可证延期申报电子化；“三类人员”管理的流程改造，变单节点管理为多节点管理。同时，举一反三，完善了行政审批系统内控机制和电子监察功能。

（七）完成江苏省村庄环境整治信息系统验收工作

2014年4月，系统通过住房城乡建设部信息化示范项目验收。专家组认为省级系统建设处于全国领先，取得了良好的应用成效，具有较好的示范意义和推广价值。截至2014年10月，共纳入整治村庄26053个，维护整治完成村庄11974个。完成苏州、无锡、常州、镇江、南京等苏南5市全域验收工作，并提供数据和技术支撑。

（八）做好江苏省建筑业统计数据分析平台开发建设工作

深化“发展指数”模块功能，建立各专项指数与综合指数模型，实现建筑企业个体和区域总体发展水平的客观评价，为企业评优评强及区域宏观决策提供数据支撑；强化了“区域分析”功能，增加了出境情况分析、入省情况分析、入市情况分析，通过行政区划统计图的方式直观明了的进行展现；结合省、市、县主管部门提出的修改意见，对系统的“行业简报”功能进行了完善，力求实现建筑业发展报告的模板化、自动化。

（九）继续推进江苏省建筑市场信用体系建设，研究全省住房城乡建设领域信用信息平台的总体方案和技术框架，着手建立失信信息查询基础数据库

目前，南京市、常州市、盐城市、镇江市同步建成了建设工程“三合一”评标系统，并投入使用。平台已入库企业1.72万家，人员93.87万人，项目3.34万个，省级建筑市场信用管理平台框架以及企业、人员、项目三大数据库已经建成。

（十）完善江苏省数字市容环卫信息平台开发建设工作

项目组多次召开专题会议，深入探讨、优化平台建设需求，不断优化和完善系统功能。新增分类信息管理、环卫规划管理等功能模块开发，同时对垃圾处理终端管理、终端项目管理、终端用户管理、数据交换监控等功能进行优化。

（十一）做好江苏省建筑工程施工许可与竣工验收备案信息系统升级改造工作

根据《建筑工程施工许可管理办法》（住房城乡建设部令第18号）的要求，对系统进行升级改造。对外网申报、证书打印、单位管理功能进行优化完善，同时改造工程项目填报模

式，实现高效、准确归集和管理项目信息。

（十二）江苏省建筑节能与绿色建筑示范区管理信息平台投入试运行

根据我省建筑节能与绿色建筑示范区自身特点，以建筑节能和绿色建筑示范区信息平台建设为载体，初步完成江苏省建筑节能与绿色建筑示范区管理信息平台业务管理、综合展示、分析评价等子系统建设，系统已经培训投入试运行。

（十三）完成江苏省抗震防灾工作信息管理系统（一期）建设工作

为切实加强全省防震减灾工作，规范地震应急避难场所建设，组织开发江苏省抗震防灾工作信息管理系统。系统包括抗震防灾避难场所项目管理、考核验收管理、工作考核管理、城市基础信息管理、部门机构人员管理等主要功能，目前系统已投入试运行。

（十四）做好江苏省起重机械安全监督管理系统升级工作

2014年，根据多次对地市主管部门系统使用情况的调研，对系统进行了升级优化，并在南通、苏州、镇江三地进行了推广应用，目前，系统应用面已覆盖10个地市。

（十五）继续推进江苏省建设工程职称管理服务平台建设工作

新增评委AB角审核功能，并在2014年度省建设工程初、中、高级专业技术资格评审工作中成功应用，实现了职称申报、评审的全程电子化，为实现公平、公开、公正的智能化、科学化、全程透明化的评审提供了技术支撑，取得了良好的应用效果、获得评审专家好评。

二、2015年江苏省住房和城乡建设厅信息化重点工作

2015年，江苏省住房城乡建设厅将以省住房城乡建设系统信息化“十三五”规划编制为重点，进一步加大信息资源整合力度，完善数据中心建设，推动信息服务向下延伸、数据资源向上归集，坚持信息资源的标准化采集、扁平化管理、广泛共享和深度挖掘。同时，积极探索信息化条件下的行政管理创新，为深化行政管理改革服务，为科学决策服务，为改善民生服务。

（一）深刻认识并准确把握国内外信息化发展新变化新特点，认真总结“十二五”信息化建设的经验，仔细分析存在的问题，科学编制“十三五”规划，切实做好《江苏省住房城乡建设系统信息化“十三五”规划》编制工作。

（二）进一步完善江苏省住房和城乡建设行业信息化标准编制和公共基础数据库建设。在深化业务条线信息化服务的同时，基于信息化数据共享标准和数据中心发布的共享服务，推进数据层面的集中共享。继续做好省住房和城乡建设行业信息化标准编制，进一步丰富公共基础平台数据主题，提高行业数据的完整性、权威性，并挖掘数据利用价值，提升数据应用水平。为业务信息系统和各级组织提供定制的数据共享、交换以及应用服务。为厅领导、各处室提供定制的行业统计分析服务。

（三）江苏省住房城乡建设厅行政权力阳光系统升级工作。按照十八届四中全会关于依法行政的要求，加强对行政权力的制约，逐步优化权力阳光系统业务流程，强化内部流程控制，改造系统实现分事行权、分岗设权、分级授权、定期轮岗。继续推进政务信息公开，做到决策公开、执行公开、管理公开、服务公开、结果公开。2015年权力阳光系统升级工作主要包括：建筑业监管信息平台框架优化升级；房地产政务服务系统升级；检测资质系统升级；“三类人员”证书管理电子化；与省政务服务中心数据平台对接；对接住房城乡建设部审批制度改革要求。

（四）推进全省住房城乡建设信用信息管理系统建设，做好系统推广应用工作。通过对信用主体失信信息的采集、归集、认定，构建与企业库、人员库、项目库相关联的省、市、县一体化信用信息库，形成信用管理黑黄名单制度，并通过信用平台与业务系统的数据交换，将自然人、法人的信用信息应用到住房城乡建设的重点业务领域，实现对失信主体的联合惩戒，为全省建设系统的信用管理提供信息化支撑。

（江苏省建设信息中心　孙王奇　龚雪琴）

江苏省交通运输信息化发展概况

一、2014年信息化工作基本概况

2014年是推进落实交通运输信息化试点示范工程建设的关键年，也是谋划行业信息化管理服务长效机制的重要一年。省交通运输厅党组专题调研"智慧交通建设"，研究部署加快推进交通运输信息化智能化工作。全省交通运输系统扎实开展推进交通运输信息化建设与关键技术、配套机制研究工作，努力推进交通运输信息化综合应用。"232畅通网"工程和部省信息化试点示范工程总体进展良好；ETC实现全国首批14个省市联网运行；"水上ETC"在苏北运河全线建成；交通运输信息化技术体系总体设计取得阶段性成果；在全国率先开通了省级及13个地市12328交通运输服务监督电话，实现与96196并线运行；"江苏交通"门户网站被部省表彰为"2013年度优秀政府网站"，连续10年获此殊荣。

（一）"232畅通网"工程和部信息化示范工程总体进展良好，宁沪高速公路综合管理与公共服务信息化示范工程、公众出行交通信息服务系统、全省内河水上应急管理信息化平台、公路客运联网售票升级工程、驾驶培训智能化管理与服务系统等项目分别投入运行或试运行；公共交通"一卡通"项目完成宁镇扬都市圈联网，完成了交通运输部行业技术规范（征求意见稿）的测试验证；公路网运行监测与数据综合分析决策支持系统、城市轨道交通营运应急管理信息系统等项目抓紧推进；统计监测与投资计划管理、安全畅通与应急处置等部示范工程有序推进；公路水运建设市场信用信息服务系统基本建成，实现监管系统升级换代。

（二）组织完成ETC全国联网我省建设任务

按照交通运输部的统一部署和要求，组织完成了《ETC全国联网江苏省技术实施方案》编制，以及各项互通兼容性测试、软硬件升级、相关服务标准制度完善等工作，12月21日，正式与北京、天津、河北、山西、山东、上海、浙江、安徽、江西、福建、辽宁、湖南和陕西等实现了首批14个省（市）ETC联网运行。目前，全省ETC专用车道达818条，苏通卡用户突破180万，ETC车道流量占整个路网客车流量的30%，道路运输证IC卡与苏通卡 "两卡融合"在试点成功的基础上，完成10多万张电子证件的发放。

（三）加快推进船联网工程建设

根据长三角船联网项目的总体部署要求和数据交换服务的规范要求，完成了一主两分（厅数据中心、地方海事数据中心、航道数据中心）的数据中心系统建设，实现了与长三角上海、浙江的船舶签证等数据交换。内河船舶便捷过闸系统（水上ETC）在苏北运河全线建成，已累计推广到全省18个船闸，在试点示范的基础上编制完成了内河船舶2.45GHz RFID工程应用技术规范编制；完成了部船联网关键技术研究课题"船舶运行环境感知与协同关键技术研究"、"水路交通运输监测预警系统研发及应用示范"的研究工作，相关成果已结合实际应用进行验证完善。

（四）开展了"江苏交通"政府门户网站升级改版工作

按照交通运输部和省政府对政府网站的

建设新要求，完成了“江苏交通”政府门户网站升级改版工作，新改版网站已于9月份上线运行。改版后的网站更加突出政务公开、网上办事、公众参与等功能，进一步深化了门户网站的内容建设，成为融交通政策法规宣传、交通经济活动指导、交通办事服务和公众参与、出行信息服务为一体的综合性平台。据统计，2014年，我厅网站共更新维护各类信息14936条，主动公开政府文件96件，依申请公开48件，开展了交通政策解读6期，在交通运输部网站发布信息4285条，其中信息联播910条。

（五）建成开通12328交通运输服务监督电话

按照交通运输部的统一部署和要求，在进一步规范完善96196系统运行管理的基础上，在全国率先实施开通省市两级12328服务监督电话，与96196并线运行。据统计，全年我省交通服务热线共服务公众达131余万人次。其中，为公众提供出行问询、行业咨询达84万余件，接受投诉达20万余件，话务接听满意率达97%；所有咨询和投诉件均得到及时回复，解决了众多出行者的疑惑和困难，化解了大量的矛盾和纠纷，充分发挥了交通运输行业更好服务社会的作用。

（六）深入推进江苏省交通行政权力网上公开透明运行三级联网建设

完成了省级系统平台改造升级和层级监察功能开发，实现了与公路、航道、运管和海事业务系统数据交换和层级监察功能对接。在市级推广实施方面，完成了苏州、无锡、盐城、常州、淮安、徐州、泰州、扬州、连云港以及昆山、泰兴（省管县）市局的系统部署和数据交换工作，其他市级系统升级和县级平台推广全面启动。项目建设完成后将从整体上解决省市县三级行政权力运行与公路、航道、海事、运管等业务应用系统的融合，实现交通行政权力运行数据与市县政府行政权力运行系统的共享与交换，真正实现交通行政权力的网上公开透明运行。

（七）开展推进江苏省交通运输信息化系统总体设计和智慧交通发展规划

结合体制机制现状，重点围绕“全行业更好更有效实现互联互通、资源整合、效率提升”的目标要求，完成了市、县（区）交通运输信息化情况书面调查，以及厅属业务局、部分市局的现场调研，在此基础上就研究目标、思路、内容、技术路线等进行了专题研讨，同时结合厅党组中心组智慧交通主题学习会筹备，在信息化整体架构、通信网络、数据中心、综合业务梳理等方面进行了针对性研究，形成了阶段性成果；结合智慧江苏与智慧城市建设，以及“十三五”规划编制工作，开展了智慧交通发展规划思路研究分析，完成了研究工作大纲编制。

（八）积极组织推进部科技示范工程申报与实施

完成了高速公路网智能化运营管理平台实施方案申报、评审工作，并按照批复文件开展了“省域高速公路网多元异构动态交通数据与信息融合处理技术”等关键技术研究及项目可研报告评审；根据交通运输部关于推进政企合作的部署和要求，按照多路并举、分层推进、合作共赢、重点突破的原则，与百度公司就高速公路、国省干线公路、公交、出租等数据共享以及开放云、大数据处理等技术进行了专题研究，组织完成了部科技示范工程实施方案的编制与评审。

（九）加强网络信息安全与专网建设

按照省网络与信息安全监测中心的监测通报，组织相关单位及时进行了网络安全自查并完成整改；跟踪交通运输部行业网络与信息安全信息通报工作要求及动态，组织做好月度信息报送。根据部省要求研究成立了厅网络安全与信息化领导小组，编制印发了重大事项报告制度，进一步加强网络信息安全管理和培训。着力加强交通信息通信专网建设，根据省市联网应用需要，基本完成全省交通信息通信网市县纵向网建设和骨干网升级，骨干网采用先进、成熟的新一代光网络设备构建适应综合业务承载的信息传输网络，升级后通信容量将由2.5G升级到400G。

（十）引导推进交通物流信息化建设应用

交通物流公共信息服务平台已完成应用功能的设计和部分开发工作；依托省级铁水联运信息服务平台，积极引导推进在多式联运方面的信息服务功能拓展，公铁联运信息化服务已按照市场运作的规则取得了实质性进展；进一步推进提升连云港、南京、徐州、镇江、太仓及张家港等地EDI中心建设，组织开展了连云港口岸检港联动信息平台建设方案研究，积极推动港口与关检部门联合实施“一次申报、一次检验、一次放行”，更好地服务港口物流发展。

二、2015年信息化工作打算

2015年工作的总体思路是：坚持加快推进实现交通运输现代化的目标导向，坚持深化交通运输改革的问题导向，坚持加快推进智慧交通发展的需求导向，以十八届三中、四中全会精神和科学发展观为指导，组织加强新常态下的行业信息化智能化建设，按照新要求加快推进船联网、交通物流信息服务平台、高速公路网运营与服务智能化平台、统计监测与投资计划管理、交通运输信用信息管理、公共交通“一卡通”和联网售票升级工程等“232畅通网”工程和部省示范工程建设，进一步夯实数据中心资源整合、数据质量管控和标准规范体系完善等关键性、基础性工作，完成“十三五”交通运输信息化智能化发展规划，更好地支撑现代综合交通运输体系建设发展。

（一）完成交通运输信息化“十三五”发展规划（智慧交通发展规划）编制和交通运输信息化技术体系总体设计编制工作，编制出台《江苏省交通运输信息化建设项目管理办法》、《江苏省智慧交通信息化建设技术指南》。组织开展和推进市县交通运输信息化示范工程建设，指导市县加快综合管理服务信息化建设应用。

（二）积极推进“智慧江苏”明确的重点任务实施

组织推进“232畅通网”工程项目基本完成建设，加强机动车驾培智能化管理与服务系统应用、公路客运联网售票系统升级工程成果应用与总结推广，内河船舶便捷过闸系统（水上ETC）完成列入长三角高等级航道网的15座船闸的推广，实现省市县交通行政权力网上公开透明运行三级联网运行，实施全省公共交通“一卡通”清分结算平台建设，推进地市终端设备升级。进一步提高ETC服务水平，加快推广苏通卡与道路运输证IC卡“两卡融合”应用；督促各地市加快推广全省出租汽车“96520”一号召车服务，加快推广本地电召平台对手机召车软件的接入和管理。切实做好网络与信息安全工作。

（三）加快推进交通运输部信息化试点示范工程建设

完成统计监测和投资计划管理、交通运输信用信息服务等示范工程建设；力争完成高速公路南网以及北网3条高速公路（京沪、沿海、汾灌）智能化运营服务平台建设；基本完成船联网主体工程建设；安全畅通与应急处置工程根据部可研批复推进完成项目初步设计，抓紧推进实施，结合安全应急管理要求和业务需求，进一步推进部门间的业务流、信息流梳理，完善应急资源管理，推进形成高效的应急联动机制。

（四）组织完成一批重大项目前期工作

一是数据中心整合建设工程。建设省交通运输行业数据中心，理顺各级数据中心的关系与信息流，开展数据标准规范体系研究，更好地支持业务综合应用、决策分析和移动互联网应用。二是信息服务政企合作工程。与百度等互联网公司、信息服务商，按照PPP的合作模式，在公交出行、(高速)公路出行等方面开展政企合作，加强民航、铁路、公路出行信息互联互通，提升公众出行信息服务水平。三是交通专网GIS升级工程。对现有的GIS系统进行功能与性能升级，开发全省统一的交通地理信息服务云平台，努力将交通专网GIS打造成交通运输前期工作、行业管理等各项业务的工作平台。

（五）指导推进多式联运信息化工作，加强与铁道部信息中心、上海铁路局交流合作，依托省铁水联运信息交换与服务平台，加快拓展建设公铁水空多式联运信息服务平台；开展检港联动信息工程建设前期工作，按照一次申报、一次检验、一次放行的要求，推进港口与关检部门的信息交互与业务协同。

（六）统筹协调2015年南京第十四届亚太智能交通论坛组织工作

按照组委会议定事项跟踪督促各项工作落实，协调解决论坛举办各项程序性方面的问题，确保论坛顺利举办。组织省市交通运输部门参加技术展览与交流。

（江苏省交通运输厅　陆　毅）

江苏省水利信息化发展概况

一、2014年水利信息化建设整体有序推进

在厅信息化工作领导小组的指导下，努力提升项目建设的前期工作质量，加强建设管理，推进信息化工程建设工作向前开展。列入2014年水利信息化投资计划的项目有4项，其中2项初设已批，正在实施，另外2项初步设计报告报发改委待批。年初拟安排投资计划2100万元，其中省级投资1600万元，已下达投资计划1060万元。

（一）召开厅信息化工作领导小组会议

2014年2月厅信息化工作领导小组召开工作会议，回顾了2013年省水利信息化工作取得的成绩，进一步明确了2014年主要建设任务，指出2014年是实现“十二五”规划目标的关键一年，各主要业务系统要全面启动。

（二）竣工验收项目

2014年完成竣工验收项目2项：江苏省太湖流域水环境自动监测站网工程、江苏省水利厅行政权力网上运行系统。

（三）加强在建项目的建设管理

在建项目实施进展顺利。2014年在建项目7项：国家防汛指挥系统二期工程（江苏部分）水情、工情分中心已基本完成建设，工程视频监控系统招标文件已经编制完成，墒情采集系统方案正在细化中；江苏省小型水库防汛通讯预警系统进入试运行；江苏省重点水利工程防汛视频监控系统正在进行项目竣工验收准备；江苏省水利地理信息公共服务平台正在进行系统的详细设计和代码设计；江苏省中小河流水文监测系统信息化部分一期报汛通信系统共计1357万元，目前已全部完成，二期报汛通信系统580万元，预警预报系统4100万元，共计4680万元，均已进入实施阶段；江苏省水资源管理信息系统一期工程已进入试运行；南水北调东线第一期工程江苏段调度运行管理系统正在光缆线路工程施工，计划完成骨干网和部分二级接入站点的通信线路。

（四）扎实开展前期工作的研究

年初，向省发改委领导和职能部门系统汇报水利信息化“十二五”规划执行情况，以及各项目间的相互关系，得到省发改委的认同和支持，加快了重点项目前期工作立项进程。基础设施工程两大项目已经立项，省水利地理信息服务平台已开工建设，省水利数据中心一期工程初设报告批复。在此基础上，有序推进各服务平台建设的前期工作，省水土保持监督管理与综合治理信息系统可研报告、省水利厅财务审计管理信息系统初设报告上报待批，省水利工程和河湖资源管理系统、水利重点工程建设安全风险远程管理系统、江苏省农村水利信息管理系统一期工程等可研报告已具备报审条件。厅办公自动化系统及内网门户经商议后不报发改委立项，由部门协调解决项目经费。为加快项目建设进度，已开展厅办公自动化软件完善开发的工作。厅信息办还组织专家对“徐州市水利水务信息化规划”进行了咨询和讨论。

（五）水利信息化资源整合共享

赴外省市和其他行业进行水利信息化调研，邀请专家对我省水利信息资源整合共享思路进行咨询。在对我省水利信息资源整合共享的现状和主要存在问题分析基础上，提出江苏省水利信息资源整合共享工作方案，明确了整合共享的原则、目标和主要任务，并制定了分年度、分部门实施计划。主要任务包括：基础设施、信息资源、业务应用和安全保障的整合与共享四个方面。

（六）指导各市县及管理处水利信息化工

作的开展

进一步修订完善了市县水利信息化考核指标，明确了2014年各市县水利信息化建设任务。做好了召开厅属管理处信息化工作座谈会的准备，对一下步水利工程信息管理平台建设提出方案，规范水利工程信息化管理。

（七）开展省信息资源共享平台对接

按照经信委要求，参与了省信息资源共享交换平台建设前期工作，省水利厅成为《省信息资源共享交换平台一期建设方案》共建单位，厅信息办征求各部门信息资源需求，做好需求对接。

（八）启动江苏省水利信息化发展“十三五”规划编制工作

以信息资源整合方案为基础，委托河海大学共同参与编制江苏省水利信息化发展“十三五”规划报告，将开展市县、管理处调研，配合各处室和单位研究“十三五”信息化计划项目，计划2015年4月完成初稿。

二、2015年信息化发展思路

主要做好信息采集体系、省数据中心、水利专网、业务应用和安全体系等建设。完成水利地理信息服务平台、省水利数据中心一期和国家防汛二期等工程建设，开工建设水土保持监督管理与综合治理信息系统和水利工程和河湖资源管理系统，开展水利信息资源整合和农村水利信息化建设一期工程等前期工作。

（一）工作内容

1. 全面建立标准统一、互连共享的监测监控体系。加强省、市、县的信息采集系统的整合和建设，在统一的标准和传输规约下开展信息采集系统的建设。制订视频采集的统一规范标准，实现省、市、县三级平台的互联互通和各类视频系统的集成和资源共享。开展自动监控系统的关键技术和相关规范标准研究，实现全省重点工程监控的互联互通，信息共享。加快开展卫星遥感信息在水利各业务应用的研究，实现各类遥感信息的统一收集、统一存储、统一发布、统一应用。实现集水体（江、河、湖、库）、地面、太空三维一体的监测监控体系。

2. 完善省、市、县、乡四级通信网络体系。根据业务需要提升现有三级网络的带宽，实现县级局域网与水利信息网的互联互通，对有条件的乡镇和水文站实现与水利信息网互联，力争重要乡镇和重点水文站实现网络互联互通，以满足业务和社会需求。开展全省备份网络链路的建设，充分利用卫星通信、4G通信、海事通信设施设备，以提高防汛救灾应急通信网络能力。实现公众与应急相互补充的通信网络体系

3. 实现计算环境、信息资源的共享服务。加快省水利地理信息服务平台以及水利数据中心一期工程等项目的建设。按照“云平台”理念，实现对机房、计算、存储和网络的统一调度、管理、服务。在省水利地理信息服务平台以及水利数据中心数据汇集共享及应用服务技术研究、水文监测资料共享平台关键技术研究的研究成果基础上，开展数据管理系统、信息共享交换系统、信息服务与发布系统以及基础数据的资源目录和元数据的建设工作。实现数据资源目录、基础数据、应用共享数据的集中统一管理与服务。实现基于云平台的计算环境和信息资源的共享的统一管理和服务平台。

4. 业务应用及平台。开展水利各业务应用系统的集成整合工作，实现统一门户、统一认证的业务系统的门户集成。结合省水利地理信息服务系统统一认证平台和软件服务平台的建设，采用面向服务的体系结构，构建统一应用支撑平台，完成业务功能的服务封装，实现业务应用协同。在统一的资源平台和应用支撑平台的基础上，推进电子政务、防汛防旱、水资源管理、水利工程管理、农村水利、水土保持和财务管理等业务应用系统的建设。

5. 构建稳定、可靠、高效的安全体系。在省水利数据中心一期工程初设中拟按“信息安全等级达到信息系统安全等级保护三级规范要求，灾难恢复能力达到信息系统灾难恢复第四级规范要求”进行建设。在此建设的基础上，适时依据国家相关法律法规完善物理、网络、主机、数据等安全管理、防御和运维措施。开

展水利异地数据灾备中心的前期准备和建设工作。实现“统一安全管理、统一安全防御、统一安全运维”，以及统一灾备中心和身份认证系统，构建可靠高效的安全管理体系。

（二）工作举措

1. 加强组织领导。督促省、市、县水利部门高度重视信息资源整合工作，厅信息办加强组织协调和指导，相关部门和单位加强协作配合，形成合力，保障信息资源整合工作顺利推进。

2. 强化顶层设计。以信息资源共享工作方案为指导，开展顶层设计，编制信息化发展“十三五”规划。理顺关系，明确职责，整合资源，按照总体发展规划和顶层设计，有计划、分层次、有步骤地实施。

3. 完善规范标准体系。依据国际、国家、行业、省等已经颁布执行的标准，在执行国家、行业、省有关标准的同时，结合江苏水利的实际情况，编制适合江苏水利信息化的标准和管理规范。建立技术标准与管理办法等相互适应的支撑保障环境。

4. 推进新技术研究与应用。为了确保水利信息化的高起点、高水平、高标准，对信息化的关键技术进行应用研究开展新的信息技术（如大数据、移动互联网、物联网、遥感、数据挖掘、数据仓库、分布式计算、虚拟现实与仿真等关键技术）在水利信息化中的应用研究，提升水利信息化水平。

5. 加强信息化建设与运维管理。强化信息化行业管理，创新项目建设管理方式，加强项目建设全过程管理，提高信息化工程建设水平和质量。进一步明确各级运行维护管理体制和机制，保障水利信息化系统的正常运行。

6. 重视信息化人才队伍建设。积极推进信息化人才队伍建设，通过调整结构、引进、培养等方式提高水利信息化队伍，建立一支适应水利现代化要求的信息化人才队伍。

（三）重大项目

1. 江苏省水利地理信息公共服务平台。编制相关标准规范、建设平台数据、构建平台软件系统、建设平台运行环境、示范建设市县服务平台、建设水利地理信息典型应用等六个方面，总投资2479万元。

2. 国家防汛抗旱指挥系统二期工程。完成2个水情分中心的系统集成，建设13个市的工情分中心和工情信息采集系统，旱情信息采集系统建设1个省级接收站、13个地市级接收站、70个县级移动墒情采集站、350个移动墒情监测点、71套移动墒情采集设备，通信与计算机网络安全、应急移动指挥平台、数据汇集和应用支撑平台、业务应用系统、系统集成与整合等系统的建设，中央投资724万元，省级投资1600万元。

3. 省水利数据中心一期工程。省水利科技中心是全省统一的水利科技存储和共享平台，存储水文、水雨情、水质、取水量、工程运行等实时和历史数据，同时还为省水利基础地理信息服务和其它业务应用提供数据存储和软硬件服务。省水利数据中心一期工程整合现有的软硬件设备，形成水利云存储和服务平台，完善安全保障和运管系统，建立数据灾备中心，基本满足近期水利信息系统建设的需求。建设内容包括：数据存储及灾备中心建设、信息安全保障系统建设、运行维护管理系统建设、管理处及水文分局信息安全改造等，总投资估算4303万元。

4. 水土保持监督管理与综合治理信息系统。“十二五”规划提出初步建成江苏省水土保持监测网络和信息系统，实现对全省水土流失及其防治效果的动态监测和评价。系统主要包括水土保持监测信息采集站点、信息采集网络、基础数据库和应用系统建设4个部分，总投资估算3848万元。

5. 水利工程和河湖资源管理系统。“十二五”规划要求建立主要河湖库动态监测及评价管理系统、资源利用管理系统和巡查管理系统和水利工程科学管理应用系统。该项目包括：水利工程管理应用系统、河湖库资源管理系统、河湖库监测管理评价系统、河湖库巡查执法管理等系统，总投资估算5903万元。

（江苏省水利厅　陆　明）

江苏省农业信息化发展概况

2014年，省农委认真贯彻落实中央和省里农业信息化有关精神，大力实施农业信息服务全覆盖工程，较好地完成了年初确定的目标任务，全省农业信息化覆盖率达55%，取得了较好成效，受到各方肯定。“金农”工程一期省级项目建设成效突出，受到农业部信息中心表扬；在全国省级政府农业网站综合绩效测评中，江苏农业网获第五名，受到农业部信息中心表扬；“江苏农业网内容特色化应用与服务建设”被省委宣传部、省互联网信息工作领导小组办公室评为全省新媒体创新奖；江苏省农业信息服务全覆盖工程荣获省科技进步奖三等奖；我省被农业部确定为农业信息进村入户试点省份；“12316惠农短信服务用户超190万”被评为“江苏为农服务十件大事”。

一、2014年农业信息化工作及成效

（一）进一步健全信息服务体系

一是进一步建设“12316”三农服务工作站。2014年在全省10个县（市、区）实施“12316”三农服务工作站项目建设，“12316”热线服务基本实现全省全覆盖；二是积极开展信息进村入户试点工作。今年我省被农业部列为十个信息进村入户试点省份之一，为圆满完成试点工作任务并取得实效，我中心深入基层调研需求，编制信息进村入户工作方案，召开了5次信息进村入户工作现场会、座谈会，协调相关资源。宜兴、武进、亭湖等地积极争取党委政府重视，加大财政投入，切实做好村级信息服务站建设，加强信息员业务培训。9月份农业部全国进村入户工作信息员培训班在盐城召开，我省信息进村入户工作位居全国前列。到目前为止，全省15个试点县建成村级信息站674个，培训信息员1868人，全面开展了农业公益、便民、电子商务、培训体验四类服务。

（二）进一步强化为农信息服务

一是加强“12316”惠农短信服务。12316短信用户发展达255万户，大大超过年初确定的200万户发展目标。全年共向全省各类农业市场主体发送短信近3亿条次，处理农民咨询短信近2500条，短信发送量、咨询回复量和去年相比均有较大幅度增长。加强短信采编、编辑、发送技能培训，提升短信质量和成效。二是主导“12316”农业部云呼叫平台建设，并在全国率先启用。三是加强农业网站群建设，江苏农业网全年累计发布各类农业信息15000多条，向农业部网站报送信息7800多条，开展在线访谈等互动交流活动8次，回复在线留言咨询320多条，信息采编报送质量明显提高。四是创新服务方式，建立开通江苏农业政务微博、微信，拓宽信息服务渠道。苏州、常熟、张家港、昆山、太仓农委相继开通了政务微博，泰州、连云港也开通了农业官方微信。

（三）进一步推进农业生产经营信息化

一是推进物联网技术在设施农业上的应用。今年我委在11个省级以上现代农业园区实施农业远程视频监控系统项目，实现农产品生产的全面感知、智能处理，苏州、南京、南通、灌南等地也加强农业物联网建设。全省在畜禽养殖、水产养殖、设施生产、大田栽培领域及农产品质量管理、生态环境监测等方面建成了一批农业信息技术应用示范基地，全省规模设施农业物联网技术应用面积比重达11.5%，有力提高了农业劳动生产率、土地产出率、资

源利用率和农产品质量安全；二是积极开展农产品网上整体营销推介。组织61家网店，372个地方特色优势农产品入驻淘宝高淳馆开展网上销售。泰州市在淘宝网开设了“特色中国·泰州馆”，“双11”当天销售额达4000万元。组织新沂、高淳、丹阳等地与阿里巴巴商洽对接“千县万村”计划，与京东商城达成农产品电子商务合作意向。加强农产品电子商务培训，增强优质农产品营销网功能，推动农产品网络营销。

（四）进一步强化管理信息化

一是认真做好委大楼综合布线、机房及视频会议室改造、大屏发布系统升级、网络无线覆盖等工作，全面完成委弱电系统改造工作；二是认真做好视频会议、办公自动化、网络业务系统等保障，切实强化信息报送、上网发布、咨询服务，做到保障无事故、服务有提高，全年累计保障视频会议20多次，有力保证全委工作正常开展；三是推进农产品质量安全监管、农村“三资”管理系统建设运行，完善生猪屠宰监控系统，启动大田作物远程视频监控系统建设，加强项目管理、“三新”工程项目评审系统运行。指导各地开展农业政务网站、网络监管系统建设，有力提升全省农业行政管理效率和水平。

二、2015年农业信息化重点工作

认真贯彻落实《省政府关于推进智慧江苏建设的实施意见》、《省政府办公厅关于加快电子商务发展的意见》和《农业部关于开展信息进村入户试点工作的通知》精神，以促进农民创业就业、增收致富和现代农业建设为目标，高水平高质量完成农产品电子商务万人培训计划，建成一批农产品电子商务示范基地，全省利用网络营销农产品200亿元以上，全省规模设施农业物联网技术推广应用面积占比达13%，12316短信用户发展累计达300万户，信息进村入户试点工作进一步深化并取得阶段性成效，农业信息化覆盖率达57%，保持全国领先水平。

（一）以强化信息服务为目标，切实做好信息进村入户工作

一要加强与政府部门、水电气金融等社会公共服务单位、电商企业、农产品加工企业、种养大户等的合作，广泛引入各种资源，拓展村级信息服务站功能，开展农产品网络营销。不断完善村级信息服务站和信息员管理办法，强化村级信息服务风险防范。加强对信息员的教育培训，提高村级信息服务站的服务质量和服务能力，确保村级信息服务站健康可持续运行。二要继续完善12316惠农短信平台功能，提高短信质量，大力发展短信用户，短信用户达到300万户，各地要推进12316三农热线服务制度化、常态化，提升为农信息服务质量，把12316短信和热线、农家致富手机报真正办成农技推广的利器。三要结合信息进村入户试点工作，积极发展12316信息服务专家和村信息员队伍，进一步建立健全省、市、县、乡、村五级农业信息服务工作机构，不断完善农业信息服务体系。

（二）以促进农产品销售为目标，大力推进农产品电子商务

一要组织涉农企业、农民专业合作社、家庭农场、农产品批发市场等市场主体上网发布农产品供求信息、在知名电子商务网站开设营销网店、建立特色农产品营销网站，发展在线交易。鼓励建设网络订购平台，发展同城配送。二要积极探索农业电子商务新模式，充分利用微信、微博、APP等信息技术探索构建最快速度、最短距离、最少环节的新型农产品流通方式，进一步搞活农产品市场流通。三要深入基层，及时发现和积极培育农产品网络营销典型，加强宣传，推广经验，促进各地农产品电子商务发展。四要加强和淘宝、京东等知名电子商务平台及相关部门的合作，各地要重点组织特色农产品、加工农产品、大宗农产品上网推销，培育壮大农产品网上市场。五要抓好农产品电子商务培训，面对移动电子商务飞速发展的形势，组织各地重点开展农业市场主体的

手机上网营销操作培训，大幅提升农村产品特别是农产品的网络销售能力。

（三）以实现智能生产为目标，大力推进农业物联网技术示范应用

加快推进传感、通讯和计算机技术在农业上的应用，积极发展智能农业、感知农业，组织研发经济适用的硬件设备、软件系统，加强技术集成和方案优化，促进农业物联网应用市场和产业链形成。各地要以提高生产效益和劳动效率为主要目标，重点要在特色产业、主导产业的智能生产上下功夫，促进农业转型升级。要在省级现代农业园区、龙头企业和规模种养基地建设畜禽养殖、园艺生产、水产养殖、大田种植等一批农业物联网技术应用示范点，重点实现畜禽舍环境调控、粪便自动清理、自动定量饲喂或母畜发情鉴定，实现温室大棚环境因子调控、肥水一体化喷滴灌或生产操作环节（播种、间苗、采摘、分级、包装等）自动化，实现水体及其环境智能化监测、溶解氧智能调控、饵料自动饲喂或尾水监测控制，实现大田测土配方施肥、自动防霜和农机作业智能控制等。

（四）以提高行政管理水平为目标，协同推进省级农业数据中心建设

按照“平台统一、数据集中、深化利用”原则，切实加强省级农业数据平台建设，建立健全科学合理的信息采集、加工分析、共享整合与应用服务机制，整合全省农业行业信息化应用数据，省市县协同推进全省农业数据中心建设。进一步开发完善12316短信和热线服务数据库，强化信息进村入户业务系统平台应用。积极推进农业项目管理、“三资”管理、承包地确权登记、农产品质量安全、农资执法等专业性信息资源库建设应用。各地要根据自身需要，有侧重、有选择地推进农业地理信息、农产品加工流通监管、农业自然资源动态监测、农业科技、价格行情等数据库建设，做好数据采集、整理、填报，强化数据分析利用，为政府宏观指导和市场主体微观生产经营提供决策依据。

三、保障措施

（一）强化组织推动

通过召开农业信息工作会议、出台相关意见、强化考核、检查指导等途径，推动全省各地依照全省农业信息化发展目标，针对当地现代农业建设需要，认真研究确定农业信息化建设目标，有效推动农业信息化各项工作的开展。

（二）强化规划引导

加强调查研究，突出顶层设计、业务协同和资源整合，研究提出“十三五”农业信息化发展规划，争取省政府办公厅印发全省农业物联网发展意见，做好农业行业信息化建设方案，明确农业信息化发展方向、工作思路、工作重点和推进措施。加强规划实施，强化经验总结，加快形成农业信息化发展新路径。

（三）加强资金投入

积极争取农业部支持，争取领导重视，加强与发改、财政、经信、科技等部门沟通协作，争取各级财政加大对农业信息化的投入。通过项目扶持、宣传等，鼓励支持社会力量参与农业信息化建设，逐步形成政府引导下的投资主体多元化、运行维护市场化的农业信息化建设投入新格局。

（四）加强示范推广

以“实用、适用、可用”为原则，以效益为导向，建设信息服务、电子商务、智能化生产、质量追溯、远程监管、行政管理等一批农业信息化示范项目，熟化一批价廉物美的农业行业应用系统，大力开展农业信息化研发成果物化与推广，探索建立农业信息化应用可持续发展模式，加速农业信息化向深度和广度发展。

（五）注重改革创新

加强资源整合，大力推广“一个平台、标准统一、共同建设、信息共享”的农业信息化运行模式。制定更为有效、更加合理的农业信息化监测、业务工作考评和项目绩效测评指标，引导农业信息化各项任务的开展落实，确保农业信息化各项工作取得实实在在的效果。

（江苏省农业信息中心　赵　霞　魏祥帅）

江苏省商务信息化发展概况

2014年是全面贯彻落实党的十八届三中全会精神、深化改革的开局之年，是实施“十二五”规划的关键之年。面对复杂多变的国际环境和艰巨繁重的国内改革发展任务，全省商务系统结合商务工作实际，认真贯彻落实全省信息化“十二五”规划和全省信息化工作要点，积极推进信息化工作的展开，提高信息化工作水平，商务领域信息化建设取得新突破。

一、基础建设

（一）全面整改办公网络

2014年，商务厅对办公网络进行全面整改。采购国家统一认证的信息安全产品，配备防火墙、网站防护、入侵检测、流量控制、安全审计等安全设施，并根据应用需要自主配置设备策略，留存互联网访问日志。对所有终端、网络设备进行IP地址与MAC地址绑定，不得有无线设备。整改后，非授权设备不得接入办公网络，从技术上杜绝非办公设备接入办公网络。终端计算机统一入账、编号、维修与报废。服务器定期更新账户口令，关闭不必要的应用、服务和端口，删除临时文件，防止网站目录等敏感信息外泄。服务器安装安全软件，定期进行漏洞扫描、木马检测，同时对数据库数据进行加密，保障系统安全。集中管理移动存储设备，统一登记、配发、收回、维修、报废、销毁。

（二）积极推进全省商务系统办公信息化建设

2014年，商务厅积极推进全省商务系统办公信息化建设，完成OA移动版的采购，包括安卓手机、平板和苹果IOS手机、平板共四个版本，与OA系统进行数据整合，满足移动办公的需求；完成厅公务邮件系统的更新，采用阿里云企业邮箱，提升使用品质；完成厅WIFI无线网络建设工作，实现厅机关大楼无线网络全覆盖，实现“随时随地随需”接入移动网络，为便利化办公打下坚实基础。认真做好密传、省、部等电子文书、网络文电的收发、签批、运行与管理，通过电子化、信息化公文传输、管理方式，达到了畅通、安全、高效的目标。

（三）落实风险评估与等级保护工作

2014年，商务厅与省信息安全测评中心展开合作，全面开展风险评估与安全等级测评工作。由测评中心对厅网站、行政权力公开运行系统、信息交流系统和江苏国际服务外包网等系统进行了信息安全风险评估和安全等级测评，顺利完成厅网站、行政权力公开运行系统、信息交流系统安全等级三级的测评工作。对进入机房的外来人员实行进出登记，做好记录备查，专人负责安全设备的运行维护，保留设备维修维护记录。更换机房不间断电源和流量控制等设备，为机房稳定运行更添保障。

（四）做好信息安全应急响应工作

建立健全信息安全应急响应机制，完善网络与信息系统安全应急预案，确保信息系统发生攻击事件或硬件故障时能及时排查并恢复服务。在重要时期和非工作日特别是长假期间，安排人员值班，保障各信息系统正常运行。为保证数据安全，做到每天服务器数据自动备份一次，每周服务器数据异机备份一次，每月使用移动存储设备备份一次并送本市异地保管。

二、信息技术应用

（一）电子政务

2014年，全省商务系统积极贯彻落实省委省政府有关电子政务建设的部署和要求，认真做好厅中英文网站的运行维护和内容保障工作，切实用好政务微博，为群众提供全方位资讯和服务，深化信息技术应用，推动信息平台建设，全系统电子政务水平进一步提高。

1. 做好厅中英文网站的运行维护和内容保障工作

2014年，省商务厅网站建设再上新台阶。页面浏览量达到116万余次，网站访问量接近17万次。全年各主要栏目更新各类信息6116条。围绕党的工作和商务工作需要，先后开发建设了“业务处室咨询服务电话”“江苏企业国际化信息服务平台”“江苏省商务厅行政许可事项公开专栏”等多个专栏，并配合整理行政许可服务事项相关资料，包括事项表格、依据、服务业务、申请材料、材料样本、批复和流程图等，核对并校正后，提交上传到“江苏省省级政府服务信息系统”。针对与商务有关的经济社会发展热点问题，网站邀请分管厅领导和处室负责人共举办“在线访谈”8次，与广大网友进行在线交流，积极与网友互动、解答网友的提问。“在线咨询”栏目受理各类提问516条，实现了栏目的制度化运作。设计和推出“民意调查”栏目12期，内容涉及广泛，如“如何看待余额宝”“如何杜绝身边的网络陷阱”“跨境电子商务”等多个热点问题。对英文网站内容进行了全面更新，及时编辑、翻译、发布重要新闻稿件近110篇，更新外贸等相关月度统计数据等。网站第九次被省政府办公厅评为“江苏省政府优秀网站”。

2. 切实用好政务微博，为群众提供全方位资讯和服务

商务厅在人民网开通的认证名为“江苏商务”的政务微博，在厅各处室的紧密配合下，实现了全年稳妥安全顺畅的信息发布，吸引粉丝14235人。基于人民网政务微博的良好运作，2014年12月18日，商务厅举办了政务微博新浪、腾讯上线仪式，正式开通商务厅新浪、腾讯微博，并邀请专家结合商务工作实际，就政务微博发布工作实践、工作要求、舆情应对等内容进行授课。微博开设“资讯全天候”、“江苏商务动态”等栏目发布信息，三大平台2014年共发布微博3115条，内容涉及商务厅重要文件、重大活动、最新数据、贸易摩擦动态等，旨在通过主动提供信息、及时回应民情、公开关切、征求民意等方式，提升自身服务质量，全方位为企业、为民众服务。

3. 深化信息技术应用，推动信息平台建设

（1）维护好省商务厅行政权力网上公开透明运行系统

根据业务处室使用行政权力系统的情况与问题，结合业务处室的需求，不断调整完善系统相关模块，改进系统功能，确保行政权力系统运行稳定。2014年，商务厅认真落实省委、省政府的部署，按照“三个全覆盖”的要求，深入开展行政权力网上运行工作，加强了对系统的实时监控。电子监察系统对网上运行的行政权力全流程进行监察监控，监控所有权力类别、所有部门、所有时间段的办件情况。对异常情况、办理时限、风险点等情形实时监察监控，对违反规定的异常情况进行报警，采取纠错措施，力保行政权力系统稳定运行。全年省商务厅行政权力公开透明运行平台共办理135件。

（2）积极推动江苏省成品油管理系统建设

为顺应政府职能转变趋势，准确了解行政审批实际情况，提高审批质量和效率，2014年，商务厅组织开展了全省成品油市场管理信息系统建设工作。目前，一期工程已完成并通

过验收，二期工程正在加紧建设。

（3）加强“三个一”公共信息平台建设

我省关检合作“三个一”公共信息平台主要依托省电子口岸平台建设。为加强对“三个一”工作的信息化支持，2014年，商务厅先后从商务发展资金中拨付近9000万元支持省电子口岸建设，并协调省“三个一”公共信息平台与南京海关、江苏检验检疫局信息系统的对接和数据交换工作，推动省电子口岸公司开展“一次查验/放行”数据对接，推进“船港货一体化平台”项目建设，夯实“三个一”信息化基础，为我省关检合作“三个一”工作提供了有力的技术保障。

（二）电子商务建设

2014年7月，江苏省政府办公厅出台了《关于加快电子商务发展的意见》（苏政办发〔2014〕60号），意见提出，要大力发展电子商务平台，推动电子商务应用和集约发展，推进电子商务创新发展，完善电子商务服务和支撑体系，切实加强组织保障和政策支持，进一步优化电子商务发展环境等，力争到2017年，全省电子商务交易额达到3万亿元，网络零售额4000亿元，相当于社会消费品零售总额的12%。应用电子商务完成进出口贸易额力争达到当年进出口贸易总额的12%。规模以上企业应用电子商务比例达80%以上。形成一批在全国具有较高知名度和影响力的电子商务平台和龙头企业。

目前，全省多数市、县（市、区）成立了商务部门牵头的电子商务工作领导小组，出台了有关工作意见或规划，明确了部门分工，落实了配套政策。各级商务部门也逐步健全了组织结构，加强了人员配备，在示范工程创建、重点工作推进、行业人员培训等方面取得了积极成效。

1. 电子商务应用情况

总体上看，江苏的电子商务应用广泛。苏宁易购、途牛网、同城网、焦点科技、买卖宝等平台企业发展迅速；宏图三胞通过一系列并购，完善产业布局，发力商圈、团购、网络零售电子商务；行狐电子商务、新与力等创新型企业不断强化设计与营销，培育可持续发展能力；海澜之家、红豆、海尔曼斯、圣迪奥、边城户外等传统企业强化电子商务应用，实体市场与虚拟市场齐头并进；无锡不锈钢市场，南京易钢在线、张家港化工市场、吴江盛泽丝绸市场、叠石桥家纺市场、常熟服装城、淮安大市场、高淳水产市场等传统市场纷纷利用电子商务，不断提升服务内涵，培育新的竞争力。行狐电子商务、兰亭集势及依托于苏州婚纱市场的一批企业积极开展跨境电子商务。

从类型上看，电子商务应用领域，有传统商业企业（采芝斋、美罗）、制造业品牌企业（科沃斯、好孩子）、地方特色产业（婚纱、大闸蟹）、生鲜农产品（江苏随易、常客隆），还有旅游（同程网、八爪鱼），外贸（龙媒科技、欧瑞斯丹）、移动电商（12580），以及房地产销售、拍卖等等。

较典型的，如“贝尔地板”全年实现网络销售超亿元，位居天猫地板品类第一。国强镀锌通过“自建平台、区域设仓、网络销售、就近配送”的模式，全年实现电商交易额30亿元。“化龙巷”通过设立开放式、互动型社交网络平台，吸引了一大批忠实客户资源，利用线上线下O2O模式开拓婚庆、家装等电商市场，全年服务业务收入近2000万元。“1号农场”采用自建电商平台、开设直销门店、休闲观光体验相结合的运营模式，打造全产业链有机生活服务商，全年实现销售收入1800万元。

特别是，商品市场应用电子商务整合线上线下资源，形成新的竞争优势，成为一大亮点。2014年江苏化工品交易市场实现网上交易964亿元；东方纺织电子交易中心、绸都网分别实现交易额751亿元和150亿元。去年7月，淘宝网“华东家具产地—苏州馆”在相城蠡口正式上线运营，上线当天首批入驻的20家电商较之前日交易量增长了7倍。

2. 支撑服务发展状况

（1）积极完善物流配送

苏州通过加快发展“城市货的”（共同配送）有效缓解了电子商务物流最后一公里进社区的难题；通过发展“传化公路港”较好地解决了电子商务在城际、乡镇间的配送瓶颈；通过打造“智慧物流”构建大物流信息平台，为全市电子商务发展提供了有力支撑。目前，苏州市区具有一定规模的货运出租车企业2家，日均配送量超过3500吨；苏州传化物流基地每天进出的货运车辆在5000～6000台，高峰时超过12000台。

无锡市积极鼓励物流企业提升信息化水平，提升对电子商务的配套服务能力。支持物流企业应用RFID、GPS、GIS等技术的能力，建设现代物流平台。近年来，太运集团“车联网货运平台”、金南物流“货运车辆智能化运营管理系统”、华商物流“现代城市共同配送信息化综合服务平台”等一批新型物流项目先后建设，本地物流企业信息化水平得到较大提升。

（2）积极开展人员培训

据不完全统计，2014年，江苏省商务部门组织的电子商务各类培训，培训了近10万人次。如，常州市依托高职院校、培训机构和重点企业，加强电子商务人才培训基地建设，广泛开展人员培训。同时，全面启动“电商大讲堂”，定期邀请国内知名专家来常授课。无锡市成立“江苏跨境电子商务学院”，不定期的邀请亚马逊、ebay、速卖通等跨境电商平台开展相关培训。

此外，江苏已有12个省辖市成立了市级电子商务协会，另有1个市正在筹建当中。各地电商协会发展迅速，如徐州目前已经初步形成了市、县、镇三级电子商务协会的组织体系。协会在整合企业资源、营造发展氛围等方面起到了积极作用，2014年，各地协会主办的较大型的行业高峰会、研讨会、论坛、年会、沙龙等活动近40场。

（3）建立并逐步完善电子商务统计体系

目前，江苏省商务厅已建立了包括省、市、区（县）、街道四个政府层级和一个企业层级的统计监测系统，并将电子商务统计培训覆盖至全层级，现在系统上注册并上报数据的企业达到1300余家。通过数据的统计整理和宏观分析，能大体掌握江苏省电商发展的情况和走势，为工作开展提供依据和支撑。

三、主要业绩及成果

（一）肉菜流通追溯体系建设取得新成果

2014年，商务厅创新工作思路，肉菜流通追溯体系建设取得新成果。

追溯体系覆盖范围不断扩大。我省目前已有8个地级市开展了肉菜流通追溯体系建设，其中国家试点4家，省级试点4家，是全国开展追溯体系建设最多的省份。苏州市辖区内昆山、常熟、太仓和张家港四个县级市纳入追溯体系建设，实现了市县两级全覆盖。目前，全省肉菜流通追溯体系共覆盖流通节点1784个，经营户超过3万户。

运行管理工作机制不断完善。商务厅制定下发了《江苏省肉菜流通追溯体系建设规范》和《江苏省肉菜流通追溯体系统一软件使用办法》，进一步理顺了全省追溯体系建设工作思路。南京、无锡、苏州、淮安四市制定下发了追溯体系运行考核测评办法，将追溯体系运行纳入日常考核管理，考核结果定期通报市辖区商务部门，并作为以奖代补等后续政策支持的依据。

强化督查考核保障系统正常运行。按照商务部要求，加强对各地追溯体系建设工作督促检查，定期通报各地工作进展情况。南京市逐月对各市辖区及流通节点考核打分，发现问题第一时间督促整改。无锡市制定系统运行暂行办法和故障排查快速处置机制，强化追溯体系日常运行管理。苏州市招标采购专业运维服务，在追溯体系建设运行不同阶段组织各类监督检查指导活动460余次。常州市坚持定期检查通报，督促指导各节点追溯体系正常运行。淮安市在“中秋”节日期间组织商务执法、运维单位等人员进行大检查，对检查出来的问题限期督促整改。

（二）国家电子商务示范城市创建工作进展顺利

1. 苏州市

苏州市自2011年被评为首批国家电子商务示范城市后，积极推进相关创建工作，电子商务发展迅猛。目前，苏州参与B2B、B2C和C2C的电子商务企业超过20万家，淘宝卖家超过17万，淘宝交易额在江苏排名第一。苏州网上交易的企业数在全国排名第六，仅次于广州、上海、北京、深圳、杭州。根据阿里研究院发布的《2013年中国城市电子商务发展指数报告》，苏州在全国“百佳城市”中排名第九，列江苏首位；昆山、常熟、太仓分列“百佳县”第四、第八和第九。苏州电子商务交易额已连续3年增幅保持在30%以上，呈现出蓬勃发展的良好态势。2014年苏州电子商务交易额达5000亿元，同比增长40%以上，“双11”期间交易额超亿元电商企业由去年的1家（波司登）增至今年的7家。此外，苏州市于2013年获批开展跨境贸易电子商务服务试点（全国第7个）。

2. 徐州市

徐州市受国家电子商务示范城市建设积极因素影响，农村电子商务“镇村通”、特色中国“徐州馆”、阿里巴巴组合家具产业带、复旦大学徐州电商孵化中心、中国网库徐州电商谷等优质电商项目陆续落地，结合阿里巴巴苏北中心、百度苏北运营中心、徐州美团等项目，在类别上实现了对B2B、B2C、C2C、O2O主流模式的全覆盖，在经营内容上也包含了传统产业转型、涉农产品销售、人力资源服务、网络金融、批零住餐等各个领域。徐州市2013、2014年的电子商务交易额分别为260亿元、495亿元，网络零售规模分别为93.3亿元、135亿元，电子商务平台及服务商企业数分别为2700家、4000余家，应用电子商务企业数分别为接近3万家、4万余家，全市从事电子商务的人员达到6万人，电子商务已成为群众创业致富的重要途径。

3. 无锡市

据统计，无锡市企业上网率达到90%以上，开展电子商务的企业数量位居江苏前列。2013年，全市大宗商品交易额突破2万亿元，居全国领先地位、长三角前列；各类电子商务（包括B2B、B2C、C2C）交易总额超2500亿元；网购交易额达280亿元，比上年增长30%。在各类B2B电商平台（阿里巴巴、中国制造网、环球资源网、中国诚商网等）注册的无锡企业合计有8万余家，在天猫商城注册的无锡“天猫店”从2013年初的400余家增长到年底的900余家，无锡B2C独立电商网站50余家，国家和省级电子商务示范企业5家，成立了全国第一家电子商务专业银行，涌现出无锡买卖宝、红豆商城、电缆买卖宝、无锡市不锈钢电子交易中心、“锡货网上行”等一批专业交易平台。2013年全市快递收件1.1亿件，同比增长103.4%；派件1.6亿件，同比增长106.3%。预计2014年全市大宗商品交易平台实现交易额2.9万亿元，比上年增长20%；各类电子商务（包括B2B、B2C、C2C）交易总额超3200亿元，比上年增长30%；电子商务网络零售额（包括B2C、C2C）达400亿元，占社会消费品零售总额比重为12.9%。

4. 常州市

2014年，全市电子商务交易额达到1150亿元，同比增长35.3%。其中，B2B交易额970亿元，占比84.3%；网络零售额180亿元，增长

38.5%。电商交易额超亿元企业达到6家，电商服务业务收入超500万元企业达到35家，规模以上快递服务企业业务量近8000万件，增长40%，业务收入达到12.4亿元，电子商务直接从业人员超过12万人。

（三）国家电子商务示范基地创建工作积极推进

2012年，在商务部的指导和关心支持下，江苏省商务厅开展了江苏省电子商务示范基地创建工作。经商务部认定，江苏共产生两家国家级电子商务示范基地，分别是南京建邺区电子商务基地和苏州金枫电子商务产业园。2014年，全省各级有关商务部门科学规划论证、悉心指导帮助、严格监督检查，推动示范基地各项配套设施不断完善，基地宣传推广、企业招商等顺利实施，电子商务企业集群、产业集聚的发展态势逐步形成。

1. 南京建邺区电子商务基地

电子商务企业招商工作进展顺利。截至2014年底，建邺区新引进电子商务企业83家，其中注册资本在500万元以上的企业有46家，超额完成全年预定目标。目前基地已集聚电商企业300多家，2014年实现销售额70亿元。云中央支付、中华户外网、趣办公、呼啦啦、买哪儿、秀我科技、宁供电子商务、雨润菜篮子等电商企业相继入驻园区，新兴际华、圣梵尼等企业正在深入沟通。

环境氛围建设和示范创建稳步推进。随着载体建设和环境氛围建设的逐步完善，南京（建邺）国家电子商务示范基地的示范带头作用逐渐突显。江东产业园二期西城广场约3万平方米已进入招商阶段。舜天产业园在一期完成建设招商的基础上，二期改扩建基本完成，电商孵化器、创业苗圃已完成建设，孵化企业陆续入驻。筹划中的载体如新城科技园总部园电商大厦（泰山园）、CBD电商产业园（同进文化广场）相关工作正在推进。

电子商务“最后一公里”同城配送进展顺利。发起成立了南京同城配送联盟，推动包括南京最大的同城配送需求方雨润集团和众彩物流，及宁供集团，易酒在线、淘南京、地铁购、万事得物流、晟邦快递等企业开展合作，共同开展南京同城配送业务。雨润农产品电子商务公司、雨润菜篮子电商公司等有同城配送业务的企业已投入运营，现鲜切、瓜果山、布朗尼、速仕六、润丰净菜等一批社区经济体已经活跃在百姓的生活中。截止12月份，区内已设立各类快递取货点近200个，占全市布点量的1/5。布点企业在全市设立取货点合计约1100个。示范基地内已有14个小区安装了电商快递货柜，7个小区正在安装或洽谈。

2. 苏州金枫电子商务产业园

一是基地集聚效应凸显。自国家级电子商务基地授牌以来，迅博信息、播动网络、智造江南、螺丝猫、江苏随易、华网天下、华彩乐购、仕德伟等一批电商企业陆续入驻，产业发展呈现良好态势。二是载体建设有序推进。金枫电子商务产业园从拥有一个园区逐步发展到拥有A、B、C三个园区，2014年借助吴中科技创业园搬迁契机，新拓展金枫电商园（城区）园，整体孵化面积已达74000平方米。三是企业发展活力迸发。江苏随易、播动网络、迅播信息、华彩乐购、智造江南等企业发展势头迅猛，特别是我园孵化毕业的江苏随易公司已进入B轮融资，发展前景良好。2014年，园区经营总额近18亿元，实现税收约3000万元。

四、近期目标

2015年，商务系统将结合“智慧江苏”建设要求和“十三五”规划的相关部署，在省委省政府的领导下，继续推进商务领域信息化建设。

（一）加强中英文门户网站建设，整合各种资源，优化网站板式结构，调整网站功能布局，加强特色栏目和特色板块建设，加强公众互动交流，全面提升网站服务水平。

（二）顺应“微传播”的传媒方式和传播潮流，充分利用微博向群众宣传全省商务工作，为企业答疑解惑。探索政务微信的开通和应用，为民众更便利进行咨询和获得服务提供保障。

（三）维护好江苏省商务系统信息交流平台等信息化办公系统，继续推进网上办公，促进商务系统信息资源共享、推进业务协同发展。

（四）贯彻执行《江苏省行政权力网上公开透明运行管理暂行办法》，按照全省统一标准规范要求，做好江苏省商务厅行政权力网上公开工作。继续大力推进重要信息管理平台和信息公共平台的建设，进一步深化商务领域信息技术的应用水平。

（六）抓好信息安全工作，坚持“信息安全保密工作无小事”的工作原则，完善制度，高标准、严要求，加强我厅信息安全工作力度。

（七） 进一步壮大和提升我省的平台经济，继续引导和鼓励企业深入挖掘大数据，促进大数据、云计算、物联网、移动互联网等与电子商务的融合与创新，不断推动互联网经济新的业态和创新商业模式运用，实现智慧江苏建设在商务领域的快速发展。

（八）切实又好又快推进肉菜流通追溯体系建设步伐，实现“十二五”末省辖市全覆盖的目标。

（江苏省商务厅信息中心　仵　越）

江苏省文化信息化发展概况

一、互联网文化

强化市场管理。全省在法规建设、主体准入、内容管理、运营监管、执法监督、企业自审、行业自律等方面持续强化互联网文化企业的管理工作，不断加快互联网文化执法队伍建设，形成与网络文化建设和管理相适应的管理队伍，保障互联网文化企业健康有序发展。加强业务培训。积极开展网络文化市场综合执法业务培训，举办全省网络文化市场执法培训班。南京、常州、南通、泰州等市通过多种形式积极组织开展执法人员培训，形成学法培训长效机制，增强执法人员理论水平和办案能力。

截至2014年底，全省共有经营性互联网文化企业120家，从业人员8720人，资产总计45.82亿元，营业收入近20亿元，营业利润8.44亿元，用户日均访问量96.2万人次。全省经营性互联网文化企业的数量和规模持续增长，规模化、专业化水平不断提高，逐步成为人们文化消费的重要组成部分，在满足人们日益增长的文化需求和推动精神文明建设中发挥了积极的作用。

二、动漫游戏产业

江苏动漫产业近年来始终保持强劲发展势头，取得了显著的成效。全省拥有苏州、无锡、常州、南京4家国家级动画产业基地和昆山、张家港2个国家影视网络动漫实验园。全省共有动漫企业400多家，动漫从业人员11000人，其中80% 以上企业入驻四个国家动漫产业基地。南京动漫基地先后投资500万元的动漫技术服务平台一期，已为园区内企业开展服务，二期也即将开放使用，这个集网络平台、多功能培训平台、渲染平台、五折幕体验平台的综合性技术服务平台，目前是南京地区唯一的动漫多媒体公共技术服务平台，已服务企业40多家。常州动画基地集聚了国家二维无纸动漫技术服务、中韩游戏人才培训基地、中科院“3D数字技术公共服务”、部省主办常州国际动漫艺术周交易平台、国标委“动漫服务标准化试点”推行、江苏省创意产业产学研联合创新平台、CNITO国际服务外包承接中心、创意人才培训中心等6个国家级，6个省级公共技术服务平台。苏州动画基地设立了风云科技和国科数据中心，建设了包含IaaS服务、SaaS服务的运营与推广平台，专业提供综合性云计算服务。其中，国科数据中心（亚洲首个按国际最高等级Tier IV标准设计建造、华东地区规模最大的第三方数据中心）基于虚拟化技术，建设了云计算基础平台，提供云主机、云存储等服务；万国数据提供数据中心虚拟化、弹性主机、虚拟化灾难恢复等服务；风云网络致力于云服务平台的研发和运营服务，开展SaaS应用孵化等服务。无锡动画基地在原有基础上启动新闻信息动画服务和微信平台建设两大服务内容，其中，新闻信息动画主要以二维信息动画制作和三维新闻动画为主，为各类影视动画机构提供内容制作服务，微信平台建设服务由新媒体研发团队提供，为各影视动画机构提供新媒体研发制作服务，以配合现代互联网营销发展思路。2014年，江苏省以20288分钟的产量位居全国，共有42部动漫作品备案，2部作品入选文化部“2014年弘扬社会主义核心价值观动漫扶持计划”、“动漫创意”奖，涌现出《诺诺森林》、《恐龙宝贝》系列、网络游戏《航海世界》等一批富有中国元素和江苏文化特色的动漫游戏精品。2014年度，全省共有3家动漫企业获得文化部认定，企业被认定后将可享受相关税收优惠政策。目前全省被文化部认定动漫企业共有86家，数量居全国第一。2014年度，全省共有22个动漫和网络文化项目获得省级文化产业引导资金扶持，获资助总额达1480万元。9月29日至10月5日，“第十一届中国（常州）国际动漫艺术周”在常州成功举办。本次活动由文化部和江苏省人民政府共同主办。共有130多家企业参展，发布动漫交易项目85个，逾70万人次参与艺术周活动。

三、网吧业

探索发展模式。为有效治理网吧接纳未成年人等违法行为，结合江苏实际，积极探索网吧连锁化改造的新模式、新路子，加强对全省网吧连锁管理工作检查督导力度，在全国率先完成网吧连锁任务。推动电信资费优惠政策的落实，降低连锁网吧运营成本。在充分调查研究的基础上，指导10家网吧连锁企业共同发起成立江苏网联文化发展有限公司，发展网维及硬件集中采购业务，不仅为连锁门店提供优质的产品和服务，而且更好地发挥江苏网吧行业的规模优势和竞争优势。

拓展增值空间。引导网吧行业挖掘行业发展新的增长点，积极推动江浙沪网吧市场一体化建设，拓展网吧赢利模式和增值业务的推广，引进上海网鱼网咖在全省建立新型特色直营店，大量新型网咖、主题内容门店以崭新形象进入市场，使传统网吧形象得以改变和提升。

推进技术监管。大力推进场所视频监管系统和网吧内容监管系统建设，加强对网吧的实时监控，并将网吧接纳未成年人和黑网吧治理纳入文明城市评比内容。各地也普遍加大治理力度，有效减少网吧接纳未成年人等违规行为，净化了网络文化环境。加强互联网文化经营单位的审批工作和自审培训，促进网络文化市场的健康发展。

截至2014年底，全省共有网吧8419家，从业人员26795人，资产总计约47.94亿元，营业收入33.47亿元，营业利润13.03亿元。随着信息网络迅速发展，许多传统经营模式的网吧生意跌入低谷，网吧行业发展进入转型调整期。很多网吧积极寻求出路，转型升级。目前一批以网咖、主题内容等形式的新型网吧崭露头角，逐步发展成为适合不同消费群体，兼具上网服务、社交休闲、竞技娱乐、电子课堂、远程服务、电子商务等功能，在公众文化生活中起积极引领作用的社区信息服务平台和多功能文化活动场所。

四、网络文化内容安全管理

加强内容监管。为加强网吧网络文化内容监管，我省通过网吧技术经营管理软件对网吧内上网内容进行有效监管，及时下发《监控通报》。2014年，全省通过网吧监管平台，共拦截色情、淫秽、有政治问题等各类有害信息约2200万次，屏蔽非法网站6300多个，处理违规信息2.1万多条，对网吧发送通知公告2000多条，有效地净化网吧网络文化环境。

推进行业自律。通过对互联网文化企业自审人员的业务培训，实现互联网文化企业对自身运营网络文化内容的审核，提高运营者自身素质，确保网络文化内容健康运营。

加强人员培训。加强综合执法规范化建设，举办网络文化内容鉴定人员及数据管理员等培训，探索执法业务技能考核评定和网络文化内容鉴定新路子，加强网络文化内容监管。

五、文化信息资源开发利用和共享

中国数字图书馆项目“江苏特色博物馆”系列专题片（27集，每集30分钟）已拍摄完成20集，初剪完成6集。南图讲座视频拍摄97场，采集转换格式发布上网97部。拍摄制作南京图书馆玄揽堂论坛、读书节系列活动、图书馆技术培训等活动40余场次。中国近代文献图像数据库、江苏地方报纸数据库、民国连环画数据库，共完成扫描图片49200幅、处理图片55980幅、制作标引8122条、校对标引19004条、校核数据10242条；整理制作提交国家图书馆资源数据10042条；完成《军事典》出版项目条目制作10125条；继续西文联合目录加工工作，共抓取数据库数据14万条。南图网和共享工程网采集发布信息26852条。“江苏地方网络资源典藏”项目，截至11月，采集数据32569条。政府信息平台数据采集28418条 。

开展国家珍贵古籍数字化试点工作。继续实行历史文献扫描，1至12月份，共完成馆藏历史文献全文扫描近100万页。完成古籍普查平台编目293部，普查编目审核188部。古籍普查南图馆藏登记目录数据审核2600条。普查平台数据导入近千条。南图公网馆藏数据发布878部。全省古籍普查登记目录数据二审7604条。为中华书局提供古籍图谱参考书目数据27394条。整理馆藏稿本出版书目数据911条。调查民国公报类期刊400余种。

（江苏省文化厅信息中心　陈俊池）

江苏省人口卫生信息化发展概况

2014年，省卫生统计信息中心在委党组的正确领导下，在委办公室、规划信息处的直接指导下，紧紧围绕省卫计委确定的中心工作，准确把握卫生统计信息发展面临的新形势，按照年初制定的中心工作要点，以卫生信息化、卫生统计及信息学会建设为重点，以区域卫生信息平台建设、国家卫生服务调查等专项工作为重要内容，在人手少、任务重的情况下，着力加强内涵建设，开拓创新，务求实效，各项工作取得突破性进展。

一、信息化工作

推进卫生信息化建设是中心的主要职能，也是中心的中心工作。中心全力以赴，科学谋划，精心组织，周密实施，为全省卫生信息化更上一个台阶做出了应有的贡献。

（一）加强卫生信息化顶层设计

为认真贯彻实施《江苏省卫生信息化发展规划（2011～2015）》和省卫生厅2014年工作要点，切实加强对全省卫生信息化工作的统筹管理和指导力度，充分提高建设与发展的规范化程度，年初中心印发了《2014年江苏省卫生统计信息中心工作要点》，对全省卫生信息化的重点建设内容和年内工作目标作出具体部署。

为落实国家卫计委《关于加快推进人口健康信息化建设的指导意见》，进一步明确我省未来卫生信息化建设路径，省卫计委组织编制《江苏省人口健康信息化三年行动计划（2015～2017）》，中心积极参与配合并全力组织实施，邀请有关专家经过现状调查、方案编写、论证评估、意见反馈、调整修订等系列环节，于8月中旬完成总体框架编制工作，以苏卫办（2014）29号文印发各地。国家卫计委规信司领导来我省调研卫生信息化工作，侯岩司长充分肯定了我省卫生信息化工作的成果并对我省三年行动计划的编制工作表示高度关注。

（二）全力推进全省区域卫生信息平台建设

区域卫生信息平台建设是我省卫生信息化现阶段工作的重点。根据省卫计委2014年卫生信息化工作要点要求的“年内各市、县基本完成区域平台建设任务，实现区域内医疗卫生机构信息系统的互联互通”，3月初，中心组织专家编制了《江苏省区域卫生信息平台功能规范（试行）》、《江苏省区域卫生信息平台功能应用分级评价标准（试行）》，以苏卫办2014（10）号文印发。3月和6月份两次召开全省区域卫生信息平台建设工作部署及培训会，并派出专家组赴各地指导建设。7月份制定《江苏省区域卫生信息平台分级评价实施方案》（苏卫办（2014）21号），从8月7日起分三批对全省13个省辖市级和67个县（市、区）级区域卫生信息平台开展应用分级评价工作，严格按照区域卫生信息平台功能和业务应用情况、区域卫生信息平台信息标准执行情况、卫生信息化建设资金使用情况三方面标准进行评价检查，截至11月30日，顺利完成一、二批测评区域卫生信息平台分级评价工作，共测评市、县（区、市）区域卫生信息平台52个，占总测评数65%，其中省辖市区域卫生信息平台申报测评10个，县（区、市）区域卫生信息平台申报测评42个。12月开始，将对未申请的地区进行轮巡督查和测评。分级评价促进了我省各级区域卫生信息平台的全面建设，规范了各级平台功能和应用。国家卫计委统计信息中心的主要领导多次来我省考察区域卫生信息平台建设，对我省区域卫生信息平台建设予以高度评价。

（三）加快省卫生信息综合管理平台建设

省卫生信息综合管理平台（一期）基本建设完成，初步实现与苏州、常州、镇江、连云港、扬州、淮安、徐州、南京等八个市、部分县区的区域卫生信息平台和省人民医院、省中医院、省肿瘤医院、省中西结合医院、南医二附院、中大医院、省口腔医院、省级机关医院的数据对接工作；初步实现了支持省内跨区域业务数据交换和对全省医疗卫生数据的汇聚与整合及居民健康档案跨地区调阅的试点应用。平台目前已收集了2千余家医疗卫生机构信息（含村卫生室），包括居民健康档案个人注册信息736万条、门诊信息1519万条、住院信息数据44万条和基本公卫信息71万条，数据总量约2.8亿条。随着医疗卫生机构的不断接入，平台数据正以几何级的速度增长。

开发了数据分发功能，通过省与市平台的数据交换系统，将儿童接种疫苗数据和传染病数据分发给13个市及各县区，解决了各地区域卫生信息平台时对儿童接种疫苗数据和传染病数据的迫切需要。

开发了江苏省卫生信息辅助决策APP应用系统，并已正式上线。用户下载手机客户端后，就能通过手机查询我省医疗卫生业务的相关信息。该APP主要包含卫生资源、医疗服务和省直属三级医院运营情况三个栏目。其中可以准实时的方式展示省直属三级医院运营情况，包括各医院前一天的医疗工作量、医疗质量、医疗服务效率和病人就诊住院的平均费用等25个指标项，并可按年度对医院的运营指标进行分类排序。

在省卫生信息综合管理平台（一期）基本建设基础上，10月份启动了省卫生信息综合管理平台（二期）建设方案的编制和论证工作，新一轮建设方案将以更高的标准推出更多的应用功能。

（四）开展远程诊疗建设

建立了省人民医院辐射到省辖市及部分县的远程医疗网络体系。2014年4月22日，王咏红厅长在省卫生信息中心和地中海地区中医中心董事会主席布苏蒂尔在马耳他共同启动按钮，成功开通中国（江苏）援马耳他医疗队远程会诊系统，标志国内首条跨国界的远程医学会诊通道诞生。

检验检查信息共享是我省远程医疗建设的重点。中心通过典型引路、专家组督导等方式积极指导各地建设，目前全省已有70%以上县（市、区）依托卫生信息平台和大医院资源优势，建立了区域检验检查暨影像中心，弥补了基层机构放射诊断和检验能力不足的缺陷，扩大了资源共享，提高了诊断水平。

（五）推进居民健康卡建设

江苏是国家居民健康卡第二批试点省份。中心按照国务院文件对普及应用居民健康卡提出的要求，遵循国家统一标准，全面推进居民健康卡的普及应用，重点加强发放健康卡的扩大试点工作。除连云港、淮安、扬中、高邮等原试点地区外，镇江、大丰、太仓等地区也陆续完成居民健康卡用卡环境改造，逐步发卡，省中西医结合医院即将开展大医院发卡试点。目前已累计发放居民健康卡38万张。

（六）加强卫生信息标准与安全建设

为实现卫生信息互联互通与共享，我省近年已发布多项卫生信息标准。今年继续加大卫生信息标准建设力度，组织有关单位和人员编制并发布《江苏省医疗信息分类编码标准集（第三、四、五、六部分）》，涉及西药代码、中药代码、中成药代码、药物剂型与规格代码、检验分类代码、检查分类代码、放射分类代码、医用耗材分类代码、手术分类代码、症状体征分类代码、大型医疗设备分类代码、11种慢性病ICD-10代码、基层常用ICD代码等数十项江苏省地方卫生信息标准。强化信息标准的管理，编制完成《江苏省卫生信息代码管理办法》，在全省范围内启用“江苏省卫生信息标准管理信息系统”，同时强化对卫生信息标准应用工作的培训、指导和督促，大力推进卫生信息标准贯彻执行，通过加强省卫生信息数据标准规范维护与管理，确保卫生信息化建设可持续发展。国家卫计委统计信息中心，河南、浙江、四川、重庆、山东卫生信息部门多次来江苏考察卫生信息标准的建设情况，汲取部分成果作为全国和该省的卫生标准底版。

积极开展等级安全保护与安全风险评估，邀请等级安全保护测评机构对省卫生信息平台开展了等级安全保护测评，并按照要求进行整改。同时推广数字证书和电子签名应用，努力保障信息安全。

（七）开展卫生信息化培训和科研

依托省卫生信息学会和其专业委员会，组织各种学术活动，积极开展信息化交流培训。全年组织各类业务学习、学术交流8次，累计培训信息技术人员1000余人次。编印《江苏卫生信息化简报》4期，汇集全省卫生信息化工作动态与经验，成为卫生信息化学习交流的载体。

为逐步提高我省卫生信息化创新能力和应用水平，今年省卫计委首次将卫生信息化纳入省医学科研招标项目中，5月份组织卫生信息化专家组开展评审，遴选出11项代表我省卫生信息化发展方向的科研项目。

（八）做好其他信息系统建设工作

中心积极帮助和指导行业内业务信息系统建设。新农合信息系统实现统筹区域内参合农民看病就医即时结报，并为参合农民转外就医即时补偿、经办机构加强费用控制提供了有力保障。9月，新农合省级平台与上海长海医院实现江苏省新农合病人的跨省域结算。医疗机构药品（耗材）集中采购与监管平台和采供血管理系统进一步完善。计划免疫、精神病管理、卫生监督等信息系统应用不断深化，有力提升了公共卫生服务能力。协助省应急指挥系统建设，省急救医疗指挥中心实现与各市和48个县级“120”急救中心联网运行，省卫生应急指挥中心在“昆山8.2爆炸”等突发事件中发挥了重要作用。

二、卫生统计工作

卫生统计在卫生改革与发展中发挥着多层次决策和管理中的信息、咨询与监督作用。作为中心的常态性工作任务，需要高度的责任感和科学的方法论，确保统计数据的完整性，精准性、时效性。

（一）医改进展监测和评估工作

协助医改办做好医改监测评估工作，保障卫生统计信息网络直报系统运行，对各地医改监测数据的报送提供技术支持；认真做好卫生统计年报、月报，确保及时产出医改监测指标（医改监测147个指标中，常规统计收集100个指标）。

（二）年报、季报、月报工作

一是医疗机构信息月报。按月收集医疗机构医疗服务信息，公立医院体制改革信息，以及医疗机构基本公共卫生服务信息，审核、汇总4023个医疗机构月报报表。目前已完成1-10月报工作。二是年报。按照《国家卫生和计划生育统计调查制度》要求，认真组织召开全省卫生统计年报布置和会审会议，狠抓数据质量，顺利完成2013年全省卫生统计年报任务。2013年卫生统计年报覆盖全省各级各类医疗卫生机构，共31001个机构，收集数据包含机构人员、床位、收支、资产与负责、医疗服务、基本公共卫生服务、房屋及基本建设等信息、大型医疗设备等。三是住院病案首页调查。其工作量大，业务要求高，中心专门建立了全省医院QQ群，及时解答基层单位的疑难问题，顺利完成了此项工作。

（三）卫生服务业统计工作

保证全行业统计的完整性。为了不遗漏任何一个小机构（诊所、卫生所、医务室、村卫生室），中心主动与厅医政处联系，获取全省“医疗机构许可证发放登记数据库”，并与卫生统计网络直报中的卫生机构数据库进行比对，查漏补缺，避免漏报。针对小的医疗机构变化大的情况，要求区县卫生局及时对机构的基本信息库进行维护、更新，确保区域内的医疗卫生机构信息的准确性。

科学探索季报统计方法。中心积极探索符合卫生行业特点的调查方法，对各种调查方案的执行情况进行检查督导，采用普查和科学推算相结合的办法，保证统计数据的完整性，进一步提高数据质量。

（四）卫生统计信息分析与决策支持系统开发

原已上线的决策支持系统对于功能划分更加偏重于统计业务，本次系统升级改造主要是进一步深入梳理更加贴合业务需要的数据产出展示内容、丰富数据展示推送方式，增加其他业务指标分析、领导看板及移动终端展示等功能模块，为各级卫生机构提供准确、便捷、有效的信息访问服务。目前系统升级改造已基本完成，即将对省、市、县卫计委机关开放。

（五）第五次国家卫生服务调查工作

与南医大医政管理学院共同完成江苏省第五次卫生服务调查数据的整理、入库和清理工作，完成数据统计处理和分析工作，撰写第五次卫生服务调查分析报告。

（六）卫生统计资料分析、编印工作

完成《2013年江苏卫生卫生事业发展情况简报》、《2013年江苏卫生统计提要》编印工作；完成《2013年江苏卫生统计资料汇编》、《2013年江苏中医卫生统计资料汇编》的编印工作；协助委办公室完成《江苏卫生年度报告》编写工作；完成江苏卫生统计2014年第一、二、三季度季报的编印工作。

（七）其他工作

按季度采集全省三级医院单病种医疗信息，并在省卫生厅网站发布；组织实施江苏省全面建设小康社会卫生监测指标调查工作；完成江苏省社会发展评估卫生数据的收集填报工作；完成省统计局布置的“两个率先”、“八项工程”和“民生幸福工程”卫生数据的采集工作；举办了全省卫生统计人员培训班，120多名卫生统计人员参加学习。

三、卫生信息学会建设

卫生信息学会是凝聚各方面力量研究卫生信息化、推进卫生信息化的重要阵地，王咏红主任亲任学会会长，体现委领导对卫生信息化工作的高度重视，今年我们加大了工作力度。

进一步加强组织建设 首先，着重加强专业委员会建设。学会于2013年成立了卫生信息标准化等五个专业委员会，今年拟成立卫生信息技术与安全专业委员会和电子病历专业委员会。已通过常务理事审议，目前筹备工作基本完成，准备于2014年学会年会同时召开成立大会。另外，重视会员发展工作，2014年学会批准26个医疗卫生单位、2个信息企业为团体会员。迄今为止，学会共拥有团体会员124个，个人会员512人。其次，着重加强学会内部制度建设。在建立、完善学会和各专业委员会的学术活动管理制度、财务相关管理制度，规范学会管理行为，提高学术交流质量的基础上，为有效保证学会工作的正常开展，今年制定了《江苏省卫生信息学会印章和证件管理规定》和《江苏省卫生信息学会档案管理办法》。再次，以年检自查为契机进一步规范学会各项工作。年初学会严格按照省民政厅通知要求，围绕社会团体年检重点内容开展全面自查，实事求是，认真总结并撰写报告，在通过了省民政厅的年检的同时，学会对发现的问题逐一整改。

积极开展学术交流和评优活动　一是组织论文交流与评优活动，鼓励学术创新。学会围绕我省卫生信息化建设中心工作，广泛征集卫生信息化理论研究、应用实践、技术推广等方面的论文，共收到论文135篇，经专家组评选推荐，拟在2014年全省卫生信息学会年会上大会交流120篇，其中有30余篇论文将获“2014年全省卫生信息学会年会优秀论文奖”；二是开展优秀卫生信息化主管评选活动。经各市卫生局推荐申报，学会评审，共有40多位同志获全省基层优秀卫生信息化主管奖；三是组织形式多样的交流培训活动，促进学术繁荣。10月份与省人民医院共同举办了国家级继续医学教育项目“医院集成平台及数据仓库建立的应用研究”研讨会，300多人参会；四是开展卫生信息化技术培训，全面提高我省信息化技术应用水平。学会向厅科教处申请了卫生信息继续教育项目，对我省卫生信息化从业人员开展系列培训，3月和6月举办了两期“区域卫生信息平台建设和应用”培训班，参加学习400多人。9月举办卫生信息平台运维管理培训班，参加学习120人。各专业委员会在信息化建设中发挥积极作用。卫生信息教育专委会于8月在大丰市召开了“2014年基层卫生信息系统应用与管理研讨会”，会议围绕基层卫生信息系统的应用与管理进行了研究与探讨，参会人员200余人。医院信息管理专业委员会于9月在淮安召开了专业委员会年会。会议主题为医院集成平台及移动医疗，省内多家医院在会上作了相关交流。公共卫生专业委员会于11月在扬州召开“2014年度江苏省公共卫生信息技术交流会议”全省各级疾病控制、妇幼保健、卫生监督、血液中心等有关卫生机构共103人参加会议。卫生统计专业委员会10月举办全省卫生统计人员培训班，120余人到会。累计培训信息人员1100人次；五是积极组织参加全国性学术会议，服务行业发展。学会组织全省100余人出席了今年7月23-24日中国卫生信息学会在昆明召开“2014中国卫生信息技术交流大会会议”。会上，我省有多篇论文进行会议交流，其中一等奖论文2篇，学会还荣获了中国卫生信息学会“2014年卫生信息技术交流大会会议组织奖”。

（江苏省卫生统计信息中心　唐　凯）

江苏省审计信息化发展概况

一、引言

2014年是我省“金审工程”三期建设的关键一年，也是全面贯彻落实全省审计机关“三提升一强化”的关键一年。我省审计机关深入贯彻党的十八大、十八届三中、四中全会和习近平总书记系列重要讲话精神，围绕落实“四个全面”战略布局，全面落实《国务院关于加强审计工作的意见》，提出了进一步提升审计专业化水平、审计规范化水平、审计信息化水平和进一步强化廉政建设和作风建设的“三提升一强化”行动计划，不断强化审计机关自身建设，全面提升审计工作水平。

作为“三提升一强化”核心内容之一，今年全省继续加强审计信息化建设，各级审计机关依据金审工程三期总体规划及我省“321智慧审计”信息化工程项目规划，在信息化建设、信息化应用和信息化人才培养方面取得显著成效，审计信息化整体水平继续保持全国领先地位。

二、审计信息化建设

为应对被审计单位信息化程度的逐年提高以及海量审计数据分析的需求，全省重点加强数字化审计平台建设、审计数据中心建设以提高计算机审计能力。

（一）数字化审计平台建设

各级审计机关添加软硬件等基础设施扩充审计分析平台的数据传输、存储和处理能力。省厅建立了以70TB的存储阵列、小型机和应用服务器为基础的审计数据中心，租用100Mbps专线、架设FTP服务器以构建电子审计数据传输环境。盐城市审计局通过专线的方式构建审计专网，购置两台30T存储设备建设数据存储交换中心。

各级审计机关在已建成的省级和市级数字化审计分析平台基础上积极开发行业审计子系统。省级平台开发了地税审计和部门预算执行审计子系统并投入使用；盐城市审计局完成了财政、地税、公积金和社保四大行业400个审计方法的部署；南京市审计局完成了财政、社保、公积金、地税行业审计子系统部署；无锡市审计局开发部署了税务和住房公积金联网审计系统、财政审计分析和社保行业养老保险审计子系统；连云港市审计局开发部署了公积金和财政审计子系统。

（二）审计业务软件建设

各级审计机关结合审计业务积极开发实用审计软件和工具。在全国保障性安居工程跟踪审计中我省开发的数据汇总和校验工具，得到了审计署社保司的肯定并作为审计署唯一指定验收工具在全国推广。

盐城市和常州市审计局开发的政府投资审计系统软件，解决了目前投资审计工作量大、人手少、管理缺失的问题，提高了投资审计覆盖广度；镇江市审计局开发的工程造价结算软件，提高了工程审计的效率和准确性。

常州市审计局开发三公经费及会议费网上申报系统。实现了被审计单位在线申报、审计局业务处室审计抽查、数据汇总分析等功能，为审计报告全面反映整体规模与共性问题提供了数据支撑。

（三）制定规划和制度，促进信息化有序规范建设

在进行信息化系统建设的同时加强建设规划和制度的制定，各级审计机关出台了一批信息化系统建设、信息化应用、数据使用及管理、安全保密等相关的规划和制度，有力的保障了审计信息化建设和应用的有序性和规范性。

审计厅在制定了我省“321智慧审计”规划后，相继出台了人才队伍建设、高级信息化人才培养、审计数据使用和管理等方面的制度。

淮安市审计局制定了计算机审计操作规程、审计项目AO软件使用规定等制度；常州市审计局制定了智慧常州信息化项目审计方案、常州市审计局2015年至2017年审计信息化建设三年行动计划；泰州市审计局制定了数字化审计平台数据管理暂行办法，以保障平台数据的安全性，提高平台数据的使用效果；南通市审计局制定发布了审计信息化工作指导意见及考核办法、数据备份策略、规范办公平台密码管理办法以及机房巡查机制；南京市审计局制定了数据分析应用管理办法、审计数据中心管理办法、南京市审计机关信息化工作计划。

（四）其他审计信息化建设情况

各地在进行审计信息化软硬件建设的同时也不断完善配套建设，提高了审计信息化的应用广度和深度。

淮安市审计局更新审计人员笔记本和台式机设备，提高计算机审计的效率；扬州市审计局推进审计管理的数字化，做好办公无纸化、政务公开、管理信息化等技术工作；无锡市审计局建设数据分析室，组织开展数据集中审计分析；常州市审计局，建成办公会议系统，以移动办公自动化系统为载体，提供会议发布、资料分发、文件传阅、考勤管理、投票表决等功能。南京市审计机关投入资金90万元，完成了审计会商系统的改造，更新了市、区两级的视频会议系统，提升了视频会议系统的性能。

三、审计信息技术应用

我省审计信息化建设始终以促进审计应用实效为根本目的，今年以数字化审计平台建设抓手，继续推进审计信息化应用工作，在大项目审计、大数据审计中充分发挥审计信息化的应用实效。

（一）数字化审计分析平台应用

针对省地税局地税大集中数据，省厅在平台上开发的地税审计子系统投入使用，共采集、处理、转换4.35TB全省地税大集中数据，分析处理了数十亿条数据记录，共使用7大类107个审计方法模型，使用平台后，提高了审计效率、加深了审计深度、拓展了审计分析维度。为响应国家提出的审计全覆盖目标，省厅在数字化审计平台上开发部署的部门预算执行审计子系统投入使用，共采集、处理、转换了120多家省级部门的财务数据和预决算数据，并通过不同的维度、不同的角度、不同的范围对数据进行了分析，为现场审计提供了详细而具体的疑点，首次完成对省级部门预算执行审计的“全覆盖”。

南通市审计局利用数字化平台在三公经费审计、村镇集体资产审计与拆迁资金审计、红十字会审计等多个审计业务和日常的数据联查工作中得到了广泛应用。盐城市审计局利用平台完成社保资金审计子系统的部署和测试，共177个审计方法模型，采集原始数据总数据量达558.5GB。连云港市审计局在2014年开展的“同级审”、公积金两个审计项目中利用平台对数据进行审计分析，提高了工作效率，节约了审计成本。

（二）联网审计应用

今年全省审计机关继续开展联网审计工作。徐州市审计局10个县区局根据各自实际情况，全部部署完成了联网审计系统并投入使用。宿迁市审计局利用联网审计平台探索开展

了全市市直部门支出情况的联网审计，并重点对“三公经费”支出情况进行审计宏观分析，取得显著效果，在区县财政联网审计系统上进行探索，逐步深化联网审计的应用。盐城市审计局新增三个县局部署联网审计系统并已经在审计工作中发挥作用。南通市审计局新增三个县局部署联网审计系统，在本级预算执行情况等审计中充分发挥了作用，前移审计监督关口，提高审计查疑的准确度。

（三）信息系统审计

开展信息系统审计是江苏审计信息化的一个特色。各级审计机关开展多个行业信息系统审计项目，包括财政、工商、社保、医院、环保、农村合作医疗、银行信贷、援疆、交警等行业的信息系统，从信息系统的角度分析被审计单位系统的设计、管理、内控等方面的问题。信息系统审计过程中关注信息系统在设计、运行、维护、管理等方面存在的问题，重点关注信息系统产生的数据质量，以提高审计获取数据的可信度。

（四）其他审计信息化应用。

在全国性审计项目土地出让金审计、耕地保护审计和全国保障性安居工程审计等项目中，充分利用计算机审计优势，采集、清洗、整理、分析、对比等功能，查出了大量审计线索。

各级审计机关还举行竞赛和案例征集等活动以进一步促进计算机审计的应用。扬州市审计局举办了全市AO应用实例和计算机审计方法竞赛活动。常州市审计局组织开展全市审计系统计算机审计技能竞赛和计算机审计攻关人才的评比。南通市审计局举行全市2014年审计项目计算机审计方法现场演示与评比。

经过近几年审计信息化建设和应用，我省审计机关基本实现了审计署提出的“总体分析、发现疑点、分散核查、系统研究”数字化审计方式。

四、审计信息化人才建设

审计信息化的发展离不开人才，我省审计系统历来重视信息化人才建设。为适应信息化技术高速发展，着力提升全省审计机关信息化专业水平，实施全省审计系统的“三提升一强化”行动计划，今年在审计信息化专业人才队伍建设和高层次信息化人才培养方面取得突破。同时为拓展审计信息化在审计中的应用，各地还进行常规的应用培训。

（一）以队伍建设为抓手，全面提高人才质量

从高校、科研院所引进社会高级信息化人才组建计算机审计咨询专家队伍，这种借助外力、引进外援、成立智库的人才合作机制，能有效解决审计干部知识结构、专业层次、实践锻炼与信息化审计发展需要间的矛盾，实现社会资源和审计资源的优化配置，是审计人才队伍建设的有益探索。

抽调全省审计机关信息化人才组建计算机审计攻关团队和计算机审计数据分析团队，为全省审计机关审计信息化建设提供方案论证和技术支撑，为大型审计项目和复杂数据分析组织技术攻关，保障各类信息系统的正常运行和使用。

为培养审计系统内部计算机审计领军人才和能手，联合高校举办软件硕士班，解决金审工程三期建设及后期应用过程的人才需求，逐步提高审计机关高层次计算机人才比重。

同时继续加强系统内人才培养，各级审计机关组织了计算机审计中级培训、国际注册信息系统审计师（CISA）培训以及针对数字化审计分析平台应用的专题培训。

（二）常规培训常抓不懈，促进审计信息化全面应用

各级审计机关常规培训常抓不懈，包括计算机基础知识培训、审计管理系统使用培训、现场审计系统培训、审计平台应用培训等等，

极大的提高了全体审计人员的计算机审计能力，为推进审计信息化全面应用打下基础。淮安市审计局针对新近人员，组织他们进行AO和数据库知识培训，通过审计方法和应用实例的演示、讲解，帮助他们建立起计算机审计的基础理念和思路。无锡市审计局分期分批举办税务联网审计系统专题培训班、财政审计分析系统应用培训等讲座，提高了审计人员使用软件的积极性和效率。

五、重要措施和经验

今年我省审计机关信息化建设主要在成立专门的领导机构、制定三年规划、重视人才队伍建设及使用的创新等几方面有重要举措。

（一）成立信息化建设领导小组

为了加快审计信息化建设，审计厅对审计信息化建设领导小组组成人员进行调整，由厅长任组长，主管信息化、人事的副厅长任副组长，各个部门领导为组员。领导小组的成立，使信息化建设由上到下统一认识、统一组织，加快建设的决策和实施进程。各个市局的信息化建设也都得到一把手局长的高度重视，能保证建设过程所需人、财、物的调配，各地还将审计信息化作为工作考核和选拔人才的依据。

（二）突出信息化地位，纳入“三提升一强化”核心内容

审计厅党组制订了2015年至2017年发展规划即“三提升一强化”，具体的工作目标为：一是进一步提升审计专业化水平，在审计干部队伍能力素质上见成效；二是进一步提升审计规范化水平，在审计工作质量上见成效；三是进一步提升审计信息化水平，在审计手段现代化上见成效；进一步强化廉政建设和作风建设，打造廉洁高效审计机关和审计队伍。

审计信息化建设提升到三大核心建设内容之一，将作为未来一个时期的工作重心。以加快数字化为主线，推广应用为重点，平台建设为抓手，人才培养为根本，推进审计信息技术全面应用，实现审计信息化技术对审计业务和审计管理全覆盖，推进数字化审计资源全面共享，实现省、市、县三级审计机关数字化建设均衡协调发展，广泛建立具备审计信息技术技能的专家型、管理型、复合型人才队伍，实现审计作业、审计管理和审计指挥决策的数字化。

（三）注重人才使用的创新

审计信息化的发展离不开人才，我省审计系统历来重视信息化人才建设，为适应信息化技术高速发展，提出建设专业人才队伍和培养高等级人才等培养和利用的创新思路。

引进社会高级信息化人才组建计算机审计咨询专家队伍，这种借助外力、引进外援、成立智库的人才合作机制，能有效解决审计干部知识结构矛盾，是审计人才队伍建设的有益探索。

挖掘审计机关内部计算机人才，统筹规划，抽调全省审计机关信息化人才组建计算机审计攻关团队和计算机审计数据分析团队，为全省审计机关审计信息化建设和应用提供技术支撑，为大型审计项目和复杂数据分析组织技术攻关，同时保障各类信息系统的正常运行和使用。内部挖潜重新组合发挥“一加一大于二”的效果，也是人才使用的一种探索创新。

六、发展目标

在今后审计信息化建设过程中，将认真贯彻落实《国务院关于加强审计工作的意见》中关于审计信息化建设的内容，依据金审工程三期建设规划，抓好各项建设内容，提高审计信息化应用水平，不断将审计信息化建设工作向前推进。

（一）完成金审工程三期建设规划内容

全面落实全国金审工程三期建设规划和我省“321智慧审计”规划，以审计应用为牵引，以促进审计信息化建设与审计应用融合为目标，开展审计信息化建设，全面提升我省审计

信息化“战斗力”。

在完成我省“321智慧审计”立项工作后，及时开展初步方案设计工作，落实各项建设内容的具体方案，为后续建设的有序开展提供指引。同时分批分步有序开展数字化审计平台建设、审计管理系统建设、数据中心建设、审计指挥中心建设等多项金审工程三期规划内容。

（二）抓好攻关团队建设，提高审计数据分析能力

为充分发挥审计信息化的“战斗力”促进审计手段创新，需要一支既懂信息化又熟悉审计业务的复合型人才队伍，下一步将抓好攻关团队建设，并有针对性的组织各种活动，磨练队伍，提升攻关团队的“战斗力”。参与大项目审计、大数据审计，充分发挥数字化审计分析平台优势，对关乎国计民生的各种数据综合分析、跨行业分析，实现“总体分析，发现疑点，分散核查，系统研究”的数字化审计方式。

（三）拓展行业子系统建设，提高综合分析能力

拓展数字化审计分析平台不同行业子系统建设，将社保、民政、地税、财政、公积金等重点行业数据和工商、公安、房产、土地、企业、经济责任等非重点行业数据纳入数字化审计平台。实现不同行业和领域的数据采集、转换、存储、分析，实现跨地区、跨行业、跨部门、跨年度数据的交叉审计和集中分析。

加强对财政、金融、企业等各领域间数据的关联分析，加强中央、部门、地方间数据的关联分析，加强财务与业务数据间的关联分析，加强部门纵向各级间的数据关联分析，加强各被审计单位、行业、地方等单个系统与宏观经济运行系统间的数据关联分析，增强判断评价宏观经济、感知经济风险等方面能力。

（四）加快审计指挥中心建设

加快审计指挥中心建设，提高审计决策和管理水平。数字化审计指挥系统，应当具有决策支持功能，能够为审计决策提供各类数据分析结果，为合理调配审计资源、提高审计工作效率、提升审计成果开发利用水平提供决策依据；应当具有审计感知功能，可以与联网审计系统、审计管理系统共享数据；应当具有信息传输功能，可以使各种有用信息迅速、准确、安全、可靠地在各级审计机关之间、在审计机关与审计现场之间传递；应当具有信息展示功能，可以通过图形图像、文字表格、音视频等方式，动态展示审计项目的工作状态和进度，按需要、按授权调用查看。这一系统的建成，将为实现审计工作现代化奠定坚实基础。

（江苏省审计厅　李永超）

江苏省环保信息化发展概况

2014年，在省信息中心的指导下，江苏省环境信息化工作继续以“生态江苏、数字环保、信息共享、科学管理”为原则，紧密结合生态文明工程和基本现代化建设的需求，巩固完善“1831”一期项目成果，推进“1831”二期完善项目建设，规范重点污染源自动监控工作，努力做好信息技术服务保障工作，较好地履行了技术组织管理和服务支撑保障的职能。

一、基础概况

（一）网络平台建设

为完善我省环境信息化的基础设施，推进“1831”项目建设进度，建设完成满足项目功能要求的省—市—县三级传输网络。全省环保业务专网以省厅为中心，连接13个省辖市环保局和110个区县环保局，以及苏南督查中心、苏中督查中心、苏北督查中心、省环境应急中心，共计127条线路，全部使用数字专线连接，省—市带宽为100M和20M，市—县带宽为20M和10M，整套网络与互联网隔离。我厅建成了上接国家环境保护部、下连省辖市环保局的网络中枢和交换平台，目前分外网、专网、内网三大物理隔离的工作网络，为环保信息的传输建造了先进高效的信息高速公路，为信息化、网络化电子政务实施创造了基础条件。

（二）网络信任体系建设

为规范办事流程，强化认证管理，保证业务流程处理的法律性、完整性、不可否认性，进一步推进在线办事的信息化、无纸化，提高业务工作的效率。与江苏省国家密码管理局下属江苏省电子商务证书认证中心合作，建立江苏环保CA数字认证中心，整体规划用户管理体系，整合安全登录服务系统，构建安全、可靠的网络信任环境。

（三）信息安全体系建设

为了落实信息安全工作，提高我厅网络安全水平，确保“1831”平台物理、网络、主机、应用、数据方面各层次的安全，我厅安全管理工作所采用的安全运维管理标准和安全运维技术标准参考ITIL安全运维管理标准、信息系统三级等级保护标准（GB/T22239）、ISO27000以及信息技术安全性评估准则（GB/T18336）等安全管理和技术标准所设计并开展工作。2014年共完成安全运维14105次，其中：安全策略检查：245次，日志检查：6621台次，恶意代码检查：890台次，恶意代码处置：740台次，安全策略调整：18次，安全补丁升级：5689台次，重大安全事件处置：0次（未发生安全事件），安全漏洞扫描：2次；完成系统运维10万次，其中：设备面板检查：4.9万台次，设备功能检查：4.9万台次，服务器检查和配置：1290台次，硬件故障报错及模块更换：23次；处理的业务相关及常规的运维事件记录600条。

二、重点工程

“1831”工程两期项目全面完成。

一期项目集成了全省10.26万平方公里范围内13个省辖市，100个县市区，128个开发区，1355个乡镇街道，21779个行政村，7028条道路，8080个湖泊水库，197104条河流等基础空间信息的高精度三维电子地图，感知25.5万要素节点，集成重点污染源、水环境、饮用水源地、空气环境、辐射环境、机动车、危险废物、风险源等八类共1349个自动监控点位和水环境、太湖水质、太湖蓝藻、辐射环境等共1994个人工采集点位，通过省—市100M、市—县20M的省—市—县三级传输网络，实现全省环境信息共享。通过“1831”系统，实现26家辐射风险源企业、5104家辐射安全许可证、7652家危险废物产生、处置单位的动态管理，“12369”累计受理总量32533件。

二期监控平台完善项目初步通过验收。以省环境科研实验楼建设为契机，建设“1831”数据中心机房、生态环境应急指挥大厅的大屏和中控系统，实现“三位一体”，打造展示“生态江苏”的智慧核心。由第三方监理公司对整个项目建设进行严格的全过程监督与质量管理，严把工期，确保与环科楼同步交付使用。圆满零故障完成机房涉及服务器135台、网络设备71台的搬迁工作。圆满完成“6·5”世界环境日的宣传演出保障工作，圆满保障了厅系统广播操比赛的音视频需求。多次圆满保障部、省领导在4楼监控大厅开会、视频会议及演示。

三、电子政务建设

一是做好“江苏环保”网站的建设、管理和维护工作，自2008年起连续6年获得了环保部“全国环保系统网站绩效评估优秀单位”的荣誉称号，2014年获“江苏省优秀政府网站”、“政府网站精品栏目”奖。全年共审核发布网站内容5953条，处理网站故障16次，每次故障处理均未超过15分钟，保证网站全年无故障运行率达99.9%。截至2014年11月底，网站累计访问量已达3491万人次，年度访问量约978万人次，较去年同比上涨74.5%，在线办事、公众互动、空气质量AQI试运行发布平台、生态监控指数、企业监测信息自行公开成为热点栏目。“江苏环保”网站荣获2014年“政府网站精品栏目”奖。

二是深化行政权力在阳光下运行，深入推进环保管理制度廉洁性评估，公开环保权力清单，完善权力阳光公开透明运行机制。通过网闸内外网交换技术，开发了系统运行质量智能检测系统，实现了申报信息的实时校验，及时发现和处理系统运行中出现的数据问题，保障外网申报信息及时准确的交换到内网进行办理，做到“不拖一天，不丢一件”。2014年权力阳光累计接件1201件，累计办结783件，内外网数据交换79273条。

三是扎实开展以“1831”生态环境监控系统和江苏环保网站为依托的“四群”“双评”网上评议子系统建设工作，建立了省、市、县三级共享的“万人评企业、千家评机关”网上评议系统，2014年利用该系统顺利开展了全省“万人评企业、千家评机关”网上评议活动，120个地区的1223家企业被评议，参评总人次17424，发放问卷总数约12.9万张，1071个机关处室被评议，参评总人次11742。评议结果被作为机关党风廉政建设责任制考核、年度工作考核、评优评先和企业环保信用等级评价等工作的依据之一。

四是初步完成“1831”江苏省国家重点监控企业自行监测信息发布平台子系统建设。实现了企业自行监测、环保监督性监测等业务数据的填报、传输和分析，进一步规范了信息公开流程，满足企业填报要求和环保局统一公开标准。平台加强决策分析，使各级环保部门全面掌握区域企业自行监测信息发布情况。同时，积极实现与国发软件自动对接，保障企业自行监测数据上报国家，为江苏省企业自行监测结果公布率、监督性监测公布率考核服务。平台已上线运行近九个月，先后经历软件功能及性能测试、企业试运行和正式运行三个阶段，运行状况良好，顺利完成企业1～10月份自测数据填报和维护工作。实现江苏省总量减排监测体系考核结果达到前列的初步目标。

五是开展环保信用体系建设工作。基于“1831”平台已完成系统详细设计、数据库设计，完善后台管理、指标管理和权限配置功能，通过前期努力该系统实现了和省公共信用信息中心平台对接，同时贯通省、市、县环保各个业务系统。我厅应用该系统获取150万家企业的信用信息完成了全省大气污染源调查清单，自动归集了全省962家国控重点污染源环保信用信息4.4万条，实现了自动评价，评价结果在“江苏环保”网站公示并及时归集省公共信用信息系统，极大地提高了工作效能。获得“2013年度社会信用体系建设工作创新奖”并于6月份在环保部组织的全国环保法制培训班上进行了演示汇报，接受中央媒体采访团的采访。

六是深化办公自动化应用。基于“1831”平台统一标准、统一架构开发了江苏环保出差审批系统，实现了网页、手机两个版本。截至目前已为248人次提供了出差申请服务，有效规范了厅系统出差申请、审批流程，并为领导实时了解部门人员出行情况提供了更加便捷的平台。

四、业务应用

按照国家有关要求进一步加强全省污染源自动监控数据传输有效率工作，对影响自动监控数据传输有效率的联网、软件、硬件和标准等方面的存在问题进行梳理和整改。每日、每月在环保内、外网对全省国控污染源自动监控数据传输有效率情况进行通报，进一步提高自动监控数据传输有效率。

一是加强沟通交流。对上和国家有关部门保持实时对接，发现影响数据传输有效率的问题及时上报，力争第一时间解决，按国家要求完成自动监控数据专网传输、3.1版本国发软件升级、国控重点污染源数据正式切换至国发软件平台上传等；对下做好指导，协助地方查找解决问题，确保各地自动监控数据稳定上传。

二是发布《关于加强国控重点污染源自动监控数据传输工作的通知》（苏环办〔2014〕26号）和《关于加强国控重点污染源自动监控数据直报工作的通知》（苏环办〔2014〕48号），进一步加强了污染源自动监控数据规范化传输。为进一步规范国控重点污染源自动监控管理工作，下发了《关于进一步明确厅系统污染源自动监控管理工作职责分工的通知》（苏环办〔2014〕26号），对厅系统污染源自动监控管理工作再次进行分工，对提高江苏污染源自动监控系统效能起到极大促进作用。

三是完成30万千瓦以上电厂自动监控数据采集和传输改造工作。配合总量下发《关于进一步加强我省30万千瓦以上电厂自动监控管理工作的通知》（苏环办〔2014〕174，通知下发后就企业和地方环保提出的改造涉及的传输方式、上传地址、上传因子、MN号分配等问题给予详细解答，确保电厂现场端自动监控数据传输改造工作的顺利进行。

四是推动污染源自动监控数据应用。对生态县市和生态园区创建提供了生态环境监控数据分析服务，为淮安市淮安区、淮阴区、盱眙县、洪泽县、靖江市、泰兴市6家省级生态市县（区）创建考核工作，东海、赣榆、建湖3家生态县验收以及常州市戚墅堰经济开发区、如皋经济技术开发区、如东经济开发区、扬州高新技术产业开发区、姜堰经济开发区和镇江京口工业园区等11家省级生态园区创建提供了生态环境监控运行情况报告。

五是开展盐城市秸秆禁烧巡查工作。中心响应省厅要求，积极部署，组织开展了盐城地区夏、秋季秸秆禁烧巡查工作。巡查范围覆盖盐城全境四区、七县（市），巡查了盐城境内的204国道和沿海高速和盐靖高速，应用“1831”云眼现场录像，提高了工作效率，将巡查情况实时共享至“1831”内网平台。发现火点，一方面第一时间联系当地环保部门，参与现场灭火处置工作，另一方面在火点现场组织召开禁烧工作协调会，全面了解地方禁烧工作具体措施。两个多月的巡查对盐城地区的禁烧工作起到了很好的监督和管理作用。

五、主要成果

2014年，江苏省环境信息化建设取得了一系列成绩。江苏省生态环境监控中心荣获“2014年度省级环保厅（局）优秀政府网站”、“江苏省优秀政府网站”、“政府网站精品栏目”奖。1831工程获得国家电子政务创新应用奖、国家地理信息科技进步三等奖、全国电子政务创新应用优秀案例奖、江苏省重大信息化示范工程等多个奖项，获得2014年度环境保护“绿坐标”技术创新奖。参与的智慧协同混合域生态环境监控服务系统及应用项目，荣获江苏省科学技术二等奖。

六、重要措施和经验

（一）加强信息化制度建设，推进信息化归口管理

根据厅群众路线教育实践活动整改要求，及落实《关于印发2014年度省环保厅重点任务分解落实方案的通知（苏环发〔2014〕1号）》等文件要求，为推动环保信息化发展，提高环保信息化水平，规范环保信息化管理，深化环保信息化服务，结合我厅信息化工作实际，编制《江苏省环境保护厅信息化建设项目管理办法》。《江苏省环境保护厅信息化建设项目管理办法》的编制经过了前期调研、初稿编制、意见征求、法规符合性评估、廉洁性评估等阶段。《办法》共六章四十二条，具体包括：总则，机构与职责，规划与实施，信息资源共享，信息安全保障，奖惩，附则等内容。《办法》规范了厅信息化建设的机构、职责、程序、保障等内容，通过出台《办法》，促进我厅环保信息化工作从多头管理、分散建设的发展阶段进入归口管理、共建共享的新阶段。

（二）加强信息技术基础研究，标准化建设有新突破

我省一直以现代化、标准化的战略推进全省环保信息一体化建设，“1831”生态环境监控系统严格遵循设计标准化、建设标准化、监理标准化、验收标准化、运行标准化的要求。主持研发的信息化标准有4项发布为国家标准，7项发布为省级地方标准。受环保部委托主持编制的环境空间基础数据加工处理技术规范、环境信息共享互联互通平台总体框架技术规范、环境信息交换技术规范、环境信息系统测试与验收规范四项国标发布。生态环境监控系统建设规范—服务集成与信息传输、生态环境监控系统建设规范—安全体系、生态环境监控系统建设规范—网络系统工程、环境监控物联网系统建设要求—污染源自动监控数据传输标准、环境监控物联网系统建设要求—空气环境质量传感器信息传输交换技术规范、环境监控物联网系统建设要求-水环境质量传感器信息传输交换技术规范、环境监控物联网系统建设要求—辐射环境质量传感器信息传输交换技术规范等7项省级地方标准发布。目前“1831”系统在用标准体系共9大类31个二级分类，涵盖国家标准309项、行业标准和地方标准267项、自行编制关键技术标准32项。

七、存在问题

我省环境监控与信息工作取得了一些成绩，在实践中积累了一些经验，但由于成立时间段，新工作头绪繁多，实际工作中仍存在一定的问题。一是信息化应用不够全面深入，在信息一体化建设进程中，统一平台的构建，信息资源的共享，已为各业务部门带来了极大的便利，重建设的同时，也产生了应用多，关联难，跨部门流程无法衔接的问题。二是复合性环境信息管理和技术人才匮乏。环境信息工作需要大量既熟悉环境管理业务，又掌握信息技术的复合性管理和技术人才。但目前普遍缺乏核心技术人才，从事环境信息工作的技术人员

知识结构和专业配置不尽合理，且缺乏有效的人才培养和激励机制。

八、2015年发展思路

2015年，全省环境信息工作将坚持以生态文明建设工程为主抓手，加强“1831”环境资源中心建设，推动"1831"示范成果在全省范围内的推广，深化环境监控数据的应用，以“智慧”优化环境管理，推动利用信息新技术化解环保工作面临的被动困境。

（一）加强“1831”大数据应用

加强现场检查管理，进一步提升重点污染源自动监控数据传输有效率，强化环保物联网监控数据在总量减排、排污收费、申报、统计、处罚监管、环保信用评价、建设项目审批等领域的应用，打通阻碍数据跨业务流转的关键环节，发挥物联网建设绩效。应用物联网海量集成技术、细化污染源监控系统全方位架构，进一步强化数字环保管理，实现环境管理模式的重大转变，从源头上杜绝自动监控设施弄虚作假行为。加强污染源自动监控队伍能力建设。要加快污染源自动监控人员队伍建设，针对性的定期组织培训和学习，提高人员素质，着力培养我省污染源自动监控工作有关专家，建立专家库，进一步优化队伍结构，提高队伍软实力。

（二）推动“1831”环境资源中心建设

加强环境信息的统一和集中，逐步建立环境要素齐全、业务覆盖广泛的“1831”环境信息资源中心。基于“1831”平台提供环境信息资源共享与服务，充分利用物联网、云计算等技术，进一步加强环保监控系统感知层与智慧层的建设，构建多元化、智慧型环保感知网络，建设具有智能感知、高性能计算、大数据存储、视频分析能力的环保综合管理与服务体系，推动高污染行业改造，提升环保科学决策水平与公众服务能力。

（三）构建“1831”大数据安全体系

研究建立适应大数据、云计算、移动互联网等新技术的网络与信息安全体系，确保信息安全。对现有环保专网加强安全隔离，建立骨干网备份，同时服务企业接入。重点建设环保大数据的安全化管理，环保数据的安全存储、传输、访问及分析。建设内容包括环保大数据安全威胁研究、数据安全传输技术研究、数据加密存储方法研究、数据访问控制技术研究、移动数据加密与传输技术研究、环保大数据安全传输及访问体系构建。

（江苏省生态环境监控中心　黄　华）

江苏地税信息化发展概况

2014年征管和科技发展工作指导思想是：围绕“科学、规范、廉明、高效”目标和“巩固、完善、深化、提高”指导方针，着力深化征管改革，明晰岗责体系；着力改进风险应对工作，提高税源分类管理效能；着力加强信息化统筹建设，提高信息服务水平。

一、完善应用系统建设

按照实用、便捷、高效的要求，加强业务需求编写管理，统筹整合，从源头上提高大集中系统应用的便利化水平。对大集中系统进行全面评估，提出持续改进意见。

一是制订进一步规范信息化项目建设管理工作意见，规范招投标和采购程序，加强对招标文件与商务合同的合规性审查。

二是做大做强发票公共查询，提供及时、便捷、完整、主动的发票开具（真伪）信息公共查询渠道。实行新的有奖发票模式，建立引导发票受票方主动查询（反馈）发票信息的激励机制。建立发票风险信息特征库。试点运行电子发票。

三是成立专题项目组，以纳税人端大集中系统网上办税服务厅为重点，集中、持续、快速、专业解决系统易用性问题，贯彻落实项目“终身负责制”。进一步改进项目组对运维问题的管理方式，使基层各级大集中系统使用的智能化、便捷化程度有明显提高。

四是初步完成数据仓库暨分析利用平台（二期）建设，重点实现征管状况监控分析、大企业信息、发票风险特征库、会统报表、风险应对信息、事项后续管理、领导决策等所需信息的全面融入。

五是进一步规范大集中系统相关功能软件上线发布程序。涉及纳税人使用的，一律以制式公告对外发布，涉及系统内部使用的，一律以局办函对内发布。对使用要求和习惯有较大调整的，在公告的上线之日前，安排不少于1个月的辅导期，避免集中发布对纳税人使用有要求的软件。

二、加强数据规范化管理和深度应用

一是在数据质量管理方面。1. 进一步强化大集中系统前端校验控制。按照管理和服务相结合的原则多次抽调相关单位人员就前端校验规则进行研讨和确认，共梳理出2000多条校验规则，完成了近千条规则的部署工作；增加了民间非营利组织会计制度、事业单位会计制度以及行政单位会计制度三套财务报表，梳理并部署规则60余条。2. 推进税收数据质量管理平台建设。完成了分级分类管理、审计规则管理、前端校验规则管理、痕迹化管理等大多数功能的开发工作；同时对数据质量管理平台进行了初始化，完成了24个表证单书数据项的导入和近300条审计规则的迁移。3. 开展全省数据质量监控分析。对2013年全省税收数据质量管理情况进行了分析，指出信息采集和信息确认环节存在的主要问题，并有针对性的提出工作要求。

二是在数据标准管理方面。1. 优化标准管理系统。依托无锡、常州、淮安、连云港局等四家数据标准建设基地，调优系统界面，改进标准验证方式，新增标准查询、第三方部门维护模块，增加字段代码和表代码的排序生成功能以及公共规则的维护和校验规则的导入功能。2. 严格把控数据标准落实情况。对目前省局正在开发的软件项目进行全程跟踪管理，对中软等7家开发公司进行标准系统的培训，力求实现在项目开发过程中的数据标准管控。3. 完善标准管理系统操作手册。将操作手册维护到标准管理系统中，使得用户能及时解决在操作中遇到的问题。

三是在第三方数据管理方面。1. 推进全省第三方数据管理平台建设。组织无锡、连云港、淮安、盐城、扬州地方税务局开展软件试点运行，组织推广上线培训等工作。2. 开展第三方数据采集与共享。积极与省信用办协调沟通，采集了17个部门35类第三方数据共450余万条，下发工商股权结构信息47.4万条，全省共实现股权转让个人所得税6亿多元；参加江浙沪甬信息交换联动工作会议，对获取的26万条非正常户及解除信息、4.6万条红字发票信息进行了比对，帮助外省单位发现正常户纳税人信息9.3万户次，红字发票信息不一致风险2690条。3. 加强第三方数据的应用。全省1～12月份共采集外部门数据6686万条，匹配数据4857万条，运用400多个风险指标，识别有风险纳税人16.6万户次，推送应对6.3万户次，查补税款约33.2亿元。

三、完善硬件保障

一是按照总局运维体系建设工作思路，全省信息化基础设施各级管理部门，牢固树立主动运维的工作思路，积极发挥各级各部门职能作用，完善信息化基础设施运维管理，优化运维岗位和流程，健全运维应急预案，开展较有成效的实践探索，促进信息化基础设施运维管理工作的集约化和规范化。做好全系统基础设施的统一集中监控管理，提前发现系统潜在故障和瓶颈，自动生成运维事件，主动推送处理，进行系统主动运维。江宁数据中心和省局机关两个机房均运行正常，进行机房设备检修8次，排除故障17起。

二是完成UNIX服务器、PC服务器、存储备份系统等300余台计算存储系统的管理维护以及数据下发工作，形成各类运维报告250余份，处理故障60余次，为各项新增应用部署以及调整服务器等计算存储资源54次，处理各地数据下发请求100余次，及时下发各种数据表近8000张，及时响应了省辖市局的技术和管理需求。

三是加强省局局域网、外联网以及到各省辖市级局主干网络的日常监控、及时排查网络隐患，形成各类监控和检查报告247份，排除各种网络隐患和故障15次。更新了内网区核心交换机，实现了省局机关互联网统一出口管理，更新互联网区负载均衡设备和防火墙设备并设置了应急预案，将省局到各省辖市级局的主备线路升级到50Mbps以上。进行省局与中国电信、中国联通运营商专线采购和总局广域网管理系统上线的前期准备。积极配合征管科技处完成各类业务应用系统的负载均衡适应性配置更改26次。

四、加强信息安全保障

一是不断完善信息安全防护体系建设，组织撰写了《江苏省地方税务局终端数据防泄漏安全解决方案》，推进防病毒安全管理平台的实施和试点运行工作，认真实施网络安全管理平台建设，完成省局机关互联网统一出口管理后的统一互联网行为安全管理。

二是做好安全防护系统的日常运维，着力提高各类网络与信息安全事件监测、预警和处置能力。统计上报安全防护系统运维和安全月报表20余份，产生运维和安全周报表80余份，全年共计产生各类报表1200余份。优化安全应急保障体系建设工作，编制省局安全应急综合预案和7个专项预案。组织开展信息系统安全检查评估工作，统计上报各种材料300余份，从技术和管理两方面同步进行安全加固和整改，有效实现了安全风险持续性管理。

（江苏省地方税务局　樊立亮）

江苏省新闻出版信息化发展概况

一、2014年江苏新闻出版局机关管理信息化

2014年，江苏省新闻出版局坚持以信息化推动管理创新和服务创新，行政权力网上公开透明运行进一步深化，多个自管系统继续升级完善，版权登记平台升级改造愈加完善，互联网出版实时监管全国领先。印刷委托书网上备案系统已实现跨省联网备案功能的开发，被国家新闻出版广电总局定为中标项目在全国推广。江苏省全民阅读平台建设进展顺利，新媒体发展迅速，影响力提升。

（一）局机关信息化发展概况

1. 行政权力网上公开透明运行得到深化。2014年以来，继续对“行政权力网上公开透明运行系统”进行调整完善，结合江苏省印刷管理平台、江苏省发行管理平台的上线运行，做好和权力阳光系统的数据交换和对接；结合进驻省政务中心，及时公布行政审批事项最新目录清单。继续做好网上政务大厅组织领导、制度建设和工作创新栏目维护工作。行政权力网上公开透明运行成果得到进一步巩固，网上运行水平得到进一步提高。全年公开行政审批信息数2万余条，信息公开的广度和深度进一步拓展。

2. 版权服务平台升级改造愈加完善。2014年完成了江苏省版权服务平台的升级改造，优化了版权公共服务功能。平台进一步提高了作品登记数据库管理水平，为版权作品元数据库作品特征值的提取、网络监管平台的数据信息储备、自定义识别网络盗版侵权行为提供服务，实现版权交易电子化，打造出常态化的版权交易平台。全年作品自愿登记量超过5万件，作品登记量位列全国第四。圆满完成省政府确定的2014年度“十大重点工作、百项考核指标”中版权登记任务。

3. 互联网出版实时监管全国领先。互联网监管系统继续完善，已实现每天采集的网页数达到200万个，是原有系统的7倍，可同时对1000家网站进行实时监控，该监管系统已实现与国家新闻出版广电总局的对接和数据共享，解决了原有系统监控范围小、监控周期长的缺点，发现违规内容的准确度也有较大提高。该监管系统在全国处于领先地位。

4. 图书期刊印制委托完全实现网上备案。2014年继续对系统进行改造升级，网上备案功能进一步拓宽，实现了由省内备案拓展到可进行进省出省备案，极大方便了出版单位和承印单位的许可申请。建设印刷复制委托书备案系统，完成系统中跨省联网备案功能的开发，在目前已实现的江苏、云南、安徽、山东四省系统联网的基础上，初步完成京冀两地印刷委托书联网备案。该系统已被总局定为中标项目将建立国家系统在全国推广。

5. 全民阅读在线服务管理平台建设启动。2014年，江苏省新闻出版局与凤凰出版传媒集团合作启动全民阅读平台建设，围绕书香江苏建设总体目标，打造建立一个集阅读文化培育、精品引领、阵地提升、分众服务、活动示范、推广参与“六大阅读工程”于一体的综合信息管理平台。该平台依托江苏省丰富的文化资源，着眼于数字内容的聚合与挖掘，实现数字资源及阅读信息的在线发布，并与江苏省

新闻出版电子政务应用实现资源整合、信息共享，面向社会提供综合性全民阅读服务。平台建设启动后，组织召开了“全民阅读网”专家论证会，邀请各方专家对建设方案提出意见建议，并根据专家意见对方案进行修改。到目前为止，已完成“全民阅读网”规划方案设计、整体架构设计、网站主界面及主要板块二级界面以及末端使用界面设计以及用户需求分析及各类技术文档，主网站建设已进入征求意见阶段。

6. 利用网络媒体资源开展全民阅读推广。一是利用书香在线网站制作专题，宣传第四届江苏书展和第十届江苏读书节；与中江网、新浪网、腾讯网等国内大型网络媒体合作，通过新闻资讯、精彩图片、微博互动、现场实录、视频访谈等形式，深度报道第四届江苏书展，同时利用各自网络媒体资源优势，进行最大化网络宣传推广，多种方式报导书展的亮点。二是开展第二届 “书香江苏”摄影大赛。首次实现了网页投稿和作品网络投票，效果良好。

（二）2014年全省新闻出版数字化发展情况

1. 江苏省数字出版业发展概况

2014年，江苏省新闻出版局按照“智慧江苏”建设要求，围绕“网络文化服务体系建设工程”和“互联网积极培育工程”，以推促管，加大政策扶持力度，加快新闻出版数字内容服务体系建设，全省数字出版产业稳步发展。全年数字出版产业营业收入超200亿元。

江苏国家数字出版基地稳步推进。江苏国家数字出版基地采取“一基地多园区”差异化发展模式，南京园区注重传统出版单位转型升级，苏州园区注重网络游戏开发，无锡园区注重动漫、影视数字出版，扬州园区注重电子纸、电子书包的研发，镇江园区注重数字内容的海量加工。目前，基地共集聚数字出版相关企业100余家，2013年总产值176亿元，列全国新闻出版类产业基地第2位。

传统新闻出版单位融合发展开始起步。全省各图书出版单位、新华报业、13个地市党报等主要报刊出版机构基本上成立了专门从事新媒体业务开发的数字出版部门或新媒体事业部，负责新媒体业务的开发和拓展。凤凰出版传媒集团应用先进科技，进行编、印、发流程的数字化改造和部分出版物的数字化工作，已上线协同OA办公系统、ERP出版管理系统，全面提高企业运营效率。新华报业、《现代快报》、《地市党报》已基本完成或正在建设全媒体采编、发布平台，以新华报业“中央信息厨房”为代表。《现代快报》、《无锡日报》等的应用移动采编平台使采访部门实现了移动采发稿、24小时即时发稿，提高了效率。各出版社近年来共实施了18个专业性数据库出版项目和10个数字教育出版项目，开发了50多种富有特色的IOS、Android系统应用程序，取得了一定的效益。

传统媒体和新兴媒体融合加快发展。运用全省传统出版单位数字出版转型示范评估成果，已打造出一批形态多样、技术先进、具有竞争力的新型产业主体。新华日报江苏信息资源数据库、凤凰出版传媒集团出版传媒业务等平台建设迅猛。努力探索全媒体宣传推广方式，重视新闻媒体的宣传推广作用，建立媒体工作小组，组建全民阅读媒体服务平台，积极推动报纸、广播、电视、网络等多种媒体及其栏目，全方位、多角度、大纵深报道全民阅读活动，营造出良好的读书氛围。

2. 全省版权产业发展情况

加大版权执法力度和范围。认真落实国务院和省政府打击侵犯知识产权和制售假冒伪劣商品工作部署，严厉打击侵权盗版行为。开展打击网络侵权盗版“剑网2014”行动，把APP等新型传播网站纳入监管范围。建立完善查处侵权盗版快速反应机制。探索成立著作权鉴定委员会。

推进版权产业健康快速发展。积极参与全

国区域版权交易中心建设，探索建立协商合作机制，规范版权交易行为。完善作品著作权登记服务平台，加强版权贸易公共信息服务。会同金融等部门研究版权价值评估办法，开展最具价值版权作品评选活动。

巩固拓展软件正版化成果。会同省有关部门制定办公软件采购指导意见。加强对各地政府机关软件正版化工作的督查，指导督促市、县（市、区）政府机关构建长效管理机制。以国有企业和拟上市企业为重点，深入推进企业软件正版化工作。

3. 全省重点公共服务工程建设情况

数字化公共服务成效初显。目前，全省共建有7500家数字农家书屋，近5000个城乡阅报栏（屏），江苏手机报系列产品用户规模达268万户，一个数字化的公共服务体系初见雏形。加快建立群众阅读需求反馈机制，推行“菜单式”服务，推动公共阅读服务与群众阅读需求对接，把阅读服务的选择权和评价权交给群众。例如，扬州市图书馆与中国电信扬州分公司联合推出的“扬图·电信掌上图书馆”。掌上图书馆以图书馆集成管理系统平台和基于元数据的信息资源整合为基础，以适应移动终端一站式信息搜索应用为核心，以云共享服务为保障，通过手机、平板电脑等手持移动终端设备，为图书馆用户提供免费服务。突破了传统图书馆服务的时间和空间限制，与以市图书馆为总馆的总分馆体系、流动图书馆及配送中心、24小时自主图书馆一同构建起“四位一体”的公共图书馆服务体系，让公共图书馆成为“城市教室、市民书房”，使阅读真正成为“悦读”。

拓展重点公共服务工程成果。统筹农村数字电影放映、数字农家书屋、城乡阅报栏（屏）和书报亭建设等项目，构建标准统一、互联互通的公共数字文化服务网络。我省内苏州高新区、淮安、扬州等地已构建了一个从线上到线下全面覆盖的图书馆服务网络。例如淮安公共数字文化综合服务平台项目将三网融合、云计算等新技术运用在公共文化服务上，通过整合国家文化信息共享工程、公共电子阅览室建设和数字图书馆建设三大工程，建立包含淮安基本公共文化服务内容的统一数字云平台，推动该市公共数字文化服务的信息共享，实现服务传播的创新性、开放性。

全省农家书屋已八成实现数字化。行政村农家书屋装备数字阅读设备的比例已达到80%，其中，实施农家书屋提升工程试点县（市、区）的所有行政村农家书屋至少装备1台电脑。2014全年新建2000家数字农家书屋。苏北建设农家书屋无线上网系统，全年省电力公司援助苏北2000多家农家书屋数字化建设，在农家书屋建设无线阅读系统，实现农家书屋无线上网，充分发挥数字农家书屋优势。深化全省农家书屋提升工程试点工作，推进农家书屋标准化建设，形成以点带面、连片推进的生动局面。推动3000家农家书屋与县级图书馆资源整合、通借通还。

二、2015年信息化工作主要思路

（一）2015年局机关信息化工作计划

按照“智慧江苏”建设要求，围绕“网络文化服务体系建设工程”和“互联网积极培育工程”，主要在以下几方面下工夫。

一是强化政府网站信息发布更新，加强与公众的互动交流。2015年计划在政府网站上开展多期在线访谈、意见征集、网上调查等，广发倾听公众的意见建议，搭建政府与公众交流的“直通车”。进一步完善公众意见的收集、处理、反馈机制，配备后台服务团队和受理系统，及时综合研判，反馈处理。建立信息协调机制，规范信息发布流程，保障信息内容完整、准确。加强网上网下融合，业务部门切实做好信息提供、解读、会议、处置等线下工作，与线上能及时跟进。

二是进一步提升政府网站等新媒体的传播能力。进一步提升“两网两微”服务的深度和广度。将网站和微博、微信建设列入机关重点工作，积极利用微博、微信等新技术新应用传播政府网站内容，方便公众及时获取政府信息。同时逐步建立和完善考核激励机制，建立、完善网站信息员队伍，确保宣传工作的可持续发展。政府网站加强协同联动，发挥网站集群效应，建立完善省级机关微信微博联动工作机制，成立微博微信宣传联盟，扩大宣传效果。此外，还计划加强与新闻媒体的协作，共同报道我省全民阅读等重大活动，最大限度地提升政府信息的影响力，将政府声音及时准确传递给公众。

三是加快开发江苏全民阅读服务平台二期建设。第二阶段，优化平台功能，完善运营支撑子系统中的电子商务等功能，决策支撑子系统中的与江苏新闻出版电子政务应用实行资源整合、信息共享等功能为后续开发，全面提升平台在线服务管理的能力。初步规划，到2015年3月份，平台建设正式启动，到2015年9月份，平台一期工程建设完成，上线运营，并同时启动二期建设。从2015年初启动内容数据库建设，至9月份平台上线运营，内容建设初具规模。

四是深化行政权力网上运行。结合省政务中心建设，深化行政权力网上运行工作，做好系统的改造升级，确保行政权力网上运行工作不受影响。

五是加强网络与信息安全管理。根据系统风险评估与等保测评结果，认真对照，逐条梳理，积极整改，确保网络和信息安全。

（二）2015年我省新闻出版系统信息化工作计划

一是加快新闻出版数字内容服务体系建设。支持传统新闻出版单位加快数字化转型升级步伐，依托传统优势内容资源，运用先进技术，建立数字出版内容生产、集成和投送平台。继续实施农家书屋工程，由以建为主，向提升质量、以用为主转变。大力推动农家书屋与县级图书馆实行通借通还。大力推进数字农家书屋、城乡阅报栏（屏）建设，构建一个覆盖全省的新型新闻出版传播平台。

二是加快发展数字出版产业。出台传统出版与新兴出版融合发展意见或行动计划，做好融合发展的顶层设计；召开数字出版先进经验交流会，树立融合发展典型，引导传统新闻出版单位加大数字出版投入。邀请新技术、新媒体公司介绍先进数字出版技术，为传统出版单位与新技术公司构建对接平台；举办全省十大数字出版产品的推选活动，打造优势品牌，提升我省数字出版的影响力。支持报业全媒体壮大工程。以新华日报报业集团为龙头，联合地方报业集团组成覆盖全省的报业全媒体网络，带动全省报业发展方式的转型。推进数字教材和阅读设备推进工程。以凤凰电子书包的建设为突破口，加快数字教材的研发进程，带动我省电子纸、阅读器等新闻出版新载体的技术开发、应用和产业化。

三是加大数字出版的政策扶持力度。将数字出版列入省文化产业引导资金重点支持类别，帮助指导数字出版企业积极申报国家级、省级各类扶持资金项目，在资金扶持上予以倾斜。重点支持《江苏手机报》、中江网、凤凰教育网等数字出版企业的发展，打造一批拥有自主知识产权、知名品牌以及有较强国际竞争力的骨干数字出版企业。组织转型示范单位参加全国数字出版转型示范评估，打造一批形态多样、技术先进、具有竞争力的新型产业主体，带动全省出版业转型升级。

四是加强数字阅读引导。适应数字阅读新趋势，结合“宽带中国”、“智慧城市”、“三网”融合建设，应用大数据、云平台、移动终端等新技术，加快全民阅读在线服务管理平台建设。加大“数字图书馆推广工程”、“智慧广电”客厅图书馆及数字智能终端、移动终端、视听终端等新型载体建设力度，促进数字资源的合作共建和共享推广。规划建立若干数字阅读资源建设、保存和调度中心，逐步形成分级分布式公共数字阅读资源库群。加强电子阅览室、数字农家书屋建设。组织动员各类数字出版内容投送平台，开展主题突出、内容丰富、形式多样的数字阅读活动，加强深阅读、精阅读和点单阅读服务，传递文明阅读正能量，促进数字阅读健康发展。

五是大力实施版权兴业工程。不断优化版权服务，积极推进版权公共服务平台和版权中介机构建设。完成省政府要求年内完成一般作品登记6万件的任务指标。形成一批地域特色明显、处于价值链高端环节的版权密集型产业。加快建设江苏省版权综合服务平台后期工程，构建一个提供版权登记、查询检索、版权鉴定、版权贸易和维权、稿酬收转等功能的版权服务体系。切实加强著作权保护，严厉打击各种侵权盗版行为。

六是加强出版物市场管理。大力开发准印证管理系统，年内上线，通过系统强化管理，加强准印证的审批管理，加强对境内外印刷品的监管范围。创新监管方式，探索运用经济政策、技术标准、质量监管、行业自律等多种手段和电子政务等高新技术，加强对新闻出版各个环节的监管。持续开展“净网”行动，加强网络社会管理，推进网络依法规范有序运行；开展网上“扫黄打非”，抵制网络低俗内容，坚决清除网络文化垃圾，加强网络出版管理。严格落实网络出版许可和备案制度，强化网络文学、网络游戏、手机游戏内容管理，推动网络出版从业机构完善内控和自律机制。积极应对宽带网络、4G移动网络发展新形势，完善网络出版实时监管系统，增加监管力量，打造有效技术防线，形成有力管控手段。研究探索把新闻网站采编和编辑人员纳入新闻记者管理和出版编辑职业资格管理的制度措施，实现人员管理全覆盖。

七是加强我省新闻出版广电信用体系建设。计划2015年内完成全省新闻出版广电系统信用体系系统建设，制订完善信息采集制度与发布新闻出版广电系统“红黑名单”发布办法，通过发布行业内“红白名单”，强化新闻媒体从业人员信用评价体系。

（江苏省新闻出版广电局信息中心　姚润琪　金　晶）

江苏省质量技术监督信息化发展概况

一、现状概述

2014年是质监系统转型发展、深化改革的一年，在围绕贯彻党的十八大、十八届三中、四中全会的精神，面对转型升级、简政放权、分级管理、作风建设的新形势。信息中心以总局召开的全国质检信息化工作会议上的精神为指导，在省局党组的正确领导和各业务处室的积极配合下，顺利完成了2014年各项工作任务，得到了突飞猛进的发展。一年来，信息中心紧紧围绕“抓质量、保安全、促发展、强质检”这条主线，贯彻落实了十八届四中全会精神，认真分析研究了新形势下质监信息化建设的特点，着力于以信息化手段固化改革，积极促进信息化与业务工作的深度融合，促进法治质监、科技质监、和谐质监、智慧质监的建设，以推动质监事业的改革创新。2014年江苏省质量技术监督信息化的主要工作如下:

（一）加强网上行政审批建设，推进行政审批信息化和智能化

为了配合体制机制创新，配合行政审批制度改革，信息中心与刚成立的行政审批服务处就关于如何切换原有行政审批系统、提高审批效率、完善审批流程打造一体化办理流程的网上政务服务中心进行了研讨，建立了新的行政审批系统，确保了全部审批业务网上办理。2014年全省总办件数共计238144件。其中：我局11530件，市局122869件，县（区）局103745件。

（二）建立省级产品质量监督管理智能化平台

充分挖掘、整合和利用省局已有的信息资源，建立风险评估、产品监督、企业信息、承检机构、后处理“五位一体”的省级产品质量监督管理智能化平台，提升产品质量监督管理的主动性、目的性和有效性，提高监管效率和效能，为建立现代产品质量监督体系奠定坚实可靠的基础。

（三）建立“依法行政模块化”管理系统

“依法行政模块化”管理系统是建设“法治质监”、应对履职挑战、防范履职风险、加强质监部门自身建设的需要，也是基层质监部门改革行政管理方式，深化依法行政的有效途径。

（四）建立全省定量包装商品净含量计量检验系统

主要用于对定量包装商品进行抽样及相应方法检验登记，同时通过抽样单号进行单条管理，通过样品批号进行批量管理等，对抽样检验报告管理并进行综合分析查询。

（五）完善“12365”与行政执法系统，提升执法水平

通过完善“12365”举报投诉系统，实现利用质监专网实现省级集中部署、数据集中管理，并实现向国家质检总局的定时数据上报。该热线系统与行政执法系统的融合，实现了工作模式由“分别受理，独自办理”向“统一受理，协同办理”转变，形成了举报、立案、处罚、反馈的闭环管理，提高投诉、举报处理质量与效率。

（六）加快办公系统建设步伐，提升文件处理水平

我局完善了政务内网与政务外网的建设，完成了移动办公平台的建设、外网门户网站的全面梳理和升级改造、公文交换平台和电子印章系统的全面升级、目标任务管理系统到绩效（目标）管理平台的升级、全省视频会议系统招标以及江苏省委办公厅交办的电子文件试点工作。

（七）优化服务，创新工作模式，开通微信公共服务平台

为方便公众使用手机客户端咨询质监业务，更好的了解质监工作，2014年12月5日正式开通了“江苏质监”政务微信。这是在去年开通“江苏质监”微博的基础上正式开通了官方微信号，是承载我局信息公开、在线服务、政民互动的又一重要平台。

（八）注重信息安全防护，提升网络管理水平

在做好日常信息安全管理同时，注重边界信息安全防护，不断完善网络系统的组成结构及调整策略配置。完成了全省所有县区局防火墙安装运行，实现了省、市、县三级互联网应用边界访问统一管理，各项安全防护策略的有机统一。完成了全省13个地市上网行为管理平台建设，规范各单位互联网访问，做到上网行为可控、可管，上网记录可查、可审。为加强病毒、木马的监控与防治，与国家总局中质信维公司合作购置了瑞星防病毒软件。下半年开展了信息安全风险评估。以信息安全风险评估为契机，查找信息安全隐患，完善网络结构，及时调整安全防护策略。与江苏国瑞信安科技有限公司合作针对全局信息及信息载体、应用环境等各方面进行信息安全风险评估，通过对十三个重要信息系统的详细测评发现系统、数据库等资产的脆弱性以及可能带来的负面影响，并针对发现的脆弱性进行安全整改，有效提升了信息系统安全防护能力，提高了信息安全管理水平。制定了2014年度信息安全应急预案，对可能发生的各类信息安全事件做到心中有数，有的放矢；建立全省异地容灾备份系统。2014年度，我局没有发生信息安全事故。

二、近期目标

为适应垂管体制调整新形势的需要，为适应行政审批服务发展的要求，为适应加强事中事后监管方式转变的需要，信息中心在2015年将按照信息化三年规划的蓝图，结合新形势下的实际工作，按照“以需求为导向、以应用为核心”，“统筹规划、协同一致、资源共享、管理规范、确保安全”的原则，依据现有网络和资源，完善全省信息化行政管理系统和质监业务监管综合信息平台，逐步实现行政审批网络化、监督管理信息化、决策支持智能化、业务处理规范化、政务信息公开化。

（一）优化调整工作模式，主动迎接全面深化改革的历史潮流

信息化建设的一项任务就是为业务部门提供有效的监督管理手段。省垂管体制的调整，对信息化平台建设、数据管理与使用等提出了新的要求。同时，机构职能整合也给信息化人员、设备、业务等方面带来一定的影响与冲击。2015年，我们将在体制调整中顺势而为，找准定位，充分发挥信息化的特殊功用，使其能够将质监管理政策法规、业务需求固化到信息系统中，排除人为干扰，持续发挥作用；使其在体制改革新形势下，成为各级质监机构保持监管统一协调性、加大省局业务指导和监督力度、增强全系统执行力凝聚力的有效抓手。

（二）加强软硬件设施建设，推动智慧质监建设又好又快发展

信息化不是简单的无纸化、电子化，信息化涉及到业务规范、流程重组、模式再造以及信息共享、业务协同、资源整合、职能转变、形成合力等方面。所以，信息化的建设是针对业务部门的需求而产生的，信息化建设不能脱离业务工作而存在，不能脱离业务工作而谈发

展，不能脱离业务工作实际而建设。2015年，我们将在重点研究业务需求的同时，做好系统开发和各项运维工作。重点做好省网改造、堡垒机、杀毒软件部署、机房改造、系统运维管理；对行政权力网上公开透明运行工作进行深度改造；加强门户网站改版、省级产品质量监督管理智能化平台试用推广、依法行政模块化管理系统建设的推广、稽查执法管理平台试点及全面推广、移动监管平台建设、全省灾备中心各市备份点建设、定量计量包装检测系统的全省推广；力争做好利旧工作，整合软硬件资源，努力降低信息化建设和运行成本。

（三）强化信息化服务意识，提高综合管理服务效能

目前信息化工作已上升到综合化、集成化管理的水平，对信息中心服务水平和能力的要求也越来越高。2015年，我们将加强信息中心的内部管理，完善各项管理规章制度，做到各项工作有章可循、有法可依，为服务大局提供强大的后台支持。同时，我们将采用业务培训、服务信息反馈等方式，切实提高员工的服务意识、服务质量和服务水平，让大家牢固树立服务的意识，切实端正服务态度，不断提高服务质量和服务效率。

（四）增强信息化改革意识，促进质监管理工作的改革创新

信息化是一种科技支撑，信息化工作要服从服务于大局发展，这就需要我们有开阔的眼界和思维，不能仅满足现有业务工作需要，还要有适当超前建设的意识。我们必须采取创新的思维、改革的办法，在对现有业务系统进行全面梳理、整合的基础上，充分利用信息技术手段，推动业务重组和流程再造，优化配置资源，强化数据的深层次应用。2015年，我们在信息化建设和服务过程中，参考互联网思维，将服务价值更多的体现在使用过程中，树立“省时、省力、省钱”的观念，主动顺应形势发展，在探索建立适应深化改革的信息化建设机制和支撑平台上下功夫，尝试利用云计算、大数据、互联网等现代信息技术，支持业务应用系统快速调整、灵活部署，以适应业务的复杂多变。

（五）树立科学严谨的工作态度，充分发挥保驾护航作用

只有信息化支撑才能实现质监工作的科学化、精细化，这也要求信息化工作要有科学严谨的作风，要有求真务实的精神。“态度决定一切”，只有拥有科学严谨的工作态度，才会在工作中取得更好的工作成绩。我们将牢固树立科学严谨的作风，着力在务实工作上下工夫、见成效。求真，力戒虚假浮漂。同时，紧紧围绕“信息化、智慧化”这些时代特征，努力将“实事求是，精益求精”融入到信息保障工作之中，从实际情况出发，运用质监战略管理理念，谋划好，发展好，突显出高水准的信息综合保障能力。

（江苏省质量技术监督信息中心　潘志刚　倪亚晖）

江苏省食品药品监督管理信息化发展概况

2014年，江苏省食品药品监督管理局认真落实《江苏省“十二五”食品药品安全保障规划》和《江苏省贯彻实施<国家药品安全“十二五规划”>目标任务分解方案》的要求，立足当前，着眼长远，全面推进信息化建设，电子政务系统建设取得新成效，网站服务水平进一步提升，行政权力网上公开透明运行系统进一步完善，信息化建设迈上新台阶。

一、2014年信息化工作概要

（一）网站建设

全面贯彻落实国家总局和省委、省政府关于政府网站工作的部署和要求，不断加强“江苏食品药品监管”门户网站的建设、管理和维护工作。门户网站设新闻资讯，信息公开，服务大厅，互动交流，数据查询五大频道，全年改版二级栏目 3个，三级栏目 15个，四级栏目 6个，对数据查询服务、场景式服务和服务大厅功能进行了改进，加强了政府信息公开工作，更新工作文件和公告通告信息8000条，其中主动公开信息225条。2014年首页访问量755313次，政府信息公开访问量1124122次，服务大厅访问量2190510次。

（二）行政权力网上公开透明运行系统建设

2014年，对行政权力网上公开透明运行系统进行了优化升级，根据国家总局要求对医疗器械经营许可系统进行调整；与网站对接，实现审批相关信息在下一工作日更新至网站数据查询栏目；与药品抽验系统对接，药品抽验系统共享调用行权系统监管对象基础数据；实现与部分市县局行政审批结果信息的共享。全年省局行政权力网上公开透明运行系统处理申请业务6644条，登录7.5万余人次。通过网上申报、网络审批建立企业数据药品批发525家、零售20334家；器械生产1586家，经营11993家；药品生产516家；医院制剂室125家；药品从业人员档案96873份；器械从业人员档案88935份。按照省行政权力网上公开透明运行信息系统接口规范，向省平台传送数据近37万余条。

（三）运维保障建设

全系统现有专网设备228台，省局机房服务器51台，网络设备60台。

加强专网和机房设备巡检维护，做好服务器安全更新、系统备份和密码更换等机房维护工作。完成与省行政审批大厅网络对接。

继续做好内部行政办公OA系统、邮件系统、视频会议系统的维护工作。今年省局在OA系统上形成归档发文435个，收文756个；邮件系统用户4160个，分配空间1120G；视频会议系统使用率进一步提高，全年召开系统内大会3次，并参加国家局视频会议15次，视频会议的便捷性得以显现。

（四）信息安全体系建设

认真落实省委政务内网建设要求，做好建设方案的制定，及时完成省有关部门自查要求和自查情况上报。设置信息岗，负责信息安全管理工作。开展食品生产追溯系统安全测评，根据测评结果进行整改，提高系统的安全性。加强对直属单位的指导，发现问题督促及时整改加固。

（五）信息化队伍建设

2014年新增信息化专业技术人员2人，专职信息化人员达到8人。按照省局职能处室业务工作情况调整了人员分工，实行专人对口负责的工作模式，有序推进业务信息化工作。

二、重点业务系统建设

以业务专网为依托，以全系统网络数据中心为承载，积极推进各项应用系统建设，以信息化促进监管资源的有效整合与利用。

（一）省局业务系统建设

食品生产追溯系统项目被国家科技部确定为“食品安全电子溯源技术研究及示范”项目，并在省级机关绩效管理创新创优项目考核中跻身“第一方阵”。2014年底，基本建成覆盖乳制品、白酒、食品添加剂生产企业电子追溯系统。通过此系统，可以达到正向追踪，反向溯源的目的，公众购买相关试点企业的产品，通过手机终端扫码查询产品的生产批次及鉴别真伪，查询到产品相关信息。

为配合《医疗器械注册管理办法》、《医疗器械生产监督管理办法》和《医疗器械经营监督管理办法》等法规的全面实施，开发建设了“江苏省医疗器械信息采集系统”。系统采集的信息包括一类医疗器械备案凭证、二类医疗器械注册证、一类医疗器械生产备案凭证、二类和三类医疗器械生产许可证、二类医疗器械经营备案凭证和三类医疗器械经营许可证的备案、许可、延续、变更、补发、注销等，基本实现 医疗器械注册、生产、经营相关环节备案、许可信息的交换与共享。

指导泰州直属分局结合实施《药物研究机构动态备案管理规定》，开展药物研究机构动态备案系统调研、方案设计和开发工作，年底系统已经上线试运行。企业用户通过此系统了解政策法规和工作要求，查询本企业监管部门审核、备案、各类检查记录等日常信息，维护管理本企业项目研发节点备案信息、机构备案信息和注册专员备案信息。监管用户通过此系统发布政策法规和工作要求，查询辖区内企业审核、备案、各类检查记录等日常工作情况，以及辖区内企业、项目、新品种等注册、备案，对辖区内企业进行各类检查。

完成食品抽验处理系统、食品流通应急系统的迁移部署工作，制定食品生产、食品流通系统迁移方案。

（二）地市重点业务系统建设

1. 扬州市医疗器械“透明车间”信息化监管系统

扬州市局针对本市医疗器械生产企业较多且远离市区，现场抽检人力与时间成本过高的突出问题，开发了医疗器械“透明车间”信息化监管系统。此系统采用了物联网技术，通过监控设备自动收集无菌医疗器械生产车间的温湿度等环境数据，并将数据实时上传到监管部门，对可疑情况系统自动报警提示，通过系统配备的远程网络摄像头，在市局监控大屏上可以对无菌车间内生产过程进行实时查看。

2. 盐城市“药品放心购”工程

“药品放心购”作为2014年盐城市重要民生工程，目前已在盐城市区20多家医药零售药店试点。公众通过智能终端触摸屏或者下载手机APP，可以获得购药相关的15项服务，主要功能包括药品导购服务、药品质量追溯、执业药师在线和名医预约诊疗。通过这个平台，公众可以了解到药到哪里买，药店在哪，药品进货渠道有没有问题，以及获得预约名医就诊等特色服务。

3. 镇江市食品药品信息化监管中心

2014年镇江市局分步实施食品药品信息化监管中心建设，实现了以下四个目标：在餐饮安全监管上，完成了“平安餐饮”远程视频监控系统的建设，监管中心实现LED大屏集中监控；在药品监管上，完成了覆盖全市920家市区药店的“药品电子监管平台”建设，平台涵盖企业档案管理、信息校验、实时监管进销存、应急指挥和药品流向查询等功能，实现对药品进销存等环节的全过程跟踪和监管；在信息共享上，目前平台初步实现了与各辖市区食药监局、全市餐饮药械企业的无缝对接；在行政许可、处罚上，平台整合了市法制办牵头建设的权力阳光系统，已经将食药方面的436件行政许可、141件行政处罚全部接入到平台集中管控，公众可以查询所有权力事项以及以工作流程图方式显示每一项行政许可、行政处罚当前所处的步骤。

（三）县区重点业务系统建设

1. 邗江区“美滋滋”食品安全公众服务评价共享平台

扬州市邗江区局开发的“美滋滋”平台是基于移动互联网构建的，包含公众消费服务、餐饮企业智能管理、食药监部门信息化监管三大板块9个子系统的综合性平台。该平台试运行以来，手机APP下载用户超过2万多个，订单量超过2000单，以每天下载用户100多人的速度扩大覆盖面。此平台借助移动互联网技术，实现了食品安全监管由政府管理向社会治理的转变，提高了监管信息公开透明性，增强了社会舆论监督职能，是监管手段的一次创新尝试。同时也实现餐饮企业监管的精准高效、规范和推促餐饮行业健康发展、公众享受良好消费服务三方利益的共赢。

2. 阜宁县食品药品电子监管服务中心

阜宁县食品药品电子监管服务中心集生产、经营、使用全过程监管于一体的药械电子监管网络，具有药师在岗、生产车间温湿度监控、语音对讲、信息发布和执法监察等功能。在此平台基础上，组织实施“透明厨房”工程，在全县73所中小学校食堂后厨安装了307个监控摄像头，在部分重点学校用餐大厅安装了8个高清LED显示屏，供师生们实时了解厨房操作情况，各学校视频终端通过网络与县食品药品电子监管服务中心实时连接。另外监管人员可通过4G手机，实时进行掌上查询监测。监管方式实现了从事后监管向事中监管、实时监管的转变。

三、重点工作

（一）食品生产企业追溯系统基本建设完成

“乳制品、白酒、食品添加剂”食品生产企业追溯系统的建设在年初被列为2014年度重要任务，被列入省政府十大重点工作、百项考核指标。上半年对该项目进行需求梳理，编制了《江苏省食品生产企业电子追溯系统需求方案》和《江苏省食品生产企业电子追溯系统可研报告》；7月初进行公开招标；9月初系统初步建成；9月5号向全系统和食品生产追溯试点企业印发《食品生产企业电子追溯系统数据链要求和接口规范》、《江苏省食品生产企业电子追溯系统追溯码编码及企业包装线改造方案》，针对数据对接和企业的生产线改造要求，举办江苏省食品生产企业电子追溯系统试点示范企业动员培训会议；通过和省标院合作，对示范企业进行技术指导，截止到12月底完成12家重点示范企业涉及乳制品、白酒、食品添加剂三种类型的数据上报和对接工作。

2014年底，食品生产企业电子追溯系统通过了第三方机构测试和专家论证，基本符合监管需求，基本实现正向跟踪、反向溯源等功能，满足三类食品生产企业追溯需求，实现三类产品追溯信息的手机APP和网站查询。同时，依托该项目“扩品种、扩流程”的深化研究已经获得国家科技支撑计划立项。

（二）深入调研，做好信息化指导意见、十三五规划的前期工作

2014年下半年，省局向全系统下发了《食品药品监管系统信息化建设情况调查表》，其中调研表内容涵盖单位基本情况、基础设施情况、应用系统建设、数据库资源建设、信息化制度和管理建设情况建设成效等，对各个地市的信息化建设情况进行摸底。同时，深入到无

锡、扬州、泰州、仪征等地市就信息化建设成效、系统建设过程中的问题、对省局信息化的意见和建议、省局的信息化建设思路等几个方面进行走访、座谈和交流。对调研的资料进行分析、归纳形成调研报告，为编制全省食品药品监管信息化工作指导意见和“十三五”信息化规划做好前期准备。

（三）开展药品生产监管信息系统推广应用

大力推进药品生产监管信息系统在全省的推广，3～4月在南京举办了八期培训班，对全省107名药品生产监管人员和814名药品生产企业人员分批进行了培训。年底已激活企业账号500家，采集许可证信息500张，GMP证书信息758张，药品成品信息24532条（包括 11454个注册文号产品和13078个非注册产品），原辅料信息25570条，直接接触药品包材信息3987条，经销商信息13882条；生产厂商信息14631家。295家企业上报成品动态数据量92369条，原辅料动态数据量58277条，直接接触药品包材信息动态数据量15577条。

四、存在问题

（一）信息化建设缺乏统一的标准指导

经过近几年的信息化建设，省局和各地市局已经建立多个独立的业务应用系统，这些业务应用系统分别在不同的平台上开发建设，自成体系，运行方式、使用方式、接口和编码格式等都不相同，缺乏统一的技术标准和规范，导致各系统之间无法互通，“信息孤岛”现象严重，系统间互联、互操作性差。

（二）信息化队伍建设有待加强

信息化建设的队伍专业人员严重不足，力量相对薄弱，无法将工作重点进一步投入到业务调研、系统分析和规划建设中去。各地市信息化工作机构都是和办公室合设，市县局的计算机专业人员较少，且很多是兼职，需要充实专业技术人员，并对信息工作人员进行多层次、全方位的培训。

（三）重复建设过多，导致资源浪费

由于缺乏统一的规划，很多地市都根据自己本地市的实际，建设一批独立的系统，比如药品远程监管系统等，但各地市系统功能大同小异，重复建设造成开发资源浪费。

（四）食品药品监管数据没有很好地分析利用

经过多年系统建设和使用，已经形成了大量的数据资源，比如食品生产追溯系统仅试点的37家企业数据，就有800多万条数据量，目前数据的使用仅仅只用来进行简单的查询、统计作用，并没有充分地分析、利用来提升监管效率。

五、2015年工作思路

（一）科学规划，合理布局全省信息化建设，加强信息规范、标准制定

加强国家总局信息化相关标准的宣贯工作，加强监管数据模型研究和数据标准制定，从基础数据的层面引导全省数据的整体性、规范性、一致性，推动数据重构与优化，用数据标准推动系统、业务间的数据共享。

（二）加强信息化队伍建设，提高服务能力，拓展技术服务领域

开展调查研究，建立培训服务平台，根据分级管理体制的特点，按照谁的事权谁负责的原则，研究切实可行的信息资源整合利用方案，充分调动参与各方的积极性，进一步提高信息协同、共享水平。

（三）建设省级食品药品监管数据中心

积极推进省数据中心平台建设，在数据标准规范基础上，紧紧围绕数据组织集合、数据访问控制、数据使用性能、数据共享的问题，对现有数据中心逐步进行重构。以新项目和系统升级为契机，有步骤、有计划的开展数据重构工作，增加数据分类和归集的合理性，提高数据使用的灵活性，为数据挖掘和数据预警工作提供有效支撑。

（四）建设全省以云计算为中心的应用支

撑平台

整合资源平台，提升硬件支撑能力，对现有硬件网络资源进行科学评估，综合各类服务器、存储和网络安全设备资源，充分挖掘系统资源潜能。建立江苏省食品药品监管云服务平台，实行资源集中管理应用，普遍推行云端服务。面向全省各级各类食品药品监管和检验检测和技术审评机构，提供公共存储、计算、共享带宽、安全认证及各种支撑工具等通用基础服务和应用托管服务。建立合理的硬件运维工作制度和预算保证，加快建设全省食品药品监督运维保障平台建设。

（五）加强业务系统建设

深入开展追溯系统建设，完善三个系统的相关功能，稳步推进追溯系统的“三拓”工作，即“拓数量、拓种类、拓环节”。“拓数量”：拓展追溯系统在三类企业的覆盖范围，力争在2015年实现乳制品生产企业全覆盖，白酒和食品添加剂生产企业实现30% 覆盖。“拓种类”：拓展产品种类到肉制品、儿童食品生产企业。“拓环节”：把我省食品生产追溯系统和国家科技支撑课题建设有机结合起来，研究开发食品流通追溯系统，食品生产电子追溯系统与上游以及下游食品流通环节追溯相衔接，或形成全过程可追溯的食品安全电子追溯系统。

依据各部门的信用等级标准，生成企业信用等级，为实行“黑名单”制度建立信息基础，为加强市场管理提供重要依据，发挥重要作用。逐步建立统一征信平台，促进市场信用信息公开共享，加强信用信息与政务公开工作的深入结合，减少市场主体交易过程中的信息不对称和信息不完整，保证信用信息可匹配、可识别。

（六）建立健全全省食品药品监督安全管理体系与信息系统安全等级保护工作机制

加强物理安全、网络安全、信息安全、系统安全等建设，提高信息安全防护能力、隐患发现能力、应急处置能力。增强用户的安全性，加强数据证书、短信校验等用户管理安全机制手段的应用，加强监管数据使用安全管理，保证企业数据的信息安全。

（江苏省食品药品监督信息中心　关　春）

江苏省体育信息化发展概况

2014年，省体育局认真学习贯彻党的十八届三中、四中全会、习近平总书记和省委省政府关于加强体育工作的一系列重要指示精神，坚持以科学发展观为指导，深化改革发展，围绕中心工作，扎实推进我省体育信息化建设。

一、政务信息公开及网站建设工作

（一）转变思路，精益求精，抓紧抓好网站内容保障

全年共搜集全省体育信息1.3万余条，经编辑、整理在“江苏体育”网发布7600余条，“江苏省全民健身网”发布2200余条，积极向省政府专线、“中国江苏”网和国家体育总局网报送信息1300余条。同时，围绕全局重点工作，深入挖掘，策划制作了“全省群众体育先进表彰大会”、“江苏省第十八届运动会”等专题、网上直播和在线访谈22个。江苏体育电子图书馆新增图书20本。至2013年，连续四年获评“江苏省优秀政府网站”，2013年度省政府门户网站内容保障排名第五，荣获二等奖。在国家体育总局对全国省区市体育局网站建设保障三轮监测中，江苏省体育局均获得全国最高分。

（二）严格审查，规范有序，积极稳妥推进政府信息公开

针对上网信息，依据《政府信息公开条例》，严格执行三审发布制度，做好保密审查，做到涉密信息不上网，上网信息不涉密。同时，加大政府信息公开力度，按照省体育局逐步推行无纸化办公的要求，于3月1日起在“江苏体育”网特别设立“省体育局文件”栏目，并理顺公开流程。“江苏体育”网全年共公开省体育局文件260余份，各类通知、公告公示200余份。2013年“三公”经费、决算及2014年预算，以及2013年体彩公益金收支情况全部公开。接受局长信箱、在线咨询等网上信访信件426件，同比增长37%，已回复320余件。

（三）创新手段，拓宽渠道，巩固完善体育信息宣传阵地建设

继2013年开通江苏体育手机客户端和政务微博后，省运会期间开发建设了江苏省第十八届运动会官方网站，并首次开通运行省运会官方微信；环太湖赛期间，优化升级了环太湖国际公路自行车赛官方微信平台，精心编制环太湖赛举办城市、大众骑行、幕后花絮等信息和专题报道。微信平台的开通运行，为全面深入宣传报道省运会和环太湖赛提供了及时传播平台。同时，“江苏体育头条”手机客户端与“江苏体育”网要闻同步更新，“@江苏体育”腾讯微博广播消息620余条，听众数达到101756个。目前，已经树立了以“江苏体育”网为核心的网站、微博、手机客户端和微信等多元化“江苏体育”宣传品牌，逐步形成了多渠道融合、多平台联动的新媒体信息宣传新格局。此外，升级纸质信息编印，为推进我省体育事业全方位发展，通过多渠道广泛收集国内外体育事业各方面发展举措、经验信息，将内部《参阅资料》由季期，升为双月期，为全局各项业务提供信息参阅。

二、体育信息安全保障及信息化建设工作

（一）围绕中心，服务大局，扎实推进公

共体育信息服务

根据江苏体育事业发展对信息工作提出的新要求，认真贯彻落实局省共建公共体育服务体系示范区协议精神，启动“江苏体育”网后台升级工作，将进一步优化网站功能；协助群体处，开通全民健身工作应用平台，推进了群体工作数据库建设，对推动全局其他业务数据库建设具有启发性意义；认真研究“江苏省全民健身网”改版和优化升级，开发建成“江苏省全民健身网”信息报送管理系统，进一步规范了信息报送管理工作；开发建设了“江苏省社会体育指导员管理系统”，进一步规范对全省社会体育指导员的信息管理；各省辖市城市社区“10分钟体育健身圈”电子地图全部建成，逐步完善。为提升办公效率，规范组织管理，提高决策效能，按照“高标准建设OA”的要求，积极开展前期调研、市场调查，认真研究制定开发方案，完成招标工作，力争高标准、严要求做好局系统办公自动化建设工作，通过办公模式的改变，为全局行政观念改革创新打好基础。

（二）紧抓重点，突破难点，切实保障省运会信息服务

紧紧围绕第十八届省运会重点工作，在认真做好省运会官网建设、微信平台运维加强省运会宣传的基础上，继上届后又承担了第十八届省运会成绩信息处理系统的开发与运维，从年初运动员注册、骨龄判读、报名报项，一直到赛会成绩统计发布，首次成立26人组成的省运会信息员队伍，克服困难、深入赛场、昼夜奋战，圆满完成赛事成绩信息收集统计工作，严格做到比赛成绩及时、准确、高效地统计与发布，保证了赛会成绩信息管理工作顺利完成。

（三）强化意识，增强技术，坚持确保信息安全无重大事故

网络与设备日常维护任务繁重，年维修排障超600台次，网络排障50余次。信息安全形势日趋严峻，局系统网络被网络扫描入侵最高日峰值达到10000余次。面对信息安全的严峻形势，在及时做好局系统网络与设备维修排障的基础上，从人防层面，进一步加强全员信息安全责任意识教育，强化设备巡查和网站值班制度，进行日常数据备份，加强节假日期间监控反馈；从技防层面，8月对五环大厦老旧报废交换机和模块集中进行更换升级，安装了堡垒机和上网行为管理系统，进一步推进全局信息安全工作与管理科学化。按要求及时向省公共信用信息中心上报信息数据，维护权力阳光平台数据的内网交换工作，确保数据安全可靠。

虽然2014年我省体育信息工作取得一些成绩，但仍然存在一些问题需要改进。一是网络安全防护应对严峻局势仍存缺陷，信息安全亟待加强；二是信息服务与现实需求还有差距，公共服务能力有待提高；三是体育文化资源整合力度不够，必须加快步伐取得成效。

（江苏省体育信息中心　经焕娟）

江苏省安全生产信息化发展概况

2014年，江苏省安监局在省委、省政府和国家安监总局的正确领导下，按照信息化建设的要求，加快江苏省安全生产信息系统暨江苏省事故应急技术支撑平台（金安“二期”工程江苏节点）建设，坚持在“金安”工程（电子政务外网）框架下积极拓展地方安全监管业务，全面推进我省安全生产事故隐患排查治理信息系统建设，着力完善以权力网上透明运行系统为核心的政府网站建设，我省安监系统网上办事业务范围不断扩大，办事效率明显提高。现将2014年信息化发展概况总结如下：

一、积极开展江苏省安全生产信息系统暨江苏省事故应急技术支撑平台建设

2014年，江苏省安监局重点围绕江苏省安全生产信息系统暨江苏省事故应急技术支撑平台（金安“二期”工程江苏节点）开展建设。建设目标：一是将安全监管网络由市延伸到所有县，并实现与金安一期的对接；二是对省、市现有视频会议系统进行升级，在各县建立视频会议系统，形成统一的省、市、县视频会议系统；三是进行业务软件的开发与应用，实现安委会成员间信息共享，安全监管、行政执法网上操作；四是开展应急技术支撑平台系统建设，逐步实现与安委会成员单位的共享共建。

建成后的省、市、县（市、区）三级安全生产信息网络系统，实现与国家“金安”工程（一、二期工程）系统的对接，建成覆盖全省的安全生产事故应急技术支撑平台，以实现全省安全生产监管监察、应急救援信息的共享。目前，该项目正在建设之中，安全监管网络已基本延伸至县级单位，全省半数县级安监局已建立视频会议系统，系统业务软件正在开发之中。该项目将对全省安全监管监察和安全生产应急管理工作产生明显的经济效益，能有效地降低重特大事故的发生，并在发生事故时进行快速有效救援和最大限度地降低事故造成的损失，对推动我省安全生产科学发展，为从根本上促进安全生产形势的稳定好转提供信息化支撑手段。

二、全面推进隐患排查治理信息系统建设

为认真落实十八届三中全会关于“建立隐患排查治理体系和安全预防控制体系，遏制重特大安全事故”的要求，我省不断加大隐患排查治理体系建设推进力度，在“金安”工程框架下，着力加强隐患排查治理信息系统的建设，省、市、县三级累计投入5000余万元。截止2014年底，全省所有市、县级单位，已全部完成隐患排查治理信息系统建设，并实现了联网运行。隐患排查治理信息系统平台已覆盖了1233个乡镇（街道），录入企业177581家，其中规模以上企业36688家，2014年共录入857260条隐患，整改842039条隐患，整改率98.2%。该系统有效发挥了监督、监管、协调指导和大数据分析功能，进一步加强了政府和企业之间的隐患信息沟通，为部门开展针对性监管提供了支撑，大大提高了安全生产事故隐患排查治理的效率和质量。

三、加快建设江苏煤矿安全远程监管监察平台

根据国家安监总局关于加强煤矿安全监

管监察工作的总体部署，我省于2014年开展江苏煤矿安全远程监管监察平台（示范工程）建设。以江苏煤矿安全监察局作为平台建设单位，选择徐州矿务集团有限公司旗山煤矿、中煤集团大屯能源股份有限公司龙东煤矿和华润天能徐州煤电有限公司柳新煤矿作为示范矿井，利用物联网技术实现对煤矿人员、设备、环境、管理等安全生产信息的动态采集和综合展示，实现煤矿安全监控运行远程巡查和事故预测预警，提升煤矿安全事故防范和应急处置能力，从而实现煤矿安全生产远程监管监察示范性信息化工程。目前，该平台正在建设之中。

四、开发应用江苏省安全生产技术服务机构在线监管系统

我省针对安全生产技术服务机构运行中长期存在的各类问题，从而开发应用了江苏省安全生产技术服务机构在线监管系统，通过信息化手段加强对技术服务机构的监管。该系统让所有在江苏省内开展业务的技术服务机构公开透明网上运行，一是通过严格网上审核，杜绝了资质、人员挂靠现象；二是严格过程控制，对机构服务过程中的关键点进行把握，从而杜绝机构弄虚作假，不断提高机构的服务质量；三是按照“专业监管、属地监管”的原则，能解决各级安监部门和人员“管什么”和“怎么管”的问题，从而实现用信息化手段对技术服务中介机构的监管。

五、积极开展信息化标准的制定和使用工作

根据信息化发展的工作需要，2014年，江苏省安监局按照急用先行的原则，组织制定了《生产经营单位安全生产基础数据库建设及管理规范》、《安全生产信息系统数据交换与共享技术规范》、《安全生产监管监察业务和应急指挥平台数据规范》三个信息化地方标准，出台了《江苏省安全生产信息网络与视频会议系统建设指导意见》。这些标准与意见，是江苏省安监局加强信息化建设顶层设计的重要举措，对推动我省安全生产信息化健康有序发展发挥十分重要的作用，有效避免了信息化重复建设和资源浪费。同时，江苏省安监局积极学习贯彻国家安监总局出台的相关标准，并根据实际情况逐步向标准规范过渡，提高安全生产信息化建设的标准化水平。

六、强化权力运行监督制约，全面推进网上电子监察

江苏省安监局始终注重行政权力运行的监督制约，规范行政权力网上公开透明运行，加强平台电子监察系统的建设，及时维护更新，保证系统运行正常。充分发挥电子监督功能，加强对各处室所有行政许可事项的办理情况进行全过程实时监控，针对办件时限、内容、流程等异常情况发出预警报警信息，及时发起督查督办，有效纠正行政权力运行过程中时限异常、内容异常和流程异常等现象，保证权力运行全过程的时限性、规范性，全年网上办理行政许可事项8167件，发起督查督办517件。

（江苏省安全生产监督管理局　吴杰　孙明义）

江苏省旅游信息化发展概况

围绕省委省政府“畅游江苏”体系建设的全面部署，2014年江苏旅游信息化工作坚持在政企合作、区域协同、融合发展和应用服务上下功夫，进一步创新智慧旅游项目建设，推进信息技术与行业业务的深度融合，推进区域、城市、企业间旅游公共信息资源的数据融合，推进智慧旅游与智慧城市及其他产业的智慧化融合取得了一些突破，不断提高各级旅游主管部门和各类旅游企业的信息化应用服务水平，有效保障网络与信息安全。具体体现在以下几个方面：

一、抓好顶层设计，基本完成智慧旅游架构设计

我省是智慧旅游先发地区，为了探索出具有江苏特色的智慧旅游建设之路，按照《江苏省智慧旅游建设规划》，集全省之力编制《全省智慧旅游建设的实施意见》和江苏省 地方标准《旅游企业智慧旅游建设与应用规范》，提出了智慧旅游的建设目标、重点任务、发展方向、主要措施和旅游企业的建设与应用规范，较好解决了智慧旅游发展的理论与实践难题。省旅游局发布了《全省智慧旅游建设的实施意见》；省质量技术监督部门组织专家对《旅游企业智慧旅游建设与应用规范》进行了评审。

二、抓好示范引领，扎实推进智慧旅游项目建设

全省各地共有98个智慧旅游项目落地运行，扬州、镇江、宿迁、南京的中央管理（指挥）平台建设更加完善，2014年是我省推进智慧旅游建设以来实施项目最多、应用成果最明显的一年。为了推广各地的技术研发与应用成果，进一步引导产业一线的项目建设，在全省智慧旅游推进大会上首次公布了11家省级智慧旅游示范基地和31个省级智慧旅游优秀项目，引起国家旅游局、其他省市和社会的关注。另外，2014年省级旅游项目引导资金中，首次列入8个智慧旅游项目近3000万元的投资，这对于各地的智慧旅游建设，将起到“四两拨千斤”的作用。

三、抓好平台建设，畅游江苏网群建设运行提速

省市县三级同网运行的江苏旅游资讯网站、江苏旅游政务网于近期上线。省旅游局新浪官方微博“江苏微旅游”，粉丝量已经逼近20万，省局官方微信，活跃度接近省级机关各部门第一方阵。年内共发布微博、微信2800多条，图文阅读次数提高很快，群发消息的图文转化率平均超过35%，活跃度进入省级机关前10。此外，酝酿中的江苏旅游英文网站改版工作完成数据整理。策划同程旅游网“畅游江苏”展示馆、途牛旅游网“畅游江苏”旗舰店的建设。

四、抓好网络营销，在线宣传推广实现新突破

年内，省旅游局与新浪江苏、新浪微博和中国江苏网等强势网媒展开全面合作，推出“畅游江苏”系列活动。7月份，推出“畅游江苏 清凉一夏”你最喜爱的江苏避暑胜地评选活动，吸引600多万网民参与活动；9月份，推出“带着微博去江苏”活动，以5300多万网民参与收官；10月份，推出“畅游江苏 乐享秋韵”江苏寻味之旅活动，网民参与人数达到5200多万，还配套制作了昆山、南通、泰州、淮安、南京等专题视频。12月份，完成“畅游江苏，温暖冬日”江苏首届网络温泉节的策划、前期工作。

五、抓好联动宣传，一批主题活动高规格推出

省旅游局与各市联动，不断加大与国家和省内主流平面、网络媒体合作，创新策划系列活动，放大宣传效果，先后推出了以“畅游江苏，乐享青奥”为主题的“青奥央媒看江苏”活动，与省网信办、新华报业集团共同举办了“走运河　看青奥”全国网络媒体江苏行活动，与《中国青年报》和中国校媒网共同举办了“畅游江苏”大学生微旅游活动，与中国江苏网共同举办了“畅游江苏 醉美江南”第三届全国重点网络媒体江苏行活动。在全国范围内推出了一批图文并茂的活动成果，仅“醉美江南”活动就推出20多个专题网页，累计刊发原创稿件近300篇，图片1800幅，微信微博累计超过2000条，百度数据显示相关稿件超过72万条。同时，还与《新华日报》共同组织全媒体记者采访活动，连续在头版显著位置刊发6篇畅游江苏系列报道，在省内各界和全国旅游行业产生了较大影响。与省作协、《扬子晚报》共同推出由全国作协副主席等18位全国著名作家参与的“名家名作名街镇”采风活动。与香港中国旅游出版社、世界华人摄影联盟共同推出的由中国摄影家协会副主席等40位来自美国、加拿大、澳大利亚等国和台港澳与国内各省的著名摄影家参加的海内外著名华人摄影家系列采风活动，在不断彰显名人效应的同时，为江苏旅游积累更多更有品质的宣传资源，同时也更好地为江苏旅游文化添砖加瓦。

六、抓好能力建设，智慧旅游业务培训富有成效

在苏州市旅游局支持下，中国（苏州）旅游电子商务大会暨旅游目的地网络营销与智慧旅游论坛成功举办；在镇江市旅游局支持下，省局与新浪微博共同主办了全省智慧旅游微营销培训会；在常州市旅游局的支持下，全省智慧旅游推进大会上在常州顺利召开，会议上开展了江苏旅游大数据培训，参加这三种形式培训活动的人员达到900多人次，参加培训者都有较大收获。其中，微营销培训会同步推出的微博互动活动吸引了145万网民的关注，同步参与在线讨论的网民超过8000人次。

（江苏省旅游局信息中心　江　伟）

江苏省粮食信息化发展概况

粮食安全是国民经济和社会发展的基础，近年来在粮食流通工作实践中逐步得出的可持续发展思路为粮食信息化事业的发展指明了方向，即以行业信息化带动粮食流通现代化，充分利用现代信息技术，提高信息资源的应用水平和共享程度，从而全面提高行业建设的效能及效益。2014年，借助“全国粮食流通信息化建设试点示范省”、“国家物联网重大应用示范工程”推进契机，我省粮食信息化工作在相关部门大力支持下，着力打造“1210”工程，初步构建起以“信息基础设施先进、信息资源充分开发、技术应用快速成发展”为主要标志，以“数字化政务、精确化业务、信息化商务、网络化服务”为主要内容的“智慧粮食”基本框架，形成结构完整、功能齐全、安全稳定、信息共享、多级联动、覆盖全省的较为完善的粮食流通管理信息化体系，信息资源开发利用和社会服务水平全面提升，支撑粮食宏观调控科学决策和产业发展转型升级的能力大幅提高，全省粮食信息化水平居全国前列。

一、基础设施建设

我省粮食信息基础设施建设的核心是运用先进的物联网、信息技术手段加强对粮食信息资源的开发利用，形成粮食信息综合采集系统，建成省级粮食数据中心和覆盖全省范围内政府主管部门、仓储购销企业等行业主体的粮食信息互联网络。充分利用省政府业务内外网，建设完成覆盖省、市、县三级粮食行政管理部门并延伸至骨干库点的政府业务内网，形成互联互通的我省粮食流通管理骨干网。建设金宏工程纵向网实现与国家粮食局、国家发改委的互联，实现涉密业务数据的传输；建设金农工程专网实现与国家粮食局、农业部的互联，实现三农业务的协调管理。同时，从规章制度、技术防护、应急响应机制、教育培训等方面入手，加强行业网络与信息安全管理。

省粮食局为加快行业信息化建设，推进江苏省“数子粮食”建设工程暨“1210”工程。2014年，进一步建设省级粮食流通管理数据中心，集成三个平台（政务业务平台，物流商务平台和公共服务平台），初步形成覆盖全省物流中心、中心粮库、骨干粮库、一线收纳库网点的集共享应用、信息服务、信息安全为一体的我省粮食流通信息体系。

二、保障环境建设

（一）积极搭建合作平台

为确保国家物联网重大应用示范工程等物联网信息化重大项目建设，在省粮食局、省粮油信息中心的组织领导下，积极依托省内外高校和科研中心的技术优势，搭建多种合作平台，先后与南京财经大学、解放军理工大学、航天信息公司等单位合作，建立我省粮食流通信息化专家库，联合开展粮食流通行业信息化技术研发和示范推广，定期组织专家实地调研，召开专家联席会议分析研究解决省内信息化项目实施过程中遇到的问题和困难，千方百计推进行业信息化建设的力度，不断提升信息化建设应用水平。

（二）细化顶层规划框架

为推进全省粮食流通信息化工作，省粮

食局着力推进《粮库信息化建设技术规范》、《粮食流通信息基础数据元规范》、《储备粮可视化管理系统功能规范》三项省级信息化行业标准的实施，依靠顶层规划框架指导行业信息化建设。三项标准填补了我省粮食信息化标准建设的空白，为我省粮食流通信息化工作在规范系统建设、促进信息互通互联、有效实现行业内资源共享等方面打下基础。

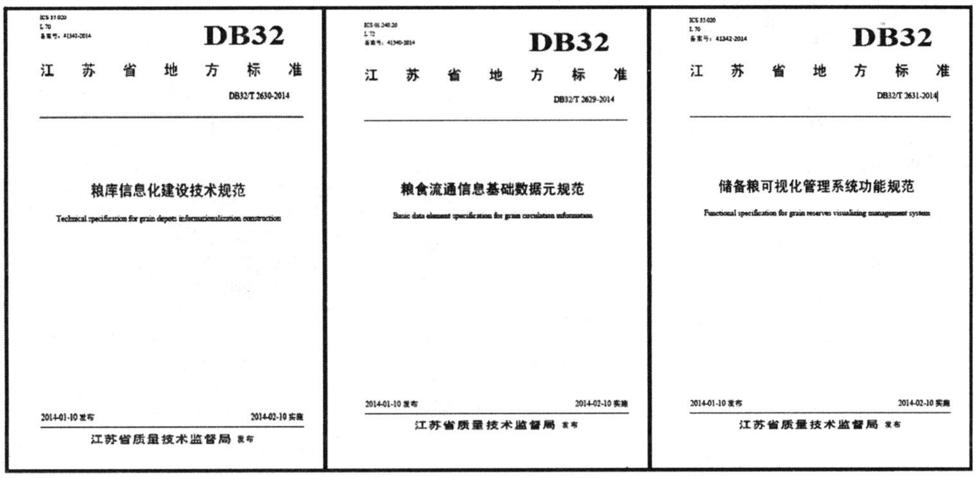

图1

同时，为建设完成区域粮食物流公共信息平台和省级、地方储备粮储运监管系统，我省积极与国家粮食局实行对接，细化《全省智慧粮食工程三年建设方案》的实施计划，定位大数据建设思路，基于云计算架构，建设“1210”信息化工程，努力构建基础设施比较先进、行业应用基本覆盖、主要业务可视可控、相关信息互联共享、系统运转安全稳定的智慧粮食体系。

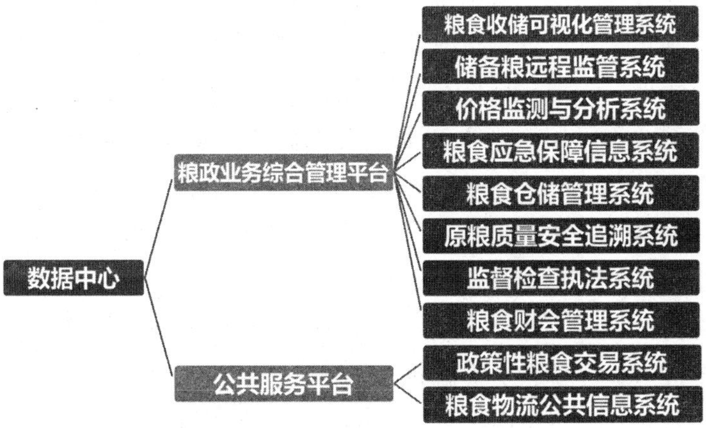

数据中心
粮政业务综合管理平台
公共服务平台
粮食收储可视化管理系统
储备粮远程监管系统
价格监测与分析系统
粮食应急保障信息系统
粮食仓储管理系统
原粮质量安全追溯系统
监督检查执法系统
粮食财会管理系统
政策性粮食交易系统
粮食物流公共信息系统

图2 建设“1210”工程

（三）分类推进思路

目前，我省已初步建成省、市、县三级粮食业务管理系统互连，实现全方位粮库远程监管、流程可视化、管理信息化。江苏的苏南地区经济发展水平较高，粮食产量较少，属于主销区；苏北地区经济发展水平不高，粮食产量较多，属于主产区；苏中地区经济发展水平适中，属于产销过渡区。每个区域的粮库业务形态不同，有物流中心、中心库、骨干库，有省直企业和市县企业，也有新建库和老库改造，代表性强，容易产生较好的示范效应。在信息化示范应用建设应因地制宜，根据企业积极性、不同区域的经济状况、粮库规模、粮库业务状况等标准进行推广。在省级储备粮库、大型物流产业园区，建设以物联网应用为核心的数字化智能粮库系统。结合危仓老库维修改造，在基层国有收储粮库，推进可视化收储信息系统建设。

图3

三、专项业务应用系统建设

（一）智慧粮库系统建设

我省结合国家“粮食储运监管物联网示范工程”项目建设，推广粮库智能化管理系统，实现粮情监测、视频监控、粮库业务管理系统的集成。围绕项目建设方案，全省智慧粮库系统建设主要进行业务管理信息系统、智能储藏保管系统、智能出入库系统、智能安防系统五大系统进行建设，部分高级、中级库建设部分智能仓储系统将传感器（温度、湿度、害虫、气体、重量）进行应用示范应用；所有的库都预留远程接口为公共信息平台和监管系统应用做好技术准备。截至2015年6月，列入国家59个物联网数字粮库建设库点已建设完成49家。

该示范项目的实施推广，在粮食仓储、调运等环节，以及企业、区域两个层面，建设区域粮食储运监管系统（省、地市级储备粮储运监管系统）、智能粮库管理系统、区域粮食物流公共信息平台三个系统。区域层面，建设省级区域粮食储运监管平台，向下延伸建设地市级储备粮储运监管系统，实现对江苏全省粮库的计划下达及远程监管。作为监管对象的企业层面，优选粮库建设基于物联网技术的智能粮库管理系统，包括智能出入库系统、智能储藏保管系统、智能安防系统、业务管理系统等子系统，实现粮库精细化管理和智能控制能力。在各示范粮库物联网应用系统基础上，集成区域性粮食物流公共信息平台，承接国家粮食物流中转任务，提高粮食流通效率。

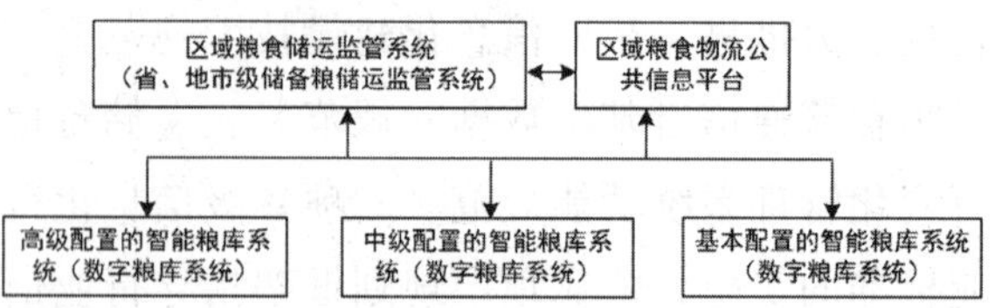

粮食储运监管物联网示范工程建设内容框架

图4 常州城北库“数字粮库”

（二）粮食收储可视化管理系统

实现省、市、区（县）国有粮食收购企业对粮食收购、销售、出入库的层次管理，实现统一的电子收购凭证和电子码单，通过自动采集农户商品粮的销售数据，实施记录农民出售粮食的品种、数量、方式和流向，准确记录收购企业、经纪人交易行为，建立粮食收购主体行为电子文件档案。结合危仓老库维修改造，在全省551个基层国有收储粮库，整体推进收储可视化信息系统建设，采集出入库、粮温、视频等信息，并与省级平台互通，实现动态业务数据定时传输、远程视频监控；投入少，企业积极性高。项目在2014年秋粮收购起正式应用，帮助政府主管部门实时掌握我省范围内551家国有粮库秋粮购销、价格和资金信息，实现集检化验、检斤、业务结算、统计报表、形态管理、领导查询、领导审批管理等功能为一体，形成一套完成的粮食购销出入库管理系统，大大减轻库点收购人员工作量，提高农民售粮满意度，为服务“三农”贡献力量。

（三）储备粮远程监管系统

通过省储备粮管理子系统建设，实现对省储备粮相关业务活动、省储粮承储企业的储备粮食出入库、业务流等管理；使用报表工具统计分析业务数据，实现数据图表展示，方便管理层对业务的整体监管；结合省储粮相关业务数据、使用工作流等技术，实现省储粮管理的网上协同及流程可溯可视。目前，该项目开始在省级储备粮库示范应用。通过系统与省级指挥平台的对接，实现储备管理与应急调度指挥结合，节约管理成本和提供应急水平。参照省级储备远程监管系统的建设样本，各市、县地方储备粮储运监管系统也正按各地的规划进行实施中。

（四）粮食应急指挥系统

依托国家重大科研项目建设粮食应急指挥系统，探索储备粮管理和运营的实时监控、应急预警等服务功能。一是建立储备粮库运行状态监控和预警服务体系，通过综合采用物联网技术对储备粮库进行实时视频监控、粮情测温等集感知、监控、预警和处置，实现储备粮库运行状态监控和预警服务；二是建立储备粮库安全运营管理体系，实现储备粮库的日常巡检、维修、事故处理等工作的管理；三是实现对粮食收购、流通相关质量安全调查、品质测报、质量追踪等外部查询；四是建立粮食安全预警模型，确定监测预警指标，及时调整监测频率和密度，增强监测预警的敏感性和即时性，提高监测工作的前瞻性和预见性，切实加强粮食市场监测和分析功能。

（五）区域粮食物流公共信息平台

省局为加大全省粮食物流公共信息平台基础建设，2014年在全省规划调整后的855个粮库中，结合“危仓老库”维修改造，投入资金6600万元，选择552个基层国有收储粮库，整体推进收储可视化信息系统建设，将粮食收储、粮情检测、视频监控进行库内系统集成，今后与省级平台互联互通，实现动态业务数据定时传输和视频信息实时远程监控，为公共信息平台大数据建设和监管系统的整体应用奠定了良好基础。

通过上述整体部署，我省粮库逐步实现了规范化作业，精细化管理，智能化管控，形成了江苏特色的“智慧粮库”。在此基础上，为探索粮食流通监管系统的建设，按照国家粮食局部署，全省分批实施全省粮食库存识别代码试点示范建设，将库存识别代码试点建设与粮库信息化系统相融合，实现跨区域、不同层次、不同类别企业之间粮食收储、流通关联业务流程可追踪、质量可追溯。目前库存识别代码的63家单位均如期生成识别代码，成功实现试运行，下一步将根据试点情况改进后，扩大识别代码试点。同时，选择稻谷、小麦、大米、面粉四大品种，覆盖省内200个价格采集点，实现从基层粮食企业到省局粮食购销存数据统计信息化网络，向社会发布价格指数信息，为分析预测粮食市场价格变化、实施粮食宏观调控、服务粮食企业经营提供科学依据。

（江苏省粮食信息中心　潘　迪）

江苏省海洋与渔业信息化发展概况

2014年，省海洋与渔业信息化工作紧紧围绕省委、省政府中心工作，围绕海洋与渔业强省建设，加大创新力度，利用日趋成熟的物联网、卫星遥感、无人机、无人船、远程视频监控和海洋遥感技术等，海洋与渔业信息获取手段已有质的飞跃，海洋与渔业信息化处理水平有新的提高，全省海洋与渔业信息化工作迈上了新台阶。

一、海洋与渔业信息获取方式和监视监测技术手段有新提高

（一）开启无人机监控模式

无人机以机动、灵活、高精度等特点，在海洋与渔业中开展了广泛的应用。我省购置了测绘型和监测型无人机共3架，建立了一套应急指挥监控系统，形成了天上看、地上查、网上管和视频探“3+1”立体化监管模式。其中，测绘型无人机可获取高分辨率航空影像，用于生产高精度的航空正射影像图、数字高程模型，满足遥感影像获取需要。监测型无人机实现定点凝视和巡航监测、垂直和侧视视频影像获取、通过数字无线图传电台实时下传，并能快速拼接视频影像，满足应急事件处理需要。2014年，航拍面积累计3000多平方公里，航拍数据达1TB，经处理的无人机遥感数据在海洋与渔业生态保护、港口及区域用海监测、海洋污染监测与防治、海岸带监测及渔业环境变化研究与资源开发服务中起到重要作用。并编制出版了《江苏沿海海域航拍图集》，为公众研究、开发利用海洋资源提供参考。

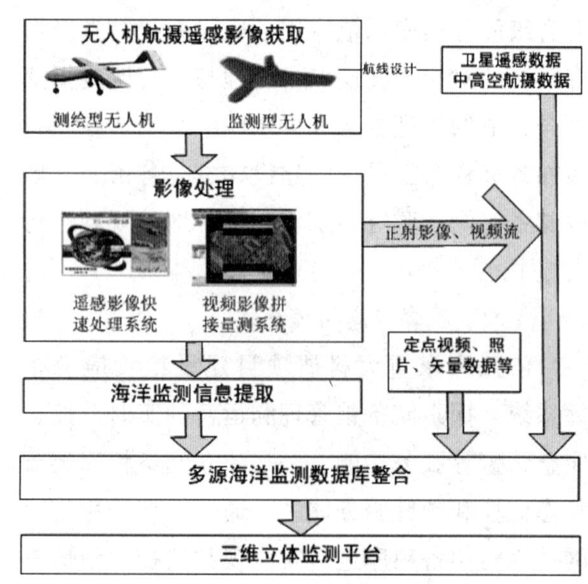

图1　无人机监控流程图

（二）探索无人船水下监控

无人船弥补了现有卫星遥感、航空遥感和现场监测技术手段的不足，以小型无人船为平台，搭载全球定位系统（GPS）、电子罗盘、测深仪、无线控制系统等。针对我省的海域和海岛情况，通过分析摄像机参数与装载方式对速度测量的影响，确定水下摄像系统的配装方案，将其搭载已有的无人船上。同时，通过对推进系统和视频传输系统的改造，进而对无人船进行了升级。并在连云港选取海域和海岛等作为监测对象，获取了周边的地形数据和影像数据，并与遥感动态监测数据相结合，测试了船体直航、转弯操控等，开展了潮汐、波浪、深度、温度、盐度测量和海洋气象要素自动观测等实验，满足海域和海岛管理的需求，在海洋综合管理中发挥着重要的推动作用。海域无人

船使用虚拟现实和互操作手段，实现了对海域和海岛的数字化、动态化模拟监测，在连云港地区每年可节约海域动态监管经费约50万~70万元。

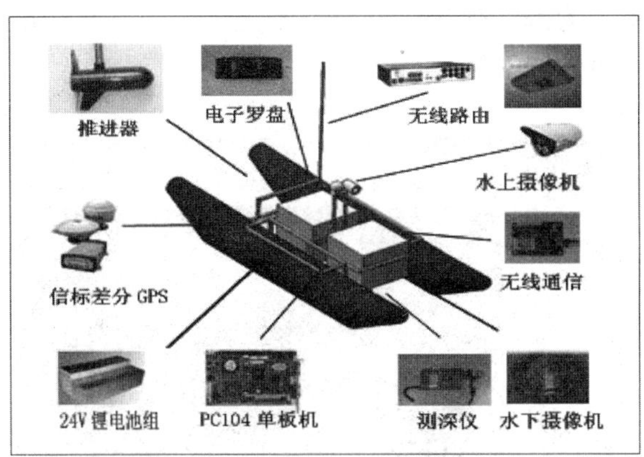

图2 无人船系统与传感器配置

图3 双体双推进无人船系统

二、重大海洋与渔业信息化项目建设，推动海洋信息化工作向纵深发展

（一）物联网技术迈出新步伐

省局在2014年召开的全省渔业物联网技术推广应用培训会上要求在现有的18个省级现代渔业产业园区、19个省级现代渔业精品园、38个省级现代渔业示范场（基地）和26个省级出口示范基地上先行推广使用渔业物联网，同时积极鼓励和支持有条件的地区和单位开展渔业物联网技术应用，切实提升江苏渔业信息化水平。近年来，宜兴市建立了“智慧水产养殖系统”，该系统以物联网传感技术精确识别蟹塘含氧量，由采集、传输、控制与中央管理四个部分组成。通过无线3G设备、主控平台与增氧设备智能联动，实现了蟹塘的智能化增氧。溶解氧传感器作为采集和传输单元，可对蟹塘内的含氧量进行监测，控制器对传输来的信息进行分析。智慧水产养殖系统集成了众多物联网技术的高科技设备，得益于无线传输以及后台控制系统，养殖户可以足不出户“居家”巡塘。“智慧水产养殖系统”运用物联网技术，提升了产品数量和质量，增加了农产品的产出收益，真正实现了河蟹养殖的智能化。2014年，该系统还在无锡2万亩蟹塘成功应用，亩均增收1000元以上。

（二）水产品质量安全追溯体系建设取得新成效

我省从2011年开始启动建设水产品质量安全追溯体系，目前，已率先在全国建成“四位一体”水产品质量安全监管及追溯模式，即集“水产品质量追溯、水质在线监测、养殖环境监管、水生动物疾病诊断”等功能一体，实现养殖环境、养殖水质、养殖过程、养殖主体的统一监管，初步实现水产品生产可控制、去向可跟踪、责任可追究目标。大型养殖企业通过四位一体的水产品质量安全信息上传，中型养殖企业通过手机APP的方式实现追溯信息的录入，小型养殖户通过药店安装的养殖IC卡管理系统，实时上传养殖户信息。探索建立了产地到专卖店、到超市、到加工企业、到餐饮企业的4种水产品质量追溯流通模式，以及网站查询、触摸屏查询、手机查询3种查询方式。2014年，建立追溯分中心2个，建立追溯点20个，实施面积16.13万亩。到目前全省已建立21个追溯管理分中心，建成追溯点243个，追溯面积133.77万亩，共建立水产品生产追溯监控示范点39个（四位一体的追溯信息客户端320余个、移动客户端160余个、养殖IC卡3600余张），质量追溯已成为我省水产品质量监管、追溯的重要平台，为我省水产品质量安全管理工作发挥了重要的支撑作用。

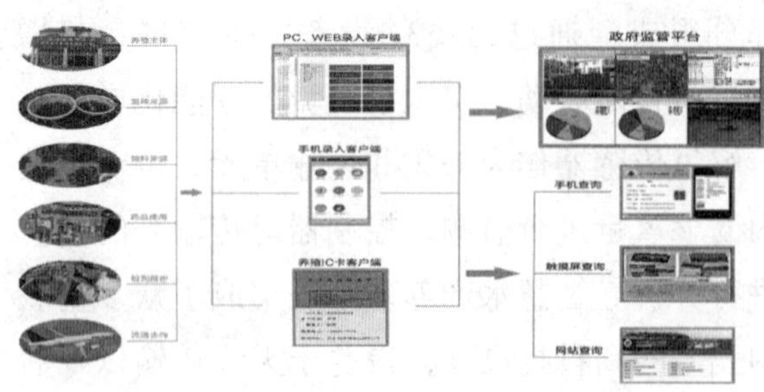

图4 水产品质量追溯体系技术路线图

（三）完善海域地面监视监测数据中心

完善养殖用海管理、区域用海企业监测等专题模块，重新设计海域地面监视监测、疑点疑区监测等业务流。形成以江苏海域数据为核心的数据管理平台，使其成为拥有海域要素齐全、覆盖范围广、海域重点项目数据的收集管理和发布中心，并建成一批标准化的海域数据集产品。对全省2000多宗、33万多公顷的海域数据进行管理，对200多宗重大用海项目进行动态监视监测，实现了基础地理信息数据、地面监视监测数据、遥感解译成果和三维全景图像数据入库与管理；并通过该数据中心采取面向对象图像分类技术对全省21个区域用海规划，对疑点疑区海域使用专题信息提取，编制了《全省区域用海疑点疑区监视监测报告》，满足对江苏沿海海域开发利用现状信息、围填海工程进展信息、重大项目用海动态变化信息等的管理。对实现江苏省海域动态监视监测数据的科学化、规范化管理，保障全省海洋管理业务化运行具有重要作用。

（四）建成首个海岛三维立体监管平台

该平台在现有海岛地名调查数据基础上，建立了海岛地名调查库、海岛整治修复数据库等，最大程度的挖掘和发挥了现有海域海岛业务数据的效用，加工生产海洋基础地理、海岛资源、海洋卫星遥感影像等系列产品，形成标准数据产品库；对我省26个海岛、110个低潮高地和虎皮礁、鸭礁等暗礁进行精细化管理。该系统整合了已有海域业务系统数据，率先在全国实现了海域和海岛数据的二三维联动，实现了全部海岛的三维可视化管理，为下步全省海岛的业务化体系建设，提升海岛管理科学化水平，为海岛保护、开发，推进海岛生态整治修复建设提供依据。

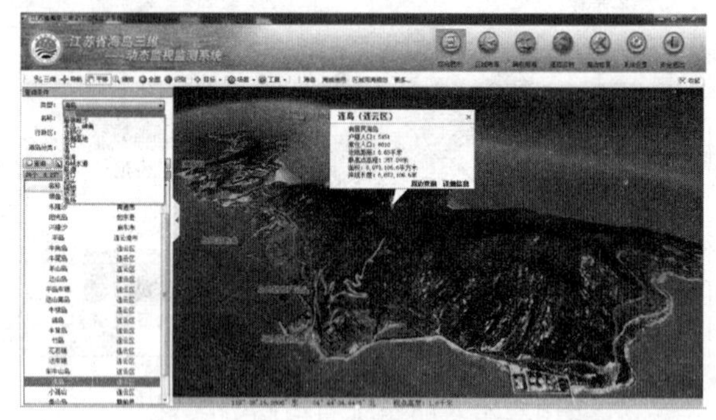

图5 江苏省海岛三维动态监视监测系统

（五）无人机三维立体监管平台建设取得重要进展

研究了海洋与渔业的地理编码及网格化管理技术，将三维GIS技术、虚拟仿真技术应用到海洋与渔业信息化管理中。集成遥感影像、地形数据、境界、路网等基础地理信息数据和海域使用数据、功能区划数据、三维建筑设施、围填海工程数据等海域监管专题数据，按照统一的标准和规范对空间数据进行处理整合。开发了无人机三维立体监管平台，服务于无人机任务的规划和监管、海岸带自然地理环境仿真再现、违法用海的监测、区域建设用海的分级管理、浒苔应急监测分析、渔业环境监测等，实现了海洋与渔业环境监测等业务信息的空间化，构建了多源异构、持续运行的海洋与渔业无人机监测核心数据库。开展了海洋与渔业数据的应用服务，实现海洋与渔业数据的三维立体化展示。2014年，针对我省海域出现的浒苔等突发事件，1小时快速到达现场，进行了无人机航拍及图形回传，第一时间提供浒苔漂移路径及覆盖范围等分析数据，为海域应急指挥提供了保障。

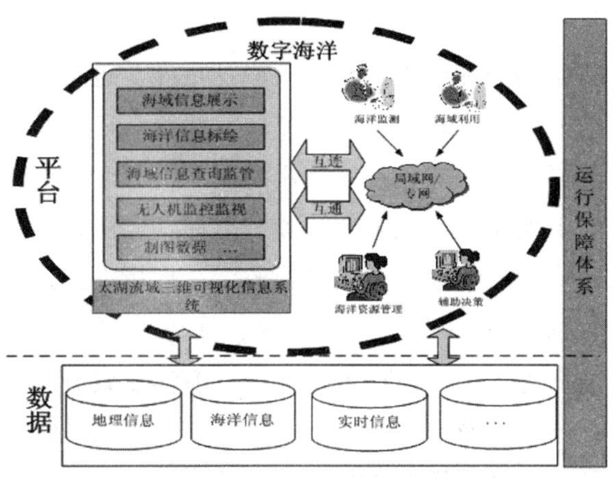

图6 无人机三维立体监管平台建设流程图

（六）海洋经济运行监测与评估系统业务化运行

建成了海洋经济运行监测与评估系统，我省的海洋经济监测评估工作已基本实现网上运行。2014年的市县海洋经济统计以及“四合一”监测数据全部通过网络上报汇总，2013年度全省和三个沿海市海洋生产总值核算也首次通过系统进行自动核算，为省局发布海洋经济公报提供了准确详实的数据。全省海洋经济监测队伍业务能力大幅提升，县级资格实现了从无到有，全省共有27人取得统计从业资格证，实现统计业务的合法性。省海洋经济运行监测与评估系统，被评为2014年江苏省重大信息化示范工程。

（七）构建南通海域三维实景动态监管系统

利用三维实景信息化技术和地理信息技术，建设了南通海域三维实景动态监管系统，开发了监视监测平台、数据快速加载处理模块、数据库管理模块、地图引擎模块、检索模块等。采集了南通市沿海地形地貌、岸线变迁、港口开发及海域滩涂开发等高清实景图像和影像信息，建立起多学科、多专业的数据库体系，实现数据的整合改造和集成，制作各类海洋信息产品。使各级海域管理人员，足不出户即可巡查沿海现状。在此基础上，海洋数据和信息传输与交换，通过已有全省海域动态专网，实现海洋信息的共享服务，提高海洋信息化管理和利用效率。

三、基础性海洋与渔业信息化工作进一步加强

（一）进一步建设和完善了省海洋与渔业政府门户网站

对门户网站进行了改版，重新设计网站首页，体现建设海洋与渔业强省的绿色发展主题。增加了相关专题和政务公开信息的内容，提高了海洋行政管理工作效率和公众服务能力，促进了政务公开。2014年网站共发布信息11085条，网站更新时效性强。科技入户资讯、水产品价格系统等服务渔业渔民的栏目，占到全网站发布信息量的1/4，具有良好的指导效果；反映基层工作新方法、新成果、新经验的信息越来越多。根据国务院办公厅专门下发《关于开展第一次全国政府网站普查的通知》，我局积极组织开展政府门户网站普查，有效解决“不及时、不准确、不回应、不实用”的突出问题。完善制度，修订新的网站管理办法，将网站信息内容保障工作纳入局系统绩效考核体系。

（二）全省海洋与渔业视频会议系统全部建成

省局在南通召开局系统信息化建设推进会，会上介绍了《省海洋与渔业局信息广域网和视频会议系统建设方案》，局领导部署了2014年度信息化建设重点工作。省海洋与渔业信息中心将直属单位视频会议系统建设与保障工作，作为年度信息化建设的重点任务来抓。目前，全省海洋与渔业视频会议系统已全部连通，我局视频会议系统已实现了与国家海洋局、农业部，沿海3市14县海洋主管部门，内陆10个地级市农（渔）业主管部门，全部局直属单位等多点之间的视频联网。应用范围逐步扩大，首次成功召开了覆盖全省范围的渔业安全视频会议，作用凸显。据统计，2014年全年召

开保障海洋管理、海洋经济、防灾减灾、安全生产领域的视频会议20余次，累计参会近千人次，为节约三公经费、提高行政效率提供了信息化条件。

（三）海洋与渔业信息安全工作更加规范

建立了海洋与渔业信息化数据安全和网络安全机制，针对当前国内外网络安全日趋严峻的形势，加强了海洋与渔业局系统网络安全的防护能力，定期巡检，及时做好应急处置预案。连续三年开展海洋与渔业局直属单位门户网站外部安全检测工作，对发现有严重安全隐患的单位提出整改意见。对省局内所有计算机进行网络安全风险排查，增加了防护措施。省局与省船检局建成首个数据异地容灾备份系统，保障数据和应用安全，为网络系统业务运行提供安全机制保障。

（四）规划海洋与渔业信息化标准体系

建立有效的、高层次的海洋与渔业基础信息管理体制、信息安全和保密有关制度是提高海洋与渔业信息化建设的质量与水平的基础。包括制订海洋信息共享数据安全分类分级管理办法、海洋与渔业专题工作规范等。其中，江苏省区域用海海域使用动态监测工作规范2014年7月获省质量技术监督局批准立项。该标准在省质监局标准体系框架的原则指导下进行，在地方标准、技术支撑等方面，研究在区域用海的具体应用。包括区域用海规划的三个时段：施工前监测、施工期监测和后评估监测，制订区域用海信息分类、地面监测交换标准格式、数据处理和质量控制标准、遥感监测数据标准、远程视频监控数据标准，海洋要素分类体系与编码及其图示图例规范。有利于海域管理部门对区域用海进行管理和监督，并为促进地方海洋经济可持续发展提供有力的保障。

（五）加大海洋与渔业信息化对外交流合作

为推动海洋与渔业强省建设，发挥信息化、空间地理信息在全省海洋与渔业工作中的支撑作用，提升行政管理信息化水平，推动关键信息技术在海洋与渔业产业上的应用，提升海洋与渔业生产智能化水平，省局分别与中国移动江苏分公司和省测绘地理信息局进行调研合作交流，双方签订了战略合作协议。初步建立了海洋与渔业信息多级管理、服务、运行机制，为全省海洋与渔业机构提供了有效的信息化服务。

（江苏省海洋与渔业信息中心　崔丹丹　朱瑞）

江苏省价格管理信息化发展概况

2014年是全面深化改革的开局之年，全省价格系统积极深入推进政务公开和电子政务工作，围绕价格中心工作，深化价格行政权力公开运行，加大政府信息公开力度，继续推进“数字物价”和信息化建设，提升信息安全保障服务能力，努力服务和保障价格中心工作的顺利开展。

一、规范价格行政权力运行

（一）深化权力公开透明运行

实现权力库在用权力事项全部网上运行，完整记录办理过程中的行政相对人要件信息及价格管理文书和操作痕迹，推动所有行政权力全上网。加强权力运行的电子监察和法制监督，强化对权力的规范和制约。建立对行政权力网上运行监督管理的会商和通报制度。

（二）搞好价格政务服务

按照《省政府关于加强政务服务体系建设的实施意见》，做好政务大厅窗口服务工作，严格执行首问负责制、服务承诺制和限时办结制等制度，为社会提供优质高效的服务。做好10项价格权力事项进驻省政务中心的统筹协调工作，做到运行平稳、衔接有序。加强网上电子政务大厅管理，完善提高网上电子政务大厅功能，提高服务质量。

二、推进政府信息公开

（一）推进重点领域信息公开

认真贯彻《省物价局关于做好当前政府信息公开重点工作的意见》，加大工作力度，推动价格行政审批、财政预算决算和“三公”经费、价费调整信息、价费公示、价格监管信息公开，推进重大决策部署和改善民生政策落实情况等6大重点领域信息公开。重要价格政策发布前，要做好解读工作预案，通过门户网站、新闻媒体等进行政策解读，及时答疑解惑。

（二）加强门户网站建设

修订完善门户网站内容保障办法。强化门户网站互动功能，根据价格重大决策部署、阶段工作重心和部门职能，推进与公众互动，办好咨询投诉、民意征集、访谈直播等公众参与栏目。做好价格政务微博的发布管理，开展互动交流。

三、加强价格信息化建设

（一）继续推进“数字物价”建设

根据实际使用情况，完成全省“数字物价”平台软硬件的提高和完善，加强平台在系统的推广使用力度。

（二）开发完善价格信息应用系统

以价格业务工作需要为中心，会同有关部门编制了2014年全局价格信息系统开发工作计划，进一步明确工作任务和目标，重点开发全省价格诚信平台、粮油批发市场预期指数、中药饮片采报价等11项任务，并对有关信息系统进行完善。出台价格信息化建设管理办法，加强价格信息化建设的统筹协调与规范管理。

（三）建设全省价格视频会议系统

根据省委省政府精简会议、提高会议效率和提倡使用电视电话会议的有关要求，建设省物价局到省辖市、省直管县物价局的二级高清视频会议系统，建设省物价局主会场1个和分会场16个，实现远程视频会议、业务交流、工作培训和应急指挥等应用。

四、强化信息系统安全管理

（一）夯实信息安全保障基础

修订完善信息安全管理制度，落实信息安全防护与管理措施。认真落实重要时期和节假日期间信息安全保障责任和值班制度，保障局重要信息系统的平稳运行。开展信息安全等级保护和风险评估自查和抽查，切实做好自查自纠和安全隐患整改工作。做好网络信息安全保密等工作，加强纵向网安全管理。

（二）提升信息安全保障能力

组织开展信息安全培训，宣传普及信息安全知识，提高安全防范意识。强化信息安全应急处置能力建设，建立健全信息安全技术支撑专家队伍，组织开展信息安全应急演练，完善安全应急预案。加强信息安全保护理论和实践的研究，开展江苏省价格信息系统安全现状及保障策略研究。积极推动价格数据分中心建设。

五、落实工作保障

（一）加强组织领导

加强对价格政务公开和电子政务工作的组织领导，各地要明确责任部门和人员负责政务公开、权力运行和电子政务工作，确保工作的正常开展。

（二）加强培训指导

加强工作调查研究，组织开展工作业务交流，认真分析工作中出现的新情况、新问题，并研究解决措施。加强对各级价格部门电子政务管理人员的培训，推动技术创新和管理创新。

六、2015年重点工作思路

（一）加强价格信息化建设

继续推进“数字物价”建设。根据实际使用情况，积极建设VPN、移动办公、数据分中心，完成全省“数字物价”平台软硬件的提高和完善，加强平台在系统的推广使用力度。开发完善价格信息应用系统。根据价格信息化建设管理办法，以价格业务工作需要为中心，会同有关部门编制2015年全局价格信息系统开发工作计划，进一步明确工作任务和目标。完成全省价格视频会议系统。根据视频会议系统实施方案，一月份将完成所有分会场建设并投入使用，实现远程视频会议、业务交流、工作培训和应急指挥等应用。加强对全系统价格政务公开和电子政务工作的组织领导，组织开展工作业务交流，认真分析工作中出现的新情况、新问题，并研究解决措施。加强对各级价格部门电子政务管理人员的培训，推动技术创新和管理创新。

（二）深化价格行政权力公开透明运行

统一清理规范价格权力，建立健全价格行政权力事项的动态调整机制，将我局价格权力事项由58项调整为80项，重点对行政权力事项名称、行使依据、法定期限、收费标准、自由裁量基准等进行统一，排查防控权力运行的廉政风险点和风险防范措施。搞好价格政务服务。认真落实省级部门进驻政务服务中心“三集中三到位”工作推进会精神，做好省政务服务中心窗口受理工作，严格执行首问负责制、服务承诺制和限时办结制等制度，为社会提供优质高效的服务。做好22项价格权力事项进驻省政务中心的统筹协调工作，做到运行平稳、衔接有序。加强网上电子政务大厅管理，完善提高网上电子政务大厅功能，提高服务质量。

（三）加大政府信息公开力度

推进重点领域信息公开。推动价格行政审批、财政预算决算和“三公”经费、价费调整信息、价费公示、价格监管信息公开，推进重大决策部署和改善民生政策落实情况等6大重点领域信息公开。重要价格政策发布前，做好解读工作预案，通过门户网站、新闻媒体等进行政策解读，及时答疑解惑。加大主动公开工作力度。主动、及时、全面、准确发布价格权威信息，增进公众对价格工作的了解和理解。

严格执行保密审查机制并有书面审查记录，切实处理好公开与保密的关系。进一步拓宽公开渠道，认真落实新闻发布制度，按规定及时向政府设立的政府信息公开查阅点报送主动公开的信息。加强门户网站建设。进一步强化门户网站互动功能，根据价格重大决策部署、阶段工作重心和部门职能，推进与公众互动，办好咨询投诉、民意征集、访谈直播等公众参与栏目。做好价格政务微博的发布管理，开展互动交流。

（四）强化信息系统安全管理

提升信息安全保障服务能力，夯实信息安全保障基础。认真落实重要时期和节假日期间信息安全保障责任及值班制度，保障局重要信息系统的平稳运行。开展信息安全等级保护和风险评估自查、抽查，切实做好自查自纠和安全隐患整改工作。做好网络信息安全保密等工作，加强纵向网安全管理。组织开展信息安全培训，宣传普及信息安全知识，提高安全防范意识。强化信息安全应急处置能力建设，组织开展信息安全应急演练。

（江苏省物价局　吴　迪）

江苏省金融业信息化发展概况

一、人民银行南京分行2014年信息化建设概况

（一）积极稳妥，全力保障辖区金融信息安全

一是做好信息安全基础工作。完成2014年“两会”、“青奥会”等重要时期辖区金融信息安全监测预警，扎实做好重要时期的金融网络和信息系统安全保障工作。组织全省人民银行系统开展了业务网网络系统、办公自动化（OA）系统等7个方面的应急演练，完成辖区内网络及信息系统漏洞扫描风险评估工作。二是加强信息安全基线管理。根据总行《信息安全综合规范》有关要求，加强全省信息安全基线管理，通过分析、汇总信息安全基线的执行情况，组织全省开展问题整改。三是做好银行业信息安全管理和指导。完成辖内银行业金融机构网络与信息安全自查。对江苏银行、江苏省联社、苏州银行和江南农商行开展了信息安全现场执法检查，共发现问题105个，提高了金融机构的信息安全工作水平。组织召开了江苏省金融业信息安全联席会议，通报了全年的信息安全工作情况。与江苏省通信管理局和江苏省互联网应急中心通力合作，多次联合发文通报辖区金融信息安全事件，提高风险防范能力。四是做好网络安全宣传。积极开展辖内金融机构的网络安全宣传工作，围绕金融、电信、电子政务、电子商务等网络安全重点领域，帮助社会公众了解网络安全风险，掌握基本的防护技能。

（二）统筹兼顾，全面提高金融科技服务水平

一是完成重要业务系统的建设与推广。实现了中央银行会计核算数据集中系统(ACS)和业务网电子档案系统在全省的上线运行，完成人民币结算账户系统的优化升级。二是开发地方特色信息化项目。组织江苏省财政支出前置系统（一期）的开发与部署；完成江苏省国库会计风险监测系统、人民银行反洗钱通用数据分析系统等的建设工作。三是加强网络基础设施建设。开展网络同城双活技术研究和工程实施，更新了两个同城网络通信中心之间波分设备，调整了金融城域网DMZ区域结构，实施分行金融城域网防火墙替换工作，提高了网络通信的安全性和可靠性。实现小微接入平台路由器更新改造，进一步推进了金融城域网小微机构接入平台建设工作。

（三）规范有效，继续加强金融科技管理与指导

一是加强金融标准化工作的组织管理。及时转发人总行下发的各项国家和行业标准，做好金融IC卡、信息安全等级保护相关标准的宣传、贯彻工作。组织江苏辖区地方性金融机构总结“十二五”以来的信息化建设成果，完成江苏省辖区《中国金融业信息化“十二五”发展规划》中期评估。二是做好金融机构编码管理工作。组织2014年度金融机构编码年度验证，完成全辖银行业存款类金融机构代码证发放工作。三是开展科技业务调研与宣传。围绕移动金融技术、省级数据中心数据深度应用、互联网金融及金融标准化等重点内容，开展科

技业务专项调研，完成调研报告20余篇。同时利用刊物、网络等多种平台开展人民银行和金融机构信息化工作情况及成果的宣传。

二、国有商业银行2014年信息化建设概况

（一）中国工商银行江苏省分行

1. 信息系统运行保持稳定

2014年，全辖信息系统日均业务量1153.07万笔，峰值业务量1786.13万笔，业务量排名全行第四；信息系统可用率保持在99.99%。

一是提升各级机房综合保障能力：在省分行层面，完成生产机房综合布线系统更新改造工程，实施了核心配电柜数字化改造和机房蓄电池集中监控项目，极大提高了机房线路系统的安全性和可靠性；二是优化信息系统架构：根据总行统一部署，实施了电子档案系统综合改造项目，将各二级分行电子档案影像缓存服务器上收至省分行，缩短了影像提交时间，提高了系统的整体高可用性；三是规范日常生产管理：形成高风险变更评审制度，提前研究讨论变更方案的完整性和可行性，严格落实变更安全、技术、管理审批要求，将生产风险控制前移；四是完备系统应急管理：在全行统一标准应急场景基础上，结合江苏省行系统特点和维护需要，编制了涵盖网络、环境设施和应用系统的应急预案共43项，涉及各类业务故障场景231个。年内组织开展了涉及机房环境、网络及各重要业务系统的应急演练；五是持续推动信息安全工作：加强信息安全合规管理，将相关指标纳入对市行行长经营绩效科技专业考核，进一步加大了各级领导对信息安全工作的关注。

2. 重点任务实施扎实有序

以南通分行为试点，在全辖推广了市行设备配送扁平化管理及库存清理工作，取得了显著效果。全年共计新投放ATM 1285台、自助终端280台、网银体验机机19台、普通POS 8200台、自助回单打印机540台，快捷发卡机30台。全辖自动柜员机、自助终端硬件正常运行率分别达到99.11%、99.47%。优化自助服务环境，为全方位履行青奥金融服务承诺提供了保证。建设起省分行中心系统和100多个网点的无线上网环境，供客户通过无线方式访问工行网上银行、手机银行及指定的同业、合作商户等网站。完成基于智能终端的分行特色业务开发及测试投产。

（二）中国农业银行江苏省分行

1. 管理与技术并重，确保省域网安全稳定运行

通过实施前置系统双活架构优化、AIPS前置系统升级、PC服务器资源池扩充、强化运行管理、完善生产运维操作规范等手段，顺利渡过业务高峰，确保了省域网稳定运行。

2. 加大产品研发力度，不断增强科技支撑能力

2014年全年，确定全年共立项89个，至12月底，完成动态业务需求258份，接收并部署总行产品更新348次。重点完成对公开户流程优化项目在全国推广、“柜面通”系统开发、“E商管家”的改造推广和“小微企业风险预警系统”投产。此外，2014年，还完成了金穗苏通卡与苏通储值卡项目、社会保障卡二期系统改造、“软呼叫”系统推广、财会精细化管理平台投产、收费系统优化改造、省域事后监督中心上收、同号换卡、理财产品预约、贷记卡电话调查、电子银行数据挖掘营销支持、江苏移动上下游客户代收款合作等几十个系统的开发、推广工作。其中，自助设备现金集中管理系统、银企一站式自助服务平台、驾驶人增值服务平台、新概念银行体验中心等多个项目获得农总行优秀科技成果奖。

3. 强化信息安全建设，不断提升信息安全管理水平

2014年，省行本部累计实施主备切换演练、异地灾备演练、信息系统实战应急演练等

共6次，辖内二级分行及以下机构实施灾备切换演练2次，二级分行覆盖率达100%；全面实施信息系统双机热备，系统的应用处理能力和风险防范能力明显提升；完善终端安全整体防护体系。改造、整合防病毒系统，实现辖内办公网、生产网终端安全防护策略的全覆盖。积极开展了EAM系统内全辖10.5万多台科技生产类资产的数据治理工作。

4. 加强基础设施建设，不断提升基础环境保障能力

完成机房搬迁工程，实现新省域中心机房正式投产，完成生产经营、内部管理、开发测试等各类信息系统的平稳迁移和归拢；实施总行新一代网络架构。实现全网架构由“生产/办公网”向“服务/用户网”转变，并建立与之相适应的“纵深立体”的安全防护体系。

（三）中国银行江苏省分行

1. 协调各业务条线，持续推动蓝图新线系统建设

针对核心银行八个批次开展升级改造和投产，本地版本变更与投产的成功率均为100%。完成海外对口支持工作和延续两年的分行特色系统建设和上线支持。

2. 深化平台化建设思路，加快本地重点项目建设

在产品、渠道系统建设方面重点推动公司金融业务的发展。在推动个人金融业务拓展方面，利用中间业务特色平台全年新增6大类24个品种代理业务。在网络银行建设方面，丰富和完善批量辅助平台功能，支持银企对接和电子商务业务拓展，全年新增21家单位的银企对接，完成14家单位的系统投产，新增投产7家电子商务单位。

3. 加强科技风险体系建设，落实信息安全工作要求

以健全信息安全保障体系为目标，落实各项安全管控措施，完善重要信息系统应急预案和应急保障机制，落实关键岗位值班制度，通过开展风险评估、安全监控、应急处置，全面提高安全防护能力，确保青奥会、特殊节假日系统的平稳运行。中心机房服务器防病毒巡检覆盖率达100%，生产系统服务器未受到过病毒、不法入侵事件影响，全年未发生重大信息安全事件。

完善安全管理制度体系建设，梳理全辖科技员工岗位职责，健全信息安全风控体系，主动开展问题对照整改；通过技术的应用，在深化用户管理、本地化软件版本管理、终端防控、网络安全管控方面进行了广泛部署；积极推进全辖互联网集中管理，完成全辖互联网集中管控；顺利投产了南京同城网络灾备中心建设，在网络主、备中心之间成功实现了“双活”。

4. 加强基础环境建设，健全科技服务管理体系

通过对存储交换机的升级，使系统数据读写速率提高一倍；完成了省分行重要区域核心网络设备的升级改造和全辖离行自助区3G接入环境建设；在全辖实施推广了一体化网络监控项目，为网络系统稳定运行提供有效可靠的监控工具。

（四）中国建设银行江苏省分行

1. 保障安全生产

扎实做好常规性保障工作，落实监管部门及总行的各项要求，加强控制运行风险点；严格执行生产系统变更管理规定，杜绝非法操作的运行风险。提高生产应急能力，针对“青奥会”等重保期的高标准要求，重点提升生产应急能力：一是加强对应急管理工作的研究、总结；二是根据发展需要补充、完善、细化相关应急措施；三是脚踏实地的开展各项应急演练工作，丰富应急演练的形式和预案内容。

2. 稳步推广总行“新一代”项目

根据总行计划安排完成了“新一代”一期

代收代付项目分行特色多个批次上线切换。做好“新一代”二期项目的推广工作，完成了二级分行“新一代”二期项目组织架构的建设，并按总行要求做好分行特色建模、分行业务梳理等基础性工作等。

3. 做好技术服务工作，努力提高技术服务质量

认真做好总分行系统的推广工作。2014年共组织完成121个总推分版本和236个分行特色版本的上线实施。全力支持分行特色产品创新及业务数据统计需求，全年完成相关业务需求240项。提高技术服务质量。在总行表彰的第二届“青年创新建行强”创新创效金点子大赛中获二等奖。

4. 强化IT管理

做好IT管理基础性工作，完善管理制度、优化流程，扎实做好IT风险管理工作，加强IT合规管理和安全检查，IT条线问题整改率保持100%；积极开展IT风险防范研究。承接并完成了总行提高应急预案可用性的整改措施等4项课题研究。

三、股份制商业银行2014年信息化建设概况

（一）招商银行南京分行

为适应业务转型需要，结合大数据技术提升科技服务能力；通过流程优化和系统改造不断提升运行管理水平，确保信息系统全年安全稳定运行。

1. 加强运行监测，采取措施消除风险隐患。采取服务器虚拟化方式减少机房设备数量；实施二级分行网络结构改造，提高二级分行骨干网络健壮性；实现自动推送，骤降人工成本。构建全覆盖智能化的防病毒工作体系；借助远程自动推送的方式实现了现金自助设备BV模块升级，解决安全问题的同时提高了工作效率。

2. 加强安全管理，认真落实规范要求。每周检查数据防泄漏报表，及时核查和报告异常情况。每季度对业务网服务器进行漏洞扫描，及时处理结果中的高风险事件。定期组织对服务器、数据库用户和AS400等业务用户的梳理工作。加强办公网访问的控制策略，实现安防网络与办公网络的隔离。

3. 通过现金管理定制化开发锁定优质客户。通过渠道创新和产品组合吸收低成本存款。创新固话POS渠道，构筑存款担保和和额度消费功能，让传统产品衍生为拓展大众客群和锁定存款的有效工具。

4. 数据统计分析支持各条线管理提升。配合业务条线的业务推动和绩效考核，开发综合柜员薪酬考核系统、公司客户经理考核改造系统等。

（二）中国光大银行南京分行

2014年信息化建设贯彻执行总行“安全运营、优质服务、创造价值”的工作目标，围绕“赢在科技”的工作理念，实现了全年安全运营，并获得“2014年度信息科技管理先进分行”的荣誉称号；不断加强创新能力建设，优化对外服务，继续推进主动运维、主动服务、创新机制建设。

1. 信息系统建设工作

完成人行第二代现代化支付系统上线，分行核心生产网络调优、改造，二级分行网络流控及带宽调整，生产核心交换机4507替换升级等。

2. 加大软件开发力度，推动分行业务发展

全年共计完成了21项业务系统需求的开发上线，以及针对零售、对公、信用卡、电子银行、监管类共5大类需求提供了充分的数据支持。同时，加大了在数据分析支持方面的投入力度，一方面开发了零售多维分析系统，提升了数据分析手段；另一方面通过不断开展对理财、支付易、出国金融等多项业务品种的主题分析工作助力业务营销，并选取了部分支行进行一对一的数据分析支持，取得了良好效果。

3. 做好信息安全风险管理工作，提高业务

连续性保障水平

在风险控制方面，严格落实总分行各项规章制度，继续完善风险防控制度；加强信息安全建设，落实信息安全等级保护体系，夯实基础提高机房风险防范能力，勤抓应急演练提高应变恢复能力，加强各类技术外包风险把控。

（三）广发银行南京分行

1. 支持业务发展、为一线服务

开发了分行特色业务南京国土保证金网上交易系统，该项目在广发系统内首次通过银企直连的方式与当地国土局及土地网上竞拍系统对接；与南京老字号协会合作发行“广发老字号联名消费卡”，通过与专业的合作伙伴合作，针对各类企事业单位员工进行发卡；建设广发银行南京分行数据中心及全省联网监控系统，该系统实现南京分行数据中心、备用机房、二级分行、支行及离行自助等共计91个网点的实时监控，具有快速、精确、高效的特点，保障了基础设施运行的连续性。

2. 保障运行，做好维护工作

编写了风险评估报告，完善应急系统，修订科技工作管理手册、计算机系统应急方案、备份策略方案等；做好青奥、APEC期间运行保障工作；建立了完善的数据备份机制，并检查备份数据的可用性；加强分行密钥管理，执行登记制度，及时清理不使用的密钥。全年进行了多项系统的安全应急演练，包括：全行核心网络停机维护及切换演练、支付系统季度应急切换演练、总行灾难备份中心应急响应汇报通知树演练等；加强机房安全管理，坚持机房值班制度。

四、地方性商业银行2014年信息化建设概况

（一）江苏银行

2014年，江苏银行积极开展IT建设，以应用架构、安全架构、数据架构、基础技术架构为核心，以系统建设为重点，从新系统建设、已有系统优化改进、信息安全管控、IT业务连续性管理四方面展开具体工作，实现科技能力显著提升。

1. 打造互联网金融亮点，建设直销银行等项目

基于独立的互联网支付聚合平台与电子帐户平台，研发了直销银行（手机端）、融e社区、容易付等应用APP，推出了“开鑫盈、放心汇、惠多存、安鑫宝”等产品，取得了良好的社会效应。支持大资管业务板块发展，相继投产资产托管系统、同业业务管理系统、资金在线审批系统、票据池等项目。

2. 大力推动大数据应用工作

坚持“先治理、再应用，两项并行推进”的原则，从数据治理、数据挖掘应用两个方向开展工作，强化数据架构控制，制定数据管理标准，开展数据质量校验和优化，扩展数据源，梳理数据挖掘需求，启动相关系统建设。开发内部评级系统、风险数据集市、对公风险预警等一批风险类管理信息系统，推动内部数据质量治理，逐步提升整体风险管理和分析水平。

3. 开展信息科技外包风险监测与评估研究

对供应商进行分类，对外包活动进行监测，对外包风险进行量化评估，强化外包管理。该研究获得银监会课题研究二类成果。积极推进国密算法应用改造工作，启动IC卡发卡系统双算法卡改造和网上银行系统国密算法改造。加大服务器虚拟化、数据库集群、负载均衡等新技术应用以及国产设备使用，提升自主可控能力。

（二）南京银行

2014年南京银行加快“一部两中心”架构改革步伐，加强对全行重点项目和创新业务的支持力度。全年开发新上线项目48个，解决需求618个，较好发挥了科技对全行业务的支撑和促进作用。

1. 强化业务支撑能力

加快推进利率市场化咨询、灵活理财、现金管理、资产托管、二代支付、盈利性分析、头寸管理和移动销售平台等重点项目和科技创新特色业务建设，为全行业务的发展提供强有力的技术支撑。完成利率市场化咨询、灵活理财功能投产、二代支付系统上线等。

2. 加大互联网金融发展与创新力度

推进直销银行项目建设，推动非本行客户理财产品代销业务实现。率先推出IC卡手机自助圈存业务，成为全国首家推出电子钱包手机服务的城市商业银行。推进远程柜员项目（VTM）项目实施，推进大堂易项目建设。

3. 抓好信息安全工作

积极推进信息科技风险项目建设，启动桌面数据防泄密系统项目、桌面虚拟化项目，启用数据库审计设备。全方位、多层次开展信息科技风险评估工作。针对日益严峻的手机银行风险，引入外部专业机构对手机银行安卓客户端代码进行安全审查和加固。完善信息科技风险日常管理机制。全面推进计算机病毒防治工作，加强系统上线前的安全检查，加强数据提取管理，定期针对监管部门的安全风险提示，启动风险排查工作。

（三）江苏省农村信用社联合社

1. 科技管理工作

一是编制管理制度。编制并发布《省联社信息科技项目技术评审管理办法（试行）》、《省联社生产系统变更管理办法（试行）》等； 二是做好各法人单位科技考核工作，开展达标检查，对省内法人单位出现的信息科技风险事件发布指导意见。

2. 信息安全工作

开展信息科技风险管理制度体系建设，编制并发布信息科技风险管理工作指标和制度体系，出台面向省联社和各法人单位的2套风险管理制度，每套制度包括1个策略、8个制度、16个办法以及24个流程；做好安全事件处置，配合省公安厅对省联社重要信息系统和外网网站安全保护工作的监督检查。

3. 产品研发工作

2014年全年共实施167个项目建设工作，组织完成开发、推广117个项目。全面梳理省级共享版CRM需求，按期完成系统投产和推广工作；强化数据应用治理，加快数据标准化建设进程；优化支付结算渠道，确保“两个二代”按期投产；完善POS产品体系，开展商场POS（MIS-POS）和多媒体POS项目建设工作；优化理财平台，丰富理财新产品，打造符合利率市场化要求的产品体系，完成了“对公定活一本通”、“金融利率市场化产品”的开发与投产及“益农存”、“定活通”和“存贷通”等特色产品的开发与投产；积极推进移动业务平台建设，实现微信银行、易信银行项目顺利投产；强化民生项目建设，全面改善系统客户体验，完成网银渠道同城业务拓展等项目。

（中国人民银行南京分行　许　婷）

江苏省出入境检验检疫信息化发展概况

2014年，江苏局信息化工作在总局信息办的关心指导和江苏局党组的正确领导下，围绕质检工作“十二字”方针和江苏局“双四一提”工作目标，以服务检验检疫改革创新为主题，以突出彰显信息化工作成效为重点，持之以恒抓管理强基础、抓创新促发展，进一步发挥现代化强局建设先锋作用，取得了显著工作成果，在全国系统信息化工作会议上作为检验检疫代表典型发言。

一、主要工作成果

1. 首次召开江苏局信息化工作领导小组会议，审核通过江苏检验检疫信息化建设规划，统一规划、统一平台、统一标准。

2. 首次全流程运行新的重大软件项目申报立项建设机制，实现全省信息化项目建设投入统管统筹，克服无序建设。

3. 首次全流程组织完成全省信息化设备统一预算配备工作，与信息化规划匹配，克服短板。

4. 创新完成江苏检验检疫全程无纸化信息平台建设，在全省推广应用，系统内率先实现主要检验检疫业务全程无纸化。

5. 整合信息资源，组织完成“三个一”公共信息平台建设，在全省所有通关场所运行，取得良好成效。

6. 紧密围绕业务改革，组织完成集水、陆、空于一体的江苏局口岸智慧执法平台开发，推动江苏检验检疫区域一体化，实现“二直、三通、四统一”。

7. 初步建成江苏局国检云平台，统一信息化云平台上线运行，获得中国电子政务优秀案例奖和江苏省重点示范工程。

8. 运用4G移动技术，推动“国检通”升级为“e检通”，显著提升性能，丰富应用，深入推进执法、办公和服务无纸化。

9. 全省微信、微博等新媒体矩阵建设初步成型，进一步丰富宣传、服务手段，网站建设继续名列全系统前列。

10. ISO27000信息安全体系与ISO9000质量管理体系、等保“三合一”融合试点工作在分支局取得成功。

二、全年主要工作情况

（一）三个落实抓管理，信息化治理水平得到新提高

在丰富机制建设的同时，重点抓近年来建立机制的完善和落实，治理信息化发展过程中出现的无序建设、各自为政的阶段性问题，有效落实“统一管理、统一规划、统一平台、统一标准”的信息化治理体制。全省管理职能与边界逐步拓展和明晰，有效发挥信息化促进和引领作用。

1. 完善落实统一规划和统一标准机制，有效治理各自为政。组织系统内外专家研究编制江苏局信息化规划，形成了“一中心、五平台、三门户”的信息化应用规划和“一平台、两中心、三门户、五应用、三体系”的信息化建设规划，召开江苏局首次信息化领导小组会议审议通过；建立江苏局信息化标准体系，发布一系列信息化建设标准。在全省统一了信息化建设规划、平台和标准，有力指导和约束了全省信息化建设，在全省项目建设中20%的项

目因不符合规划而未通过初审，有效治理信息化建设各自为政现象。

2. 完善落实统一平台和统一立项机制，有效治理无序建设。通过规划审议，确立了全省建设统一信息化云平台的建设目标，在申报内容、评审和立项方式等方面进一步改进“两上两下”的信息化建设立项机制，变项目申报为需求申报、变专家评审为领导小组评审、变项目评审立项为需求评审、整合编项。今年组织全省申报需求48项，经专业条线筛选、整合为23项，经信息化处规划初审、剔除与规划不符的5项，经评审后按信息化规划编制确立9个全省建设项目，并由信息化处组织省局职能处室、分支局和专家，按《信息化建设项目管理办法》有序开展建设，有效维护了全省统一规划的严肃性，有效遏制了信息系统无限扩张和资金重复投入，克服了重复建设、孤岛建设、碎片建设、无序建设的局面，有力显现了全省信息化一盘棋服务全省业务改革创新的局面。

3. 完善落实一体安全和统筹投入机制，有效治理各自为战。在全省确立信息化一体安全机制，在省局财务部门支持下，归口全省信息化设备投入管理，全面落实信息化投入与安全规划的协调机制。统一编制设备配备计划和预算，统一技术要求和安全策略，统一设备配备和参数配置，克服全省安全体系“木桶短板”，减少重复投入，提高投资效率，促进了全省一体化安全技术体系快速建立，有效克服各自为政、漏洞百出的局面。

（二）三项建设抓创新，信息化服务改革喜结新硕果

1. 攻难点，集成建设全程无纸化信息平台取得成功。组织全省系统力量，以全程无纸化为突破口，着力打通检验检疫综合业务改革的8个关键环节，通过数据化传输、电子备案、电子文件等方式将随附报检单据数据化；通过工作任务自动提示、监管指令自动下达，实现任务流转信息化；通过审单要求细化规则、系统自动比对、核销，实现审单自动化；通过产品风险分级、企业诚信、检验检疫要求设置监管和派单规则指令库，实现派单智能化；通过手持移动终端设备现场检验检疫监管，实现执法移动化；通过产品类别、检验检疫监管要求自动组合生成电子原始记录，实现记录格式化；通过随附单据、检测报告、原始记录及图片以电子形式存档调阅，实现档案无纸化；通过取消纸质通关单、纸质换证凭条，实现通关放行电子化，检验检疫综合业务改革取得了重要进展。目前，已在南京、苏州完成试点，一是实现了管理与执行分离的作业模式，管理处室承担质量信用管理、风险评估和监管的规则设计，一线部门从单一职能向综合职能转变，形成了部分货物在窗口一站式核放，综合查验一次性验放的模式；二是实现了监管网络化，形成了电子数据预审、风险布控、信用布控、分转布控等4个规则群、600余条规则的电子化业务规则体系；三是实现了CIQ2000、集中审单、电子监管、江苏局“智慧检务”“e检通”等“一平台五系统”互联互通，改变了纸质报检资料传递的传统方式。

2. 抓重点，统筹建设江苏局智慧口岸执法监管平台取得进展。准确把握检验检疫改革趋势，结合口岸核心能力软实力建设要求，组织建设江苏检验检疫口岸执法平台。按照“与ECIQ功能互补，体现江苏特色”的指导思想，积极利用地方公共信息平台，整体规划“一中心，六平台、三系统”的口岸平台总体架构，在全省形成“业务统一集中管理，水陆空分别操作运行”的格局。积极争取江苏省电子口岸大量资源，组织完成了业务管理平台和水陆空系统（一期）开发，正在组织测试和试点应用，努力实现“区域一体化、管理规则化、全程无纸化、执法移动化”，支持区域一体化、三个一和无纸化等业务改革，促进在口岸构建起以风险管理为核心的检疫监管体系，提升检

验检疫口岸执法监管服务能力。

3. 强支点，创新升级移动检验检疫平台取得良好效果。我局移动检验检疫服务平台，越来越成为全省业务、政务和服务模式创新改革的重要支点，今年以来在技术和应用两个层面创新，完成“国检通”向“e检通”的升级。一方面，积极应用4G新技术，完成“国检通”移动门户改造，建成“e检通”移动平台，应用体验得到质的飞跃。另一方面，开发了无纸化检验、无纸化会议、事务管理、微信服务号、移动邮件等一系列新应用，并且面向全省开放平台，鼓励各局根据需要探索移动应用，有力支撑和促进了全省业务、政务和服务无纸化改革。

同时，为打造江苏检验检疫“对外依法行政、对内依规行事”良好形象，彰显加快迈入“e时代”的理念和思路，我们组织“江苏检验检疫走入e时代”宣传系列活动，推动召开“e检易通”服务品牌发布会，向媒体和社会各界全面推出江苏局依靠信息化手段打造的现代检验检疫监管服务体系，推动了江苏检验检疫从系统服务向品牌服务的全新跨越。

（三）三个减少抓整合，信息化资源整合取得新成效

1. 减少信息系统。全面清查江苏在用系统情况，完善两级管理机制，按照总局信息资源整合与共享工作要求，结合ECIQ试点应用和口岸执法平台建设，梳理关停并转系统清单，统一制定了江苏局信息系统整合工作方案。通过2014年改革创新重点项目建设，将关停并转40多个系统，已基本完成测试试点。另外，ECIQ上线后还将计划关停10个系统。

2. 减少重复录入。经过调研，把解决“不合格、疫情数据重复录入”和“纸面记录、系统录入两条腿走路”的问题，作为减少重复录入的重点。建设江苏局数据交换平台，为真正实现一点输入奠定技术基础；以植物疫情为试点，打通4个系统的数据共享通道，一次录入，申报、检疫等数据各系统共享，全年全省约减少300万个货物疫情项信息的重复录入，得到了一线的普遍欢迎，经统计，工作量整体减少了2/3，成效显著；通过全程无纸化平台建设，彻底解决了纸面与信息系统并行，重复录入的问题。

3. 减少基层统计。一方面建设江苏局数据仓库，已建立16个分析主题库，积极利用大数据等技术对业务数据整理、挖掘、分析，改版上线“科学检验检疫”，提供业务统计、绩效考核和督查报警等信息服务，得到了基层的关注和欢迎。另一方面强力推进口岸业务平台建设，实现口岸业务信息化，统计自动化，取消口岸部门大量的纸面台账，将彻底告别手工统计的历史。

（四）三维体系抓安全，信息化安全水平得到新提升

1. 一体化安全防御体系落地建设。根据安全规划，在全省统一安全设备配备，打破地域、人员和资源投入差异，克服木桶短板；在新配设备中统一配置技术参数，统一安全策略，克服薄弱环节，实现全省安全防范手段齐步走，统一构建全省一体化安全。

2. 一体化安全管理体系探索取得新进展。一方面建立定期安全风险分析制度，每季度排查全省信息安全风险，发布四期安全通报，组织全省一体处置整改紧急事件3起，高危漏洞38个。初步形成了信息安全的PDCA循环。另一方面，在常州局深入探索ISO9000质量体系、ISO27000信息安全管理体系和等级保护要求的“三合一”的融合工作，试点运行取得成功。

3. 一体化安全运维体系初步建立。建设信息化统一监控与运维平台，建立全省集中督查巡检机制和分支局运维协作机制；初步确立新型运维体系，改人查为机检，实时进行事件预警，及时开展响应处置，确保各类系统及应用安全，确保改革创新及试点系统稳定运行。

（江苏省出入境检验检疫局　鲁牧融）

江苏省信息安全保密发展概况

随着信息技术的迅猛发展和网络化应用的快速普及，信息化已渗透到国民经济和社会发展的方方面面，计算机网络的广泛应用使保密工作面临许多新情况、新问题、新挑战，防范网络泄密窃密、确保信息安全的保密工作任务十分繁重。2014年，江苏省信息安全保密工作以加强计算机及其网络安全保密管理为重点，积极研究解决高科技迅猛发展过程中信息安全保密工作的新情况、新问题，努力探索信息安全保密工作的新思路、新措施，信息安全保密保障水平进一步提高。

一、2014年信息安全保密工作

（一）大力推进涉密信息系统分级保护

根据国家保密局关于开展涉密信息系统测评审批工作的部署和要求，省保密局继续推进涉密信息系统测评审批工作，要求全省各地、各部门在加快推进信息化建设特别是电子政务内网建设中，务必从维护国家利益、确保国家秘密安全的大局出发，充分认识做好涉密信息系统测评审批工作的重要性，切实完成测评审批工作任务。同时，采取切实可行的措施，积极推进工作开展。

6月，制定印发了《江苏省国家保密局关于进一步加强涉密网络安全保密防护和管理的通知》（苏保〔2014〕21号、22号），发送至省级机关各单位、各有关武器装备科研生产单位以及各市保密局。7月，在各单位上报网络核查分类数据的基础上，对重点单位网络定性定级情况进行现场核查，并组成核查组赴有关省辖市，对市保密局开展网络核查工作进行现场督促和指导，确保网络核查分类真实、准确，不漏一个网络。

通过规范涉密网络测评审批工作流程，细化测评审批工作内容，统一测评审批受理及审查文书格式，增强测评审批工作业务的可操作性。对未按要求申报测评审批的在用涉密网络，按照有关保密法律法规要求，加大督促和管理力度，积极落实投入使用许可要求。

根据国家保密局有关开展涉密网络安全保密风险评估工作的通知要求，及时开展对有关单位涉密网络安全保密风险评估工作，形成涉密网络长效化保密管理机制。

（二）扎实开展非涉密网络保密管理专项检查

9月，及时转发国家保密局《关于组织开展非涉密网络保密管理专项检查的通知》（中保办（局）发〔2014〕3号），周密组织谋划，召开专题会议研究讨论，制定了《非涉密网络保密管理专项检查工作方案》，明确检查目标及工作范围，以“三个结合”全方位、多维度推动检查工作深入开展。一是自查与抽查相结合。各级机关单位按要求进行自查，各级保密行政管理部门组织检查组对本级党政机关、涉密单位进行抽查。二是检查与巡查相结合。在各地开展自查抽查的基础上，省委保密委员会对全省检查情况分批分片巡查，督促各地检查工作开展。三是远程与实地相结合。充分利用技术手段，强化网络远程检查，及时分析发现检查线索，增强现场实地检查针对性和有效性。三是突出重点难点。10月中下旬，4个检查组分赴16个省级机关单位、13个省辖市的26个市级机关单位进行抽查。根据开展网络保密管理工作中掌握的情况，选择16家省级机关单位作为重点抽查对象，通过对其非涉密网络保密管理专项检查，有力推动了网络定性定级和测评审批工作的开展。本次非涉密网络保密管理专项检查共抽查了75个非涉密网络、726个计算机终端、122个移动存储介质。

（三）积极履行省电子政务内网建设保密管理职能

省保密局重视加强电子政务内网建设与应用中的保密管理，监督指导保密法规标准在电子政务内网建设和应用中的贯彻落实。在省电子政务内网建设方案确定过程中，省保密局积极加强与省电子政务内网建设和管理部门的沟通协调，确保省电子政务内网严格按照国家有关保密法律法规和保密标准要求进行建设，切实落实涉密信息系统分级保护要求。同时，积极指导帮助各电子政务内网接入单位做好涉密信息系统建设方案审查工作，加强对涉密信息系统的保密检查检测，为推进全省电子政务内网建设和使用提供保密保障。

为进一步规范全省涉密信息系统建设，确保涉密信息系统安全可靠运行，1月份，与省政府办公厅电子政务办公室联合制发了《2014年度江苏省电子政务内网安全保密产品推荐目录》（苏保〔2014〕1号）、《2014年度江苏省武器装备科研生产单位涉密信息系统安全保密产品推荐目录》（苏保〔2014〕2号）。

（四）规范涉密信息系统集成资质保密管理

为加强对涉密信息系统集成资质单位的保密管理，提高资质单位的保密业务能力和水平，确保在涉密信息系统规划、设计、建设及运行过程中国家秘密的安全，根据《涉及国家秘密的计算机信息系统集成资质管理办法》（国保发〔2013〕7号）以及国家保密局关于组织开展涉密信息系统集成资质专项检查的有关通知要求，对全省26家集成资质单位进行专项检查，针对集成资质单位在涉密方案设计及涉密项目管理等方面普遍存在的问题，提出详细可行的整改措施，并认真做好督促指导工作，确保资质单位按照保密要求落实整改工作。全省涉密信息系统集成资质单位自觉加大技术防护投入，积极落实保密法规要求，保密管理能力进一步提高。同时，配合国家保密局完成我省2家集成资质单位的资质审查试点工作。

（五）加大保密技术防护与监管力度

为进一步加强对涉密计算机的保密管理，根据中央保密办、国家保密局关于保密技术防护专用系统配备工作要求，继续开展保密技术防护专用系统配备工作。一方面，进一步向使用单位做好宣传工作，指导帮助用户单位掌握专用系统的操作使用常识和保密要求；另一方面，督促专用系统安装单位做好安装、调试及使用中的服务保障工作。目前，所有省级机关单位的涉密计算机均安装了保密技术防护专用系统软件，市级机关单位涉密计算机专用系统配备工作已全面展开。通过配备保密技术防护专用系统，全省机关单位涉密计算机保密防护能力进一步加强。

同时，省保密局注重加强技术手段建设，通过开展监管平台联网运行以及与有关部门联合开展机关单位互联网接入口和社会网站安全保密监管工作等，不断加强对违规行为的现场核查和监督检查，督促单位落实整改，及时堵塞泄密渠道，有效消除泄密隐患。

（六）努力推进保密技术研究开发

根据《“十二五”时期江苏省保密事业发展规划》中关于加快保密科技创新的要求，联合江苏省科研力量，借助省信息安全保密工程技术研究中心平台，积极开展保密技术研发工作，取得了一系列成果。2014年，工程中心13项安全保密产品通过国家保密科技测评中心检测认证；承担了国家级电子信息发展基金项目《基于国产操作系统的终端安全防护工具研发》等13项国家和省级科研项目。

9月，召集省级机关相关职能部门和有关高校信息安全领域专家进行座谈，研究商讨我省信息安全保密技术研发方向和具体策略。座谈会结合信息安全保密发展现状以及我省实际，从宏观战略发展、安全意识培养、人才队伍建设、部门力量协作以及自主产品研发等方面，对当前信息安全保密工作提出了诸多建设性意见，收到了较好的效果。

（七）认真做好涉密工程审查工作

为规范和加强涉密工程审查和保密管理，2月，根据国家保密局有关涉密工程审查和保密管理办法（试行）要求，及时发文至各市保密局、省级机关各单位、各武器装备科研生产单位，对涉密工程审查和保密管理提出要求。同时，结合我省实际，对涉密工程审查工作流程作出规范，研究制定了相关工作文书格式。依据有关单位涉密项目审查申请，全年共审查了6个涉密工程。

（八）开展涉密科研项目保密检查工作

为贯彻落实中央保密办、国家保密局《关于组织开展涉密科研项目保密管理专项检查的通知》（中保办（局）发〔2014〕2号）精神，切实加强涉密科研项目保密管理。7月，下发《关于组织开展涉密科研项目保密管理专项检查的通知》（苏密办（局）〔2014〕10号），对我省专项检查工作作出部署和安排。通知要求各有关机关单位按照中保委要求，认真开展自查工作，同时要求各市保密局组织开展好本市涉密科研项目检查工作。在自查基础上，省保密局组成检查组，对有关机关单位进行了抽查。

（九）大力加强保密系统信息化建设

根据国家保密局《“十二五”时期全国保密系统信息化建设规划》及《全国保密综合业务信息系统建设总体方案》要求，省保密局大力加强信息化建设，信息化推进工作取得长足发展。继2012年率先以整网方式接入全国保密业务系统后，2014年，省保密局按照分级保护要求和联网要求，对办公内网进一步进行改造调整，加大网络安全防护投入，确保网络安全运行。目前，该系统有效实现与国家保密局间的数据共享，大幅提升保密系统工作协同、资源共享水平。省保密局加强局内网门户网站建设，通过设置“全省工作动态”、“各地各部门工作动态”以及“各处室工作动态”等专栏，直观展示全省保密工作开展情况，对指导各地各部门信息安全保密工作起到了很好的示范和促进作用。

二、存在问题和解决思路

随着信息技术日新月异和信息化快速发展，云计算、物联网、三网融合、移动互联和“大数据”等技术广泛应用，国家秘密信息管控难度日益加大，泄密风险隐患不断增多，信息安全已成为国家安全的重要组成部分。在省委、省政府的领导下，我省在信息安全保密管理方面做了大量工作，建设了一批信息安全基础设施，加强了计算机网络特别是涉密计算机网络的安全保密管理，信息安全保障取得了明显成效，为保障和促进全省信息化建设健康发展发挥了重要作用。

同时必须看到，在新的形势和任务面前，江苏省信息安全保密工作还存在一些亟待解决的问题。具体表现在：一些单位对信息安全保密工作重视不够，对信息安全保密防护经费投入不足，信息安全保密技术设施配置还不够到位；对计算机信息系统应用所带来的泄密隐患认识不足，安全保密技能有待进一步提高；信息安全保密管理制度不规范，日常工作职责不明，监督管理不严；网络核查不准，非涉密网络存储处理涉密信息；涉密网络未批先用的现象依然存在，等等。

要进一步加强保密观念，充分认识高科技形势下信息安全保密工作的重要意义，进一步增强做好信息安全保密工作的紧迫感和责任感。要正确处理好信息化迅猛发展形势下“保”与“放”的关系，在千方百计保住国家秘密的同时，更好地满足经济建设和社会发展对信息资源的需求。为此，要进一步落实中办、国办以及国家保密局有关通信、办公自动化和计算机信息系统的保密管理规定，不断规范信息系统和信息设备使用的保密管理；要继续做好涉密信息系统测评审批工作，积极落实涉密信息系统分级保护要求和措施；要进一步加强对涉密信息系统集成资质单位的保密审查，实行资质认证动态管理；要进一步加强对计算机及其网络的技术监管，进一步强化技术手段建设；要进一步加大信息安全保密技术研究力度，开发运用信息安全保密技术新产品；要加大保密防范技术设备装备强制配备力度，确保保密要害部门与重点部位技术防范措施到位；要进一步加强保密技术教育和培训，通过开展形式多样的保密教育和培训活动，提高各级领导干部、重点涉密人员的信息安全保密意识。总之，要科学运用法律、行政等多种手段，充分发挥保密行政管理部门管理国家秘密的职能作用，使信息安全保密管理工作进一步科学化、规范化、制度化。

三、发展目标和主要任务

“十二五”期间是江苏省全面建成更高水平小康社会、开启基本实现现代化新征程的关键期，也是保密事业加快发展、跨越发展、科学发展的攻坚期。加强信息安全保密管理，对于推进全省信息化建设健康有序发展，确保国家秘密信息的安全，具有十分重要的意义。

当前，信息安全保密管理的主要任务是：

（1）根据中办、国办有关文件要求，加强对全省电子政务内网建设的保密管理，切实落实涉密信息系统分级保护要求；

（2）根据中办、国办以及国家保密局有关文件要求，继续开展党政机关、涉密单位涉密网络测评审批工作及风险评估，进一步提高全省涉密信息系统的整体防护能力和管理水平；

（3）加强涉密信息系统集成资质管理，进一步提高集成资质单位的保密业务能力与水平；

（4）加大保密技术科研力度，抓紧研发和推广应用符合保密要求的保密技术产品，努力提高发现和防范高技术窃密的能力；

（5）进一步规范全省机关单位涉密信息设备和安全保密产品配备工作，提高通信、办公自动化及计算机信息系统的安全保密防范水平；

（6）强化全省保密部门技术手段建设，不断加强对违规行为的监管监测。

（7）加强信息安全保密技术检查工作，重点加强涉密计算机信息系统保密检查和上国际互联网等公共信息网络信息的保密检查；

（8）加强有关信息安全保密技能培训，重点加强对领导干部、涉密人员以及信息安全保密管理人员的保密培训。

（江苏省国家保密局　乔连玉）

江苏省档案信息化发展概况

2014年，全省档案信息化工作紧紧围绕各级党委、政府的工作部署，牢牢把握“全国领先、全面领先”的目标定位，服务社会、服务群众，有力推进了全省档案事业现代化发展，取得了新的成绩。省委办公厅、省政府办公厅根据中办、国办文件精神，结合江苏实际，印发了《关于加强和改进新形势下全省档案工作的意见》。《意见》是新形势下加强和改进档案工作，推动全省档案事业科学发展的纲领性文件。意见要求加快推进数字档案馆（室）建设，全面开展传统载体数字化，全面实施电子文件全程一体化管理，到2020年，形成以数字资源为基础，安全管理为保障，远程利用为目标的数字资源管理与共享网络体系。

一、全省数字档案馆（室）建设

数字档案馆（室）建设取得新的突破。2014年，通过典型带动、指导推动、市县联动等措施进一步提升数字档案馆（室）创建水平，创建步伐明显加快，无论在数量上还是质量上都比2013年有了较大幅度的提升。全年全省新增5A级数字档案馆5家、数字档案室10家，新增4A级数字档案馆3家、数字档案室44家，新增3A级数字档案馆1家、数字档案室21家，共计84家。其中南京市新增数字档案馆（室）48家，镇江新增数字档案馆（室）22家，徐州、常州、镇江三市和省直机关数字档案馆（室）建设实现零的突破。

南京市通过分类召开现场推进会，确定试点单位的方式，动员全市机关、单位开展数字档案室创建工作，在市、区两级档案局的全力推进下，经过上下一致的努力，至去年底栖霞、建邺区通过省5A级数字档案馆和4个单位档案室通过5A级数字档案室评审，另有40个单位档案室建成4A级数字档案室，全市4A级以上数字档案馆（室）的总数达到了 69个。无锡市开原寺以高分顺利通过5A级数字档案室评审，成为全省首个拥有5A级数字档案室的宗教场所。徐州市积极与市经信委、财政局等单位沟通，抓住“智慧徐州”建设年度立项契机，寻求建设数字档案馆之路。常州市成功创建地级市第一家省5A级数字档案馆，馆藏档案数字化基本达到了100%，在地级市中遥遥领先。苏州全部完成数字档案馆平台建设，形成数字档案馆集群，全市综合档案馆基本完成目录数据库建设，并把工作重点转移到档案数字化方面。全部基层档案室均安装使用档案管理软件，档案基础工作进一步向下延伸，各市（县）、区普遍加强对村和社区档案信息化工作，并同步纳入了数字档案馆的建设范围，把档案馆管理软件也安装到位，大大提高了村级档案的现代化管理水平。南通市以市委办、政府办名义联合下发了《关于加快推进档案信息化建设的意见》,《意见》明确了全面建成数字档案馆（室）总体目标，对电子文件归档、馆（室）藏档案数字化、数字档案馆（室）建设、档案信息的发布与利用以及信息安全体系建设进行了规范。连云港市积极推进县区档案系统建设，完成对系统的升级，并已实现与赣榆、东海、海州区馆际间的互联互通。淮安市将市直92家立档单位已移交进馆的所有永久档案挂接进淮安市档案综合管理系统（档案室），实现各市直立档单位可在线（政府内网）全文查询本单位已进馆永久档案，受到各家好评。盐城市各级档案部门经过积极争取和多方筹集，普遍加大了对基础设施的投入力度。扬州市数字档案馆建设项目推进工作成效明显，市经信委、财政局、机要局审核通过建设项目整合方案，市政府正式批准通过项目实施意见，市信息化领导小组落实项目建设资金，完成项目采购资金的程序性审批，同时区县数字档案馆建设步伐明显加快。泰州市在全市档案系统信息化工作会议上，要求各市区档案局针对数字档案馆测评细则开展工作，同时要求各地档案信息化工作基础的单位积极参予数字档案室评估工作，今年姜堰区档案馆通过了省4A级数字档案馆的测评。宿迁市政府将档案信息化工作纳入智慧宿迁中长期发展规划，各级政府加大了对档案信息化工作的资金投入力度，为档案信息化建设提供坚实保障。

二、档案科技工作继续保持全国领先

江苏省档案科技工作继续保持全国领先。今年我省申报的《不动产统一登记档案体系研究》、《智慧云档案系统研究》等7个项目列入国家档案局2014年度档案科技项目计划，立项数量在全国名列前茅。2014年10月下旬，国家档案局优秀科技成果奖评审会议在常州召开，常州市档案局申报的《企业历史档案资源整合开发与文化产业有机结合模式》项目荣获2014年度优秀科技成果一等奖，是获奖的唯一省份。列入省档案科技项目的《三网隔离环境下区域数字档案馆架构体系研究》课题通过了成果鉴定，该成果对区域数字档案馆建设具有一定的指导意义。苏州市全市2014年共成功申报国家科技项目3项，江苏省科技项目4项，完成了4项省科技项目的鉴定，另有2项国家项目和2项省项目基本做好鉴定或结题准备工作。苏州市工商档案管理中心《丝绸样本档案纳米技术保护研究及应用》和太仓市档案局《实体档案馆与数字档案馆档案安全立体防范一体化研究》获三等奖。扬州市按照省档案局的相关文件要求，组织全市省级科技研究项目立项申报工作，根据申报单位的研究意向和实际能力跟踪指导项目选题。对全市各地各部门正在实施的省级科研项目实施全面进度督查，了解项目实施的具体情况，分析问题并认真进行指导，督促项目按期完成。镇江市向省档案局申报了3个科研项目，其中《纸张酸化报纸的抢救及批量脱酸研究》课题被国家档案局立项，《基于SOA的数字档案资源整合模式研究》课题被省档案局立项。下半年省档案局组织全省档案科技项目立项，《基于云存储的电子档案长期保存技术的研究》等23个项目成功立项，再创历史新高。

三、国家电子文件管理试点工作

国家电子文件管理试点形成一批新成果。由省档案局出版全国首创的电子文件管理读本《文的电子时代》，得到国家电子文件试点联席会议专家组主任、中国人民大学副校长冯惠玲教授的高度评价，并专门为此书作序。她盛赞作者是第一个吃螃蟹的人，是个勇者，作者拿起“故事感”的法宝，用故事串成颇有新意和趣味的科普读本。贴近实际的情节，通俗易懂的道理，活泼时尚的语言，拉近了专业知识和普通读者的距离，每一篇结尾的提示框讲述与故事相关的专业知识，由事及理，简明扼要，很容易理解和接受，该书由国家电子文件管理部际联席会议办公室向全国推广。组织设计研发的电子文件管理学习软件《舞文弄件》，是中国第一个将档案文化传播融入网游电子竞技的网络游戏产品，通过生动活泼、大众参与的网络游戏比拼，轻松地普及电子文件管理基本知识与应用技能，开创了一种新的档案信息化应用普及模式，为网络游戏产业发展注入新的活力！独家发起并成功举办首届全国性的“舞文弄件”网络游戏竞技大赛，时间持续40天，海内外共6215人次参加比赛，取得了圆满的效果。省档案局完成国家电子文件管理试点任务并通过省党委系统信息化小组办公室验收，并协助省委办公厅对各个试点单位试点工作进行监督指导和验收。

四、全省档案数字化工作

全省档案数字化数量稳步提升。省档案局2014年建立了全省档案信息化工作情况统计与通报制度，每半年对各地档案数字化情况进行一次通报。各级国家综合档案馆根据实际情况，开始制订切实可行的馆藏档案数字化方案，本着积极、稳妥、实事求是的原则，量力而行，循序渐进，分步实施，在做好鉴定、整理、分类的基础上有序开展馆藏档案数字化工作。2014年，市县档案馆完成档案数字化超过1.5亿页，历年累计完成4.9亿页，档案数字化率达42.51%，比2013年底提高14.31个百分点。其中，超过平均数的单位是：常州市75.15%，苏州市62.37%，镇江市54.59%，南京市47.70%，南通市46.66%，泰州市45.60%，扬州市44.54%；低于平均数的单位是：无锡市34.72%，连云港市30.88%，盐城市13.99%，宿迁市10.62%，徐州市10.10%，淮安市6.83%，通过通报制度，有力地促进了全省档案数字化工作，为档案数字资源建设打下扎实基础。

南京全市各综合档案馆对存量档案数字化工作高度重视，共投入经费500多万元开展了数字化加工，全年完成数字化加工2100余万页（幅），其中市馆完成了460万页，受到国家档案局的肯定。目前全市综合馆馆藏数字化率达到了47.70%，市馆达到了25.65%，市馆数字化率比2013年翻了一翻还多，档案数字化进程明显加快。常州全市馆藏档案数字化9100万页，占馆藏总量的75%以上，常州市档案馆馆藏档案已全部数字化，达3650万页，目录数据1064万条，全部上传挂接利用。苏州全市2014年总计投入数字化经费534.2万元，新增加馆藏全文数据约3160万页，累计馆藏全文数据1.5亿页，完成馆藏总量的62.4%。镇江全市馆藏档案数字化近277万页、扫描率达54.6%。南通全市共完成馆藏档案数字化1555.8万页，累计完成5788.8万页，档案数字化率达到46.7%，其中市局完成400万页，占市局自2005年启动数字化工作以来完成总量的33.3%。泰州市档案馆馆藏纸质档案数字化率已达到94.49%，硬软件投入近400万元，全市6家档案馆馆藏档案数字化率平均超过45%，特别是兴化市档案馆已争取资金1480万元用于档案馆信息化工作。

五、档案数字信息资源建设

档案数字信息资源建设成效显著。全省包括目录、全文、多媒体等数字档案资源总量位居全国前列，涉及经济建设和民生等专题数据库100多种。去年，南京市通过组织市区各综合馆对馆藏档案的民生数据采集，使市区档案共享服务平台共享数据量又增加了170余万条，总量达到了36类，1188万条，共享资源大幅提高。徐州市档案馆借新系统建设使用之机对全部电子目录数据进行了规范整理和迁移，当前各类目录数据总量达308万多条。常州市档案局与常州日报社建立历史报纸数字化资源共享利用机制，将建国前的2万余幅常州地方报纸资料与常州日报社建国以来的1万5千余期常州日报的数字化资料进行资源共享，进一步拓展档案信息服务。苏州全市各综合档案馆在基本完成目录数据库建设的基础上，着力于加快推进馆藏档案的数字化加工工作，保证每年有固定的数字化经费投入。南通市新增电子目录29万多条，电子全文400多万页。馆藏电子目录总量达381万多条，电子全文1304万多页，照片11124张，多媒体文件12351分钟，总容量2025G。连续十年采集《南通新闻》视频文件，总容量50TB。连云港市，针对用户反映多用户同时挂接附件或批量读取数据出现系统服务故障的问题，经研究，新增了关联字段和索引，修改了数据库和应用系统最大链接数，缓解了系统的运行负荷。目前，系统已接收各单位上传收发文登记共44.3万条，档案目录28.8万条，市档案馆藏目录165.17万条，接收电子公文和电子档案容量约259G。淮安市集中力量对馆藏所有照片、音像档案进行数字化转换工作，经过近一个月的努力，全面完成目标任务，并全部实现挂接。盐城全市共扫描纸质档案约901万页，其中市档案馆完成扫描纸质档案376万页，转换制成PDF文件521488个，照片2628幅，电子数据1.95TB。宿迁市始终把档案信息资源开发利用作为档案信息化建设的最终目标，根据馆藏特点对部分重要、珍贵、利用率较高的档案优先建立文件级目录及全文数据库，将档案数字化加工成果挂接到档案管理软件中，通过档案资源数字化建设全面提升档案管理利用整体水平。

六、2015年主要任务

（一）科学谋划“十三五”全省档案信息化工作

新的一年是全面深化改革的关键之年，是全面推进依法治国的开局之年，是全面完成“十二五”规划的收官之年，是制定“十三五”规划的起始年，新形势新任务对档案信息化工作提出了更高要求。全省各级档案部门要认真贯彻落实省委、省政府《关于加强和改进新形势下全省档案工作的意见》精神，根据各地党委、政府关于“十三五”规划编制工作的总体部署，精心编制本地区“十三五”档案信息化规划，科学谋划档案信息化事业的发展。

（二）积极争取党委政府相关部门支持

研究和出台相关政策和措施，依据档案法和30号令加强业务监督与指导，继续推进全省档案信息化工作，争取与省委、省政府相关部门联合下发加强全省档案信息化工作的意见。探索“智慧档案馆”建设，加强档案信息安全，尝试“档案核心数据库”建设，研究和落实档案信息安全体系建设和系统等级保护机制，拓展档案信息为民服务的渠道和方式。

（三）着力提升全省数字档案馆（室）建设水平

继续坚持“自愿、引导”的原则，着力提升全省数字档案馆（室）建设水平，积极开展数字档案馆（室）等级评估工作，全省新增一批等级数字档案馆（室），并形成规模。做好全国数字档案馆系统测试试点工作，争取创建全国首个县级“国家示范数字档案馆”，保持全国领先，并率先实现智慧档案馆建设点的突破。

（四）大力加强全省档案信息资源建设和共享利用

按照“存量数字化、增量电子化”的要求，加强全省档案数字化建设，筹备举行全省档案数字化专项工作会议。全省各级档案部门继续加快传统载体存量档案数字化步伐，加大经费申请力度，取得财政支持，全省各级综合档案馆数字化率争取达到50%，对已经完成的档案数字化成果复核复查，确保数据可利用。要优化整合现有资源，借鉴“南京模式”积极探索全省目录数据共享平台的建设，努力实现档案信息跨区域共享实质性突破。进一步解放思想，坚持创新，以不断提升档案信息“服务中心工作”和“服务社会大众”的能力为目标。

（五）认真做好档案科研和科技成果推广工作

认真组织全省档案科技立项和管理工作，提高档案科研人员素质，培养档案科研人才队伍，营造严肃活泼的科研管理环境，形成良好的科研管理机制。今年拟举办全省档案科技成果交流与推广会议，以会代训的形式组织科研人员学习，同时积极推广科研成果的应用，确保全省档案科研工作继续保持全国领先。

（六）积极开展全省范围档案信息化业务交流

今年，省档案局科技处要围绕编制《档案信息化“十三五”规划》，深入基层、拓宽视野，就档案科技和档案信息化方面的新情况、新问题进行调研，实实在在地提出和落实解决实际问题的办法和措施，为今后五年的科学发展定出准确明晰的目标、方向。省档案局重点与省政府研究室共同研究和落实有关档案信息化策略课题的成果，积极为省委、省政府相关部门献言献策，省、市、县（区）馆际之间要积极开展业务交流，大家互相交流经验、沟通信息，打破技术壁垒，消除信息孤岛，加强对档案信息化工作重要性的认识，推动全省档案馆信息化工作的良性发展。

（江苏省档案局　吴　晓）

江苏省测绘地理信息化发展概况

一、概况

2014年，省测绘地理信息工作保持平稳较快发展，全省测绘资质单位共完成服务总值29.23亿元，比上年增加2.08亿元，同比增长约7.66%。截至年底，全省共有测绘资质单位742家，比上年末增加39家，其中，甲级单位52家，比上年增加3家；乙级单位120家，比上年增加14家；丙级单位308家，比上年增加11家；丁级单位262家，比上年增加11家。全省测绘地理信息行业共有15054人从事测绘生产，其中专业技术人员10724人（高级技术人员1573人、中级技术人员 4047人、初级技术人员4683人）。在全国省级部门贯彻落实科学发展观2014年度测绘地理信息工作绩效考核中，省测绘地理信息局位列第六，连续第五年被评为优秀单位。

二、主要工作

（一）数字城市建设

继续丰富数字城市建设应用，南通、扬州、苏州、盐城、无锡数字城市建设项目分别通过省级验收，13个省辖市地理空间框架建设全部完成。完成了溧阳、如东、启东、江阴等县市数字城市审批立项，赣榆、金坛、溧阳、常熟、太仓、扬中、睢宁设计书评审和省、市、县（市、区）三方签约。“智慧徐州”时空信息云平台项目设计书通过国家测绘地理信息局组织的专家评审，“智慧昆山”市民公共服务平台正式启用。

（二）“天地图·江苏”建设

基本完成天地图市级节点建设，全力开展县级天地图节点和数据建设，实现了天地图省、市数据同构同架。完成“天地图·江苏”数据融合和系统同构部署试点任务。基于“天地图·江苏”的各类应用项目已达100余个。在全国天地图节点服务评估中，江苏省位于6个五星级省级节点之列，徐州市和常州市在6个五星级市级节点中占据2席，在12个四星级市级节点中，南京和镇江市榜上有名。2014年，“天地图·江苏”被评为省信息化示范工程。“天地图·盐城”开通了韩语版。“天地图·扬州”在大运河成功申遗中发挥了突出作用。

（三）地理国情普查

省地理国情普查领导小组办公室下发了《江苏省第一次地理国情普查2014年度工作计划》。全省13个地市和3个省管市（县）成立了相应的普查工作机构或下发文件。建立了进展月报、督察督办、专人跟踪等普查工作制度。全省共落实普查工作经费3.8亿，各地按计划推进普查工作，全面完成了全省第一次地理国情普查工作的底图解译、外业核查及内业编辑工作。共收集21个厅局的地理国情普查专题数据，提供2012年3～4月间获取的0.3米分辨率的数字正射影像图数据和2012～2013年的1∶10000数字线划地图成果作为普查解译基础数据。实际生产中，全省采用2014年获取的0.3米分辨率航摄影像作为普查解译基础数据，数据资料完备性和现势性在全国范围内有显著优势。年度举办6期省级普查技术培训，累计培训人员1032人（次）。选择泗阳县、丹阳市两地开展基本统计、综合统计分析和专题分析评价试点，完成了全省陆路交通变化、典型区域地面沉降、生态红线典型区监测等专项监测。

（四）基础测绘工作

1. 省级基础测绘

年度省级基础测绘经费投入8400万元。完善省级现代测绘基准体系，建设兼容北斗的多星多模连续运行卫星定位系统网络，完成宁镇常地区11个站点的升级改造，实现厘米级北斗系统的快速定位。全面完成全省“十二五”新一轮0.3米分辨率航摄工作，获取全省2.5米分辨率卫星遥感影像（资源三号卫星），完成1∶10000数字正射影像图3130幅、1∶50000数字正射影像图190幅。实施全省1∶10000基础地理信息数据库整合升级工作，完成了省级元数据库的建设，及全省4131幅数字正射影像图、数字高程模型、数字线划地图成果的转换、整理和入库工作。完成沿海滩涂航摄9000 平方千米，分别形成数字高程模型、数字正射影像图成果 1200平方千米、900平方千米。完成漏湖、高邮湖、洪泽湖水下地形测量，测线长度共计10620 千米。推进2000国家大地坐标系使用，印发了《转发国家测绘地理信息局〈关于加快2000国家大地坐标系推广使用的函〉的通知》，开展市县测绘地理信息行政主管部门2000国家大地坐标系的培训指导，培训人员达200人（次）。

2. 市（县）级基础测绘

各地级市基础测绘经费投入7705.70万元，比上年增加662.70万元；各区县基础测绘经费投入共4697.10万元，比上年增加3563.00万元。各地基本实现基础测绘常态化更新，扬州市将基础测绘纳入对各县（市、区）年度工作考核，南通、常州、淮安等市组织了优于0.1米的航空摄影265平方千米，常州实施了二等水准联测2800千米，徐州、常州完善市级连续运行卫星定位系统并纳入省级网体系，镇江建成城市三维模型110平方千米，泰州完成地下管线测绘2100千米。涟水县被列入国家新农村测绘保障服务项目。根据共建共享协议，沭阳县将基础测绘成果提供给公安、规划、城管等部门使用。

3. 国家现代测绘基准体系基础设施一期工程

省测绘地理信息局所承担的2个新建站点（泰州、六合）和9个改造站点（洪泽、无锡、涟水、东台、东海、丰县、徐州、铁山寺、高淳 ）的土建、设备安装、网络施工已全部完成，并通过项目部土建验收，进入站点试运行阶段。

（五）地理信息公共服务平台应用

省测绘地理信息局完成江苏省地理信息公共服务平台（政务版）建设，召开江苏省地理信息公共服务平台（政务版）应用推介会，省政府应急办、省发改委、省公安厅、省司法厅、省民政厅、省交通厅、省水利厅、省住建厅、省教育厅、省卫生厅等40多家单位的领导出席会议。江苏省地理信息公共服务平台（政务版）能够为省级政府部门和省各委办厅局提供统一、权威、“一站式”的基础地理信息共享交换平台、行业专题数据汇集平台、地理信息应用开发支撑平台。江苏省地理信息公共服务平台（政务版）发布后，与省140个厅、局和省直单位实现了互联互通。江苏省地理信息公共服务平台（政务版）被评为2014年江苏省信息化试点工程。

（六）地理信息共建共享与应急保障

省测绘地理信息局分别与总参第二测绘导航基地、南京军区信息中心就军地测绘地理信息合作多次会商，在成果共享、军地标准研究、CORS应用、移动测量车青奥会安保合作、地理信息移动终端开发等方面形成共识，相关合作项目正在展开。7月30日，省测绘地理信息局与总参第二测绘导航基地在南京签署战略合作框架协议，深化军地测绘战略合作，推进测绘军民融合式发展。省测绘地理信息局联合省应急办调研无人机应急保障工作，确定连云港市勘察测绘院有限公司为“省无人机航空摄影应急保障基地”。参加宿迁市地震应急综合演练，为演练提供系列工作地图，抽调连云港无人机组应急测绘保障队员10人、测绘型无人机2架、运输保障车辆2台、影像处理软硬件系统2套，快速提供震后高分影像。联合省应急办、总参第二测绘导航基地在苏州开展无人机应急保障演练，技术整合和集成成果处于国内领先地位。

（七）地理信息产业

省测绘地理信息局认真学习贯彻《国务院办公厅关于促进地理信息产业发展的意见》，组织工作小组调研草拟省政府实施意见。召开省市地理信息企业负责人座谈会征求意见，听取各市测绘地理信息行政主管部门意见，就实施意见提出的相关政策会商省政府办公厅、发改委、经信委、财政厅、科技厅、地税局。10月22日，省政府办公厅印发《关于促进地理信息产业发展的实施意见》，对促进江苏省地理信息产业发展提出了总体要求、重点任务和保障措施。省测绘地理信息局加强全省测绘地理信息产业发展现状及趋势的研究，草拟了产业发展规划。省基础测绘中心和地理信息产业园建设取得实质性进展，完成中心征地摘牌手续和概念设计工作。

（八）测绘地理信息科技成果

省测绘地理信息局资助了23个科研项目，验收结题10个往年项目。承担了国家基础测绘科研项目“信息化测绘技术体系升级改造研究”、“基于国产影像的变化检测和快速更新研究”；江苏省科技厅自然科学基金项目“DEM地形纹理及地形形态特征识别研究”；科技公共服务平台及服务业务项目“江苏省天地一体化地面沉降动态监测特色业务建设”等。组织省测绘地理信息科技进步奖评审工作，共评选出25个奖项。局系统多个项目获得国家及省部级科技奖项，其中“省级地理信息云服务平台构建与应用”获得2014年度中国地理信息科技进步一等奖；“江宁国土资源一张图工程”、“武进区地理信息公共服务平台”获得2014中国地理信息产业优秀工程金奖；“天地图·新沂”、“淮安市主城区三维精细建模”获得2014中国地理信息产业优秀工程银奖；“市县一体化地理信息公共服务平台建设关键技术研究与应用”获得2014年度国家测绘科技进步二等奖；“江苏北斗地基增强系统一期工程”获中国定位导航协会科技进步二等奖。

（九）省测绘地理信息局门户网站建设

2014年，省测绘地理信息局门户网站主动公开政府信息126条，公布2013年决算等财政信息2条，政务微博公开政务信息319条，有效回复了群众来信、信息咨询115件。在“测绘新闻”栏目中发布了江苏省数字城市建设、天地图省级节点建设及党的群众教育实践活动动态；制作了“江苏省地理信息产业”专栏，发布了省地理信息产业发展的相关动态，有力提升了测绘地理信息宣传效果。

局网站研发了“江苏省优秀测绘项目查询”、“江苏省测绘持证人员名录查询”等具有行业示范作用的专项查询系统，增强了网站的特色服务能力；构建了江苏省测绘地理信息市场监管平台，为各级测绘地理信息行政主管部门进行市场监管提供支撑和保障。局网站还开通了政务微博和官方微信，为宣传测绘地理信息开辟了一条新途径。

三、2015年主要任务

（一）加强统筹协调，全力完成地理国情普查任务

科学制定工作计划，2015年3月底前，完成省内、省际普查数据衔接，以县为单位全面完成普查预验收工作。3至6月份，根据国家测绘地理信息局统一配发的影像数据，完成标准时点核查工作。7月底前，按照国家标准，以县为单位建立普查数据库。7至9月份，以县为单

位，逐级汇交通过质检的普查数据库，完成标准时点核查后的数据成果质量检验，并逐步向国务院普查办提交普查成果。

（二）强化基础测绘，更好履行服务保障职责

进一步完善测绘基准体系建设，全面完成全省第二轮1：10000数字线划图更新，以及沿海滩涂9000平方千米的数字正射影像图、数字高程模型、数字线划图生产。完成太湖水下地形测量。利用已建成的卫星地面基准站网，加快建设北斗地面增强系统。抓好市、县大比例尺基础地形图必要覆盖的组织实施和持续更新工作。根据需求，创新基础测绘工作内容、表达方式、数据结构和技术标准等，探索建立新型基础测绘业务体系。完善信息化测绘技术体系下基础地理信息“增量式”采集、处理、更新内外业一体化作业的技术方法，探索建立省、市、县级联动更新机制和方法。全面完成全省测量标志普查维护工作和景观测量标志建设，建立健全测绘基础设施常态化管理机制。

（三）深化成果应用，努力开创服务保障新局面

继续推进天地图建设和成果应用。以丰富县级数据为重点，开展县级节点和数据的建设，继续完善数据资源。更新天地图·江苏的影像等地图数据，推动市县数据融合和联动更新，通过典型宣传和用户体验，不断完善服务功能，提高天地图的影响力。启动天地图二期工程项目建设，积极探索我省天地图与国家主节点一体化建设和市场化运作试点。开发天地图手机版和导航功能，大力推动天地图在不动产登记、安全管理、应急保障等领域的公益性应用。继续组织参加全国天地图应用开发大赛，会同省电视台，研发天地图电视频道，让天地图走进千家万户。建立健全天地图发展定位、经费投入、建设运维、应用服务的长效机制。

全力推动数字城市和智慧城市建设。完善数字城市的建设模式，抓好在建数字城市的项目实施，大力推动成果广泛深入应用。落实国务院八部委《关于促进智慧城市健康发展的指导意见》，积极推动数字城市向智慧城市转型升级。全面落实“智慧江苏”建设的各项目标和任务，加快智慧城市时空信息云平台的建设和应用，强化其基础性、权威性地位，为智慧城市各业务系统建设提供统一的地理信息平台。加快推进县（市、区）级数字城市地理空间框架建设，推动条件成熟、基础比较好的县级城市开展智慧城市时空信息云平台建设。

加强测绘应急保障能力建设。认真落实国家航空和突发事件应急规划，积极推进无人机测绘等应急测绘保障能力建设。通过开展军地联合应急演练，丰富应急测绘地理信息资源储备，完善应急保障机制，为突发事件应急处置奠定基础。制定测绘地理信息共建共享管理办法，以推广应用地理国情普查成果为重点，进一步推动测绘地理信息成果在政府部门、军民融合和科学研究等领域的共建共享。

（江苏省测绘地理信息局　汤　莹）

江苏省地震信息化发展概况

信息化建设是江苏省地震局实现地震监测预报、应急救援、信息服务、政务办公等业务工作数字化网络化的重要手段。2014年，江苏地震系统认真学习贯彻邓小平理论、“三个代表”重要思想及习总书记重要讲话精神，努力实施以地震信息化带动地震现代化的战略举措，采取各种有效措施，积极加大地震信息化建设资金投入，较好地促进了全省地震信息化建设的发展，从而使全省地震信息化基础设施建设的步伐进一步加快、地震信息资源建设开发利用的程度明显增加、信息化人才培养的能力显著增强、先进的信息技术在地震监测预报和应急急救等领域的应用范围有效扩大、先进信息技术与业务相结合的探索与研究不断深入。这些不仅全面促进地震监测预报和应急救援技术等水平的提高，为加快全省数字地震及其现代化建设事业的发展，从而确保江苏地震在全国的领先地位打下了良好基础。而且也为今后实现地震预测预报及预告预警提供了强有力的支撑。

一、调整组织机构，加强对全省地震信息化工作的领导

为进一步整合全省地震系统信息资源，优化内部结构，以更好促进全省地震信息化建设的发展，2013年底江苏省宣传教育中心和江苏省地震局地震应急救援中心进行合署办公，实行两块牌子一套班子。新组建的宣教中心与应急救援中心其原承担职责不变，其内设机构和人员安排进行重新组合，以此发挥整合优势，从而为认真搞好网络基础设施建设、信息资源建设、信息化人才培养培训以及提供高质量的信息技术服务等打下了坚实基础，为进一步促进全省地震信息化建设的持续、健康、协调发展提供了可靠保证。同时，根据中国地震局信息化领导小组办公室要求，及时对全省地震信息化领导小组作适当调整，领导力量进一步加强，全省地震信息化领导小组办公室的工作职责更加明确，已在研究全省地震信息化建设的发展、确定全省地震信息化建设的规划、指导各地市地震局及省属地震台站信息化建设工作的开展、提供各类地震信息咨询服务等方面做了大量工作，并为实现地震信息化带动地震现代化，从而为推动江苏地震工作的跨越式发展作出了应有贡献。各市地震局也都根据各自地震信息化建设的发展需要，建立了以分管局长为组长的地震信息化领导小组，并建立了相应的办事机构，具体负责本区域地震信息化建设的发展规划制定、网络设施、地震信息资源建设以及各市县（区）的地震信息化建设的工作指导。从而为确保各级各类地震信息化建设发展规划的顺利实施提供了强有力的组织保证。各市县（区）也进一步加快自身信息化建设步伐，努力实现现代先进信息技术在地震监测预报、应急救援中的广泛应用。除此之外，各单位还不断加强制度建设，制定了相应的规章制度和管理措施，有效地保证了网络的安全运行。

二、各类地震信息化建设成绩显著

（一）江苏地震行业专网平台服务能力不断提高

在“江苏数字地震观测网络项目”的建设

过程中，江苏省地震局完成了江苏地震行业专网的建设，该专用网络主要承担全省地震系统所有监测、前兆、强震及部分应急业务，在实践中发挥了巨大作用。

目前在此网络平台运行的主要系统有：数字测震台网、数字前兆台网、数字东南强震台网、地震信息服务系统及地震应急指挥系统。其中，数字测震台网由1个测震台网部、37个数字化测震台和1个流动数字测震台网组成，数字前兆台网由1个地震前兆台网部和14个数字化前兆观测台站（34个测项）组成，东南强震台网由1个国家强震动东南中心、50个固定强震动观测台站和1个区域强震动流动观测基地组成，地震信息服务系统由1个区域地震信息服务部、11个地震台站信息节点、3个大中城市地震信息节点和15个县级地震信息节点组成，地震应急指挥系统由1个区域抗震救灾指挥部、指挥技术系统、1个应急物资储备库、3个重点城市地震应急技术系统和1个地震现场应急指挥技术系统组成。

2014年对网络骨干网信道进行了线路改造和带宽升级，分别通过30M和20M专线上联中国地震台网中心和广东速报灾备中心，通过31条2M专线下联全省信息节点，实现了全省地震系统和全国地震系统各种新业务的互联互通。

（二）数字化地震建设稳步发展

2014年，为适应信息时代发展需要，充分发挥江苏地震行业专网的优势，并与时俱进，全省地震系统各单位加大资金投入，积极打造“数字化地震”，努力提高监测预报、应急救援、科研、管理、办公及生活服务等各个领域的信息化管理水平。充分利用计算机技术、网络技术、通讯技术、云技术等对地震监测预报、强震监测、应急救援、数据共享等业务的所有信息资源进行全面数字化；利用科学规范的管理对这些信息资源进行整合与集成，以构成统一的用户管理、资源管理和权限控制。

随着“中国地震背景场探测项目（江苏部分）”、“江苏省地震监测台站加密及应急系统扩建”等工程项目的建设完成，加快了全省“数字化地震”的建设步伐。

另外，为加快“数字化地震”的建设进程，各单位都把建设和完善网络基础设施放在重要位置，并结合自己的实际情况，继续加大对网络基础设施建设的投资力度，不断更新设备，完善操作系统，提高管理水平，增强信息服务能力。全省地市地震局都建立了应急指挥中心，配备了视频会议系统、显示系统、音响系统等现代化设备，并配备了数量足够的计算机。另外，大多地市地震局也建立了地震科普馆，配置了投影仪、联机展示台、地震体验台等专用设备，为开展多种形式的地震科普宣传提供了条件。

为确保“数字化地震”达到采用统一的身份认证、实行办公自动化、数字图书馆、各项管理系统网络化、工作、学习及生活数字化等目标的实现，省地震局还完成了基于网络的现代办公系统、权力阳光系统、省电子政务系统等的建设，为“数字化地震”提供了强有力的支撑。

地震信息化建设的发展，“数字化地震”的实现，不仅需要依赖于包括网络基础设施、各类应用系统软件和地震信息资源建设等在内的大量物质基础的支持，更离不开大批高素质、高水平的信息化人才的支撑。因此，加快信息化人才队伍的培养，努力提高他们的信息素养和水平，尤为重要。为此，在努力加强并不断完善与信息技术相关专业的技术人才队伍和网络管理人员队伍建设的同时，大力开展了面向全体各类系统人员的各种信息技术培训。

（三）信息服务能力稳步提高

随着信息化建设的不断发展，全省地震信息服务能力有了明显的提升。全省地震信息服务以“为全省地震行业用户提供包括邮件系统、统一授时、域名解析、在线访谈、在线办事等”为主。

我局在门户网站开设了办事指南、网上办

事、在线申报、在线咨询、投诉建议等多项服务。办公内网和“江苏省地震局行政权力网上公开透明系统”的建设实施后，进一步深化了行政权力网上公开透明运行，实现了所有行政权力事项均在网上进行申请和办理。

随着国家地震社会服务工程江苏部分的建设完成，为全省震害防御、应急救援、辅助领导决策等提供了更好的信息服务。

三、主要成就及存在问题

江苏地震信息化经过多年的建设与发展，虽然取得了明显的成效，形成了自己的优势与特色，但与飞速发展的地震信息现代化要求相比还不相适应，与国内信息化建设的先进省、市、区、特别是与世界发达国家及地区相比，还有一定差距，存在一些主要问题和不足：

（一）发展不平衡

地震信息化建设的发展不仅要有先进的信息技术作指导，而且还要有强大的经济实力作支撑。因此，不同的经济基础、不同的信息化理念，必然会导致地震信息化建设上的巨大差异，带来发展上的不平衡。毫无疑问，凡信息化理念先进并加大投入，或经济基础好、资金投入多的地区与部门，地震信息化建设的发展肯定就快；凡缺乏先进的信息化理念的支撑而又缺乏投入，或因经济基础薄弱而无经费投入能力，无疑其地震信息化建设的进展就较为缓慢。特别是用于软件建设经费投入的多少，对地震信息化建设的发展也将起到至关重要的作用。

（二）地震信息资源建设进展缓慢

长期以来，由于江苏地区中强地震不多，人们普遍对地震的感受很少，使得一些地方政府对地震方面的相关建设投入不够重视，更别说地震信息资源建设了。因此，一方面，在资金投入上缺乏必要的支持，使之与网络基础设施建设的资金投入不成比例；另一方面，长期以来形成的老观念、老思想，对地震信息化过程中发现的问题不够重视，没有及时解决，比如软件正版化、网络安全等；同时，在地震信息化人才投入上缺乏必要的力度，无法形成群体优势，很多地市地震局或其下属的市县（区）地震局（办），与住建或科技局等部门合署办公，地震工作人员很少，更别说信息化人才及其培养了。

（三）地震信息化技术落后

信息技术发展到现在，已出现了云计算、大数据等先进技术及其理念，在很多行业得到了有效利用，但这些技术在江苏地震信息化，乃至全国地震系统中基本还是处于概念中，没有专门资金、专门项目、专门人才去进行相关研究及实现在地震各业务领域内的应用，因此，需要加强先进的信息化技术在地震部门的应用研究及开发。

四、2015年发展思路

2015年，是全面贯彻党的十八大和习总书记重要讲话精神、加快江苏率先实现全面建设小康社会目标的重要一年，也是加速江苏地震现代化建设进程，努力实现江苏地震跨越式发展的重要之年。我省地震信息化建设，必须坚持与时俱进，努力服务社会的思想，紧紧围绕全省地震发展的总体思路，坚持“统筹规划、需求导向、加强合作、注重实效、人才为本、项目示范、因地制宜、协调发展”的原则，努力完成“数字化地震”的建设任务，进而全面实现“积极整合现有网络基础设施，办好江苏地震门户网站和各类专题网站，加强江苏地震资源网站建设，不断丰富和提供各类地震服务资源”的目标。加快地市地震局和市县（区）地震局（办）的信息化建设，全面推进全省地震信息化建设。

（一）加快实现江苏地震信息化建设发展的对策措施

1. 加强领导

各级地震部门要坚持解放思想，与时俱进，努力把加快地震信息化建设作为推动并实现地震现代化的重要工程，实行一把手负责制，并配备强有力的工作班子，按照工作目标责任制的要求，具体负责其地震信息化建设规划方案的实施、资源的开发利用和信息化人才的培养培训、加强网络设备的维护运行和使用效益的检查、监督工作。并将地震信息化建设作为实现地震现代化的重要内容之一，采取严格考核制度，实行一票否决。以此调动各方面的积极性，确保地震信息化建设的快速发展，真正做到以信息化带动现代化，促进江苏地震系统跨越式发展。

2. 加大投入

地震信息化建设的发展，必须依靠经济实力的支撑，因此，加大经费投入，是确保地震信息化建设目标实现的保证。为此，中国地震局和省委省政务除了应把地震信息化建设经费列为经常性经费，以保证地震信息化建设的正常维护运行和持续发展所需费用外，还应设立地震信息化建设专项经费，以此作为贫困地区用于地震信息化建设的资金转移支付费用及省级地震信息化基础设施、信息资源中心建设和地震信息化建设先进单位的奖励基金。各地财政也应设立相应的地震信息化建设专项基金，确保地震信息化建设经费的正常投入。除此之外，要加大开放力度，建立市场运行机制，鼓励并吸收社会资金用于地震信息化建设，通过招标方式广泛吸收社会力量参与地震信息化基础设施建设,确保工程质量和经费的合理使用。

3. 科学规划

科学规划是搞好地震信息化建设的基础，又是整个地震事业发展规划的重要组成部分，因此，中国地震局、省、市及各区县地震局（办）都要用战略的眼光、超前的意识，长远的观点、科学的态度认真抓好、抓实，努力避免临时观念和装璜门面的思想。要根据各自的职责范围确定不同的规划目标、任务。省地震信息化领导小组主要负责省级地震信息化基础设施建设规划、地震信息资源体系布局和建设规划、规范的制定。并在此基础上，做好市及各区县地震局（办）的地震信息化建设规划方案的审批、网络基础设施建设、地震信息资源建设和信息化人才培养工作的检查、评估和验收工作；各市及各区县地震局（办）的主要任务是根据省地震信息化建设的总体要求和自身实际情况，完成本区域、本部门地震信息化建设的规划方案制定及组织实施、地震信息资源建设及地震信息化人才培养工作。通过分工负责，层层落实，努力确保地震信息化建设的规划方案科学可行，措施行之有效。

4. 监督评估

为加快全省地震信息化建设步伐，努力提高并充分发挥地震信息化基础设施和各类应用系统的服务功能与使用效益，省地震信息化建设领导小组应经常组织相关专家，深入实地对地震信息化建设开展专项检查评估工作。并将评估结果纳入到地震发展水平和地震现代化建设的内容之中，作为评价和验收地震现代化成果的重要依据之一，以此推动地震信息化建设的发展，更广泛调动各个方面认真搞好地震信息化建设的积极性。

5. 注重科研

为提高理论水平，更好指导地震信息化建设的实践，必须坚持科研优先，发挥科技先导的作用。在全省广泛组织各级各类地震科研工作人员人员，积极深入地震信息化建设第一线，通过科学研究，努力提高加快地震信息化建设的理论水平，不断加强用科学理论指导地震信息化实践的能力。与此同时，还要经常组织相关专家、学者及地震信息化建设的实际工作者共同开展对地震信息化发展战略的研讨，并加强交流，大力引进和借鉴世界发达国家、地区和国内先进地区信息化建设的各种经验，从而确保全省地震信息化建设的前进方向，促进全省地震信息化建设的可持续发展。

（江苏省地震局　甘宝霞）

江苏省民航信息化发展概况

2014年，全省9个机场共完成飞机起降29463架次（含飞训），同比增长26.54%；旅客吞吐量219.54万人次，同比增长22.16%；货邮吞吐量4.44万吨，同比增长15.17%。东航江苏公司完成旅客运输量66.6万人次，同比增长29.85%；货邮运输量0.69万吨，同比增长11.29%。省内各通用航空单位本月共完成通用航空飞行679小时 20分，起降1730架次。

一、中国民用航空江苏安全监督管理局信息化建设情况

中国民用航空江苏安全监督管理局（以下简称民航江苏监管局）职责是对江苏省内的民用航空企事业单位行使政府安全监督管理职能。2014年度监管局全年共开展现场行政检查375次，出动监察员706人次，较2013年度分别下降26.5%和29.4%。实施行政许可127件，其中独立审核决定105件，占审批工作总量82.7%，较2013年占比提升22.7个百分点。全年制发整改通知书（含适航问题通知单）125份，提出限制整改要求（含适航专业整改措施）352条，落实问题闭环，整改率达94%。开展相对人管理层访谈9次，行政约见6次，针对违法行为实施行政处罚2件，承办违法飞行事件调查并出具处罚意见1件，向辖区单位下发安全提示1期，编发本局安全监管抄告单7期。

二、南京禄口国际机场信息化建设工作

2014年是南京禄口国际机场发展史上具有里程碑意义的一年，顺利完成二期建设、转场运营、青奥会和国家公祭日等重要保障任务；圆满完成年度各项工作任务，保持了较快发展势头；机场实现了通航以来连续第17个安全年，连续第6次获得全国“安康杯”竞赛优胜企业称号。全年保障各类飞行14.42万架次，完成旅客吞吐量1628.17万人次，货邮吞吐量304207.9万吨，同比分别增长6.9%、8.5%和18.9%；预计实现利润1.5亿。

三、中国东方航空江苏有限公司信息化建设工作

2014年，中国东方航空江苏有限公司共安全飞行146163小时、72361架次，同比分别增加了5.58%和下降了0.53%；实现了安全飞行21周年，蝉联全国“安康杯”十二连冠。完成运输总周转量10.44亿吨公里（首次超过10亿吨公里），旅客运输量808万人次（首次突破800万人次），货邮运输量7.09万吨（首次超过7万吨），同比分别增加8.48%、11.06%和5.7%；实现主营收入64.25亿元，同比增长6.25%。

四、深圳航空江苏有限公司信息化建设工作

公司2014年执行出港航班9834班，其中始发2302班，过站航班7464班；充分发挥运行指挥的核心作用，完成全部运行保障任务，通过持续安全整顿、对外沟通协调、对内航班调配等工作，避免了旅客群体性事件，实现了岗位安全运行“零差错”；通过服务管控措施的细化，分公司服务关键点监察覆盖率达90%，检查人次6000多人，监察航班量约250班；完成3项科室级服务创新工作，一项分公司级服务创新项目。

五、深圳航空无锡有限公司信息化建设工作

公司2014年完成飞行小时1.95万小时；完

成运输总周转量13102.83万吨公里，旅客吞吐量184.36万人次，货邮吞吐量1.4万吨，同比分别增加9.54%、11%和5.61%；全年计划航班8678班次，取消69班，执行航班8609班次，其中正常航班3614班次，不正常航班5064班次，航班正常率为41.65%；受理航空消费者投诉17件，其中有效投诉6.5件，无效投诉10.5件，受理投诉总量比上年减少4.5件，下降21%，有效投诉量比上年增加0.5件，上升8.3%。

六、邮政航空南京有限公司信息化建设工作

2014共计保障航班11681架次，同比增长31%，航班正常率92.33%；邮货总周转量116208吨，查获各类违禁、危险品319件。2014年各部门自查自纠发现各类问题、安全隐患共计134条，启动风险管理32次，共识别新危险源48个。全年共开展安全检查12次，检查发现各类问题、安全隐患共计22条，均已完成整改。

七、中国民用航空华东地区空中交通管理局江苏分局信息化建设工作情况

2014年以安全运行为中心，围绕“双跑道运行”和“青奥会保障”两大主线，积极推进“人才队伍建设、空管文化建设和绩效管理”三项工作，共安全保障各类航班354852架次，同比增长约7%；其中进近保障211648架次，塔台保障起降航班143204架次，同比分别增长约8%和4%；航行通告差错率0 %；其中8月13日，塔台保障起降航班466架次，进近保障航班683架次，均创南京禄口机场单日航班保障最高纪录。

八、中国航油江苏分公司信息化建设工作

2014年认真贯彻落实上级公司和江苏民航监管局的各项工作部署要求，坚持“安全第一、预防为主、综合治理、持续改进”的安全工作指导方针。全面促进安全生产平稳发展，实现了安全生产“五个零”（零事故、零伤害、零污染、零延误、零投诉）目标。2014年，江苏分公司所属8个供应站共保障航班52249架次，加注航油28.9万吨，较2013年分别增长12.16%和17.3%。

九、南京空港油料有限公司信息化建设工作

2014年公司保障各类航班加油72034架次，实现航油销售42.96万吨，完成年度预算的102.29%。2014年1–11月，实现销售收入24.72亿元，实现利润7653万元。

十、苏南硕放国际机场信息化建设工作

2014年完成运输起降35751架次，旅客吞吐量418万人次、货邮吞吐量9.6万吨，同比分别增长12.3%、16.4%和9.7%，新增黑龙江满洲里、吉林长春、泰国甲米、泰国清迈、韩国首尔、吉林长白山等六个通航城市，国际（地区）客货运航线达到10条，通达43个国内外城市，每周计划进出港航班750架次，与2013年相比每周净增78架次，同比增长12%。

十一、常州奔牛机场信息化建设工作

2014年实现旅客吞吐量186.1万人次，货邮吞吐量2.6万吨，起降架次22438架次，同比分别增长21.9%、21.9%和15.97%，实现了第29个安全生产年。2014年7月31日常州机场口岸开放通过国家验收。同年9月25日，常州首个地区直达航班——常州至香港航班开通；11月20日，首个国际直达航班——常州至首尔航班开通；11月21日，韩国真航空公司首尔至常州国际航班首航成功，成为常州机场开航29年来首次由外籍航空公司执飞的国际航班。

十二、连云港白塔埠机场信息化建设工作

2014年安全保障航班起降6978架次，完成进出港旅客56.86万人次，累计进出港货物1612吨；花果山机场选址报告通过民航局评审，完成预可研报告；机场连续安全运行30年，创全省机场最长安全周期；引进奥凯、厦门航空公司加盟运营，开通了天津、哈尔滨新航线；云燕服务品牌荣获全国民航青年文明号；加强公司治理，初步排查各类风险477个，制定防控措施577条；开展教育实践活动，收集意见建议439条，归纳整理73条，整章立制、新建制度4

项，修订完善制度3项，拟制定制度4项，废止制度2项。

十三、南通兴东机场信息化建设工作

2014年实现了机场通航第21个安全年，全年安全保障各类飞机起降26104架次，其中保障航班10923架次，同比增长34.12%；完成旅客吞吐量93.24万人次，货邮吞吐量3.19万吨，同比分别增长38%和30%；不断优化“以旅客为中心”的服务理念，提升硬件和软件服务水平，2014年各项投诉总量较前一年下降近60%；机场各项工程建设紧锣密鼓开展，站区环境面貌大为改观，2014年投资 2 亿元、建筑面积8100平方米的国际候机楼工程投入使用，建筑面积16800平方米的联检业务用房于2014年6月开工建设，预计2015年7月建成。

十四、徐州观音机场信息化建设工作

2014年完成起降航班11008架次、旅客吞吐量126.75万人次、货邮吞吐量6380.2吨，同比分别增长8.5%、13.9%和2.6%。春运期间运送旅客15.58万人次，同比增长30%，创历史最好成绩。2014年新增银川、乌鲁木齐、韩国济州岛3条航线，优化深圳、厦门、北京等航线。开展制度清理，废止83项制度、修订55项；创新基础管理活动期间开展创新项目41条，对一些好的经验做法开展了复制推广。

十五、盐城南洋机场信息化建设工作

2014年新开上海、西安、深圳、天津4条航线，增开大连季节性旅游包机航线，加密台北航线至每周6班，通航城市增至16个；利用航班换季，优化完善航线和航空公司结构，引进春秋低成本航空公司，扭转国有航空公司一家独大的被动局面；抓住中韩航务谈判机遇，首尔客运航班获批正式通航点，结束首尔航班10年临时包机的历史；加大客货营销力度，调整客运经营管理体制，重新梳理航空货运经营思路，建立货运按月考核目标机制。全年保障航班5536架次，完成旅客运输52.9万人次，较上年增长49.3%，增幅位居全省第一；货邮吞吐量2162.7吨，创造利润105万元。

十六、淮安涟水机场信息化建设工作

2014年累计保障各类飞行10546架次，其中运输起降6386架次，本场训练3970架次，其他飞行190架次，机场整体安全形势平稳，连续4年实现持续安全；投入资金400余万元，购进了摩擦系数测试车、除冰车等安全设施设备，完成了国际厅设施设备改造，各项安全保障设施设备完好；保障运输航班6386架次，累计完成旅客吞吐量51.6万人次，同比增长27%；完成货邮吞吐量3400吨，同比增长35%；一类航空口岸开放获国务院批准。

十七、扬州泰州机场信息化建设工作

2014年共安全保障各类飞行22956架次，同比增长43.9%，在华东地区平安机场建设考核中，荣获了同类机场第一名；开辟了郑州、银川、重庆、天津、海口、贵阳6条航线，超额完成了市政府下达的新开2条航线的年度目标；实现旅客吞吐量70.6万人次，同比增长15.2%，完成了市政府下达的70万人次目标任务；实现货邮吞吐量4792.5吨，同比增长53.9%，超额完成年度目标4000吨任务；实现经营总收入5012.5万元，同比增长15%，实现辅业收入2231.01万元，同比增长25%；航班平均客座率76.5%，同比上升4个百分点，航线补贴同比下降7.4%，运营质态良好；服务品质不断优化，航班保障正常率100%。

（中国民用航空江苏安全监督管理局　赵　敏）

江苏省电力信息化发展概况

一、2014年度工作总结

2014年，国网江苏省电力公司（以下简称“国网江苏电力”）全力确保信息通信安全生产，积极推进“信息化企业”建设，各项工作取得了丰硕的成果。

（一）狠抓信息通信系统安全运行

一是全面落实年度反措任务。落实季节性安全大检查重点工作，完善应急预案，积极组织开展突发事件无脚本演练，确保各项安全工作落到实处。二是深化信息通信安全型评价试点建设。在全省范围内统一组织开展安全性评价查评，从而为进一步提高信息通信安全管理运维水平、消除安全隐患，提供了切实可行的指导和依据。三是大力加强信息通信安全人才队伍建设。组建了信息通信安全红蓝队，并积极开展常态化的攻防演练，加强对各单位信息通信安全督查队伍的技能培训。四是精心组织重大活动安全保障。重点针对青奥会和国家公祭日两次重大活动，精心编制保障方案，完善保障组织，逐层落实责任，加强系统和设备特巡，确保了两次活动期间的“零闪动、零误动、零投诉”目标实现。五是开展信息通信调度集约化优化提升工作。根据国网公司总体设计方案，完善覆盖全省的省级集中调度支撑系统，实现全省通信网络和设备省级集中监视，实现了全省通信网络和设备的省级统一调度、方式及资源管理、检修管理、缺陷管理、统计分析，进一步强化了全省四级网的集约化运行管理。六是加强信息通信检修管理。严格执行信息通信系统检修管理流程，规范了信息系统检修计划的编制和刚性执行；积极主动与上级部门和公司调度等相关专业沟通；完善信息通信检修的组织和安全技术措施，做好危险点分析和影响业务分析，确保检修的安全执行。七是信息通信类设备资产清理工作取得明显成效。严格按照国网公司要求，切实做好IMS、TMS与ERP中设备资产清查工作，并提出下一步开展长效资产管理的工作计划。八是推进状态检修深入开展，制定状态检修实施方案，完成状态检修信息收集，完成设备评价和检修策略制定，完成了状态检修综合评价报告。

（二）不断提高专业精益管理水平

一是按期完成公司统一布置的专业体系建设工作。按照“五位一体”等机制建设的统一要求，完成了专业体系建设工作，并按要求持续改进，顺利通过检查验收。二是启动“十三五”规划编制的前期工作。受总部委托，牵头组织完成了信息通信运行体系、信息通信网络等规划专题或研究报告的编制。三是高质量完成2015年信息通信项目前期工作。严格按照公司项目储备的要求，完成了2015年储备项目的可研编制、审查和批复。四是加强项目过程管控。做实月度、季度执行分析，积极推进总部统一建设的信息系统在全省的推广实施，加强对甲方项目尽力的监督考核，狠抓过程进度和质量控制，确保总部相关要求有效落地。五是加强项目财务进度管理。顺应公司强化预算管理的形势，改变以往重形象进度、轻财务进度的管理模式，加大对各单位各专项财务进度的监督考核，有效地推进了各项目的实际执行进度。六是大力加强专业培训。针对企业架构、项目审计等管理知识以及国网公司和省公司关于专业工作的最新要求，组织各级管理人员进行培训宣贯，无缝覆盖全省各单位专业网络，实现了专业网络管理能力的整体提升；继续组织开展安全运维技能培训，在国网公司信息通信建设与安全运行调考中取得了优异成绩。

（三）全面推进“信息化企业”建设

一是作为国家工信部认定的“两化融合”管理体系首批贯标试点企业，组织完成了公司管理体系文件的梳理、修编和发布试运行，组织本部各部门和各基层单位进行了宣贯培训并建立了内审员体系，完成了工信部贯标认证的各项准备工作。二是积极承担信息化建设后评估试点工作。圆满完成了项目规范化检查、应用绩效评价及后评估验评三阶段的各项工作，在国网公司后评估整体评价中位居前列。三是积极承担国网公司信息通信新技术研究。圆满完成安全接入、服务器虚拟化、云终端等一批试点成果研究与应用，为国网公司新技术研究应用做出了突出贡献。四是探索开展营配调业务一体化提升，完成了第一批应用（业扩管理、报修抢修、线损管理、停电管理、运营监测等）全省推广实施；完成辅助规划和工程管控应用建设，理论线损基本功能开发、故障报修与95598系统集成，用电信息采集、DMS、EMS实时数据接入等工作。五是深化GIS平台应用。完成了基础地理数据更新、GIS平台版本升级、移动GIS功能建设，优化了空间数据加载、拓扑算法、数据压缩及图形渲染等功能。六是积极探索移动应用建设，完成移动应用安全接入平台和移动交互平台建设，在此基础上完成了企信、通知公告等应用建设。七是创新开拓“大数据”管理研究与应用。从社会服务、企业运营和电网安全等领域探索“大数据”分析与应用。

（四）信息通信基础设施改造工作取得预期效果

加快推进省-市OTN光传输网工程实施，完善一体化视频会议系统。改造农村供电所接入网。优化整合了省内数据通信网，完成国网客服中心南园区通信光缆建设。有序推进配电网通信系统、县域通信网试点建设。

二、面临的形势和存在问题

（一）依法治国的外部环境对专业管理提出了更高要求

近年来，随着依法治国深入推进，外部环境逼迫我们在加快建设创新发展的同时，必须严守底线红线，确保依法合规地开展各项工作，要加强对各级管理人员的法律法规和工程管理培训，提高法制意识，提高依法治企水平。

（二）日益严峻的安全形势对信息通信安全生产带来新挑战

2014年，公司信息通信系统安全承受了更加严峻的考验，重大活动对信息通信系统保障提出了更高要求，外部对敌对势力的破坏更加密集，直属单位信息安全防护水平相对薄弱，加之信息通信安全防护点多面广的固有特点，公司信息通信安全工作不容懈怠。

三、2015年工作思路和重点工作

（一）工作思路

深入学习领会十八届四中全会精神，主动融入社会和公司改革发展、依法治企大局，紧密围绕“争第一、当排头”的中心任务，以安全生产为基础，全面完成总部部署的各项试点和推广任务，持续提升信息系统应用质量，确保在全网范围内争先领先，为公司争创“两个一流”排头兵战略做出新的更大贡献。

（二）重点工作计划

1. 加强基础管理，提高信息通信安全运行水平

一是加强风险管控，强化信息通信设备、

线路运行维护责任落实和隐患排查、消除工作，组织“四不两直”飞行检查，督促“一书、两票、三措”制度落实。二是加强应急管理，及时修订信息通信系统突发事件现场处置方案，常态化开展无脚本演练，提升应急处置能力。三是深化信息通信集中调度。加强调度人员技能培训与考核，强化绩效评价，提高省地县属地化运维能力；完善集中调控技术手段，全面实现通信机房动环监控、传输设备网管省集中。四是持续推进重点隐患整改。积极推进跨越公路、铁路光缆和变电站通信电源隐患整改，加快完成省公司层面信息机房的布局优化调整，为信息通信安全生产创造良好环境。

2. 加强拓展应用，全面完成“信息化企业”建设

一是深化前期试点成果应用，完成十大工程和四大平台的全面推广，加强业务应用专家队伍建设，组织开展SG-ERP应用竞赛，高质量完成设备（资产）精益运维管理系统等国网统推系统的推广应用和配套改造，以企业架构为基础，根据近两年大规模建设情况进行架构与需求的梳理与分析，切实推进班组减负，定期开展信息系统应用调研，为“十三五”规划奠定基础。二是积极拓展信息新技术研究与应用，拓展移动办公、现场作业、客户服务等领域的移动应用建设；加快推进软硬件资源池建设和应用，探索基于云计算技术的业务系统应用模式；研究开展基于物联网技术的电缆设施精益管理、运输管理等业务应用。三是持续提升系统功能。继续完善理论线损、工程管控等应用功能，整合各类数据中心资源，加强信息通信设备实施监控和状态评价工具建设。四是加强大数据管理相关技术的研究和应用。重点推进“电网生产安全风险预警”、“短期负荷预测”、“配变重过载预测”等试点课题研究与应用，尽早发挥“大数据”管理效益。五是全力打造一流通信网。高质量完成省-市骨干网、省级行政IMS平台、乡镇供电所通信接入完善化改造等重点项目实施，配套完成特高压工程和国网客服南园区通信工程建设。

3. 加强体系建设，提升专业网络卓越管理能力

一是加强人才队伍体系建设。重点从专业管理人员、信息通信生产技能人员、业务应用专家队伍等三个维度大力开展培训、激励和交流，不断提升公司信息通信人才队伍质量。二是持续完善标准制度体系。深化“两化融合”管理体系建设运行，在运行过程中实现持续改进和对两化深度融合的有力支撑；积极承担国网公司制度标准编制，认真组织国网公司通用制度的宣贯与落实。

（江苏省电力公司　陈志刚）

第五部分

地区发展篇

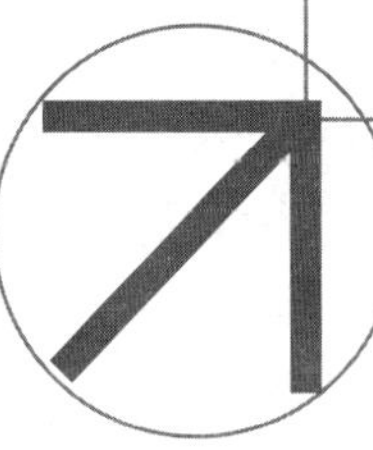

南京市信息化建设特色

——注重信息化变革下的智慧南京建设

“十里秦淮灯火灿，楼台亭榭绕河堤。”这就是六朝古都南京的真实写照，南京是一座顽强保存着华夏文明正朔、直接见证华夏民族荣辱兴衰的大城。她既有王者气象，也有六朝烟水，南北交汇，厚重包容。其厚重的文脉至今闪耀着智慧的光芒。

如今，南京正在发生一场前所未有的信息化变革，抢抓互联网和信息技术不断出现的重大突破，以及互联网、物联网、大数据、云计算多样化发展的机遇，立足南京科技创新优势，通过智慧城市建设，加速国际化进程，提升国际化水平，展示国际化形象，从而更好地参与国际循环、国际分工、国际竞争。

无论从人均水平、产业结构还是城镇化、信息化发展情况判断，南京具备了“工业化中后期”的明显特征。因此南京在推进城市发展时既要考虑工业化后期不可跨越的共性特点，也要考虑后工业化时期的发展路径。因此，加快云计算、物联网、大数据以及软件和信息服务等智慧产业发展，更好地推动城市功能转型、产业转型已成为新时期“迈上新台阶，建设新南京”的必然选择。

2014年，南京借力物联网技术在一系列市政项目中的应用，逐步打造“智慧城市”。南京跟进新技术，完善智慧基础设施，实现智慧互联。以开放式的架构，发展智慧的应用，拓展到城市生产、生活各方面；注重智慧产业的发展，包括信息产业与传统产业的信息化升级。运用云计算、物联网等新技术，积极推进政务数据中心、市民卡、车辆智能卡、无线宽带行业专网等项目。南京作为一座自动化、智能化、快速反应和人性化的“智慧城市”正在逐步成形。

一、智慧南京中心：智慧城市的大脑和中枢

作为历史文化名城，南京有着2500多年的智慧文明史。本世纪初，南京就开始思考智慧文化建设问题。2006年，南京提出“发展智慧产业、构建智慧城市”的构想，同时跟踪研究世界智慧城市发展的理念、路径和实践方法。如今南京正朝着“现代化国际性人文绿都”的既定战略目标迈进。南京要在“创新驱动、内生增长、绿色发展”战略统领下，以“智慧城市”建设为抓手，谋划和推进产业的发展和转型。而今，拥有良好信息化建设基础的南京，已然成为了江苏乃至全国的优秀智慧城市建设示范城市。

智慧南京是南京市委、市政府推进科学发展、提升城市品质、优化民生服务的新一代城市级信息化工程。智慧南京中心是城市级信息资源的整合共享和运行平台，既是城市运行的仪表盘，也是城市管理的综合调度中心。它的特点是实时实地、汇合整合、动态直观及调度响应。智慧南京中心的定位是通过先进的信息技术，充分挖掘并发挥城市运行中的各类信息的价值，通过大数据的智能分析得出城市运行相关的各类智慧信息，为城市决策者和城市运行管理部门提供科学决策依据，以此全面提升南京城市运行管理的智慧化水平。

为了有效支撑智慧南京的建设，智慧南京中心确立了三大目标：一是智慧南京中心应实现城市运行信息的全面整合与共享。管理人员可以通过来自城市多个部门、多个单位的各类信息，以最有效的方式了解城市运行的方方面面；二是及时掌握、智能预测南京城市运行中可能出现的问题。智慧南京中心能够在海量信息积累的基础上，实现对城市运行中不良情况的智能判断和预测。管理人员可以通过分析城市运行的状态是否正常，预测可能发生的问题和事件，提前预防，主动应对，使事件对城市运行产生的负面影响降至最低；三是快速响应、协调资源推进城市管理和服务的一体化。智慧南京中心能够为市领导和相关部门提供高价值的城市运营信息，为城市管理的协同作业提供一个统一的门户和平台。城市运行的各管理和参与部门在市领导的统一领导下，实现一体化作业，通过高效率的资源协调和协同作业，以一个整体，解决城市运行中的问题和处理应急事件。为市民提供相应的服务。

智慧南京中心以“智慧的城市运行管理”为目标，在南京现有信息化建设基础上，通过资源整合将全市各部门业务系统以及行政服务部门部署在不同设备、不同系统采集到的城市基础信息融合成统一的数据视图，在此基础上进行智能分析和仿真预测，为城市管理者提供决策支持，把城市管理模式从被动应对事件转变成有预见性地主动、提前规避问题。智慧南京中心将作为智慧南京各个运行环节和各类运行资源的整合中心及物理门户，全面实现智慧城市运行的监控、协调、指挥、展示。智慧南京中心主要由两大核心内容组成，即运行管理与服务平台、信息化成果展示区。

近年来，智慧南京建设以“国际一流、国内领先”为目标，以“数据集中，系统整合，业务协同”为主线，以“资源、载体、应用、机制”建设为重点，积极推进以“两卡一中心”和“两网一门户”为代表的示范工程建设，努力探索符合南京实际的智慧城市建设道路。

二、两卡一中心一门户：全面惠泽民生

以“两卡一中心”建设为载体，全力推动信息资源整合。信息资源汇聚、整合是“智慧南京”建设的核心。通过市民卡和车辆智能卡工程，建立了城市管理与民生服务的信息采集渠道，汇聚到政务数据中心后，形成城市级云计算平台和公众服务平台。

（一）市民卡工程

市民卡集社会管理、公共服务和电子支付功能于一体，是服务和方便广大群众生活重要手段。目前，南京市民卡发卡已超过700万张，市区居民办卡率超过90%，60岁以上老人办卡率超过95%。市民卡应用已进入社保、医疗、文教、园林、交通、小额支付等30多个领域，可消费网点1000余家，初步实现了“多卡合一、一卡多用”的建设目标。以“市民卡”为载体，实现了老人和残疾群体乘车优惠、郊区公交刷卡、建筑业民工权益保障等重大惠民政策的落实。同时，积极协调公安、民政等部门共同探索跨部门人口管理模型和实有人口信息共享、应用长效机制，建成全市实有人口数据交换平台，实现社区及人口基础信息部门间的共享，为全市社会管理创新工作提供强有力的信息支撑。此外，依托市民卡，以“服务老百姓、支撑新医改”为基本定位，积极推进智慧医疗项目建设，通过建立电子病历、健康档案数据库等医疗信息系统，促进医疗保障的均等化和便捷化。借助于市民卡，南京市医疗一卡通格局已基本实现，全市已有432家医疗卫生机构接入卫生专网，覆盖了全市三级以上医院及所有社区卫生服务中心。108家医院已经开通使用市民卡医疗功能，462万张市民卡在联网医疗机构使用，医疗一卡通格局基本形成。此外，居民健康卡与市民卡的融合已经启动，建邺区、溧水区、高淳区已开展居民健康卡发行

前期准备并完成开卡信息的采集和技术准备工作。其中，“医疗一卡通”试点工作取得了阶段性成果，全市已有25家医院使用市民卡替代就诊卡，有150多万张市民卡在联网医疗机构使用，投放自助智能终端设备200多台。市民可通过自助服务，实现身份认证、挂号、缴费、检查单打印、病历查询等功能，有效提升了医疗资源使用效率。

（二）车辆智能卡工程

该工程是南京智能交通系统建设的核心先导工程，集合了公安“320”、交通指挥、环保限行、运输管理等管理需求，统一技术标准、统一采集平台，较好地实现了“资源共享、业务协同”的目标。目前，车辆智能卡发卡近100万张，完成400多座双基自由流基站建设，初步形成全市电子围栏系统。在此基础上，全市交通信息采集与共享平台建设已基本完成，通过对海量机动车流量数据的实时采集、整理和分析，有效解决车辆识别、动态监测、交通流精确分析等难题，城市交通“感知”度大大提升，为城市交通的科学、动态的管理提供了支撑，为市民出行提供了更多便捷。

（三）政务数据中心工程

南京政务数据中心建设，对于解决政府各职能部门由于业务系统各自独立、数据冗余、数据离散、数据不一致等问题，为确保协同办公、信息共享起着十分重要的作用，其总体要求是打造一个集“技术服务、资源服务、管理服务”三位一体的智慧政务模式。目前，政务数据中心完成政务内、外网的扩容工程，网络主干带宽达到了万兆，接入点带宽达到了千兆，分别联接了221和118家市级部门和单位，实现400台服务器的计算能力，为市级机关48家单位提供了应用系统迁移和管理服务，初步建成了政务云计算服务平台，为市各部门应用系统的集约化建设提供了支撑。推广试用了1000台桌面云终端，降低了硬件设备采购、运行和软件正版化成本，提高了系统的安全性和可管理性。

初步建立了以居民应用、企业应用、政务资源和基础设施四大信息库为核心的公用基础数据库，为市民卡办理、人口普查、经济普查、低收入居民家庭收入核对、综合治税等部门业务协同提供了基础信息资源保障。同时，依托政务数据中心的支撑能力，加快提升全国领先的“智慧南京中心”的功能，其总体目标是按照“实时实地、动态直观、汇合整合和调度响应”总体要求，通过整合相关应用的系统，全面感知城市运行状态，提升城市的智慧管理和服务能力。目前，“智慧南京中心”已经建成统一、规范、标准的空间地理信息系统以及一套完整的、面向全市各部门的数据交换共享平台，首批接入14个部门和4家公共服务企业的数据，初步实现城市运行智慧化管理以及突发事件应急联动指挥等指挥中心功能。

（四）城市智能门户

城市智能门户一期建设（“我的南京”手机应用软件）于2014年8月16日已经成功上线试运行，20家政府部门和事业单位、13家公共事业企业单位已经在“我的南京”平台部署了30余项便民信息服务，近60万用户下载安装和使用“我的南京”。为市民提供了权威的实名认证和一站式个人信息查询功能，并逐步整合了智慧城市在家庭生活、交通、医疗、政务等方面的信息化成果服务，各功能模块日均使用量达10万余次，成为深受南京市民衷爱的智能终端软件。

城市智能门户将“政府、社会、城市、人”有机组合为一个城市服务业态链，构建了城市级的智慧应用服务“云管端”生态平台。初步形成了城市运行大数据的生产、采集、分析、利用、服务的良性循环，开创了政府和社会广泛参与的“互联网+”城市智慧服务的众包建设模式。下一步，城市智能门户将继续融合移动互联网、云计算、物联网、大数据、信息安全、NFC、智能语音、穿戴技术等为代表的新一代信息技术，践行“互联网+智慧城市”、“大数据+城市治理”的发展模式。实现全国领先的“资源大协同、服务大融合”的智慧城市应用建设成果。

三、以人为本落实信息惠民

以“两网一门户”建设为基础，努力实现“信息惠民”目标。先进的网络基础设施是智慧南京建设的前提和保障，也是市民获取城市服务的重要渠道。为此，南京深入研究移动互联网、物联网等新技术的发展趋势和特点，通过城市智能门户等试点应用，构建政府部门和公众信息交互平台。

在移动互联网方面，南京无线宽带城市建设走在全国前列，三大运营商分别实现了各自3G网络的全城覆盖，WIFI热点AP数目超过3万个，主城热点区域覆盖率达到80%以上，形成了3G/2G/WIFI互为补充的无线宽带全覆盖。中国移动、中国电信在2014年前实现全市4G网络无缝覆盖和商用，为市民提供无处不在的多媒体服务。同时，顺应“青奥会”指挥和安保需求，加快推进“宽带多媒体数字集群通信网”建设，有效提升政府部门指挥调度和综合保障能力。

在此基础上，积极推广基于移动互联网的便民应用，如南京“智慧旅游”已成为全国旅游行业的特色品牌，基于各类智能手机的“游客助手”客户端软件为来宁游客提供了更加便捷的信息服务，旅游微博等渠道实现了游客在线信息获取和线下旅游体验互动。南京“微门户”已上线运行，实现了南京政务信息浏览、市长信箱、官方微博、便民服务等功能，成为宁工作、生活、旅游必不可少的资讯伙伴。

在物联网技术应用方面，南京以应用为导向，积极推进电子标签、微能源等企业技术创新和培育引进工作，并结合示范应用和市场需求，建立物联网研发服务支撑平台，促进物联网产业发展。除了在智能交通等领域物联网应用取得突破外，在地下管网数字化工程中，综合运用物联网传感器等技术，不仅反映既有管网数据，同时也能对流量、压力等各种管网运行指标进行实时监控，提高安全隐患防范能力；在食品溯源项目中，通过电子标签技术，将食品生产和流通过程的参数汇集到食品安全数据库，实现追溯管理、食品召回、监测预警等功能，全面建立“从农田到餐桌”的追溯模式；在智慧医疗中，运用物联网相关技术已开发出多种自助健康监测设备，实现自我健康管理功能；同时，在药品管理、病房管理等领域也大量采用物联网技术。

在城市智能门户建设方面，以建设服务型政府为导向，以“两网”为信息采集和发布渠道，着力构建政府和公众的信息交互枢纽。一是依托政务数据中心，推动更大范围的信息资源汇聚和整合，为市民办理各类政务、商务、事务方面提供全方位的信息服务；二是顺应社交媒体发展趋势，进一步整合相关政务网站、热线等功能，形成可为广大市民服务的、可管可控的社交网络，畅通民生诉求的渠道，提高市民参与城市管理积极性。公众通过手机等全媒体渠道可便捷地接收政府部门发布信息，并能够与之互动，成为政府为民服务、高效行政的重要支撑手段，提高市民的生活品质和城市品质。同时，“城市智能门户”也是宣传新南京形象的互联网媒体，将成为展观南京风貌和体现政务效能的重要平台，也是吸引高端人才、投资者和旅游者的最佳导航台。

四、“两园一中心”引领跨境电商发展

2014年，南京邮政收发国际小包达660万件，每天近2万件包裹通过紧邻海关驻邮办的安检机。平均每5秒钟，就有1件中国商品寄往国外消费者手中。自2012年5月全国启动跨境电商服务试点以来，跨境电子商务呈现“爆炸式”

发展。南京作为电子商务示范城市，跨境电商潜力巨大，发展迅猛。眼下跨境电商出口贸易发展迅速，业务量持续增长，首批“一般进口”模式货物成功通关。目前，全市已形成龙潭跨境电子商务产业园、空港跨境电商产业园和国际商品博览中心“两园一中心”的跨境电商产业发展格局。

跨境电商飞速发展，逐渐成为“互联网+”的新“蓝海”。从中央到地方，都非常重视跨境电子商务的发展，已颁布多个扶持服务政策。在前不久举行的首届江苏跨境电子商务年会上，南京电子商务协会跨境电商分会成立，全市50家跨境电商企业加入分会……预示着南京跨境电子商务工作进入全新阶段。接下去，南京将进一步完善跨境电子商务综合监管措施，培育壮大跨境电商经营主体，加快产业园区和配套设施建设，建设跨境电商支撑服务体系，加大人才培育力度，使跨境电子商务成为推动南京开放型经济的新引擎。

南京市自2013年启动跨境电子商务试点工作以来，在市委、市政府的正确领导和海关、财政等部门的大力支持下，进展迅速，先后制定《关于推进跨境电子商务零售出口工作的意见》、《跨境贸易电子商务试点工作方案》，先行推进跨境电子商务“一般出口”模式试点，逐步申请其他模式试点任务。按照“两园一中心”布局，龙潭跨境贸易电子商务产业园使用海关总署统一版通关服务平台，于2014年10月28日正式运行，截至目前共发出货物4万余票。空港枢纽经济区跨境贸易电子商务产业园由空港枢纽经济区主导，联合软通动力、维龙物流三方共建共营，各项建设稳步推进，包括电商服务系统、通关服务系统、金融服务系统、企业管理系统四大系统的综合公共服务平台已经上线，并且已建成跨境电商体验展示中心。位于南京综保区南片区的国际商品博览中心，逐步打造成为集保税展示、贸易、体验、仓储等功能于一体，南京最大的进口商品展示贸易中心，在2014年试营业成功的基础上，正在进行改造装修，将以更大的规模、更丰富的商品展现在南京市民面前。

同时，广大外贸、电商企业积极拓展跨境电子商务业务，苏宁易购、三胞集团、焦点科技、南京科泰、邮政速递南京分公司、江苏跨境电子商务服务有限公司、江苏舜天科技网络有限公司等企业成为其中的代表。

五、南京信息化建设的经验与启示

（一）强化信息资源整合共享

围绕“互联网+”战略，推进全市各类信息资源特别是政府信息资源的统一、互通和共享。首先是建立完善全市统一、开放、共享的空间地理基础数据平台和数据管理运行维护机制。其次是研究完善信息资源管理办法，从信息安全、信息公开的角度，在信息资源来源、采集、传输、渠道建立等方面形成规范，明确信息资源分类、管理、安全和开发利用等方面的具体程序要求。

（二）统筹建设政务数据中心

南京市政务数据中心（麒麟）项目2013年启动，2014年1月完成批复项目建议书后，积极推进可研方案批复以及土地挂牌等工作。在具体项目建设方案、资金来源渠道、运营管理模式等方面都力求有所创新，同时处理好与现有数据中心之间的关系，使其成为智慧南京的标志性工程并发挥效用。

（三）创新智慧南京建设模式

随着城市管理和信息惠民应用需求进一步加大，信息化建设方面的投入也越来越大，政府集中资源实施全局性、示范性工程的同时，更需要创新政策支持和建设模式，鼓励引导社会资本的参与。南京在静态交通（停车场）信息采集平台、无线政务专网等项目建设前期过程中，正加紧研究并推行PPP模式的建设模式。

（南京市信息中心　陈　铭）

无锡市信息化发展概况

一、2014年信息化发展概况

一年来，无锡市荣获了中国智慧城市发展水平评估第一名，实现了三连冠；“中国无锡”政府门户网站获得全国地市级政府网站绩效评比第一名，实现了四连冠；政府网站国际化程度评比第一名，实现了五连冠。无锡先后荣获“2014年度中国领军智慧城市”、“中国智慧城市建设示范领先奖”、“2014中国智慧城市推进工作十佳城市第一名”、“2014中国城市信息化50强第六名”等一系列荣誉称号。无锡市被确定为“国家信息惠民试点城市”、“国家电子商务示范城市”、“全国首批云服务安全审查试点城市”。“智慧健身信息化示范工程”和“公共免费无线热点建设项目”被确定为“2014年江苏省信息化试点工程”。

（一）大力推进信息基础设施建设

1. 积极推动无线宽带城市建设。2014年，无锡市以提升信息基础设施服务水平和承载能力为重点，大力实施光网城市、无线城市工程。2014年，新建4G基站8929个，总数达到11185个，分布密度为2.3个/平方公里，为全省最高；新增免费WIFI接入点2.7万个，累计达到3.38万个，开通免费WIFI服务的公交车2117辆，占全市公交总数的55.7%，基本建成国内领先的WIFI全免费服务城市；全市互联网城域出口带宽2T，光网覆盖家庭用户超过526万户，新增37万户，全面实现行政村村村通光纤；建成社区智慧信息屏400块。信息通信基础设施主要指标与上海、北京、深圳等先进城市的差距逐步缩小，TD-LTE信号质量综合指标测试全国列第一位。

2. 加快政务资源整合。无锡大力推进“整合、优化、共享、外包”工作，率全国之先建成并启用了法人数字证书一证通平台，基本解决了多头发证、重复领证的现象。目前已有国税、地税、人社局、经信委等部门的系统使用了该一证通平台，极大地方便了企业，提高了财政资金的效能，强化了网上交易的可信度；无锡市政府数据服务网的开通，整合开放了包括公安、卫生、教育等29家重点部门近200个数据集，走在了全国地级市最前列；另外，企业信用基础数据库取得新进展，基本实现了39个成员部门信用信息的互联共享，全市18万家企业、4400家社会组织的393万多条信息归集入库，全年出具企业征信报告3000余份，个人征信报告63000余份。

（二）全力开展“1425工程”为核心的智慧无锡建设

2014年，无锡市智慧城市建设进展迅速，推出了以“一中心（无锡城市大数据中心）、四平台（电子政务综合信息服务平台、城市管理综合信息服务平台、经济运行综合信息服务平台、民生服务综合信息服务平台）、25个提升工程（包括基础共性建设的信息安全和通讯基础设施、交通、医疗、健康、工业、农业、环保、教育等）”（简称“1425工程”）为核心的《智慧无锡建设三年行动纲要（2014～2016年）》，努力把无锡打造成具有国际影响力的智慧城市建设先行示范区、具有一流竞争力的智慧经济发展产业集聚区、具有较强辐射力的智慧民生服务创新先导区；列为信息惠民国家试点城市，并出台了《无锡市信息惠民国家试点城市建设工作方案》；无锡与意大利的特伦托市共同入选国际电气和电子工程师协会（IEEE）倡议实施的智慧城市试点计划，成为唯一入选的中国城市。在国家工业和信息化部等单位的指导下，“2014中国智慧城市产业联盟年会暨首届中国市长论坛”在无锡举行，对“智慧无锡”建设具有指导和推动作用，进一步加强无锡建设智慧城市的原动力。

1. 积极推进信息惠民试点城市建设。全市累计发放市民卡603.47万张，其中，标准卡324.79万张，布设POS机8900台，涉及商户122家，应用覆盖了政务、商务、社会事业、交通、旅游等领域；智慧无锡民生云推出了打车、我的银行、地铁等6个服务模块，用户数实现了翻番，达到120万；“无锡交警”微信平台为市民提供违章查询、事故处理等服务功能，已拥有27.6万粉丝，荣获华东地区政务类最具影响力微信号前三位；人民医院、二院、三院等市属医院开通手机APP，方便市民挂号就诊和信息查询；市教育局开通的名师微课APP，已上传名师微课600节。

2. 深入推进智慧城市示范应用服务。无锡市作为第一批国家智慧城市试点城市，在智慧城市顶层设计、总体规划和示范应用等方面取得突出进展，去年在智慧旅游、智慧医疗、智慧民生、智慧乡镇等领域取得了不错的效果。

无锡智慧旅游建设全面提速，在旅游公共服务、旅游推广、旅游管理三个方面尽显“智慧”。随着国家旅游局确定2014年为“中国智慧旅游年”，“无锡智慧旅游年”年初正式启动，作为国家首批智慧旅游试点城市之一，无锡智慧旅游建设已初见成效，2014年无锡智慧旅游在旅游公共服务、旅游推广、旅游管理三个方面加快建设。打造集微博、微信、网站于一体，并具备支付功能的“微游无锡”电商平台，享受无锡线路规划，最优惠的旅行订购等一站式服务；“无锡城市百科”全新上线，使无锡成为省内首家建立城市百科网络名片的城市，用手机扫一扫，即可查询无锡城市百科相关信息；率先于国内其他城市提出构建客源和游客行为分析系统，以“智慧”适度调控景区拥堵，帮助旅行社、景区精准营销。

全力探索“智慧医疗”工程，积极推进物联网技术研发和应用。据不完全统计，在8家市属大医院中就有17个医疗物联网示范项目在进行中。如市人民医院依托医疗物联网院士工作站，陆续开展了婴儿防盗、输液监测、生命体征动态监测、医疗废物追溯管理，“基于物联网技术的医疗信息化应用工程”获“江苏省信息化示范工程”立项；市二院开展了2种以上挂号身份识别系统，申报无锡市物联网发展项目；市三院开展了RFID临床典型应用，智慧病区移动护理获无锡国家物联网创新示范区重点应用示范工程；市中医院探索物联网医疗冷链管理、中医药古籍保护虚拟平台应用、云桌面等建设。2014年，无锡医疗物联网研究院申报国家标准16项，获批11项，正申报“基于物联网技术的居民健康信息的智能管理应用示范项目”、加紧编制《医疗健康物联网白皮书》、积极筹建“医疗健康物联网产品认证中心（质量监督检验中心）”等；由医管中心主持开展的“医疗数据中心”于年底基本建成，即将建成的“医学影像区域服务平台”、“医疗数据转化及可信电子病案管理项目”、医疗“一卡通”等项目，将实现市属医院间医疗信息互联互通、即时共享。

无锡阳山获得中国智慧乡镇典型案例殊荣。近年来，阳山镇在智慧城市创建中，始终坚持把生态建设与产业发展及城镇建设结合起来，将现代高效农业发展与农业旅游发展相结合，将工业转型升级与特色园区建设融合，探索建设一个以绿色产业为基础、以山水田园为景观、以服务设施为配套的智慧城镇，走出了一条农村新型城镇化发展的新路子。2014年，阳山镇作为“无锡市智慧城市创建”成果之一的绿色低碳小城镇成功入选住建部组织的智慧城市创建典型案例。去年6月启动“智慧阳山”项目，我市在“智慧阳山”的顶层设计、总体规划和示范应用等方面做出策划，免费WIFI、市民一卡通、智慧政务、智能交通、智慧医疗等领域均有相关应用落地。我市将以阳山为试点，从改善民生、和谐社会、阳光政府、城乡均衡发展等方面为全市城镇树立典范，逐步扩广，以点带面，促进全市乡镇信息化水平迈上新台阶。

（三）加快推进网络信息安全工作

2014年，无锡纳入云计算服务网络安全管理国家标准应用试点，加快推广云服务；举行了2014年信息安全保密主管培训；召开无锡信息技术服务标准（ITSS）宣贯培训会，推动企业积极参与到标准工作中；从三方面开展机要通信保密安全运行、服务达标和基础设施建设专项检查。

二、信息产业快速发展

（一）稳步推进，信息产业表现突出

1. 产业收入增长迅速。在过去的一年中，全市信息产业取得了骄人成绩，全市软件业务收入1479.72亿元，同比增长23.9%；云计算产业业务收入112.93亿元，同比增长57.6%；微电子产业实现产值705亿元，同比增长12.1%。全市软件企业总数1500多家，新增通过认定软件企业107家，累计735家；新申报软件产品登记996项，累计3963项。全市新注册软件和信息服务业企业940家，同比增长53.34%；总注册资本26.99亿元，同比增长60%。

2. 一批重点企业在国际国内舞台上崭露头角。2014年度，5家集成电路企业入选全国十强，其中，SK海力士半导体（中国）有限公司和华润微电子有限公司分别入选“2014年中国十大半导体制造企业”第二名和第四名，江苏新潮科技集团有限公司、海太半导体（无锡）有限公司、英飞凌科技（无锡）半导体有限公司分别获得“2014年中国十大半导体封装测试企业”第一名、第七名、第九名。软件企业华云数据荣获2014全球云计算最佳品牌奖，今年将代表中国云计算企业前往美国拉斯维加斯领奖，这是中国云计算企业首次获得全球性行业大奖。无锡华润矽科微电子有限公司的“内置低压差电源模块的自适应RS485接口系列电路CS458X ”项目和无锡华润华晶微电子有限公司的“600V ~ 6500V IGBT配套FRD芯片制造技术”项目斩获“2014年度中国半导体创新产品和技术”奖。

3. 云计算示范项目扩容。无锡“城市云”项目总投资4.5亿元，目前已完成投资近4亿元，该项目率先在全国对虚拟化基础软件相关技术、基于龙芯云计算平台的信息服务应用移植和优化技术、云安全管理技术等方面开展深入研究，技术研发和市场开拓处于全国领先地位。2014年底，项目已经为55项无锡市电子政务应用、20多项物联网应用和70多万中小微企业提供了服务，多项指标已经超过年度目标任务，顺利通过国家2014年度考核。

（二）重点推介，招商引资稳步展开

1. 实行点对点招商。先后赴重庆、成都、大连、沈阳、哈尔滨、武汉、深圳、上海开展新一代信息技术产业招商引智活动，对重点企业、骨干企业，展开点对点招商洽谈，进一步宣传了无锡产业发展环境，为有关企业入驻无锡打下了坚实基础。

2.“以会为媒”推介无锡。通过召开智慧无锡论坛、举办清华大学—无锡CIO高层论坛之“智慧托起梦想　科技点亮生活”2014清华智能技术研讨会、承办中国半导体市场年会、承办中国智慧城市产业联盟年会暨首届中国市长论坛、举行360搜索“与世界互联——2014锡商新思维高峰会”等会议，吸引一批相关企业来锡访问，开展招商活动。

（三）强化服务，促进行业健康发展

1. 继续加强制度规范建设。出台了《无锡市软件十强企业、IC设计十强企业评选办法》和《无锡市优秀软件产品“飞凤奖”申报评选办法》；组织了2014年度无锡市软件十强企业、IC设计企业申报和年审工作，企业申报认定数量均位居全省第一。

2. 成立无锡市信息化协会。2014年2月，无锡市信息化协会成立，审议通过了《无锡市信息化协会章程》。协会为会员单位赠阅协会会刊及有关信息资料汇编等，定期组织开展沙龙活动，去年与其他单位联合举办了“清华大学·无锡CIO高层论坛之‘智慧托起梦想 科技点亮生活’2014清华智能技术研讨会”、“2014天翼手机交易会暨移动互联网论坛”等大型信息化交流活动，搭建政府、IT企业、各企事业单位首席信息主管、IT从业人员相互交流的平台，发挥沟通、咨询、中介、服务作用。

3. 实地调研走访基层。市领导带队对全市6家重点集成电路企业进行调研，通过调研了解企业的经营发展情况和未来3-5年的发展思路和重大项目规划，对企业就技术先进性和市场占有率，以及如何把全市集成电路产业发展推向新高度提出建议。市领导带队参观考察社区信息化建设，为提升社区信息化和智慧社区建设出谋划策。

4. 积极开展对外交流。2014年，组织全市10多家重点企业赴京参加2014第十八届中国国际软件博览会，其中，无锡市信息化和无线电管理局、无锡软件园管理中心、无锡惠山软件外包园和江苏华御信息技术有限公司获得了“信息发布优秀发布单位”奖项。组织8家企业参加第十六届中国国际高新技术成果交易会，无锡市荣获由国家信息中心、IDC等部门评定的“2014中国领军智慧城市TOP20”称号。组织近20家重点软件企业和园区参展第十届中国（南京）国际软件产品和信息服务交易博览会，无锡城市展团连续第六次荣获组委会颁发的“最佳组织奖”。

（四）精准发力，实施“软件名城”创建战略

1. 推动软件名城建设落地实施。按照已出台的相关政策文件，加快落地实施，无锡市人民政府与软通动力集团合作建立共赢的战略合作关系，集团中国区总部落户无锡，共同提升无锡电子政务、城市管理、经济运行和民生服务水平。

2. 开展“名园、名企、名人、名品、名展”五大战略。在加快软件名园建设方面，市软件园被认定为无锡大学生服务外包创新创业基地，无锡软件园管理中心（无锡软件产业发展有限公司）三网融合示范园项目入围2014年度全省信息基础设施试点（三网融合类），园区实现特色发展。在加快软件名企培育方面，2014年，软件园成功吸引了樱桃阵、拉卡拉等总部电子商务企业落户，国内在线旅游行业的龙头企业“去哪儿网”选址落户无锡新区，培育买卖宝、信用行2家过10亿规模的重点电商企业。为企业解读新三板政策调整、高新技术企业政策，辅导省科技项目申报，推动企业挂牌新三板。在加快软件名人引培方面，构筑学历教育、职业培训、实训基地三级软件人才培养体系，结合无锡市“东方硅谷”引才计划，将人才引进重心向软件产业倾斜。在加快软件名品打造方面，积极推动企业参加各类国家级软件产品评奖，文思海辉入选IAOP全球外包100强前十，NIIT获2014全国优秀服务外包培训机构年度奖，国际标准组织ISO/IEC JTC1已正式通过了由无锡物联网产业研究院作为牵头单位提交的物联网参考架构国际标准项目。在加快软件名展打造方面，重点打造中国国际物联网（传感网）博览会。

（五）有效运作，获得上级各类支持

无锡16家企业入选2014-2015年江苏省规划布局内重点软件企业名单，其中规模型企业4家，出口型企业1家，潜力型企业16家。无锡国家集成电路设计基地有限公司承担的“无锡集成电路公共服务平台”项目在2014年度中小企业科技服务专项拟立项名单中，获111万元的资助。全市7家IC设计企业通过第十二批国家IC设计企业认定，另有35家企业通过年审，企业总数和新增企业数量均居全省之冠。江阴长电科技获得国家集成电路产业投资基金公司第一单——1.5亿美元的投入，用于收购全球第四大半导体封装测试企业——新加坡星科金朋。

三、2015年信息化工作思路

2015年是全面完成“十二五”规划的收官之年，也是开启“十三五”规划的关键之年，无锡将加速推进“一中心四平台”建设，全面深化25个提升工程。争取获得“中国智慧城市发展评估水平第一名”四连冠。

（一）把握需求，不断提升民生服务水平

“智慧无锡”民生云覆盖市民衣食住行等日常生活的各个方面，用户数达200万以上，基本建成公共服务先行示范区。为民办实事工作将启动社区智慧递送柜建设，年内完成500个以上，方便市民迅速快捷接受邮件；集成无锡各类生活服务信息，建立实名认证的无锡市民网页和市民信箱；加快推进基于市民便捷消费的“翼支付-手机钱包”，拓展应用范围，完善缴费功能；新增300家“苏邮惠民”便民服务站。

（二）加大力度，推进信息基础设施建设

力争在2015年底前实现用户新装全业务全部光纤接入，实现4G全市覆盖，建成省内首个“全光网城市”，提供百兆宽带接入能力。“无线无锡—公共免费WIFI”向企业和社区纵深推进，接入点数累计超过40000个以上，公交车免费WIFI实现全覆盖，让市民享受世界一流的免费上网服务。加快大数据、“互联网+”等本地化的应用平台研发，促进公共服务领域的信息化发展。

（三）加强整合，打造统一信息资源共享平台

重点加强信息资源整合共享，力争建成新一代城市光纤宽带网络、国家级超级计算中心、若干个云计算中心和城市大数据中心，并在政府部门之间普遍实现信息共享和业务协同；以人口、法人、自然资源等基础数据库结构为核心，加快“一中心、四平台”的建设，构建全市大数据中心基础架构，打造全市统一的数据共享服务平台。

（四）继续深入，完善电子政务应用

建成高效便民的电子政务体系，智慧政府云服务模式广泛应用，政府部门普遍实现信息共享和业务协同；视频会议和移动办公系统建成，行政执法移动应用覆盖率达100%；建立政务信息开放平台，所有政府部门核心业务系统实现信息化，政务公开信息网上发布率达100%。

（五）抓住关键，加快信息产业发展

云计算、物联网、移动互联网、大数据、高端软件、智能终端、智能处理、地理信息等领域的核心技术攻关取得重大突破，相关发明专利申请和技术标准超过3200项；云计算产业收入达150亿元，物联网产业收入超过3200亿元，软件和信息服务业收入达1800亿元，电子商务交易额2000亿元以上，信息消费规模达500亿元，规模以上企业电子商务应用率达100%。

（无锡市信息中心　陈景芹）

无锡物联网产业步入转型期

——无锡市信息化建设特色

2009年至今，无锡物联网产业从无到有，如今在交通、环保、医疗、农业生产等方面的示范应用遍地开花，已迎来市场化转型期。2014年，全市物联网列入产业统计的企业增至978家，全年物联网核心产业完成产值超过1200亿元，同比增38%左右。其中，无锡高新区实现物联网核心产值720亿元，连续3年保持40%以上增速。

一、2014年物联网产业转型发展

（一）坚持示范引领，推进重点领域应用

结合“智慧无锡”建设，以重大应用示范工程为抓手，不断拓展应用领域，提升应用水平。居民电动车防盗、智能环保等一批优秀物联网应用项目获得国家部委支持推广，远景风场管理、矽丰保险业务捆绑、观为设备健康“体检”服务等一批可复制、可推广、可盈利的商用模式逐步成熟，物联网应用推广能力提升、市场活力增强。远景能源首创的智慧风场管理系统成为首家为美国公司提供风场管理服务的中国企业；无锡富华科技今年与阿根廷政府合作建厂生产牲畜电子耳标，项目总额达2000万美元，达产后中国产品将主导阿根廷畜牧业市场；感知集团联合平安银行把物联网技术应用到动产质押监管上，有效降低金融风险，已在汽车、钢贸、铜贸等大宗商品货物领域试点推广。

（二）坚持重点突破，攻克共性关键技术

强化创新驱动，加强核心技术研究，积极抢占物联网技术制高点，增强物联网技术核心竞争力。加强项目攻关，目前全市物联网重点研发机构承担各类物联网研发项目逾千项，其中国家级项目38项。加强物联网标准体系建设，累计制修订物联网标准54项，其中国际标准9项、国家标准20项，另有77项标准提案获国际标准化组织通过，居全球首位。累计申请和授权物联网领域专利2541件，其中发明专利848件。

（三）坚持市场导向，壮大产业发展规模

结合无锡产业转型升级实际，充分发挥企业主体作用，拓展物联网企业的发展空间，推动物联网产业持续快速增长。坚持引进和培育并举，中国电信物联网分公司、航天科技北斗车联网业务公司等一批具有技术、品牌、市场优势的基地型、旗舰型物联网企业落地生根，感知集团、贝孚德通讯科技等大批创新型物联网企业加快成长，2014年引进物联网企业近400家，企业数量与上年持平。创新商业模式，探索建立以企业为主体、用户需求为导向的商业模式创新体系，不断扩大优秀案例库规模。加强需求侧激励，引导海澜集团、双良股份、小天鹅、一汽锡柴等工业企业根据自身发展需求，运用物联网技术改造传统产业，提升两化深度融合水平。努力缓解物联网中小微企业融资难题，深化银企合作，举办物联网产业发展与金融创新研讨会，建立与物联网相关的各类投资基金135个，基金总规模达350亿元。

（四）坚持智力支撑，集聚各类有效资源

加强创新型人才的引进、培育和使用，吸引国内外知名企业、大学和科研机构来我市建立或共建物联网研发机构，推动更多高水平技术、成果和人才向无锡示范区集聚。中国电子技术标准化研究院华东分院成功落户，物联网重点研发机构已有40家，新引入物联网高端人才2500多名，其中国家“千人计划”人才66名。无锡作为唯一的中国城市，入选国际电气和电子工程师协会（IEEE）智慧城市试点城市，将获得知名专家咨询、人才交流培养、专业期刊宣传以及科研资金等具体支持。

（五）坚持政府引导，优化行政服务环境

以全国物联网电视电话会议和无锡国家传感网创新示范区部际建设协调领导小组第三次会议召开为契机，扎实推进工作落实，加强舆论宣传报道，持续营造良好氛围。研究制定了《无锡市重大物联网应用示范项目管理暂行办法》，规范管理物联网“一事一议”重大项目。成功举办第五届中国国际物联网博览会，联合新华社江苏分社发起“第二届物联网十大应用案例”评选活动，进一步扩大示范区影响力。举办农业、家居领域的供需对接活动，充分用好本地资源和应用需求。继续实施“走出去”战略，先后组织召开了深圳、上海、武汉、哈尔滨等地物联网产业合作交流会，带队赴美加、台湾开展点对点招商，组团亮相2014年深圳高交会，帮助企业开拓市场、争取订单。与国家安监总局、省粮食局，中国医药、经纬纺机等央企以及中国物流与采购联合会、煤炭工业协会等行业组织加强物联网应用合作，煤矿安全、特种设备管理、粮食流通、物资储运、医药物流等物联网重大行业应用加快推进，发展空间不断拓展。

二、2015年度主要思路

以国务院《规划纲要》为统领，认真贯彻全国物联网工作会议和部际建设协调领导小组第三次会议精神，强化需求导向，突出应用抓手，以推进大应用、培育大企业、构建大平台、彰显大品牌为工作重点，打造具有行业应用特色的专业化物联网产业园区，有效引导相关优势企业和创新资源快速集聚，加强产学研用协同攻关，开展重大行业急需的关键技术研发及产业化，着力提升物联网规模化应用水平、提升物联网企业和产业核心竞争力、提升示范区国际影响力，确保完成各项目标任务，努力为全国物联网发展当好试点、作好示范。

（一）以大应用为抓手，实施示范项目推进行动

一是推进重大行业应用示范项目建设。在前期工作基础上，集中力量着力推进国家公安部汽车标识物联网、环保部环保物联网、卫生计生委医疗物联网、食药监管总局食药安全监管物联网、安监总局煤矿安全物联网等重大行业应用示范工程在我市试点实施、在全国复制推广。保持与国家质检总局、供销总社等部门在电梯管理、农资流通等领域实施重大行业应用试点的深入沟通和工作对接，做好后续项目储备。二是促进物联网在两化融合中的集成应用。加强政策引导，优化服务供给，鼓励和支持有条件的企业按照两化融合管理体系要求，以提升设备数字化、流程自动化、管理信息化水平为目标，积极推进一棉企业管控集成试点、远景能源风场物联网监控、天奇自动化生产线全生命周期监控等重点示范项目，在贯标的过程中不断总结经验和成果，形成物联网与两化融合协同推进的工作格局。三是鼓励应用示范模式创新。重点推进矽丰科技健康小屋、锐泰节能、晓山科技智慧社区、航天飞邻智慧产业园等试点成功并具有较好商业模式的优秀应用示范项目，引导企业总结物联网在重点行业和重点地区推广应用的实践经验，做好商业模式挖掘和提炼工作。

（二）以大企业为重点，实施产业发展提升行动

一是育强骨干企业。以规模、技术、成长性等为指标，优选一批物联网骨干企业，按企业需求量身定制各类扶持措施，集中各类相关资源，提供各种相关服务，全力推动骨干企业高速发展，尽快培育出规模大、技术高、效益好、国内领先、国际知名的物联网龙头企业。二是打造专业园区。以国家部委支持的重大行业应用示范工程为契机，按照“专业化、协作化、集约化”原则，集聚全国资源，整合全市资源，着力推进有望得到国家主管部门支持的智能交通、智能环保、智能医疗、智能矿山、智能传感器等专业化物联网产业园区在我市落地建设。借鉴国家医疗物联网无锡研究院的组建模式，加大工作力度，积极争取安监总局煤矿物联网研究院等机构落户，支撑产业园区专业化、特色化发展。三是强化合作增效。适时调整合作思路，瞄准重点企业、行业和地区，更有针对性地开展合作，变泛泛的全面合作为精细化、专业化合作。依托国家重大行业应用示范工程，以进入面向全国市场的重大行业应用供应链为亮点，着力引进物联网知名企业、细分领域优势企业和产业链关键环节企业，抢抓总部型、基地型、研发型项目，以应用需求优势把握项目引进的主动权。

（三）以大平台为载体，实施服务手段创新行动

一是创新平台服务。依托电子工业标准化研究院华东分院等国家级综合研究机构，整合既有的技术、标准、检测、产业、应用推广、供需对接、知识产权、电子商务等物联网专业平台，建成国际先进、国内领先、方向明确、辐射全国的物联网公共服务综合平台。二是创新市场开拓。根据行业特点和实际需要，分行业定期举办全市物联网行业应用供需对接活动，帮助物联网企业拓展应用市场。同时结合招商，分地区、分行业组织本地重点企业“走出去”，开展各类协作配套活动。三是创新金融支持。做好重大项目的金融支持和配套服务工作，引导和支持担保机构加强对物联网企业的融资增信，筹备设立市级层面的物联网产业基金，做大物联网发展“资金池”，扶持方式逐步由直接拨款为主向直接扶持、贷款贴息、股权投资、信用担保等多元方式转变。四是创新服务对象。在继续做大做强产业、扶优扶强企业的同时，对小微企业、未盈利企业和暂时亏损企业重点关注，认真研究共性问题，采取措施帮扶解困，形成良好产业生态环境。

（四）以大品牌为目标，实施示范区形象塑造行动

一是抓住部际建设协调领导小组第三次会议成功召开的契机，后续跟进，持续推进，营造更加有利于示范区建设的外部环境。二是深化与新华社、中央电视台、《人民日报》等媒体合作，积极运用各类新媒体渠道，全面展示示范区建设成效，持续培育示范区品牌，实现示范区发展与品牌建设互促共进。三是认真办好第六届中国国际物联网博览会、十大应用案例评选、IEEE物联网及智慧城市发展研讨会等活动，围绕中心、服务全局，积极搭建活动载体，努力把示范区可复制、可推广的试点经验和模式更好地总结出来、推向全国。四是推进IEEE智慧城市试点工作，加强国际交流合作，引进国际先进的技术和管理经验，吸引国际创新资源，通过消化吸收转化为自身创新能力和竞争力的提升。

（无锡市信息中心　陈景芹）

徐州市信息化发展概况

2014年，徐州市信息化建设呈现出良好的发展态势，各级领导对信息化工作日益重视，资金投入逐步加大，信息化基础设施建设步伐加快，全力推进“智慧徐州”建设，信息技术在各领域广泛应用，电子商务、电子政务建设和信息资源开发利用均取得新进展，全市信息化总体水平显著提高，信息化带动工业化作用日益增强。

一、加快推进信息通信基础网络建设

（一）信息终端广泛普及

截至2014年底，固定电话（含小灵通）用户126.52万户，其中城市电话用户73.48万户，乡村电话用户53.04万户。移动电话用户851.49万户，有线电视用户271.36万户，数字电视用户163.25万户，入户率98.9%。

（二）信息基础设施建设水平大幅提升

截至2014年底，互联网出口带宽达1330G，移动通信基站25420个（其中2G、3G、4G分别为12048个、7687个、5685个），WIFI热点26233个，徐州全境实现3G移动通信网络的全覆盖和WLAN在城市重点及热点地区的全覆盖，农村“新三通”（行政村通光缆、自然村通宽带、通有线电视）实现全覆盖。互联网宽带接入覆盖率城乡达到100%，接入能力市区达到100M、农村达到8M，有线电视双向传输市区全覆盖。

二、突出重点，强力推进，“智慧徐州”建设取得阶段性成果

“智慧徐州”建设工作开展以来，逐步从规划设计阶段进入到项目建设、实施应用阶段，取得了阶段性成果。徐州市成功创建“国家智慧城市建设试点城市”、“国家信息消费试点城市”、“国家电子商务示范城市”、“第一批智慧城市时空信息云平台建设试点”；丰县、新沂市成功创建“国家智慧城市建设试点县”；新沂市还成功创建“国家电子商务进农村综合示范县”，市国土资源局“城乡一体化地籍信息系统”被评为全国优秀地理信息系统应用“金奖工程”。徐州市智慧城市建设工作走在了全省前列。

（一）项目建设稳步推进

2014年，徐州共排定“智慧徐州”重点建设项目27项，计划总投资30.8亿元。截至目前，27个项目已全部启动实施，信息基础网络、政务协同办公、出租车信息化车载系统等13个项目建设完成，正在开展成果的推广应用。其中，政务协同办公（OA）系统完成全市235家市级收发文单位的电子公文交换系统、40家市级单位的内部OA系统建设工作，政府工作效率和公共服务水平明显提升。社保卡提升工程实现跨省报销，医疗资源服务范围扩大到淮海经济区5000多万人，建立了医院、医生、病人、药房“四位一体”的信息化监管体系，仅此一项，全市节省开支达1亿元。智能公交一期终端建设基本完成，全市161条公交线路、2275辆公交车全部安装GPS智能调度终端和3G视频监控终端，初步实现智能调度，班次执行率提高到98%，公交车辆调度效率大幅提高。

（二）资源整合初见成效

统筹衔接已建、在建和待建的基础平台

和应用系统，大力推进跨部门、跨系统、跨行业的信息共享，将新增的智慧应用直接布置在“智慧徐州”云中心，将已建成的非涉密应用逐步迁移至云中心。信息惠民融合服务平台已经完成采购程序，正在对一期工程50多家部门的服务资源进行整合对接，2015年7月底上线运行。空间地理信息数据库是“智慧徐州”五大基础数据库之一，已由市国土资源局迁至市信息中心，成为全市第一个整合完成的基础数据库。数字城管将1776路监控全部连入市公安局综合平台，共享视频总数已超过2万路。智慧水利将分散独立的实时水雨情、污水处理厂运行、供水运行等15个系统整合，实现了同一平台、实时监测。

（三）建设成果加快应用

区域卫生信息平台市级架构建设完成，全市电子健康档案与电子病历两大数据库搭建完成，与二级以上医疗机构实现对接。社会治安监控五期项目新建高清监控点135处，日均警情下降近一成，立案数下降近40%，可防性案件下降50%。

（四）体制机制不断完善

推进体系方面，建立了“智慧徐州”建设工作领导小组、专家咨询委员会、各牵头主管部门、各涉及部门共同参与的联席会议等工作制度，形成了权责一致、运行高效的推进体系。审批流程方面，市政府出台了《“智慧徐州”信息化项目建设工作流程》，对列入政府投资建设或由政府购买服务的信息化项目，明确了具体操作流程。先后核减重复投资或方案不成熟的信息化项目46个，直接节省信息化建设投资和人员维护费用超过1.5亿元。资金保障方面，积极拓宽投融资渠道，通过扩大社会投资、推广购买服务、探索PPP模式等，广泛吸引社会资金参与建设，初步建立了以政府投入为引导、社会资金投入为主体、其他投入为补充的投融资机制。国盛公司与神州数码公司共同出资组建智慧徐州建设投资发展有限公司。从2014年、2015年财政资金投入情况看，分别仅占到总投资的7 %和5 %，既发挥了财政资金的撬动作用，又发挥了社会资金的主力军作用。

（五）智慧县区齐头并进

新沂市建成网上政务服务大厅，行政审核电子监察系统、办公自动化系统、政府网站和48个部门子站全部上线运行，重点打造了5个电商产业园区和2个电商平台。丰县政务公开与政务服务系统已建成运行，实现了政务事项“外网申报—内网办理—外网反馈”，地理信息平台和数字化城管系统建成运行。睢宁县建成大众信用管理数据库及交换平台，对全县范围内所有具备完全民事行为能力的个人，都建立了信用档案，内容涵盖8个方面400多项内容。鼓楼区改造建成电商园区和电商孵化基地，淮海文化科技产业园引进百度、阿里、腾讯、蒙牛、美团等企业120余家，带动就业2000余人，在腾挪空间中实现了转型升级。

三、“两化融合”深度推进

（一）两化融合广泛推进、成效显著

徐州市各级领导高度重视两化融合工作，全市两化深度融合“百千万”工程得到扎实开展，企业信息化水平不断提升，成为推动主导产业转型升级发展的重要引擎。截至目前，全市共拥有江苏省两化融合示范企业22家、试点企业115家，6家企业被工信部遴选为2014年两化融合管理体系贯标试点企业，同时徐州徐工信息技术服务股份有限公司作为全省8家重点服务机构之一，入选工信部首批推荐的两化融合管理体系贯标咨询服务机构。

（二）推动产品装备智能化，实现企业管控一体化

重点引导徐州市有关企业在数控机械加工装备、电子装备、工程机械装备、自动化仪器仪表、智能控制系统等智能产品研发制造领域实施装备智能化提升工程，支持重点企业向价

值链高端转移，提高企业创新能力。鼓励重点行业龙头企业提高供应链管理水平，带动产业链上下游企业的信息化水平提升。支持集团企业建设管、控一体的信息平台，实现集团企业产品研发、辅助设计、生产制造、经营管理和市场服务等全过程的资源共享和业务协同，提升龙头企业竞争力。

（三）主导制订行业两化融合国家标准

徐州市两化融合代表企业徐工集团，在信息化和工业化的深度融合、综合集成、模式创新等方面领先全国，在产品智能化、研发设计、生产制造、销售服务、供应链管理、财务管理和节能减排等关键业务环节日益发力显著，使产品生产效率提高40%、库存周转率提高20%、市场快速响应能力提高30%。获批国家级两化深度融合示范企业，徐工信息化整体提升项目被工信部列入国家重点产业振兴和技术改造项目，并主导制定了工程机械行业两化融合评估指标体系，成为国家标准；工信部在徐州召开全国两化融合管理体系贯标试点企业现场交流会，加强试点企业贯标工作交流和互动学习，挖掘典型和提炼经验，徐工两化融合案例入选工信部首批优秀企业案例并作全国推广，成为行业信息化标杆。作为工信部首批推荐的“两化融合管理体系贯标咨询服务机构”，徐工集团已签约服务省内外10多家企业。

四、电子商务

（一）电子商务实现跨越式发展

2014年，徐州市成功创建国家级电子商务示范城市。2014年，全市电子商务交易额达到495亿元，同比增幅超过80%。网络零售规模达到135亿元，电子商务平台及服务商企业数达到4000余家，应用电子商务企业数接近4万余家，全市从事电子商务人员达到6万人，电子商务已成为群众创业致富的重要途径。特色中国“徐州馆”、阿里巴巴组合家具产业带、复旦大学徐州电商孵化中心、中国网库徐州电商谷等优质电商项目陆续落户徐州，结合原有的阿里巴巴苏北中心、百度苏北运营中心、徐州美团等项目，在类别上实现了对B2B、B2C、C2C、O2O主流模式的全覆盖，在经营内容上也包含了传统产业转型、涉农产品销售、人力资源服务、网络金融、批零住餐等各个领域。

（二）徐州电子商务示范体系初步建立

2014年8月，在首批省级“农村电子商务示范村”评选中，徐州市获得300万元扶持资金，睢宁沙集东风村、新沂墨河新段社区、铜山马坡前八段村、睢宁县沙集镇沙集村、丰县梁寨镇孟楼村、丰县宋楼镇李大楼村6个村入选，占全省总数的1/3，农村电子商务发展走在了全省前列。在省商务厅2014年商务改革试点工作中，徐州提出的农村电子商务“镇村通”试点项目是全省唯一的电子商务试点项目。成为商务部电子商务“进村入户”工程全国两大调研基地之一。为配套徐州电商产业的快速发展，徐州市还积极配合引导相关县（市、区）做好电子商务园区建设工作，初步形成了层次完整、分工明确的电子商务园区梯队。并还成立了徐州市国家电子商务示范城市建设工作领导小组，商务局筹建了电子商务处，进一步强化行政推动和业务指导力度；在社会层面，市电子商务协会于2014年11月正式成立；各县（市）、区电子商务协会也将陆续成立，在部分网商密集地区已经覆盖到镇级协会，从而在全国范围内率先建立市、县、镇三级协会的完整体系；在专业层面，徐州电子商务专家委员会已进入实质运作阶段，初步选定的30人左右的专家团队，涵盖了国家、省、市三级的专家学者、企业高管和业务主管部门，在具体操作中将作为电商阳光政务的一部分，广泛参与到全市电子商务专项资金使用、示范企业评选、重大工程验收等工作中。

五、政府信息公开

（一）加强新闻发布工作

充分利用市政府新闻发布平台和“四位一体”徐州发布平台，通过召开新闻发布会、媒体通气会、邀请媒体集中采访等形式，就重要政策、重大活动开展新闻发布。2014年3月，徐州市政府主要领导就服务性政府建设与民生幸福工程接受人民网专访，与网友在线交流，全方位解读了市政府对加快民生工作的具体措施，在社会引起了广泛关注和响应。同时，市政府办公室加强督促考核，完善政府部门定期发布机制，围绕政策解读和民生关注积极推动各部门参与新闻发布，回应社会关注。2014年市政府及市级政府部门共召开新闻发布会156场，涉及民生领域的政策解读89场，其中以市政府名义发布16场次，营造政通人和的社会氛围。

（二）加强热点舆情和社会关切回应

通过政务微博、微信、12345政府服务热线、行风热线等方式接受群众咨询和意见征求，对群众反应较大的城市管理、环境保护、劳动就业、房屋拆迁、土地征用等热点问题，市相关部门都及时收集整理，研究解决办法，及时回应群众关切。根据上级要求，制定下发了《徐州市关于建立健全信息发布和政策解读机制的实施意见》，完善热点舆情的收集、研判、处置和回应机制。今年市、县（区）两级12345政府服务热线平台接处群众来电36.3万件，及时办结率98.3%，回访群众满意率98.4%。

（三）依法做好依申请公开工作

强化依申请公开工作的协调和通报，建立了责权分明的运行机制，尤其是从制度上落实了首问责任制，强化部门与部门、上级与下级之间的联系与沟通，有效保障申请人的合法权益。2014年市政府办公室共受理依申请53件，从内容看，主要涉及“房屋拆迁、土地征用、就业社保”等方面群众关切热点，办结率100%，没有因回复不及或不规范引起行政复议或投诉，有效保障了公民合法权益。

（四）加强监督考核，促进工作有序推进

2014年，市政府继续将政府信息公开工作纳入全市绩效考核。根据《关于下发2014年度绩效考评专项工作考核细则的通知》，将政府信息公开、办公自动化系统以及网站建设管理工作进行科学整合，整体考核，有力推进政府信息公开地深入开展。

六、网站与网络建设

（一）积极组织，精心实施，较好完成网站群建设任务

政府网站群建设是徐州市信息中心今年工作的重中之重，经过一年的不懈努力，初步建成以“中国徐州”门户网站为中心，各部门区网站群为支撑，资源互补、协同高效的近百家子站组成的政府网站群，有效提高了政府网站工作效率和网络安全，2014年6月荣获2013年度江苏省信息保障工作获省政府三等奖。

1. 围绕政府网站信息公开、为民服务和政务互动，不断强化市政府网站群主站建设。今年以来，我们认真完成政府网站各栏目每日信息编辑、提交、发布等工作，共发布各类信息44641条（项）；完成每个工作日向省政府门户网站信息报送工作，每个工作日及时组织、编撰、上报我市的各类信息，被省政府采用各类信息222条（项）；认真做好主站“访谈直播”（含会议直播），结合全市重点工作、热点工作和网民关切的事项，今年共开展了省运会会议直播、2014徐州物流产业推介会暨区域物流合作恳谈会等访谈直播24次，全年完成访谈直播30次。同时，我们围绕市委市政府热点、难点和重点工作，积极做好“意见征集”和“问卷调查”工作，共完成了“徐州市公开征集2015年为民办实事项目”、“征集2015年度城建重点工程项目建议”、“徐州市民日常健身习惯调查报告”等41个民意征集，全年完成民意征集50个，超额完成全年任务。

2. 突出技术服务和业务指导，积极推进

站群子站的功能完善等工作。中国徐州门户网站群的开发和建设是2014年市信息中心工作的重中之重。先后召开87次项目调度协调会，组织专门队伍全力配合做好技术支持、细化要求等保障工作，每天召开晨会对项目进度进行分析督促。完成徐州市政府网站群开发区、新城区、发改委、淮海联络处等子站功能修编完善和上线工作。完成了前三批子站运行问题及时修改完善，主站专题自动生成系统的开发、修改完善以及功能完善。完成并交付使用了市发改委“耗煤设施监测平台”、“徐州市重点工业行业运行分析平台”。完成了网站群安全保密检查并完成了漏洞整改、主站错链死链检查整改工作等工作。已完成全部网站群主站和子站建设工作和验收资料的各项准备工作。

（二）用心服务，超前服务，全力提高园区网络运维水平

1. 积极组织技术创新，搭建虚拟云平台，优化网络平台。我们组织技术攻关，利用原有的服务器，通过虚拟化技术搭建了市电子政务外网云计算平台。目前市政府门户网站群、市行政权力网上公开透明运行系统、政府信息公开系统、市级机关OA系统等近31个应用系统107台虚拟服务器已迁移至该平台中，市级部门新上信息化项目均部署在此平台上，市级部门新上系统均无需购置服务器，大量节约财政资金，得到了市领导的充分肯定。初步测算：一年可节约电子政务建设资金800万元以上、维护费270万元、能耗50万元。同时我们协助相关部门做好应用业务托管，保障数字化城管、卫生数据中心等大规模网络应用，为做好青奥会与省运会系统保障，我们对在线运行的虚拟机24小时监控，保障了青奥会、省运会网络通畅。

2. 加强监控、防患未然，突出抓好行政园区内外网网络安全。我们始终把网络安全作为重点，常抓不懈，2014年度共处理网络咨询问题5000余个，办理新接入用户及相关业务800余件，更换老旧交换机30多台，及时发现处理网络故障20起。特别是加强对位于行政中心中心园区、东区综合楼、西区综合楼、行政服务中心、档案馆的6个机房和120个设备间的巡检工作，保障了青奥会、省运会期间各部门工作网络运行通畅，并及时发现并处理4起由于温湿度过高引起的故障，及时发现并处理多起因电力系统故障引起的机房掉电问题。

3. 提高标准，精心实施，积极组织实施电子政务外网的升级和改造。行政中心园区网络从建成运行至今已有8年，目前的网络已经不能满足当前电子政务飞速发展的需要，而且骨干网络均已到达使用年限。我们根据现有网络情况与未来网络发展趋势，针对日益增长的数据中心和园区接入网络，对未来五到十年的网络需求提出建设、改造方案，并召集专家对方案不断论证，研究并制定符合徐州市电子政务发展的可行性方案。提高骨干网交换机性能，完成了外网升级改造项目中光纤子项、行政中心骨干网络防火墙、与接入园区网设备切换等工程，经过试运行，网络基本稳定。近期又在园区进行了WIFI试点工程，为明年大规模覆盖靠前做好准备。

七、信息资源开发利用

在信息资源的开发利用方面，2014年作了以下几个方面工作：

1. 提高层次，努力提高宏观服务能力。2014年，市信息中心紧紧围绕全市经济社会发展的重点和难点，紧扣“三重一大”，关注民生民意，深入经济社会相关领域，通过网络搜集、实际调研，提出了事关全市经济社会发展的可行性建议意见，撰写的许多建设性信息进入领导决策层。撰写的调研报告中，2篇得到市领导的批示。《关于户部山历史文化街区存在的问题和建议》分别被市委办《重要信息专报》第58期、市政府办《专报信息》第23期采用。撰写的《加快利国钢铁产业转型升级值

得关注》在徐州市社科联“转型升级、创新发展”论文征集评选中被为优秀论文。运用年度模型数据，撰写的《徐州市2014年经济形势分析与2015年经济展望》发表在《2015：江苏经济展望》上。撰写了《2013年徐州市信息化发展概况》，圆满完成了《江苏省信息化年鉴》的组稿工作。

2. 扎实推进以经济预测、景气调查为重点的复合型经济监测预警体系建设。2014年，市信息中心加强以经济预测、景气调查为重点的复合型经济监测预警体系建设，业务优势更加明显、特色更为鲜明。今年我们共回收工业景气问卷调查问卷921余份，样本数量较去年同期增长10%。撰写的四个季度的《徐州市工业景气分析预测报告》均被省中心采用，同时也被《徐州日报》、《彭城晚报》采用。特别是《一季度徐州市工业景气分析预测报告》被江苏政府办公厅信息简报采用。同时，荣获江苏省工业景气调查一等奖。周边经济监测工作不断推进，实现了深度比较分析，对8月份全国、全省、周边城市投资增速与徐州进行了比较分析，撰写了《当前我市固定资产投资增速回落较快》，引起市发改委领导的高度关注。定期出版《周边经济动态》，实现了对苏北五市经济监测的常态化。

3. 整合政府信息资源，提升信息报送质量。2014年，市信息中心继续加强与省、县（市）信息中心业务对接。全年为省信息共享平台摘录报送信息1500条，上载经济数据20次，荣获2014年江苏信息共享平台二等奖及先进个人奖，同时，指导县（市）区信息共享平台的维护工作，目前徐州已有6家县区参与信息共享平台的报送工作，其中新沂市获江苏省信息共享平台一等奖。向全国省会中心城市摘录报送信息70多条，获得全国城市信息协会信息报送优秀奖。

4. 围绕政府、群众关注的重点，做好专题系统制作开发。紧紧围绕全市经济社会发展中的热点、焦点和政府、群众关注的重点问题，开发制作了市委办交办的《守望家园——徐州生态文明网》。制作发布了创建国家卫生城市专题、双拥专题、全民健身与省运同行、徐州双拥、海关减免税政策、大学生创业园区、徐州养老服务、依法取缔非法小钢铁企业、2014徐州物流产业推介会等20个专题网站，其中8个专题被省政府网站采用，超额完成全年目标任务。完成40个专题网站日常更新维护工作，审核专题网站信息800余条。围绕公众关注的热点焦点，做好专题信息开发。

八、信息化重要会议

1. 市政府召开“智慧徐州”建设推进会。4月3日，市政府召开“智慧徐州”建设推进会，部署“智慧徐州”建设目标任务和重点工作，动员全市上下进一步提高认识、落实举措，加快推进徐州城市智慧式管理和运行。朱民市长出席会议并讲话，冯兴振副市长主持。会上，中国互联网协会副理事长、国家信息化专家咨询委员会委员高新民作了题为《智慧城市：信息化时代城市发展的新模式》的讲座，就智慧城市的理念和路径作了精彩阐述。神州数码智慧城市研究院副院长黄楠就《“智慧徐州”总体规划》进行了详细解读。

2. 两化融合管理体系贯标试点企业现场交流会在徐州召开。2014年10月23日，2014年两化融合管理体系贯标试点企业现场交流会（第二场）在徐工集团召开。工信部副部长杨学山出席会议并讲话。徐州市副市长冯兴振，以及部相关司局、部分省市工信主管部门相关工作负责同志，装备、电子、民爆、电力等行业贯标试点企业的代表参加了会议。两化融合管理体系联合工作组专家介绍了贯标工作要点和两化融合管理体系工作平台的相关功能。徐州工程机械集团有限公司、潍柴动力股份有限公司等4家试点企业，南京慧德信息管理咨询有限公司、北京东方易初标准技术有限公司等3家贯标咨询服务机构就两化融合管理体系贯标工作经验和主要做法作了深入分享和交流。

九、县（市）区信息化建设

（一）沛县

1. 以申报江苏省“两化融合”示范试点企业为抓手，沛县加快推进信息化与工业化深入融合。示范试点企业徐州金牌药业有限公司已建成企业资源管理、办公自动化、商业智能等信息化系统，建立了一个从销售管理、库存管理、存货核算到财务管理的企业信息化系统。徐州天成氯碱有限公司建设了公司内部局域网络，并在生产过程的优化控制和在线检测方面采用了集散控制系统，提高生产的自动化水平，降低能耗，减少污染。

2. 作为国家现代农业综合示范区，沛县农村信息化稳步推进。全县建成农业网、德利客肉鸭网、农易搜等涉农网站40余家；“12316”三农服务热线、“农信通”等，为广大农民和企业提供了统一、规范、方便、准确的语音服务；全县98%以上村按照“五个一”标准建立了信息综合服务平台站点，358个行政村实现通过互联网提供信息公开和互动服务，信息化对农业现代化和新农村建设的支撑作用充分显现。

（二）新沂市

1. 电子商务快速发展。2014年，入驻该市电子商务产业园电商企业14家，电子商务交易额突破28亿元，实现网销量同比增长190.6%，获得了国家电子商务示范县，墨河新段村获得了江苏省电子商务示范村和淘宝村称号，智慧旅游获得了省级智慧旅游示范基地。

2. 智慧新沂建设将取得初步成效。一是整合各单位的自建机房，采用PPP模式，建设1000平方集约绿色模块化云数据处理中心；融合各部门信息资源，建设人口、法人、宏观经济、地理空间信息、建筑物等基础数据库，形成新沂市公共信息资源共享平台，“云计算数据中心”项目获得2015年中国智慧城市创新奖。二是以便民为中心，实现网站群与政务服务中心无缝对接；数字城管与公安技防互通，将数字城管大厅整合到公安指挥大厅，形成“大城管“格局。三是建设教育“三通两平台“，全市学校均可享受优质教育资源；完善区域卫生信息平台，人人拥有居民电子健康档案，打通市民卡和社保卡；整合零障碍视频、城管、公安等视频监控资源，实现平安新沂；整合交通与公安系统，实现交通智慧化管理，不断提升民生服务水平。四是通过智慧旅游，全面提高新沂的旅游品牌知名度；通过打造“5+2”电子商务平台，全面推进农业B2C，制造业B2B，服务业O2O产业转型升级。

（徐州市信息中心　谭　睿　王冬梅）

常州高新区信息化发展概况

为加快常州高新区经济发展方式转变，突出“互联网+”和“工业4.0”的大主题，契合国家《中国智造2025》战略，以信息化带动工业化，信息化提升城市化，信息化加快国际化，大力推进高新区信息化建设，常州高新区以饱满的热情、稳健的步伐，致力于开拓具有高新区特色的信息化发展之路：

一、充分认识推进信息化发展的重要意义

面对工业化、信息化、城镇化、市场化、国际化深入发展的新形势新任务，深入把握信息化与工业化发展的规律和趋势，加快促进两者融合，着力提升我区创新能力、发展水平和综合竞争力；着力培育发展新兴产业、新的经济增长点和优化产业结构，促进传统产业改造升级，构建现代产业体系；着力提升我区城市管理效能、现代化建设水平和改变城乡面貌，实现城市发展转型；着力促进我区经济发展方式科学化转变，走科技含量高、经济效益好、资源消耗低、环境污染少、人力资源优势得到充分发挥的新型工业化发展道路。

二、正确把握信息化发展基本原则

（一）政府引导与市场运作相结合

发挥政府的政策引领作用，加强引导和扶持，坚持以市场为导向，充分发挥市场配置资源的基础性作用，切实推进信息化与工业化融合发展。

（二）整体规划与分步实施相结合

根据信息技术的发展趋势和信息化发展现状，制定具有前瞻性的信息化与工业化融合整体规划。在具体的实施过程中，要突出重点，分步实施，循序渐进。

（三）推广应用与管理创新相结合

推广应用信息技术的过程是推进管理创新的过程，要对企业原有的管理理念、方式、体系进行创新，建立分工明确、责任到位、管理规范的组织和管理体系，最大限度地挖掘信息化的潜力。

三、明确定位信息化发展的主要目标

（一）发展方式更加科学

加强能源资源节约和生态环境保护，将发展方式转到“科技含量高、经济效益好、资源消耗低、环境污染少、人力资源优势得到充分发挥”上来。重点耗能企业普遍应用数字化、智能化生产设备，建立生产过程信息化管理系统、环境监测和污染物排放监控信息系统。信息技术对节能的贡献明显增大，对减少工业主要污染物排放量和提高工业固体废弃物综合利用率的作用得到充分发挥。

（二）资源配置更加合理

除发挥市场配置资源的基础作用与政府宏观调控职能之外，通过运用网络配置资源的新方式，实现资源的最优配置和合理使用。充分利用常州国家高新技术开发区的资源整合优势，整合现有的产业园区等多方资源，创建一批符合信息化与工业化融合方针的创意产业园、光伏产业园、动力装备产业园、生命健康产业园等特色产业园区。

（三）产业结构更加优化

利用信息化手段促进传统产业整合和产业集群的优化升级，从技术融合发展到业务融

合、产业融合、部门融合。通过融合互动，推动制造业从简单加工装配为主向深度加工和全过程设计制造方向升级创新，推动制造业上下游产业链的整合，带动产业配套和产业集群发展，推动传统产业从数量主导型向品牌效益型转变，推动经济从总量优势型向总量与效益并重型发展。

四、切实完成信息化发展的主要任务

（一）推行工业研发设计电子化

大力推进信息化与工业研发设计的融合，推动信息技术的应用，提高研发设计过程信息化水平。加大计算机辅助设计（CAD）、计算机辅助工艺规程编制（CAPP）等技术的推广应用力度，不断扩大应用面，深化应用领域，提高新产品、新技术开发效率，加快产品更新换代速度。

（二）推进产品构成数字化

大力推进信息化与产品构成的融合，针对我区产品结构和产业结构特点，将信息技术渗透到主要工业产品。推进传统产品信息化改造，发展各种嵌入式软件、个性化定制等新技术应用，进一步提高产品的附加值。通过信息产品与传统产品的融合和信息技术在新产品中的广泛应用，提高产品竞争力。

（三）推行生产过程智能化

大力推进信息化与生产过程控制的融合，实现设计、制造、测试全流程的信息化。重点推广现代集成制造系统（CIMS）、计算机辅助制造（CAM）、分散控制系统（DCS）等信息技术，促进生产过程数据的即时采集和传输，完成生产过程的在线监控和管理，故障诊断和分析，性能计算和控制，实现生产过程智能化和网络化。积极倡导清洁生产，引导重点耗能行业落实节能降耗措施，通过引进、开发和应用节能降耗信息技术，改进生产流程和工艺，降低单位产品能耗，减少物耗能耗，发展循环经济。

（四）推进经营管理科学化

大力推进信息化与经营管理、决策的融合。积极引导企业加快改革创新步伐，鼓励企业应用信息技术实现经营管理科学化。积极推动大中型企业应用资源计划管理系统（ERP）、供应链管理系统（SCM）、客户关系管理系统（CRM）等应用系统，提高企业领导决策能力和生产管理水平，实现企业管理信息化，全面提升企业在国内外的竞争力。鼓励有一定规模的企业制定与企业信息化相适应的管理规范和标准，实现对资金、人力、物资、客户等信息的深度开发，使企业内研发、生产、供应、营销各环节相互协调配合，实现管理方式的科学化和高效化。到2017年，力争全区规模以上企业财务管理系统应用率达到100%，供应链管理（SCM）系统、客户关系管理（CRM）系统应用率达到75%，企业制造资源计划（MRPII）系统、企业资源计划（ERP）系统的应用率达到85%；中小型企业实现财务、物料和营销管理信息化的比率达75%以上。

（五）推进现代服务信息化

大力推进信息化与营销、消费服务的融合。大力发展电子商务，改进交易方式，扩大市场的辐射力和影响力，形成一批能辐射国内外市场、具有国际影响力的市场品牌。加快发展第三方电子商务平台，不断创新电子商务模式和服务内容，为电子商务应用主体提供灵活、便捷、安全、高效服务。鼓励企业链接社会化电子商务平台，提高市场反应速度和能力，增强市场竞争力。发挥企业主体作用，开展面向中小企业以及不同行业、区域和消费者的电子商务服务，促进企业经营方式转变和商务模式创新。

大力推进信息化与物流、供应链的融合。加快现代物流与电子商务的融合，用信息技术改造传统物流企业和商贸企业，加快培育现代流通企业，实现信息流、资金流、物流的一体化运作。利用我区制造业发达，物流业方兴未艾的优势，推动无线射频识别（RFID）、全球定位系统（GPS）以及地理信息系统（GIS）等自动识别和跟踪技术在物流、供应链管理各环节中的应用，将信息技术渗透到工业化的各个方面。

大力推进信息化与管理咨询等领域的融合。利用信息化手段，提升金融、保险和管理咨询等现代服务业发展水平，引导信息服务业向规模化、集约化方向发展；大力培育和发展各类区域和行业技术创新中心、信息服务中心、数据中心以及信息咨询、培训、评测和监理等中介服务机构，加大对信息资源开发利用等信息服务项目的支持力度，逐步完善全市现代信息服务业产业体系，以信息化促进现代服务业的发展，形成现代工业的有力支撑。

（六）推进新兴技术产业化

大力推动信息化与第一、第二、第三产业融合，繁衍新兴产业，培育新的经济增长点。在制造业领域，加快发展太阳能光伏产业、嵌入式软件、电子元器件产业以及汽车电子业等新型工业，加快工业从生产型制造向基于信息和网络技术的创新型制造和服务型制造转变。在服务业领域，推进信息技术与信息服务业结合，促进现代服务业发展。依托数字内容产业基地建立数字内容产业研发中心，发展信息内容软件产业，开发数字内容视频引擎项目，特别重视核心技术平台的研发，培育一批著名信息服务商和打造一系列知名信息服务产品，形成鲜明的区域品牌。重点扶持软件产业、互联网产业、信息服务业等新兴产业，顺应现代经济科技发展新趋势。

苏州市信息化发展概况

2014年，苏州市认真贯彻习近平总书记在江苏调研时的指示精神，全力推动民生建设迈上新台阶，坚持以信息技术作为改善民生的重要抓手，推动苏州新一轮跨越发展，促进城市综合竞争力和民生服务水平的提升，全市信息化整体水平位居国内大中城市前列。2014年，苏州市被国家发改委评为“信息惠民国家试点城市”，被中国计算机用户协会评为2014（第四届）中国城市信息化50强。

一、信息基础设施不断完善

全市数字传输主干网容量和传输速率位列全省首位，宽带IP城域网实现了四市六区的全覆盖。传输骨干网带宽71600G，城域网出口带宽3210G。全市固定宽带用户达300万户，接入率达98%，占全省1/4；全市移动电话用户1500多万部，全市有线电视用户270万户，有线数字电视普及率达100%，市区高清互动用户近50万户。全市移动基站数和WIFI热点覆盖数均居全省首位。全市每千人国际互联网户数达1480户/千人。电信互联网出口带宽提升至2.4T，业务控制层交换能力升级至100G，本地IDC出口带宽提升至600G，新装宽带用户平均接入带宽至14M，宽带用户平均接入速率达到12M/户。移动互联网出口带宽提升至2.4T，业务控制层交换能力由40G升级至100G，用户平均接入带宽速率达10.56M。

二、政务信息化深入推进

出台《苏州市级电子政务建设项目管理暂行办法》，进一步加强对全市电子政务建设项目统一扎口管理，避免多头管理和重复建设。编制《苏州市电子政务建设三年行动计划（2014～2016）》，进一步完善电子政务总体框架。编制下发了《苏州市信息惠民国家试点城市建设工作方案》，不断加大信息惠民工程投入，不断提升了政府公共服务水平和社会管理能力。政务信息基础设施建设领域，政务云计算中心建设基本完成，公用信息惠民服务平台和全市政务信息资源及服务梳理工作已经启动，加快电子政务网络安全从IPv4向IPv6演进。城市基础信息资源建设方面，完成了人口库二期的建设，基础信息地理库建设进一步完善。

三、各领域信息化应用水平不断提高

社会保障领域完成苏州人社APP开发工作，实现社会保障卡全市全覆盖，共累计发放社会保障卡885万张，其中苏州市区（含园区）428万张、张家港122.1万张、吴江110.6万张、昆山71.3万张、太仓 58万张、常熟95万张。

医疗健康领域区域卫生信息平台建设取得重大突破，全市10个市（区）全部建成区域卫生信息平台并投入使用；完成医疗自助服务进家庭信息系统开发，研发了社区自助服务终端，为姑苏区11个社区卫生服务中心配置了社区自助服务机，积极推进区域检查检验和远程会诊中心建设，建成并启用8家区域临检中心。

教育领域完成学在苏州一期建设，完成教育云平台云计算中心设备、资源建设中心等设施设备的安装调试工作，建成标准化未来教室40间，普通双板教室114间，培训种子教师308人，启动“智慧校园”示范校建设项目，印发《苏州市“智慧校园”示范校建设指南》。

家庭信息化领域稳步推进数字电视高清互动升级，不断完善便民服务渠道，完成了35个社区(村)近3万用户的有线电视双向网络改造。

城市管理领域视频监控共享服务平台进一步完善，智能化停车管理系统及建筑垃圾智能化监管平台建设不断推进，出行服务综合信息服务系统及交通政务数据资源库方案基本完成编制，准备启动建设。

其他领域方面启动环境质量自动监测集成及发布系统、生态文明建设地理信息系统，完成苏州市空气预报、预警平台建设并投入使用，完成气象云计算中心建设，智慧旅游不断推进。

四、加快信息化建设步伐，力促融合水平新提升

（一）两化融合发展有了新的深度

围绕智能设计、智能生产、智能装备（产品）、资源计划管理、供应链管理和生产性企业电子商务六大智能制造环节，对全市60家典型企业进行跟踪调研，重点推进产品设计图形化建模与仿真技术等四大技术，撰写了《苏州智能制造发展的初步研究》的调研报告。认真组织两化融合转型升级示范试点企业申报，新增省级两化融合示范企业10家，试点企业104家，累计国家级示范企业5家，省级两化融合示范企业41家、试点企业337家。积极组织国家两化融合管理体系贯标试点申报，沙钢集团等11家单位成为工信部首批试点企业。

（二）信息基础设施建设有新的提高

启动了空间布局规划编制工作。全市数字传输主干网容量和传输速率位列全省首位，宽带IP城域网实现了四市六区的全覆盖。传输骨干网带宽7000G，城域网出口带宽1800G。全市固定宽带用户接入率达98%，有线电视普及率达100%。全市移动基站数和WIFI热点覆盖数均居全省首位。全市每千人国际互联网户数达1480户/千人，远超过省定基本实现现代化1000户/千人的指标。

（三）社会信息化建设水平有新的提升

完成了市民卡加载劳模卡以及高新区有轨电车刷卡的功能。做好了市民卡加载图书卡借阅、加气功能的前期准备工作。确定了苏州教育E卡通与市民卡对接方案。进一步完善市民卡服务网点建设，推出了手机端市民卡应用平台。24个“智慧苏州”重点推进项目全部启动。同时，还组织开展重点行业网络安全检查工作，建立了较为完备的网络与信息安全事件应急处置体系，不断提升信息安全保障能力；加大了伪基站、伪电台的打击力度，认真做好央视中秋晚会、青奥会以及市重点工程等无线电保障工作。

五、现代农业信息化

（一）基础保障体系不断夯实

一是信息化综合管理平台建设取得突破。积极组织实施苏州市农业信息化“三年行动计划”，成功研发了全市农产品质量监管系统，启动建设了全市农产品产销对接系统和现代农业执法管理系统。二是网络建设管理日益加强。市及各市、区农业部门综合信息网站建设得到强化，栏目设置日趋优化，信息内容日益丰富，发布效率明显提升。三是信息队伍架构基本构建。市及各市、区农业部门均组建了信息职能处（科）室，配备了相应的工作人员，镇、村两级也都明确了专(兼)职农业信息服务员,为信息化工作的有效推进提供了坚强支撑。

（二）为民服务能力有效提升

一是服务路径明显增加。常熟市被列入全国信息进村入户试点工作整体推进县（市），以“六有”标准和开展“四类”服务为要求，加快推进信息进村入户各项工作。二是服务水平明显加强。4市5区共开辟电视、广播农业专栏近40个，年播放量分别超过600期和1000期，年编发各类简报、期刊100多期，发布网络信息近6500条、纸质信息1400余份，发送手机短信

40万余条、“12316”为农服务短信100万多条，深受城乡居民好评。三是服务成效明显提高。

（三）物联网技术应用快速推进

蔬菜种植上，重点推广应用集远程监测生产实况、自动采集环境因子、智能处理调控措施等的温室大棚技术应用系统。水产养殖上，重点推广应用远程视频监控、质量安全追溯、智能养殖控制、水质在线监测、尾水净化循环利用、鱼病远程诊断等“六位一体”系统。粮食生产上，重点推广应用稻、麦等主要农作物的精量施肥、墒情监控、自动灌溉、病虫测报、农田气象以及精确作业等系统。畜禽养殖上，重点推广应用养殖环境监控报警、定量饲喂、防疫标识、粪便处理等环节个性化、智能化、精确化控制系统。

（四）电子商务发展步伐明显加快

一是率先建成了一批农产品电商交易平台。积极引导各类现代农业经营主体加强与京东商城、阿里巴巴、淘宝网等知名网络平台合作，搭建B2B、C2C、O2O等新型营销模式，打造“预约消费、网上营销、在线支付、线下服务”新型营销业态，建成了400多家联手合作销售平台。二是促进了特色品牌农产品发展。全市新型经营主体充分整合资源优势，扩大品牌宣传，拓展营销渠道，阳澄湖大闸蟹、枇杷、杨梅、碧螺春茶叶、田娘大米等富有地方特色品种实现网络销售超过了40%。三是产生了明显的经济效益。2014年全市各级现代农业新型经营主体实现电商营销额超过20亿元，有60多家农业企业年网上销售额都超过了300万元。

六、县市信息化建设

（一）张家港市

1. 两化深度融合加快。2014年新增国家两化融合管理体系贯标试点企业1家，省两化融合试点企业12家，苏州两化融合示范企业1家、试点企业4家，累计创建国家两化融合示范企业1家，省两化融合示范企业5家、试点企业44家，苏州两化融合示范企业6家、试点企业29家。当年对上争取省级工业和信息产业转型升级专向引导资金项目 11个，共获奖励资金540万元。

2. 社会信息化突出民生。信息化促进了健康医疗、社会保障、教育卫生、城市管理等公共服务的全面提升。市民网页融合服务系统，整合了全市32个政府机关和公共服务部门的700多项服务内容和相关信息资源，以“我的服务”、“我的空间”、“我的声音”为三大核心功能，为市民构建全方位、个性化、主动型、一站式的融合服务体系。

3. 电子政务建设注重实效。截至2014年底，公共信用信息服务平台、现代粮食仓储物流管理平台等5个项目上线运行，数字地理空间框架、“智慧社区”综合服务信息平台等4个项目部分功能上线试运行，“智慧教育”综合管理信息系统等2个项目完成招投标工作开始实施。

4. 信息基础设施日趋完善。目前4G信号实现了市区全覆盖，乡镇农村覆盖率超过90%。政府云计算中心上线运行，一期部署高性能服务器16台、光纤存储40T、非结构化存储296T，目前已承载了市民网页、肉菜流通追溯系统、“智慧社区”平台、公共信用平台、“智慧民政”平台、数字张家港地理空间框架系统等多个部门应用。

（二）常熟市

1. 智慧常熟建设有序推进、成果显著。常熟市以重点信息化项目建设和应用支撑为抓手，以便民惠民、基础提升、资源共享为目的，紧紧围绕一中心、二载体、三平台、四创新、五拓展和部门信息化提升为目标，2014年度“智慧城市”建设取得了阶段性效果，为形成智慧常熟基本框架布好了局。中国智慧城市论坛授予该市2010～2014中国智慧城市发展贡献单位称号。同时，通过了住建部、科技部“国家智慧城市试点”的省级初评。

2. 重点推进了“一中心、二载体、三平台”建设。全面实施“智慧常熟”规划的关键项目“一中心”—智慧城市发展中心之数据交换中心及五大数据库项目建设。市政府出台了《常熟市信息资源共享管理办法》，基本完成了各委办局五大数据库数据资源的梳理、整合工作，形成了《常熟市政务信息资源目录》和《常熟市信息资源数据共享交换规范》，收集公共信息424项。

完成基础性设施项目“二载体”建设。智慧城市发展中心主体建设，包括新建大楼的主体工程、内部信息化装修、专业设备安装等；城市云计算中心机房环境建设，按照需求主要用于“一中心、三平台”及全市各系统等机柜需求，现已建成150只机柜的机房环境并初步投运。

启动“智慧常熟规划”重点应用项目“三平台”建设。根据常熟市信息化建设的实际情况，基于“一中心”和“二载体”建设成果，将市民和企业服务二个平台整合成常熟市公共信息服务平台。2014年12月正式启动了平台建设工作，为2015 年全面铺开平台建设打好了基础。

3. 启动和完成了一批重点信息化项目。完成了新市民积分管理信息平台、区域卫生工程、12345便民服务整合平台、停车场诱导系统、停车事件自动抓拍系统、农产品价格监测系统、图书馆数字文化服务、环境应急指挥和决策等项目，启动了智慧物流公共信息平台、智慧政务服务平台、电梯应急处置平台、数字城市地理空间框架建设等项目，“可视常熟”、“无线常熟”等基础设施项目正在有序推进。

4. 农村信息化工作进一步深化。认真开展以信息进村入户为重点的农村信息化应用推广工作，在抓好市镇村三级综合服务平台建设和运维的同时，重点考核各镇村的应用和效果，抓好示范基地建设，继古里镇、董浜镇、海虞镇后，2014年，常熟市辛庄镇被命名为江苏省农村信息化示范基地。

（三）太仓市

1. 加快推进电子政务基础设施建设。一是推进电子政务云平台建设。扩建后的云计算平台拥有100颗CPU，内存1.8T，磁盘容量达30T，虚拟50多台服务器，约20个部委办局的应用系统。二是组建覆盖市、镇、社区三级的电子政务专网。三是狠抓政务网络的安全保障工作。

2. 加快推进电子政务建设与管理。一是加强政府投资信息化项目管理。二是加强“中国太仓”网站群建设及管理工作。网站群集中部门子站数扩大到42家，主站日访问量达12232人次。进一步加大政府信息公开的考核力度，重点从组织推进、制度建设、日常工作、载体建设、工作监督、部门网站建设和 “中国太仓”责任栏目维护7个方面进行考核，提高政府信息公开的及时性、准确性、有效性。

3. 加快推进社会服务信息化。一是市民卡实现应用。2014年4月，太仓市正式发行市民卡·公交卡，2014年6月30日，进行市民卡首发；截至11月底，全市共出售公交卡约30000张，交易量日均4000笔，完成首批7200张城区学生卡制作及发放，全市范围标准卡大规模制卡启动。截至目前，太仓市已正式接入“全国城市一卡通互联互通”平台，实现全国城市一卡通互联互通，并与城联数据签订合作协议，实现移动支付。二是教育信息化建设稳步推进。基础建设方面，完成全市学校光纤城域内网建设，中小学校班班通互动白板教学设备100%覆盖、无线校园网覆盖达30%。三是卫生信息化建设。累计建立居民电子健康档案58万余份。建立覆盖城乡医疗卫生机构的医院HIS系统、区域体检和区域LIS系统，实现了居民电子健康档案调阅、传染病报告、慢病报告、双向转诊。太仓健康网投入运行。

（四）昆山市

1. 信息基础设施建设迈上新台阶。重点加强了与电信运营企业的协调与合作。会同各电信运营商编制了“宽带昆山”实施方案，积极组织并成功申报了工信部和国家发改委第一批“宽带中国”示范城市，成为全省唯一入选的县级城市；在全省率先组织启动了信息基础设施空间布局规划的编制工作；与中国电信昆山分公司签订了共建城市WIFI战略合作协议，计划两年内建设免费WIFI热点500个，实现全市主要公共场所WIFI免费覆盖。

2. 软件产业发展再上新水平。软件产业继续保持平稳增长态势，2014年我昆山软件产值预计450亿元，同比增长7%；新增认定软件企业预计达到23家，新增登记软件产品157个，累计分别达到175家和1700个。

3. 两化融合工作取得新优势。2014年，新增四星以上数字企业22家；加大向上争取工作，分别有4家和43家企业获评省级两化融合转型升级示范企业和试点企业，24家企业入选省电商普及项目，2家企业成功入选省级两化融合诊断项目并获得省级专项资助400万元，专用汽车厂列为国家两化融合贯标试点企业；昆山高新区和锦溪生态产业区分别评为省两化融合示范区和试验区。以上区镇和企业入选数量均创历年新高。

4. 智慧城市建设呈现新亮点。《“智慧昆山”战略发展规划》和《“智慧昆山”三年行动计划通过专家评审。智慧卫生、智慧交通、“智慧昆山”市民公共服务平台、宏观经济数据库、智慧政务平台、智慧教育等6个智慧城市试点工程顺利推进。2014年，“智慧昆山”市民公共服务平台和智慧交通项目分别被评为江苏省信息化示范工程和试点工程。在2014中国智慧城市推进大会暨第四届中国城市信息化50强发布会上，昆山市荣膺中国城市信息化50强，排名位列县级市第一。

5. 信息化管理工作取得新进展。2014重点加强了对信息基础设施建设的协调推进力度，制定并下发了2014年度全市信息化工作要点；信息安全管理方面，发挥网络与信息安全协调小组、信息安全等级保护工作协调小组的工作职能，在机关和重点行业启动了信息安全检查工作和计算机系统等级保护工作；无线电管理工作方面，完成了无线电监测省一级站选址工作，加大了非法电台查处打击力度，会同公安、文广等部门建立非法电台查处协调和联合执法机制，查处并没收了8个非法电台，协助周边城市查获非法电台8个。

（五）吴江区

1. 智慧吴江建设。一是推进“智慧吴江”规划编制工作。2014年2月，启动了《“智慧吴江”总体规划》的编制，通过走访、问卷调研、意见征集和专家评审，完成“智慧城市”规划的编制。二是推出“智慧吴江”移动应用平台。“智慧吴江”移动应用平台完成了第一版规划的功能，平台提供网上挂号、青年志愿者、智慧出行、学生卡应用、惠民旅游等服务功能。三是设立智慧城市建设专项资金。出台《吴江区智慧城市专项资金使用管理办法》，以加快推进吴江区智慧城市建设，创新社会管理和服务模式，培育和提升智慧新兴产业。四是加快推进公共场所免费WIFI建设。

2. 政务平台建设。一是完成电子政务综合办公平台升级项目的验收；二是完成电子政务外网的性能优化和线路扩容；三是完成内网建设方案和党政办公平台迁移方案的制定；四是完成“网上在线廉政教育平台”的开发和试运行。

3. 项目审核和资源整合。（1）继续做好信息化项目的审核备案工作。完成“基于数字证书的统一身份认证系统”、“公众出行信息服务示范平台”、“港口危险货物作业申报系统”等二十个项目的审核备案，核定预算总金额4393.8万元。（2）继续推进“1+X”项目建设。一是会同公安局和专家委员会，优化实施方案，推动视频共享和应用拓展，以及东太湖智慧旅游项目的规划和对接工作；二是会同财政、纪检等部门，做好项目实施过程中的变更审核工作；三是完成“吴江区人口基础信息库”等延伸项目的方案评审。

（六）吴中区

1. 推动企业两化深度融合，促进工业智慧化。2014年吴中经济开发区新评获省级两化融合试验区，新增省级两化融合转型升级示范企业1家，市级两化融合示范企业2家、省级两化融合试点企业9家，市级两化融合试点2家；积极引导企业开展电子商务拓市，新增省级电商拓市项目16只；强力推动企业数字化创建，新增五星级数字企业1家，四星级数字企业26家，三星级数字企业10家。2014年全区共为推进信息化建设争取扶持资金1555万元。

2. 提高电子政务管理水平，促进政务智慧化。完善“两会”信息发布系统；“金财工程”财政一体化平台、国资监管平台业务系统、“千企升级”公共信息服务平台、吴中地税综合处理平台、“吴中地方税情”、“掌上税务”、重大动物疫病防控网络数据库、农产品质量安全监管风险预警体系机制、吴中优质农产品信息平台、市场运行监测系统网络平台、数字环卫、粮库信息化一期等等项目有序推进。

3. 展开社会信息化建设，提升城市智慧化。农村信息基础设施建设不断完善。胥口各社区成功运行基于GIS的村镇综合管理服务平台；光福乡镇“三资”管理信息平台、临湖集体资产交易平台进一步完善。

城市管理精细化程度不断提升。“智慧环保”信息平台、静脉产业园在线监控系统建设正式启动；数字化城市管理系统二期扩展项目基本完成；防汛会商系统实施拓展，建设十五个分支站点防汛分支机构平台。

4. 开展“智慧吴中”规划，加强顶层设计。推动成立“智慧吴中”专家咨询委员，全方位动员各级社会资源和信息化高级专业人才加入信息化建设过程。开展全区信息化资源现状和未来三年信息化需求调研，形成“智慧吴中”建设规划与行动计划、“智慧吴中”实施意见和2015年重点信息化推进项目送审稿，全方位明确吴中区信息化工作推进计划。

（七）相城区

1. 信息化基础设施建设。协调移动、联通、电信、广电四大运营商与区政府签订了《“智慧相城”战略合作框架协议》。新增WIFI热点500多个，新增繁花中心一个热点区域。固定、移动通信网络、城区主要区域的无线宽带网络基本实现全覆盖，有线电视网络实现了户户通，并向有线数字化方向发展，全年完成基础设施投资约3.5亿元。

2. 政府信息化建设。电子政务网络已覆盖全区所有乡镇、街道，部分镇已延伸到村。“苏州相城”政府门户网站维护与管理取得成效，网站政务公开栏目及时改版更新，目前覆盖全区所有区级机关、直属管理部门和各镇（街道、区）。

3. 企业信息化建设。明确了信息化建设的阶段任务和重点工程。利德精工等4家企业获得“两化融合”省级试点企业称号，亚太金属等3家企业获得“两化融合”市级试点企业称号；易德龙由工信部列入信息化和工业化融合管理体系贯标试点创建名单，目前辅导公司正加紧与公司合作，展开贯标工作。

4. 信息化重点应用项目建设。根据《“智慧相城”建设三年（2012~2014）实施计划》，确定2014年度信息化重点应用项目42项，项目内容包括：科技人才综合服务平台建设、“居家福”智慧养老院、相城区“数字城管”一期建设等多个方面。列为“智慧苏州”重点应用项目的区卫生局的卫生信息化系统项目已经完成验收，项目计划总投资1776万元，实际完成总投资约830万元。

（八）姑苏区

1. 强化组织领导，完善信息化机制体制。制定出台《姑苏区加快推进信息化发展的实施意见》，提出了姑苏区软件和信息技术产业发展方向、目标任务及重点工作；制定出台《姑苏区信息化项目建设管理办法》，明确了全区信息化项目建设的组织构架、实施范围和职能分工，规范了信息化项目建设的流程和监管措施。

2. 促进企业信息化建设。加强智慧商圈建设的规划引导，推动传统商贸业与现代信息产业融合发展，鼓励传统商贸企业积极发展体验式、无店铺、定制化新兴消费。目前，"百米生活"、"网上观前"、"姑苏网"、"微微嗨"等一批网络平台联合传统商贸企业，通过线上线下活动，进一步加强消费者和企业之间的互动，既保证消费者的权益又提升企业的知名度。

3. 推动社会信息化建设。一批优质社会化项目和面向企业信息化综合服务平台建设，取得了较好的社会效应，其中22个项目获得市级信息化建设专项扶持资金390万元。

4. 提升政府行政效率。印发了《姑苏区政务信息中心规章制度汇编》，提升全区信息化安全意识和电子政务管理水平。实施了全区电子政务外网环境、基础环境的整合优化，按照全区网络布局现状，制定了分阶段、分步骤实施的整治计划，对存在的问题及时研究部署，坚决杜绝安全隐患。对全区电子政务开发项目，包括新建、续建项目进行项目可行性审核，提出统一规范的建设标准，避免重复建设和财政资金浪费。

（九）苏州工业园区

1. 加强智慧城市宏观研究和对外合作。一是积极推动中新智慧城市发展战略合作。召开"中新智慧城市发展战略合作"双边工作小组第一次会议，积极推动中新智慧城市战略合作；以东方慧湖项目为试点，鼓励企业与政府在智慧城市建设上的深度合作，初步完成"东方慧湖"区域发展规划，启动WIFI等项目方案设计。二是深入开展规划修编和政策研究。完成《2013年苏州工业园区信息化建设与发展白皮书》编制发布，出台《代建苏州工业园区政府投资信息化建设项目操作办法（试行）》，为项目推进提供了保障。

2. 一批信息化重点项目加快推进。加强"顶层设计、系统推进"工作思路，召开信息化调研会议40余次，立项评审会议7次，组织重大信息化项目咨询，立项申报9个，批复金额1.3亿元。此外，往年结转的28个项目中已完成验收19个，6个项目处于试运行阶段，3个项目正在稳步推进。

3. 两化深度融合成效显著。一是成立园区智慧城市实验室。指导"政产学研"各方联合打造智慧城市技术研发、资源对接、推广平台；二是帮助园区企业上报国家级两化融合管理体系贯标试点企业1家，省级两化融合示范、试点企业7家，省级两化融合转型升级专项资金项目2个，市两化融合示范、试点企业3家，市级加快信息化建设专项资金项目43个，市级四星级数字企业3家；三是在"众智云集"的工作基础上打造"云彩示范试点"项目，加大社会信息化扶持力度，意向申报项目96个，最终立项25个，召开各项沙龙活动10期，组织项目成功对接56次；四是协助苏州工业园区职业技术学院、苏州工业园区服务外包学院等5所高校召开2014届毕业生专场招聘会，推动学校、学生与企业对接交流。

4. 大力推进云计算产业，孵化草根创业。完成2014年苏州工业园区云计算产业发展报告；首先进行政策创新，发布"云彩计划"新政，从项目引进、孵化器扶持、示范试点补贴等方面对产业进行扶持，推动17个云计算孵化器在园区落地及建设，吸引了全国乃至国际上的203个云计算相关创新创业项目落户园区。其次进行品牌创新，“金鸡湖创业长廊”品牌初步打响。

（十）苏州高新区

1. 进一步建立健全组织领导体系。审议通过了《苏州高新区信息化建设项目管理办法（试行）》和《苏州高新区法人库建设方案》。

2. 完善信息化基础平台及公众平台建设。启动建设全区数据交换与共享平台（云平台），将区内已有的部门应用系统逐步回迁到云平台。对今后新建政务信息化项目，一律从云平台划拨相关能力进行支撑，将各部门新建的和外部回迁的应用系统连接起来，消除信息孤岛，对于新建的系统原则上“非共享，不建设”。高新区政府门户网站上，策划开设了一批专栏、专版，推出了一批重大报道、典型报道、系列报道，不断为全区中心工作提供广泛的舆论支持。“苏高新党建手机应用平台”、“高新区旅游局”、“苏高新微理论”及“苏州高新区发布”利用微博微信等公众平台发布功能，每天围绕公众关切的内容，发布高新区工委、管委会及有关部门推进工作的举措、进展，为网民提供丰富的信息资讯，有效引导舆论。

3. 扎实推进重点信息化项目。区域卫生信息化一期工程完成，二期工程已启动，建设项目完成了高新区卫生信息数据中心建设，构建起一个基于健康档案的区域卫生信息系统，通过制定统一的标准，有效整合医疗卫生业务应用系统，形成一个互联互通的医疗卫生业务网络，达到信息共享、业务协同的目标。区行政服务中心全面升级门户网站，同时扩展维护管理功能、从而为广大市民提供更加全面、快捷、有效的信息和服务。苏州高新区综合保税区进一步完善无纸化通关系统，增加了分送集报、运抵报告的功能模块。项目于2014年6月正式签订合同并进行开发，2014年7月底完成了项目的联合验收并正式上线运行。

4. 大力推进社会信用体系建设和企业两化融合。全区有41家企业通过了江苏省信用管理贯标验收，目前全区通过省信用管理贯标的企业总数达93家。有1家企业获省信用管理示范企业称号。全区已有9家企业获得了苏州市信用管理示范企业称号，今2014年又有3家企业申报了苏州市信用管理示范企业。全区已有4人获得了助理信用管理师职业资格。

（苏州市发展和改革委员会　李　兵）

完善信用体系　整合数据资源

2014年，苏州市住房和城乡建设局在苏州市委市政府的正确领导下，以开展党的群众路线教育活动为契机，以技术管理创新为手段，进一步推进全局信息化建设，完善信用体系，整合数据资源，加强中心机房网络与信息安全管理，取得了较好的成效。

一、继续加强建筑市场综合监管平台建设

2014年，苏州市住房和城乡建设局进一步继续完善以企业、人员和项目三大数据库为基础的苏州市建筑市场监管平台。一是按照建筑业企业信用手册管理和建筑市场综合大检查的要求，开发建筑企业综合管理系统和建筑业企业信用管理系统，对全市1800多家建筑业企业的信用进行量化打分。二是为了保障建筑农民工的利益，加强对农民工的日常管理，开发了农民工实名制等系统。三是完成苏州市政府投资预选承包商系统升级调整工作，实现预选承包商的网上申请、网上受理和网上评分。四是做好苏州市勘察设计行业管理系统开发，建立勘察设计企业与人员数据库，并实现与省厅的实时对接。五是做好建设工程合同备案系统与各县市区对接、合同备案和项目登记系统数据与地税系统对接。六是加强燃气的安全管理，着手研究燃气行业的信息化管理，起草苏州市燃气行业管理综合管理系统的方案，目前正在政府采购。

二、扎实推进房产管理信息化建设

为了进一步加强保障性住房的申请和日常管理，2014年初苏州市住房和城乡建设局着手研究建立苏州市住房保障信息系统，上半年通过充分的调研，确定了系统建设方案，通过政府采购招标，明确中标单位，目前正在紧锣密鼓的组织软件开发。进一步完善房地产开发企业信用管理系统，加强对房地产开发企业的信用评价。做好房屋维修资金管理系统（二期）的开发工作，至目前系统已开发完成并正式上线，实现了房屋维修资金的业主自管。对苏州市公房管理系统进行完善升级，增加租户的诚信档案管理等功能。进一步完善苏州市物业行业综合管理系统，根据使用情况及时调整与完善其功能，建立物业企业与人员的信用档案，目前在库物业企业为1425家，从业人员为12266个。

三、全面实施全局综合信用体系建设

根据苏州市政府诚信苏州和省厅关于加强信用体系建设的要求，整理制定出《苏州市住建领域诚信库数据标准与对接方案》，构建包括施工、监理、勘察、设计、代理、造价、房产、拆房、物业、经纪、评估等企业与专职人员的信用数据库，建立全局信用管理统一应用门户，开发住建领域信用综合监督系统，实现与省厅和苏州市政府诚信苏州的对接。目前该综合信用平台的软件开发工作基本完善，下一步将调整与市平台的对接工作。

四、切实抓好政府信息公开，完善住建局政务网站

继续做好苏州市住房和城乡建设局的政

府信息公开工作，完善住建局政务网站相关栏目，设立党的群众路线实践活动专栏、物业管理专栏和房屋安全鉴定专栏。做好中国苏州住建栏目的信息维护工作。至目前共发布2801条信息；住建局政务网站共发布1266条信息。苏州市住房和城乡建设局网站还被苏州市政府评为2013年度优秀部门政府网站。

五、不断健全机房管理制度，加强中心机房安全管理

随着信息化的不断推进，苏州市住房和城乡建设局中心机房数据也越来越大，网络和数据的安全性要求也越来越高，一些设备使用时间较长，性能不够稳定，不断调整系统部署，增加服务器硬盘，保证各系统正常运行。同时增加WEB防火墙等安全设备，加强对中心机房管理，做好服务器、网络设备、空调、电源和相关设备日常维护，做好各类数据备份。2014年7月通过了苏州市机要局、公安局网警支队和市信息中心组成的信息安全检查。

（苏州市住房和城乡建设局）

扎实稳步推进苏州市商务局信息化建设工作

2014年，在苏州市信息化工作领导小组的指导下，苏州市商务局非常重视信息化工作，深入贯彻落实党的十八大和十八届三中、四中全会精神，以邓小平理论、“三个代表”重要思想、科学发展观为指导，以习近平总书记系列重要讲话精神为根本遵循，按照总书记对江苏工作的最新要求，围绕服务商务工作、促进商务发展的主题，全面加强信息化基础建设，强化信息化服务和应用导向，扎实稳步推进苏州市商务局信息化建设工作。

一、加强领导，深化认识，全面加强信息化工作

（一）领导重视，形成全局共识

苏州市商务局领导从全局的高度，充分认识推行信息化对提高政府管理效能、全面提升政府公共服务水平的重要意义，高度重视信息化工作。建立了一把手为第一责任人的领导小组，层层落实责任，把信息化建设的具体责任量化到工作岗位和具体人员。针对信息化所依托的政府门户网站建设，局领导也多次提要求、定原则、指方向。

（二）加大投入，做好系统建设

苏州市商务局积极加大对信息化平台的软硬件投入，在资金投入上予以优先支持，支撑力度不断加大。今年以来，在硬件上，对苏州市商务局中心机房进行了整体改造，改造内容主要包括：综合布线改造、机房布局改造、安防监控；软件上，相继开发或升级了信息上报系统、出入境管理系统、外资项目共享系统、会展平台、办公自动化系统等应用系统，进一步完善了局门户网站、服务外包网、外商投资企业联网审批和利用外资统计系统等，信息化建设水平不断获得新的跨越提升。

（三）多措并举，提升信息安全

苏州市商务局从制度建设和设备投入两方面入手，树立安全第一理念，不断稳固深化信息安全工作，确保各项信息安全措施落到实处。苏州市商务局建立了较为完善的信息安全制度，实施网上信息发布领导审批制度，建立信息安全工作领导小组，签订信息安全责任承诺书。2014年，苏州市商务局顺利通过了此次网络安全检查，并根据检查报告对局网络进行了整改，添置了边界防火墙与网络管理设备，确保在十八大期间，苏州市商务局各信息系统的安全运行。

二、需求引导，提升服务，构建便捷高效的信息化平台

信息化是工具，服务是关键。苏州市商务局以“全面、准确、细致、丰富”为指导思想，以“便民、服务、互动、快捷”为原则，科学合理地整合本单位各类政务信息资源，不断加大信息化建设力度，努力构建方便快捷的信息化平台。

（一）以满足需求为导向，版块内容科学合理

坚持以人为本，以公众的需求为导向，自门户网站开通至今，多次对网站进行改版，以适应不同时期公众和企业的需求。2014年，根据新组建的商务局职能，将网站进行了改版和整合，新建了苏州市商务局网站，全年共发布

各类信息1000多条，浏览量达10万多人次，回复网上咨询100多条，充分发挥了窗口的服务作用。根据各业务部门不同职能，分别设有子页，紧密围绕政务公开、服务企业两条主线设置版块内容，各部门第一时间提供公开信息，在确保不泄密的前提下，逐步提升公开的范围和尺度，着力将门户网站建成时效性强、信息量大、更新频率高、互动功能完备的“网上虚拟政府”。

（二）以强化服务为中心，助企惠民成效显著

加强政务平台的维护和管理，积极做好OA软件、门户网站、内网信息平台、“中国苏州”网站的信息加载和数据库后台维护管理工作。2014年来，苏州市商务局通过门户网站等载体，综合运用信息化技术和手段，尽力简化审批，全力优化服务，缩短审批时间，节约企业成本，树立政府良好形象。一是在助企方面，积极、有效运用由商务部及省商务厅等主管部门联合开发的信息化系统，提高管理水平和办事效率，为全市商务企业提供优质服务，主要有：电子口岸执法系统、外商投资企业联合年报系统、外贸经营权网上备案系统、加工贸易网上审批系统、进口许可证、纺织品出口许可证系统等。这些围绕苏州市开放型经济发展的信息化系统的开发和应用，改善了苏州市开放型经济的投资软环境，促进了苏州市开放型经济的平稳较快发展。二是在惠民方面，2011年4月《苏州市肉菜流通追溯体系建设实施方案》经苏州市政府常务会议研究通过，全市确立了“以肉为主，肉菜结合，先肉后菜，分步实施”的建设方针，并列为当年市政府实事项目。2013年3月，苏州市区猪肉流通追溯体系建设项目通过专家组验收；至2014年11月，吴江区、太仓市、昆山市、常熟市、张家港市先后完成建设任务，均与市级平台对接，实现了猪肉流通追溯体系大市全覆盖。全市已建成肉菜追溯备案中心6个，各环节追溯子系统包括生猪屠宰企业42家；肉类批发市场42个（其中屠宰场内批发交易32家）；超市69家；农贸市场178 家，覆盖肉类经营摊位2559个；团体消费单位1157家；肉类专卖店662家；肉品加工企业84家；产销对接企业（含猪肉配送中心）68家。全市已实现体系建设目标，形成了生猪肉品“来源可追溯、去向可查证、责任可追究”的信息流通追溯链条。

（三）以顶层设计为核心，推动信息化创新发展

积极探索商务系统信息化发展模式，以重点项目为突破口，强化系统整合，完善落实信息化顶层设计。2014年，苏州市商务局设计开发了苏州商务信用平台。主要以在线服务方式向社会公众和政府部门提供应用服务。平台建设包括苏州商务诚信数据库、互联网应用门户平台和政务应用门户平台统3个模块，每个模块分别包括2个子系统（相应为：信用信息征集子系统，信用数据加工子系统；商务诚信网站子系统、信用中介评估子系统；商务信用管理子系统、信用执法检查子系统）。

（苏州市商务局）

南通市信息化发展概况

2014年南通市信息化工作紧紧围绕经济社会转型发展、绿色发展、创新发展的重大战略部署，以创建中欧绿色智慧城市及国家智慧城市试点为契机，以顶层规划推动统筹协调，以设施建设促进基础支撑，以产业发展提升整体形象，以应用推广、示范工程引领两化深度融合。信息基础设施支撑作用日益明显，智慧产业发展势头良好，智慧应用成效显现，智慧项目稳步推进，电子商务加快拓展，信息安全规范有序，为南通经济稳步发展，促进转型升级作出了积极贡献。

一、智慧城市创建情况

2014年，南通作为全国唯一获得“中欧绿色智慧城市、国家智慧城市”两个试点的地级市，进入国家智慧城市建设前沿方阵，新华社专刊高度评价智慧南通建设水平全省领先，探索出国家级智慧城市建设的“南通模式”。智慧南通4G网络发展被市委、市政府列入奋进的南通——2014年经济社会发展亮点。主要是通过理念、体制、科技、应用四大创新，实现规划标准、设施演进、产业发展、惠民融合四大领先。

（一）顶层规划标准领先

完成智慧南通顶层规划，率先在全省形成智慧南通建设标准、管理规则及评价体系，创新示范效应显著。顶层规划明确，智慧南通建设重点围绕“基础设施、智慧产业、民生应用”三大导向，打造“智慧经济、智慧人文、智慧治理、智慧交通、智慧环保、智慧生活”六大板块，形成“信息安全、运营保障”两大体系，建设并实施一批全国性示范特色项目及举措，将南通打造成为智慧城市全球典范。专家评审会上，中国互联网协会高新民常务副理事长，高度评价智慧南通顶层规划广泛借鉴了国际国内领先智慧城市的最佳实践，编制方法科学、资料翔实、亮点突出、分析全面、建议可行，突出了“整合、共享、参与、体验”等特点，具有新颖性、前瞻性、科学性和可操作性。完成信息基础设施空间布局规划，从源头上解决了基站选址难、管线铺设难等问题，避免了信息孤岛、重复建设。布局规划在全省率先实现了三大创新性统一：城乡建设规划、土地利用总体规划、信息基础设施空间布局规划有机统一；城市重大基础设施项目建设、信息通信配套设施项目建设有机统一；信息通信基础设施、广播电视传输设施、市政公共设施及基础配套建设有机统一。

（二）设施升级演进领先

率先在全省出台《加快信息基础设施建设的实施意见》，大力推进宽带南通、无线南通、光网南通、三网融合城市建设，信息基础设施建设水平跃居全省第一方阵，获得省经信委、通管局的高度评价。2014年，全市IP城域网出口带宽达1324G，信息基础设施投入达32.14亿元，城市百兆光网覆盖率达95%，农村20M光网覆盖率达40%，分别比前两年增长了13倍、6倍、6倍、8倍，增幅全省第一。全市移动通信基站达到22783个，其中，2G基站7035个、3G基站7452个、4G基站8296个，位居全省前列。全国一流、苏中第一的苏通云计算中心正式投入运营，出口带宽达到200G，可容纳25000台服务器。南通家纺云公共服务平台被认定为省促进信息消费示范平台；南通同洲电子有限责任公司被认定为省三网融合创新基地（全省仅4家，南京1家，苏州2家）。

（三）产业发展速度领先

不断创新智慧城市运营模式及市场化运作机制，大力营造智慧产业发展氛围，打响智慧南通创建品牌，智慧南通国内外知名度不断提升。吸引聚集了百度、IBM、凯捷、施耐德等知名企业关注南通；盛德科技、泽阳智能、华建智能、得得空间等5家成长型ICT企业，浪潮、中创、软通动力、SAP、神州数码、大唐、中兴等7家大中型企业相继落户我市，落户企业数全省领先。广阔通信（餐饮服务）、淘金时代（电商服务）、指动信息（生活服务）、星无线（WIFI服务）等一批较具潜力的本地互联网企业悄然兴起。与台湾电电公会、台北电脑公合作，建成南通智慧生活体验馆，共建两岸智慧产业园。为推动互联网经济加快发展，组织举办了全球智慧建筑及产业发展设计大赛、两岸互联网经济发展暨智慧城市建设研讨会，一批获奖成果和合作项目有望在通落地发展。

（四）惠民工程融合领先

破解碎片化难题，加大资源整合力度，加快建设市民卡工程、城市公共信息平台、智慧交通、智慧旅游等一批重点智慧应用项目，推动信息技术在经济发展、政府事务、企业管理、百姓生活等领域的广泛应用，提升公共服务均等普惠水平。推进城乡一体发展，海安曲塘刘圩村被认定为省农村信息化应用示范基地。整合市民卡工程。在全国率先提出采取O2O（线上线下结合）及手机市民卡模式，同步推进“线上城市公共服务平台”及“线下市民卡工程”建设，向市民提供线上、线下一体化，卡片、电脑、手机多终端，政务、商务、金融 资源相集成的融合服务，充分体现南通市民卡工程特色化、创新性；推进部门业务协同。积极引导智慧交通整合铁路、机场、大桥、公路、航道等交通信息，打造“三位一体”的交通信息服务平台，推行“畅行南通”APP。将智慧旅游纳入智慧交通建设体系，促进部门业务协同、信息共享，统一开发推广智能终端APP，推进卫生、教育、旅游、交通、社区等民生领域实现智慧应用融合服务；融合城市公共服务。运用物联网、云计算、大数据、空间地理信息集成等新一代技术建设，启动建设南通市城市信息服务平台，探索整合集成相关部门业务和数据服务系统，集中构建社会管理和公共服务智慧应用体系。

二、信息基础设施建设

2014年，全市围绕实施“宽带中国”战略，认真贯彻《省政府关于大力实施“宽带中国”战略加快提升全省宽带发展水平的意见》（苏政发〔2014〕50号）文件精神，加快信息通信基础设施建设，不断提升宽带发展整体水平。制定出台了《加快信息基础设施建设的实施意见》、牵头编制了《信息通信基础设施空间布局规划》。大力推进宽带南通、无线南通、光网南通、三网融合城市建设，加快构建高速传送、综合承载、智能感知、安全可控的信息通信网络。重点推进新一代移动通信网络、互联网光纤宽带网络建设，移动4G网络实现主城区及县城主要区域全覆盖，城市百兆光网络覆盖率达95%。结合江苏无线WIFI城市群建设，探索城市免费WIFI服务商业模式，在机场、车站、主要公交线路等热点区域推进免费WIFI全覆盖。全市完成信息基础设施投资32.14亿元，超额完成年度目标任务，同比增长46%。全市家庭宽带平均带宽11.18M，其中城市家庭宽带平均带宽11.45M，农村家庭宽带平均带宽10.98M，20M以上家庭用户33.41万户。互联网宽带接入能力城镇达100M、农村达20M。

2014年，全市通信服务业营业收入65.24亿元，比上年同期有所回落。全市固定电话用户为232.09万户，比上年同期减少9.23万户；全市移动电话用户791.36万户，比上年同期增加63.23万户。2G用户由去年同期的450.28万户降为391.75万户，3G用户由去年同期的246.26万户增长到270.09万户，4G用户发展到89.77万户。全市国际互联网接入用户789.22万户，比上年同期增加133.43万户，增幅达到20.3%。其中，固定宽带用户190.94万户，比上年同期增加29.7万户，增幅18.4%；无线宽带用户598.28万户，比上年同期增加113万户，增幅达到23.3%。

三、电子信息产业

2014年，全市电子信息产品制造业紧扣“稳增长、调结构、促转型”主题，产业规模保持较快增长，效益规模稳步提升，结构调整不断加快。全市电子信息产业实现主营业务收入1583亿元，比上年增长16.58%，占全市规模以上工业12.9%；实现利税总额226.7亿元，比上年增长22.6%，其中利润总额141.3亿元，比上年增长22.9%。南通市电子信息产业业务收入总量位居苏州、无锡、南京之后，列全省第四。全市规模以上电子信息产品制造企业314家，其中年销售收入超亿元企业132家。在全市年度工业经济规模50强中，电子信息业企业占8家。全市前20强电子信息企业实现销售收入896亿元，比上年增长14.1%，占全市规模以上电子信息行业销售收入的56.6%。中天科技、江海电容器销售收入分别达181.9亿元和50.5亿元，增幅分别为13%和16%。通光光缆、中联科技、富士通微电子、鑫源新材料、富加宜电子、中天科技光纤和三通科技等企业销售收入均突破20亿元。

四、企业信息化发展

2014年，两化融合工作以服务企业为导向，谋求创新思路，突出示范引领，在企业信息化发展中取得了较好成效，为推动南通两化深度融合，促进转型升级作出了贡献。

示范工程建设卓有成效。国家级试点创建取得突破。江苏中天科技、罗莱家纺、韩通船舶、昌昇集团四家企业列入工信部两化融合管理体系贯标试点。区域示范创建成效显著。创建省级两化融合示范区1家，省级两化融合试验区3家，创建数全省排名第二，“海安经济技术开发区”获省信息化与工业化融合示范区，“南通国家高新技术产业开发区”、“南通港闸经济开发区”、“江苏省如东沿海经济开发区”获省信息化与工业化融合试验区。企业创建再创佳绩。创建省两化融合转型升级示范企业5家，省两化融合试点企业51家，创建总数位列全省第三，高于全省平均12个百分点。5家企业获评江苏省两化融合转型升级示范企业。培育创建市级示范企业20家，试点企业20家。项目培育有序推进。研究出台了《南通市两化融合项目申报指南》，64个两化融合项目列入了南通市两化融合重点项目计划，项目投资总额为3.7亿元。培育了一批省、市级两化融合示范项目，并争取省、市级财政资金的支持，2014年共获1780万元资金补助。其中省级1380万元，市级400万元。

创新两化融合新思路。研究制订了《南通市工业企业融合创新示范培育工程实施方案》，融合创新示范培育工程主要采取“培育＋服务＋扶持”的模式。“培育”：培育融合创新示范企业，重点培育企业人才队伍建设，推进企业信息化项目建设，提升企业信息化应用水平，在全市企业中发挥示范引领作用。“服务”：组织专家对列入示范培育企业开展点对点的服务，找到存在问题，提出改进的解决方案；指导企业根据需求，有计划开展企业信息化项目建设；指导推进企业信息化项目建设。“扶持”：重点扶持列入融合创新示范培育企业的信息化建设项目、专家咨询服务，奖励企业优秀CIO。

电子商务加快拓展。不断完善微纺电子商务“中国家纺.cn云公共服务平台”、淘金时代“‘淘商情’大数据分析系统”、天安数码城“阿里巴巴·南通（天安）电子商务示范基地”等重点电商发展项目建设，推进罗莱家纺“供应链管理电子商务平台”等21个电商平台普及项目建设。重点跟踪家纺产业电子商务发展，南通家纺网上零售额占南通网上零售额的3/4。2014年的“双11”，南通家纺天猫网上销售额3.71亿元，占全国家纺天猫网上销售额的26.7%，家纺天猫店铺列前50位的南通有11家，列前100位的南通有24家。罗莱家纺当日网上销售1.88亿元，列家纺类第1，列全行业第8。推动电商服务外包发展壮大。南通涌现一批以淘金时代、安歌网络、尽在网络等电子商务服务外包企业，涉及代运营、软件开发、平台维护、网络推广、移动应用、创意美工、物流配送等电商服务各领域。

重点工作扎实开展。开展两化融合指数评估。南通市2013年“两化”融合发展指数90.95，高于省平均指数4个点。实施管理体系贯标。按照国家两化融合管理体系标准建设和推广内容，组织对两化融合管理体系的相关理论、框架内容和案例进行学习，发动企业进行贯标。开展两化融合管理体系贯标专题培训，组织专家去重点贯标试点企业现场解读管理体系的内容、贯标流程和方法，指导贯标试点企业 开展两化融合管理体系贯标，并力争达标。开展重点企业问题诊断。江苏韩通船舶重工有限公司“船舶制造企业CIMS系统实施项目”列入省经信委企业两化融合诊断项目，我委积极推动并配合省两化融合专家组对企业开展现场咨询诊断，指导企业完成企业两化融合诊断报告。开展企业对标评估。按照国家两化融合评估规范标准，在全市规模以上企业开展信息化自评估，全市共1545家规模以上企业进行了网上自评估。

服务企业活动有序推进。开展“信息化走进行业：德国工业4.0战略研讨暨两化融合专题对接洽谈会”。邀请德国两大信息化巨头公司西门子、SAP公司的专家作专题讲座。会议提出了“借鉴德国工业4.0　推进两化深度融合”总体工作要求。强化两化融合指导服务。邀请省经信委信息化专家到重点企业进行现场调研，对企业两化融合存在问题及下一步的发展方向给出了指导性的建议。赴如皋、港闸区开展两化深度融合调研，对企业两化融合工作进行指导培训，对省、市级两化融合相关政策进行解读。

五、电子政务建设

2014年，全市电子政务建设主要抓住了两项重点工程：一是政务云计算数据中心建设。目前，已完成了政务云计算数据中心整体网络框架规划设计和建设方案。二是政府网站及网站群的建设管理。2014年，及时更新政府网站群文本信息87140条，图片信息2406条，并增添了专题版块，丰富了信息内容。制作了“2014两会专题”等29个专题，链接县（市）、区及部门报送专题39个，给30多个部门建设了党的群众路线专题专栏，既方便了市民了解本市重大活动，又丰富了网站的内容。2014年“中国南通”政府门户网站群建设项目荣获南通市人民政府创新奖三等奖。“中国南通”政府网站获得2013年度江苏省优秀网站称号，综合绩效排名第一。在中国软件评测中心等单位组织的中国政府网站评测以及由中国社会科学院信息化研究中心、国脉互联政府网站评测研究中心组织的2014中国政府网站绩效评估活动中，均获得地级市第26名；中国南通政府网站建设方案被中国政府门户网站发展论坛组委会、中国信息协会信息服务网络委员会评定为“2014政府网站新技术应用优秀案例”。

六、信息安全工作

2014年，全市网络与信息安全工作从落实各项安全管理制度和规范入手，积极采取有效手段，开展对重点领域的网络与信息安全防范工作。一是组织信息安全培训，提高党政机关信息安全员的普及率。对市、县（区）、乡镇（街道）三级机关信息安全技术人员进行了网站渗透攻击与防护、病毒原理与防护等专题培训，提高了信息安全保障技能，共参加524名，考核通过率达99.8%。二是积极参加省里信息安全技能竞赛，提升信息安全和网络攻防能力。11月份，我市信息安全员、信息安全评估机构参加“天翼杯”江苏省第三届信息安全技能竞赛，南通晟辉未来科技贸易有限公司荣获省企业组第二名。三是布置落实市级重要信息系统风险评估工作，夯实信息安全基础。根据《江苏省信息安全风险评估管理办法（试行）》要求，部署开展2014年度市级重要信息系统风险评估工作，发布《2014年度南通市市级重要信息系统名录》，督促市党政机关重要信息系统开展自评估和检查评估。至年底，市级7家单位8个重要信息系统完成信息安全风险评估及报备工作。四是积极做好重大节日、重大活动、重要时期的信息安全工作，提高信息安全的防范意识。抓好重要时期、重大节日的信息安全防范工作，布置落实春节、“两会”、青奥会和国庆节等重要时期的信息安全保障工作；市信安办与市委互联网办公室联合印发《关于加强重要敏感时期党政机关网站安全防护的通知》，以确保我市基础网络和重要信息系统的安全。组织我市党政机关修订网络与信息安全事件应急预案，并及时报备；根据市应急办要求，整理完善《南通市网络与信息安全事件应急反应基本流程和主要措施》，并对原有2012年制定的《南通市网络与信息安全事件应急预案》进行了部分修订。五是信息安全建设创新发展。为探索智慧南通建设中信息安全保障路子，分别与国家软件评测中心、神州数码、中创公司、中兴公司等国家部委和专业机构进行专题对接和磋商，会同市信息中心专程赴扬州学习网络与信息安全测评中心建设经验，探讨我市信息安全监控平台、运维中心等信息安全保障体系建设新思路；部署开展全市网络与信息安全创新工作推介活动及总结工作。

七、2015年信息化发展总体思路

全市信息化工作紧紧抓住互联网+经济发展的重大机遇，以提升信息基础设施承载能力与服务水平为目标，加强宽带城市、无线城市等下一代互联网重大工程建设；以促进城乡居民共享智慧化建设成果为目标，推进民生领域信息化应用智慧项目建设；以推动产业结构调整和企业互联网化升级为目标，着力发展一批战备性、创新性、成长性、导向性的智慧产业集群；以增强网络信息安全保障能力为目标，坚持积极防御、综合防范的方针，逐步夯实信息化发展基础。重点将做好以下几方面工作：

（一）大力实施顶层规划落地工程

重点处理好两大关系：一是传承与创新的关系。进一步理顺《规划》中编排的167个项目与《国家智慧城市建设任务书》明确的17个项目的衔接关系。二是顶层规划与底层建设的关系。重点健全“上下联动、部门协同、企业参与”的推进体系，进一步明确“任务书”、“时间表”和“责任人”，确保各项工作真正落到实处。

（二）大力实施智慧设施提升工程

加快城域网智能化改造，大幅提升传输交换能力和智能调度能力，2015年，全市宽带IP城域网出口带宽超过1600GB。以建设“光纤化、宽带化、广覆盖、深覆盖”接入网为目标，城市全面实现光纤化，加快农村地区光纤宽带建设。2015年，城市百兆光网络覆盖率达98%，农村20兆覆盖率50%。促进移动互联网跨越发展，大力建设以3G/4G为主、以WLAN为补充无线高速宽带网。2015年，4G网络实现主城区、县城及重点乡镇全覆盖，市区20个公共场所实现免费WIFI服务。提升苏通产业园云计算中心功能。推进开发区浪潮、中兴云计算中心、如云科技“建筑云”等重点云计算基础设施项目建设。

（三）大力实施智慧产业培育工程

依托信息化建设发展有限公司，建立“政府引导、社会投入”的信息化投融资机制，引进社会资金参与智慧城市建设。加快推进中兴、华为、神州数码等智慧产业项目有序落地；积极引导中兴公司重点开展4G网络研究和应用，发展大数据及云计算产业；软通动力打造南通市中小企业云服务平台。

（四）大力实施智慧民生普惠工程

综合平台方面，启动建设城市公共数据库和城市公共信息平台；民生应用方面，推进市民卡工程，在智慧交通、智慧卫生、智慧社区、智慧旅游、智慧教育等领域逐步实现智慧应用融合服务。

（五）大力实施智慧政务优化工程

一是统一部门数据资源技术标准，实现部门信息资源 “连连通”；二是整合集成相关部门业务应用和数据服务系统，集中构建社会管理和公共服务智慧应用体系；三是大力推动政务信息资源向社会逐步开放，支持社会力量应用信息资源发展便民、惠民、实用的新型信息服务。

（六）大力开展企业融合创新示范培育工程

积极开展国家级两化融合管理体系贯标试点企业申报工作，组织企业申报两化融合和云计算、大数据应用为主的工业互联网诊断工作。建立2015年两化融合重点项目计划，研究出台《2015年南通市区两化融合示范项目指南》，面向市区企业征集了一批信息化应用项目，形成“2015年南通市区两化融合重点项目计划”，力争培育创建融合创新示范企业30家。跟踪重点电商发展项目、电商普及项目建设情况，加快推进并不断完善微纺电子商务“中国家纺.cn云公共服务平台”、天安数码城“阿里巴巴·南通（天安）电子商务示范基地”等重点电商发展项目建设；推进罗莱家纺“供应链管理电子商务平台”等重点企业电商平台普及项目建设。

（七）大力推进市网络安全监控平台的建设工程

随着“智慧城市”推进，积极应对智慧项目的建设，与神州数码、中创软件等多家国内知名企业接触，修订完善网络安全监控平台技术方案，保证方案的先进性、可实施性，平台的可扩展性。

（南通市经济和信息化委员会　陈日进）

加强交通运输信息化建设
加快交通运输现代化进程

——南通市智慧交通建设情况

《江苏省交通运输现代化规划纲要》将智慧交通作为江苏交通运输现代化的核心理念之一，强调要充分发挥信息化引领交通运输转型升级的重要作用，实现交通运输组织智能化、管理服务高效化和决策支持科学化。《南通市十二五综合交通规划》提出“打造江苏和我国东部沿海重要增长极，建设长三角北翼经济中心”的总体要求，对南通综合交通提出了枢纽、门户、基地的定位，即区域性综合交通枢纽、亚太地区重要国际门户和组成部分、长三角北翼现代物流基地。

2014年，南通市交通运输局紧扣省级决策部署和南通市委市政府智慧城市发展要求，积极探索智慧交通建设的路径和方法，取得了初步成效。

一、扎实做好智慧交通建设基础工作，营造加快交通运输信息化发展的良好环境

进入“十二五”以来，国家和省、市加大信息化工作力度。南通交通局充分认识到，没有交通运输的信息化，就没有交通运输的现代化；占领了智慧交通建设的制高点，就掌握了智慧城市建设的主动权。局党委动员全系统积极响应上级号召，加快智慧交通建设步伐。

建立专业工作机构。2012年以来，南通交通局领导班子通过开展调查研究和考察学习，增强全系统推进智慧交通建设的紧迫感和责任感。局主要领导直接组织信息化专题调研近10次，召开座谈会、推进会几十次，带队到深圳、福州、苏州、南京、重庆、北京、上海等地考察学习，不断增强干部职工对智慧交通建设的感性认识和理性认识。在此基础上，于2012年8月成立事业性质的信息中心，并从全系统调剂10个事业编制给信息中心。信息中心主要履行以下职能：扎口负责全系统信息化工作的统筹协调、规划编制、标准确定、技术开发、信息发布等。随后，组建全国资投入的智慧交通公司，既提高推进信息化的效率，也为今后企业化运营、市场化运作、产业化发展创造条件，为信息化可持续发展提供保障。

全省交通行业内首个完成信息化发展规划。顶层设计是信息化“大厦”的规划蓝图，直接影响信息化发展的成效。南通交通局在信息化顶层设计过程中坚持找准“懂行业”和“懂专业”的结合点，用了近一年时间，经过近10个回合讨论修改，编制了以“1个中心，2个重点，3个一级平台，4个业务专题，4项支撑保障”为主要内容的南通智慧交通总体规划。1个中心是南通交通云中心；2个重点包括数据采集体系建设与南通交通应急协调指挥中心建设；3个一级平台包括公众信息服务平台、交通运行管理平台以及应急协调指挥平台；4个业务专题是城市客运专题、公路运输专题、水路运输专题以及其它业务专题；4项支撑保障包括理论研究支撑、基础应用平台支撑、标准体系保障与安全运维体系保障。为确保规划顺利实施，还制定了一系列配套规范。出台了《南通市交通运输系统信息化项目建设管理办法》，明确规定由市局信息中心统一扎口管理全系统信息化项目建设。制定了《南通市交通运输系统视频接入标准》等一系列行业标准，为全系统信息数据整合、对接传输制定统一规范，为后期数据开发利用奠定基础。

全省交通行业内首个建成综合性工作平台。南通交通局利用新建成的南通汽车客运东站四楼（共6100平方米）建设交通信息中心工作平台，其中交通应急协调指挥中心（TOCC）近500平方米、机房400平方米，其余由系统内各单位的信息化分中心使用。为了提高信息中心工作平台的利用效率，该平台日常由南通汽运集团作为客运管理平台使用，特殊情况下由局信息中心和应急指挥机构使用。

高标准建成交通行业云中心。南通交通局紧扣市域交通运输数据资源中心、智慧城市重要分支中心、全省全国交通行业部分领域数据备份中心三大功能要求，在全市专业部门和全省同行业中率先建成一流的行业云中心。此次构建的云计算平台，包括服务器、存储、网络、虚拟化及云管理平台等基础资源，一期存储容量2PB，云化约200台虚拟机。当前已经满足全系统各类应用服务云存储、云计算要求，同时还可作为南通市智慧城市部分应用的云端服务支撑。

科学整合行业信息资源。信息资源只有整合利用才能实现最大价值。南通交通局从南通交通发展的大局出发，牵头整合市域范围内的各类交通信息化资源。整合资源的过程，既是统一全系统思想认识的过程，也是争取各方支持的过程。在本局范围内，先后召开20多次会议推进资源整合工作。在省、市层面，得到了省厅、厅属各单位、省交通控股和地方各交通部门的大力支持。具体操作中，妥善处理好整体与局部、传承与创新的关系，不搞简单的“物理合并”、“一拆了之”，而是坚持统分结合，不改变原有的条线信息化管理体系，局级层面根据需要有选择地进行数据的收集、整合与开发利用。通过科学整合，我市初步形成了“三个一”的信息化发展框架。一张图：运用统一的GIS地图汇集交通资源信息，让服务对象和行业管理者在一张图上掌握交通运行情况。一张网：建成交通专网，纵向连接省、市、县，横向连接市属各有关单位。形成纵横贯通的交通专网。一个公共信息服务平台：建成公共交通信息服务平台，已经集成了系统内六大方面的信息资源，并建立了与苏通大桥、崇启大桥、南通机场、南通火车站等出入南通的重要通道的信息对接，接入12000余路监控视频、7200余路车船GPS定位信息，每天数据流量达10T规模。

二、紧扣行业需求开发智慧交通服务产品，切实增强信息化发展的生命力

智慧交通建设贵在开发运用，重在发挥作用。近年来，南通交通局围绕提高出行服务水平和行业管理水平两个重点，逐步开发三个方面的信息化服务产品。

市级层面首个推出公众出行服务产品。为解决市民等车难、打车难、行车难等一系列出行难问题，南通交通局在全市范围内率先研发出行服务软件“畅行南通”手机APP。该软件主要提供以下服务：一是发布市区实时交通拥堵指数，通过对市区出租车和公交车GPS行车数据进行采样分析，提供道路实时通行情况，让市民“选路出行”。这个服务充分体现了交通部门的特点和优势，就是我们掌握的出租车、公交车的浮动数据是“活”的数据，通过为市民提供更快、更准的出行信息服务，使交通部门掌握了城市交通出行服务的主导权。二是“掌上公交”信息服务，实时反映公交车位置和车辆运行情况，发布公交车舒适度指数，让乘客清晰了解在线公交车的实时拥挤状况，做到“计时出行、选车出行”。三是节点视频实时点播，向市民开放过江大桥、高速入口、干线公路、主要航道等视频资源，让各类交通参与者都能最直观了解到主要交通节点的通行状况，做到“明白出行”。四是出行规划，让交通参与者根据自身实际选择合理出行方式，做到“按需出行”。五是在线订票服务，让交通参与者实时掌握本地各类交通方式的票务情况，通过手机实现订票功能，实现“不出门购票”。到2014年年底软件用户访问量已经超过180万人次。逐渐成为百姓出行必不可少的“出行管家”。

以需求为导向研发“行业管家”服务产品。交通运输行业管理内容面广量大，伴随行业转型升级发展不断出现的新需求，实现行业高效管理的要求日益显著。我局紧抓行业管理需求，牵头组织各业务条线开展个性化的行业管家产品研发。目前已经推出4个方面的信息化产品：一是开发公路协同巡查系统。运用信息化手段，将“路政、养护、路网”巡查整合到一个平台上。系统上线之后，公路巡查从发现问题到下发任务由过去的1个工作日变为即时办理，处置过程全程可查，大大提高了巡查效率，节省了巡查成本，防范了廉政风险。系统自2014年上线以来处理各类事件8000余起。这一系统已经在全省公路行业推广应用。二是开发水上一站式信息化服务系统“E站通”，打破航道、海事分割管理格局，实现“一门式服务”。通过该系统的应用，实现了内河船舶过闸不上岸登记、不上岸过闸。船民通过手机即可实现查询各个船闸的船舶待闸情况、船舶过闸远程申报、在线支付有关规费，船闸管理人员通过视频拍摄进行过闸登记、核查是否超载，消除了船民上下岸的麻烦和安全隐患，提高了过闸效率，保证了登记调度的公平公正。系统自运行以来，已有1200余名船民主动申请使用，推广率超过90%。过闸效率提高15%。三是开发城市智能化公交系统。南通公交总公司将卫星定位导航技术（GPS）、地理信息系统技术（GIS–T）、视频传输技术以及智能传感器等有机结合，通过公交车电子站牌发布所有经过线路公交车辆的实时到站信息，为候车乘客提供车辆到站预报。目前主城区已建电子站牌180块，拓展到10条主干道，公交线路覆盖率达80%以上。试点利用4G技术，通过高速高清视频实时监控，对公交车到站准点情况、城市交通路况、公交系统安防、交通事故记录等实现监控和管理。四是正在推进出租车服务管理信息系统。从提高出租车行业服务水平出发，为公众提供一号召车、掌上约车等服务，逐步推行出租汽车行业的信息化监管。

信息技术为行业安全管理保驾护航。南通交通局运用信息化手段推进科技兴安工作，提高行业本质安全度。目前，已经推行3个信息化产品。一是汽运集团安全生产管理系统。运用物联网等技术，对车辆安全性能、行驶速度、驾驶操作行为、车内旅客情况、车前车后路况等进行实时监管，排查可能出现的安全隐患，向驾驶员发出安全指令，并把监管结果与驾驶员考核直接挂钩。通过该系统的运行，事故发生率下降15%。二是危险品运输监管系统。督促危险品运输企业履行安全主体责任，交通局运管处运用GPS等技术对危险品运输车辆进行全程监管，在危险品运输企业安装“全球眼”监控系统，对企业实时安全生产履职情况进行监督管理，实现了对全市37家危险品运输企业、1237辆危险品运输车的在线实时监控，以及对3201名危货驾驶员、4401名危货押运员的信息在线管理。同时，通过危险品运输监管系统，抽查危险品运输企业执行规定、对违规运行进行处罚等情况，将检查结果与市场准入条件、从业资格审核等方面进行核实把关，杜绝隐患。为提高路面稽查效率，开发了手机APP稽查软件，路面稽查人员可以直接通过移动终端实时核查运输企业电子报备与实际运输情况是否相符，输入车号即可掌握车辆、人员、货物详情。对监管过程中发现的问题，及时通报企业进行整改落实，对在规定时间内不能整改到位的企业或车辆，在系统里拉入黑名单库，锁死该企业或车辆的所有业务，杜绝“带病”营运现象。三是海事超高报警系统。利用物联网、红外传感技术，提前预警过往船只高度受限情况，杜绝因高度问题导致发生水上运输危险事故，减少了船民的损失和水上搜救的成本。系统运行以来，平均每年有效报警30起，事故率降为零。

此外，南通交通局正在积极探索智慧交通产业化发展路径。实施“走出去”战略，“智慧交通”的部分信息化产品即将在内蒙古包头等市推广运用。加强拓展开发，将智慧交通与智慧旅游有机结合。走合作发展道路，与重庆交大共同开发桥梁安全监控系统，与浪潮集团进行产业化合作，争取在更大范围内形成智慧交通产业发展竞争优势。

三、紧扣交通运输现代化目标，进一步加快智慧交通发展步伐

信息化建设永无止境，信息化服务只有更好没有最好。我们深刻体会到，智慧交通发展不进则退，如果不解决好“快发展”和“可持续”的问题，智慧交通没有生命力。下阶段，我局将着重抓好三个方面的工作。

（一）牢牢抓住信息资源采集整合这个根本

信息资源采集和整合是开发信息化服务产品的基础和前提。我们已经整合了行业内的部分数据资源，但采集覆盖面仍要扩大，整合力度仍要加大。要加强沟通协调，不仅要强化与行业内港口、汽渡、机场、铁路、邮政等部门的对接，还要强化与规划、国土、公安、城管等相关部门的衔接，为产品开发提供数据支撑。

（二）牢牢抓住产品开发这个关键

坚持需求导向，围绕提高出行服务水平和行业管理水平，进一步丰富出行管家、行业管家、安全管家三个系列的信息化产品，充分发挥信息化对管理、服务工作以及作风建设的促进作用。比如，在出行管家方面，实时发布市区停车位位置和车位数，实现完善行业内专业的手机召车服务，增加重要节点视频，推行汽修、驾培信息服务。联手本地主流媒体，向公众发布交通实时信息和交通预警信息。在“行业管家”方面，将道路客运、水路客货运输情况进行实时汇总，形成人员、物资流动情况周报、日报，提高交通运输运行分析效率，为市领导和有关部门提供决策参考。将交通信息系统与旅游资源开发有机结合，为旅游业发展和游客便捷出行提供服务。运用人口交通流向数据，分析城市人口流动规律，为城市基础设施规划建设、公交线路设置、土地开发利用提供分析服务。在安全管家方面，进一步丰富和发展“安全管家”信息化产品，健全完善安全设备、人员、资源统一调配的安全管理和应急保障体系，提高交通运输行业安全和应急工作水平。

（三）牢牢抓住可持续发展这个核心

通过“请进来、走出去”等多种方式，加大信息化人才培训、培养力度。发挥市场资源优势，加强关键人才引进，提高信息化发展的技术支撑能力。采取灵活多样的合作机制，加快产业化发展步伐。加强与国家级企业平台的合作实践，增强我市交通行业信息化发展优势，开发推广面向全国交通运输领域的信息化服务产品。

高位谋划　应用驱动
加快推动智慧教育创新发展

近年来，南通市委、市政府高度重视智慧教育建设发展，根据省政府和省教育厅部署要求，结合南通实际，以建设教育现代化市级示范区为契机，在智慧教育方面积极探索，取得一定成效。

一、注重顶层设计，以创新理念为引领发展智慧教育

在工作定位上，把智慧教育作为打造“教育之乡”新优势的突破口。市政府连续两年将智慧教育写入政府工作报告并纳入为民办实事项目，作为深化教育领域综合改革的重点任务和智慧城市建设的重要组成部分统一部署推进，并科学确定了南通智慧教育发展的理念、体系和路径。在保障措施上，集中精力、财力、人力、物力组织推动。建立起由政府领导，教育主管部门牵头，科研院校、专家及科技企业多方参与的运行机制，并将2015年确定为教育信息化的重点推进年。全市计划三年投入10亿元，2014年已投入近2亿元，2015年将再投入5亿元。在推进方式上，把南通教育教学特色优势与先进信息技术深度融合。立足南通、面向全省、面向全国，围绕“两线三段”（教师线、学生线；课前段、课中段、课后段）组织智慧教育资源开发，集成国际、国内领先的设备技术搭建智慧教育基础设施体系，利用大数据功能研究推进智慧教育学科体验、智慧学校教学软件以及在线教育云平台，促进遵循教学规律和运用智慧手段两者的完美结合。

二、注重教科融合，以优质资源为核心构建开发体系

首先，立足于国际视野拓展资源。与韩国国家智慧教育开发团队联合开发完成智慧教育标准教室软件系统，为教学全程提供系统化、个性化、交互性、可控性的软件平台。先后与美国斯坦福大学、探索频道、IBM公司，韩国LG集团、飞上教育集团等各类机构就软件开发、硬件集成、技术整合、资源共享等开展深度对接与合作。其次，立足于中国特色集成资源。依据国内基础教育教材体系，配套开展人教版、苏教版等不同版本教材资源的开发。先后4次邀请清华大学、北师大附中等国内专家和名校名师进行专题研讨，努力使各类资源更符合实际教学需要。积极争取国家、省电教馆支持，拟通过与中国教育电视台等平台合作，实现资源共建共享。第三，立足于南通优势整合资源。依托南通基础教育名师和教科研力量，精心打造学科教学资源，将涵盖高中9个学科、250讲“江苏省高中优质资源”，覆盖义务教育所有学段、学科和课时的“江海天骄”优质教育资源及“省义务教育系列微课资源”纳入智慧教育资源库，积极探索李吉林老师情境教育及其他优秀教学理论、教学成果与智慧教育的深度融合。发挥南通国有置业集团的资本优势，与北京派格太合公司共同出资3000万元，组建南通华莘智慧教育科技有限公司，通过市场机制实施“智慧教育优质资源共享工程”，建设南通智慧教育体验馆。

三、注重探寻规律，以教学需求为导向推进试验示范

一是深入分析需求，智慧教育是教育信息化的新形态，我们高度重视通过试验示范探寻规律、引领推动。多渠道、多路径了解学生、教师、家长、学校等教育教学活动中不同主体的意见和需求，坚持以学生为中心，围绕学生乐学善学、教师高效备课、家长轻松助学、学校科学管理进行顶层设计、系统研究。二是重视试点试验，在总结分析国际、国内经验教训的基础上，我们以智慧教育体验馆、试点学校等为载体，先后组织了涵盖基础教育不同学段、不同学科的70余名教师、300余名学生参与智慧教育教学试验。通过科学严谨的评估分析，进一步完善教学内容与方法，趋利避害，扬长避短，力求在提高学生学习兴趣的同时，避免过度娱乐化。三是突出引领示范，积极开展项目示范、学校示范、区域示范等多种类型的教学示范，加快建设智慧教育体验馆，创新集成智慧学校、智慧教室、智慧教学系统、智慧学科体验、智慧客厅系统等样板工程，开展智慧教育应用的试验和培训，积极打造具有示范作用的多媒体智慧教育系统平台、交互型和可管控的标准教室软件系统及优质教学资源库，取得了阶段性工作成果。

四、注重市场开拓，以推广应用为驱动促进普惠共赢

在实现普惠适用方面，我们充分考虑智慧教育的兼容性，在基础设施建设和优质资源开发进程中，直接依托于已经形成的教育信息化平台和“三通两平台”基础。注重针对不同水平教师、不同区域条件，开发更多层次的智慧教育资源和产品；注重从义务教育阶段入手，逐步向开放教育、社会教育和终生教育拓展，进一步提高适用性、普惠性。在推动共建共赢方面，坚持资源开发的开放性，积极争取更多省内优秀教师参与优质资源开发利用，在省教育厅、教科研机构和其他兄弟市的支持指导下，努力打造覆盖义务教育的优质教学资源库，形成“需求→研发→示范→推广”的可持续发展模式。在加强推介服务方面，突出智慧教育体验馆的可复制性，通过政府采购、委托定制等方式扩大服务范围，拓展智慧教育的学校教育市场、在线教育市场、社会教学市场及客厅市场，逐步建立起广泛覆盖的区域性智慧教育服务网络。

（南通市人民政府）

连云港市信息化发展概况

2014年连云港市信息化工作稳步推进，信息基础设施建设日趋完善，两化融合逐步深入，各领域信息化应用水平不断提高，智慧城市建设成果初显。截止年底，连云港市地区信息化发展水平指数达到78.41，拥有国家级示范企业2家，省级示范企业18家，省级试点企业69家，拥有省级两化融合示范试验区7家，省级以上企业技术中心47家，省农村信息化应用示范基地8家。连云港口岸公共信息平台获批江苏省重大信息化示范工程。

一、信息基础设施加快升级

（一）信息基础设施建设成效明显

截至2014年底，全市互联网出口带宽达350G，拥有宽带接入端口数232万个，WLAN接入AP数1.5万个，移动通信基站8200个。固定电话用户总数为92万户；移动电话用户总数429万户，3G/LTE用户数160万户；宽带互联网接入用户数达到85万户，移动互联网用户数207万户；FTTH用户数19万户；有线电视用户数为91万户，IPTV用户数25万户。新建住宅全部实施光纤到户，老小区光纤到户改造基本完成，全市城区基本实现光网全覆盖，乡镇覆盖率达51%，所有行政村已通主干光缆，以光缆为主、无线网络为辅，覆盖全市城乡的立体通信传输网络基本形成。信息终端普及率稳步提升。2014年，共完成260个公益WIFI热点改造工作，新建58个热点，覆盖面积32万平方米，完成BRT一号线沿途56个站台140个无线热点公话亭建设。

（二）信息基础设施建设步伐加快

市政府印发了《加快信息通信基础设施实施意见》，并成立了连云港市信息通信基础设施建设领导小组。市经信委联合市城乡建设局、市规划局印发了《关于进一步加强住宅小区和商住楼内通信基础设施建设工作的通知》，对住宅小区及商住楼通信基础设施建设进行管理，同时也做好对通信基站、铁塔、管道的规划及建设管理工作。设立了信息基础设施建设指标采集体系，建立了通信基础设施数据档案，较为全面的反映我市信息基础设施建设情况和水平。

二、两化融合业务不断推进

（一）推动两化融合示范试点创建

一是完成了2014年信息化和工业化融合示范区（试验区）创建工作，获批1个省级两化融合试验区。二是完成省两化融合示范试点企业和典型应用领域示范企业创建工作。全年新增省级企业技术中心10家（其中工业9家、物流业1家），省级两化融合示范试点企业获批22家，市级两化融合示范试点企业27家。共有22个项目分入选省新技术新产品推广应用目录，累计有23个产品通过省级新产品鉴定，5个产品通过市级新产品鉴定。

（二）组织推动企业深度两化融合

一是组织重点企业做好贯标试点工作。推荐港口集团、日出东方、金桥集团3家企业成功入选工信部信息化和工业化融合管理体系贯标试点企业。二是做好省两化融合转型升级示范试点企业申报工作。获批22家省级两化融合转型升级示范试点企业，其中示范企业2家，试点企业20家。三是完成两化融合专家委员会的调整。根据当前企业两化融合和工业经济转型升级的工作需要，经市政府同意对专家委员会人员进行调整行文，并对新增人员颁发聘书。四是开展市级示范试点企业认定。经专家评审和现场考察，最终确定27家企业为2014年度两化融合示范试点企业。五是开展两化融合专家行活动。组织专家为灌云县现代农业产业园区农业信息服务中心建设项目的实施进行技术咨询和指导。定期召开两化融合专家座谈会，积极听取专家的意见和建议，并组织讨论推进我市两化深度融合及进一步推动中小企业两化融合工作的措施。

三、信息产业规模不断壮大

（一）信息产业规模稳步增长

2014年，全市电子信息制造业主营业收入272.7亿元，同比增长20.13%，软件业务收入8.5亿元，同比增长26.7%；新一代信息技术产业84.78亿元，同比增长13%，物联网和云计算产业53.7亿元，同比增长15.5%，全年新增认定软件企业4家、登记软件产品28件。获批4家省规划布局内重点软件企业，获批2家省级软件企业技术中心。已形成以连云港杰瑞深软科技有限公司、江苏正融科技有限公司、连云港电子口岸信息发展有限公司、江苏金鸽网络科技有限公司、连云港港口集团通信信息公司等为龙头的骨干软件企业群。研究开发了基于国产CPU的嵌入式信息终端运行与开发平台、医疗卫生行业信息化应用软件、智能网络安全监测工具软件、口岸电子数据交换系统软件等120多个特色优势软件产品。

（二）培育特色电子商务市场

2014年，连云港市电子商务协会正式成立，协会将充分发挥行业服务、行业自律、行业交流职能，促进电子商务的健康发展。目前，连云港市已在各类第三方交易平台开设网店1万多家，自建平台20多个，2013年连云港市网络零售综合测数为56亿元，2014年达65亿元。连云港菜篮子网自上线以来，共与近20家基地、农民合作社、农业龙头企业签订了合作协议，目前拥有注册用户4000余个，网站日点击量10000余次，日均营业额3万余元。所属社区直供店（点）共辐射11个社区、15家企事业单位，惠及居民近2万户。12月，由市商务局、市经信委、市人社局和海州区人民政府主办、市电子商务协会、连云港天马电商学院承办的连云港市首届“天马杯”电子商务创业大赛正式启动，大赛以实战形式举行，时间历时半年，旨在激发电商创业者的热情，培养和提高创业者技能，营造浓厚的的电子商务氛围。

（三）搭建企业交流与展示平台

成功组织11家企业参加第十届南京软博会，并获得“最佳组织奖”。通过组织企业参加全省移动互联网产业发展研讨会、中国POWER产业联盟推进会等活动，帮助搭建交流与展示平台，开展政策学习探讨，组织研讨《国家集成电路产业发展推进纲要》、《江苏省政府关于推进互联网产业发展的若干意见》等，推动我市产业向上、下游延伸发展。

（四）软件企业进一步拓宽市场

骨干软件企业积极转变经营模式，不断加大新产品研发力度，大力开拓中西部市场，保持了较好的经营水平。江苏正融、江苏金鸽、龙泽商务、三众科技等公司在湖北、内蒙、成都、湖南等地成功开拓市场，港口通信公司、连云港电子口岸公司业务向陕西、河南、四川等内陆无水港、保税区、出口加工区延伸，为实现连云港港口与货源腹地物流一体化提供支撑。

（五）加强政策引导和扶持力度

继续实施“双软认定”奖励政策，与市财政局联合制定下发《关于申报连云港市2014年度双软认证奖励的通知》，对全市在2013年度成功申报通过的2家软件企业、18件软件产品进行奖励，加大推动“双软认定”工作力度，促进软件产业的发展。2014年，新增通过认定软件企业4家，新增通过登记软件产品28件。组织港口通信、杰瑞深软等4家企业申报省规划布局内重点软件企业，组织江苏正融申报并获得2014年度江苏省优秀软件产品奖（即“金慧奖”）、工信部第五届中国软件外包与信息技术服务产业年会2013年度医疗行业十大信息技术服务龙头企业奖。组织参加3期省软件领军人才“育鹰计划”培训，8人参加清华移动互联网等3个专题的培训。

四、政务信息化统筹开展

（一）政府信息化基础管理

组织技术人员对行政中心机房内的网络设备定期巡检、维护和保养，认真落实年度安全检查。加强市电子政务外网建设和整合力度，以市行政审批制度改革信息化项目建设为契机，优化改造电子政务外网网络结构，细化应用服务器管理策略，均衡各网站服务器负载。采用虚拟化技术应用，加强网络安全建设。部署服务器虚拟化，制定和实施安全规范，通过防火墙、入侵检测、漏洞扫描、病毒防范等安全产品监测，做好系统升级、补丁安装、安全配置等工作，保障网络系统免受病毒、黑客攻击。

（二）政府业务系统建设

1．市审批制度改革“三四五”工程。根据全市行政审批制度改革总体方案，网络建设工作稳步开展。依托市行政中心机房，共用市电子政务外网基础网络设备，集成、建立6个虚拟机，完成硬件系统建设，为软件开发提供基础保障。软件系统建设推进有序，通过起草、完善全市行政审批制度改革信息化实施方案；制定《连云港市行政审批需求分析》、《连云港市县、区级行政审批需求分析》；组织软件平台和身份认证平台的招标；积极协调中标商按计划履行合同等实施，市级审批平台完成建设并上线运行，县、区级审改信息平台开发落实到位，并组织使用单位相关人员参加系统培训。

2．行政权力网上公开透明运行系统。完善网络接入，优化应用服务部署，推动行政权力系统、工程建设领域项目信息和诚信系统的数据对接，按时接收和上报系统数据。系统全年办件量达140万条。

3．公共信用信息系统。进一步加强数据归集工作，数据归集部门新增19家，累计达35家。目前，系统归集整理了全市6万余家企业、17万余家个体工商户、400余家社会组织的信用信息，为社会诚信建设提供基础性的数据支持。系统累计共归集数据30万条，接收省信用平台下发数据55万条，上报2万多条。指导灌南县完成企业信用系统和诚信灌南网站建设、灌云县初步完成诚信网站建设。公共信用信息系统实现与行权系统数据交换，累计导入处罚类和非处罚类信息130万条。

4．工程建设领域项目信息公开专栏。继续做好市级专栏建设工作，维护市级、海州区、连云区、开发区等34个专栏系统，按时向省级系统上报数据，督促县区专栏加强技术管理。

5．数字城管托管系统。根据数字城管系统的新业务新需求，调整核心交换配置，对机房网络实施优化改造；针对互联网应用服务配置地址映射、端口开放等，加强安全管理。

（三）政府门户网站管理

从配合政府信息公开、服务市民需求、畅通政民互动三方面着手，扎实推进政府网站建设，充分传达政府信息和便民政策，积极服务为民办事。一是做好政府门户网站保障工作。通过定期召开专题网站例会，梳理和总结政府网站维护情况，及时处理各类问题20余处，确保我中心维护栏目内容加载及时准确有序。全年共发布信息近8万条，新增文字量超900万字，顺利完成年初制定网站维护目标要求。二是围绕市委市政府重点工作开展专栏建设。

依托政府网站建设“党的群众路线教育实践活动”、“丝绸之路东方桥头堡”、“最美港城人”、“2014征兵宣传”等专栏。其中，“丝绸之路东方桥头堡”专栏，共设有“工作动态”、“交汇点建设”、“丝路快讯”、“高端视点”等十个栏目，有效宣传连云港作为桥头堡在一带一路建设中的相关举措和最新动向。三是拓宽政府宣传渠道，搭建市微信政务平台。完成“中国连云港政府网”政务微信号申请，着手收集各类资料，认证后开通试运行。四是促进与民互动，创建市民论坛。整合在线访谈、新闻发布会、民意征集、建言献策、热点评议、行风热线等栏目，形成以论坛为核心的公众参与体系。截止目前，坛论系统实现与市政府门户网站数据无缝对接，并上线运行。

五、港口信息化迈上新台阶

港口集团公司2014年信息化投资5000余万元，共新开发信息系统20余个，取得著作权12项，软件产品登记10项，高新技术产品7项。其中，争取政府扶持资金2000多万元。国家集装箱海铁联运(连云港)物联网应用示范工程、连云港口岸“三个一”及“三互”信息平台、连云港口岸检港联动信息平台分别列入交通部和国家发改委、省商务厅、交通部和国家质检总局重点或示范项目。完成连云港口岸单一窗口和电子闸口方案编制，系统部分完成研发并调试运行，建设方案和成果得到部省有关部门肯定，并作为样板在省内推广；在集装箱智能化调度平台应用基础上，组织完成港口散杂货智能化调度系统的研发与应用，并已上线运行，其应用水平处在全国沿海港口前列。“连云港口岸集装箱公路运输优惠系统”项目获得中交企协“2014年科技创新成果推广项目”一等奖和中国物流与采购联合会“2014年中国物流与采购信息化优秀案例”；“检港联动信息平台”评选为中国交通运输协会信息化智能化优秀项目；“连云港口岸公共信息平台”评选为省经信委“2014年江苏省重大信息化项目”。“连云港口岸集装箱多式联运公共信息平台”、“连云港口岸集装箱公路运输优惠系统”、“连云港港口集团生产与安全综合调度指挥中心”、“连云港港口集团新版员工门户的研发与应用”获得港口集团科技进步一等奖。

（一）信息化建设基础进一步夯实

采用现场调研和下发调查表相结合的方式，督促各单位完善信息化机构和人员。根据2014年信息化培训计划，实施完成全年培训计划，其中包括CISCO环网建设与配置培训；华为软交换网络建设与管理培训；Android移动应用开发培训等。组织召开2015年港口信息化建设研讨会，集团信息化评审专家以及相关人员参会。下发《连云港港口集团信息化项目（工程）立项管理办法》（试行），根据办法开展2014年信息化项目立项审核，至此信息化项目（工程）立项程序基本形成。年末下发《连云港港口集团有限公司信息化管理办法》（试行），2015年将围绕该办法开展信息化工作。

（二）重点项目建设顺利开展

一是国家集装箱海铁联运物联网应用示范工程。成立专项小组，集中办公，集中考核。2014年基本完成港口端应用开发，特别是和上海路局的合作，应用上海路局下行数据开发的电子请车等应用系统已上线运行。项目组多次赴铁总、上海路局等铁路相关部门汇报示范工程进展，并得到铁路及上海路局的肯定。示范工程整体开发已进入第二阶段，即和陆桥沿线铁路及货主的数据交换。二是“三个一”（一次申报、一次查验、一次放行）及“三互”（信息互通、监管互认、执法互助）项目。由海事、海关、国检、边检牵头成立“船舶”、“货物”、“监管场所及企业”、“人员”四个课题组，电子口岸全程参与，编制总体方案。各项工作有序开展，船舶监管和货物监管工作在2014年内已取得实质性成果。其中船舶监管实现“单一窗口”一单五报，"国际航行船舶进出连云港口岸手续网上办理系统"和"连云港口岸国际航行船舶临时停靠网上审批系统"两个系统举行新闻发布会并于2015年1月1号正式运行，“海关运输工具管理系统”2014年10月份正式运行；货物监管部分，已完成“进口舱单一次申报”、“电子样品库”、“保税仓库管理”、“国检区域一体化”、“在港货物物流监管”集装箱码头模块，其它子系统按计划亦同步开发。三是集团大数据中心建设（一期）。大数据应用体系下的基础设施建设5月份进行两次方案专家评审，6月份进行招标，7月份开始进行实施、测试工作，9月份正式上线运行。最终实现了集团数据网络、程控网络、无线调度网络的融合机房。下一步将研究大数据中心建设（二期）的建设任务，并于年底前出具详细可行的实施方案。四是港口4G无线专网建设。5月18日召开项目推进会议，根据港口生产的具体特点，共建设基站23个。经过7～10月份4个月紧张施工，截止11月初，港口无线网络建设工作已经全部完成。港口4G无线专网的投入使用，将对港区内协同办公、调度生产、能耗管理、业务处理、视频监控、船舶、火车、平面转移车辆等各个生产业务方面的现场数据回传至数据中心的通道打通，使得这些业务、能耗数据能够实时采集，使港口更好的做到对外提升服务质量，对内优化管理，降本增效。

（三）信息化常规工作平稳推进

按时召开信息化月度例会和2014年度港口信息化工作会议。按照《连云港港口集团信息化项目（工程）竣工验收管理办法》（试行）验收信息化项目20个。其中包括：公安网OA网站及相关业务软件购置；流量控制管理设备；船舶AIS系统更新；连云港出入境检验检疫局新东方（庙三）视频监控拼接屏安装工程；连云港出入境检验检疫局港区信息专网改造工程；连云港港口智能水务管理系统信息化项目；集装箱码头信息化工程项目；港口员工应用门户；集团协同办公系统（一期）；港口移动应用（一期）；云服务数据中心（一期）项目；轮驳公司业务管理系统；集团股权管理信息系统；集团设备管理统计分析系统；集团科技创新管理信息系统；海关通关信息化项目工程；网络督察设备；集团安全监察管理信息系统（一期）；集团舆情监测分析系统；港口能源监管平台项目等。

六、社会信息化稳步开展

（一）旅游信息化打开新局面

围绕建设旅游“四网一库”，即政务网、信息网、年票网、OA办公网和综合数据库开展工作，推进智慧旅游建设，2014年投资1650万元启动了语音导览、电子商务、景区监控、游客呼叫、车辆GPS定位等六大系统建设，同时开发上线了连云港旅游手机APP项目，并开发了在线导航功能。强化手机短信公益服务，利用公益短信平台为广大游客及时提供旅游资讯、安全提醒等个性化服务，全年累计发送短信35万余条。

（二）民生信息化有了新进步

教育：开展智慧校园创建工作，建设E学习专用教室，推进课堂教学模式变革，建立全市教育教学资源中心，建成综合校园网管理平台，完善全市教育城域网，网内涵盖小学、初中、高中课堂教学资源970G、优秀课例470G、电子图书20万册、名师工作室网站18个。医疗卫生：市、县基本建成一体化区域卫生信息平台，初步建成了覆盖市、县、乡、村的四级远程医疗服务体系。全市二级以上医院建成电子病历系统并使用，市县分别建成区域影像、区域心电、区域检验和远程会诊四大中心，以市为单位完成三级标准升级改造，医疗服务、新农合、医院监管等25个模块陆续投入使用并首批通过省级验收。人口：建立覆盖全市人口的动态实有人口数据库，至2014年底，信息库个案达到497.37万，人口覆盖率达95%，准确率达97%，数据更新及时率达93%；社区：全市146个城市社区的网站已开通运行，共发布涉及社区居民民生服务类资讯20887条，点击率30多万，建设统一的社区门户网站、呼叫中心、短信平台、电子阅览室等信息自助服务终端，为居民提供“一网式”、“一线式”综合服务。环保：加快推进“1831”系统工程建设，实施环境监察机构网络与环保专网的融合。完成排污费征收全程信息化管理系统在专网的部署和污染源自动在线监控、企业信用评价、电子公文交换、“12369”热线、环境监管、项目审批等系统向环保专网的迁移。建设连云港市化工园区环境管理信息查询系统，建成“港城环保”手机APP。

七、2015年信息化工作思路

（一）编制“十三五”信息化发展规划

根据国家、省和市有关工作部署和要求，编制连云港市“十三五”信息化发展规划，通过开展调研摸底、成果分析、形势研判等工作，科学系统的谋划全市“十三五”信息化发展的重点任务、目标和重大项目，理清信息化发展思路，破解发展难题。

（二）完成智慧连云港建设方案

加强与各家通信运营商的联系，推动连云港市政府与各家省通信公司签署智慧连云港建设战略合作框架协议，为“十三五”期间信息通信基础设施建设、信息产业发展争取资金，通过加强双方合作创造新的发展机遇。

（三）做好政府信息化

1. 推进社会信用系统建设。继续开展市“一网三库”中的企业和个人信用信息基础数据库建设。扩大信用信息归集覆盖面，提升信息归集质量和水平，提高信息实用性。加强35家部门数据的归集，继续做好市企业信用信息的征集、加工工作。整合全市信用信息资源，开展部门和县区信用系统业务管理培训和专业技术培训。

2. 提升工程建设领域项目信息和信用信息公开共享专栏建设水平。加强对13个市级部门、8个县区的专栏的日常检测和考核，促进各部门及时准确的公开项目信息和信用信息。

3. 完善审批制度改革“三四五”工程系统建设，维护行政权力网上公开透明运行系统。做好行政权力网上公开透明运行软硬件平台维护。完善网络接入，优化应用服务部署，加强安全管理，保障系统平稳运行。开展各县区系统维护工作调研，针对存在的问题，积极修改系统缺陷。推动审批制度改革“三四五”工程系统、行政权力网上公开透明运行系统、工程建设领导项目信息和诚信系统的数据对接。

（四）提升门户网站建设水平

建立门户网站信息报送协调机制。定期研究政府网站信息内容建设工作，根据部门职责，加强与全市241名县区、部门网站信息员沟通，安排落实各相关部门信息报送任务。按照“谁发布谁负责”原则，规范网站信息内容的建设管理。搭建政府与公众交流的“直通车”，畅通便民互动渠道。梳理整合市级和各部委办局新闻发布会信息，进一步增强“新闻发布会”的公开力度。建设完善政务微博广场，建设政务微信群，加强“民意征集”、“热点评议”和“问卷调查”的互动效果，提升信息发布、政策解读和社会热点回应的能力和水平。围绕全市中心工作，建设网站专题。发挥陆桥网络平台优势，结合沿线城市热点信息，整合与丝绸之路经济带国内国外相关信息，与丝绸之路经济带桥头堡办公室合作，建设维护“一带一路”专题网站，为我市对接丝绸之路经济带建设提供参考。开展政府网站专题研究。对新形势下政府网站群建设、如何发挥新媒体作用等内容开展专题性调研，促进政府网站集约化建设。

印发《关于加快发展互联网经济的意见

（征求意见稿）》，确立互联网经济十大工程。从2015年开始，连云港市将以大力发展互联网产业和互联网应用服务为重点，深入推动互联网与工业、农业、商贸、金融、文化、政务、民生等各经济社会领域深度融合，聚力发展我市互联网经济十大工程。积极推广应用移动互联网、云计算、大数据、物联网等新一代信息技术。推动节能、监测、远程诊断、灾变预警等农业互联网应用，创建一批市级以上农产品电子商务示范村。发挥新亚欧大陆桥经济走廊东方起点的先行先导作用，大力发展跨境电子商务，构建跨境电商业务体系。重点支持连云港跨境贸易电子商务进口商品保税展示交易中心、出口加工区进口商品保税展示中心建设。支持银行业、保险业等金融机构开展互联网金融领域的产品和服务创新，鼓励取得互联网支付业务许可的机构，探索开发新型的支付方式和支付工具。开展网上直销银行等创新业务，构建互联网金融产业联盟。加快建设多级联动的网上政务大厅，加强和支持政府决策支持、社会信用服务、市场综合监管、食品药品安全监管、生态环境污染与资源监控、城乡规划和建设管理、公共安全、应急协同、安全生产等信息系统建设应用。推动传统媒体和新兴媒体融合发展，鼓励动漫、网游、手游等文创企业结合西游等文化研发特色产品，打造文化品牌。加快建设公共服务信息平台，推动基本公共服务向社区、农村延伸。依托“一带一路”交汇点的区位优势，打造大宗商品现货和期货交易互联网平台。此外，连云港市还将实施新一代信息技术产业转型工程、互联网服务配套工程。

（连云港市经济和信息化委员会　杨　波
连云港市信息中心　刘丹丹）

淮安市信息化发展概况

淮安信息化发展基础和环境比较好，信息化管理职能比较集中，平台网络统一扎口管理建设，近年来，特别是组建经信委以后，全市信息化战线紧密围绕“智慧淮安”总体目标，奋力开拓，迎难而上，在信息基础设施、信息产业、企业信息化和电子商务、社会及农村信息化以及无线电管理等方面取得长足进展，电子政务共建共享水平处于全国前列。

一、信息产业发展稳步增长

（一）信息产业增速放缓

2014年，全市信息产业实现销售收入917.11亿元，同比增长12.5%，增幅低于2013年同期40.4个百分点。其中，电子信息产品制造业实现销售收入811.8亿元，同比增长13.7%，较2013年同期下降47.2个百分点；实现工业增加值178.6亿元，同比增长12.9%，较2013年同期下降48.1个百分点；实现利税48.71亿元，同比增长14.2%，其中利润14.61亿元，同比增长14.8%，较2013年同期下降46.5个百分点。软件产业实现销售收入20.1亿元，同比增长23.8%，较2013年同期上升55.6个百分点。计算机服务业实现销售收入21.81亿元，同比增长18.5%，较2013年同期下降24.1个百分点。通信运营业实现业务收入26.95亿元，同比下降1.1%，较2013年同期下降17.3个百分点。

（二）基础行业支撑作用明显

2014年，全市电子信息产品制造业规模以上企业累计完成工业总产值824.99亿元，实现销售收入811.8亿元，同比增长15.3%和13.7%。分行业看，全市电子元器件及计算机配套行业完成产值611.2亿元，同比增长14.2%，实现销售收入604.46亿元，同比增长13.6%，占整个行业比重79.1%，较2013年同期上升0.4个百分点；仪器仪表行业完成产值26.78亿元，同比增长75.1%，实现销售收入26.72亿元，同比增长52.4%，占整个行业比重2.7%，较2013年同期上升0.5个百分点；绿色能源行业完成产值84.86亿元，同比增长30.7%，实现销售收入82.39亿元，同比增长35.6%，占整个行业比重8.3%，较2013年同期上升0.7个百分点；电线电缆行业完成产值64.85亿元，同比下降22.7%，实现销售收入64.35亿元，同比下降22.3%，占整个行业比重6.5%，较2013年同期下降3.8个百分点。

（三）软件和信息服务业持续增长

全市已形成“一核四特”软件产业发展格局。2014年，全市软件企业已达到248家，有8户软件企业通过CMMI3（软件能力成熟度模型集成资质3级）认证。“双软”认证卓有成效，现有51户企业、161个产品通过认证认定。截至2014年，全市软件和信息服务业共完成业务收入85.84亿元，同比增长11.7%，较2013年同期上升1.9个百分点。通信业基础设施较好，为信息交流构造了良好的网络支撑环境。2014年，全市完成基础设施投资3.05亿元，其中：移动1.55亿元，电信0.8亿元，联通0.7亿元，均用于基站扩容和网络建设。目前淮安市已基本实现信息传输的数字化、综合化、宽带化和智能化。

（四）外贸进出口快速回升

2014年，全市电子信息产品进出口总额为4.83亿美元，同比增长30.7%，高于全市外贸进出口增幅18.5个百分点，较2013年同期上升53.8个百分点。其中：出口4.08亿美元，同比增长30.4%，高于全市外贸出口16.7个百分点，占全市外贸出口额12.9%；进口总额0.76亿美元，同比增长32.6%，增幅高于全市外贸进口25.2个百分点，占全市外贸进口额8%。

（五）固定资产投资较快增长

2014年，全市信息产业500万元以上项目累计完成固定资产投资95.02亿元，同比增长43.9%，较2013年同期上升52.1个百分点。信息产业在建项目28个，其中，江苏骄阳能源有限公司光伏玻璃、中空玻璃、彩镜、无铜银镜及高端装备设备制造生产线项目， 总投资10.5亿元，现已投资5.7亿元，项目占地500亩，新建厂房、办公用房及辅助用房等建筑30万平方米，购置低辐射玻璃、中空玻璃、非晶硅薄膜太阳能电池片、无铜银镜及彩镜、机械装备制造生产线等设备，配套水、电等辅助设施。新上LOW-E生产线5条。项目建成后，可形成年产36万吨低辐射玻璃、720兆瓦非晶硅薄膜太阳能电池片、10万平方米无铜银镜及彩镜的生产能力，实现年销售收入12亿元，利税2.4亿元，目前厂房主体完工，设备安装结束，已投入生产。

二、基础设施建设迈上新台阶。

（一）进一步规范光纤入户建设管理

以《关于加强房地产开发项目信息基础设施规划和建设管理的通知》(淮经信资源〔2011〕179 号)为抓手，会同市住建局、规划局，进一步规范我市房地产开发项目信息基础设施的规划和建设管理。2014年全年，组织审查了开发项目（组团）通信配套设施方案70个并验收了竣工房地产项目（组团）31个。累计审查备案房地产开发项目（组团）通信配套设施方案已达128个，验收竣工项目（组团）已达60个。2014年淮安市驻地网光纤入户规范管理项目被省经信委列为信息化奖励项目。

（二）率先试行通信基站共建共享

为加强通信基站建设的规范化管理，制定并按照淮安生态新城基站布局规划，继续推进生态新城18个共享基站的建设工作。遵照协议的约定，电信、移动、联通三大运营企业每家建6个，其他两家参与共享，由市经信委鉴证。用这种方式建设基站：第一，基站布局规划纳入新城城乡建设总体规划，土地的审批有依据；第二，一家建站，两家共享，至少节约50%的土地和50%的投资，美化城市环境；第三，为全省科学规划基站布局、基站共建共享树立了典范。此项工作受到省经信委充分肯定。截止2014年底已完成9个基站的建设。

（三）加强通信管线集约化建设

2014年，淮安市通信管线管理中心实施的通信管线集约化建设项目被省经信委列为工业强省六大行动重点项目，淮安全市共13个。淮安市通信管线的共建共享工作从2003年开始，至今已建设4000孔公里管道，避免了“马路拉链”，减少了城市粉尘污染，缩减了投资，综合效益显著。主城区全面覆盖，新城、工业园区、空港产业园、盐化工园区等新开发城区全面覆盖。该项目2012年被省经信委列为全省信息基础设施建设示范项目。

三、两化融合推进取得新进展

全市新培育省级“两化融合”试验区1个，圆满完成对金湖县“一县一题”扶持工作。申报认定省级农村信息化应用示范基地一家。申报认定省级两化融合示范试点企业35家、市级两户融合示范试点企业62家，争取省工业和信息产业转型升级资金电商普及类、两化融合类、服务平台类和企业信息化提升类项目共19个，合计840万，创历史新高。井神盐化股份有限公司获省级两化融合专家诊断，康乃馨织造和神舟轮毂获国家工信部两化融合管理体系贯标工作试点，取得新的突破。淮安市政府云计算中心、“无线淮安”移动媒体平台建设、淮安市民卡工程三项目分别获批省信息化示范、试点工程、促进信息消费试点工程，入选数量全省前列、苏北第一。

四、政府门户网站建设水平再上新台阶

始终坚持“以人为本、以服务对象为中心”的指导思想，紧紧围绕“信息公开、在线办事、公众参与”三大功能定位，通过理顺机制、强化管理、优化栏目、升级系统、组织培训等一系列措施，有效地促进了政务信息公开的进一步深化、在线公共服务的进一步优化和互动交流能力的进一步强化。

（一）信息内容保障大幅提升

2014年，网站中心继续优化“中国淮安”政府门户网站栏目布局，全年网站访问量超过900万。全年共审核文字信息4万余条，共在门户网站发布各类信息内容3万余条，维护各类栏目1100多个，推出“行政审批制度改革”等专题报道23个，其中20个专题被省政府门户网站采用。认真做好对省内容保障和信息公开动态报送工作，2014年省政府门户网站采用淮安市报送信息总计得分1629分，位列全省第三。淮安市政府门户网站在由中国社科院和国脉互联主办的2014年中国政府网站绩效评估中首次跻身前十名，位居全国296个地级市政府门户网站第八名。

（二）政府信息公开扎实推进

认真贯彻学习《条例》、国办发〔2014〕12号和苏政传发〔2014〕203号等法规文件，完善信息公开工作网络，不断扩大公开范围。加强信息解读，全年共发布规范性文件政策解读30余篇。健全政务舆情收集、回应机制，全年共协助组织召开13场新闻发布会。加强政府信息公开平台建设，完善政府网站、政务微博、微信等平台。2014年，主动公开政府信息5.2万余条、视频类信息600余条；通过“淮安发布”政务微博、政务微信等发布信息8190余条。

（三）在线公共服务持续优化

网站中心积极配合系统的完善工作，定期查询行权数据的变动和功能链接情况，及时知会给行权系统负责部门，实时改进系统功能。目前，淮安市行政权力网上公开透明运行平台，已经覆盖全市43个市直、8个县（区）和淮安经济技术开发区两级所有拥有行政职权的部门和单位，实现行政审批、行政处罚等计11类，4500多项行政事项，全部实现在网上公开透明运行。2014年全市按照要求公开行政处罚类事项4142项。进一步健全“户籍办理”等10个场景栏目、“教育”等13个领域服务专题、“老年人”等6类特殊群体绿色通道，认真做好维护，为广大老百姓提供全面、便捷的公共服务。

（四）政民互动交流积极开展

2014年以来，围绕市委市政府重点工作和社会热点问题，进一步建立健全政民互动保障机制，拓宽公众参与渠道，提高政民互动质量。根据网谈计划，每月按时联系相关部门，围绕特定主题开展网络访谈，共组织开展了14期在线访谈。市委常委、常务副市长戚寿余带领市住建部门走进在线访谈，围绕“构建完善的住房保障体系，建设优美的人居环境”主题，与广大网民进行了热烈的交流，社会效果良好。继续围绕市委市政府重点工作、重大决策、民生热点等召开新闻发布会，协助召开“2013年度淮安市十大经济新闻评选揭晓”、“2014年上半年淮安经济运行和重大项目建设情况”等新闻发布会13场，通过政府网站发布各类民意征集信息40条。

（五）网站国际化水平稳步提升

网站一直秉持“以用户为中心”的服务理念和“以需求为导向”的原则，高度重视政府网站英文版在页面设计和内容制作的本地化和个性化。在选材、编辑、翻译以及页面的设计过程中，着重体现淮安的文化特色、餐饮特色、旅游特色和投资服务特色。全年共维护英文网站各类信息134条。淮安市政府门户网站英文版在由中国社科院和国脉互联主办的2014年中国政府网站绩效评估中荣获全国第十名。

五、社会公共领域信息化

（一）淮安市城乡社区综合管理和服务信息平台正式启动

经过近一年的准备，全市城乡社区综合管理和服务信息平台建设正式启动实施。10月30日，市民政局和江苏国泰新点软件有限公司举行了签约仪式。根据协议要求，将完成社区门户网站建设并在部分社区实现社区事务“前台一口受理、后台分工办理”的运行模式。社区信息化平台的建设，将极大地提高社区管理和服务水平。一是切实减轻社区负担。平台将提供电子台帐，社区工作人员以日记的形式记录，自动生成台帐，今后社区工作原则上将不再提供纸质台帐。二是资源共享。平台数据库的建设，实行统一采集，统一管理，避免各部门因采集方法和标准不一，出现重复建设。三是实现“一口”受理。通过整合最低生活保障、特困人员供养、受灾人员救助、临时救助，做到前台统一受理，后台分工协作，提高办事效率和居民服务质量。四是进一步提升居民服务。社区居民可以通过信息化平台，及时了解社区的有关信息，维护自身的利益。同时平台通过提供办事指南、表格下载、居民服务等窗口，进一步扩大为民服务的范围，使居民能够切实享受到信息化带来的快捷与方便。

（二）完成市民卡公共自行车二期工程建设

公共自行车项目二期工程被列入2014年全市十项重点工程和为民办实事工程，认真谋划、扎实推进，从站点选点到政府采购，严格按照相关程序，确保了公共自行车二期工程采购过程的合法性、合规性；充分征求民意，确定180个站点规划；严把质量关，强化工程建设和运营监管，确保公共自行车便民服务。最终，全市如期圆满完成工程建设和运营目标，目前全市已有近6万人次开通市民卡公共自行车功能，最大日骑行超过1.5万人次，公共自行车项目多次得到市领导的书面批示和肯定，先后近20多次在市级媒体上进行宣传。

（三）积极推动全市农村综合信息服务平台建设

在2013年调研的基础上，2014年上半年配合市“四有一责”领导小组办公室参与了对各县区“配有先进适用的信息网络”工作检查，推动各县区农村信息化建设水平提升。组织推动金湖率先建立县级农村综合信息服务平台并成功上线试运行，金湖通过全省“四有一责”专项检查并获得先进县称号。

六、信息安全保障得到新提升

2014年信息安全各项工作有序推进，全年市政府网站和市级重要信息系统没有发生一起信息安全事件，省信息安全检查管理分获得满分。在全省率先建成了政府网站群，建立统一的安全防护，对市、县区政府网站和重要信息系统进行定期技术检测；基础设施不断完善，建设党政机关网站和重要信息系统信息安全监控平台和异地容灾备份中心，配备了必要的信息安全风险评估检测工具。

（一）认真落实各项安全制度

每月按时上报近期本市信息安全工作；按季编发《网络与信息安全简报》。简报发放至市各部委办局和各县区信息安全主管部门，目的是交流工作，介绍动态、普及信息安全知识，提高安全意识。已累计编发16期。对全市辖区内发生的信息安全事件及时通知事发单位，督查整改，按时将处理结果上报省信安办。

（二）开展信息安全风险评估

定期开展信息安全评估，有效预防信息安全事件的发生，推进加强系统所属单位的信息安全管理。2014年选择了市金保系统、市政府网站群、市重要信息系统信息安全监控平台等三个项目实施信息安全检查评估。

（三）加强业务培训和学习

组织信息安全员培训。按照年初计划，为提高全市信息安全员意识和技术水平，举办了2014年度江苏省党政机关信息安全员岗位专业培训班，来自市级党政机关、各县区信息安全主管部门共84名学员参加了本次培训。编制《网络与信息安全政策法规文件汇编》。收集了近期信息安全方面的法律、法规和地方文件，形成《网络与信息安全政策法规文件汇编》，对各地、各部门信息安全工作的开展起指导借鉴作用。

七、“智慧淮安”建设

根据市委、市政府主要领导批示精神，委托江苏省赛联信息产业研究院编制了《“智慧淮安”规划和建设方案》，提出重点加快“一网四库四平台”核心工程和智慧基础设施体系、智慧服务体系、智慧产业体系等二十项工程建设。该规划着眼于淮安产业发展与智慧应用领域的拓展，结合国内领先企业和本地企业实施能力提出了基础支撑、智慧政务、智慧产业、智慧民生等重点工程，对于提高“智慧淮安”建设水平进而提升城市品质、增强发展竞争力具有重要指导意义。规划目标明确，结构完整，方法先进，措施具有可操作性，在国内同类规划中处于领先水平。“智慧淮安”发展规划和建设方案通过评审标志着淮安城市信息化发展顶层设计取得阶段性成果，具备合理可行的理论支撑，下一步要以规划为指导，细化各领域实施方案，切实有效推进“智慧淮安”更好更快发展。

（淮安市经济和信息化委员会　刘臣志　蔡紫阳　蒋一鸣）

盐城市信息化发展概况

2014年，盐城市紧紧围绕“城市智慧化、智慧产业化”总体要求，坚持以应用带动产业发展为重点，以市场需求和创新为动力，以信息资源整合共享为关键，全力推动智慧盐城建设，加快智慧产业发展。

一、科学编制总体规划

完成了智慧盐城顶层设计方案和与之配套的实施意见与三年行动计划的起草，提出了一个系统（智慧盐城信息系统）、一个中心（政府信息资源中心）、六个平台（政务服务平台、民生服务平台、智慧产业平台、信息应用平台、基础设施平台、信息消费推广平台）的智慧盐城总体框架，以促进智慧应用和发展智慧产业为主要方向，编排了61项智慧盐城重点工程。

二、全力推动核心项目建设

加快市政府信息资源中心建设。建设9000平方米的市政府信息资源中心，主体结构封顶，软硬件和机房技术方案已设计完成，并通过专家论证，公开招标各项准备工作就绪。持续推动农村综合信息服务平台建设。2014年年初，以市委、市政府名义下发了《关于加强全市农村综合信息服务平台建设的实施意见》，市级平台已完成开发，正在培训归集数据，盐都、亭湖、开发区三区的网站群（350多个网站）的建设与农村社会管理、农产品市场信息服务、三农咨询、为农服务和农村土地承包经营管理等子平台均已建设完成，建湖、大丰等县级平台正在抓紧建设中，争取2015年一季度全部上线。加快盐城工业企业云建设。整合盐城市内生产性服务业企业、工业制造业企业以及生产销售企业的全流程供应链，提供中小企业找得到、找得准、用得起的标准化、模块化、多样化的产品和解决方案。已有120多家企业在平台上运行，实现全市工业经济运行的及时监测。

三、大力发展智慧产业

切实加快软件和信息服务业发展。研究制定《软件和信息服务业创新发展三年行动计划（2014～2016年）》，大力发展工业软件、大数据应用、电子商务、工业设计、信息服务、数字内容、服务外包、无线城市等八大方面，结合盐城实际，打造中国软件和信息服务业特色基地、大数据产业基地、移动终端制造基地和电商集聚基地。促成大数据产业园落地。软通大数据产业园项目已经签约落地，规划面积3000亩，建筑面积25万平方米，建设大数据研究支持中心，大数据产业运营基地、大数据应用服务基地、大数据智慧工程基地和大数据创新孵化基地等数据研发、存储、分析、应用生态产业链，目前正在研究加快大数据产业发展的若干政策意见。首期，大数据创新园，计划投资10亿元，将于明年一季度开工建设。积极开展电商拓市。先后帮助17户企业争取省电商拓市专项资金扶持；推动阿里巴巴·盐城产业带、中国网库盐城电商谷、食乐淘电商基地和软通动力跨境电商等大型电商平台项目落地；成功举办淘宝大学（盐城班）首期开班授课，面向近400名在校大学生，普及电子商务知识；筹划建设盐城工业品网上展示及综合服务平台项目建设；积极创造条件，加快盐都电商快递产业园、城南智慧谷电商总部和盐城国际软件园电商基地集聚发展；会同兄弟处室，研究制定加快网络创业实施意见。

四、积极推动两化深度融合

联合中国工业软件排名第一的上海宝信软件股份公司，开展面向全市重点骨干企业100家，主要包括盐城市50强工业企业，以及各地、各行业代表企业的两化融合诊断行动，以网络问卷、宣贯培训、现场走访等多种方式，深入各县（市、区）和企业，开展两化融合宣贯和信息化诊断，切实了解企业需求，针对企业不同行业与发展阶段，提出可行、务实的信息化应用方案与发展路径，形成盐城市两化融合水平评估报告，推动信息化和工业化深度融合。

五、积极开展信息消费试点

出台政策文件。以市政府名义出台《促进信息消费加快建设国家试点城市实施意见》，从推进信息基础建设、大力发展信息产业、积极推进重点领域信息化应用等重点方面，加快实施“宽带盐城”、“无线盐城”、“高清盐城”等工程，积极开展信息消费试点工作，鼓励企业利用互联网、移动互联网和信息技术推动商业模式创新。推动WIFI全免费无线城市群建设。研究下发《关于加快推进全市免费WIFI城市建设的实施意见》，全面加快全市WIFI新建和开放进度，2014年开通热点324个，AP开通2145个，逐步打造“i-yancheng”无线城市品牌，基本实现主城区主要场所免费WIFI全覆盖，并推动全市WIFI城市运营商业模式创新。开展软件和信息服务业发展暨信息化宣传月活动。在全市开展服务宣传软件和信息服务业发展暨信息化宣传月活动，组织开展了创新中国行企业信息化推介活动、盐城工业企业-软件企业对接活动等形式多样、内容丰富的企业交流活动，全市60多家软件企业和150家重点工业企业参加活动，进行了有效对接，推动全市软件企业立足本地服务，拓展发展空间。不断加快网络创业步伐。以培育网络创业主体、壮大网络创业规模、拓展网络创业空间、完善配套支撑功能为重点，通过政策支持和服务保障，降低网络创业门槛，优化网络创业环境，推动网络创业蓬勃发展，为拓展信息消费空间提供新的支撑。

（盐城市经济和信息化委员会）

扬州市信息化发展概况和建设特色

一、信息化发展概述

2014年，在市信息化领导小组的统一领导下，全市围绕创新驱动，转型发展，坚持运用互联网新思维，加快推进“智慧城市”建设，深度推进两化融合，着力促进互联网经济发展，取得了显著成效。扬州连续三届蝉联中国城市信息化50强暨智慧城市推进“双十强”，名列2014年中国城市信息化建设50强第9名和中国智慧城市推进工作十佳城市第7名；扬州政府门户网站获2014中国政府网站新媒体传播力江苏省地方政府网站第三名，政务云等级保护和风险评估工作被列为省信息安全试点项目；全市信息化发展水平总指数达82.49，比上年提高1.22。

（一）基础设施支撑能力增强

“十二五”以来，三大通信运营商累计投资超42亿元。截至2014年底，全市互联网出口带宽590G，同比增长47.5%；固定互联网用户数超130万，同比增长32%；3G移动电话用户数超286万，同比增长52.9%；4G网络实现重点区域全覆盖。扬州铁塔分公司已完成首批10个示范共享基站的建设；市政府信息资源管理中心完成76个单位机房及115个应用系统整合；市级党政机关网站群率、互联网统一出口接入率分别达到100%和80%以上；政务信息资源目录体系共享平台第一版已上线，121类、5000多万条数据实现共享应用；全市电子政务协同办公平台启动建设，即将投入运行；瘦西湖智慧景区建设示范项目和江苏扬州维扬经济开发区分别获得2014年度江苏省信息基础设施示范项目和江苏省三网融合试点园（区）。

（二）智慧城市建设成效显著

数字扬州地理空间框架已经初步建成，政务版数据已为环保等单位提供共享应用；“美滋滋”食品安全公众服务平台（一期）已在邗江区取得成效；公交好巴士、公共自行车和出租车管理等一批智慧公交信息系统建成运行；大运河遗产监测管理平台助力大运河成功申遗；“物价云”、“10分钟健身圈”等应用系统为市民提供更加丰富便捷的服务；“企业服务网”累计发布动态类信息1676条，实现了全市500家重点企业经济指标监测和100个重大项目的进展跟踪；“企业手机报”覆盖全市3000多家重点企业，累计推送92期重要涉企信息；社会保险管理信息系统核心平台三版示范系统、市农产品质量安全智能监管平台、医疗器械“透明车间”系统等一系列项目的建设使城市管理服务更加精细化、便捷化和智慧化。“中国扬州”门户网站群获2014“中国政府网站新媒体传播力”全省第三名。

（三）两化深度融合不断发展

组织认定市级两化融合示范项目10个，新增省两化融合转型升级示范企业4家，试点企业55家，新增两化融合示范试验区2家；上争各类扶持资金共计1230万元，同比增长450%，3家企业获省企业信息化提升项目资金支持，2家企业获省公共信息服务平台项目支持，25家企业获省电商拓市项目支持；扬力集团、宝胜集团、亚普汽车、亚新科双环4家获得工信部两化融合管理体系贯标试点的企业，全市规模以上企业信息技术应用率达83%，电子商务应用率达53.1%，成套设备及传统产业整机产品智能化率达37.2%。

（四）互联网经济加速发展

召开全市软件和信息服务业发展推进大会，加快互联网经济发展。强力推进联创扬州国际软件园、扬州智谷科技综合体，京东商城和易迅网运行中心等载体建设，形成互联网产业适度聚集；积极推动信息消费，率先在全省推出基于金融IC卡支付标准和移动全卡的移动手机支付应用，“惠生活”农产品电子商务信息服务平台和“无线扬州+”移动平台光电联盟综合体获省促进信息消费应用试点；大力推动企业电子商务发展，获批省重点电商发展项目3个，省电商平台普及项目22个；加快提升江苏省信息服务业产业基地（扬州），重点突出“智慧城市”应用软件、信息服务外包、“两化融合”支撑服务、云计算服务和电子商务服务等五大领域，升级产业基地发展质态。

（五）信息安全保障成效显著

信息安全工作连续五年获省信安办表彰，政务云安全管理工作被列为省信息安全试点项目，组队参加2014年省第三届信息安全技能竞赛获党政机关组第一名；监测平台共发现市级范围内300多起安全威胁。对在线系统扫描达200多次，对预上线系统扫描150多次，共修复20个高风险、250个中风险漏洞；出色完成无线电监测保障工作青奥会、“4·18”、扬马比赛等重大任务。

二、目标管理考核

为加强对信息化项目的管理考核，先后出台了《关于进一步规范财政性资金信息化项目建设管理的通知》、《关于明确纳入联合审批的财政性资金信息化项目的通知》、《使用财政性资金信息化项目扎口审批分类说明》等政策文件，进一步规范信息化项目扎口管理。2014年，经市信息化领导小组会议审定信息化建设项目18个，2014年计划总投资约14.6亿元，其中：运营商投资14.2亿元（电信总投资5.3亿元、移动5.2亿元、联通2.45亿元、广电网络1.1亿元、江苏云智传媒0.16亿元），其他0.41亿元。目前，各项目正按进度有序推进。

三、政务信息化

2014年全市政务信息化建设以整合资源，协同共享，统筹推进信息资源开发利用为核心，积极深化电子政务基础应用，突出抓好政务信息化基础项目建设。

（一）加强智慧城市的顶层设计和中长期规划

启动《扬州市“十三五”信息化规划》、《扬州市“十三五”电子政务规划》等规划的编制工作，做好系统调研；出台《扬州市信息通信基础设施空间布局规划》和《扬州市信息通信基础设施管理办法》，合理布局信息基础设施。

（二）扎实推进数据中心资源共享

市政府数据资源中心现有机柜228台，5组刀片中心（80台服务器），存储总容量217T。政务内网连接112家单位，政务外网连接168个单位，政务网终端总数量达3600多台。市直单位以新部署、托管、备份等多种方式将网站、应用系统和机房整合到数据资源中心内，现共支撑76个单位105个应用系统（今年新增系统30个）。目前，正推进国土、审计2个单位的应用整合，规划、房管、人社、环保、教育、城管、公积金等7个单位正在制定整合方案。

（三）强化“中国扬州”门户网站群内容整合

对“中国扬州”主站进行全新改版，参照中国软件评测中心的指标体系，对已有15项重点主题服务进行优化升级。以“企业服务网”为抓手，不断强化网站群资源共享。整合全市行政办事、政策服务和社会信息资源，打造涉企阳光行权、落实政策交流和企业自助商务的服务平台。累计发布动态类信息1676条；公开涉企权力1786项、涉企收费320项等；公布执法人员信息8670条、涉企处罚信息 223条等。省委罗志军书记对“企业服务网”的开通给予了肯定。

（四）着力建设电子政务协同办公平台

按照“统一平台、分级授权、模块共享、

流程定制”的思路，建设覆盖6个县（市、区）和100多家市直单位的电子政务协同办公平台，项目实施已处于平台软件的开发和部署阶段。建成后的协同办公平台将依托市政府云计算中心，整合现有政务系统的登录信息、待办事项和政务数据采集，建立统一的政务信息入口，利用移动互联网和终端设备，结合手写签批，打破办公时间和地点的约束，构建实用、易用、好用的网上办公平台。

（五）加快编制市政务信息资源目录体系

市政务信息资源目录体系项目正按序时开展，已经完成目录门户页面布局、政策类资源的分类展示、系统前台主要功能开发；系统后台用户管理、目录管理、资源管理、数据集管理、标准管理初步完善；与平台相关的结构化与非结构化数据的录库工作正在进行，共完成基础库中17张数据表、共计300万条左右数据的录入，录入应用系统（服务类资源）69个，非结构化文档数据已经录入154篇，信息化标准类数据录入80篇。GIS政务资源目录实现规上企业财税、文化、教育主题等地图展现。

四、领域信息化

（一）公共医疗

扬州市区域卫生信息平台以国家卫生部制定颁发的标准规范为指南，全面整合扬州市各医疗卫生相关单位的信息资源，实现公共卫生、医疗服务、行政管理、社区卫生等业务领域的综合应用、信息互通和协同应用，建立了六位一体的社区卫生服务网络体系以及以区域为中心的医疗卫生信息资源共享体系。卫生站基层医疗卫生信息系统完成市区200个卫生站（室）基层医疗卫生信息系统全覆盖远程医疗系统实现基层医疗机构与三级医院远程会诊与远程诊断。

（二）教育领域

全市所有城乡学校均参加网上结对，共有118个结对组，结对共建实现全覆盖；重点打造扬州市“数字化校园示范校”和“数字化学习应用示范校”，目前全市共有52所学校申报创建两类示范校，年底约有30所学校参加评估验收；教育资源及公共服务平台对区划调整后的学校数据进行了全面更新，新增资源80693个，新增访问量200多万次，在全省各大市中位居前列。

（三）交通领域

西部交通客运枢纽于7月1日正式运行，综合布线系统、安全防范系统、公共广播系统、一卡通系统、信息发布系统、有线电视系统、窗口对讲、网络系统、电话系统、多媒体会议、客服系统、运营管理指挥调度系统、机房工程、UPS不间断电源系统、弱电综合管路等15个子系统完成建设。智能公交对车载GPS系统、DVR系统、GPRS通讯、自动报站器等设备进行了升级改造，车载智能监控设备覆盖市区主要线路，实现了车载定位、违规报警、信息联动、应急响应等功能；建成城市公共自行车系统，投放公共自行车1万辆，建设租车点304个，发放绿扬骑行卡近3.6万张，每天租车量达到2.8万人次，覆盖了市区旅游景点、商务区以及主要公交站点；完成出租汽车管理信息化系统建设，建成“一套终端、三大中心、九大业务系统”，开通出租汽车IC卡刷卡服务和电召服务，出台《出租汽车电召服务规范》，制定实施电召服务规范、监控中心管理等13项管理制度，有效地实现出租车在线营运管理、实时监控、智能调度；实施公交惠民服务。

（四）粮食收储

宝应湖粮食物流中心进一步完善数字粮库功能，已经能全天候处理各种数据、监控库区环境、传输仓内粮食温度、指挥平台能随时发出各种指令。高邮市五里坝粮库建成了数字粮库，能随时监测仓内温度、库区环境，并进行数据处理和指令发布。市储运加工公司的数字粮库正在建设，目前，全市现有75个粮食收储企业，年内有39个单位实施了粮食信息可视化建设。

（五）食品药品安全

建成并投入使用了医疗器械“透明车间”

系统，实现了对扬州市头桥地区80家无菌类医疗器械生产企业的实时在线监控。系统通过物联网设备自动收集无菌车间内的温度、湿度和气压差，直接反映了医疗器械生产车间的环境是否洁净；同时通过摄像头、红外线侦测可以实时监测医疗器械的生产情况。自系统运行以来，发现各类潜在问题和安全隐患85起，被国家总局在全国医疗器械“五整治”总结大会上进行了点评表扬，并被《中国医药报》在头版进行报道。

（六）健身体育

经过对主城区23个街道（镇、乡）、166个社区的体育场地的普查、分类、汇总，建立了“全民健身地理信息数据库”，开发出城市社区“10分钟健身圈”；利用晨晚练点数据库、社会体育指导员数据库、国民体质监测数据库等信息资源，对全市群众健身的需求、现状等进行分析，及时调整体育设施规划；利用全市体育后备人才数据库、运动员数据库等信息资源，对全市竞技体育进行分析，提升竞技综合水平。

（七）住房保障

启动“数字物业”工程，市区11家物业企业、86个项目中进入首批试点；物业监管指挥中心的信息系统已经调试完毕，正式投入运行；启动房产“e厅”第一期工程，实现线上信息化虚拟服务和线下服务大厅实体服务协同运作；开发房地产市场监管信息平台，整合现有的商品房合同备案、产权登记、二手房备案等数据，采集规划、土地、建设等部门的业务信息，为市场研究分析提供更加详细全面的数据资源。

（八）文化保护

完成二期大运河（扬州段）数字管理平台建设。一期实现大运河扬州段监测预警、申遗档案资料管理、数据汇总分析、视频监控、动态视频分析、GIS专题图查询等功能。二期主要通过平台接口管理，实现了与国家总平台的动态监测信息和档案工作的网络对接、与瘦西湖、环保局、卢宅等遗产点的视频实时监控集成以及实体档案、电子档案的建设。

（九）农村信息化

“全国耕地资源管理信息系统”通过农业部专家验收，仪征、江都、高邮、宝应相继列入农业部测土配方施肥项目县，累计为全国22个省（市、自治区）140多个项目县开展测土配方施肥提供了技术支持；建成扬州市耕地资源与质量管理信息网，依托“国家测土配方施肥数据管理平台”构建测土配方施肥手机短信服务平台，用户可以通过发送位置短信（经纬度）、地块代码短信到测土配方施肥手机短信服务平台，可以及时为农户提供详细的施肥方案。

五、优秀案例和重点工程

（一）环保科学监管体系建设

2009年，组织编制了《扬州市环保科学监管体系建设—环境信息化建设规划（2009～2015）》，计划用5年时间建成。2010年通过审批，同年纳入“智慧城市”建设重点信息化项目。

环保科学监管体系建设主要目标是围绕环保重点工作，建设“一个中心”——环境监控中心，“三个平台”——环境自动监测监控平台、环境电子政务平台和环境综合业务平台；“八种监控”——水环境质量自动监测、空气质量自动监测、环境噪声自动监测、重点污染源自动监控、核与辐射自动监控、机动车排气检测自动监控、危险废物处置自动监控和应急指挥自动监测监控系统。重点打造涵盖饮用水、空气、噪声、重点排污单位、机动车排气、放射源和应急处置等重点生态环境要素的自动监测监控网络。

目前，项目已投入3800万元，完成了信息网络基础设施、三个平台和七种自动监测监控系统建设。

1. 建成水环境质量自动监测系统。在全市范围内建成8个县级以上集中式饮用水源地自动监测站和1个长江水质交界断面预警站（市区3个、江都1个、宝应2个、高邮1个、仪征2

个），实现了全市县级以上集中式饮用水监测全覆盖。在所有取水口安装视频监控设备，实时监控水源地附近有无异常现象。

2. 建成空气质量自动监测系统。在全市范围内建成10个大气环境质量自动监测站（市区4个、江都2个、宝应1个、高邮1个、仪征2个），具备PM2.5 、PM10、SO_2、NO_2、O_3、CO等六项指标监测能力。今年年底将在市经济开发区、邗江区增建两个大气自动监测站点，扩大监测监控点位。

3. 建成环境噪声自动监测系统。在城区建成了6个功能区噪声自动监测站，分布在市环保局、开发区管委会、联环药业、文昌中路、文昌阁和荷花池，实时监测分析城区各类功能区噪声环境状况。

4. 建成重点污染源自动监控系统。在全市重点污染源排污口安装自动检测设备，实现对93家排污单位污染物排放浓度和排放量的远程在线监控，检测数据实时上传，及时掌握企业动态排污状况，遇到异常情况系统会自动报警。其中，监控的废水排放重点源78家，排放的COD占全市工业企业排放总量75%以上；监控的废气排放重点源15家，排放的SO_2占全市工业企业排放总量的90%以上。同时，对排污单位污水处理设施和排污口安装视频监控系统，实施视频和数据监视监控。

5. 建成放射源自动监控系统。在全市23家使用放射源的单位放射源保存地安装辐射剂量自动监测报警装置和视频监控系统，视频图像与环境辐射值同步传输显示，一旦发生放射源异常移动就立即发出报警信息。

6. 建成机动车排气检测自动监控系统。在全市8家机动车排气检测站点安装检测数据实时采集系统，实现检测视频和数据联网监控，防止检测作弊行为发生，加强对机动车排气检测机构的日常监督管理。

7. 建成环境视频监控系统。对全市115家单位安装266个摄像头，涵盖饮用水源地、重点污染源、核与辐射、机动车排气检测、固体废弃物处理和乡镇污水处理厂等，并依托视频监控项目建成全省规模最大的省辖市环保局—企业的全光纤环保专网。

8. 建成环境电子政务平台。建成OA办公自动化、电子公文交换和移动办公系统，实现无纸化办公。

9. 建成环境综合业务平台。实现项目审批、排污申报、排污许可证管理、污染源管理、监测数据管理、环境信访管理等主要环保业务网上运行。

通过环保科学监管体系建设，环保监管方式开始从原有的人海战术向现在的智能化监管转变；实现了对重点环境要素的全天候监测，增强环境管理主动性、针对性和时效性；为及时应对环境应急事件，准确分析环境质量变化趋势，提升科学决策水平提供有力支撑。

10. 智慧旅游。2012年，扬州市“智慧旅游”总体建设方案案编制完成，并经过有关专家评审通过。智慧旅游建设规划定位为1533工程，包括一个智慧旅游云平台、五大核心应用、三个管理系统和三个示范项目。

目前，智慧旅游云平台最为核心的智能服务管理系统初具规模，“一站式”智能游客服务中心、“智慧景区”、“智慧酒店”建设正在深入推进。

11. 建设完成了扬州景点客流统计分析系统。该系统通过在扬州主要景点出入口安装摄像头，借助人脸、肩部识别技术及人员走向的分析，自动统计出各景点的进园人数，出园人数及在园人数，随时掌控扬州各大景点的客流状态，既有利于旅游部门和旅游景区实现科学管理，也便于游客对扬州旅游状态“一手掌握”，实现错峰入园。

12. 整合建成了视频监控系统。该系统分为景点视频监控系统和交通路况视频监控系统。景点视频监控系统集成了扬州主要景点进出口、园内要道、园内重要景点等区域的视频监控，实现了假日旅游指挥中心与扬州各大景点的联动，足不出户，便可随时掌握各景点主要区域的实时情况；交通路况视频监控系统集成了扬州重点路段及景区周边路段的路况视频，实现了对景区周边及城市主要路段的实时监控，内外结合，为游客提供了全方位的客流和路况信息，让游客出行更加方便快捷。

13. 开发完成了游客招徕奖励与申报住宿游客统计分析系统。通过对接公安部门，实现了对来扬住宿游客的有效统计分析，从而为有效地分析客源市场和客源结构，进一步找准旅游目标市场提供数据支撑。此外，我局还根据《扬州市游客招徕和旅游企业品牌建设引导资金使用细则》定制开发了游客招徕奖励与申报系统，有效实现了对旅行社接待旅游团队情况进行监督和管理。

14. 建成了智能化假日旅游指挥中心。扬州假日旅游指挥中心，采用多部门联动形式，在假日期间为游客发布游览舒适度指数，提供智能、便捷的旅游导览服务。一是根据视频监控系统中的客流状态绘制交通路况指示图在“寻美扬州”APP播报中实时发布；二是通过官方微博、微信公共平台等媒介在第一时间同步向游客发布景点客流统计分析系统中的客流数据；三是联合广播电台，通过扬州新闻频道、交通频道、生活频道等整点播报景点舒适度指数及交通路况信息。

15. “美滋滋”食品安全公众服务评价共享平台。邗江区食品药品监督管理局共投入100多万元，委托技术单位开发这个食品安全监管平台。2015年5月率先在试运行。该平台以智能手机为载体，包含公众消费服务、餐饮企业管理和信息化监管三大板块9个子系统。跨界融合了电子政务和电子商务，用互联网思维全力打造食品安全监管全新模式。

市委谢正义书记对该系统平台作出批示要求在全市推广，并对已经取得的成效给予充分肯定。通过这个平台，公众可以通过手机终端，可远程点菜了解餐企，远程就能订座、点菜，坐在家里精挑细选；通过导航图，了解区域内的餐企，指引消费者如何到达；消费者还能查询到所选饭店的原料来源，看是否货真价实。了解各饭店的食品安全状况；吃过后，可以点击“点评”，依据消费者体验评价数据和监管信息数据，将对餐企进行“美誉排名”，对餐饮企业定期发布“红榜”、“黑榜”；权威发布”除了及时发布行业法规和相关监管信息之外，还定期通过该系统向公众发布“红黑榜”。如果遇重大食品安全事件，可以第一时间通过该系统向公众发布，提醒消费者注意；如果消费者在就餐过程中出现问题，可通过该系统向有关部门举报。

该平台首次将“监管部门、餐饮商户、消费者”三大关键环节整合在一起，通过政府信用背书、餐饮企业自律、市民消费选择，集聚公众和市场的力量，共同推进“舌尖上的安全”。目前该系统的下载用户已达2万多个，订单量超过2000单，上线的餐饮企业180家左右。受到省食品药品监管局、市委市政府办的高度重视和省市主流媒体等社会各界普遍关注。

16. “数字扬州”地理空间基础框架建设。扬州市是国家数字城市地理空间框架建设推广城市，2012年数字城市地理空间框架建设项目于正式立项；同年3月，江苏省测绘地理信息局、扬州市人民政府签订“数字扬州”地理空间框架共建共享协议，项目进入实质性建设阶段；2014年3月，扬州市地理空间基础框架平台建设完成并开始试运行。同年11月21日，“数字扬州”地理空间基础框架建设项目成果通过省测绘地理信息局组织的验收。

项目按照设计要求，完成了扬州全境6591平方公里多尺度DLG/DEM/DOM整理及建库、主城区大比例尺DLG生产及建库、主城区及仪征市和江都区部分区域0.05米高分辨率DOM生产及建库，采集了近5万条POI数据、约123万条地名地址数据，完成了多个行业专题数据集成及入库，建设了政务版和公众版两套电子地图数据集；项目采用自主知识产权的SCY-OneMap平台软件研发了门户网站、在线电子地图、移动端软件、运行维护系统等基于数字扬州地理信息公共服务平台，扬州市完成了印象扬州、“天地图·扬州”、扬州公安PGIS系统、扬州环保地理信息平台、国土地价平台、大运河遗产监测平台GIS系统、十分钟健身圈系统等7个示范应用系统，研制了一系列数字扬州地理空间框架建设与应用的技术标准、政策规范、运行机制和管理规定，建立了“数字扬州”长效运行和维护机制。

作为数字中国、数字江苏地理空间框架的组成部分，“数字扬州”地理空间基础框架建设纳入国家级、省级基础地理信息系统，实现工程成果中央、省、城市三级共享。

六、信息产业发展概述

2014年，全市电子信息产业实现工业总产值1439亿元、销售产值1309亿元。其中，物联网产业实现产值71.12亿元。扬杰科技喜获国家科技部颁发的《国家火炬计划重点高新技术企业证书》，扬州中科半导体照明有限公司与中科院半导体所等单位联合开发的“低热阻高光效蓝宝石基GaN LED材料及芯片技术”项目获得2014国家技术发明奖二等奖，实现了我市在国家技术发明奖上零的突破。

七、信息产品制造业

2014年，全市电子信息产业开票销售640.66亿元，同比增长10.1%，高于规上工业，占全市规上工业的20.9%；入库税收14.38亿元，同比增长2.1%。其中，电线电缆产业开票销售292.9亿元，同比增长4.5%；新光源产业开票销售85.4亿元，同比增长13.5%；新能源产业开票销售91.8亿元，同比增长33.9%；电子元器件产业开票销售66.9亿元，同比增长6.7%。

（一）重点项目成效显著

2014年，全市电子信息产业共有33项投资项目竣工投产或部分投产，完成总投资100亿元。其中，已经竣工投产或部分投产的主要有：宝胜集团的特种电缆、江苏迅达的高速铁路接触网导线及6万吨高精铜板带、华富公司的储能材料及新型电池、仪化东丽的1.5万吨平板显示屏用聚酯薄膜、西门子电机（中国）有限公司100万台电机、日精电机的电子元器件、天威新能源的1500MW晶体硅太阳能光伏组件及电池、派氪科技的LED电视机整机和背光模组；新开工的项目主要有：宝创电缆的特种电缆、森萨塔科技的汽车传感器、乾照光电的汉光LED、国芯半导体的模拟和数模集成电路、艾迪森的大功率LED封装、国宏光电的高效节能LED照明产品、扬杰电子的大功率电力电子模块和高端芯片。

（二）重点企业业绩向好

乾照光电红黄光产品国内市场占有率达40%以上，全年生产外延片120万片，实现开票销售3.7亿元，与2013年持平，订单已排至2015年一季度，购隆耀的新厂区预计2015年初投产，将新增芯片年产能40000KK。中科半导体订单已排到2015年4月份，全年生产外延片100万片，开票销售3.6亿元，同比增长66%。璨扬光电全年生产外延片100万片，开票销售3.6亿元，与去年基本持平，订单排至一季度，企业被晶电并购后，今年计划新增注册资本6000万美元，新增芯片10万/月。银雨光电被清华同方并购后，一期新增MOCVD设备14台，2014年已新增开票6000万元。艾笛森光电全年开票销售2.9亿元，同比增长15%，订单已排至一季度，公司LED封装二期项目预计2015年5月份投产。扬杰电子2014年成功在上市，全年开票销售6.6亿元，同比增长17.9%。

（三）企业服务更加有效

协助企业向上争取项目争取资金，全年共争取一个国家级项目一个省级项目，共获得600万资助。晶澳集团“N型单晶高效太阳能电池研发与产业化”项目向工信部获得电子发展基金项目500万元，江苏华睿科技发展有限公司

"HWB-危废焚烧物联系统中间软件的研发"获得省经信委100万元。高邮市开展"百名专家高邮行"，为电子信息产业"把脉问诊"。协助高邮市组织户外LED照明高峰论坛暨CSA016模组标准推介会，有效地扩大了我市LED照明产业在同行中的影响。多次跟史福特公司对接，争取将LED直销平台——"E快线"落户扬州。积极跟踪扬州市马路智能停车管理平台，力争通过过市场运营，形成产业，向外复制推广，2014年该项目已经列入智慧城市建设项目开始启动。

八、软件与信息服务业

2014年，全市软件和信息服务业共实现业务收入420亿元，同比增长50%（其中通信传输业45亿元、软件业60亿元、信息服务业315亿元），全行业从业人员突破3万人；累计认定软件企业275家，登记软件产品644件，认定软件企业数、登记软件产品数均位列全省第五；7家企业被评定为"省规划布局内重点软件企业"，在手在建软件和信息服务业投资1000万元以上项目共25项，总投资144.2亿元，其中，总投资10亿元以上项目5项，"中国·扬州云计算中心"、北大创业训练营江苏基地、中电28所"仪征装备试验场"、南邮通达学院战略合作等一批项目正在积极推进过程中。

（一）强化项目招商合作

在成功引进"金山云数据中心"项目的基础上，深入推进与电信公司的合作，促成市政府与江苏电信共同签署《合作共建"中国·扬州云计算中心"备忘录》，目前，项目投资方已办结落地企业注册手续，项目一期工程正在积极推进；促成我市与联创集团正式签署战略合作协议，并积极在智慧城市建设、汽车物联网、城市一卡通、云计算平台建运等领域开展合作；中电28所仪征"装备试验场"项目立项报告已获批，正在按照集团要求编制项目建设方案。

（二）强化"政产学研用"合作

按照"省市区合作共建"的构想，积极推进北大创业训练营江苏基地项目合作，在与省经信委充分沟通的基础上，制定完善了项目合作协议，并由省经信委龚怀进副主任带队赴北京、天津考察北大创业训练营项目，就合作相关事项进行洽谈；另一方面主动拜访南邮通达学院，就建立信息交流机制、促进高校与地方企业加强项目研发、成果转化和人才培养等领域的合作达成共识，并围绕明年重点工作，制定完善了战略合作协议；先后组织"'双软认证'县市行"、"软件企业业务培训班"、"首席信息主管（CIO）培训"、"两化融合企业专家诊断行"、"江苏产业'育鹰计划'培训班"等专题培训活动，累计培训人次达1000多名。

（三）强化产业发展预研

开展软件和信息服务业专题调研，牵头召开全市软件和信息服务业发展推进大会，组织市领导参观江苏信息服务产业基地三期等3个重大项目和6个重点软件企业，倾听有关地区、部门和企业意见；完成互联网经济专题调研，深入深杭温三市实地考察，从产业、区域、要素三个层面，梳理发展互联网经济的思路和可突破的领域，形成调研报告并于专程向工信部陈伟司长进行了专题汇报；先后主办或承办了"深圳企业家扬州行"、"第八届扬州软件和信息服务外包大会"、"亚太经济合作组织（APEC）第49次电信工作组会议"、"第五次中欧信息技术、电信和信息化对话"等具有较强影响力的行业活动，工信部杨学山副部长、微软全球副总裁劳拉等业界知名人士和行业知名企业代表近800人来扬参加了相关活动。

（四）强化产业政策扶持

支持软件企业开拓本地市场，成功举办"市级信息化项目与本地软件企业需求对接会"，并联合市财政局印发《关于财政性资金信息化项目优先支持本土软件企业的备忘录》，推进并促成了本地软件企业与信息化项目合作；出台了针对"双软企业"的专项政策，与市财政局、国税局、地税局联合制定相应的实施细则，从税收优惠和土地供应保障两个层面，明确专项奖补政策的申报条件、申报程序和申报材料，先后对市区范围内软件企业下达了2012年度、2013年度专项奖引导资金累计1849.95万元，共83家企业获得奖励扶持；组织实施“双十佳”（“十佳软件企业”、“十佳软件工程师”）评选工作，圆满完成我市20多家重点软件企业软博会参展布展工作，被组委会授予“最佳组织奖”。

九、2015年工作思路

总体思路：以打造“新兴软件名城”为目标，坚持“统筹协调、资源整合、示范应用、产业发展”建设特色，按照智慧城市建设顶层设计的要求，围绕信息基础设施、政府管理、民生服务、互联网经济、信息安全等方面，重点筹划项目建设，全面提升全市信息化发展水平。

主要目标：

——全市信息化发展水平总指数达85。

——软件和信息服务业实现业务收入500亿元。

——培育3个省级信息基础设施试点示范项目、3个省级三网融合创新试点示范基地（园区），创建3个省级信息消费试点示范项目。

——培育省级两化融合示范试点企业25家，两化融合管理体系贯标试点企业2家。培育省级重点电商项目3个，创成15个省级智能制造车间。全市规模以上企业两化融合比例达90%、企业电子商务率达60%、成套设备及整机产品智能化率达40%。

（一）合作合力，推进信息基础设施建设

一是增加出口带宽。新增出口带宽440G以上，争创“宽带中国”示范城市，争取互联网出口直接接入国家骨干网。二是实现市区重点区域免费WIFI全覆盖。新建13000个无线AP，在扬州2500年城庆前，实现主城区旅游景点、公共活动场所、宾馆饭店、公交线路（站台）、体育休闲公园和行政办事服务场所免费WIFI全覆盖。三是启动市政府云计算中心二期工程建设，推进江都、邗江、广陵3个区以及4个功能区的政务资源整合，逐步将电子政务外网向乡镇、社区延伸覆盖。启动电子政务内网二期工程建设，形成涉密系统和敏感数据在内网平台整合共享，非涉密系统和数据在外网平台整合共享的电子政务网络应用体系。四是全面开展和四大通信运营商战略合作。2015年四大运营商在扬投资23.6亿元，以推进宽带光纤、4G网络、三网融合等基础设施建设。全年新建和改建4G基站3250座，新建1000座铁塔，完成市区、县城城区以及乡镇人口集中区4G全覆盖；共享全省移动基础资源，增强应急通信保障能力，确保重大活动现场通信畅通。

（二）探索创新，提升政府服务和社会管理水平

一是启动网上行政办事服务大厅建设，通过新的市民服务中心建设，形成真正意义上的“一窗式”受理、“一条龙”审批、“一表式”申报以及“多元化”服务。二是在全市推广“美滋滋”食品安全监督共享平台，探索生产、流通、消费等环节的公众参与和政府监督相结合的监管模式。三是新建市区智能交通系统，通过智能交通视频分析与自适应信号控制，改善市区道路交通环境，提升道路交通管控水平。四是推进社会信用体系建设，充分发挥“一网三库”信用平台作用，整合全市人口、法人、金融等基础数据，重点在政务、商务和司法等领域，形成较为成熟的公共信用信息归集、更新和发布机制。

（三）整合资源，促进民生服务便捷高效

整合现有多部门间单一、零散的便民服务系统，搭建全市综合民生服务平台。一是推进市—县（市、区）网站群整合，按照国办和省政府通知要求，将县（市、区）政府网站群纳入市级网站群平台统一管理，打造全市统一的信息公开、政民互动、在线办事平台。二是推进人社业务信息系统一体化建设，在社会保险、劳动就业、人事人才等业务办理时实现“同人同城同库”。三是推进智慧社区建设，

通过建设社区管理和服务信息平台，逐步整合并解决养老、卫生、城管、司法、综治等部门面向社区的数据重复采集和共享需求。以社会投资、市场化运营方式建设智慧物业、乐在维扬等信息服务系统，通过O2O方式，实现线上线下一体化服务，形成融合政府行业指导监管、市民参与自主管理、电商推行增值服务的的惠民便民服务模式。

（四）创新转型，发展扬州特色互联网经济

一是突出专业载体打造。加强广陵新城科技综合体建设，加快江广智慧城（信息服务产业基地三期）建设，推动省市共建“江苏省互联网产业园”，深化项目、人才、平台、基金等领域合作。二是务实打造众创空间。支持北大创业训练营、中国创谷、微软创新中心孵化工场、扬州大学大学生创业中心、邗江科技孵化中心、杭集科技企业孵化中心、开发区“智谷”等载体发展，营造创新创业生态环境。二是强化人才支撑。搭建校企服务平台，在教学实践基地、技术攻关、入职实训等方面与扬州大学、南邮通达学院开展合作，力争年内新增大学生实训基地5个、新建企业联合研发中心3个。大力发展信息技术类职业教育，开展本市技工院校IT类招生宣传专项活动，力争IT类专业招生人数500人以上，并新增2～3个省级品牌特色专业。推动市内职校与国内机器人名企共建机器人实训室1个。四是营造良好发展氛围。出台专项政策和考核办法，市级层面主要支持重点载体建设，促进产业发展；区级层面以主城区各区和功能区为主体，研究出台重大项目招引专项政策。组织参加北京软博会、大连软交会、中国（南京）软博会、中国软件和信息技术服务业发展高峰论坛等各类行业活动5场次以上，不断扩大扬州在业界的影响。

（五）科学谋划，加强智慧城市研究和顶层设计

一是加强智慧城市的顶层设计和中长期规划，启动《扬州市“十三五”信息化规划》、《扬州市“十三五”电子政务规划》等规划的编制工作；正式出台《扬州市信息通信基础设施空间布局规划》和《扬州市信息通信基础设施管理办法》。二是进一步规范政府采购信息化项目的扎口管理机制，完善项目扎口管理流程，从智慧城市建设项目选题、项目方案编制、专家评审、联席会议预审、领导审批、实施跟踪、验收评估等环节进一步规范和完善，重点在项目必要性、资源整合、数据共享、信息安全、预算等方面加强扎口管理。三是开展对大数据和综合性信息平台的研究。重点推动智慧旅游的发展，构建智慧旅游综合服务平台，年内完成总体方案编制、专家论证等工作。推动景区与知名旅游电商合作，实现旅游营销线上线下互动；开展智慧景区和智慧酒店示范建设，在7个窗口区域建设智能游客服务中心，深度挖掘来扬游客大数据资源，增强旅游营销精准性，建立“扬州旅游”网络口碑评价体系。

（六）高度重视，增强信息安全保障能力

进一步建立健全重要信息系统技术监测、等级保护和风险评估工作机制，已建信息系统采用打包方式，集中进行测评，新建信息系统一律先测评后接入政务网上线运行。一是加强党政机关互联网统一安全接入工作，鼓励各通信运营商针对政府客户单独建立互联网安全接入保障体系，报市信息办备案和验收。对政务网尚未覆盖到的机关和事业单位做好接入引导。二是加强政府网站普查工作，有效解决政府网站“不及时、不准确、不回应、不实用”等问题，切实消除政府网站“僵尸”、“睡眠”等现象。三是统筹开展涉及民生服务的重要核心信息系统的异地容灾备份工作；未实现整合的但有同城容灾需求的重要信息系统，不再另建机房，一律在市政府云计算中心部署。四是加强信息安全攻防演练，组建市信息网络攻防分队，采取自训、集训、驻训等多种方式，提高网络安全保障应急水平。

（扬州市政府信息资源中心　程海翔）

镇江市信息化发展概况

一、综述

2014年，镇江市软件与信息服务业营业收入实现409.6亿元，同比增长32.6%，新增认定软件企业33家，累计达到230多家。规模以上软件企业实现销售300亿元，占软件产业总收入的73.2%。全市信息化发展水平总指数达到88.5。全市共有4家企业被列入工信部第一批两化融合管理体系贯标试点企业，1家服务企业被列入两化融合管理体系服务机构，40家企业被认定为省级两化融合示范试点企业。智慧镇江建设不断推进。开展了智能交通、食药安全、智慧教育、智慧健康等一系列智慧城市建设，提升了城市管理和服务水平。

二、社会信息化

一是规划引领智慧镇江建设。制定《智慧镇江发展规划》，并向市委常务会议、市政府常务会议、人大、政协汇报。召开市信息投管委项目审查会议，审议2014年度申请立项的7个部门信息化项目。组织各相关部门申报2015年度信息化项目，共收到22个部门的42个项目申请，已完成初步形式审查。编制出台《镇江市政府信息化项目投资管理办法实施细则》和《镇江市政府信息化项目投资管理委员会工作规程》。根据《关于对国务院稳增长促改革调结构惠民生政策措施落实情况进行专项督查的通知》要求，完成促进信息消费政策措施落实情况的自查报告，并制定了《促进信息消费实施意见》。与绿地集团、中兴集团、华录集团会谈智慧城市产业基地发展，批准绿地智慧产业中心挂牌首家“镇江市智慧产业基地”。二是示范带动两化深度融合。全市共有4家企业被认定为省级两化融合示范企业，36家企业被认定为省级两化融合试点企业。我市丹阳市导墅镇被评为2014年度江苏省农村信息化应用示范基地。丹阳市高新技术产业集中区荣获2014年度江苏省信息化与工业化融合示范区称号，镇江高新技术产业开发区荣获2014年度江苏省信息化与工业化融合试验区称号，1家两化融合示范区（镇江经济技术开发区管理委员会）通过复核。我市共有4家企业被列入工信部第一批两化融合管理体系贯标试点企业，1家服务企业被列入两化融合管理体系服务机构，有2家企业被列入江苏省两化融合发展问题诊断对象。编制《镇江市信息化与工业化融合发展情况报告》。开展区域两化融合发展水平评估调查工作，完成辖区内机械、轻工（含烟草）、电子、化工和金属材料五大行业共计400家企业的调查。三是驱动电子商务发展。启动电商拓市评价标准、考核办法的研究工作，联合商务局共同开展企业电子商务发展情况调研；完成第二届“江苏技能状元大赛”电子商务师比赛组织工作，我市2名选手分获二、三等奖；推荐企业应用镇江好产品网、飞龙网等电子商务平台的应用，指导企业加强船舶及海洋工程应用软件研发平台、惠龙港物流平台、镇江物流公共平台等特色行业信息服务平台建设。

1. 习总书记视察惠龙e通

2014年12月13日下午，习近平总书记来到惠龙易通国际物流股份有限公司考察。惠龙易通国际物流股份有限公司已建成全国性的货物运输集中配送电商平台。在公司运营大厅，习近平总书记听取企业负责人介绍情况，并到呼叫办公区的电脑前详细了解业务操作流程，赞赏企业的创业创新精神，希望他们继续努力，不断寻找新的商机和发展新的商业模式。离开时，总书记同围拢上来的企业员工亲切交谈。人群中，来自美国斯坦福大学的麦克教授握着习近平的手说，能够到中国来工作感到很高兴。习近平欢迎他为中国企业发展贡献聪明才智。

2. 惠龙易通电商平台正式上线

2014年11月27日上午，“中国智能物流与电子商务发展论坛”暨“惠龙e通电商平台上线仪式”在惠龙易通电子商务大楼成功举办，副省长史和平，市委副书记、市长朱晓明出席上线启动仪式。

近年来，惠龙易通国际大力弘扬江苏新时期“三创三先”精神，广泛吸纳国内外一流人才，抢抓电子商务蓬勃发展机遇，全力打造目前国内最大的物流立体交易平台，既加快了企业转型升级步伐，也对全国物流业发展起到了积极的推动作用。

3. 镇江市大全集团有限公司信息部总经理徐慧被评为江苏省首届企业优秀信息官

江苏省经信委开展江苏首届优秀企业首席信息官（CIO）评选工作以来，我市广大企业报名踊跃，经过本人自荐、单位负责人推荐、专家组评审、企业回访等环节，省经信委对江苏省首届企业优秀首席信息官（CIO）和企业优秀信息主管进行了公示，我市大全集团有限公司信息部总经理徐慧被评为江苏省首届企业优秀信息官，成为镇江首个获得此项殊荣的个人。

首席信息官（CIO）是指企业在信息技术应用和信息化建设中赋予决策权的领导成员，负责信息化发展战略、规划的制定和实施。实行CIO制度，现已成为信息化建设过程中的必然趋势。本次评选活动的举办，将引导和支持我市企业建立首席信息官制度，充分发挥首席信息官作用，大力推动信息化与工业化深度融合，积极促进我区工业转型升级，加快提升企业和行业两化融合核心竞争力。

4. 镇江市卫生局“感知健康智慧健康服务示范工程”被评为2014年江苏省信息化示范工程

为加快推进我省经济社会各领域信息化建设与发展，充分发挥信息化对经济社会发展的引领示范作用，大幅提升我省信息化发展水平。江苏省信息化领导小组办公室组织开展了2014年信息化示范工程评定工作。共评选出13项信息化示范工程、14项信息化试点工程。镇江市卫生局申报的“感知健康智慧健康服务示范工程”项目被评为2014年江苏省信息化示范工程。

5. 镇江市新增40家企业被评为省级两化融合示范试点企业

为了推动信息化和工业化深度融合，按照省两化融合示范企业在典型应用领域认定的工作部署和各市申报省两化融合试点（示范）企业的工作安排和考核要求，省经信委组织开展了江苏省两化融合示范、试点企业评定工作。经各单位申报、市经信委推荐、省经信委组织专家评审和公示，我市新增40家企业被评为省级两化融合示范试点企业，其中示范企业4家，试点企业36家。截至目前，我市共有2家企业被认定为国家级两化融合示范企业，19家企业被认定为省级两化融合示范企业，150家企业被认定为省级两化融合试点企业，3个园区被认定为省级两化融合示范区，1个园区被认定为省级两化融合试验区。

6. 镇江市1家企业入选工信部2014年首批推荐的两化融合管理体系贯标咨询服务机构

按照《工业化和信息化深度融合专项行动计划（2013~2018）》（工信部信〔2013〕317号）工作部署，工信部遴选了502家企业作为

2014年两化融合管理体系贯标试点企业，开展贯标试点工作。为确保贯标工作顺利进行，工信部开展了首批贯标咨询服务机构的遴选工作，经过专家评审、培训、考核等工作程序，在全国确定了80家首批推荐的两化融合管理体系贯标咨询服务机构，其中我市高科信息科技有限公司入选。

7. 镇江市四家企业入围国家两化融合管理体系贯标试点企业

近日，国家工信部公布了502家企业作为2014年两化融合管理体系贯标试点企业。其中，大亚科技股份有限公司、大全集团有限公司、金东纸业（江苏）股份有限公司和江苏恒顺醋业股份有限公司等4家企业名列其中。

8. 丹阳市导墅镇被评为2014年度省农村信息化应用示范基地

镇江市丹阳市导墅镇被评为2014年度省农村信息化应用示范基地。全省共有15家单位入榜。根据《江苏省农村信息化应用示范基地认定办法》（试行），“江苏省农村信息化应用示范基地”是指广泛应用现代信息技术改造提升农村产业、提升社会管理和公共服务效率，取得显著经济效益或社会效益并具有典型示范意义的乡镇、行政村及其他产业集聚区。近几年，我市丹阳市导墅镇一直着力于信息化应用示范基地建设，建立了信息化统筹协调机制，行政村光缆覆盖率达到100%，并建有“五个一”的标准乡镇综合信息服务站，每个行政村都建有综合信息服务平台。该镇已基本走出了一条以农业信息化推进农业现代化，以示范基地带动农民增收的发展之路。

9. 丹阳市高新技术产业集中区荣获2014年省两化融合示范区称号

根据《2014年度江苏省信息化与工业化融合示范区及试验区名单公示》通知，丹阳市高新技术产业集中区荣获2014年度江苏省信息化与工业化融合示范区称号，镇江高新技术产业开发区荣获2014年度江苏省信息化与工业化融合试验区称号，这将对开发区工业转型升级起到积极的推动作用。今年，全省共有7家示范区、16家试验区获得此荣誉称号。

10. 镇江市发放市民卡·居民健康卡

镇江市近日举办了市民卡·居民健康卡发放仪式。从2014年12月23日起，这张功能更全的卡将开始走进我市居民的生活。

市民卡·居民健康卡持有者可在市直六家医院及江大附院使用，未来将实现全市相关医疗机构的覆盖，医疗机构发放的就诊卡也将陆续退出历史舞台。市民卡·居民健康卡还将具备公共卡、旅游年卡、公共自行车卡等功能。下一步，市民卡还将逐步拓展到教育、出租车、水电气、图书馆、商户消费等功能领域。

11. 镇江市二名选手在第二届“江苏技能状元大赛”电子商务师比赛中获第二、三等奖

2014年4月26日，市经信委共组织了5名选手参加了在常州举行的第二届“江苏技能状元”大赛电子商务师学生组及职工组比赛，经过笔试及机试的激烈争夺，来自镇江高职校的徐心远、刘逸枫同学获得电子商务师学生组第二、三等奖，职工组也取得了较好的成绩。

12. 镇江移动4G引领智能交通新发展

近年来，随着我国城镇化水平快速提高，城市公共交通面临着许多新压力。镇江移动借助自身技术优势以及4G网络，积极助力镇江智慧交通建设，在为市民提供更加安全、舒适、便捷的公共交通服务的同时，有效解决城市交通难题。

镇江移动承建智能公交指挥调度系统，为公交公司带来了全新的管理手段，为全市1075辆车安装了集调度、视频监控、信息发布于一体的智能化设备，实现了全市103条公交线路的智能化调度。车载高清视频监控的建设，解决了“智能公交”系统中数据传输及视频传输的信道拥塞问题，车内视频分辨率已由原来标清

提升到高清，可以实时抓拍、调用历史视频信息，为智能公交调度和公交车内纠纷及偷盗等案件提供了有利的图像证据。通过4G网络和视频监控，公交调度指挥中心能够实时了解到车箱内拥挤情况、行车记录、车箱内布控、以及驾驶员工作情况。自实施以来，已覆盖1075辆公交车辆、103条公交线路，开通66个公交站台WLAN站点，年服务客户12000万人次。系统已成功协助公安侦破民事案件4起，为3起重大交通事故提供现场证据。

13. 2014年镇江市教育装备和信息化水平显著提升

2014年，镇江财政投入1000万元用于装备达标及数字化校园建设。目前已新建实验室8个、各类专业教室20个、阅览室6个、录播（演播）室3个、网络教室2个，采购图书18868册，对部分学校的电脑、多媒体、1所学校天文台等设备进行了更新，并完成了镇江市第三中学、第四中学装备达省一类标准创建任务，学校装备水平显著提升。

14. 智慧旅游建设——镇江旅游转型升级必由之路

2014年1月21日，国家旅游局“美丽中国之旅——2014智慧旅游年”启动仪式镇江分会场活动隆重举行，镇江和北京、天津等11个代表城市，通过4G网络同步传输与北京主会场实现联动。镇江市政府全面部署智慧旅游建设，翻开镇江智慧旅游建设新篇章，加快镇江旅游转型升级之路。

“智慧旅游”是概念，是项目，更是综合性工程。“智慧旅游”的有效实施，是旅游要素融合和转型的重要手段，也是现代旅游产业新技术革命的首要任务。镇江是“国家智慧旅游服务中心”、首批“国家智慧旅游试点城市”，应在转变发展方式方面率先取得突破，探索出一条加快旅游业创新发展的新路子，建设智慧旅游基础体系是前提。

15. 出台《智慧镇江建设三年行动方案（2014～2016）》

2014年12月13日，市政府出台《智慧镇江建设三年行动方案（2014～2016）》。方案中明确智慧镇江建设侧重政府引导、市场运作；共建共享、城乡统筹；应用为先、安全可控；生态环保、惠及民生的推进原则，重点开展宽带镇江提升、大数据中心和决策平台建设、智慧政务发展、智慧产业发展，以及智慧民生发展等五大重点行动，并完成政务大数据中心、生态云平台、数字图书馆、数字博物馆等共计54个重点专项。

在信息基础设施方面，我市3年将累计投资46亿元，使全市信息基础设施总体达到国家一类地区水平，实现“百兆到户、千兆进楼、T级出口”的网络覆盖。同时，推动新一代信息技术产业，以云计算和大数据、高端软件、新型显示等为重点的新一代信息技术产业销售达到710亿元以上，年均增长40%以上。建成3–5个特色优势明显、带动作用较强、知名度和影响力大的产业基地和集聚区。

信息化应用水平方面，市、辖市区政府部门主要业务信息化覆盖率分别达到95%和85%以上；85%以上的城乡居民建立电子健康档案；国家教育信息化达标率达到95%；市和辖市区全部建成城乡社区综合管理和服务信息平台，覆盖达到90%以上。

信息安全保障能力方面，建成信息安全综合监测预警应急平台、舆情监测处置平台、市级容灾备份中心，实现基础信息网络和重要信息系统安全监测预警覆盖率100%。

16. 出台镇江市政府信息化项目投资管理办法实施细则

为进一步加强政府投资项目管理，规范政府投资行为，充分发挥政府投资效益。2014年3月30日，出台《镇江市政府信息化项目投资管理办法实施细则》。该细则明确了信息化项目立项、资金安排、项目招标、施工、验收等程序。对政府投资项目实施全过程进行监督管理，规范政府投资建设项目管理，为政府投资项目计划好、建设好、管理好、监督好提供了制度保障。

17. 镇江市智慧产业基地落户绿地中央广场

2014年10月17日，镇江市智慧产业基地落户绿地中央广场授牌暨中兴通讯、凤凰传媒签约仪式在喜来登酒店举行。

绿地集团迎合中国城市化与信息化发展浪潮，提出了产城一体化的发展新思路，通过益发便捷的交通设施打造长三角一小时城际商务圈，构筑城际商务办公的新桥梁，为城市之间的商务发展和经济建设打开了新的视界。

26万平方米的镇江绿地智慧产业基地坐落于镇江火车南站商务圈核心，承载着打造镇江长三角城际商务圈的重任。项目由一栋五A甲级写字楼、一栋高水准乙级办公楼以及配套的商业综合体共同组成，是绿地集团着力打造的智慧化办公重点项目。项目落成后将包含有安防智能化、ba系统、多媒体信息发布系统、可控背景音乐、停车场智能管理系统、无线对讲系统等诸多科技元素的应用，是镇江首个真正意义上的智能办公社区，不仅为企业打造了一个全新的超现代化办公平台，更代表了镇江在智慧产业发展上的一个重要标志。

镇江绿地智慧产业基地是打造镇江与周边城市快捷沟通的重要节点，也是在镇江行政中心南移后落实南徐片区商务繁荣的重点工程。项目承载繁荣镇江南站商务圈的重要使命，“无绿地，无南站”是这一现实的真实写照。正是基于产城一体化的发展需求，中兴通讯及凤凰网江苏站应势入驻，成为镇江绿地智慧产业中心的首批企业。

三、软件产业

2014年，软件产业成为全市新经济发展的增长点，持续向服务化、网络化及平台化转型，软件技术创新应用催生了大数据、移动互联网、云计算等一批新业态的发展，提升了商务、金融、物流、旅游等现代服务业的水平。智慧城市建成了智能交通、食药安全、智慧教育、智慧健康等一系列城市智能应用，提升了城市管理和服务水平。工业上实现了机器换人、低碳排放、智能制造等一系列两化融合建设，促进了工业转型升级和嵌入式软件发展。2014年我市软件产业发展总体良好，呈稳中增长的态势。

1. 加快园区载体建设

根据《关于加快推进产业集中集聚集约发展的意见》要求，督促、指导六大园区（国家大学科技园、镇江知识城、大禹山创意新社区、中国中小企业信息产业园、镇江软件科技产业园、句容科技服务产业园）编制产业发展规划，明确空间布局和产业定位，制定产业发展年度目标，对园区发展提出了个性化指导意见，着力打造一批具有较强集聚带动能力的软件特色园区，形成布局合理、发展线路鲜明的产业发展格局。鼓励各辖市区建设特色产业园区，如移动互联网产业园，集成电路移动智能产业园，台江软件园，数字出版基地等。同时注重园区生活、娱乐、交通等配套设施建设。

2. 开展“四名”活动评选

为鼓励和宣传行业内有较大影响力的特色园区、示范企业、品牌产品和优秀人才，发挥典型的引领、示范和带动效应，2014年5月份在全市范围内组织开展了软件与信息服务业“名园名企名品名人”评选活动，经过层层筛选，最终评出名园2个、名企5家、名品10个、名人5名。编制《镇江市软件产业“四名”工程培育及认定工作推进方案》，组织召开“镇江市软件与信息服务业工作推进会暨2013年度‘四名’发布会”，对名园、名企、名品、名人进行了表彰、宣传。

3. 推进企业品牌创建

引导企业创建各类品牌，提升企业产品质量。恒宝股份有限公司入围2013年度国家软件百强企业；益海芯电子技术江苏有限公司通过国家认证的集成电路设计企业；恒宝股份有限公司、镇江亿华系统集成有限公司、镇江大全信息技术有限公司等10家企业入围江苏省规划布局内重点软件企业；恒宝股份有限公司、江苏唐邦机电有限公司、江苏超创信息软件发展股份有限公司等3家经认定的软件企业上市公司；江苏鱼跃信息系统有限公司的鱼跃信息低氧浓度报警型制氧机系统软件和镇江明润信息科技有限公司的明润疏浚集成系统软件等10个产品入选江苏省优秀软件产品奖（金慧奖）。同时加强政策支持，促进企业做大做强。

4. 加强人才队伍建设

积极举办形式多样的人才培训活动，鼓励高校、人才培训机构开展电子信息、软件等人才培育活动。组织4名重点软件企业高管参加江苏软件产业“育鹰计划”第十一期清华大学（移动互联网）高级研修班，组织30家软件企业参加“镇江市软件企业新三板上市辅导培训班”活动，组织25家软件企业参加我委和镇江高专联合举办的“第二届博士论坛暨专家讲座”活动，组织40家企业参加江苏省软件产业公共平台安全监测培训交流会，提升企业高管综合素质，打造骨干软件企业的高管团队，促进企业做大做强。

四、无线电管理

截至2014年11月底，全市有7个单位新设、增设无线电台站设备155部，换发电台执照240份；规费征收完成年度计划的99.8%；开展执法检查25次，处理违规3起。在完成的93个行政办件中，我们依法行政，积极服务。一是规范权力运行。认真贯彻省市规范行政权力工作部署，配合做好深化行政许可项目改革工作，结合市经信委《关于开展“整治慵懒散、提升执行力”四大行动的通知》要求，认真梳理审批事项，配合许可项目清理，完善办事指南，规范运行流程，加强政务公开，强化节点管理与监督，真正做到规范、阳光、便民。二是提升服务效能。加强制度管理，制定并实施了《业务公示制》、《问责追究制》、《收费管理办法》等效能考评制度，明确行政权力的管理、违规问题的处理，促进了行政权力的规范高效运行。在科学可行的范围内，最大限度地缩减许可批办期限，向用户作出5个工作日的许可时限承诺，以此带动行政征收、监督检查、技术支持等各方面工作，向社会展示良好形象。三是热心服务用户。把依法行政、热心服务落实到具体工作之中，让群众真真切切地感受到政府作风的转变。市地方海事局拟设置覆盖全市的应急通信网，站点多、标准高，通常情况下五个工作日难以完成许可流程。对此，我们在接待用户技术咨询时就提前介入，通过数据库和固定监测站预选频率，接到办件申请后，监测人员立即开赴市区、丹阳等多地进行预选频率监测与筛选，保证在承诺时限内完成了设台许可，受到了用户的好评。

1. 开展打击非法电台的专项行动

根据省无管局以及省级多部门关于打击非法设置无线电台的专项工作部署，2014年4月起，全市开展了以查处非法调频广播电台、“伪基站”、卫星干扰器和其他非法设台为内容的专项整治行动。积极协调市委610办公室、市公安局、文广新局和电信运营公司，分别召开了协调会议，制定了《配合开展打击整治非法生产、销售和使用“伪基站”违法犯罪活动专项行动工作方案》和《开展打击非法设置无线电台（站）专项治理活动工作方案》，通过媒体开展查处非法电台的宣传，协调各部门联合执法，进行专项监测行动9次，形成高压态势。全年共查获伪基站2个，配合公安部门检测鉴定伪基站设备2部。

2. 圆满完成青奥会无线电安全保障任务

根据省局的统一部署，2014年8月份，我处（站）派出保障人员6名，车辆2部，携带4套无线电监测设备，组成全省平均年龄最大（52岁）的保障团队，赴南京对马术和高尔夫两个青奥会比赛场馆进行无线电安全保障。在青奥保障工作中，先后核定赛事无线电设备800多部，频率97个，新注册设备、标贴《青奥无线电设备使用证》142个，发放《无线电用户手册》80多份，检查相邻无线电设备使用单位9个，实施无线电监测312小时，关闭非赛会使用的无线AP15个，排除对竞赛计时计分系统的干扰隐患2起。保证了竞赛场馆各项无线电业务安全运行，圆满完成了保障任务。

3. 继续做好重要考试的无线电保障

根据省无局部署、形势所需和部门商情，先后在研究生入学、“小高考”、公务员选拔、卫生技术职业资格、会计职称、高考、英语四六级、二级建筑师、司法、建造师等19项国家考试中，出动人员152人次，车辆40台次。我们发挥考场的宣传和震慑作用，强化电波监管，2014年考场无线电秩序已明显改善，全年监测到考试作弊信号3个，查获2个，阻断1个，为国家考试营造了公平的考场环境。

五、基础设施

1. 完成全城免费无线上网热点建设工程

2014年3月19日，组织召开全城免费无线上网热点建设工作推进会，全城免费无线上网热点建设工程正式启动。下发了《镇江市20个市政公共场所免费无线上网热点建设实施方案》（镇信办发〔2014〕1号），成立以卜晓放副秘书长任组长的免费无线上网热点建设工作协调小组，协调各有关部门工作，督促和推动工程建设。12月初，全市免费无线上网热点建设工程已全部完成，共完成上网热点区域建设21个，投入AP数2625个，完成投资2100万元，AP数和实际投资额分别超过计划25个和20万元。目前21个上网热点已全部开通，可实现4万人同时无线上网。据测算，每年可为市民节约上网流量200TB，节约上网费用2600万元。

2. 编制《镇江市人民政府办公室关于大力推进“宽带中国”战略 加快提升全市宽带发展水平的实施意见》

为贯彻落实国务院、省政府关于大力实施“宽带中国”战略，加快提升全市宽带发展水平，全面实现“赶超国家一类地区、接近发达国家水平”的宽带发展目标，编制了《镇江市人民政府办公室关于大力推进“宽带中国”战略 加快提升全市宽带发展水平的实施意见》，明确了2014～2020年我市宽带的发展目标，细化重点任务，提出切实有效的保障措施，并于10月份正式出台。

3. 积极申报“宽带中国”示范城市

根据《工业和信息化部办公厅发展改革委办公厅关于开展创建“宽带中国”示范城市（城市群）工作的通知》（工信厅联通〔2014〕5号）要求，组织电信、移动、联通相关部门负责人召开专题会议，部署相关工作，加班加点，完成了《创建“宽带中国”示范城市申报材料》，并通过了工信部通信发展司、发改委技术产业司专家的初步审查。2014年7月15日，王常生副市长、薛峰主任带领相关人员参加了创建“宽带中国”示范城市现场答辩评审会，汇报效果良好。10月份，根据《工业和信息化部、国家发展和改革委员会两部委关于2014年度“宽带中国”示范城市（城市群）名单公告》（公告2014年第61号），全国共确定39个城市（城市群）为2014年度“宽带中国”示范城市（城市群），我省南京市、苏州市、镇江市、昆山市上榜。

4. 完成《镇江市三集园区信息通信基础设施建设规划》编制

为响应市委市政府《关于加快推进产业集中集聚集约发展统一建设发展的意见》（镇发〔2013〕40号）的要求，加快推进三集园区信息通信基础设施建设，促进园区内企业信息技术的广泛应用和信息化水平的提升，我委启动了《镇江市三集园区信息通信基础设施建设规划（2014～2018）》编制工作。2014年11月份，完成了规划编制及专家评审工作，该规划基于现有基础设施现状，结合园区功能定位，在有线网络、4G网络规划方面，以运营商共建共享为建设模式，对加速产业园区集中集聚集约发展具有基础性推动作用。

六、信息安全

1. 举办市级党政机关和重要信息系统安全员岗位专业培训班

为进一步提升全市党政机关和重要信息系统的安全防护水平，市经信委于2014年4月15至17日，在镇江市经济干部学校成功举办了市级党政机关和重要信息系统信息安全员岗位专业培训班。来自市级党政机关、辖市（区）及重要信息系统的61名学员参加了本次培训。本次培训共22个学时，邀请了省信安办、省信息安全测评中心、江苏大学、江苏天创科技公司的5位专家学者进行授课，培训课程包括国内外信息安全形势、信息安全概述与主要技术方法等多方面内容。培训结束后，市信安办组织了闭卷考试，通过率达到100%，核发《江苏省信息安全员上岗证》61本。

2. 出台《镇江市网络与信息安全体系建设规划》（2014～2018）

为全面提升网络与信息安全建设和管理水平，编制了《镇江市网络与信息安全体系建设规划（2014～2018）》，描绘了2014年至2018年未来五年安全建设蓝图；确定了各阶段的建设目标、内容及成果预期，符合我市信息安全战略需求，对未来镇江市网络与信息安全建设工作具有积极的指导作用，这是我省第一家省辖市网络与信息安全总体规划。

3. 开展全市网络安全检查工作

根据《关于印发〈14年江苏省网络安全检查工作方案〉通知》（苏网办〔2014〕7号）要求，积极开展全市网络安全检查，涉及全市7个辖市（区）、52个党政机关和市政领域。认真查找工作中的突出问题和薄弱环节，落实信息安全责任，增强人员信息安全意识，促进安全防范水平和安全可控能力提升。同时完成了省网信办检查组对镇江市网络安全抽查相关工作，对政府办“行政权力网上公开透明运行系统”及市政府、人大、工商、民政、卫生、检察、法院等7家市级政府机关门户网站进行了检查，确保全市重要网络与信息系统的安全运行。

4. 做好青奥会前反恐维稳工作

2014年6月18日，市经信委与市公安局召集镇江电信、镇江移动、镇江联通负责人，专题研究青奥会前反恐维稳工作。要求通信运营企业每周播发反恐公益宣传短信，切实做好反恐宣传，增强广大市民安全防范意识。

（镇江市经济和信息化委员会　陶迪明　王美洲　李　蕴）

镇江市信息化建设特色

“十二五”期间，镇江市工业经济快速增长，产业结构逐步优化升级，新型业态不断涌现。现将有关情况汇报如下：

一、新型业态发展情况

（一）智慧物流创新发展

2013年，镇江市实现物流业增加值190亿元，占全市GDP和服务业的比重分别为6.5%和15.3%。涌现出了惠龙港、飓风物流、宝华物流、恒伟物流等分别在电商物流、供应链管理物流、危化品物流、冷链物流等特色专业领域具备核心竞争力的龙头企业和智能化物流平台。其中惠龙易通电子商务平台实现了物流信息自动匹配，物流方案优化设计，在线支付、贷款保险等配套金融服务，其创新模式得到了习近平总书记的高度评价，苗圩部长、毛伟明副部长、史和平副省长视察后也给予了充分肯定。丹阳飓风物流股份有限公司通过构建物流公共信息平台，发展第四方物流。中联网仓科技有限公司建设了5万平米的高自动化配送中心，具备日均处理150万件货物，峰值处理200万件货物的处理能力。镇江恒伟供应链管理股份有限公司建设了基于3G-M2M的冷藏品物流应用示范工程、农产品冷链智能物流信息系统（平台）建设项目、基于3G的可视化冷链物流货物跟踪系统技术推广应用建设项目。镇江兴港国际物流有限公司研发了研发“基于云平台的甩挂物流物联网”项目。

（二）平台经济特色明显

投资1.5亿元建成了云计算中心，可提供3PB云存储、7000个虚拟云计算能力。目前已承载并运行着国家智慧旅游云、中国电能云、低碳城市云、省级渲染公共服务平台等多个国家、省级应用平台。其中国家智慧旅游云是国家旅游总局授牌、全国唯一的智慧旅游服务中心的承载平台。中国电能云平台是国家发改委、工信部认定的用户电能管理平台。2013年镇江市近百个用户降低电能消耗近1亿度，减碳5万吨。低碳城市云平台是全国首创，实现了碳监控、碳评估、碳核算的云平台，能够为将来全国碳交易实现有力支撑。

（三）电子商务应用不断普及

共培育了1个国家级电子商务创新应用示范工程，8家省级电子商务示范（试点）企业，全市规模以上企业电子商务应用比例达到50%。目前，全市约有近5万个电子商户（包括工业企业、个体工商户、个人），在线销售产品近20万种。建成了飞龙网中小企业交易平台、“镇江好产品”网上展销馆、恺源旅游商贸电子商务平台、翰诺团购网、海外代购电子商务平台等一批电子商务平台。飞龙网中小企业交易平台年交易额达到200亿元。“镇江好产品网”，是全国第一家由政府打造及为本地区名特优新产品企业提供免费宣传、免费3D展示、政府采购、工程采购、供需对接、在线交易的电商平台。上线产品涉及14个行业、1000家企业、3000个商品，10个3D虚拟行业展区、41个3D虚拟企业展厅。到2015年，全市2000余家规上企业全部入驻该网站。我市高桥镇雪地靴电子商务集聚区，年销售20亿元，日销量2万件。大全集团应用电子商务采购原材料40亿元。江苏鱼跃医疗设备股份有限公司实现电子商务销售2亿元，同比增长近300%。

（四）新一代信息技术快速发展

全市涌现了物联网、网络游戏、网络教育等一批新一代信息技术企业。江苏名通信息科技有限公司、镇江微端网络科技有限公司、江苏易乐网络科技有限公司致力于互联网游戏研发，并逐步发展成为集游戏研发、游戏运营、游戏媒体、游戏云服务于一体的综合游戏服务提供商，在全省乃至全国网络游戏领域均占有一席之地。镇江睿泰信息科技有限公司，是“江苏省国家级数字出版产业基地镇江园区”支柱企业，也是全国首个“中国互联网应用创新基地”建设单位，主营业务包括数字教育及数字阅读解决方案，作为睿泰数字产业园的核心企业，为产业园全面提供技术研发及平台服务，致力于打造成中国航母级的“数字内容生产中心”。

二、主要工作举措

（一）在信息基础设施配套方面

先后出台了《关于加快推进信息通信基础设施建设的意见》、《镇江市三网融合试点实施方案》、《镇江市信息通信基础设施建设三年行动计划》、《关于大力推进“宽带中国”战略加快提升全市宽带发展水平的实施意见》等文件，在政策上加大了对信息通信基础设施建设的扶持力度，近3年来投入24.5亿元建设信息通信基础设施，为基于互联网的新型产业发展打造了良好的基础设施环境。

（二）在政策保障方面

制定了一系列鼓励新一代技术产业发展的政策，主要有《智慧镇江发展三年行动计划》、《镇江市大数据产业发展战略规划》、《镇江市新一代信息技术产业发展三年行动计划》等。2014年，我市经信委专门设立了全国第一个互联网产业处，专门负责推进互联网产业发展。

（三）在产业培育方面

实施了“三百工程”，对百强企业、百佳产品和百新项目进行展开“三集中”帮扶和推动。即集中政策扶持，把国家、省、市经信类的扶持、引导和奖励资金与政策，向“三百”的企业与项目叠加倾斜，放大政策支持效应；集中要素保障，定期梳理相关企业在融资等方面的需求，集中资源力争满足，并指导和帮助其开展“机器换人”、“数字工厂”等工作；集中协调服务，每月梳理相关企业和项目面临的问题，集中交办、会办、协调处理。通过实施“三百”工程，全力引导和推动相关企业高端化、规模化、信息化、品牌化、服务化、低碳化发展，搭建信息平台，开展示范引领，做强做优全市工业经济。

（四）在人才培育方面

通过制定《镇江市引进培育创新创业领军人才行动计划“331计划”》、“育鹰计划”、“333高层人才培育计划”等一系列政策和计划，建立了针对高科技领军人才的引进和对普通从业者进行完整职业培训的机制。

（五）在招商引资方面

通过对符合产业发展方向的高科技企业进行房租减免、种子基金扶持、税费奖励返还、投融资支持等一系列优惠政策，优化了高新技术企业发展外部环境，解决企业的核心需求，增强了企业发展活力。

三、存在问题

（一）思想认识不到位

多数中小企业互联网意识较为滞后，实体市场依然是竞争的焦点，互联网经济将会带给中小企业的机遇还没有被中小企业所认识到和注意到，缺乏去抢占网络虚拟市场的必要性和紧迫性的意识。

（二）规划指导不到位

对互联网经济如何发展缺乏统一的规划，没有明确的互联网经济发展的总体思路、发展目标，亟须做好顶层设计，指导全市互联网经济有序发展。

（三）保障体系不到位

互联网经济市场需要进一步规范管理。由于互联网经济自由程度较高，众多电子商户良莠不齐，商业行为不够规范，存在无序竞争，全面的电子市场管理和信用体系尚未建立。

（四）知识水平不到位

企业普遍缺乏互联网应用专业人才，多数中小企业仅仅通过电子商务展示产品，还没有挖掘出网络对于企业的巨大潜力和赋予企业优势的作用，缺乏专业的营销模式和交易管理。

四、“十三五”期间发展思路

重点发展互联网产业，到2020年，镇江市互联网产业发展水平达到国内领先，成为国内互联网产业和创新高地。集聚一批具有较强影响力的龙头示范企业，培育一批具有创新活力的成长型企业，建设一批互联网产业和创新基地，扶持一批互联网公共服务平台，加快芯片、终端、软件、平台、应用等环节的创新发展，实现互联技术在各行业的广泛应用。

（一）构建四大平台

基础支撑平台。以“宽带中国”示范城市建设为契机，高标准建设宽带互联网、移动互联网、感知物联网相融合的信息基础设施体系，加快推进镇江云计算和大数据中心的建设，为智慧镇江和互联网产业发展提供基础支撑。

技术支持平台。加强政产学研用合作，建立互联网技术研发平台，积极开展互联网应用基础研究、共性关键技术和前沿技术的攻关，为产业发展提供技术支撑。

产业孵化平台。依托现有的产业园区，构建集技术服务、金融服务、法律服务、招商引才、信息发布、企业宣传、产品交易为一体的产业孵化平台，为产业发展提供服务支撑。

政策保障平台。制定镇江市互联网产业发展规划，出台《加快我市互联网产业发展的意见》，强化政府对产业的引导和政策扶持，在资金、土地、税收、人才、知识产权、信息安全等方面给予政策保障。

（二）建立四大机制

管理服务机制。建立互联网产业发展联席会议制度，充分发挥互联网行业协会的桥梁、纽带作用，完善公共技术平台、公共服务平台的建设。

企业培育机制。加快引进一批具有技术优势、品牌优势、市场优势的知名互联网企业，孵化培育一批“专、精、特、新”的中小型互联网企业，引导传统产业向互联网产业转型，拓展产业空间。

市场监管机制。建立长效的市场监管协调机制，加大力度打击互联网违法行为，维护市场的合法、公平交易，完善个人信息安全认证制度，确保互联网信息安全和电子商务消费者的合法权益。

统计监测机制。制定互联网产业发展评价指标体系，建立互联网企业、项目、产品库，加强互联网产业的统计、监测与分析，为产业发展提供真实、可靠、科学的指导和决策依据。

（三）重点发展四大领域

电子商务。依托惠龙港、易润、高桥雪地靴等项目，大力发展B2B、B2C、O2O等电子商务，引导实体经济向电子商务转型升级。

网络游戏。以名通科技、微端网络、易乐网络等游戏企业为核心，打造集网游、页游、手游的研发、运营、服务为一体的综合游戏服务基地。

在线教育与数字出版。以国家互联网应用创新基地和数字出版示范园区为支撑，依托睿泰数字产业园，打造国内一流的以在线教育、数字出版为核心的镇江知识城。

移动互联网。依托镇江新区的移动互联网产业园，引进和培育一批移动互联网企业，重点扶持智慧镇江、邮付通、熟店宝等手机APP应用项目的推广和应用。

（四）努力打造四大园区

整合我市现有互联网产业资源，打造“互联网产业基地”，以此作为孵化平台，培植更多的创新型互联网企业，形成互联网创新型企业的聚集发展。重点建设京口区网络游戏产业园、新区移动互联网产业园、润州区互联网应用创新基地、惠龙e通智慧物流四大园区。通过加大投入，强化基础设施建设配套，提供相关优惠政策，加快引进和集聚一批高新技术项目，吸引相关企业向各类产业园区集聚发展，形成一批特色明显、功能完善、规模突出的产业发展基地，为互联网产业发展提供有效载体。

五、建议

（一）明确互联网产业范畴，建立统计体系

目前互联网产业范畴尚不明确，缺乏科学的统计体系，难以规范化发展。建议省级层面明确互联网产业范畴，建立产业发展目录和科学的统计体系，进一步指导互联网产业有序发展。

（二）加强互联网产业培训交流活动

建议多举办培训、交流、考察、评比等活动，邀请国内外顶尖的产业专家、学者、精英，共同探讨和分享互联网产业发展的新趋势、新方向，相互学习借鉴互联网产业的新模式、新业态。

（三）设立互联网产业创业基金

建议设立互联网产业创业基金，通过无息贷款的方式，引导和帮助互联网企业健康成长。

（镇江市经济和信息化委员会　陶迪明　王美洲　李　蕴）

泰州市信息化发展概况

一、全市概况

泰州地处江苏中部，长江北岸，是长三角中心城市之一。全市总面积5787平方公里，总人口508万，现辖靖江、泰兴、兴化三个县级市，海陵、高港、姜堰三区和泰州医药高新区。2014年，全市实现地区生产总值3300亿元，公共财政预算收入283亿元。2014年全市经济社会运行总体平稳、稳中有进、稳中提质，在加快转型升级中保持了持续健康的发展态势。实现地区生产总值3370.9亿元，增长10.8%，人均地区生产总值达72706元。财政总收入805.9亿元，其中，公共财政预算收入283亿元，略低于扬州，略高于镇江，总量在长三角16个城市中排名第12位，增幅排名第4位。

二、2014年信息化建设

（一）基本情况

泰州市近年来加大信息化建设推进力度，加快信息通信基础设施建设，广大市民的信息技术应用能力得到极大提高，最为突出的是反映泰州市信息产业在经济发展中所处地位的信息化发展水平总指数大幅提升，为全省进步最快地级市，增长率达到17.5%。2014年，全市国民经济和社会信息化进一步发展，信息产业和信息化建设取得新成果。网络与信息安全保障体系建设进一步完善，协调安全保障能力进一步增强；应用信息技术改造传统产业力度加大，信息化和工业化深度融合步伐加快；农村信息化建设力度加大，省、市级农村信息化应用示范基地建设取得成效，建设农村信息化水平稳步提升；三网融合工作依托被评为国家试点城市契机，取得了较大进展。

（二）通信网络

以助力泰州信息化建设为目标，不断深化网络建设。完成4G二期及三期第一批工程建设，全年建设基站2509座，室分749个，4G三期建设进度全省领先，基本实现4G城乡全覆盖。严格落实4G网优前移工作，6县区城区与高速干线测试指标均达满分，乡镇优化进度超98%，切换成功率、接通率、掉话率等用户感知指标均达到或优于同设备地市平均水平，4G分流比达50.58%，4G终端附着率达77.53%，在全省位于前列。

（三）信息设备制造业

2014年全市电子信息产业规模以上列入统计企业203家，实现现价产值682.58亿元，同比增长11.27%，占全市工业总产值的7.03%，其中50亿元以上企业1家，10亿元以上企业9家，亿元以上企业130家；实现主营业务收入660.32亿元，同比增长11.47%；实现利税79.55亿元，同比增长17.91%；其中利润47.52亿元，同比增长15.73%，全行业平均利润率6.96%。2014年全市物联网产业完成营业收入营业收入106.44亿元，同比增长16.70%。剔除网络运营和服务后，物联网研发制造业务产值达到86.01亿元，同比增长20.73%。电子信息产业主要产品领域有：电子元器件及组件制造、电线电缆制造、工业自动控制装置制造、电气电子控制设备制造、仪器仪表制造、通信设备和计算机外部设备及其他信息产品制造等。全市电子信息产品制造业企业亿元以上重点工业投资项目35个，总投资127.65亿元，其中外汇2.14亿美元。

（四）软件业

2014年，全市软件业务收入41.3亿元，同比增长20.79%，其中，云计算收入1.61亿元，软件外包收入8200万元，信息系统集成和咨询服务收入3064万元。新增通过“双软认定”的软件企业17家、软件产品82个，我市累计通过国家软件企业认定数破百，达112家，通过软件产品认定370个，形成了一定的产业特色，尤其在制造领域的嵌入式软件优势明显。成功申报省优秀软件产品奖（金慧奖）3个；7家软件企业被列为省规划布局内重点软件企业，列全省第4位、苏中苏北前列；其中规模型的重点软件企业4家，与苏州、无锡两市并列。

（五）信息服务业

培育发展电子商务。重视发展装备制造、化工、新医药等重点行业特色电子商务，培育实力强、信誉好的平台企业。鼓励支持有条件的企业加快互联网化转型，培育有竞争力的互联网企业。以海陵工业园区等园区为基础，加速促进平台企业集聚，积极培育、拓展新兴信息服务业态。立足我市经济开发区、工业企业集聚度高的特色园区和产业集聚区经济发展特点，运用产业链和产业集群的良好条件，积极组织相关园区申报省“两化融合”示范区，以此大力提升产业集聚区的竞争优势，推进我市新兴产业集群区的建设。

（六）信息资源开发

全市电子政务基础资源整合共享扎实推进。智慧城市建设的关键是资源的整合共享。针对我市电子政务基础设施条块分割比较突出的问题，去年制定出台了《关于加强电子政务基础资源整合共享工作的实施意见》和《政务信息资源共享管理办法》，从基础平台资源、基础信息数据库、重点业务系统、安全保障体系等四个方面，规范整合现有市级机关电子政务基础资源，推动政务信息系统互联互通、信息共享和业务协同。同时，完成了政务信息资源整合共享平台的招标工作，制定下发了《政务信息资源整合共享工作实施方案》，并召开了全市信息资源整合共享工作推进会进行动员部署。梳理形成了我市的《政务信息资源共享目录》和《公共服务资源目录》，并以政府办文件下发，初步建成了人口库、法人库。目前，已经汇总了13个部门的127项可共享信息1426个数据项。

政务信息资源整合共享工作纳入绩效考核。为进一步加强全市政务信息资源的共享管理和开发利用，根据市政府主要领导要求，制定下发了《市政府办公室关于印发泰州市市级机关部门（单位）2015年度政务信息资源整合共享工作考核的通知》，重点对行政权力事项、基础数据库、智慧泰州建设、社会信用信息和综合治税信息等5项重点工作进行考核。

（七）信息技术应用重点工程

紧密围绕智慧城市发展在智慧工地、城管、医疗、教育等九大领域研发了50项应用。在信息强政上满足政府对提升公共管理能力的诉求，积极实施平安校园、污水监控、城市工地监控、移动警务、食品溯源等一系列政府重点实施项目，促进行政效能、执法质量、服务水平的提升。在信息兴业上解决企业对提升产业效能、拓宽营销渠道、降低运营成本的诉求。在交通物流、汽车、金融、传媒、建筑等行业领域进行了一系列智慧城市实践，助力行业企业提升信息化水平、管理效能及生产效率，推动了产业升级转型。在信息惠民上重点解决老百姓对周到、方便、安全、贴心的信息服务的诉求，在智慧医疗、智慧农业、智慧支付、手机证券（银行）、手机报刊、智能抄表、沃看交通、物联溯源等方面进行探索与实践，充分体现了智慧城市为人民群众的生活带来的便利。

（八）政府信息化

网上政务服务体系建设正式启动。全市网上政务服务体系，将依托市级政务云计算平台，在整合全市各级政府门户网站群和政务服务中心行政权力网上公开透明运行系统基础上，在各级政府门户网站上建设联通市和市（区）两级的政务服务平台，开通政务公开、行政审批、便民服务等三大功能栏目。通过门户网站、移动APP、数字电视、微信公共账号等渠道，为公众和企业提供各类政务服务。为整合全市政务服务资源，利用大数据等现代技术，打造集行政审批、便民服务、政务公开、在线互动等功能于一体的政务服务体系，进一步简化办事程序，提高办事效率和群众满意度。

（九）行业信息化

加大项目招引和载体建设力度，产业加快集聚，特色产业链加快形成：一是项目加快落户。2014年引进车品E库、大观信息、大道电子商务、志牛网络等65个项目注册落户，新增注册资本5.8亿元，其中1亿元以上项目1个，1000万元以上项目12个，完成全年目标的150%。网上医药大平台项目正式启动，中电科、广和慧云、IPv6（下一代互联网技术）、浪潮集团等重点项目加快洽谈；二是经济质态明显提高。2014年实现业务总收入15.3亿元，完成服务外包收入8200万元，从事印刷行业B2B电商的大道电子商务公司成功挂牌上海股交中心Q板股权报价系统，青之峰等公司单位面积产出率加快提升，全年实现每平方米开票销售17万元。

江苏牧院农产品溯源项目被认定为江苏省信息化示范工程，全省共10个；智慧泰兴手机端公共信息集成应用平台项目被认定为江苏省信息基础设施示范项目；江苏有线泰州分公司被认定为2014年度省三网融合创新基地；兴化市广电网络公司技防城建设项目、泰州广电传媒集团无线泰州项目被认定为2014年度信息基础设施建设试点示范工程。

（十）企业信息化

2014年，全市工业企业继续开展信息化和工业化融合，在生产、经营的各个环节广泛应用信息技术。在产品设计研发环节，应用CAD（计算机辅助设计）、CAPP（计算机辅助工艺）、CAE（计算机辅助工程）、CAT（计算机辅助测试）和嵌入式软件等技术；在生产、制造环节，应用CAM（计算机辅助制造）、DCS（集散控制系统）等技术；在管理环节，应用ERP（企业资源计划）、OA（办公自动化）和财务软件等技术；在营销服务环节，应用供应链管理及电子商务等技术。特别加快推进集成应用、流程再造、协同制造管理等方面的深度融合，有效推动工业企业转型升级。全年有6家企业被省经济和信息化委员会命名为两化融合转型升级示范企业，19家企业列为省级两化融合试点企业。

（十一）城市信息化

“智慧泰州”应用平台建成开通，三网融合相关试点项目建设正式启动，建成80多处公共场所、3000多个无线上网接入点。省“两化融合”示范区（试验区）、农村信息化应用示范基地、信息化示范试点工程建设稳步推进。省级农村信息化应用示范基地建设取得成效，农村信息化水平稳步提升，高港区口岸街道引江社区、泰兴市虹桥镇六圩村被命名为省级农村信息化应用示范基地；由市委组织部、市经信委、市委农工办和市农委等四部门联合印发实施的《泰州市农村信息化应用示范基地认定办法》是全省首例出台的市级农村信息化应用示范基地认定办法。以省级农村综合信息服务平台试点建设为抓手，做好村级“四有一责”相关工作。泰兴市滨江镇等16个镇、村被认定为2014年度泰州市农村信息化应用示范基地。

（十二）信息化政策

针对电子政务基础设施条块分割比较突出的问题，制定出台了《关于加强电子政务基础资源整合共享工作的实施意见》和《政务信息资源共享管理办法》，从基础平台资源、基础信息数据库、重点业务系统、安全保障体系等四个方面，规范整合现有市级机关电子政务基础资源，推动政务信息系统互联互通、信息共享和业务协同。同时，完成了政务信息资源整合共享平台的招标工作，制定下发了《政务信息资源整合共享工作实施方案》，并召开了全市信息资源整合共享工作推进会进行动员部署。梳理形成了《政务信息资源共享目录》和《公共服务资源目录》，并以政府办文件下发，初步建成了人口库、法人库。目前，已经汇总了13个部门的127项可共享信息1426个数据项。

制定实施《泰州市社会信用体系建设2014～2016年行动计划》，持续推进信用管理贯标，贯标企业达713家。基本完成企业信用基础数据库和个人信用库建设，系统归集45个市级部门、8.2万家企业、24.3万家个体工商户的178万条基础信用信息。在全省首创建立联席会议制度和诚信诉讼承诺制度。

强化信息产业专项引导资金项目管理，市信息化发展资金共资助72万元，拉动配套投资1.4亿元，实现销售收入过3亿元和利税5000多万元，取得明显的经济效益和社会效益。

三、2015年发展思路、目标和任务

（一）加快推进智慧泰州规划建设。智慧城市规划是智慧城市建设的基石。坚持以“惠民、强企、优政”为建设宗旨，以“让城市更宜居、让产业更发达、让生活更便捷、让百姓更幸福、让社会更和谐”为建设方向，以“政府主导、企业主体、社会参与、市场运作”为建设模式，以“整合、优化、共享、外包”为建设原则，市政府办公室正在牵头编制智慧泰州总体规划。目前，已经组织开展了市级机关相关部门的书面调研，了解3年内全市信息化建设重点项目情况，经过梳理汇总，全市20家市级机关部门累计上报了94个重点项目。下一步，市政府办公室还将到相关部门进行实地调研，进一步摸清情况，通盘谋划智慧泰州总体规划，确保将重点项目纳入全市总体规划。同时，市政府办还将推动相关部门做好各项专项规划编制工作，进一步明确建设目标、重点内容、责任部门和具体措施，统筹利用全市政策、资金、项目等各类资源，协调推进智慧泰州建设。

（二）整合公共服务卡资源。以社保卡为基础，整合政府公共服务功能：在人力和社会保障领域，市民可以凭卡办理养老、医疗、失业、工伤、生育保险等社会保障业务；在卫生领域，作为市民电子病历及健康档案应用中的身份凭证，以及新农合参保人员进行医疗结算的电子凭证；在民政领域，作为低保户、社会救助对象等特殊人群在入学、就医、就业、公用事务等领域享受优惠政策的凭证，实现其他个人信息查询、身份认证等功能，方便群众办事。以交通卡为基础，加强与银行卡的融合，整合公用事业服务功能：实现公交、出租、停车等小额支付功能，实现水、电、煤气、有线电视、通讯等缴费功能，实现景点年卡、门票等电子凭证功能。

（三）深化空间地理信息平台建设。依托国土基础地理信息数据，进一步整合空间地理信息资源，建成全市统一、多尺度无缝集成的空间地理信息库，为政府、公众和行业用户提供开放式的空间地理信息服务，避免了空间地理数据重复采集、格式坐标不统一、行业间数据不能共享等问题。

（四）构建智慧民政综合服务体系。坚持以人为本、惠民优先，建成覆盖全市的社区综合服务管理、社会救助家庭经济状况核对等系统，通过统一采集公共基础数据，实现一网协同办理，整合公共服务资源，减少中间层次和管理流程，为群众提供一站式、个性化的社区服务，打通为民服务“最后一公里”。

（五）加快智慧应急平台整合。积极整合应急信息资源，建立全市统一的突发事件预警信息发布系统，以社区街道、公共场所、城市出入口等为重点，加强安防一体化建设，深度挖掘利用视频监控大数据，健全智慧应急平台的动态感知、综合研判、指挥调度等功能，提高应对自然灾害和突发公共事件的应急处置能力。

（泰州市发展和改革委员会　钱　军）

宿迁市信息化发展概况

一、2014年信息化建设基本情况

2014年以来，宿迁市信息化发展态势良好，信息化覆盖范围更加广泛，应用水平不断提升，基础设施建设力度不断加大，企业两化融合不断深入，社会信息化不断推进，电子信息产业快速发展，信息化发展已经进入一个新的阶段。

（一）两化融合加快推进

全年累计建成国家级两化融合示范试点企业1户、省级两化融合示范试点企业35户，省级两化融合示范试验区5个，新增省级农村信息化应用示范单位2家。积极推行市县软企对接联动机制，全年开展对接活动6次，参与企业120多户，促成合作企业36户。

（二）智慧宿迁建设稳步实施

相继印发了智慧宿迁中长期发展规划、中心城区通信工程建设规划、智慧宿迁（中心城市核心区）建设规划。市民卡工程加快实施，出台了市民卡建设实施意见、市民卡管理暂行办法等规范性文件。

（三）社会信息化项目的作用与效果日益凸现

据统计，涉及民生工程的平安餐饮、社保卡等项目上已有30多项；涉及公共管理服务的数字城管、公安320等项目已有50多项；涉及系统业务的交通可视化决策辅助系统、情报平台、教育城域网、农业远程视频监控系统总监控中心、国有建设用地网上交易系统、银行结算账户资料影像化处理系统、社会综合治税信息平台、防汛防旱指挥系统（升级版）、安全生产移动执法系统、工程建设领域项目信息公开和诚信体系建设系统等项目已有80多项。

（四）“四上企业信息化”管理水平提高

根据全市4420家“四上”企业调查显示，2014年，在生产经营中使用计算机的企业4379家，占被调查企业总数的99.1%；企业期末使用计算机8.63万台，户均拥有计算机20台，比上年增加1台；调查企业中拥有专职从事信息技术工作人员的有3579家，占被调查企业的81.0%，比上年提高5.2个百分点；企业信息化运营维护和软硬件投入总额为16.84亿元，户均投入38.09万元。

五是加快社会信用体系信息化建设。出台《宿迁市公共信用信息查询管理暂行办法》等7份文件，率先在全省实现基本建成完备的社会信用制度体系。建成“一网两库一平台”并全面运行，归集数据1200多万条，涵盖361类企业和个人数据项，具备自动归集、处理、出具信用核查报告、失信“黑名单”公示等功能。

二、政府信息化建设概况

（一）在“阳光政府”上下功夫

“网上宿迁”政府网站成为重要的一站式信息化服务窗口。通过互联网信息技术，对于企业申报、审核、结果反馈等所有程序及流程，政府相关职能部门均采用电子化操作，办公室点鼠标代替了窗口排长队。企业与政府高效互动的同时，人情审批、违纪违法审批等问题从源头上得到了遏制。

（二）网络问政服务群众的作用彰显

作为宿迁的主要门户网站，“12345”、

"宿迁论坛"及"网上宿迁"等均经在高效、畅通的接入服务下，网民的诉求、政府的及时答复无缝衔接，政府与网民的距离进一步拉近。"政务微博"、"鼎鼎有民"等问政品牌在宿迁更是家喻户晓。

（三）搭建"智慧宿迁"破解信息孤岛

搭建"智慧宿迁"这一便民信息平台，首次将水电燃气缴费、交通违章查询等涉及民生的模块集成到"智慧宿迁"门户网站中，破解行业信息孤岛问题。下一步，将社保、公积金、物价、医疗卫生等各种便民信息接入平台，让"智慧宿迁"成为市民生活的一部分。

（四）政府信息化发展逐步完善

城管、国土、公安、交通、教育、卫生、农业等市直有关部门在信息化体系建设、规划编制、网站建设、项目推进、业务培训等方面开展了积极有效的工作，计划安排到位，机构责任明确、技术人员和工作制度完备。审计、交通等部门针对业务难点进行技术攻关，取得信息技术新成果。从信息化推进工作目标考核情况看，我市各个部门信息化投入都在不断加大，业务系统（平台）建设与应用不断扩展，信息共享与资源公用状况不断改善。

三、信息化人才培养概况

为解决信息技术人才缺乏等问题，进一步增强信息产业支撑能力，宿迁市积极实施四项措施。

一是依托硕帮人力资源公司和蓝鸟软件人才培训学校（省级培训基地）等，对待业农民进行信息化培训，实施"蓝领包装"工程，根据市场和企业需求定制培训，重点培养软件编程、文化创意、游戏动漫等紧缺人才。

二是在宿迁学院、宿迁高师、宿迁应用职业技术学院等大中专院校开设了信息产业相关专业课程。同时发挥高教园区资源，建立高水平的实训基地，重点孵化复合型信息技术人才，探索信息服务实用人才培养的新路子。

三是积极落实人才发展计划和省软件产业"育鹰计划"，加大力度培育创新创业团队，促进形成一批在区域范围内具有一定影响的IT领军人才。

四是实施人才引进战略，将企业所需的各类信息化人才进行梳理，借助软件、物联网、电子信息等博览会契机，搭建我市对外人才选聘的服务平台，吸引国内外优秀人才加盟本地企业，提升全市信息产业核心竞争力。

四、部门信息化建设概况

（一）教育信息化建设概况

一是三通两平台建设进展较快。2014年，全市81%的学校建成校园网，比2013年增加近25%，泗阳县、宿城区、宿豫区校园网建成率高达100%以上。全市有近30所学校校园网接入带宽达1000M，改变了教育信息化工作多年来徘徊不前的落后状态。其中，沭阳县在2014年投入6000多万元用于教育信息化建设，改善办学条件，建成县教育城域网校园网，并1000M接入市教育城域网，以教育信息化引领教育现代化建设，并利用网络实现全县优质教育资源均等化，推进了教育公平发展，农村薄弱学校实现了教育信息化，教学质量显著提高，广大师生受益巨大。

二是宿迁市教育公共服务平台成功改版升级。平台升级进一步加大了平台的宣传推广和资源共建共享。平台运行以来，在师资培训、提供优质资源、开展校际交流，组织各种活动等方面效益越来越明显。年内，平台师生访问量达160万人次，年增长85万人次，年增长率100%，居全省第五，资源上传达22万多件，年增长率120%，省考核宿迁市排名居全省第三。

三是积极推动教育技术装备示范学校和数字化校园创建活动。2014年，经申报、评审、验收、公示，全市共授予21所教育技术装备示范学校和宿迁市数字化校园，共创建成63所教育技术装备示范学校和数字化校园。

（二）卫生信息化建设概况

一是加快推进乡镇医院电子病历建设。2014年在完成中心城市乡镇医院综合业务信息系统建设的基础上，全力推进乡镇医院电子病历建设。中心城市35家乡镇医院全部启用电子病历系统，实现了以电子病历为核心的基层医疗卫生机构信息系统全覆盖。

二是全面完成区域卫生信息平台项目建设工作。区域卫生信息平台是2014年市政府为民办实事项目，2014年已顺利完成区域卫生信息平台一期建设目标，并申请省卫计委信息化专家组验收，获得专家组肯定。

三是完成“健康宿迁”门户网站建设。“健康宿迁”门户网站将通过区域卫生信息平台提取医疗卫生机构基础信息，实现医疗卫生机构数据共享共用，为群众提供诊疗记录、健康档案等信息实时查询，并适时公布卫生工作动态、法律法规、政策规章、健康教育、预约挂号、专家在线会诊等信息，为市民提供便民医疗服务。

（三）社保信息化建设概况

一是建立社会保险网上服务平台。创新服务理念，创新服务模式，依托信息化手段，建立社会保险网上服务平台，通过互联网、手机客户端等，实现网上业务自助办理、自助查询，让老百姓足不出户即可完成社会保险申报、缴费、信息查询等业务。

二是建立医疗服务监控及数据挖掘系统。开发了医疗服务监控及数据挖掘系统，通过信息化实现对医疗保险基金运行各环节的非现场监督，通过计算机自动监控和人工核实确认的人机结合方式，扩展医疗服务监控工作的广度和深度，加强基金风险防范，堵塞基金管理漏洞。每一笔刷卡费用进行实时监控，确保医保基金安全。

三是建立了大病商保一站式结算平台。按现行医保政策，对重大疾病患者，医药费支出较高的，还可获得商保公司的一定限额的赔付。为方便参保患者，开发了大病商保一站式结算平台，让参保患者出院结算时，社保报销、大病商保报销一次完成，实现一站式刷卡代为结算。让病人得到商保公司的即时赔付，省去了到商保公司报销的烦琐手续。

（四）“智慧旅游”建设概况

一是“畅游宿迁”微信、微博影响力日渐增强。通过“畅游宿迁”微博、微信宣传行业信息、旅游资讯及旅游网线下活动推广。新浪官方微博“畅游宿迁”粉丝数超43万，再次入围2014“江苏省十大旅游机构政务微博”；官方微信“畅游宿迁”关注人数达3000人，编辑的图文并茂宣传宿迁的文章广为分享转发，单条点击量最多达4万余次。

二是新版宿迁旅游网受到市民关注。为打造宿迁旅行社联盟服务平台和吃住行游购娱服务平台，与携程、溜溜地球等电商平台战略合作，增加商务服务功能，新版宿迁旅游网于2014年9月29日改版上线，已组织21期线下活动，超过1300名游客参加了线下活动。“跟着乾隆爷游宿迁”、“泗阳祈福亲子游”、“晓店温泉放松游”、“洋河酒厂品味游”等活动受到了市民游客的广泛欢迎。

三是宿迁旅游APP、客流监控系统二期和3D实景互动漫游顺利验收。重点景区、购物商店实现了3D实景互动展示。广大游客可在互联网上提前了解我市各大景区、购物店情况。景区客流监控系统二期建设完工。项目包括客流统计系统和景区监控系统。通过在景区关键部位安装摄像机，将实时监控画面回传至宿迁市旅游景区应急指挥中心，在景区发生突发事件的情况下，指挥中心迅速通知景区有关人员，启动应急预案。宿迁旅游APP开发完成。游客下载安装后可以通过手机查询宿迁旅游信息，实现部分旅游产品的手机预订和支付，并可以通过自动定位查询周边旅游资源和消费场所。

（五）“交通信息化建设概况

一是开发掌上公交推送系统。该系统以手机终端为载体，查询城市公交车辆的实时信息、站点信息和换乘信息，通过“通知公告”、“公交新闻”模块及时掌握公交行业动态信息。2014年市区共计34条公交线路、400余辆公交车、1200个公交站点已纳入本系统。该软件在各平台下载次数已达5000人，注册人数为1500人，各公交线路及站点信息累计被搜索次数200万次以上，发布各类交通、公交新闻、公告信息20余条，部分热点线路被搜索次数已达20万次，公交站点被搜索次数总计达2万次以上。

二是完成了长途汽车网上在线售票系统建设。该系统平台基本能实现班次查询、车票查询、网络购票，站内自助取票、新闻公告等功能。按照省交通运输厅的部署要求，经过多方磋商，已展开全省长途客运联网售票前期工作。

三是开展公交金融IC支付平台建设。2014年继续推进市区公交金融IC卡设备安装工作，对新购置车辆及剩余城市公交车辆进行升级改造，市区35条城市公交线路450余辆公交车均已安装金融IC刷卡设备，在全省率先实现了金融IC卡在市区全部城市公交上的应用。

（六）农业信息化建设概况

一是大力发展农业电子商务。各地积极依托区域特色主导产业，开展网络创业工程建设，沭阳围绕打造苏北电子商务强县目标定位，全县新创办网店3000余家，网店总数突破2.4万户，总销售额超17亿元。宿城区9个农产品电子商务示范村（企业），网络销售达到2.47亿元，其中耿车镇大众村成为名符其实的“淘宝村”，年网络销售实木和板式家具1.8亿元，被江苏省商务厅认定为江苏省首批农村电子商务示范村。形成全省3家全国“淘宝村”中，有2家位于宿迁，初步形成了全省“淘宝村”在苏北、苏北“淘宝村”在宿迁的发展格局，宿迁商城、千百美易购、小尼惠商网、360速购商城、来此买、不客气商城等一批自建电商平台也顺势而生。

二是大力发展智能农业，加大物联网技术应用步伐。近年来，全市现代高效农业发展迅速，各级政府、农业生产经营主体加大装备农业的投入，奠定了物联网的发展基础。全市建成了市—县（区）—乡（镇）三级覆盖重点高效农业生产基地的视频监控系统，实时掌握农产品生长情况、农业自然灾害、植物病虫害、重大动物疫情、农业资源环境、农村经营管理等动态信息，实现网上监测预警、专家网上指导和远程技术培训，为各级决策者、农业生产经营主体及时提供科学决策的依据。

三是强化农业信息咨询，全方位服务市场主体。加大农业短信服务力度。通过“12316”惠农短信系统和“12582”农信通短信系统，把农业短信平台作为宣传国家惠农政策的新平台、传播农业科技的新渠道、培训农业干部的新阵地。2014年，市、县（区）两级农业部门发送农业短信20余万条，仅“12316” 惠农短信服务群体超过10万人，基本实现种养大户、家庭农场、农业龙头企业、农民专业合作组织全覆盖。

五、2015年信息化发展思路

（一）推进两化深度融合

建立健全市两化融合专家服务体系，分批次开展市级诊断活动。组织全市规模以上企业开展信息化自评估，依托专业服务机构力量提供专业贯标服务。继续抓好100个两化融合重点项目建设，加大省、市两化融合示范（试点）企业、两化融合示范（试验）区培育建设。

（二）加快推进企业“电商拓市”

针对不同规模、不同行业、不同需求，分批次进行精准化诊断和辅导。邀请拍拍网、京东商城、宿迁商城等第三方电子商务平台专业人员，开展“工业企业网络销售培训县区行”

活动。建立电商拓市企业目录库，实施滚动服务。

（三）推进智慧宿迁建设

研究落实《关于推进智慧江苏建设的实施意见》和三年行动计划，细化落实智慧宿迁中长期发展规划、中心城市核心区规划方案，组织各相关单位加快项目建设和应用，加强政府投资信息化工程项目的扎口管理，加快市民卡工程建设进度，争取早日正式发卡。

（四）推进智慧产业发展

进一步推动各类园区载体与平台建设，促进智慧产业各类资源、技术、要素向园区集聚。开展软件企业与智慧宿迁技术应用对接活动，全年不低于6次，提高软件产品在智慧宿迁应用项目市场占有率。

（宿迁市信息中心　韩　坤）

睢宁县信息化发展概况

2014年，睢宁县积极探索和创新县域信息化建设、管理和运营新模式，紧紧围绕“务实创新、服务发展、服务民生”三大主题，立足睢宁实际，有序推进“智慧睢宁”建设工作，取得初步成效。

一、主要做法及模式

（一）整合部门职能

为加快推进信息化建设工作，县委县政府整合县政府办、发改委、网络管理中心、征信办等相关机构的信息化职能，成立了“睢宁县公共信息服务中心”，负责全县信息化建设的规划、推进、协调、指导、宣传教育、安全保障等工作；具体负责全县政务信息公开的实施、监督、评测和考核工作；负责全县财政性资金信息化投资项目的审核，与县财政局共同负责信息化建设专项资金管理与使用工作；具体承担“中国睢宁”网站群、“数据中心”、“征信综合服务平台”等系统的建设、管理和运行维护工作。为加强组织领导，成立了由县委县政府主要领导为组长，各部门主要领导为成员的信息化暨社会信用体系建设工作领导小组，各镇（园区）、各部门也成立了相应的领导小组，并明确了分管领导和专兼职人员，初步形成了县、镇、村三级信息化建设组织网络，为全面推进信息化建设工作提供了组织保障。

（二）科学规划实施

为充分体现“科学、规范、安全、实用”的信息化建设特色和要求，促进信息产业快速发展，制定并出台了《睢宁县信息化建设2013～2015年行动计划》、《睢宁县公共信息资源共享办法》等文件，对全县实施的信息化项目，采取“专家论证审查前置”方式进行建设，即项目的技术和建设方案专家评审通过后，方可启动招标和建设程序。目前，已组织7次省市专家信息化项目论证会，为项目的顺利实施提供技术和安全保障。

（三）规范项目建设

为加强和规范我县财政性投资信息化建设项目的管理，避免重复建设，保证项目建设质量，有效提高资金使用效益，出台了《睢宁县财政性投资信息化建设项目管理办法》。《办法》对财政性投资信息化建设项目的申报与审批、项目实施、项目验收及项目效能评价等都作了具体规定，真正实现了全县信息化建设项目“六统一”目标，即技术规范统一、数据归集统一、运行线路统一、项目建设统一、系统运维统一、资金管理使用统一。

（四）探索运营机制

为积极探索和创新信息化运行新模式，支持和引导社会资金参与信息化建设，县政府与南大苏富特科技股份有限公司合作，2013年7月份注册成立了“江苏云信软件科技有限公司”。该公司具体负责“云计算数据中心”日常运维和管理，参与信息化项目技术方案的设计、实施方案的制定及项目建设，实现了信息化管理模式和运营机制上重大突破和创新，真正形成了“政府搭台、企业运作、百姓受益”的商业运行格局，保证了信息化建设工作可持续性发展。

（五）狠抓项目推进

为落实《睢宁县信息化建设2013～2015年行动计划》，加快项目建设。一是针对《计划》中涉及的6大类26个重点信息化项目，根据部门职责，进行了任务分解，明确了时间节点和建设质量。二是建设完成了全县统一的“云计算数据中心”，存储达500T，服务器48台，内外网出口带宽达到1G，适应全县3～5年信息化发展要求。目前，“中国睢宁”政府网站群、“征信云平台”、“农村信息化综合服务平台”等项目已完成数据迁移工作，“政务云平台”、“技防升级工程”、“地理空间框架”、“数字城管”等项目依托“数据中心”已启动建设，初步实现了部门之间的信息融合与共享，发挥出了集聚效应。三是规划和建设了全县统一电子政务网络和农村信息化综合服务网络。电子政务网络提供移动电子政务接入功能，全面推进政府部门互联网安全接入，推进基于互联网的电子政务应用。农村信息化综合服务网络实现了全县400个行政村，村村通光纤（10M），村村配置触摸屏和PC机，村村有应用。网上村委会——农村信息化综合服务平台项目，被省经信委评为2013年江苏省信息化示范项目。

（六）促进产业发展

为充分发挥信息消费在扩大内需、促进消费升级、产业转型和改善民生等方面的重要作用，提升“沙集模式”，推动我县经济平稳快速增长，出台了《关于促进信息消费加快信息产业发展的意见》。为进一步推动科技创新和产业结构升级，优化投资环境，促进信息化产业发展，制定了《睢宁县扶持和鼓励信息化产业发展优惠政策》。文件从企业入驻基本条件、办公用房规定、公司吸引人才优惠政策等六个方面做了详细规定。同时，为加强科技创业园招商引资工作，吸引更多的企业落户睢宁县，在信息化项目招投标时，要求中标企业在园区注册公司提供本地化服务。

二、下一步工作打算

睢宁县虽然在县域信息化建设模式上进行了初步探索，并在信息化基础设施建设方面取得了初步成效，但距离国家实施的“互联网＋行动计划”战略，不断适应经济新常态的要求、距离“智慧徐州”建设工作的目标任务、距离人民群众日益增长的信息消费服务需求等，还有很多信息化建设工作需要落实和解决。下一步，睢宁县将以此次会议为契机，认真贯彻落实会议精神，围绕“智慧睢宁”建设目标，重点突出做好以下几个方面工作：一是进一步加快推进“五大云平台”工程项目建设。实施以OA办公、行政审批、电子监察、公共信息交换等系统为内容的“政务云平台”工程，全面提升政府行政效能和公共服务水平；实施以一网三库一平台为内容的“征信云平台”工程，全面提升政府创新社会管理能力；实施以镇村通、物流服务等为内容的“公共服务云平台”工程，全面提升大众创业创新服务环境；实施以云计算、物联网、信贷、两化融合等为内容的“企业全程电子商务云平台”工程，全面提升企业信息化水平，促进传统工业、制造业转型升级；实施以信息惠农、远程会诊、物联网、农产品溯源等为内容“农业综合信息服务云平台”工程，全面提升农业现代化水平。二是进一步规范信息化项目建设流程。为落实《睢宁县财政性资金信息化项目建设管理办法》要求，切实解决好信息化项目建设各自为政、重复建设、资源浪费的现象，真正实现“数据中心”的效益最大化和项目建设“六个统一”，全县的财政性资金信息化建设项目实行“申报→审核→审批→评价”＋“招标购买服务”制度。由于已建设“云计算数据中心”，原则上新建的信息化项目均采取购买服务方式，不需采取购置硬件和开发系统等传统信息化项目建设方式。三是进一步强化公共信息安全与共享。为保障各部门信息和网络安全，避免信息安全事故发生，解决各单位信息化技术专业人才匮乏现状，进一步整合部门信息化资源，消除信息壁垒，实现各部门数据互联互通与共享。要求各单位新建的信息化项目不得自建机房，使用统一的“政府云计算数据中心”；有自备机房，且运营环境符合建设标准的单位，待设备老化更新时，系统迁至“数据中心”，运营期间由公共信息服务中心进行监管；有自备机房，但运营环境不符合建设标准的，系统迁至“数据中心”；有应用系统，但无自备服务器的，统一迁至“数据中心”。四是进一步加强专业技术支撑。为保证信息化工作科学、规范、有序推进，进一步加强“数据中心”信息资源整合与分享的业务指导，深化数据挖掘和分析，积极培育高层次信息化专业技术人才。充分利用泰州学院与县政府开展的校地合作机会，公共信息服务中心和泰州学院计算机科学与技术学院合作成立“政府大数据技术实验中心”，并在云信公司和江苏易创公司设立2个“实践基地”，以此建立长期合作机制，让高校的信息技术专家实时指导我县的信息化建设工作。五是进一步加大信息化基础知识普及。睢宁县信息化建设工作虽然初步探索出县域信息化建设模式，但依然和其他市县一样存在着信息壁垒、资源浪费的信息化建设痹症。为此要加大对全县广大公务人员关于云计算、云存储、大数据、物联网等信息化基础知识的宣传教育，使他们充分认识到建设“政府云计算数据中心”的深远意义，鼓励在职参与并自觉投入到“互联网＋行动”下的“创业、创新”活动中，习惯于用互联网思维开展工作、解决问题，以便更好地支持全县的信息化建设工作。

（睢宁县公共信息服务中心　朱端军）

太仓市信息化发展概况

一、2014年太仓市基本概况

太仓位于江苏省最南部，长江口南岸，处于长三角经济核心圈，东濒长江，与崇明岛隔江相望；西连昆山市；南临上海市宝山区、嘉定区；北接常熟市。太仓是一座历史悠久、文化繁荣、教育发达的江南名城，有4500多年的历史，春秋时期，吴王在此设立粮仓，故得名太仓，素有"锦绣江南金太仓"的美誉。

2014年实现地区生产总值1065.3亿元，增长8.6%；公共财政预算收入106.5亿元，增长6.3%；全社会固定资产投资530.4亿元，增长2%；城镇居民人均可支配收入46377元，增长8.5%，农村居民人均可支配收入23590元，增长10%。完成工业总产值2630.3亿元，增长2.6%；其中规模以上工业产值2082.4亿元，增长4.8%，新兴产业占规模以上工业比重为49.8%。太仓港完成集装箱、货物吞吐量306万标箱、1.57亿吨，分别增长40.9%和32.5%。2014年全市常住人口为70.7万，其中户籍人口47.45万人。下辖6个镇和1个街道办事处。太仓是花园城市，获得“国家卫生城市”称号，市区绿化率超过41%，位列全国第一。太仓是德企之乡，拥有超过200家德资企业。太仓也是全国唯一沿江沿沪的城市，是典型的江南水乡和苏南城市。

二、信息基础设施建设

城乡信息通信网络基本实现了宽带化、数字化和广覆盖，数字电视、固定电话、移动电话、互联网等信息通信服务基本实现按需接入。目前全市三大电信运营商和广电网络传输公司拥有的固定电话总数达20.45万台； 移动电话总数达96万台；有线电视用户总数23.4万户；互联网宽带上网用户总数达25.06万户； 通信3G、4G业务用户总数54.76万人；光纤总长度65.32万芯公里； 全市互联网总带宽680G 。

三、政务信息化

2014年，太仓市进一步拓展政务网络，在已有电子政务专网的基础上将网络延伸到全市所有村、社区及相关节点，完成组建覆盖市、镇、社区三级的电子政务专网，实现网络资源集约化管理，提高基础设施的利用率。太仓市电子政务云平台顺利完成部署，为全市各部门政务系统从分散到集中化管理提供了统一的应用平台，二期扩建后云计算平台拥有100颗CPU，磁盘容量达30T，虚拟50多台服务器，完成迁移约20个部委办局的应用系统。2014年，政务信息资源加快整合，结合太仓市实际情况，完成全市统一的城乡一体信息化支撑平台的建设，通过集约化建设大数据平台和基础数据库，形成应用大整合、数据大共享、管理大统一的格局。

“中国太仓”政府门户网站通过不断整合资源，已经形成以“中国太仓”门户网站为主站、40余家政府部门网站委为子站的政府部门网站体系。网站群包括主站栏目1370个，文章数22820篇，主站日访问量达12232人次。2014年，“中国太仓”共发布新闻4306条，“行政权力网上公开运行”公开11类行政权力事项共1332条，政府信息公开目录，共33大类，139小类，至2014年12月止公开相关信息资料22653

条。政府信息公开工作则重点从组织推进、制度建设、日常工作、载体建设、工作监督、部门网站建设和“中国太仓”责任栏目维护7个方面全面部署推进，提高了政府信息公开的及时性、准确性、有效性。

信息化项目监管进一步加强。2014年，根据《太仓市政府投资信息化项目管理办法》要求，一是强化信息化项目日常管理工作，加强信息化项目需求调研、需求设计、建设实施等重要环节的评审工作，杜绝项目重复建设、需求反复变更现象。截止12月底，共完成智慧物业、粮食银行、智能停车诱导等31个项目（上报资金总额4354.5万元）的技术方案及资金评审工作，并向财政局及各业务单位提供项目评审报告，通过有效管控，实际核定资金为3943万元，节约资金411.5万元，占总预算资金的9.4%。二是开展2015年度政府投资信息化项目预审工作，根据各部门上报的项目建设方案，分别对项目的可行性、方案的科学性、资金的合理性进行论证，提出建议并形成书面报告，为政府统筹安排2015年度政府投资信息化项目资金，提高财政性资金投资效益提供参考。2014年，全市申报项目共计85个，上报金额总计1.8亿，最终核定预算金额总量为7000多万。

四、重点领域信息化

交通运输信息化建设稳步推进。2014年，太仓市交通运输应急指挥平台四期工程建设完成，结合GIS地图软件提供实时动态监控能力，提升了交通运输行业管理综合能力和应急处置能力。建设太仓市公路安全设施可视化管理系统，利用信息化手段对安保设施的投入、使用、维护、报废等进行数字化、流程化的管理，通过利用GIS、GPS、智能信息通讯等技术，实时对安保设施情况进行录入、查询，实现公路安保设施可视化管理。

城市管理信息化水平日益提高。2014年，太仓市继续推进数字市政建设，完成雨水管线数据普查共计55km，6处城市低洼点、2座桥梁全天候实时监控，从根本上解决了市政部件种类繁多、维护复杂、监管困难等问题；加快推进数字照明项目建设，实现对城市主要路灯和景观灯光的实时监控；建设城管家APP发布平台，实现便民信息、许可信息及政策公告的发布；建设渣土管理系统，实现对建筑工地、渣土车辆、运营企业、消纳场所等重要环节的监管；完善建设智能停车诱导系统，提高原有停车设施的利用率。

卫生信息化建设加快发展。太仓市加快建设全市卫生信息网络，构建了全市卫生数据中心和卫生数据共享与交换服务平台，基于居民健康档案的区域卫生信息平台已在全市推广使用，截止2014年底，累计建立居民电子健康档案58万余份。2014年，全市建立起覆盖城乡医疗卫生机构的医院HIS系统、区域LIS系统，实现了双向转诊、居民电子健康档案调阅、传染病报告、慢病报告调阅等功能。

国土资源信息化建设步伐加快。建设国土资源“一张图”管理信息系统，完成2009～2013年征地批次供地数据数字化整理及入库，实现“以图管地，以图管矿，以图管灾”，促进土地矿产资源的节约集约利用；开展太仓城乡一体化国土资源信息化管理平台建设；推进“数字太仓”城市地理空间框架的建设；建设太仓市基础地理信息数据库、数字城市地理信息公共平台、典型示范应用系统。

档案信息化成效显著。截止2014年底，全部馆藏档案的目录数字化，合计目录408.79万条。对全市198家基层档案室实现网络化管理，构建在线查阅、在线归档、在线利用、在线年检的档案管理模式。2014年，实现“民生档案基层查阅窗口”镇、村全覆盖，全市民生档案可远程查阅出证，目前太仓市数字档案馆系统已成熟应用于档案馆与基层档案室之间，成为太仓档案信息化工作发展的重要平台。

教育信息化成果丰硕。2014年，组建了全市统一的教育主干光纤网络，学校接入带宽扩至100M。建设全市校园网安全管理体系。建设太仓特色教育数据中心。着力打造太仓教育资源平台：教育网站集群平台、教育博客平台和学生博客平台。其中教育网站集群在苏州市教育门户网站测评中名列第三。加强太仓远程在线教育平台的管理，区域网络直播课堂案例被评为苏州市教育信息化应用十大创新案例。

五、太仓市民卡

2014年，太仓市民卡项目全面落实。太仓市民卡是由市人民政府授权发放，用于办理市民个人社会事务和享受公共服务的多用途智能卡。该卡整合城市通卡、居民健康卡、太仓同城通卡和银行卡功能，主要应用政府服务、公用事业服务、商业服务和金融服务四大领域。市民卡是“智慧太仓”建设的重要抓手，是社会信息化应用的主要载体。

2014年4月，太仓市正式发行市民卡.公交卡，同年6月30日，进行市民卡首发。截止12月底，完成市民卡8万张，出售公交卡约4万张，交易量日均4000笔，完成首批7200张城区学生卡制作及发放，完成 “市民卡·高龄卡”600张，“市民卡·劳模卡”约500张，“市民卡·爱心卡”3399张。

市民卡功能涵盖市民工作、生活的方方面面，但应用的推进需要一个过程，2014年主要实现以下功能：1. 公交应用。持卡可在太仓城市及城乡公交刷卡消费，享受七折优惠及换乘优惠；学生卡、高龄卡（70周岁以上）、劳模卡、爱心卡免费乘车，老年卡（60～69周岁）享受半价优惠；实现50个住建部互联互通城市公交刷卡消费并享受当地优惠政策。2. 公共服务应用。市民卡包含了高龄卡、学生卡、爱心卡、劳模卡等特殊人群卡；开通图书借阅功能；用于公共自行车租赁。3. 商业应用及金融服务正在建设中。市民卡具有银行卡功能，市民卡电子钱包充值后，可在“市民卡特约商户”刷卡消费。

六、信息产业

太仓市现有规上电子信息制造企业83家（根据最新产业统计口径），2014年1～12月，实现总产值247.1亿元，同比增长6.1%；实现销售237.3.1亿元，同比增长10.5%；实现出口交货值45.2亿元，同比下降6.3%；实现利税12.4亿元，同比增长39.7%。省认定软件企业（“双软企业”）新增3家，共20家，1～12月份，软件和集成电路产业实现总产值8.2亿元，同比增长59.9%，其中，软件和信息服务实现总产值1.01亿元，同比增长10.7%；嵌入式软件增长快速，实现总产值7.2亿元，同比增涨70.6%。

企业信息化建设扎实推进。太仓市成立了市信息化工作领导小组和市信息化专家咨询委员会，设立太仓市加快信息化建设专项资金，企业两化融合工作机制逐步健全。建立了“太仓市中小企业公共服务信息平台”，促进信息交流，强化政企互动。玖龙纸业入选省两化融合示范企业，雅鹿集团、口水娃等23家企业入选省两化融合试点企业，安佑生物等6家企业获得省五星级数字企业称号。全市三星以上数字企业达300家，太仓经济开发区获得省两化融合示范区称号。

（太仓市经济和信息化委员会　蒋海斌　吕　俭）

江阴市信息化建设概况

一、综述

（一）概况

2014年，江阴市信息化建设稳步推进，以坚持资源共享的理念，打造新平台、优化老平台，建设“智慧城市”。顺应移动互联网的发展趋势，重点打造“掌上江阴”民生版手机综合服务平台。以统一的政府机房解决财政、人社等重点部门对保密性、稳定性的要求，并为运维不便的小型系统提供硬件支撑。优化门户网站平台，提升党政网站集群功能。在全市信息化建设基本完成数字化、网络化的基础上，及时调整规划重点，拟定了《“智慧江阴”“十三五”规划》。组织强化信息安全，提升系统运行可靠度。年内，江阴市入选第四届中国城市信息化50强，“中国江阴”党政网站集群荣获2013年度中国政务网站领先奖，中芯国际与长电科技联合打造中国集成电路制造产业链，江阴建成全国首个智慧水利信息化技术推广基地。

（二）江阴市连续四届入选中国城市信息化50强

江阴市自2012年荣获第三届城市信息化50强以后，全市信息化建设始终坚持创新创业，与时俱进，相继建设“掌上江阴”民生版与政务版、区域卫生平台、自主学习教育云平台、公交出行导乘系统等重点工程，对行政服务进行了大数据分析，4G信号和光纤宽带覆盖了大部分区域，有效提升城市运行水平和生活便利程度。2014年12月27日，由亚太地区城市信息化合作办公室、中国计算机用户协会共同主办，2014中国智慧城市推进大会暨第四届中国城市信息化50强发布会在四川省崇州市举行。会议主题是“智慧城市，惠民为本”，会议旨在探索城市信息化建设的规律，总结和交流城市信息化的经验，开创一条具有中国特色，符合中国实际的智慧城市建设之路。中国城市信息化50强的入围名单，是由国内信息化权威专家对信息基础设施、信息资源开发利用、信息化环境、信息化应用水平等4个方面的27项具体指标体系进行评审后确定的，该指标体系可以综合反映一个城市信息化发展水平。江阴市在会上再一次荣获中国城市信息化50强。该奖项自2008年设立以来，每两年评选一次，江阴市连续四届获得该殊荣。

（三）中芯国际落户江阴高新区

2014年8月8日，中芯国际集成电路制造有限公司（简称“中芯国际”）与江苏长电科技股份有限公司（简称“长电科技”）签约合作，成立具有12英寸凸块加工及配套晶圆芯片测试能力的合资公司，正式落户江阴高新区，江阴市市长沈建主持签约仪式。中芯国际公司董事长、原国家电子工业部副部长张文义，江阴市领导周铁根、赵国权、薛良、计军、冯爱东、费平出席签约仪式。无锡市委常委、江阴市委书记周铁根表示，中芯国际是国内规模最大、技术水准最高的晶片制造企业。中芯国际12英寸凸块合作项目落户江阴，将推动江阴微电子产业的发展，促进江阴进一步做大做强以芯片设计、制造、封装为主体的微电子产业。中芯国际总部设在上海，是世界领先的集成电路芯片制造企业之一，也是中国大陆规模最大、技术水准最高、世界排名第四的晶片制造企业。此次与长电科技成立合资公司，设计建成月产5万片的12英寸中段硅片加工生产线以及相应的芯片测试能力，打造国内首条完整的12英寸先进集成电路制造本土产业链，加快建设成为世界一流的集成电路生产基地。

（四）全国首个智慧水利信息化技术推广示范基地建成

2013年5月，江阴市智慧水利信息化项目遵循《江苏省水利信息化十二五规划》要求，以“一个平台、一张网络、一张地图、一个中心、一套保障机制”的设计思路，采用国内外现代先进实用信息技术，建成信息采集与控制等六大系统，形成全市智慧水利信息化综合管理一体化大平台。同时在全市43个引排水闸站中安装了水位、闸位和视频采集设备，第隔5分钟更新一次水情数据，并通过网络实时传递，实现应用效能便捷、实时。为防汛、闸泵站、水资源、河道、圩区、农水、水利工程、气象及办公自动化等提供或获取各类水利水文信息要素，摆脱了依赖人工具体监测、管理的诸多弊端，降低水利运行成本和管理成本，水利管理工作的规范性、科学性、高效性及安全性得到提升。除了防汛年抗灾外，该平台还与江苏省、无锡市、周边县（市）水利部门以及江阴环保、气象等相关单位进行数据交换与共享，并能提供水资源管理、河道管理和工程管理等方面信息，实现资源共享与地理信息服务、信息业务管理与信息智能预警等水利业务的全面整合。7月，江阴市被江苏省水利厅列为全省水利地理信息系统典型应用示范县市。2014年5月15日，国家水利部科技推广中心主任武文相、省水利厅副厅长陶长生等专家组对江阴市智慧水利信息化技术推广示范基地进行现场审查。专家组实地察看了江阴市霞客水利站、市江港堤闸管理处、市水利数据中心等现场，审阅并听取申报材料和汇报，观看了软件系统的各项功能等。专家组对示范基地信息化技术给予充分肯定，认为江阴市智慧水利信息化综合管理一体化大平台作为推广示范基地，具备较好的基础设施，并有较强的科学研究和技术应用条件，可为基地的建设提供保证。6月，该系统同时被水利部科技推广中心和江苏省水利厅列入“全国智慧水利信息化科技示范推广基地”和“全省智慧水利信息化科技示范推广基地”。

（五）市中小学生网络自主学习系统上线

2014年，江阴市加快中小学生网络自主学习系统工程建设，该系统作为市委、市政府为民办实事项目之一，其建设的主要目标是：建成中小学生网络自主学习系统，提供各学科共500小时在线学习的优质资源，供全市约15万中小学生自主免费学习及家长查阅，实现学生学习的个性化、自主化和即时化。该工程经过前期功能需求调研、制订开发方案、公开招标、系统开发、资源建设等，系统平台于12月10日正式上线运行。该系统设置《视频课堂》《在线测试》《互动交流》《名师专栏》4个主要栏目，系统收录优质学习视频资源1659个、同步练习785套、视频时长达564小时，系统用户数超16万户。

二、信息基础设施建设

（一）概况

2014年，江阴市信息化基础设施主要以第四代移动通讯技术（4G）建设和光网城市建设为主要方向，进一步提升基础网络对全市信息化建设的支撑作用。年内，实现城区、镇区光纤全覆盖，覆盖率100%，农村光纤覆盖率98%。4G信号覆盖基本覆盖全市域。在人流集中区共有311个免费无线热点，在31条公交线路的350辆公交车上安装免费无线热点。

（二）信息产业

2014年，江阴市信息产业持续优化，全市物联网产业实现年产值123亿元。年内新增工信部“两化”（信息化和工业化）融合管理体系贯标试点企业3个、江苏省“两化”融合转型升级试点企业10个。江苏长电科技股份有限公司收购新加坡上市公司星科金朋有限公司，完成全球封测业最大并购案，奠定了公司在半导体封测业的国内龙头老大地位，在全球名列第六。市电子商务协会成立，市商务局为该协会主管单位，海澜之家股份有限公司、江阴职业技术学院、江苏邮政速递物流有限公司江阴分公司、江阴市暨阳在线科技发展有限公司及无锡博棠电子商务有限公司为发起单位，至年底，协会拥有百余个会员单位。

（三）信息化应用

2014年，江阴市信息化应用不断丰富，顺应移动互联网的发展，“掌上江阴”和“无线江阴”两大手机客户端正式上线，江阴电子口岸一期工程正式开通，安全生产一体化平台完成建设，区域影像系统建成投运，异地安置人员异地就医实现无锡大市联网结算。建成7个农业物联网示范试验基地。

（四）信息化环境建设

2014年，江阴市信息化发展环境持续优化，规划“一张图”与国土“一张图”为相关业务流程整合提供了基础信息支撑，市规划局率先在全国县级城市开展全市域地下空间设施（地下建构筑物）普查工作，形成地上地下一体化的空间数据库，为城市管理和土地管理的各类业务流程整合提供基础信息支撑。年内，基于江阴市区域卫生平台建设的江阴居民健康服务平台投运。全市110、“12345”公共服务呼叫热线、“12369”环保热线完成整合，呼叫热线联动效率更高。利用社会化模式推进公安技防城建设有突破性进展，市环境监控与预警中心综合业务软件三期项目通过验收。

三、2015年工作思路

2015年，信息化工作将坚持“前沿工作勇于革新，重点工作开拓创新，日常工作稳中求新”的方针，以“资源整合、信息共享、示范应用”为工作重点，努力做好四项工作。

（一）以“智慧化”为主题，提升城市现代化程度

坚持规划引领，实现“智慧江阴十三五”规划的最终定稿，作为今后一段时间全市信息化建设的纲领性文件。推动重点工程，“掌上江阴”·民生版项目进一步完善功能，重点添加医疗卫生、教育、行政服务等与市民更贴近的子模块。推动教育云平台、区域卫生平台达标省三星标准、公安技防系统升级、社区综合服务平台、公用事业综合管理系统等五大信息化重点工程建设。优化基础设施，全市新建4G基站560个，弥补现有信号覆盖盲区；继续推进“光网城市”工程。未实现光纤覆盖的自然村尽快铺设光纤通道。

（二）以资源整合为方针，促进项目统筹推进

完善政府机房。全面完成政府机房基础建设，先进行原电子政务机房内设备的搬迁投运，积累经验后再完成财政、人社等重点信息系统设备的入驻。规范项目流程。与财政局联合制定《信息化资金管理办法》等规范文件，对政府投资信息化项目从立项、方案制定、招标、验收、绩效考核全流程进行规范。开展专项整合。开展网络租赁规范、视频监控整合、地理信息共享机制、电视电话会议平台建设共4个专题调研，形成解决建议，待领导同意后开展共享平台建设，实现事半功倍。

（三）以安全可靠为目标，提升信息安全防护能力

推动重点系统防护。通过统一招标，对建设、国土等重点安全系统开展信息安全检测及等级保护，对发现的问题及时进行整改。另外，对人口计生、市民卡等重要系统及重点企业进行信息安全检查，并督促各部门对可能存在的问题自查自纠。注重项目事前审核。聘请专业安全咨询公司参与全市政府信息化项目的

方案制定，从源头上提高安全性；项目建成后，再由其参与验收。强化人才支撑。聘请专业处置队伍作为信息安全应急响应工作的支撑单位，及时调整壮大全市应急处置专家队伍，对各部门和重点企业开展专业培训。开展应急演练。对市民卡系统、诚信数据库系统等主要系统开展数据恢复演练。督促各重要系统的主管单位进一步完善应急处置预案。

（四）以培育龙头为目标，推动信息产业发展

通过努力实现软件产业销售收入140亿，新增软件企业20家，新认定软件企业8家，完成微电子产业销售120亿。做好调查分析。认真梳理全市信息企业，做好月度、季度、年度产业完成情况报表。强化招商推介。积极参加无锡组织的软件招商活动，组织企业参加省规划布局重点软件、省软件创新团队、省软件专项等申报和南京软博会。做好企业服务。举办企业申报、政策宣讲专题培训。理顺新工作思路。研究我市信息消费工作的重点方向，开展信息消费情况调研，发现工业企业开展电子商务的典型并加以示范推广，为我市“众瀛”、“淘江阴”等信息消费服务平台提供扶持，帮助其进一步强化平台功能。

（五）以环境营造为支撑，发挥群众作用

发挥群众力量。组织无线电爱好者开展无线电宣传，加强与信息化协会、共青团的合作，共同进行信息化推广活动。开展体验活动。开展4G进社区和“掌上江阴”民生版软件体验活动，拉近与百姓的距离。进行专题宣传。通过江阴日报专版、媒体宣传等方式宣传信息化带来的便利，提高群众参与信息化的积极性。

（江阴市信息化办公室　秦光华）

句容市信息化发展概况

一、概况

句容市地处苏南，东连镇江，西接南京，是南京的东南门户，素有“南京新东郊、金陵御花园”之美誉。市辖8个镇，3个街道，1个省级经济开发区。全市总面积1385平方公里，总人口约60万，是长江三角洲一座集港口、工业、商贸、旅游为一体的城市。

句容自然资源丰富，矿产品种多样，旅游资源独特，农业资源丰富。句容区域位置优越，交通便捷，沪宁高速、宁太高速、宁杭国道、312国道等八条国、省道横贯东西南北，还拥有3.7公里的长江深水岸线。

句容是中国优秀旅游城市、国家级生态示范区、全国科技工作先进市、国家卫生城市、国家环保模范城市、中国草莓之乡、江苏省文明城市。境内气候温和，山水秀丽，人文荟萃，古迹众多，有道家“第一福地、第八洞天”——茅山，“律宗第一名山”——宝华山。

近年来，句容经济社会快速发展，综合实力显著增强，城市面貌日新月异。2014年完成地区生产总值432.8亿元，增长11.60%；公共财政预算收入35.90亿元，增长17.70%，税收比重85.40%；固定资产投资252.80亿元，增长22%；社会消费品零售总额116亿元，增长13%；城镇居民人均可支配收入35502元，增长9.50%；农村居民人均可支配收入16529元，增长11.50%。全国百强县排名第60位。

二、信息化基本情况

2014年，句容市信息化工作认真贯彻落实相关文件精神，积极应对经济新常态下信息化发展的机遇和挑战，充分发挥信息化在城市管理、民生服务、企业发展中的重要作用，着力提升“两化融合”水平，努力构建服务型政府体系，充分吸收全社会资源，攻坚克难，开拓创新，在信息基础设施、政府信息化等方面不断加大推进力度，不断努力提升全市信息化建设水平。

三、信息基础设施建设

已基本实现光网城市，可覆盖市域范围内全业务传输网络；广电网络已经率先实现一张网，完成了市镇、镇村光纤网络双向网络整合，实现了宽带网络规模化改造，建成一流的前端传输中心和安全播控中心，实现全网安全可管可控，支持300套高清数字电视节目播出；4G信号已经覆盖市城区、镇区以及主要旅游景点。移动电话用户数达到60.4万户，固定宽带家庭达到了15.54万户，WLAN接入点数达到808个。

四、政府信息化

（一）网站群建设

开展中国句容网站群建设，打造一个开放透明、实用高效的电子政府和党政一体化的网站集群，利用新兴的网络通信技术和先进的计算机技术手段不断强化公共服务，提升人民满意度，提高政府形象，通过主站及70家子站的建设，深度整合各部门的信息与服务，逐步形成信息集中、业务集成、资源集成的为民服务平台，并引导、影响网络舆情，改善政府网络生存环境。

（二）社会信用体系建设

根据创建全国文明城市的要求，编制完成了《句容市社会信用体系建设规划纲要（2015～2020年）》、《2015年社会信用体系建设工作意见》；建设诚信句容网和企业信用信息数据库、个人信用信息数据库，打造信用信息共享平台，实现部门间信息互联共享，并制定“诚信红黑榜”发布制度，通过各种渠道定期发布各类诚信和不诚信企业、个人名单。

（三）建设涉企政策法规汇编平台

为了更好地帮助企业了解政策、熟悉政策、争取政策，搭建了句容市涉企政策法规汇编平台，同时制作了企业政策掌上通手机APP软件。该平台收录市政府办、人才办、发改经信委等19个部门的涉企政策信息，动态发布国家、省、镇江市、句容市出台的最新涉企扶持政策、项目申报指南等信息内容。借助网络，企业可通过终端进入平台，实时查询相关政策和各部门联系人，同时还可通过在线咨询栏目建言献策。平台开通以来，企业获取政策更加方便、快捷、准确，政府部门单一依靠文件传播政策的现状也随之改变，涉企政策传播更加及时、高效。

（四）业务系统不断完善

建设全市统一的无纸化办公系统，政务网覆盖全市122家相关单位，为全市跨部门公文流转创造了良好的条件，各部门根据各自业务需求，开展办公自动化系统建设。

建成句容市数字化城市管理系统，利用信息化手段建立数字化城市管理平台，拓展各种技术手段，促进城市管理体系高效运行，同时成立了数字化城市管理监督指挥中心，实现全市城管部门的考核和督察。

建设了远程监控系统，基本可实现工地建设图片信息的实时上传，同时建立了安全生产监管系统，基于开发企业的配合和建设单位的支持，针对建筑市场的资质管理、行为管理以及工地的挂靠等安全违规等问题进行管理，现场检查的人员配备无线网设备，可以对施工现场信息进行实时查询和上传。

开展教育“人人通”平台建设，重点打造教师空间和学生空间，促进智慧教育在教学中的广泛应用。

平安城市方面建成集指挥、调度、智能分析、信息研判于一体的智能化应用平台，实现省、市、县三级联网，为句容市平安城市发展提供有力保障。

开展包括数据中心、卫生信息平台、医院信息系统、卫生综合管理平台、办公自动化系统、应急指挥系统等综合平台的句容市区域卫生信息化平台建设。

句容教育信息化应用系统、句容市农业网、地下管网地理信息系统、食品安全远程监控平台等部门业务系统的建设，加快了政府信息化建设进程，有效提升了政府信息化水平。

五、网络与信息安全

有效推进网络与信息安全保障工作，联合信息安全测评机构对市行政服务中心等5家单位开展信息安全风险评估工作；按照《2014年镇江市网络安全检查工作方案》的要求，对全市40个部门和重点行业进行了网络安全检查自评估工作；对个别部门出现的网络安全事件及时进行通报，并督促整改。

六、智慧城市

2014年，句容市着手开展《智慧城市总体规划（2015～2020）》（以下简称《规划》）的编制，标志着句容市智慧城市建设工作已经启动，《规划》以顶层视角，根据句容城市特色，提出4大任务、14项重点工程（“城市数据中心、城市公共基础数据库、城市公共信息平台、协同办公平台、城市综合管网、智慧交通、市民卡、智慧医疗、智慧社区、智慧旅游、智慧农业、中小企业云服务平台、城市运行管理中心、智能门户”），为“智慧句容”

未来发展描绘了蓝图。句容市茅山景区智慧旅游建设，已经实现了景区高效管理和为游客提供便捷服务。

七、2015年主要任务和发展目标

2015年，句容市信息化工作将立足“十二五”时期国民经济和社会发展总体目标，主动适应新常态，以改革创新推动转型升级，加快推进信息化建设步伐，切实提高信息化发展水平。

（一）加快发展互联网+融合应用

打开互联网思维，推动互联网和传统行业的跨界融合发展，大力发展互联网经济，加快推进“互联网+电子商务”、“互联网+农业”，“互联网+工业”等领域的发展。深入推进全市“电子商务进村入户工程”，在全市建设100个农村电商平台，打造出句容本土电子商务自主品牌；运用“互联网+农业”信息化技术手段，建设农业物联网示范基地，为全市现代高效农业发展打下基础；全面贯彻落实《中国制造2025》，以企业信息化为基础，以信息化和工业化的深度融合为主线，加快推进工业互联网建设。

（二）提升“两化融合”水平

深入实施“两化融合”战略，不断扩张信息化应用范围，根据全市产业特点，充分考虑企业信息化现状、需求以及信息化基础条件等因素，优化信息化推进模式，提高企业信息技术和信息系统在研发、制造、销售等阶段应用比例，不断提升产业链中各环节应用水平，促进整个产业链上各环节资源的有效配置，升级产业结构，降低企业成本，提高产品的附加值，创造企业的竞争优势。

（三）推进智慧城市建设

遵循《智慧城市总体规划（2015～2020）》的内容，基于全市特征和发展需求，聚焦重点工程，以此为抓手，扩大信息化社会辐射效应，通过示范带动，加快推进各领域各行业智慧应用体系建设，全面推进句容智慧城市建设。

（四）提升政府服务效能

完善中国句容政府网站群建设，提升政府服务水平，全面拓展网上办事功能，加快网上公共参与、信息公开等模块的建设，加强部门信息共享和协同能力，提高网络与信息安全保障能力。

（句容市发展改革和经济信息化委员会　艾学松）

泰兴虹桥工业园区信息化发展概况

一、2015年工作情况

2015年以来，虹桥工业园区按照市委、市政府项目大突破的总体部署要求，攻坚克难，奋勇争先，经济社会发展继续保持了平稳较快增长的良好态势。一是经济运行稳中快进。预计全年完成工业国税开票销售224亿元，工商税收收入6.4亿元，同比分别增长25%和20%；完成实际利用外资8761万美元，新竣工亿元以上工业项目10个，净增规上企业6家，均超额完成市交目标任务。有序调度筹集资金，不断探索新型融资模式，以长接短，降低成本，债券发行工作圆满成功，为园区长远发展搭建了新的可持续的资金保障平台。二是项目招引势头强劲。全年共实施亿元以上项目26个，总投资75.37亿元；新开工亿元以上项目16个，其中，10亿元以上项目2个，5亿元以上项目1个。三是新城建设成效明显。虹桥实验学校建成招生，虹桥医院、邻里中心正式运营，1220户17万平方米安置房全部安置到位，临港产业大道年底前可竣工通车，305户11万平方米动迁工作仅用28天就全部结束，为重大项目落户和新城建设提供了土地保障。四是社会大局和谐稳定。预计实现农民人均纯收入23795元，同比增长11%。社会保障体系不断健全，完成劳动力技能培训362人，新转移农村劳动力1027人，新增创业1466人，带动就业4390人。严格执行党政领导接访下访机制，定期排查化解各类矛盾纠纷，成功处置多起遗留问题，今年以来未发生一起进京滋事及个人极端信访事件，未发生一起大规模去省集访。深入开展“安全生产大检查”活动，共检查企业276家，排查并整改隐患1328处。扎实开展“大巡防”活动，构建立体化社会治安防控体系，刑事案件发案率明显下降，公众安全感和满意度明显提高。农业农村工作稳步推进，为民办实事力度进一步加大，党建工作进一步加强，干部队伍作风得到明显提升。

二、“十三五”指导思想及主要目标

“十三五”期间，我们将坚定不移地遵循五大发展理念，高点定位，高位跨越，提振精气神，奋发勇担当，努力实现综合实力大增强，产业层次大提升，新城建设大突破，再造一个新虹桥。

经济增长目标：“十三五”期间，地区生产总值达172亿元，年递增10%以上；工业国税开票销售年递增18%以上，确保突破500亿元，力争600亿元；工商税收收入年递增22%以上，确保17亿元，力争18亿元。

产业发展目标：大力引进培育高端装备制造、信息技术、新材料、港口物流等四大新兴产业，努力整合提升造船、医药原料药等传统产业，新兴产业总量达450亿元，占比由30%提升至45%以上。

项目建设目标：引进实施亿元以上项目50～60个，其中，50亿元以上重特大项目1～2个，10亿元以上项目5～8个，5亿元以上项目10～15个。

企业培育目标：实施“2258”工程，即培育百亿元企业2家，50亿元企业2家，10亿元企业5家，5亿元以上企业8家。规模以上企业总量达100家，净增40家以上。

新城建设目标：明晰新城在全市沿江一

体化发展大局中的功能定位，以城市建设、开发、管理为主抓手，全面建成新城核心区域5平方公里，集聚人口5万人以上，打造特色明显、经济发达、功能齐全、环境优美、宜居宜养宜游的泰州一流小城市。

品牌创建目标：围绕园区特色优势，积极创建江苏省高新技术产业园区、江苏省生态工业园区、国家级智慧城市试点园区等省级以上品牌。

三、2016年目标措施

2016年，我们将认真贯彻落实党的十八届五中全会精神和中央经济工作会议部署，秉承“双越”精神，践行“双高”理念，全面打响“重大项目、新城建设、要素保障”三大突破战，确保首战告捷，努力开创经济社会跨越发展的新局面。力争国税开票销售完成255亿元，同比增长15%，争取18%；工商税收收入完成7.37亿元，同比增长16%，争取18%；新开工亿元以上工业项目12个，其中10亿元以上项目2个，5亿元以上项目2个；新竣工工业项目8个；新开工亿元以上服务业项目2个。

（一）坚持以项目建设为龙头，着力扩大增量、优化存量

狠抓项目建设不放松，一切资源要素和力量向项目倾斜，努力以优质增量带动存量盘活，推动整体质量的加快提升。一是更高层次招引项目。持续保持招商选资强攻态势，积极对接国家大战略、区域大调整、央企大布局，紧盯世界500强、全国100强、行业前10强、央企以及上市公司，全力招引投资规模大、产业层次高、创新能力强、扩张和带动潜力足的龙头型、旗舰型项目。顺应新兴产业大趋势，依托现有产业资源，强力推进产业链招商，着力在信息技术、新材料、电商物流等战略性新兴产业项目上取得新突破。二是更快速度推进项目。紧紧抓住“签约、开工、竣工”三个关键环节，优化服务流程，加大推进力度，力促重大项目快落户、快建设、快见效。强势推进在建项目加快建设，倒排序时，挂图作战，确保如期竣工投产；密切跟踪新竣工项目，加强协调服务，确保优质运行，尽快形成新的增长点，为新一轮发展增劲蓄势。三是更大力度服务项目。千方百计破解瓶颈制约，主动谋划，积极上争，力争1~2个独立选址项目申报成功，斐讯列入2016年省重点项目；稳步推进同一乡镇村庄布局调整和增减挂钩工作，加快腾笼换凤步伐，加大低产低效项目清退盘活力度；加快推进标准厂房建设，适时启动征地拆迁工作，全力保障重特大项目和新城建设用地需要。

（二）坚持以创新驱动为抓手，着力调优结构、提质增效

坚持“调高、调轻、调优、调强”的工作导向，深入实施创新驱动发展战略，加快转换发展动力，拓展发展空间，做新主导产业，不断促进产业向中高端水平迈进。一是推动传统产业转型升级。整合提升传统造船产业，大力发展海工装备、节能环保、海洋工程和应急救援等主流船型，实现智能造船、精益造船、绿色造船；改造提升冶金机械装备产业，推动企业产品由零配件向高端成套设备转变，进一步提升企业竞争力；优化提升医药原料药产业，引导企业重点研发抗艾滋新药、防癌诊断试剂、辅助吞咽食品等，推动产品由原料药向成品药快速转变。同时，加快两化融合和企业上市步伐，推动实体经济与互联网以及资本市场的高位嫁接，实现规模和质态双提升。二是培育壮大新兴产业。深入实施战略性新兴产业倍增计划，聚焦高端装备制造产业，加快推动龙头企业规模扩张；加快宏峰球团装备、修正凯特莉医药包装机械等项目建设，努力在产业规模和优势特色上取得新突破。做优新材料产业，大力培育绿色模块化、新材料、超纤革业等企业，加快形成新型绿色建筑材料产业集群。做精信息技术产业，以大数据产业园为龙头，积极引进软件开发、主机硬件等高科技企业落户，加快形成上下游配套完善的信息技术

产业链。三是大力发展现代服务业。进一步挖掘和发挥沿江优势，规划建设虹桥物流园区，着力打造沿江现代服务业集聚区。坚持生产性服务业和先进制造业互动并进、融合发展，培育发展电子商务金融、总部经济、服务外包等现代服务业业态。

（三）坚持以功能提升为支撑，着力优化环境、做强载体

坚持港产城联动融合发展，有力有序提功能、快建设、强管理，强势推进四大工程建设，切实提升重特大项目的承载能力。一是码头路网工程。高效推进通用码头群审批工作，力争上半年获取岸线批文并正式启动建设；快速推进疏港路建设，进一步提升沿江深水岸线对腹地的辐射带动作用。认真抓好路道建设，同步实施配套工程，全面拉开道路框架，形成便捷畅通、内通外联的“大循环”交通体系。二是产业配套工程。全力推进在建工程，确保既定形象进度；迅速启动新一轮重点工程建设。着力招引实力雄厚的知名企业全面参与整治新城水系，加快推进以人工湖风景区为核心的“一湖三带九景”建设，致力演绎水文化，彰显水特色，全力打造宜居、宜业、宜游、宜养的魅力江城。三是安置居家工程。高标准推进四海家园B区、虹兴花苑等近30万平方米安置房建设，确保一个工程就是一处景观、一张名片、一个经典之作，力争年底前实现动迁安置“零过渡”。四是绿化景观工程。全面加大绿化景观建设和改造提升力度，规划新增绿化25万平方米，改造提升9万平方米；坚持建管并重原则，强化对建成区绿化市场化运作模式，确保绿化到位、管护到位。

（四）坚持以民生幸福为导向，着力普惠民生、促进和谐

突出以人为本，注重普惠共享，着力解决人民群众最关心最直接最现实的利益问题，全面推进社会事业发展，提高公共服务能力共建能力和共享水平，让人民群众共享改革发展成果。一是创业就业促增收。坚持把增收富民作为最大的民生实事，突出农村居民、企业职工、中低收入人群和困难家庭“四个重点群体”，不断拓宽创业就业、社保帮扶等增收渠道，全力拓展经营性、工资性、财产性、转移性四大收入来源，千方百计增加居民收入，努力实现居民收入增长和经济发展同步、劳动报酬增长和劳动生产率提高同步。二是统筹资源优服务。扎实推进新农村建设、“民生实事”工程，努力让发展的成果更好地惠及广大人民群众。健全社会保障体系，稳步推进社会保险扩面征缴，认真落实被征地农民社会保障政策。加强大病救助，实现低保和城乡居民养老保险动态全覆盖。大力推进公共文化服务体系建设，开展丰富多彩的文体活动，不断满足群众日益增长的精神文化需求。三是健全体系促和谐。以机关作风建设为抓手，扎实开展党风廉政建设和反腐败工作，推进“平安虹桥”、“法治虹桥”建设，重点加强对流动人口、特殊人群、“两新”组织的规范化管理和服务，依法打击各类违法犯罪行为。加强立体化社会治安防控体系建设，提升突发公共事件应急能力。严格执行党政领导接访下访机制，深入开展社会矛盾纠纷排查、化解活动，最大限度将矛盾纠纷解决在基层。完善食品安全监管体系。全面落实安全生产责任制，强势推进标准化创建，确保安全生产形势平稳可控。

关于分管工作：协助市委分管负责人抓好以下几项重点工作：一是继续推进泰兴港口岸设立工作，确保2016年申报成功。二是开工建设虹桥公用码头群等工程，推进沿江有关未批先建项目的整改落实。三是加快完善查验机构建设，确保边检监护中队营房2017年建成；实施国检办公楼、实验室的维修改造工程，做好水上综合执法基地建设的前期准备工作，适时启动建设。

第六部分

工程建设篇

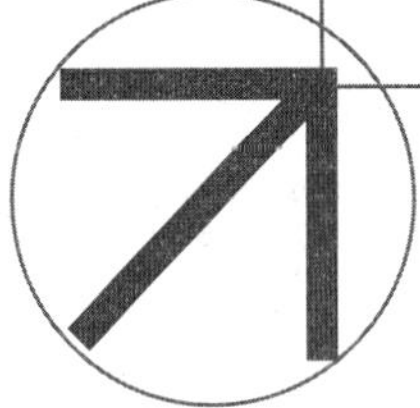

人民银行南京分行金融IC卡工程建设概况

一、金融IC卡发卡量持续快速增长，存款与消费交易量稳步增长

截至2014年底，江苏省金融IC卡累计发卡量为8796万张，同比增长131.6%。四季度新增发卡1848万张，新增占比91.3%。金融IC卡存款余额4083亿元，占所有银行卡存款余额27.4%。2014年四季度，金融IC卡消费交易额5075亿元，占所有银行卡消费交易额32.9%。四季度金融IC卡电子现金消费交易额1178万元，比三季度增长11.7%。

二、受理环境不断完善，关闭降级交易工作顺利完成

截至2014年底，江苏省共计约4.6万台ATM终端，基本都已支持受理金融IC卡，其中非接触式受理改造率33.4%。江苏省共计约80.2万台POS终端，基本都已支持受理金融IC卡，其中非接触式受理改造率59.1%。跨行圈存改造工作基本完成，全省ATM终端均已支持他行金融IC卡电子现金账户圈存。

关闭降级交易工作顺利完成，各商业银行均已根据《中国人民银行办公厅关于逐步关闭金融IC卡降级交易有关事项的通知》（银办发〔2014〕107号）要求，按时关闭了ATM及POS渠道的降级交易。

三、应用领域和范围不断扩大，便民及公共服务应用进一步深化

（一）公共交通领域应用

南京、苏州、扬州、宿迁、常州、徐州已实现公交车应用，南京、扬州实现出租车应用。其中，宿迁实现了市区536辆公交车全覆盖，且金融IC卡公交刷卡量在12月份突破了40万笔；苏州市在苏州园区实现700多台公交车全覆盖；常州金坛市实现公交车应用全覆盖；南京实现了浦口区、江宁区1300辆出租车全覆盖；扬州实现了1842辆出租车全覆盖。

（二）旅游景区自助售票非接应用

连云港在花果山景区实现金融IC卡刷卡入园且同时出票功能；苏州在沙家浜景区实现金融IC卡刷卡入园；扬州在瘦西湖等核心景区实现金融IC卡刷卡入园，在小型景点入口布放4台壁挂式自助售票机；南京在总统府、红山动物园2家景区布放4台自助售票机。

（三）自助售货机应用

南京市在地铁沿线、高校等地布放自动售货机，目前已扩至260台；苏州市在地铁二号线沿线布放103台地铁导航机，具备自助式受理金融IC卡闪付功能。

（四）报刊亭应用

南京市完成200余家标准化报刊亭的改造，除可支持金融IC卡持卡人使用电子现金在报刊亭购买报纸、杂志或其他物品外，还可以进行公共事业缴费。

（五）农贸市场应用

南京市完成16家农贸市场改造，布放非接受理机具1068台；苏州常熟在12个农贸市场实现金融IC卡非接受理，同时正在29家集贸市场、9个超市专柜进行机具改造。

（六）停车场应用

南京市除实现了南京商厦停车场、德基停车场、投资大厦停车场3家停车场的挥卡闪付外，与金鹰集团3处停车场也已达成合作意向，正在对设备进行改造。无锡在无锡新区核心区重要商业地段实现了手持POS金融IC卡闪付收费停车功能，目前已完成100个路边停车位。

（七）快餐连锁行业应用

目前已完成14家麦当劳店、1家如意菜饭店、3家大娘水饺店、5家汉堡王的终端机具布放工作。

（八）“银医一卡通”项目

苏州市民使用苏州银行发行的芯片中具有金融功能的社会保障卡（金融IC卡），可在医院自助终端机上自助挂号、充值、缴费等，支持现金、刷银联卡、金融社保卡银行账户扣款等多种方式。目前在苏州大学附属第一医院、苏州市立医院等13家大型医院及10家社区医院应用实施，发卡量379万张，基本覆盖参保、非参保人群。

（九）居民健康卡

在淮安市、连云港市开展居民健康卡应用基础上，南京高淳地区拟新增居民健康卡应用，由邮储银行南京市分行与高淳区卫生局合作发行“高淳居民健康卡”。该卡集“就诊卡”、“新农合证”和“银行卡”三卡功能于一体，可实现身份识别、自助挂号、自助查询、自助交费、检查结果打印、新农合医疗补偿、新农合筹资缴费以及金融服务等功能，主要用于居民在医疗卫生服务活动中身份识别、基础健康信息存储、跨地区和跨机构就医、费用结算和金融服务等应用。

（十）渔业船舶卡

南通农行与江苏省渔船检验局联名发行的“金穗渔业船舶卡”，除金融功能外，加载了渔业船舶基本情况、年度检验记录、签证情况、违规处罚记录等信息，可供管理单位迅速掌握船舶的详细信息，提高渔业执法管理水平。目前已在南通地区发行近5000张，发放渔船燃油补贴7000万元。

（十一）“金融IC卡示范店”、“金融服务便民点”建设

扬州完成84家“金融IC卡示范店”建设，覆盖广陵、邗江和江都等三个区的25个乡镇（街办）；苏州常熟市结合农村地区支付结算“快通工程”建设，开展常熟市范围内“金融服务便民点”建设，布放易付通（支持农民小额社保缴取、金融IC卡圈存等功能）机具336台，实现常熟市行政村金融服务便民点全覆盖。

（十二）城乡一体化非接示范城市建设

常熟尝试创新金融IC卡推广模式，建设城乡一体化非接示范城市，将金融IC卡广泛应用于城乡居民生活的各个方面。目前，已在农民小额社保缴取、新农合参保人员医疗费用报销、公共交通、停车场、农贸市场、图书馆、园林景区、校园等方面实现金融IC卡应用。

四、宣传工作继续推进，内容更具针对性、生动性和实效性

按照《中国人民银行办公厅关于做好2014年金融IC卡推广工作的通知》（银办发〔2014〕57号）及《中国人民银行办公厅关于做好金融IC卡与移动金融宣传工作的通知》（银办发〔2014〕141号）要求，继续组织开展形式多样、内容丰富的宣传活动。宣传内容以金融IC卡电子现金应用、提高芯片使用率、关闭金融IC卡降级交易、移动金融技术创新为重点。创新拓展金融IC卡与移动金融宣传渠道、路径与方法。除了网页专栏、广播、电视、简报信息、手机短信、社区活动、海报折页等手段外，新增微信、微博等方式开展宣传。

江苏省金审工程建设概况

金审工程，是审计信息化系统建设项目的简称，是《国家信息化领导小组关于我国电子政务建设指导意见》中确定的12个重点业务系统之一，2002年7月28日，国家计委批准审计署开工申请。在省委、省政府和审计署的领导下，依据金审工程规划，我省金审工程建设工作一直走在全国前列，对审计业务的支撑成效显著，逐渐成为审计的核心手段之一。

一、金审工程概述

（一）指导思想

金审工程实施分期分层建设、中央地方协调发展的指导思想。按照国家审计的现实目标要求规划形成的国家审计信息系统以及国家电子审计体系是现阶段审计信息化的发展方向。根据GAIS的“六个一”建成标志和GEAS的现阶段的实现特征，金审工程大体建设要经历以下三个重点阶段的建设：

第一阶段，建设应用系统、网络系统、安全系统、服务体系的基础性应用和设施，在中央审计机关部署应用和部分地方审计机关试点应用，为全面实施金审工程建设奠定基础。金审工程一期的建设基本完成了本阶段的建设任务。

第二阶段，推广和巩固第一阶段建设成果，实施以预算执行为主体、其他各项审计协同发展的联网审计系统，建设满足中央地方业务协同、信息共享的国家审计数据中心，不断完善中央和地方、审计系统和国家电子政务互联互通的网络系统，完善安全保障体系和服务保障体系；中央和地方审计机关基本实现审计信息化，审计信息化在强化审计监督的质量、效果和效益方面初步发挥作用。初步建成国家审计信息系统。

第三阶段，以GEAS的特征为导向，综合利用现代化信息技术，不断完善GAIS“六个一”系统，审计核心业务和审计管理工作基本实现信息化，预算执行等重要行业的联网审计取得明显效果，审计作业方式、组织方式、管理方式和人员素质适应并推进信息化的发展，中央和地方审计信息化基本实现业务协同，审计信息化和国家信息化协调发展，基本建成国家审计信息系统，审计信息化在提高审计监督综合能力，发挥“免疫系统”功能，促进经济社会健康运行方面发挥明显作用。

（二）建设情况

（1）金审工程一期项目建设，建设期2年，投资1.928亿元，建设内容为应用系统、网络系统、安全系统、计算机房、人员培训等10个方面。到2004年底，完成了一期项目确定的各项任务，2005年9月，发展改革委组织金审工程一期项目竣工验收委员会专家组进行专家验收。

（2）金审工程二期项目建设中，全面推广和完善扩展金审工程一期项目建设的审计业务和管理系统，初步建成以预算执行为重点的联网审计系统，初步建成满足中央地方业务协同、信息共享的国家审计数据中心，完善中央和地方、审计系统和国家电子政务互联互通的网络系统，完善安全保障体系和服务保障体系；初步建成中国国家审计信息系统

（GAIS）。

2007年4月，国家发改委批复包括审计署和29个省的金审二期工程项目建议书，后续批复金审二期工程中央本级建设部分可行性研究报告和初步设计。经过3年的建设和将近1年的试运行，中央本级和地方的建设任务均已完成，并投入使用。2012年7月30日，金审二期工程竣工验收大会在审计署举行。

二、江苏省金审工程建设情况

江苏省一直按照审计署的要求，积极参与金审工程建设，在各个阶段都出色地完成建设任务，体现了江苏特色，在信息化建设、应用和人才培养等多个方面处于全国领先水平。

（一）金审工程二期建设情况

根据金审工程二期建设总体规划，我省审计机关科学规划、强化应用，完成了以审计管理系统、现场审计实施系统、联网审计实施系统三大应用系统为主干，以数据中心、网络系统、安全系统、服务系统为支撑的“金审工程”二期建设任务，成效显著有力提高审计质量和效率，推动审计工作整体水平。

1. 建设情况

2006年至2011年，全省审计机关积极开展金审工程二期工程建设，累计投资额达到1.06亿元，处于全国领先。其中省厅1110万元，省辖市局合计4704万元，县区合计4835万元。硬件建设满足了审计工作需要，各种审计软件得到了深化应用，工程建设达到了预期的目标和效果，并于2012年5月通过了审计署组织的工程项目验收。

一是提前完成审计管理系统（OA）的部署工作。2005年10月，江苏作为全国首批三个试点之一，率先在省厅部署OA地方版。经过试用，2008年随全国规划，全省13个省辖市全部完成OA的“1”拖“N”版部署。

二是推广应用现场审计实施系统（AO）。从2005年开始，全省强力推广应用现场审计实施系统。并提出了AO应用的“两个百分百”即：审计人员百分百掌握AO应用技能，百分之百的审计项目应用AO。

三是建成全省审计机关远程视频培训系统。2007年，在中国电信“新视通”宽带视讯平台上分两批建成覆盖全省113个信息点的“江苏省审计机关远程视频培训系统”。2009年该系统与全国审计机关会商系统对接，拓宽了署到省、市、县的交流、培训渠道。

四是提档硬件设备和网络服务。对机房进行了升级改造，扩充的硬件设备。建成各级机关网站，实现审计机关的网络和文件传输，建成我省审计法规库，开展计算机人才队伍建设。

2. 建设成效

在省委、省政府和审计署的领导下，我省审计信息化工作一直走在全国前列，在全国审计系统保持六个第一：2658篇审计应用实例获奖，连续8年被评为优秀组织单位；入选审计署计算机专家经验库198篇，14篇优秀；计算机审计方法入选审计署481篇，优秀28篇；22人被评为计算机审计领军人才，195人被评为计算机审计能手人才；1164人通过计算机审计中级考试；金审工程二期项目建设我省共投资1.06亿元，位居全国前列。

（二）金审工程三期建设情况

1. 审计署金审工程三期建设目标

审计署2013年9月发布金审工程（三期）项目建议书，金审三期工程在金审一期和二期工程的基础上，利用云计算、大数据等现代信息技术，持续完善和发展国家审计信息系统，建设审计综合作业平台、国家审计数字化指挥中心、审计模拟仿真实验室和审计综合服务支撑系统，提升审计指挥决策、审计质量管理、数据汇聚与共享、数据综合分析等能力；以公共财政运行安全和绩效评价为重点，探索构建国家电子审计体系，初步实现对国家经济安全的常态化审计监督，提升国家审计在保障经济社会健康运行中发挥免疫系统功能的能力，切实发挥国家审计推动完善国家治理的作用。

金审工程三期项目建设全国估算总共投资20亿元，中央审计机关建设投资估算5亿元，地方投资15亿元。根据投资建议结合我省实际，我省计划投资8700万元用于金审三期信息化建设。

2. 江苏省“321智慧审计”工程信息化规划

为确保全省审计信息化工程有序有效推进，按时完成既定工作目标任务，组织分管领导和业务骨干赴审计信息化建设先进省市开展专题调研，结合审计项目调查摸底重点行业审计对象信息系统现状，利用采集的审计数据对代表性系统路线进行测试评估，并组织全省会议讨论评估。2013年9月，正式确定了系统建设总体规划，10月底向审计署计算机中心领导作了专题汇报，并在署计算机中心同志的指导下，对照金审三期项目建议书进一步调整完善，最终形成江苏省厅信息化工程总体方案——“321智慧审计”工程规划方案。作为全国首家省级金审三期规划方案，2014年1月该方案得到了审计署的批复认可。年底，李学勇省长到我厅调研时，也对此方案给予了充分的肯定，李省长指出：“要切实加强审计信息化工作，创新审计手段，提升审计能力，提高审计效率。‘金审工程’三期建设，要抓紧立项、有序建设、早见成效。”

“321智慧审计”工程规划方案中，“3”指审计指挥、审计管理和审计综合业务三大应用系统；“2”指数据中心、数据共享系统两个基础支撑；“1”指最终形成一套“分级存储、规划共享、融合感知、多维复用”的数据综合利用机制。系统设计总体上遵循审计署“金审三期”的统一规划，根据江苏实际，规划为5层两翼。5层，即应用层、应用支撑层、数据层、基础设施层和感知层。两翼分别为建设标准规范保障体系和运维服务及安全保障体系。

3. 江苏省金审工程三期建设情况

2014年起我省启动“321智慧审计”信息化项目，对接国家“金审工程”三期展开审计信息化建设，按照规划方案分批分阶段推进各个系统建设。2014年初启动了规划中的“数字化审计分析平台”建设，在平台上开发的“地税审计子系统”、“部门预算执行审计子系统”都得到了“实战”应用，在当年的“同级审”中取得了显著成效，并计划建设“财政审计”、“公积金审计”和“社保审计”等重点行业子系统建设，形成跨行业、跨年度、跨地域多维审计能力。同时启动了审计管理系统的改造、审计专网的建设、视频会商系统建设和数据中心建设等多项基础环境建设。

在省审计系统的“三提升一强化”规划中，将加强审计信息化建设作为核心能容之一，继续落实“金审三期”建设规划，提升审计信息化应用，实现审计手段现代化。

苏宁云商信息化发展概况

一、苏宁易购承接国家发改委下达的“南京市网络（电子）发票应用试点项目”

苏宁易购作为国家发改委等八部委作为南京电子发票试点项目承担单位，于2012年8月份启动电子发票试点项目。通过项目的实施，正式建立起南京市电子发票试点工程，苏宁易购与省市国税局完成了电子发票系统的建设，并制定了电子发票的管理办法及信息标准。目前，此电子发票系统可供在线下实体门店和线上电子商务平台使用出具消费的电子发票，试点阶段在南京好享购和南京苏宁易购进行全面试点。自上线以来系统稳定可靠，未出现过异常情况。截止12月，累计开出电子发票1700多万张，发票累计金额达33亿元。项目在南京市的试点工作，为国家税务总局在全国范围内推广统一电子发票系统打下良好的基础。

二、苏宁云商承接国家发改委下达的“电子商务交易纠纷解决试点项目”

项目通过搭建电子商务交易纠纷解决平台，建立供应商、商品质量、消费过程、售后服务信息全流程管理，通过企业内/外部机构的的监管，有效保障诚信交易，完善市场的有序环境。平台包括：网络商品交易监管服务平台、消费纠纷解决服务平台。通过项目的实施，在2015年销售件数增涨59.70%的情况，实现了交易纠纷下降50%；客户满意率达96%。同时有助于提高工作效率，降低运营成本，提高沟通质量，得到满意服务，实现企业服务创新，成就品牌差异化竞争优势。

三、苏宁云商承接2013年江苏省发改委战略新兴产业发展专项

“苏宁云商‘商业开放平台3.0应用平台’”项目自2012年正式启动，通过搭建全面的开放平台发布自营模式引商标准和招商范围，实现品牌商、品牌代理商或授权商、线上线下零售商的在线入驻与合作，从苏宁开放平台到前端以及各中台系统，支持苏宁开放平台商家的自营模式。项目经过三年的建设实施，各模块已经全部实施完成，整体进度完成100%。截止2015年底，苏宁开放平台商家达到25000家，助力苏宁易购平台SKU达2000万。未来将进一步围绕商户成长来开展，强化招商、商户成长、服务市场、苏宁增值服务，打造公平、透明的平台生态体系。通过新商户培育、KA商户灯塔打造、商户赋能，为传统企业互联网转型、中小型商户线上发展共享苏宁易购综合平台优势。

四、苏宁易购承接科技部”家电类消费品电子商务服务平台研究开发与应用示范”

本课题以家电类消费品全程电子商务服务模式、电子商务交易系统的接口标准以及全程电子商务交易平台开发及产业化为主要研究点为研究对象，通过苏宁易购大型消费品购物网站，以家电类消费品全程电子商务服务模式、电子商务交易系统的接口标准以及全程电子商务交易平台开发及产业化为主要研究点，并结合公司的实体供应链网络，构建线上线下互动、资源全控的全程电子商务服务模式，提升消费品电子商务全程服务能力和服务规模.本项目的实施将加快电子商务活动中各个环节进程、减少差错率、提高服务质量、降低成本，极大推动我国电子商务发展，推动企业信息化建设进程。本项目高关联度、高智力投入、高技术示范效应属性，有利于提高企业信息化水平，促进工业化与信息化两化融合。

中国（南京）软件谷概况

一、综述

（一）概况

2014年，中国（南京）软件谷（简称软件谷）实现地区生产总值204.7亿元，同比增长16.8%；公共预算收入20.12亿元，同比增长29.9%；软件和信息服务业收入1330亿元，同比增长32.3%，占全市比重40%；新增涉软企业132家，总数达630家；新增涉软从业人员3.2万人，总数达14.8万人；新增软件产业建筑面积87.4万平方米，总面积达545.6万平方米；新增认定软件企业46家、软件产品110件。软件谷管委会与《南京日报》合作推出“创赢软件谷”、“智汇软件谷”系列报道16期，在市级以上主流媒体宣传软件谷超过500次。南京软件产业博览馆更新升级，全年接待各类参观人群611批次14500人。是年，软件谷被工业和信息化部评选为首批中国智慧软件园试点园区、被中国软件行业协会表彰为中国软件园区最佳产业环境奖、被江苏省第三次全国经济普查领导小组授予江苏省第三次全国经济普查先进集体，通过国家级服务业标准化试点验收。

（二）获中国软件园区最佳产业环境奖

5月29号，软件谷在2014第八届中国国际软件博览会上，被中国软件行业协会表彰中国软件园区最佳产业环境奖称号。评选组委会通过对中关村软件园、上海浦东软件园等20余家参会软件产业园区“持续创新能力、产业服务环境、国际化水平、公共平台建设、人才培养机制、中介服务、政府效能”等7个方面综合评价，对软件谷高端化、国际化、品牌化发展战略，以及打造一流科技谷、创意谷、文化谷、生态谷有效基础和条件表示肯定，授予该奖项。

（三）通过国家级服务业标准化试点验收

12月20号，国家级服务标准化试点项目评估组对软件谷国家级服务业标准化试点项目进行评审验收。经过听取工作汇报、审核台账资料、考察工作现场、讨论验收意见等流程，软件谷以高分通过验收，成为国内首个软件产业标准化试点。2012年初，软件谷启动国家级服务业标准化试点创建工作，通过召开创建动员大会、成立工作领导小组、组织业务培训会等，推动创建工作开展。在软件谷管委会构建包括招商服务、软件检测服务、知识产权保护服务等10项标准体系，在谷内选取6家企业作为第一批试点企业参与建设。通过2年试点创建，软件谷成为国内发展速度最快、发展质量最高软件园区之一，综合实力跻身全国同类软件园区前三强。

二、基础设施建设与管理服务

（一）概况

2014年，软件谷有序推进铁心桥—西善桥片区控详修编、杨家坟地块城市设计、天隆寺—花神庙文化旅游区规划等工作，启动软件谷西片区提档升级规划与安德门地块、城市森林地块城市设计，完成软件谷南园片区电力、自来水、“竖向”（指场地与道路标高、建施物室内（外）地坪高度等设计）等专项规划。牵头开展软件谷管道路、杨家坟内部支路、梅苑南路、铁心桥—西善桥片区龙翔大道、机场二通道及开发区中兴路北延跨秦淮新河大桥等10个项目方案设计前期研究；组织召开集群、圣迪奥、步步高等13个项目初步设计审查会，并批复。全年完成各类规划审批案件1051件次，政府投资基础设施立项30件次，收取34个项目基础设施配套费1.43亿元，催缴江苏润和软件股份有限公司、江苏凯润科技有限公司、江苏恒天伟智能科技实业有限公司等缓缴配套费约1500万元，发放“规划选址意见书”42件、“规划用地许可证”53件、“建设工程规划许可证”158件。

加快宁双路东延、华为路北延、阅宁路、东软西侧河道等道路建设，大周路拓宽改造工程基本完工。完成土地征转用面积31公顷、挂牌出让13宗，返还土地出让金20亿元。完成室内装修1.08万平方米、室外装修改造7万平方米、消防改造4100平方米、停车场改造3200平方米；办公楼宇面积出租10.8万平方米，其中核心区域楼宇实收租金1482万元，收款率86%。楚翘城、信息安全产业园、创业创新城形成有效资产54亿元。

组织诚迈科技（南京）股份有限公司、南京泰通科技股份有限公司等18家企业参加“转型升级——香港博览”、“澳大利亚通讯及信息技术外包展”、澳大利亚“江苏节”活动，帮助企业扩展国际市场。邀请省软件行业协会、国税部门有关专家，为全区144家软件企业160余人进行“双软”认定暨税收政策培训；联合智联招聘举办软件谷企业春季招聘会、软件谷高校行南邮“招贤纳才”活动，为137家企业提供2700多个岗位；举办“创新创业大讲堂”5期，受训学员400余名。

（二）拆迁项目

2014年，A1、A9、定坊旧货交易市场、大冯韦、杨家坟、荷塘、绕城北辅道、宏腾化工、安德门大街北段、小行里、马家店11个项目拆迁完成，拆迁面积57.5万平方米，腾出产业用地40公顷、经营性用地18.67公顷；启动管道路、臧家巷华严寺等7个地块拆迁工作。用于建设软件谷项目。

（三）楚翘城项目开盘

（参见“商贸·旅游”类目，第页）

（四）软件谷纳税人权益保护中心揭牌

4月29日，中国（南京）软件谷纳税人权益保护中心在软件谷管委会揭牌运行。该中心由市国税局牵头组建，整合软件谷党政办公室、战略发展局、科技人才局、财政国资局、法律援助机构、中小企业服务联盟等多方资源，联合组成纳税人权益保护平台，分别在区国税局和软件谷管委会科技人才局设立权益保护服务联系点。同时在软件谷管委会门户网站设立专门网页，通过网页展示、电子邮箱等渠道受理谷内纳税人权益诉求，维护纳税人合法权益。

（五）首期大数据产业科技论坛举办

6月6日，软件谷首期大数据产业科技论坛开讲，导航与定位技术研究所、思蜜网络科技有限公司等谷内外60多家企业高管和业内人士参加。论坛上，京东金融移动产品研发部总监于鹏飞就“大数据的信用评估和风险控制”主题演讲，谷内企业垠坤投资有限公司总监钱堃就软件谷垠坤未来数据产业基地服务和招商政策作介绍。

（六）市保障性住房政策宣讲会举行

8月21～27日，软件谷管委会联合市房改办、市安居集团分别在华为软件、中兴通讯、软件谷管委会举办3场“保障性住房政策宣讲会”。邀请市房改办主任秦岭，向谷内近40家企业1200名员工代表解读保障性住房最新政策和购买流程。岱山保障性住房三大开发商绿城、城开、建发集团会上作项目介绍；员工代表围绕户口问题、社保缴纳规定、贷款政策、保障性住房申请所需材料等热点问题提问。谷内软件从业人员受益约6万人。截至年底，800余名软件人才递交保障性住房申购材料。

（七）大周路拓宽改造工程竣工

9月30日，由南京软件谷发展公司代建的大周路拓宽改造工程基本完工。大周路东起宁丹路、西至软件谷西边界，全长3.7千米，是软件谷南园一条重要交通干道。工程于2013年8月开工建设。拓宽后，道路宽幅45米，中分绿化带5米，侧分带绿化2.5米，双向6车道，总投资2.6亿元。

三、招商引资与项目建设

（一）概况

2014年，软件谷管委会在“2014中国·南京科技创业创新与重大项目洽谈会”、“第10届中国（南京）国际软件产品和信息服务交易博览会”、“2014中国南京金秋经贸洽谈会”、北京“第18届中国国际软件博览会”、大连“第12届中国国际软件和信息服务交易会”等重大招商活动平台上重点推介软件谷。同时与《创业家》杂志社、36氪、车库咖啡、麦思博等专业创业服务机构合作，举办“2014中国（南京）软件谷移动互联网暨新媒体技术峰会”、“2014软件谷云计算&大数据技术峰会”、第四届黑马大赛软件行业决赛、SAP论坛暨中小企业云平台发布推介会、南京—香港软件企业对接洽谈会等活动近百场，为中小企业落实科技贷款、风险投资等1850万元。与10余家银行建立信贷关系，实际放款到账23.9亿元，为企业快速发展提供资金支持。全年引进规模以上软件产业项目80个，其中重大产业项目27个，计划总投资135.6亿元，注册外资实际到账1.29亿美元；引进嘉吉投资（中国）有限公司、液化空气（中国）投资有限公司、Broadcom Corporation（博通）等世界软件500强企业3家，南京先锋信息技术股份有限公司、银江股份有限公司江苏分公司等国内软件百强企业2家；京东商城、斐讯通信、天珑移动、瑞中数据、手游联盟等一批一流产业项目落户，江苏凯润、舜天二期、软件谷文化创意产业园等3个项目建成入驻，怡化电脑、金农信息、天溯自动化等7个项目主体建成，15个人代会项目（包含市重大项目5个）序时推进。

（二）信息安全产业园项目开工

3月28日，南京市2014年重大项目集中开工仪式（雨花台区分会场）在信息安全产业园工地举行。信息安全产业园作为雨花台区5个重大开工项目之一，由南京软件谷发展公司承建，东至南京监狱、南至绕城北辅道、西至西春路、北至宁双路，总面积9.16万平方米，计划总投资18亿元，建成后主要从事信息软件安全研发。

（三）嘉吉共享服务中心签约入驻

3月19日，嘉吉共享服务中心签约入驻软件谷。美国嘉吉公司是全球知名跨国企业集团和全球最大私人控股公司，在软件谷设立嘉吉共享服务中心主要为嘉吉集团母公司及境内外关联公司提供涉及财务、IT、采购等服务外包，开创软件谷BPO业务（业务流程外包）先河。中心办公地址选在丰盛软件园F楼，初期用房1000平方米。

（四）斐讯通信南京研发基地落户

5月9日，上海斐讯通信南京研发基地项目签约落户软件谷，主要从事数据网络通信技术、智慧城市等领域技术研发与服务，项目计划总投资约10亿元，注册资本1亿元，入驻软件谷楚翘城1号楼，办公面积22000平米。

（五）京东集团合作项目入驻

6月3日，市、区政府与电商巨头京东集团就“京东现代服务业产业园”项目达成战略合作协议，并举行签约仪式。京东项目总占地面积66.67公顷，一期占地25.33公顷，计划总投资约20亿元，规划打造电子商务运营中心、智能物流示范基地、京东南京研究院、京东“江苏馆”等项目，是京东集团在美国纳斯达克上市后战略布局首个签约项目。

（六）亚信研发总部落户

7月18日，软件谷与亚信科技集团★就“亚信科技产业互联网总部基地”达成战略合作协议。该项目落户软件谷北园，总占地面积5.73公顷，计划总投资约4亿元，主要从事通信软件研发、总部办公及产业互联网业务。

★链接：亚信科技集团成立于1993年，2000年在美国纳斯达克上市，是亚洲最大、全球收入和市值均排名第二通信软件提供商。

（七）交通智慧产业园二期交付

8月4日，位于软件谷创业创新城交通智慧产业园二期交付。交通智慧产业园园区总面积4万平方米，分2期改造，分批招商。园区一期1.6万平方米招商载体于2013年交付，落户企业28家；二期2.6万平方米于2014年4月25日启动改造，打造拎包式入住精装小面积孵化器、面积1000～2000平方米独栋办公研发测试楼、大平层开间式办公区等产品形态，签约鼎恩科技、世泽科技等企业36家。

（八）软博会签约项目17个

9月13日，软件谷在南京国际博览中心举办第十届中国（南京）国际软件产品和信息服务博览会（简称软博会）专场推介会，签约重大项目17个，主要以高端科技软件企业为主，其中包括国内知名企业斐讯通信、瑞银科技、银石科技，知名外企美国博通，美国上市公司达内时代，总投资56亿元人民币。

2014年中国（南京）软件谷重点项目建设情况一览表

类 别	项目名称	完成投资（万元）	建筑面积（平方米）	主 营
建成入驻	凯润能源科技	6200	18000	研发办公
	舜天二期	28000	57590	总部办公
主体建成	怡化电脑华东研发中心	15600	106000	软件研发与总部办公
	天溯自动化	27232	75000	软件研发与总部办公
	江苏集群国际软件园项目	10798	148600	软件研发与办公
	金农信息	13586	65000	软件研发
	中以智慧园	10721	60000	总部楼宇与软件研发
	丰盛商汇项目一期（丰盛C地块）	27700	80000	软件研发及商业办公
	润和软件二期	15600	125000	软件研发与总部办公
	启动区人才公寓	30000	178000	软件人才配套设施
	楚翘城	90000	170000	软件研发及商业办公
在建项目	圣迪奥南京总部研发基地	7826	61500	研发办公
	中兴物联	6256	47000	互联网软件原发及办公
	Q1-Q4	26000	557000	科研办公及商业配套
新开工	步步高	5100	60000	软件研发及办公
	金证股份	7100	80000	软件研发及办公
	华为二期	8200	180000	软件研发及办公
	软件谷安全信息产业园	12000	440000	软件研发及办公
	丰盛A地块二期	9000	65000	软件研发及商业办公
	丰盛商汇项目二期（丰盛C地块）	7000	92000	软件研发及商业办公

四、平台建设

（一）概况

2014年，随着一批新的公共服务平台落户、建成和投用，软件谷拥有各类公共服务平台超过30个，涵盖企业孵化、投融资、人才服务、公共技术、创新服务、合作交流等八大类，支撑企业创业、创新、创优，吸引优质企业汇聚于谷。其中，孵化平台有深港产学研基地、创业创新城、紫金（雨花）科创特区等；投融资服务平台包括南京联合产权（科技）交易所、软件谷科技创业种子（天使）基金、软件谷软件扶持基金等；人才服务平台有IBM中国软件授权培训中心、南京软件人才培训实训基地、南大软件学院软件谷分院、江苏省软件人才培训联盟等；公共技术服务平台包含中兴通讯软件测试公共服务平台、超级云计算服务中心等。

（二）Unity授权培训中心落户

6月16日，视觉冲击与科技体验——unity交互引擎技术推介暨“麦瑞克·南京Unity授权培训中心”揭牌仪式在雨花国际软件外包产业园举行。南京麦瑞克科技发展有限公司被授权为Unity授权培训中心，Unity最新技术将与该公司产业生态链服务相结合，共同为中国游戏行业培养输出优质Unity制作和开发专业人员。

（三）光传感/通信综合网络国家地方联合工程研究中心落户

6月23日，东南大学与软件谷管委会共建“光传感/通信综合网络国家地方联合工程研究中心”签约仪式在东南大学举行。东南大学常务副校长胡敏强，雨花台区委副书记、区长、软件谷管委会主任李世峰签订合作协议。该研究中心选址在软件谷银坤大数据产业基地，通过政产学研多方合作共建模式，建成开放式科学研究、技术孵化与产品研制高端平台，引进国际、国内领军人才与高级专家落户中心，开展合作。12月22日，中心启动环境改造工程。

（四）南京中小企业云服务平台上线

9月12日，南京中小企业云服务平台（“行云网”）在第10届软博会雨花台区专场活动“大道至简、万象更新——SAP论坛”上正式上线，首批5家企业现场签约。该平台是由德国知名软件公司SAP南京创新中心与软件谷合作建立，将SAP成长型中小企业解决方案和SAP最新云计算技术有机结合，建立基于SAP 云平台。

（五）江苏省首个大数据产业基地建立

9月13日，在软博会专场活动——中国（南京）软件谷云计算&大数据技术峰会上，南京大数据产业基地授牌，南京大数据产业联盟成立。南京大数据产业基地位于软件大道180号，占地6公顷，建筑面积10万平方米，是谷内规模最大产业园区，亦属江苏省首家以大数据发展与应用为主题产业基地，主要集聚包括大数据采集与处理、大数据分析与应用、大数据技术研发以及大数据深度关联性行业等四大产业。基地将重点推进超云计算中心、软件检测中心等公共技术平台建设，建成一批大数据产业链重点项目，形成数据存储、云计算、数据处理等产业集群，打造国家级大数据产业示范基地。

五、技术创新改造

（一）概况

2014年，软件谷组织3批次21家企业申报国家高新技术企业，18家获批，通过率85.7%，完成全年指标257.1%；实现专利申请2759件、专利授权901件，其中发明专利申请1416件、发明专利授权137件。第一批、第二批科技创业家贷款贴息审核兑现，向江苏润和软件股份有限公司、诚迈科技（南京）股份有限公司、江苏沁恒股份有限公司等10家企业兑现贷款贴息709.7万元。动员符合条件20家企业申报南京科技创业家，申报企业11家，入选3家。全年引进“领军型科技创业人才”39人，培养“南京科技创业家”3人，集聚国家“千人计划”专家1

人、省“双创计划”人才2人，1家企业入选市高端人才团队。博智软件“面向大数据基于智能分析的信息安全管理平台”项目获批国家科技型企业技术创新基金；中兴通讯“多天线系统中信道信息量化码本的构造方法及装置”、华为软件“设备移动终端位置信息发送、获取方法及装置”等4项专利同时入选全省百件优质发明专利；中兴通讯“基于自主激光器芯片的高速/超高速光接入设备研发和产业化”和天溯自动化“大型公共建筑用能和测控设备一体化管控系统研发及产业化”2个项目同时入围省科技重大成果转化专项项目，属软件谷首例；华为软件与南京大学光传输专项组、东南大学5G专项组分别开展战略合作，合作2个项目均列入全省产学研联合创新重点支持对象；华博集团与南京邮电大学共建“移动互联战略发展研究院”，围绕技术创新、人才培养、成果转化、市场开发、共建平台展开全方位合作；中电十四所、水文所、三江学院等本土高校及科研院所与谷内企业互动紧密，形成产学研合作40余项。邀请国际Java专家在谷内举办Java 8全球推广发布会；软件谷“321”人才张云飞凭借智能无人船项目获克莱斯勒第四届黑马大赛冠军。

（二）新增CMMI认证企业6家

2014年，软件谷4家企业获CMMI（集成能力成熟度模型）Ⅲ级认证，分别是南京日冲软件有限公司、江苏博智软件科技有限公司、江苏网文电子科技有限公司、南京国睿信维软件有限公司，谷内获CMMIⅢ级以上企业达24家；2家企业获CMMI Ⅴ级认证，为诚迈科技（南京）股份有限公司、南京中兴软创科技股份有限公司，谷内获CMMIⅤ级以上认证企业4家。

（三）获省市区专项补助企业200多家

2014年，软件谷7家企业累计获省工业和信息产业转型升级专项引导资金2060万元，其中南京超级云计算信息服务有限公司获省专项资金1000万元；4家企业获省发改委服务业专项补助和贷款贴息810万元；15家企业获市国际服务外包专项553万元；80家企业获市软件专项支持2905万元，其中南京敏行软件有限公司获扶持600万元，软件谷发展公司获外包平台建设专项补助300万元；168家符合条件企业获区软件产业综合发展专项支持5100万元。

（四）为企业争取科技项目经费2275万元

2014年，软件谷通过科技条口组织各类项目申报103项，申报数创新高，其中国家科技型企业技术创新基金14项、省重大科技成果转化专项4项、省工程技术研究中心6项、省科技支撑计划6项、省科技创新基金12项、省国际合作项目4项、市科技计划34项、区科技计划20项、世界知识产权组织版权金奖3项。获批项目13项，包括国家科技型企业技术创新基金3项、省科技项目4项、市科技项目6项。为企业争取科技项目经费2275万元。

（五）培育本土软件企业34家

2014年，软件谷重点培育34家具备成长潜力和核心竞争力强的本土高成长型软件企业，其中1亿元以上企业12家、5亿元以上企业2家。34家本土软件企业全年主营业务收入54.46亿元，同比增长26.36%，其中软件和信息服务收入50.33亿元，同比增长27.41%。

（六）雨花台区知识产权促进中心运营

3月1日，雨花台区知识产权促进中心在软件大道108号蓝筹谷正式运营。截至年底，该中心收购有效专利200余件，成功对接转让发明专利79件，实用新型专利和软件著作权33件，为4家企业实现以专利技术无形资产增资3500万元。

（七）“消灭零专利”活动举办

11月17日，软件谷利用第八届中国专利周开幕日契机，举办“消灭零专利”科技公益活动，为入谷企业申报2015年度首项专利，帮助百余家小微企业实现专利零突破，形成产业链协同创新、企业间抱团取暖知识产权集群态势。聘请部分代理人到基层为企业提供非商业化服务，对企业提交专利文件进行预审查，确保专利质量。

六、紫金（雨花）科技创业特别社区

（一）概况

2014年，紫金（雨花）科技创业特别社区（简称紫金科创特区）投资8.27亿元，用于东区Q1～Q4地块建设、人才公寓建设、启动区道路建设、西区孵化器10栋楼宇改造装修、创业创新城回购及改造装修等项目。新增孵化器在孵企业199家、涉软从业人员2606人，建成孵化面积25万平方米，引进领军型科技创业人才2个，新增认定软件产品29件、认定软件企业13家，培育国家高新技术企业3家，在孵企业达529家，孵化毕业企业30家。199家新增在孵企业实现软件和信息服务业收入14.2亿元，申请专利490件，专利授权量48件，其中发明专利243件、发明专利授权量22件。与江苏多语信息技术有限公司联合组织开展“2014语言服务产业（南京）发展论坛”；与市职教联合会合作，为特区30余家企业开展“营销观念更新”“有效管理与用权艺术”等课题培训；与南京大学软件学院软件谷分院对接，为特区20余家企业开拓人才交流渠道；与江苏高科技投资集团有限公司、南京紫金科技创业投资有限公司、南京市雨花台区银信农村小额贷款股份有限公司等8家金融机构合作，举办创业者融资午餐会。全年开展人才招聘与培训、知识产权申报、双软认定、创业创新座谈、企业沙龙等活动20场次，服务特区企业160家。

（二）全市综合绩效考评位列第一

11月26日，市科创特区办公室和市财政局对全市20个紫金科技创业人才特别社区2013年发展和运营情况，以及建设与发展专项补助资金使用情况进行综合绩效考评，考评内容包括：在孵企业、毕业企业、高新技术企业和创新型企业、专利申请、人才引进、基础设施建设等。考核结果，紫金科创特区综合得分排名第一。

（三）公共服务平台拓展

2014年，紫金科创特区引进专业中介服务机构，在特区内打造公共技术、人才交流、知识产权、财务管理、金融服务、法律咨询等六大类公共服务平台，在产业发展、技术创新、人才招聘、专利申请、财务管理、科技贷款、风险投资、法律援助等方面为企业提供实质性服务。其中，公共技术服务平台为50余家企业提供专业技术服务；人才交流服务平台为近30家企业引进200多个专业技术人才；金融服务平台为8家企业落实科技贷款、风险投资等资金1320万元；知识产权服务平台为23家企业申请知识产权近200项；财务管理和法律咨询服务平台进驻园区办公，定期开展财税、法律法规等业务知识培训，为多家企业提供账目管理、法律援助等服务。

（四）人才公寓项目封顶

7月23日，紫金科创特区东片区启动区一期人才公寓项目主体全面封顶。该项目东起韩府山庄、西至机场二通道、北起马定路、南至大周路，占地面积6.53公顷，建筑面积17.88万平方米，总投资7亿元，于2012年4月开工，由南京软件谷发展有限公司投资建设，包括7栋24层高层、2栋32层高层、1栋14层及1栋4层商业楼，容积率3.49，建筑密度30.65%，绿地率36.61，公寓总户数1928户，户型分47平方米单室、65平方米两室及90平方米三室。截至年末，项目完成1号～11号楼内外墙粉刷及外保温层施工。

（五）5家科技企业孵化器获市级认定

11月，紫金科创特区时代创智科技企业孵化器、雨沐科技企业孵化器、万谷科技企业孵化器、垠坤智慧魔方科技企业孵化器和南京大数据科技企业孵化器被南京市科学技术委员会认定为2014年度市级科技企业孵化器，孵化总面积145456平方米，在全市新认定21家孵化器中，入选孵化器数量及面积位列全市第一。

（六）省级孵化基地落户

7月19日，紫金(雨花)科创特区创业企业政策兑现暨江苏省高新技术创业服务中心软件和信息服务业孵化基地揭牌仪式在软件谷管委会举行。仪式上，紫金(雨花)科创特区首批30家孵化毕业企业领取“毕业证书”，其中产值过千万企业9家；60家符合政策兑现条件企业领取“奖学金”，奖励总额近500万元。省科技厅副厅长蒋洪与区委书记、软件谷工委书记张一新为软件和信息服务业孵化基地揭牌。江苏省高新技术创业服务中心将协助紫金科创特区与高校、科研机构、投资机构、金融机构等建立合作渠道，打造国家级科技企业孵化器软件和信息服务业孵化基地。江苏省高新技术创业服务中心落户在紫金（雨花）科技创业特别社区艾塔楼，租用楼宇面积10000平方米。

（七）南京超级云计算服务中心投入使用

12月，南京超级云计算服务中心一期投入使用。南京超级云计算服务中心是由软件谷管委会主导，中兴通讯、邦宁科技、省软件检测中心等7家企业联手组建，2013年底启动建设。中心一期选址科创特区，建筑面积4000平方米，投资超1亿元，机房拥有服务器3000套，整体运算能力达到每秒200万亿次。中心为10家中小型搭载企业提供办公、产品开发、测试、财务等应用服务。

七、入驻企业简介

（一）江苏虚拟软件园

江苏虚拟软件园是由国家工业和信息化部与江苏省政府合作共建的省级公共服务平台，2012年9月落户软件谷丰盛商汇，投资建设3000万元，建筑面积1285平方米，拥有专业技术人员40人。平台主要包括SaaS（软件运营）服务、测试服务、人才服务、外包服务、信息安全服务、工业设计服务、船舶应用服务等专业服务子平台，为中小企业提供信息化服务、信息化平台建设、在线学习、企业化实训、人才中介、人才测评、市场推广、软件项目测试、测试工具租赁、测试外包、企业宣传展示、产品推介、行业信息咨询、培训及认证等服务。2014年，江苏虚拟软件园提供产品及服务约1000款，服务软件企业近1000家，开展大型专场培训9场。

（二）江苏赛联信息产业研究院

江苏赛联信息产业研究院由江苏省经济和信息化委员会牵头，全省19家IT骨干企业共同发起成立的省级公共服务平台，2012年12月落户软件谷丰盛商汇，建设投资4500万元，建筑面积3300平方米，拥有专业人员54名，其中硕士以上学历22人。该平台包括咨询服务、协同创新、融资服务、成果交易服务4个子平台，为企业提供产业数据统计分析、规划决策咨询、技术研发与支撑、金融创新、政府引导资金申报、专利和知识产权服务等。2014年，该平台该平台服务软件企业约800家，开展大型专场培训11场。

（三）江苏省软件产品检测中心

江苏省软件产品检测中心是由江苏省经济和信息化委员会授权的软件产品检测中立机构，2012年10月落户软件谷丰盛商汇，投资建设2480万元，建筑面积1500平方米，拥有专业技术人员30人。该平台主要提供计算机软件评测、信息化绩效评估、信息化咨询、省ITSS（信息技术服务标准）符合性咨询服务、信息系统工程监理资质评审、计算机系统集成资质年审、江苏省优秀软件产品奖（金慧奖）评审、计算机应用系统验收鉴定、软件侵权司法鉴定等服务。2014年，平台在软件产品登记测试、鉴定验收测试、软件著作权代理、系统集成资质评审监督等方面为3876家次企业提供服务。

（四）国家软件产品质量监督检验中心（江苏）

国家软件产品质量监督检验中心（江苏）于2012年10月入驻软件谷汇智大厦，总投资4500万元，租用办公面积2600平方米，是江苏省首家、华东地区唯一一家国家级软件产品质检中心，对软件产品实现全周期质检管理。2014年，该中心通过向企业开放测试云服务平台、开展第三方检测与双软企业认定咨询服务、提供标准制修订一条龙服务、实施多层次测试人才培训服务、共同开展相关项目申报研发、建立软件企业及相关信息服务平台、提供行业整体质量解决方案等方式，为300家软件及相关企业提供服务；并与以色列联合成立中以“智柏”国际联合培训中心。截至年底，中心全年收入504.28万元，同比增长153%，客户由上年不足20个增长至80个，增长率300%。

南京市信息化投资控股有限公司概况

一、公司简介

南京市信息化投资控股有限公司成立于2009年，是国内领先的信息化投资控股公司。公司自成立以来在“智慧南京”建设中发挥了主力军作用，在南京现代化城市建设进程中，紧密围绕现代政府高效管理、现代城市社会服务和现代经济优质发展的重点领域，采用企业市场化运作的模式，以信息技术为先导，以战略性产业链投资为主要手段，以“智慧南京”信息化重点项目的开发建设和运营维护为重点，强化城市信息化基础设施，致力社会信息资源开发利用，持续提升南京信息化领域建设和应用水平。作为紫金投资集团的控股子公司，南京信投依托集团金融产业优势，充分发挥国有信息化领域政策性投融资平台作用，已成为南京市政府治理与公共服务领域的IT业务基础平台和数据安全通道，成为智慧城市应用、经济发展和市民生活的系统服务商，成为建设中的智慧南京的运营商。

近年来，在南京市委市政府的正确领导和社会各界的鼎力支持下，南京信投全面落实科学发展观，坚持以人为本，打造出一支专家型投资和运营队伍，在此基础上公司努力开拓创新，形成了一套适应行业特点和公司快速发展的管理体制和运营机制。

公司从创建伊始就有计划有步骤地进行信息化行业投资的布局，公司先后投资组建了南京市市民卡有限公司、南京城市智能交通有限公司、南京宽慧无线网络通信有限公司、南京图慧信息技术有限公司、智汇神州信息发展有限公司、南京慧动体育科技有限公司、南京广播电视系统集成有限公司、南京紫金数云信息技术有限公司，管理资产规模接近20亿元，公司投资领域覆盖了宽带通信、支付结算、智慧交通、智慧医疗、智慧政务、智慧社区、智慧能源、智能门户、智慧体育、智慧家居、虚拟现实等领域，在此基础上南京信投培育了一大批智慧城市创新应用典范和信息化行业排头兵，创造了显著的经济效益和社会效益。

南京信投通过多年锐意进取，不断改革创新，已建成资产结构优质、服务能力强大、品牌优势明显、社会影响深远、符合现代企业制度的城市信息化领域专业型投资运营公司，为南京市加快科技创新、优化经济结构、提升城市运行效率和方便市民生活发挥着重要作用。

二、参控股企业

1. 南京市市民卡有限公司

南京市市民卡有限公司注册资本10，615万元，是南京市政府批准成立的、国家建设部指定的南京市唯一提供政府公共管理服务业务及市场化或准市场化增值服务业务的机构，是江苏省区域内第一家及全国市民卡通卡行业内取得支付业务许可证的企业，并获得高新技术及双软企业认证资质。

公司坚持以“政府引导、市场运作”为原则，陆续开发了“市民卡”系列及包含金陵通、嘟嘟卡、吉利卡、紫金卡、定制卡等多个类别的“智汇”系列卡，累计发卡超过3000万张，超40亿元年结算量，涵盖社保、医疗、文教、园林、交通、购物、旅游、餐饮等30多个应用领域。公司构建了“多卡种，多项目，多应用领域”综合公共服务体系，人工、语音、网络相结合的立体化服务平台，系统规模位于全国前列。

公司积极打造以公共管理为目的的信息集成平台，以高效支付和精确结算为手段的科技应用平台，以公共事业服务为载体的民生服务平台，以数字化应用为载体服务于经济发展的商务合作平台。

2. 南京城市智能交通股份有限公司

南京城市智能交通股份有限公司成立于2010年12月8日，由南京市信息化投资控股有限公司牵头发起，注册资本1亿元。是国内车联网领军企业之一，公司致力于全国一流的车联网运营服务，做物联网产业的领军企业，提供全面的城市智能交通平台建设与运营服务。现已累计发卡180万车辆卡，全市共建516个基站。

城市智能交通平台是南京全市交通信息采集的公共平台，采用先进的无线射频、高速影像识别处理等一系列技术，开发出城市蕴藏丰富的“涉车信息资源”，并对采集到的海量交通信息进行加工、整理、融合，为政府、企事业单位和公众提供包括交通管理、治安管理、车辆保险、缴费、停车、环保监测、车辆维护、不停车收费、出行诱导、涉车消费等服务。

城市智能交通公司以技术创新与应用创新为核心理念，积极提升信息运营及产品服务的水平，努力推动全国智能交通行业向产业化、标准化、国际化发展。

3. 南京宽慧无线网络通信有限公司

南京宽慧无线网络通信有限公司是南京市信息化投资控股有限公司控股的国有公司，于2011年1月成立，注册资本5400万元。青奥保障单位。公司建有全球第一张无线宽带数字集群城域网，无线覆盖全市770平方公里。作为“三网融合”试点先行者，与中科院相关院所合作承担的广电“三网融合”试验网是国家科技部863重大研究项目确定的试验基地，通过建设覆盖南京城域无线宽带专网，公司为南京市公共管理和公共服务提供移动宽带无线接入服务，为国家广电系统NGB-W（下一代无线广播电视网）提供标准规范测试，并积极拓展面向社会的商业应用。

宽慧公司立足于与当前各类通讯技术融合、合作，突出无线专网的带宽优势和安全特征，逐渐建立公司自身的市场空间和稳固的客户关系。在政府机关各部门的网络服务趋向于集约化的背景下，公司已经成为本地电子政务通信服务在无线网络领域的主要牵头服务企业。建设的南京TD-LTE无线宽带政务专网项目，荣获《全球电信商业》杂志（GTB）颁发的2015年度“商业业务创新奖”，展现了宽慧公司未来发展的巨大市场潜力。

4. 南京图慧信息技术有限公司

南京图慧信息技术有限公司成立于2012年5月，注册资本500万元。公司建有全球最快的GIS和LBS系统，是南京市室内三维空间定位及应用骨干企业、青奥保障单位及双软认证企业。公司面向智慧城市的建设和发展，利用物联网、云计算相关技术，结合二三维地理信息、GPS/北斗定位、移动互联网，探索和构建符合中国国情、代表国际先进水平的智慧交通、智慧制造、智慧服务、智慧生活形式，在智慧城市发展和建设中成为技术骨干和创新主体。

通过完全的自主研发，解决了物联网应用发展中遇到的超大规模数据实时处理及可视图形交互的问题。通过多核实时数据网关、高速实时数据引擎、超高速实时二三维GIS图形引擎，已可以满足数十万用户级别的物联网终端的并发秒级数据上报、存储、处理、显示、交互能力，实现了未来智慧城市中规模化智慧生产、智慧生活、智慧服务所需要的核心技术准备。

南京图慧信息技术有限公司已经初步建立起来了完整的技术及业务管理团队。逐步在交通、旅游、消防、电信等单位和项目中起到了技术支持及技术开发的作用，如在智慧城市指挥中心建立的市内交通总览、公交线路流量分析、实时车辆分布、全市实时路况、全市出租车实时位置动态跟踪、交通管理-电子警务、交通管理-智能卡口、龙江区域实时路况监测、24小时人口流动规律、24小时活跃人群统计--分行政区、早高峰历史路况图、晚高峰历史路况图、危化品车运行轨迹的等应用。

5. 智汇神州信息发展有限公司

智汇神州信息发展有限公司是由南京市信息化投资控股有限公司和北京神州数码有限公司共同合资成立的国有控股企业，公司成立于2013年12月26日，注册资金2亿元人民币，注册地在江苏南京。

智汇神州是在国家倡导信息消费和智慧城市的市场环境下，股东双方在市民卡运营和信息化服务领域的优质资源整合。汇聚了南京市信息化投资所承担的政府信息化投资资源和神州数码IT整合服务资源，立足南京，面向政府部门、公共事业、军警政法、大中型企业和行业的垂直用户，提供全面的IT信息服务。公司以雄厚的资金实力，多元化的资源整合能力，本着客户至上的服务理念，坚持创新、务实、包容、共赢的价值观，为最终用户提供包括软硬件设备采购、软件和解决方案、系统集成和智能化建设、信息化建设咨询规划、IT综合服务和运维等多方面的一站式IT信息服务，成为众多客户贴身贴心的IT服务平台。

6. 南京慧动体育科技有限公司

南京慧动体育科技有限公司由南京市信息化投资控股有限公司、江苏彩云慧谷信息技术有限公司等共同投资组建。作为国资控股的高新技术企业，南京慧动密切配合南京市智慧城市发展规划，积极利用移动互联网等新技术，定位南京105亿元健康健身行业O2O市场，通过优化完善健身健康产业发展环境，搭建以健康娱乐和社交为特色的南京全民健身服务平台，用线上线下服务相结合的智慧运营方式，实现提升市民运动人群比例、服务现代都市人群健康生活的目标。

南京慧动代理了众多国际、国内优秀运动品牌，帮助南京市各运动场馆免费发布场馆资讯、教练信息，代理销售场馆票卡；为广大运动爱好者提供各种运动装备、健康食品、健身指导、锻炼计划、健康反馈和社交平台等信息服务。公司将通过南京全民健身公共信息服务平台的建设运维推广，整合健康运动领域优质资源，立志成为南京乃至全国最专业的运动信息消费及个人健康管理平台。

7. 南京广播电视系统集成有限公司

南京广播电视系统集成有限公司创办于1991年1月，原隶属于南京广电集团。2014年5月，南京市信息化投资控股有限公司、江苏省广电有线信息网络股份有限公司与南京广播电视集团有限责任公司正式签署南京广播电视系统集成有限公司增资协议，南京信投出资1500万元持股15%。公司在江苏省内是广电网络工程施工、设计行业的龙头企业，并实施了唯一的代维项目，未来在省内的广电行业依然会保持领先地位。

南京广播电视系统集成有限公司与主要从事广播电视工程、通信系统工程、信息网络工程、建筑智能化工程、安全技术防范工程的设计和施工，以及广播电视设备、通信网络设备的销售和系统集成。公司在常州、无锡、镇江、泰州、盐城、淮安、宿迁等城市成立了办事处。历经多年的市场考验，公司已经发展成为一个总资产超过1亿元、连续多年盈利、在行业内拥有较高知名度和良好信誉的专业化系统工程服务商。

8. 南京紫金数云信息技术有限公司

作为“我的南京”智能门户信息服务平台的运维及后期运营公司，在实现政府服务的智能化、信息惠民的便利化、管理方式的科学化、运营机制的市场化的同时，推动南京信投公司在互联网领域的业务发展和紫金投资集团在互联网金融领域的延伸。

第七部分

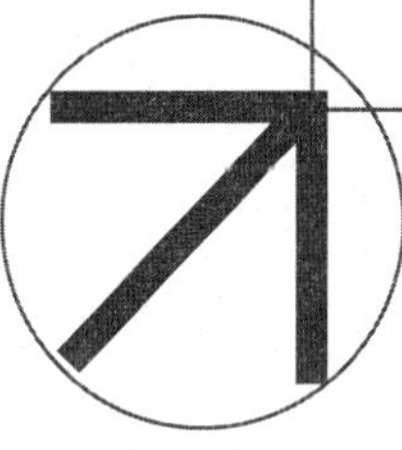

基础数据篇

江苏省信息化发展基础数据

指 标	单位	2009	2010	2011	2012	2013
电子信息产品制造业						
工业总产值	亿元	14911	19108	–	–	–
产品销售收入	亿元	14315	18535	22855	25535	27510
利润总额	亿元	687	1011	–	–	–
集成电路产量	亿块	165.2	223.2	224.8	293	285.6
程控交换机产量	万线	4.7	5.0	6.1	4.6	5.2
微型计算机产量	万部	8180.9	9365	9916.2	8862.1	7520.7
彩色电视机产量	万只	1151.3	1767	1476.9	1432	1059
通信业						
通信业务总量 *	亿元	1812.3	2194.6	974.3	1108.8	1252.2
电信业务总量 *	亿元	1658.8	2006.3	828.8	914.8	982.6
邮政业务总量	亿元	153. 5	188.3	145.5	194.0	269.6
通信业务收入	亿元	731. 5	798.2	882.6	992.5	1107.6
电信业务收入	亿元	641.3	687.1	749.5	821.5	874.5
邮政业务收入	亿元	90.1	111.1	133.1	171.0	233.1
通信固定资产投资额	亿元	228.8	212.7	237.2	222	–
光缆总长度	万公里	58.5	58.6	112.7	156.5	175.7
长途光缆总长度	万公里	3.21	3.3	3.33	3.66	3.6
局用交换机容量	万门	4455.4	4288.2	4126.5	–	3346.3
移动通信交换机容量	万户	7950.4	8795.1	9536	9665.7	10356.5
固定电话用户总数	万户	2662.4	2498.8	2370.9	2387.2	2289.8
移动电话用户总数	万户	4940.3	5916.7	6684.8	7471.4	7942
电话普及率	%	99.1	109	115	125	130
主线普及率	%	34.7	32.4	30.1	30.2	29.7
移动电话普及率	%	64.4	76.6	84.9	94.6	100.3
通话行政村比重	%	100	100	100	100	100
广播电视						
广播综合人口覆盖率	%	100	99.99	99.99	99.99	99.99

指 标	单位	2009	2010	2011	2012	2013
广播电台	座	14	14	14	14	14
广播节目套数	套	128	128	128	128	128
电视综合人口覆盖率	%	99.9	99.88	99.88	99.88	99.88
电视台	座	14	14	12	14	14
电视节目套数	套	131	131	131	131	131
有线电视用户	万户	1722.2	1885.9	1987.8	2091.66	2244.6
数字电视用户	万户	744	1000	1214	1387	–
计算机与网络						
上网用户总数	万户	961.1	–	1221.2	1400.7	1431.4
宽带上网用户数	万户	929.4	1048.4	–	–	–
科研与人才						
专利授权数	万件	9.73	13.8	20	26.98	23.96
科研与开发（R&D）经费支出额	亿元	680	840	1070	1230	1440
R&D 经费支出占 GDP 比重	%	2	2.1	2.2	2.3	2.43
从事科技活动人员总数	万人	58.9	68	84.2	91.42	–
普通高等学校在校学生数 **	万人	165.3	164.9	165.9	167.12	168.45

注：从 2011 年开始，带“*”数据按 2010 年不变价格计算。带“**”数据指本科和专科学生，包括成人高校的普通本专科学生数，不包括硕士和博士研究生数。

数据来源：江苏省经济和信息化委员会，江苏省统计局，江苏省通信管理局，江苏省无线电管理局。

（江苏省信息中心提供）

无锡市信息化相关指标统计报表

一、电子信息制造业

2010～2014年无锡市电子制造业主要经济指标完成情况

单位：万元

项目名称	2010	2011	2012	2013	2014
全年总产值	14464560	16750107	16998724	16128833	17621742
产品销售收入	14394298	17076999	16875859	16165858	17483731
实现利税	1124486	1208206	884370	712378.7	1251631
其中：实现利润	990459	1052401	691105	470127.4	958994

二、通信业

2010 ～ 2014 年无锡市通信业务主要指标完成情况

项目名称	单位	2010	2011	2012	2013	2014
电信业务总量	亿元	94.51	88.43	94.18	104.52	96.22
电信业务收入	亿元	82.64	88.40	97.50	101.18	96.22

2010 ～ 2014 年无锡市电话用户发展情况

项目名称	单位	2010	2011	2012	2013	2014
电话用户总数	万户	981.08	1092.88	1112.22	1137.89	1128.59
固定电话用户总数	万户	213.90	212.11	210.08	202.02	187.19
移动电话用户总数	万户	767.18	880.77	902.14	935.87	941.4

2010 ～ 2014 年无锡市电话普及情况

项目名称	2010	2011	2012	2013	2014
通话行政村比重	100	100	100	100	100
移动电话普及率	124	134.6	138.7	175.0	170

三、广播电视

2010～2014年无锡市广播电视发展情况

项目名称	单位	2010	2011	2012	2013	2014
卫星地球站点数	座	118	118	118	118	118
微波站	座	2	2	2	2	2
微波通信线路	公里	35.5	35.5	35.5	35.5	35.5
广播综合人口覆盖率	%	100	100	100	100	100
广播电台	座	3	3	3	3	3
广播节目套数	套	10	10	10	9	9
电视综合人口覆盖率	%	100	100	100	100	100
电视台	座	3	3	3	3	3
电视节目套数	套	9	9	9	9	9
电视平均每周播出时间	小时	1178	1204	1288	1288	1288
有线电视用户	万户	158.07	159.59	160.00	160.00	161
有线电视入户率（有线电视普及率）	%	102.3	102.6	102.6	102.3	101.8

四、计算机与网络

2010～2014年无锡市上网用户发展情况

项目名称	单位	2010	2011	2012	2013	2014
上网用户总数	万户	132.47	152.23	191.21	211.07	211.36
专线上网用户数	万户	131.01	148.73	152.4	184.05	--

五、科研与人才

2010～2014年无锡市科研与人才基本情况

项目名称	单位	2010	2011	2012	2013	2014
专利授权数（科研成果）	万项	26448	34077	51442	39828	27937
科研与开发（R&D）经费支出额	亿元	143.95	178.88	200.55	211.79	231.38
R&D 经费支出占 GDP 比重	%	2.5	2.6	2.65	2.7	2.82
教育经费占 GDP 比重	%	1.98	1.5	1.71	1.67	1.41
科技人员总数	万人	54	57.53	61.03	64.53	69.45
在校大学生人数	万人	10.96	10.83	10.95	11.14	11.42

南通市信息化相关指标统计数据

一、电子信息制造业

2010～2014年南通市电子制造业主要经济指标完成情况

项目名称	单位	2010	2011	2012	2013	2014
全年总产值	亿元	713.4	1180	1402	1548.97	1617
产品销售收入	亿元	953.5	1119.3	1383.9	1522.80	1582
实现利税	亿元	--	150.7	209.38	198.24	226.68
其中：实现利润	亿元	72.38	97.7	113.4	123.08	141.31

二、通信业

2010～2014年南通市通信业务主要经济指标完成情况

项目名称	单位	2010	2011	2012	2013	2014
通信业务总量	万元	364642.65	395080.56	628100	656900	652400
电信业务总量	万元	2123086.82	2324051.32	4105241.2	4926752.4	4913253.2
移动通信业务总量	万元	493510.53	540330.23	597657.3	624392.1	625623.0
通信业务收入	万元	204587	222523.42	619300	638700	619463
电信业务收入	万元	--	555593.71	597541.8	614856.4	602643.6
通信固定资产投资额	万元	--	1303103.5	1602390	1812000	1924720

2010～2014年南通市通信网络基础设施发展情况

指标名称	单位	2010	2011	2012	2013	2014
光纤总长度	万公里	95.4539	481.07	606.59	622.87	652.24
长途光纤总长度	万公里	3.4677	6.4677	9.6177	9.6977	11.7243
固定交换设备总数	万门	--	308.6	321.4	316.547	298.324
移动通信交换机容量	万门	--	972.16	1042.21	1833.794	2123..56

2010～2014年南通市电话用户发展情况

项目名称	单位	2010	2011	2012	2013	2014
电话用户总数	万户	753.15	1054.35	1038.31	1104.5543	1023.46
固定电话用户总数	万户	240.75	279.41	259.55	252.5196	232.08
移动电话用户总数	万户	552.03	774.94	778.76	852.0347	791.38

2010～2014年南通市电话普及情况

项目名称	2010	2011	2012	2013	2014
全市电话普及率	86.02%	98.82%	93.36%	89.2%	98.6%
通话行政村比重	100%	100%	100%	100%	100%
主线普及率	--	100%	100%	100%	100%
移动电话普及率	--	106.3%	111.14%	111.58%	108.7%

三、广播电视

2010～2014年南通市广播电视发展情况

项目名称	单位	2010	2011	2012	2013	2014
卫星地球站点数	座	0	0	0	0	0
微波站	座	0	0	0	0	0
微波通信线路	公里	0	0	0	0	0
广播综合人口覆盖率	%	100	100	100	100	100
广播电台	座	7	7	7	7	7
广播节目套数	套	8	8	8	8	8
无线广播每日播出时间	小时	18	135	129	132	143
电视综合人口覆盖率	%	100	100	100	100	100
电视台	座	7	7	7	7	7
电视节目套数	套	9	10	10	10	10
电视平均每周播出时间	小时	18	1048	1081	1070	1077
有线电视用户	万户	203	205	255	265.11	274.52
有线电视入户率（有线电视普及率）	%	105	109	90.2	94.27	96.88
有线电视传输网	万公里	8.61	9.3	3.37	2.85	2.28
年末从业人员总数（含非正式职工）	人	1120	3200	3519	3507	3666

四、计算机与网络

2010～2014年南通市上网用户发展情况

项目名称	单位	2010	2011	2012	2013	2014
上网用户总数	万人	470.3	388.66	581.5	623.4	678.2
专线上网用户数	万人	--	81.54	53.23	12.24	11.15
拨号上网用户数	万人	--	2.72	--	--	--
专线和拨号上网兼用用户	万人	88.3	22.84	10.24	8.18	7.92
使用其他设备上网用户	万人	382	281.56	518.03	631.62	712.12

2010～2014年南通市计算机软件业务基本情况

项目名称	单位	2010	2011	2012	2013	2014
软件业产值	亿元	7.18	8.5	30.5	51.2	100.6
软件企业数量	家	200	208（列统）	269	373	427
软件开发人员数	万人	--	0.53	0.84	1.1	1.65

五、科研与人才

2010～2014年南通市科研与人才基本情况

项目名称	单位	2010	2011	2012	2013	2014
专利授权数（科研成果）	件	22644	26114	36247	22086	12391
科研与开发（RND）经费支出额	亿元	66.89	83.64	100.29	118.51	140.19
RND 经费支出占 GDP 比重	%	1.93	2.25	2.27	2.35	2.48
在校大学生人数	万人	8.49	8.55	8.67	8.55	8.74